中国留学人员创业年鉴

RETURNED CHINESE SCHOLARS PIONEER YEARBOOK

2018

教育部留学服务中心
科学技术部火炬高技术产业开发中心
人力资源和社会保障部留学人员和专家服务中心
中国国际人才交流中心
致公党中央留学人员委员会
北京海外学人科技发展中心
编

编辑说明

一、“致天下之治者在人才”。人才是我国经济社会发展的第一资源，而留学人员是人才队伍的重要组成部分。近年来，随着科教兴国战略、人才强国战略和创新驱动发展战略的深入实施，我国吸引海外留学人员回国创新创业力度不断加大，引才聚才制度环境和创新创业生态环境不断完善，为留学人员提供了更加广阔的发展空间和施展才华的舞台。据统计，截至2017年底，我国留学回国人员总数达到313.2万人，仅2017年就有48.1万留学人员回国。全国已建成各级各类留学人员创业园超过350家，在园企业超过2.3万家，有超过8万名留学人员在园创业和工作。拥抱“中国机遇”，投身“中国梦”，已成为越来越多海外学子的选择，中华人民共和国成立以来最大规模的留学人才“归国潮”正在形成。

为了记录2017年度中国留学人员回国创业创新工作情况，教育部留学服务中心、科学技术部火炬高技术产业开发中心、人力资源和社会保障部留学人员和专家服务中心、中国国际人才交流中心、致公党中央留学人员委员会、北京海外学人科技发展中心联合编纂出版《中国留学人员创业年鉴》2018年卷。

二、《中国留学人员创业年鉴》2018年卷是本书自2007年以来连续出版的第十二卷。2018年卷力图全面、准确、客观地反映2017年度中国留学人员回国创业创新工作情况，展现2017年度留学人员创业创新环境与发展状况，为中央及各地政府有关部门和社会各界了解、研究我国留学人员创业群体和创业创新环境建设提供有价值的参考，同时，也为广大留学人员回国创业创新提供服务。

三、《中国留学人员创业年鉴》2018年卷共设六个部分，分别为综合篇、政策篇、园区篇、人物篇、社团篇、附录篇。其中重点收录了2017年度中央及国家部委领导有关留学工作和创业创新的讲话45篇；“千人计划”及国家有关部门单位和地方海外引才计划92项；国家和地方颁布的有关人才引进和鼓励创业创新的政策法规88条；各地运行的留学人员创业园222家；2017年度入选国家“千人计划”的留学归国创业人才44人；各类留学人员团体60家；留学人员回国服务机构、引智机构等相关信息200余条。同时，也收录了2017年度在留学回国服务工作中具有推动作用的重要事件等。

四、在中央有关单位的指导下，在全国各地教育、科技、人社、外专等职能部门以及致公党各地留学人员工作委员会、留学回国服务机构、留学人员创业园、留学人员团体的大力支持与协助下，《中国留学人员创业年鉴》2018年卷如期完成。在此，谨向有关单位致以诚挚的感谢！

五、由于编纂工作浩繁，难免会有疏漏和不足之处，希望广大读者给予批评指正。

《中国留学人员创业年鉴》编委会

二〇一八年十一月

目 录
Contents

第一部分 综合篇

2017年度国家及有关部委领导讲话汇编

国家及地方海外引才计划实施一览

第二部分　政策篇

第三部分 园区篇

第四部分 人物篇

第五部分 社团篇

第六部分 附录篇

第一部分

综合篇

综合篇

2017年度国家及有关部委领导讲话汇编

习近平：把改善供给侧结构作为主攻方向，推动经济朝着更高质量方向发展

（2017年1月22日）

2017年1月22日下午，中共中央政治局就深入推进供给侧结构性改革进行第三十八次集体学习。中共中央总书记习近平在主持学习时强调，推进供给侧结构性改革是我国经济发展进入新常态的必然选择，是经济发展新常态下我国宏观经济管理必须确立的战略思路。必须把改善供给侧结构作为主攻方向，从生产端入手，提高供给体系质量和效率，扩大有效和中高端供给，增强供给侧结构对需求变化的适应性，推动我国经济朝着更高质量、更有效率、更加公平、更可持续的方向发展。

习近平在主持学习时发表了讲话。他指出，深入推进供给侧结构性改革是当前我国经济发展必须抓紧抓好的一件大事。今年是供给侧结构性改革的深化之年，所以新年伊始，中央政治局就以此为题进行集体学习，目的是分析供给侧结构性改革取得的成效，理清供给侧结构性改革面临的重点和难点，研究推进供给侧结构性改革的具体举措。

习近平强调，综合分析，当前制约我国经济发展的因素，有周期性、总量性的，但主要是结构性的。结构性问题，供给和需求两侧都有，但矛盾的主要方面在供给侧。供给侧结构性改革是一场关系全局、关系长远的攻坚战。我们要在已有工作和成效的基础上，在目标、任务、方式、政策、路径、举措等方面深化落实，不断取得实质性进展。推进供给侧结构性改革，要处理好几个重大关系。

习近平指出，要处理好政府和市场的关系。使市场在资源配置中起决定性作用和更好发挥政府作用，是推进供给侧结构性改革的重大原则。我们既要遵循市场规律、善用市场机制解决问题，又要让政府勇担责任、干好自己该干的事。市场作用和政府作用是相辅相成、相互促进、互为补充的。要坚持使市场在资源配置中起决定性作用，完善市场机制，打破行业垄断、进入壁垒、地方保护，增强企业对市场需求变化的反应和调整能力，提高企业资源要素配置效率和竞争力。发挥政府作用，不是简单下达行政命令，要在尊重市场规律的基础上，用改革激发市场活力，用政策引导市场预期，用规划明确投资方向，用法治规范市场行为。

习近平强调，要处理好短期和长期的关系。要立足当前、着眼长远，从化解当前突出矛盾入手，从构建长效体制机制、重塑中长期经济增长动力着眼，既要在战略上坚持持久战，又要在战术上打好歼灭战。战略上要坚持稳中求进，搞好顶层设计，把握好节奏和力度，久久为功。战术上要抓落实干实事，注重实效，步步为营，一仗接着一仗打。破茧成蝶都有伤痛，供给侧结构性改革出现的短期阵痛是必须承受的阵痛，不能因为有阵痛就止步不前。要合理引导社会预期，尽量控制和减少阵痛，妥善处置企业债务，做好人员安置工作，做好社会托底工作，维护社会和谐稳定。同时，要在培育新的动力机制上做好文章、下足功夫，着力推进体制机制建设，激发市场主体内生动力和活力。

习近平指出，要处理好减法和加法的关系。做减法，就是减少低端供给和无效供给，去产能、去库存、去杠杆，为经济发展留出新空间。做加法，就是扩大有效供给和中高端供给，补短板、惠民生，加快发展新技术、新产业、新产品，为经济增长培育新动力。无论做减法还是做加法，都要把握症结、用力得当，突出定向、精准、有度。做减法不能“一刀切”，要减得准、不误伤。做加法不要一拥而上，避免强刺激和撒胡椒面，避免形成新的重复建设。要增加社会急需的公共产品和公共服务供给，缩小城乡、地区公共服务水平差距，加大脱贫攻坚力度。要把调存量同优增量、推动传统产业改造升级同培育新兴产业有机统一起来，振兴实体经济。要紧紧围绕经济竞争力的关键、消费升级的方向、供给侧的短板、社会发展瓶颈制约等问题，统筹部署创新链和产业链，全面提高创新能力，提高科技进步对经济增长贡献率。

习近平强调，要处理好供给和需求的关系。供给和需求是市场经济内在关系的两个基本方面，供给侧和需求侧是管理和调控宏观经济的两个基本手段。经济政策是以供给侧为重点还是以需求侧为重点，要依据宏观经济形势作出抉择，二者不是非此即彼、一去一存的替代关系，而是要相互配合、协调推进。推进供给侧结构性改革，要用好需求侧管理这个重要工具，使供给侧改革和需求侧管理相辅相成、相得益彰，为供给侧结构性改革提供良好环境和条件。

习近平指出，志不求易者成，事不避难者进。各地区各部门一定要树立必胜信念、知难而进，注意发现和研究解决新问题，不能因有困难而不为、因有风险而躲避、因有阵痛而不前，坚定不移把供给侧结构性改革向前推进。

（摘编自新华网）

习近平：聚天下英才而用之，加快建设人才强国

（2017年3月4日）

2017年3月4日，中共中央总书记、国家主席习近平在看望参加政协会议的民进、农工党、九三学社委员并参加联组会时对我国广大知识分子提出“不断增加知识积累，不断强化创新意识，不断提升创新能力，不断攀登创新高峰”的新要求。习近平长期以来十分关心知识分子，重视人才的发现、培养、使用，并对他们寄予殷切厚望，希望他们能“为全面建成小康社会、建设世界科技强国作出更大贡献”。

习近平指出，人才是实现民族振兴、赢得国际竞争主动

的战略资源。要坚持党管人才原则，聚天下英才而用之，加快建设人才强国。实行更加积极、更加开放、更加有效的人才政策，以识才的慧眼、爱才的诚意、用才的胆识、容才的雅量、聚才的良方，把党内和党外、国内和国外各方面优秀人才集聚到党和人民的伟大奋斗中来，鼓励引导人才向边远贫困地区、边疆民族地区、革命老区和基层一线流动，努力形成人人渴望成才、人人努力成才、人人皆可成才、人人尽展其才的良好局面，让各类人才的创造活力竞相迸发、聪明才智充分涌流。

（摘编自央视网）

习近平：要大兴识才爱才敬才用才之风

（2017年3月5日）

2017年3月5日，中共中央总书记、国家主席、中央军委主席习近平在参加他所在的十二届全国人大五次会议上海代表团审议时强调，解放思想，勇于担当，敢为人先，坚定践行新发展理念，深化改革开放，引领创新驱动，不断增强吸引力、创造力、竞争力，加快建成社会主义现代化国际大都市。

在认真听取代表发言后，习近平作了发言。他首先表示完全赞成政府工作报告，强调一年来国际环境复杂多变，国内经济下行压力较大，我们坚持稳中求进工作总基调，贯彻落实新发展理念，推进供给侧结构性改革，协调推进“四个全面”战略布局，圆满完成经济社会发展各项目标任务，实现了“十三五”良好开局。

习近平充分肯定一年来上海围绕创新驱动发展、优化经济结构、深化改革等方面取得的新成就。他希望上海的同志们继续按照当好全国改革开放排头兵、创新发展先行者的要求，在深化自由贸易试验区改革上有新作为，在推进科技创新中心建设上有新作为，在推进社会治理创新上有新作为，在全面从严治党上有新作为。

习近平指出，建设自由贸易试验区是党中央在新形势下全面深化改革、扩大对外开放的一项战略举措。中国开放的大门不会关上，要坚持全方位对外开放，继续推动贸易和投资自由化便利化。上海要解放思想、勇于突破、当好标杆，对照最高标准、查找短板弱项，大胆试、大胆闯、自主改，进一步彰显全面深化改革和扩大开放试验田的作用，亮明我国向世界全方位开放的鲜明态度。

习近平强调，要努力把上海自由贸易试验区建设成为开放和创新融为一体的综合改革试验区，成为服务国家“一带一路”建设、推动市场主体走出去的桥头堡。要树立系统思想，注重改革举措配套组合，同时要强化区内改革同全市改革的联动、同上海国际金融中心和科技创新中心的联动，不断放大政策集成效应。要发挥先发优势，率先建立同国际投资和贸易通行规则相衔接的制度体系，力争取得更多可复制可推广的制度创新成果。要加强同其他自由贸易试验区试点的合作，相互学习、相互促进。

习近平强调，适应和引领经济发展新常态，推进供给侧结构性改革，根本要靠创新。要以全球视野、国际标准提升科学中心集中度和显示度，在基础科技领域作出大的创新、在关键核心技术领域取得大的突破。要突破制约产学研相结合的体制机制瓶颈，让机构、人才、装置、资金、项目都充分活跃起来，使科技成果更快推广应用、转移转化。要大兴识才爱才敬才用才之风，改革人才培养使用机制，借鉴运用国际通行、灵活有效的办法，推动人才政策创新突破和细化落实，真正聚天下英才而用之，让更多千里马竞相奔腾。

（摘编自新华网）

习近平：贯彻新发展理念，建设现代化经济体系

（2017年10月18日）

2017年10月18日，中国共产党第十九次全国代表大会在北京人民大会堂隆重开幕。中共中央总书记、国家主席、中央军委主席习近平代表第十八届中央委员会向大会作了题为《决胜全面建成小康社会夺取新时代中国特色社会主义伟大胜利》的报告。习近平在报告中指出，要贯彻新发展理念，建设现代化经济体系。

习近平强调，实现“两个一百年”奋斗目标、实现中华民族伟大复兴的中国梦，不断提高人民生活水平，必须坚定不移把发展作为党执政兴国的第一要务，坚持解放和发展社会生产力，坚持社会主义市场经济改革方向，推动经济持续健康发展。

习近平指出，我国经济已由高速增长阶段转向高质量发展阶段，正处在转变发展方式、优化经济结构、转换增长动力的攻关期，建设现代化经济体系是跨越关口的迫切要求和我国发展的战略目标。必须坚持质量第一、效益优先，以供给侧结构性改革为主线，推动经济发展质量变革、效率变革、动力变革，提高全要素生产率，着力加快建设实体经济、科技创新、现代金融、人力资源协同发展的产业体系，着力构建市场机制有效、微观主体有活力、宏观调控有度的经济体制，不断增强我国经济创新力和竞争力。

深化供给侧结构性改革。建设现代化经济体系，必须把发展经济的着力点放在实体经济上，把提高供给体系质量作为主攻方向，显著增强我国经济质量优势。加快建设制造强国，加快发展先进制造业，推动互联网、大数据、人工智能和实体经济深度融合，在中高端消费、创新引领、绿色低碳、共享经济、现代供应链、人力资本服务等领域培育新增长点、形成新动能。支持传统产业优化升级，加快发展现代服务业，瞄准国际标准提高水平。促进我国产业迈向全球价值链中高端，培育若干世界级先进制造业集群。加强水利、铁路、公路、水运、航空、管道、电网、信息、物流等基础设施网络建设。坚持去产能、去库存、去杠杆、降成本、补短板，优化存量资源配置，扩大优质增量供给，实现供需动态平衡。激发和保护企业家精神，鼓励更多社会主体投身创新创业。建设知识型、技能型、创新型劳动者大军，弘扬劳

模精神和工匠精神，营造劳动光荣的社会风尚和精益求精的敬业风气。

加快建设创新型国家。创新是引领发展的第一动力，是建设现代化经济体系的战略支撑。要瞄准世界科技前沿，强化基础研究，实现前瞻性基础研究、引领性原创成果重大突破。加强应用基础研究，拓展实施国家重大科技项目，突出关键共性技术、前沿引领技术、现代工程技术、颠覆性技术创新，为建设科技强国、质量强国、航天强国、网络强国、交通强国、数字中国、智慧社会提供有力支撑。加强国家创新体系建设，强化战略科技力量。深化科技体制改革，建立以企业为主体、市场为导向、产学研深度融合的技术创新体系，加强对中小企业创新的支持，促进科技成果转化。倡导创新文化，强化知识产权创造、保护、运用。培养造就一大批具有国际水平的战略科技人才、科技领军人才、青年科技人才和高水平创新团队。

实施区域协调发展战略。加大力度支持革命老区、民族地区、边疆地区、贫困地区加快发展，强化举措推进西部大开发形成新格局，深化改革加快东北等老工业基地振兴，发挥优势推动中部地区崛起，创新引领率先实现东部地区优化发展，建立更加有效的区域协调发展新机制。以城市群为主体构建大中小城市和小城镇协调发展的城镇格局，加快农业转移人口市民化。以疏解北京非首都功能为“牛鼻子”推动京津冀协同发展，高起点规划、高标准建设雄安新区。以共抓大保护、不搞大开发为导向推动长江经济带发展。支持资源型地区经济转型发展。加快边疆发展，确保边疆巩固、边境安全。坚持陆海统筹，加快建设海洋强国。

加快完善社会主义市场经济体制。经济体制改革必须以完善产权制度和要素市场化配置为重点，实现产权有效激励、要素自由流动、价格反应灵活、竞争公平有序、企业优胜劣汰。要完善各类国有资产管理体制，改革国有资本授权经营体制，加快国有经济布局优化、结构调整、战略性重组，促进国有资产保值增值，推动国有资本做强做优做大，有效防止国有资产流失。深化国有企业改革，发展混合所有制经济，培育具有全球竞争力的世界一流企业。全面实施市场准入负面清单制度，清理废除妨碍统一市场和公平竞争的各种规定和做法，支持民营企业发展，激发各类市场主体活力。深化商事制度改革，打破行政性垄断，防止市场垄断，加快要素价格市场化改革，放宽服务业准入限制，完善市场监管体制。创新和完善宏观调控，发挥国家发展规划的战略导向作用，健全财政、货币、产业、区域等经济政策协调机制。完善促进消费的体制机制，增强消费对经济发展的基础性作用。深化投融资体制改革，发挥投资对优化供给结构的关键性作用。加快建立现代财政制度，建立权责清晰、财力协调、区域均衡的中央和地方财政关系。建立全面规范透明、标准科学、约束有力的预算制度，全面实施绩效管理。深化税收制度改革，健全地方税体系。深化金融体制改革，增强金融服务实体经济能力，提高直接融资比重，促进多层次资本市场健康发展。健全货币政策和宏观审慎政策双支柱调控框架，深化利率和汇率市场化改革。健全金融监管体系，守住不发生系统性金融风险的底线。

推动形成全面开放新格局。开放带来进步，封闭必然落后。中国开放的大门不会关闭，只会越开越大。要以“一带一路”建设为重点，坚持引进来和走出去并重，遵循共商共建共享原则，加强创新能力开放合作，形成陆海内外联动、东西双向互济的开放格局。拓展对外贸易，培育贸易新业态新模式，推进贸易强国建设。实行高水平的贸易和投资自由化便利化政策，全面实行准入前国民待遇加负面清单管理制度，大幅度放宽市场准入，扩大服务业对外开放，保护外商投资合法权益。凡是在我国境内注册的企业，都要一视同仁、平等对待。优化区域开放布局，加大西部开放力度。赋予自由贸易试验区更大改革自主权，探索建设自由贸易港。创新对外投资方式，促进国际产能合作，形成面向全球的贸易、投融资、生产、服务网络，加快培育国际经济合作和竞争新优势。

习近平强调，解放和发展社会生产力，是社会主义的本质要求。我们要激发全社会创造力和发展活力，努力实现更高质量、更有效率、更加公平、更可持续的发展！

（摘编自人民网）

习近平：实施国家大数据战略，加快建设数字中国

（2017年12月9日）

2017年12月8日下午，中共中央政治局就实施国家大数据战略进行第二次集体学习。中共中央总书记习近平在主持学习时强调，大数据发展日新月异，我们应该审时度势、精心谋划、超前布局、力争主动，深入了解大数据发展现状和趋势及其对经济社会发展的影响，分析我国大数据发展取得的成绩和存在的问题，推动实施国家大数据战略，加快完善数字基础设施，推进数据资源整合和开放共享，保障数据安全，加快建设数字中国，更好服务我国经济社会发展和人民生活改善。

习近平在主持学习时发表了讲话。他指出，大数据是信息化发展的新阶段。随着信息技术和人类生产生活交汇融合，互联网快速普及，全球数据呈现爆发增长、海量集聚的特点，对经济发展、社会治理、国家管理、人民生活都产生了重大影响。世界各国都把推进经济数字化作为实现创新发展的重要动能，在前沿技术研发、数据开放共享、隐私安全保护、人才培养等方面做了前瞻性布局。

习近平强调，要推动大数据技术产业创新发展。我国网络购物、移动支付、共享经济等数字经济新业态新模式蓬勃发展，走在了世界前列。我们要瞄准世界科技前沿，集中优势资源突破大数据核心技术，加快构建自主可控的大数据产业链、价值链和生态系统。要加快构建高速、移动、安全、泛在的新一代信息基础设施，统筹规划政务数据资源和社会数据资源，完善基础信息资源和重要领域信息资源建设，形成万物互联、人机交互、天地一体的网络空间。要发挥我国制度优势和市场优势，面向国家重大需求，面向国民经济发展主战场，全面实施促进大数据发展行动，完善大数据发展政策环境。要坚持数据开放、市场主导，以数据为纽带促进产学研深度融合，形成数据驱动型创新体系和发展模式，培育造就一批大数据领军企业，打造多层次、多类型的大数据人才队伍。

习近平指出，要构建以数据为关键要素的数字经济。建设现代化经济体系离不开大数据发展和应用。我们要坚持以供给侧结构性改革为主线，加快发展数字经济，推动实体经济和数字经济融合发展，推动互联网、大数据、人工智能同实体经济深度融合，继续做好信息化和工业化深度融合这篇大文章，推动制造业加速向数字化、网络化、智能化发展。要深入实施工业互联网创新发展战略，系统推进工业互联网基础设施和数据资源管理体系建设，发挥数据的基础资源作用和创新引擎作用，加快形成以创新为主要引领和支撑的数字经济。

习近平强调，要运用大数据提升国家治理现代化水平。要建立健全大数据辅助科学决策和社会治理的机制，推进政府管理和社会治理模式创新，实现政府决策科学化、社会治理精准化、公共服务高效化。要以推行电子政务、建设智慧城市等为抓手，以数据集中和共享为途径，推动技术融合、业务融合、数据融合，打通信息壁垒，形成覆盖全国、统筹利用、统一接入的数据共享大平台，构建全国信息资源共享体系，实现跨层级、跨地域、跨系统、跨部门、跨业务的协同管理和服务。要充分利用大数据平台，综合分析风险因素，提高对风险因素的感知、预测、防范能力。要加强政企合作、多方参与，加快公共服务领域数据集中和共享，推进同企业积累的社会数据进行平台对接，形成社会治理强大合力。要加强互联网内容建设，建立网络综合治理体系，营造清朗的网络空间。

习近平指出，要运用大数据促进保障和改善民生。大数据在保障和改善民生方面大有作为。要坚持以人民为中心的发展思想，推进“互联网+教育”“互联网+医疗”“互联网+文化”等，让百姓少跑腿、数据多跑路，不断提升公共服务均等化、普惠化、便捷化水平。要坚持问题导向，抓住民生领域的突出矛盾和问题，强化民生服务，弥补民生短板，推进教育、就业、社保、医药卫生、住房、交通等领域大数据普及应用，深度开发各类便民应用。要加强精准扶贫、生态环境领域的大数据运用，为打赢脱贫攻坚战助力，为加快改善生态环境助力。

习近平强调，要切实保障国家数据安全。要加强关键信息基础设施安全保护，强化国家关键数据资源保护能力，增强数据安全预警和溯源能力。要加强政策、监管、法律的统筹协调，加快法规制度建设。要制定数据资源确权、开放、流通、交易相关制度，完善数据产权保护制度。要加大对技术专利、数字版权、数字内容产品及个人隐私等的保护力度，维护广大人民群众利益、社会稳定、国家安全。要加强国际数据治理政策储备和治理规则研究，提出中国方案。

习近平指出，善于获取数据、分析数据、运用数据，是领导干部做好工作的基本功。各级领导干部要加强学习，懂得大数据，用好大数据，增强利用数据推进各项工作的本领，不断提高对大数据发展规律的把握能力，使大数据在各项工作中发挥更大作用。

（摘编自新华网）

李克强：营造包容支持创业创新的制度环境

（2017年1月4日）

2017年1月4日，国务院总理李克强主持召开国务院常务会议，部署创新政府管理优化政府服务，加快新旧动能接续转换。

会议指出，顺应生产力发展新要求，加快培育新动能、改造提升传统动能，是促进经济结构转型和实体经济升级的重要途径。必须创新政府管理、优化政府服务，营造包容支持创业创新和推动传统产业提质增效的制度环境。一方面，要适应新动能加速成长的需要，促进人才、技术、数据等创新要素合理流动和共享，加大对初创企业新技术、新产品、新服务的政府采购力度，建立产品和服务标准动态调整机制，完善符合新产业新业态用工特点的就业、社保等规定。促进技术市场交易，缩短科技成果转化周期。探索包容创新的审慎监管制度，对新产业新业态采取既具弹性又有规范的管理措施。推动以分享、信息、生物、绿色、创意、智能等为特点的新兴经济业态成为增长新引擎，扩大群众就业和创造财富新空间。另一方面，要积极运用新动能改造提升传统动能。在继续淘汰落后产能的同时，立足创新驱动，依托“中国制造2025”“互联网+”等推动传统产业迈向中高端，促进实体经济升级。通过大众创业、万众创新汇聚众智众力，使传统产业在与新动能融合中形成更加适应市场需求的新技术、新业态、新模式，提升产品和服务价值链，焕发新活力。采取有力措施进一步减轻企业负担。加快新旧动能平稳接续、协同发力，促进覆盖一二三产业的实体经济蓬勃发展。

（摘编自中国政府网）

李克强：全面提高科技创新能力，筑牢国家核心竞争力的基石

（2017年1月9日）

2017年1月9日，中共中央、国务院在北京隆重举行国家科学技术奖励大会。中共中央政治局常委、国务院总理李克强代表党中央、国务院在大会上讲话。讲话全文如下。

今天，我们隆重召开国家科学技术奖励大会，表彰为我国科技事业和现代化建设作出突出贡献的科技工作者。刚才，习近平总书记等党和国家领导同志，向获得国家最高科学技术奖的赵忠贤院士、屠呦呦研究员和其他获奖代表颁了奖。在此，我代表党中央、国务院，向全体获奖人员表示热烈祝贺！向全国广大科技工作者致以崇高敬意和诚挚问候！向参与和支持中国科技事业的外国专家表示衷心感谢！

刚刚过去的一年，面对复杂严峻的国内外环境，在以习近平同志为核心的党中央坚强领导下，我国经济社会发展取得了显著成就，科技战线大事喜事多、创新成果多。党中央、国务院召开全国科技创新大会，明确提出要建设世界科技强国。创新驱动发展战略深入实施，《国家创新驱动发展战略纲要》颁布施行，面向2030年的科技创新重大项目部

署启动，科技体制改革和管理方式创新加快推进，以增加知识价值为导向的分配政策制定实施，有效调动了广大科技人员的积极性。一批具有标志性意义的重大科技成果涌现，不少达到国际先进水平。神舟十一号载人飞船与天宫二号空间试验室成功交会对接，航天员实现中期驻留，世界最大单口径射电望远镜建成使用，世界首颗量子科学实验卫星“墨子号”发射升空，使用中国自主研发芯片的超级计算机“神威·太湖之光”再次刷新世界纪录。科技创新成果加速转化，大众创业、万众创新蓬勃兴起，创新作为引领发展的第一动力作用更加显现。中国创新令世界瞩目、让人民自豪。中华大地在创新中展现出勃勃生机与活力。

当前，世界新一轮科技革命和产业变革孕育兴起，抢占未来制高点的国际竞争日趋激烈。我国经济结构深度调整、新旧动能接续转换，已到了只有依靠创新驱动才能持续发展的新阶段，比以往任何时候都更加需要强大的科技创新力量。必须认真学习贯彻习近平总书记系列重要讲话精神，把创新摆在国家发展全局的核心位置，以新发展理念为引领，以供给侧结构性改革为主线，深入实施创新驱动发展战略，加快培育壮大新动能、改造提升传统动能，推动经济保持中高速增长、迈向中高端水平。

我们要全面提高科技创新能力，筑牢国家核心竞争力的基石。瞄准世界科技前沿，紧扣经济社会需求，在战略必争领域前瞻部署、超前研究，推进国家科技重大项目、重大工程和重大基础设施建设，夯实科技创新的基础支撑。要大力加强基础研究和原始创新，充分发挥科研院所和高校的主力军作用，建立长期稳定的支持机制，鼓励从事基础研究和原始创新的科研人员潜心研究，可以十年不鸣，争取一鸣惊人。要建立以企业为主体、以市场为导向的技术创新机制，引导社会各方面力量投入创新领域。推动开放式科技创新，深化国际科技合作，利用互联网等新平台新模式，加强产学研协同，集聚优化创新要素，提高科技创新和成果转化效率。

我们要深化科技体制改革，充分调动科技人员积极性。人才是科技创新最关键的因素。必须充分尊重科技人才，保障科技人才权益，最大限度激发科技人才的创造活力。要深入推进科技领域简政放权、放管结合、优化服务改革，推行科研管理清单制度，实施更加方便简约有效的规则，赋予科研院所和高校更大的科研自主权，赋予创新领军人才更大的人财物支配权。要加大成果处置、收益分配、股权激励、人才流动、兼职兼薪等政策落实力度，使创新者得到应有荣誉和回报，增强科技人员的持久创造动力。

我们要推动大众创业、万众创新，着力激发全社会创新潜能。人民群众是历史的创造者，也是推动创新的根本力量。我们有1.7亿多受过高等教育或拥有专业技能的人才，蕴藏着巨大的创新潜能，这是我国发展用之不竭的最大“富矿”。要不拘一格用好各方面创新人才，集众智、汇众力，提高社会创新效率。既要支持专业人才在创新上不断突破，也要激发普通民众的创造潜力；既要支持本土人才勇攀高峰，也要吸引海归人才、外国人才来华创业创新。我们要以海纳百川、求贤若渴的气度，为各类创新人才施展才华提供更大空间、更广阔的舞台。

我们要全面提高创新供给能力，推动科技创新成果向各行业各领域覆盖融合，加快新旧动能转换。新动能既来自新兴产业成长，也来自于传统产业的改造提升。在科技创新的推动下，我国新兴产业快速成长，数字经济、分享经济、平台经济等新业态方兴未艾，对这些产业要审慎监管，使之健康发展。同时，要促进新技术、新业态、新模式加快与一二三产业融合发展，推动实体经济升级，使传统产业焕发新的生机与活力。要实施普惠性创新政策，落实和完善研发费用加计扣除、固定资产加速折旧等措施，支持企业与高校、科研院所、创客合作建立协同创新平台，推广“小核心、大协作”的“双创”模式，促进源头创新、成果转化、市场开发齐头并进，重点围绕提升产业竞争力、满足多层次消费需求和助力破解医疗、环保等领域民生难题，大力研发新品、多出优品、打造精品，着力提升“中国制造”的品质和“中国创造”的影响力。

我们要加强知识产权保护，打造良好创新生态环境。保护知识产权就是保护和激励创新。要开展知识产权综合管理改革试点，构建知识产权创造、保护、运用体系，严厉打击侵权假冒行为，使创新者的合法权益得到切实有力的保护，使知识产权更多转化为现实生产力。要努力营造支持创新、追求卓越的社会氛围，让尊重劳动、尊重知识、尊重人才、尊重创造蔚然成风，让人人皆可创新、处处是创新之地，促进科学创新精神与企业家精神、工匠精神相结合，形成推动创新发展的强大动力。

同志们，朋友们，科技改变世界，创新决定未来。让我们更加紧密地团结在以习近平同志为核心的党中央周围，倍加珍惜荣誉，切实担当使命，奋力创造辉煌，推动科技事业更好更快发展，以优异成绩迎接党的十九大胜利召开，为实现“两个一百年”奋斗目标和中华民族伟大复兴的中国梦、建设富强民主文明和谐的社会主义现代化国家，作出新的更大贡献。

（摘编自中国政府网）

李克强：以创新引领实体经济转型升级

（2017年3月5日）

2017年3月5日，第十二届全国人大五次会议在人民大会堂开幕，国务院总理李克强作政府工作报告。

李克强指出，以创新引领实体经济转型升级。实体经济从来都是我国发展的根基，当务之急是加快转型升级。要深入实施创新驱动发展战略，推动实体经济优化结构，不断提高质量、效益和竞争力。

提升科技创新能力。完善对基础研究和原创性研究的长期稳定支持机制，建设国家重大科技基础设施和技术创新中心，打造科技资源开放共享平台。推进全面创新改革试验。切实落实高校和科研院所自主权，落实股权期权和分红等激励政策，落实科研经费和项目管理制度改革，让科研人员不再为杂事琐事分心劳神。开展知识产权综合管理改革试点，完善知识产权创造、保护和运用体系。深化人才发展体制改革，实施更加有效的人才引进政策，广聚天下英才，充分激发科研人员积极性，定能成就创新大业。

加快培育壮大新兴产业。全面实施战略性新兴产业发展规划，加快新材料、人工智能、集成电路、生物制药、第五代移动通信等技术研发和转化，做大做强产业集群。支持和引导分享经济发展，提高社会资源利用效率，便利人民群众生活。本着鼓励创新、包容审慎原则，制定新兴产业监管规则。深化统计管理体制改革，健全新兴产业统计。在互联网时代，各领域发展都需要速度更快、成本更低的信息网络。今年网络提速降费要迈出更大步伐，年内全部取消手机国内长途和漫游费，大幅降低中小企业互联网专线接入资费，降低国际长途电话费，推动“互联网+”深入发展、促进数字经济加快成长，让企业广泛受益、群众普遍受惠。

大力改造提升传统产业。深入实施《中国制造2025》，加快大数据、云计算、物联网应用，以新技术新业态新模式，推动传统产业生产、管理和营销模式变革。把发展智能制造作为主攻方向，推进国家智能制造示范区、制造业创新中心建设，深入实施工业强基、重大装备专项工程，大力发展先进制造业，推动中国制造向中高端迈进。完善制造强国建设政策体系，以多种方式支持技术改造，促进传统产业焕发新的蓬勃生机。

持续推进大众创业、万众创新。“双创”是以创业创新带动就业的有效方式，是推动新旧动能转换和经济结构升级的重要力量，是促进机会公平和社会纵向流动的现实渠道，要不断引向深入。新建一批“双创”示范基地，鼓励大企业和科研院所、高校设立专业化众创空间，加强对创新型中小微企业支持，打造面向大众的“双创”全程服务体系，使各类主体各展其长、线上线下良性互动，使小企业铺天盖地、大企业顶天立地，市场活力和社会创造力竞相迸发。

全面提升质量水平。广泛开展质量提升行动，加强全面质量管理，健全优胜劣汰质量竞争机制。质量之魂，存于匠心。要大力弘扬工匠精神，厚植工匠文化，恪尽职业操守，崇尚精益求精，培育众多“中国工匠”，打造更多享誉世界的“中国品牌”，推动中国经济发展进入质量时代。

（摘编自中国新闻网）

李克强：加快新旧动能接续转换，强化创新引领

（2017年3月6日）

2017年3月6日，中共中央政治局常委、国务院总理李克强来到他所在的十二届全国人大五次会议山东代表团，参加审议政府工作报告。

参会代表就提高发展质量、创业创新、外贸转型、农民增收等问题积极发言。李克强与大家深入讨论交流。他说，过去一年我国发展面临的困难比预料的多，在以习近平同志为核心的党中央坚强领导下，我们成功应对诸多挑战，取得了来之不易的成绩，为今年经济社会发展打下了较好基础。

李克强说，中国经济总量已超过11万亿美元，政府工作报告提出今年经济增长预期目标为6.5%左右，这不仅保持了中高速增长，符合经济规律，而且经济增量将超过去年水平，可以支撑比较充分的就业。要按照稳中求进工作总基调，贯彻落实新发展理念，引导各方面把注意力和工作重点更多放在提高质量和效益上，通过深化改革、扩大开放破解阻碍发展的难题，增强推动经济持续向好的内生动力。

李克强指出，保持经济中高速增长，必须以推进供给侧结构性改革为主线，加快新旧动能接续转换，强化创新引领，促进产业转型和经济升级。推动转型升级，最大的潜力在于激发13亿多人的积极性和创造力。要持续推进简政放权、放管结合、优化服务，大力减税降费，降低企业制度性交易成本，增强市场活力，营造推动大众创业、万众创新的宽松、包容、公平环境。适应新产业、新业态、新模式成长的规律和需求，依托“互联网+”，搭建大中小企业、科研院所、创客等协同创新平台，激励更多企业员工主动投身创业创新，让新动能尽快在更大范围、以更大规模壮大起来，也为就业拓展空间。同时，要加快传统动能改造提升，发挥新动能的引领带动作用，催生新的生产、经营、销售模式，提高全要素生产率，促进经济加快迈向中高端。

（摘编自新华网）

李克强：“双创”让聪明才智和活力充分展现

（2017年3月15日）

2017年3月15日，国务院总理李克强在人民大会堂会见中外记者时指出，“双创”不仅带动了大量就业，促进创新驱动发展战略深入实施，它也是一场改革，因为它抓住了人这个生产力当中最重要的因素，让人的聪明才智和活力充分展现出来，让大家有改变命运、获得纵向上升的平等机会。

李克强说，“双创”也创新了生产模式，许多新业态，像共享经济、分享经济、“互联网+”，等等，有的是新旧动能转换过程当中产生的，新旧嫁接，有的是老树开新花。但总的看适应了市场的需求，适应了消费者个性化、多样化的要求。新业态的成长也倒逼了政府职能转变。这些新业态很多是过去未知的，有不同争议是正常的，我们要以开放的态度、包容的理念审慎监管，促使它健康发展。

李克强指出，“双创”不仅是中小微企业的事，现在许多大企业也在推动“双创”，在线上创造很多众创空间，让线上的工人当创客，和订单背后的市场需求结合起来，更适应消费者的需要。“双创”覆盖了一二三产业、大中小企业，是有着很强的生命力的。

李克强强调，中国有1.7亿多受过高等教育和拥有高技能的人才，与8亿左右的劳动力结合起来，能创造的财富，激发的能量是难以估算的。中国人民勤劳智慧，有着追求美好生活的不竭动力，政府就是要创造环境，让人民群众创业创新的热情持久不衰。“双创”和许多新事物一样，发展过程当中会出现一些曲折，但是大方向是正确的。

（摘编自中国网）

李克强：贯彻新发展理念，培育发展新动能

（2017年4月18日）

2017年4月18日，中共中央政治局常委、国务院总理李克强主持召开“贯彻新发展理念，培育发展新动能”座谈会，与正在国家行政学院该专题研讨班学习的全体学员、有关部门、部分企业和金融机构负责人座谈交流。李克强指出，坚持创新、协调、绿色、开放、共享新发展理念，推动新旧动能转换，环境和载体是两个基本要素。“放管服”改革为新动能成长创造更好环境，创新驱动发展战略和“双创”为新动能成长提供更好载体。

李克强说，近几年，世界经济复苏艰难，不稳定不确定因素明显增多。国内经济发展进入新常态，经济增长动力、资源要素条件等都发生较大变化，长期积累的结构性矛盾凸显，经济下行压力较大。面对错综复杂的形势，再走粗放型发展老路难以为继。在以习近平同志为核心的党中央坚强领导下，全国上下坚持稳中求进工作总基调，深入贯彻创新、协调、绿色、开放、共享的新发展理念，推进供给侧结构性改革，努力在促进经济结构转型升级上迈出更大步伐。在宏观上，我们牢牢把准政策方向，坚持不搞“大水漫灌”式强刺激，改变过度依赖投资和出口拉动增长，不断创新调控方式，统筹精准实施区间调控、定向调控、相机调控，依靠改革创新和结构调整增强发展内生动力。同时，通过推进简政放权、放管结合、优化服务和减税降费，实施创新驱动发展战略，推动大众创业、万众创新，努力为激发市场主体活力和创造力营造良好环境，增强人民群众获得感。经济不仅没有出现“硬着陆”，而且实现了稳中向好、结构优化、就业扩大，今年一季度这种好势头进一步巩固。实践证明，持续推进转型升级，就能够实现我国发展战略目标。

李克强指出，推动经济结构转型升级必须加快新旧动能转换。新动能覆盖一二三产业，重点是以技术创新为引领，以新技术、新产业、新业态、新模式为核心，以知识、技术、信息、数据等新生产要素为支撑，体现了新生产力发展趋势，是实体经济发展升级的强大动力。发展新动能，一是必须坚持“增量崛起”与“存量变革”并举，既要培育发展前景广阔的新兴产业，也要化解淘汰过剩落后产能、运用新技术改造提升传统产业，实现“老树发新枝”，促进社会生产力整体跃升。二是要推动有效投资和消费升级互促共进，把国内巨大市场需求作为“导航灯”，大力补上短板，促进产品和服务创新，实现更高水平上供需结构的匹配和优化。三是不仅立足国内市场，也要主动参与国际竞争，抓住世界新一轮科技革命和产业变革机遇，积极培育对外开放新优势，拓展发展空间。

李克强说，加快新旧动能转换关键要以改革优化环境，进一步转变政府职能，持续深化“放管服”改革，大力推进减税降费。更好适应新动能成长特点，完善新业态、新产业等标准，探索既有必要的“安全阀”和“红线”、又能包容创新发展的审慎监管体制机制，使新动能健康成长。要做强大众创业、万众创新载体，依托“互联网+”，发挥互联、开放、共享的优势，在创新成果分配、股权激励、社会保险、户籍办理、金融支持、政府基金引导等方面加大政策创新，汇聚各方面智慧和资源，支持企业特别是大企业开展“双创”，发挥社会创造力，拓宽纵向流动渠道，提高新生市场主体活跃度，推动“中国制造2025”等重大战略不断有新突破新成果，形成新旧动能转换“加速度”，使促改革、调结构的成果充分体现在经济平稳发展、就业不断扩大、收入持续增加上。

李克强指出，各地区、各有关部门、广大企业要深入贯彻落实新发展理念，增强主动意识和紧迫感，因地制宜，敢为人先，奋发有为，真抓实干，调动各方面积极性，弘扬企业家精神和工匠精神，以新旧动能转换的澎湃力量推动中国经济在转型升级中持续保持中高速增长、迈向中高端水平。

（摘编自中国政府网）

李克强：营造更好的创业孵化环境，深入推动大众创业万众创新

（2017年5月11日）

2017年5月11日，中国成都国际创业孵化峰会在四川省成都市召开。国务院总理李克强向峰会发去贺信。

李克强在贺信中表示，创业孵化是培育科技型中小企业、加速科技成果转化、推动协同创新的重要手段。30年来，中国创业孵化从无到有、从小到大，吸纳和服务了40多万家初创企业、带动就业200多万人，实现了创新、创业、就业的有机结合和良性循环，为促进经济社会发展发挥了重要作用。

李克强指出，当前中国经济发展正处在新旧动能转换和经济结构升级的关键时期。我们将贯彻落实新发展理念，深入实施创新驱动发展战略，营造更好的创业孵化环境，深入推动大众创业万众创新，构建大中小企业跨界融合发展、资源与收益共享的新型产业生态，打造动力更加强劲的经济发展新引擎。中国愿与世界各国进一步加强合作，形成创新合力，为全球经济注入新动力。

（摘编自新华网）

李克强：推“双创”向纵深发展，促体制机制改革创新

（2017年6月7日 ）

2017年6月7日，国务院总理李克强主持召开国务院常务会议，部署新建一批大众创业万众创新示范基地，推动体制机制创新和经济转型升级。

会议指出，为贯彻创新驱动发展战略，去年国家批准建设首批“双创”示范基地，形成了一批行之有效的“双创”模式和经验，有力促进了就业扩大和新动能成长。按照《政府工作报告》部署，会议确定，今年在创业创新基础较好、特色明显、具备示范带动作用的地方、高校院所和企业再新建一批“双创”示范基地，形成覆盖全国各省级行政区、一二三产业及新兴和传统产业、各类所有制市场主体，包括农民工返乡创业、海外人才来华创业在内的各有侧重、各具优势的创业创新格局，推动“双创”向更高层次和水平迈进。为此，会议要求，各地区、各部门要聚焦“双创”发展需要，持续深化改革，打破体制机制障碍，营造更好政策环境。一要更大力度推进简政放权、放管结合、优化服务改革，鼓励在“双创”示范基地开展专业化审批服务，实行审批职责、事项、环节“三个全集中”。推行商标网上申请和电子营业执照。逐步取消享受优惠政策的事前审批和备案管理。二要以“双创”为抓手，促进国有大企业生产组织、创新模式、人事管理及分配方式等深刻变革，推动大中小企业融通发展。建立适应新兴业态发展的包容审慎监管机制。加快发布分享经济发展指南，将鼓励创业创新的优惠政策向新兴业态企业开放。三要加快发展“互联网+”创业网络体系，建设一批低成本、便利化、全要素、开放式的众创空间，推动老旧商业设施、仓储设施、闲置楼宇等转为创业孵化基地。四要落实和完善税收减免、股权激励等创业创新优惠政策，制定鼓励人才自由流动的“柔性引才”政策。加大投融资、就业社保等政策支持，研究建立促进国有企业、国有资本从事创投的容错机制，完善灵活就业、自主创业等扶持政策。五要强化知识产权保护，促进科技成果加快转化应用。使“双创”向纵深推进。

（摘编自中国政府网）

李克强：准确把握世界科技革命产业变革新趋势

（2017年6月22日）

2017年6月22日，中共中央政治局常委、国务院总理、党组书记李克强主持国务院党组理论学习中心组学习讲座，就新一轮世界科技革命和产业变革若干前沿领域发展态势进行专题学习。

李克强在发言中指出，当前，新一轮世界科技革命和产业变革孕育兴起，它具有极大的冲击力，正在对人类社会带来难以估量的作用和影响，将引发未来世界经济政治格局深刻调整，可能重塑国家竞争力在全球的位置，颠覆现有很多产业的形态、分工和组织方式，实现多领域融通，重构人们的生活、学习和思维方式，乃至改变人与世界的关系。这其中既蕴含着重大机遇，但也存在巨大的不确定性，未知远大于已知，会带来多方面挑战。凡事预则立，不预则废。面对渗透各方、扑面而来的科技革命和产业变革浪潮，我们必须站高、看远、想深、谋实，增强紧迫感，以积极作为抢占制高点、把握主动权，开创我国现代化建设的新未来。

李克强强调，抢抓机遇，必须深入实施创新驱动发展战略，瞄准主攻方向，努力追赶或站上世界科技前沿。面向人工智能、量子科学、基因编辑和新材料、新能源等关键领域，在突破核心技术、拿出原创性成果上下功夫，在更多领域实现由“跟跑”变为“并跑”，有的甚至可争取“领跑”。面对新科技革命和产业变革带来的供需结构深刻变化，在关系国家核心利益和安全、亿万民众福祉等领域，紧密结合“中国制造2025”“互联网+”等，依托重大科技工程，通过联合攻关和协同创新，突破更多技术瓶颈，形成跨界融合、系统集成能力，增强产业持续创新力，推动传统动能改造升级和新动能成长壮大，促进中国经济长期保持中高速增长、迈向中高端水平。

李克强说，要在新一轮全球科技竞争中赢得战略主动，必须加强基础研究这个重要支撑。要紧扣突出短板，加大长期稳定支持力度，促进企业发挥基础研究生力军作用，落实好相关政策，加大对人才资源的投入，充分调动科研人员的积极性，让他们把国家目标与个人兴趣有机结合起来，自由探索未知空间，努力在探索奥秘、发现规律中有更多中国科学家的贡献。同时，把基础研究与应用研究更好结合，推动科技与产业贯通，加速科研成果转化为现实生产力，为创新驱动发展提供更多源头活水。

李克强指出，本轮科技革命和产业变革不同以往，抢抓机遇，赢得主动，根本要靠深化改革和扩大开放，培育不同以往的新型创新机制和创新主体。要深化“放管服”改革，更大程度给科研院所和高校松绑减负，充分释放各类创新资源的活力。改进科研项目资助和评价机制，着力完善评审制度，更多发挥市场机制的选择作用，由社会实践成效来衡量，真正把宝贵资源更多投向好项目、好团队。推动更多国家重大科研基础设施和科学数据、仪器设备向各类创新主体开放，在共享中发挥更大效益。要打造汇聚各方力量的创新大军。发挥科研院所的骨干领军作用和企业的主体作用，推动大众创业、万众创新，推动个体与“群智”紧密结合，科研院所、高校、企业、普通创客深度融通，线上线下深入融合，国际国内深化合作，形成中国式创新新模式和创新“加速度”。要以全球视野学世界之长，让创新合作成为国际合作的新亮点。

李克强说，各级政府领导干部要在以习近平同志为核心的党中央领导下，主动作为，追求新知，避免在日新月异的科技革命和产业变革中落伍甚至成为新的科盲。要创新政策，以更优的环境和包容审慎监管助力新产业、新业态等健康发展，加快建设创新型国家和世界科技强国。

（摘编自新华网）

李克强：在第四次工业革命中实现包容性增长

（2017年6月27日）

2017年6月27日，国务院总理李克强在大连国际会议中心出席2017年夏季达沃斯论坛开幕式并发表特别致辞。致辞全文如下。

很高兴与大家再次相聚在美丽的大连。首先，我代表中国政府，对第十一届夏季达沃斯论坛的召开，表示热烈祝贺！对各位远道而来的嘉宾和媒体界的朋友，表示诚挚欢迎！

昨天傍晚，我会见施瓦布主席及部分与会嘉宾。我们站在平台上眺望远处，看到青山被薄雾笼罩，时隐时现。但这只是暂时的，薄雾终会散去，青山则长久屹立。我由此联想到，当前的世界经济何尝不是如此。一方面，世界经济和贸易出现回暖迹象，新一轮工业革命使人们看到新的希望，经济全球化是不可逆转的趋势；另一方面，世界经济复苏动力不足，结构性问题尚未根本解决，逆全球化倾向有所抬头，地缘政治风险有所上升。如果把青山喻为世界经济稳定性，薄雾喻为不确定性，咬定青山不放松，就能用稳定性战胜不确定性。

在年初的世界经济论坛年会上，习近平主席发表主旨演讲，深刻阐述了中国坚定支持经济全球化、维护自由贸易的主张，赢得国际社会广泛认同。本次论坛以“在第四次工业革命中实现包容性增长”为主题，具有很强的现实针对性。

纵观世界历史，每一次工业革命都推动了社会生产力大跃升、人类文明大进步。这一轮工业革命，是在经济全球化背景下孕育兴起的，正以前所未有的速度、广度、深度改变着世界，为各国经济增长提供了强劲动力。但如果举措不当，也会带来增长包容性不足问题。比如，一部分人受益多、另一部分人受益少，传统产业和就业受到冲击，资本回报和劳动回报差距加大。解决好这些问题，既具有社会意义，也具有经济意义。增长包容性不够，会导致部分劳动力和资源闲置、阶层和区域分化，市场潜力难以充分发挥，社会分化凸显，经济增长也难以持续。实现包容性增长，就是增强社会公平性和发展普惠性，就是实现可持续增长。

与以往的工业革命相比，在新工业革命中实现包容性增长，具有更大的可能性。以网络化、数字化、智能化为代表的新工业革命，不仅创造了新的供给与需求，大大拓展了发展空间，也给各方带来前所未有的机会、平等参与的机会。每个人都可借助互联网，更加便利地创业创新创富。中小企业可以与大企业站在同一起跑线上，融通发展催生更多新领军者。发展中国家也可以更好发挥比较优势和后发优势。关键是要采取有力有效的举措，把这些可能变为现实，使更多的人、企业、国家在新工业革命中实现更好发展。

当今时代，推动包容性增长，必须维护经济全球化。经济全球化极大促进了商品、资本、人员流动，让生产者有了更大市场、消费者有了更多选择，世界各国都能从中受益。但在经济全球化面前，无论是发达国家还是发展中国家，都遇到了这样那样的不适应问题。这些问题的根源不在于经济全球化本身，主要在于如何适应或应对。我们不能走路崴了脚，就怪地不平，不再往前走了。应更好适应和引导经济全球化，维护多边体制权威性和有效性，促进贸易和投资自由化便利化，同时改革和完善国际经贸规则，保障各国在国际经济合作中权利平等、机会平等、规则平等。现在有人在讨论“公平贸易”问题。事实上，自由贸易作为经济全球化的基础，是贸易公平的前提，限制贸易自由带不来贸易公平；公平原则是自由贸易的应有之义，不公平的贸易也无法持续。至于贸易中出现的问题和争端，要考虑对方国情，平等协商、互谅互让，寻求利益契合点和平衡点，找到优势互补、双赢之道。在国际多边规则下，要一视同仁，不宜将单边规则强加于人，而是要寻求多赢。

推动包容性增长，离不开各国自身努力。在经济全球化和新工业革命进程中，各国能否用好机遇，加快经济发展，解决好失业、收入差距拉大、贫困等问题，主要取决于自身的选择和行动。要健全讲求效率、注重公平的制度安排，打造平衡普惠的增长模式，提供人人平等参与的机会，改革面向未来的教育，增强劳动者在产业变革中的适应性，化解就业结构性矛盾，加大对弱势群体扶持力度，努力让所有人分享发展带来的好处。讲到可持续发展，就不能不提应对气候变化，这是国际社会的共同责任。中国将信守《巴黎协定》承诺，落实应对气候变化的措施，这也是中国绿色发展的需要。

前不久，中国成功举办“一带一路”国际合作高峰论坛。“一带一路”建设立足于共商共建共享，是一个包容发展的大平台，为世界各国及工商企业提供了新的机遇。希望各方积极参与，在互利合作中实现联动发展、共赢发展。

中国是包容性增长的积极实践者。近年来，在世界经济低迷的大环境中，中国经济之所以保持平稳发展，一个重要原因就是包容性不断增强。我们深入贯彻创新、协调、绿色、开放、共享的发展理念，顺应经济全球化和新工业革命大趋势，在发展战略上体现包容，在体制机制上保障包容，在政策举措上促进包容，走出了一条具有自身特色的包容性增长之路。当然，我们还在探索之中。

我们坚持把就业置于发展优先位置。就业是包容性增长的根本。没有比较充分的就业，就谈不上包容性增长，增加收入、创造社会财富也就成了无本之木。中国有9亿多劳动力，每年有1300万左右大中专毕业生，还有大量农业富余劳动力需要向城镇转移。我们把就业作为衡量经济运行状况的关键指标，稳增长主要是为了保就业。坚持实施积极的就业政策，着力扩总量、抓重点、扶弱困。鼓励以创业带动就业，实施大学毕业生就业促进计划，支持农民工返乡创业，帮助去产能分流职工、城镇困难人员、残疾人等就业，确保零就业家庭至少有一人稳定就业。过去几年，中国城镇每年新增就业超过1300万人，城镇调查失业率保持在5%左右。有国际权威机构进行多项发展指标综合评估，将中国就业表现列为世界第一。同时，居民收入增长与经济增速保持同步，基尼系数逐步缩小，中等收入群体稳步扩大。这对一个13亿多人口的发展中大国来说，是一项了不起的成就，也是对包容性增长的重要贡献。

我们持续扩大全社会创业创新参与度。这也是拓展就业渠道。人人参与、人人尽力、人人享有，是包容性增长的核心要义，也是当代中国创业创新的显著特征。近年来，中国深入实施创新驱动发展战略，广泛开展大众创业、万众创新，厚植社会创业创新沃土，取得了超出预期的效果。中国的创业创新，是社会成员广泛参与的。不仅企业和科研单位在推进“双创”，越来越多的普通人也加入进来，八仙过海、各显神通。自2014年我们提出“双创”以来，三年间平均每天新增市场主体超过4万家，其中新登记企业近1.4万户，企业活跃度保持在70%左右，今年5月份每天新登记企业更是达到1.8万户。中国的创业创新，是各类主体协同推进的。我们打造开放共享的“双创”平台，各类创新主体携手合作，线上线下良性互动，聚众智、汇众力，使创业创新的成本更低、速度更快、效率更高。前些天，世界知识产权组织等机构发布了2017年全球创新指数排名，中国列第22位，较2013年上升13位，居中等收入经济体之首。中国的创业创新，是人民群众普遍受益的。我们对新产业、新业态、新模式，如电子商务、移动支付、共享单车，实行包容审慎监管方式，促进了其快速健康发展。这不仅便利了百姓生活，也增加了大量就业岗位。在去年全部新增就业中，新动能的贡献率达到70%左右。“双创”让更多人有了改变自身命运的机会，拓宽了社会纵向流动通道。中国的创业创新，有力促进了经济转型升级和竞争力提高。“双创”推动了新兴产业迅速发展，使很多传统产业焕发生机，壮大了发展新动能。去年中国分享经济市场规模达3.5万亿元，增长速度超过100%，有6亿人参与分享。中国的创业创新，因其“众”而成其快、成其势、成其强，是实现包容性增长的有效途径。

我们不断提升基本民生保障水平。中国是世界上最大的发展中国家，解决好十几亿人口的温饱、住房、教育、医疗等基本民生问题很不容易。通过艰苦努力，中国建立起了覆盖全民的基本养老、基本医疗、义务教育三张保障网。我们瞄准中低收入人群特别是贫困人口，想方设法改善他们的生产生活条件，着力实施农村脱贫攻坚、城镇棚户区改造等重大民生工程。过去30多年，中国有7亿多人口摆脱贫困，创造了人类减贫史上的奇迹。目前正在大力推进精准扶贫、精准脱贫，计划到2020年使剩余的4000多万农村贫困人口实现脱贫。中国曾经有约1亿人生活在城镇棚户区，过去8年累计投入各类资金6万多亿元，改造棚户区房屋3000多万套，让8000多万居民住上新楼房，这相当于一个较大国家的人口总量。中国的包容性增长，使人民群众生活更好、更有尊严，使经济社会发展更有活力、更可持续。当然，中国还是一个发展中国家，推进全体人民共享发展成果、实现现代化，还有很长的路要走。

今年以来，中国经济延续了稳中向好的发展态势。一季度经济增长6.9%，经济效益明显改善，二季度主要经济指标继续向好。发电量、货运量、企业新订单明显增加，规模以上工业企业利润两位数增长。外汇储备回升，人民币汇率基本稳定。特别是就业形势比较好，5月份全国城镇调查失业率降到4.91%，处于多年来最低水平。近期，多家国际组织和研究机构上调对中国经济增长的预测值，认为中国发展新动能不断积聚，经济再平衡稳步推进，这反映出市场的乐观预期。

中国经济运行指标令人欣慰，内在结构的变化更为可贵。这些年，面对经济下行压力，我们没有采取“大水漫灌”式的强刺激，也没有沿袭过度投资、消耗资源的传统发展方式，而是通过改革创新，持续调整经济结构，实现了经济增长从过多依赖出口、投资，到更多依靠消费拉动、服务业带动、内需支撑的重大转变。去年，消费对经济增长的贡献率上升到64.6%，成为经济增长的主要力量；服务业增加值占比提高到51.6%，占到半壁江山；经常账户差额与国内生产总值之比下降到1.8%，内需成了响当当的顶梁柱。这些重大转变，凸显了中国经济质的提升，使经济增长具有更好的稳定性和持续性。

当前，中国经济也面临不少困难和挑战，我们对此已做了充分应对准备。在外部环境复杂多变的背景下，在国内经济转型升级的关键时期，中国一些经济指标有短期小幅波动是难免的，但稳中向好的态势不会改变，完全能够实现全年发展主要目标任务。我们将坚持稳中求进工作总基调，以供给侧结构性改革为主线，推动经济加快转型升级，增强发展的内生动力。

我们将全面深化改革，释放经济发展的更大活力。加大财税、金融、国企国资等重要领域改革力度。着力推进简政放权、减税降费，降低制度性交易成本和企业负担。放宽市场准入，促进公平竞争，提供便利服务，消除民营企业投资和发展的障碍。落实结构性减税政策，全面清理各种涉企收费，在前几年减税降费2万亿元的基础上，今年再减轻企业负担1万亿元，让市场主体有更多感受。

我们将持续推进结构调整，加快新旧动能接续转换。坚持创新驱动发展，把“双创”引向纵深，推动大中小企业、科研机构和社会创客融通创新，培育新兴产业集群，鼓励用新技术新业态改造提升传统产业。继续运用市场化法治化办法，推进钢铁、煤炭、煤电等行业化解过剩产能、淘汰落后产能。中国已进入中等收入国家行列，消费至关重要。扩大消费，就能释放市场巨大潜力，就能带动更多就业。我们将适应消费升级需求，不断改善消费环境，培育消费热点，壮大新兴消费。这不仅能改善人民生活，也能为经济增长增添动力。

我们将积极主动扩大对外开放，打造具有国际竞争力的营商环境。加快构建适应经济全球化和新工业革命的开放型经济新体制，进一步放宽服务业、制造业的市场准入，放宽一些外商关注领域的外资股比限制，推进和完善负面清单管理模式。对内外资企业，在支持政策上一视同仁，推动实施一个窗口登记注册和限时办结。鼓励外资企业在华利润留在境内投资，支持跨国公司在华设立地区总部，引导外资投向中西部地区、东北等老工业基地。未来5年，中国将进口8万亿美元的商品。中国经济长期向好、日益开放，会给世界各国带来更多机遇，将继续是最富吸引力的投资目的地。欢迎各国工商界来华投资兴业，与中国经济共同成长。

我们将加强经济金融风险的防控，守住不发生系统性风险底线。目前，一些领域确实存在风险隐患，但风险总体可控。我们正在采取有效措施，及时化解和处理风险点。对中国来说，不发展是最大的风险。我们将继续统筹兼顾，在促进经济发展中防范化解风险。中国政府负债率在世界主要经济体中相对较低，国民储蓄率、商业银行资本充足率、拨备覆盖率相对较高，我们有足够的能力防范各类风险，确保经济运行在合理区间，并长期保持经济中高速增长、迈向中高端水平。

中国人常说，海纳百川，有容乃大。一个更加包容的世界，必将是更加精彩的世界。我们愿与各国一道，致力在经济全球化和新工业革命进程中实现包容性增长，共同构建人类命运共同体，共同创造人类美好未来！

（摘编自新华网）

李克强：大力实施创新驱动发展战略，完善创业创新生态

（2017年7月6日）

2017年7月6日，中共中央政治局常委、国务院总理李克强主持召开经济形势专家和企业家座谈会，分析研究当前经济运行情况，听取对下一步经济工作的意见建议。中共中央政治局常委、国务院副总理张高丽出席。

会上，贾康、陈宪、沈联涛等专家和中国一重、顺丰速运、旷视科技公司负责人分别围绕国内国际经济金融形势、大众创业万众创新与新动能成长、企业改革、营商环境等谈了看法和建议。大家认为，今年以来，面对国际不确定因素明显增多、竞争博弈加剧的外部环境，我国经济运行实现了持续向好，经济结构、企业效益、市场信心都在改善，新增就业超出预期，新动能蓬勃发展形成了更强的经济和就业支撑力，经济“稳”的格局在巩固，“进”的态势更明显。李克强与大家深入交流。

李克强说，上半年我国经济保持稳中向好态势，成绩来之不易，需要倍加珍惜。但也要看到，面对世界经济政治格局深度调整和国内一些深层次矛盾的交叉叠加，未来发展面临的困难仍然较多。我们既要坚定信心，又要做好应对各种挑战的准备，努力在多变世界中抓住机遇、赢得主动。要坚持稳中求进工作总基调，贯彻落实新发展理念，以推进供给侧结构性改革为主线，更加注重激励创新、优化环境、提高质量效益，更好完成全年经济社会发展目标任务。

李克强指出，要着力夯实稳中向好的基础。继续稳定宏观政策、稳定市场预期、稳定金融运行，坚持积极的财政政策和稳健的货币政策，实施前瞻、精准、有效的相机调控，对冲外部环境的不确定性，妥善防控和化解风险点。继续把稳就业这件促发展、惠民生的大事放在突出位置，坚持实施就业优先政策，做好大中专毕业生、去产能转岗人员、困难群体等的就业促进工作。继续把强实体作为关键举措，全面落实各项减税降费措施，努力破解融资难融资贵问题，让广大企业特别是中小企业轻装上阵。继续以适度扩大总需求形成重要支撑，着力消除制约民间投资的障碍，瞄准发展短板和群众期盼，扩大有效投资，促进多层次、个性化新消费发展，让消费在经济增长中发挥更大作用。

李克强说，要加快推进新旧动能转换，做到“激活”“育新”“改旧”有机结合。要以深化改革开放为动力，深入推进“三去一降一补”，持续加大简政放权、放管结合、优化服务力度，降低制度性交易成本，努力打造内外资企业一视同仁、具有国际竞争力的营商环境，着力激发市场主体活力和社会创造力。要大力实施创新驱动发展战略，完善创业创新生态，持续推动大众创业、万众创新，深入实施“互联网+”“中国制造2025”等，在推动大中小企业融通发展中做强新制造、发展新服务，在创造新供给上结出更多硕果。要以新技术、新业态、新模式成长为传统产业改造创造条件，在技术进步、产品升级、提质增效上取得更大进展。

李克强指出，要不断取得发展惠民的新成效。坚持以人民为中心的发展思想，把党中央、国务院确定的脱贫攻坚、棚户区改造、污染治理等民生实事件件落到实处，让群众生活中的痛点难点更少、获得感幸福感更多。

（摘编自中国政府网）

李克强：把“双创”推向更大范围、更高层次、更深程度

（2017年7月12日）

2017年7月12日，国务院总理李克强主持召开国务院常务会议，讨论通过《关于强化实施创新驱动发展战略进一步推进大众创业万众创新深入发展的意见》。

会议指出，深入实施创新驱动发展战略，把“双创”推向更大范围、更高层次、更深程度，对保障和扩大就业、优化经济结构、加快新旧动能转换、提升国民经济竞争力，具有重要意义。

为进一步营造融合、协同、共享的“双创”生态环境，实现持续健康发展，增强创业创新实效，会议确定，一是创新政府管理。加快推动涉企证照登记和备案的各类信息整合至营业执照，建设全国统一的电子营业执照管理系统，对内外资企业推动实施一个窗口登记注册和限时办结。取消企业名称预先核准，推广自主申报。全面实施企业简易注销登记改革。推进跨省经营企业部分涉税事项全国通办和手机银行等多元化缴税方式。出台公平竞争审查实施细则。推进小微企业和农村创业创新示范基地建设。适当放宽互联网教育等行业准入条件。对新业态新模式实施包容审慎监管。二是优化“双创”服务。探索在战略性新兴产业相关领域率先建立财政资金支持形成的科技成果限时转化制度，对在合理期限内未能转化的，可由国家依法强制许可实施。简化专利等无形资产评估备案程序，实现协议、挂牌或拍卖定价。大力推动首台（套）重大技术装备示范应用。推动财政资金购置的仪器设备向社会开放。完善知识产权运用和快速协同保护体系。三是拓展融资渠道。支持地方性法人银行增设从事普惠金融服务的小微支行等。推广专利权质押等知识产权融资模式，并支持保险公司提供相应保险服务，鼓励地方政府提供风险补偿或保费补贴。稳步扩大创业创新公司债券试点规模。推动国家出资的基金设立扶持早中期、初创期创新型企业的创投基金。探索对创投孵化器等比照科技企业孵化器给予政策扶持。四是促进产业升级。加快建设工业互联网平台，引导大型企业开展内部“双创”，开放供应链资源和市场渠道，促进产业链上下游、大中小微企业融通发展。研究

实施更有效推进高校和科研院所“双创”的措施。依托企业建设制造业创新中心，开展关键共性重大技术研究和产业化应用示范。支持关键领域和瓶颈环节技术改造。制定发布促进数字经济发展战略纲要。五是强化人才支撑。适应新型和灵活就业形态，完善社保、税收等相关政策。落实和扩大高校、科研院所各类创新主体对人才激励的自主权。简化事业单位引进高层次和急需紧缺人才招录程序，没有岗位空缺的可申请特设岗位。简化外国高层次人才办理在华工作许可和居留证件程序，开展安居保障、子女入学和医疗保健等服务“一卡通”试点。外国留学生创业凭高校毕业证等可申请居留许可。实施留学人员回国创业创新启动支持计划，推动来内地创业的港澳同胞和回国（来华）创业的华侨华人同等享受当地公共服务。把返乡下乡人员创业创新纳入“双创”相关政策支持范围，允许依法使用集体建设用地开展创业创新。返乡农民工可在创业地参加各项社会保险。

（摘编自中国政府网）

李克强：推广海外人才优惠便利政策

（2017年7月19日）

2017年7月9日，国务院总理李克强主持召开国务院常务会议，部署创建“中国制造2025”国家级示范区。

会议指出，创建“中国制造2025”国家级示范区，探索实体经济尤其是制造业转型升级新突破，对于推进供给侧结构性改革，建设制造强国，保持经济中高速增长、迈向中高端水平，具有重要意义。

会议强调，在东中西部选择部分城市或城市群建设国家级示范区，要聚焦创新体制机制、深化开放合作、破解制造业发展瓶颈，与“互联网+”“双创”结合，打造先进制造工业云平台，在创新体系建设、智能和绿色制造等方面先行先试。同时，将目前已在国家自主创新示范区等实施的简政放权、财税金融、土地供应、人才培养等有关政策扩展到示范区，并对内外资企业一视同仁。主要有：一是深化简政放权、放管结合、优化服务改革，加快工业产品生产许可准入制度改革，支持示范区出台制造业和信息产业市场准入负面清单。经批准可将省级相关投资审批、外资管理、经贸合作等权限下放至示范区。全面实行企业“多证合一”。二是积极为大中小企业融通发展、集群发展搭建平台，统筹用好各类政府资金和产业基金，带动更多社会资本支持先进制造。实施普惠金融服务，国有商业银行已经成立的普惠金融事业部要着力在示范区探索积累经验。实行市场主体信用评价与税收便利服务挂钩。国有科技企业可对企业重要技术和管理人员实施股权等激励。三是在安排新增工业用地时对示范区适当倾斜，支持利用老旧工业和商业设施等发展生产性服务业和众创空间。四是鼓励对符合条件的高校毕业生、就业困难人员给予创业补贴。允许科技人才在高校、科研院所和企业兼职，推广海外人才优惠便利政策。五是深化制造业创新发展中外合作，积极引进国外先进技术装备。

（摘编自中国政府网）

李克强：促进“双创”更加蓬勃发展，形成科技创新的倍增效应

（2017年8月22日）

2017年8月22日，中共中央政治局常委、国务院总理李克强到科技部考察并主持召开座谈会。

在考察火炬高技术产业开发中心时，李克强详细了解了国家高新区和自主创新示范区建设、科技成果转化、“双创”发展以及支持企业研发的政策落实等情况。李克强指出，要让创新火炬向全社会传递，让创新发展成果普惠大众。李克强还了解开展创业孵化工作30年来科技型中小企业孵化的成效，他说，从孵化器到众创空间，再到创新生态营造，体现了我们为创新服务在不断深化，要总结经验、持续探索。在科技部政策法规与监督司，李克强听取科技体制改革任务落实和国家科技报告服务系统、科技管理信息系统建设等情况汇报，勉励他们勇于改革攻坚，加快科技信息开放共享，更好服务广大科研人员和企业发展。

随后，李克强主持召开座谈会，对科技战线广大干部职工在推动国家发展、促进经济结构转型升级中所作的卓有成效工作予以肯定。他说，党的十八大以来，以习近平同志为核心的党中央深入推进实施创新驱动发展战略，我国创新发展取得突破性成就，科技发展格局出现重大变化，创新对促进经济稳中向好、加快新旧动能转换、扩大就业等发挥了关键作用。新形势下，要贯彻落实新发展理念，深入推进供给侧结构性改革，把创新作为引领发展的强大动力，充分发挥我国人才资源丰富的独特优势，持续提升整体创新能力，加快建设创新型国家和世界科技强国。

李克强指出，当前要把握科技革命带动产业变革加速等新特点，依托互联网、大数据等平台，在科技创新中推动融通发展。要促进科技与经济深度融通，构建良好创新生态，打造开放创新平台，提升创新效率，与市场需求紧密结合，实施“中国制造2025”，努力攻克关键技术，推动定制化、智能化供给创新，进一步提升科技对经济的贡献率。要促进基础研究、应用研究与产业化对接融通，鼓励更多企业进入基础研究，发展科技中介等服务，加快创新成果有效转化。要促进科研院所、高校、企业、创客等各类创新主体协作融通，坚决打破单位、部门、地域界限，推动人才、资本、信息、技术等创新要素自由流动和优化配置，促进大众创业、万众创新更加蓬勃发展，形成科技创新的倍增效应。

李克强强调，各有关部门要深入贯彻习近平总书记在全国科技创新大会上的讲话精神，按照党中央、国务院的明

确要求，切实把深化科技体制改革、支持科技创新的各项政策落到实处，着力打通政策落实“最后一公里”，在科研立项、经费管理、职称评定、岗位设置等方面，进一步给科研院所和高校松绑减负，进一步激发科技人员创新活力，进一步为青年科技人员创造良好发展环境，让他们有实实在在的切身感受，更好发挥科技创新对经济社会发展的引领作用，促进我国经济保持中高速增长、迈向中高端水平。

（摘编自《人民日报》）

李克强：支持创新改革举措，为创新发展营造更好环境

（2017年8月30日）

2017年8月30日，国务院总理李克强主持召开国务院常务会议，决定推广一批具备复制条件的支持创新改革举措，为创新发展营造更好环境；确定促进健康服务业发展的措施，满足群众需求、提高健康水平。

会议指出，按照党中央、国务院部署，去年6月以来部分地区开展相关改革试点，破解创新驱动发展瓶颈制约，探索营造有利于“双创”的制度环境和公平竞争市场环境，取得积极进展。会议决定，将目前比较成熟的若干改革举措在更大范围实施，绝大部分推向全国。一是加大对中小微企业创新的支持。搭建面向中小企业的投融资信息服务体系，支持以从核心龙头或大型企业获得的应收账款为质押，为关联企业提供融资，发展贷款、保险、财政风险补偿捆绑的专利权质押融资新模式。二是更大力度加强知识产权保护。依托快速维权中心，开展专利快速审查、确权、维权综合服务。三是允许高校和科研院所采取年薪制、协议工资制等形式引进高层次或紧缺人才。四是拓宽外籍人才工作居留向永久居留转换渠道，对外国专家来华工作和入境许可实行一口受理、一窗发放。五是实行国税地税联合办税。

会议指出，发展健康服务业这一战略性产业，是推进供给侧结构性改革的重要内容，事关全体人民特别是老年人切身福祉，需求巨大且迫切。2013年以来，各地各相关部门贯彻建设健康中国战略部署，推动健康服务业快速发展，医疗机构床位数、医师数大幅增长，社会办医占比达45%。会议要求，下一步，一是要制定健康产业发展行动纲要，建立长效支持机制。二是深化“放管服”改革。发展改革委要抓紧出台社会办医疗、养老机构设置跨部门全流程综合审批办法，破除发展制约。推动二级及以下医疗机构设置审批与执业登记两证合一。对养老机构内设诊所实行备案制。三是卫生计生委要牵头建立综合监管制度，运用“双随机、一公开”方式，加强事中事后监管，做到包容、审慎、有效，营造公平公正的发展环境。四是加大短缺人才培养，发展重大创新药物、短缺药物、康复辅助器具等健康产品。五是鼓励社会力量发展体检、专科医疗等服务。放宽外资投资诊所股比限制。开展居家和社区养老改革试点，扶持专业或其他机构和志愿者为老年人提供服务。六是财税部门要抓紧调整社会办医疗、养老企业所得税政策，加大支持力度。推动健康服务业规范有序发展。

（摘编自中国政府网）

李克强：进一步培育融合协同共享的双创生态环境

（2017年9月15日）

2017年9月15日，中共中央政治局常委、国务院总理李克强在2017年全国大众创业万众创新活动周开幕之际重要批示。批示指出：全国大众创业万众创新活动周是创新创业者碰撞思想、交流成果、展示风采的重要平台。当前，双创与各行各业深度融合发展，精准对接市场需求与社会海量创新资源，有效激发了市场活力和社会创造力，加快推动了新旧动能转换，促进了机会公平和就业扩大。要继续认真贯彻党中央、国务院决策部署，落实新发展理念，以推进供给侧结构性改革为主线，深入实施创新驱动发展战略，进一步培育融合、协同、共享的“双创”生态环境，着力营造公平竞争市场秩序，着力完善包容审慎监管制度，着力构建大中小企业融通发展的新格局，推动数字经济、平台经济发展，努力取得更多高水平的双创成果，以新产业蓬勃发展、新动能持续壮大、新人才不断涌现为经济转型升级提供有力支撑。

（摘编自新华网）

李克强：推动创新创业向更高层次升级

（2017年11月7日）

2017年11月7日，中共中央政治局常委、国务院总理李克强主持召开经济形势专家和企业家座谈会，就贯彻落实党的十九大精神、做好下一步经济工作听取意见建议。国务院副总理张高丽，中共中央政治局常委、国务院副总理汪洋出席。

会上，白重恩、谢丹阳、哈继铭、余斌等专家分别围绕经济运行、调整结构、促进“双创”、防控国际经济风险等发了言。哈尔滨电气集团、好孩子集团、重庆猪八戒网络公司负责人就打造产业集群、以创新创优拓展市场、发展分享经济等提了建议。大家认为，今年中国经济保持稳中向好态势，经济结构、增长动力、质量效益等发生积极变化，“放管服”等改革举措促进创新活力迸发成为一大亮点，全年预期目标将顺利实现。

李克强认真听取意见建议，并同大家深入交流。他说，在以习近平同志为核心的党中央坚强领导下，经过全国上下共同努力，今年我国经济发展好于预期，有力回应了一段时间国际上有关"中国经济要硬着陆"的论调，成绩应充分肯定，但也要充分认识外部环境仍然存在许多不稳定不确定因素，国内经济深层次结构性矛盾仍然比较突出，各类风险隐患仍然不可忽视。要稳不忘忧、好中知难，更好发挥中国经济的韧性、潜力和优势，在有效应对挑战中保持经济持续健康发展。

李克强指出，要巩固和扩大经济稳中向好态势，必须深入贯彻党的十九大精神，以习近平新时代中国特色社会主义思想为指导，继续坚持稳中求进工作总基调，贯彻落实新发展理念，着眼建设现代化经济体系，大力实施党的十九大提出的各项战略，坚持质量第一、效益优先，深化供给侧结构性改革，把提高供给体系质量作为主攻方向，依托推进"互联网+"和实施"中国制造2025"等，加快培育新动能、改造传统动能，运用技术、环保、质量标准等法治化、市场化手段，淘汰落后产能，增强经济创新力和竞争力。

李克强说，明年经济工作怎么安排，要全面落实党的十九大部署，与全面建成小康社会目标对接。要保持宏观政策连续性稳定性，继续深化改革、扩大开放，进一步推进减税降费，降低制度性交易成本，让市场在资源配置中发挥决定性作用和更好发挥政府作用，鼓励更多社会主体投身创新创业，推动创新创业向更高层次升级，促进中国经济深度融入世界经济，并做好防范潜在经济风险工作。

李克强说，改革发展为了人民，更要依靠人民。中国经济未来发展的最大潜力所在就是人力和人才资源。近几年通过简政放权等各项改革，鼓励创新创业的环境不断改善，人才红利持续释放，就业压力不断缓解。把人民群众的创造力发挥出来，不仅能创造更多价值，更能实现每个人的人生追求，进而推动中国经济持续健康发展。

（摘编自新华网）

李克强：加强产学研合作，打通创新链条，促进创新发展

（2017年11月12日）

2017年11月12日，第十一届中国产学研合作创新大会在济南召开。中共中央政治局常委、国务院总理李克强作出重要批示。批示指出：加强产学研合作是打通创新链条、促进创新发展的重要支撑。望全面深入贯彻党的十九大精神，围绕实施创新驱动发展战略，依托"互联网+"和大众创业、万众创新等着力打造协同创新平台，汇聚众智众力，加快推动建立以企业为主体、市场为导向、产学研深度融合的技术创新体系，有力促进科技难题攻坚和成果转化，在培育壮大新动能方面取得更大进展，为增强我国经济的创新力和竞争力作出新贡献。

（摘编自人民网）

刘云山：奋力创新争先，在建设世界科技强国中建功立业

（2017年5月27日）

2017年5月27日，中共中央政治局常委、中央书记处书记刘云山出席全国科技工作者日暨创新争先奖励大会并讲话。

刘云山在讲话中指出，党的十八大以来，以习近平同志为核心的党中央高度重视科技创新，作出一系列重大部署，推动我国科技事业取得新的重大成就，开启了向世界科技强国进军的新征程。要深入学习贯彻习近平总书记系列重要讲话精神，把握时代发展大势和科技进步潮流，坚持国家至上、民族至上、人民至上，奋力创新争先，勇攀科技高峰，在建设世界科技强国中建功立业，为实现中华民族伟大复兴的中国梦提供有力科技支撑。

刘云山希望广大科技工作者围绕树立和落实新发展理念、适应和引领经济发展新常态、推进供给侧结构性改革，聚焦国家重大战略和重大工程实施，谋划和确定科技创新的主攻方向和重点着力点，实现科技创新与经济社会发展深度融合。坚定创新自信，勇于挑战最前沿的科学问题，着力提出更多原创理论、作出更多原创发现，创造更多领跑世界的科技成果，努力抢占科技创新和科技竞争制高点。认真贯彻习近平总书记对黄大年同志先进事迹作出的重要指示，以先进典型为榜样，保持严谨求实、拼搏奉献的精神品格，自觉践行社会主义核心价值观，继承发扬优良学风，做科学精神的忠实践行者、科学真理的不懈追求者。

刘云山强调，各级党委和政府要把科技创新摆在突出位置，改革完善体制机制，抓好科技人才队伍建设，大兴识才、爱才、敬才、用才之风。科协组织要牢牢把握工作的正确方向，有力有序推进自身改革，加强对科技界思想政治引领，提高联系服务科技工作者的能力。要广泛宣传党和国家的科技政策和工作部署，宣传我国科技发展取得的辉煌成就，宣传科技战线涌现的先进典型，在全社会营造崇尚科学、尊重创新的良好环境。

（摘编自新华网）

张高丽：推动经济全球化，建设创新型世界经济

（2017年3月19日）

2017年3月19日，中共中央政治局常委、国务院副总理出席第十八届中国发展高层论坛并发表《坚决贯彻落实新理念新思想新战略，深化供给侧结构性改革，促进经济平稳健康发展》的讲话。全文如下。

一年之计在于春。中国全国“两会”刚刚闭幕，会议对今年国家各项工作作了安排部署。今天，中外企业家、专家学者、政府官员和国际组织代表相聚一堂，以“中国与世界：经济转型和结构改革”为主题进行研讨，具有重要现实意义。李克强总理将会见外方主要代表。在此，我代表中国政府，对各位嘉宾的到来表示诚挚欢迎！

2008年国际金融危机以来，世界经济复苏之路很不平坦。全球经济疲弱有着深层次的结构性原因，推动经济改革发展是实现世界经济复苏的必然选择。中国在经济改革发展方面进行了艰苦不懈的努力，也取得阶段性的成果。特别是中共十八大以来，以习近平同志为核心的中共中央提出了一系列治国理政新理念新思想新战略，初步确立了适应经济发展新常态的经济政策框架。第一，作出中国经济发展进入新常态的重大判断，把认识、把握、引领新常态作为当前和今后一个时期做好经济工作的大逻辑。第二，形成以新发展理念为指导、以供给侧结构性改革为主线的政策体系，引导经济朝着更高质量、更有效率、更加公平、更可持续的方向发展，提出引领中国经济持续健康发展的一套政策框架。第三，贯彻稳中求进工作总基调，强调要保持战略定力，坚持问题导向、底线思维，发扬钉钉子精神，一步一个脚印向前迈进。这些新理念新思想新战略对推动经济向形态更高级、分工更优化、结构更合理的阶段演进具有重大指导意义，必将引领中国经济发展走向更加光明的未来。

中国对经济形势作出的重大判断、对经济工作作出的重大决策、对经济工作思想方法作出的重大调整，经受了实践检验，是符合实际的。2016年，面对复杂严峻的国内外环境，在以习近平同志为核心的中共中央坚强领导下，我们统筹推进“五位一体”总体布局和协调推进“四个全面”战略布局，圆满完成了全年经济社会发展主要目标任务，实现了“十三五”良好开局。中国国内生产总值增长6.7%，对全球经济增长的贡献率超过30%；就业增长超出预期，全年城镇新增就业1314万人；供给侧结构性改革取得初步成效，全年退出钢铁产能6500万吨以上、煤炭产能2.9亿吨以上；经济结构加快调整，消费在经济增长中发挥主要拉动作用，服务业增加值占国内生产总值比重上升到51.6%；水、大气、土壤等污染治理力度加大，生态文明建设步伐加快；主要领域“四梁八柱”性质的改革主体框架基本确立，“一带一路”建设取得新的重要进展；人民生活持续改善，农村贫困人口减少1240万。中国在全面建成小康社会进程中又迈出了重要步伐。

下一步，我们将牢固树立和贯彻落实新发展理念，坚持以供给侧结构性改革为主线，加快新旧动能接续转换，推动经济保持中高速增长、迈向中高端水平。

——我们要坚持稳中求进工作总基调，保持经济平稳健康发展。中国经济正处在改革发展的关键期，必须解决一些长期存在的难题，以短期阵痛换取长远发展。要从实际出发，尊重客观规律，坚持稳中求进工作总基调，保持战略定力。稳是大局，要着力稳增长、保就业、防风险，守住金融安全、民生保障、环境保护等方面的底线，确保经济社会大局稳定。在稳的前提下要勇于进取，深入推进改革，加快结构调整，敢于啃“硬骨头”，努力在关键领域取得新进展。深入实施“一带一路”建设、京津冀协同发展、长江经济带发展三大战略，统筹区域经济协调发展。

——我们要着力推进供给侧结构性改革，推动“三去一降一补”取得实质性进展。今年要再压减钢铁产能5000万吨左右，退出煤炭产能1.5亿吨以上，同时淘汰、停建、缓建煤电产能5000万千瓦以上。坚持“房子是用来住的、不是用来炒的”的定位，分类指导，因城施策，重点消化三四线城市房地产的过量库存。积极开展市场化法治化债转股，加大股权融资力度，加强企业自身债务杠杆约束，降低企业杠杆率。加大结构性减税力度，大幅降低非税负担，进一步降低企业制度性交易成本。推动供给结构和需求相适应，进一步释放国内需求潜力。加快提升公共服务、基础设施、创新发展、资源环境等支撑能力，打好精准扶贫精准脱贫攻坚战。

——我们要深入实施创新驱动发展战略，大力振兴实体经济。实体经济是经济发展的根基。要推进创新驱动发展，牵住创新这个“牛鼻子”，促进实体经济优化结构。提升科技创新能力，推动战略性新兴产业蓬勃发展，大力发展先进制造业，注重用新技术新业态改造提升传统产业，促进新动能发展壮大、传统动能焕发生机。积极推进大众创业、万众创新，深入实施“互联网+”行动计划，扩大有效供给，更好满足人们个性化、多样化的需求。坚持以提高质量和效益为中心，加强全面质量管理，促进市场公平竞争。引导企业形成自己独有的比较优势，发扬“工匠精神”，加强品牌建设，培育更多“百年老店”，增强产品竞争力。

——我们要加快推进关键性改革，不断激发增长动力和市场活力。持续推进政府职能转变，深化简政放权、放管结合、优化服务改革。继续推进财税体制改革，落实和完善全面推开营改增政策，简化增值税税率结构，营造简洁透明、更加公平的税收环境，进一步减轻企业税收负担。抓好金融体制改革，促进金融机构增强服务实体经济能力。把防控金融风险放到更加重要的位置，妥善处置银行不良资产、债券违约、房地产泡沫、互联网金融等一批风险点，确保不发生系统性金融风险。加快推进国企国资改革，形成有效制衡的公司法人治理结构、灵活高效的市场化经营机制，深化混合所有制改革，在电力、石油、天然气、铁路、民航、电信、军工等领域迈出实质性步伐。落实支持非公有制经济发展的政策措施，坚持权利平等、机会平等、规则平等，进一步放宽非公有制经济市场准入。

——我们要扎实推进生态文明建设，努力改善生态环境质量。要坚持“绿水青山就是金山银山”的战略思想，推动形成人与自然和谐发展的现代化建设新格局。我们将加快解决燃煤污染问题，全面推进污染源治理，强化机动车尾气治理，坚决打好蓝天保卫战。抓好重点流域区域水污染和农业面源污染防治。开展土壤污染详查，分类制定实施治理措施。积极应对气候变化，推动绿色低碳发展取得新进展。抓紧划定并严守生态保护红线，启动森林质量提升、长江经济带重大生态修复、第二批山水林田湖生态保护工程试点。我们要通过不懈努力，稳步提升生态环境质量，让蓝天常驻、青山常在、绿水常流。

——我们要切实保障和改善民生，更好满足人民群众对美好生活的新期待。适应和引领经济发展新常态，落脚点是增进人民福祉、促进社会公平正义。我们将坚持把就业作为优先目标，推动实现更高质量、更加充分的就业。办好公平优质教育，持续改善薄弱学校办学条件，不断缩小城乡、区域、校际办学差距。继续提高退休人员基本养老金，确保按时足额发放，稳步提高优抚、社会救助标准，统筹做好医疗卫生、社会保障、收入分配等工作，让人民群众有更多获得感。

中国经济发展与世界经济息息相关、相互促进。习近平主席今年1月18日在联合国日内瓦总部讲到，“世界好，中国才能好；中国好，世界才更好”。中国愿与国际社会共同努力，推动世界经济走上强劲、可持续、平衡、包容的增长之路，共同打造人类命运共同体。

一是坚定不移推动经济全球化。经济全球化符合生产力发展要求，符合各方利益，是大势所趋。我们不能因为一时困难就停下脚步，要在参与经济全球化进程中，注重同各自发展实践相结合，注重解决公平公正问题，努力让经济全球化更具包容性。着眼利益共赢，推动构建和优化全球价值链，促进全球资源优化配置。中国愿与世界各国一道，反对各种形式的贸易投资保护主义，继续推动贸易投资自由化、便利化，使全球化更好惠及各国人民。

二是共同建设创新型世界经济。创新是引领发展的第一动力。二十国集团领导人杭州峰会聚焦创新发展议题，共同制定了创新、新工业革命和数字经济三大行动计划，目的就是要向创新要动力，向改革要活力，把握新科技革命和产业变革、数字经济的历史性机遇，提升世界经济中长期增长潜力。世界各国应努力促进技术、人才等创新资源的跨国整合，相互理解和支持对方经济发展，实现共同进步。

三是不断完善全球治理体系。要适应国际经济格局的新变化，推动形成更加公平合理的全球治理体系。加强宏观经济政策协调，放大正面外溢效应，减少负面外部影响。对新兴经济体的成长和发展，国际社会应给予更多理解和包容，在国际治理结构调整中努力实现各经济体、各种社会力量的良性互动。积极落实联合国2030年可持续发展议程，打造平衡互惠的发展模式，推动经济、社会、环境的协调和可持续发展。

中国坚定不移实施对外开放战略。我们将加快构建开放型经济新体制，扎实推进“一带一路”建设，落实和完善进出口政策，大力优化外商投资环境，引导对外投资健康规范发展，推动更深层次更高水平对外开放。今年5月将在北京举办“一带一路”国际合作高峰论坛，我们要高质量办好论坛，同奏合作共赢新乐章。中国发展是世界的机遇。预计未来5年，中国进口总额将达到8万亿美元，利用外资总额将达到6000亿美元，对外投资总额将达到7500亿美元，出境旅游将达到7亿人次。这将为世界各国提供更广阔的市场、更充足的资本、更丰富的产品、更宝贵的合作契机。

今年将召开中共十九大，也是中国实施“十三五”规划的重要一年，是推进供给侧结构性改革的深化之年。政府工作报告提出，今年中国经济增长6.5%左右，在实际工作中争取更好结果；物价涨幅3%左右；城镇新增就业1100万人以上；进出口回稳向好。这些目标兼顾了国内外形势变化，短期与长期目标衔接，稳定就业与调整结构的需求，经过努力是可以实现的。我们将深入贯彻习近平总书记系列重要讲话精神和治国理政新理念新思想新战略，按照中央经济工作会议和政府工作报告要求，全面做好稳增长、促改革、调结构、惠民生、防风险各项工作，保持经济平稳健康发展和社会和谐稳定。

中国发展高层论坛已经举办了18届，成为国际社会观察中国经济社会发展的重要窗口，成为增进中外交流的独特平台。相信有各位来宾的积极参与和贡献，论坛一定会越办越好。希望各位来宾、朋友在接下来的讨论中，各抒己见、畅所欲言，积极贡献智慧和力量。

（摘编自新华社）

张高丽：强化创新驱动发展，扎实推进创新创业

（2017年9月15日）

2017年9月15日，中共中央政治局常委、国务院副总理张高丽出席在上海举办的2017年全国大众创业万众创新活动周启动仪式并讲话。

张高丽表示，党中央、国务院高度重视创新创业工作。习近平总书记指出，创新是社会进步的灵魂，创业是推进经济社会发展、改善民生的重要途径，创新和创业相连一体、共生共存。适应和引领经济发展新常态，推进供给侧结构性改革，根本要靠创新。李克强总理对深入推进创新创业也提出了要求。近年来，各地区各部门按照党中央、国务院决策部署，深入实施创新驱动发展战略，创新创业环境不断优化、投入持续增加、主体日益壮大、成果层出不穷，对发展的支撑引领作用显著增强，我国正在探索走上一条符合国情、富有特色的创新创业之路。

张高丽强调，推进创新创业是深化供给侧结构性改革的应有之义，是加快新旧发展动能转换的必然要求，是扩大就业的有效途径。要适应改革创新潮流，综合施策，多方发力，促进创新创业向更广范围、更深层次拓展。要大力推动体制机制改革，加强产权保护制度建设，破除不利于创新创业的制度障碍，降低创新创业的制度性交易成本。要大力提升科技创新能力，围绕经济竞争力的核心关键、社会发展的瓶颈制约、国家安全的重大挑战，强化基础研究和共性关键技术研究，在重要领域和关键环节实现重大突破。要大力培育发展新兴产业，推动信息化与工业化深度融合，深入实施“中国制造2025”，加强军民融合创新发展，形成更多新的产业集群。要大力培养、吸引和用好人才，加快发展现代职业教育，重视和支持青年创新创业，充分激发科研人员积极性，加快形成规模宏大的创新创业人才队伍。要大力扶持创新创业，加大财税、金融等政策支持，降低企业融资、用能、物流等成本，营造宽容失败、鼓励创新创业的氛围。

张高丽表示，推进创新创业事关国家未来，事关民族复兴。我们要切实增强“四个意识”，更加紧密地团结在以习近平同志为核心的党中央周围，坚定信心，真抓实干，深入实施创新驱动发展战略。

（摘编自新华网）

马凯：完善海外人才引进，为优秀人才干事创业搭建广阔舞台

（2017年4月15日）

2017年4月15日，中共中央政治局委员、国务院副总理马凯出席第十五届中国国际人才交流大会开幕式并讲话。

马凯指出，人才资源是第一资源。经济发展靠人才，重大科技创新靠人才，解决人类共同面临的困难挑战也要靠人

才。当今时代中国比历史上任何时期都更加渴求人才，发展的中国也为世界各类优秀人才提供了事业进步和价值实现的难得机遇。“凤飞千里，非梧不栖”。中国政府将广开进贤之路，广纳天下英才，不唯地域引进人才，不求所有开发人才，不拘一格用好人才。目前世界经济正在寻求走出长期低迷的有效途径，新一轮科技产业变革正在寻求突破方向，全球发展失衡正在寻求解决方案。各国应当携起手来，加强人才交流合作，创造人才成长环境，发挥人才重要作用，共同推动世界经济复苏繁荣和人类社会文明进步。

马凯强调，中国正在深入实施创新驱动发展战略，积极推动供给侧结构性改革，全面实施《中国制造2025》，扎实推进“一带一路”建设，加大生态环境保护治理力度，大力发展社会事业，为全面建成小康社会、实现中华民族伟大复兴的中国梦而努力奋斗。当今中国比历史上任何时期都更加渴求人才。发展的中国，也为各类优秀人才提供了事业进步和价值实现的难得机遇。中国政府将深入实施人才优先发展战略，深化人才领域体制机制改革，强化人才创新创业激励机制，实行更积极、更开放、更有效的人才引进政策，进一步完善海外人才引进方式，实施更大力度的海外高层次人才引进计划，提供更加便利的生活工作条件，为各类人才干事创业营造更加良好的环境。

（摘编自新华网）

刘延东：实施创新驱动发展战略，为建设世界科技强国而努力奋斗

（2017年1月13日）

2017年1月13日，中共中央政治局委员、国务院副总理刘延东在《求是》2017年第2期上发表题为《实施创新驱动发展战略，为建设世界科技强国而努力奋斗》的署名文章。全文如下。

党的十八大以来，以习近平同志为核心的党中央总揽改革发展全局，综合分析国内外大势，把科技创新作为提高社会生产力和综合国力的战略支撑，摆在国家发展全局的核心位置，形成从思想、到战略再到行动的完整体系，对我国科技事业发展具有重大而深远的意义。科技界要把学习贯彻习近平同志关于科技创新的新理念新思想新战略作为一项重大政治任务，坚定创新自信，实施好创新驱动发展战略，使党中央国务院的决策部署落地生根，为建成创新型国家和世界科技强国而努力奋斗。

一、学习贯彻习近平同志关于科技创新的新理念新思想新战略，切实把思想和行动统一到中央的部署和要求上来

党的十八大以来，以习近平同志为核心的党中央高度重视科技创新，以历史纵深和全球视野，从时代发展前沿和国家战略高度，提出一系列新理念新思想新战略，每年都作出标志性的重大部署。2012年，十八大提出实施创新驱动发展战略。2013年，中央政治局到中关村进行集体学习，习近平总书记提出要做好创新驱动发展战略的顶层设计。2014年，经中央政治局常委会审议通过，国务院发布《关于深化中央财政科技计划（专项、基金等）管理改革的方案》。2015年，党中央国务院发布《关于深化体制机制改革加快实施创新驱动发展战略的若干意见》，出台深化科技体制改革实施方案和系统推进全面创新改革试验方案。全国人大常委会修订《促进科技成果转化法》。2016年，又连续出台重大部署。1月，党中央国务院发布《国家创新驱动发展战略纲要》。4月，党中央通过“科技创新—2030重大项目”建议。5月，“科技三会”召开，习近平总书记向全党全国发出建设世界科技强国的号召，李克强总理对发挥科技创新在全面创新中的引领作用提出明确要求。8月，国务院发布《“十三五”国家科技创新规划》。9月，G20杭州峰会首次把“创新增长方式”作为重要议题，习近平总书记提出以创新推动世界经济增长的构想，中国的创新发展理念正在走向世界、引领世界。中央文献研究室出版的《习近平关于科技创新论述摘编》，对习近平同志关于科技创新的新理念新思想新战略进行了最新集成。抓好学习领会和贯彻落实，要牢牢把握好“八个坚持”：

一是坚持把建设世界科技强国作为奋斗目标。这是党中央在新的历史起点上作出的重大战略抉择，契合建设社会主义现代化国家的理论逻辑和历史逻辑。到2020年时进入创新型国家行列，到2030年时进入创新型国家前列，到新中国成立100年时成为世界科技强国，是我国科技创新“三步走”战略目标，体现了党中央对国家发展和民族未来的历史宣示，体现了强大的道路自信和时代担当。我们要从实现中华民族伟大复兴的战略高度，充分认识建设世界科技强国的重大现实意义和深远历史意义，以只争朝夕的精神，为实现“两个一百年”的奋斗目标贡献创新的智慧和力量。

二是坚持把创新作为引领发展的第一动力。这是对马克思主义关于发展理论的创造性发展。创新驱动发展是涉及生产力和生产关系的全要素、全方位创新。抓创新就是抓发展，谋创新就是谋未来。各类创新中最重要、最核心的是科技创新，作为第一生产力对生产关系具有决定性影响。谁牵住了科技创新这个牛鼻子，谁走好了这步先手棋，谁就能占领先机、赢得优势。

三是坚持把科技创新摆在国家发展全局的核心位置。科技创新是提高社会生产力、提升国际竞争力、增强综合国力的战略支撑。必须把推进科技创新作为治国理政的重要方略，使科技创新成为经济社会发展和维护国家安全最重要的战略资源，成为政策制定和制度安排的核心要素，成为衡量区域、行业、企业发展绩效的关键标准，成为参与全球竞争合作的重要内容。

四是坚持把走中国特色自主创新道路作为科技创新的必由之路。这条道路的最大优势就是社会主义制度能够集中力量办大事。必须增强创新自信，把创新的主动权、发展的主动权牢牢掌握在自己手中。自主创新是开放环境下的创新，面对知识、技术、人才的全球流动，必须融入全球创新网络，在更高起点上推进科技创新。

五是坚持把依靠科技创新作为打造先发优势的重要手段。过去几十年我国比较好地利用了后发优势，创造了经济发展的奇迹。但随着发展水平不断提升，需要创造自己的先

发优势，开辟未来发展新空间。打造先发优势没有捷径可走，必须埋头苦干、持之以恒地把科技创新搞上去，提高自主判断和选择科技发展方向的能力，在领先领域把握趋势、扩大优势，在并行领域奋力拼搏、发力超越，在跟踪领域实施非对称措施，抢占先机。

六是坚持把科技创新和制度创新双轮驱动作为创新发展的根本动力。创新驱动发展，改革驱动创新。科技创新和体制机制创新两个轮子共同转动，才有利于推动经济发展方式根本转变。科技创新必须把面向世界科技前沿、面向我国经济主战场、面向国家重大需求作为战略重点，在更高层次和更大范围发挥好支撑引领作用。体制机制改革必须扬长避短，把市场和政府在配置创新资源中的优势都发挥出来，构建良好的创新生态，把创新驱动的新引擎全速发动起来。

七是坚持把构建国家创新体系作为创新发展的基础支撑。科技的竞争实质上是能力的竞争和体系的对抗。我国科技创新正在从量的增长向质的提升、点的突破向群体迸发转变。必须推动分散式的创新向成系统的创新转变，从创新主体、创新能力和创新机制等方面整合资源，优化配置，提高创新体系的整体效能。

八是坚持把人才作为科技创新的核心要素。创新驱动实质上是人才驱动。谁拥有一流的创新人才，谁就拥有了科技创新的优势和主导权。当代社会，人才资源成为经济社会发展的第一资源，人力资本成为最重要的资本，人才竞争成为综合国力竞争的核心。必须充分激发各类人才的创造性，形成知识创造价值、价值创造者得到合理回报的良性循环。

习近平同志关于科技创新的新理念新思想新战略是在全面建成小康社会的关键历史节点上，在我们党进行具有许多新的历史特点的伟大斗争的重要时代背景下提出来的。作为习近平总书记治国理政新理念新思想新战略的重要组成部分，这是对马克思主义科技学说的重大发展，是中国特色社会主义理论的重大创新，具有鲜明的时代特征和丰富的理论内涵，与毛泽东、邓小平、江泽民、胡锦涛同志领导中国人民进行的科技创新理论和实践探索既一脉相承又与时俱进，必须作为实施创新驱动发展战略、建设世界科技强国的根本指导思想，体现在部署中，落实到行动上。

二、充分认识科技创新面临的新形势新要求，切实增强建设世界科技强国的责任感和使命感

当前我国科技创新进入新的发展阶段，准确把握科技创新的中国特色、世界科技发展的新特点和我国发展的阶段性特征，对于实施创新驱动发展战略、建设世界科技强国至关重要。我国科技创新面临的新形势，可以从三个方面来把握：

第一，回顾过去，我国科技发展成就巨大，优势突出。经过多年努力，我国科技事业取得举世瞩目的巨大成就，形成了“五大优势”。一是基础能力优势。科技发展实现了由原来的全面跟跑向跟跑、并跑甚至在一些领域领跑的重大转变，形成了基础研究、前沿技术、应用开发、重大科研基础设施、重点创新基地等全方位、系统化的科研布局。二是人才规模优势。我国是世界公认的人力资源大国，我国科技人力资源超过8000万人，全时研发人员总量380万人年，居世界首位，工程师数量占全世界的四分之一，每年培养的工程师相当于美国、欧洲、日本和印度的总和。这是我国举世难得的战略资源。三是市场空间优势。我国的市场潜力巨大，仅移动互联网用户就达10.3亿，任何一个细分市场都能支撑成千上万个企业的发展，即使相对小众的市场也可以提供大量的创新创业机会和需求。四是产业体系优势。我国是世界上唯一具有联合国产业分类中所有工业门类的国家，任何创新活动都可以在中国找到“用武之地”。我国制造业长期积累的技术基础，为互联网时代制造业的智能化、数字化发展提供了巨大空间。五是体制动员优势。过去我们搞“两弹一星”，靠的是制度优势。现在仍然要更好发挥我们的制度优势，积极探索社会主义市场经济条件下的新型举国体制，把各方力量充分调动起来。

第二，放眼全球，科技与经济正在发生深刻变化，我国科技创新已站在新的历史起点上。主要体现为“三个新起点”：一是世界科学技术演进站在新起点。新一轮科技革命和产业变革正在兴起，一些重要科学问题和关键核心技术已呈现出革命性突破的先兆，带动关键技术交叉融合、群体跃进，变革突破的能量正在不断积累。我们必须抢抓科技革命于萌发之时，洞察创新潮流于青萍之末，推动产业变革于端倪之初，牢牢掌握未来发展主动权。二是我国经济社会发展站在新起点。我国经济发展进入新常态，创新驱动既是当前稳增长的着力点，也是长期调结构的战略路径，是经济增长最重要、最持久的动力引擎。同时，当前社会民生领域对科技创新的需求越来越大，需要促进科技创新与教育文化、卫生健康、生态文明建设结合，为“五位一体”发展提供坚实支撑。三是国际创新竞争站在新起点。国际金融危机带来全球发展大调整，打破了世界经济的平衡，各主要国家围绕科技创新都在展开新的部署，竞争日趋白热化。我们在这场竞争中不仅不能掉队，还要争取走在前面。

第三，居安思危，进入创新型国家行列、建设世界科技强国还存在亟待解决的诸多问题。主要体现为“四个不适应”。一是科技创新能力与我国大国地位快速提升的实际需求不相适应。我国是世界第二大经济体，综合国力和国际地位处于快速上升时期。我国科技在快速进步，但世界科学发展的速度也在加快。如果没有强大的科技创新支撑，我国大国地位的根基就不牢靠。二是高水平科技供给与经济新常态下转型升级的实际需求不相适应。我国产业总体上处于全球价值链的中低端，核心技术的瓶颈制约日益显现，高水平创新的供给不足，已成为影响产业转型升级的一大制约。三是高端创新人才与参与国际竞争的实际需求不相适应。我国高层次科技人才短缺，特别是世界级科技领军人才匮乏。发达国家凭借其前瞻的战略布局、强大的物质基础、一流的创新平台和优越的创新环境，形成对全球人才的“虹吸效应”。培育和吸引高端创新人才，是必须要加快补上的一课。四是政府和市场的功能发挥与推动创新发展的实际需求不相适应。创新治理结构还有待完善，政府在科技创新中同时存在“缺位”和“越位”的问题，公平竞争的市场环境和规则建设仍有待完善，市场配置创新资源的决定性作用尚未充分发挥。

面对新形势、新要求，我们需要进一步深化认识，加快落实各项工作部署。一要把理念转化为行动，就是以习近平同志关于科技创新的新理念新思想新战略为指导，把创新发展理念转化为各地区、各部门抓创新谋发展的具体行动，贯穿于经济社会发展各项工作的全过程。二要把顶层设计转化为系统部署，就是把全国科技创新大会和《国家创新驱动发展战略纲要》提出的战略目标和战略构想，转化为科技改革发展的重大部署，把“设计图”变为“施工图”。三要把总体要求转化为工作的切入点和突破口，紧扣重大需求，坚持

问题导向，结合发展实际，找准工作抓手，推动以科技创新为核心的全面创新。

三、突出重点，抓住关键，推动科技改革发展再上新台阶

实施创新驱动发展战略，推进科技创新，需要以关键环节、重大领域的突破，带动科技创新能力的全面提升。

第一，强化战略导向，着力原始创新，提高科技的持续创新能力。

“高、精、尖”的重大科技成果是各国竞相抢占的战略高地，是世界科技强国的鲜明标志。我国要与发达国家同场竞技、一争高下，必须加强战略谋划，从源头抓起，找准方向，加快布局。

一要打牢基础前沿研究的根基。当前我国科技发展已从以前的“人口密集区”进入“少人区”，部分领域正迈向“无人区”，很多科技探索都要从最本源、最基础的地方做起。但我国基础研究相对薄弱，跟踪式的研究多，领跑原创成果少。一些核心技术难关久攻不下，根子在于基础研究没有大突破。这就要求我们尽快优化基础研究和战略高技术的发展布局，加大对空间、材料、能源、信息、生命等领域的攻关力度，实现关键核心技术安全、自主、可控，解决好“卡脖子”问题。要加强对未来可能产生重大变革影响的颠覆性技术的研判，及时调整和布局，选准突破口，力争在一些重要领域实现“弯道超车”，赢得主动，占领先机。

二要建设一支强大的战略性科技力量，抢占前沿竞争制高点。战略性科技力量主要体现在重大基础平台和重大项目上，聚集一流队伍，形成一流能力。建设国家实验室，是中央确定的一件大事。国家实验室是肩负国家使命、保障国家安全的创新能力支柱，是少而精、大而强的机构。重大科技项目和工程是增强战略性科技能力的有效手段。在继续实施16个科技重大专项基础上，党中央、国务院已决定面向2030年，再部署6个重大科技项目和9个重大工程，力求在航空发动机、量子通信、智能制造和机器人、深空深海探测、脑科学、健康医疗等领域率先突破，与现有重大专项形成梯次接续的系统布局。

三要积极融入全球创新网络。随着经济全球化日益深入，创新要素和资源跨国流动越发活跃，我们要站在巨人的肩膀上推进科技创新，不能在封闭的圈子里搞“小循环”，要在参与国际创新中搞“大循环”，在与各国的相互学习中实现合作共赢。要借鉴国际经验，发挥特色优势，选准主攻方向，积极提出并牵头组织国际大科学计划和工程，这也是对我国科技创新能力的综合考验。要兼收并蓄，博采众长，为我所用，提升我国科技创新的国际话语权和影响力。

第二，强化高端引领，增加科技供给，培育创新发展新动能。

当前，无论从全球经济还是从中国经济来看，都在经历着一次技术大变革和结构大调整。必须坚定推进供给侧结构性改革，为我国长期可持续发展筑牢基础。我国高端产品供给不足，消费需求“外溢”，投资主要集中在技术含量低和附加值低的环节。要把高水平的科技创新作为供给侧结构性改革的重要内容，“鼎新”与“革故”并重，无中生有，有中生新，新中求进，形成需求与供给良性循环。

一要以构建现代产业技术体系为基础，支撑产业向价值链高端迈进。强化重点领域关键环节的重大技术开发，构建结构合理、先进管用、开放兼容、自主可控的现代产业技术体系，以技术的群体性突破引领新兴产业发展，促进传统产业的改造提升。同时要推动新技术、新产业、新业态和新模式的融合创新和跨界发展。加强健康、生态、环保、安全等领域的共性关键技术研究，依靠科技创新解决13亿人的衣食住行。值得注意的是，新兴产业往往处于产业生命周期的萌芽期和成长期，如果管得过细过早、限制过多，会影响到产业的健康发展。要借鉴发达国家的经验，通过市场来选择“赢家”，促进新兴技术之间的竞争，对看不清楚的发展方向也要善于包容，给予发展空间，使新兴产业蓬勃发展、展现活力。

二要强化企业创新主体地位，培育创新型领军企业。企业要做强、做百年老店，提高创新能力是不二选择。目前我国企业创新能力仍较薄弱，国有大企业创新动力不足，民营小企业创新能力不足。要完善国有企业考核评价机制，激励国有企业加大对技术创新的投入，建设一批国家技术创新中心，增强企业研发能力，引导推动产业技术水平的提升。对中小企业要建立和完善技术创新服务平台，加快推动高校和科研院所向中小企业开放共享创新资源。完善和落实支持企业创新的普惠性政策，扩大政策覆盖面。要培育一批掌握行业“专精特新”技术的“隐形冠军”，催生更多创新型“独角兽企业”。

三要打造区域创新高地，增强引领辐射带动作用。在经济下行压力较大的形势下，创新见势早、行动快的地区，往往经济发展势头好、亮点多、后劲足。目前，17个国家自主创新示范区和146个高新区建设成效显著，增长速度快，在区域发展中发挥了重要牵引作用，北京中关村、武汉东湖、上海张江、深圳、苏南、天津滨海、西安等7个国家自创区对所在地区GDP增长贡献率超过20%。这些“点”上的突破应尽快拓展到“线”上、“面”上。要推动落实“一带一路”、京津冀协同发展、长江经济带等国家区域发展战略，提升科技创新的支撑服务能力。北京、上海科技创新中心建设要加快布局，充实内涵，对外集聚全球顶尖人才及资源，对内发挥引领辐射示范作用。8个全面创新改革试验区要系统推进，突出改革内容，形成可复制的经验。还要继续建设一批具有重大带动作用的创新型省市和区域创新中心，形成一批具有引领作用的增长点、增长带、增长极。

第三，强化改革攻坚，提高创新效率，激发全社会创新创业活力。

党的十八大以来，科技体制改革啃了不少硬骨头，科技体制的主体框架基本确立。但是我国创新体系中仍存在诸多深层次的体制机制障碍，科技与经济社会发展深度融合的机制仍不健全，市场在配置资源中的作用发挥不够，科研经费投入使用效益还不高，科研基础设施和大型科研仪器的开放共享度还远远不够，科技成果转化也存在渠道不畅等问题。必须以啃硬骨头的精神，围绕解决科技经济紧密结合这一主攻方向，坚持不懈推动改革。

一要明确各类创新主体功能定位，构建高效协同的创新生态环境。企业、大学、科研机构有不同的定位、特色与优势，不能缺位、越位和错位。基础研究要有坐冷板凳的精神，“十年磨一剑”。技术创新要瞄准核心技术瓶颈攻关，成果转化要注重与经济社会发展结合，各安其位，各司其职，通过市场建立联动机制。要充分发挥企业在技术创新决策、研发投入、科研组织和成果转化中的主体作用，吸纳企业参与国家科技项目的决策，产业目标明确的国家重大科技项目应由有条件的企业牵头组织实施。加快建设世界一流大学和一流学科，系统提升人才培养、学科建设、科技研发

三位一体创新水平，推动科教融合、协同育人，促进科研与教学互动、科研与人才培养紧密结合。建设世界一流的科研院所，增强在行业共性关键技术研发中的骨干引领作用。要在选人用人、科研立项、成果处置、编制管理、职称评审、薪酬分配、设备采购等方面，给高校和科研院所更多的自主权，为科研成果涌现创造更有利的环境。

二要大力推动科技成果转移转化，打通科技与经济结合通道的“最后一公里”。2015年以来，全国人大常委会修订《促进科技成果转化法》，国务院出台《实施〈促进科技成果转化法〉若干规定》，国办印发《促进科技成果转移转化行动方案》，科技成果转化“三部曲”已经完成，但实施中仍存在一些问题。一些单位还存在等待观望的情绪，成果转化政策仍存在不配套的问题。科技成果大多属于无形资产，不同于一般的有形资产，不转化就谈不上收益，错过了最好时机，收益将大打折扣，甚至归零。各部门、各地方要加强协调，从推动科技成果权益管理改革、健全技术交易服务体系、完善税收政策等多个方面入手，打出“组合拳”，为充分释放创新效益铺路架桥。

三要适应创新从小众向大众转变，更好发挥市场机制在推动“双创”中的关键作用。要促进“双创”与科技创新的协同，推动“双创”更好地服务于实体经济，通过龙头企业、中小微企业、科研院所、高校、创客等多方协同，打造专业化众创空间和创新平台。要吸引大院大所、创业导师入驻众创空间，把精英和草根、线上与线下的创新活动融合起来，把千千万万市场主体的“微行为”，汇聚成创新发展的“众力量”。

四要深入推进科技管理体制改革，优化科技创新资源配置。目前，推进中央财政科技计划管理改革已取得阶段性成效，构建了国家科技管理平台，按照新五大类布局国家科技计划体系。要继续抓好各项任务落地，深入研究科技计划体系运行中的新情况新问题，不能搞组装式的“大拼盘”。我国科技投入近年来持续增长，但是存在总量不足、结构失衡、使用效率不高三个问题。要充分调动政府、企业、社会力量的积极性。政府投入要聚焦基础前沿和重大项目设施，发挥“四两拨千斤”的作用，同时充分发挥金融资本的作用，大力发展投贷联动、完善资本市场，促进科技创新与创业投资有机结合，引导更多的社会资金投向科技创新。

第四，强化人才优先发展，营造良好环境，充分调动科技人才的积极性。

近年来，我国科技人才数量和质量大幅提升，人才培养、使用和激励机制不断完善，为形成人尽其才、才尽其用的局面打下了坚实基础。同时也要看到，人才结构不平衡、创新能力不强、顶尖人才匮乏等问题亟待破解，科技人才管理存在体制不顺状况。科技界仍存在急功近利、心浮气躁的现象，存在拉关系、跑项目的现象，科研经费使用弄虚作假、浪费滥用的问题时有发生。这既有体制机制方面的原因，也有科研人员自身的因素。我们要强化“人才驱动”的战略思维，把人才资源开发放在科技创新的优先位置，让各类人才的创新智慧竞相迸发。

一要建立健全符合人才成长规律的制度安排，培育科技领军人才。发挥好国家重大科研项目和基地在发现和培养人才上的平台作用，鼓励各类人才同台竞技、公平竞争，努力造就一批能够把握世界科技大势、善于统筹协调的领军人才。中青年是科学创造的“最佳年龄段”，是出成果的“黄金时期”。要敢于让青年人挑重担，在创新事业中崭露头角、脱颖而出，让“小人物”也有机会成就“大事业”。要从资源配置、评价体系、人才选拔、自身监管等多方入手，消除学术界的门户之见、“门阀”观念，打破画地为牢、互相封闭的科研“小圈子”，消除近亲繁殖的“怪圈子”。要实行更积极、更开放、更有效的人才政策，不唯地域、不求所有、不拘一格，广开进贤之路，聚天下英才而用之。

二要去除科研管理中的“繁文缛节”，为科研人员松绑助力。被科研项目和经费管理中的条条框框管得过死，缺乏科研自主权，是科研人员非常关切的问题。中办、国办印发了《关于进一步完善中央财政科研项目资金管理等政策的若干意见》，提出很多含金量高的政策措施。比如，简化科研项目经费管理、下放预算调剂权限、提高间接费用比重、劳务费不设比例限制、改进结转结余资金留用处理方式、改进差旅会议管理等。中办、国办还印发了《关于加强和改进教学科研人员因公临时出国管理工作的指导意见》，提出对教学科研人员出国开展学术交流合作要区别管理，单位与个人的出国批次数、团组人数、在外停留天数根据实际需要安排，不列入国家工作人员因公临时出国批次限量管理范围，积极回应了科研人员的关切，受到科研人员的欢迎，一定要把这些政策贯彻落实好。

三要完善人才激励评价机制，让科研人员“名利双收”。2016年中央全面深化改革领导小组会议审议通过了《关于实行以增加知识价值为导向分配政策的若干意见》，提出构建体现智力劳动价值的薪酬体系和收入增长机制，使科研人员收入与岗位职责、工作业绩、实际贡献紧密联系，让那些有真才实学、作出重要贡献的人才有成就感、有获得感。要建立体现各类人才价值的评价体系，解决“出名后无成果、奖励政策效应递减”的突出问题。用好人才评价这个“指挥棒”，为创新培植土壤、涵养水分。同时，也要加强学风建设和科研诚信管理，健全学术不端惩戒机制，对学术造假行为零容忍，严肃处理和曝光典型案例，形成风清气正的学术环境。要加大科技宣传的力度，推出更多优秀科技人员的典型，加强对重要政策措施的解读，营造包容宽容、有利于创新的良好舆论氛围。要把科学普及放在与科技创新同等重要的位置，创新科普方式，提高科普能力，让科技创新和科学普及两翼振翅齐飞。

实施创新驱动发展战略、建设世界科技强国，是一项全局性的战略工程，各地各部门要进一步统一思想，提高认识，勇于担当，攻坚克难，在苦干实干上下功夫。要深入学习贯彻党的十八届六中全会精神，切实增强政治意识、大局意识、核心意识、看齐意识，加强党对科技工作的领导，用习近平同志关于科技创新的新理念新思想新战略统领科技工作全局，形成创新发展的合力。要按照“抓战略、抓规划、抓政策、抓服务”的要求，进一步推进科技领域的“放、管、服”改革，加快推动政府职能从研发管理向创新服务转变。要坚持解放思想，因地制宜，精准施策，创造性地开展工作。要全力以赴推动党中央、国务院重大决策部署落地生根，不做表面文章，不搞形式主义，把各项工作抓细抓实。

向世界科技强国进军的号角已经吹响，让我们更加紧密地团结在以习近平同志为核心的党中央周围，不忘初心，改革创新，团结奋斗，为建设世界科技强国、实现中华民族伟大复兴的中国梦作出新的历史性贡献！

（摘编自《求是》）

赵乐际：不断把人才发展体制机制改革向纵深推进

（2017年9月16日）

2017年9月16日，深化人才发展体制机制改革经验交流会在京召开。中共中央政治局委员、中组部部长赵乐际出席并讲话。

赵乐际强调，要深入学习贯彻习近平总书记系列重要讲话精神和治国理政新理念新思想新战略，不断把人才发展体制机制改革向纵深推进，聚天下英才而用之，为决胜全面建成小康社会、夺取中国特色社会主义伟大胜利、实现中华民族伟大复兴的中国梦提供有力人才支撑。

赵乐际指出，在以习近平同志为核心的党中央坚强领导下，各地各部门坚持从广大人才最期盼的领域改起做起，积极主动向用人主体放权、为人才松绑，人才发展体制机制改革取得新进展新成效。

赵乐际强调，推进人才发展体制机制改革、加快建设人才强国，根本的是要深入学习习近平总书记人才工作重要思想，贯彻落实到人才工作各方面全过程。要树立战略思维、全球视野，增强大局意识、服务意识，更好服务统筹推进“五位一体”总体布局、协调推进“四个全面”战略布局、贯彻落实新发展理念，促进人才发展与经济社会发展深度融合。要坚持党管人才原则，加快构建具有国际竞争力的人才制度体系，实施更加积极、更加开放的人才政策，完善柔性引才用才政策，做好团结、引领、服务工作，大力营造人才发展良好环境，使各类人才创业有机会、干事有平台、发展有空间。要总结推广各类用人主体引才用才经验，健全灵活的用人方式、用人机制、激励模式，充分激发人才创新创业创造活力。

（摘编自新华网）

韩启德：广大海外英才创新创业正当其时、筑梦圆梦适得其势

（2017年9月12日）

2017年9月12日，全国政协副主席、九三学社中央主席韩启德出席第十六届中国西部海外高新科技人才洽谈会开幕式并讲话。

韩启德在讲话中指出，海科会着眼服务“科教兴国”和“人才强国”战略，服务西部大开发，服务海外英才共享西部机遇、实现自身发展，搭建起中国西部与世界人才合作的重要桥梁，成为全国最具影响力的科技与人才交流盛会之一。“环境好，则人才聚、事业兴”。在国家实施新一轮西部大开发战略背景下，西部地区已经成为广大海外人才创业发展的理想之地、创新创造的一方沃土，“西部机遇”向每一位致力于施展才华实现个人抱负、服务中国发展的海外英才敞开怀抱。

韩启德强调，“功以才成，业由才广”。全面建成小康社会，推进社会主义现代化，实现中华民族伟大复兴，是光荣而伟大的事业，一切有志于这项伟大事业的人们都可以大有作为。在西部大开发的历史伟业和实现中华民族伟大复兴的征程中，广大海外英才创新创业正当其时、筑梦圆梦适得其势。衷心希望广大海外人才把自己的梦想融入实现中国梦的壮阔奋斗之中，书写无愧于时代、无愧于历史的绚丽篇章。衷心祝愿广大海外人才通过海科会这个平台，找到属于自己的发展机遇，实现人生的远大理想。

（摘编自《四川日报》）

万钢：高新区已成大众创业万众创新的主要阵地

（2017年3月11日）

2017年3月11日，全国人大召开十二届五次会议记者会，科技部部长万钢出席并就“2016年创新驱动发展战略实施进展成效和2017年重点工作”的相关问题回答中外记者的提问。

在回答记者关于高新区和自主示范区对于促进大众创业万众创新有何作用、下一步我国高新区和自主创新示范区在引领区域发展、促进培育经济新动能方面有哪些考虑的问题时，万钢表示，高新区已经成为大众创业万众创新的重要载体和主要阵地。他认为，在自创区和高新区的带动下，全国众创空间数量达4298家，与3600余家科技企业孵化器、400多家加速器形成企业孵化服务链条，服务创业团队和初创企业超过40万家，培育上市挂牌企业近千家，提供180万个就业岗位，形成创新创业带动就业的良好局面。

据万钢介绍，全国众创空间有8.3万专兼职创业导师服务创业者，他们有的来自科研院所，有的是大企业高管，也有一些投资人，他们对青年创新团队进行辅导，同时也帮助对接资源。此外，我们还大力发展创业投资基金，特别是在科技成果转化基金中成立了9支创业投资的子基金，基金规模173亿元，带动地方设立科技创业投资公司、基金550多家，资本规模超过2300亿。这样，从众创空间、孵化器到产业园区，都有适合中小企业成长的政策环境、创业团队和投融资环境，高新技术产业就能发展起来。

万钢指出，下一步要进一步发挥高新区“领头羊”作用。一是政策先行先试，二是推广应用辐射，三是推动高新技术产业“走出去”。也特别欢迎海外创新创业团队来到高新区进行创新创业。

（摘编自中国网）

万钢：深化创新驱动，增强科技供给

（2017年3月27日）

2017年3月27日，科技部部长万钢在《学习时报》发表署名文章《深化创新驱动，增强科技供给》。全文如下。

党的十八大以来，以习近平同志为核心的党中央始终站在时代前沿、国家前途和民族命运的战略高度，把创新摆在国家发展全局的核心位置，提出一系列新理念新思想新战略，作出一系列重大决策部署，形成了指导新时期科技工作的行动纲领，拓展了创新发展的新境界。深入学习贯彻习近平总书记系列重要讲话精神和治国理政新理念新思想新战略，特别是关于科技创新的重要论述，深入实施创新驱动发展战略，充分发挥科技创新在供给侧结构性改革中的关键作用，加快推动新旧动能转换，是科技界和广大科技工作者的重大任务。

一、我国科技创新取得丰硕成果，实现“十三五”良好开局

科技创新在国家发展全局中的战略地位和作用显著提升，科技实力和创新能力进一步增强，重大科技创新成果亮点纷呈，正处于从量的积累向质的飞跃、点的突破向系统能力提升的重要时期。科技创新融入经济社会发展全局，新动能加快成长，对供给侧结构性改革的支撑引领作用显著提升。科技体制改革向纵深推进，取得一系列突破性进展，有利于创新的政策体系和社会环境进一步完善，大众创业、万众创新蓬勃开展，创新驱动发展已经成为全社会的共识和共同行动。

党中央国务院召开全国科技创新大会，创新驱动发展战略顶层设计初步完成。2016年5月，全国科技创新大会、两院院士大会、中国科协第九次全国代表大会同期召开，这是我国科技发展史上具有里程碑意义的一次盛会。习近平总书记发表重要讲话，向全党全国发出建设世界科技强国的号召。党中央、国务院颁布实施《国家创新驱动发展战略纲要》，确立了科技创新“三步走”的战略目标，明确了“坚持双轮驱动、构建一个体系、推进六大转变”的战略布局。党中央审议通过“科技创新2030—重大项目”立项建议和国家实验室组建方案，国务院发布实施“十三五”国家科技创新规划，对未来科技创新进行全面战略布局。

加快科技创新能力建设，支撑引领型发展的科技基础进一步夯实。战略高技术取得重大突破。神舟十一号载人飞船与天宫二号空间实验室实现自动交会对接，航天员遨游太空30天；大推力新一代运载火箭长征五号发射升空，首颗量子科学实验卫星“墨子号”、首颗全球二氧化碳监测科学实验卫星成功发射，“悟空号”暗物质探测卫星在轨运行一年，太空科学研究取得新进展。深海技术装备迈向谱系化和全海深，海斗号无人潜水器最大潜深达10767米，我国成为第三个研制出万米级无人潜水器的国家。采用自主研发芯片的世界首台10亿亿次超算系统“神威•太湖之光”居世界之冠，并荣获全球超算应用最高奖“戈登贝尔奖”。羲和系统打通北斗应用最后一公里，实现米级广域室内外无缝精确定位，在国内40多个城市应用。硅衬底氮化镓LED开辟了新的技术路线，实现与发达国家并跑。陆地资源探测开发技术向深部进军，形成2000米深地固体资源探测、5000米深层油气资源探测技术能力。基础前沿加速赶超引领，科学研究的国际影响力大幅提升，首次在光晶格中并行制备并测控约600对超冷原子比特纠缠对，首次实现精准定位高分辨全脑连接图谱，首次构建小鼠—大鼠异源杂合二倍体胚胎干细胞，首次发现动物源细菌耐药性关键基因。科技创新基地布局进一步优化，世界最大单口径500米球面射电望远镜落成启用，全超导托克马克装置成功实现聚变等离子体大于60秒的稳态高约束模，创造世界纪录。科研设施与仪器国家网络管理平台建成运行。

强化创新链一体化部署，有效支撑供给侧结构性改革。科技重大专项进一步强化高水平创新供给。多核申威芯片应用于国产超算；国产12寸设备加工晶圆产品突破一千万片次；我国主导推动的Polar码被国际移动通信标准化组织3GPP采纳为5G增强移动宽带控制信道标准方案；高温气冷堆首台金属堆内构件完成吊装；长效注射抗艾滋病药物艾博卫泰、活病毒疫苗、寨卡病毒诊断试剂研制成功。战略性新兴产业增长点加速形成。2016年全国新能源汽车销量预计达到50万辆，同比增长60%以上；“十城万盏”工程推广应用LED灯2400余万盏，我国成为全球最大的LED照明产品生产基地；“京沪干线”广域量子通信骨干网络工程全线开通。科技支撑产业升级和重大工程取得新成效，“数控一代”、制造业信息化等应用示范工程深入实施，研制专用数控系统及相关设备350余种，推广应用22.3万台套。科技创新支撑农业现代化发展，七大作物育种、粮食丰产增效、化学肥料和农药减施增效等关键技术取得新突破，累计增产1052万吨，应用示范了3.8亿亩。科技创新不断增进民生福祉，国务院发布《中国落实2030年可持续发展议程创新示范区建设方案》，“绿色技术银行”建设运行；建立32家国家临床医学研究中心，构建9大疾病协同创新网络；实施国产医疗器械应用示范工程，在全国82个区县2785家基层医疗机构示范应用；首个覆盖脊柱全节段的微创手术机器人获医疗器械注册证，完成2000余例临床手术。深入开展科技特派员创业式扶贫，向贫困地区选派2万名科技人员，推动科技扶贫精准脱贫取得新成效。

深入推进大众创业万众创新，全社会创新创业活力进一步激发。“双创”有效支撑实体经济转型升级，龙头骨干企业、高校、科研院所等建立的专业化众创空间异军突起，打造服务于农村科技创新创业的“星创天地”。目前，众创空间数量超过4200家，与3000多家科技企业孵化器、400多家加速器形成创业孵化服务链条，服务创业企业和团队超过40万家，培育上市挂牌企业近1000家，提供180万个就业岗位。众创空间促进投资与孵化融合，帮助1.5万个服务团队和企业获得投资，投资总额539.6亿元，其中民间社会资本投资444.6亿元。众创空间自身投资创业企业78.8亿元，各级财政对众创空间的补助达到22.8亿元。科技与金融结合

更加紧密，在国家自主创新示范区引导银行开展投贷联动试点，国家科技成果转化引导基金设立9支创业投资子基金，总规模达到173亿元。国家技术创新工程深入实施，探索建立面向全球竞争、开放协同的国家技术创新中心。

坚持问题导向破除体制机制障碍，关键领域改革取得实质性突破。《关于实行以增加知识价值为导向分配政策的若干意见》由中办、国办印发实施，更好地实现让知识创造价值、价值创造者得到合理回报。中央财政科技计划管理改革取得决定性进展，纳入整合范围的近百项科技计划基本完成优化整合，新五类科技计划布局初步成型。国家重点研发计划部署启动42个重点专项1163个科技项目。中办、国办印发实施《关于进一步完善中央财政科研项目资金管理等政策的若干意见》，对发挥法人单位作用、加强经费管理服务、扩大科研人员资金使用自主权等提出针对性举措。积极推动科技成果转移转化工作，形成从修订法律、制定配套政策到部署具体行动的“三部曲”；以国家科技计划成果为重点，围绕产业需求发布11个领域521项成果包；一批线上与线下结合的技术交易平台加快发展；启动建设3个国家科技成果转移转化示范区。普惠性政策进一步落实，高新技术企业累计达10.4万家。据国家税务总局统计，2015年共减免高企所得税1150亿元，研发费用加计扣除政策减免税收约760亿元，有力支撑了市场导向的、以企业为主体的技术创新体系建设。

统筹国内国际两个大局，创新发展空间进一步拓展。区域创新高地加快形成。北京、上海科技创新中心全面启动，8个区域全面创新改革试验区方案印发实施，创新型省份和城市建设深入推进，国家自主创新示范区和高新区加快发展，自创区总数达17家。2016年，146家国家高新区营业收入达28万亿元，同比增长11.5%。完善跨区域协同创新机制，深入推进京津冀协同创新共同体建设，加快长江经济带创新驱动产业转型升级。科技开放合作进一步深化，成功举办首届G20科技创新部长会议，中国与主要国家的创新对话机制达到8个，加快“一带一路”协同创新共同体建设，继续实施与非洲、东盟、南亚等国家的科技伙伴计划，积极参与国际热核聚变实验堆、平方公里阵列射电望远镜、对地观测组织等工作，港澳台科技创新合作加快推进。

二、准确把握科技工作面临的新形势新要求，切实把创新驱动发展的各项任务落到实处

当前，我国科技事业站在新的历史起点，科技工作面临大有作为的战略机遇，也面临着前所未有的重大挑战。要把思想统一到中央对形势的科学判断上来，把行动统一到中央的决策部署上来，狠抓落实，把各项改革措施落地生效，着眼世界，牢牢把握好新时期科技发展改革的方向。

第一，顺应新一轮科技革命和产业变革趋势，加快构筑支撑高端引领的先发优势。经过多年积蓄发力，新一轮科技革命和产业变革越来越清晰地呈现在我们面前，颠覆性技术不断涌现，新的产业组织形态和商业模式层出不穷。特别是人工智能、虚拟现实、量子计算、精准医疗、脑科学、能源存储等新技术日新月异，带动以智能、绿色、泛在为特征的群体性技术突破，成为新一轮科技革命和产业变革的新赛场，将给人们的生产方式和生活方式带来革命性影响。对于中国而言，一定要准确把握这一新趋势，特别是要科学预见和高度重视人工智能、基因编辑等颠覆性技术带来的变革性影响，加强战略前沿领域的前瞻部署，加快实施一批关系全局和长远的重大项目，实现从跟跑向并行、领跑的战略性转变。

第二，适应引领经济发展新常态，充分发挥科技创新在推进供给侧结构性改革、培育壮大新动能中的重要作用。当前，我国经济正面临速度换挡、结构调整、动力转换的节点。2016年底召开的中央经济工作会议围绕进一步深化供给侧结构性改革、加快创新驱动进行系统布局，充分表明了中央坚定推进供给侧结构性改革的决心，也明确了科技创新的着力点和主要任务。近年来，新业态、新技术、新模式不断涌现，新动能成长速度和作用超过预期。深化供给侧结构性改革关键在于深化创新驱动，不断改进供给质量和效益，提升产业技术水准和竞争力，以“鼎新”带动“革故”，以增量带动存量。不仅要培育战略性新兴产业，也要注重以新业态改造提升传统产业，加快实现新旧动能接续转换。

第三，按照加快职能转变的新要求，切实在推进“四抓”、狠抓落实上下功夫。我们要贯彻落实好习近平总书记提出的“抓战略、抓规划、抓政策、抓服务”的要求，明确工作抓手，进一步向创新服务转变。抓战略就是要深入研判全球科技创新趋势，准确把握发展动向，明确科技创新主攻方向和突破口。抓规划就是要针对看准的方向，超前规划布局，选准突破路径，加快赶超引领。抓政策就是要强化普惠性和精准性的政策供给，推动重点政策落实落地，提高科技人员和各类创新主体的获得感。抓服务就是要强化创新公共服务，推进资源开放共享，更多为各类创新主体松绑减负、清障搭台。

三、以建设世界科技强国为目标，把工作重心从规划部署转移到全面落实上来

充分发挥科技创新在促进经济平稳健康发展和社会和谐稳定中的核心关键作用，具体来说，要完成十个方面的任务。

一是加快部署实施重大科技项目，继续组织实施好国家科技重大专项，全面启动实施“科技创新2030—重大项目”，在战略必争领域把握新一轮科技竞争的制高点。

二是在重大创新领域启动组建国家实验室，统筹全国优势科技资源，探索建立适应国家重大目标和战略任务需求的运行和管理机制，打造国家战略科技力量，统筹推进国家创新基地优化整合与建设，强化科技资源开放共享。

三是持续加强基础前沿研究，加强战略性前瞻性重大科学问题部署，促进基础研究与经济社会发展要求紧密结合，为创新驱动发展提供源头供给，增强原始创新能力。

四是深度参与全球创新治理，深化政府间科技与创新合作，建设“一带一路”协同创新共同体，组织实施国际大科学计划和大科学工程，促进创新资源双向流动与开放，提升科技创新国际化水平。

五是加快关键共性技术突破，强化农业供给侧结构性改革的科技支撑，加快培育发展战略性新兴产业，改造提升传统产业，围绕“中国制造2025”促进制造业转型升级，促进现代服务业与一、二产业有机融合，推动产业向价值链中高端迈进。

六是大力发展民生科技，推进科技创新和社会发展深度融合，支持美丽中国建设、健康中国建设、平安中国建设和海洋强国建设，加快推进新型城镇化科技创新，促进民生改善和可持续发展。

七是深入实施科技成果转移转化行动，建立科技成果转化信息发布体系，完善成果转化服务体系，构建线上与线下相结合的枢纽型国家技术交易网络平台，扩大区域性成果转移转化试点示范，加快推进专业化众创空间发展，大力发展科技金融，推动科技型创新创业。

八是打造区域创新高地，加快推进北京、上海科技创新中心建设，发挥国家自主创新示范区和高新区辐射带动作用，加强创新型省份和创新型城市建设，支撑国家重点区域发展战略实施，加强基层科技创新和服务能力建设，推进科技扶贫精准脱贫。

九是深化改革攻坚，推动重点改革任务落实落地。完善国家科技创新治理体系，建立完善国家科技决策咨询制度，统筹推进中央财政科技计划和资金管理改革，完善新5类科技计划的管理制度和运行模式，深入推进监督管理改革，建设科研诚信和信用工作跨部门联动及信息共享机制，实施新一轮国家技术创新工程，推进军民科技融合深入发展。

十是健全激励和运行机制，激发科技人才和全社会创新积极性。改革完善科研院所管理运行机制，开展扩大科研院所自主权，赋予创新领军人才更大人财物支配权、技术路线决策权试点，推动落实以增加知识价值为导向的分配政策，推进“三评”制度和国家科技奖励制度改革，优化重大人才计划组织实施机制，加强科学普及和创新文化建设。

（摘编自《学习时报》）

万钢：抓好科技政策的供给和落实

（2017年5月6日）

2017年5月6日，全国政协副主席、科技部部长、中国科协主席万钢，科技部副部长李萌到江苏省调研国家科技创新重点政策的落实情况。万钢一行在苏州召开座谈会，并视察苏州工业园区的双创平台、科技创新企业和科研机构。

在召开的国家科技创新重点政策落实情况座谈会上，万钢听取了南京大学、省农科院、亨通集团等多家高校、科研院所和创新型企业的汇报。他表示，江苏高度重视科技创新工作，科技创新政策落实总体取得良好成效，科技对经济社会发展的支撑和引领作用不断增强。当前，国家正加强创新驱动发展顶层设计，加快推动科技体制改革和科技成果转化，大力营造大众创业、万众创新的良好氛围，但在政策落实过程中还有不衔接的地方，出现了一些新情况、新问题，必须坚持问题导向，找准政策执行中的堵点，克服政策落实中的难点，激发全体科研人员的积极性和创造性。希望江苏以改革创新精神抓好科技政策的供给和落实，在创新型省份建设上继续走在前列，为全国提供经验、作出示范。

万钢在调研中还指出，众创空间在孵化企业等过程中，政府要有针对性提供增值性服务，鼓励成长快的企业通过市场化手段吸纳成长较慢的企业，达到双赢效果。科技创新企业招聘高端科研人才要根据岗位需求，避免唯头衔、唯出身，充分发挥科研人才的潜能。

（摘编自《新华日报》）

万钢：加大“双创”力度，加快科技创新

（2017年5月12日）

2017年5月12日，全国政协副主席、科技部部长万钢出席科技部在河南省召开的“大众创业万众创新”工作座谈会并就“双创”工作同河南省的企业、高校、科研院所代表座谈。

在听取了河南省“双创”工作开展情况的汇报后，万钢表示，河南高度重视创新驱动发展，在“双创”工作方面取得了良好成效，有力促进了全省经济社会发展。万钢指出，当前我国科技发展已进入新阶段，部分领域正迈向“无人区”，这就需要我们更多发挥自身制度优势，将创新驱动发展作为全局发展的核心，加快推动科技体制改革和科技成果转化，大力营造大众创业、万众创新的良好氛围，用科技创新带动全面创新。

万钢强调，做好“双创”工作，领军企业办众创空间非常重要，这不仅能够延长自身产业链条，还可以使内部资源外部化产生“裂变”，同时又吸引更多外部资源形成“聚变”，最终形成产学研结合、大中小企业跨界融合的良好生态，对企业未来发展非常有利。万钢强调，政府部门要认真研究并落实好政策，加强服务，支持企业提升原始创新能力、帮助中小企业逾越各个困难阶段，为科研人员松绑减负。希望河南加大“双创”工作力度，加快科技创新，为建设世界科技强国作出积极贡献。

（摘编自《河南日报》）

万钢：优化创业投资环境，提高科技创新能力

（2017年6月17日）

2017年6月17日，全国政协副主席、科技部部长、致公党中央主席万钢出席2017（第十九届）中国风险投资论坛开幕式并讲话。

万钢强调指出，党的十八大以来，党中央、国务院深入实施创新驱动发展战略，把科技创新作为提高社会生产力和综合国力的战略支撑，摆在国家发展全局的核心位置，加快推动我国从科技大国向科技强国迈进。近年来，我国积极推进科技创新资源的配置方式改革，推动产业链、创新链、资金链深度融合，形成多元化、多层次、多渠道的科技投入体制，为发展科技创新型国家打下基础。下一步，要通过不断优化创业投资政策环境，加强创新供给服务和引导行业发展，支持企业改革和规范运作，通过政府基金更好引导市场，不断提高科技创新能力。

（摘编自南方网）

万钢："双创"促升级，壮大新动能

（2017年9月15日）

2017年9月15日，全国政协副主席、中国科协主席、科技部部长万钢出席全国大众创业万众创新活动周启动仪式并致辞。全文如下。

今天我们相聚在上海，共同迎来2017年全国大众创业万众创新活动周。在此我谨代表中国科协，向本届"双创"周的开幕表示热烈的祝贺！向支持和参与本届双创周活动的社会各界人士表示诚挚欢迎和谢意！

党的十八大以来，以习近平同志为核心的党中央对科技创新的高度重视、战略谋划和推进实施力度前所未有，我国科技创新取得了举世瞩目的巨大成就。

创新驱动发展已成为国家意志和全社会的广泛共识。开展大众创业、万众创新是实施创新驱动发展战略、培育发展新动能的重要举措。几年来，经过各部门、各地区的大力推动和全社会的广泛参与，"双创"蓬勃发展，势头强劲，影响面和带动作用日益凸显，已经成为我国经济社会发展的一道亮丽风景线和巨大推动力。中国科协开展的第三方评估显示，"双创"使创新发展理念更加深入人心，为支撑供给侧结构性改革、促进产业转型升级做出了重要贡献。

伴随着"双创"大潮涌起，全社会的创新创业环境日益优化。以众创空间为代表的各类新型孵化器竞相涌现，与孵化器、加速器、科技园区共同形成了完整的创业孵化链条和服务体系，实现了创新、创业、就业的有机结合与良性循环。龙头骨干企业、科研院所、高校等利用优势资源和科研条件建设了一批专业化众创空间，在开展内部众创、支持社会众创的同时，优化提升产品创新和技术创新能力，服务实体经济转型升级，形成大中小企业融通发展、产学研协同创新、"研发—制造—服务"一体化的良好创新生态。

随着"双创"的深入发展，广大科技工作者正在成为创新创业的主力军。国家连续出台一批促进科技成果转移转化、支持科研人员和高校教师离岗创业的政策措施，越来越多的科研人员走出"象牙塔"，投身"双创"大潮。高水平大学和科研机构逐渐成为"双创"的引领者，高学历人才领衔创业的比重明显增加。上海还有一个特色，就是一批"海归"人才逐渐扮演起重要角色。广大科技工作者的积极参与，有力推动了科技创新与"双创"的深度结合和融通发展，形成了科技创新"顶天立地"与大众创业"铺天盖地"协同发展的良好格局。"双创"点燃了蕴藏在科技人员心中的创新创业激情，让科学精神、企业家精神和工匠精神在全社会得到更加广泛而深入的传播。

近年来，中国科协积极推动全系统深化改革，坚持"四个服务"的职责定位，积极为科技工作者搭建创新创业平台，为中外企业提供创新创业支持，为区域产业转型升级服务。实施创新驱动助力工程，在全国40个城市展开示范，把优质创新资源引向基层、引入企业；积极组织海外专家回国服务，建立多家海外人才离岸创新创业基地；设立"全国创新争先奖"，强化对科技工作者的激励引导，这一系列行为和措施为"双创"深入发展提供了重要支撑作用。

在国务院领导下，在各有关部门和地方的共同努力下，短短两年时间，"双创"活动周已经成为"双创"发展的展示平台，"双创"典型的推介平台、"双创"资源的汇聚平台，成为全国创新创业者的盛大节日。今年4月以来，国家发展改革委会同中国科协，在全国范围内10多个城市持续开展 "创响中国"预热活动，引起全社会广泛关注。

今年活动周以"双创促升级、壮大新动能"为主题，活动范围更加广泛，在海外同步举办有关活动，让中国的创新发展理念走向世界、影响世界；在机关、高校、企业、社区开展活动，推动"双创"深入到社会的每一个角落；活动内容更加丰富，启迪创意，展示成就，推动草根和精英、企业和社会、政府和市场对接，既充分显示国家"双创"新成就，也充分体现上海的城市风貌和国际合作特色。

当前，我国科技事业发展已经进入新的历史阶段，创新正在成为引领中国这艘巨轮扬帆前行的重要动力，广大科技工作者满怀信心，肩负使命，开始迈向建设世界科技强国的新征程。我们要为身处这个伟大的时代感到自豪，为能够实现百年来的科技报国宏愿感到自豪。让我们共同努力，锐意进取，扎实工作，以优异的成绩迎接党的十九大胜利召开，为实现中华民族伟大复兴的中国梦贡献创新的智慧和力量！预祝"双创"活动周取得圆满成功！

（摘编自中国网）

万钢：提升创新发展质量，加快建设创新型国家

（2017年9月21日）

2017年9月21日，全国政协副主席、科技部部长、中国科协主席万钢出席"2017国是论坛"并发表题为《提升创新发展质量，加快建设创新型国家》的主旨演讲。

万钢在主旨演讲中指出，我国科技创新正处于从量的积累向质的飞跃、点的突破向系统能力提升的重要时期，必须把提高创新发展的质量摆在建设创新型国家的重要位置，把质量优先的理念渗透到科技创新的各个环节。

万钢表示，我国科技创新发生了整体性、格局性的深刻变化，取得了举世瞩目的巨大成就。目前科技创新进入了跟跑、并跑、领跑"三跑并存"阶段，开始打造先发优势，向"引领型发展"新目标迈进。同时，科技创新与"双创"的融通发展，形成"顶天立地"与"铺天盖地"有效结合的良好格局。

万钢指出，创新是引领发展的第一动力。当前，我国科技事业发展进入了新的历史阶段，正处在实现科技创新“第一步”战略目标、加快建设创新型国家的关键阶段。跨越中等收入陷阱、迈向产业中高端，科技创新是关键之中的关键。必须紧紧抓住新一轮科技革命和产业变革的重大机遇，把科技创新作为支撑供给侧结构性改革、加快新旧动能接续转换的源动力，走出一条以科技强、人才强带动产业强、经济强、国家强的创新发展道路。

万钢表示，提高供给质量是供给侧结构性改革的主攻方向。前不久，党中央、国务院发布关于开展质量提升行动的指导意见，推动我国经济发展进入质量时代。必须把提高创新发展的质量摆在建设创新型国家的重要位置，把质量优先的理念渗透到科技创新的各个环节。

第一，以应用基础研究的突破跨越产业发展的中低端。“我们要把基础研究摆在更加重要的位置，下更大决心，花更大气力，更多更快地凝练和解决各领域各行业的科学问题，力争在若干领域实现跨越发展。要创新互联网时代的科研方法，构建网上集思众议的知识交流平台，变冥思苦想为群智共创。”

第二，以体制机制的完善打造高质量的创新系统。“在单项科技创新成果突破的同时，必须更加重视技术体系的建立和完善，发挥产学研用各个创新主体的积极性，提高创新体系的整体效能。”

第三，新兴产业和“双创”的深入发展需要质量标准的有力支撑。“我们要充分发挥技术标准在促进科技成果转化、培育新兴产业发展中的关键作用，按照审慎监管的原则，加快完善新兴产业的技术标准体系建设，以技术标准倒逼新技术新产品提高质量，满足市场和消费者的需求。”

第四，加快科技评价体系改革，把质量为先、工匠精神作为重要的评价标准。“我们要大力倡导‘板凳一坐十年冷’‘咬定青山不放松’的潜心治学精神。倡导精益求精、追求卓越的工匠精神，这不仅对于科技创新，对整个国家经济发展和社会文化环境的营造都是大有裨益的。”

万钢指出，提高创新发展的质量，是科技工作和质检工作的共同任务。长期以来，科技部门与质检部门通力合作，做了大量卓有成效的工作。今后，科技部门与质检部门将更加紧密合作，以技术标准的研制和应用为载体，促进科技创新与标准化协同推进、融合发展，为供给侧结构性改革和新动能培育发展提供更多更高质量的创新供给。

（摘编自新华网）

王志刚：多项措施推进科技体制改革促创新驱动发展

（2017年10月20日）

2017年10月20日，科技部党组书记、副部长王志刚在十九大新闻中心举办第四场集体采访活动中向中外记者介绍了几年来中国科技系统在系统推进科技体制改革、促进创新驱动发展方面采取的主要措施。

王志刚表示，十八大以后，特别是在十八届三中全会以后，在中央全面深化改革的布局过程中，科技体制改革在中央的改革大局中一直分量很重。体制机制改革的思路重点是突出了三个“面向”。要面向世界科技前沿，面向经济主战场，面向国家重大战略需求。科技创新是综合国力和社会生产力的战略支撑，要把科技创新摆在国家工作全局的核心位置。科技部会商相关部门，动员科技界、产业界做了一个科技创新驱动发展战略的顶层设计，形成创新驱动发展战略纲要。在纲要里，提出要建设世界科技强国，要科技创新、体制创新两个轮子一起转，在2020年进入创新型国家，并做出了三步走的战略部署，对科技工作做出了具体部署。

王志刚指出，围绕调动人的积极性，推进了一系列的改革。创新不完全是政府的事情，科研活动也不是主要依靠政府，主要依靠大学、企业、科研院所。政府就是要做好构建环境的相关工作。法律环境上，我们修订了《促进科技成果转化法》，加强了知识产权法律保护。政策环境上，让科研人员、让从事科研活动的团队、机构得到鼓舞和激励，通过创新实现价值、名利双收，在分配方面，提出了以知识价值为导向的分配制度；在评价方面、奖励方面都出台了相应的改革政策。在这些政策的激励下，以“千人计划”“万人计划”“杰青”为代表的广大科研人员都愿意到中国这块大地上开展创新创业。

在创新创业方面，我们的着力点是发展专业化的众创空间。专业化的众创空间主体一定要是科技人员，发展的切入点是做好科技成果转化，检验标准就是能否形成高技术企业和形成高技术产业，或者是国际化的标准。以科技为核心的创业不同于一般的创业，它在解决就业、提供高质量的就业岗位，推进可持续发展、包容性发展和绿色发展方面，都具有极大优势。因此，要对这些科研活动和高技术产业给予倾斜和激励。

（摘编自中国网）

王志刚：加快建设创新型国家

（2017年12月7日）

2017年12月7日，科技部副部长王志刚在《人民日报》发表署名文章《加快建设创新型国家》。全文如下。

习近平同志在党的十九大报告中强调，创新是引领发展的第一动力，是建设现代化经济体系的战略支撑。按照党中央的决策部署，把加快建设创新型国家作为现代化建设全局的战略举措，坚定实施创新驱动发展战略，强化创新第一动力的地位和作用，突出以科技创新引领全面创新，具有重大而深远的意义。

一、深刻认识加快建设创新型国家的重大意义

创新型国家的主要标志是，科技和人才成为国力强盛

最重要的战略资源，劳动生产率、社会生产力提高主要依靠科技进步和全面创新，拥有一批世界一流的科研机构、研究型大学和创新型企业，创新的法律制度环境、市场环境和文化环境优良。创新型国家的本质是依靠创新活动推动经济发展和竞争力提高，其测度指标主要体现在创新资源、知识创造、企业创新、创新绩效、创新环境等方面。

加快建设创新型国家是我国迈向现代化强国的内在要求。科技是国之利器，世界上的现代化强国无一不是创新强国、科技强国。我国建设创新型国家的战略目标是，到2020年进入创新型国家行列，到2035年跻身创新型国家前列，到新中国成立100年时成为世界科技强国。当前，我国发展站到了新的历史起点上，正在由发展中大国向现代化强国迈进。如果我们不能在创新领域取胜，就不能掌握全球竞争先机和优势，迈向现代化强国就会失去支撑。必须加快建设创新型国家，突出科技创新能力提升，以科技强国支撑现代化强国。

加快建设创新型国家是解决我国新时代社会主要矛盾的必然选择。当前，我国社会主要矛盾已经转化为人民日益增长的美好生活需要和不平衡不充分的发展之间的矛盾。特别是经济发展大而不强、大而不优，要素驱动力明显减弱，新动能还未全面接续，经济社会发展对科技创新的需求从未像今天这样迫切。只有加快建设创新型国家，在经济社会发展的全过程充分践行创新、协调、绿色、开放、共享的发展理念，才能加速向主要依靠知识积累、技术进步和劳动力素质提升的内涵式发展转变，在我国发展的内生动力和活力上实现一个根本性变化，为解决社会主要矛盾开拓更广阔的空间。

加快建设创新型国家是抢抓新科技革命和产业变革历史机遇的战略举措。当前，全球新一轮科技革命和产业变革孕育兴起，特别是信息技术、生物技术、制造技术等广泛渗透到各个领域，带动以绿色、智能、泛在为特征的群体性重大技术变革，大数据、云计算、移动互联网等新一代信息技术同机器人和智能制造技术相互融合步伐加快，正在引发国际产业分工重大调整，进而重塑世界竞争格局、改变国家力量对比。我国既面临赶超跨越的难得历史机遇，也面临差距拉大的严峻挑战，唯有加快建设创新型国家，全面增强科技创新能力，力争在重要科技领域实现跨越发展，才能在新一轮全球竞争中赢得战略主动。

二、坚定实施创新驱动发展战略

创新驱动发展战略关系我国经济社会发展全局。党的十九大报告提出坚定实施创新驱动发展战略，表明我们党把实施这一战略作为一项重大而长期的任务，摆在国家发展全局的核心位置。

党的十八大以来，我国在实施创新驱动发展战略上取得显著成就，科技进步对经济增长的贡献率从2012年的52.2%提高到2016年的56.2%，有力推动了产业转型升级。高速铁路、水电装备、特高压输变电、杂交水稻、对地观测卫星、北斗导航、电动汽车等重大科技成果产业化取得突破，部分产业走在世界前列，持续提升我国经济发展的质量和效益，拓展了我国发展的新空间。

实施创新驱动发展战略，要突出科技创新对供给侧结构性改革和培育发展新动能的支撑引领作用。一是围绕新一代信息网络、智能绿色制造、现代农业、现代能源等领域推动产业技术体系创新，注重运用新技术新业态改造升级传统产业，以技术的群体性突破支撑引领新兴产业集群发展。二是促进技术创新与管理创新、商业模式创新融合，拓展数字消费、电子商务、现代物流、互联网金融等新兴服务业，大力发展数字经济、平台经济、共享经济、智能经济。三是大力推动创新创业，建立一批低成本、便利化、开放式的众创空间和虚拟创新社区，孵化培育“专精特新”的创新型小微企业。四是打造新的经济增长点、增长带、增长极，深入推进北京、上海建设具有全球影响力的科技创新中心，加快推进京津冀、长江经济带、东西部协同创新，强化国家自主创新示范区和国家高新区的辐射带动作用，建设一批具有强大带动作用的创新型城市和区域创新中心。

三、围绕“三个面向”推动科技创新重点领域取得新突破

面向世界科技前沿、面向经济主战场、面向国家重大需求，是我国科技创新的战略主攻方向。党的十八大以来，“三个面向”的前瞻布局和系统推进得到显著加强，科技创新突破明显加快。对标国际科技前沿，我国在量子通信与计算机、高温超导、中微子振荡等基础研究和应用基础研究领域取得一大批重大原创成果，国际影响力大幅提升。面向经济主战场，国家科技重大专项实现一系列重大技术和工程突破，移动通信领域实现从“2G跟随”“3G突破”“4G并行”到“5G引领”的跨越式发展，C919大型客机首飞成功。聚焦国家发展重大需求，我国在深空、深海、深地、深蓝等战略必争领域，取得载人航天和探月工程、载人深潜、深地钻探、超级计算等一批具有国际影响的标志性重大科技创新成果。

同时也要看到，我国基础研究仍然薄弱。原创性技术、颠覆性技术相对不足，不少领域关键核心技术受制于人，必须更加有效地集成科技资源，加快突破。一是加强基础研究和应用基础研究，强化新思想、新方法、新原理、新知识的源头储备。二是聚焦国家科技重大专项，组织产学研联合攻关，在信息、生物、新能源、新材料、人工智能等领域突破一批关键共性技术。三是启动“科技创新2030—重大项目”，加大空间、海洋、网络、材料、能源、健康等领域的攻关力度，突破并掌握一批原创性、颠覆性技术。四是推动现代工程技术攻关和示范应用，面向海洋工程、重型装备、交通运输、电力电网、现代农业等领域，加强技术开发与集成、装备研制及大规模应用。

四、加强国家创新体系建设

国家创新体系是决定国家发展水平的基础，战略科技力量是国家创新体系的中坚力量，国际竞争很大程度上是科技创新能力体系的比拼。

党的十八大以来，我国科技创新能力体系建设迈上新台阶。科技创新基地建设速度加快，综合性国家科学中心统筹推进，大型科研基础设施建设取得突破性进展。建成500米口径的世界最大球面射电望远镜（FAST）、超大型高超声速激波风洞等重大科技设施，布局国家重点实验室等创新平台。同时，推动科技基础条件平台开放共享，58个重大科研基础设施和5.8万台（套）大型科研仪器纳入统一的国家网络管理平台。一批大型综合性科研机构研究能力大幅度提升，在国际排名中不断前移。企业技术创新能力建设进一步增强，2016年企业在全社会研发经费支出中占比超过77.5%，涌现出一批具有国际影响力的科技创新型企业。

当前，面对建设世界科技强国的要求，必须大力加强国家创新体系能力建设，系统打造我国战略科技力量。一是在重大创新领域布局国家实验室，建设体现国家意志、具有

世界一流水平的战略科技创新基地。二是聚焦能源、生命、粒子物理等领域建设一批重大科技基础设施，加快建设上海张江、安徽合肥、北京怀柔3个综合性科学中心。三是优化整合国家科研基地和平台布局，围绕国家战略和创新链进行布局，推动科技资源开放共享。四是按照企业为主体、市场为导向、产学研深度融合的要求推动技术创新，建设一批引领企业创新和产业发展的国家技术创新中心，支持量大面广的中小企业提升创新能力，培育一批核心技术能力突出、集成创新能力强的创新型领军企业。我们建设的国家创新体系是开放的，不是封闭的，要全方位提升科技创新的国际化水平，打造“一带一路”协同创新共同体，积极牵头或参与国际大科学计划和工程。

五、建设高端科技创新人才队伍

创新驱动实质上是人才驱动，综合国力竞争归根到底是人才竞争。谁拥有人才上的优势，谁就会拥有创新实力上的优势。

我国在创新型科技人才方面还存在结构性矛盾突出、世界级科技大师缺乏、领军人才和尖子人才不足、工程技术人才培养同生产和创新实践脱节等问题。因此，党的十九大报告提出，培养造就一大批具有国际水平的战略科技人才、科技领军人才、青年科技人才和高水平创新团队。要将这一部署作为实施创新驱动发展战略的优先任务抓紧抓好。一是推进创新型科技人才结构战略性调整，加强高端科技创新人才队伍建设，突出“高精尖缺”导向，加强战略科技人才、科技领军人才、高水平创新团队的选拔和培养。二是瞄准世界科技前沿和战略性新兴产业，支持和培养具有发展潜力的中青年科技创新领军人才，为青年人才开辟特殊支持渠道。三是培养造就一大批具有全球战略眼光、创新能力和社会责任感的企业家人才队伍，依法保护企业家的创新收益和财产权。四是继续加大海外高层次人才引进力度，面向全球引进首席科学家等高层次创新人才，实现精准引进。五是大力推进创新教育，提升全社会创新意识和创新能力，造就规模宏大、富有创新精神、敢于承担风险的创新创业人才队伍。

六、深化科技体制改革

建设创新型国家必须坚持科技创新和体制机制创新双轮驱动，只有两个轮子协调运转，才能把创新驱动的新引擎全速发动起来。

党的十九大报告提出深化科技体制改革，我们要在落实的力度和方法上下功夫。一是完善支持企业创新的普惠性政策体系，加大研发费用加计扣除、高新技术企业税收优惠、固定资产加速折旧等政策的落实力度。二是推进项目评审、人才评价、机构评估改革，激发科技人员积极性。三是完善国家技术转移体系，培育一批专业化水平高、服务能力强的国家技术转移机构，建立完善区域性、行业性技术市场，打造连接国内外技术、资本、人才等创新资源的技术转移网络。四是强化知识产权创造、保护、运用，深化科技成果权益管理改革，完善科技成果转化激励评价制度，强化创新型国家在知识产权等方面的法治保障。五是营造公平、开放、透明的市场环境，建立符合国际规则的政府采购制度，扩大创新产品和服务的市场空间。

（摘编自《人民日报》）

王志刚：全面开启建设科技强国新征程

（2017年12月23日）

2017年12月23日，科技部党组书记、副部长王志刚在“2017－2018中国经济年会”上表示，必须坚持习近平新时代中国特色社会主义思想和习近平科技创新思想为指导，积极实施创新驱动发展战略，全面开启建设科技强国新征程。谈及如何建设创新型国家，王志刚认为要重点做好5方面工作。

发挥科技创新核心作用，有力支撑供给侧结构性改革，建设现代化经济体系。围绕新一代信息网络、智能绿色制造、现代农业、现代能源等领域推动现代产业技术体系融合创新，注重运用新技术、新业态融合，改造传统产业。促进技术创新与管理创新、商业模式融合，拓展数字消费、电子商务、现代物流、互联网金融等新型服务业，大力发展数字经济、平台经济、共享经济、智能经济，带动实体经济转型发展。大力推动创新创业，建立一批低成本、便利化、开放式的创业空间和虚拟创新社区。打造新的经济增长点、增长带、增长极，深入推进北京、上海建设具有全球影响力的科技创新中心。

加快实现科技创新成果的重大突破。加强基础研究和应用基础研究，强化新思想新方法新原理新知识的源头储备，集中力量在重点学科前沿率先取得突破。聚焦国家重大科技专项，组织产学研联合攻关，在信息深入、新能源、人工智能等领域突破一批关键共性技术。实施“科技创新2030—重大项目”，加大空间、海洋、网络、材料、能源、健康等领域的攻关力度。

强化创新人才培养引进。瞄准世界科技前沿和新型科技产业，支持和培养具有发展潜力的中青年科技创新领军人才。培养造就一大批勇于创新、敢于冒险的创新创业人才队伍。

加强创新国家创新体系的建设。在重大战略领域布局国家实验室，打造一批体现国家意志，具有世界一流水平的科技创新基地，系统打造我国战略的科技力量。聚焦能源、生命、粒子物理等领域建设一批重大科技基础设施，加快建设上海张江、安徽合肥、北京怀柔三大综合型的科学中心。优化整合国家科研基地和平台布局，围绕国家战略和创新链进行布局，推动科技资源开放共享。强化企业为主体、市场为导向、产学研融合的技术创新体系建设。

激发全社会创新活力，营造良好创新生态。完善支持企业创新的普惠性政策体系，培养一批专业化水平高、服务能力强的国家技术转移机构，建立完善区域性、行业性技术市场，打造连接国内外技术、资本、人才等创新资源的技术转移网络。强化知识产权的创造、保护、运用，深化科技成果权益管理改革，完善科技成果转化、激励评价制度，强度知识产权等方面的法治保障。营造公平开放、透明的市场环境，建立符合国际规则的政府采购制度，扩大创新产品和服务的市场化空间。

（摘编自《经济日报》）

戴均良：留学人员要发挥创新创业的骨干和先锋作用

（2017年8月12日）

2017年8月12日，由欧美同学会（中国留学人员联谊会）主办的第12届中国留学人员创新创业论坛暨欧美同学会在北京举行。在开幕式致辞中，中央统战部副部长戴均良希望广大留学人员用好独特优势，发挥创新创业的骨干和先锋作用，把专业优势和社会发展结合起来，把先进知识和国内实际联系起来，把个人梦想和报国梦想统一起来，扎实做好各项工作，为实现中华民族伟大复兴的中国梦做出更大贡献。

戴均良指出，党的十八大以来，以习近平同志为核心的党中央带领全国各族人民紧紧围绕实现“两个一百年”奋斗目标，高举中国特色社会主义伟大旗帜，积极推进中国特色社会主义现代化建设的伟大事业，开辟了治国理政的新境界，开创了党和国家事业发展的新篇章。我们的国家比历史上任何时期都更接近实现中华民族伟大复兴中国梦的目标。其间，归国留学人员队伍不断扩大，从2012年的100多万人上升到现在的近300万人，是我国人才队伍重要组成部分，对推动经济社会发展和科技创新起到了重要的支撑作用。

戴均良强调，创新是一个民族进步的灵魂，是国家兴旺发达的不竭动力。虽然中国已成为世界第二大经济体，但体量大而不够强，发展快而不够优，尤其是许多核心技术受制于人。留学人员既有国际视野又有专业特长，许多人更拥有先进的技术和管理经验，熟悉国际环境和市场规则，在我国高新技术产业与新经济领域发展中能发挥出独特作用。

戴均良指出，当前我国正在深入实施创新驱动发展战略，以及加快推进“一带一路”、供给侧结构性改革和产业转型升级等重大战略，留学人员是创新创业的一支重要力量，是骨干和先锋，可以大有作为。广大留学人员要深入学习领会习近平总书记系列重要讲话精神，把“四个意识”“四个自信”融入中华民族复兴的伟大梦想之中；更加自觉地把创新精神、专业优势融入祖国改革发展的伟大实践之中，把爱国之情、报国之志融入人民创造历史的伟大奋斗之中。

（摘编自欧美同学会网站）

张建国：打造世界人才的“筑梦空间”

（2017年1月18日）

2017年01月18日，人社部副部长、国家外国专家局局长张建国在《人民日报》发表署名文章《打造世界人才的“筑梦空间”》。全文如下。

历史经验表明，封闭导致停滞落后，开放带来发展繁荣。新中国成立后，特别是改革开放以来，大批外国专家投身中国现代化建设事业，为推动中国经济社会发展、增进中外交流合作发挥了重要作用。

党的十八大以来，以习近平同志为核心的党中央对引进外国人才和智力工作给予了前所未有的关注和重视。习近平先后3次与外国专家座谈交流，听取意见建议并发表重要讲话，深刻阐述了“聚天下英才而用之”的战略思想。他强调中国要永做学习大国，要以更加开放包容的姿态加强同世界各国的互容、互鉴、互通，要实施更积极、更开放、更有效的人才引进政策，要让外国人才“来得了、待得住、用得好、流得动”。2016年，中央印发《关于深化人才发展体制机制改革的意见》，明确了深化改革的指导思想、基本原则、主要目标以及各项改革措施；实施“更积极、更开放、更有效”的人才引进政策列入2016年国务院《政府工作报告》。这些重大政策措施的不断出台实施，彰显了中国将打造更加开放、更加包容引进人才发展环境的决心和行动，突出了引进人才在中国经济社会发展中的价值和贡献。

近几年，每年有60多万人次的境外专家来华工作，他们活跃在经济、文化、教育、科技等多个领域。外国专家在合作中切实感受到了中国对外开放的坚定决心和各项政策措施的不断优化，他们获得了事业成功、实现了人生梦想，也促进了中国人民与世界各国人民的交流和友谊。

中国政府大力倡导和实施创新驱动发展战略，顺应当今世界发展潮流。中国引进人才的大门将越开越大。中国的引进人才智力事业要在全球视野下谋划，要立足中国国情部署。高精尖领域人才不足，领军拔尖人才稀少，对高端人才吸引力不够，这些仍然是我国引进人才和智力工作面临的主要问题。因此，更需要我们统筹用好国内国际两种人才资源，破除束缚人才发展的思想观念，建立更加开放的人才体制机制，在全球范围内吸引聚集更多顶尖创新人才，全面提升我国在全球人才竞争中的位势。

通过人才体制机制改革，推进外国人才管理制度体系建设，进而提升我国外国人才管理服务水平，以适应中国经济社会发展的需要，是我们亟须夯实推进的重要工作。当前，按照国务院“放、管、服”的要求，国家外国专家局正在组织实施外国人来华工作许可制度试点工作，将“外国人入境就业许可”和“外国专家来华工作许可”整合为“外国人来华工作许可”。2017年4月1日起，这项制度将在全国统一实施。此举将推进外国人科学管理制度体系建设，为外国人才来华创新创业提供更加便捷、高效、优质、公平的服务。与此同时，相关部门还将携手在出入境、科研条件、社会保障等方面出台相关便利措施，我们也将进一步关注外国高端人才的长效激励和职业发展管理，强化政府在外国人才宏观管理、政策制定、公共服务等方面的职能，进一步发挥市场在人才资源配置中的决定性作用，推动营造公正透明的市场化法治化环境，切实保护外国人才的合法权益。

当中国的合作平台成为更多国际人才的才华舞台，个人梦、中国梦、世界梦，也就有了交织共鸣的“筑梦空间”。

（摘编自《人民日报》）

汤涛：凝神聚力破解“六难”，推升留学“归国潮”持续高涨

（2017年4月11日）

2017年4月11日，2017年留学人员回国服务工作部际联席会议在京召开。部际联席会议副组长、人力资源和社会保障部副部长汤涛出席会议并讲话。讲话内容摘编如下。

今天会议的主要任务是学习贯彻习近平总书记关于留学人员回国工作的系列重要讲话和李克强总理重要批示精神，总结交流2016年留学人员回国服务工作经验，研究部署今年的工作任务，集中力量破解留学回国人员创业创新“六难”问题。受人力资源和社会保障部部长、联席会议组长尹蔚民同志委托，下面，我讲几点意见。

党中央、国务院高度重视留学人员回国工作。十八大以来，习近平总书记对留学人员回国工作作出一系列重要论述，明确提出要“按照支持留学，鼓励回国，来去自由，发挥作用的方针，把做好留学人员工作作为实施科教兴国战略和人才强国战略的重要任务”。强调“不拒众流，方为江海，一个国家的对外开放，必须首先推进人的对外开放，特别是人才的对外开放”，要“吸引和用好留学人才，使他们成为实现中国梦的有生力量”。今年两会，总书记在上海代表团审议时强调，要“推动人才政策创新突破和细化落实，真正聚天下英才而用之，让更多千里马竞相奔腾”。李克强总理在今年政府工作报告中强调，要“实施更加有效的人才引进政策，广聚天下英才”。李克强总理还针对留学回国人员创业创新面临的“六难”问题，作出重要批示，要求有关部门切实研究解决。

在党中央、国务院的正确领导下，留学人员回国服务工作部际联席会议各成员单位深入学习习近平总书记关于人才工作的重要论述，积极实施更加开放的留学人员回国政策，大力开展重点引才计划，不断健全服务体系，留学人员回国服务工作取得了新的进展。十八大以来，在“中国梦”的感召下，在赤诚报国之志的驱动下，大批学有所成的留学人才放弃国外优厚待遇，回国报效祖国。截至2016年底，我国留学回国人员总数达265.11万人，其中去年回国人数达43.25万人，十八大以来五年回国人数占到70%，完成学业后选择回国发展的留学人员比例由2012年的72.38%增长到2016年的82.23%，提高了10个百分点，我国对海外人才显示出强大的“人才磁铁”效应。各地引进高层次留学人才5.39万名，引进教授层次人才数量是2008年以前引进总量的20余倍，形成了我国历史上最大规模的留学人才“归国潮”。一大批留学人才在各自领域做出了突出贡献，为推进创新驱动发展战略提供了强大的人才支撑。这些成绩的取得，是联席会议和各有关部门辛勤工作、共同努力的结果。在此，我代表人力资源社会保障部和部际联席会议，对大家一直以来的辛勤付出表示衷心的感谢！

当前，我国留学人员回国工作面临新的形势，机遇与挑战并存。一方面，我国综合国力显著提升，已成为世界第二大经济体并与世界经济深度融合，供给侧结构性改革加速产业结构优化升级和新旧动能转换，“互联网+”“双创”“制造强国”等，都为留学人才回国创业创新、施展才华提供了广阔舞台。强劲的“归国潮”与“双创潮”的联动叠加，必将激发更加强大的创新力量，对中国经济社会发展起到更大的驱动作用。同时，国际形势也给引才工作带来难得的机遇。有专家预测，未来5年，我国可能迎来“进大于出”的人才历史拐点，从世界最大人才流出国转变为主要的人才回流国，逐步成为国际人才竞争格局中的重要一极。另一方面，留学人员回国工作中还存在一些问题需要解决，“六难”问题就是集中体现。去年，李克强总理对留学回国人员创业创新“六难”作出重要批示后，人力资源社会保障部、教育部、科技部、财政部、发展改革委等18部门立即行动，出台政策，优化服务，解决“六难”问题。今年2月12日，中国政府网发表了题为《总理批示，18部委通力破除回国留学生创业创新壁垒》的文章，充分肯定了18部门的工作。在取得进展的同时，还有许多亟待解决的问题，如引才政策开放度有待提高、服务体系需进一步完善、“高精尖缺”创业创新人才依然匮乏等，这些都是下一步联席会议重点研究解决的问题。

2017年是实施“十三五”规划的重要一年，是供给侧结构性改革的深化之年。我们要全面贯彻党的十八大和十八届三中、四中、五中、六中全会和两会精神，统筹推进“五位一体”总体布局和协调推进“四个全面”战略布局，牢固树立和贯彻落实新发展理念，以破解“六难”问题为重点，抓紧实施更加有效的人才引进和扶持政策，加强服务体系建设，吸引更多优秀人才回流，进一步做好留学人员回国创业创新工作。

一、完善政策措施，构建更积极、更开放、更有效的引才制度体系

建立具有中国特色、与国际接轨的引才政策体系，是开展好留学人员回国工作的根本保障。下一步，要以问题为导向，研究制定加强留学人员回国创新创业服务工作的政策，树立“减法”思维，打破政策限制，创新法规制度，落实政策措施，重点开展以下工作：一是解决“永久居留、落户、子女入学难”。抓紧制定《外国人永久居留管理条例》，进一步降低门槛、落实待遇，让高层次外籍留学回国人才享有更多的“获得感”。落实《关于加强外国人永久居留服务管理的意见》精神，为入选全国重点海外高层次人才引进计划的外籍人才及家属快速办理永久居留提供便利，进一步减少不必要的审批，简化回国工作许可手续。推动各地进一步放宽留学回国人员落户政策，加快落实子女入学政策，保障合法权益。二是解决“开户融资难”。健全信用政策措施，共享企业信用信息，防范金融风险，解决中小企业开户难问题。发挥政府导向作用，加快设立国家融资担保基金，完善担保体系，健全小微企业应收账款质押融资有关政策措施，支持留学回国人员利用知识产权质押贷款等方式创业融资。三是放宽“外籍人员持股、出口资质”等限制。进一步研究支持外籍留学回国创业人员持有A股的方式和途径。推进简政放权，放宽市场准入，解决市场准入政策与监管政策不衔

接的问题。优化企业出口资质申请流程，提高监管和服务水平。四是解决“优惠政策享受难”。定期梳理汇编优惠政策并对外发布，公开留学人员回国创业支持资金管理办法和分配结果，提高专项资金分配透明度。完善小微企业名录功能，推动优惠政策实施，支持留学回国人员中小企业发展。积极落实国家级科技企业孵化器的各项扶持政策，规范孵化服务行为，为留学回国人员申请补贴扫清障碍。

二、健全公共服务体系，营造良好的创业创新环境

完善服务体系、提供优质高效服务，是转变政府职能、推进国家治理能力现代化的重要目标。下一步，我们要树立“加法”思维，不断增强服务意识，加强服务创新，提高服务质量，在留学人员回国之初作“保姆”，发展之中作“导师”，成功之后作“保安”，服务留学回国人员创业创新。一是整合服务资源，形成工作合力。以中国留学人员回国服务联盟为基础，加强人力资源和社会保障、外交、公安、海关、税务、工商、侨办、外汇等部门相关窗口服务工作的联系，发挥侨联、科协、团中央、欧美同学会等部门单位在留学人员服务方面的独特优势，解决留学人员回国创业创新面临的实际困难。汇聚各类服务机构、留学人员社团组织和社会中介服务力量，建立面向全体留学回国人员的普惠式服务平台，有序扩大服务受益面，推动服务精细化。探索建立留学人员海外工作站，搭建高效便捷、内外联通的留学人员公共服务体系。二是创新服务方式，简化服务流程。重点解决“知识产权应用和商标注册难”问题。健全“互联网+政务服务”模式，建立知识产权快速维权中心，支持留学回国人员知识产权应用。落实好科技成果转化取酬相关服务，化解留学回国人员在科技成果转化上的顾虑。建立注册商标后续业务快速审查通道，为留学人员回国创业注册商标提供便利。三是加强宣传引导，营造良好环境。加大宣传力度，创建市场监测和信誉管理机制，形成诚信、守法和鼓励创业创新、宽容失败的良好环境，营造有利于“大众创业、万众创新”的社会氛围。汇编留学回国人员创业案例集，树立新时期创业标杆。举办留学人员回国创业高级研修班，开展创业导师走进创业园活动，加强创业指导，重点开展“接地气”的培训，加速留学回国人员的文化融合过程，让留学人员回国从“水土不服”到“落地生根”。

三、实施人才工程，吸引高层次留学回国人才为国效力

发挥重点引才计划的示范带动作用，加大留学人才引进力度，是加快实施创新驱动发展战略、创造人才红利的重要抓手。下一步，留学人才引进工作要聚焦“高精尖缺”，聚焦“制造强国”，聚焦服务“双创”，聚焦为供给侧结构性改革提供人才支持，同时加大对中西部地区引才的支持力度，突出重点，持之以恒地推进。一是实施重点引才计划。确保引才质量，提供优质服务，为高层次留学人才回国保驾护航。根据《国家引进海外高层次人才参考目录》，围绕国家战略需要，实现“靶向招引”。以更大的力度实施高层次留学人才回国资助项目，继续实施“长江学者”“百人计划”等项目，示范带动各地形成多层次、有特色的留学人才引进项目体系，打造一支高素质的留学回国人才队伍。二是支持留学人员回国创业创新。开展留学人员回国创新创业启动支持计划，在留学回国人员创业起步阶段“雪中送炭”，帮助创业企业做大做强。继续实施“春晖杯”等创业扶持项目，加强对各地留学人员创业园的指导，对中西部地区创业园建设给予倾斜，从资金、平台、服务多角度全方位支持留学人员回国创业发展。三是鼓励留学人员为国服务。以“发挥作用”为目标，大力实施海外赤子为国服务行动计划、“海智计划”等专项计划，开展好各级各类海外留学人员为国服务活动。围绕中西部地区产业布局和发展需要，开展智力、技术对口支持活动，加大柔性引进力度。支持开展广州海交会、南京留交会、大连海创周等全国性留学人员科技项目交流活动，同时加大对中西部人才、项目对接活动的支持力度，依据地方产业发展实际确定人才需求，注重追踪培养，不断丰富内容，提高活动的实效性、针对性，提升品牌影响力。

部际联席会议是一个协调机制，组长单位与各成员单位间既没有领导关系，也没有业务指导关系，召开联席会议是给大家提供一个凝聚智慧力量、加强沟通协作、反映需求建议、共同解决“六难”的平台。下一步，人力资源和社会保障部将进一步加强服务和协调工作，与各成员单位和解决“六难”有关部门一起，按照党中央、国务院的决策部署，坚持党管人才原则，根据留学人员回国服务工作要点和任务分工的具体安排，发扬钉钉子精神，抓好各项工作落实，推动留学人员回国服务工作更好更快发展，努力开创我国留学人员回国服务工作新局面，为实现“两个一百年”奋斗目标提供有力人才支撑，以优异的成绩迎接党的十九大胜利召开。

（人力资源和社会保障部留学人员和专家服务中心供稿）

汤涛：希望留学人才在创新创业中实现人生理想

（2017年12月20日）

2017年12月20日，2017中国海外人才交流大会暨第19届中国留学人员广州科技交流会在广州开幕，人力资源和社会保障部副部长汤涛出席开幕式并致辞。致辞内容摘编如下。

党中央、国务院高度重视人才工作。党的十九大报告明确提出，要聚天下英才而用之，加快建设人才强国。要实行更加积极、更加开放、更加有效的人才政策。习近平总书记强调，要贯彻落实支持留学，鼓励回国，来去自由，发挥作用的方针，把留学人才工作作为实施科教兴国战略和人才强国战略的重要任务切实抓好。李克强总理指出，要抓紧实施更加有效的人才引进和扶持政策，吸引更多优秀人才回流，投身创业创新。

在党中央、国务院的正确领导下，人力资源和社会保障部会同有关部门，不断完善政策，加大引才力度，健全服务体系，支持广大留学人才回国干事创业。截至2016年底，我国留学回国人员总数达265.11万人，其中2016年回国人数达43.25万人，十八大以来回国人数占改革开放以来回国人数的70%，形成了我国历史上最大规模的留学人才“归国潮”。

人才是实现民族振兴、赢得国际竞争主动的战略资源。人力资源和社会保障部将继续和有关部门一道，坚持党管人才原则，充分发挥职能作用，深入贯彻国家中长期人才发展规划纲要，加大政策创新，以更加坚定的信心和更大的工作力度吸引和支持人才创新创业，努力推动形成人人渴望成

才、人人努力成才、人人皆可成才、人人尽展其才的良好局面，让各类人才的创造活力竞相迸发、聪明才智充分涌流。

多年来，广东省委、省政府，广州市委、市政府高度重视人才工作，坚持人才强省强市战略，把大力引进海内外高层次人才作为创造人才红利、推动创新发展的重要手段，不断创新工作机制，完善引才政策，实施人才工程，加强人才服务，优化人才环境，人才规模不断扩大，素质不断提高。“海交会”举办19年来，始终以“面向海内外、服务全中国”为宗旨，已发展成国内最具影响力的海外人才创新创业交流平台之一，为促进广州、广东乃至全国的经济社会发展做出了积极贡献。希望“海交会”越办越好，把国内和国外优秀人才集聚到社会主义现代化建设事业中来。也希望高层次留学人才抓住机遇，投身祖国的现代化建设，在创新创业中实现人生理想，为实现中华民族伟大复兴的“中国梦”贡献智慧和力量。

（人力资源和社会保障部留学人员和专家服务中心供稿）

辜胜阻：“双创”为改革发展提供了新动能

（2017年3月27日）

2017年3月27日至28日，全国人大财经委副主任委员、民建中央副主席辜胜阻赴广东自由贸易试验区横琴新区片区和澳门调研创业创新企业与科教机构。

辜胜阻认为，今年是供给侧结构性改革的深化之年。供给侧结构性改革的核心就是创新，“双创”为改革发展提供了新动能。通过创业带动就业，能够对冲经济下行产生的就业风险，通过创新实现提质增效，能够推动产业升级和创新驱动。通过创业创新，创造新需求，实现新供给，培养新技术、新产业、新业态和新模式，推动经济发展方式从传统的要素驱动、投资驱动向创新驱动转变。而推进供给侧结构性改革，首先要激发“三大主体”即“市场主体”企业家、“创新主体”科研人员、“改革主体”官员的积极性和创造性，真正实现改革落地。其次，要推进模式创新，推进创业创新要素聚合。

辜胜阻举例说，深圳是全国创新最成功的城市，其成功原因在于深圳具有典型的移民文化和“敢于冒险、崇尚创新、宽容失败”的创业创新氛围；已形成了多元化的双创主体“新四军”：有海外留学归来创业的“海归系”，还有从全国各地到深圳创富创业的“孔雀系”。此外，还有由深圳本地创业者形成的“深商系”和从科技大企业离职创业的“裂变系”。

（摘编自中国网）

郭军：留学人员应成为创新创业的生力军

（2017年8月12日）

2017年8月12日，第12届中国留学人员创新创业论坛暨欧美同学会北京论坛在京举行，国务院侨办副主任郭军出席并致辞。

郭军指出，留学人员和海外侨胞一样长期生活在海外，都有爱国之情、强国之志、报国之心。以留学人员为主的知识精英等新移民的数量随着我们国家的发展在持续增长，逐渐成为海外侨社的中坚力量。同时，留学人员也是我国科技创新的主力军，是实现中华民族伟大复兴的有生力量。

郭军强调，改革开放让更多的人走出国门，而中国的繁荣富强也使越来越多的国家能更好地接纳我们的留学人员。今天中国的发展已站在新的起点上，正进入创新引领产业转型升级，带动经济高水平发展的关键时期。党的十八大明确了“两个一百年”的奋斗目标，提出了充分开发利用国内国际人才资源，积极引进和用好海外人才的要求。创新创业正当其时。希望广大留学人员不忘初心，成为创新创业的生力军，为建设创新型国家和科技强国贡献自己的智慧和力量。

郭军表示，留学人员无论回来不回来都可以成为促进中外友好交流的民间使者。国之相交在于民之相亲，当今世界人员交流不断扩大，迫切需要增进中国和世界各国人民的友谊。希望广大留学人员能当好中外友好交流的民间大使，讲述好中国故事，传播好中国声音，真正成为促进民心相通的“金丝带”。

（摘编自央广网）

综合篇

国家及地方海外引才计划实施一览

国家“千人计划”

计划简介

2008年12月，中共中央办公厅转发《中央人才工作协调小组关于实施海外高层次人才引进计划的意见》（中办发〔2008〕25号），启动实施海外高层次人才引进“千人计划”（即国家“千人计划”）。主要围绕国家发展战略目标，从2008年开始，用5—10年，在国家重点创新项目、重点学科和重点实验室、中央企业和国有商业金融机构、以高新技术产业开发区为主的各类园区等，引进并有重点地支持一批能够突破关键技术、发展高新产业、带动新兴学科的战略科学家和领军人才回国（来华）创新创业。

此后，中央组织部又先后下发《引进海外高层次人才暂行办法》（中组发〔2008〕28号）、《“千人计划”短期项目实施细则》（组厅字〔2010〕29号）、《青年海外高层次人才引进工作细则》（组厅字〔2010〕63号）、《“千人计划”高层次外国专家项目工作细则》（组通字〔2011〕45号），以及《“千人计划”顶尖人才与创新团队项目实施细则》《部分急需人文社会科学领域海外高层次人才引进试行方案》等文件。“千人计划”在实践中得到不断完善，从最初的创新长期、创业2个项目，逐步拓展为顶尖人才与创新团队、创新长期（含人文社科项目）、创新短期、创业、青年、外国专家、文化艺术人才、新疆西藏项目等8个子项目，形成涵盖各年龄段、各领域、各层次海外人才的完整引才体系。

组织领导

国家“千人计划”由海外高层次人才引进工作小组负责组织领导和统筹协调。工作小组由中央组织部、人力资源和社会保障部会同教育部、科技部、中国人民银行、国资委、中国科学院、中央统战部、外交部、发改委、工业和信息化部、公安部、财政部、侨办、中国工程院、自然科学基金委、外专局、共青团中央、中国科协等单位组成。同时，在中央组织部人才工作局设立海外高层次人才引进工作专项办公室，作为工作小组的日常办事机构，负责国家“千人计划”的具体实施。

创新人才长期项目

（一）引进对象及条件

创新人才长期项目的引才对象应符合以下基本条件：

1．全职回国（来华）工作；

2．年龄一般不超过55岁；

3．在国外著名高校、科研院所担任相当于教授职务的专家学者，或是在国际知名企业和金融机构担任高级职务的专业技术人才和经营管理人才。

（二）申报评审程序

海外高层次人才一般应与国内高校、科研机构、企业、商业金融机构等用人单位达成明确的工作意向后，由用人单位进行申报。基本程序是：

1．用人单位与海外高层次人才达成意向后，填写《海外高层次人才引进申报书》，按程序报国家重点创新项目、重点学科和重点实验室、中央企业和国有商业金融机构等平台；

2．平台牵头组织单位组织专家对申报人选进行评审，提出建议人选报海外高层次人才引进工作专项办公室；

3．海外高层次人才引进工作专项办公室将人选提交“千人计划”专家顾问组审核后，报海外高层次人才引进工作小组审批。

（三）特殊政策待遇

对通过创新人才长期项目引进的海外高层次人才，授予“国家特聘专家”称号，享受相应的工作条件和一定生活待遇：

1．相应工作条件。可担任高等院校、科研院所、中央企业、国有商业金融机构一定的领导职务或专业技术职务；可担任国家重大科技专项、863、973、自然科学基金等项目负责人；可申请政府部门的科技资金、产业发展扶持资金等，用于在中国境内开展科学研究或生产经营活动；可参与国家重大项目咨询论证、重大科研计划和国家标准制定、重点工程建设等工作；担任项目负责人的，在规定的职责范围内，有权对经费使用、人员聘任等作出决定；可参加国内各种学术组织，参加中国科学院院士（外籍院士）、中国工程院院士（外籍院士）评选；可作为各类政府奖励候选人。

2．一定生活待遇。外籍人才及其随迁外籍配偶和未成年子女，可办理《外国人永久居留证》，或2—5年有效期的多次往返签证；具有中国国籍的引进人才，可不受出国前户籍所在地的限制，选择在国内任一城市落户；中央财政给予引进人才每人人民币100万元的一次性补助，有关地方或部门给予配套支持；享受医疗照顾人员待遇；引进人才及其配偶子女，可参加中国境内各项社会保险，包括基本养老、基本医疗、工伤保险等；可参照当地居民购房政策，购买自用商品房一套；5年内境内工资收入中的住房补贴、伙食补贴、搬迁费、探亲费、子女教育费等，按照国家税收法律法规的有关规定，予以税前扣除；引进人才的配偶由用人单位妥善安排工作或发放生活补贴；教育部门为引进人才的子女就学提供便利；用人单位参照引进人才回国（来华）前的收入水平，一并考虑应为其支付的各种生活补贴，协商确定合理薪酬。

创新人才短期项目

（一）引进对象及条件

人选除应符合创新人才长期项目规定的基本引才标准外，还须符合以下基本条件：

1．系国家科技、产业发展和学科建设急需、紧缺领域的领军人才或学术技术带头人；

2．在国内工作单位固定，有明确具体的工作目标任务，能作出实质性贡献；

3．已与用人单位签订至少连续3年、每年在国内工作不少于2个月的工作合同，并明确合同期内工作成果知识产权的归属。

（二）申报评审程序

按照创新人才长期项目规定的程序进行申报评审。

（三）特殊政策待遇

1．中央财政给予创新人才短期项目引进人才每人人民币50万元的补助。根据引进人才的实际需要，可为其办理出入境、医疗、保险等手续。

2．创新人才短期项目引进人才在合同期满后申请全职回国（来华）工作的，在签订聘用合同后，由用人单位提出申请，报专项办同意，可直接进入创新人才长期项目。授予“国家特聘专家”称号，由中央财政再为其发放人民币50万元的补助。

创业人才项目

（一）引进对象及条件

创业人才项目的引才对象应符合以下基本条件：

1．一般应在海外取得学位；

2．有海外创业经验或曾在国际知名企业担任中高级管理职位3年以上；

3．为所在企业的主要创办人，所创办企业成立1年以上、5年以下，拥有的专利或技术成果国际先进，能够填补国内空白、符合国家鼓励的重点产业发展方向、具有市场潜力并进行产业化生产。

（二）申报评审程序

符合条件的创业人才由企业所在高新技术产业开发区、留学人员创业园等进行申报。基本程序是：

1．申报人填写《海外高层次人才引进申报书》，由所在园区按程序向所在省（区、市）党委组织部申报；

2．省（区、市）党委组织部组织有关部门审核或评审后报海外高层次人才引进工作专项办公示；

3．科技部、人力资源和社会保障部组织技术专家、管理专家和风险投资专家进行评审，海外高层次人才引进工作专项办公室对推荐人选把关后，报工作小组领导审批。

（三）特殊政策待遇

对通过创业人才项目引进的海外高层次人才，授予“国家特聘专家”称号，享受相应的工作条件和一定生活待遇。具体待遇参照创新人才长期项目执行。

“千人计划”青年项目

（一）引进对象及条件

“千人计划”青年项目的引进对象应符合以下基本条件：

1．从事自然科学研究，年龄在40周岁以下；

2．在海外知名高校取得博士学位，并有3年以上的海外科研工作经历；

3．申报时在海外知名高校、科研机构或知名企业研发机构有正式教学或科研职位；

4．引进后全职回国工作；

5．为所从事科研领域同龄人中的拔尖人才，有成为该领域学术技术带头人的发展潜力；

6．对有突出研究成果的在读博士研究生，可以破格引进。

（二）申报评审程序

在海外高层次人才引进工作专项办公室指导下，由教育部、科技部、中科院、自然科学基金委联合设立平台，负责“千人计划”青年项目的申报评审工作。基本程序是：

1. 用人单位和海外人才达成引进意向后，按申报通知要求向平台提出申请；

2. 平台组织专家进行通讯评审后，分批次组织会议评审，以面谈方式议定拟引进人才名单，并进行公示；

3. 对公示异议人员，由海外高层次人才引进工作专项办公室组织专家复审；

4. 海外高层次人才引进工作小组批准引进人才名单。

（三）特殊政策待遇

中央财政给予“千人计划”青年项目引进人才每人人民币50万元的一次性补助。根据拟引进人才所在学科领域、能力水平的差异，按进度分批给予每位引进人才科研经费补助100万—300万元。参照创新人才长期项目的有关政策，给予引进人才相应的其他工作条件和生活待遇。

“千人计划”外专项目

（一）引进对象及条件

申报人应当为非华裔外国专家，引进后应全职来华工作3年上。其人选应符合“千人计划”的引才标准，申报人选的年龄可放宽到65岁。

（二）申报评审程序

在海外高层次人才引进专项办公室指导下，国家外国专家局设立平台，负责“千人计划”外专项目的申报评审工作。基本程序是：

1. 用人单位与拟引进人选进行接洽并达成初步意向后，填写“千人计划”外专项目申报书，向各省、自治区、直辖市外国专家局和部委外国专家管理部门申报；

2. 国家外国专家局组织专家对申报人选进行评审后，报海外高层次人才引进工作专项办公室；

3. 专项办组织专家顾问组进行审核把关后，报工作小组批准；

4. 专项办向有关部门下发“千人计划”外专项目引进专家名单。据此，用人单位与“千人计划”外专项目引进专家签订工作合同，办理相关手续，并保证“千人计划”外专项目专家按合同约定及时到岗工作。

（三）特殊政策待遇

“千人计划”外专项目专家在出入境、居留、医疗、保险、住房、税收、薪酬等方面享受“千人计划”特定政策和待遇。中央财政给予“千人计划”外专项目长期项目专家每人人民币100万元的一次性补助，并根据工作需要，经用人单位向从事科研工作、特别是从事基础研究的外国专家提供总计300万—500万元科研经费补助，并授予“国家特聘专家”称号。国家外国专家局根据“千人计划”外专项目专家在华工作年限给予适当补助，专项用于提高其医疗、养老保障水平。

顶尖人才与创新团队

（一）引进对象和条件

1. 属自然科学或工程技术领域国际顶尖专家，引进后全职在国内工作至少5年；

2. 具备以下条件之一：诺贝尔奖、图灵奖、菲尔兹奖等国际大奖获得者；美国、英国、加拿大、澳大利亚等发达国家科学院院士或工程院院士；在世界一流大学、科研机构任职的国际著名学者；国家急需紧缺的其他顶尖人才。

（二）申报评审程序

采取“一事一议、特事特办”的方式进行引进。

文化艺术人才项目

（一）引进对象及条件

重点围绕我国文化艺术领域实际需要，试点引进文物保护、图书管理、创意设计等领域的高层次人才。申报主体为国有文化单位、艺术院校。从事研究工作的申报人，一般应在海外取得博士学位，不超过55周岁；从事舞台艺术和创意设计的申报人，可适当放宽学历和年龄要求。申报时一般应未全职在国内工作；已经在国内工作的，回国时间应在一年内。申报长期项目的，引进后应全职回国或来华工作；申报短期项目的，要求在国内连续工作至少3年，每年不少于2个月。申报人累计申报次数原则上不超过2次。申报人还应符合下列条件之一：

1. 在国际著名艺术团体担任艺术总监、首席指挥、乐队首席或声部首席、歌剧舞剧主演、舞蹈指导、高级舞美设计师、高级舞台技师等重要职务，或在国际知名艺术院校担任教授职务3年以上，其业务水平受到业内专家的肯定。

2. 在国际知名文化机构、企业担任高级经营管理职务，近5年来策划、组织、推广过国际性文化项目或具有较大国际影响的文化活动。

3. 在国际著名高校、科研机构、文化机构担任高级研究职务，从事文物保护、图书馆学、舞台艺术等专业的研究应用，取得了较大成就，在领域内有较高知名度。

4．在国际大型文化企业担任高级文化创意设计职务，或业内知名创意设计大师，其作品顺应时代要求，创意独特，影响广泛，产生了良好的社会效益和经济效益。

（二）申报评审程序

用人单位与申报人达成初步意向后，应由学术（技术）委员会或类似机构，组织专家对申报人的学术（技术）水平进行评价，通过后签订正式工作合同或意向协议，再分别填写申报书按程序报送。

新疆西藏项目

（一）引进对象及条件

引进主体为在新疆、西藏的高等院校、科研机构、企业和高新技术产业开发区为主的各类园区等用人单位。创新人才须具备以下条件：从事自然科学或工程技术领域研究；年龄不超过40周岁；在海外取得硕士以上学位，在国内取得硕士学位人员需在国外连续工作3年以上；为所在科研领域同龄人中的优秀人才，有成为该领域学术或技术带头人的发展潜力。引进后全职在新疆或西藏工作至少3年。在新疆、西藏创业的，条件可适当放宽。

（二）申报评审程序

申报人按要求填写《国家"千人计划"申报书（新疆项目、西藏项目）》及相关材料，按隶属关系报党委组织部，经审核后报专项办。

实施成果

截至2017年底，国家"千人计划"共分十三批引进7018名海外高层次人才。其中，有20余名"千人计划"专家入选中国科学院、中国工程院院士，部分"千人计划"专家当选人大代表、政协委员。"千人计划"实施以来，不仅有效弥补了国内高层次人才的"短板"，而且带动形成了历史上规模最大的"海归潮"，成为最具有影响力的国家引才品牌。"千人计划"专家回国后，积极投身祖国现代化建设事业，在各自领域取得了显著成绩，成为建设创新型国家的生力军。

海外高层次人才创新基地名录

为推动海外高层次人才引进计划顺利实施，加大海外高层次人才引进力度，集中引进一批优秀海外高层次人才和团队，加速重点领域科技突破和促进高新技术产业发展，促进科研管理体制和人才工作机制创新，为海外高层次人才创新创业提供更为优越的环境和条件，2008年，中央人才工作协调小组决定建设"海外高层次人才创新创业基地"。目前，已建成115家。

企业

东风汽车公司技术中心　国家核电技术有限公司核电技术研发中心　中国商用飞机有限责任公司
中国核工业集团公司　中国石油天然气集团公司　中国海洋石油总公司
国家电网公司　中国华能集团公司　中国国电集团公司
中国长江三峡集团公司　中国电信集团公司　中国电子信息产业集团公司
中国第一重型机械集团公司　鞍山钢铁集团公司　宝钢集团公司
武汉钢铁（集团）公司　中国铝业公司　中粮集团有限公司
中国建筑材料集团公司　深圳华为技术有限公司　中兴通讯股份有限公司
青岛海尔集团公司　奇瑞汽车股份有限公司　中国钢研科技集团公司
中国石油化工集团公司　中投公司　中国中化集团公司
中国南方电网有限责任公司　中国联合网络通信集团有限公司　国家开发投资公司
中国化工集团公司　中国华电集团公司　广州汽车集团股份有限公司
中国航天科技集团公司　中国航空工业集团公司　中国东方电气集团公司
中国第一汽车集团公司　中国大唐集团公司　中国兵器装备集团公司
中国兵器工业集团公司　无锡尚德太阳能电力有限公司　新奥科技发展有限公司
中国移动通信研究院　北京低碳清洁能源研究所

高校

华中科技大学武汉光电国家实验室　中国科技大学合肥微尺度物质科学国家实验室　清华大学工程科学与技术研究中心
北京大学北京分子科学国家实验室　上海交通大学船舶与海洋工程国家实验室　复旦大学

浙江大学
南京大学
西安交通大学
哈尔滨工业大学
中山大学
厦门大学
苏州大学
四川大学
上海财经大学
吉林大学
北京航空航天大学
中国科技大学

科研院所

中国科学院物理研究所
中国科学院生物物理所
中国科学院城市环境研究所
中国科学院地质与地球物理研究所
中国科学院金属研究所沈阳材料科学国家实验室
中国科学院上海生命科学研究院
中国科学院深圳先进技术研究院
中国科学院大连化学物理研究所
中国农业科学院
中国林业科学研究院
中国气象科学研究院
北京生命科学研究所
中国医学科学院（北京协和医学院）
天津国际生物医药联合研究院
合肥公共安全技术研究院
宁夏林业研究所
第三军医大学

园区及其他

中关村科技园区
西安高新技术产业开发区
上海张江高科技园区
武汉东湖新技术开发区
无锡高新技术产业开发区
成都高新技术产业开发区
深圳高新技术产业园区
天津滨海高新技术产业开发区
苏州工业园区
杭州高新技术产业开发区
杨凌农业高新技术产业示范区
上海紫竹科学园区
大连高新技术产业园区
郑州高新技术产业园区
上海杨浦知识创新基地
广州经济技术开发区
厦门火炬高技术产业开发区
上海国际汽车城
重庆北部新区
深圳市前海深港现代服务业合作区
上海陆家嘴金融贸易区
上海漕河泾新兴技术开发区
宁波国家高新技术产业开发区
南昌国家高新技术产业开发区
昆山高新技术产业开发区
江宁经济技术开发区
济南高新技术产业开发区
哈尔滨高新技术产业开发区
广州天河科技园、软件园
常州科教城
长沙国家高新技术产业开发区
北京经济技术开发区
包头国家稀土高新技术产业开发区
浙江海外高层次人才创新园
天津经济技术开发区
泰州医药高新技术产业开发区

“千人计划”服务窗口

人力资源和社会保障部留学人员和专家服务中心“千人计划”服务窗口

地址：北京市海淀区学院路30号博士后公寓办公楼308室
邮编：100083
电话：86-10-82388262，62322968，62330841
传真：86-10-62321842
邮箱：lxck@mohrss.gov.cn

北京海外学人中心

地址：北京市海淀区中关村海淀北二街10号泰鹏大厦二层
邮编：100080
电话：86-10-82484512，82484527
传真：86-10-82484513
邮箱：fuwu@8610hr.cn
网址：www.8610hr.cn

天津市外国专家局

地址：天津市和平区解放北路167号
邮编：300040
电话：86-22-23325724
传真：86-22-23124051
邮箱：gaoshouzhen@126.com

河北省专家与留学人员服务中心

地址：河北省石家庄市维明北大街118号
邮编：050000
电话：86-311-88616759
传真：86-311-88616759
邮箱：heblxry@163.com

山西省委组织部人才办

地址：山西省太原市迎泽大街369号
邮编：030071
电话：86-351-4019948，4019578，4019675，4045801
传真：86-351-4045801
邮箱：sxswrcb@163.com
网址：www.sx-talents.gov.cn

山西省人社厅海外人才服务中心

地址：山西省太原市迎泽西大街80号希望大厦七层
邮编：030024
电话：86-351-6177978
传真：86-351-6177978
邮箱：yuedingan@163.com
网址：sotsc.caiep.org

内蒙古自治区专家服务中心
地址：内蒙古呼和浩特市新华大街63号6号楼711室
邮编：010055
电话：86-471-6261805，6945448
传真：86-471-6261805
邮箱：wulijimenghe@yahoo.com.cn

辽宁省委组织部人才工作处
地址：辽宁省沈阳市和平区和平南大街45号
邮编：110086
电话：86-24-23128870，23128933
传真：86-24-23128987
邮箱：lnyszj@163.com

吉林省人才工作领导小组办公室
地址：吉林省长春市人民大街1551A号
邮编：130051
电话：86-431-88906130
传真：86-431-88906136
邮箱：jlyjrc@163.com

黑龙江省人力资源和社会保障厅专业技术人员管理处
地址：黑龙江省哈尔滨市南岗区长江路130号乐业大厦
邮编：150001
电话：86-451-87130140
传真：86-451-87130140
邮箱：rstwanghaiquan@163.com

上海市人才服务中心
地址：上海市闸北区梅园路77号人才大厦4楼402室
邮编：200070
电话：86-21-32508038，32508071，32508053，32508039，32508065，32508076
传真：86-21-32508051
邮箱：qianrenfuwush@163.com
网址：www.hwrcw.com

江苏省“千人计划”服务窗口（省人社厅人才开发办）
地址：江苏省南京市中山北路49号机械大厦28楼
邮编：210008
电话：86-25-83236093
传真：86-25-83236093
邮箱：sunyanlong@jshrss.gov.cn，rckfb@jshrss.gov.cn
网址：www.jslxrycy.com.cn

浙江省海外高层次人才引进服务中心窗口
地址：浙江省杭州市莫干山路73号金汇大厦1115室
邮编：310005
电话：86-571-88394838，88394818
传真：86-571-88394838
邮箱：chl@zjlx.gov.cn

安徽省人力资源和社会保障厅专家服务中心
地址：安徽省合肥市花园街4号安徽科技大厦5楼D座
邮编：230001
电话：86-551-2633393，2639175
传真：86-551-2614559
邮箱：zjzx@ah.hrss.gov.cn
网址：www.ah.hrss.gov.cn

福建省引进人才服务中心（福建省留学回国人员工作站）
地址：福建省福州市鼓楼区思儿亭路11号专家服务中心4层
电话：86-591-87679659，88520071
传真：86-591-88520059
邮箱：gzz@fjrs.gov.cn

江西省留学人员服务中心
地址：江西省南昌市省府北二路92号
邮编：330046
电话：86-791-6273399
传真：86-791-6273399
邮箱：jiangshup@163.com

山东省留学人员和专家服务中心
地址：山东省济南市燕子山路2号531室
邮编：250014
电话：86-531-88597979
传真：86-531-88597986
邮箱：shandongok@gmail.com
网址：www.sdlx.sdrs.gov.cn

河南省委组织部人才工作处
地址：河南省郑州市金水路18号
邮编：450003
电话：86-371-65902779
传真：86-371-65902779
邮箱：yurencaichu@126.com

湖北省引进海外高层次人才服务窗口（湖北省人才中心）
地址：湖北省武汉市武昌区八一路58号湖北省军转培训基地三楼310室
邮编：430071
电话：86-27-87710366转8310
传真：86-27-87891420
邮箱：54626374@qq.com

湖南省人事厅专业技术人员管理处
地址：湖南省长沙市韶山路1号省委大院三办公楼336室
邮编：410011
电话：86-731-82217017
传真：86-731-82216512
邮箱：zz820714@126.com

广东省高层次人才服务专区
地址：广东省广州市天河路13号润粤大厦三楼
邮编：510075
电话：86-20-37603231
传真：86-20-37603193
邮箱：gccrcfw@gdrc.com
网址：www.gccrc.cn

海南省人力资源和社会保障厅专业技术人员管理处
地址：海南省海口市国兴大道9号省政府大楼361室
邮编：570203
电话：86-898-65200849
传真：86-898-65200850
邮箱：zhangyun949@126.com

重庆市海外高层次人才引进工作专项办公室
地址：重庆市渝中区人民路252号市级机关综合大楼2001室
邮编：400015
电话：86-23-63897545
传真：86-23-63895979
邮箱：cqycbgs@163.com

四川省专家和留学人员服务中心
地址：四川省成都市东二巷号省人事厅六楼
邮编：610015
电话：86-28-86741860
传真：86-28-86613352
邮箱：sclxfwzx@163.com

云南省人才工作领导小组办公室
地址：云南省昆明市广福路8号省委办公楼1-547室
邮编：650228
电话：86-871-3991619
传真：86-871-3991651
邮箱：ynrcgz@163.com

陕西省“千人计划”一站式服务窗口
地址：陕西省西安市西二路万景商务中心1105室
邮编：710004
电话：86-29-87543436
传真：86-29-87543436
邮箱：zhaojun71316@163.com

甘肃省人力资源和社会保障厅博士后和留学回国人员工作处
地址：甘肃省兰州市城关区皋兰路78号兴业大厦
邮编：730000
电话：86-931-8960774
传真：86-931-8826150
邮箱：gsbshc@126.com
网址：www.rst.gansu.gov.cn

国家有关部门单位海外人才引进计划

教育部

长江学者奖励计划

“长江学者奖励计划”是国家教育部与香港李嘉诚基金会于1998年共同启动实施的高层次人才计划，包括特聘教授、讲座教授岗位制度和长江学者成就奖。计划通过特聘教授岗位制度的实施，延揽大批海内外中青年学界精英参与我国高等学校重点学科建设，带动重点学科赶超或保持国际先进水平，并在若干年内培养、造就一批具有国际领先水平的学术带头人，以提高我国高校在世界范围内的学术地位和竞争实力。

“长江学者奖励计划”自实施以来，汇聚了一批海内外有影响的学科领军人才，创造了一批关键领域的重大标志性科研成果，培养了一大批高素质青年创新人才。截至2011年底，全国高校共聘任“长江学者”1801人，其中特聘教授1190人、讲座教授611人，26名华人学者荣获“长江学者成就奖”。先后有85名长江学者当选中国科学院、中国工程院院士，170人成为“973”首席科学家。

2011年，教育部实施了新的“长江学者奖励计划”，与国家“千人计划”“青年英才开发计划”等共同构成了我国高层次人才培养支持体系。新的“长江学者奖励计划”继续实施特聘教授、讲座教授项目，每年支持高校聘任50名讲座教授、150名特聘教授；讲座教授人选全部面向海外知名大学教授，与“千人计划”形成衔接；特聘教授人选面向海外知名大学副教授，与“千人计划”形成梯队。新的“长江学者奖励计划”由中央财政专项经费支持，面向全国高等学校，加大对人文社科、中西部高校的支持力度，取消申报限额，鼓励通过个人自荐、专家推荐、驻外使（领）馆举荐等多种形式应聘。特聘教授聘期为5年，聘期内享受每年20万元奖金；讲座教授聘期为3年，聘期内享受每月3万元奖金。2015年，“长江学者奖励计划”增设青年学者项目，重点支持高校面向海内外培养引进在学术上崭露头角、创新能力强、发展潜力大，恪守学术道德和教师职业道德的优秀青年学术带头人。

2017年，按照“长江学者奖励计划”有关要求，经各学校推荐、通讯评审、会议答辩、人选公示、评审委员会审定、聘任合同签订等程序，教育部确定463人入选2017年度“长江学者奖励计划”，其中特聘教授148人、讲座教授51人、青年学者264人。2017年3月，教育部先后公布了第一批至第八批、2007年度至2016年度（其中2010年未评选，2013年度和2014年度合并评选）的长江学者特聘教授、讲座教授名单，共有特聘教2051人、讲座教授897人、青年学者440人。

春晖计划

“春晖计划”是国家教育部于1996年起设立实施的一项支持留学人员回国服务的重点引智项目，全称“教育部资助留学人员短期回国工作专项经费”，由教育部拨出专项经费资助在外留学人员短期回国工作。

主要资助对象：获得博士学位并在本专业领域取得较突出学术成就的留学人员（包括已获得国外长期、永久居留权或留学再入境资格者）。申请者应已落实国内接待（邀请）单位和短期回国工作计划。

主要资助形式：回国的单程或双程国际旅费。

主要资助范围：应邀回国参加学术会议；回国进行科研合作和学术交流；组织短期研讨班、讲习班、联合指导博士生；引进技术对贫困地区进行扶贫开发；参加国有大中型企业技术改造；教育部或驻外使（领）馆教育处（组）批准的其他短期回国服务活动。

申请程序：“春晖计划”专项经费常年受理，择优资助。申请者可直接向各使（领）馆教育处（组）查询教育部发布的当年资助目录，然后向使（领）馆教育处（组）提出申请。

“春晖计划”实施以来，在驻外使（领）馆教育处（组）的密切配合下，在各地有关政府部门和高等院校的大力支持下，在广大在外留学人员的积极响应下，紧密结合国家改革和发展的战略，以多种方式为我国经济建设和社会发展提供知识贡献和人才支持，在留学人员中产生了广泛的积极的影响，激发了广大在外留学人员的爱国热情和报国之志。至2006年底，“春晖计划”实施10年，共资助140多个留学人员团体、12000人次短期回国工作，并于2000年增设“春晖计划”海外留学人才学术休假回国工作项目。

2006年，教育部和科技部开始共同定期举办“春晖杯”中国留学人员创新创业大赛（简称“春晖杯”创新创业大赛）活动。通过“春晖杯”创新创业大赛，充分调动海外优秀留学人员回国创业热情，鼓励海外留学人员积极申报创新创业项目，创造条件支持参赛者与留学人员创业园、大学科技园和企业进行项目对接，根据项目技术水平、投资前景、效益预测和产业化情况，组织留学人员创业园、大学科技园、风险投资机构和国内企业家对项目进行评审、洽谈和择优颁奖，推动留学人员回国创办高新技术企业。多年来，在我国驻外使（领）馆教育处（组）和在外留学人员团体的大力支持下，在国内大学科技园、留学人员创业园、风险投资机构和地方人才引进机构等众多协办单位的积极配合下，在广大海外留学人员的广泛参与下，大赛取得了丰硕的成果。十八大以来，"春晖杯"创新创业大赛不断创新组织模式，采取主动走出去的方式，5年内已成功拓展了6个海外分赛区，显著提升海外留学人员参赛项目的数量和质量。

截至2017年底，教育部通过"春晖计划"已累计立项3344项，资助大批博士以上在外留学人员短期回国服务。"春晖杯"创新创业大赛已成功地连续举办了十二届，共遴选出2241个留学人员回国创新创业项目，其中，有448名参赛留学人员顺利走上回国创业的道路，有68人成功入选国家"千人计划"。

高校学科创新引智计划

"高等学校学科创新引智计划"（简称"111计划"）由国家教育部和国家外国专家局于2006年共同启动实施。计划瞄准国际学科发展前沿，围绕国家目标，结合高等学校具有国际前沿水平或国家重点发展的学科领域，以国家重点学科为基础，以国家、省、部级重点科研基地为平台，从世界排名前100位的大学或研究机构的优势学科队伍中，引进、汇聚1000余名海外学术大师、学术骨干，配备一批国内优秀的科研骨干，形成高水平的研究队伍，建设100个左右世界一流的学科创新基地，努力创造具有国际影响的科研成果，提高高等学校的整体水平和国际地位。创新引智基地遴选范围以"985工程""211工程"高等学校为先导，逐步扩展到有国家重点学科的高等学校。

2012年，"高等学校学科创新引智计划"启动首批新建引智基地评审工作，有厦门大学"细胞应激生物学创新引智基地"等34个引智基地予以批准立项。2013年，有清华大学"先进燃烧能源科学与技术创新引智基地"等45个引智基地予以批准立项。2014年，有北京大学"区域生态与环境（污染与气候变化）创新引智基地"等44个引智基地予以批准立项。2015年，有北京航空航天大学"超低功耗自旋存储与计算创新引智基地"等47个引智基地予以批准立项。2016年，有南京理工大学"先进光电成像理论与技术学科创新引智基地" 等50个引智基地予以批准立项。

2017年，北京大学"高可信软件技术学科创新引智基地"等50个引智基地作为建设项目予以立项。

人力资源和社会保障部

中国留学人员回国创业启动支持计划

"中国留学人员回国创业启动支持计划"由国家人力资源和社会保障部于2009年9月正式启动实施。计划每年在全国范围内遴选一批创新能力强、发展潜力大、市场前景好的留学回国人员创办的企业，在创办初始阶段予以重点支持，以加快其科技成果转化，实现企业快速发展。留学人员回国创业启动支持资金项目经费将专门用于支持遴选出的留学回国人员创办的企业，对于经人社部审批确定的重点创业项目，一次性给予创业支持资金50万元；对于确定的优秀创业项目，一次性给予创业支持资金20万元；相关地方应给予相应配套资金支持。

"中国留学人员回国创业启动支持计划"的申报需同时具备以下条件：

（一）企业法定代表人应为留学回国人员，一般应获得硕士以上学位；

（二）拥有自主知识产权或发明专利，技术创新性强，具有市场潜力；

（三）熟悉相关领域和国际规则，有经营管理能力，如有海外自主创业经验者可优先考虑；

（四）企业注册时间不超过3年；

（五）企业注册资金现金资产不低于50万元，留学人员出资额占企业注册资本的50%以上；

（六）企业法人诚信守法，无违法犯罪记录。

2010年，"中国留学人员回国创业启动支持计划"共确定支持创业项目34项。

2011年，"中国留学人员回国创业启动支持计划"共确定支持创业项目48项。

2012年，"中国留学人员回国创业启动支持计划"共确定支持创业项目51项。

2013年，"中国留学人员回国创业启动支持计划"共确定支持创业项目66项。

2014年，"中国留学人员回国创业启动支持计划"共确定支持创业项目68项。

2015年，"中国留学人员回国创业启动支持计划"共确定支持创业项目66项。

2016年，"中国留学人员回国创业启动支持计划"共确定支持创业项目60项。

2017年，"中国留学人员回国创业启动支持计划"共确定支持创业项目62项。

赤子计划

"赤子计划"全称"海外赤子为国服务行动计划"，是国家人力资源和社会保障部在2009年提出的一项智力报国计划，是对原人事部1988年以来每年开展的留学回国专家服务团专项活动的拓展，旨在更大范围、更广领域、更高层次上吸引海外留学人员及留学人员团体参与祖国建设。

"赤子计划"具体包括以下六类：

（一）人社部组织的示范性留学人员为国服务活动；

（二）人社部留学人员和专家服务中心组织的留学人员为国服务活动；

（三）人社部与各地方人民政府联合主办的大型留学人员人才项目交流及为国服务活动；

（四）人社部资助支持由地方人力资源和社会保障部门具体组织的留学人员为国服务活动；

（五）人社部资助支持由有关部门具体组织的留学人员为国服务活动；

（六）人社部资助支持由海外留学人员团体具体组织的为国服务活动。

2010年“赤子计划”正式启动实施，在全国范围内共组织开展了36项为国服务活动，除提供经费支持外，人社部还在人才、信息、政策等多方面积极提供支持和帮助，累计吸引遍及美、日、欧等地几十个国家100多个专业技术领域的人才为国服务上千人次，促成上万项人才技术合作项目参与对接，在海内外产生了广泛的影响。2011年，人社部继续扩大“赤子计划”规模，把海外中国留学人员组织和华人华侨专业团体纳入资助范围，共开展了39项活动。2012年，有36项活动入选“赤子计划”，共吸引各类海外人才回国（来华）服务达上万人次，7000多个人才技术合作项目参与对接，达成合作意向2000多个。2013年，“赤子计划”在河北、甘肃、陕西、西藏等省市重点开展了30余项留学人员为国服务活动，活动领域不断拓展，规模不断扩大。2014年，“赤子计划”在北京、天津、浙江、山西、新疆等省市重点开展了30项留学人员为国服务活动，全年共吸引各类海外人才为国服务近万人次，6000多个技术合作项目参与对接，签订协议600多项，签约总额达30多亿元。2015年，“赤子计划”围绕国家重大发展战略布局，积极搭建“大众创业，万众创新”平台，畅通海外学子的报国之门，从由地方部门及海外留学人员团体等41家单位申报的60个项目中遴选了32个项目进行支持，全年共吸引世界各地留学人才为国服务超过1万人次，近6000个人才技术合作项目参与对接，签订合作协议或达成合作意向超过3000个。2016年，有42项各地各部门申报的留学人员为国服务活动入选“赤子计划”，全年共吸引世界各地留学人才为国服务超过2万人次，1.4万余个人才技术合作项目参与对接，签订合作协议或达成合作意向超过4000个，举办讲座30余场，培训专业技术人员9000多人次。

2017年，“赤子计划”紧紧围绕国家战略，聚焦重点领域，引导留学人才向边远贫困地区、边疆民族地区、革命老区和基层一线流动，全年共实施了31项海外赤子为国服务活动，吸引了世界各地留学人才为国服务超过2000多人次，1.6万余个人才技术合作项目参与对接，签订合作协议或达成合作意向超过2000个，举办讲座300余场，培训专业技术人员1万多人次。

高层次留学人才回国资助计划

“高层次留学人才回国资助计划”启动于2002年，是国家人力资源和社会保障部为进一步加大吸引留学和海外高层次人才工作的力度，按照原人事部《开展高层次留学人才回国资助试点工作的意见》有关要求开展的一项重要工作。“高层次留学人才回国资助计划”重点就我国急需发展的信息科学、生命科学、新材料、新能源、现代制造业、航空航天等领域，以及关系国计民生或有重要影响的行业，每年资助10名左右回国工作的高层次留学人才。资助额度为每人60万元，其中中央财政30万元，地方配套30万元。自2011年起，人社部在北京、上海、重庆、江苏、山东、江西等省市和工信部、农业部、卫生部、国资委等部委开展试点工作。

“高层次留学人才回国资助计划”的申报条件为：

（一）具有中国国籍；

（二）在海外（国外、境外）获得博士学位；

（三）有2年以上在国外跨国公司、国际组织、著名高校、科研院所等从事工程技术、教学、科研、管理等工作经历，并担任公司高级管理职务或具有相当于副教授（副研究员）以上专业技术职务，取得显著成绩，或拥有较好产业化开发前景的专利、发明或专有技术；

（四）国家急需并能在国内每年稳定工作9个月以上；

（五）2014年1月1日以后回国工作；

（六）年龄一般在50周岁以下。

截至2017年底，“高层次留学人才回国资助计划”累计资助近200名高层次留学回国人才。

留学人员科技活动项目择优资助

“留学人员科技活动项目择优资助”由原国家人事部设立于1985年，是鼓励留学人员回国工作或以多种形式为国服务的重要举措，目前已经成为支持广大留学人员回国创业、开展科技创新、为国服务的重要措施，以及跟踪世界最新科技成果、实现科技成果转化的重要渠道。其目标一是适应留学人员回国工作发展需要，鼓励和吸引留学人员回国工作，发挥留学人员在经济社会发展和科技创新中的重要作用；二是资助新近回国的留学人员从事科技研究，支持留学人员从事重点攻关项目、技术改造项目、具有广泛应用前景的新技术研发项目等，为推动我国经济社会发展作出贡献；三是鼓励和支持海外留学人员短期回国开展合作研究、学术技术交流、考察、讲学等为国服务活动，实现智力回归。

“留学人员科技活动项目择优资助”申报条件包括：在外留学1年以上，学有所成，新近回国工作；取得硕士以上学位或获得中级以上专业技术职称；能独立主持研究开发工作，有培养发展前途；申报项目属于领先水平，具有应用开发前景，可产生良好的经济和社会效益。

“留学人员科技活动项目择优资助”申报类别分为重点、优秀、启动三类。其中，重点项目（10万—20万元）主要资助留学回国人员从事国家重点攻关项目、重大技术改造项目、具有广泛应用前景的技术创新等项目；优秀项目（5万—10万元）主要资助留学回国人员主持的省部级重点科技攻关或技术改造项目，或某一学科领域具有领先水平的研究开发项目；启动项目（2万—5万元）主要资助新近回国或即将回国的留学人员从事某一学科或技术领域的研究。

中国科学院

中科院“百人计划”

中科院“百人计划”由中国科学院于1994年启动，是我国最早实施的高目标、高标准和高强度支持的人才引进与培养计划。原计划在20世纪的最后几年中，以每人200万元的资助力度引百余名海内外优秀青年人才，培养一批跨世纪的学术带头人。1994年，朱日祥、曹健林、卢柯等14人成为首批支持对象。1998年起，为适应改革发展的新形势，中科院对“百人计划”的定位和管理进行了优化和调整，随着“国内百人”“项目百人”等子项目的相继设立，逐步形成了适应不同科研活动人才需求、引才引智相结合的人才计划体系。2015年5月，根据近年来海外人才群体结构呈现的新特征，中科院启动了新的率先行动“百人计划”，由原来针对海外青年人才的单一层次的引进调整为分类分层引进海外优秀人才。其中，“学术帅才”项目针对海外领军人才的引进，“技术英才”项目针对工程技术人才的引进，“青年俊才”项目针对具有发展潜力的青年人才引进。对学术帅才，引入国际评估机制，支持每位学术帅才及其团队700万元人才专项经费和100万元基建经费；对技术英才，强化其与现有科研团队的融合，支持每位技术英才100万—200万元人才专项经费和60万元基建经费；对青年俊才，采用先期培养、择优支持的模式，即由中科院先期支持两年，支持科研经费80万元，两年后再进行综合评估，择优60%予以重点支持，支持每人200万元人才专项经费和60万元基建经费。

2017年，中科院“百人计划”有23人分别入选技术帅才、技术英才及青年俊才。截至2017年底，中科院“百人计划”引进各类人才1000多名。全院引进培养优秀人才2500余人，其中，620余人入选国家“千人计划”，100多人入选国家“万人计划”。

中国科学技术协会

海智计划

“海外智力为国服务行动计划”（简称“海智计划”）由中国科协与35家海外科技团体于2003年12月共同发起，2004年2月正式启动实施，得到中组部、人事部（现人力资源和社会保障部）支持。“海智计划”旨在发挥桥梁纽带作用，加强与海外华人科技团体的联系，充分发挥海外人才和智力优势，发动全国学会和地方科协共同参与，为海外人才回国工作、为国服务搭建平台。“海智计划”和海外科技团体本着“团结奋斗，爱国奉献”的精神，遵循“平等、互利、开放、务实”的原则开展合作，通过开展多种形式的学术交流、项目合作、技术咨询、技术引进和专项考察等活动，为国家社会和经济建设贡献力量。

“海智计划”作为我国引智工作的重要组成部分，是国家“千人计划”的窗口之一，有力地配合了“千人计划”引进海外高层次人才工作，积极推动海外的专家、学者为我国的社会发展作出贡献。2016年，中国科协提出要着力打造新的海智计划2.0版本，拓展“海智计划”功能，将引导组织海外高端人才为国发展建言献策常态化机制化。

2017年，中国科协积极打造“海智计划”升级版，努力在动员和组织专家为国服务、整合海外华人社团和引进海智力量上取得新的突破。全年总计接待海外专家为国服务累计8651人次；协助各级政府组织引智对接活动1012场，签署各种合作协议1099个，洽谈项目5928项，其中落地项目1267个，引进团队796个，引进人才2880人（其中国家“千人计划”145人）；邀请海外专家开展讲座、培训等活动661次；组团出境开展引智活动232次。

截至2017年底，“海智计划”联系的海外科技团体已从最初的35家增至百余家，遍及主要留学国家；成立欧洲、日本、加拿大和美中4个华人海外科技社团联合体；聘请102名海外科技团体的代表作为中国科协海智专家；设立海智计划示范项目12个，在全国建立起66个“海智计划”工作基地、5个国内离岸基地、1个海外离岸双创基地。各基地新设海外引智中心工作站99个，总数达到246个。

地方海外高层次人才引进计划

北京市

北京市“海外人才聚集工程”

2009年4月，中共北京市委出台《关于实施北京海外人才聚集工程的意见》，启动实施北京“海外人才聚集工程”（简称“海聚工程”）。“海聚工程”作为北京市聚揽海外高层次人才、打造人才之都的重要措施，经过不断完善和成长，已形成全职工作类、青年项目、短期项目、外专长期项目、外专短期项目、创业类、创业团队项目等七大类别。通过评审的人才，市政府将给予一次性奖励100万元的资助以及其他扶持政策。

截至2017年底，“海聚工程”共分十二批认定1034人，其中236人同时入选国家“千人计划”。全市拥有“两院”院士756名，外国院士16名，国家“千人计划”专家1486名。

中关村“高端领军人才集聚工程”

2008年，北京市委、市政府出台《中关村高端领军人才聚集工程方案》（简称“高聚工程”），旨在聚集国内外著名高校任职的专家、学者以及具有丰富实践经验的研发技术人才等优秀的创新创业人才。获评创新领军人才、创业领军人才都将给予100万元的一次性奖励，此外还可享有优先办理人才引进（落户直通车）、全市相关三级甲等医院便捷医疗就诊、入住公共租赁住房、教授级高级工程师职称评审直通车、为配偶及子女协调办理签证及工作许可和工作类居留证件等多项支持。

2017年，中关村“高端领军人才集聚工程”有44名行业领军人才入选。截至2017年底，中关村“高聚工程”共分十批认定高端领军人才336人（团队），覆盖新一代信息技术、生物产业、节能环保等战略性新兴产业领域，初步形成了中关村示范区“高端引领、带动全局”的人才发展格局。

北京市海淀区“海英计划”

2011年，北京市海淀区政府出台《海淀区促进创新创业人才发展支持办法》，提出实施“北京市海淀区人才聚集和培育计划”（简称“海英计划”）。2012年7月，“海英计划”作为海淀区“1+10”政策体系之一正式发布并启动。计划配套1亿元人才发展专项资金，在战略性新兴产业领域重点引进一批高端创新、创业领军人才，加快培养一批青年英才，从项目、资金、生活等多个方面对入选人才给予有力的支持。入选“海英计划”的领军人才可享受最高30万元奖励、房租补贴、子女教育等支持；“青年英才”可获得30万元创业资金、股权投资等支持。

截至2017年底，“海英计划”累计认定“海英人才”617人。全区已聚集国家“千人计划”人才1040人、北京市“海聚工程”人才293人、中关村“高聚工程”人才248人。

北京市朝阳区“凤凰计划”

2010年，北京市朝阳区委、区政府针对在文化创意产业、服务业、金融业等重点产业上高端人才缺口仍较大的问题，建立“1+2”海外人才工作体系，实施“凤凰计划”，每年投入3000万元用于对海外高层次人才创新创业的奖励和扶持。被认定的海外高层次人才每人可获20万元奖励，创业类高层次人才创办企业可获得50万元奖励，配套政策包括《朝阳区关于大力推进海外学人工作的实施意见》《朝阳区鼓励海外高层次人才创业和工作暂行办法》《望京留学人员创业园扶持办法》等，在创业资金、办公用房、贷款担保、市场开拓及教育、医疗等方面给予扶持。

2017年，“凤凰计划”认定26名海外高层次人才，其中包括6名国家“千人计划”专家、6名北京市“海聚工程”专家和1名中科院“百人计划”专家。另资助了4个人才团队、85家海外学人初创企业、10家引进留学人员单位和1家引进海外高层次人才单位。截至2017年底，“凤凰计划”共分八批入选183名海外高层次人才，资助优秀海归初创企业263家。

北京市通州区“灯塔计划”

2017年8月1日，北京市通州区启动“灯塔计划”和“运河计划”两大人才引进培养计划。计划5年内，将陆续投入数亿元财政资金，通过大力支持高层次人才发展，加快推进北京城市副中心建设。其中，“通州区海外高层次人才引进计划”即“灯塔计划”是主要针对海外高层次人才的引进计划，对接国家“千人计划”和北京市“海聚工程”，分为工作类、创业类和创新团队类3个子项目。计划在5年内，支持100名海外高层次人才、50支海外高层次人才团队创新创业。对“灯塔计划”项目入选者，将给予每人100万元的奖励；对于创业类入选者还将给予其创办的企业连续3年、每年最高50万元的研发经费。入选者还将享受特贴房补、人才公寓和优诊医疗等服务。

天津市

天津市“千人计划”

2009年12月，天津市委、市政府出台《天津市实施海外高层次人才引进计划的意见》和《天津市引进创新创业领军人才暂行办法》，启动实施天津市“千人计划”。计划从2009年起，用5—10年时间，在全市重点创新项目、重点学科和重点实验室、企业和商业金融机构、以高新技术产业开发和成果转化为主的各类园区等领域，引进并重点支持1000名左右能够突破关键技术、发展高新技术产业、带动新兴学科和新兴产业的国际一流科学家和科技创新创业领军人才，以及金融、文化、教育、社会工作、社会科学等领域业绩突出、知名度高的人才。对海外高层次创新人才资助每人人民币100万元、引进创业人才资助每人人民币300万元，并将颁发“天津市特聘专家”证书，提供相关优惠政策支持。2015年，天津市专门成立了引进人才服务中心，设立“千人计划”服务窗口，建立高层次留学人员“联系卡”制度，依托人才“绿卡”经办体系，进一步优化各项服务。

截至2017年底，天津市“千人计划”共引进创新创业人才800余人，其中包括93名创业类人才。

河北省

河北省“百人计划”

2009年11月，河北省委、省政府出台《关于实施海外高层次人才引进计划的意见》，启动实施河北省“百人计划”。计划从2010年起，用5—10年时间，主要围绕河北省“四大攻坚战”确定的工作目标，支持和引进100名左右能够突破关键技术、带动新兴产业、发展高新技术的海外高层次人才，重点引进河北发展战略性新兴产业和重点产业技术改造所急需的科技创新人才和高层次创业人才。对引进人才，实行“省级特聘专家”制度，省财政将给予每人100万元的经费资助，并在配偶安置、子女就学、解决住房、社会保障等方面给予支持。

截至2017年底，河北省 “百人计划”共分七批引进103人。

山西省

山西省“百人计划”

2009年，山西省委出台《海外高层次人才引进计划实施意见》，相关厅局配套制定了《山西省引进海外高层次人才办法》，启动实施山西省“百人计划”。计划从2009年开始，用5—10年时间，在国家和省重点创新项目、重点学科和重点实验室、省属企业和商业金融机构、以高新技术开发区为主的各类创新创业基地等，引进并有重点地支持100名左右的高层次人才回山西创新创业，并建设10个左右海外高层次人才创新创业基地。省财政设立“山西省引进海外高层次人才专项资金”，每年拨付5000万元，各用人单位再配套5000万元，用于改善引进人才的工作和生活条件。对纳入“百人计划”的引进人才，给予每人100万元的资助，并作为“山西特聘专家”列入省委联系的高级专家队伍。2013年，山西省“百人计划”新增设青年项目、外专项目及合作建设项目3个子项目。至2015年底，山西省“百人计划”共分八批引进海外高层次人才353人，提前完成了预想的引才任务。

2016年，山西省“百人计划”暂停了申报评审工作，发布了《关于调整山西省引进海外高层次人才“百人计划”相关政策的通知》《山西省引进支持海外高层次人才创业创新团队暂行办法》，集中时间和精力对相关政策进行调整完善。

内蒙古自治区

内蒙古自治区“草原英才”工程

2010年，内蒙古自治区开始实施“草原英才”工程。工程包括“两院”院士引进和培养工程、领军人才引进和培养工程等10个子项，由自治区党委组织部组织实施，围绕自治区科学发展大局，特别是优势特色产业发展的总体布局和趋势，用5年左右时间有计划、有重点、有针对性地引进一批海内外高层次领军人才和创业团队。同时，通过“以引进带培养，以培养促引进”的方式，加大高层次人才培养力度，全面提升自治区高层次人才队伍的自主创新能力，打造以呼和浩特、包头、鄂尔多斯“金三角”为中心区域的“草原硅谷”。2011年9月，自治区党委、自治区政府出台《内蒙古自治区“草原英才”工程若干政策规定（试行）》发布，在资金扶持、生活待遇、服务保障等方面，为各类人才在内蒙古创新创业提供有力支持和全方位服务。2013年5月，自治区党委组织部下发《关于进一步推进“草原英才工程”的实施意见》，提出要组织实施好“三大平台”建设和“十大百人计划”，每年新增培育“草原英才”150名，每年力争入选中央“万人计划”3人，入选国家“千人计划”3人。在人才资金方面，内蒙古自治区进一步加大投入力度，“草原英才”专项资金从2010年启动时的每年3500万元增长到2017年的近1亿元，各盟市人才专项资金陆续投入近10亿元。

2017年，“草原英才”工程第七批专项推选高层次人才创新创业团队60个、基地5个和个人68名；专项推选评选出高层次人才创新创业团队31个、个人34名；人才项目引领支持计划评选出24个人才工作项目；滚动支持计划评选出高层次人才创新创业团队35个、基地13个和个人97名。截止2017年底，“草原英才”工程共培养引进“草原英才”1085名、产业创新创业人才团队556个，建设高层次人才创新创业基地82个。

辽宁省

辽宁省“十百千高端人才引进工程”

2008年，中共辽宁省委组织部发布《关于辽宁省实施“十百千高端人才引进工程”的意见》，重点围绕辽宁优先发展的重点产业，面向在辽宁工作或有回辽宁工作意向的海外人员，重点引进数十名在国际学术技术界享有一定声望，为某一领域的开拓者、奠基人或对某一领域的发展有过重大贡献的著名科学家、世界一流的科技顶尖人才；引进数百名拥有高新技术成果，能够领办或创办高新技术企业，在国内同行业的综合竞争实力处于领先地位，具有承接重大项目研发、关键技术革新能力，并能领衔组建国内一流的科技创新团队科技领军人才；引进数千名拥有符合辽宁重点产业发展专有成果或技术，并具备成果转化和产业化能力，具有辽宁产业发展、项目建设急需的特殊专长的创新创业人才。对“十、百、千”三个层次的人才，将一次性给予20万—500万元的启动资金，提供落户、安排配偶工作和子女入学等方面的便捷服务，享受企业注册登记、项目申报等优先权及相关待遇。

截至2017年底，“十百千高端人才引进工程”共引进133名创新创业人才，包括“百人”层次人选57名，“千人”层次人选76名。

大连市“海创工程”

2008年9月，大连市出台《大连市关于实施海外学子尖端人才归国创业工程的意见》，启动实施“海创工程”。目标是通过5年努力，吸引50位海外学子尖端人才到大连兴办高新技术企业，从而优化全市产业结构，转变经济发展方式，增强城市核心竞争力。获得“海创工程”创业扶持资金立项的项目，最高可得到200万元创业扶持资金、200万元的创业投资、200万元的资金担保或贷款贴息；项目承担企业可获得连续3年免租金提供100平方米的办公场地，并为海外学子尖端人才提供连续3年免租金100平方米的生活公寓，优惠价格租用1000平方米的生产厂房等政策扶持。2017年，大连市升级“海创工程”引才政策，将扶持资金力度从最高200万提升到1000万，同时逐步完善人才公寓、平台服务、创投对接等相关配套政策。

2017年，“海创工程”第八批有39个项目入选。截至2017年底，已有153个海外高端项目落地，其中79个项目获无偿扶持资金6890万元，24人入选国家“千人计划”。全市拥有两院院士29人，引进8名国家“千人计划”专家和3名国家“青年千人计划”专家。

吉林省

吉林省“高层次创新创业人才引进计划”

2009年，吉林省委、省政府相继出台《引进高层次创新创业人才实施办法》《引进人才服务与管理暂行办法》等政策文件，启动实施“高层次创新创业人才引进计划”。对于引进的创办科技型企业的创业人才，由省财政给予每人（团队）不低于100万元的一次性资助，由落户园区提供不少于200平方米工作场所和不少于150平方米住房公寓，3年内免收租金，并在资助资金、薪酬待遇、办公场所、股权分配、企业注册、财税金融、配偶就业、子女入学等11个方面提供政策支持。

截至2017年底，吉林省“高层次创新创业人才引进计划”共入选人才276人，其中，86人入选国家“千人计划”。

上海市

上海市“千人计划”

2010年，上海市委、市政府出台《上海市实施海外高层次人才引进计划的意见》，启动实施该市“千人计划”，力争用5—10年时间，围绕国家重大战略和上海重点发展战略目标的人才需求，引进一批紧缺急需的海外高层次人才。上海市“千人计划”包括创新人才长期项目、创新人才短期项目、创业人才项目和“外专千人计划”项目。对入选人才，将授予“上海特聘专家”称号，至少可获得100万元的项目资助，并可享受居留和出入境、落户、资助、医疗、保险、住房、税收、配偶安置、薪酬、通关、子女就学、优化服务等12个方面的特定生活待遇。

截至2017年底，上海市“千人计划”共有957名海外高层次人才入选。全市留学人员已达15万余人，留学人员在沪创办企业5000余家，注册资金超过7亿美元，拥有国家“千人计划”专家1145名。

上海市“浦江人才计划”

上海市人力资源和社会保障局和市科委于2005年设立“浦江人才计划”，每年出资4000万元（后增至4750万元），向回国的留学人员提供工作创业启动资金支持。根据实际情况，来沪工作创业的留学人员按照创业项目类别可以获得5万至50万元的资助。

2017年，上海市“浦江人才计划”确定资助303名留学人员（团队），资助经费总计5010万元。截至2017年底，上海市“浦江人才计划”已累计资助3376名留学人员（团队）。

江苏省

江苏省“双创计划”

2006年12月，江苏省委、省政府出台《关于加强高层次创新创业人才队伍建设的意见》，启动实施江苏省“高层次创新创业人才引进计划”（即“双创计划”）。计划从2007年开始，省财政每年投入2亿元（2010年增至4亿元）专项资金，围绕江苏省优先发展的重点产业，每年面向海内外引进200名左右高层次创新创业人才或团队，着力打造一批竞争优势明显的高新技术产品群和企业群。“双创计划”经过10年发展，目前包括双创人才、双创团队和双创博士三大项目。双创人才项目分为创业、企业创新、高校创新、科研院所创新、卫生创新、文化创新、高技能创新等7个类别；双创团队项目分为科技、战略性新兴产业、软件和互联网、教育、现代农业、服务外包、卫生、诺贝尔奖获得者、外国院士、“千人计划”研究院等10个类别；双创博士项目分为创业、企业创新、企业博士后、县级医院创新、世界名校、科技副总、产业教授指导博士等7个类别。在支持政策方面，对入选的双创人才，3年内省级财政给予50万元或100万元的创新创业资金资助，其中用于补助个人的不得低于30%，并不得抵扣工资待遇。对入选的双创团队，在已获得各相关主管部门给予300万元至3000万元的项目经费资助基础上，3年内省级财政给予300万元至800万元的人才经费资助。如属世界一流水平的双创团队，或属由省政府直接组织建设的省级重大科技创新平台急需引进的团队，采取一事一议、特事特办的方式，给予特别支持。此外，对入选的人才或团队，优先推荐申报国家“千人计划”“万人计划”，优先推荐申报省“科技企业家培育工程”“333工程”等计划，优先向金融机构、担保公司、风险投资公司推荐融资项目，享受省各地、各部门制定的引进高层次人才相关优惠政策和待遇。同时，按照国家、省引进高层次人才有关政策，为引进的高层次人才提供工作条件、签证、落户、医疗、保险、税收、配偶安置、子女入学、驾照转换等方面支持与服务。

2017年江苏省“双创计划”资助双创人才420名、双创团队50个、双创博士400名。截至2017年底，江苏省累计资助引进海内外高层次创新创业人才近4000人；有781人入选国家“千人计划”，其中，创业类人才256人；全省引进的“双创计划”人才中，新创办企业1590家，其中，321家成长为国家高新技术企业，68家销售超亿元，已成为江苏人才工作的品牌工程。

南京市“创业南京”人才计划

2011年，南京市委、市政府出台《领军型科技创业人才引进计划实施细则（试行）》，启动实施“321人才计划”。计划用5年时间，引进3000名领军型科技创业人才，重点培养200名科技创业家，加快集聚100名国家“千人计划”创业人才。截至2014年底，南京市“321人才计划”分六批共引进领军型科技创业人才2551人，注册企业2336家。入选人才中，96%以上是硕士和博士，包括147名国家“千人计划”专家和144名江苏省“双创计划”人才。

2015年11月，南京市委、市政府出台《关于“创业南京”人才计划的实施意见》。计划在“十三五”期间，聚焦创新型、服务型、枢纽型、开放型、生态型的“五型经济”主攻方向，重点集聚100名科技顶尖专家、培育200名创新型企业家、引进3000名高层次创业人才、引领20000名青年大学生创业，打造具有国际影响和独特优势的产业科技人才高地。其中，“高层次创业人才引进计划”作为“321人才计划”的改进升级版，将从2016年起，用5年时间，以区（园区）为主体，引进扶持3000名高层次创业人才，市级层面从中择优遴选并重点扶持1000名高层次创业人才。引进人才通过区（园区）遴选认定的，由区（园区）给予不少于50万元初创扶持；通过市级遴选认定的，由市财政再给予100万元扶持。同时，在政务服务、市场服务、金融支撑、科技服务、创业辅导、首购首用、人力资源、税收优惠、生活配套等九个方面提供配套服务。

2016年，南京市出台《科技顶尖专家集聚计划实施细则》《创新型企业家培育计划实施细则》《高层次创业人才引进计划实施细则》《青年大学生创业引领计划实施细则》《“创业南京”人才计划目标任务考核办法（试行）》“4+1”文件，为科技顶尖专家、创新型企业家、高层次创业人才和青年创业大学生这四类人才在南京创业提供差异化个性化扶持。

2017年，“创业南京”人才计划第二批入选302人，包括20名科技顶尖专家、62名创新型企业家和219名市级高层次创业人才。

无锡市“太湖人才计划”

2006年5月，无锡市委、市政府启动实施“530”计划。计划在5年内引进不少于30名领军型海外留学人才到无锡创新创业。2008年，无锡市推出“后530”计划，2009年推出“泛530”计划，实施无锡市“千人计划”，相继出台20多个“530”计划配套文件，并提出打造集聚高层次人才、培育高新技术产业、发展高端服务业、具有高品质人居环境的“东方硅谷”。2012年，无锡市委出台《关于深化“530”计划，建设“东方硅谷”的意见》《关于推进“东方硅谷”建设的意见》，通过深化实施“530”计划，大力引进国际国内顶尖人才、科技创业领军人才、中介服务领军人才、科技创新领军人才、社会事业领军人才，加快“东方硅谷”建设步伐。截至2013年底，无锡市“530”计划累计注册企业1840家，吸引各类人才1.6万多人。其中，有1193家“530”企业正常运行，集中于新兴产业领域，总注册资本81.3亿元。“530”企业创业者入选国家“千人计划”78人，占全市引进和培育国家“千人计划”的75%；入选江苏省“双创计划”224人，占全市省双创人才的81%。

自2014年起，无锡市“530”计划结合“东方硅谷”建设，将人才引进重点转向引进国际国内顶尖人才、社会事业领军人才、中介服务领军人才、高级经营管理人才以及企业柔性引进外国专家、海外智力。2015年，无锡市开始酝酿新的“太湖人才计划”。2016年5月，无锡市发布《关于实施“太湖人才计划”打造现代产业发展新高地的意见》，“太湖人才计划”启动实施。计划重点支持引进、培育产业升级创新领军人才、企业经营管理领军人才、先进制造技能领军人才、新兴产业创业领军人才、生产性服务业领军人才和优秀大学毕业生等6类产业发展人才，全力打造以“智能化、绿色化、服务化、高端化”为核心内涵和鲜明特征的现代产业发展新高地。其中，对到无锡自主创业、兴办企业的科技领军人才，将给予最高1800万元的资助。

2017年，无锡市委、市政府出台《关于深化“太湖人才计划”的若干意见》，推出12条举措，对“太湖人才计划”在加大人才政策支持力度、创新人才工作机制、强化人才服务保障三个方面继续进行优化升级。《意见》提出，对于物联网、智能制造、现代服务业等重点产业领域引进的诺贝尔奖获得者、海内外院士、国家科学技术奖最高奖获得者以及与其相同层次的顶尖人才或领军团队，带技术、带项目、带资金到无锡创新创业，给予1000万元至1亿元项目资金支持。对于重点产业发展急需、拥有核心技术和重大发明创造、处于行业领域高端和前沿的高层次人才，到无锡创办企业或创新发展，给予50万元至150万元项目资金支持或购房补贴。

徐州市“彭城英才计划”

2009年7月，徐州市委、市政府出台《关于加强高层次创新创业人才队伍建设的意见》，启动实施“高层次创新创业人才引进计划”（即“彭城英才计划”）。计划在5年内，重点围绕该市优先发展的重点产业、重大项目和具有竞争优势领域，至少新引进10个高水平创新创业团队、100名创新创业领军人才、500名高层次创新创业紧缺人才。2014年，徐州市出台《徐州市高层次创新创业人才引进计划实施办法》，对全市高层次人才引进的对象条件和相关扶持政策进行了明确，在科技、融资、学术、生活、税费减免等方面提供集成扶持。对引进的创新创业团队，经省评审认定，按不同层次给予300万—3000万元项目经费支持，同时给予团队领军人才和核心成员50万—200万元的资助。创业领军人才给予不低于200万元项目资金资助。全职引进创新领军人才给予不低于100万元项目资金资助；非全职引进创新领军人才给予50万—100万元项目资金资助。高层次创新创业紧缺人才给予30万—100万元项目资金资助。同时，市级财政每年安排3000万元引导资金，联合其他创投机构成立“彭城英才创投基金”，对人才创业项目进行扶持。

2017年，“彭城英才计划”共引进高层次创新创业人才317人。其中，入选国家“千人计划”3人、“万人计划”12人。江苏省“双创团队”2个、“双创人才”34人。截至2017年底，“彭城英才计划”共引进2000余名高层次人才，其中海外高层次人才900余名，国家“千人计划”专家70余名。

常州市“龙城英才计划”

2011年8月，常州市在全面完成两轮“千名海外人才集聚工程”目标任务的基础上，启动实施“龙城英才计划”。“千名海外人才集聚工程”是常州市在2006年9月开始实施的大规模领军人才引进工作，两轮共引进领军型创新创业人才467名，并带动引进了2000多名海外高层次人才，有12人入选国家“千人计划”，83人入选江苏省“双创计划”。“龙城英才计划”计划在未来5年，围绕重点培育和发展的新能源、新材料、高端装备制造、生物技术和新医药、节能环保、软件和服务外包、物联网和新一代信息技术等七大新兴产业，引进并大力支持1000名领军型人才，由此带动10000名各类高层次人才。同时，整合政府资源，撬动各类资本对创业企业进行聚焦式投资，重点支持200家领军型人才创业企业实施股权融资，助推创业企业加速发展。

2013年12月，常州市推出3.0版，投入6亿元资金面向全球邀请人才赴常州创新创业。2015年12月，常州市委、市政府出台《关于深化人才工作体制机制改革，全力推进“龙城英才”创新创业的实施意见》，根据领军人才创业项目发展阶段性需求，构建“引进性资助、扶持性资助、激励性资助”相互支撑的分层分类支持体系。

2017年3月，常州市委、市政府出台《进一步深化“龙城英才计划”改革创新的意见》，就引进和培育海内外精英人才、领军型创新人才、高端经营管理人才等15类领军人才连续新发布16项配套政策文件，以及实施海内外精英人才攻坚、领军型创业人才提升等8项工程。其中，海内外精英人才攻坚工程对于高精尖人才、海内外精英人才到常州设立科研院所、领办创办重大人才企业、创新创业，给予最高1亿元的特别支持；对培养当选两院院士的给予200万元奖励，给予培养单位500万元奖励；自主申报入选国家“千人计划”人才，给予100万元配套奖励；自主申报入选国家“万人计划”人才，给予30万元配套奖励。领军型创业人才提升工程对于领军型创业人才（团队）项目，给予100万—300万元的无偿创业资金资助和最高1000万元股权债权支持。对发展比较迅速，取得较好经济社会效益的创业项目，择优给予不超过150万元的激励性资助。

2017年，“龙城英才计划”共支持领军人才项目189个。截至2017年底，“龙城英才计划”共引进各类领军人才创业企业1600多家，全市拥有国家“千人计划”专家17名，江苏省“双创团队”20多个、“双创人才”近300名，各类领军人才创业企业当年实现销售和税收分别达90.77亿元和3.38亿元。

苏州市“姑苏创新创业领军人才计划”

2007年，苏州市政府出台《关于实施姑苏创新创业领军人才计划的意见》。计划重点根据苏州产业发展布局和新兴产业规划，在新兴信息、生物、新能源、高端装备制造、新材料、节能环保、新能源汽车等战略性新兴产业领域，以及现代服务业、现代农业等重点领域，引进带项目、带技术、带资金在苏州创新创业的领军型人才，对引进人才在安家补贴、科研经费、工作场所、风险投资、信贷风险补偿等方面予以资助扶持。

2010年3月，苏州市全面推进“姑苏人才计划”，“姑苏创新创业领军人才计划”纳入“姑苏人才计划”体系。计划5年内择优资助1000名领军人才，对于创新创业领军人才，将给予50万—250万元的安家补贴；根据创业项目的规模和进度，给予100万—400万元的科研经费资助；提供不少于100平方米的工作场所并免3年租金；提供最高500万元的担保融资贷款、30万元科技保险费补贴、50万元贴息资助等。

2017年，“姑苏创新创业领军人才计划”立项支持151个创新创业领军人才（团队）。至此“姑苏创新创业领军人才计划”已累计立项资助高层次人才（团队）1012名，其中，有119人入选国家“千人计划”。特别是在苏州市自主申报入选的127名国家“千人计划”创业类人才中，有107人源于“姑苏创新创业领军人才计划”的培育。

南通市“江海英才计划”

2009年，南通市委、市政府出台《关于大力实施人才强市战略的意见》和《关于实施江海英才计划的意见》，启动实施引进高层次科技领军人才及团队的“江海英才计划”。计划5年内，面向海内外引进100名高层次创业领军人才、1000名工程技术关键人才、10000名紧缺专业人才。引进人才可根据条件给予50万—500万元的项目启动资金、20万—150万元的购房补贴、3年内每月1000—5000元的生活津贴；对落地创业人才3年内免费提供不少于200平方米创业场所，并给予投融资、家属就业、子女就学等多方面的优惠。对特殊优秀人才，还可采取一人一议的灵活引才政策。此外，设立了江海杰出英才奖、留学回国人员成就奖、高技能人才成就奖，分别给予100万元、20万元、10万元奖励。

2017年，“江海英才计划”共资助61名高层次创新创业人才（团队），其中，有7个高层次人才团队入选江苏省“双创计划”。截至2017年底，“江海英才计划”共分十批资助高层次创新创业人才（团队）312人。全市拥有国家“千人计划”专家145人，江苏省“双创人才”261人，“双创博士”249人，有39位院士在南通建立院士工作站，3位院士来南通创办企业，北京大学、复旦大学、上海交通大学等一大批知名高校和科研院所陆续在南通设立研究院，区域人才综合竞争力保持江苏江北第一。

连云港市“港城英才计划”

2009年，连云港市委、市政府出台《加快引进高层次人才实施办法》和《关于实施创业创新领军人才集聚工程的意见》，启动实施“高层次创新创业领军人才集聚工程”。计划在5年时间里，采用招聘、调动、特聘等多种引进方式，从海内外高校、科研院所、世界500强企业和国内知名企业，引进500名左右高层次创业创新人才，其中，创业创新领军人才不少于50名。截至2015年底，“高层次创新创业领军人才集聚工程” 累计支持86个领军人才项目。

2016年，为进一步推进高端人才引进，连云港市对“高层次创新创业领军人才集聚工程”进行改版升级，启动实施“港城英才计划”，增加了“双创博士”和“双创团队”两大人才项目，全面与国家“千人计划”、江苏省“双创计划”接轨。入选“港城英才计划”的高层次人才，可享受资金支持、项目推荐、配套服务等措施。其中，对入选的“双创人才”，给予30万—150万元的创新创业资金资助；对入选的“双创团队”，给予100万—300万元的人才经费资助；对入选的“双创博士”，给予15万元的创新创业资金资助。

2017年，“港城英才计划”共有 44名海内外高层次创业创新人才入选，其中“双创人才”14人，“双创博士”30人。截至2017年底，入选市“港城英才计划”的海内外高层次创业创新人才已达198人。

淮安市“淮上英才计划”

2013年2月，淮安市委、市政府出台《关于组织实施“淮上英才计划”的意见》。计划从2013年起，用3年左右时间，围绕淮安重点产业、重点领域和重点学科引进10个创新创业团队、100名创新创业领军人才、1000名创新创业急需人才。经认定的创新创业团队，按照不同层次给予资金支持。A类：由诺贝尔奖获得者，国内外科学院、工程院院士领衔的创新创业团队，每个团队给予2000万—3000万元项目经费资助；B类：国家“千人计划”人才团队及同等层次创新创业团队，每个团队给予1000万—2000万元项目经费资助；C类：经认定的其他创新创业团队，每个团队给予300万—1000万元项目经费资助。经认定的创新创业领军人才，给予30万—100万元项目资金资助，特殊人才一事一议。经认定的创新创业急需人才，给予不超过30万元项目资金资助。此外，给予融资、税收、住房、创业场所等方面支持，并协调解决引进人才的工作条件、签证、落户、医疗、保险、配偶安置、子女入学、驾照转换等问题。

2017年，“淮上英才计划”资助创业团队3个、创新团队3个、创业领军人才15名、创新领军人才32名、乡土人才9名、青年创客4名。其中，入选国家“万人计划”1人，江苏省“双创团队”1个、“双创人才”18人。

盐城市“515”领军人才引进计划

2009年，盐城市委、市政府出台《关于加强创新创业领军人才队伍建设的意见》，启动实施“创新创业领军人才引进计划”，重点引进两院院士、国家重大科研项目的主持人、国家级学科带头人、高层次创新型人才、科技型创业人才等该市急需的领军型高层次人才及团队。对引进的领军人才，将给予每人（团队）100万—300万元创新创业资金资助，并优先推荐进入江苏省“双创计划”和“三三三高层次人才培养工程”。对领军人才领办、创办的企业实现税收增长50%以上的，3年内个人所得税地方留成全额返还。引进人才的单位提供不少于130平方米的租住房，同级财政一次性给予20万—50万元安家补助。2015年，盐城市出台“515”人才引进三年行动计划，计划从2015年到2017年，市县两级计划投入40亿元，每年引进5万名大学生、1万名专门人才和500名领军人才，“创新创业领军人才引进计划”相应升级为“515”领军人才引进计划。

截至2017年底，“515”领军人才引进计划累计引进各类领军人才754名，向领军人才（团队）发放资助资金10.5亿元。全市拥有国家“千人计划”5人、“万人计划”4人，江苏省“双创人才”209名、“双创团队”10个。

扬州市“绿扬金凤计划”

2010年，扬州市委、市政府启动实施“绿扬金凤计划”，包括“百名创业创新领军人才引进计划”和“百名优秀博士人才集中招引活动”。计划在3年内，市财政每年设立1亿元人才专项资金，引进100名创业创新领军人才、100名优秀博士人才。对创业领军人才，按照重点推荐项目、优先推荐项目、一般推荐项目，分别给予300万元、200万元、100万元资助；对创新领军人才，分别给予150万元、100万元、50万元资助。对于优秀博士，到扬州企业工作的，给予每人6万元补助；到事业单位工作的，给予每人3万元补助。2013年底，扬州市集中出台“6+1”人才政策，深化实施“绿扬金凤计划”，在资金资助、金融支持、载体建设、住房保障、医疗保健、子女教育等方面加大支持力度。2016年，“绿扬金凤计划”新增设创业团队项目，入选团队给予600万—1000万元资助。

2017年，“绿扬金凤计划”资助创业创新领军人才222人（团队），其中双创团队3个、领军人才80人、优秀博士139人。截至2017年底，“绿扬金凤计划”已累积资助创新创业领军人才（团队）项目投入56.2亿元。

镇江市“金山英才计划”

2008年8月，镇江市委、市政府制定出台《镇江市引进培育创新创业领军人才三年行动计划》，启动实施“331计划”。计划用3年时间，引进培育30个领军人才团队和100名领军人才。市县两级财政共设立1亿元的专项资金，用于为领军人才提供创业扶持、安家资助和学术交流。截至2015年底，“331计划”共分八批引进资助559个人才（团队），带动引进海内外高层次创新创业人才2000多名，其中，国家“千人计划”专家89名、江苏省“双创计划”人才278人。

2016年2月，在“331计划”的基础上，镇江市正式启动实施“金山英才计划”。计划从2016年开始用5年时间，重点引进支持600名（个）以上产业发展领域的高层次领军人才（团队）。计划包括5个子计划：顶尖人才专项计划，重点引进和支持15名（个）左右顶尖人才（团队），可给予1000万元资金资助，特别突出的资助金额上不封顶；“镇江制造2025”领军人才计划，重点引进和支持240名（个）左右带技术、带项目、带资金的制造业领军人才（团队），分2年给予200万元或100万元的资金资助等；现代服务业领军人才计划，重点引进和支持150名（个）左右现代服务业领军人才（团队），分2年给予100万元或50万元的资金资助等；现代农业领军人才计划，重点引进和支持60名（个）左右现代农业领军人才（团队），分2年给予100万元或50万元的资金资助等；高技能领军人才计划，重点支持150名（个）左右高技能领军人才（团队），分2年给予20万元或10万元的资金资助等。同时，给予金融、税收等配套政策，并发放“金山英才卡”，提供医疗、子女就读、配偶就业等配套服务。

2017年，第二批“金山英才计划”共有129人入选，其中，顶尖人才（团队）4个、“镇江制造2025”领军人才50名、现代服务业领军人才33名、现代农业领军人才13名、高技能领军人才29名。截至2017年底，“金山英才计划”两批共有259人入选，包括院士2名，长江学者和获“国家杰出青年科学基金”资助人才5名，国家“千人计划”人才13名。其中，拥有博士以上学历的89人，57%的人才拥有海外留学经历。

泰州市“高层次创新创业人才（团队）引进计划”

2009年，泰州市出台《高层次创新创业人才引进计划实施办法》。计划用5年时间，围绕该市重点产业发展领域，引进100名左右高层次创新创业人才和人才团队。对引进的创业类人才项目，按照重点推荐项目、优先推荐项目、一般推荐项目，分别给予200万元、100万元和50万元的一次性资金资助；对创新类人才项目，按照重点推荐项目、优先推荐项目、一般推荐项目，分别给予100万元、60万元和40万元的一次性资金资助。重点推荐项目中特别优秀的，可突破最高资助标准。同时，给予场地、税收、金融、服务等方面政策支持。2015年，该计划更名为“高层次创新创业人才（团队）引进计划”，分为创业人才、创新人才、创业团队3个子项。

2017年，泰州市“高层次创新创业人才（团队）引进计划”有134个人才（团队）入选。

宿迁市“创业创新领军人才集聚计划”

2011年12月，宿迁市委、市政府出台《关于进一步加强创业创新领军人才引进工作的意见》，在原“宿迁市百名创业创新领军人才集聚计划”完成的基础上，继续扩大实施“创业创新领军人才集聚计划”。计划到2020年，全市引进创业创新领军人才1000名左右，其中进入国家和省级计划支持的领军人才300人，带动引进各类高层次人才2000名左右。对创业领军人才，分别按A类300万元、B类100万元、C类50万元给予创业启动资金；对创新领军人才，分别按A类150万元、B类50万元、C

类30万元给予创新启动资金。自主创业领军人才项目企业注册以后，提供股权融资、贷款贴息担保、生产及办公用房、物业服务等支持。此外，引进的领军人才在住房、子女入园入学、医疗、保险等方面享受优惠政策。

2017年，宿迁市“创业创新领军人才集聚计划”有55个人才（团队）入选。截至2017年底，宿迁市“创业创新领军人才集聚计划”共引进资助领军人才（团队）311人。

浙江省

浙江省“千人计划”

2009年，浙江省委、省政府出台《关于大力实施海外优秀创业创新人才引进计划的意见》，启动实施“海外高层次人才引进计划”（即浙江省“千人计划”）。计划通过5—10年时间，引进并重点支持1000名左右能够突破关键技术、发展高新技术产业、带动新兴学科的学科带头人、科技领军人才和高层次创业人才，争取其中300名左右入选中央海外高层次人才引进“千人计划”。浙江省“千人计划”包括创新人才长期项目、创新人才短期项目（即“海鸥计划”）、创业人才项目和“外专千人”项目。对入选创新、创业和“外专”项目的，授予“浙江省特聘专家”称号，享受相应的工作条件和特定的生活待遇，包括给予一次性100万元的科学技术人才奖励，地方政府相应配套奖励；优先推荐参评国家“千人计划”及相关荣誉称号和各类奖励；发放《浙江省海外高层次人才居住证》并根据有关规定享有相应权益。对入选“海鸥计划”的，给予一次性50万元的省政府科学技术人才奖励，根据引进人才实际需要，可为其提供出入境、医疗、保险等方面优惠便利。

2017年，浙江省“千人计划”第十批有201人入选。其中，创新创业人才项目148人，“海鸥计划”项目30人，“外专千人”项目23人。截至2017年底，全省已累计引进海外人才10万多人，其中，1885人入选浙江省“千人计划”。拥有国家“千人计划 ”专家768人，全省创新创业人才和外专人才数量居全国第一。

杭州市全球引才“521”计划

2010年，杭州市委、市政府出台《杭州市全球引才“521”计划实施意见》。计划从2010年开始，用5年时间，面向全球引进20个以上海外优秀创业创新团队，100名以上带着重大项目、带领关键技术、带动新兴学科的海外高层次创业创新人才。入选“521”计划的人才，将根据有关规定享受资助资金、人才住房、安家补助、医疗保健、社会保险、配偶安置、子女就学和永久居留或多次往返签证等相关政策待遇，优先推荐参评国家“千人计划”和浙江省“千人计划”。

2016年，杭州市启动实施新一轮“521”引才计划。计划用5年时间，在全市重点创新项目、重点学科和重点实验室、企业和金融机构、以高新技术产业开发和成果转化为主的各类园区等领域，引进并重点支持200名左右能够突破关键技术、发展高新技术产业、带动新兴产业发展的海外高层次人才；每年引进10名左右拥有海外学习工作经历，在高等院校、科研机构、科技企业和金融机构从事创新工作的青年人才。

2017年，杭州市新一轮全球引才“521”计划引进55名创新创业人才。截至2017年底，杭州市全球引才“521”计划共引进276名创业创新人才。全市累计引进海外留学人才2.5余万人，其中，国家“千人计划”专家341名，浙江省“千人计划”专家500多名。

宁波市“3315计划”

2011年，宁波市委、市政府出台《关于实施海外高层次人才引进“3315计划”的意见》。计划从2011年开始，用5—10年时间，围绕“六个加快”战略部署，以各类开发区、科研机构和留创园、研发园、创意园等为载体，引进并重点支持一批海外高层次人才来甬创新创业，力争其中30名列入国家“千人计划”、300名列入省海外高层次人才引进计划、1000名列入市海外高层次人才引进计划，新增海外创新创业人才5000名。到2020年，在宁波市创新创业的海外人才突破10000名。对入选的海外高层次创新创业人才及其团队，将一次性给予100万元的创新创业资助，并可根据不同情况享受“一事一议”、家属子女安顿等方面的优惠政策。入选国家“千人计划”和浙江省“千人计划”的给予额外的配套资助，随同引进的团队成员最高给予100万元的资助。截至2016年底，宁波市“3315计划”共引进358名海外高层次人才和120个高端团队，其中，198人入选国家“千人计划”、75人入选浙江省“千人计划”。

2017年，宁波市委、市政府出台“泛3315计划”。计划未来5年，重点支持城市经济社会发展领域急需紧缺高层次人才200人、高端团队100个，带动集聚高层次人才3000人、高端团队500个。对入选“3315计划”的创业创新团队，在政策和资金支持、奖励等方面制定了新的举措，按A、B、C三个层次，分别给予2000万元、1000万元、500万元的创业创新资助经费。对全球顶尖人才领衔的高端创业创新团队给予最高1亿元的创业创新资助经费。对入选“泛3315计划”的人才给予50万元资助。对顶尖人才领衔的重大项目，可实行一事一议，资助额度上不封顶。此外，“泛3315计划”人才和团队（含带头人和成员），如通过宁波自主申报入选上级重要人才计划的，还可给予国家、省、市、县最高600万元资助。经自主培养升级成长为宁波市人才分类目录中顶尖人才和特优人才的，还可分别给予人才200万元、50万元奖励。

截至2017年底，宁波市“3315计划”共引进海外高层次人才414人、高端团队138个，其中自主申报入选国家“千人计划”、浙江省“千人计划”分别达91人、241人，入选浙江省领军型创新创业团队9个。在宁波就业创业的国家“千人计划”人才达到180人。

温州市“580海外精英引进计划”

2011年3月，温州市委、市政府出台《温州市“580海外精英引进计划”实施办法》。计划从2011年开始，用5年时间，将面向全球遴选80名左右能够突破关键技术、发展高新产业、推动创新发展的海外高层次人才，助力“十二五”发展。列入“580海外精英引进计划”的人才，将由温州市委、市政府授予“温州市特聘专家”称号，并给予30万元的专项人才奖励，以及创业资助、投融资支持等，并可在住房、技术和人力资本入股、随迁配偶安置、子女教育等方面享受有关优惠待遇。对入选国家、浙江省“千人计划”的，还将分别给予100万元和50万元的奖励。

截至2017年底，“580海外精英引进计划”共分六批引进219人。其中，有128人入选国家“千人计划”、浙江省“千人计划”。

嘉兴市“创新嘉兴·精英引领计划”

2009年12月，嘉兴市委、市政府出台《关于加强创业创新人才队伍和创新团队建设的若干意见》《“创新嘉兴·精英引领计划”实施办法（试行）》和《嘉兴市重点创新团队遴选办法》，启动实施“创新嘉兴·精英引领计划”。计划从2010年起，用5年左右时间，引进培育100名具有省内、国内领先水平的嘉兴市创业创新领军人才，其中引进50名海外高层次人才，争取20名进入“省海外高层次人才引进计划”和国家“千人计划”。同时，打造100个左右嘉兴市重点创新团队，由此带动各领域建设一批不同层次、方向明确、结构合理、开拓创新、团结协作、特色鲜明的创新团队。对创业创新领军人才，一次性给予100万—300万元创业启动资金；对研发性项目落户地，提供不少于100平方米建筑面积的工作场所，3年内免收租金；对企业创办后3年内所得税形成的地方财政收入部分，全额奖励给企业用于研发或扩大生产。对重点创新团队，给予30万—100万元的创新资助。此外，将在子女入学、家属就业等方面给予优惠。

2017年，嘉兴市出台引才新政，入选“创新嘉兴·精英引领计划”的创业人才项目从原来的100万至300万元，提高到200万至500万元；对创新长期项目，资助金额从原来的一次性60万元提高到每年最高100万元，连续资助5年；新增加创新短期项目，每年最高给予50万元的资助，连续资助3年。

2017年“创新嘉兴·精英引领计划”共有128个项目入选，其中，创业人才领军项目89个、创新人才领军长期项目31个、创新短期项目8个。截至2017年底，“创新嘉兴·精英引领计划”共有937个项目入选，其中，创业人才领军853个、创新人才领军76个、外专类近10个。全市拥有国家“千人计划”专家170余名，浙江省“千人计划”专家近200名。

湖州市“南太湖精英计划”

2008年4月，湖州市委、市政府出台《关于推进创新团队和领军人才队伍建设的若干意见》，启动实施“南太湖精英计划”。计划用5年时间，重点在生物医药、环保节能、电子信息、新材料、新能源和现代农业等六大产业中引进一批带项目、带技术、带资金、具有自主创新能力的留学归国科技领军人才及其创新团队。给予领军型创业团队创业启动资金、领军型创新团队创新项目产业化配套资金扶持，其中A类300万元、B类200万元、C类100万元，注册企业可享受由落户县区提供的不少于100平方米的工作场所；给予创新领军人才创新项目产业化30万—100万元的配套资金扶持；给予创新领军人才短期项目10万—30万元的资助。同时，优先推荐申报国家“千人计划”“万人计划”、浙江省“千人计划”、省领军型创新创业团队、省院士专家工作站等各类人才科技计划，并按省财政奖励额度给予配套资助。入选领军型创新创业团队负责人和创新领军人才可享受“湖州服务绿卡”以及在子女入学、医疗保健、家属就业等方面的各项待遇。

2017年，“南太湖精英计划”共引进211个领军型创业创新团队和个人，其中领军型创业团队107个、领军型创新团队21个、创新领军人才长、短期项目70个、院士专家工作站13个。截至2017年底，湖州市共遴选资助“南太湖精英计划”领军型创业创新团队和人才项目790个，带动引进高层次人才8204人，引进国家“千人计划”人才117名，浙江省“千人计划”人才153名。

绍兴市“330海外英才计划”

2010年3月，绍兴市委、市政府出台《绍兴市“330海外英才计划”实施办法》。计划从2010年开始，用3年时间，在绍兴市六大传统优势产业和先进装备制造、新材料、生物医药、节能环保、新能源、新兴信息等战略性新兴产业，能够突破关键技术、培育高新产业、推动创新发展的海外高层次人才，争取有20名以上进入中央、省“千人计划”。对入选的海外高层次人才，将授予“绍兴市特聘专家”称号，享受相应的工作条件和特定的生活待遇。评审结果为A类、B类、C类的，分别给予500万元、300万元、100万元的创新创业启动资金；提供不少于200平方米的3年免租工作场所，或者给予相当于200平方米办公场所的租金补贴；落户后可按成本价申购100—160平方米的人才住房，或享受30万—100万元的购房补贴，或享受限期10年每年3万—6万元的租房补贴。此外，还可享受贷款贴息、永久居留或多次往返签证、落户、医疗保健、社会保险、子女就学等方面优惠政策和便利服务。

2017年，绍兴市新制定出台“人才新政二十条”，入选“330海外英才计划”的A、B、C三类人才项目将分别给予500万元、300万元、200万元创新创业启动资金。其中，入选国家、省“千人计划”的还将按国家、省补助奖励额度分别给予1：1的配套奖励，对新引进的海内外重点技术创新团队给予500万—1000万元的项目资助，对国际一流团队和顶尖人才领衔的重大项目可制定专门的扶持政策。

2017年，“330海外英才计划”第十六批引进签约落户海外高层次人才161名。截至2017年底，“330海外英才计划”共引进签约落户海外高层次人才448名，其中，国家“千人计划”专家近30名、浙江省“千人计划”专家50余名。

金华市“双龙计划”

2010年，金华市启动实施“海内外英才引进计划”，鼓励高层次人才带技术、带成果、带资金到金华创业创新，对优秀创业项目给予最高500万元的资助。计划推出后，受到海内外人才热切关注，共引进落户18个领军人才项目。2012年底，为进一步加大人才引进力度，金华市委、市政府决定在原政策基础上，实施创业创新领军团队和人才引进“双龙计划”。计划用5年时间，每年投入至少1亿元资金，面向海内外集聚一批达到国际先进水平的科技创新团队、一批行业地位突出的创业创新领军人才、一批专业技术发展潜力较大的后备领军人才。对新兴产业带动明显的科技创新团队，最高可获2000万元资助；对引进的两院院士或相当层级的国际顶尖人才，奖励资助不少于1000万元。另外，在税收优惠、人才住房和其他配套服务方面，也将享受多项优厚待遇。

2017年，“双龙计划”入选人才项目78个，其中，创业人才项目30个、创新类人才48名。截至2017年底，“双龙计划”实施5年来，共引进领军人才项目202个，其中，创业类项目112个、创新类人才90人。全市入选国家“千人计划”专家20余名、浙江省“千人计划”专家超过60名。

台州市“500精英计划”

2011年9月，台州市委、市政府出台《关于扶持高层次人才创业创新的若干意见》及相关的配套政策文件，启动实施“500精英计划”。计划每年投入全市可用财力的1.5%，用5年左右时间，引进和扶持500名左右高层次人才到台州创业创新。计划实施5年来，已建成了产业经济、社会事业两大领域，创业、创新和紧缺三大类别，创业、创新长期项目、创新短期项目、紧缺和领军型团队等5个子类别的高层次人才引进体系。入选“500精英计划”的创业人才，项目正式落户并启动后，3年内按照A类、B类、C类三个层次，分别给予最高1000万元、600万元、400万元的项目启动资金资助，并享受个人待遇。入选创新带项目的人才，按照A类、B类、C类三个层次，分别给予100万元、50万元、30万元的科研经费资助，并享受个人待遇。入选领军型创新创业团队给予最高1000万元的经费资助，对具有国际顶尖水平的团队采取“一事一议”方式专题论证支持方式与额度。此外，入选人才还可按相关政策享受创业场所免租、贷款贴息、住房、医疗、子女就学等其他各项政策待遇。

2017年，“500精英计划”共认定创业创新人才163人。截至2017年底，“500精英计划”共引进落地创业创新人才599名，其中，入选国家“千人计划”30余人、浙江省“千人计划”80余人；创办“500精英”企业171家，企业注册资金超过10亿元。

安徽省

安徽省“百人计划”

2009年8月，安徽省委、省政府下发《关于加强引进海外高层次人才工作的实施意见》，启动实施安徽省引进海外人才“百人计划”。计划用5—10年时间，引进并重点支持100名左右能够突破关键技术、发展高新产业、带动新兴学科的科技领军人才到皖创新创业。对入选“百人计划”的海外高层次人才，将授予“安徽特聘专家”称号，并在准入政策、税收政策、工作待遇、生活保障等各个方面，提供政策支持。

2017年，安徽省第七批“百人计划”有20名海外高层次人才入选。截至2017年底，安徽省“百人计划”共分七批入选142人。

合肥市“百人计划”

2011年1月，合肥市委、市政府出台《中共合肥市委关于深入实施人才强市战略的意见》《“百人计划”工程建设实施方案》系列文件，启动实施引进海内外高层次人才“百人计划”。计划从2011年起，用5年时间，围绕合肥市优先发展的支柱产业、高新技术产业和现代服务业，面向海内外引进该市急需紧缺的能够突破核心技术、发展高新产业、带动新兴学科的创新创业领军人才100名。对创新型领军人才给予30万—50万元资助，对创业型领军人才给予100万—300万元资助，并可享受居留和出入境、落户、子女入学、配偶就业、医疗保险等方面的政策待遇。

2017年，合肥市“百人计划”有50名高层次创新创业人才入选，其中，创新型领军人才30人、创业型领军人才20人。截至2017年底，合肥市“百人计划”共分七批引进169名高层次创新创业人才。全市拥有“两院”院士102名，国家“千人计划”专家253名，安徽省“百人计划”专家97名，博士、硕士研究生总数近8万人。

福建省

福建省“百人计划”

2010年1月，福建省委、省政府出台《福建省引进高层次创业创新人才暂行办法》，实施“引进高层次创业创新人才计划”（简称“百人计划”），重点支持国内外高层次创业创新人才和团队到福建创业工作。

2013年3月，福建省委、省政府在“百人计划”基础上，实施“海纳百川”高端人才聚集计划。计划在未来5年内，省、市、县三级财政投入人才经费100亿元，实施福建省引进高层次创业创新人才“百人计划”，每年评选100名福建省引进高层次创业创新人才，分别给予入选省引才“百人计划”的团队300万元、海外人才200万元、国内人才100万元补助；实施留学人员来闽创业启动支持计划，对经评审确定的重点创业项目和优秀项目，分别给予一次性创业支持资金50万元和20万元，各设区的市给予配套支持；实施福建省特殊支持高层次人才“双百计划”，每年评选200名科技创业人才、科技创新人才、企业高级经营管理人才、百千万工程领军人才、青年拔尖人才、哲学社会科学领军人才等各类高层次人才，作为福建省特殊支持的高层次人才由省人才专项经费给予特殊支持。

2017年，福建省“百人计划”第六批入选高层次创业创新人才111名（团队），其中，有31个创业创新团队、73名创业创新人才、7名待引进人才（团队）。截至2017年底，福建省“百人计划”共分六批入选高层次创业创新人才508名、创业创新团队103个。

厦门市“双百计划”

2010年，厦门市委、市政府出台《厦门市引进海外高层次人才暂行办法》和《关于加快建设海西人才创业港，大力引进领军型创业人才的实施意见》，每年投入1.5亿元，计划用5—10年时间，引进100名海外高层次人才和300名领军型创业人才（即“双百计划”）。对引进的海外高层次人才，给予每人100万元补助，并在科研经费、职称评聘等方面给予支持；对引进的领军型创业人才，提供100万—500万元创业启动资金、100至500平方米的创业场所（五年免租金），并提供政府创投、贷款贴息等方面支持。同时，在住房、配偶就业、子女就学、社会保险等方面可享受优惠待遇。

2017年，厦门市第十批“双百计划”有137人入选，其中，海外高层次创新创业人才11人（创新类7人、创业类4人）；领军型创新创业人才126人（A+类9人、A类4人、B类30人、C类83人）。截至2017年底，厦门市“双百计划”共分十批评选出海外高层次人才和领军型创业人才927名。

江西省

江西省“赣鄱英才555工程”

2010年，江西省委、省政府以培养高层次人才和急需紧缺人才为重点，启动实施“赣鄱英才555工程”。从2010年开始，在10年之内，实施“创新创业人才引进计划”，面向海内外引进500名左右急需紧缺的高层次人才到赣创新创业；实施“高端人才柔性特聘计划”，柔性引进500名左右具有国际先进水平、国内顶尖水平的高端人才为赣发展服务；实施“领军人才培养计划”，立足本省选拔并重点培养500名左右高层次创业创新人才。对入选“创新创业人才引进计划”的自然科学类人选分期给予每人100万—300万元的项目资助，人文社会科学类人选分期给予每人10万—50万元人民币的项目资助；用人单位为引进人才提供不小于120平方米的住房（3年内免租金或提供相应租房补贴），并按不少于1：1的比例给予配套经费支持。同时，为入选人才提供居留和出入境、落户、医疗、保险、税收、住房、配偶安置、子女就学等方面的服务。

截至2017年底，“赣鄱英才555工程”共分三批次入选675名创新创业人才和13个创新创业团队，累计投入资助经费达到4.25亿元。

南昌市“洪城计划”

2011年3月，南昌市委、市政府出台《南昌市建设“人才管理改革试验区”的十项举措》，启动实施“洪城计划”，面向海内外引进一批同时带项目、带技术、带资金、带团队的领军型创新创业人才到南昌创业。引进人才的创业项目分A、B、C三类评定，并按“三个一，三个三”的特殊政策给予特别扶持。“三个一”是指：每个创业项目的投资企业（公司）注册后一个月内，由企业注册所在县区提供不少于100平方米的创业场所免费使用三年，不少于100平方米住房公寓免费使用三年；由市政府按A、B、C三类分别给予创业启动资金100万元、70万元、50万元。“三个三”是指：属高新技术产品产业化项目且生产过程中流动资金不足的，由市、县区财政控股的担保公司按A、B、C三类分别提供不低于300万元、200万元、100万元的贷款资金担保；属科技开发项目并据投资需求，由市科技风险投资资金按A、B、C三类分别给予不低于300万元、200万元、100万元的创业投资；属技术成果入股投资项目的，技术成果可按注册资本不低于30%作价入股。

2017年，“洪城计划”引进18个人才项目，其中，A类项目4个、B类项目9个、C类项目5个。截至2017年底，“洪城计划”共引进领军人才项目86个。

山东省

山东省“泰山产业领军人才工程”

2014年，山东省委、省政府出台《进一步完善提升泰山学者工程的意见》和《实施泰山产业领军人才工程的意见》，将“泰山学者”工程进行优化拓展，突出服务产业发展导向。该工程的主要目标是：到2020年，以各类企业、园区、产业基地等为依托，面向海内外引进培养1000名左右“高精尖缺”产业领军人才，集聚形成1000个左右产业人才团队。工程重点支持产业创新类、科技创业类、产业技能类三类领军人才，其中，计划支持400名左右带技术、带项目、带资金到山东省创办科技企业的领军人才，形成400个左右的创业团队，培育一批高成长性的科技人才企业。对入选产业创新类、科技创业类、产业技能类的每名产业技能人才或团队，将分别给予300万—500万元、100万—500万元、50万元的经费资助。此外，各级各有关部门将在项目立项等方面，对领军人才给予优先支持；在领军人才居留落户、子女入学、家属安置、医疗保健等方面，按省级高层次人才待遇提供便利条件；对领军人才落地创办的企业，给予经费、公共技术服务平台、办公场地、投融资服务等方面的支持等。

2017年，“泰山产业领军人才工程”共认定领军人才175人，其中，高效生态农业创新类15人、传统产业创新类37人、战略新兴产业创新类39人、现代服务业及社会民生产业创新类20人、科技创业类（国内）36人、科技创业类（海外）18人、产业技能类10人。截至2017年底，全省共遴选“泰山学者”1173名、泰山产业领军人才534名，其中，9人入选院士，113人入选国家“千人计划”，48人入选国家“万人计划”，46人入选长江学者，51人获“国家杰出青年科学基金”资助。共获得省部级以上科技奖励797项，拥有国家发明专利3107项。

济南市“泉城5150引才倍增计划”

2009年，为吸引海内外优秀创新创业人才到济创业发展，济南市启动实施“5150引才计划”。计划用5年左右时间，面向海内外引进150名能够提高城市竞争力、推动高新技术产业发展的高层次创新创业人才。市财政设立每年规模为1亿元的人才引进专项资金，用于对引进人才的创业资助、科研补助、待遇补贴、住房安置、引进奖励等。截至2011年底，济南市“5150引才计划”共分五批引进高层次创新创业人才209名，提前完成计划目标。

2012年6月，济南市在完成“5150引才计划”目标任务的基础上，启动实施海内外高层次人才引进倍增计划（即“5150引才倍增计划”）。计划用7—8年时间，围绕创新型城市建设、发展现代产业体系和经济结构调整，大力引进海内外顶尖人才和创新科技型人才、产业领军型人才和能够支撑现代服务业、现代农业发展的急需紧缺高端人才。

2016年6月，济南市出台“泉城双创”人才计划。计划在“十三五”期间，将引进培育500名以上领军型创新创业人才、5000名以上重点产业重点领域紧缺人才，引领带动50000名左右各类优秀人才创新创业，加快构筑具有独特优势的区域性人才高地。该计划把加快引进创新创业高端人才列为首选，重点实施“泉城5150引才倍增计划”“泉城院士智力集聚计划”“泉城高端外专计划”和“泉城重点产业紧缺人才集聚计划”。“泉城5150引才倍增计划”将从2016年起，用5年时间，以各类企业、园区、产业基地等为依托，面向海内外重点引进并择优支持300名（个）左右“高精尖缺”领军人才（团队），着力打造拥有关键技术、引领新兴产业、带动转型升级的高端创新创业人才队伍。对入选的团队，市财政给予100万—1000万元资助，对入选的高层次人才，市财政给予50万—500万元资助，县（市）区（含济南高新区）给予配套资助。在享受经费资助的同时，符合政策的还可申请政府性创新创业相关资金（基金）支持。对全市产业发展能够产生重大影响、具有重大经济社会生态效益的顶尖人才（团队），经认定，可给予最高5000万元特别支持。

2017年，“泉城5150引才倍增计划”引进创新创业人才（团队）32名（个），其中，高层次创新团队2个、高层次创业团队1个、高层次创新人才23名，高层次创业人才6名。同时，授予上述引进高层次创新创业人才和团队领军人才“泉城特聘专家”称号。截至2017年底，已有537名海内外高层次人才入选“泉城5150引才倍增计划”。

青岛市“创业创新领军人才计划”

2012年，青岛市委、市政府制定出台“青岛英才211计划”及16项引才子计划，分高端人才、重点人才和支撑人才三个层次实施百万人才集聚行动，力争用10年时间，使全市人才资源总量突破240万人。青岛市“创业创新领军人才计划”作为其中的高端人才计划，计划围绕新一代信息、新医药、新能源、新材料、高端装备、现代服务业、海洋产业等我市优先发展的重点产业，引进培育并择优资助2000名能够突破关键技术、发展高新技术产业、带动新兴学科和新兴产业发展的创业创新领军人才。2014年7月，青岛市科技局、市委组织部、市财政局联合制定了《青岛市科学技术局创业创新领军人才计划实施细则（试行）》，对“创业创新领军人才计划”的实施作出了进一步明确。根据入选青岛市“创业创新领军人才计划”的领军人才的创业创新水平及业绩、项目可行性、市场前景、预期经济社会效益、依托单位保障能力等评审结果，将分别给予50万—400万元项目经费和30万—100万元安家补贴经费支持，以及提供办公用房、人才公寓、“一卡通”服务、入选国家“千人计划”和山东省“泰山学者海外特聘专家”的配套资金等相关政策支持。

2017年，青岛市“创业创新领军人才计划”有34人入选，其中，有创新领军人才24人、创业领军人才10人。截至2017年底，青岛市“创业创新领军人才计划”分四批累计入选221人。全市拥有两院院士31人、国家“万人计划”专家33人、科技部“创新人才”推进计划47人、山东省“泰山学者”特聘专家及海外特聘专家294人、山东省“泰山学者”和“泰山产业领军人才”75人。

淄博市“淄博英才计划”

2014年，淄博市委、市政府出台《淄博英才计划实施办法（试行）》，启动实施“淄博英才计划”，与山东省“泰山产业领军人才工程”相互衔接。计划到2020年，以企业为主体，围绕新材料、精细化工、新医药、新能源和节能环保、汽车及机电装备、电子信息等战略性新兴产业以及现代服务业、现代农业发展，引进并重点支持60名左右高层次科技创新人才、60名左右高层次科技创业人才。对入选人才作为项目负责人承担的科技创新项目，一次性给予30万—50万元科研成果产业化配套资金，从市级应用技术研究与开发专项资金中列支；优先纳入市产业发展基金扶持范围，以阶段性股权投资等方式对入选人才所在的企业给予支持；入选人才所在企业优先享受一次性创业补贴、创业岗位开发补贴；根据企业实际需求，由企业注册所在区县负责提供不少于100平方米的办公及研发场所和不少于100平方米的住房租赁使用，3年内免收租金。

2017年，“淄博英才计划”引进海内外高层次人才19人。截至2017年底，“淄博英才计划”共分三批引进海内外高层次人才60人。全市拥有国家“千人计划”专家18人，山东省“泰山学者”和“泰山产业领军人才”52人。

枣庄市“枣庄英才集聚工程”

2014年12月，为进一步加强人才工作，更好地激发高层次人才创新创业活力，引领产业转型升级，枣庄市出台《关于实施枣庄英才集聚工程的意见》。计划用5年时间，投入1亿元，在重点产业和科技创新领域，面向海内外引进培养100名左右能够突破关键技术、发展高新技术产业、带动新兴产业和新兴学科的创新创业领军人才，包括科技创业类、产业创新类、学术研究类人才及团队。其中，对入选的科技创业人才及团队，将给予50万—300万元的经费资助，并在项目立项、政府采购、科技项目以及分配激励等方面优先保障。对全市产业发展产生重大影响，具有重大经济社会生态效益的领军人才及团队，经认定，可实行特事特办、一事一议，给予特别支持。2015年9月，首批“枣庄英才”启动申报。

2017年，共有20人入选“枣庄英才集聚工程”。截至2017年底，全市共引进国家“千人计划”“万人计划”、长江学者、山东省“泰山学者”和“泰山产业领军人才”等高层次创新创业人才59名。

烟台市“双百计划”

2009年7月，烟台市委、市政府出台《关于实施高端人才引进“双百计划”的意见（试行）》。计划在未来5年内，围绕实施山东半岛蓝色经济区、胶东半岛高端产业聚集区和黄河三角洲高效生态区建设等“三大战略”，突出重点产业发展、关键领域突破和科技创新需要，面向海内外引进100名高端创新人才、100名高端创业人才，其中海外优秀人才30名以上。

2015年12月，烟台市出台《关于深化拓展高端人才（团队）引进“双百计划”的意见》，对“双百计划”进行升级。根据《意见》，将围绕战略性新兴产业领域和现代服务业领域，引进100名高端创新人才和100名高端创业人才，围绕蓝色产业重点领域，引进30个蓝色产业领军人才创新团队和创业团队。入选高端创新创业人才，最高可获得600万资金支持。入选蓝色产业领军人才团队的，给予300万—600万元团队资助。此外，为入选的高端人才（团队）办理“烟台优才卡”，提供配偶安置、子女入学、医疗保健、居留与出入境、人才联谊等配套服务。对烟台科技进步、产业升级具有重大拉动作用的高端人才（团队），可一事一议，进一步加大支持力度。

2017年，烟台市“双百计划”入选65人。其中，有6人被确定为国家“千人计划”重点推荐对象，11人进入国家“万人计划”公示名单；28人入选山东省“泰山学者”和“泰山产业领军人才”，泰山学者蓝色产业领军人才团队5个。

潍坊市“鸢都产业领军人才（团队）工程”

2010年2月，潍坊市委、市政府出台《潍坊市高层次创新创业人才引进扶持计划》。计划用5年时间重点引进和扶持100名左右高层次人才到潍坊创新创业。截至2015年底，潍坊市“高层次创新创业人才引进扶持计划”共分五批引进扶持114人，发放补助累积1.14亿元。

2016年3月，潍坊市启动实施鸢都产业领军人才（团队）工程，立足围绕该市构建“1669”现代产业体系人才需求，加快集聚一批具有国内外一流水平、能够突破关键技术、解决企业重大难题、增强企业自主创新和科技转化能力、引领和带动产业转型升级的“高精尖缺”领军人才（团队）。到2020年，力争引进培育鸢都产业领军人才（团队）500名（个）左右，其中引进国内领先、国际先进的顶尖人才（团队）20名（个）左右，引进培育国家级产业领军人才（团队）100名（个）左右，省级产业领军人才（团队）150名（个）左右，市级产业领军人才（团队）250名（个）左右。对新引进被认定为国内领先、国际先进的顶尖人才，依据综合评估结果给予项目500万—2000万元的经费资助；对新引进被认定为国家级产业领军人才的，在分别享受国家和山东省相关政策的基础上，市财政再按每人100万元给予项目经费资助。对市级产业领军人才团队给予300万元项目经费资助，对产业创新类、科技创业类领军人才给予100万元项目经费资助，对产业技能类领军人才给予20万元项目经费资助。同时，给予融资支持和其他政策待遇。

2017年，共有63人认定为鸢都产业领军人才（团队），包括品牌农业创新类10人、传统产业创新类15人、战略性新兴产业创新类13人、生物医药产业创新类8人、现代服务业创新类7人、科技创业类6人、产业技能类4人。其中，有23人入选山东省“泰山学者”和“泰山产业领军人才”。截至2017年底，“鸢都产业领军人才（团队）工程”共分两批认定113人。

济宁市创业领军人才集聚计划

2010年2月，济宁市委、市政府出台《关于实施海外人才引进“511”计划的意见》。计划从2010年起，用5年左右的时间，重点引进100名领军科研型、领头创业型、领办项目型海外高层次人才，着力打造100个高层次人才创新创业平台，力争海外人才总体引进数量达到1000人的规模。对人才带项目到济宁创新创业的，综合科技含量、市场前景、风险评估等因素，进行百分制评分，按A、B、C三个等级，由市财政分别给予100万元、60万元、30万元的创新创业启动资金。其中，创业人才所带项目属关键领域核心技术，开发价值特别重大的，给予300万元资金扶持或按个案专项扶持。此外，还可享受贷款贴息、财政补贴，优先推荐申报国家、省科研项目等其他优惠待遇。截至2016年底，济宁市海外人才引进“511”计划共分五批引进91人，计划宣告结束。

2017年，济宁市开始实施“济宁市创业领军人才集聚计划”。创业领军人才重点面向高端装备制造、能源化工、信息产业、纺织服装、文化产业、旅游业、现代农业、新材料、医养健康、现代金融等领域，同时应具备包括拥有自主知识产权或掌握核心技术，能够引领济宁市相关产业发展，具有良好的市场效益前景；所创办企业在济宁市注册企业成立时间一般为1年（含）以上5年（含）以内，具有独立法人资格，能够持续缴纳社会保险；个人所占股权比例不低于总股份的30%，且为企业第一大股东；所创办企业实际到位资金不低于100万元或上年度企业主营业务收入不低于500万元。按照人才及团队实力、创业项目科技含量、市场前景、产业化程度及企业规模等因素划分为A类、B类、C类、D类四个等级，按类给予资金扶持。其中，A类500万元、B类300万元、C类100万元、D类50万元。同时，创业领军人才享受“济宁市高层次人才服务绿色通道”服务，对其居留和出入境、落户、医疗、社保、配偶随调、子女入学等事项，采取“一事一议”“特事特办”的方式提供“一站式”服务。

截至2017年底，济宁市已拥有国家“千人计划”专家33人，享受国务院政府津贴专家75人，山东省“泰山学者”特聘专家38人、“泰山产业领军人才”20人，省级有突出贡献中青年专家47人。

河南省

河南省“百人计划”

2009年6月，河南省委、省政府出台《关于引进海外高层次人才的意见》，启动实施河南省海外高层次人才引进计划（简称河南省“百人计划”）。计划用5—10年时间，在国家和省重点创新项目、重点学科和重点实验室、重点企业和地方商业、金融机构、以高新技术产业开发区为主的各类园区引进并有重点地支持120名左右能突破关键技术、发展高新产业、带动新兴学科的领军人才到河南创新创业。入选人才可获得每人120万元的一次性奖金资助，入选国家“千人计划”的，同时享受国家100万元一次性补助，并在税费、医疗、保险、住房、配偶就业、子女教育等方面给予特殊保障。

2017年，河南省“百人计划”共引进17名海外高层次创新创业人才。截至2017年底，河南省“百人计划”共分五批引进58名海外高层次创新创业人才。

郑州市“智汇郑州·1125聚才计划”

2015年5月，郑州市委、市政府出台《关于引进培育创新创业领军人才（团队）的意见》，启动实施“智汇郑州·1125聚才计划”。计划用5年左右时间，投入40亿元，重点引进1000名掌握核心技术资源、具有较强创新创业能力的领军人才和高层次创新创业紧缺人才，100个领军型科技创新创业团队；培养200名具有国际化视野和持续创新能力、拥有核心自主知识产权的科技创业企业家；汇聚50名以上“两院”院士、国家“千人计划”等国内顶尖专家型人才。对引进的创新创业领军团队，经评审认定，按不同层次给予支持。国家最高科学技术奖获得者、“两院”院士领衔的创新创业团队，每个团队给予2000万—3000万元项目产业化扶持资金资助；国家“千人计划”“万人计划”专家领衔的团队或达到“千人计划”“万人计划”专家水平的创新创业团队，每个团队给予500万—1000万元项目产业化扶持资金资助；经认定的市级以上其他创新创业团队，每个团队给予100万—300万元项目产业化扶持资金资助。配套出台的“1+7”政策体系，内容涵盖创新创业人才引进、专项资金管理、科技创业企业家培育、激励分配机制以及引进人才服务保障等七大方面，是郑州市历史上含金量最高、分量最重、最有吸引力的人才政策。

2017年，“智汇郑州·1125聚才计划”第二批共入选131名人才（团队），包括创业领军团队29个、创新领军团队27个、创业领军人才28人、创新领军人才14人、创业紧缺人才24人、创新紧缺人才9人。截至2017年底，“智汇郑州·1125聚才计划”共分两批入选232名人才（团队），发放项目产业化扶持资金近8亿元。

洛阳市“河洛英才计划”

2015年6月，洛阳市委、市政府出台《关于实施“河洛英才计划”加快引进创新创业人才（团队）的意见（试行）》。计划5年内拿出不少于20亿元，用于引进和培育创新创业人才（团队），力争组织引进创新创业团队50个以上，吸引500名以上高层次人才到洛阳创新创业，创办科技型创新型企业200家以上。创新创业人才（团队）包括领军型创新创业人才（团队）、高层次创新创业人才（团队）、紧缺型创新创业人才（团队），经综合评估项目预期产值、税收、就业等经济社会效益指标后，将按不同层次给予支持。其中，给予领军型创新创业人才（团队）不低于5000万元的启动资助；给予高层次创新创业人才（团队）不低于3000万元的启动资助；给予紧缺型创新创业人才（团队）不低于1000万元的启动资助。此外，在场地、税收、出入境、落户、住房安置、配偶就业、子女入学、医疗、市内旅游等方面享受优惠政策。

2017年，“河洛英才计划”第三批入选10个创新创业团队，其中，领军型团队1个、高层次型团队1个、紧缺型团队8个，将分别给予5000万元、3000万元和1000万元的支持资金。团队的领军人才包括3名院士、4名长江学者、1名国家“万人计划”专家、1名“百千万人才工程”国家级专家。截至2017年底，“河洛英才计划”共分三批引进创新创业团队21个，拨付财政支持资金1.14亿元。

许昌市“许昌英才计划”

2016年4月，许昌市委、市政府出台《关于实施“许昌英才计划”的意见（试行）》，启动实施“许昌英才计划”。计划在“十三五”期间，设立不少于15亿元的“许昌英才基金”，实施引才聚才“5115工程”，围绕重点产业领域和社会经济发展领域，力争引进培育50个创新创业人才（团队），1000名高层次创新创业人才，创办市级以上创新型企业100家以上，引进培育500个优秀大学生创业项目，努力把许昌打造成为优势独特的产业科技人才高地。对引进的创新创业人才（团队），按领军型、高层次、紧缺型不同层级，分别给予不低于300万元、200万元、100万元的项目启动扶持资金，以及不低于3000万元、2000万元、1000万元股权投资基金，并给予融资扶持、风险补偿、场地支持等优惠政策。

2017年，“许昌英才计划”首批认定16个创新创业人才（团队）、59名高层次人才，给予奖励和项目启动扶持资金总计3299万元。

湖北省

湖北省“百人计划”

2009年6月，湖北省委、省政府出台《湖北省引进海外高层次人才实施办法》等配套人才引进措施，启动实施湖北省“百人计划”。计划用5—10年时间，从海外引进200名紧缺的高层次创新创业型人才，其中创业人才不低于50%，以为支撑中部崛起战略提供人才保证和智力支持。在资金支持上，将对入选的海外高层次人才一次性给予每人100万元或50万元的补助，对创业人员的部分研发项目和规模生产项目给予贷款贴息政策，并享受8项税收优惠政策，包括免征某些个人所得税以及减免某些企业所得税和营业税等。同时，授予“湖北省特聘专家”称号，在出入境、居留、子女入学等方面享受相关优惠政策。2014年，湖北省“百人计划”新增创业团队项目，给予每个团队200万—300万元资金扶持。

2017年，湖北省第八批“百人计划”有75名海外高层次人才入选，其中，科技创新项目15人、金融创新项目1人、外专百人项目8人、青年百人项目45人，一次性补助每人50万元人民币；创业项目6人，一次性补助每人100万元人民币。截至2017年底，湖北省“百人计划”共引进海外高层次人才512名。

武汉市“黄鹤英才计划”

2011年，武汉市委、市政府为推进人才强市战略，启动实施“黄鹤英才计划”。计划到2015年，引进和培养100名具有世界领先水平的领军人才，1000名具有国内领先水平的高层次创新创业人才。入选者在汉领办、创办企业或研发机构，择优给予创业扶持资金。对入选的领军人才，按项目给予300万—500万元的资金支持；对入选的高层次人才，按项目给予50万—100万元的资金支持；科技创新和科技创业人才每人可获30万元资助，知识产权人才每人获10万元资助，用于项目研究、人才培养、团队建设等；民营企业入选人才参加出国培训班，进高校、访外企。此外，入选者在汉创业活动给予当年度利息额25%的贷款贴息，贴息总额最高可达100万元；优先申报国家、省、市专家和政府津贴评选等。

2017年，第五批“黄鹤英才计划”有95名高层次创新创业人才入选，另有203人入选“黄鹤英才（专项）计划”。截至2017年底，“黄鹤英才计划”共分五批入选324人，“黄鹤英才（专项）计划”共分三批共入选698人。

襄阳市“隆中人才支持计划”

2009年4月，襄阳市委、市政府出台《关于实施隆中人才支持计划的若干意见（试行）》。计划通过创业资助、融资支持、科研资助、政府奖励、住房优惠等8个方面的优惠政策，引进和培育紧缺产业高层次人才和团队，对重点推荐项目、优先推荐项目、一般推荐项目分别给予企业300万元、200万元、100万元不等的创业启动资金；提供适宜工作场所免3年租金；对高新技术开发或产业化生产项目给予150万—300万元担保贷款，并在税收优惠、政府奖励、科技扶持等方面予以支持。

2017年，襄阳市发布《关于深入实施隆中人才支持计划的意见》，推出“隆中人才支持计划”升级版。新版“隆中人才支持计划”重点围绕新能源汽车、高端装备制造等战略性新兴产业，大力引进海内外高层次人才团队，优先引进拥有自主知识产权或高科技成果，具有较大市场潜力并能产业化的项目。对入选的项目将分期给予50万—350万元无偿资助，优质项目可“一事一议”，资金支持上不封顶。对入选的创新团队，给予30万—100万元不等的科研资助。

截至2017年底，襄阳市“隆中人才支持计划”共入选43个项目，投入资助总额7500万元，其中，有18个项目已经产生较高的经济效益和社会效益，实现销售收入22亿元，上缴税收1.7亿元。在“隆中人才支持计划”的带动下，全市吸引了100多个高层次人才团队到襄阳创新创业，其中，有国家“千人计划”专家9人、“万人计划”专家3人，湖北省“百人计划”专家13人。

湖南省

湖南省“百人计划”

2009年，中共湖南省委人才工作领导小组发布《关于引进海外高层次人才的实施意见》，启动实施湖南省海外高层次人才“百人计划”。计划围绕湖南经济社会发展战略目标，用5年左右时间，在湖南省重点创新项目、重点学科和重点实验室、国家级科技合作基地、省属国有企业、以高新技术产业开发区为主的各类园区等，引进100名左右能够突破关键技术、发展高新产业、带动新兴学科的海外高层次人才。对引进的人才，省财政将按照每人60万元的标准给予资助，并发放《永久居留证》，同时通过由12个部门联合组成的引进海外高层次人才服务窗口对引进专家实行一站式服务，发放“一本通”服务手册，以全程代理方式办理居留、出入境、落户、配偶安置、子女入学、医疗、保险、住房、税收等各项政策待遇手续，及时帮助解决实际问题。

截至2017年底，湖南省“百人计划”共分八批引进海外高层次人才221名。

长沙市“3635”计划

2009年，长沙市开始实施《长沙市引进国际高端人才三年行动计划（2009—2011年）》（即“313”计划），计划从2009年起到2011年，3年内引进100名高端人才、30个高端人才团队。截至2012年底，长沙市“313”计划共有102人、17个高端人才团队入选，完成了计划任务。

2014年2月，长沙市制定和启动了新的《长沙市引进紧缺急需和战略性人才计划》（即“3635”计划），面向全球引进紧缺急需和战略型人才。计划用3年时间，支持鼓励以企业为主体的用人单位，在工程机械、汽车及零部件、生物医药、电子信息及现代物流、新能源及新材料、文化创意等6个重点产业领域，引进500名左右经济社会发展紧缺急需和战略型人才。其中，领军人才50名左右，高级经营管理和研发人才100名左右，专业技术骨干人才350名。在创业扶持方面，对入选“3635”计划的人才帮助协调融资贷款，并按同期银行贷款基准利率发生利息额的50%，给予每个项目不超过3年的贷款贴息；对带项目、专利创业的人才，还将进行跟踪评估和持续支持，对经评审成长前景好的项目，优先推荐享受科技、发改、工信等相关部门各类资金、人才项目支持。同时，制定了后续奖励政策，将根据人才发挥作用情况和入库税收增长情况，给予创业型企业和引进人才单位每年最高100万元的奖励。此外，高层次人才被引进后可享受安家补助、创业扶持和奖励政策，并可在落户通关、住房保障、子女入学、医疗服务、社会保险、配偶安置、居留和出入境等方面享受绿色通道待遇。

2017年，长沙市“3635”计划第三批有83人入选，包括领军人才13名、高级经营管理和研发人才45名、专业技术骨干人才25名。截至2017年底，长沙市“3635”计划共分三批引进人才247名，包括领军人才42名、高级经营管理和研发人才133名、专业技术骨干人才72名。

岳阳市“高层次创新创业人才引进计划”

2015年2月，岳阳市委、市政府出台《关于加强高层次创新创业人才引进工作的实施办法（试行）》，启动实施“高层次创新创业人才引进计划”。全职引进的领军人才、高级专业技术人才、高成长性优秀青年人才等高层次创新人才，将分别给予100万元、50万元、10万元的安家补助；柔性引进的领军人才和高级专业技术人才（每年在岳工作时间应不少于2个月），将分别给予50万元、30万元的工作补助；全职引进的创新人才，还可享受为期3年的每人每月1000—3000元的生活补贴。对高层次创业人才（团队），最高可给予500万元的创业启动资金资助和连续3年、单个企业年度贴息总额不超过60万元的贷款贴息；创业人才从事科技开发活动的，最高给予100万元的科研资金补助。引进的高层次创新创业人才，在落户、配偶安置、子女入学、休假疗养等方面享受相关优惠政策。引进期间，在经济社会发展和财政增收方面为岳阳作出重大贡献的创新创业人才，给予最高可达100万元的政府奖励。

截至2017年底，岳阳市“高层次创新创业人才引进计划”共有17人入选。

广东省

广东省“珠江人才计划”

2008年，广东省出台《广东省引进创新科研团队评审暂行办法》《广东省引进领军人才评审暂行办法》，并于2009年11月首次面向海内外实施引进首批创新创业团队、领军人才工作，启动实施“珠江人才计划”。其中，对引进的世界一流水平、对广东省产业发展有重大影响、能带来重大经济效益和社会效益的创新创业团队，省财政给予8000万—1亿元的专项工作经费；对引进的国内顶尖水平、国际先进水平的创新创业团队，省财政给予3000万—5000万元的专项工作经费；引进国内先进水平的创新创业团队，省财政给予1000万—2000万元的专项工作经费。对引进的领军人才，省财政提供每人500万元专项工作经费和100万元住房补贴。

2017年，“珠江人才计划”共入选52个创新创业团队，包括引进创新创业团队31个、本土创新科研团队21个，入选团队获得1000万—8000万元不等的财政资助。另外，“珠江人才计划”海外青年人才项目引进50人，首批“珠江人才计划”海外专家来粤短期工作项目资助58名专家。截至2017年底，“珠江人才计划”已分七批入选214个创新创业团队和170多名领军人才。全省留学回国人员总数达到14.65万人，累积引进海外人才5.8万人，其中，诺贝尔奖获得者、发达国家院士、终身教授等143人，入选国家“外专千人计划”19人。

广州市“创新创业领军人才百人计划”

2010年9月，广州市委、市政府出台《关于加快吸引培养高层次人才的意见》，启动实施“创新创业领军人才百人计划”。计划用5—10年时间，面向海内外并重点面向海外，依托市科技重大专项计划、市级以上重点学科和重点实验室、市属企业和在穗金融机构、以高新技术产业开发区为主的各类园区等平台，引进扶持300名左右创新创业领军人才到广州创业发展；其中创业领军人才200名左右，其他各类创新领军人才100名左右。根据广州市扶持创业领军人才的政策，除享受住房补贴、子女入学、配偶就业、医疗保障、休假体检等高层次人才政策外，政府还将给予300万—500万元的创业启动资金；100—500平方米的工作场所，3年内免收场租；市属风险投资公司给予最高500万元的股权投资；产业化项目最高给予100万元的贷款贴息；特别优秀的留学回国创业人员，还将一次性给予30万—100万的安家费。

2017年，“广州市创新创业领军人才百人计划”有10个团队入选“创业领军团队专项”，11个团队入选“创新领军团队专项”，19人入选“创新领军人才专项”，9人入选“创新创业服务领军人才专项”，27人入选“杰出产业人才补贴专项”，

1人入选“产业领军人才承担项目资金配套专项”，2996人入选“产业发展与创新人才补贴专项”。入选“创业领军团队专项”“创新领军团队专项”的团队带头人及前2名核心成员，入选“创新领军人才专项”“创新创业服务领军人才专项”和“杰出产业人才补贴专项”的人员，获得“广州市产业领军人才”荣誉称号，享受广州市高层次人才政策的相关待遇。

深圳市“孔雀计划”

2011年4月，深圳市委、市政府出台《关于实施引进海外高层次人才“孔雀计划”的意见》及5个配套文件。计划在未来5年，重点引进并支持50个以上海外高层次人才（团队）和1000名以上海外高层次人才到深圳创业创新，吸引带动1万名以上各类海外人才到深圳工作，并每年投入3亿—5亿元，用于海外高层次人才配套服务和创新创业专项资助。纳入“孔雀计划”的海外高层次人才，可享受80万—150万元的奖励补贴及居留和出入境、落户等特定待遇；对引进的海外高层次人才（团队），将给予最高8000万元的专项资助。

2017年，深圳市“孔雀计划”引进海外高层次人才958人、海外高层次人才“孔雀团队”30个。截至2017年底，“孔雀计划”共认定海外高层次人才2954名，其中，A类177名、B类611名、C类2166名，包括中外院士13人、国家“千人计划”专家51人；“孔雀团队”114个，广东省创新科研团队44个。全市拥有国家“千人计划”专家274人。

珠海市“蓝色珠海高层次人才计划”

2013年8月，珠海市委、市政府出台《关于“蓝色珠海高层次人才计划”的实施意见》。计划从2014年起，用5年时间，从海内外引进和培养60个掌握先进创新成果、拥有自主知识产权、产业化前景广阔的创新创业团队，500名在某一领域造诣较深、业内普遍认可且为该市急需紧缺的各类高层次人才来珠海创新创业，以此提升珠海市中高端产业竞争力。计划面向创新创业团队和高层次创新创业人才，扶持政策包括：项目经费扶持、优先推荐申报国家和省级计划、工作场地租金补贴、研发费用补贴、住房保障、工作津贴补助，以及补充养老保险和特定医疗保障等16个方面。其中，入选的创新创业团队可享受包括项目启动补贴、项目投资和担保贷款等最高2000万元的项目经费扶持；高层次人才的创业项目可享受包括创业补贴、创业投资和担保贷款等最高200万元的项目经费补贴。

截至2017年底，“蓝色珠海高层次人才计划”入选高层次人才416名、青年优秀人才1044名。在“蓝色珠海高层次人才计划”的推动下，全市引进和培养国家“千人计划”专家85名，引进诺贝尔奖得主2名、发达国家院士5名，享受国务院政府特殊津贴专家59名，入选广东省“珠江人才计划”“特支计划”5名，首届“南粤突出贡献奖”获奖者1名，广东省创新创业团队5个。

惠州市“天鹅惠聚工程”

2013年10月，惠州市发布《引进领军人才和创新团队“天鹅计划”实施方案》。计划从2013年起，力争5年内引进100名左右高水平的科技领军人才和30个以上具有省内领先水平以上的科技创新团队来惠创新创业，以进一步优化该市支柱产业和战略性新兴产业领域的人才队伍结构，提升企业自主创新能力。对被认定为第一类领军人才的，在到惠工作并签订资助协议后给予100万元一次性专项工作经费资助，对已入惠州户籍的给予50万元一次性住房补贴，在与用人单位签订的工作合同期内给予每月10000元人才津贴补助；对被评审确定为第一类（具有国际先进水平）科技创新团队的，在到惠工作并签订资助协议后分批给予共1000万元专项工作经费资助。2016年，惠州市“天鹅计划”升级为“天鹅惠聚工程”。

2017年，第三批“天鹅惠聚工程”引进包括两位院士在内的15名领军人才和10个科技创新团队。截至2017年底，惠州市“天鹅惠聚工程”共引进领军人才51名、创新团队26个。

东莞市“创新创业人才引进计划”

2009年5月，东莞市政府出台《关于加快引进创新创业领军人才的实施意见》。计划围绕东莞市“三重”建设、园区建设、特色区域建设需求，每年面向海内外，着重引进战略性新兴产业、先进制造业、优势传统产业、现代服务业、现代农业等产业领域，取得先进创新成果、拥有自主知识产权、产业化前景广阔的创新创业领军人才。对引进的创新领军人才，给予100万元创新启动资金扶持；已获立项支持的，项目实施2年后根据其营业额和税收、技术创新推进、行业带动、技术项目绩效等目标完成情况给予100万元创新奖励。对引进的创业领军人才，给予200万元创业启动资金扶持；已获立项支持的，项目实施2年后以其营业额和税收为主要指标，结合其高层次人才集聚、行业带动等目标完成情况给予最高300万元创业奖励。此外，创新创业领军人才在住房、医疗、社保、税收、通关、配偶安置、子女入学等方面享受特殊待遇。

2017年，东莞市“创新创业人才引进计划”共有15人入选，其中，创新领军人才4人、创业领军人才11人，包括国家“千人计划”专家3人。截至2017年底，东莞市“创新创业人才领军引进计划”累计引进创新创业领军人才58人，累计投入财政专项资金6990多万元。

广西壮族自治区

广西“八桂学者”计划

2010年，广西壮族自治区党委、自治区人民政府出台了《关于加快吸引和培养高层次创新创业人才的意见》等“1+3”

人才政策文件，实施“八桂学者”计划，重点和优先解决制约区域发展的高层次人才短板，并启动一批重大人才工程。计划到2020年，争取累计设置“八桂学者”岗位100个，引进和培养100名高层次领军人才，培育100个以上以“八桂学者”为核心、400—600名中青年科研技术骨干为中坚的高水平科研创新团队。“八桂学者”处于广西高层次人才开发“金字塔”格局中的塔尖部分，每两年面向海内外公开选聘一次，每轮聘期5年，实行动态管理。在科研经费上，广西自治区财政每年给每位“八桂学者”及其科研团队提供科研补助经费，自然科学类60万元，人文社科类20万元；每轮聘期设岗单位提供的科研配套经费，自然科学类不低于500万元，人文社科类不低于50万元，其中启动经费分别不低于200万元和20万元。在岗位津贴支持方面，每年给予每位全职“八桂学者”20万元税后岗位津贴，每年给予每位“八桂学者”所带科研团队提供20万元税后岗位津贴，由“八桂学者”根据团队成员实际贡献大小自主决定分配。在安家待遇上，对于从广西自治区以外引进的全职“八桂学者”，一次性给予100万元税后安家费（住房补贴）；区内受聘“八桂学者”，未享受房改优惠政策的，参照执行。

截至2017年底，广西壮族自治区共分四批从海内外聘任“八桂学者”101名，为全区重点产业、重大项目和重要科研创新平台以及优势企事业单位的发展提供了有力的人才支撑。

钦州市“520”计划

2012年11月，钦州市委、市政府出台《钦州市实施“520”计划引进领军型创业人才工作方案》。计划从2012年开始，力争用5年时间，围绕该市打造石化、装备制造两大千亿元产业和电子信息、新材料、新能源、生物技术等战略性新兴产业，以及中马钦州产业园区主导产业，力争引进领军型创业人才20名。对引进的每个领军型创业人才，给予“2个100、2个300”的重金资助政策，即资助不低于100万元的创业启动资金和提供不少于100平方米的创业场所，给予不低于300万元的创业风险投资和不低于300万元的融资担保。此外，还将提供产业政策、作价入股、场所支持、个税奖励等政策扶持，以及住房待遇和安家费补贴、配偶子女就业入学、落户、社保、居留和入境等方面生活扶持。

2017年，钦州市“520”计划引进领军型创业人才3名。截至2017年底，钦州市“520”计划共引进领军型创业人才9名。

海南省

海南省“高层次创新创业人才计划”

2009年8月，为推进海南国际旅游岛建设，海南在全省范围内开展实施“海南省高层次创新创业人才”的申报和评审工作，申报评审对象主要有A、B两类创新创业人才。A类为自主创业型人才，指在符合海南省重点发展的优势产业或领域，以带技术、带项目、带资金的形式来海南省投资创办科技型企业的高层次人才；B类为创新型人才，指落户海南省的企事业单位所引进的掌握关键技术，能创建省级以上重点学科、重点实验室和工程技术研究中心，或能提升海南省重大创新项目、重点学科、重点实验室、工程技术研究中心以及企事业单位研发机构的技术研发水平和国际化管理水平的高层次研发人才、高级创意人才。通过评审、确认资格的受资助人才，将享受包括一次性拨给100万—200万元的创新创业启动经费在内的六项优惠政策、六项重点支持和六项优先服务，并享受妥善解决工作条件、签证、落户、执业资格、医疗、保险、税收、配偶安置、子女入学等方面的待遇。

2017年，海南省“高层次创新创业人才计划”共入选22人。截止2017年底，海南省“高层次创新创业人才计划”共认定33人。

重庆市

重庆市“百人计划”

2009年11月，重庆市委组织部发布《重庆市百名海外高层次人才集聚计划实施办法》，启动实施重庆市“百人计划”。计划从2009年起，用5年时间，在重点创新项目、重点学科和重点实验室、重点企业、重点园区等，引进100名左右海外高层次人才到重庆创新创业。入选人才将授予“重庆市特聘专家”称号，纳入市委直接联系的高级专家范围，作为国家“千人计划”优先推荐人选以及各类政府奖励候选人，并按类别对应享受《重庆市引进高层次人才若干优惠政策规定》所列的相关待遇。

截至2017年底，重庆市“百人计划”共分八批有147名海外高层次人才入选。

四川省

四川省“千人计划”

2009年初，四川省推出海外引才“百人计划”，计划用5—10年时间，分批引进并重点支持200名左右海外高层次人才到川创新创业。截至2012年底，共分四批引进232名海外高层次人才、9个顶尖创新创业团队，提前完成计划目标。

2013年，四川省正式启动海内外高层次人才引进“千人计划”，作为“百人计划”的拓展。计划到2020年，面向国（境）外和省外发达地区，重点支持引进1000名左右能够突破关键技术、发展新兴产业、引领创新发展的高层次人才和100个左右高层次创新创业团队。依托“天府英才”工程专项资金，对顶尖人才给予每人200万元资助，创业领军人才给予每人100万元资助，创新领军人才短期项目给予每人20万元资助，其他项目给予每人50万元资助。对引进团队，按创新团队、创业团队分别给予每个团队200万元、300万元资助，其中，对科技含量高、发展前景广阔的创业团队，可给予500万元资助。对创新创业团队中经评估具有重大产业化前景的战略发展项目，集成各部门政策资源，采取项目资助、创业扶持、股权投资、贷款贴息等方式，给予最高5000万元综合资助。此外，在税收减免、岗位津贴、择优资助，以及职务职称、薪酬待遇、出入境与居留、落户、住房、医疗保险、配偶安置、子女入学、评价激励等方面，也将享受特殊支持政策。

2015年，四川省“千人计划”在原创业领军人才、创新领军人才、创业团队、创新团队项目的基础上，新增青年人才、人文社科专项、贫困地区专项3个项目。2016年，又新增顶尖人才、创新领军人才海外短期项目、军民融合专项、金融财税专项、省校省院省企合作专项等5个项目。至此，四川省“千人计划”以个体引进、团队引进、专项引进3个类别12个项目为主的引才体系基本成型。2017年，《四川省引进海内外高层次人才“千人计划”实施办法》正式发布，拉开了新一轮引才计划的序幕。

2017年，四川省“千人计划”入选高层次引进人才217名，包括创业领军人才29名、创新领军人才长期项目45名、创新领军人才短期项目24名、青年人才项目101名、金融人才专项5名、军民融合专项2名、省校省院省企合作项目8名、民族地区和贫困地区专项3名。其中，有外国院士2名，国家“千人计划”专家47名，长江学者4名；创新创业团队20个，包括创新团队8个、创业团队12个。截至2017年底，四川省“千人计划”共支持引进1008名海内外高端人才和92个高层次创新创业团队。

成都市“成都人才计划”

2011年5月，成都市出台《引进高层次创新创业人才实施办法》，每年投入1.2亿元的专项引才资金，启动实施“成都人才计划”。计划用5—10年时间，在高新技术产业和战略性新兴产业领域引进1000名左右高层次人才来蓉创新创业，其中，50名以上海外高层次人才入选国家“千人计划”、100名以上入选四川省“百人计划”。对入选的高层次创新创业人才，每人给予100万元补助，同时，用人单位和区（市）县政府分别给予配套资助，并享受相关优惠待遇。

2012年9月，“成都人才计划”拓展实施海外短期项目、青年项目和顶尖团队项目，给予青年及海外短期项目引进人才各50万元资助，给予顶尖创新创业团队项目入选团队总额500万元资助，形成了海外人才梯次引进、立体开发的政策体系。

截至2017年底，“成都人才计划”共引进海外高层次人才463名、顶尖团队47个。全市拥有四川省“千人计划”专家503名。

贵州省

贵州省“百人领军人才计划”

2013年6月，贵州省人才工作领导小组发布《贵州省“百千万人才引进计划”实施办法》，重点围绕新材料、高端装备制造、生物医药、节能环保、电子信息、新能源等战略性新兴产业和特色优势产业、现代农业、现代服务业发展，大力实施“百人领军人才计划”“千人创新创业人才计划”和“万人专业技术人才计划”，引进领军人才100名左右、创新创业人才1000名左右、专业技术人才10000名左右，形成一批具有核心竞争力的创新创业人才团队和人才集群。其中，“百人领军人才计划”作为“百千万人才引进计划”的顶层设计，面向在重点领域掌握核心技术，具有原始创新或集成创新能力，能够引领和带动某一专业领域科技进步和产业发展；或具有成果转化能力，来黔创办企业、领办企业，实施科技成果产业化，引领和带动某一重点领域产业发展；或者在现代物流、金融投资、信息服务、旅游文化、商贸流通等现代服务业领域有重大创新突破并取得显著效果的人才和团队。“百人领军人才计划”引进的人才，引进当年给予每人100万元的奖励；第二年、第三年项目达产并实现预期效益目标，经考核认定，继续给予每人100万元的奖励，并发放“百人领军人才计划”人才服务绿卡，在配偶安置、子女入学、医疗等方面给予保障，以及享有优先推荐各类项目申报、贷款贴息补助等扶持待遇。

2017年，贵州省“百人领军人才计划”有10人入选，另有11人入选“千人创新创业人才”。截至2017年底，全省拥有“百人领军人才”“千人创新创业人才”共计108人，其中，“百人领军人才”43人、“千人创新创业人才”66人；国家“千人计划”专家8人、“万人计划”专家17人。

云南省

云南省“海外高层次人才引进计划”

2009年，云南省委、省政府出台《关于做好海外高层次人才引进工作的实施意见》和《云南省引进海外高层次人才暂行办法》，启动实施“海外高层次人才引进计划”。计划用5年至10年时间，引进100名左右能够突破关键技术、发展高新产业、带动新兴学科的海外高层次人才。省财政厅设立专项经费，给予经评审认定的引进人才每人一次性100万元的工作生活资助，用人单位、主管部门和州（市）政府配套其他资金，用于改善引进人才的工作和生活条件。同时，为引进人才提供居留、出入境、落户、医疗、子女入学、配偶安置、税收、海关等方面的优惠待遇。

截至2017年底，云南省“海外高层次人才引进计划”共引进海外高层次人才205人。

昆明市“三五工程”

2011年4月，昆明市启动实施引进海外高层次人才“三五工程”。计划从2011年开始，用5年时间，面向全球，在重点创新创业项目、重点产业园区、重点学科领域引进50名左右海外高层次人才，其中集聚5名左右在重点产业国内领先、达到国际水平的海外高层次人才。对引进的创业人才，A类项目给予100万元的一次性创业启动资金资助；B类项目给予60万元的一次性创业启动资金资助；C类项目给予40万元的一次性创业启动资金资助。对引进的创新人才或团队，将给予50万元的一次性创新研发经费资助。同时，根据有关规定享受住房补贴、医疗保健、社会保险、配偶安置、子女就学和永久居留或多次往返签证等相关政策待遇，并优先列入市科技部门重点扶持项目，优先安排申报国家、省各类科技计划项目。

截至2017年底，昆明市引进海外高层次人才“三五工程”共有107个人才项目入选。

陕西省

陕西省“百人计划”

2009年5月，陕西省委、省政府出台《陕西省引进高层次人才暂行办法》，启动实施引进高层次人才“百人计划”，鼓励和吸引高层次人才到陕西创业工作。计划从2009年开始，省财政每年安排不少于5000万元专款，用5—10年时间，引进并重点支持200名高层次人才。引进人才由省财政给予每人50万元的一次性资助，并作为特聘专家为其提供相应的生活待遇。此后，随着陕西省“百人计划”逐步发展完善，扩展为包括创新人才全职项目、创新人才短期项目、创业人才项目、“青年百人计划”在内的一个引才体系。

从2017年开始，陕西省进一步完善改进重大人才工程项目，建立省级人才工程项目清单，明确“百人计划”“特支计划”“三秦学者创新团队计划”和“三秦工匠计划”为省级人才工程项目，突出高端定位，集中资金和政策资源，更大程度发挥工程项目吸引、集聚和培养人才的作用。

2017年，陕西省“百人计划”第九批入选264人，其中，创新人才全职项目（“百人计划”特聘教授）59人、短期项目61人、创业人才项目5人、青年项目139人。省财政给予创新人才全职项目、创业人才项目每人100万元的一次性资助，给予短期项目和青年项目每人50万元的一次性资助。截至2017年底，陕西省“百人计划”累积引进780名高层次创新创业人才。

西安市“5211计划”

2010年4月，西安市出台《引进海外高层次人才实施办法》，启动实施引进海外高层次人才“5211计划”。计划从2010年开始，用5—10年时间，引进符合国家“千人计划”条件的海外高层次人才20名左右；引进符合陕西省“百人计划”条件的海外高层次人才100名左右；以“五大主导产业”人才需求为重点，在高新技术产业、现代装备制造业、旅游业、现代服务业、文化产业，以及航空航天、生物工程、新能源、新材料、金融、管理、法律等领域，围绕西安市重点工程和项目引进1000名左右急需紧缺的海外高层次人才。进入国家“千人计划”和陕西省“百人计划”的引进人才，分别给予每人50万元和30万元的配套资助，“市级引进人才”给予每人10万元的一次性资助。用人单位和主管部门也将酌情给予资金配套支持，用于改善引进人才的工作生活条件。

截至2017年底，西安市“5211计划”共引进海外高层次人才125人。

甘肃省

甘肃省“百人计划”

2009年，甘肃省委、省政府结合2008年实施的国家“千人计划”，制定了《关于进一步鼓励和吸引海外高层次人才来甘肃工作的意见》。计划自2009年起，有重点、有针对性地引进100名左右海外高层次人才，集聚20—30名能够突破关键技术、发展高新产业、带动新兴学科的战略科学家和科技创新创业领军人才（即“百人计划”）。其中，业绩突出的海外领军人才及其团队，在甘肃省可获得10万元的一次性奖励资助。对引进后担任博士生导师的，每人每月发放津贴1200元；对入选第一、二层次甘肃省领军人才的，每人每月分别发放津贴2000元、1500元。同时，在职称评定、医疗卫生保障、出入境、子女入学、配偶就业等方面将给予照顾、提供方便，优先推荐申报国务院政府特殊津贴、国家有突出贡献中青年专家、甘肃省优秀专家。

截至2012年底，甘肃省“百人计划”已累计引进海外高层次人才达到102人，提前完成了计划任务。

青海省

青海省“高端创新人才千人计划”

近年来，青海省将人才工作作为重中之重，着力形成彰显青海引力的聚才体制机制。努力构建以“高端创新人才千人计划”为引领，以“中端和初级人才培养计划”为基础，以生态环保等10个重点领域“百千万人才引育工程”为支柱，以柔性引才和智力援青为两翼的昆仑英才战略体系。2016年4月，《青海省“高端创新人才千人计划”实施方案》正式出台，启动青海省历史上力度最大的高端人才培养引进工程。计划从2016年起，每年引进和培养5名左右杰出人才、35名左右领军人才、160名左右拔尖人才。到2020年，引进培养1000名左右高端创新人才，建设一支能够突破关键技术、带动新兴产业、建设新兴学科的高端创新人才队伍。引进的杰出人才、领军人才和拔尖人才可分别享受150万元左右、100万元左右和40万元左右特殊支持。引进创新创业团队成员按照入选引进层次可享受特殊支持，引进团队可享受20万元建设经费支持。柔性引进的高端创新人才，参照在青工作时间和业绩贡献，享受相应比例的特殊支持。引进人才同时可享受薪酬、落户、住房、社会保险、医疗保障、税收、配偶安置、子女教育、创办企业、职称评审、人员编制、激励奖励等方面的优惠政策。

2017年，“高端创新人才千人计划”第二批共确定210名个人和9个团队成为引进培养对象，其中，高层次引进人才86人（杰出人才13人、领军人才24人、拔尖人才49人），引进团队2个；高层次培养人才124人（杰出人才9人、领军人才21人、拔尖人才94人），培养团队7个。截至2017年底，青海省“高端创新人才千人计划”共分两批确定310名高层人才和19个创新创业团队成为引进培养对象。

宁夏回族自治区

宁夏“海外引才百人计划”

2009年，宁夏回族自治区出台《引进海外高层次科技人才创新创业暂行办法》，启动实施“海外引才百人计划”。计划从2009年开始，自治区政府每年专门安排1000万元，用5—10年时间，在自治区重点创新项目、特色产业、优势学科和重点实验室、工程技术研究中心、大中型企业和国有商业金融机构、以高新技术产业开发区为主的各类创新创业园区等，引进并有重点地支持200名左右海外高层次科技人才到宁夏创新创业。对引进的创新人才，自治区财政给予引进单位30万—50万元的补助，用于改善引进人才的工作和生活条件。对带高新技术成果、项目到宁夏实施转化或从事高新技术项目研究开发的，符合宁夏产业发展方向的，自治区财政给予一定数额的创新创业扶持资金。此外，对引进的高层次人才在居留和出入境、落户、医疗、保险、住房、职称评审、子女入学、配偶安置等方面给予特殊优惠。

截至2017年底，宁夏“海外引才百人计划”共分四批引进44名海外高层次人才，其中2人入选国家“千人计划”。

新疆维吾尔自治区

“千人计划”新疆项目

“千人计划”新疆项目是中央人才协调小组贯彻落实中央新疆工作座谈会精神，于2011年8月专门设立的引进海外高层次人才项目。旨在加大对新疆引进海外高层次人才的支持力度，采取差别化引才政策，争取用3年时间为新疆引进100名海外创新创业人才。“千人计划”新疆项目启动以来，新疆出台了《新疆维吾尔自治区高层次人才引进暂行办法》等政策，组织用人单位广泛开展一系列引才活动，已吸引了一批海外高层次人才到新疆创业发展，为推进新疆跨越式发展和长治久安提供人才和智力支持。

截至2017年底，共有61名海外高层次人才入选“千人计划”新疆项目。

综合篇

2017年度留学人员创新创业大事记

2017年度中国留学人员创新创业大事记

1月

9日 2016年度国家科学技术奖励大会

1月9日上午，中共中央、国务院在北京隆重举行国家科学技术奖励大会。党和国家领导人习近平、李克强、刘云山、张高丽出席大会并为获奖代表颁奖。中共中央总书记、国家主席、中央军委主席习近平等党和国家领导人向获得2016年度国家最高科学技术奖、国家自然科学奖、国家技术发明奖、国家科学技术进步奖和中华人民共和国国际科学技术合作奖的代表颁奖。中共中央政治局常委、国务院总理李克强在讲话中代表党中央、国务院，向全体获奖人员表示热烈祝贺，向全国广大科技工作者致以崇高敬意和诚挚问候，向参与和支持中国科技事业的外国专家表示衷心感谢。中共中央政治局委员、国务院副总理刘延东在会上宣读了《国务院关于2016年度国家科学技术奖励的决定》。国家自然科学奖一等奖获得者，中国科学院物理研究所研究员、中国科学院院士赵忠贤代表全体获奖人员发言。2016年度国家科学技术奖共授奖279个项目、7名科技专家和1个国际组织。其中，国家最高科学技术奖2人，国家自然科学奖42项（一等奖1项、二等奖41项），国家技术发明奖66项（一等奖3项、二等奖63项），国家科学技术进步奖171项（特等奖2项、一等奖20项、二等奖149项），并授予5名外籍科技专家和1个国际组织中华人民共和国国际科学技术合作奖。

10日 2017年全国科技工作会议

1月10日，全国科技工作会议在北京召开。会议认真贯彻落实党的十八大和十八届三中、四中、五中、六中全会精神，深入学习贯彻习近平总书记系列重要讲话精神，深入贯彻落实全国科技创新大会精神，全面实施创新驱动发展战略，总结2016年科技工作，明确2017年工作思路，研究部署科技改革发展重点举措。全国政协副主席、科技部部长万钢作工作报告，科技部党组书记、副部长王志刚主持会议。会议印发了科技部党组2017年一号文件《关于贯彻落实党的十八届六中全会精神深入实施创新驱动发展战略开启建设世界科技强国建设新征程的意见》。中央和国家机关有关部门科技管理工作负责同志，各地方科技厅局主要负责同志，国家自主创新示范区和部分高新区负责同志，民口科技重大专项实施管理办公室负责同志等200多名代表参加会议。

3月

29日 河南省第四届海外高层次人才智力引进暨项目对接洽谈会

3月29日，河南省第四届海外高层次人才智力引进暨项目对接洽谈会在郑州召开。本次会议是第十一届中国（河南）国际投资贸易洽谈会的重要专题活动之一。此次洽谈会通过搭建河南省海外高层次人才智力项目对接平台，吸引人才、引进人才、聚集人才，为河南经济社会发展提供强有力的人才智力支撑的平台。参会的有来自美国、德国、英国、加拿大、法国、意大利、俄罗斯、白俄罗斯、乌克兰、印度、日本、中国香港等36个国家和地区的院士、教授、知名专家、海外高层次人才及境外专家组织、中介机构代表308人，其中，有院士3人、国家“千人计划”专家11人。据统计，本次会议共征集对接海外高层次人才及技术项目161个，会议期间共达成人才引进和技术项目合作意向116个，其中现场签约8个项目。

4月

7日 第六届中国创新创业大赛启动

4月7日，第六届中国创新创业大赛在北京正式启动。大赛继续秉承“政府引导、公益支持、市场机制”的模式，引导、聚集政府和市场资源支持创新创业，进一步激发全社会创新创业热情，扶持中小微企业创新发展，积极打造大众创业、万众创新的众扶平台。赛事采用先地方赛、再行业总决赛的方式进行，第一阶段主要按省、自治区、直辖市和计划单列市进行地方赛，评选出的优秀企业，在第二阶段按照电子信息、互联网及移动互联网、生物医药、先进制造、新能源及节能环保、新材料6个领域，在6个不同城市进行总决赛。会上还对大赛的整体工作规范和评审规则进行了重点讲解，力求全国各地方赛区和行业总决赛在组织工作上统一标准和规范，并做到公正、公平、公开。在全国行业总决赛上获得优秀的企业，将优先推荐给国家中小企业发展基金会设立的子基金、国家科技成果转化引导基金设立的子基金、科技型中小企业创业投资引导基金设立的子基金、中国互联网投资基金等国家级投资基金，大赛合作银行将择优给予贷款授信支持，还将鼓励地方科技管理部门和创业服务机构给予配套政策支持。为了让创业者在大赛平台上得到更多的学习交流机会，总决赛期间还将继续组织一系列的创业服务活动，包含主题论坛、行业沙龙、融资路演、展览展示、大企业对接、公益大讲堂等活动，还将举办专业赛事，促进港澳台创业交流、军转民技术转移、创客发展以及新能源汽车、第三代半导体、人工智能等专业领域的创新创业。

11日 2017年留学人员回国服务工作部际联席会议

4月11日，2017年留学人员回国服务工作部际联席会议在北京召开。会议总结交流2016年留学人员回国服务工作经验，部署安排2017年工作任务，重点研究破解留学人员回国创业创新“六难”问题。会议指出，截至2016年底，我国留学回国人员总数达265.11万人，其中2016年回国43.25万人；“千人计划”引进海外高层次人才6000多人，各地引进高层次留学人才5.39万人，引进教授层次人才数量是1978年至2008年引进总量的20余倍；出国留学完成学业后选择回国发展的留学人员比例由2012年的72.38%增长到2016年的82.23%；省部共建留学人员创业园49家，全国留学人员创业园347家，入园企业超过2.7万家，7.9万名留学人员在园创业，形成了中华人民共和国成立以来最大规模留学人才“归国潮”，我国对海外人才吸引力显示出强大的“人才磁铁”效应。会议强调，2017年留学人员回国服务工作要深入贯彻党中央、国务院关于做好留学人员回国工作的重要指示精神，以破解“六难”问题为重点，聚焦“高精尖缺”，聚焦“中国制造2025”，聚焦服务“双创”，聚焦为供给侧结构性改革提供智力支持，实施更加有效的人才引进政策，广聚天下英才，为推进创新驱动发展战略提供人才支撑。部际联席会议成员单位、列席单位以及推动解决留学回国人员创业创新“六难”相关单位共计29个单位有关负责同志参加。

12日 2017（第三届）中国海归创业大赛启动

4月12日，由中国技术创业协会留学人员创业园联盟主办的2017（第三届）中国海归创业大赛在京召开新闻发布会。本届大赛由科技部、教育部、人力资源和社会保障部、国家外国专家局、致公党中央共同指导，以“汇聚海归英才，助力创新创业”为主题，秉承海创特色，强化组织服务，突出载体作用，加大支持力度，通过赛事与服务相结合，发现、选拔和扶持优质海归创业项目，帮助海归创业人才对接政策、平台、资本等各类社会资源。大赛自2015年首次举办以来，两届共吸引了543个海归团队项目报名参赛，组织开展了培训、路演、对接、论坛、展览、考察等多项活动以及中国海创企业合作交流大会，整合优质资源，有效促进了项目的落地、融资、合作、宣传以及海创企业间的联动发展。据不完全统计，在前两届大赛参赛项目中，已有10多个项目累积获得投资及各类支持近3亿元，实现了良好的经济效益与社会效益。

15日 第十五届中国国际人才交流大会

4月15日至16日，由国家外国专家局和深圳市人民政府主办的第十五届中国国际人才交流大会在深圳举办。大会主要包括17个板块，涵盖展览洽谈、人才招聘、项目对接、高峰论坛、人才培训、专题研讨等各项内容。其中包括全球才智论坛、全国引智成果展览交流、央企引智项目及人才对接、海外留学人员及项目交流推介、全国软件人才项目投资交流会、全球总裁创新峰会、国际创新发展论坛暨博览、亚太人力资源开发与服务博览暨论坛等重要项目活动115场。大会邀请了来自72个国家和地区的4600多个专业组织、培训机构、高等院校、科技企业和人才机构参与，外国专家和海外高层次人才代表8500多人，全国各省市人力资源、科技、教育部门和各类引智企业代表9300多人参会，专业代表共计17800多人。本届大会还特别设置了中国国际创新城市发展论坛、APEC创新协作与大学技术转移研讨会、国际技术转移与创新投资对接大会、中意创新创业大赛深圳复赛及国际创新城市合作专题、“一带一路”国际创新城市展区共五个专题，汇集了以色列、俄罗斯、美国、意大利等17个国家和地区超过100位专家演讲，选100余项技术转移与创新合作项目，组织300次以上的项目对接，达成多项重大合作成果。根据大会统计，两天入场参观洽谈人数累计8.3万人次，达成引智项目合作意向达2800多项。

21日 第四届“华创杯”创新创业大赛启动

4月21日，由中央海外高层次人才引进工作小组指导，国务院侨办、湖北省人民政府、武汉市人民政府共同主办的第四届“华创杯”创新创业大赛在武汉启动。本届大赛聚焦智能制造、大数据应用，在人工智能、机器人、生物医药、IT、光电子、新能源、节能环保及移动互联网等产业和领域聚集优秀创业项目。大赛分为初赛、复赛及决赛三个部分。决赛现场将通过项目现场路演及答辩方式决出一、二、三等奖，获奖项目将分别获得30万元、10万元、5万元奖金。大赛获奖者将优先推荐申报国家“千人计划”、湖北“百人计划”、武汉“3551计划”、“黄鹤英才计划”和各类科技计划，向天使投资、风险投资机构推荐，向银行推荐给予信贷支持。据统计，前三届“华创杯”大赛报名项目共计859个，其中，来自美国、加拿大、澳大利亚、英国、瑞典、日本、法国、德国等国家和地区的项目约占总数的41.5%，吸引了海内外150家投资机构参与，成功对接投融资2.3亿元。

21日 第十二届“春晖杯”中国留学人员创新创业大赛启动

4月21日，由教育部和科技部共同主办的第十二届“春晖杯”中国留学人员创新创业大赛启动仪式在北京举行。本届大赛继续积极配合实施国家创新驱动发展战略，深入贯彻全国留学工作会议精神和中央领导鼓励留学人员成为“大众创业、万众创新”生力军的重要批示精神，加大推广海外分赛区模式力度，在继去年北美分赛区、法国分赛区、德国分赛区和澳大利亚墨尔本分赛区的基础上，新增英国分赛区和西班牙分赛区。大赛通过深度挖掘海外创新源泉，鼓励和引导在外优秀留学人员回国创业创新，充分发挥留学人员在科技创新、高端创新、自主创新的引领作用，以其新技术、新业态、新模式推动我国传统产业转型升级。十八大以来，“春晖杯”创新创业大赛不断创新组织模式，采取主动走出去的方式，4年内成功拓展了6个海外分赛区，显著提升海外留学人员参赛项目的数量和质量。近五届大赛项目共吸引4000余名海外留学人员报名参赛，遴选海外留学人员创新创业项目943个。目前，已有多达345个入围项目留学人员顺利走上回国创新创业的道路，其中有21名创业者入选国家“千人计划”。

25日 第十届中国留学人员南京国际交流与合作大会

4月25日至26日，第十届中国留学人员南京国际交流与合作大会在南京举行。本届大会以“汇聚创新名城、建功强富美高”为主题，期间举办“新时代、聚人才、创名城”主题展、“赢在南京”海外人才创业大赛、高层次人才峰会、投融资对接会等一系列展示洽谈活动，集聚创新资源，吸引创新人才，全面展示南京重才、爱才、引才、留才的生态系统和城市形象。大会共吸引了2300多名海内外留学人员和高层次人才，以及国内322家企事业单位参会。其中，有180家单位参展，包括100家国家级博士后科研工作站单位和江苏省博士后创新实践基地，提供449个博士进站需求、362个研发合作项目、706个人才招聘岗位。留交会自2008年开始，迄今已举办九届，社会影响不断扩大，每年吸引2000多名海内外高端人才走进南京、感知南京，参会海外留学人才来自近30个国家和地区，拥有博士以上学历者占70%，累计引进4000多名海内外人才，促成1500多个技术项目与南京对接合作，已成为南京市集聚海内外创新资源的重要平台和人才工作的一张闪亮名片，在海内外形成了良好口碑。

5月

27日 第十二届“春晖杯”在线访谈活动

5月27日，第十二届“春晖杯”中国留学人员创新创业大赛在江苏张家港举行在线访谈活动。来自有关部委、留学人员创业园、大学科技园代表，各地方人才工作管理部门相关负责人以及“春晖杯”大赛组委会办公室的代表，大赛往届入围项目的优秀创业企业代表，通过在线交流等形式，就“春晖杯”创新创业大赛参赛办法及要求、国家和地方各级政府对鼓励留学人员回国“双创”出台的具体扶持政策措施、留学人员创新创业应做好的各方面准备、赛会优秀项目如何落地以及留学人员创业园在推动留学人员“双创”过程中所起到的独特重要作用等问题做了详尽的说明，并与来自美国纽约、澳大利亚墨尔本、日本、法国以及英国的留学人员在线提出的对大赛及创业所关注的问题进行了答疑交流。活动共收到来自海外留学人员发来的参赛及回国创业方面的问题近百个。本次在线访谈首次增加了嘉宾话题座谈环节，向海外留学人员传递更多有帮助的信息，帮助留学人员梳理创业思路。

6月

6日 “2017创响中国巡回接力北京站活动”启动

6月6日，“2017创响中国巡回接力北京站”活动启动。活动由国家发改委、中国科协、北京市人民政府主办，北京市发改委、海淀区人民政府承办，以“产业双创”为主题，将开展政策行、导师行、科技行、投资行、宣传行等五类对接活动，着力展现以海淀双创示范基地为核心的北京双创成果，凸显海淀双创示范基地正在践行的大中小微企业共同参与双创的新路径，以及海淀双创基地与全国科技创新中心核心区建设相融合的新阶段，充分发挥北京“双创”的示范引领作用。中关村创业大街产业双创基金和中关村（海淀）联合创新基金在活动上正式发布。

9日 第二届云南国际人才交流会

6月9日，第二届云南国际人才交流会在昆明开幕，来自40个国家和地区、110家国（境）外引智机构及140多个省内外企业的近550名嘉宾参会。作为云南省面向国际吸引高层次人才的一个重要平台，本届交流会围绕“聚天下英才，促云南发展”的主题，采取1个主会场、7个分会场的形式，举办了大数据支撑下的智慧城市与全域旅游发展论坛、生物医药大健康产业化发展论坛、多年生作物引智成果产业化发展论坛、高原特色农业发展论坛等多项活动。作为云南国际人才交流会的重要组成部分，海内外高层次人才招聘会共发布人才需求岗位106个，引进教育、科研、医药、冶金、计算机、人力资源等行业的海内外高层次人才91人。招聘会就人才智力交流合作项目进行了洽谈对接，达成合作意向77项。有860名各类高层次人才、外国留学生、海外留学生和云南省内高校毕业生参加了招聘会。据悉，2016年举办的首届云南国际人才交流会共吸引了来自33个国家和地区、20多家国（境）外引智机构、200多名海外专家参加，引进海外高层次人才80人，促进近70项人才引进项目落户云南。

9日 第十九届浙洽会海外高层次人才项目洽谈对接活动

6月9日，在第十九届浙江投资贸易洽谈会期间，由浙江省人力社保厅、浙江省外国专家局和宁波市人力社保局联合举办的浙洽会海外高层次人才项目洽谈对接活动在宁波举行。本次引才活动超过往届规模，共邀请来自美、德、日、俄及东欧等19个国家和地区的专家组织和国际人才中介机构24家，海外留学人员团体8个，以及中国杭州国际人力资源产业园入驻企业13家，共推出人才技术供给项目633个，包括国际高端人才智力项目527个、技术项目106个，与浙江省400多家企事业单位进行了对接洽谈，现场达成意向371项。据统计，通过历届“浙洽会”平台，浙江省共引进各类外国专家7000余人次，解决技术难题7800余项，为该省企业在技术改造、产品研发、经营管理等方面作出了积极贡献，取得了显著的经济和社会效益。

13日 2017中国·天津华侨华人创业发展洽谈会

6月13日至16日，由国务院侨办、天津市政府共同主办的2017中国·天津华侨华人创业发展洽谈会在梅江会展中心开幕，世界侨商项目与商品博览会同期举行，来自83个国家和地区的1500余人参会。本届大会的主题是“万侨创新、互利共赢”，着力围绕京津冀协同发展、创新驱动发展、“一带一路”建设、自由贸易试验区建设等重大国家战略，推进“侨梦苑”侨商产业聚集区建设，搭建涉侨经贸科技交易平台，打造京津冀协同创新共同体，寻求深化与侨商开展合作的途径和商机，服务海外侨胞事业发展和经济社会发展。会议期间举办了高层领导会见、专场访谈、创新创业大赛、海外华文媒体论坛、项目对接洽谈、商品展示交易、参观考察等活动，并建立“侨梦学院”，组建“侨创基金”。通过会前和会中对接洽谈，共达成合作协议198项。其中，引进海外高层次人才项目107个，科技创新合作项目38个，媒体机构合作项目3个，投资贸易项目50个，协议投资总额达172.6亿元。

23日 2017中国（长春）海外人才创新创业项目大赛总决赛

6月23日至24日，由中国科学技术协会、吉林省人民政府联合主办的2017年中国海外人才创新创业大赛总决赛暨颁奖典礼在长春举行。本次大赛历时5个多月，得到了中国科协海归创业联盟、中国科协海智专家及海外华人科技团体的大力支持，共吸引了来自全球25个国家、89个科技团队的374个项目参与。入围决赛的56个项目经过决赛评选出健康与文化产业组、电子信息产业组、装备制造和新能源产业组，三个专业一等奖各1名、二等奖各2名、三等奖各3名。通过项目路演，还评选出最佳人气奖、最具投资价值奖、最佳技术创新奖各1名。长春新区将为本次大赛落位项目提供80万—200万元不等的扶持资金。对获得大赛三等奖以上并落位长春新区的人才，符合条件的将直接列为“吉林省高层次创新创业人才引进计划”人选，享受相关政策。

7月

4日 2017海外赤子北京行

7月4日，由北京市委组织部、北京市人力资源和社会保障局指导，北京市发展和改革委员会、北京海外学人中心、北京市科学技术协会、中关村发展集团联合主办的“2017

海外赤子北京行”活动在北京亦庄经济开发区开幕。来自美国、加拿大、澳大利亚、德国等20个国家及地区的100多名海外人才受邀参加。此次活动延续了以往瞄准高端人才、打造精品活动、注重引才实效、服务国家战略的特色，设置了2017北京海聚论坛、留学精英工作创业分享会、创新创业加速器、创新人才专场对接会、创业大赛暨专场对接会、考察参观交流、创新链接国际专题研讨会、海外人才“通武廊”（通州、武清、廊坊）行、海外大学生北京行等众多特色活动，进一步打造全要素、全链条的引才引智平台，服务北京科技创新中心和国际交往中心建设。活动共收到400多位海外学人报名，最终受邀人员中有83%以上在海外获得博士学位，创业类人才全部携具体项目来京参会。主办方还在美国、欧洲、新加坡、日本、澳大利亚举办了8场创业大赛海外分赛，优胜选手直接获得活动入场券。参会人才专业涉及生物医药、电子信息、金融管理、文化教育、新能源和新材料等16个领域，符合北京产业结构升级和科技创新需要。

8日 第十七届华侨华人创业发展洽谈会

7月8日，由中央海外高层次人才引进工作小组指导，国务院侨办、湖北省人民政府和武汉市人民政府共同主办第十七届华侨华人创业发展洽谈会在武汉开幕。大会吸引了全球72个国家和地区的1600多位海外代表参会，其中40%来自“一带一路”沿线国家和地区，国内2000多位代表以及多位诺贝尔奖获得者和海内外院士参会，共谋创新创业发展。本届“华创会”以“万侨创新，发展共享”为主题，通过论坛、专场活动，项目推介洽谈等形式，为海内外代表搭建交流平台，促进人才、技术、经贸洽谈合作和招才引智、招商引资。大会期间，举行了第四届“华创杯”创业大赛颁奖仪式、武汉论坛、重点项目签约仪式、举办新侨助推新民营经济发展论坛、知识产权专场论坛、“虚拟现实”投融资路演对接会等41场活动。拟签约项目134个，协议总投资额累计632.559亿元人民币。引进外资162.76亿元人民币，总投资过千万元项目数51个，其中过亿元项目41个，过10亿元项目19个，引进人才90多人，创办高新企业25家。

8日 2017中国海外学子创业周

7月8日至9日，2017中国海外学子创业周在大连世界博览广场举行。本届大会吸引了国内24个省、直辖市，59个城市的137家机构及200多个高新区、创业园的2000余名代表及来自美国、日本、英国、加拿大、德国等27个国家的487名学子报名参会。本届中国海创周以提高自主创新能力、建设创新型国家为战略核心，继续秉承“海纳英才·创业中国”主题，坚持立足本地、服务全国，聚焦供给侧改革、实体经济对接，突出国际合作特色。举办了部委论坛（海归创业领袖峰会，2017中国海创周投资峰会暨中国火炬创业导师联盟成立仪式）、项目路演（“海创工程”路演、“科创工程”路演、深交所路演、“春晖杯”专场路演、最具成长潜力留学人员企业路演及硅谷、波士顿专场路演等）、人才招聘、专业论坛、大连设计节、特色活动等六项主体活动。涵盖11个领域的244个海外留学人员项目、50个国内高校院所项目、300名归国求职海外学子及海内外100余家投资机构共同参与项目路演、资本对接、人才洽谈、产品发布及政策推介活动。中国海创周自2000年首次举办以来，先后成功举办了十五届，有力促进了人才、项目、资本深度对接，海创周已经成为国家级引才平台。至今已有12万余名海外人才通过海创周回国就职，4600多名海外人才回国创业，创办企业3500余家，获专利9800多项，累计创造产值7200多亿元。取得了显著的经济效益和社会效益。

10日 2017年（第九届）苏州国际精英创业周

7月10日至12日，2017年（第九届）苏州国际精英创业周在苏州国际博览中心举行，来自20多个国家和地区的3057名海内外高层次人才携带2868个创新创业项目参会。创业周活动持续以“汇聚全球智慧、打造创业天堂”为主题，继续采用主会场和10个分会场联动办会模式。大会设置了专题论坛、创新创业项目洽谈、“新产业·新引领·新动能”创新合作项目对接会、新品发布、2017国际人工智能峰会、项目路演、投融资、猎聘会、2017“赢在苏州”海外创业大赛苏州总决赛暨颁奖典礼等十几场专题活动。活动期间，主会场发动和组织了100多家创业载体、金融创投单位、1200多家企业参与现场对接，正式签约项目768个（其中投资创业项目686个，合作创新项目82个），达成合作意向项目828个，另有984个创新创业项目正在进一步洽谈对接中。苏州国际精英创业周自2009年开始，截至2017年，已成功举办八届，引进落户项目2997个，其中创业项目2564项，创新项目433项，创业项目累计注册资本超过234亿元，引进、培养国家“千人计划”人才97人，江苏省“双创计划”人才161人，姑苏创新创业领军人才265人。

12日 第五届内蒙古“草原英才”高层次人才合作交流会

7月12日，第五届内蒙古“草原英才”高层次人才合作交流会暨呼包鄂人才创新创业周活动正式启动。由自治区党委组织部、人社厅、科技厅、教育厅、团委主办，呼和浩特市、包头市、鄂尔多斯市三地市委、政府共同承办的本届活动周于7月12日至7月16日在呼包鄂三地同时举办，主会场设在鄂尔多斯市，呼和浩特市和包头市设立分会场。参加活动的各领域杰出人才代表有国家“千人计划”“万人计划”“新世纪百千万人才工程”代表，自治区“草原英才”、包头市“鹿城英才”代表，包头市部分院士专家工作站、国家级重点实验室、技能大师工作室、博士后工作站、创新型企业代表。鄂尔多斯主会场紧扣“聚才建‘七网’·引智兴‘七业’”这一主题，围绕对接洽谈、论坛交流、竞赛比拼、创业就业四大类内容，组织了展览展示、主题推介及项目签约、“草原英才”高层次人才座谈、专家大讲堂、云计算产业发展论坛、创业成果分享和参观考察等12项活动。据了解，“草原英才”工程实施以来，全区培养引进“草原英才”1017名，重点培育了农牧业、能源、新型化工等15个领域的自治区级产业创新创业人才团队496个、高层次人才创新创业基地77个。

8月

7日 中美青年创客大赛决赛与系列活动

8月7日至11日，2017“共创未来——中美青年创客大赛”总决赛与系列活动在北京市中华世纪坛成功举办。中美青年创客大赛是中美人文交流系列活动的“亮点”之一。大赛由教育部主办，中国（教育部）留学服务中心、清华大学、英特尔（Intel）公司、北京歌华文化发展集团承办。大赛决赛由北京市人民政府提供特别支持。大赛于5月10日在成都市启动，设立中国赛区和美国赛区。共吸引6387名中美青年创客报名参与。时值香港回归祖国20周年之际，大赛特别邀请来自香港的创客团队参加总决赛期间的系列活动，共同分享创造的乐趣。中美70个团队，近300名青年创客携优秀作品进入决赛。经过激烈角逐，评选出一等奖1个，二等奖3个，三等奖6个，优胜奖14个，最佳人气奖一名。中美青年创客大赛已成功举办四届，两国青年创客的奇思妙想和独特创意打造出令人印象深刻的优秀作品，涉及社区、教育、环保、健康、交通、能源等可持续发展领域，充分体现青年的社会责任和担当。中美青年创客通过大赛平台在创新领域深度分享，进而促进两国在青年层面的人文交流。

12日 第12届中国留学人员创新创业论坛

8月12日，由欧美同学会（中国留学人员联谊会）主办、全球化智库（CCG）承办的第12届中国留学人员创新创业论坛暨欧美同学会北京论坛在京成功举行。国内外知名企业负责人、领先创业者、专家学者等嘉宾围绕新经济形势下海归在创新创业中的探索展开深入研讨，近800位来自社会各界的海归精英参会。本届论坛以新一轮全球化下中国留学人员形成最大"归国潮"为背景，立足国家人才强国和创新驱动战略，共设立"全球化时代中国海归的作用与使命""人工智能和大数据时代——中国面临的新机遇和挑战""海归如何参与推动科技发展、产业投资和经济转型""年轻一代与共享经济的中国创新""优化人才发展和政策环境，持续激发海归创新创业""大健康产业，中国的下一个金矿？"六个分论坛，围绕全球化发展、人工智能、创新创业、环保健康等议题，探讨留学归国人员如何进一步施展自身才华，展现出自身的实力和巨大潜力，充分发挥广大海内外留学人员在推动创新型国家、全面建设"一带一路"、开展民间外交等历史使命中，所具有的自身优势，充分探索、总结在培养与引进具有国际竞争力的高端人才方面取得的经验，建设一支具有广泛代表性、勇于探索、富有创新精神的海归人才队伍，走出一条越来越宽广的"海归中国"创新创业发展之路。

25日 2017年广东"众创杯"创业创新大赛科技（海归）人员领航赛决赛

8月25日，2017年广东"众创杯"创业创新大赛科技（海归）人员领航赛决赛在珠海市收官，进入决赛的22个参赛项目，分为团队组和企业组两个组别，分别角逐出金、银、铜奖，获得5万—20万元不同等级的省级优秀创业项目资助。本届领航赛进入决赛的22个团队，是从来自全省和台港澳地区的489个报名项目中经过层层筛选脱颖而出的。参赛对象以专业技术人员、科研人员、留学归国人员、高层次人才等创业群体为主，参赛项目涉及新材料、新能源及节能环保、生物医药、高端装备制造等新兴产业和新业态。

9月

9日 2017重庆国际人才创新创业洽谈会

9月9日至10日，2017重庆国际人才创新创业洽谈会在悦来国际会展中心举办。本次大会以"创新创业·人才引领"为主题。面向全球招才引智，1056名海内外人才报名参会，其中有776人携带项目报名参会。本届洽谈会举办了多场丰富多彩的活动，179家企事业单位提供近期急需的人才职位1146个，人才需求3010余名。大会现场签订项目31个，引进高端人才20名，781名人才与包括世界500强在内的179家企业初步达成就业意向。此次大会还对人才政策奖励涉及的10个项目进行了集中兑现，其中两个创新团队奖励经费项目兑现金额达到1900万元。

10日 2017第十六届中国西部海外高新科技人才洽谈会

9月10日至15日，以"万侨创新·汇智西部"为主题的第十六届中国西部海外高新科技人才洽谈会在四川成都举行。本届海科会由国务院侨办、四川省委省政府和九三学社中央共同主办，来自33个国家和地区的6名诺贝尔奖获得者、29名院士、600多名专家学者和创新创业人士参会，嘉宾规模和数量均超往届。会议期间举办了天府论坛、诺贝尔奖获得者医学峰会暨中美院士论坛、智慧城市国际论坛暨市长圆桌会及此次会议同期举办的第三届"海科杯"全球华侨华人创新创业大赛决赛、中美绿色能源高峰论坛、"千人计划"专家创新创业论坛等19项主题活动、44个分场活动以及9场项目路演对接，涉及新能源、新材料、电子信息、生物医药、节能环保、防灾减灾、智慧城市等热门领域。促成412名海外人才与四川省内244家重点企业及产业园区、高等院校、科研院所签订了引才引智协议，较去年增长48%；成功签约项目39个，签约金额为599.26亿元人民币，较去年增长57%。四川省与英国诺丁汉大学成功签署战略合作协议，这也是四川省与海外著名高校签署的首个战略合作协议。

15日 2017年全国大众创业万众创新活动周

9月15日，2017年全国大众创业万众创新活动周在上海主会场举行启动仪式，北京会场以及全国各地分会场同步举办相关活动。本届双创周围绕"双创促升级，壮大新动能"的活动主题，上海主会场以全国双创示范基地的创新创业成果和成功经验为主要内容，选取新技术、新业态、新模式等成功元素，展示153个优秀双创项目，综合展示一年来全国上下积极营造双创生态环境，以及双创政策精准落地所取得的新进展、新成效和新突破。北京会场举办"创新创业·惠民生"专题展示，以及"央企成就展""双创白皮书发布会"等系列活动。此外，各部委也在活动周期间主办多项主题活动：国家发展改革委举办创业投资行业峰会，教育部举办中国"互联网+"大学生创新创业大赛全国总决赛，科技部举办中国科技孵化器三十周年座谈会，工信部召开中小企业双创工作座谈会，人社部举办全国创业服务展示交流活动，农业部举办全国农村双创成果展，中国科协举办人工智能助推行业发展论坛，共青团中央举办创青春·中国青年创新创业系列活动等。各地分会场也举办了一系列特色活动。本届组委会还开展了创新创业进机关、进高校、进企业、进街区、进社区的创新创业零距离活动；组织了海外华人华侨科技社团、中国企业驻外机构等，开展双创成果展示、技术交流等活动，传播中国创新创业主张，对接海外创新创业资源，向世界展示中国创新创业成效和活力。

21日 第十八届全国留学人员创业园网络年会

9月21日，第十八届全国留学人员创业园网络年会暨2017中国海外人才创业园年会在安徽芜湖召开。本届年会由科技部火炬中心、教育部国际合作与交流司、教育部留学服务中心、人社部留学人员和专家服务中心、国家外国专家局经济技术专家司、国家外国专家局中国国际人才交流中心、致公党中央宣传部、致公党中央留学人员委员会共同指导，中国技术创业协会留学人员创业园联盟、芜湖市人民政府共同主办。本次会议秉承“新常态、新园区、新人才”的主题，重点围绕中国科技企业孵化器建设30年成果经验，海外人才回国创业趋势与当前机遇，创新创业政策环境、孵化平台和服务体系建设，以及留学人员创业园发展问题与思路，进行深入探讨和交流。会议同期召开了国技术创业协会留学人员创业园联盟第三届第二次成员代表大会，并发布了全国留学人员创业园建设情况相关数据。截至2016年底，全国各地挂牌并实际运营的各级各类留学人员创业园总数达到310家，累计孵化企业超过4万家，在园企业超过2.2万家，有超过5.3万名留学人员在园创业工作。会上，还为“2017（第七届）中国留学人员创业园百家企业”评选活动入选企业和2017（第三届）中国海归创业大赛获奖项目团队颁发了奖牌和证书。科技部、教育部、人力资源和社会保障部、国家外国专家局、致公党中央和安徽省、芜湖市有关部门单位，以及各地留学人员创业园、创业服务机构、留学人员企业代表和中国海归创业大赛获奖团队等300余人参会。

21日 2017（第三届）中国海归创业大赛落幕

9月21日，2017（第三届）中国海归创业大赛在安徽芜湖落下帷幕。大赛于2017年4月启动以来，吸引了来自美国、英国、日本、丹麦等多个国家和地区，以及全国19个省区市的515个团队报名参赛，200余家留学人员创业园、100余家创投机构踊跃参与。经专家委员会评审，123个项目进入复赛，30个项目晋级决赛，6个项目获得一、二、三等奖，“专注立体视觉混合算法：催生新一代全景智慧视觉产品”项目最终脱颖而出，夺得10万元奖金和最高可达5000万元的大赛创投基金投资支持。中国海归创业大赛是在国家科技部、教育部、人社部、国家外国专家局和致公党中央的共同指导下，由中国留学人员创业园联盟发起举办的一项专门面向海归创业的全国性系列赛事。大赛以“汇聚海归英才，助力创新创业”为主题，采用“政府引导、市场运作、社会参与”的方式，发挥行业协会、创业园区、投资机构等多方作用，通过赛事与服务相结合，选拔和扶持优质初创项目，帮助海归人才对接政策、平台、资本及各类社会资源，构建海创企业的产业链、创新链、服务链。大赛前两届共吸引543个海归团队项目参赛，其中，已有60多个项目完成落地，30多个项目累积获得投资及各类支持近5亿元。

21日 2017“中国留学人员创业园百家企业”评选活动颁奖

9月21日，2017（第七届）“中国留学人员创业园百家企业”颁奖典礼在芜湖举行，来自北京、成都、郑州、新疆、山东、包头、长春、甘肃的9家留学人员创业园企业成功入选，被评为“中国留学人员创业园最具成长性企业”。该评选活动在国家有关部委指导下，由中国技术创业协会留学人员创业园联盟发起并举办，以全国留学人员创业园在园企业为主要评选对象，着力发现和表彰近年来在技术创新和市场开拓方面实现显著成长，对相关行业领域发展形成引领或有力推动作用的留学人员企业。评选活动到2017年已成功举办七届，先后有全国20多个省市的300多家单位推荐数千家企业参评，有419家具有高成长性和发展潜力的留学人员企业入选。

10月

10日 2017“创客中国”创新创业大赛全国总决赛

10月10日，由工业和信息化部主办、工业和信息化部信息中心与广东省经济和信息化委员会联合承办的2017年“创客中国”创新创业大赛总决赛在广州成功举办。本届大赛汇聚了来自全国共享智造、新能源汽车、芯片设计与应用三个领域（产业链）5275个项目，分为创客组和企业组，各有12个项目入围，每个入围的项目团队代表进行了现场讲演展示，经过激烈角逐，入围的24个项目分别获得创客组一、二、三等奖及优胜奖，企业组一、二、三等奖及优胜奖。大赛同时颁发了2017年“创客中国”创新创业大赛组织动员奖。“创客中国”创新创业大赛是工业和信息化部积极贯彻落实党中央、国务院关于大众创业、万众创新和促进中小企业健康发展的战略部署，是推动开展双创工作的重要举措，助力实施《中国制造2025》和“互联网+”指导意见的具体行动。大赛以“围绕产业链、打造创新链”为主题，着力打造为中小企业和创客提供交流展示、产融对接、项目孵化的一体化平台，持续推动中小企业转型升级，促进大中小企业融通发展。

11月

8日 2017浙江·杭州国际人才交流与项目合作大会

11月8日，2017浙江·杭州国际人才交流与项目合作大会在杭州国际博览中心举行。本届大会由浙江省委、省政府主办，省委组织部、省人力资源和社会保障厅、杭州市委、市政府共同承办。大会秉承“交流、合作、创新、创业”主题，以“立足杭州、面向世界、服务浙江”为宗旨，设有创新论坛、创客大赛，海外留学人才项目与技术合作洽谈会，外籍（非华裔）人才创新创业项目洽谈、海外高层次人才创新创业重点项目发布、“梦想天堂”海外人才创业沙龙等主题活动。来自27个国家和地区的共555名海外高层次人才、海外社团组织和高端外国专家机构负责人携564个创业创新项目参会交流；外籍（非华裔）人才创新创业项目洽谈是今年主会场的新增项目。围绕杭州城市国际化，推进国际人才创业创新园、国际人力资源产业园“两园”建设，大会特别邀请了27家高端外国专家组织、科研机构、高校、人才中介机构代表参会。此外，还特别邀请30名外籍（非华裔）人才携创新创业项目来杭合作交流，促成更多外国专家组织和中介机构、人才项目落地杭州。本届大会共征集到创业创新项目1500余个；共签约项目206个，签约金额29.3亿元，签约项目数、签约金额数分别同比增长10%、44.3%。大会自2009年起已成功举办八届，累计邀请3723名海外高层次人才和100多个海外留学人员社团参会，洽谈项目4158个，其中杭州市累计签约项目937个，签约金额122.65亿元，落地项目700个，注册资金92.6亿多元。

13日 2017（第11届）创业周

11月13日，2017（第11届）创业周暨全球创业周中国站暨“创响中国”上海站活动在上海市杨浦区开幕。本届创业周由科技部、教育部、共青团中央、上海市人民政府发起并作为指导单位，上海市科委、上海市教委、上海市人力资源和社会保障局、上海市工商局、共青团上海市委、杨浦区人民政府作为特别支持单位，上海市大学生科技创业基金会主办。全球创业周作为全球创业领域的顶级盛会，迄今已覆盖约170个国家，有超过1000万青年创业者关注并参与。本届创业周共推超过100场的创业主题活动，并首次推出先进制造、人工智能、消费升级等15大行业主题日活动，为创业者提供更加实用、专业、高效的资源对接。同时，还举办了“天使及早期投资峰会”“创业服务新业态论坛”“接力创投营公开课”“天使走进实验室”“DOERLINK”“VCDAY消费升级”“VC有约”等特色活动。

22日 梦想海归2017·中国（深圳）海归创业大会

11月22日，由深圳市人民政府侨务办公室、深圳市归国华侨联合会联合主办的“梦想海归2017·中国（深圳）海归创业大会”举行，“千人计划”专家、海外高层次人才代表等逾千人参会。大会以“不忘初心，晋业有道”为主题，围绕“海归创业经验交流会”和“海归创业项目路演报告会”两场活动，就当下经济新态势、各创新行业发展新方向等领域展开精彩的创业主题分享及对话。在路演报告会上，经专家评审，从100个项目团队中遴选出10个优秀项目现场进行了路演。同时大会还举行了“深圳市海归创新创业实践基地”授牌仪式。据不完全统计，深圳历年来引进留学生已超过8万人，全市留学人员企业总数达4200多家，年产值超亿元的留学人员企业达60多家。

12月

5日 2017第九届高层次人才创新创业大会

12月5日，第九届高层次人才创新创业大会在上海举行。本次“高创会”由寰球人才交流中心、国家技术转移东部中心、上海全国高校技术市场、硬科技创新联盟、中科创星、上海市浦东新区归国留学人员联合会主办，大会围绕“打造以服务地方经济和企业”的主题，设立“一带一路”人才发展论坛、第六届“创智杯”全球硬科技创业大赛获奖项目展、外国专家及企业项目落地对接会、科技项目及技术转移、人工智能与智能制造产业论坛等活动板块。来自中国、美国、加拿大、日本、新加坡及欧洲的科研人员和创业者携带最新科研成果、创业项目参会，与国内13个省市30个地区的引才单位进行了合作对接。“高创会”作为致力于打造海外高端人才、高科技项目与国内园区、企业对接的平台，已连续举办八届，吸引了近万名国内外人才参与，1000多名海外人才在国内园区落户创业或担任企业技术专家，其中，有70多人入选国家“千人计划”。

9日 2017中国海归创业大会

12月9日，2017中国海归创业大会暨第五届上海海归千人创新创业大会在上海召开。此次大会是在上海市委组织部、上海张江高新技术产业开发区管理委员会的指导下，由上海千人计划专家联谊会、上海市欧美同学会、上海市欧美同学会创业协会共同主办。大会围绕“聚力科创，融合发展”的主题，举办了圆桌论坛、主题演讲、创业大赛获奖项目展演暨颁奖等多项活动，并新增举办了上海市及各区人才政策巡展。自2013年始，海归创业大会已经连续成功举办四届，成为举办时间最早、参与人数最多的沪上海归创新创业平台。大会聚集和孵化了一批具有创新活力的企业，为海归传承经验、聚集创新人才提供舞台，为资金项目对接、项目评估、承接政府职能转化、配备科技实业发展、课题论证等提供“一站式”多元化服务，产生了较大的社会影响。

18日 第十二届“春晖杯”中国留学人员创新创业大赛交流、洽谈及颁奖活动

12月18日至19日，由教育部、科技部共同主办，教育部留学服务中心承办的第十二届“春晖杯”中国留学人员创新创业大赛交流、洽谈及颁奖活动在广州白云国际会议中心举行。本届大赛配合国家实施创新驱动发展战略，以创业创新带动就业，推动新旧动能转换和经济结构升级，持续推进“大众创业、万众创新”，加大海外宣传推广力度，增设英国和西班牙分赛区，进一步挖掘更多海外创新源泉。通过广泛宣传和深度动员，本届大赛共收到来自20个国家和地区符合受理条件的参赛项目388个，经过专家评审和网上公示，最终确定240个项目入围。在教育部“春晖计划”的资助下，来自17个国家和地区的近200名入围项目第一参赛者及团队成员参加了在广州组织的创业交流、对接洽谈及颁奖等系列活动，以及2017中国海外人才交流大会暨第19届中国留学人员广州科技交流会的相关活动。自2006年起，教育部和科技部共同主办“春晖杯”中国留学人员创新创业大赛，迄今已成功举办十二届，共遴选海外留学人员创新创业优秀项目2528个，有435名留学人员通过大赛顺利走上回国创新创业的道路，一大批入围项目留学人员成为国家和地方领军人才，有超过21人入选国家“千人计划”。

20日 中国海外人才交流大会暨第19届中国留学人员广州科技交流会

12月20日至21日，2017中国海外人才交流大会暨第19届中国留学人员广州科技交流会在广州成功举办。本届“海交会”由教育部、科技部、中国科学院、国侨办、欧美同学会、广州市委、市政府共同主办，北京、上海、天津、重庆等27个城市（机构）协办。作为目前中国规模最大、开放度最高、覆盖面最广、最具影响力的海外高层次人才交流平台，大会以“智汇、创新、共赢”为主题，以“面向海内外，服务全中国”为宗旨，以促进海外人才回国创新创业为目标，组织举办了峰会论坛、成果展示交易、项目对接、人才招聘、推介发布、实地考察等六大核心活动。共有来自美国、加拿大、英国、澳大利亚、独联体等世界各地的3500多名海外人才参会，其中具有博士学位的占63%，10多位海内外知名专家院士到场交流。有意向回国创业发展的近70%海外人才带来科技发展项目2000余个，国家“千人计划”专家团队携164个项目参会，达成合作意向约50%。全国32个省、自治区、直辖市和香港、澳门代表团参会，带来人才项目需求近2000个，岗位需求上万个。大会展览展示面积达5万多平方米。两天会期全场项目对接约4000次，有签约意向项目约150个。据统计，历届大会共吸引近4万名海外人才参加（其中获海外博士学位的近60%）、约16500个项目参会，已有300多名入围项目的参赛留学人员顺利走上回国创业的道路。在大会的影响和带动下，广州市近10年来留学回国人员从不到2000人到目前超过6万人，留学回国人员相关企业达2500多家。大会对中国各地的人才交流与科技合作、经济发展与社会进步发挥了积极的作用。

2017年度出回国留学人员情况数据

据教育部发布统计数据显示，2017年度我国出国学习、回国服务规模双增长，与国家战略、行业需求契合度不断提升，发展态势持续向好。2017年度我国出国留学人数首次突破60万大关，达60.84万人，同比增长11.74%。持续保持世界最大留学生生源国地位。其中国家公派人员3.12万人，单位公派3.59万人，自费留学共54.13万人。出国留学规模持续增长，截至2017年底，各类出国留学人员累计已达519.49万人，目前有145.41万人正在国外进行相关阶段的学习和研究。出国留学人员目的地仍相对集中，多数前往欧美发达国家和地区求学，“一带一路”国家成为新的增长点。据统计，2017年，留学人员回国人数较上一年增长11.19%，达到48.09万人，其中获得硕博研究生学历及博士后出站人员达到22.74万，同比增长14.90%。其间各类出国留学人员中，共计有313.20万名留学生在完成学业后选择回国发展，占已完成学业留学生人数的83.73%。高层次人才回流趋势明显，越来越多的中国留学生选择回国服务。留学回国人数不断攀升。

2017年度全国留学人员创业园建设与发展情况

据人力资源和社会保障部发布的统计数据显示，截至2017年底，全国建成各级各类留学人员创业园351个，其中省部共建创业园49家，入园企业总数2.3万家，2017年技工贸总收入3227亿元，8.6万名留学人才在园创业。

第二部分

政策篇

中共中央 国务院关于营造企业家健康成长环境弘扬优秀企业家精神更好发挥企业家作用的意见

（中发〔2017〕25号）

企业家是经济活动的重要主体。改革开放以来，一大批优秀企业家在市场竞争中迅速成长，一大批具有核心竞争力的企业不断涌现，为积累社会财富、创造就业岗位、促进经济社会发展、增强综合国力作出了重要贡献。营造企业家健康成长环境，弘扬优秀企业家精神，更好发挥企业家作用，对深化供给侧结构性改革、激发市场活力、实现经济社会持续健康发展具有重要意义。为此，提出以下意见。

一、总体要求

1．指导思想

全面贯彻党的十八大和十八届三中、四中、五中、六中全会精神，深入贯彻习近平总书记系列重要讲话精神和治国理政新理念新思想新战略，着力营造依法保护企业家合法权益的法治环境、促进企业家公平竞争诚信经营的市场环境、尊重和激励企业家干事创业的社会氛围，引导企业家爱国敬业、遵纪守法、创业创新、服务社会，调动广大企业家积极性、主动性、创造性，发挥企业家作用，为促进经济持续健康发展和社会和谐稳定、实现全面建成小康社会奋斗目标和中华民族伟大复兴的中国梦作出更大贡献。

2．基本原则

——遵纪守法、强化责任担当。依法保护企业家合法权益，更好发挥企业家遵纪守法、恪尽责任的示范作用，推动企业家带头依法经营，自觉履行社会责任，为建立良好的政治生态、净化社会风气、营造风清气正环境多作贡献。

——创新体制机制、激发生机活力。营造“亲”“清”新型政商关系，创新政企互动机制，完善企业家正向激励机制，完善产权保护制度，增强企业家创新活力、创业动力。

——遵循发展规律、优化发展环境。坚持党管人才，遵循市场规律和企业家成长规律，完善精准支持政策，推动政策落地实施，坚定企业家信心，稳定企业家预期，营造法治、透明、公平的政策环境和舆论环境。

——注重示范带动、着力弘扬传承。树立和宣传企业家先进典型，弘扬优秀企业家精神，造就优秀企业家队伍，强化年轻一代企业家的培育，让优秀企业家精神代代传承。

二、营造依法保护企业家合法权益的法治环境

3．依法保护企业家财产权。全面落实党中央、国务院关于完善产权保护制度依法保护产权的意见，认真解决产权保护方面的突出问题，及时甄别纠正社会反映强烈的产权纠纷申诉案件，剖析侵害产权案例，总结宣传依法有效保护产权的好做法、好经验、好案例。在立法、执法、司法、守法等各方面各环节，加快建立依法平等保护各种所有制经济产权的长效机制。研究建立因政府规划调整、政策变化造成企业合法权益受损的依法依规补偿救济机制。

4．依法保护企业家创新权益。探索在现有法律法规框架下以知识产权的市场价值为参照确定损害赔偿额度，完善诉讼证据规则、证据披露以及证据妨碍排除规则。探索建立非诉行政强制执行绿色通道。研究制定商业模式、文化创意等创新成果的知识产权保护办法。

5．依法保护企业家自主经营权。企业家依法进行自主经营活动，各级政府、部门及其工作人员不得干预。建立完善涉企收费、监督检查等清单制度，清理涉企收费、摊派事项和各类达标评比活动，细化、规范行政执法条件，最大程度减轻企业负担、减少自由裁量权。依法保障企业自主加入和退出行业协会商会的权利。研究设立全国统一的企业维权服务平台。

三、营造促进企业家公平竞争诚信经营的市场环境

6．强化企业家公平竞争权益保障。落实公平竞争审查制度，确立竞争政策基础性地位。全面实施市场准入负面清单制度，保障各类市场主体依法平等进入负面清单以外的行业、领域和业务。反对垄断和不正当竞争，反对地方保护，依法清理废除妨碍统一市场公平竞争的各种规定和做法，完善权利平等、机会平等、规则平等的市场环境，促进各种所有制经济依法依规平等使用生产要素、公开公平公正参与市场竞争、同等受到法律保护。

7．健全企业家诚信经营激励约束机制。坚守契约精神，强化企业家信用宣传，实施企业诚信承诺制度，督促企业家自觉诚信守法、以信立业，依法依规生产经营。利用全国信用信息共享平台和国家企业信用信息公示系统，整合在工商、财税、金融、司法、环保、安监、行业协会商会等部门和领域的企业及企业家信息，建立企业家个人信用记录和诚信档案，实行守信联合激励和失信联合惩戒。

8．持续提高监管的公平性规范性简约性。推行监管清单制度，明确和规范监管事项、依据、主体、权限、内容、方法、程序和处罚措施。全面实施“双随机、一公开”监管，有效避免选择性执法。推进综合监管，加强跨部门跨地区的市场协同监管。重点在食品药品安全、工商质检、公共卫生、安全生产、文化旅游、资源环境、农林水利、交通运输、城乡建设、海洋渔业等领域推行综合执法，有条件的领域积极探索跨部门综合执法。探索建立鼓励创新的审慎监管方式。清除多重多头执法，提高综合执法效率，减轻企业负担。

四、营造尊重和激励企业家干事创业的社会氛围

9．构建“亲”“清”新型政商关系。畅通政企沟通渠道，规范政商交往行为。各级党政机关干部要坦荡真诚同企业家交往，树立服务意识，了解企业经营情况，帮助解决企业实际困难，同企业家建立真诚互信、清白纯洁、良性互动的工作关系。鼓励企业家积极主动同各级党委和政府相关部门沟通交流，通过正常渠道反映情况、解决问题，依法维护自身合法权益，讲真话、谈实情、建诤言。引导更多民营企业家成为“亲”“清”新型政商关系的模范，更多国有企业家成为奉公守法守纪、清正廉洁自律的模范。

10．树立对企业家的正向激励导向。营造鼓励创新、宽容失败的文化和社会氛围，对企业家合法经营中出现的失误失败给予更多理解、宽容、帮助。对国有企业家以增强国有经济活力和竞争力等为目标、在企业发展中大胆探索、锐意改革所出现的失误，只要不属于有令不行、有禁不止、不当谋利、主观故意、独断专行等情形者，要予以容错，为担当者担当、为负责者负责、为干事者撑腰。

11．营造积极向上的舆论氛围。坚持实事求是、客观公正的原则，把握好正确舆论导向，加强对优秀企业家先进事迹和突出贡献的宣传报道，展示优秀企业家精神，凝聚崇尚创新创业正能量，营造尊重企业家价值、鼓励企业家创新、发挥企业家作用的舆论氛围。

五、弘扬企业家爱国敬业遵纪守法艰苦奋斗的精神

12．引导企业家树立崇高理想信念。加强对企业家特别是年轻一代民营企业家的理想信念教育和社会主义核心价值观教育，开展优良革命传统、形势政策、守法诚信教育培训，培养企业家国家使命感和民族自豪感，引导企业家正确处理国家利益、企业利益、员工利益和个人利益的关系，把个人理想融入民族复兴的伟大实践。

13．强化企业家自觉遵纪守法意识。企业家要自觉依法合规经营，依法治企、依法维权，强化诚信意识，主动抵制逃税漏税、走私贩私、制假贩假、污染环境、侵犯知识产权等违法行为，不做偷工减料、缺斤短两、以次充好等亏心事，在遵纪守法方面争做社会表率。党员企业家要自觉做遵守党的政治纪律、组织纪律、廉洁纪律、群众纪律、工作纪律、生活纪律的模范。

14．鼓励企业家保持艰苦奋斗精神风貌。激励企业家自强不息、勤俭节约，反对享乐主义，力戒奢靡之风，保持健康向上的生活情趣。企业发展遇到困难，要坚定信心、迎接挑战、奋发图强。企业经营成功，要居安思危、不忘初心、谦虚谨慎。树立不进则退、慢进亦退的竞争意识。

六、弘扬企业家创新发展专注品质追求卓越的精神

15．支持企业家创新发展。激发企业家创新活力和创造潜能，依法保护企业家拓展创新空间，持续推进产品创新、技术创新、商业模式创新、管理创新、制度创新，将创新创业作为终身追求，增强创新自信。提升企业家科学素养，发挥企业家在推动科技成果转化中的重要作用。吸收更多企业家参与科技创新政策、规划、计划、标准制定和立项评估等工作，向企业开放专利信息资源和科研基地。引导金融机构为企业家创新创业提供资金支持，探索建立创业保险、担保和风险分担制度。

16．引导企业家弘扬工匠精神。建立健全质量激励制度，强化企业家“以质取胜”的战略意识，鼓励企业家专注专长领域，加强企业质量管理，立志于“百年老店”持久经营与传承，把产品和服务做精做细，以工匠精神保证质量、效用和信誉。深入开展质量提升行动。着力培养技术精湛技艺高超的高技术人才，推广具有核心竞争力的企业品牌，扶持具有优秀品牌的骨干企业做强做优，树立具有一流质量标准和品牌价值的样板企业。激发和保护老字号企业企业家改革创新发展意识，发挥老字号的榜样作用。

17．支持企业家追求卓越。弘扬敢闯敢试、敢为天下先、敢于承担风险的精神，支持企业家敏锐捕捉市场机遇，不断开拓进取、拼搏奋进，争创一流企业、一流管理、一流产品、一流服务和一流企业文化，提供人无我有、人有我优、人优我特、人特我新的具有竞争力的产品和服务，在市场竞争中勇立潮头、脱颖而出，培育发展壮大更多具有国际影响力的领军企业。

七、弘扬企业家履行责任敢于担当服务社会的精神

18．引导企业家主动履行社会责任。增强企业家履行社会责任的荣誉感和使命感，引导和支持企业家奉献爱心，参与光彩事业、公益慈善事业、“万企帮万村”精准扶贫行动、应急救灾等，支持国防建设，在构建和谐劳动关系、促进就业、关爱员工、依法纳税、节约资源、保护生态等方面发挥更加重要的作用。国有企业家要自觉做履行政治责任、经济责任、社会责任的模范。

19．鼓励企业家干事担当。激发企业家致富思源的情怀，引导企业家认识改革开放为企业和个人施展才华提供的广阔空间、良好机遇、美好前景，先富带动后富，创造更多经济效益和社会效益。引导企业家认识把握引领经济发展新常态，积极投身供给侧结构性改革，在振兴和发展实体经济等方面作更大贡献。激发国有企业家服务党服务国家服务人民的担当精神。国有企业家要更好肩负起经营管理国有资产、实现保值增值的重要责任，做强做优做大国有企业，不断提高企业核心竞争力。

20．引导企业家积极投身国家重大战略。完善企业家参与国家重大战略实施机制，鼓励企业家积极投身“一带一路”建设、京津冀协同发展、长江经济带发展等国家重大战略实施，参与引进来和走出去战略，参与军民融合发展，参与中西部和东北地区投资兴业，为经济发展拓展新空间。

八、加强对企业家优质高效务实服务

21．以市场主体需求为导向深化“放管服”改革。围绕使市场在资源配置中起决定性作用和更好发挥政府作用，在更大范围、更深层次上深化简政放权、放管结合，优化服务。做好“放管服”改革涉及的规章、规范性文件清理工作。建立健全企业投资项目高效审核机制，支持符合条件的地区和领域开展企业投资项目承诺制改革探索。优化面向企业和企业家服务项目的办事流程，推进窗口单位精准服务。

22．健全企业家参与涉企政策制定机制。建立政府重大经济决策主动向企业家问计求策的程序性规范，政府部门研究制定涉企政策、规划、法规，要听取企业家的意见建议。保持涉企政策稳定性和连续性，基于公共利益确需调整的，严格调整程序，合理设立过渡期。

23. 完善涉企政策和信息公开机制。利用实体政务大厅、网上政务平台、移动客户端、自助终端、服务热线等线上线下载体，建立涉企政策信息集中公开制度和推送制度。加大政府信息数据开放力度。强化涉企政策落实责任考核，充分吸收行业协会商会等第三方机构参与政策后评估。

24. 加大对企业家的帮扶力度。发挥统战部门、国资监管机构和工商联、行业协会商会等作用，建立健全帮扶企业家的工作联动机制，定期组织企业家座谈和走访，帮助解决企业实际困难。对经营困难的企业，有关部门、工商联、行业协会商会等要主动及时了解困难所在、发展所需，在维护市场公平竞争的前提下积极予以帮助。支持再次创业，完善再创业政策，根据企业家以往经营企业的纳税信用级别，在办理相关涉税事项时给予更多便捷支持。加强对创业成功和失败案例研究，为企业家创新创业提供借鉴。

九、加强优秀企业家培育

25. 加强企业家队伍建设规划引领。遵循企业家成长规律，加强部门协作，创新工作方法，加强对企业家队伍建设的统筹规划，将培养企业家队伍与实施国家重大战略同步谋划、同步推进，鼓励支持更多具有创新创业能力的人才脱颖而出，在实践中培养一批具有全球战略眼光、市场开拓精神、管理创新能力和社会责任感的优秀企业家。

26. 发挥优秀企业家示范带动作用。总结优秀企业家典型案例，对爱国敬业、遵纪守法、艰苦奋斗、创新发展、专注品质、追求卓越、诚信守约、履行责任、勇于担当、服务社会等有突出贡献的优秀企业家，以适当方式予以表彰和宣传，发挥示范带动作用。强化优秀企业家精神研究，支持高等学校、科研院所与行业协会商会、知名企业合作，总结富有中国特色、顺应时代潮流的企业家成长规律。

27. 加强企业家教育培训。以强化忠诚意识、拓展世界眼光、提高战略思维、增强创新精神、锻造优秀品行为重点，加快建立健全企业家培训体系。支持高等学校、科研院所、行业协会商会等开展精准化的理论培训、政策培训、科技培训、管理培训、法规培训，全面增强企业家发现机会、整合资源、创造价值、回馈社会的能力。建立健全创业辅导制度，支持发展创客学院，发挥企业家组织的积极作用，培养年轻一代企业家。加大党校、行政学院等机构对企业家的培训力度。搭建各类企业家互相学习交流平台，促进优势互补、共同提高。组织开展好企业家活动日等形式多样的交流培训。

十、加强党对企业家队伍建设的领导

28. 加强党对企业家队伍的领导。坚持党对国有企业的领导，全面加强国有企业党的建设，发挥国有企业党组织领导作用。增强国有企业家坚持党的领导、主动抓企业党建意识，建好、用好、管好一支对党忠诚、勇于创新、治企有方、兴企有为、清正廉洁的国有企业家队伍。教育引导民营企业家拥护党的领导，支持企业党建工作。建立健全非公有制企业党建工作机制，积极探索党建工作多种方式，努力扩大非公有制企业党的组织和工作覆盖。充分发挥党组织在职工群众中的政治核心作用、在企业发展中的政治引领作用。

29. 发挥党员企业家先锋模范作用。强化对党员企业家日常教育管理基础性工作，加强党性教育、宗旨教育、警示教育，教育党员企业家牢固树立政治意识、大局意识、核心意识、看齐意识，严明政治纪律和政治规矩，坚定理想信念，坚决执行党的基本路线和各项方针政策，把爱党、忧党、兴党、护党落实到经营管理各项工作中，率先垂范，用实际行动彰显党员先锋模范作用。

各地区各部门要充分认识营造企业家健康成长环境、弘扬优秀企业家精神、更好发挥企业家作用的重要性，统一思想，形成共识和合力，制定和细化具体政策措施，加大面向企业家的政策宣传和培训力度，狠抓贯彻落实。国家发展改革委要会同有关方面分解工作任务，对落实情况定期督察和总结评估，确保各项举措落到实处、见到实效。

中共中央
国务院
2017年9月8日

国务院关于做好当前和今后一段时期就业创业工作的意见

（国发〔2017〕28号）

就业是13亿多人口最大的民生，也是经济发展最基本的支撑。党中央、国务院坚持把就业放在经济社会发展的优先位置，强力推进简政放权、放管结合、优化服务改革，营造鼓励大众创业、万众创新的良好环境，加快培育发展新动能，就业局势保持总体稳定。但也要看到，当前经济社会发展中还存在不少困难和问题，部分地区、行业、群体失业风险有所上升，招工难与就业难并存的结构性矛盾加剧，新就业形态迅速发展对完善就业政策提出了新要求。面对就业形势的新变化和新挑战，必须把就业作为重中之重，坚持实施就业优先战略和更加积极的就业政策，坚决打好稳定和扩大就业的硬仗，稳住就业基本盘，在经济转型中实现就业转型，以就业转型支撑经济转型。现就进一步做好就业创业工作提出以下意见。

一、坚持实施就业优先战略

（一）促进经济增长与扩大就业联动。稳增长的主要目的是保就业，要创新宏观调控方式，把稳定和扩大就业作为区间调控的下限，保持宏观政策连续性稳定性，促进经济中高速增长，增强对就业拉动能力。若城镇新增就业大幅下滑、失业率大幅攀升，要加大财政政策和货币政策调整实施力度，促进经济企稳向好，确保就业稳定。加强经济政策与就业政策衔接，在制定财税、金融、产业、贸易、投资等重大政策时，要综合评价对就业岗位、就业环境、失业风险等带来的影响，促进经济增长与扩大就业联动、结构优化与就业转型协同。（国家发展改革委、财政部、工业和信息化部、商务部、人民银行、税务总局等负责。列第一位者为牵头单位，下同）

（二）促进产业结构、区域发展与就业协同。优化发展环境，推进实施政府和社会资本合作，大力发展研究设计、电子商务、文化创意、全域旅游、养老服务、健康服务、人力资源服务、服务外包等现代服务业。完善多元化产业体系，既注重发展资本、技术和知识密集的先进制造业、战略性新兴产业，又要支持劳动密集型产业发展，降低实体经济成本，推进传统产业绿色改造，创造更多就业机会。结合区域发展战略实施，引导东部地区产业向中西部和东北地区有序转移，落实完善中西部地区外商投资优势产业目录，支持中西部地区利用外资，引导劳动者到重点地区、重大工程、重大项目、重要领域就业。（国家发展改革委、科技部、工业和信息化部、民政部、财政部、人力资源社会保障部、商务部、文化部、国家卫生计生委、国家旅游局等负责）

（三）发挥小微企业就业主渠道作用。落实小微企业降税减负等一系列扶持政策和清理规范涉企收费有关政策。着力推进小微企业创新发展，推动小微企业创业创新示范基地建设，搭建公共服务示范平台。加大科研基础设施、大型科研仪器向小微企业开放力度，为小微企业产品研发、试制提供支持。鼓励高校、科研院所及企业向小微企业转移科技成果，有条件的地区可推动开放共享一批基础性专利或购买一批技术资源，支持小微企业协同创新。（工业和信息化部、国家发展改革委、教育部、科技部、财政部、税务总局、国家知识产权局等负责）

（四）缓解重点困难地区就业压力。促进资源型城市转型发展，实施替代产业培育行动计划，扶持劳动密集型产业、服务业和小微企业发展。补齐基础设施短板，加大对商贸流通、交通物流、信息网络等建设和改造项目的倾斜力度，完善公共服务设施，实施西部和东北地区人力资源市场建设援助计划。强化人才支撑，加大招才引智力度，引导科研院所、博士后工作站、高校在具备条件的资源型城市布局，对急需紧缺人才可提供研究场地、科研经费、安家补助等政策支持。对地处偏远、资源枯竭、不适宜居住的独立工矿区，有组织地开展跨地区劳务对接。对去产能任务重、待岗职工多、失业风险大的困难地区，实施就业援助行动。（国家发展改革委、教育部、科技部、工业和信息化部、财政部、人力资源社会保障部、交通运输部、商务部、全国总工会、共青团中央、全国妇联等负责）

二、支持新就业形态发展

（五）支持新兴业态发展。以新一代信息和网络技术为支撑，加强技术集成和商业模式创新，推动平台经济、众包经济、分享经济等创新发展。改进新兴业态准入管理，加强事中事后监管。将鼓励创业创新发展的优惠政策面向新兴业态企业开放，符合条件的新兴业态企业均可享受相关财政、信贷等优惠政策。推动政府部门带头购买新兴业态企业产品和服务。（国家发展改革委、工业和信息化部、财政部、商务部、人民银行、工商总局等负责）

（六）完善适应新就业形态特点的用工和社保等制度。支持劳动者通过新兴业态实现多元化就业，从业者与新兴业态企业签订劳动合同的，企业要依法为其参加职工社会保险，符合条件的企业可按规定享受企业吸纳就业扶持政策。其他从业者可按灵活就业人员身份参加养老、医疗保险和缴纳住房公积金，探索适应灵活就业人员的失业、工伤保险保障方式，符合条件的可享受灵活就业、自主创业扶持政策。加快建设“网上社保”，为新就业形态从业者参保及转移接续提供便利。建立全国住房公积金异地转移接续平台，为跨地区就业的缴存职工提供异地转移接续服务。（人力资源社会保障部、财政部、住房城乡建设部等负责）

三、促进以创业带动就业

（七）优化创业环境。持续推进“双创”，全面落实创业扶持政策，深入推进简政放权、放管结合、优化服务改革。深化商事制度改革，全面实施企业“五证合一、一照一码”、个体工商户“两证整合”，部署推动“多证合一”。进一步减少审批事项，规范改进审批行为。指导地方结合实际整合市场监管职能和执法力量，推进市场监管领域综合行政执法改革，着力解决重复检查、多头执法等问题。（国家发展改革委、中央编办、工商总局等按职责分工负责）

（八）发展创业载体。加快创业孵化基地、众创空间等建设，试点推动老旧商业设施、仓储设施、闲置楼宇、过剩商业地产转为创业孵化基地。整合部门资源，发挥孵化基地资源集聚和辐射引领作用，为创业者提供指导服务和政策扶持，对确有需要的创业企业，可适当延长孵化周期。各地可根据创业孵化基地入驻实体数量和孵化效果，给予一定奖补。（人力资源社会保障部、国家发展改革委、科技部、财政部、住房城乡建设部等负责）

（九）加大政策支持。继续实施支持和促进重点群体创业就业的税收政策。对首次创办小微企业或从事个体经营并正常经营1年以上的高校毕业生、就业困难人员，鼓励地方开展一次性创业补贴试点工作。对在高附加值产业创业的劳动者，创业扶持政策要给予倾斜。（财政部、人力资源社会保障部、税务总局等负责）

（十）拓宽融资渠道。落实好创业担保贷款政策，鼓励金融机构和担保机构依托信用信息，科学评估创业者还款能力，改进风险防控，降低反担保要求，健全代偿机制，推行信贷尽职免责制度。促进天使投资、创业投资、互联网金融等规范发展，灵活高效满足创业融资需求。有条件的地区可通过财政出资引导社会资本投入，设立高校毕业生就业创业基金，为高校毕业生创业提供股权投资、融资担保等服务。（人民银行、国家发展改革委、财政部、人力资源社会保障部、银监会、证监会等负责）

四、抓好重点群体就业创业

（十一）鼓励高校毕业生多渠道就业。实施高校毕业生就业创业促进计划，健全涵盖校内外各阶段、就业创业全过程的服务体系，促进供需对接和精准帮扶。教育引导高校毕业生树立正确的就业观念，促进他们更好参与到就业创业活动中，敢于通过创业实现就业。实施高校毕业生基层成长计划，引导鼓励高校毕业生到城乡基层、中小微企业就业，落实学费补偿、助学贷款代偿、资金补贴等政策，建立高校毕业生“下得去、留得住、干得好、流得动”的长效机制。鼓励高校毕业生到社会组织就业，对于吸纳高校毕业生就业的社会组织，符合条件的可同等享受企业吸纳就业扶持政策。鼓励科研项目单位吸纳高校毕业生参与研究，按规定将社会保险补助纳入劳务费列支，劳务费不设比例限制。鼓励大学生应征入伍，落实好学费资助、助学贷款代偿、优抚安置等政策。合理安排机关事业单位招录（招聘）和高校毕业生基层服务项目招募时间，优化录用（聘用）流程，为高校毕业生求职就业提供便利。支持高校毕业生到国际组织实习任职。加大就业见习力度，允许就业见习补贴用于见习单位为见习人员办理人身意外伤害保险以及对见习人员的指导管理费用，艰苦边远地区、老工业基地、国家级贫困县可将见习对象范围扩大到离校未就业中职毕业生。加大对困难高校毕业生的帮扶力度，将求职创业补贴补助范围扩展到贫困残疾人家庭、建档立卡贫困家庭高校毕业生和特困人员中的高校毕业生。促进留学回国人员就业创业，实施留学人员回国创新创业启动支持计划，鼓励留学人员以知识产权等无形资产入股方式创办企业。简化留学人员学历认证等手续，降低服务门槛，依法为全国重点引才计划引进人才及由政府主管部门认定的海外高层次留学人才申请永久居留提供便利。实施有效的人才引进和扶持政策，吸引更多人才回流，投身创业创新。（人力资源社会保障部、教育部、工业和信息化部、公安部、财政部、民政部、人民银行、工商总局、国家知识产权局、全国总工会、共青团中央、中国残联等负责）

（十二）稳妥安置化解钢铁煤炭煤电行业过剩产能企业职工。鼓励去产能企业多渠道分流安置职工，支持企业尽最大努力挖掘内部安置潜力，对不裁员或少裁员的，降低稳岗补贴门槛，提高稳岗补贴标准。促进分流职工转岗就业创业，对单位新增岗位吸纳去产能分流人员的，按规定给予企业吸纳就业扶持政策；对自主创业的分流人员，要优先安排入驻各类创业孵化基地，落实创业扶持政策；对确实难以安置的就业困难人员，新增及腾退的公益性岗位要优先安置。要将符合条件的去产能企业下岗职工纳入现行就业创业政策扶持范围。积极稳妥、依法依规处理劳动关系，对本轮化解钢铁煤炭煤电行业过剩企业产能职工因解除劳动合同依法取得的一次性补偿收入，符合相关税收法律法规规定条件的，可享受相关个人所得税政策。稳妥做好国有企业瘦身健体、提质增效、剥离企业办社会职能过程中的职工安置工作。（人力资源社会保障部、国家发展改革委、工业和信息化部、财政部、国务院国资委、税务总局、全国总工会等负责）

（十三）健全城乡劳动者平等就业制度。农村转移劳动者在城镇常住并处于无业状态的，可在城镇常住地进行失业登记。公共就业服务机构要为其提供均等化公共就业服务和普惠性就业政策，并逐步使外来劳动者与当地户籍人口享有同等的就业扶持政策。对在农村常住并处于无地无业状态的劳动者，有条件的地区可探索为其在农村常住地进行失业登记，并提供相应的就业服务和政策扶持。加大对发展潜力大、吸纳农业转移人口多的县城和重点镇用地计划指标倾斜，大力发展特色县域经济、魅力小镇、乡村旅游和农村服务业，为农村劳动者就地就近转移就业创造空间。促进农民工返乡创业，大力发展农民合作社、种养大户、家庭农场、建筑业小微作业企业、“扶贫车间”等生产经营主体，其中依法办理工商登记注册的可按规定享受小微企业扶持政策，对吸纳贫困家庭劳动力就业并稳定就业1年以上的，地方可酌情给予一定奖补。鼓励金融机构按照商业化可持续发展原则，运用扶贫再贷款优先支持带动建档立卡贫困户就业发展的企业及家庭农场、专业大户、农民合作社等经济主体。适应新生代农民工就业创业特点，推进职业培训对新生代农民工全覆盖，创新培训内容和方式，多渠道、广领域拓宽就业创业渠道，引导新生代农民工到以“互联网+”为代表的新产业、新业态就业创业。推动农村劳动力有序外出就业，对人力资源服务机构、劳务经纪人等市场主体开展有组织劳务输出的，给予就业创业服务补贴。加大对贫困人口特别是易地扶贫搬迁贫困人口转移就业的支持力度，确保他们搬得出、稳得住、能致富。（人力资源社会保障部、国家发展改革委、财政部、国土资源部、农业部、人民银行、国家旅游局、国务院扶贫办等按职责分工负责）

（十四）完善就业援助长效机制。全面落实各项扶持政策，促进结构调整、转型升级中的失业人员再就业。合理确定就业困难人员范围，强化分类帮扶和实名制动态管理，确保零就业家庭、有劳动能力的成员均处于失业状态的低保家庭至少有一人稳定就业。加强社会保障与就业联动，对实现就业的低保对象，在核算其家庭收入时可扣减必要的就业成本，增强其就业意愿和就业稳定性。（人力资源社会保障部、民政部、财政部、中国残联负责）

（十五）促进退役军人就业创业。认真做好军队转业干部安置工作，大力扶持自主择业军队转业干部就业创业，积极开展就业服务、职业培训、创业孵化等服务活动，按规定落实相关扶持政策。加大退役士兵安置工作力度，对符合政府安排工作条件的，要采取刚性措施，确保岗位落实、妥善安置。对自主就业的，要强化教育培训，落实优惠政策，提高就业创业成功率。（人力资源社会保障部、民政部等按职责分工负责）

五、强化教育培训和就业创业服务

（十六）提高教育培训质量。坚持面向市场、服务发展、促进就业的人力资源开发导向，着力化解就业结构性矛盾。深入推进高校创新创业教育改革，加快高校学科专业结构调整优化，健全专业预警和动态调整机制，深化课程体系、教学内容和教学方式改革。更好发挥职业教育和职业培训作用，推进职业教育和职业培训精准对接产业发展需求、精准契合受教育者需求，加快发展现代职业教育，着力提高学生的就业能力和创造能力。实施现代职业教育质量提升计划、产教融合发展工程、高技能人才振兴计划和大国工匠培训支持计划，统筹普通高中和中等职业教育协调发展，提高中等职业教育招生比例，大力发展技工教育，大规模开展职业培训，广泛开展岗位练兵、技术比武、技能竞赛、师徒帮教等活动，加快培育大批具有专业技能和工匠精神的高素质劳动者和技术技能人才，确保企业职工教育经费足额提取并合理使用。健全技能人才多元化评价机制，完善技能人才职业技能等级认定政策并做好与职业资格制度的衔接，建立职业资格、职业技能等级与相应职称比照认定制度，用人单位聘用的高级工、技师、高级技师可比照相应层级工程技术人员享受同等待遇。（教育部、国家发展改革

委、财政部、人力资源社会保障部、全国总工会、共青团中央等按职责分工负责）

（十七）完善职业培训补贴方式。根据产业发展和市场需求，定期发布重点产业职业培训需求、职业资格和职业技能等级评定指导目录，对指导目录内的职业培训和技能鉴定，完善补贴标准，简化审核流程。创新培训模式，探索职业培训包模式，充分运用职业培训补贴，支持优质培训机构开发数字培训课程，支持平台开展网上创业培训，支持培训机构引进国外优质资源或开展联合办学。在现行职业培训补贴直接补贴个人方式基础上，可根据去产能企业失业人员、建档立卡贫困人口的特点，创新培训组织形式，采取整建制购买培训项目、直接补贴培训机构等方式开展集中培训。依法参加失业保险3年以上、当年取得职业资格证书或职业技能等级证书的企业职工，可申请参保职工技能提升补贴，所需资金按规定从失业保险基金中列支。（人力资源社会保障部、财政部等负责）

（十八）强化公共就业创业服务。着力推进公共就业创业服务专业化，合理布局服务网点，完善服务功能，细化服务标准和流程，增强主动服务、精细服务意识。创新服务理念和模式，根据不同群体、企业的特点，提供个性化、专业化的职业指导、就业服务和用工指导。加强公共就业创业服务从业人员职业化建设，建立定期培训、持证上岗制度。落实政府购买基本公共就业创业服务制度，充分运用就业创业服务补贴政策，支持公共就业创业服务机构和高校开展招聘活动和创业服务，支持购买社会服务，为劳动者提供职业指导、创业指导、信息咨询等专业化服务。加强公共就业创业服务信息化建设，在充分利用现有平台基础上，建立“互联网+”公共就业创业服务平台，推动服务向移动端、自助终端等延伸，扩大服务对象自助服务范围，推广网上受理、网上办理、网上反馈，实现就业创业服务和管理全程信息化。（人力资源社会保障部、财政部等负责）

（十九）推进人力资源市场建设。加强人力资源市场法治化建设，逐步形成完善的市场管理法规体系。深化人力资源市场整合改革，统筹建设统一规范、竞争有序的人力资源市场体系，打破城乡、地区、行业分割和身份、性别、残疾、院校等歧视。规范招人用人制度和职业中介服务，密切关注女性平等就业情况，促进妇女、残疾人等公平就业。建立与经济社会发展需求相适应的人力资源供求预测和信息发布制度。开展人力资源市场诚信体系建设，加快出台人力资源市场各类标准，创新事中事后监管方式，营造规范有序的市场环境。推进流动人员人事档案管理服务信息化建设。大力发展人力资源服务业，实施人力资源服务业发展推进计划。简化劳动者求职手续，有条件的地区可建立入职定点体检和体检结果互认机制，尽力避免手续过于繁琐、重复体检。（人力资源社会保障部、国家发展改革委、国家卫生计生委、工商总局、全国妇联、中国残联等负责）

六、切实加强组织实施

（二十）强化政府责任。各地要切实履行政府促进就业责任，政府主要负责同志为本地区就业工作第一责任人。完善就业工作目标责任制，纳入党政领导班子工作实绩考核。按照中央与地方财政事权和支出责任划分的原则，合理安排就业资金支出，加强资金使用管理和监督，提高资金使用效益。（人力资源社会保障部、国家发展改革委、财政部等负责）

（二十一）狠抓政策落实。加强政策宣传，强化督查问责和政策落实情况评估。健全激励机制和容错纠错机制，对抓落实有力有效的，加大政策和资金倾斜力度，适时予以表彰；对大胆探索、担当尽责、不谋私利，但在依法依规履行职责过程中由于难以预见因素出现失误或错误的，可容错免责；对不履行或者不正确履行职责的，依纪依法严肃问责。（人力资源社会保障部、监察部、财政部等负责）

（二十二）加强统计监测和形势研判。完善统计监测制度，探索建立新就业形态、劳动者创业等统计监测指标。扩大就业数据信息来源，加强就业数据与宏观经济数据的比对分析，充分利用大数据技术开展就业监测，为加强形势研判、落实完善政策、实施精准服务提供有力支撑。（国家统计局、教育部、人力资源社会保障部、国家发展改革委、工业和信息化部、农业部、商务部、工商总局等负责）

（二十三）防范化解失业风险。增强风险意识和底线思维，根据就业失业重点指标、人力资源市场供求、宏观经济运行等变化，及早发现异常情况和潜在风险，按照分级预警、分层响应、分类施策的原则，制定应对规模性失业风险预案。对出现严重规模性失业风险的地区，省级人民政府可通过提高稳岗补贴标准、开展以工代赈、组织跨地区劳务对接、合理降低企业人工成本、阶段性延长领取失业保险金期限、开展生活帮扶等措施，化解失业风险

（人力资源社会保障部、国家发展改革委、财政部、民政部、商务部、人民银行、工商总局等负责）

各地区、各有关部门要结合实际，进一步细化政策措施，抓好贯彻落实，为保持就业局势稳定、加快推进经济转型升级提供有力保障。

国务院

2017年4月13日

国务院关于强化实施创新驱动发展战略进一步推进大众创业万众创新深入发展的意见

（国发〔2017〕37号）

创新是社会进步的灵魂，创业是推进经济社会发展、改善民生的重要途径，创新和创业相连一体、共生共存。近年来，大众创业、万众创新蓬勃兴起，催生了数量众多的市场新生力量，促进了观念更新、制度创新和生产经营管理方式的深刻变

革，有效提高了创新效率、缩短了创新路径，已成为稳定和扩大就业的重要支撑、推动新旧动能转换和结构转型升级的重要力量，正在成为中国经济行稳致远的活力之源。为进一步系统性优化创新创业生态环境，强化政策供给，突破发展瓶颈，充分释放全社会创新创业潜能，在更大范围、更高层次、更深程度上推进大众创业、万众创新，现提出如下意见。

一、大众创业、万众创新深入发展是实施创新驱动发展战略的重要载体

深入推进供给侧结构性改革，全面实施创新驱动发展战略，加快新旧动能接续转换，着力振兴实体经济，必须坚持“融合、协同、共享”，推进大众创业、万众创新深入发展。要进一步优化创新创业的生态环境，着力推动“放管服”改革，构建包容创新的审慎监管机制，有效促进政府职能转变；进一步拓展创新创业的覆盖广度，着力推动创新创业群体更加多元，发挥大企业、科研院所和高等院校的领军作用，有效促进各类市场主体融通发展；进一步提升创新创业的科技内涵，着力激发专业技术人才、高技能人才等的创造潜能，强化基础研究和应用技术研究的有机衔接，加速科技成果向现实生产力转化，有效促进创新型创业蓬勃发展；进一步增强创新创业的发展实效，着力推进创新创业与实体经济发展深度融合，结合“互联网+”“中国制造2025”和军民融合发展等重大举措，有效促进新技术、新业态、新模式加快发展和产业结构优化升级。

——创新为本、高端引领。以科技创新为基础支撑，实现创新带动创业、创业促进创新的良性循环。坚持质量效率并重，引导创新创业多元化、特色化、专业化发展，推动产业迈向中高端。坚持创新创业与实体经济相结合，实现一二三产业相互渗透，推动军民融合深入发展，创造新供给、释放新需求，增强产业活力和核心竞争力。

——改革先行、精准施策。以深化改革为核心动力，主动适应、把握、引领经济发展新常态，面向新趋势、新特征、新需求，主动作为，针对重点领域、典型区域、关键群体的特点精准发力，出实招、下实功、见实效。着力破除制约创新创业发展的体制机制障碍，促进生产、管理、分配和创新模式的深刻变革，继续深入推进“放管服”改革，积极探索包容审慎监管，为新动能的成长打开更大空间。

——人才优先、主体联动。以人才支撑为第一要素，改革人才引进、激励、发展和评价机制，激发人才创造潜能，鼓励科技人员、中高等院校毕业生、留学回国人才、农民工、退役士兵等有梦想、有意愿、有能力的群体更多投身创新创业。加强科研机构、高校、企业、创客等主体协同，促进大中小微企业优势互补，推动城镇与农村创新创业同步发展，形成创新创业多元主体合力汇聚、活力迸发的良性格局。

——市场主导、资源聚合。充分发挥市场配置资源的决定性作用，整合政府、企业、社会等多方资源，建设众创、众包、众扶、众筹支撑平台，健全创新创业服务体系，推动政策、技术、资本等各类要素向创新创业集聚，充分发挥社会资本作用，以市场化机制促进多元化供给与多样化需求更好对接，实现优化配置。

——价值创造、共享发展。以价值创造为本质内涵，大力弘扬创新文化，厚植创业沃土，营造敢为人先、宽容失败的良好氛围，推动创新创业成为生活方式和人生追求。践行共享发展理念，实现人人参与、人人尽力、人人享有，使创新创业成果更多更公平地惠及全体人民，促进社会公平正义。

二、加快科技成果转化

重点突破科技成果转移转化的制度障碍，保护知识产权，活跃技术交易，提升创业服务能力，优化激励机制，共享创新资源，加速科技成果向现实生产力转化。

（一）建立完善知识产权运用和快速协同保护体系，扩大知识产权快速授权、确权、维权覆盖面，加快推进快速保护由单一产业领域向多领域扩展。搭建集专利快速审查、快速确权、快速维权等于一体，审查确权、行政执法、维权援助、仲裁调解、司法衔接相联动的知识产权保护中心。探索建立海外知识产权维权援助机制。发挥国家知识产权运营公共服务平台枢纽作用，加快建设国家知识产权运营服务体系。（国家知识产权局牵头负责）

（二）推动科技成果、专利等无形资产价值市场化，促进知识产权、基金、证券、保险等新型服务模式创新发展，依法发挥资产评估的功能作用，简化资产评估备案程序，实现协议定价和挂牌、拍卖定价。促进科技成果、专利在企业的推广应用。（国家知识产权局、财政部、科技部、中国科协等单位按职责分工负责）

（三）探索在战略性新兴产业相关领域率先建立利用财政资金形成的科技成果限时转化制度。财政资金支持形成的科技成果，除涉及国防、国家安全、国家利益、重大社会公共利益外，在合理期限内未能转化的，可由国家依法强制许可实施转化。（科技部、财政部、国家发展改革委等部门按职责分工负责）

（四）引导众创空间向专业化、精细化方向升级，支持龙头骨干企业、高校、科研院所围绕优势细分领域建设平台型众创空间。探索将创投孵化器等新型孵化器纳入科技企业孵化器管理服务体系，并享受相应扶持政策。（科技部牵头负责）

（五）推动科研院所落实国家科技成果转化法律法规和政策，强化激励导向，提高科研院所成果转化效率。坚持试点先行，进一步扩大科研院所自主权，激发科研院所和科技人员创新创业积极性。（科技部、人力资源社会保障部等部门按职责分工负责）

（六）促进仪器设备开放共享，探索仪器设备所有权和经营权分离机制，对于财政资金购置的仪器设备，探索引入专业服务机构进行社会化服务等多种方式。（科技部牵头负责）

（七）实施科研院所创新创业共享行动，鼓励科研院所发挥自身优势，进一步提高科技成果转化能力和创新创业能力，进一步开放现有科研设施和资源，推动科技成果在全社会范围实现共享和转化。（国家发展改革委、中科院、科技部等单位按职责分工负责）

三、拓展企业融资渠道

不断完善金融财税政策，创新金融产品，扩大信贷支持，发展创业投资，优化投入方式，推动破解创新创业企业融资难题。

（八）在有效防控风险的前提下，合理赋予大型银行县支行信贷业务权限。支持地方性法人银行在符合条件的情况下在基层区域增设小微支行、社区支行，提供普惠金融服务。支持商业银行改造小微企业信贷流程和信用评价模型，提高审批效率。（银监会牵头负责）

（九）完善债权、股权等融资服务机制，为科技型中小企业提供覆盖全生命周期的投融资服务。稳妥推进投贷联动试点工作。推广专利权质押等知识产权融资模式，鼓励保险公司为科技型中小企业知识产权融资提供保证保险服务，对符合条件的由地方各级人民政府提供风险补偿或保费补贴。持续优化科技型中小企业直接融资机制，稳步扩大创新创业公司债券试点规模。支持政府性融资担保机构为科技型中小企业发债提供担保。鼓励地方各级人民政府建立政银担、政银保等不同类型的风险补偿机制。（银监会、人民银行、保监会、财政部、科技部、国家知识产权局、证监会等部门按职责分工负责）

（十）改革财政资金、国有资本参与创业投资的投入、管理与退出标准和规则，建立完善与其特点相适应的绩效评价体系。依法依规豁免国有创业投资机构和国有创业投资引导基金国有股转持义务。（财政部、国务院国资委等部门按职责分工负责）

（十一）适时推广创业投资企业和天使投资个人有关税收试点政策，引导社会资本参与创业投资。推动创业投资企业、创业投资管理企业及其从业人员在第三方征信机构完善信用记录，实现创业投资领域信用记录全覆盖。（财政部、税务总局、国家发展改革委等部门按职责分工负责）

（十二）推动国家新兴产业创业投资引导基金、国家中小企业发展基金、国家科技成果转化引导基金设立一批创业投资子基金。引导和规范地方各级人民政府设立创业投资引导基金，建立完善对引导基金的运行监管机制、财政资金的绩效考核机制和基金管理机构的信用信息评价机制。（国家发展改革委、财政部、工业和信息化部等部门按职责分工负责）

（十三）健全完善创新券、创业券的管理制度和运行机制，在全面创新改革试验区域探索建立创新券、创业券跨区域互通互认机制。（科技部、国家发展改革委等部门按职责分工负责）

四、促进实体经济转型升级

深入实施“互联网+”“中国制造2025”、军民融合发展、新一代人工智能等重大举措，着力加强创新创业平台建设，培育新兴业态，发展分享经济，以新技术、新业态、新模式改造传统产业，增强核心竞争力，实现新兴产业与传统产业协同发展。

（十四）加强基础研究，提升原始创新能力。改革和创新科研管理、投入和经费使用方式。高校和科研院所要鼓励科研人员与创业者开展合作和互动交流，建立集群思、汇众智、解难题的众创空间。面向企业和社会创新的难点，凝练和解决科学问题，举办各种形式的创新挑战赛，通过众包共议方式，提高创新效率和水平。（科技部、财政部等部门按职责分工负责）

（十五）在战略性领域布局建设若干产业创新中心，整合利用现有创新资源形成充满活力的创新网络。依托企业、联合高校和科研院所，建设符合发展需求的制造业创新中心，开展关键共性重大技术研究和产业化应用示范。推动建立一批军民结合、产学研一体的科技协同创新平台。（国家发展改革委、工业和信息化部、科技部、教育部等部门按职责分工负责）

（十六）实施企业创新创业协同行动。支持大型企业开放供应链资源和市场渠道，推动开展内部创新创业，带动产业链上下游发展，促进大中小微企业融通发展。（国家发展改革委、工业和信息化部、国务院国资委、全国工商联等单位按职责分工负责）

（十七）鼓励大型企业全面推进“双创”工作，建设“双创”服务平台与网络，开展各类“双创”活动，推广各类大型企业“双创”典型经验，促进跨界融合和成果转化。（国家发展改革委、工业和信息化部、国务院国资委、全国工商联等单位按职责分工负责）

（十八）促进分享经济发展，合理引导预期，创新监管模式，推动构建适应分享经济发展的包容审慎监管机制和社会多方协同治理机制，完善新就业形态、消费者权益、社会保障、信用体系建设、风险控制等方面的政策法规，研究完善适应分享经济特点的税收征管措施，研究建立平台企业履职尽责与依法获得责任豁免的联动机制。（国家发展改革委、人力资源社会保障部、人民银行、工商总局、税务总局、中央网信办等单位按职责分工负责）

（十九）发布促进数字经济发展战略纲要，强化系统性设计，打破制约数字生产力发展的制度障碍，推进市场化的生产资料分享，提升市场配置资源效率，加速数字化转型，引领和适应数字经济发展。发起“一带一路”数字经济国际合作倡议，促进“一带一路”沿线国家数字经济交流与合作。（国家发展改革委、中央网信办等单位按职责分工负责）

（二十）进一步完善新产业新业态新模式统计分类，充分利用大数据等现代信息技术手段，研究制定“双创”发展统计指标体系，科学、准确、及时反映经济结构优化升级的新进展。（国家统计局牵头负责）

（二十一）加快研究制定工业互联网安全技术标准，建设工业互联网网络安全监测平台和中小企业网络安全公共服务平台，强化工业互联网安全保障支撑能力。（工业和信息化部牵头负责）

（二十二）积极落实支持大众创业、万众创新的用地政策，加大新供用地保障力度，鼓励盘活利用现有用地，引导新产业集聚发展，完善新产业用地监管制度。（国土资源部牵头负责）

（二十三）研究制定促进首台（套）重大技术装备示范应用的意见，建立健全首台（套）重大技术装备研发、检测评定、示范应用体系，完善财政、金融、保险等支持政策，明确相关招标采购要求，建立示范应用激励和保障机制，营造良好的政策和市场环境。（国家发展改革委牵头负责）

（二十四）充分利用产业投资基金支持先进制造业发展。实施新一轮技术改造升级重大工程，支持关键领域和瓶颈环节技术改造。（国家发展改革委、工业和信息化部、财政部等部门按职责分工负责）

五、完善人才流动激励机制

充分激发人才创新创业活力，改革分配机制，引进国际高层次人才，促进人才合理流动，健全保障体系，加快形成规模宏大、结构合理、素质优良的创新创业人才队伍。

（二十五）制定人才签证实施细则，明确外国人申请和取得人才签证的标准条件和办理程序；全面实施外国人来华工作许可制度，简化外国高层次人才办理工作许可证和居留证件的程序。开展外国高层次人才服务“一卡通”试点，建立安居保障、子女入学和医疗保健服务通道。进一步完善外国人才由工作居留向永久居留转换机制，实现工作许可、签证和居留有机衔接。（国家外专局、公安部、外交部、人力资源社会保障部等部门按职责分工负责）

（二十六）允许外国留学生凭高校毕业证书、创业计划申请加注“创业”的私人事务类居留许可。外国人依法申请注册成为企业的，可凭创办企业注册证明等材料向有关部门申请工作许可和工作类居留许可。（公安部、人力资源社会保障部、国家外专局等部门按职责分工负责）

（二十七）实施留学人员回国创新创业启动支持计划，吸引更多高素质留学人才回国创新创业。继续推进两岸青年创新创业基地建设，推动内地与港澳地区开展创新创业交流合作。深入开展“万侨创新行动”，支持建设华侨华人创新创业基地，探索建立华侨华人创新创业综合服务体系，为华侨华人高层次专业人才和企业家出入境、停居留以及申办外国人永久居留身份证件提供便利。推动来内地创业的港澳同胞、回国（来华）创业的华侨华人享受当地城镇居民同等待遇的社会公共服务。继续推进海外人才离岸创新创业基地建设。（人力资源社会保障部、外交部、公安部、国务院港澳办、国务院台办、国务院侨办、中国科协等单位按职责分工负责）

（二十八）完善高校和科研院所绩效考核办法，在核定的绩效工资总量内高校和科研院所可自主分配。事业单位引进高层次人员和招聘急需紧缺人才，可简化招录程序，没有岗位空缺的可申请设置特设岗位，并按相关规定办理人事关系，确定岗位薪资。（人力资源社会保障部、教育部、科技部等部门按职责分工负责）

（二十九）实施社团创新创业融合行动，搭建创新创业资源对接平台，推介一批创新创业典型人物和案例，推动创新精神、企业家精神和工匠精神融合，进一步引导和推动各类科技人员投身创新创业大潮。（国家发展改革委、中国科协等单位按职责分工负责）

（三十）加快将现有支持“双创”相关财政政策措施向返乡下乡人员创新创业拓展，将符合条件的返乡下乡人员创新创业项目纳入强农惠农富农政策范围。探索实施农村承包土地经营权以及农业设施、农机具抵押贷款试点。允许返乡下乡人员依法使用集体建设用地开展创新创业。返乡农民工可在创业地参加各项社会保险。鼓励有条件的地方将返乡农民工纳入住房公积金缴存范围，按规定将其子女纳入城镇（城乡）居民基本医疗保险参保范围。地方人民政府要建立协调推动机制，有条件的县级人民政府应设立“绿色通道”，为返乡下乡人员创新创业提供便利服务。（农业部、人力资源社会保障部、国土资源部等部门和有关地方人民政府按职责分工负责）

（三十一）各地区可根据实际需要制定灵活的引才引智政策，采取不改变人才的户籍、人事关系等方式，以用为本，发挥实效，解决关键领域高素质人才稀缺等问题。（各地方人民政府负责）

六、创新政府管理方式

持续深化“放管服”改革，加大普惠性政策支持力度，改善营商环境，放宽市场准入，推进试点示范，加强文化建设，推动形成政府、企业、社会良性互动的创新创业生态。

（三十二）出台公平竞争审查实施细则，进一步健全审查机制，明确审查程序，强化审查责任，推动全面实施公平竞争审查制度，为创新创业营造统一开放、竞争有序的市场环境。（国家发展改革委、财政部、商务部、工商总局等部门按职责分工负责）

（三十三）推进“多证合一”登记制度改革，将涉企登记、备案等有关事项和各类证照进一步整合到营业执照上。对内外资企业，在支持政策上一视同仁，推动实施一个窗口登记注册和限时办结。推动取消企业名称预先核准，推广自主申报。全面实施企业简易注销登记改革，实现市场主体退出便利化。建设全国统一的电子营业执照管理系统，推进无介质电子营业执照建设和应用。（工商总局牵头负责）

（三十四）加大事中事后监管力度，实现“双随机、一公开”监管全覆盖，开展跨部门“双随机”联合检查，提高监管效能。健全跨部门、跨地区执法协作机制，推进市场监管领域综合执法改革。（工商总局、中央编办、国务院法制办等单位按职责分工负责）

（三十五）在有条件的基层政府设立专业化的行政审批机构，实行审批职责、审批事项、审批环节“三个全集中”。（各地方人民政府、有关部门按职责分工负责）

（三十六）适时适当放宽教育等行业互联网准入条件，降低创新创业门槛，加强新兴业态领域事中事后监管。（教育部牵头负责）

（三十七）推进跨省经营企业部分涉税事项全国通办。推进银行卡受理终端、网上银行、手机银行等多元化缴税方式。加强国税、地税联合办税。建立健全市、县两级银税合作工作机制，加大基层银税合作力度，逐步扩大税务、银行信用信息共享内容。探索通过建立电子平台或在银税双方系统中互设接口等方式，实现银税信息“线上”互动。（税务总局牵头负责）

（三十八）积极有序推进试点示范，加快建设全国双创示范基地，推进小微企业创业创新基地城市示范，整合创建一批农村创新创业示范基地。推广全面创新改革试验经验。研究新设一批国家自主创新示范区、高新区，深化国家自主创新示范区政策试点。（国家发展改革委、科技部、财政部、工业和信息化部、农业部等部门按职责分工负责）

（三十九）办好全国“双创”活动周，营造创新创业良好氛围。组织实施好“创响中国”系列活动，开展创业投资企业、院士专家、新闻媒体地方行。高质量办好创新创业赛事，推动创新创业理念更加深入人心。（国家发展改革委、中国科协等单位按职责分工负责）

各地区、各部门要认真落实本意见的各项要求，进一步细化政策措施，切实履职尽责，密切配合，勇于探索，主动作为，及时总结经验，加强监督检查，确保各项政策落到实处，推进大众创业、万众创新深入发展，为全面实施创新驱动发展战略、培育壮大新动能、改造提升传统动能和促进我国经济保持中高速增长、迈向中高端水平提供强劲支撑。

国务院

2017年7月21日

国务院办公厅关于创新管理优化服务培育壮大经济发展新动能加快新旧动能接续转换的意见

（国办发〔2017〕4号）

当今世界，新一轮科技革命和产业变革呈现多领域、跨学科、群体性突破新态势，正在向经济社会各领域广泛深入渗透。我国经济发展进入新常态，创新驱动发展战略深入实施，大众创业万众创新蓬勃兴起，诸多新产业、新业态蕴含巨大发展潜力，呈现技术更迭快、业态多元化、产业融合化、组织网络化、发展个性化、要素成果分享化等新特征，以技术创新为引领，以新技术新产业新业态新模式为核心，以知识、技术、信息、数据等新生产要素为支撑的经济发展新动能正在形成。加快培育壮大新动能、改造提升传统动能是促进经济结构转型和实体经济升级的重要途径，也是推进供给侧结构性改革的重要着力点。为落实党中央、国务院决策部署，破解制约新动能成长和传统动能改造提升的体制机制障碍、强化制度创新和培育壮大经济发展新动能、加快新旧动能接续转换，经国务院同意，现提出以下意见。

一、总体要求

随着全球创新创业进入高度密集活跃期，人才、知识、技术、资本等创新资源全球流动的速度、范围和规模达到空前水平，创新模式发生重大变化，生产、流通、分配、消费的新模式快速形成。在经济发展新动能加快壮大的同时，技术创新供给不足、制度创新供给不够等制约因素凸显，特别是一些经济领域管理规则已经不适应新的发展趋势，迫切需要加快制度创新步伐，营造包容支持创业创新和推动传统产业提质增效的制度环境。

（一）指导思想。

牢固树立和贯彻落实创新、协调、绿色、开放、共享的发展理念，坚持以推进供给侧结构性改革为主线，着力振兴实体经济，深入实施创新驱动发展战略，大力推进大众创业万众创新；深化简政放权、放管结合、优化服务改革，进一步优化公共服务、创新行政管理，与时俱进、顺势而为、主动求变，促进制度创新与技术创新的融合互动、供给与需求的有效衔接、新动能培育与传统动能改造提升的协调互动。

（二）基本原则。

——突出改革引领。强化从供给侧突破的意识，发挥市场在资源配置中的决定性作用，进一步激活市场机制，放宽政策限制，主动改变不适宜的监管理念、管理模式和政策体系，加快人才、金融、技术等要素市场改革，维护公平竞争，打破新主体进入市场的制度瓶颈，扩大群众就业和创造财富新空间。

——实施创新驱动。强化鼓励创新、宽容失败的意识。摆脱跟随发展的路径依赖，着力原始创新和颠覆性创新，保护和激发干事创业的积极性和创造性，主动构建激发创新活力、推广创新成果、支持业态创新的体制机制，以更大的力度促进知识和智力资源尽快实现经济价值，加快塑造更多依靠创新驱动、更多发挥先发优势的引领型发展新格局。

——优化服务理念。强化主动服务、效率优先的意识，更好发挥政府在新动能培育中的作用。大幅减少事前行政审批、健全事中事后监管，变管理为服务，进一步提升行政审批、法规调整、政策支持、标准规范、资源开放等方面政府服务的科学性、灵活性和针对性。创新服务机制，推进重心下移，及时主动解决阻碍新动能释放的矛盾问题，提供更加便捷高效的政府服务。

——着力融合发展。强化向实体经济聚力发力的意识，提升新动能对传统动能的带动作用。以提高质量和核心竞争力为中心，加快利用新技术、新业态改造提升传统产业，创造更多适应市场需求的新产品、新模式，促进覆盖一二三产业的实体经济蓬勃发展。

——坚持底线思维。强化开放共治与防控风险并重的意识，推进以信用管理为基础，以防范区域性、系统性风险和保护消费者合法权益为底线的新型管理模式，为释放新动能创造更加广阔的空间。

（三）目标任务。

构建形成适应新产业新业态发展规律、满足新动能集聚需要的政策法规和制度环境。创新驱动发展的体制环境更加完备，全社会创业创新生态持续优化，人才、技术、知识、数据资源更加雄厚，有利于新供给与新需求衔接的市场机制基本形成，政府服务的响应速度和水平大幅提升，包容和支持创新发展的管理体系基本建立。

通过一段时间努力，以分享经济、信息经济、生物经济、绿色经济、创意经济、智能制造经济为阶段性重点的新兴经济业态逐步成为新的增长引擎。制造业新模式、农业新业态、服务业新领域得到拓展深化，产品和服务价值链大幅提升，传统动能焕发新活力。新旧动能实现平稳接续、协同发力，资源配置效率和全要素生产率大幅提升，实体经济发展质量和核心竞争力显著提高，支撑经济保持中高速增长、迈向中高端水平，在全球范围内优化配置创新资源，在更高水平上开展对外合作，新的经济发展动力得到强化，新的经济结构和增长格局逐步形成。

二、提高政府服务的能力和水平

主动适应新动能加速成长和传统动能改造提升的需要，加快转变政府职能，为加快实施创新驱动发展战略、推进大众创业万众创新清障搭台，优化服务流程，拓展发展空间，提高服务新兴经济领域市场主体的快速响应能力和水平。

（四）提高行政审批服务效能。

优化对新兴经济领域市场主体的审批服务。适应新兴经济领域市场主体变化快、业态新、规模小等特点，及时将新业态、新产业纳入统计调查、支持政策清单。进一步深化商事制度改革，推进工商注册便利化，扩大简易注销试点。简化商标注册手续，优化注册流程，完善审查机制。优先对新业态实行“证照分离”改革试点。在工商登记中推进“多证合一”，取消不必要的行业门槛限制，消除隐性壁垒，切实解决“准入不准营”问题。全面应用全国投资项目在线审批监管平台。研究推广对不需要新增建设用地的技术改造升级项目实行承诺备案管理制度。推广“互联网+政务服务”，普及网上预约、审批、咨询，全面实行并联审批、阳光审批、限时办结等制度，提高审批协同性，持续改进对小微企业、初创企业的服务，通过有效的简政放权进一步释放发展新动能。（国家发展改革委、工业和信息化部、工商总局、国家统计局等部门按职责分工负责）

（五）加快法规政策标准动态调整。

推进法规制度适应性变革。强化“立改废”协调，抓紧修改、废止阻碍新产业新业态发展的规定。各主管部门要对制约新产业新业态发展的规定进行清理，及时提出修改、废止或暂时停止实施法律、行政法规的具体建议方案和理由，按程序报批后实施。涉及现行法律修改、废止或暂时停止实施的，由国务院提请全国人大或其常务委员会修改、废止或暂时停止实施；涉及行政法规修改、废止或暂时停止实施的，由国务院决定修改、废止或暂时停止实施，并及时向社会公布。根据新动能成熟程度，合理制定新的法规规定，确保相关监管职权法定、市场行为有法可依。（国务院法制办牵头负责）

建立相关标准动态调整机制。发挥企业标准、团体标准的积极作用和认证认可对标准调整的推动作用，建立适应技术更迭和产业变革要求的标准动态调整和快速响应机制。及时向全社会公开相关标准制定和修订情况。（质检总局牵头负责）

放宽新兴经济领域政策限制。优化多层次资本市场发行上市及挂牌条件。实现信用评价与税收便利服务挂钩，将优惠政策由备案管理和事前审批，逐渐向加强事中事后监管转变，提高中小企业优惠政策获得感。健全适应新兴经济领域融合发展的生产核算等制度。在部分新兴经济领域探索实施特殊管理股制度。（国家发展改革委、科技部、工业和信息化部、财政部、税务总局、工商总局、证监会、国务院法制办等部门按职责分工负责）

完善新业态就业社保政策。适应新业态的就业和用工特点，调整完善就业、劳动用工和社会保险等法规政策。完善各类灵活就业人员参加社会保险的办法和管理措施，制定完善相应的个人申报登记办法、个人缴费办法和资格审查办法。（人力资源社会保障部牵头负责）

（六）鼓励有条件的地方先行先试。

推进新兴经济领域的权责下移试点。依托全面创新改革试验区域和国家自主创新示范区、国家综合配套改革试验区、自由贸易试验区等区域，按程序经全国人大或其常务委员会授权，允许地方按法定程序暂停执行国家相关法律法规制度，支持地方在物流、教育、旅游等领域系统性风险小的方面，结合本地实际研究出台有利于发展新产业新业态的地方性管理制度。构建网络化、多渠道、互动式的新动能发展瓶颈问题收集反馈机制，根据企业发展的不同阶段和不同困难，因地制宜研究解决涉及的政策问题。强化改革试点评估评价，适时修订产业管理和支持政策。推动地方在质量技术等基础方面改革创新，支持打造新产业新业态区域品牌。（国家发展改革委、教育部、科技部、交通运输部、商务部、质检总局、国务院法制办、国家旅游局等部门按职责分工负责）

（七）提高创业创新服务效率。

建立创业创新绩效评价和容错试错机制。建立有利于提升创业创新效率的科研管理、资产管理和破产清算等制度体系。研究建立有利于国有企业、国有资本从事创业投资的容错机制，出台激励国有企业加大研发投入力度、参与国家重大科技项目的措施办法。（国家发展改革委、教育部、科技部、财政部、国务院国资委等部门按职责分工负责）

提升面向创业创新主体的服务水平。为企业开办和成长“点对点”提供政策、信息、法律、人才、场地等全方位服务，密切跟踪新生市场主体经营发展情况，促进新生市场主体增势不减、活跃度上升。打破制约企业跨所有制、跨行业创新合作的限制，促进生产要素和生产流程共享，加快跨界融合、系统整合的创业创新生态圈建设。强化对重大科研设施和仪器、科研数据信息等开放共享的考核评价和政策激励机制。支持和鼓励有条件的质检技术机构面向社会开放，为各类科技园、孵化器、众创空间等提供全生命周期质量技术基础服务。（国家发展改革委、科技部、工业和信息化部、人力资源社会保障部、质检总局等部门按职责分工负责）

推进双创相关改革试验。建设好双创示范基地，汇聚各方力量合作搭建全要素、全创新链资源集聚的双创服务平台，实现科技研发、专业知识、工匠技能合作共享，树立区域、高校、企业双创发展样板，探索支持创业创新的有效做法，形成可复制、可推广的经验。积极打造制造业双创平台。促进众创空间专业化发展，进一步释放全社会创业创新活力。（推进大众创业万众创新部际联席会议成员单位按职责分工负责）

完善知识产权保护制度。进一步加大知识产权执法力度，提高知识产权侵权代价和违法成本，震慑违法侵权行为。研究完善新模式新业态创新成果保护制度，探索在线创意、研发设计、众创众包等新领域知识产权保护新途径。（国家知识产权局牵头负责）

三、探索包容创新的审慎监管制度

在新兴经济领域贯彻更加包容和鼓励创新的治理理念，推动从处理具体事项的细则式管理转变为事先设置安全阀及红线的触发式管理。加强协同配合、鼓励多方参与，引导新产业新业态健康有序发展，释放经济发展新动能，促进传统领域管理创新、转型升级。

（八）建立公平开放的市场准入制度。

完善以负面清单为主的产业准入制度。对未纳入负面清单管理的行业、领域、业务等，各类市场主体皆可依法平等进入。针对新技术、新产业、新业态、新模式，本着降低创业门槛的原则，不急于纳入负面清单管理。进一步放开增值电信业务和基础电信运营领域准入。推进药品上市许可持有人制度试点。充分考虑分享经济特殊性，按照包容发展的原则，审慎研究信息中介服务平台企业的行业准入办法，加强事中事后监管。根据教育培训、健康医疗、交通出行等领域新业态的特征，调整优化准入标准，创新监管方式，鼓励商业模式创新。（国家发展改革委、教育部、工业和信息化部、交通运输部、商务部、国家卫生计生委、工商总局、质检总局、食品药品监管总局、银监会、证监会、保监会等部门按职责分工负责）

（九）健全信用约束机制。

按照强化信用约束和协同监管的要求，加快社会信用领域立法。完善全国信用信息共享平台和国家企业信用信息公示系统，规范市场主体诚信档案和信用信息采集、归集、公示、评价、应用、服务体系，加大失信行为曝光力度，强化失信联合惩戒，增强信用管理威慑力。（国家发展改革委、人民银行牵头负责）

（十）探索动态包容审慎监管制度。

坚持建设发展与管理管控相结合，量身定做监管制度，逐步完善已形成规模、影响力较大的新产业新业态的监管制度体系。探索对跨界融合新产品、新服务、新业态的部门协同监管。实现信息互换、监管互认、执法互助，形成线上监管与线下管理协同配合、产品质量与应用安全协同监管的体制。（国家发展改革委、工业和信息化部、公安部、交通运输部、文化部、人民银行、海关总署、税务总局、工商总局、质检总局、新闻出版广电总局、食品药品监管总局、国家知识产权局、国家网信办等部门按职责分工负责）

针对新产业新业态的发展需要，加强对现有法规规定的修订和解释工作。推动出台电子商务法，以及个人信息保护、数据资源管理、新能源发电并网等新的法律法规规定。（国家发展改革委、环境保护部、商务部、国务院法制办、国家网信办、国家能源局等部门按职责分工负责）

建立适应互联网传播和用户创造内容趋势的新媒体内容监管机制。建立适应互联网条件下金融创新发展的金融监管机制。（国家发展改革委、文化部、人民银行、新闻出版广电总局、国家网信办、银监会、证监会、保监会等部门按职责分工负责）

优化创新药物和创新医疗器械审评审批程序，聘请更多有国际审评审批经验的专家学者参与评估和决策，加强审评队伍建设。加快制定新型诊疗技术临床应用技术规范，建立适应新技术新业态发展需要的新型管理机制。优化检验检疫流程，按照风险管控理念，调整监管方式，对出入境生物医药类特殊物品简化审批环节，优化审批流程，提高审批效率，完善事中事后监管。（国家卫生计生委、质检总局、食品药品监管总局等部门按职责分工负责）

推行动态审慎监管。包容处于发展初期的新业态发展。提高行业自律管理水平和能力，搭建企业与政府监管部门沟通协调桥梁，不断促进规范发展。在敏感领域，根据行业和企业申请对处于研发阶段、缺乏成熟标准或完全不适应现有监管体系的产品、服务开展并行研究和监测分析，同步研究科学有效的监管方法。（工业和信息化部、商务部、国家卫生计生委、工商总局、质检总局、食品药品监管总局、国家网信办、银监会、证监会、保监会等部门按职责分工负责）

（十一）完善风险管控体系。

优化风险管理机制。完善产业风险预警和分析体系，强化风险处置决策机制，提高对新兴经济领域潜在风险敏感性和突发情况快速处置能力。加强技术成熟度和技术风险评估。强化市场主体责任，加大惩罚性赔偿力度。（国家发展改革委、科技部、工业和信息化部、商务部、国务院法制办等部门按职责分工负责）

提高信息化治理水平。加强在线、移动、大数据监管能力和队伍建设，增强网上技术侦查、新产品检验检测、金融领域新风险防范、网络信息技术产品和服务安全审查等技术水平。完善公共管理和决策工具体系，缩短风险监测信息反馈周期。（国家发展改革委、工业和信息化部、人民银行、质检总局、国家网信办、银监会、证监会、保监会等部门按职责分工负责）

（十二）构建多方参与的治理体系。

促进监管机构和社会力量相互协作，完善新产业新业态治理结构。明确平台企业参与治理的法律依据，确定平台企业在知识产权保护、质量管理、信息内容管理、协助申报纳税、社会保障、网络安全等方面的责任和义务，建立政企合作事中事后监管新模式。针对分享经济发展带来的劳动者和消费者权益保护新问题，建立政府、平台、行业组织、劳动者、消费者共同参与的规则协商、利益分配和权益保障新机制。调动第三方、同业、公众、媒体等监督力量，形成社会力量共同参与治理的格局。（国家发展改革委、人力资源社会保障部、工商总局、新闻出版广电总局、税务总局、国务院法制办、国家网信办等部门按职责分工负责）

四、激发新生产要素流动的活力

培育新动能需要新的要素支撑。要加快相关领域改革，促进知识、技术、信息、数据等新生产要素合理流动、有效集聚，充分发挥其放大社会生产力的乘数效应。加速新技术新业态向传统领域融合渗透，全面改造提升传统动能。

（十三）完善智力要素集聚流动机制。

激发人才流动活力。创新事业单位编制管理办法，完善相应的配套保障机制，破除制约高素质人才流动的体制机制障碍，赋予教师、医生、科研人员等更大的流动自主权。建立有利于国有企业在人力资源管理方面进行创客化、平台化改造的制度。各类城市都要在户籍或居住证等方面为新兴经济领域市场主体录用人才提供便利。建立健全有竞争力的人才吸引制度，解决海外回国（来华）人才办理户籍、投资置业、签证居留等方面的实际困难。（中央编办、教育部、科技部、公安部、财政部、人力资源社会保障部、农业部、国家卫生计生委、国务院国资委等部门按职责分工负责）

营造有利于创新型企业家发展的良好环境。激励勇于创新、敢于拼搏的企业家精神，依法保护创新收益和财产权。完善职业经理人市场，探索职业经理人社会化评价机制，建设专业化、市场化、国际化的职业经理人队伍。（国家发展改革委、科技部、国务院国资委等部门按职责分工负责）

营造有利于跨界融合研究团队成长的氛围。创新体制机制，突破院所和学科管理限制，在人工智能、区块链、能源互联网、智能制造、大数据应用、基因工程、数字创意等交叉融合领域，构建若干产业创新中心和创新网络。建成一批具有国际水平、突出学科交叉和协同创新的科研基地，着力推动跨界融合的颠覆性创新活动。（国家发展改革委、教育部、科技部、中科院等部门按职责分工负责）

（十四）完善数据资源开放共享制度。

强化公共数据资源共享。完善政务信息资源共享管理办法，建成国家数据共享交换平台和全国统一的政务信息服务平台，开展全国政务信息资源普查，形成动态更新的政务信息资源目录，打破“数据烟囱”和“信息孤岛”，以共享为原则，加强政务信息资源统筹管理。建立国务院部门之间和中央与地方政府之间的数据沟通和分享机制。（国家发展改革委牵头负责）

健全政府信息公开和企业信息披露制度。根据数据安全属性，依据有关规定，积极稳妥地向社会开放政府数据。制定严格的个人信息保护法规和大数据安全监管制度，严厉打击非法泄露个人信息行为。（促进大数据发展部际联席会议成员单位按职责分工负责）

（十五）强化科技成果加速转化应用机制。

推动科技成果有效转移转化。按照市场规则，优化高校和科研机构科技成果转移转化流程和办法，促进成果转化和科研人员创业。支持知识产权中介服务机构发展。充分利用发明专利申请优先审查制度，建立专利审批快速通道，便利技术市场交易，建立有利于科研人员利用科技成果进行创业的利益分配机制，形成科研成果转化的有效激励。（科技部、国家知识产权局牵头负责）

缩短科技成果转化周期。建立利用财政资金形成的科技成果包向社会定期发布推广制度。鼓励支持企业与高校、科研机构结成新型研发组织，在高校和科研机构建立市场化运作的科技成果转化平台，完善科技成果市场化转化机制。通过政府购买服务等方式加大对科技类社会服务机构的支持力度，强化对新技术、新产品、新成果导入阶段的金融支持，落实财税支持政策。（科技部、财政部、农业部、人民银行、税务总局等部门按职责分工负责）

（十六）创新新技术新业态改造提升传统产业的模式。

深入实施“中国制造2025”，促进制造业研发、生产、管理、服务模式变革，提高制造业质量和效益。开展“中国制造2025”城市（群）试点示范。增强制造业创新能力，夯实工业基础，构建以智能制造为重点的新型制造体系。发展工业互联网等新基础设施。支持制造业与互联网融合发展新型生产方式，促进从生产型制造向服务型制造转变，构建供给与需求精准衔接的机制。（工业和信息化部牵头负责）

加快推进“互联网+”行动，充分发挥我国互联网的规模优势和应用优势，加速推动互联网应用由消费领域向生产领域拓展，积极拓展物联网、云计算、下一代互联网、新一代移动通信等网络信息技术在设计、生产、运营等核心环节的深入应用，发展网络化研发、智能化生产、协同化制造和个性化服务。营造开放包容的发展环境，着力做优存量、提升增量，支持发展分享经济，探索以开放共享为特征的产业发展新模式。（国家发展改革委牵头负责）

编制重点技术改造升级项目导向计划，引导社会资金、资源等要素投向，采取产业投资基金等多种方式支持企业技术改造。针对不同领域，统筹采取多种模式，提升国家支持技术改造资金的使用效益。持续优化社会资本投资技术改造的政策环境。（国家发展改革委、工业和信息化部牵头负责）

加快推进农村一二三产业融合发展，延伸产业链，拓展多种功能，构建形成交叉融合的产业体系。利用互联网等新技术提升农业生产、经营、管理和服务水平。推动农业与旅游、教育、文化等产业深度融合，壮大农村新产业新业态，拓展农业新价值链。逐步建立农副产品、农资质量安全追溯体系。创新公益性农技推广服务方式，鼓励地方建立农科教、产学研一体化农业技术推广联盟。（国家发展改革委、农业部牵头负责）

利用新技术推进服务业转型升级。加快建设跨行业、跨区域的物流信息服务平台，提升仓储智能化水平和冷链物流服务水平，发展物流新模式，推动降本增效和创新发展。鼓励传统商贸流通企业积极利用物联网、移动互联网、地理位置服务、大数据等信息技术提升流通效率和服务质量。发挥龙头企业作用，支持实体零售企业与电子商务企业优势互补，整合服务资源，促进线上线下融合发展。加快推动传统媒体与新兴媒体深度融合，提升文化企业网络服务能力。（国家发展改革委、商务部、文化部等部门按职责分工负责）

五、强化支撑保障机制建设

适应新动能培育和传统动能改造提升的新规律和新趋势，在组织保障、政府采购、金融支持、统计分析等方面，调整相关政策和制度安排，更好服务新产业新业态健康发展。

（十七）构建统筹协调的组织支撑。

强化顶层设计和系统谋划。优化新产业新业态的行业管理和产业发展资源配置，健全新兴经济领域协调机制，强化分享经济、生命科学、绿色经济、智能制造、创新金融服务等方面的统筹协调，强化立法、执法和产业发展等职能的衔接。（国家发展改革委、中央编办牵头负责）

协同推进相关工作。各地区、各部门要积极研究涉及本地区、本领域的新动能发展问题，分领域制定培育壮大新动能工作方案。健全对有关地区、部门落实培育新动能相关政策措施情况和开展先行先试、探索创新情况的监督检查机制。加强对新动能发展的舆论宣传，引导正确认识、回应社会关切、防止不当炒作，营造健康发展环境。（国家发展改革委会同有关方面牵头负责）

（十八）完善采购等支持新技术应用的政策措施。

强化政府采购支持创新的机制。制定符合国际规则的创新产品和服务采购支持政策。在满足提供公共服务和机构自身运转基本需求的前提下，加大对初创企业提供的新产品、新技术、新服务的采购力度。探索首购、订购等非招标方式，扩大前沿领域创新产品和服务的率先示范应用。（财政部牵头负责）

在政府部门和国有企业招投标活动中，不得以企业经营年限、注册资金等资质要求变相歧视新创办企业，逐步加大对新创办企业的支持。（国家发展改革委牵头负责）

完善优先应用新技术新产品的支持机制。深化医保支付方式改革，调整完善国家医保目录，及时将符合条件的创新药物按规定纳入目录范围，支持通过采用性价比高、疗效确定的创新药物降低医疗费用，大力发展商业医疗保险。面向新产业新业态发展需求，落实和完善首台（套）重大技术装备使用等鼓励政策。推进大型智能设备融资租赁。建立全面接纳高比例新能源电力的新型电力系统，出台全额保障性收购管理细则。强化产品、技术、工程、服务“走出去”的协调互动，创新方式支持和拓展我国有竞争力的新技术、新产品海外应用。（国家发展改革委、工业和信息化部、财政部、人力资源社会保障部、商务部、银监会、保监会、国家能源局等部门按职责分工负责）

（十九）优化金融支持体系。

调整完善创业投资法规政策，激励引导创投机构加大对新创办企业的投入比重。充分发挥政府各类创业投资引导基金和产业投资基金作用，对符合投向的新兴经济领域创新型企业给予支持。加大多层次资本市场对新兴经济企业股权、债权融资的支持力度。建立健全知识产权质押登记公示系统，研究设立国家级无形资产转让交易平台。（国家发展改革委、财政部、人民银行、工商总局、银监会、证监会等部门按职责分工负责）

（二十）完善统计调查支撑机制。

建立完善新兴经济领域市场主体统计调查和监测分析制度，强化新产业新业态数据搜集、处理、发布和共享工作。修订完善《国民经济行业分类》及有关分类标准，以适应培育壮大新动能需要。打造跟踪分析新兴经济领域运行的统一数据平台。加强对分享经济等新兴经济活动的核算，科学测算评估新兴经济活动在经济增长、资源节约、劳动就业、收入税收等方面的贡献。构建反映新兴经济活动的指标体系，研究建立并择时发布反映全貌和动态变化的新兴经济活动发展指数，提供趋势性数据和预警分析支撑。（国家统计局牵头）

各地区、各部门要充分认识加快培育壮大经济发展新动能的重要性、紧迫性和艰巨性，把思想、认识和行动统一到党中央、国务院决策部署上来，认真履职尽责、密切协调配合、主动担当作为、加强督查检查，切实把本意见提出的各项任务措施落到实处，为进一步激发市场活力和动力、加快新旧动能接续转换营造良好制度环境。

国务院办公厅

2017年1月13日

国家海外高层次人才引进计划管理办法

（组通字〔2017〕9号）

第一章 总 则

第一条 国家海外高层次人才引进计划（以下简称“国家‘千人计划”’）是国家层面实施的重大人才工程，旨在围绕国家发展战略目标，重点引进一批自然科学、工程技术、哲学社会科学等领域高层次创新创业人才。为进一步明确各参与部门和单位职责，完善统分结合、分工协作工作机制，提升引才工作科学化规范化制度化水平，制定本办法。

第二条 实施国家“千人计划”遵循以下原则：（一）坚持党管人才；（二）服务国家战略；（三）突出高精尖缺需求；（四）注重公平公正科学；（五）体现高端示范引领。

第三条 国家“千人计划”由若干项目构成，包括：创新人才长期项目、创新人才短期项目、创业人才项目、青年项目、外国专家项目、顶尖人才与创新团队项目、新疆西藏项目、文化艺术人才项目。

根据国家经济社会发展和人才队伍建设需要，经中央人才工作协调小组批准，可调整计划项目设置。

第四条 国家“千人计划”在中央人才工作协调小组指导下实施，由海外高层次人才引进工作小组（以下简称“引才小组”）组织领导和统筹协调。在中央人才工作协调小组办公室设立海外高层次人才引进工作专项办公室（以下简称“专项办”），负责引才小组日常工作。在有关部门设立平台，负责具体实施工作。

科技部设立国家重点创新项目平台。教育部、科技部设立重点学科和实验室平台。国务院国资委设立企业平台。人民银行设立金融机构平台（含青年项目试点）。科技部、人力资源社会保障部设立创业人才平台。国家外专局设立外国专家项目平台。教育部、科技部、人力资源社会保障部、国务院国资委、中科院、工程院、自然科学基金会等单位共同设立青年项目平台。文化部设立文化艺术人才项目平台。

第二章 资格条件

第五条 创新人才长期项目。申报人一般应当取得博士学位，在国外著名高校、科研机构担任相当于教授职务或者在国际知名企业、金融机构担任高级职务的专业技术人才和经营管理人才，年龄不超过55岁。引进时未全职在国内（来华，下同）工作，或者在国内工作不超过1年。引进后须全职在国内工作3年以上。

对业绩特别突出或者国家急需紧缺人才，可适当放宽年龄、学历、专业职务要求。

第六条 创新人才短期项目（含非华裔外国专家）。引进时未全职在国内工作，且符合创新人才长期项目其他资格条件。引进后须在国内连续工作3年以上，每年不少于2个月。

第七条 创业人才项目。申报人一般应当在海外取得学位，年龄不超过55岁，并符合下列条件：

（一）拥有国际领先技术成果，或者能够填补国内空白，产业化开发潜力大；

（二）有海外创业经验或者曾任国际知名企业中高层管理职位，有较强的经营管理能力；

（三）在国内时间不超过6年，其创办企业成立2年以上、5年以下，产品具有核心技术且处于中试或者产业化阶段；

（四）是企业主要创办人且为第一大股东或者最大自然人股东。一家企业只能申报一名。

特别优秀的可适当放宽年龄要求。

第八条 青年项目。高等学校、科研机构、中央企业的申报人，应当属于自然科学或者工程技术领域，年龄不超过40岁，具有博士学位，并符合下列条件：

（一）在海外知名高校、科研机构或者知名企业研发机构有正式教学或者科研职位，取得博士学位后在海外连续工作36个月以上；

（二）取得同行专家认可的科研成果，且具有成为该领域学术或者技术带头人的发展潜力；

（三）申报时未全职在国内工作，或者在国内工作不超过1年；

（四）引进后须全职在国内工作3年以上。

大中型金融机构或者国家金融管理部门的申报人，一般应当在知名高校取得博士学位，年龄不超过40岁，并符合下列条件：

（一）在海外商业性金融机构或者金融监管机构连续全职工作36个月以上；

（二）业绩突出，在业内具有一定知名度，且具有成为所在领域领军人才的发展潜力；

（三）申报时应当未全职在国内工作，或者在国内工作不超过1年；

（四）引进后须全职在国内工作3年以上。

在海外取得博士学位、业绩特别突出或者国家急需紧缺的人才，可适当放宽工作年限要求。

第九条 外国专家项目。申报人应当为非华裔外国专家，年龄不超过65岁，引进后须全职来华工作3年以上。其他资格条件应当符合创新人才长期项目要求。

第十条 顶尖人才与创新团队项目。申报人应当为自然科学或者工程技术领域的国际顶尖专家，引进后须全职在国内工作5年以上，并具备下列条件之一：

（一）诺贝尔奖、图灵奖、菲尔茨奖等国际大奖的获得者；

（二）美国、英国、加拿大、澳大利亚等发达国家科学院院士或者工程院院士；

（三）在世界一流大学、科研机构任职的国际著名学者；

（四）国家急需紧缺的其他顶尖人才。

第十一条 新疆西藏项目。引进主体为在新疆、西藏的高等学校、科研机构、企业和高新技术产业开发区为主的各类园区等用人单位。

创新人才须具备下列条件：属于自然科学或者工程技术领域，年龄不超过40岁；在海外取得硕士以上学位，或者在国内取得硕士以上学位并在国外连续工作36个月以上；取得同行专家认可的科研成果，且具有成为该领域学术或者技术带头人的发展潜力；引进后全职在新疆、西藏工作至少3年。

创业人才可适当放宽条件。

第十二条 文化艺术人才项目。引进主体为国有文化单位、高等学校和有影响力的非公有制文化单位。从事研究工作的申报人，一般应当取得博士学位，年龄不超过55岁；从事舞台艺术、经营管理、创意设计等专业的申报人，可适当放宽学历和年龄要求。

申报时一般应当未全职在国内工作，或者在国内时间不超过1年。

申报长期项目的，引进后须全职在国内工作3年以上；申报短期项目的，须在国内连续工作3年以上，每年不少于2个月。

第十三条 申报人不得通过多个平台渠道同时申报。除研究成果、技术水平出现重大进展或者突破外，申报次数累计不超过2次。创业人才、青年项目不限制申报次数。

第十四条 除创业人才项目外，其他项目申报人须与用人单位签订工作合同或者意向性协议。

第十五条 未履行和妥善处理原协议的国家公派留学人员、高级访问学者、“博士后国际交流计划”派出人员，由国家财政支持出国的其他人员，存在违纪违法、学术不端等行为的人员，不允许申报。

第三章 遴选程序

第十六条 遴选工作应当遵循下列程序：专项办部署年度遴选工作，各地区各部门组织申报，设立平台的部门（以下简称“平台部门”）开展形式审查、组织同行专家评审，专项办会同平台部门组织咨询顾问组审核、公示，引才小组批准。

第十七条 年度遴选工作由专项办统筹安排、统一部署。一般每年安排一次。

第十八条 各地区各部门按照下列渠道组织申报工作。

创新人才长期（短期）项目：国家科技计划拟引进人才报科技部；中央部门所属单位报业务或者人事主管部门，经审核后分别报平台部门；地方所属单位拟引进人才，由所在省（自治区、直辖市）党委组织部统筹报有关平台部门。

创业人才项目：由省（自治区、直辖市）党委组织部对申报人创办的企业进行实地核查后报平台部门。

青年项目：高等学校、科研机构、中央企业申报人按系统归属汇总。中央部门所属高等学校报教育部汇总，中科院所属院所报中科院汇总，中央部门所属科研机构报科技部汇总，中央企业报国务院国资委汇总，地方所属单位报省（自治区、直辖市）党委组织部汇总，经审核后报自然科学基金会。金融机构申报人，报行业主管部门汇总，经审核后报人民银行。

外国专家项目：中央在京单位由本单位组织人事部门审核后，报国家外专局；其他用人单位，按属地原则报所在省（自治区、直辖市）外专局，经省（自治区、直辖市）党委组织部同意后报国家外专局。

文化艺术人才项目：中央部门所属单位由本部门汇总审核后报文化部；地方所属单位由省（自治区、直辖市）文化主管部门商党委组织部、宣传部同意后报文化部。

顶尖人才与创新团队项目、新疆西藏项目，按照隶属关系由主管部门或者省（自治区、直辖市）党委组织部汇总审核后报专项办。

第十九条 形式审查由平台部门负责，对申报人资格条件和申报材料等进行审核。

第二十条 同行专家评审由平台部门负责，可针对申报人类别采取会议、通讯评审、面试、远程视频答辩等方式。

平台部门应当遴选专业水平高、道德品行好的专家组建评委库，评审时根据申报人专业随机抽取。建立评委库动态调整机制，对违反有关评审规定的不再纳入评委库。

第二十一条 组建评审工作巡察小组，对评审工作全过程严格监督。建立责任追究机制，对说情打招呼、泄露评审专家名单等违规违纪行为严肃处理。

第二十二条 召开专家咨询顾问会议，通报评审工作情况，接受专家质询，对平台部门推荐人选进行审核，研究提出审核意见并向平台部门反馈。

第二十三条 创业人才项目、青年项目拟入选名单须通过媒体向社会公示，公示期为7个工作日。相关平台部门负责对公示反映的问题进行调查核实，提出处理意见。对实名举报和有具体线索的匿名举报应当逐一调查核实。涉及学术技术问题的可再次征求评审专家意见，涉及申报资格条件的须由申报单位作出说明、提供独立第三方有效证明材料。

第二十四条 入选资格名单经专项办报引才小组审批后印发。

第二十五条 对西部地区引进急需紧缺人才，可适当放宽申报条件、评审标准，给予倾斜支持。

第二十六条 设立特殊评审评议程序，对国家需要的特殊重点人才，可“一事一议”，单独报送评审。

第四章 服务管理

第二十七条 中央财政给予入选专家一定经费补助（视同国家奖金）。入选专家正式履行工作合同后一次性发放，免征个人所得税，由专家自主使用，用人单位不得截留挪用。

第二十八条 中央财政给予青年项目、外国专家项目、新疆西藏项目入选专家一定额度的科研经费补助。经费额度一次性核定，分3年拨付，用于支持专家自主选题研究，不得用于有工资性收入的人员工资、奖金、津补贴和福利支出。用人单位不得提取管理费用。经费使用进度不按年度考核，原则上3年内统筹使用，确有需要且有工作合同的，可延长2年。

第二十九条 党委组织部门要加强思想引导和政治引领，注意将入选专家纳入党委联系范围，定期组织国情研修考察、咨询服务等活动，引导专家弘扬爱国奉献精神、严守学术道德规范。注意培养推荐入选专家到国际组织任职。

第三十条 人力资源社会保障部门可设立国家“千人计划”服务窗口，负责协调落实入选专家特定生活待遇政策。

第三十一条 用人单位应当按国家“千人计划”有关政策规定、工作合同做好服务和管理工作。

第三十二条 入选专家在首个聘期内原则上不得转换工作单位。确需转换的，应当由本人提出申请，征得转出单位同意，接收单位进行材料汇总并报主管部门审核后，送专项办审批。企业入选人员如转换到高等学校、科研机构工作，需经专家咨询顾问组审核。工作单位转换后，中央财政给予的一次性补助及科研经费补助一并流转。首个聘期内，西部地区和东北地区入选专家不得向东部或者中部地区流动，新疆西藏项目入选专家不得向其他地区流动。

第三十三条 鼓励支持创新短期项目入选专家转换为创新长期项目。创新长期项目入选专家原则上不得转换为创新短期项目。转换项目类别后，应当相应调整经费等支持政策。

第三十四条 各地区各用人单位要严格工作合同管理，对入选专家兼职取酬等问题制定具体管理办法。

第三十五条 对全职在国内工作、业绩特别突出的入选专家，可按一定程序纳入顶尖人才与创新团队项目支持。

第三十六条 落实入选专家退出有关规定，依据不同情形实施分类管理。对因个人或者家庭原因提出放弃入选资格的，按主动退出办理。对未按合同约定如期到岗工作，或者在岗时间未达到要求，经督促提醒仍不履约的，予以劝退。对弄虚作假骗取入选资格的，违反职业道德、学术不端造成恶劣影响的，或者触犯国家法律法规的，取消入选资格。

第三十七条 国家“千人计划”是国家海外高层次人才引进计划的专有名称，未经授权，不得擅自以国家“千人计划”名义组织相关活动，严禁以商业目的或者潜在商业目的使用国家“千人计划”名称及标志。

第五章 组织实施

第三十八条 专项办负责牵头研判海外人才引进形势并提出政策建议，制定发布引才指导目录和年度引才工作安排；牵头研究制定引进海外高层次人才的有关政策、制度、办法，协调解决引才工作中的重大问题；牵头组织计划实施的全过程监督，综合评估各平台引才工作情况；协调有关部门和地方制定并落实特殊政策措施；指导各地区各部门引才工作。

第三十九条 平台部门负责组织实施申报评审工作，按照行业管理职责做好引进人才的联系服务、监督管理工作。

第四十条 各级组织部门统筹协调本地区本单位海外人才引进工作。

第四十一条 用人单位负责海外高层次人才资质审核、专业评估、培养使用、服务管理等工作，为入选者提供必要支持。

第六章 附 则

第四十二条 本办法由中央组织部负责解释。

第四十三条 本办法自2017年2月24日起施行。此前发布的有关规定与本办法不一致的，按照本办法执行。

中共中央组织部

2017年2月24日

“十三五”国家技术创新工程规划

（国科发创〔2017〕104号）

为深入贯彻党中央、国务院关于科技创新一系列重大决策部署，推动落实《中华人民共和国国民经济和社会发展第十三个五年规划纲要》《国家创新驱动发展战略纲要》和《“十三五”国家科技创新规划》的任务要求，全面完成《国家中长期科学和技术发展规划纲要（2006—2020年）》的任务目标，建设和完善技术创新体系，显著增强企业创新能力和产业核心竞争力，促进科技与经济深度融合，制定“十三五”国家技术创新工程规划。

一、发展形势

“十三五”是完成国家中长期科技发展规划纲要战略任务、全面建成小康社会和进入创新型国家行列的决胜阶段，也是全面提升企业创新能力、打造国民经济增长新动力的关键时期。在更高的起点上加快实施新一轮国家技术创新工程，是加快建设国家创新体系的重大举措，是建设创新型国家的重要任务。“十三五”时期，国家技术创新工程的实施面临着新的形势和迫切需求。

（一）进展与成效。

国家技术创新工程实施以来，已成为国家加快转变经济发展方式、提升企业自主创新能力和产业核心竞争力、建设国家创新体系的有效载体和强有力抓手。在国家技术创新工程部际协调小组领导下，形成国家技术创新工程联合推进机制，工程实施取得显著成效。

企业创新能力显著提升。在国家技术创新工程推动下，企业在技术创新中的主体地位和创新能力显著提升，2015年全社会R&D经费支出中企业占比78%，研发人员占比达到80%，企业获得发明专利授权15.9万件，占国内发明专利授权量的60.5%。创新型试点企业平均研发强度达到1.79%，远高于规模以上工业企业0.77%的水平。一批有技术研发实力、产业化能力和较强国际竞争力的骨干企业迅速成长。

突破产业核心关键技术。紧紧围绕提高重点产业创新能力，突破了一批制约产业发展的核心关键技术，产业技术含量和核心竞争力不断提升，企业在一些重要领域实现从跟踪为主向跟踪和并跑、领跑并存跃升。在高速铁路、核电、第四代移动通信、特高压输变电、北斗导航、电动汽车、杂交水稻等方面突破一批重大关键技术，形成一批重大装备和战略产品，有力促进了战略性新兴产业培育和发展，带动产品和装备走向世界。实施工业强基等示范工程，突破制约传统产业升级改造的一批核心技术。攻克了食品质量安全控制、农产品安全等一批关键技术，新药注册数量大幅度增加。

产业技术创新体系逐步完善。依托行业骨干科研机构、大学和企业建立高水平研究开发中心，集聚创新资源，加速成果转移转化。截至2015年底，依托企业建设国家重点实验室、国家工程实验室、国家工程（技术）研究中心近700家。各地建设的各类产业技术研究院等达到1000家以上，累计认定国家企业技术中心1276家。试点产业技术创新战略联盟达到146家，集中了5000多家企业、高校和科研机构。面向中小企业的技术服务显著加强，以国家高新区为载体认定了32个创新型产业集群试点，引导建设了400多个区域技术创新服务平台，形成了以运营商和服务为主体的信息化分支服务机构6000多个。

推动创新资源向企业集聚。创新资源开放共享和向企业集聚为提升企业创新能力和推动产业转型升级提供了有力支撑。科技人员交流深入开展，建设院士工作站3000余家，科技特派员超过70万人，农业领域设立企业综合试验站221个，创建劳模创新工作室7.8万个。国家大型科研基础设施和仪器设备进一步向社会开放共享，国家科技基础条件平台为企业服务47万多家次，国家大型科学仪器中心和分析测试中心的企业用户数超过3400家。深化科技和金融结合，16个试点地区共增加中小企业贷款超过1.2万亿元，国家开发银行累计发放表内科技贷款5436亿元，风险投资和私募股权投资对科技企业的投资超过7000亿元，国家科技成果转化引导基金引导创业投资基金总规模达到42亿元。

创新创业环境不断完善。进一步深化改革，完善激励创新的政策体系。全国各类众创空间超过2300家，与现有2500多家科技企业孵化器、加速器，16个国家自主创新示范区和147个国家高新区共同形成完整的创业服务链条和良好的创新生态。

2015年，国家技术转移示范机构达453家，技术（产权）交易机构30家，国际技术转移中心34家，技术交易总额9835亿元。连续四届中国创新创业大赛共有近6万家创业企业和团队、1500家创投机构参加，促成创业投资近300亿元，银行授信总额超过500亿元。研发费用加计扣除、固定资产加速折旧、高新技术企业认定、国家自主创新示范区税收试点等政策逐步完善。全国高新技术企业达到7.9万家。广泛开展职工技术创新活动和职工素质提升活动，“十二五”全国职工提合理化建议5704万件，实施率55.6%。

推动区域转型发展取得显著成效。国家技术创新工程试点省市把实施技术创新工程作为科技与经济结合的突破口，统筹实施创新型企业、创新人才、园区建设、科技服务、科技金融以及创新激励等政策措施，与地方产业转型发展、完善区域创新体系建设紧密结合。出台《长江经济带创新驱动产业转型升级方案》，加快推进沿江产业向中高端发展。江苏省大力培育创新型企业集群，全省80%以上研发投入由企业完成，80%以上科技平台建在企业，80%以上引进的高层次创新创业人才进入企业。广东省积极扶持新型研发机构发展，汇聚全国产学研创新资源，累计攻克产业关键、核心和共性技术1900余项。浙江省建设149家省级重点企业研究院，累计资助8.5亿元，带动企业投入研发经费70亿元。四川省把构建省市县互动的区域创新体系作为实施技术创新工程的重要举措。青岛市安排10亿元技术创新工程专项资金。技术创新工程的实施推动着区域转型升级。

（二）形势与需求。

技术创新是经济增长的重要驱动力量。“十三五”时期，新一轮科技革命和产业变革加速推进，全球处于新一轮技术创新活跃期，群体性技术加速突破，重大颠覆性技术不断涌现，产业发展“拐点”初显，产业形态和组织方式显著改变，世界经济结构和竞争格局加速重构。技术创新多点突破和交叉融合趋势日益明显。全球技术创新进入新的密集活跃期。信息、生物、新能源、智能制造技术不断突破和相互融合，以移动互联、大数据、云计算、智能终端、高端芯片为特征的新一代信息技术深度应用成为催生产业变革的重要引擎，推动了以绿色、智能、泛在为特征的群体性技术革命。主导技术群发生变化并构成了新时代经济增长的技术基础。

颠覆性创新不断涌现，产业发展“拐点”突显。颠覆性创新成为科技革命和产业变革时期的突出特征，新技术新产业厚积薄发，很多产业接近转型升级的拐点。新能源汽车技术加快成熟，成本持续下降，市场加速拓展。清洁发电综合成本与火电逐步接近。生物技术在农药、化肥、医药和日用化工业中的应用快速提升。产业发展拐点带来的机遇稍纵即逝，应对不当，可能造成巨大沉淀投资和损失。

技术创新催生新的生产方式、产业形态、商业模式。基础研究、应用研究、技术开发和产业化的边界日趋模糊，推动生产与消费模式变革，带动新产业、新业态快速成长，创业经济、平台经济、共享经济时代来临。信息技术与新能源的结合将产生新型工业模式，新型制造技术的发展将促使生产模式和商业模式创新重塑产业发展格局。知识、资本、人才等创新资源在全球加速流动。

产业技术创新协同共享与开放程度加深。网络信息技术、大型科研设施开放共享、智能制造技术提供了功能强大的研发工具和新型创新平台，技术创新活动日益社会化、大众化、网络化。大规模个性化定制、精准供应链管理、网络众包、协同设计、产业创新联盟等重塑产业价值链体系与产业组织形式，产业协同创新逐步向深层次、紧密化、实体化方向发展。企业创新的生态环境更加重要。创新生活实验室、制造实验室、众筹、众包、众智等多样化新型创新创业模式不断涌现，衍生大量新技术、新工艺和新装备，加快产业转型和高新技术孕育、转化和应用。

围绕打造技术创新优势和抢夺产业链主导权的国际竞争日益激烈。面对全球技术创新蕴含的重大机遇，世界主要国家纷纷把技术创新作为国家发展战略的核心。美国制造业创新网络计划提出十年内建设45个制造业创新研究中心；英国通过建设一批技术与创新中心完善和优化国家技术创新体系；德国出台集群政策全面支持重点领域和重点区域的企业、科研机构、大学等创新主体。各国通过促进产学研合作、完善创新生态等争夺对人才、技术标准以及产业链的主导权。

我国正处在全面建设小康社会的关键时期和深化改革开放、转型发展的攻坚时期，经济发展进入新常态，深入实施创新驱动发展战略，推进供给侧结构性改革，培育经济增长的新动力，迫切需要构建和完善技术创新体系、全面提升企业和产业核心竞争力。深入实施国家技术创新工程，是新形势下推动产业转型升级促进发展的必由之路，既有利于缓解经济下行压力、推动中高速增长，又有利于释放新动能、推动产业转型升级和迈向中高端水平，也有利于推动与全球创新深度融合发展、抓住科技革命和产业变革机遇。同时，我国经济实力日益增强，市场需求逐步释放，产业体系更加完备，市场机制更加完善，对外开放显著加强，我国产业、企业实现赶超发展已经具备了坚实的基础。

（三）问题与挑战。

面对新的形势和需求，我国技术创新体系建设中还存在一些薄弱环节和亟待解决的突出问题。一是企业创新能力仍然薄弱，创新型企业较少，尤其缺乏具有国际竞争力的创新型领军企业。二是企业持续创新动力依然不足，制约不同性质和类型企业创新的体制机制障碍仍然存在，创新创业活力有待进一步加强。三是产业核心关键技术受制于人的局面还没有得到根本改变，很多产业处在价值链中低端，高端产业低端化现象明显。四是适应产业变革要求的新型产业创新体系还未形成，对企业技术创新的源头支持不足，创新链条和体系不完整，市场在产业技术创新中的基础性作用有待进一步发挥。五是产业创新服务体系不完善，共性技术研发载体和战略性支撑能力不足，面向中小企业创新创业的服务机构和平台有待加强。

综合判断，我国产业技术创新正面临着利用科技革命和产业变革的跨越式发展战略机遇期，同时也面临着严峻的竞争和挑战。必须紧紧把握全球产业变革和创新发展新态势，加快“互联网+”、中国制造2025、大数据等战略实施，充分发挥科技创新在支撑引领产业发展中的突出作用，改善产业创新体系和创新生态，集聚创新资源推动企业和产业进入价值链高端环节，为构建创新型经济、实现创新驱动发展战略目标提供有力的保障。

二、指导思想和目标

（一）指导思想。

高举中国特色社会主义伟大旗帜，全面贯彻党的十八大和十八届三中、四中、五中、六中全会精神，以马克思列宁主义、毛泽东思想、邓小平理论、“三个代表”重要思想、科学发展观为指导，深入贯彻习近平总书记系列重要讲话精神，坚持创新、协调、绿色、开放、共享五大发展理念，以提升企业创新能力为核心，以促进科技与经济社会紧密结合为主线，以深化体制改革为动力，着力增强企业创新主体地位，着力促进产业协同创新，着力优化创新生态环境，着力强化创新创业服务，引导和支持创新要素向企业集聚，激发全社会创新创业活力，发挥技术创新在深化供给侧结构性改革中的支撑引领作用，推动产业向价值链中高端攀升，打造经济增长新动力，为深入实施创新驱动发展战略、建设创新型国家提供有力支撑。

（二）基本原则。

市场导向。完善技术创新市场导向机制，强化企业在技术创新中的主体地位，激发企业创新内生动力，促进企业成为技术创新决策、研发投入、科研组织和成果转化的主体，使创新转化为实实在在的产业活动。

强化协同。加强产业协同创新，充分调动企业、大学、科研机构等各类创新主体的积极性和创造性，加强不同领域、不同行业以及创新链各环节之间的技术融合与扩散，注重财税、金融、投资、产业、贸易、消费等政策与科技政策的配套，推动军民协同创新与发展。

深化改革。充分发挥政府在技术创新中的引导作用，以改革驱动创新，推动政府职能由研发管理向创新服务转变，强化创新成果同产业对接、创新项目同现实生产力对接、研发人员创新劳动同其利益收入对接，破除制约新兴产业成长的体制机制障碍，释放科技创新潜能。

开放合作。把握全球创新要素流动和集聚的新趋势，更加主动地融入全球创新网络，充分利用国际国内创新资源，促进人才、资本、成果等要素开放、共享与流动，更大范围、更高层次、更有效率地配置创新资源。

（三）总体目标。

以企业为主体、市场为导向、产学研相结合的技术创新体系进一步完善，企业自主创新能力和产业核心竞争力大幅度提升，科技成果转移转化和创新创业服务体系基本健全，区域产业协同创新水平进一步提升，新产业、新业态加快培育成长，科技与经济社会结合更加紧密。

主要指标如下：

到2020年，企业主导产业技术研发创新的体制机制更加完善，企业创新能力大幅度提升，培育20家左右具有世界影响力的创新型领军企业，部分企业进入全球创新100强行列，创新型试点企业达到1000家以上，高新技术企业的营业收入达到34万亿元，涌现出一大批富有活力的科技型中小企业“隐形冠军”。

按照科研基地优化布局统筹部署，在事关国家未来发展的重大产业技术领域建设20家左右战略目标明确、运行开放高效、资源整合能力强的国家技术创新中心，构建形成对产业发展辐射和带动作用强的技术创新网络。

企业研发投入明显提高，规模以上工业企业研发经费支出占主营业务收入比例提高到1.1%，行业领军企业研发投入达到国际同类先进企业水平，企业发明专利拥有量、PCT专利申请量实现翻一番。

企业主导的产学研合作深入发展，建设一批带动产业整体创新能力提升的产业技术创新战略联盟，试点联盟达到300家以上。突破一批产业核心、关键和共性技术，形成一批国际和国家技术标准。

创新创业环境进一步优化，形成一批资源整合、开放共享的技术创新创业服务平台，技术交易市场体系进一步完善，全国技术合同成交金额达到2万亿元。科技金融对技术创新的支持力度进一步加强，创业投资、股权融资等规模大幅提升，政策性和开发性金融机构在业务范围内对科技创新的融资支持力度加大。

建设一批科技成果转移转化示范基地，转化一批支撑产业转型升级的重大科技成果，选择基础较好的自主创新示范区、高新区和国家新型工业化产业示范基地，打造50个具有国际竞争力的创新型产业集群。试点省市的区域辐射带动作用进一步加强，形成若干推动区域转型发展的创新高地。

对全球创新资源利用水平大幅度提高，构建一批企业海外研发中心，引进一批海外高端创新人才，围绕“一带一路”扩大创新合作，推动重点产业走出去。

三、重点任务

（一）实施培育创新型领军企业培育行动，引领企业创新能力提升。

强化企业技术创新主体地位和主导作用，加快培育具有国际竞争力的创新型领军企业，引导企业加大研发投入和开展创新活动，全面推进技术、组织、品牌和商业模式创新，提升整个产业技术体系整体创新实力和水平。

实施创新型领军企业培育行动。继续加强创新型企业试点工作，扩大创新型企业试点范围，发挥对产业创新的辐射带动作用。以创新型（试点）企业为依托，培育具有国际先进水平的创新型领军企业，带动重点企业进入全球创新前列。引导领军企业加强基础研究和前沿技术攻关，发挥领军企业在产业技术创新中的引领作用，联合中小企业、高等院校、科研机构开展协同创新，提升产业整体创新能力和竞争力；统筹推进科技计划、基地建设、人才培养等与领军企业培育工作的衔接，国家技术创新中心等优先在领军企业布局。

实施创新企业百强工程，促进技术创新与管理创新、组织创新和商业模式创新深度融合，示范和带动广大企业走创新驱动发展道路。开展国家技术创新示范企业认定工作，引导技术创新骨干企业坚持高强度研发投入，为两化深度融合和建设制造强国提供有力支撑。

引导企业开展创新活动。鼓励有条件的企业整合产学研力量，建立高水平的研发机构，完善研发和工程化条件，提升企业研究开发能力。引导和支持企业加强基础研究和关键共性技术研究，通过与高校、科研院所共同设立研究基金、共建实验室等方式，增强企业原始创新能力。鼓励企业探索新型开放式创新模式，利用内部众创等形式丰富研发组织、拓展研发渠道。继续推进工业强基和技术改造，鼓励企业做优做强，开发新产品，淘汰落后产能。

支持企业在国家重大科技项目实施中发挥重要作用。深化中央财政科技计划管理改革，围绕产业链部署创新链，围绕创新链完善资金链，市场导向明确的科技项目由企业牵头、政府引导、联合高等学校和科研院所实施。“科技创新2030—重大项目”组织实施要充分调动和激发企业积极性，推动企业将自身发展需求和国家目标相结合，产品和应用导向的项目要充分体现企业在技术开发和创新投入中的主导作用。引导社会资本共同投入，探索产学研联合组织方式，建立“沿途下蛋”机制，推动重大科技成果及时转移转化，培育一批新企业，推动形成新产业。

引导企业加大研发投入。充分发挥政策的激励引导作用，鼓励企业加大研发和技术改造投入，加速设备更新和新技术广泛应用。建立健全国有企业技术创新的经营业绩考核制度，加大科技投入和成果转化在经营业绩考核中的比重，对不同行业研发投入和产出进行分类考核。落实企业研发费用加计扣除、加速折旧、高新技术企业税收优惠、支持科技创新进口税收政策等普惠性政策。

推动创新型企业集群式发展。以国家自主创新示范区、高新区、国家新型工业化产业示范基地为依托，在国家重点发展的高端装备制造、新一代信息技术、生物医药、节能环保等战略性新兴产业，推动产业链相关联企业、研发和服务机构在特定区域集聚，形成具有跨行业跨区域带动作用和国际竞争力的创新型产业集群。加强集群共性技术平台建设，打造集群创新核心动力源。

推动企业品牌建设。引导企业不断开展技术创新，提高产品品质，丰富和完善产品系列，鼓励企业制定高于国际标准或行业标准的企业标准，推动标准国际互认，树立质量卓越的品牌形象。加强企业创新与品牌工作的结合，赋予品牌更多的创新内涵，提高品牌国际影响力和认知度，提升品牌价值。

（二）完善技术创新体系建设，提升重点产业核心竞争力

聚焦国家战略产业技术领域，建设综合性、集成性，面向全球竞争、开放协同的国家技术创新中心。结合国家重大科技任务，强化行业龙头企业作用，构建战略定位高端、组织运行开放、创新资源集聚、治理结构多元的技术创新综合体，为国家重大产业技术创新提供战略支撑。

加强国家技术创新中心建设顶层布局。按照国家“十三五”科技创新规划重点任务和“科技创新2030—重大项目”部署，在事关国家未来发展的重大产业技术领域进行顶层设计，“自上而下”与“自下而上”相结合，以行业领域为主，兼顾重大区域战略与产业发展布局，构建一批战略目标明确、运行开放高效、资源整合能力强的国家技术创新中心。

专栏1：国家技术创新中心布局重点领域

优势特色领域：支撑“一带一路”等重大战略实施，在国际上具有较强竞争优势和国际影响力，能有效带动创新产能合作的领域，包括高速列车、核电、智能电网等。

重大关键领域：涉及国家产业安全和重大利益，关系国计民生和产业命脉的“卡脖子”领域，包括航空发动机及燃气轮机、人工智能、智能制造、新材料、煤炭清洁高效利用、油气勘探与开发、现代农业、环境综合治理、深海装备等。

前瞻引领领域：有望引领产业技术变革方向，形成颠覆性创新，关系产业未来发展态势、抢占未来产业制高点的领域，包括大数据、量子通信、精准医学等。

加强国家技术创新中心体制机制创新。在运营管理、研发投入、人才集聚等方面大胆创新，中央和地方联动、政产学研用协同，构建多方共建共治共享的管理运行机制，形成开放式协同创新网络，培育风险共担、收益共享的技术创新利益共同体。强化国家技术创新中心在承担国家重大科技项目和工程等任务中的重要作用，提升在重大战略领域的核心竞争力。充分发挥国家技术创新中心的带动和牵引作用，集聚产业创新资源，开展有效的分工与合作，构建推动产业创新发展的技术创新协作网络。

建设完善产业共性技术研发基地。按照科技计划管理改革部署，加强在龙头骨干企业建设国家科技创新基地。围绕中国制造2025确定的十大重点领域，以企业为主体、产学研自主结合建设国家制造业创新中心，集成优化创新资源配置。依托骨干转制院所和行业龙头企业，在机制创新、整合资源基础上，形成一批开展产业共性技术研发与中试熟化基地。围绕现代农业技术发展需求建设现代农业产业科技创新中心和国家农业科学实验站。

（三）发展产业技术创新战略联盟，促进产学研协同创新。

在深化改革基础上，按照自愿原则和市场机制，优化产业技术创新战略联盟总体布局，提升联盟功能，加强服务，发挥联盟对推动产业重大技术创新和促进产学研协同创新的重要作用。

鼓励产学研联盟发展。加强对联盟引导，聚焦新兴产业发展及传统产业转型升级，围绕长江经济带、京津冀等重点区域，结合重点任务实施和重大成果应用，鼓励产学研联合组建产业技术创新战略联盟，协调推进完善技术创新生态体系建设，推动产业技术、标准、服务与应用达到国际领先水平。鼓励成立跨行业、跨领域协同创新联盟。及时总结运行规范、在推动产业技术创新中发挥重要作用的联盟经验，发挥联盟示范带动作用，鼓励承担国家重大科技计划和任务的实施。

提升联盟功能。围绕发展战略性新兴产业、改造提升传统产业、培育现代服务业，引导联盟开展产业技术研发创新，强化联盟在制订技术标准、编制产业技术路线图、加快技术转移和成果转化、构建和完善产业创新链等方面的重要作用。探索依托联盟成员单位建设国家科技创新基地，企业以市场化方式设立产业投资基金，建设研发与产业化实体，面向产业提供人才培养、技术熟化等服务。

加强对联盟指导服务。鼓励联盟在自愿基础上构建协同创新网络，搭建联盟自组织与协同互动的桥梁与平台，促进联盟交流，引导联盟健康发展。拓展联盟宣传交流、信息咨询、法律援助、国际合作渠道，研究完善支持联盟发展的政策措施，探索突破联盟法人实体地位。加强联盟内部组织和制度建设，完善运行与发展机制。

（四）实施科技型创新创业行动，激发中小微企业创新活力。

充分发挥我国科技创新优势，激发市场主体和大众的创新创业活力，大力推动科技型创新创业，促进和支持科技型中小微企业快速健康发展。

提升中小微企业创新能力。研究制定科技型中小微企业标准，加大政策引导和支持。支持科技型中小企业发展，培育一批掌握产业“专精特新”技术的隐形冠军。鼓励有条件的地方在高新区实施提升科技型中小企业技术能力的专项计划，提高“小巨人”企业的成长速度和质量效益水平。鼓励和引导中小企业加强技术改造与升级，通过现有政策渠道对技术改造项目予以适当支持。完善政府采购支持中小企业相关政策，优先采购中小企业的产品和服务，支持中小企业技术创新。开展中小微企业技术创新激励政策落实情况评估。

加强面向中小微企业的创新服务平台建设。突出资源整合和服务功能，按照政府引导、多方参与的原则，建设和形成一批技术创新服务平台，逐步形成专业化、社会化、网络化的科技创新服务体系，面向中小企业提供研发设计、检验检测、技术转移、大型共用软件、知识产权、标准、质量品牌、人才培训等服务。加强国家级工业设计中心建设，支持企业工业设计中心和工业设计企业发展。指导地方探索“创新券”等政府购买服务模式，降低中小企业技术创新成本。

积极利用“互联网+”推动创新创业。完善部门协同和信息共享机制，发挥大数据、云计算等集聚创新要素资源的作用，积极探索“互联网+”科技服务模式，打破互联网跨界融合壁垒，培养基于“互联网+”的创新创业企业。实施“互联网+小微企业”行动，进一步提高小微企业应用互联网水平。鼓励企业利用“互联网+”发展众创、众包、众扶、众筹等，创新研发组织方式，推动科技型小微企业“裂变式”发展。

引导建设各具特色的众创空间。围绕重点产业领域，发展细分领域众创空间，促进成熟产业链与创新创业的结合。积极推动众创空间等各类科技创新创业载体为科技型中小微企业发展提供服务。鼓励高校、科研院所发挥自身创新资源优势，建设专业化众创空间。鼓励联盟以市场化方式发起设立产业投资基金、专业化服务平台，孵化和培育创新创业项目。完善企业内部众创机制和平台建设，培育企业内部创客文化，形成开放协同的研发体系。推动国有企业建立服务大众创业的开放创新平台。引导社会资本积极参与，推动分布式网络化的创新。鼓励外资研发机构建立高水平的专业化孵化载体，鼓励国外知名科技服务机构在我国设立分支机构或开展科技服务合作。

调动科技人员和职工创新创业积极性。深入开展科技人员服务企业行动，组织科技人员帮助科技型中小企业解决技术难题。引导鼓励职工广泛开展小革新、小发明、小改造、小设计、小建议等“五小”活动，深入开展职工职业技能竞赛，推广班组创新活动，使广大职工在创新活动中切实发挥应有作用。定期举办中国创新创业大赛、中国农业科技创新创业大赛、中国创新挑战大赛、中央企业熠星创新创意大赛等赛事，鼓励社会力量、企业组织创新创业大赛，激发全社会创新创业热情。支持社会力量举办各类公益讲坛、创业沙龙、创业论坛、创业训练营等培训活动。

专栏2：创新创业大赛

中国创新创业大赛：由科技部、财政部、教育部和全国工商联共同指导举办，聚集和整合各种创新创业资源，引导社会各界力量支持创新创业，搭建服务创新创业的平台，弘扬创新创业文化

中国农业科技创新创业大赛：在科技部、农业部、教育部、中国银监会、中国证监会等指导下进行，旨在创造风险投资与农业科技创业团队对接的范例，培育用现代服务业引领推动现代农业产业发展的生态环境。

中国创新挑战大赛：针对企业创新需求，面向社会公开征集、寻求解决方案，通过“挑战、比拼”实现竞争择优，解决产业发展的技术难题，推动产业转型升级。

中央企业熠星创新创意大赛：由国资委举办，在发展改革委、教育部、科技部、工业和信息化部、财政部、知识产权局共同支持下进行，旨在搭建开放协同的创新平台，汇聚和融合中央企业及社会各类创新资源，激发科技人员创新活力，促进中央企业科技成果转移转化，带动全社会创新创业。

（五）实施促进科技成果转移转化行动，强化企业在成果转化中的主体作用落实《促进科技成果转化法》，实施国家促进科技成果转化行动，完善科技成果转化机构和服务体系建设、培育技术转移人才，强化企业在科技成果转化中的主体作用，为企业承接和转移转化科技成果创造有利条件。

转化一批先进适用的科技成果。围绕新一代信息网络、智能绿色制造、现代农业、现代能源、资源高效利用和生态环保、海洋和空间、智慧城市和数字社会、人口健康等重点领域，发布一批财政资金支持的、符合产业转型升级方向、投资规模与产业带动作用大的科技成果包。发挥科技中介机构在成果筛选、市场化评估、融资服务、成果推介等方面的作用，鼓励企业探索新的商业模式和产业化路径，推动重大科技成果加速实现转化应用。

大力发展技术市场。加强全国技术市场一体化布局，以“互联网+”科技成果转移为核心，加快形成统一开放的国家技术交易网络，提供信息发布、融资并购、公开挂牌、竞价拍卖等专业化服务。发展多层次技术交易市场体系，推进国家技术转移区域中心建设，鼓励地方完善区域技术交易服务平台。完善技术产权交易、知识产权交易等各类平台功能。建立科技成果转化市场化定价机制。探索建立统一的技术交易规范和流程。

培育一批专业化科技成果转化载体。支持企业与高校、科研院所、社会团队等联合建立产业技术研究院、协同创新共同体等新型研发机构或技术转移机构，探索多样化发展模式，共同开展研究开发、成果应用与推广、标准研究与制定等。积极培育市场化新型研发组织、研发中介和研发服务外包新业态，促进科技服务机构集团化发展和提供集成化专业服务。瞄准新兴产业发展，依托国家自主创新示范区、国家高新区、国家新型工业化产业示范基地等创新资源集聚区域，以企业为主导，产学研联合建设一批科技成果中试熟化与产业化基地。

推动军民融合成果转化。通过征集和发布转化目录、举办军转民竞赛、实施军工技术推广专项等，推动国防科技成果向民用领域转化应用。加强国家军民融合公共服务平台和国家军民两用技术交易中心等平台建设，推动建立一批军民结合、产

学研一体的科技协同创新平台。发布“民参军”技术与产品推荐目录，加快民用技术向军口的转移和应用。

推动创新产品进入市场。改进新技术新产品新商业模式的准入管理，支持和鼓励新业态、新商业模式发展。明确并逐步提高生产环节和市场准入的环境、节能、节地、节水、节材、质量和安全指标及相关标准，形成统一权威、公开透明的市场准入标准体系。研究商业模式、技术方案等新形态创新成果的知识产权保护办法。

（六）加大技术创新支持力度，促进创新资源向企业集聚。

从创新激励和支撑保障两个方面入手，建立和完善体制机制，引导人才、科技基础设施、资金等向企业集聚。

加强创新人才向企业集聚流动。允许高校、科研院所科研人员到企业兼职或离岗到企业创新创业，做好科研人员流动社保关系转移接续等工作，鼓励人才在高校、科研院所与企业间合理流动。

推广企业院士专家工作站、博士后工作站等服务模式，发挥科技副职、企业科技特派员的桥梁和纽带作用。落实深化职称制度改革的意见，强化创新导向。完善海外高端技术人才引进机制，探索建立技术移民制度，对企业急需的海外高端技术人才引进给予多种支持。

实施“卓越工程师”培养计划，培养和造就一批适应企业创新需要的高质量工程技术人才。加快发展现代职业教育，深化产教融合、校企合作、创新人才培养模式，鼓励实施“现代学徒制”培养人才。大力实施职工素质建设工程，弘扬工匠精神，造就一支有理想守信念、懂技术会创新、敢担当讲奉献的宏大的产业工人队伍。

专栏3：提高职工创新素质

大力实施职工素质建设工程，造就一支有理想守信念、懂技术会创新、敢担当讲奉献的宏大的产业工人队伍。加强企业创新管理培训和职工技能培训，建立职工技能培训示范点，培养造就高素质技术工人，实施“农民工职业技能提升计划”。开展大国工匠选树活动，激发广大职工立足本职、爱岗敬业、精益求精的劳动热情，充分调动职工参与技术创新的能动性。

引导建立多元化资金投入渠道。加强国家科技计划对技术创新的引导支持。发挥国家中小企业发展基金、国家新兴产业创业投资引导基金、国家科技成果转化引导基金等作用，壮大天使投资、创业投资、产业投资，强化对种子期、初创期创业企业的直接融资支持。支持创新创业企业进入资本市场融资。鼓励开发性、政策性金融机构在业务范围内，根据职能定位，对符合条件的企业转化科技成果、进出口关键技术设备、国际技术并购等提供信贷支持。鼓励商业银行创新符合企业技术创新特点的金融产品和服务。积极推进“投贷联动”试点。深化促进科技和金融结合试点，鼓励试点地区在建立科技金融服务中心等方面先行先试。推动建立覆盖全社会的征信系统，加快金融信用信息基础数据库二代系统建设，扩大社会征信机构的信息来源、信息覆盖面、信息维度，开发适应社会需求的征信产品和服务。促进金融资源更多流向实体经济，有效缓解中小微企业融资难、融资贵问题。

推动科技资源向企业开放共享。引导和鼓励有条件的高等学校、科研院所、大型企业的重点实验室、国家工程（技术）研究中心、大型科学仪器中心、分析测试中心等科研基础设施和设备进一步向科技型中小企业开放，提供检验检测、标准制定、研发设计等科技服务。明确财政资金资助大型科学仪器设备和科研基础设施面向企业和社会开放共享的义务，建立科研设施与仪器网络服务体系，打造网络化服务平台，为企业用户提供服务。建立科研设施与仪器开放共享评价考核和后补助机制，完善开放共享服务的收费机制。

发挥标准在技术创新中的引导作用。加快新兴和融合领域技术标准研制，及时更新标准，强化强制性标准制定与实施，形成支撑产业升级的技术标准体系。培育发展标准化服务业，提升市场主体技术标准研制能力。促进标准体系公开、开放和兼容，支持我国企业、联盟和社会组织参与或主导国际标准研制。

完善企业参与创新治理机制。吸收企业参与研究制定国家技术创新规划、计划、政策和标准。国家科技计划专家库中积极吸收企业专家参加立项评审、结题验收等工作，相关专家咨询组中产业专家和企业家应占一定比例。在国家科技计划的实施过程中，竞争类产业技术创新的研发方向、技术路线和要素配置模式由企业依据市场需求自主决策。

（七）加强国际创新合作，推动企业充分利用全球创新资源。

积极拓展技术创新国际开放合作领域，充分融合利用国内外创新资源，创造国际化发展良好环境，提升企业国际竞争力。

鼓励企业开展国际创新合作。引导企业通过人才引进、技术引进、合作研发、委托研发、建立研发中心、参股并购、专利交叉许可等方式开展国际创新合作。鼓励企业开展国际技术并购，设立海外研发中心，在国外申请知识产权，积极参与国际技术标准制定，积极融入全球创新网络。支持高铁、核电等高技术企业借助“一带一路”加快“走出去”，推动企业在沿线国家开展先进适用技术转移与合作，联合职业院校培养当地生产经营需要的技术技能人才。鼓励外资研发机构在我国建立拥有核心技术的全球创新型研发中心和创新基地，参与国家创新体系建设。

强化国际化创新服务。建设一批高水平国际技术转移中心和国际产学研合作平台，为企业开展国际科技创新合作提供服务。支持科技服务类企业通过联合经营、设立分支机构等方式开拓国际市场，向企业提供国际市场、法律、知识产权等专业化服务。加强技术并购咨询服务，促进投融资汇兑便利化，鼓励企业运用知识产权进行海外股权投资。建立和完善海外知识产权风险预警体系，加速推进知识产权海外侵权责任保险工作。

四、保障措施

（一）加强组织领导。

充分发挥国家技术创新工程部际领导小组的组织领导作用，加强科技主管部门及相关部门的协同合作，形成工作合力，发挥各自优势，完善深入实施国家技术创新工程的联合推进机制，确保规划重点任务落到实处。调动和增强高校、科研院所、企业等各方面的主动性和积极性，共同推进国家技术创新工程的实施。

（二）加大政策落实力度。

加强科技与经济体制改革与政策的协调，围绕提升企业和产业创新能力形成合力。落实和完善鼓励企业创新的普惠性政策，加强研发费用加计扣除、高新技术企业认定、股权激励及技术入股所得税优惠、研发仪器设备加速折旧等政策落实。建立创新政策协调审查机制，及时清理、废止不利于新兴产业成长和创新创业政策条款。强化政策培训和宣传解读，完善政策实施程序，切实扩大政策覆盖面。

（三）强化地方组织实施。

加强国家技术创新工程与创新型省市建设、全面创新改革试验区建设的结合，支持区域开展系统性、整体性、协同性改革的先行先试。推动地方积极探索促进技术创新的新政策，加强区域性技术创新服务平台、产业关键技术研发、高端人才引进等工作。将国家技术创新工程纳入省部会商机制，中央和地方加大对地方重大技术创新任务的协同支持。

（四）完善监督评估。

加强重点任务推进和政策措施落实情况的跟踪监测，定期总结评估工作进展情况。及时总结推广试点经验，加强宣传和舆论引导，形成示范带动作用。

科技部　发展改革委
教育部　工业和信息化部
财政部　人力资源和社会保障部
农业部　人民银行
国资委　税务总局
中科院　工程院
全国总工会　全国工商联　国家开发银行
2017年4月24日

“十三五”国家科技人才发展规划

（国科发政〔2017〕86号）

为全面贯彻党的十八大和十八届三中、四中、五中、六中全会和习近平总书记关于人才工作的系列指示精神，贯彻《国家创新驱动发展战略纲要》《关于深化人才发展体制机制改革的意见》，深入实施《国家中长期科学和技术发展规划纲要（2006—2020年）》《国家中长期人才发展规划纲要（2010—2020年）》《国家中长期科技人才发展规划（2010—2020年）》，为2020年进入创新型国家行列和全面建成小康社会奋斗目标提供科技人才支撑，为2050年实现建成世界科技强国目标奠定坚实基础，按照《“十三五”国家科技创新规划》的总体部署和要求，制定《“十三五”国家科技人才发展规划》（以下简称《科技人才规划》）。

一、形势与需求

科技人才是指具有专业知识或专门技能，具备科学思维和创新能力，从事科学技术创新活动，对科学技术事业及经济社会发展做出贡献的劳动者。主要包括从事科学研究、工程设计、技术开发、科技创业、科技服务、科技管理、科学普及等科技活动的人员。

创新是引领发展的第一动力。创新驱动实质上是人才驱动，大力培养和吸引科技人才已成为世界各国赢得国际竞争优势的战略性选择。我国已进入全面建成小康社会和进入创新型国家行列的决胜阶段，深入实施创新驱动发展战略、全面深化科技体制改革的关键时期，必须深刻认识并准确把握经济发展新常态的新要求和国内外科技创新的新趋势，大幅提升科技创新能力，建设一支数量与质量并重、结构与功能优化的科技人才队伍。

“十二五”期间，围绕经济建设和社会发展总体要求，我国科技人才工作取得显著成效，科技人才呈现竞相涌现、活力迸发的新局面。

——科技人才队伍迅速壮大，科技人力资源总量超过7100万，研究与发展（R&D）人员总量535万（折合全时当量为371万人年），均跃居世界第1位；企业R&D人员占全部R&D人员全时当量的78.1%，已成为我国R&D活动的主体；“十二五”期间回国人才超过110万，是前30年回国人数的3倍。

——科技人才结构和布局不断优化，青年科技人才成为科研主力军和生力军，科技创业人才队伍规模不断扩大；区域科技人才布局趋向合理，中西部地区科技人才总量有较大增长；在装备制造、信息、生物技术、新材料、航空航天、海洋、生态环境保护、新能源、农业科技等重点领域，涌现出一批中青年科技创新领军人才。

——科技人才创新能力不断提升，发表在各学科最具影响力国际期刊上的论文数量连续六年居世界第2位，高被引国际论文数量排在世界第3位，农业、化学、计算机科学等8个学科领域被引次数位列世界第2位，国内专利申请量和授权量分别居世界第1位和第2位。我国科学家相继获得一批国际科技奖项。

——科技人才计划效果显著，实施海外高层次人才引进计划（国家“千人计划”）、国家高层次人才特殊支持计划（国家“万人计划”）、创新人才推进计划、长江学者计划、中科院百人计划、国家杰出青年科学基金等一系列科技人才计划与工程，涌现出一批具有国际影响力的高端创新人才。

——科技人才聚集效应初步形成，建设国家（重点）实验室、国家工程技术研究中心、国家自主创新示范区、国家高新技术产业开发区、国家创新人才培养示范基地、众创空间等科技人才基地，一批优秀企业家加速涌现，成为引领创新创业浪潮的核心力量。

但是，我国科技人才发展仍存在以下问题：一是科技人才结构性矛盾依然突出，科学前沿领域高水平人才、高端研发人才和高技能人才存在较大的供给缺口；二是科研机构选人用人自主权不够，“以人为本”的科技人才评价激励机制亟待完善；三是科技人才投入整体不足，且在行业、领域、区域间的配置不均衡；四是科技人才流动渠道不够畅通，在产学研之间的流动存在制度性障碍；五是有利于科技人才成长的政策环境和保障机制建设尚待加强。

“十三五”是我国全面建成小康社会的决胜阶段，也是进入创新型国家行列的冲刺阶段，国家重大战略和经济社会发展对科技创新提出更加迫切的需求。我国科技人才工作要紧紧围绕深入实施创新驱动发展战略，积极落实中央重大决策部署，加强人才工作的系统部署和谋划，使之与国家急需解决的战略任务相匹配。优化调整人才内部结构及区域布局，整体提升创新人才资源的供给水平，逐步形成有利于创新型科技人才成长和发挥作用的良好环境，激发全社会创新创业活力，推动创新成果有效转化，为创新型国家建设提供强大的科技人才队伍保证。

二、指导思想与目标

（一）指导思想。

全面贯彻党的十八大和十八届三中、四中、五中、六中全会精神，深入贯彻习近平总书记系列重要讲话精神和治国理政新理念新思想新战略，围绕“创新、协调、绿色、开放、共享”五大发展理念和“四个全面”战略布局，以全面落实创新驱动发展战略为主线，确立在科技创新中人才资源优先开发的战略布局，按照“服务发展、人才优先、以用为本、创新机制、高端引领、整体开发”的指导方针，构建科学规范、开放包容、运行高效的人才发展治理体系，发挥政府在统筹协调、完善服务、优化环境中的主导作用和市场配置人才资源的决定性作用，形成具有国际竞争力的创新型科技人才制度优势，优化科技人才队伍结构，提升科技人才创新能力，激发科技人才创新创业活力，推动科技人才队伍向量的增长和质的提升并重转变，为2020年我国进入创新型国家行列、实现全面建成小康社会的目标提供有力支撑。

加强科技人才队伍建设必须坚持以下基本原则：

——以科技人才优先发展为导向。理顺人才工作和科技发展的关系，确立科技人才队伍建设在科技创新中不可替代的核心地位，从战略高度确保科技人才优先发展。充分发挥科技人才的基础性、战略性作用，做到科技人才资源优先开发、科技人才结构优先调整、科技人才投资优先保证、科技人才制度优先创新。

——以服务国家战略为优先需求。围绕创新驱动发展战略的实施，变革科技人才工作方式方法，加强重点领域科技人才队伍建设，支持有利于激活创新要素的探索和实践。研究制定围绕“一带一路”建设、京津冀协同发展与雄安新区建设、长江经济带建设、“中国制造2025”、自由贸易试验区建设、国家自主创新示范区建设以及国家重大项目和重大科技工程等人才支持措施，促进区域间人才的合理流动与协同创新，加强海外高层次人才引进，提升面向重点领域和产业发展的人才供给能力。

——以优化科技人才结构为重点。促进科技人才优化配置，形成科技人才在不同年龄、区域、学科、领域、行业等的合理分布。以高层次科技人才为引领，着力解决基础前沿和重点产业领域人才匮乏的问题；加强培养企业创新人才，大力提升企业作为技术创新主体的作用和能力；实现科技创新的依托力量从“小众”到“万众”的转变，促进“大众创业、万众创新”，形成各类人才衔接有序、梯次配备的合理结构。

——以创新人才体制机制为手段。加快科技人才发展体制机制改革和政策创新，重点破除束缚创新驱动发展的人才观念和体制机制障碍。加快政府职能从研发管理向创新服务转变，处理好政府和市场的关系，赋予科研机构选人用人自主权；健全科技人才分类评价与激励机制，强化研发人员创新劳动同其利益收入对接，激发全社会科技人才创新创业活力。

——以提升人才创新能力为核心。注重提高科技人才队伍质量，把“质量优先”贯穿到科技人才培养、引进、使用、评价等全过程。创新人才培养模式，深入实施重大人才工程；实行更加开放的人才政策，重点引进海外高层次创新人才；建立以能力和贡献为导向的人才评价制度，释放科技人才创新潜能，大力提高我国科技人才国际竞争能力。

（二）规划目标。

到2020年，适应实施创新驱动发展战略的要求，初步形成规模宏大、素质优良、结构合理、富有活力的科技人才队伍，科技人才培养体系和管理制度更加完善，在重点领域形成科技人才国际竞争优势，为进入创新型国家行列、全面建成小康社会的目标提供有力支撑。

——科技人才队伍规模稳步扩大。我国R&D人员全时当量由2014年的371万人年达到2020年的480万人年以上，R&D研究人员全时当量由2014年的152万人年达到2020年的200万人年以上，每万名就业人员中研究开发人力投入由2014年的48人年提升到2020年的60人年以上。

——科技人才结构显著优化。基础研究人员占R&D人员的比重达到7%左右；重点产业领域人才和科技创业人才队伍规模不断扩大，企业高层次创新型科技人才的比重持续增加；年龄结构梯次配备，院士等高层次科技人才的平均年龄逐步降低；边远贫困地区、边疆民族地区和革命老区科技人才总量有较大增长。

——科技人才资源开发投入力度明显增强。健全多元人才投入机制，R&D人员年人均研发经费由2014年的37万元/年提升到2020年的50万元/年，与发达国家之间的差距进一步缩小。提高人才投资效益，人才使用效能获得较大提升。

——科技人才的国际竞争力显著提高。在基础研究领域涌现出一批世界一流的科学家，在前沿技术和战略高技术领域拥有一批科技领军人才，在重点产业领域拥有一批高端工程技术人才，在新兴技术领域拥有一批创新创业人才。

“十三五”期间，我国科技人才工作的总体部署是：一是理顺科技人才队伍建设和经济社会发展的关系，形成创新型科技人才优先发展的战略布局，突出“高精尖缺”导向，加快科技人才队伍结构的战略性调整和优化；二是改革和完善人才发展机制，深入实施重大人才工程，加快优秀科技人才的培养和引进，重视对引进人才的使用、后续支持和跟踪服务；三是清除人才管理中的体制机制障碍，充分给予科技人才科研自主权，尊重科技发展和科技人才成长规律，对从事不同创新活动的科技人才实行分类评价和有效激励，充分激发科技人才特别是中青年科技人才的创新活力；四是按照市场规律促进科技人才良性有序流动，优化科技人力资本配置，探索新型科技人才与智力流动服务模式；五是逐步形成有利于创新型科技人才成长和发挥作用的科研生态环境，依托大众创业、万众创新，积极推动创新成果有效转化，为创新型国家建设提供强大的科技人才队伍保证。

三、重点任务

（一）加快科技人才队伍结构的战略性调整。

突出“高精尖缺”导向，促进科学研究、工程技术、科技创业人才和技能型人才协调发展，形成各类科技人才衔接有序、梯次配备、合理分布的格局。

造就一支高层次创新型科技人才队伍。加大战略科学家、杰出科学家、科技领军人才和创新团队的培养支持力度。打造一支具有前瞻性和国际眼光的战略科学家队伍。加快推进科学家工作室建设，采取自组团队、自主管理、自由探索、自我约束的管理制度，使科学家及其团队能够潜心从事科学研究，提升我国科学家在国际上的影响力。研究制定国家重大战略、国家重大科技项目和重大工程等的人才支持措施，重点培养一大批善于凝聚力量、统筹协调的科技领军人才，逐步推广以项目负责人制为核心的科研团队组织模式，赋予创新领军人才更大的人财物支配权、技术路线决策权。加大对优秀青年科技人才的发现、培养和资助力度，对青年人才开辟特殊支持渠道，建立适合青年科技人才成长的用人制度，增强科技人才后备力量。以各种研发平台为载体，支持新型研发机构建设，系统培养大批产业关键领域优秀创新团队，形成科研人才和科研辅助人才的梯队合理配备。

加强产业技术人才、科技金融人才和科技型企业家队伍建设。围绕国家急需紧缺的重点产业领域，培养一大批面向生产一线的专业技术人才、科技金融人才和创新型企业家。每年培训百万名高层次、急需紧缺和骨干专业技术人才；在全国建成一批技能大师工作室、1200个高技能人才培训基地，培养1000万名高技能人才。重点扶持一大批拥有核心技术或自主知识产权的优秀科技人才创办科技型企业；培养造就一大批具有全球战略眼光、管理创新能力和社会责任感的科技型企业家队伍。

调整和优化科技人才队伍的区域结构。加大对西部地区、边远地区、民族地区的财政转移支付力度，通过国家科技计划（专项、基金等）统筹支持符合条件的、在中西部开展的相关科研工作；鼓励和支持这些地区科技人才申报国家科技人才计划；完善人才到西部地区、边远地区、民族地区创业的后补偿机制和奖励政策。进一步完善中西部与东部对口支援等制度，支持发达地区与欠发达地区开展多种形式的科技合作，提高欠发达地区人才的开放性和流动性。按照中央财政科技计划（专项、基金等）管理改革的统一部署，加强中西部地区科研基地建设，引导和支持中西部地区建设高水平的区域性产业技术研发组织，吸引更多科技人才集聚，缓解科技人才区域分布不平衡和欠发达地区人才匮乏的问题。

（二）大力培养优秀创新人才。

改革创新人才培养模式，构建培养、锻炼和造就创新人才的体系，动员全社会参与到创新人才培养实践的探索中来。

构建创新型人才培养新模式。探索建立以创新创业为导向的人才培养机制。开展启发式、探究式教学方法改革试点，改革基础教育培养方式，尊重个性发展，强化兴趣爱好和创造性思维培养，提高创新实践能力。加快部分普通本科高等学校向应用技术型高等学校转型，开展校企联合招生、联合培养试点，促进企业和职业院校成为技术技能人才培养的“双主体”。科学调整研究生招生结构，有针对性地适度扩大博士研究生招生规模，探索增加专业型研究机构的博士点；探索研究生培养科教结合的学术学位新模式，深化高等学校创新创业教育改革，增进教学与实践的融合，建立以科学与工程技术研究为主导的导师责任制和导师项目资助制，推行产学研联合培养研究生的“双导师制”。改革博士后制度，发挥高等学校、科研院所、企业在博士后研究人员招收培养中的主体作用，为博士后从事科技创新提供良好条件保障。完善高端创新人才和产业技能人才“二元支撑”的人才培养机制，适应市场和产业发展需求变化，推动普通教育与职业教育在人才培养中的科学分工与有效协同。突出用中培养，充分发挥国家科技计划、人才管理改革试验区、科研基地和创新人才培养示范基地等对人才培养的示范作用。引导推动人才培养体系与产业发展和创新活动全过程的有机衔接，形成产学研用结合的创新人才培养新模式。

深入实施重大人才工程。以深化中央财政科技计划（专项、基金等）管理改革为契机，更大力度实施国家“千人计划”、国家“万人计划”等重大科技人才工程，落实好配套支持政策。加强相关人才工程的顶层设计和相互衔接，推动人才工程项目与各类科技计划和基地建设相衔接，合理确定各类人才支持数量和比例，积极发挥人才工程项目的牵引带动作用。启动实施基地和人才专项，在重大人才工程与人才专项中建立中青年领军人才承担任务的优先机制，对35岁以下具有研究潜力的优秀青年科技人才给予重点支持；给予女性科技人才适当的倾斜性支持。

加强科技管理、服务和科普人才队伍建设。培育一批具备国际视野、了解国际科学前沿和国际规则的中青年科技管理人才，提升科技管理人才队伍的专业化、职业化水平，开展全国科技管理干部轮训，开展创新组织科技管理能力培训试点，分级分类构建科技管理培训体系和网络基地。加强专业化实验支撑和科研辅助人才队伍建设，壮大科技成果推广和转移转化人才队伍，建设专业化、市场化、国际化的职业经理人队伍。鼓励和促进公共科技传播人才队伍建设，培养一支专兼职结合的科学普及人才队伍，培育专业化的科普创作、产品研发和科普讲解人才。

（三）重点引进高层次创新人才。

实施更积极、更开放、更有效的创新人才引进政策，更大力度引进急需紧缺人才，聚天下英才而用之。

加强重点领域海外高层次人才引进。发挥政府投入引导作用，鼓励企业、高等学校、科研机构、社会组织、个人等有序参与人才资源开发和人才引进。围绕国家科技创新重点领域和发展方向，大力引进能够引领国际科学发展趋势的战略科学家，从事科学前沿探索和交叉研究、具有创新潜质的优秀科学家，以及开展重大产业技术应用基础研究的科学家。着力引进具有推动重大技术创新能力的科技领军人才。注重引进适合领衔国家重大科研任务、重大工程建设的领军人才。重视港澳台杰出科技人才的引进和使用，注重引进青年人才。制定并不断完善国家引才指导目录，更大力度实施国家“千人计划”，吸引万名海外高层次人才回国（来华）创新创业。对有助于解决长期困扰我国关键技术、核心部件难题的国家急需紧缺人才，开辟专门渠道，实行特殊政策，实现精准引进。率先在国家实验室等重大科研基地开展人事制度改革试点，开展科研机构和高等学校非涉密部分岗位全球招聘试点，提高科研机构负责人全球招聘比例，吸引海外高层次科技人才全职工作。鼓励科研机构、高等学校设立短期流动岗位，聘用国际高层次科技人才开展合作研究。为海外引进人才及家属提供与国际标准相衔接的医疗、教育和社会保障，切实解决生活难题。

实行更加开放的外国人才引进政策。改革外国人来华工作管理制度，精简许可办理程序，推进外国人来华工作许可全面实施。对高端人才开辟绿色通道，简化手续；对急需紧缺人才不设数量限制，优先审批。明确外国人才申请和取得人才签证的标准条件和办理程序，为外国人才来华工作、出入境提供便利。放宽外国留学生在华工作限制，允许获得学位的优秀研究生毕业后直接在华工作，逐步完善留学生实习居留、工作居留和创新创业奖励制度。建立以市场为导向的人才认定机制，进一步放宽外国人申请永久居留的条件。对持有外国人永久居留证的外籍高层次人才在创办科技型企业等创新创业活动方面，给予中国公民同等待遇。

创新海外高层次人才引智模式。支持科研机构和高等学校设立海外研发机构，加强国际研究网络构建，吸引当地高层次创新人才从事研发活动。实行支持中国公民设立的企业利用国外科技资源的政策，推动中国企业并购、设立海外研发机构、加强与国外高等学校和研究机构科研合作等，充分利用当地高层次创新人才为企业服务。打造“一带一路”科技人才智库，搭建创新创业人才跨界平台。

（四）营造激励科技人才创新创业的良好生态。

着力构建符合学术发展规律的科研管理、宏观政策、学术民主、学术诚信和人才成长环境，为培养优秀科技人才、激发科技工作者创新活力打下良好基础。

优化科研学术环境。大力弘扬创新文化，厚植创新沃土，倡导学术研究百花齐放、百家争鸣，鼓励科技工作者打破定式思维和守成束缚，勇于提出新观点、创立新学说、开辟新途径、建立新学派。坚持道德自律和制度规范并举，建设集教育、防范、监督、惩治于一体的学术诚信体系。实行严格的科研信用制度，建立学术诚信档案，加大对学术不端行为的查处力度。

激发全社会创新创业活力。大力倡导敢为人先、宽容失败、崇尚创新、创业致富的价值导向，依法保护企业家的创新收益和财产权，积极培育企业家精神和创客文化。发展众创、众包、众扶、众筹等新型孵化模式，为创新创业人才成长提供工作空间、网络空间、社交空间和资源共享空间，发挥大众创业、万众创新和“互联网+”集众智、汇众力的乘数效应。

四、体制机制创新

（一）改进科技人才选拔使用机制。

完善科技人才使用管理体制，创新科技人才选拔和使用机制。

推动落实事业单位用人自主权。在国家政策制度框架下，扩大科研机构和高等学校在编制管理、人员聘用、职称评定、绩效工资分配、科技成果转化收益分配等方面的自主权，实行有利于开放、协同、高效创新的扁平化管理结构。由用人单位根据需求自主设置岗位和内设机构，自主探索多样的岗位管理模式。鼓励科研机构、高等学校依据市场规则和市场价格，引进和使用高层次人才。明确绩效工资的来源渠道，由科研机构自主决定科技人才的绩效考核方式和分配办法。

完善国际人才使用机制。实施人才交流计划，形成制度化的人才国际交流支持机制。鼓励外国人才参与我国科技计划（专项、基金等），放宽参与条件，取消不必要的限制性规定。支持引进国外科研管理理念和机制，试点建立外国高层次人才担任重大项目主持人或首席科学家制度。支持国内科技智库的能力建设，鼓励其与国外一流科技智库和国际组织开展长期合作。

（二）健全科技人才评价激励机制。

实行科技人才分类评价，建立以能力和贡献为导向的评价和激励机制。

建立科学的人才分类评价标准体系。对从事基础和前沿技术研究、应用研究、成果转化等不同活动的人员，完善分类评价标准和办法，突出能力和业绩导向。对从事基础研究的科技人才突出中长期目标导向，推行代表作评议制，评价重点从研究成果数量转向研究质量、原创价值和实际贡献，允许科学家采用弹性工作方式从事科学研究。对从事应用研究和技术开发的科技人才注重市场检验和用户评价。对从事成果转化的科技人才，重在考核其技术转移能力和其科研成果对经济社会的影响。

健全科技人才评价流程与制度体系。建立科学规范的学术自治制度，推行第三方评价，拓展社会化、专业化、国际化的评价机制，拓宽科技社团、企业和公众参与评价的渠道。在高水平的研究机构引入国际同行评议，针对非共识性人才试点设立绿色通道。进一步深化职称评审制度改革，突出用人主体在职称评审中的主导作用，合理界定和下放职称评审权限；探索高层次人才、急需紧缺人才职称直聘办法，畅通非公有制经济组织和社会组织人才申报参加职称评审渠道。改革国家科技奖励制度，优化结构、减少数量、提高质量，逐步完善推荐提名制，加大对杰出科学家、优秀创新团队和青年人才的奖励力度，强化奖励的荣誉性。健全监督机制，完善与专业评价结果相关联的信誉鼓励和追责机制。强化对各类人才专项及入选者的考核，对于考核不合格的，严格执行退出制度。

推动形成体现增加知识价值的收入分配与激励机制。按照国家统一规定逐步提高科研人员的基本工资水平，在保障基本工资水平正常增长的基础上，推进科研机构实施绩效工资，并建立绩效工资稳定增长机制。重点向关键岗位、业务骨干和做出突出贡献的人员倾斜，对从事基础性研究和社会公益研究的人员，适当提高基础工资收入，对青年人才根据工作任务和实际贡献等因素加大激励力度。允许科研人员从事兼职工作获得合法收入，加大重大科技创新成果奖励，建立健全后续科技成果转化收益反馈机制，推行科技成果处置收益和股权期权激励制度，使科技人员潜心研究。改变个人收入与项目经费过度挂钩的评价激励方式，加强对科研人员的长期激励。提高科技人才成果转化收益分享比例，让各类主体、不同岗位的创新人才都能在科技成果产业化过程中得到合理回报，全面激发科研机构、高等学校、企业的科技人才创新创业的积极性。探索对符合条件的科研机构高等学校负责人实行年薪制，对急需紧缺等特殊人才实行协议工资、年薪制等分配办法。研究制定技术技能人才激励办法，探索建立企业首席技师制度，试行年薪制和股权制、期权制。

（三）完善科技人才流动配置机制。

清除人才流动障碍，优化人力资本配置，按照市场规律让科技人才自由流动，提高社会横向和纵向流动性。

建立健全人才双向流动机制。允许科研机构和高等学校设立一定比例流动岗位，吸引有创新实践经验的企业科技人才兼职。允许符合条件的科研机构和高等学校的科技人才经所在单位批准，带着科研项目和成果、保留基本待遇到企业开展创新工作或创办企业，形成可进可出的双向流动的保障机制。试点将企业任职经历作为高等学校新聘工程类教师的必要条件。改进科技人才薪酬和岗位管理制度，完善社保关系转移接续政策，破除科技人才流动的体制机制障碍。鼓励科研机构、高等学校试点推行“有限期聘用”制度，健全机制、畅通渠道，调整和优化队伍结构。推动内地与港澳台科技人才交流与合作。

推动人才向基层和欠发达地区流动。鼓励支持基层一线和艰苦边远地区探索建立人才管理改革试验区，在人事管理、职称评定、工资待遇、成果转化、财政支持、收入分配等方面进行改革试点。建立派出单位、科技人才和服务对象三方知识产权分享和利益分配机制，形成科技人才服务基层的长效机制。通过提高补贴标准等多种方式，切实提高在基层和艰苦边远地区工作科技人才的收入水平。加强对科技人才服务基层工作的支持，促进公共科研机构面向所有科技人才开放，提供研发、信息和咨询服务。

促进科技人才学术交流。对科研机构和高等学校的教学科研人员出国开展学术交流合作实行导向明确的区别管理，鼓励科技人才开展多种形式的学术交流和合作，放宽对学术性会议规模、数量等方面的限制，为科技工作者参加更多的国际学术交流提供政策保障和往返便利。完善访问学者制度，扩大科研机构和高等学校短期流动岗位数量，推动跨地区人才开展合作研究、学术交流或讲学。完善国际组织人才培养推送机制，支持我国科学家牵头组织或参与国际大科学工程，在国际学术组织担任职务。

（四）创新科技人才服务保障机制。

建立和完善科技人才服务体系，为科技人才的开发、培养、评价和流动等提供高质量的服务保障。

构建统一开放的科技人才市场。发展职业经理人人才市场、高新技术人才市场等内外融通的专业型人才市场及网络人才市场。制定人才服务业从业人员行为规范，加强人才市场执法队伍和人才中介机构从业人员队伍建设，不断提升人才服务从业人员的专业化、职业化水平。充分发挥市场配置资源的作用，实现人才服务机构投资主体的多元化，倡导和鼓励社会资本进入人才服务领域，加大科技人才服务融资投资规模，促进人力资源管理咨询、人才培训、人才测评等人才服务专业领域发展。

建立健全专业化、行业化的科技人才公共服务体系。明晰政府部门在人才公共服务中的职能定位，减少行政审批事项，建立健全政府购买公共服务制度，公共政策和管理服务向非公有制组织人才平等开放。推进公共人才服务主体的多元化与专业化，加强人才公共服务均等化服务。加强制度建设，完善对人才公共服务的监督管理，建立创新人才维权援助机制。建立重点产业、行业和领域人才供给和需求信息的调查制度，推进人才公共服务的信息化进程。加大对人才公共服务体系建设的经费投入。

拓展科技人才服务新模式。搭建科技人才服务区域和行业发展的平台，建设科技领军人才创新驱动中心，探索人才和智力发展的长效服务机制。探索“互联网+科研服务”，促进科研机构、高等学校科技资源和科技服务对社会公众开放共享，完善国家科技基础条件平台的运行和服务。鼓励各类科技服务机构为科技人才，尤其是创新创业人才提供法律、知识产权、财务、咨询、检验检测认证和技术转移等高端服务。

五、组织措施

（一）加强统筹协调。

构建高效的科技人才工作组织体系，明确科技人才工作的制度规范、组织形态、任务目标和责任权限，协调推动各类科技人才政策措施和相关科技人才工程的实施。科技人才工作要涵盖从中央到地方的各个领域、系统、企事业单位，各级政府科技部门设立相应的科技人才职能机构，具体承担本地区本部门的科技人才工作。承担相应科技工作的系统、部门和单位，可根据实际情况设立相应的职能机构，或在有关机构内确定相应的科技人才管理职能，具体承担科技人才管理和服务工作。

（二）落实条件保障。

健全科技人才投入保障机制，为培育和开发高质量的科技人才队伍奠定基础。加强科技人才投入结构和布局的顶层设计，实施促进人才投资优先保证的财政政策，各级政府合理保障对人才发展的投入。发挥人才发展相关资金、产业投资基金等政府投入的引导和撬动作用，建立政府、企业、社会多元投入机制。加大对新兴产业以及重点领域急需紧缺专门人才培养的投入力度，加大人才中西部地区培养的投入力度，加大对青年人才的支持力度，加大服务国家重大战略的人才工作投入，推进科技人才政策分类支持、精准激励和普惠保障，形成定位清晰、公平透明、稳定预期的长效机制。

（三）夯实基础设施。

以科技人才工作信息化为基础，坚持政府主办与购买服务相结合。建立重点行业和领域人才供给和需求信息的调查制度，探索推行科技人才唯一标识制度，建立多源信息的关联共享与安全机制，有序推进科技人才信息数据库及公共服务平台建设。完善科技人才信息统计、分析和发布机制，强化科技人才流失问题研究，探索建立科技人才安全预警体系。

（四）强化督促考核。

加强对《科技人才规划》各项政策制定、落实情况和任务完成情况的监督检查，将《科技人才规划》落实情况纳入对地方科技行政管理部门的绩效考核。加强科技人才计划全链条管理，建立国家科技人才计划协同推进机制，加强对人才计划实施效果的评估。

科技部

2017年4月13日

国家科技企业孵化器“十三五”发展规划

（国科办高〔2017〕55号）

为贯彻落实国家创新驱动发展战略，深入推动科技企业孵化器（包括众创空间等创业孵化载体，以下简称“孵化器”）事业持续健康发展，完善创新创业生态系统，培育发展经济新动能，为建设创新型国家提供有力支撑，依据《国家中长期科学和技术发展规划纲要（2006—2020年）》《国家创新驱动发展战略纲要》和《“十三五”国家科技创新规划》，制定本规划。

一、“十二五”时期发展回顾

“十二五”期间，我国孵化器事业在全社会形成雄厚基础和高度共识，进入全面深化发展阶段，已成为国家发展战略重要组成部分。创新创业孵化体系基本健全，规模不断扩大、能力显著增强、成效充分彰显，营造了浓厚的创新创业氛围，为转变经济发展方式、优化经济结构做出积极贡献，有力助推了“双创”时代到来。

（一）孵化器战略地位凸显，社会共识高度凝聚。

“十二五”期间，国务院先后发布《关于加快科技服务业发展的若干意见》《关于发展众创空间推进大众创新创业的指导意见》及《关于扶持小微企业健康发展的意见》等政策性文件，孵化器已成为加快实施创新驱动发展战略的重要载体。结合科技部《关于进一步推动科技型中小企业创新发展的若干意见》《发展众创空间工作指引》等具体措施，地方政府进一步加大对孵化器支持力度，明确孵化器区域发展战略，积极构建有利于创新创业的生态环境。在政府部门、高校院所、投融资机构、企事业单位等投资主体基础上，一大批成功企业家、天使投资人、龙头企业、新兴服务机构和创业媒体等市场主体投身于孵化器事业，社会各界对孵化器的认知与支持达到前所未有的高度，不断掀起大众创新创业新浪潮。

（二）孵化器行业开拓创新，孵化体系日臻完善。

“十二五”期间，我国孵化器发展突飞猛进，数量全球领先，并完成全国布局。2015年底，全国纳入火炬计划统计的孵化器达2530家，其中国家级孵化器736家，从业人员近4.3万人，孵化面积超过8600万平方米，分别是“十一五”末的2.8倍、2.1倍、2.9倍和2.9倍。京津冀、长三角、珠三角、川渝等成为孵化器重要集聚区，实现对欠发达地区全覆盖，省级地区80%以上建立了孵化器协会体系。企业化运作的孵化器从不到30%上升至75%以上，天使投资、创业辅导、技能培训、咨询服务等深度服务成为重要的市场化服务手段。全国孵化器与1.3万家中介机构签订合作协议，共同为创业企业提供优质服务。我国孵化器为社会贡献了大量高成长企业。2011年至2015年，累计毕业企业数量从39562家上升为74838家，呈不断增长态势。专业孵化器与综合孵化器、留学人员创业园、国际企业孵化器等面向不同创业主体的孵化器深化发展。国有企事业孵化器与民营孵化器协同共进，孵化器的社会公益性与营利性融合互补。众创空间、孵化器、加速器形成了服务种子期、初创期、成长期等围绕创业企业发展的全孵化链条，创业孵化作为科技服务业的重要组成部分显现勃勃生机。

（三）众创空间迅猛发展，大众创新创业热情高涨。

孵化器不断探索新型孵化模式，创业孵化链条向早期创业者延伸，不断激励新企业诞生。“十二五”期末，一批顺应网络时代创新创业特点和需求，通过市场化机制、专业化服务和资本化途径构建的众创空间大量涌现。2015年火炬调研数据显示，全国已建成各类众创空间2300余家（经科技部备案498家），出现了多种基于不同服务重点和核心资源的新型孵化模式，推动创新与创业相结合、线上与线下相结合、孵化与投资相结合，为创业者应用新技术、开发新产品、开拓新市场、培育新业态提供了有力支撑。仅2015年，各地众创空间举办各类创新创业活动7万余场次，服务创业团队和初创企业超过15万家，服务创业者超过50万人，多数地区成立了众创空间联盟组织。创业大街、创业小镇、创业社区等创新创业要素集聚发展的苗头初现。众创空间作为创业孵化链条的重要组成部分，不断推动早期创新创业活动，营造了我国大众创新创业的良好生态环境。

（四）创业孵化绩效卓著，经济新动能不断汇聚。

“十二五”期间，我国孵化器围绕战略性新兴产业源头培育和传统产业转型升级，实现了从注重载体建设向注重主体培育的转变、从注重企业集聚向注重产业培育转变，成为经济社会发展不可或缺的“创富源”和“就业源”。我国孵化器五年累计新孵化科技型企业10.5万家，孵化企业累计R&D投入近2000亿元。2015年末，孵化器在孵企业数达10.2万家，是2010年的1.8倍，拥有各类知识产权15万件，聚集国家“千人计划”创业人才1350余名，提供就业岗位165万个，其中应届大学毕业生17万人。截至2015年底，累计毕业企业7.4万家，毕业后上市和挂牌企业累计已超过800家。超过1/3的孵化器是专业孵化器，出现了一批专注于（移动）互联网、云计算、生物医药、机器人与智能制造、新材料、现代农业、航空航天、文化创意等战略性新兴产业的孵化器，带动了一批行业龙头企业围绕自身产业链建设专业孵化器，不断催生出新产品、新产业、新服务、新业态，成为科技创新创业的重要阵地，源源不断为经济发展带来新活力。

（五）服务创新全面提升，社会影响持续扩大。

“十二五”期间，我国孵化器实现了从注重基础服务向注重增值服务转变、从注重科技创业孵化向注重科技创新创业的全链条孵化转变，实施了一系列鼓励社会力量融入大众创新创业活动的服务创新和重大举措，孵化器的社会影响力、带动力持续提升。中国创业导师数量猛增，从2010年的3500多人增长到2015年的21285人（火炬备案创业导师达1048名），对接辅导创业企业5万余家。孵化基金与天使投资形成规模，孵化器自身的孵化基金总额2015年达到365亿元，五年累计获得投资的在孵企业达26577家，共获得投资约842亿元。“创业苗圃（众创空间）—孵化器—加速器”全孵化链条建设取得突破，确定41家国家级孵化链条建设示范单位。中国创新创业大赛已经连续成功举办四届（2012—2015），服务了4万多个参赛企业和近3万个创业团队，带动社会融资超过100亿元、银行授信200亿元，成为孵化器服务大众创新创业的标志性品牌活动。全国孵化器从业人员培训逐渐规范化、常态化，全国26个培训基地累计举办初、中、高级培训班超过120期，参训人员超过1.3万人。

（六）国际合作稳步推进，全球链接能力增强。

孵化器积极对接国际资源和市场，参与构建全球创新链，促成海内外互动孵化的新局面。我国孵化器在创新创业活跃的主要国家开办了数10家海外孵化器，与国外创新创业机构联合开展研发、跨国技术转移、跨国天使投资、跨境孵化加速等合作。外国孵化机构在华开展业务更加踊跃，带来孵化器发展新理念、新模式，促进了国际间技术、人才、创业投资等要素的引进、交流和转化。随着全球创新创业资源的流动和配置，一大批孵化器的创新创业服务能力显著提升。中国国际企业孵化器网络年会、中外创业孵化合作论坛、企业孵化器国际培训研讨班、中国海外学子创业周等一系列国际交流活动持续开展，为我国孵化器从业者与国际同行提供了交流合作舞台，极大地推动了国内外孵化器的双向交流，我国孵化器的国际影响力大幅度提高。

在取得辉煌业绩的同时，我国孵化器行业仍在很多方面有待提升和发展。创业孵化服务体系和全链条建设有待持续完善创新；孵化器链接与整合国内外创新创业资源的能力需要继续增强；孵化服务质量需要进一步提升，增值服务有待深化，孵化器行业标准尚待健全完善；众创空间迫切需要规范发展，专业孵化器尚需合理布局并扩大数量规模；孵化服务职业化队伍建设亟待加强；孵化器地区和城乡发展差异仍较大，跨区域协同促进机制有待探索；孵化器的公益与营利双重属性，要求在现行体制下进行持续机制创新，探索可持续发展之路。总之，我国孵化器发展面临的主要矛盾，就是当前我国的创业孵化服务能力和水平，尚不能完全满足创新创业活动的巨大服务需求。

二、孵化器发展新趋势和新要求

新一轮科技与产业革命正在创造历史性机遇，我国经济发展进入新常态，大众创业、万众创新成为发展新引擎，创新创业活动呈现新规律，创业大发展对孵化服务产生新需求，良好的创新创业生态成为推动双创发展的必要条件，孵化器将面临更大挑战和更高要求。

（一）创新创业成为新经济发展的源动力。

全球正处于生产方式转变、传统产业调整、新的主导产业诞生的经济发展新周期。创新创业资源全球配置日趋加速，新技术、新产品、新业态、新商业模式层出不穷，企业的竞争范式已发生重大变革，国家的繁荣进步越来越依赖于创新创业能否持续活跃。当前我国紧抓技术突破为全球经济增长带来的历史性机遇，全面推进结构性改革，采取新技术手段降低大众创新创业门槛和成本，通过互联网与传统产业的跨界融合创造大量创业机会，营造“鼓励创业、宽容失败”的社会文化氛围鼓舞更多人投身创新创业。大众创业、万众创新已经成为经济新常态下的必然战略选择，将在我国经济“三期叠加”和结构调整大背景中助力推动经济中高速增长，提供经济发展新动能。

（二）双创战略下孵化器大有可为。

我国经济发展进入新常态，创新驱动战略深入实施，大众创业、万众创新成为经济转型和保增长的重要引擎。国家着力推动科技成果转化，鼓励科研人员创新创业，推进商事制度改革，营造有利于创新创业的市场环境。国务院出台一系列支持和鼓励创新创业的政策文件，综合利用财政、税收等多种政策工具，支持构建大中小企业、高校、科研机构、创客多方协同的新型创新创业生态，提倡打造众创、众包、众扶、众筹平台，倡导创新创业文化，培育创业服务业。孵化器工作已经上升到国家发展战略层面，在双创战略中位势日益升高，在营造优良的创新创业生态环境，促进科技成果转化和产业化，汇聚更广泛的创新创业资源，激发社会各界力量参与创新创业，开辟新的经济增长点，推动我国经济实现创新驱动、可持续发展等方面，将发挥关键作用。

（三）创新创业新特点提出发展新要求。

我国创新创业进入新一轮高潮，成为全球创业最活跃地区之一，创业的形态和特征也不断演化。创新创业主体类型多样，大众创业更加普遍；创新创业的技术密集度持续升高，人才引进和技术成果转化需求日趋强烈；创新创业领域覆盖广泛，基于互联网的信息技术成为创业活动高发领域；消费者个性需求不断增长，创新创业更强调生产定制化和敏捷性；创新创业生命周期缩短，企业迭代更新频繁；创业资本逐渐向创业早期阶段前移，天使投资更加活跃；创新创业活动从内部组织到开放协同，跨国、跨区域的创新创业活动日益增多。围绕创新创业活动新特点，创业孵化服务将更加重视营造主体协同、要素聚合、机制健全、环境友好的创新创业生态，鼓励各类市场主体进入创业孵化服务市场，不断创造新模式与新机制高效提供服务，服务对象兼顾小众和大众；特定创新创业领域更关注重度垂直细分和专业化服务；资源快速集聚和创业辅导能力对企业成败日益重要；技术支撑和创业投资的作用将更为凸显；创新创业资源将面向全球进行跨区域配置。

（四）孵化器行业发展面临新变革。

我国孵化器行业进入全面深化发展阶段，创业企业对各种创业要素和孵化服务的需求正发生深刻变化，孵化器发展面临新变革。创新创业空前活跃导致创业服务的巨量需求；孵化质量提升要求驱动孵化器向专业化、链条化、多层次、立体化方向发展；新型创业服务平台大量出现，带动孵化器的建设主体更加广泛，管理团队更加专业；创业社区、集团发展、连锁经营等新组织模式出现逐渐实现了孵化器跨地区、跨行业发展，创业孵化正由“器”之形转向“业”之态。孵化器行业正经历的变革，需要更多更好的创业孵化载体和更多元化的孵化服务，需要更加强化资源集聚、人才团队、运营管理等多方面能力建设，需要更水平的孵化器行业规范和创新，以迎接历史发展新阶段。

三、指导思想、发展原则与目标

（一）指导思想。

全面贯彻党的十八大精神，深入实施创新驱动发展战略，迎接全球新一轮科技和产业革命浪潮，紧抓我国大众创业、万众创新的时代契机，以构建创新创业生态为主线，以培育经济发展新动能为目标，以科技创新加快引领经济发展、服务实体经济转型升级、促进创新型经济发展为导向，全面激发全社会创新创业活力，持续推进我国从孵化器大国向孵化器强国迈进，为建设创新型国家做出贡献。

“十三五”期间，要推动我国孵化器围绕构建创新创业生态实现新的提升发展，即从服务初创企业到培育新经济源头的提升，从集聚创业要素到促进资源开放共享的提升，从注重综合服务能力到打造专业化服务能力的提升，从侧重服务供给导向到侧重服务需求导向的提升，从推动国际合作到融入全球创新创业网络的提升，从营造局部创业氛围到引领全社会创新创业文化提升。加快实现孵化器类型多元、服务高效、资源共享、机制灵活、区域协同、氛围浓厚的发展态势，形成多种力量、多种模式、多种机制共同促进的全链条、多层次创业孵化新格局。

（二）发展原则。

市场主导，政府引导。围绕培育创业主体、建设孵化载体、提供创业服务、拓展创业投融资服务等方面，发挥市场在资源配置中的决定性作用。加强政府在宏观规划、政策支持和资源整合等方面的引导和指导作用。

多元共存，协同发展。坚持孵化器建设主体多元化、运行机制多样化，促进孵化器新模式、新类型和新机制的不断衍生和发展。带动创业服务机构协同发展，兼顾公益性和营利性协调发展，倡导和推动区域互助发展。

强化服务，持续创新。综合运用众创、众包、众扶、众筹等手段，提升服务深度和广度，推动孵化资源基础化、创新技术资本化、孵化资本密集化、孵化流程链条化、服务行为职业化、服务要素生态化、孵化过程定制化。进一步推动体制机制改革创新，持续探索和发展可持续商业模式。

面向大众，服务实体。扩大“双创”的源头供给，推进龙头企业、高校、科研院所开放共享创新资源，以科技型创业为引领，构建经济发展新功能。为衍生创业、跨国创业、“互联网+”与跨界融合等各类新型创新创业创造条件，培育新主体、催生新业态、创造新产业，推动传统产业转型升级，促进实体经济更好发展。

科学评价，分类指导。发挥科学合理的考核、评价、跟踪监测体系的作用，加强分级分类指导，促进孵化器绩效提升。以差异化支持政策和措施促进不同类型、不同地区、不同发展阶段的孵化器实现持续健康发展。

（三）发展目标。

总体目标：到2020年，围绕大众创新创业需求，完善多类型、多层次的创业孵化服务体系，汇聚国内外资源、融合全球各类孵化要素，以强化导师辅导与资本化服务促进高水平创业，以打造一支职业化孵化队伍提升服务能力、质量和效率，以孵化未来、成就梦想的孵化文化引领更加浓厚的创新创业氛围，激发创业企业和高成长企业大量涌现，催生新技术、新服务、新产品、新产业快速发展，成为大众创新创业的主阵地、创新模式的试验田、创业文化的引领者、新经济的动力源。

具体目标：

——载体建设呈现新格局。到“十三五”末，全国各类创业孵化载体达到10000家，国家级孵化器超过1500家，国家备案众创空间超过3000家。30%的国家级孵化器建成科技创业孵化链条，专业孵化器超过40%，形成一批特色众创集聚区。

——孵化绩效达到新水平。五年累计新增孵化创业企业和创业团队达20万个，孵化毕业企业达5万家；在孵企业R&D累计投入超过1000亿，获得有效知识产权超过20万件；创造就业岗位超过300万个，吸纳大学生就业50万人，上市和挂牌企业超过2000家。

——服务能力实现新提升。到“十三五”末，国家级孵化器和国家备案众创空间中，50%以上具有创业投资功能，60%搭建或共享公共技术服务平台，70%以上从业人员接受专业培训，80%形成创业导师辅导体系，孵化器从业人员突破10万人，孵化器合作中介服务机构超过2万家。

——开放发展迈上新台阶。“十三五”期间，累计吸引超过10万个留学生和海外创业者来华创业，引进海外孵化机构100家，在海外建立孵化机构100家。

四、着力推动九大重点任务

（一）服务大众创业，支持孵化器多元化发展。

加强创业孵化链条建设，推动众创空间质效提升，实现专业化发展，促进科技企业加速器发展，加大专业孵化器布局力度。鼓励孵化模式创新，支持集团连锁孵化、企业内生孵化、平台开放孵化等新型孵化器建设，形成多元孵化、协同促进的孵化器发展新格局。

1．完善“众创空间—孵化器—加速器”创业孵化链条建设。引导众创空间基于能力和资源优势，强化低成本、便利化、全要素、开放式的功能，通过市场化机制，开展专业化服务、资本化途径、网络化支撑、集成化应用和国际化链接，构建特色服务和商业模式，不断提升服务质量和运行效率，形成一批高水平众创空间示范品牌。发挥孵化器在“众创空间—孵化器—加速器”全孵化链条的中坚作用，建立健全服务接力促进机制。鼓励各类社会主体围绕企业高成长阶段的需要，不断完善技术研发、资本运作、人力资源、市场开拓、国际合作、知识产权、上市并购、股权转让等加速服务，加快企业总部型、技术中试型、专业园等多种类型科技企业加速器建设。

2．加大专业孵化器布局力度，推进各类孵化器深化发展。推进国家自主创新示范区、国家高新区和特色产业基地合理布局专业孵化器，壮大当地特色产业、发展战略性新兴产业；引导高校、科研院所等围绕优势专业领域建设专业孵化器，促进产学研结合，加快科技成果转化；加快新型研发机构和行业龙头企业围绕产业共性需求和技术难点，建设特色产业孵化器；促进一批综合技术孵化器转型为专业孵化器，面向细分市场实施精准孵化；新建孵化器结合区域产业发展方向与当地技术、市场、产业等优势资源，建设专业孵化器。动员各方面力量，继续发展切合当地条件禀赋与实际需求的综合孵化器、留学生创业园等，推动大众创业、万众创新。

3．拓宽孵化活动范围，促进各类新型孵化器建设发展。支持各类科技企业开展内部创业、衍生创业，鼓励内生孵化；鼓励有条件的孵化器成为专业化创业孵化服务提供商，形成集团连锁孵化；促进各类科技创新平台的资源拥有者建设孵化器，实施开放孵化；引导产业创新联盟等社会组织领办孵化器，开展跨区域孵化；推进各种类型的创业社区建设，开展集群孵化。鼓励灵活应用众包、众筹、众创、众扶等新模式建设新型孵化器，促进新企业、新业态、新商业模式创业成果不断涌现。

（二）优化金融服务，推进投资孵化融合发展。

强化孵化器投融资服务，加强资本驱动功能，围绕创业链部署资金链，建立由孵化器自有资金和外部资本共同构成的多层次创业孵化投融资服务体系，满足不同阶段的创业企业对资金的需求，深化“投资+孵化”发展模式。

1．构建梯度孵化投资服务体系。鼓励孵化器针对创业企业，设立创业投资基金；引导加速器为成长期企业，设立创业投资基金、股权投资基金；推动专业孵化器配套产业创业投资基金。鼓励各类孵化器充分利用政府创业投资引导基金、科技成果转化引导基金等各类母基金建立子基金，积极与专业投资机构、金融机构等外部资本合作设立各类子基金。支持孵化器采取自投、跟投、领投等方式，投资在孵企业和毕业企业；支持科研院所、大型集团企业、上市公司、境外投资机构投资众创空间、孵化器、加速器在孵和毕业企业；吸引知名企业家、成功创业者、企业高管、行业专家和孵化器从业人员等为在孵企业提供创业投资服务。

2．提升孵化器融资服务能力。建立健全由孵化器、创业企业、担保机构、投融资机构、政府机构等组成多元的投资风险分担机制。引导孵化器、加速器以联合授信、内部担保、与其他机构联合担保等方式，协助担保公司、小额贷款公司、商业银行等金融机构为在孵企业提供融资服务。探索与互联网金融服务机构合作，协助在孵企业利用股权众筹方式融资。支持孵化器与各类金融服务机构开展长期战略合作，探索包括融资租赁、知识产权质押、打包贷款、小微贷、优先股、可转换债券等针对创业企业的融资服务。

3．多方位优化创业金融服务环境。支持孵化器建设创业金融服务平台，提供投融资方案设计、项目对接、信息共享等一体化服务。加强孵化器联合证券公司、律师事务所、审计师事务所、会计师事务所、资产评估机构、投资银行机构等专业机构，开展上市辅导和咨询服务，推动优质在孵企业和毕业企业在各类证券交易市场挂牌。建立健全毕业企业数据库，加强企业跟踪服务。支持孵化器与专业投融资服务机构，以及商业银行、证券公司、信用评价、资产评估、会计、审计、法律、知识产权保护等相关中介服务机构，联合成立创业金融服务联盟。

（三）提升孵化质量，带动创业服务精益发展。

以创业者的需求为导向，强化“创业导师+创业辅导师”制度和职业化管理服务队伍建设，扩大孵化器与第三方专业服务机构合作，建立专业化、网络化、开放化的服务机制，扩大创业服务供给，提升增值服务水平。

1．深化落实“中国火炬创业导师行动”。支持各类孵化器聘请天使投资人、企业家、成功创业者、技术专家、行业专家等担任创业导师，形成专业化导师队伍，为创业者提供专业性、实践性辅导服务。鼓励创业导师与被辅导企业形成投资关系，建立创业者与创业导师共赢机制。支持孵化器选拔优秀人才成为专职创业辅导师，加强创业辅导师培养，强化创业辅导师在创业孵化工作中的作用，打造一支精干的创业辅导师队伍。推动成立“中国火炬创业导师联盟”，进一步扩大“中国火炬创业导师行动”活动覆盖范围，向中西部地区倾斜，并促进经验交流总结、资源对接共享。落实创业导师和创业辅导师认证备案制度，建立全国创业导师和创业辅导师数据库，完善创业导师和创业辅导师评价、激励机制。

2．加快管理服务队伍职业化建设。持续提升全国孵化器从业人员初、中、高级培训，拓展科技创业者企业家能力提升培训。强化师资队伍和课程体系建设，加大培训开展的规模和力度，探索推进孵化器行业执业制度。扩大人才培养基地数量，推动各省孵化器培训机构将人才培养工作常态化，建立第三方培训效果评估机制。鼓励与高校、大企业、人力资源机构、创投机构等密切合作，探索开展创业与孵化服务人才联合、委托培养的新模式。积极推动孵化器从业人员国际化培训。推进创业孵化服务队伍的职业标准建设，加强对孵化器从业人员资质和能力的评定、考核和复核，引导孵化器完善内部人才成长和培训激励机制。

3．以创业者需求为导向提升增值服务能力。引导孵化器围绕创业企业实际需求，提供定制化的高附加值服务。巩固提升场地和设施供给、商务、项目申报等基础服务，提高服务平台运营效率；不断加强项目诊断、创业咨询、团队搭建、产品改进、财务顾问、市场拓展等创业辅导服务；积极拓展技术成果评估、科学实验、试制与检测、科技情报等创新支撑服务。推动创业服务利用新技术、应用新理念、开创新模式，以创业者为核心，主动整合创意与市场需求，实现创业机会和资源供给的有机结合。强化孵化器与知识产权、法律、会计、咨询等第三方专业服务机构合作，提升孵化服务综合能力。

（四）促进开放协同，加速创业孵化生态发展。

运用互联网思维和信息技术手段提升孵化器开放发展水平，实现线上线下服务协同，强化市场化资源整合链接能力，整合各类创业要素。支持各类创新创业孵化集聚区建设，构建开放协同的创业孵化生态。

1．运用“互联网+”手段提升开放水平。运用互联网思维提升创业孵化服务水平，鼓励孵化器探索研发众包、资金众筹、同步路演等基于互联网的新型创业服务。支持孵化器运用大数据、云计算、移动互联网等现代信息技术手段和工具提高整合资源的能力，通过自建或依托公共创新创业云服务平台，实现技术成果、信息数据、创新人才、投融资服务等资源的互联互通与开放共享。

2．强化孵化器资源整合链接功能。完善孵化器与各类创新创业要素和主体对接机制，深化孵化器与各类第三方服务机构的合作，构建“孵化器+”资源网络。加强孵化器与高校院所、产业技术研究院等科研机构的对接，链接创新源头的人才和技术资源，推动科技成果转移转化。加强孵化器与行业龙头企业的对接，围绕大企业主营业务方向和产业创新需求，促进在孵企业与大企业不同层面的紧密合作，实现双方共赢。鼓励以孵化器为平台，采用市场化机制整合社会创业教育和培训资源，依据创业企业需求选取品牌培训机构和参训课程。推动孵化器与媒体合作，加大对双创政策、活动和文化的宣传，搭建宣传渠道和资源链接桥梁。

3．推动众创集聚区建设。通过试点示范方式引导在创新资源丰富、大众创业活跃的区域建设创业街区、创业社区、创业小镇等众创集聚区。以集聚区为核心，聚集相关产业联盟、创新创业服务机构，吸引大量的创业团队、创业投资人聚集，开展丰富的创业活动，营造交流碰撞、开放共享的创新创业氛围，通过集群优势营造系统性、一揽子的培育孵化成长环境。支持集聚区实现政策集成和先行先试。研究制定试点示范工作方案和评价标准，建设一批开放式创新创业的样板区。

（五）增强区域合作，构建孵化器协调式发展。

加强区域内和跨区域孵化器的交流合作，完善区域孵化器网络，发挥行业组织促进区域合作的平台作用，强化中心城市和高新区对周边县市区的辐射带动作用，推动形成区域内部协同、跨区域协调、各层级全覆盖的孵化器发展格局。

1．完善区域孵化器协作网络。加强省级、市级以及京津冀、长江经济带、珠三角、成渝等区域孵化器网络建设。进一步完善区域孵化器联盟、协会等行业组织，促进区域内部孵化器之间的经验交流和资源共享，实现互补合作、联动发展。推动不同服务模式的孵化器开展深层次合作，发挥孵化器的基础设施及各类孵化服务的综合优势。

2．引导跨区域孵化器合作。鼓励通过结对帮扶、联合共建、模式输出、异地孵化等方式，引导创新创业活跃地区与少数民族地区、中西部地区、东北老工业基地等政策支持地区开展孵化器战略合作，促进资金、技术、人才等创新创业要素的跨区域流动和精准链接，推动和支撑少数民族地区“双创”发展、中西部地区产业转型升级和东北等老工业基地内生动力培育。

3．发挥中心城市对周边孵化器辐射作用。鼓励有条件的地区围绕地方特色产业建设众创集聚区、创业街区、特色小镇等，实现创业资源的集聚。发挥中心城市和国家高新区的孵化器对周边区域的辐射带动作用，形成创新创业资源、创业项目及团队、创业服务机构的双向交流互动机制，带动整个区域孵化器转型升级。支持县域孵化器，借助外部资源开展咨询辅导、创业培训、技术支撑等孵化服务，以科技创新创业激发县域经济发展活力。

（六）融入全球网络，注重孵化器国际化发展。

加强创新创业的全球链接，支持孵化器“走出去”和“引进来”，通过参与和举办国际性的孵化器行业活动，促进全球创新创业要素的资源流动和跨国配置，进一步增强国内外孵化器间的交流合作，全面提升我国孵化器发展水平。

1．加快孵化器国际化步伐。鼓励我国孵化器开拓国际业务，设立海外孵化器，通过与国外高校、研究院所和国际技术转移机构合作，对接海外创业团队、投资机构，优选高科技项目。吸引外国孵化机构在中国设立分支机构或共建孵化平台，充分吸收和借鉴国外创业孵化的先进理念与模式。引导各类型孵化器注重链接全球创业资源，广泛开展海外资本、高层次人才、技术项目、跨境孵化等国际化交流与合作，鼓励在孵企业参与国际孵化行业的各项活动和创业大赛。积极推动留学人员创业园升级发展，通过海创大赛等活动，搭建人才引进与借船出海的双向平台，推动形成海外人才协同创新创业网络。

2．推动孵化器行业国际化发展。组织和举办具有国际影响力的创新发展论坛、会展和学术活动。策划举办中国孵化器大会，邀请全球知名孵化器、天使投资机构、孵化器联盟等机构参与，形成具有国际影响力的品牌活动。支持地方政府、企业、投资机构、社会组织搭建国际化的创新创业交流合作平台。支持我国孵化器及联盟协会加强与国际机构的交流与合作，深入开展全球孵化行业的信息交流、科研交流和项目合作。持续推动国际间的孵化器政府专项培训工作。

3．开展“一带一路”孵化器国际合作。对“一带一路”沿线国家输出孵化器建设和管理经验，指导并帮助其建设一批发展理念新、创业服务优、孵化能力强的新型孵化器，提升当地创新创业水平。鼓励“一带一路”沿线国家创业人才开展国际化创业或来华创业，促进人才在区域间的流动。依托孵化器开展国际化创业服务体系建设，推动国际合作交流、国际技术转移，帮助在孵企业把握新兴市场的创业机遇，拓展国际市场，提高企业全球化开放程度。

（七）推动改革创新，促进孵化器可持续发展。

继续推动国有企事业孵化器转制，鼓励各类孵化器开展机制创新，推动孵化器探索政府采购、市场化服务及创业投资相结合的多维运营模式，鼓励孵化模式创新，实现健康可持续发展。

1．继续推动国有孵化器改革创新。鼓励事业单位性质孵化器转制。鼓励国有企业孵化器创新体制机制，探索所有权和经营权分离，推进实施现代企业管理制度和职业经理人制，通过政府购买服务等方式引导孵化器提供公共服务。支持外资和民营资本参与创办混合所有制孵化器。探索建立国有孵化器管理人员绩效奖励机制，调动从业人员积极性。

2．引导孵化器探索可持续发展模式。鼓励孵化器形成政府采购服务、场地租金、增值服务和股权投资收益相结合的多元收入模式。支持孵化器以自有资金、应收房屋租金或增值服务费等入股优质企业，分享企业成长发展收益。吸引社会资本参与配套服务和服务平台搭建，通过提供有偿增值服务弥补公益服务投入。鼓励孵化器探索建立毕业企业反哺机制，引导毕业企业通过捐赠、设立种子基金、担任创业导师、共建服务平台等方式反哺孵化器。

3．鼓励孵化器不断创新孵化模式。鼓励孵化器创新孵化模式，支持各类孵化器在借鉴国内外先进经验的基础上，充分依托自身优势和特色，进一步探索促进创业资源整合、提升专业服务和投融资链接能力的新路径、新模式。鼓励品牌孵化器通过连锁经营、品牌输出、一器多基地等模式创新实现规模化发展，扩大优势创新创业资源的辐射范围，塑造创业服务品牌。鼓励孵化器以促进技术转移转化、新产品研发、传统业务转型和开放式协同创新等为切入点，融入龙头骨干企业、高校和科研院所创新创业生态圈，形成资源共享和收益分享的联动发展机制。

（八）营造创业氛围，引领创业文化繁荣发展。

紧抓大众创业、万众创新战略机遇，以实施“创业中国”行动和举办“孵化器30周年系列活动”为契机，开展全方位、多层次、立体化的创业孵化活动，加强创业文化宣传推广，积极营造有利于大众创业、万众创新的舆论氛围。

1．深入开展各类创业孵化品牌活动。鼓励孵化器组织创业者参与中国创新创业大赛、大学生创业大赛、留学人员创新创业大赛、互联网创业大赛等各类创新创业大赛。支持孵化器及行业协会组织联合国外创业大赛机构开展跨国创业大赛。鼓励创业服务机构通过创业大赛、双创活动周活动、创业论坛、创业沙龙等方式开展创业孵化活动。鼓励孵化器充分结合中国孵化器30周年系列活动等，全面总结区域或孵化器发展成就和经验，开展各类宣传活动，开展区域孵化器论坛和峰会，开展多层次研讨及会展活动。

2．积极推动落实“创业中国”行动。结合“创业中国”行动，鼓励孵化器在国家自主创新示范区、国家高新技术产业开发区和其他有条件的地区，参与“创业中国”国家引领、示范和发展工程。持续创新孵化器自身工作，成为领引区域开展创新创业的排头兵，加强工作指导及经验模式推广，加强对周边地区创新创业活动的辐射带动。

3．引领全社会创业文化建设。深刻总结创新创业的核心理念、共识，构建全面促进经济与社会发展的中国特色创新创业文化。大力培育、弘扬企业家精神、创客精神，营造鼓励创新、宽容失败的创业文化氛围，树立崇尚创新、创业致富的价值导向。加强创业文化宣传，通过演讲、沙龙、论坛、媒体访谈等方式宣扬创业理念，引领树立高科技、大市场、活资本等新观念，进一步形成尊重知识、尊重人才、尊重劳动，尊重创造的氛围，形成更加有利于大众创业、万众创新的舆论导向。

（九）强化自律规范，形成孵化行业健康发展。

为顺应大众创新创业需求、不断创新服务模式和提升服务能力的现实要求，充分发挥各层次行业组织的统筹协调作用，加快建立孵化服务行业标准体系，推动孵化器行业研究常态化，形成规范与发展并重、有序与创新并举的良性局面。

1．强化孵化器行业组织作用。推动全国性孵化器行业协会建立，继续健全完善区域性行业组织。充分发挥行业组织在业内协调、行业培训、监测研究以及制订孵化行业标准、规范相关主体行为、促进交流协作和资源共享方面的核心作用。加强地区性行业组织之间的沟通合作，促进跨区域的创新创业资源的有效配置，孵化服务资源的交互共享。增强区域内孵化器的共同治理能力，探索制定行业规则，实现行业的自我约束、自我管理。

2．健全完善孵化器行业标准。充分发挥孵化器行业组织及第三方机构等各方力量，建立完善涵盖孵化器类型标准、服务内容标准、服务流程标准等孵化行业标准体系。分类建立具有各行业特色、区域特色的众创空间标准、加速器标准、专业孵化器标准等多类型的孵化器标准。

3．持续开展孵化器行业研究。支持各级政府和科技管理部门、行业协会、专业研究机构、专业性媒体等研究力量开展孵化器行业研究。发展行业研究联盟、协会的智库作用，支持孵化器与研究机构形成良性互动，推动理论研究和应用研究，合作开展研究并发布研究成果。鼓励建立公益性研究基金，各地鼓励和支持围绕关注创业孵化生态、创业活动规律、孵化行业盈利模式等重点领域的调查与研究，形成一系列研究报告库及典型案例库，编写全国性和区域性孵化器年度发展报告，为孵化器行业健康发展提供强力支撑的理论基础。

五、保障措施

（一）加强组织领导，实现协调发展。

各级政府和科技主管部门要高度重视推进大众创新创业工作，深刻认识和牢固把握孵化器激发和服务科技创业的本质，加强对孵化器建设的宏观指导和工作协调，加强重点任务的统筹部署及创新资源的统筹配置。要充分尊重和发挥市场配置资源的决定性作用，减少行政干预，发挥各类市场主体的积极性，遵循创业孵化活动的自然规律，保障创新创业服务活动和相关要素在自由流动、公平竞争、优胜劣汰的市场环境下有序开展。各地科技管理部门以及国家自主创新示范区、国家高新技术产业开发区应结合地方发展实际制定规划，明确战略方向和目标，制定行动计划，探索建立跨部门协同推进机制，搭建有效的联络和指导平台，引导孵化器健康发展。

（二）扩大资金投入，创新资助方式。

加大财政资金投入力度，加强对孵化器的宏观引导和公共服务产品供给。创新财政支持方式，丰富和综合运用多种手段，引导孵化器良性发展。运用后补助方式，以孵化业绩指标为考量激励孵化器提高孵化绩效；实施精准资助，激励孵化器切实服务创业团队和初创期企业，引导孵化器重点提升创业辅导、融资、市场开发等“软服务”能力；探索运用“创新创业券”等手段，鼓励创新源头向创业端投入技术成果，促进产学研融合，激励各类专业机构以孵化器为平台向科技创业者和创业企业提供有效服务，培育创业服务市场；发挥财政资金母基金杠杆作用，引导社会资金与民间资金建立天使孵化基金。综合利用各级财政专项资金、小微企业创业创新基地城市示范资金、“双创”示范基地资金等，重点支持孵化机构在研发创新、投资能力、教育培训、导师服务、创业赛事、国际化拓展、品牌性创新创业活动等方面的投入，支持孵化平台建设。

（三）分级分类引导，发挥政府作用。

发挥政府在孵化器建设中的引领和推动作用，坚持孵化器分级分类发展。进一步修订《科技企业孵化器认定管理办法》，开展国家级孵化器评定、众创空间备案、科技企业孵化链条试点和众创集聚区示范等工作。研究出台国家关于众创空间、众创集聚区、专业孵化器、科技企业加速器、国际企业孵化器的分类指导意见；根据全国孵化器整体发展水平和规范要求，制定世界一流、区域标杆和行业特色的评价标准和细则，建设一批有国际影响力、区域影响力和行业影响力的高水平孵化器。

（四）完善政策保障，形成组合支持。

继续深化落实鼓励高水平高业绩孵化器发展的国家级科技企业孵化器的税收优惠政策并放大政策覆盖面，研究出台面向众创空间等新型创业服务机构的新政策，推动将支持创业孵化机构建设和发展纳入长期公共政策体系。加强对东北地区和中西部地区孵化器的发展支持。推动孵化器率先落实国家和地方政府支持创新创业各项优惠政策，在科技成果转化、商事制度改革、研发费用税前加计扣除等政策实施中做出表率。鼓励地方积极探索推进大众创新创业的新政策，形成政策包，做到精准施策。建立政策实施情况第三方监测与评估机制，为调整完善相关政策举措提供支撑。

（五）强化考评结合，引导资源流动。

建立社会评价与政府考核相结合的评估体系，完善监督机制。持续开展孵化器年度审核和动态管理，强化对国家级孵化器和备案众创空间的公示、淘汰机制。完善孵化器火炬统计指标体系，启动众创空间统计工作。提升全国科技企业孵化器信息管理平台的服务水平，拓展孵化器在线统计与申报系统功能。运用大数据技术加强对数据资源的挖掘分析，增加对毕业企业的跟踪评估，为研究孵化企业成长规律、社会贡献以及探索建立毕业企业反哺机制奠定基础。支持行业协会、智库机构等第三方社会组织开展孵化器社会评价，支持各类具有指导性和公信力的评价成果，为创业者、投资人提供决策支持，为政府采购服务提供重要参考。

（六）做好宣传引导，树立创业风尚。

广泛利用传统媒体和各种新型媒介，及时总结孵化器良好的孵化实践经验和优良的孵化业绩，加大对优秀孵化器及其优秀孵化绩效、新颖高效孵化模式的宣传报道，树立品牌、扩大影响，推广成功经验。积极宣传孵化活动中涌现出来的优秀创业导师、成功投资孵化等典型案例，激励更多的成功企业家和天使投资人投身到创业孵化活动中。积极宣传孵化企业中涌现出来的优秀创业项目、成功创业人物等典型案例，激发出更多潜在创业者的创业意愿并付诸实践。加强国际形象宣传，建立国际化宣传与传播渠道，在国际上形成对中国孵化器与创业企业的良好认知。

科技部办公厅

2017年6月29日

北京市政府关于优化人才服务促进科技创新推动高精尖产业发展的若干措施

（京政发〔2017〕38号）

为深入贯彻落实党的十九大精神，充分发挥人才的战略资源作用，实行更加积极、更加开放、更加有效的人才政策，促进科技创新，推动高精尖产业发展，结合本市实际，制定如下措施。

一、以更加开放的政策引进使用人才

（一）加大海外人才引进使用力度。

1. 强化特聘岗位引才作用。政府机关、事业单位、国有企业及新型研发机构，可按需设置特聘岗位，聘请具有全球视野、掌握世界前沿技术、熟悉国际间商务、法律、金融、技术转移等规则的海外人才。政府机关和事业单位特聘岗位不受单位岗位总量和结构比例的限制，不对应行政级别和专业技术职务，不占单位编制，可采用年薪制、项目工资、协议工资等多种薪酬分配方式。聘用后发挥作用突出的，可优先入选“海聚工程”，获聘“北京市特聘专家”，并获得50万元至100万元的奖励。（责任单位：市人力社保局、市外专局）

2. 支持创新主体引进使用海外人才。本市行政区域内各类创新主体均可申请引进国外技术和人才项目（以下简称引智项目），对于入选的常规引智项目给予1年、最高50万元的资金支持，对于入选的重点引智项目给予连续3年、每年不少于50万元的资金支持。支持科技和文化类创新企业、科研院所、新型研发机构、科研类社团组织和科研服务机构等主体引进使用高层次海外人才，聘用“千人计划”外国专家的最高可给予其工资薪金80%的资助，聘用“海聚工程”外国专家的最高可给予其工资薪金50%的资助，聘用“千人计划”和“海聚工程”中国籍专家的可为其办理人才引进。（责任单位：市人力社保局、市外专局、市财政局）

3. 鼓励海外人才来京发展。对于具有重大原始创新能力的海外科学家、具有重大技术革新能力的海外科技领军人才、推动科技成果转移转化的海外投资人、提升项目运营管理水平的海外职业经理人、海外创新创业服务团队等高层次人才，推荐办理5至10年的多次往返人才签证（R字签证）。为高层次海外人才办理最长期限的工作许可，并在申请办理在华永久居留方面提供便捷服务。高层次海外人才可担任本市重大科研项目主持人或首席科学家。探索建立高层次海外人才担任事业单位性质的新型研发机构和民办非企业单位法定代表人制度。（责任单位：市人力社保局、市外专局、市公安局、市编办、市民政局）

4. 创造性地开发使用海外人才资源。设立海外人才寻访资金，依托知名“猎头”、驻外机构、人才联络站、华人社会团体等，在全球范围内寻访人才。运用大数据、云计算等手段动态绘制海外人才分布图，为人才供需精准对接提供支撑。鼓励各类创新主体设立海外创新研究机构、海外院士工作站或科学家工作站，通过远程在线指导、离岸创新等多种方式共享全球智力资源，打造跨境协同创新和成果转化平台。（责任单位：市人力社保局、市外专局、市财政局）

（二）加大国内人才引进使用力度。

1. 建立高层次国内人才引进“绿色通道”。支持各类创新主体引进高层次国内人才来京从事原始创新、技术研发和科技成果转移转化，聘用的“万人计划”“高创计划”、中关村“高聚工程”等重大人才工程入选人，国家级科学技术奖二等奖及以上奖项、本市科学技术奖一等奖及以上奖项的主要获奖人，可办理人才引进。（责任单位：市人力社保局）

2．支持创新创业团队人才引进。高层次人才在京承担国家和本市科技重大专项、重大科技基础设施、重大项目和工程等任务或进行其他重要科技创新的，经其推荐，团队中的科研骨干、经营管理人才、高技能人才、优秀非北京生源应届毕业生等，可申请办理人才引进。获得股权类现金融资较大且具有发展潜力的创新创业团队，其主要创始人和核心合伙人可办理人才引进，团队优秀核心成员经主要创始人或核心合伙人推荐可申请办理人才引进。（责任单位：市人力社保局）

3．加大科技创新人才引进力度。贡献突出的科技创新人才，具有高级专业技术职称或硕士及以上学位的，可申请办理人才引进。增设以创新成果评价引进人才的方式，对于“中国专利金奖”获奖专利的发明人、获得3项以上（含）发明专利的独立完成人、以第二作者及以上身份获得6项以上（含）发明专利的主要完成人，其专利取得显著经济社会效益的，可申请办理人才引进。增设以社会贡献评价引进人才的方式，对于本市行政区域内科技创新企业聘用的人才，近3年每年应税收入超过上一年度全市职工平均工资一定倍数的（企业注册在城六区和北京经济技术开发区的为8倍，注册在本市其他区域的为6倍），可申请办理人才引进；对于本市行政区域内科技创新服务机构聘用的人才，近3年每年应税收入超过上一年度全市职工平均工资一定倍数的（机构注册在城六区和北京经济技术开发区的为20倍，注册在本市其他区域的为15倍），可申请办理人才引进。（责任单位：市人力社保局、市科委、市经济信息化委、市知识产权局、市商务委）

4．加大文化创意人才引进力度。在京注册运营、近3年年均营业收入3亿元以上（含）且年均税后净利润2000万元以上（含）的文化创意企业，其聘用的高级管理人员和专业技术人才任职满3年且贡献突出的，可申请办理人才引进。新闻出版、广播影视、文化艺术、文物保护等领域国家级奖项获奖人和国家级文化创意人才培养工程入选人，可申请办理人才引进。社会贡献较大的知名媒体人、自由撰稿人、艺术经纪人、文化传承人、展览策划人和文化科技融合人才，以及著名作家、导演和编剧等，可申请办理人才引进。（责任单位：市人力社保局）

5．加大金融人才引进力度。天使投资或创业投资基金管理人实收资本1亿元以上、近3年实际投资本市高精尖产业5000万元以上，股权投资基金管理人实收资本3亿元以上、近3年实际投资本市高精尖产业5亿元以上，基金管理人和所管理基金均在京设立并备案，其法定代表人、执行事务合伙人（委派代表）和核心高级管理人员任职满3年且贡献突出的，可申请办理人才引进。在京设立的金融控股集团、持牌金融机构、金融基础设施平台、金融组织，服务本市高精尖产业发展成效突出的，其高级管理人员和核心业务骨干可申请办理人才引进。（责任单位：市人力社保局、市金融局）

6．破除人才引进障碍。人才引进年龄原则上不超过45周岁，“三城一区”引进的可放宽至50周岁，个人能力、业绩和贡献特别突出的可进一步放宽年龄限制。引进人才可在聘用单位的集体户或聘用单位所在区人才公共服务机构的集体户办理落户。引进人才的配偶和未成年子女可随调随迁。本市紧缺急需的自由职业者，可按规定享受人才引进政策。（责任单位：市人力社保局、市公安局）

（三）强化人才绿卡引才用才作用。支持各类创新主体引进技术研发骨干、文化创意人才、法律服务顾问、投融资专家、管理咨询师、项目运营团队、职业经理人等优秀海内外人才，符合条件的可申请办理《北京市工作居住证》（以下简称人才绿卡）。持人才绿卡可在本市享受子女教育、购租房屋、小客车指标摇号等方面的市民待遇，外籍人才还可享受出入境、海关通关等方面的便利。（责任单位：市人力社保局、市教委、市住房城乡建设委、市交通委、市工商局、市公安局、北京海关）

二、以更加有效的措施支持人才创新创业

（四）创新职称评价方式。国家和本市重大科技项目的负责人，自主创新和科技成果转化成效突出的人才，为本市高精尖产业发展作出突出贡献的人才，可不受学历、职称层级等条件限制，直接申报工程技术系列或科学研究系列正高级职称。在条件成熟的市属科研院所、新型研发机构、新型智库、创新型领军企业下放职称评审权，由创新主体自主评价人才。打破国籍、户籍、体制等制约，建立健全各类人才的职称申报渠道。结合本市高精尖产业发展需要，增设创意设计、科学传播、人工智能、技术经纪等新业态的职称专业。（责任单位：市人力社保局）

（五）加大人才激励力度。加大对创新创业团队奖励力度，近3年累计获得7000万元以上（含）股权类现金融资的创新创业团队，可给予最高500万元的一次性奖励；近3年累计获得1.5亿元以上（含）股权类现金融资的创新创业团队，可给予最高1000万元的一次性奖励。制定优秀人才奖励措施，建立与个人业绩贡献相衔接的奖励机制，业绩贡献突出的可给予每年最高200万元的奖励。设立“青年北京学者计划”，鼓励优秀青年人才积极从事前沿科学研究和原始创新，入选人才可享受周期性经费支持。设立建言献策奖励资金，鼓励社会各界对本市高精尖产业发展提出意见建议，被采纳应用或形成制度性成果的可根据贡献大小给予10万元至100万元的一次性奖励。在京创新创业成绩突出的高层次海外人才，可不受年龄、学历等条件限制，优先入选“海聚工程”，享受相应奖励资助和生活待遇。（责任单位：市人力社保局、市财政局、市住房城乡建设委、市教委）

（六）支持科研人才流动。建立科研人才在事业单位内外自由流动双向通道，本市高等学校、科研院所的科研人才可利用本人及所在团队的科技成果，采取兼职、在职创办企业、在岗创业、到企业挂职、与企业项目合作、离岗创业等方式创新创业，获得相应报酬或成果转化收益；创新创业期间取得的业绩可作为其职称评审、岗位聘用、考核奖励等的重要依据；离岗创业的，3年内保留人事关系、基本工资待遇和社保待遇，情况特殊的可延长到5年。（责任单位：市人力社保局、市财政局）

（七）加强知识成果保护转化。健全知识成果保护机制，设立知识产权保护中心，为人才在专利申请、授权、保护、维权援助、运营转化等方面提供定制服务。支持知识成果转化增值，科研人才领衔开展项目研究并将相应成果在本市落地转化的，成果转化单位可将70%以上的成果转化收益用于领衔人及其创新团队、对科技成果转化作出重要贡献人员的报酬和奖励。（责任单位：市知识产权局、市科委、市财政局、市人力社保局）

三、以更加完善的服务保障人才发展

（八）加强住房保障。坚持以区为主、全市统筹，通过租购并举的方式解决人才住房需求。各区应结合功能定位、发展方向和引才需要，在编制年度保障性住房建设和供应计划时，确定一定比例的公租房和共有产权住房面向符合条件的人才供应。进一步优化引进人才购房支持政策，制定人才租房补贴标准。（责任单位：各区政府，市住房城乡建设委、市规划国土委、市财政局、市人力社保局）

（九）加强子女教育保障。在“三城一区”、海外人才聚集区域及其他科技创新产业聚集区域配置不同类型的优质学校，满足各类人才子女入学需求。针对就近就便入学、国际化教育等多样化需求，优化国家和本市重大人才工程入选专家、海内外高层次人才的子女义务教育入学服务。（责任单位：各区政府，市教委、市人力社保局、市外专局）

（十）加强医疗服务保障。统筹建立国际化的人才医疗服务保障体系。畅通高层次人才就医“绿色通道”。鼓励符合条件的医疗机构、诊疗中心与国内外保险公司合作开发多样化的商业医疗保险产品。为高层次人才提供一定比例的商业医疗保险补贴支持。（责任单位：市人力社保局、市外专局、市卫生计生委）

（十一）加强其他服务保障。搭建多元化服务平台，为高层次人才提供科研项目申请、法律服务、创业辅导、投融资、办理永久居留和出入境手续等服务。加快建设国际人才社区，配套建立外国人才办事综合服务大厅，构建国际化的工作生活环境。（责任单位：市人力社保局、市外专局）

四、以更加积极的作为推动政策落地实施

（十二）加强组织领导。各有关部门、各区政府要高度重视，将优化人才服务作为促进科技创新推动高精尖产业发展的重要举措，切实加强领导，密切协作配合，精心组织实施，确保各项政策措施落到实处。

（十三）严格落实责任。市人力社保局负责制定人才的认定、引进、评价和激励等相关工作实施细则，并做好各项措施实施的组织协调、监督指导等工作。市财政局负责做好有关政策措施实施的资金保障工作。市编办、市教委、市科委、市公安局、市住房城乡建设委、市规划国土委、市卫生计生委、市金融局、市民政局、市文化局、市知识产权局、市政府外办等单位按照职能分工协同推进相关工作。

（十四）强化宣传引导。通过报刊、电视、互联网等媒介大力宣传本市优化人才服务的措施，加强宣传解读，扩大知晓度，营造有利于各类人才创造活力竞相迸发、聪明才智充分涌流的社会氛围。

北京市人民政府
2017年12月31日

通州区扶持高层次人才创新创业平台建设实施细则

（通政办发〔2017〕19号）

第一章 总 则

第一条 为深入实施创新驱动和人才强区战略，发挥创新创业平台对高层次人才的吸纳、支持和服务作用，打造高层次人才集聚的良好态势，激发创新创业发展的活力与动力，根据《“通州区海外高层次人才引进计划”和“通州区高层次人才发展支持计划”实施细则》（京通办发〔2017〕2号），结合我区经济社会发展对高层次人才的实际需求，特制订本实施细则。

第二条 本细则中高层次人才创新创业平台是指具有高技术研发水平、先进技术装备、高成长项目、创新创业资源，具备相应的资金、场地、信息和服务等资源条件，引进和培养高层次人才的公共研发与服务载体。

第二章 支持范围

第三条 经国家级、市级认定的重点实验室、工程（技术）研究中心、科技研发机构、高新技术开发区、产业技术创新联盟、科技孵化器。

第四条 经国家级、市级认定的企业技术中心。

第五条 经国家人社部批准设立的博士后科研工作站；经市人力社保局批准设立的博士后（青年英才）创新实践基地；留学人员创业园。

第六条 经中关村管委会认定的中关村示范区创新型孵化器、处于初创期的中关村孵化器及入住孵化器的初创科技中小企业。

第七条 经国家级、市级认定的院士专家服务中心和院士专家工作站。

第八条 建有高层次人才创新创业平台的企事业单位，需注册地在通州区，且符合通州区的产业功能定位。

第三章 支持措施

第九条 强化高层次人才创新创业平台的产业导向。重点支持符合我区产业功能定位的高层次人才创新创业平台，同时根据我区发布的《通州区人才导向目录》，引进、培养重点领域中紧缺急需的高层次人才。

第十条 大力推进高层次人才创新创业平台的建设。积极支持和鼓励我区企事业单位申请设立高层次人才创新创业平台，在平台建设、配套设施方面给予优先安排；优化已建成的高层次人才创新创业平台的配套设施，形成适宜高层次人才创新创业的良好软硬件环境。

第十一条 针对创新创业平台中的高层次人才，区人才工作领导小组办公室负责协调各相关部门积极协助其解决落户、家属就业、住房、子女入学（托）等生活问题，开辟高层次人才服务“绿色通道”。

第四章 经费保障

第十二条 为每个新认定的国家级和市级重点实验室、工程（技术）研究中心、科技研发机构、产业技术创新联盟等，提供最高100万元、50万元的专项资助；为每个新认定的国家级和市级科技孵化器，提供最高250万元、200万元的专项资助；为每个新认定的国家级、市级高新技术开发区，提供最高300万元、250万元的专项资助。

第十三条 为每个新认定的国家级、市级企业技术中心提供最高100万元、50万元的专项资助。

第十四条 为每个新认定的国家级博士后科研工作站提供20万元专项资助，为经批准进站工作的博士后每人提供5万元的研发经费和每人每年1.5万元的生活补贴；

为每个新认定的市级博士后（青年英才）创新实践基地工作站提供20万元专项资助，为经批准进站工作的博士、博士后每人提供5万元的研发经费和每人每年1.2万元的生活补贴。

第十五条 为每个新认定的留学人员创业园提供一次性30万元的留创园建设支持经费。

第十六条 为处于投资建设中关村孵化器初创阶段的产业园区，提供最高100万元的一次性资金扶持；为入驻孵化器的每家初创科技中小企业提供最高10万元的房租补贴；为经中关村科技园区管理委员会认定的中关村示范区创新型孵化器，提供最高200万元的一次性资金扶持。

第十七条 为每个新认定的院士专家服务中心、院士专家工作站提供30万元专项资助，为经批准在站的院士、专家每人提供5万—10万元的研发经费和每人每年1.8万元的生活补贴。

第五章 附 则

第十八条 区人才工作领导小组负责高层次人才创新创业平台建设工作的宏观统筹；

区人才工作领导小组办公室负责高层次人才创新创业平台建设工作的指导和监督，汇总各平台归口责任单位所需资金并提交区人才工作领导小组会议审议；

区科委、区经济信息化委、区人力社保局、区政府园区管委会、区科协作为各平台归口责任单位，具体负责组织实施、经费申请与管理事宜等，同时根据单位实际情况可制定相应实施细则，做好政策落实和平台管理工作；

区财政局负责扶持资金的落实，所需资金从区人才专项资金中列支。

第十九条 同一年度内，在同一归口责任单位申报，每个用人单位只可享受一类高层次人才创新创业平台的扶持政策，并按照最高标准给予扶持。

本细则与区财政其他扶持政策及市以上出台的需区财政承担的同类奖补政策不重复享受。

第二十条 本细则由区人才工作领导小组办公室负责解释。

北京市通州区人民政府办公室

2017年7月21日

通州区引进高层次人才创新团队实施细则

（通政办发〔2017〕26号）

第一章 总 则

第一条 为大力引进和扶持我区急需的创新团队，加快推进北京城市副中心建设，根据《中共北京市通州区委办公室北京市通州区人民政府办公室关于印发<“通州区海外高层次人才引进计划”和“通州区高层次人才发展支持计划”实施细则>的通知》（京通办发〔2017〕2号），特制定本实施细则。

第二条 本细则所指的引进对象是指具有世界顶尖水平、世界一流水平、国内顶尖水平或国际先进水平、国内先进水平，所取得的成果或正在开展的科研项目对我区产业发展有重大影响、能带来重大经济效益和社会效益的高层次人才创新团队。

第二章 组织机构和工作机制

第三条 区人才工作领导小组负责领导和统筹创新团队的引进工作，审定年度引进工作计划，确定引进创新团队的层次、评审标准和资助标准，审定引进名单，研究解决引进工作中的重大问题。区人才工作领导小组办公室（以下简称“区人才办”）负责指导协调引进创新团队项目实施工作。

第四条 区科委具体负责引进创新团队项目发布公告、受理、公示、签约、监管、验收考核、资助奖励审核以及指导服务等工作，并做好引进创新团队的项目评审和专项资金的绩效评价工作。每年制定创新团队引进目录和年度工作计划，多渠道向外公布引进计划，集中开展评审工作，一般每年组织一次评审。

第五条 区财政局负责落实引进创新团队项目的资金预算安排，办理专项资金拨付手续，对专项资金管理及使用情况进行检查监督，并对专项资金进行重点绩效评价。

第六条 各乡镇、街道负责辖区内引进创新团队的组织推荐、日常管理和跟踪服务工作，配合区主管部门做好引进创新团队的调研检查和专项资金监管等工作。

第三章 申报条件和承接主体

第七条 申报条件。申报评审的引进创新团队必须具备良好的工作基础，有特色鲜明的核心研究方向和明确的研究目标，符合我区经济社会发展需要，由带头人和不少于4名核心人员组成，与国内外科研机构或重大项目稳定合作3年以上，学术水平在专业领域内具有明显优势，已取得突出成绩或具有明显的创新潜力。创新团队带头人应具有较高的学术造诣，其研发能力和过往科研成果为业界公认；擅于把握产业发展前沿动态、长于创新思维，能够把握新方向、开拓新领域；具有较强的组织协调能力、合作精神和良好的职业道德，在团队中能够发挥凝聚作用。

第八条 承接主体。用人单位是创新团队引进和使用的责任主体，负责推荐拟引进人选、建设工作平台、安排岗位职务等具体工作，并为团队项目研发及产业化提供所需的资金、场地等配套保障。用人单位应具有较高的经营管理水平和较好的经济社会效益（用人单位是企业的，需年产值超过1亿元或具有较好的成长性、拥有的核心技术已产业化并具有较大的经济效益前景）。创新团队也可自主在我区注册成立公司作为申报主体，并自筹资金解决项目研发和产业化有关问题。

第四章 申报和评审

第九条 申报推荐。与用人单位签订初步引进协议或已落户通州区并自主注册成立公司的创新团队，经各乡镇、街道审核推荐后，将申报材料提交区科委审核。

第十条 申报材料。区引进创新团队的申报单位必须填报《通州区引进创新团队申报书》，并提供项目可行性报告及相关证明材料。

第十一条 形式审查。区科委负责对申报材料进行形式审查，重点检查申报团队成员的身份学历、创新能力、合作基础，项目的专利成果和研发进展，以及用人单位注册信息、与团队合作意向和近三年财务报表等信息的完整性和真实性，并会同有关部门对项目重复资助情况进行审查。

第十二条 专家评审。区科委根据团队研究的专业领域，负责组织国内外同行技术专家对通过形式审查的申报团队书面申报材料进行评审，重点对申报团队的创新能力、项目先进性和产业化可行性进行评审，并提出推荐和资金资助意见。

第十三条 综合评审。由区人才办组织区科委和区人才工作领导小组相关成员单位组成综合评审委员会，负责对拟引进创新团队进行综合评审，形成书面推荐和资金资助意见。

第五章 报批和公示

第十四条 区科委根据综合评审意见，形成拟资助名单报区人才工作领导小组研究。

第十五条 区人才工作领导小组研究后，以区科委名义在区内媒体上予以公示，公示期为5个工作日。

第十六条 对公示无异议或异议不成立的，经区政府审议批准后，区科委会同区财政局按有关规定下达专项资助经费。

第六章 合同签订和经费管理

第十七条 引进创新团队、用人单位和区科委等主管部门需共同签订为期5年以上的合同，明确引进团队成员、合作项目、资金使用计划、知识产权归属以及实施预期目标等问题，并履行合同相关责任义务。

（一）引进人才在其发表、出版的与团队项目有关的论文、著作、学术报告中，以及在申报成果奖励、专利等技术成果中，均应标注“通州区引进创新团队计划资助”字样。专项经费资助形成的知识产权等无形资产按照国家有关规定进行管理，并优先在通州区内使用。

（二）引进人才需与用人单位签订5年（含5年）以上工作期限的工作合同。所引进国内团队成员应在我区用人单位全职工作，所引进的海外团队成员应保证每年至少累计有6个月时间在用人单位工作。

第十八条 对获立项的创新团队，我区将视团队的层次给予相应经费资助。对于获评定为世界一流、对我区产业发展有重大影响、能带来重大经济效益和社会效益的创新团队（A类），给予300万元的经费资助；对于获评定为国内顶尖水平、国际先进水平的创新团队（B类），给予200万元的经费资助；对于获评定为国内先进水平的创新团队（C类），给予100万元的经费资助。首次发放经费总额的40%，剩余的60%按项目计划从第3年起逐年等额支付，年度考核合格后，在下一年的第一季度下达。

第十九条 对创新团队引进工作实行奖励制度，对于引进A类团队的，给予引进责任主体200万元的资金奖励；对于引进B类团队的，给予引进责任主体100万元的资金奖励；对于引进C类团队的，给予引进责任主体50万元的资金奖励。

第二十条 自筹资金配套保障。我区对区引进创新团队的财政资助应遵循“用人单位投入为主，政府财政资助为辅”的原则，要求用人单位具备良好的自筹资金配套能力，且当项目申请资助额度未获足额批准时，缺口部分由用人单位配套补足。

第二十一条 对创新团队申报各级各类科技计划项目，在同等条件下给予重点推荐和优先资助。

第二十二条 经费使用范围。

（一）创新团队及其用人单位负责专项资金经费的使用和管理，严格按照经费预算和合同规定支出范围使用专项资金。

（二）资助经费采取专账管理。团队和用人单位需按合同规定的年度资金使用计划进行费用列支，如需支付计划外费用，须报经区科委审核同意后方可执行。变更事项由区科委报区财政局备案。资助经费主要用于项目研究、与项目相关的仪器设备购置、改善科研条件和对个人补助等，不得用于其他无关的开支，确保经费使用效益。项目用人单位必须按照所适用的会计制度或会计准则，对项目实行专账核算，确保专款专用。

（三）奖励经费原则上应用于加大项目后续研发投入、改善团队福利及项目扩产等，不得用于与团队或项目无关的其他用途。

（四）用人单位计提管理费用不得超过项目资助经费总额的1%，其他费用支出比例不得超过项目资助经费总额的2%。单位和个人不得以任何理由克扣或挪用资助经费。

第二十三条 融资引导。区科委督促用人单位落实团队项目研发和产业化的融资保障，指导用人单位申报国家和市有关项目支持，引导银行和股权投资机构以跟进贷款和股权投资等方式支持解决团队项目产业化的后续资金问题。

第七章 监管和考核

第二十四条 年度汇报。引进创新团队及用人单位每年进行一次情况信息上报，向区科委提交《通州区引进创新团队项目实施信息采集表》；每年要对全年工作进行总结，提交《通州区创新团队引进计划年度执行情况报告》《通州区引进创新团队资助专项绩效评价自评报告》，报送区人才办、区科委和区财政局。

第二十五条 日常管理。区科委会同有关部门每年组织一次项目实地考察，主要了解创新团队的项目实施进度、项目管理、研究成果、经费使用情况、存在问题等，形成调研报告上报区人才办。创新团队所属的乡镇、街道要加强跟踪服务，协助其解决项目实施和人才生活等相关问题。

第二十六条 项目变更。经评审入选后，创新团队带头人、成员和用人单位以及研究项目，原则上不得变更。团队带头人发生变更时，资助计划自动终止。团队个别核心成员或部分项目研发内容目标因特殊情况确需变更的，须报区科委备案，并经区人才办同意后方能实施。

第二十七条 中期检查。区科委牵头组织专家对创新团队的项目实施、项目资金投入及资助经费使用和管理等情况进行检查，并将有关结果报区人才办备案。中期检查结果将作为项目结题验收的重要依据。

第二十八条 期满结题验收。项目期满后，由区科委组织专家对创新团队项目进行期满评估验收。项目引才育才、经费投入、研发、产业化、经济和社会效益等达到或基本达到合同约定目标的，且财政资金使用符合有关规定要求的，视为验收合格。对项目执行效果差、不按规定管理和使用财政资助经费，且经整改后仍未满足结题要求的，视为验收不合格，追回除合理支出费用外的相关财政资助经费。

第八章 附 则

第二十九条 创新团队评审标准坚持动态管理的原则，根据形势发展的需要和我区经济社会发展的实际，由区人才办牵头，区科委会同区政府相关部门适时进行调整。

第三十条 本细则自发布之日起实施，由区人才办负责解释。

北京市通州区人民政府办公室
2017年8月7日

昌平区支持“昌聚工程”高层次科技人才暂行办法

（昌政发〔2017〕11号）

第一章 总 则

第一条 为贯彻落实中央和市委、市政府关于深化人才发展体制机制改革的部署要求，根据区委、区政府《关于印发〈昌平区深化人才工作机制改革创新推进高层次科技人才集聚发展工程实施意见〉的通知》（京昌发〔2016〕14号）精神，进一步健全完善人才激励保障机制，推进“昌聚工程”顺利实施，加快高层次科技人才在昌平集聚发展，结合实际，制定本办法。

第二条 昌平区人才工作领导小组下设专项工作组，负责协调推进本办法的落实。专项工作组由区领导小组办公室（设在区委组织部）牵头，成员单位包括区人力社保局、区发展改革委、区住房城乡建设委、区科委、区教委、区卫生计生委、区财政局、区投资促进局、中关村科技园区昌平园管委会等。

专项工作组下设办公室（以下简称专项办），专项办设在区人力社保局，负责组织开展“昌聚工程”高层次科技人才（团队）的申报、评审、认定和激励；负责支持高层次科技人才发展平台建设；负责对入选“昌聚工程”的高层次科技人才进行日常管理，对支持高层次科技人才发展专项资金进行统筹使用。

第三条 “昌聚工程”高层次科技人才（团队）〔以下简称高层次人才（团队）〕是指在能源环保、智能制造、生物医药等主导产业和科技服务、信息服务、金融服务等新兴行业以及其他领域创新创业，重大科研成果和高端项目在昌平实现落地转化，为地区产业转型升级和经济社会发展做出突出贡献的高层次人才或团队。

高层次科技人才发展平台（以下简称发展平台）是指服务高层次人才（团队）开展创新创业的平台，主要包括博士后（青年英才）工作站、留学人员创业园。

第四条 设立支持“昌聚工程”高层次科技人才发展专项资金（以下简称专项资金），规模每年不低于4000万元，在区级财政中预算安排，主要用于高层次人才（团队）的引进、评价认定、激励保障、日常管理，以及支持发展平台建设等相关工作。

第二章 高层次人才（团队）评选条件及认定标准

第五条 高层次人才（团队）申报评选“昌聚工程”须同时符合以下基本条件：

（一）高层次人才（团队）所在工作单位（以下简称用人单位）基本条件：

1．遵守国家和北京市有关法律、法规、规章及行业规范，近三年内在经营活动中没有违法记录；

2．在昌平区注册且纳税的区属企业及非公有制企业；

3．具有良好的商业信誉和健全的财务会计制度；

属于昌平区产业准入特别管理措施中涉及禁止类和限制类行业，因违法行为被执法部门依法处罚未满两年，违反相关政策正在接受调查的单位，不具备申报资格。

（二）高层次人才（团队）基本条件：

1．品行端正，遵守国家和地方法律、法规，近两年没有违规违法记录；

2．与用人单位签订3年以上工作合同，且每年在昌平区工作时间不少于6个月；

3．开展国家和北京市重点项目研发工作的人才（团队），研发成果须在昌平区实现成果转化。

凡有不良学术记录或不良诚信记录，侵犯知识产权或涉嫌侵犯知识产权正在接受调查，提供虚假业绩证明材料，以及存在其他不适合申请情况的人才（团队），不能申报评选。

第六条 高层次人才（团队）评选主要包括创业类、创新类、海外类和青年类等4类，其他领域急需紧缺的人才，可结合工作实际，另行研究制定认定标准。

第七条 创业类高层次人才（团队）认定标准。

创业类高层次人才（团队）是指熟悉国际规则，善于把握市场经济规律、善于吸附和转化前沿技术成果、善于推动商业模式创新；有较强的经营管理才能，带资金、带项目、带技术到昌平区投资创办企业；拥有自主知识产权的核心、关键技术，或转化达到国内先进水平的技术成果；能经受市场检验，获得投资机构创业投资；有潜力成长为国际或国内行业领军型企业的法人、创始人或创业团队。

（一）创业类高层次人才一般应符合下列条件：

1．年龄在60周岁（含）以下；

2．在昌平区注册企业并纳税，且公司成立时间在1年以上，5年以内；

3．拥有企业30%及以上股权；

4．创业领域符合昌平区产业发展方向，且拥有独立知识产权的核心技术。

入选中关村“十百千工程”重点培育企业的创始人（目前仍然在任），且企业在昌平区注册并纳税的，可以直接认定为创业类高层次人才。

（二）创业类高层次团队一般应符合下列条件：

1．团队带头人必须符合创业类高层次人才标准；

2．团队的创业项目须符合昌平区产业发展方向，属于有利于昌平区传统产业转型升级的领域，或是创新商业模式的高端服务业项目；

3．拥有自主知识产权或创新型产品（服务），技术成果先进，其项目需具有较高的可行性，产业化前景良好；

4．团队核心成员3—5人，学历层次较高，在团队中能够发挥重要作用，且分管范围涵盖技术研发、项目管理、市场拓展、财务管理等方面，平均年龄不超过45周岁。

第八条 创新类高层次人才（团队）认定标准。

创新类高层次人才（团队）是指在战略性新兴产业领域从事前沿科学技术研究，具有国际视野、战略眼光和重要影响力；科研经验丰富，自主创新能力较强，善于研发转化先进技术成果、创制国际国内技术标准；拥有国际发明专利或技术成熟度较高的国内发明专利，担任研发机构主要负责人，领衔高层次创新团队，主持重大科技及产业化项目；创新业绩显著或有较大潜力，在昌平区转化科技成果的高层次人才或团队。

（一）创新类高层次人才一般应符合下列条件：

1．年龄在60周岁（含）以下；

2．研究领域符合昌平区产业发展方向，已经取得经第三方专业机构认可的具有自主知识产权的科技成果（即拥有国际发明专利或技术成熟度较高的国内发明专利），或曾主持国内外重点科研项目、关键技术应用项目；

3．在昌平区内企业工作，担任研发机构主要责任人或关键研发项目主持人，入选后能连续在昌平区服务3年以上，且每年服务时间不少于6个月的创新人才；或在国内外著名高校、研究机构取得中高级职称，并通过创办企业、与企业合作实施、进行技术转让等方式到昌平区转化科技成果的创新人才；

获得省部级及以上科技进步奖项或科技人才奖项的人员，承担国家级重大科技及产业化项目（原则上立项5年以内）的项目核心团队成员，可以直接认定为创新类高层次人才。

（二）创新类高层次团队一般应符合下列条件：

1．团队带头人必须符合创新类高层次人才标准；

2．团队研究方向与昌平区重点发展产业紧密相关，能为企业或行业解决关键技术难题，研发产业化前景好的高新技术产品或是创新商业模式的高端服务业项目；

3．团队核心成员3—5人，具有中级及以上职称、参与过省部级以上项目、在团队中具有不可或缺的作用，平均年龄不超过45岁；

4．团队核心成员在昌平区内工作，入选后能连续在昌平区服务3年以上，且每年服务时间不少于6个月，团队科研成果须在昌平区内转化；

5．团队所在企业具有较好的产业化基础、生产经营状况良好，能为团队提供良好的创新环境。

第九条 海外类高层次人才认定标准。

海外类高层次人才是指从海外回国（来华）后在昌平区创新创业，从事创新创业领域符合昌平区产业发展方向；曾在海外著名高校、科研院所、知名企业、跨国公司和金融机构工作，担任中高级技术或管理职务；曾在国际组织、国外政府机构、著名非政府组织工作，担任中高级管理职务；拥有自主知识产权，掌握核心技术或具备先进的管理与专业知识的海外高层次人才，或外籍高层次人才、长期侨居海外的高层次人才。

海外类高层次人才一般应在海外取得硕士及以上学位且回国不超过两年，年龄在60周岁（含）以下，并符合下列条件之一：

1．在国外著名高校、科研院所担任相当于副教授、副研究员及以上职务的专家学者；

2．在国际组织、国外政府机构、著名非政府组织中担任中高级管理职务的专家学者；

3．在国际知名企业、跨国公司工作，熟悉相关领域业务和国际规则，具有丰富实践经验的中高级管理或技术人才；

4．拥有自主知识产权，掌握核心技术，或具备先进的管理与专业知识的海外高层次人才；

5．主持过国际大型科研或工程项目，具有丰富的科研、工程技术经验的专家、学者和工程技术人员；

6．发展潜力较大、专业水平较高的优秀出站博士后；

7．急需紧缺的其他海外人才。

第十条 青年类高层次人才认定标准。

青年类高层次人才是指40周岁以下，有广阔的学术视野、创新思维以及突出的专业基础和发展潜力，课题研究方向和技术路线符合昌平区产业发展方向且有重要创新前景；曾获得省（区、市）级以上创业大赛奖项；获得创业投资，在区内企业担任法人、主要创始人或首席科学家、技术官以及同等高级职务的优秀青年人才。

青年类高层次人才一般应具备下列条件之一：

1．“挑战杯”中国大学生创业计划竞赛金、银奖获得者，或“挑战杯”首都大学生创业计划竞赛金奖获得者，或其他有影响力的全国创业大赛金奖或同类奖项获得者；

2．获得国家或北京市“优秀博士后”称号的博士后；

3．入选北京市委组织部“北京市优秀人才培养资助”的人才；

4．入选北京市科学技术委员会“科技新星计划”的人才；

5．获得创业投资且具有一定发展潜力的企业法人或主要创始人；

6．经相关行业协会、产业联盟、行业主管部门推荐并任国家级高新技术企业首席科学家、首席技术官或同等高级职务的人才。

第十一条 专项办可根据昌平区产业发展和人才队伍建设实际需要，适时对各类高层次人才（团队）认定标准进行调整，实行动态发布机制。

第三章 高层次人才（团队）评选流程

第十二条 高层次人才（团队）评选工作每两年进行一次，坚持“公开、公正、择优、适用”的原则，严格执行有关工作规定和纪律。评审认定工作应注重以能力、实绩和贡献评价人才，建立以市场导向、成果价值和发展潜力为主要标准的高层次人才（团队）评价体系，确保评价结果客观、公正、准确。

第十三条 高层次人才（团队）评选工作流程分为系统申报、专家评审、检查复核、公示公告、支持激励等环节，需登录“昌平区高层次科技人才评选申报系统”，按照要求和提示填报信息，并准备相关信息证明材料。

（一）系统申报。专项办启动评选工作后，高层次人才（团队）根据自身条件确定一种申报类型，由用人单位向专项办推荐高层次人才（团队），并进行系统信息申报，填报的信息和提供的资料须保证真实准确。

（二）专家评审。专项办委托具有相关资质的第三方社会机构，组织相关领域专家进行分组评审，提出入选建议名单。

（三）检查复核。入选建议名单的高层次人才（团队）通过系统打印申报材料，与相关证明材料一并装订成册报送专项办，专项办复核无误后，报请专项工作组研究。

（四）公示公告。专项工作组研究确定入选建议名单后，在媒体进行公示，公示期为5个工作日。公示期间，任何单位或个人如对公示人选有异议，应署名向专项办提出意见，逾期或匿名不予受理。公示期满后，专项办提出拟入选高层次人才（团队）名单及激励方案，经区人才工作领导小组办公室研究同意，报请区政府批准后，向社会进行公告。

（五）支持激励。入选“昌聚工程”的高层次人才（团队）由区政府颁发荣誉证书，由专项办负责落实各项激励政策。

第十四条 对重点引进的拔尖领军人才（团队），经昌平区促进重大项目落地带动高端人才集聚联席会研究，报请区政府批准后，可不受评选档期限制，第一时间享受激励政策。

第四章 高层次人才（团队）支持政策

第十五条 高层次人才（团队）可享受资金支持。

（一）高层次人才一次性资金支持。对入选“昌聚工程”的各类高层次人才，给予一次性资金支持，用于改善高层次人才工作生活条件。创新类、创业类、海外类高层次人才可获得一次性资金支持50万元；青年类高层次人才可获得一次性资金支持20万元；对重点引进的拔尖领军人才，最高可给予一次性资金支持100万元。

（二）高层次团队一次性资金支持。对入选“昌聚工程”的高层次团队，给予一次性资金支持100万元。

（三）配套资金支持。高层次人才、团队核心成员近两年入选市级及以上人才工程、获得市级及以上人才奖项、独立承担或作为第一完成人获市级及以上重大科技成果奖，给予一次性10%的配套资金支持，最高不超过50万元。

第十六条 高层次人才、团队核心成员可享受系列配套服务。

（一）落户与居留。优先为高层次人才、团队核心成员申请引进落户政策，申办《北京市工作居住证》或《留学人员工作居住证》。

（二）子女教育。将子女入学（园）需求纳入全区年度义务教育阶段入学工作意见，积极协调昌平区公办、民办教育资源，为其接受优质义务教育提供有力保障。

（三）医疗保障。高层次人才、团队核心成员，以及其配偶、子女，可在区属公立医院、驻区市属医院、社区卫生服务站以及驻区二级以上社会办医院等医疗机构，享受就医绿色通道、优先安排会诊、优先安排转诊、优先安排家庭医生签约服务等医疗优先保障服务。

（四）住房保障。对在昌平区无自有住房的高层次人才、团队核心成员，可结合个性化需求，本着“工作就近、环境从优”原则，协调安排人才公租房，享受租金减免政策；也可按照市场化模式，给予一定租房补贴。

（五）配偶就业。配偶需要就业的，按照双向选择为主、推荐协调为辅的原则，多渠道、多方式、分层次协助解决就业问题。

第十七条 高层次人才、团队核心成员可享受“昌聚英才卡”待遇。“昌聚英才卡”提供每人每年不超过5万元的专项服务保障资金，用于体检疗养、培训交流、进修补贴、交通补贴等方面。同时，凭卡享受企业注册、高新技术认定、人才政策解读、科技项目申报、社会保险办理等便捷政务服务。

第五章 发展平台申报流程和支持政策

第十八条 发展平台申报支持工作每年进行一次，由专项办协调区相关业务主管部门依据有关政策文件规定组织实施。

第十九条 发展平台申报支持工作流程分为系统申报、材料审核、支持激励等环节，需登录“昌平区高层次科技人才评选申报系统”，按照要求和提示填报信息，准备相关信息证明材料。

（一）系统申报。专项办启动申报工作后，平台管理机构及时通过系统进行申报，并将相关申报材料装订成册报送专项办。

（二）材料审核。由专项办委托相关业务主管部门，对申报材料进行审核，研究提出建议名单，报请专项工作组研究。

（三）公示公告。专项工作组研究确定建议名单，在媒体进行公示，公示期为5个工作日。公示期间，任何单位或个人如对公示名单有异议，应署名向专项办提出意见，逾期或匿名将不予受理。公示期满后，专项办提出拟支持发展平台名单及支持激励方案，经区人才工作领导小组办公室研究同意，报请区政府批准后，向社会进行公告。

（四）支持激励。由专项办负责组织落实发展平台支持激励方案。

第二十条 支持政策。

（一）博士后（青年英才）工作站。设立博士后（青年英才）工作专项经费，主要用于支持昌平区博士后科研工作站和博士后（青年英才）创新实践基地的设立、管理、学术交流、课题研究、成果转化及综合考核评价等。具体支持标准如下：

1．获批的区域性博士后科研工作站和博士后（青年英才）创新实践基地（区博士后管理办公室）每年给予管理工作经费支持100万元。

2．经批准新设立的博士后科研工作站，可申请一次性启动经费10万元。

3．经批准招收博士后（青年英才）的博士后科研工作站及企业分站、博士后（青年英才）创新实践基地工作站可申请招收资助经费，每招收1人一次性资助3万元。

4．对博士后科研工作站及企业分站、博士后（青年英才）创新实践基地工作站开展博士后课题研究的博士后（青年英才）给予课题研究资助，区级研究课题资助5万元，省（区、市）级研究课题资助10万元，国家级研究课题资助15万元。

5．对从事科研项目在昌平区实现科研成果转化的博士后科研工作站及企业分站、博士后（青年英才）创新实践基地工作站及博士后（青年英才），给予一次性资金支持20万元。

（二）留学人员创业园。支持留学人员创业园建设，留学人员创业园应由区政府举办、区政府与企业联办、企业创办且被国家或北京市命名，或经认定符合北京市留学人员创业园标准。扶持留学人员企业发展，留学人员企业应入驻符合上述条件的留学人员创业园，且在昌平区注册纳税。具体支持标准如下：

1．被命名为北京市或国家级的留学人员创业园，给予一次性支持10万元。

2. 对新注册首次认定的留学人员创业园，给予一次性启动经费30万元；每年对留学人员创业园给予资金支持50万元，用于支持其发展、留学人员项目洽谈和推介活动等，支持时间最高不超过3年。

3. 对于3年支持期满的留学人员创业园，可申请人才引进支持资金和人才孵化支持资金。每引进1名留学创业人才（团队）入园创业，且创办企业取得高新技术企业资格认证的，一次性给予人才引进资金支持2万元。按照《科技企业孵化器（高新技术创业服务中心）认定和管理办法》标准，每孵化成功1名留学创业人才（团队）的，一次性给予人才孵化资金支持5万元。

4. 对新入驻的留学人员企业自租房之日起给予每年0.8元/平方米/天的房租补助，补助时间最高不超过3年，补助金额最高不超过200万元。

5. 入驻留学人员创业园的留学人员企业获得市级及以上创业支持资金的，一次性给予10%配套资金支持，最高不超过50万元。

第六章 日常管理

第二十一条 专项办负责高层次人才（团队）信息库的建立、维护和管理工作。高层次人才、团队核心成员如遇工作岗位、职务、职称、奖惩等发生重大变动，或长期出国、参加重要活动、离职、辞职、辞世等重要情况，由本人或用人单位及时报告专项办进行信息更新。

第二十二条 对高层次人才（团队）实行跟踪服务。专项办负责对高层次人才（团队）创新创业开展情况进行跟踪了解，并在职权范围内妥善解决高层次人才工作生活中的合理诉求。用人单位应积极协助配合专项办工作，对高层次人才（团队）应给予最大程度的关心和支持，并于每年底通过“昌平区高层次科技人才评选申报系统”报送高层次人才（团队）年度工作情况。

第二十三条 高层次人才（团队）在昌平区工作期间，可长期享受除一次性支持资金以外的其他配套激励政策。具有下列情形之一，经核查属实，报请区人才工作领导小组批准后，解除其“昌聚工程”高层次人才（团队）身份，不再享受相关待遇：

1. 触犯国家和地方法律、法规，受到执法机关处理的；
2. 违反行业规范和职业道德，造成不良影响的；
3. 长期（超过6个月）离开昌平区到其他地区工作的；
4. 创业项目终止或迁出昌平区的；
5. 团队核心成员不足3人；
6. 其他原因不再适合享受“昌聚工程”高层次人才（团队）待遇的。

采取欺骗、隐瞒、造假或其他手段骗取昌平区“昌聚工程”高层次人才待遇的，永久取消个人（团队）的评选资格和用人单位的申报资格，并追缴支持资金；情节严重的，移送司法机关处理。

第七章 专项资金使用及监管

第二十四条 专项资金由区财政局按照工作程序及时足额划拨。

（一）高层次人才（团队）支持资金一次性划拨给用人单位，由用人单位严格按照财务制度发放给高层次人才（团队）。如高层次人才（团队）违反本办法相关规定，则专项资金由用人单位负责全额追缴。

（二）“昌聚英才卡”资金按年度划拨给用人单位，由用人单位严格按照本办法规定及财务制度实报实销。如高层次人才（团队）因故离职，用人单位应及时上缴剩余资金。

（三）发展平台支持资金一次性划拨给发展平台管理机构，由发展平台管理机构严格按照本办法相关规定及财务制度规范使用。

（四）在实施“昌聚工程”工作中涉及的聘请专业机构、召开人才工作会议、组织人才交流活动等其他费用，在专项资金中列支，并严格规范使用。

第二十五条 专项办负责委托第三方专业审计机构对专项资金使用情况进行审计，确保资金使用合规有效。

第八章 附 则

第二十六条 高层次团队核心成员同时入选高层次人才和高层次团队的，不得重复享受除一次性支持资金外的其他配套政策。

第二十七条 入选“千人计划”“万人计划”“海聚工程”“高创计划”和“高聚工程”等国家及省部级以上人才工程的高端人才，经申请后可直接纳入“昌聚工程”人才库，享受除高层次人才一次性资金支持外的所有配套政策。

第二十八条 为昌平经济社会发展作出突出贡献的人才（团队），经昌平区促进重大项目落地带动高端人才集聚联席会研究同意，报请区政府批准后，给予资金激励5万—50万元。

第二十九条 本办法由专项办负责解释。

第三十条 本办法自印发之日起实施。

北京市昌平区人民政府

2017年3月2日

中共天津市委 天津市人民政府 关于营造企业家创业发展良好环境的规定

（津党发〔2017〕49号）

为营造企业家创业发展良好环境，弘扬优秀企业家精神，进一步树立“产业第一、企业家老大”理念，更好发挥企业家作用，根据《中共中央、国务院关于营造企业家健康成长环境弘扬优秀企业家精神更好发挥企业家作用的意见》精神，作出如下规定。

一、依法保护企业家财产权

对涉及重大财产处置的产权纠纷申诉案件、民营企业和投资人犯罪的申诉案件，经审查确属事实不清、证据不足、适用法律错误的，依法及时予以纠正。依法审慎对企业家采取强制措施，依法审慎查封、扣押、冻结企业财产。依法采取查封、扣押、冻结措施和处置涉案财物时，严格区分个人财产和企业法人财产，严格区分涉案人员财产和家庭成员财产，严格区分违法所得和合法财产。严厉打击向企业家敲诈勒索、威胁恐吓等犯罪行为。对于因政府规划调整、政策变化造成企业家合法权益受损的，依法依规给予公平合理补偿。制定出台知识产权保护地方性法规，支持企业家利用专利、商标、版权、商业秘密等知识产权形式保护创新成果。建立由市工商联、市委政法委等有关部门组成的保护企业家权益联系协调机制。

二、依法保护企业家自主经营权

各级政府、部门及其工作人员不得随意干预企业依法经营活动。依法清理和规范企业办理各类行政许可事项中需由中介机构出具的要件，加强对中介机构提供行政许可要件的规范管理和评价考核。全面实施涉企收费目录清单管理，凡目录清单之外收费一律不得执行，企业应拒绝缴纳。国家规定的涉企行政事业性收费按有关标准下限执行，地方涉企行政事业性“零收费”。各级党委、政府部门不得以评比、达标、表彰等任何形式向企业收取费用或变相收费。依法保障企业自主加入或退出行业协会商会的权利。市、区两级促进民营经济发展服务中心增设涉企收费处罚投诉举报职能，完善投诉受理工作机制，建立全市统一的企业维权服务平台。

三、促进企业家公平竞争诚信经营

全面实行市场准入负面清单制度，清单以外的行业、领域和业务实行非禁即入、非禁即准。根据国家规定，及时调整和完善行政许可等权力清单、责任清单。落实非公有制企业在投融资、招投标等方面与公有制企业同等待遇。实施外商投资准入前国民待遇加负面清单管理模式，建立智能审核系统。落实公平竞争审查制度，开展市场垄断行为专项治理，严厉查处垄断协议、滥用市场支配地位等经营者垄断案件，行政机关不得出台排除、限制竞争的政策措施。

进一步整合职能相近、执法内容相似、执法方式相同的机构和职能，深化“大部门”综合执法改革。全面实施“两随机、一公开”监管，制定随机抽查细则，公布随机抽查事项清单，健全执法人员名录库和检查对象名录库，做到市场监管及其他行政执法事项随机抽查全覆盖。完善行业信用信息系统和征信系统，建立企业家个人信用记录和诚信档案，将市场主体信用承诺书纳入信用记录，在“信用天津”网站提供查询服务。建立以信用记录为核心的行政机关联合激励与惩戒机制，健全诚信典型“红名单”和严重失信主体“黑名单”，将企业家良好信用状况作为各类行政许可的参考条件，试行信用承诺审批，对列入失信被执行人名单的依法依规实施惩戒。

四、激发企业家创新创业活力

鼓励企业家持续推进产品创新、技术创新、金融创新和管理创新。企业研发平台升级为国家级的，给予50万元至100万元专项资金补贴。市科技领军企业和领军培育企业实施重大创新项目、创新平台建设，分别给予最高500万元和300万元科技资金补助；对市科技领军企业和领军培育企业的企业家，按当年综合贡献给予奖励。诺贝尔奖获得者、国内外院士在津创办拥有自主知识产权的科技型企业并担任董事长或总经理的，给予一次性最高1000万元科技成果转化资金补助；长江学者、国家“千人计划”、国家杰出青年科学基金获得者等高端科技人才，在津创办拥有自主知识产权的科技型企业并担任董事长或总经理的，给予一次性最高200万元科技成果转化资金补助。鼓励国有企业加大创新投入，允许以协议方式转让技术类无形资产，采用许可使用方式转化科技成果，试行科技成果转移转化所得收入作为企业上缴利润抵扣项，提高创新绩效考核权重。发挥金融支持创新创业的重要作用，鼓励银行设立科技金融专业机构，扩大知识产权等质押融资规模；鼓励证券基金期货经营机构为企业家做好上市辅导，提供融资、大宗商品定价和风险管理服务；鼓励保险公司支持企业家参加境外展会、产品认证、专利申请，支持海外投资保险发展。

五、完善企业家激励机制

建立企业家荣誉制度，加强对优秀企业家先进事迹的宣传报道。加大收益分红、股权激励、股票期权等收入分配力度，推进国有上市公司股权激励。实行国有企业经营管理层职业经理人制度，加快“去行政化”步伐。建立职业经理人评价评估机制。增加各级人大代表、政协委员中企业家比例，提高劳动模范、劳动奖章和“五四”青年奖章、“三八”红旗手中的优秀企业家比例，在政府部门设立经济顾问等岗位，鼓励支持优秀企业家在群团组织兼职，全市有关重要会议安排优秀企业家列席。坚持“护幼、容错、不赦罪”，建立健全合理容错机制，对符合容错条件的，考核时不作负面评价，评先评优、表彰奖励时不受影响，对及时改错、想干事、敢担当、善作为、实绩突出的企业家，该使用的使用，该提拔的提拔。严格区分经济纠纷与经济犯罪，对企业在融资、生产、交易活动中出现的问题，依法对待，审慎处理，除法律明确规定外，不以犯罪论处。

六、弘扬优秀企业家精神

大力弘扬爱国敬业、遵纪守法、艰苦奋斗精神，创新发展、专注品质、追求卓越精神，履行责任、敢于担当、服务社会精神，加强正面宣传，营造积极向上的舆论氛围。发挥群团组织和行业协会商会与企业家联系的纽带作用，加强对企业家理想信念教育和社会主义核心价值观教育。鼓励企业家追求精益求精、以质取胜，增品种、提品质、创品牌，打造更多名优精品。鼓励企业家积极参与社会公益慈善活动。建立京津冀工商联、商会协同发展工作机制，办好民洽会、民企天津行等系列活动。每年举办一次天津企业家大会，打出天津品牌。开展优秀企业家评选表彰活动，选树10名践行优秀企业家精神的先进典型，每名企业家奖励100万元。

七、优化对企业家的服务

构建“亲”“清”新型政商关系，各级领导干部对企业家既要亲切、亲热、真诚，又要清白、纯洁、坦荡。健全市、区、乡镇（街道）三级领导干部联系企业家制度，健全部门与企业家沟通交流机制、政策宣讲机制，做到帮扶企业制度化常态化。建立面向企业家的党委、政府决策咨询制度，相关重大决策出台前听取企业家的意见。坚持“马上就办”，实行承诺办结制度，办理时限在法定时限基础上压缩60%以上。落实首问负责、首办负责和单一窗口、综合受理服务机制，建立服务企业家工作台账，明确专人一管到底。全面清理企业办事申请条件和各类证明，结果向社会公示并接受监督。建立高效便捷的企业投资项目审核机制，试行企业投资项目承诺制。完善企业政策服务信息清单和企业服务政策包，优化“一点通”系统，打造网上“企业家之家”，搭建企业家之间、政企之间的交流平台。市政府办公厅设立企业家服务处。建立与企业家常态化联系制度，加强与市工商联、市国资委等部门合作，协调推动解决企业家反映的突出问题，共同做好为企业家服务工作。市、区两级政府设立举报电话，对政府部门及其工作人员“庸懒散浮拖”行为，一经查实，坚决追责问责、决不姑息。

八、培育优秀企业家队伍

加强党对企业家队伍的领导，深化党建工作“全覆盖”工程，充分发挥党的思想政治优势、组织优势和密切联系群众优势，厚植企业家成长和发展基础，更好发挥企业家作用。实施企业家队伍建设“111”工程，到2020年培养100名以上具有国际视野、善于国际化经营管理、具有一定国际市场影响力的企业家，1000名以上经营业绩突出的知名企业家，10000名以上富有创新精神、具有一定行业或区域影响力的企业家。每年组织优秀企业家赴国内外培训考察，参加高校和商学院等举办的高级研修班，组织赴跨国企业集团实训研修。支持民营企业家和企业技术人员申报职称，并享受相应政策。鼓励高校聘请优秀企业家等担任兼职创新创业教师，培养年轻一代企业家。

中共天津市委
天津市人民政府
2017年11月15日

天津市人民政府办公厅
关于促进创业投资持续健康发展的实施意见

（津政办发〔2017〕5号）

创业投资是指向处于创建或重建过程中的未上市成长性创业企业进行股权投资，以期所投资创业企业发育成熟或相对成熟后，主要通过股权转让获取资本增值收益的投资方式。大力发展创业投资对于我市加快推进实施创新驱动发展战略、推动大众创业万众创新具有重要意义。为贯彻落实《国务院关于促进创业投资持续健康发展的若干意见》（国发〔2016〕53号），促进我市创业投资持续健康发展，进一步提升天津创业投资的竞争力和影响力，打造经济发展新动能、产业发展新模式、创新发展新生态，经市人民政府同意，现提出以下实施意见：

一、指导思想

全面贯彻党的十八大和十八届三中、四中、五中、六中全会精神，深入贯彻习近平总书记系列重要讲话精神，特别是对天津工作提出的“三个着力”重要要求，牢固树立创新、协调、绿色、开放、共享的发展理念，深入推进供给侧结构性改革，牢牢把握天津发展的历史性窗口期，按照创新竞进、优化结构、以质为帅、效速兼取的要求，以深入实施创新驱动发展战略、推进大众创业万众创新为主线，以支持实体经济发展、助力创新创业企业为目标，进一步深化简政放权、放管结合、优化服务改革，完善体制机制，健全政策措施，加强统筹协调和事中事后监管，构建促进创业投资发展的制度环境、市场环境和生态环境，着力将创业投资打造成为激发创造活力、增强创新动力的整合器、加速器、转化器和放大器。

二、发展目标

到2020年，培育以创业投资业务为主、活跃度较高、有业界影响力的创业投资机构100家以上，创业投资基金规模300亿元以上，引导带动社会资本1000亿元以上。通过创业投资促进创业企业，特别是中小微企业、科技创新类企业成长壮大，加快形成参与主体丰富、资本属性多元、专业人才聚集，具有实体创投、专业创投、信用创投、责任创投特征的创业投资生态体系，将天津打造成为国内具有较强竞争力和较大影响力的创业投资集聚地。

三、主要任务

（一）扩大创业投资规模。加快培育各类创业投资企业，拓宽创业投资资金渠道，进一步扩大创业投资规模，促进创业投资做大做强做优。

1．集聚发展创业投资企业。发挥国家自主创新示范区、自由贸易试验区、国家双创示范基地等政策、制度和载体优势，积极吸引鼓励国内外企业、社会团体及自然人在我市设立创业投资企业。鼓励我市企业集团、投资公司、担保公司等具备一定资本实力的企业设立公司型、合伙型创业投资企业。鼓励具有资本实力和管理经验的个人依法设立一人公司从事创业投资活动。（市发展改革委、市科委、市市场监管委、市商务委负责）

2．拓宽创业投资资金来源。支持运作规范的创业投资企业，在法律法规允许的框架范围内，创新各类募集手段，通过发行企业债券、发行资金信托和募集保险资金等方式，拓展融资渠道，形成市场化、多元化的资金来源。支持符合条件的创业投资企业的股东或有限合伙人发行企业债券，用于投资创业投资企业。鼓励信托公司遵循价值投资和长期投资理念，充分发挥既能进行创业投资又能发放贷款的优势，积极探索新产品、新模式，为创业企业提供综合化、个性化金融和投融资服务。（市发展改革委、人民银行天津分行、天津证监局、市科委、天津保监局、市金融局负责）

3．培育创业投资管理机构。鼓励创业投资管理机构建立健全内部激励机制和风险约束机制，加快创业投资管理的专业化步伐，提高创业投资管理机构及管理团队水平。允许创业投资管理机构按照规定采取期股、期权、奖励等多种收益分配方式，调动管理团队的积极性，造就和培育一批具有较强管理能力、资金募集能力和较好业绩的创业投资专业管理机构，做强天津创业投资管理机构品牌。（市发展改革委、市科委负责）

（二）鼓励各类机构参与创投活动。全面落实国家相关政策，引导各类创业投资主体参与创业投资活动，形成多元创业投资主体携手并进、创业投资活动蓬勃兴起的发展局面。

1．做大做强天使投资。充分利用现有天使投资引导基金，综合运用设立天使投资子基金、投资风险补贴、直接投资等方式，鼓励引导社会资本投入种子期、初创期的创新型企业。加强天使投资政策扶持，落实好天使投资引导基金5年内可按原值转让、子基金清算优先核销引导基金权益、天使投资风险补贴等优惠政策。推动科技资源支持天使投资，天津市各类科技计划项目积极向获得天使投资支持、符合专项条件的创新型初创企业倾斜。搭建天使投资对接平台，组建天使投资联盟、天使投资俱乐部等平台组织，培育和壮大天使投资人群体，促进天使投资人与创业企业及创业投资企业的信息交流与合作。推动天使投资与创业投资有效对接，对经天使投资支持、成长性较好的创新型企业优先推荐给天津市创业投资引导基金和子基金，进一步拓宽创新型企业融资渠道。（市科委、市发展改革委、市财政局负责）

2．培育发展合格投资者。引导行业骨干企业、产业（技术）创新中心、创业服务中心等创新创业资源丰富的相关机构参与创业投资。支持中央企业、国有企业、大学基金等各类机构投资者投资创业投资企业和创业投资母基金。鼓励和规范发展市场化运作、专业化管理的创业投资母基金。支持具有风险识别和风险承受能力的个人参与投资创业投资企业。（市发展改革委、市科委、市国资委、市财政局、市人力社保局、天津银监局负责）

3．释放国有创业投资机构活力。健全符合创业投资行业特点和发展规律的国有创业投资管理体制，鼓励我市具备条件的国有企业依法依规、按照市场化方式设立或参股创业投资企业和创业投资母基金，开展创业投资业务。建立适应国有创业投资机构特点的考核评价体系。创新国资创业投资管理机制，允许符合条件的国有创业投资企业建立跟投机制。健全投资损失核销机制，简化投资损失核销审批流程，建立与风险、责任、收益相匹配的激励约束制度。（市国资委、市财政局、市发展改革委、市科委负责）

（三）推动创业投资开放创新。依托自由贸易试验区制度创新优势，加强京津冀创业投资协作，积极吸引境外投资，加快创投企业“走出去”步伐，推动创业投资国际化发展。

1．加强京津冀创业投资合作。落实京津冀协同发展战略，搭建京津冀科技企业投融资服务平台，吸引京冀创业投资公司来津发展或承包、代管创新服务机构，加快汇集京津冀创业投资机构资源。组建京津冀创业投资联盟，推动设立京津冀协同创新科技成果转化创业投资基金和科技成果转化引导基金创业投资子基金，面向京津冀开展创业投资活动，形成覆盖京津冀区域的创业投资金融服务体系。以资源共享平台、技术交易市场等为依托，强化京津冀创业投资机构的对接协作，联合建立创新创业项目信息共享机制，促进创业投资资源在京津冀合理流动，实现京津冀区域科技企业与创业投资机构全面对接。推动京津冀金融机构建立投贷保联动机制，积极引导商业银行对三地投资的创新创业项目开展投贷联动业务。（市金融局、市财政局、市发展改革委、市科委、人民银行天津分行、天津银监局、天津证监局、天津保监局负责）

2．有序扩大创业投资对外开放。放宽外商投资准入，简化管理流程，对外商投资创业投资企业的设立和变更，适用备案管理。鼓励外资扩大创业投资规模，加大对种子期、初创期创业企业支持力度。强化境外创业投资企业招商，搭建招商宣传平台，积极捕捉创业投资项目信息，吸引海外创业投资企业来津投资合作，进一步提升我市创业投资企业的国际竞争力。鼓励和支持境内外投资者在跨境创业投资及相关的投资贸易活动中使用人民币。促进创新资本跨境流动便利性，鼓励企业按照宏观审慎原则开展跨境融资。允许外资创业投资企业按照实际投资规模将外汇资本金结汇所得的人民币划入被投资企业。（市商务委、人民银行天津分行负责）

3．引导创业投资企业加大境外投资。落实境外投资相关管理制度，引导和鼓励创业投资企业加大对境外及港、澳、台地区高端研发项目的投资，积极分享高端技术成果。建立海外创业投资市场信息联络网，帮助创业投资企业发掘更多境外股权投资项目。加大对创业投资企业“走出去”的资金支持力度，对创业投资企业开展海外投资发生的前期费用予以补贴。积极

发挥“走出去”服务联盟对创业投资企业海外投资的服务促进作用。（市商务委负责）

4．建设创业投资集聚示范区。探索在自主创新示范区和自由贸易试验区建设创业投资集聚示范区，运用创业投资机制进行机构集聚、政策聚焦，形成创业投资企业、投资人、创新型企业、创业者及创业团队、基金管理人、中介服务的规模效应，增强创业投资对产业发展的带动力和渗透力，实现创业资本和产业项目的深度融合。鼓励各区依托各自现有优势，培育一批创业投资机构集中的“创投大厦”。（滨海新区人民政府、市发展改革委、市科委负责）

（四）健全创业投资管理和服务体系。加强创业投资企业监管，做好创业投资企业设立和备案管理，完善创业投资行业自律和服务体系，促进创业投资行业规范健康发展。

1．简化和规范创业投资企业设立。创业投资企业和创业投资管理顾问企业可以采取有限责任公司、股份有限公司以及法律规定的其他企业组织形式设立。我市国有资产设立或控股的创业投资企业要采用规范的公司制运作，依法确定股东会、董事会和管理层的责权范围。以公司形式设立的创业投资企业，可以委托其他创业投资企业、创业投资管理顾问企业作为管理顾问机构，负责其投资管理业务。境内资金在我市申请设立创业投资和创业投资管理顾问企业，依法到工商行政管理部门注册登记。外商投资设立创业投资机构，按照国家有关规定办理注册登记。（市市场监管委、市国资委负责）

2．强化创业投资企业备案管理。按照国家有关规定，创业投资企业在工商行政管理部门注册登记后，实收资本达到3000万元，或者首期实收资本达到1000万元，且公司全体投资者承诺在注册后的5年内补足不低于3000万元实收资本的，即可向天津市创业投资企业备案管理办公室申请备案。经过备案的创业投资企业可享受国家和天津市相关配套扶持政策，同时接受相关管理部门的监督。（市发展改革委、市科委负责）

3．完善创业投资中介服务体系。发挥中介服务机构在项目对接、财务、法律、咨询、评估等方面的作用，鼓励律师事务所、会计师事务所等向创业投资机构进行专业化服务，逐步建立和完善创业投资发展所需的社会化服务体系。建立线上线下结合的创业投资综合性服务平台，通过举办投融资交流、项目路演、创业大赛等活动，实现创业投资机构和创新型企业的信息互动。（市科委、市发展改革委、市财政局负责）

4．加强创业投资行业自律。发挥行业协会在行业自律管理和政府与市场沟通中的纽带作用，协助做好行业管理相关工作，加强行业协会在政策对接、会员服务、信息咨询、数据统计、行业发展报告、人才培养、国际交流合作等方面的能力建设，支持行业协会参与推动创业投资行业信用体系建设和社会责任建设，维护有利于行业持续健康发展的良好市场秩序。（市科委、市发展改革委负责）

（五）完善创业投资机制。落实国家创业投资相关管理制度，建立健全促进创业投资健康发展的各项机制，营造良好的创业投资生态环境。

1．建立创业投资与政府专项对接机制。探索建立由具备资质和良好信用记录的创业投资企业向各部门保荐专项资金支持项目的机制，扩大创业投资机构管理人员在政府专项项目评审中的参与度。做好政府部门之间沟通协调，及时发布各类专项信息，引导创业投资企业投资已获得政府专项资金支持的企业，有关部门积极做好项目对接和服务。（市发展改革委、市科委、市工业和信息化委负责）

2．加强创业投资与金融机构协作机制。推动创业投资机构与银行、证券、保险和互联网金融等机构的业务交流合作，推动发展投贷联动、投保联动、投债联动等新模式。研究制定我市促进投贷联动工作的相关政策，加快推动投贷联动业务试点。鼓励融资性担保机构为创业投资机构及其投资的我市创新型企业提供融资担保。（市金融局、天津银监局、天津保监局、天津证监局、人民银行天津分行、市财政局负责）

3．完善创业投资多渠道退出机制。支持创业投资机构投资的创新型企业在主板、中小板、创业板、“新三板”等国内资本市场上市或挂牌。加快完善区域性股权交易市场，加强与沪深证券交易所、“新三板”深度合作，支持中小微创新型企业挂牌。规范发展专业化并购基金，鼓励创业投资以并购重组等方式实现市场化退出。（市金融局、天津证监局、市科委负责）

四、保障措施

创业投资是深入实施创新驱动发展战略、推动大众创业万众创新、促进经济结构调整和产业转型的一项重要举措。各部门、各单位要高度重视，结合自身职能，加强密切配合，做好政策协调、监管协同、信息共享、风险监测等工作，共同推动我市创业投资健康快速发展。

（一）加强统筹协调。建立天津市创业投资发展协调推进机制，由市发展改革委牵头，会同市有关部门，在明确任务分工基础上，统筹指导和协调重大政策制定、重大问题解决和重要工作推动。各部门要根据本实施意见，按照职责分工，研究制定相关配套措施，加强沟通协调，形成工作合力，切实把各项任务落到实处。（市发展改革委、市科委等相关部门负责）

（二）强化资金引导。

1．发挥财政资金作用。加强天津市创业投资引导基金运作，积极参股各类商业性创业投资基金，引导更多社会资本投资中小科技型企业，促进中小微企业创新发展。建立创业投资奖励机制，对市创业投资引导基金参股的创业投资和天使投资子基金，基金存续期结束后，其年平均收益高于中国人民银行公布的一年期贷款基准利率的，可安排一定比例的投资奖励。积极争取设立更多国家参股新兴产业创业投资引导基金，鼓励引导基金参股的创业投资企业加大对战略性新兴产业和高技术产业领域中小企业的投资力度。综合运用联合投资、融资担保、政府出资适当让利于社会出资等多种方式，进一步发挥政府资金在引导民间投资、扩大直接融资、弥补市场失灵等方面的作用。（市科委、市财政局、市发展改革委负责）

2．培育创业投资项目源。依托国家自主创新示范区、自由贸易试验区、国家双创示范基地以及各类产业创新中心等平台载体，开放项目、企业等资源，积极开展创业投资项目推介活动，引导创业投资企业投资于各类国家和市级科技计划，形成科技成果转化。优先扶持被投资项目，对创业投资机构投资的成果转化项目、高新技术产业化项目，符合条件的优先列入政

府支持的科技计划，优先安排扶持资金。挖掘农业领域创业投资潜力。（市科委、市发展改革委、市工业和信息化委、市农委负责）

（三）夯实智力支撑。

1．集聚创业投资人才。发挥“千人计划”、新型企业家培养工程、“131”创新型人才培养工程等人才计划作用，吸引一批熟悉资本运作、拥有行业背景、精通现代管理的创业投资人才来津发展。鼓励我市有条件的高等院校开设创新创业课程，推进本地高校与国内外知名院校合作办学，采取多种形式加强创业投资人才队伍培养。（市人力社保局、市教委负责）

2．优化创业投资人才服务。深入实施“人才绿卡”制度，对创业投资管理人才的引进、培养提供全程服务。各部门要加强对创业投资人才的服务，并提供居住、子女教育等便利服务。推进我市创业投资人员与国内外富有经验的创业投资专家的合作与交流，加强联合投资。（市人力社保局、市教委等负责）

（四）优化发展环境。

1．优化监管环境。加强事中事后监管，对天津市市场主体信用信息公示系统中标注为“信用良好”的创业投资企业在行业管理、备案登记等方面实施“绿色通道”等便利服务措施。对不进行实业投资、从事上市公司股票交易、助推投资泡沫及其他扰乱市场秩序的创业投资企业，建立清查清退制度。落实国家相关规定，进一步规范创业投资企业募集资金行为。（市发展改革委、市科委负责）

2．优化商事环境。深化商事制度改革，提高工商登记注册便利化水平，在积极开展企业简易注销试点和名称自主申报改革试点的基础上，加大对创业投资企业的支持力度。（市市场监管委负责）

3．优化信用环境。落实《天津市社会信用体系建设规划（2014—2020年）》（津政发〔2015〕15号）要求，建立健全创业投资企业、创业投资管理企业及其从业人员信用记录，实现创业投资领域信用记录全覆盖。建立创业投资领域严重失信黑名单制度，鼓励有关社会组织探索建立守信红名单制度，依托天津市信用信息共享交换系统和天津市市场主体信用信息公示系统，实施守信联合激励和失信联合惩戒。（市发展改革委、市市场监管委、市科委、人民银行天津分行、天津证监局、市商务委负责）

4．强化知识产权保护。深入落实《天津市专利促进与保护条例》，加强对创新创业早期知识产权保护，引导企业建立知识产权预警机制，提高知识产权权利人自身维权保护意识和能力。健全知识产权侵权查处机制，依法惩治侵犯知识产权的违法犯罪行为，创造鼓励创业投资的良好知识产权保护环境。（市知识产权局负责）

天津市人民政府办公厅

2017年1月12日

天津市关于强化实施创新驱动发展战略 进一步推进大众创业万众创新深入发展的实施意见

（津科创〔2017〕155号）

为贯彻落实《国务院关于强化实施创新驱动发展战略进一步推进大众创业万众创新深入发展的意见》（国发〔2017〕37号）决策部署，强化实施创新驱动发展战略，在更大范围、更高层次、更深程度上进一步推进大众创业万众创新，促进产业转型升级和经济提质增效，打造经济发展新动能、产业发展新模式、创新发展新生态，结合我市实际，提出如下实施意见：

一、总体要求

（一）指导思想。

全面贯彻落实党的十九大精神，深入贯彻习近平新时代中国特色社会主义思想，以习近平总书记对天津工作提出的“三个着力”重要要求为元为纲，认真落实党中央、国务院决策部署，围绕扎实推进“五位一体”总体布局和“四个全面”战略布局在天津的实施，深入推进供给侧结构性改革，全面实施创新驱动发展战略，加快新旧动能接续转换，推进大众创业、万众创新深入发展。深入推动“放管服”改革，推动创新创业群体多元协同，激发专业技术人才、高技能人才等的创造潜能，推进创新创业与实体经济发展深度融合，构建充满活力、区域协同、天津特色的创新创业生态环境，为全面建成高质量小康社会和建设社会主义现代化大都市提供强有力支撑。

（二）基本原则。

坚持创新为本、高端引领。以科技创新为基础支撑，尊重创新创业规律，引导创新创业多元化、特色化、专业化发展，以更大的力度促进知识和智力资源尽快实现经济价值，实现创新带动创业、创业促进创新的良性循环，加快塑造更多依靠创新驱动、更多发挥先发优势的引领型发展新格局。

坚持改革先行、精准施策。以深化改革为核心动力，着力破除制约创新创业发展的体制机制障碍，继续深入推进“放管服”改革，积极探索包容审慎监管，加快人才、金融、技术等要素市场改革，针对重点领域、典型区域、关键群体的特点精准发力，打破新主体进入市场的制度瓶颈，为新动能的成长打开更大空间。

坚持人才优先、主体联动。以人才支撑为第一要素，改革人才引进、激励、发展和评价等机制，鼓励科技人员、高校毕业生、留学回国人才、农民工、退役士兵等多元化群体创新创业，加强科研机构、高校、企业、创客等主体协同，促进大中小微企业优势互补，推动城镇与农村创新创业同步发展，形成创新创业多元主体合力汇聚、活力迸发的良性格局。

坚持市场主导、资源聚合。发挥市场配置资源的决定性作用，整合政府、企业、社会等多方资源，建设众创、众包、众扶、众筹支撑平台，健全创新创业服务体系，推动政策、技术、资本等各类要素向创新创业集聚，充分发挥社会资本作用，以市场化机制促进多元化供给与多样化需求更好对接，实现优化配置。

坚持价值创造、共享发展。以价值创造为本质内涵，大力弘扬创新文化，厚植创业沃土，营造敢为人先、宽容失败的良好氛围，推动创新创业成为生活方式和人生追求，进一步增强创新创业的发展实效。践行共享发展理念，实现人人参与、人人尽力、人人享有，使创新创业成果更多更公平地惠及全体人民，促进社会公平正义。

二、政策措施

（一）加快科技成果转化，增强高质量科技创新供给。

1．加强知识产权运用和保护。建立全市知识产权保护协同工作机制，推进重点产业专利优先审查业务办理、快速确权、快速维权服务机制建设。引导和支持重点行业、企业建立知识产权海外维权联盟。建设华北知识产权运营中心，完善知识产权运营服务体系。持续开展不正当竞争突出问题专项治理。加大商业秘密的保护力度，促进创新发展。（市知识产权局、市市场监管委按职责分工负责）

2．提升原始创新能力。改革科研经费使用管理方式，探索科研经费管理创新，赋予高校和科研单位更多财务自主权。加强天津市自然科学基金管理，开展基础性、前瞻性的科学问题和前沿技术研究，提高原始创新能力。（市财政局、市科委、市教委按职责分工负责）

3．促进技术交易和服务。布局华北知识产权运营中心特色分中心，推动专利资产价值市场化。高校可自主决定对持有的科技成果采取转让、许可、作价入股等方式开展转移转化，主管部门和财政部门对科技成果的使用、处置和收益分配不再审批或备案。各高校可以通过协议定价、技术市场挂牌交易、拍卖等方式，确定成果交易、作价入股的价格。各单位科技成果转移转化收入全部留归单位，纳入单位预算，不再上缴国库。建立健全科技成果转化容错免责机制。加大市场化的力度，坚持财政支持与市场化相结合的机制，建设科技成果转化线上线下交易平台，促进科技成果在企业的推广应用。（市知识产权局、市教委、市财政局、市科委按职责分工负责）

4．落实科技成果转化政策。出台《天津市促进科技成果转化条例》和实施意见，深入推动高校院所管理制度改革，支持建立符合人事管理需要和科技成果转化工作特点的职称评定、岗位管理和考核评价制度等。加大计划项目成果的转移转化力度，筛选优质财政资金支持形成的科技成果及时转化，在合理期限内未能转化的，依法强制在科技成果交易平台进行挂牌转化。鼓励企业加大研发力度，组织实施重大技术攻关和产业研发转型、产学研联合开发项目、共性和关键技术开发项目，加快实现科技成果转化。（市科委、市人力社保局、市教委、市发展改革委按职责分工负责）

5．大力推动京津冀科技成果协同转化。加强京津冀技术市场合作。推动国家大院大所、知名高校等携成果在津设立创新研究院、分院、成果转化基地。充分发挥国投京津冀科技成果转化创业投资基金（有限合伙）、京津冀产业结构调整引导基金等作用，加大对符合条件的科技成果转化项目分阶段支持力度。（市科委、市发展改革委按职责分工负责）

（二）建设创新创业平台，聚合高端资源要素。

1．建设创新创业区域平台。推动中心商务区和滨海高新区国家双创示范基地开展政策性尝试和制度性创新，加快重点项目建设，强化创新创业资源集聚，打造创新创业品牌，进一步提升“双创”服务效率。加快《天津国家自主创新示范区条例》立法进程，为示范区创新创业环境建设提供法制保障。加快市级高新区建设，培育国家高新区后备力量。培育推介一批返乡下乡人员创业创新园区（基地），引导返乡下乡人员向园区集中。（市发展改革委、市科委、市农委按职责分工负责）

2．促进众创空间等创新创业孵化平台升级。支持高校和科研院所建立集群思、汇众智、解难题的众创空间。提升众创空间专业化、精细化服务水平。鼓励龙头骨干企业、科研院所、高校等围绕优势细分领域建设平台型众创空间。落实科技部将新型孵化器纳入科技企业孵化器管理服务体系的要求，支持享受相应扶持政策。利用闲置厂房、工业园区、楼宇等各类载体，统筹规划，培育提升一批小型微型企业创业创新示范基地。支持举办各种形式的创新创业大赛及挑战赛，面向企业和社会创新的难点，凝练和解决科学问题。（市科委、市教委、市中小企业局按职责分工负责）

3．打造创新创业公共服务平台。进一步规范完善大型科研仪器相关政策和管理制度，完善“认定管理+财政补贴+平台支撑”的大型科研仪器开放共享管理服务体系，实施服务机构认定管理和服务企业的补贴激励机制，按照试点先行的方法，逐步探索积极推动仪器设备所有权和经营权分离等机制的建立和开放共享体系的创新。实施科技创新券制度，研究探索京津冀三地创新券合作，支持建立相互衔接的创新券合作机制。（市科委、市教委、市财政局按职责分工负责）

4．建立创新创业科研院所平台。实施科研院所创新创业共享行动，组织大院大所走进自创区、自贸区，加强院所与企业对接合作。推动驻津科研院所打造特色产业集群、建设成果转化中心等。建设线上平台，促进院所利用网上开店模式转化院所科技成果。（市科委牵头负责）

5．促进各类创新创业企业平台建设。推动国有企业依托创新载体，利用厂房、设备等资源，发挥技术、人才、资金的优势结合产业链的延伸和扩展，鼓励职工创新创业。引导大型企业开放供应链资源和市场渠道，与中小微企业结成战略合作伙伴关系。鼓励行业领军企业向各类主体分享优势生产设备和综合生产能力，开放技术、开发、营销、推广等资源，提高产能利用效率。推动制造业互联网“双创”平台建设和基础电信企业、互联网企业等面向制造业企业“双创”服务平台建设，汇聚整合制造业、互联网企业“双创”资源和要素，创建研发、设计、生产、管理和服务新模式。（市国资委、市工商联、市工业和信息化委按职责分工负责）

6．搭建创新创业活动平台。组织策划“创响中国”天津站活动，办好全国“双创”活动周（天津分会场），进一步营造我市创新创业的社会氛围。组织策划“创客中国”创新创业大赛天津赛区活动。总结推广企业“双创”典型经验，发挥带动示范作用。（市发展改革委、市中小企业局、市国资委按职责分工负责）

（三）拓展企业融资渠道，服务金融创新运营示范区建设。

1．强化普惠金融服务。针对我市信用环境、发展潜力较好的地区，在有效防控风险的前提下，鼓励大型银行合理赋予所辖区支行信贷业务权限。支持地方法人银行、各股份制银行天津分行、各异地城商行天津分行在符合条件的情况下在基层区域增设小微支行、社区支行，提供普惠金融服务。支持商业银行改造小微企业信贷流程和信用评价模型，建立完善信用贷款工作机制，对小微企业提供全方位、多元化、高效率的金融服务。引导银行完善小额创业贷款产品，支持返乡农民工、农村青年、农村低收入人群等创业就业。（市金融局、天津银监局、人民银行天津分行、市发展改革委按职责分工负责）

2．拓展多元化投融资渠道。推广专利权质押融资，鼓励保险公司为科技型中小企业提供专利融资保证保险服务。支持符合条件的科技型中小企业和创新创业型企业通过发行债券融资，充分利用双创债政策优势，拓宽融资渠道。研究完善《关于推动科创企业投贷联动试点工作的指导意见》，稳妥推进投贷联动试点工作。鼓励商业银行加大科技型中小企业信贷支持。支持已上市挂牌企业通过增发、并购重组、发债等多种途径募集资金、整合资源。设立科技型企业政策性担保资金。探索“政银担”合作机制，探索建立以风险补偿为核心的风险分担机制，提升担保行业的服务能力。推动天津市工商联民营企业上市融资服务平台汇集优秀服务机构，为科技型企业提供上市辅导和投融资服务。（天津银监局、人民银行天津分行、天津保监局、天津证监局、市金融局、市科委、市知识产权局、市工商联、市财政局按职责分工负责）

3．加大创业投资力度。对符合条件的创业投资企业和天使投资个人所得税给予税收优惠。大力推进创投领域诚信体系建设，加快建立创投企业及其法定代表人、高管人员信用记录，健全创投领域诚信档案，在创投企业备案工作中引入第三方信用评价机制。推动我市创业投资基金争取国家新兴产业创业投资引导基金、国家中小企业发展基金、国家科技成果转化引导基金三类引导基金参股支持。发挥海河产业基金、京津冀协同发展基金等政策性资金作用，支持我市先进制造产业发展。加强和规范天津市创业投资引导基金管理，通过参股方式吸引社会资本设立子基金，增加对科技型企业的投入。（市财政局、市国税局、市发展改革委、市金融局、市科委、市工业和信息化委、市中小企业局、市地税局按职责分工负责）

（四）促进实体经济转型升级，引领全国先进制造研发基地发展。

1．提升产业研发创新能力。推动工业企业整合创新资源，建立以企业为主体、独立法人形式的新型创新载体，加速技术成果产业化。鼓励制造业创新中心搭建新型孵化器等平台载体，推进制造业信息化、绿色化、智能化改造。开展智能制造、智能网联车等应用示范，搭建一批公共技术创新服务平台。制定出台军民融合科技协同支持政策计划，加快天津国防科大军民融合创新研究院建设，支持滨海高新区建设国家军民科技协同创新平台。打造领军企业产学研用创新联盟，深化上中下游、大中小企业合作，推进企业与高校、科研院所构建产学研联合体。建立健全首台（套）重大技术装备研发、检测评定、示范应用体系，完善财政、金融、保险等支持政策，明确相关招标采购要求，建立示范应用激励和保障机制。持续支持一批工业关键领域和瓶颈环节技术改造项目。（市工业和信息化委、市科委、市发展改革委按职责分工负责）

2．促进企业创新创业协同。引导工业企业充分利用已有的研发检测、生产加工设备、空闲办公场地等资源培育孵化一批创业团队。将产学研合作机制延伸到企业创新创业体系，将“双创”指标引入企业技术中心评价体系。加强国有企业创新创业考核工作，将创新创业工作完成情况纳入企业负责人经营业绩考核，科学合理设置创新创业指标。（市工业和信息化委、市国资委按职责分工负责）

3．促进分享经济发展。推进人力社保、卫生计生、市场监管、交通等领域数据资源共享交换、开放利用，为分享经济运营过程中的资质审核、经营许可、劳动保障等环节提供便利支撑。落实我市推进分享经济发展的有关意见，落实国家在规划、金融、税收、社保、采购等方面的政策，支持各类市场主体探索分享经济新业态新模式。改革传统监管模式，推进落实包容审慎监管原则。进一步提升“网监+”创新监管机制作用，加强监管执法联动和信用约束协同。（市发展改革委、市市场监管委、市国税局、市委网信办按职责分工负责）

4．促进数字经济发展。加快推进智慧城市建设，开展互联网+政务服务，促进信息消费，促进自主芯片、云计算、操作系统、数据库、通用服务器、信息安全等相关技术实现突破，掌握一批信息领域的技术和设备，打造和完善安全可控创新链，推进数字经济全面健康发展。（市委网信办牵头负责）

5．完善创新创业统计调查工作。推广应用国家《新产业新业态新商业模式统计分类（试行）》标准，落实国家统计局“双创”发展统计指标体系和相关制度要求，组织开展创新创业统计调查工作，科学、准确、及时反映经济结构优化升级的新成果。（市统计局牵头负责）

6．加强工业互联网安全保障。落实工业信息安全政策和标准，依托工业和信息化部工业控制系统安全检测平台，开展威胁监测、态势感知、通报预警、应急处置等工作。（市工业和信息化委牵头负责）

7．积极落实支持大众创业、万众创新的用地政策。对涉及新增建设用地的大众创业万众创新重点工程，给予土地利用计划指标支持。对于“大众创业、万众创新”项目，按照“先存量、后增量”的原则，优先安排满足新产业用地需求，建立政策实施部门联动和监管机制。（市国土房管局牵头负责）

（五）完善人才流动激励机制，支撑人才强市建设。

1．吸引外国人来津工作。制定外国高层次人才服务“一卡通”试点实施方案。进一步完善外国人从由工作居留向永久居留转换机制，实现工作许可、签证和居留有机衔接。支持符合条件、贡献突出的外籍人才申办永久居留资格。对引进的高端人才，其配偶、子女可直接落户市级人才公寓，子女可按要求安排入学入园。深入推广授权自贸区管委会等单位推荐外籍人才及家属直接申请在华永久居留、以工资和税收为标准建立人才申请永久居留的市场化渠道等七项支持自贸区区域创新的出入境政策措施。（市人力社保局、市外专局、市公安局按职责分工负责）

2．支持外国留学人员在津创新创业。对具有在天津创新创业意愿的外国留学生，可凭我国高校毕业证书申请加注“创业”私人事务类居留许可，被有关单位聘雇的，按规定办理工作类居留许可。外国留学生依法申请注册成立企业的，可以凭相关材料申请工作许可。（市公安局、市人力社保局、市外专局按职责分工负责）

3．吸引留学回国人员来津创新创业。实施留学人员回国创新创业启动支持计划，吸引高素质留学人才回国创新创业。推进我市两岸青年创新创业基地建设，支持现有天津两岸青年创业基地享受我市大众创业万众创新等同扶持政策，组建津台青年创业联盟，鼓励和支持台湾青年来津就业创业。开展“万侨创新行动”，探索建立华侨华人创新创业综合服务体系。为华侨华人高层次专业人才和企业家出入境、停居留以及申办外国人永久居留身份证件提供便利。大力发掘、引荐华侨华人高端人才，重点推进“侨梦苑”侨商产业聚集区和华侨华人创新创业基地建设，扶持一批创新创业示范企业。加快推进天津（滨海）海外人才离岸创新创业基地建设，提升改造留学人员创业园，探索人才创新成果异地转化的运行机制和服务模式。（市人力社保局、市外专局、市台办、市公安局、市科协、市侨办按职责分工负责）

4．激活高校和科研院所科研人员创新创业活力。完善高校和科研院所绩效考核办法，高校、科研院所可在核定的绩效工资总量内自主确定基础性、奖励性绩效工资比例和分配形式。省部级以上人才实行年薪制管理，薪酬不纳入本单位绩效工资总额调控范围。科研人员承担的科技成果转化所获奖励、承担科研项目所列支绩效奖励、以市场委托方式取得的横向项目所获收入或绩效支出，均不纳入绩效工资总额。高校院所具有横向项目结余经费分配的自主权，视为科技成果转化收入，与项目组约定分配比例，或提取一定比例管理费后用于对项目组成员的绩效奖励。落实高校和科研院所公开招聘自主权。按照实际需要，本着精简、效能的原则，市属高校可自主确定教学、科研、行政职能部门等内设机构的设置和人员配备。高等院校和科研院所出国开展学术交流合作的，不列入国家工作人员因公临时出国批次限量管理范围。（市人力社保局、市教委、市科委、市财政局、市编办、市外办按职责分工负责）

5．实施科技团体创新创业融合行动。鼓励和引导学会等科技社团，通过运用创新驱动学术活动、科技论坛等品牌学术活动，宣传科技工作者的重大科研成果，推广新技术新产品。以学术促交流，促进学会专家与企业的交流对接，搭建产学研合作平台，鼓励科技工作者投身技术攻关等科技创新活动。（市科协牵头负责）

6．支持返乡下乡人员创新创业。加快将现有支持“双创”相关财政政策措施向返乡下乡人员创新创业拓展，将符合条件的返乡下乡人员创新创业项目纳入强农惠农富农政策范围。探索发展农业设施、农机具在内的动产和不动产抵押贷款业务，大力推广小额信用担保贷等信贷产品，积极促进返乡下乡人员贷款流程的标准化和简易化。鼓励产业园区、小企业创业示范基地等开辟专门区域，为返乡下乡人员提供创业创新空间。对涉及新增建设用地的符合“双创”相关政策条件的返乡下乡人员创新创业项目，给予土地利用计划指标支持，做好用地保障工作。返乡农民工可在创业地参加各项社会保险。鼓励有条件的地方将返乡农民工纳入住房公积金缴存范围，按规定将其子女纳入城镇（城乡）居民基本医疗保险参保范围。（市农委、市国土房管局、市人力社保局按职责分工负责）

（六）创新政府管理方式，释放创新创业活力。

1．全面落实外商投资负面清单管理制度。落实注册资本登记制度改革举措，对内外资企业实行统一的注册资本登记制度，对外资企业登记实行准入前国民待遇加负面清单管理制度，实施一个窗口登记注册和限时办结。推动全面实施公平竞争审查制度，为创新创业营造统一开放、竞争有序的市场环境。（市市场监管委、市发展改革委、市商务委按职责分工负责）

2．提升审批办事效能。将信息采集、记载公示、管理备查类涉企证照事项，进一步整合到营业执照上，实现“多证合一、一照一码”，优化审批流程，提高审批效率。建立全市统一企业名称互联网登记系统，实行企业名称全流程网上登记和企业名称自主申报。全面推行个体工商户、未开业企业以及无债权债务企业简易注销登记改革，进一步降低市场主体退出成本。升级企业登记注册网上服务系统，实现企业设立、变更、注销全流程网上申请、网上受理、网上核准，逐步实现数字签名的全程电子化登记。（市市场监管委牵头负责）

3．全面推进市场监管改革。在全市范围进一步深化“双随机、一公开”监管机制改革。修订和完善《天津市行政机关联合惩戒措施目录》。强化对失信被执行人的联合惩戒，建设完善联合惩戒信息化系统。出台《天津市行政机关事中事后监管工作考核暂行办法》，加强对各项事中事后监管工作的监督和考核。健全跨部门、跨地区执法协作机制。推进市场监管领域执法重心下移，加强一线执法人员力量。（市市场监管委、市编办按职责分工负责）

4．促进“双创”税收便利化。推进跨省经营企业部分涉税事项全国通办。推进银行卡受理终端、网上银行、手机银行等多元化缴税方式。以“共同进驻、互相进驻和共建大厅”为主要模式，以多种形式实现国地税联合办税。建立以纳税信用为基础的银税合作机制，有效化解小微企业融资难题。推进涉税信息共享。（市国税局牵头负责）

5．完善“双创”人才落户政策。继续推进落实双创特区“双创”人才“就业即落户”政策，探索扩大“双创”人才优惠政策辐射范围拓展至通武廊（武清）地区，做好“双创”人才落户工作。完善工作流程，简化办理户口手续要件，提升人口管理服务质量。（市公安局牵头负责）

三、保障机制

（一）加强工作协同。各有关部门、各区要及时跟踪重大事项推进情况，积极研究解决问题，及时总结推广经验做法，形成各司其职、各负其责、齐抓共管、运转高效的工作新格局。

（二）加强政策保障。各有关部门、各区要尽快落实本实施意见，加大宣传力度，做好政策推广。对实施意见中明确规定的任务和政策，要制定具体落实措施和相关配套政策；对原则规定的任务和政策，要细化落实措施，确保相关政策顺畅执行。

（三）加强跟踪落实。各有关部门、各区要紧密结合实际，加强统筹协调，明确责任主体，推动各项政策措施落实到位。加强动态跟踪，定期对各项工作进展情况进行分析、评估，及时发现和解决问题，确保各项工作全面完成。

天津市科学技术委员会
天津市发展和改革委员会
2017年12月11日

滨海新区关于进一步集聚人才创新发展的若干措施

（滨党发〔2017〕1号）

根据《中共中央印发〈关于深化人才发展体制机制改革的意见〉的通知》（中发〔2016〕9号）和《中共天津市委印发〈关于深化人才发展体制机制改革的实施意见〉的通知》（津党发〔2016〕43号）精神，按照市委对新区人才工作的要求，围绕建设京津冀协同发展示范区和实现国家赋予滨海新区的功能定位，加快建设具有国际影响力的区域产业创新中心和国际化创新型宜居生态新城区，坚持聚天下英才而用之，最大限度激发人才创新创造创业活力，结合实际，制定本措施。

一、主要目标

通过深化人才发展体制机制改革和推进人才政策创新，实施一系列人才工作新举措，到2020年，实现高层次人才加快集聚，引进诺贝尔奖获得者、国家两院院士等顶尖人才10名左右，新引进培养300名创新创业领军人才和若干人才团队，聚集高层次人才15万人以上，人才总量达到100万人；科技创新活力显著增强，新引进20家国内外知名科研院所，新建25家国家级重点实验室、工程实验室、工程（技术）研究中心、企业技术中心，新建离岸人才孵化器5家，新成立风险投资企业及支持创新创业金融机构200家以上，引进培育5家以上在国内外具有一定知名度和影响力的高端智库，新成立科技中介服务和人才中介服务机构200家以上；人才服务环境显著优化，工作生活环境更加完善，推动新区建成开放程度高、人才密度大、政策机制新、创新活力强、人才效能优的人才发展先行区和示范区。

二、具体措施

（一）实施更具吸引力的人才引进政策。

1．实施顶尖人才引进计划。经评审认定的海内外高层次人才“团队+项目”，给予最高1亿元项目经费资助。对引进的诺贝尔奖获得者、国家两院院士、发达国家院士和在世界一流大学、科研机构、世界500强企业担任过相当于终身教授、首席技术官等职务的著名专家，给予最高1200万元工作经费和生活补贴。

牵头单位：区委组织部、区人力社保局、区科委

责任单位：区工业和信息化委、区国资委、区科协、各功能区、各街镇

2．实施领军人才引进计划。对经新区推荐认定的入选国家、天津市、新区人才工程（计划）的引进人才，给予最高300万元经费资助。对已入选国家、省部级人才工程（计划）领军人才项目或担任创新平台学术技术带头人、重大科研项目主要负责人的引进人才，给予20万元至60万元经费资助。

牵头单位：区委组织部、区人力社保局、区科委

责任单位：各功能区、各街镇

3．加大企业经营管理人才引进力度。注册在新区且年营业收入过亿元的企业，通过市场化新招聘引进的高管人员，连续3年给予租房和生活补贴，每人每年5万元。

牵头单位：区国资委、区工业和信息化委

责任单位：各功能区、各街镇

4．大力吸引储备人才。对企业新引进落户新区的全日制大学本科以上学历的人员和归国留学人员，连续3年发放租房和生活补贴，其中，大学本科生每人每年1.2万元，硕士研究生每人每年2.4万元，博士研究生每人每年3.6万元。

牵头单位：区人力社保局

责任单位：各功能区、各街镇

5．推进干部人事制度改革。针对政府机构中专业性较强的领导岗位和学校、医院等事业单位专业技术领导岗位，通过全球招聘选拔使用人才，并给予市场化待遇。在科研院所、行业组织和重点企事业单位，探索设立首席经济学家、首席科学家、首席顾问等，给予引进高端人才一定工作经费和生活补贴。

牵头单位：区委组织部、区人力社保局

责任单位：区发展改革委、区工业和信息化委、区商务委、区教育体育委、区科委、区金融服务局、区规划和国土局、区环境局、区卫生计生委、区国资委、区编办、区招商局、各功能区

6．加大教育卫生文化人才引进力度。对引进的全国优秀教师、特级教师、省级学科带头人等人才，对引进名医、名医院、名诊所的一流医学人才和团队，对引进的中国工艺美术大师、全国德艺双馨文艺工作者等高层次文化人才，给予50万元至200万元工作经费和生活补贴。

牵头单位：区教育体育委、区卫生计生委、区文化广播电视局

责任单位：区人力社保局、区编办、各功能区

7．支持柔性引才引智。对经认定以项目合作、短期挂职等方式柔性引才引智的新区企事业单位，按项目投入或人员报酬给予一定比例的经费补助。探索建立高层次人才租赁制度，采取政府补贴支持、市场化运作模式，搭建专业服务平台，实现人才在保留与原单位人事关系不变情况下，在一定期限内有偿租借。

牵头单位：区人力社保局

责任单位：各功能区、各街镇

8．设立新区“伯乐奖”。支持人才中介机构等引进和举荐国内外高层次人才，对成功引进诺贝尔奖获得者、两院院士、国家“千人计划”和“万人计划”人才、省部级领军人才或团队的，每引进一人或团队给予20万元至200万元的奖励。

牵头单位：区人力社保局

责任单位：区科委、区科协、各功能区、各街镇

（二）实施更具灵活性的人才培养政策。

9．实施杰出科技人才培养计划。对纳入新区杰出科技人才培养计划的，在两年培养期内给予每人40万元科研经费支持和每月3000元生活补贴。设立新区青年英才培育专项资金，由新区和用人单位联合培养具有创新能力和发展潜力的40岁以下青年人才，给予每人20万元的工作经费和生活补贴。

牵头单位：区科协、区科委

责任单位：各功能区、各街镇

10．支持培养博士后人才。对博士后工作站和博士后创新实践基地的在站博士后，给予每人每年15万元生活补贴。对出站后与新区用人单位签订5年以上工作（聘用）合同的，给予20万元生活补贴。

牵头单位：区人力社保局

责任单位：各功能区、各街镇

11．提高技能人才培养水平。对新建技能大师工作室的单位，给予经费资助20万元，给予技能大师每人每年5万元生活补贴，资助期限为三年。制定在职劳动者提升职业技能等级资助办法，对取得技师、高级技师职业资格的人才，分别给予每人2000元、3000元奖励。

牵头单位：区人力社保局、区教育体育委

责任单位：各功能区、各街镇

12．加快建设高水平院校。通过基础设施共建代建、财政投入支持、科研经费补贴等多种合作方式，吸引国内外知名大学来新区办学。支持国内外高校在新区建立研究生院或研究生培养机构，对每年招收100名以上研究生规模的，给予最高1亿元资金支持。对新建职业学校，按照招生规模给予一定资金支持。

牵头单位：区教育体育委、区发展改革委

责任单位：区规划和国土局、区建设和交通局、各功能区

13．建立产教融合、校企合作的人才培养模式。设立新区急需紧缺专业开发基金1亿元，鼓励在高校创新学科设置，定向培养新区急需产业人才。支持新区企事业单位在高校定向培养急需紧缺专业的研究生，给予每人学费30%且最高1万元的资助。

牵头单位：区人力社保局、区教育体育委

责任单位：各功能区、各街镇

（三）大力支持人才创新创业。

14．支持海外人才离岸创新创业。依托滨海—中关村科技园，建立海外人才离岸创新创业基地，设立离岸金融、信息服务、物流和其他科技服务企业。在美国等国家建立离岸人才孵化器，鼓励并购海外研发中心，就地开发利用国外先进技术和智力资源。

牵头单位：区人力社保局

责任单位：天津滨海—中关村科技园管委会、区科委、区工业和信息化委、区科协、相关园区、各街镇

15．加大创新创业金融支持。建立创新创业跟投机制，对风险投资机构投资科技型初创企业的，由政府成立引导资金带动社会资本，按风险投资额20%给予跟投。高层次人才创办的符合新区产业导向的企业，可给予100万元至500万元信用额度支持；对各类领军人才或团队创办的企业，可给予3000万元以内的信用额度支持。

牵头单位：区金融服务局

责任单位：区科委、各功能区、各街镇

16．提升创业服务支持。风险投资机构投资新区初创期和成长期科技型中小企业1年以上的，由新区给予实际投资额10%、单笔最高50万元的资金奖励，一家投资机构对同一企业投资获得的奖励累计不超过50万元，对一家投资机构每年的奖励金额不超过300万元。经认定的新区高层次人才创办企业，由新区以政府采购形式提供3年财务管理、法律咨询、创业指导、人力资源等专业服务。

牵头单位：区财政局

责任单位：区科委、区人力社保局、区司法局、各功能区、各街镇

17．实施科技成果转化奖励。政府出资引导民间资本共同设立科技成果转化资金，采取直接出资或股权投资等方式，支持各类人才、机构和企业进行科技成果转化。科技成果转化所得收益，研发团队所得不低于70%。

牵头单位：区科委、区国资委、区工业和信息化委

责任单位：区财政局、各功能区、各街镇

18. 完善科技创新服务。全面实行创新券制度，由政府向科研院所、高校及科技服务机构购买服务的形式，免费向企业提供研发设计、检验检测、成果转化、信息咨询等服务。支持新建科技中介服务机构。

牵头单位：区金融服务局、区科委

责任单位：各功能区、各街镇

（四）鼓励人才平台建设。

19. 支持创新平台建设。由国内外著名科学家牵头组建的重大科技创新平台，给予最高1亿元科研经费资助。对新引进的国家级重点实验室、工程实验室、工程（技术）研究中心、企业技术中心等，给予最高3000万元的科研经费支持。支持企事业单位设立院士工作站，给予100万元科研经费支持，对进站的院士给予20万元生活补贴。

牵头单位：区科委、区工业和信息化委、区发展改革委、区科协

责任单位：各功能区、各街镇

20. 支持国家级科研院所整建制迁入。对整建制迁入新区的国家级科研院所，给予最高1亿元的科研经费支持，院所引进的高层次创新人才团队，给予最高500万元工作经费和生活补贴。

牵头单位：区科委

责任单位：各功能区、各街镇

21. 支持发展高端智库。统筹国内外人才智力资源，重点支持知名大学、科研院所和行业组织在新区建设特色鲜明、引领发展的专业化高端智库，通过政府采购等形式，每年给予最高800万元业务经费资助。

牵头单位：区发展改革委

责任单位：区工业和信息化委、区教育体育委、区科委

（五）大幅优化人才公共服务。

22. 改革人才引进审批工作。建立新区人才服务综合平台，将人才引进等审批服务工作纳入行政集中审批事项，简化手续，为人才办理关系接转、落户、社保、出入境等事项提供便捷服务，实现人才引进审批服务一站式限时办结。进一步放宽户籍审批权限，将支持“双创”人才的特殊落户政策延伸至全区。在现有人才落户政策条件外，每年拿出一定数量户籍指标专门用于引进急需紧缺的特殊人才。简化外国专家短期来华办理程序，外籍人才凭工作许可证明入境后可从宽办理工作居留证件。

牵头单位：区人力社保局、区行政审批局、区公安局

责任单位：区教育体育委、区公安局

23. 建立重大人才项目决策机制。针对具有国际影响、突破核心技术、实现技术跨越、带动战略性新兴产业发展的领军人才或团队实施项目，建立专门决策工作机制，有针对性地制定“一人一策”“一企一策”的支持方案，实现重大人才项目快速落地。

牵头单位：区委组织部

责任单位：区人力社保局、区发展改革委、区工业和信息化委、区教育体育委、区科委、区公安局、区金融服务局、区规划和国土局、区招商局、各功能区、各街镇

24. 完善人才生活服务。依托人力资源服务产业园区，设立高层次人才服务窗口，开通服务专线，配备服务专员，为高层次人才提供一对一、全链条、保姆式服务。进一步深入落实高层次人才服务证制度，最大限度为人才提供工作和生活服务保障。建立新区统一的人才公寓信息服务平台，为引进人才提供信息查询、对接协调服务，实现全区人才公寓的“一口受理、分域实施、资源调剂”。

牵头单位：区委组织部、区人力社保局、区规划和国土局

责任单位：区人才工作领导小组成员单位、各功能区、各街镇

25. 增加人才工作投入。完善人才工作投入增长机制，每年安排1亿元人才发展基金，用于人才工作的资金投入不少于20亿元。

牵头单位：区发展改革委、区财政局

责任单位：区人才工作领导小组成员单位

三、组织保障

坚持党管人才原则，完善党委统一领导，组织部门牵头抓总，有关部门各司其职、密切配合，社会力量广泛参与的人才工作格局。各责任单位要高度重视，树立人才是第一资源的理念，强化“一把手抓第一资源”的责任，提高认识，加强领导，确保各项政策措施得以落实。要按照任务分工，积极主动作为，抓紧制定落实实施细则，明确时间表和路线图，确定责任领导和具体责任人。要将人才工作纳入各级领导班子考核体系，科学设置考核指标，量化考核任务，建立健全科学的人才工作考核体系。加强人才工作专项资金的管理使用，确保安全、高效、规范。加强对人才政策的宣传和舆论引导，营造尊重人才的社会环境，增强聚集人才的效应。新区此前出台的政策与本措施有重复、交叉的，按照从新、从优、从高的原则执行。本措施由滨海新区人才工作领导小组办公室负责解释，有效期至2020年12月31日。

中共天津市滨海新区委员会
天津市滨海新区人民政府
2017年1月12日

河北省人民政府
关于促进创业投资持续健康发展的实施意见

（冀政发〔2017〕2号）

为认真贯彻落实《国务院关于促进创业投资持续健康发展的若干意见》（国发〔2016〕53号），进一步促进我省创业投资持续健康发展，推动技术、资本、人才、管理等创新要素与创业企业有效结合，增强经济发展新动能，助力经济结构调整和产业转型升级，结合我省实际，提出如下实施意见。

一、基本原则和目标任务

（一）基本原则。坚持服务实体，聚焦支持实体经济，打造健康高效的“实体创投”投资环境；坚持专业运作，培育优秀创投团队，夯实“专业创投”运行基础；坚持信用为本，营造诚实守信良好氛围，创建“信用创投”发展环境；坚持社会责任，共同维护良好市场秩序，树立“责任创投”价值理念。

（二）目标任务。打造京津冀创投高地，争取到2020年，形成政府创业资本为引导、社会创业资本为主体、境外创业资本为补充的创投资本多元化格局。全省创业投资机构达到200家左右，其中各县（市、区）、国家级开发区及有条件的省级开发园区至少有1家以上创业投资机构；培育国内知名投资机构或管理机构不少于5家；促进1000家中小创新型企业成长壮大。

二、打造多层次创业投资联动体系

（一）大力培育和发展合格投资者。鼓励和支持中央企业、地方国有企业、民营企业等各类实体经济企业，保险公司、信托公司、社保基金、企业年金、大学基金等机构依法依规牵头或参与设立创业投资企业。鼓励和支持具备一定资本实力和风险识别能力的个人投资者积极参与、牵头设立创业投资企业。（省发展改革委、省财政厅、省国资委、省金融办、河北银监局、河北证监局、河北保监局按职责分工负责）

（二）丰富创业投资主体。鼓励和规范发展市场化运作、专业化管理的创业投资母基金，支持中央企业、国有企业、保险公司、大学基金以及民营企业等机构与政府各类引导基金合作设立或单独设立创业投资母基金。鼓励行业骨干企业、创业孵化器、产业（技术）创新中心、创业服务中心、保险资产管理机构等创业创新资源丰富的机构及个人依法设立公司制、合伙制等企业组织形式，设立创业投资企业。鼓励包括天使投资人在内的各类个人，通过成立公益性天使投资人联盟或直接投资等方式从事创业投资活动。规范发展互联网股权融资平台，为各类个人直接投资创业企业提供信息和技术服务。（省发展改革委、省财政厅、省科技厅、省工业和信息化厅、省人力资源社会保障厅、省商务厅、省国资委、省工商局、省金融办、河北银监局、河北证监局、河北保监局按职责分工负责）

（三）推进金融机构与创业投资的有效结合。鼓励省内银行、保险、信托公司等金融机构总部及其分支机构遵循价值投资和长期投资理念，推动发展投贷联动、投保联动、投债联动等新模式，为创业企业提供综合化、个性化金融和投融资服务。进一步降低商业保险资金进入创业投资领域的门槛，吸引保险资金进入我省创业投资领域。支持银行业金融机构积极稳妥开展并购贷款业务。鼓励银行对科技型创新型企业进行“股权+债权”支持，建设投贷联动工作平台，形成政府、银行及其投资子公司的信息交流机制、融资项目推荐机制、专家服务机制和联合工作机制。争取将石家庄高新区、河北银行列入投贷联动试点。支持创业投资企业及其股东依法依规发行企业债券和其他债务融资工具融资，增强投资能力。（省发展改革委、省科技厅、省金融办、人行石家庄中心支行、河北银监局、河北证监局、河北保监局按职责分工负责）

三、健全创业投资发展与退出机制

（一）发挥政府资金的引导作用。充分发挥政府设立的创业投资引导基金作用，放大财政资金乘数效应，本着“对接国家基金、衔接市县出资、引导社会资金、汇聚金融资本”的原则，带动各类社会资金进入创业投资领域。加强规范管理，加快推进省科技型中小企业创业投资引导基金、科技成果转化股权投资引导基金、省战略性新兴产业创业投资引导基金、省中小企业发展基金和天使投资引导基金等基金的实施运作，尽快形成对项目的实际投资，有效发挥资金使用效益。项目投资要注意点面结合，以点带面，发挥对特定产业和领域的支持带动作用。建立并完善创业投资引导基金中政府出资的绩效评价制度，根据投资运作情况和实际效果，结合政府财力情况适当增加政府出资规模。各市、县（市、区）可根据本地财力情况和实际需要，设立本级政府创业投资引导基金，并积极与上级政府设立的创业投资引导基金对接，争取支持。（省财政厅、省发展改革委、省科技厅、省工业和信息化厅、省商务厅按职责分工负责）

（二）建立创业投资与项目对接机制。各级有关部门牵头建立线上线下结合的创业投资综合性服务平台，并通过举办投融资交流、项目路演会、创业大赛等活动，实现创业投资机构和创新型企业的信息互联互通。加快实施企业技术创新行动计划，为创业投资机构提供更多优质投资项目源。实施新兴产业科技创新和创业投资引领工程，在先进装备制造、大数据及新一代信息技术、大健康、新能源与节能环保、高性能新材料、现代农业、现代服务业等产业领域，通过科技创新与创业投资联动，培育更多优秀创新型企业。依托农村产业融合发展园区、农业产业化示范基地、农民工返乡创业园等，挖掘农业领域创业投资潜力，改造提升第一产业。（省发展改革委、省科技厅、省工业和信息化厅、省商务厅按职责分工负责）

（三）拓宽创业投资市场化退出渠道。进一步完善创业投资退出流转机制，充分利用资本市场，增加创业投资基金的流动性。提高政府引导基金参与力度，规范发展专业化并购基金，鼓励创业投资以并购重组等方式实现市场化退出。研究和推动石家庄股权交易所与全国中小企业股份转让系统的有效结合，完善转板绿色通道，保障企业股权合理流动。支持机构间私募产品报价与服务系统、证券公司柜台市场开展直接融资业务。（省金融办、省财政厅、河北证监局按职责分工负责）

四、形成促进创业投资发展合力

（一）落实创业投资税收、奖励等扶持政策。进一步落实创业投资企业投资抵扣税收优惠政策，积极争取国家天使投资人个人所得税政策试点。落实好已有税收优惠政策，已经备案的创业投资企业采取股权投资方式投资未上市中小高新技术企业2年（24个月）以上，符合国家相关规定的，按其对中小高新技术企业投资额的70%，在股权持有满2年的当年抵扣该创业投资企业的应纳税所得额，当年不足抵扣的，可在以后纳税年度结转抵扣。落实《河北省股权投资基金资金奖励办法》，鼓励和支持各类社会资本在我省设立创业投资企业。（省发展改革委、省科技厅、省财政厅、省国税局、省地税局按职责分工负责）

（二）完善符合创业投资行业特点的政策环境。完善我省创业投资相关管理制度，对创业投资企业和创业投资管理企业实行差异化监管。积极落实国家外商投资创业投资企业有关政策规定，研究制定我省关于促进外商投资创业投资企业的有关制度。（省发展改革委、省商务厅按职责分工负责）

（三）落实和完善国有创业投资管理制度。鼓励有需求、有条件的国有企业积极参与创业投资活动，建立健全适应创业投资行业特点的国资管理和考核办法。强化国有创业投资企业对种子期、初创期等创业企业的支持，鼓励国有创业投资企业追求长期投资收益。国有创业投资企业股权投资可采取估值报告作为定价依据，在投资时已约定退出价格的，可按约定价格退出，不再进行评估。鼓励国有创业投资企业开展混合所有制改革试点，支持国有创业投资企业和创业投资管理企业核心团队持股和跟投，支持国有创业投资企业内部实施有效的管理人员约束激励机制，将投资效益与管理人员的约束激励相结合。（省发展改革委、省国资委、省财政厅按职责分工负责）

（四）倡导长期投资和价值投资理念。落实国家对专注于长期投资和价值投资的创业投资企业在企业债券发行、引导基金扶持、政府项目对接、市场化退出等方面的支持政策。及时把握政策动态，利用好所投资企业上市解禁期与上市前投资期长短反向挂钩的制度安排。（省发展改革委、省科技厅、省财政厅、人行石家庄中心支行、河北证监局按职责分工负责）

五、完善创业投资管理和服务体系

（一）优化商事环境。创业投资企业名号应明确包含“创业投资（基金）”字样。工商部门与创业投资行业备案部门建立互联互通机制，为创业投资企业备案提供便利，放宽创业投资企业的市场准入。（省发展改革委、省工商局按职责分工负责）

（二）优化信用环境。充分利用省信用信息共享平台和“信用河北”网站，建立创业投资企业、创业投资管理企业及其从业人员信用记录和信用档案，推进信用信息在各级政府部门的共享应用。加快建立创业投资领域市场主体信用“红名单”“黑名单”制度，实施信用分类管理，建立和完善守信联合激励和失信联合惩戒制度，通过联合奖惩营造创业投资领域诚实守信良好行业氛围。加强创业创新早期知识产权的保护，健全知识产权侵权查处机制，对严重侵犯知识产权的责任主体实施联合惩戒。（省发展改革委、省商务厅、人行石家庄中心支行、省工商局、省知识产权局按职责分工负责）

（三）优化监管环境。符合《创业投资企业管理暂行办法》有关规定的创业投资企业可向省发展改革委申请备案。经过备案并符合条件的创业投资企业，可享受国家和各级政府相关支持政策，并接受备案管理部门的监督。建立创业投资企业的募集资金、投资运作定期检查制度。加强信息披露和风险揭示，引导创业投资企业建立以实体投资、价值投资和长期投资为导向的合理的投资估值机制。对违规募资、不进行实业投资、从事上市公司股票交易、助推投资泡沫及其他扰乱市场秩序的创业投资企业建立清查清退制度。（省发展改革委、省科技厅、省国资委、河北证监局按职责分工负责）

（四）促进行业自律。尽快成立全省性创业投资行业协会，发挥行业组织作用，加强行业自律，协助政府主管部门做好行业管理相关工作，积极为创业投资企业和会员单位提供高质量服务，深入研究创业投资行业发展中需要解决的有关问题，努力促进河北创业投资行业健康发展。（省发展改革委、省民政厅按职责分工负责）

（五）健全服务体系。充分发挥中介服务机构在会计、法律、咨询、评估、担保、征信、信息等方面的重要作用。支持中介服务机构为创业投资企业提供技术经纪、信息服务、市场预测、项目评估、财务及法律咨询等服务，逐步建立和完善创业投资发展所需的社会化服务体系。（省发展改革委、省金融办、省科技厅、省财政厅按职责分工负责）

（六）“引进来”“走出去”。鼓励外资进入我省从事对种子期、初创期创业企业的创业投资活动，落实备案制度，简化管理流程。鼓励我省创业投资企业加大对境外及港、澳、台地区高端研发项目的投资，积极分享高端技术成果。（省发展改革委、省商务厅、人行石家庄中心支行、国家外汇管理局河北省分局按职责分工负责）

（七）加快人才培养。制定实施创业投资人才专项工作计划，加大创业投资人才的培养、引进和使用力度。进一步加强全省创业投资管理和从业人员与国内外的交流合作。对熟悉资本运作、拥有行业背景、精通现代管理、投身于河北创业投资行业的人才给予适当奖励。各级政府要加强对创业投资人才的服务，并提供居住、子女教育、医疗和出入境等便利服务。鼓励有条件的高等学校开设创业投资相关专业课程，加强人才队伍的培养。（省人力资源社会保障厅、省金融办、省发展改革委、省教育厅、省公安厅按职责分工负责）

六、加强组织协调

由省发展改革委牵头，会同省财政厅、省科技厅、省工业和信息化厅、省金融办、省商务厅、省国资委、省地税局、省国税局、省人力资源社会保障厅、省教育厅和人行石家庄中心支行、河北证监局、河北保监局、河北银监局、国家外汇管理局河北省分局等部门，研究和推进解决创业投资发展中的政策问题。建立政府部门信息共享机制，加快制定完善各项创业投资发展配套政策。加强沟通协调，形成工作合力，确保各项政策及时落实到位，推动新型河北建设。

河北省人民政府
2017年1月18日

石家庄市人民政府办公厅关于强化实施创新驱动发展战略进一步推进大众创业万众创新深入发展的实施意见

（石政办函〔2017〕193号）

为落实《河北省人民政府办公厅关于强化实施创新驱动发展战略进一步推进大众创业万众创新深入发展的意见》，推动大众创业、万众创新深入发展，在执行市政府《关于大力推进大众创业万众创新若干政策措施的实施意见》（石政发〔2015〕65号）的基础上，着力完善机制，突破瓶颈制约，释放双创潜能，优化双创环境，制定如下实施意见。

一、加快科技成果转化

（一）促进高价值专利技术资本化和产业化。加大知识产权金融服务，深入推进专利权质押贷款，实施科技信贷风险补偿。积极探索开展专利保险和专利权投资入股试点。引导、支持企业积极开展专利资产评估及价值分析，促进优质专利的价值量化。（市科技局、市财政局、市金融办分工负责）

（二）建设市场化专业化成果转化体系。以“互联网+技术市场”为核心，加快建设线上线下相结合的技术交易网络平台，面向企业实际需求开展科技成果精准推送活动。构建科技企业孵化育成体系，完善“众创空间—孵化器—加速器—科技园区”孵化链条，培育发展专业化众创空间和科技企业孵化器。进一步明确专业化众创空间的内涵特征、建设条件和建设方向，围绕电子信息、互联网、生物医药、智能制造、节能环保等战略性新兴产业建设一批专业化众创空间。（市科技局牵头负责）

（三）落实科研院所科技成果转化政策。强化激励导向，提高科研院所成果转化效率。坚持试点先行，进一步扩大科研院所自主权，激发科研院所和科技人员创新创业积极性。（市科技局、市人社局等部门分工负责）

（四）促进仪器设备开放共享。探索仪器设备所有权和经营权分离机制，对于财政资金购置的仪器设备，探索引入专业服务机构进行社会化服务等多种方式。（市科技局牵头负责）

（五）组建高新技术产品推广应用平台。立足京津冀，面向全国，整合集成高新技术产品标准资源、政策资源、技术资源和金融资源，为高新技术产品提供从检测认证到推广使用的一站式服务交易体系。融入专利质押、风险补偿和投贷联动等功能，助推落地石家庄，帮助中小科技企业快速实现从产品专利到经济效益的转化。（高新区管委会牵头负责）

二、拓展创新创业融资渠道

（六）持续优化科技型中小企业直接融资机制。支持科技型中小企业发债、上市融资，稳步扩大创新创业公司债券试点规模。支持政府性融资担保机构为科技型中小企业发债提供担保。争取河北银监局、人行石家庄中心支行支持我市纳入投贷联动试点。鼓励科技支行、金融租赁公司、融资租赁公司、科技小额贷款公司结合我市科技型企业发展特点有针对性地创新金融产品。支持石家庄高新技术产业开发区先行试点，建立开发区管委会主导的科技融资风险保障资金池，鼓励保险公司与银行合作，利用保险功能支持科技小微企业融资、完善科技创新体系、促进科技成果转化，争取两年内实现省级以上开发区全覆盖。（市金融办、市财政局、市科技局、市商务局、市投促局、高新区管委会分工负责）

（七）建立财政资金、国有资本参与创业投资的投入机制。完善优化国有创业投资企业绩效评价体系。稳步推动财政科技资金资助大学生创新创业试点，扶持大学生众创空间创新创业。支持农业产业技术体系创新团队建设，通过资金链聚合创新链、产业链。（市科技局、市教育局、市财政局、市国资委、市农业畜牧局分工负责）

（八）落实创业投资企业、新型孵化器税收优惠政策。创业投资企业投资初创科技型企业满2年的，公司制创业投资企业可以按照投资额的70%抵扣该公司制创业投资企业的应纳税所得额，有限合伙制创业投资企业的法人合伙人和个人合伙人可以按照对初创科技型企业投资额的70%抵扣从合伙创投企业分得的所得，当年不足抵扣的，可以在以后纳税年度结转抵扣。落实《财政部国家税务总局关于科技企业孵化器税收政策的通知》等相关税收优惠政策。（市财政局、市国税局、市地税局分工负责）

（九）促进科技型企业股权融资。大力培育符合条件的科技型企业通过主板、创业板、全国中小企业股份转让系统（新三板）、石家庄股权交易所等多层次资本市场体系改制、挂牌、上市。推动石家庄市股权市场开展跨地区合作经营试点建设，为我市具有“专业化、精细化、特色化、新颖化”特征的科技型中小企业提供更为优质的挂牌展示、股权债权融资、股权托管交易、转板上市培育等服务。（市金融办、市财政局、市科技局分工负责）

（十）壮大各类创新创业及产业发展基金规模。加速壮大蓝天产业转型发展基金，整合相关产业发展基金。建立和完善引导基金的运行监管机制、财政资金的绩效考核机制和基金管理机构的信用信息评价机制。（市财政局、市发展改革委、市工信局、市金融办、市科技局分工负责）

（十一）建立健全科技创新券管理制度和运行机制。利用石家庄市全面创新改革试验区的优势，探索建立创新券跨区域互通互认机制。（市科技局、市财政局分工负责）

三、促进实体经济转型升级

（十二）积极推进创新平台建设。争取国家、省在我市区域内建设产业创新中心、实验室、工程研究中心、协同创新平台。采取多元投资、成果分享等新模式，引导创建省级制造业创新中心。加强与省内外优势高校合作，争取现有国家级平台在我市设立分支机构。与中关村天合科技成果转化促进中心开展合作，共同建设中关村天合石家庄科技成果转化服务广场，构建生态型科技创新资源集聚平台，开展专业化科技成果转化高端服务，搭建科技成果转化大数据云服务中心、资源展示交流中心等六大服务平台。（市发改委、工信局、教育局分工负责）

（十三）鼓励大型企业建设“双创”服务平台等网络平台。支持企业协同开展创新创业，整合利用各类资源，建设制造业“互联网+”创新创业平台，大力发展新技术、新业态、新模式。支持大型企业开放制造资源，提升“双创”能力，带动产业链上下游发展，促进大中小微企业融通发展。持续实施中小企业信息化推进工程。发挥市场配置资源的优势，打造为中小企业提供信息化服务平台，加快中小企业转型升级发展步伐，支持中小企业创业创新，培育经济发展新动能。（市工信局、市国资委分工负责）

（十四）加快建立完善战略性新兴产业发展统计体系。按国家统计分类和指标，积极开展新产业新业态新模式统计监测服务。（市统计局牵头负责）

（十五）完善高科技企业和园区项目用地管理。按照“划定区域、政府统征、可租可让、弹性出让、限定时间、区域平衡”的思路，制定相关政策，实行产业园区整体立项，同一批次征地，按项目办证；工业用地实行弹性出让年限，探索先租赁后出让等多种供地方式；坚持“先做土地、后做项目”，实施大片区土地规划收储，制定永久性用地规划。（市国土局牵头负责）

四、激发人才创新创业活力

（十六）落实《人才绿卡管理办法》，配套出台《人才绿卡服务窗口运转实施细则》。建立人才服务绿色通道，为高层次人才提供良好的创业环境和方便快捷、运行高效的服务。构建统一规范的人力资源服务体系和多层次、多元化的就业创业服务体系。（市委组织部、市人社局等单位分工负责）

（十七）完善高校和科研院所绩效考核办法，适当提高绩效工资总量。各高校可根据自筹经费情况，按照最高不超过我市事业单位绩效工资总量指导线的2倍确定绩效工资总量。在核定的绩效工资总量内可自主分配，向基层一线教师、高层次人才和急需紧缺人才倾斜。高校根据办学实际需求和精简、效能的原则，根据高校机构设置标准，自主确定内设机构的设置和人员配备。党政管理机构由高校在限额内自主设置并报机构编制部门备案；教学、教辅、科研机构由高校自主设置并报机构编制部门备案。（市教育局、市人社局等单位分工负责）

（十八）改革科研经费使用办法，增加科研人员成果性收入。提高科研人员从市级科研经费中领取绩效奖励比例；扩大会议、差旅、国际合作交流费自主管理权；下放预算调剂权限；明确劳务费不设比例限制；项目结余资金按照规定留归项目承担单位使用，在2年内由单位统筹安排用于科研活动的直接支出。授予高等院校、科研院所更加宽泛的科技成果的处置权、使用权和经营权；赋予领衔科技专家更大的科研经费支配权、研究人员聘用权、技术路线决定权、科研设备购置权；对科研人员离岗创业和兼职创业者3—5年内保留人事关系，同等享受职称评聘、岗位等级晋升和社会保险等方面权利；将科技成果转化情况纳入科研机构领导班子考核体系。（市科技局、市财政局、市人社局、市教育局、市编办分工负责）

（十九）加大返乡下乡人员创新创业支持力度。加快向返乡下乡创新创业人员拓展现有政策措施，深入落实对符合条件的返乡下乡人员创新创业项目强农惠农富农政策，在农村承包土地经营权以及农业设施抵押贷款、集体建设用地开发、社会保险等方面提供资金支持和便利化服务。（市农业畜牧局、市人社局分工负责）

五、创新政府管理方式

（二十）深入推进“放管服”改革。推行“负面清单”“承诺制”等审批制度，放宽市场准入，明确审查流程和责任主体，全面实施公开、公平竞争审查制度。推进市县设立专业化行政审批机构，建立“一章审批、一站式审批、一条龙服务”的政务服务新模式。（市有关部门，各县（市）、区政府分工负责）

（二十一）进一步推进商事制度改革。加大事中事后监管力度，创新监管体制，突破部门壁垒，积极开展跨部门联合检查，实现“双随机、一公开”监管全覆盖。（工商部门牵头，市有关部门分工负责）

（二十二）深化“多证合一”登记制度，实行一口登记注册、限时办结，加快工商登记电子化。（市行政审批局负责）

（二十三）全面推进项目建设环评备案制。在全市范围内开展项目环境影响评价文件备案制，取消环评编制前置条件，取消试生产审批手续，实行试生产备案制。（市环保局、市行政审批局分工负责）

六、营造创新创业良好氛围

（二十四）积极推进国家、省双创示范基地及各类专业化示范基地建设，全面推进石保廊全面创新改革试验区建设。复制推广试验、示范经验，引领全市“双创”蓬勃、健康发展。（市发展改革委、市科技局、市工信局、市人社局、市教育局，有关县（市）、区政府分工负责）

（二十五）加大“双创”宣传力度。精心组织办好全国“双创”活动周、“创响中国”巡回接力、“互联网”大学生创业创新大赛、“创客中国”创新创业大赛等全国性活动和省、市“双创”品牌活动，广泛宣传“双创”政策和成果，分享“双创”经验，营造良好环境生态。（市有关部门，有关县（市）、区政府分工负责）

各县（市）、区，各部门要深入落实党的十九大精神，坚定实施创新驱动发展战略，进一步完善“双创”政策体系，优化“双创”发展环境，突出问题导向，主动作为，力求实效。推进大众创业万众创新扎实深入开展，为我市培育壮大新动能、改造提升传统动能提供强劲支撑。

石家庄市人民政府办公厅

2017年12月3日

邢台市人民政府办公室
关于强化实施创新驱动发展战略进一步推进大众创业万众创新深入发展的实施意见

（邢政办字〔2017〕71号）

为贯彻落实《国务院关于强化实施创新驱动发展战略进一步推进大众创业万众创新深入发展的意见》（国发〔2017〕37号）和《河北省人民政府办公厅关于强化实施创新驱动发展战略进一步推进大众创业万众创新深入发展的实施意见》（冀政办字〔2017〕127号）精神，进一步优化我市创新创业生态环境，突破创新创业瓶颈制约，在更大范围、更高层次、更深程度上推进大众创业、万众创新，结合我市实际，提出如下实施意见。

一、破除科技成果转移转化制度障碍

（一）促进知识产权市场化应用和科技成果转化，建设知识产权运营服务平台，推进专利权质押贷款、专利保险、专利权作价出资入股等工作。推动成果收益权、处置权、股权激励等试点政策落实，全面推行科技成果市场定价、收益分配、产权管理、转化评价等机制创新。（市科技局牵头负责）

（二）引导众创空间向专业化、精细化方向升级，支持龙头骨干企业、高校、科研院所围绕优势，细分领域，建设平台型众创空间。将创投孵化器等新型孵化器纳入科技企业孵化器管理服务体系，并享受相应扶持政策。（市科技局牵头负责）

（三）促进科研仪器设备共享，实施大型科研仪器设备资源共享计划，建立我市大型科研仪器设备资源开放共享服务平台，完善科研设施与仪器开放共享管理机制。（市科技局牵头负责）

（四）推动科研院所落实国家科技成果转化法律法规和政策，强化激励导向，提高科研院所成果转化效率。坚持试点先行，进一步扩大科研院所自主权，激发科研院所和科技人员创新创业积极性。（市科技局牵头负责）

（五）进一步提高成果转化财政科技资金的使用效益，积极支持科技成果转移转化行动，探索建立利用财政科技资金形成的科技成果限时转化制度。（市科技局、市财政局按职责分工负责）

二、拓展创新创业融资渠道

（六）创新支持中小企业成长的政府资金投入方式，逐年提高科技型中小企业贷款风险补偿资金规模，鼓励地方政府、保险公司为符合条件的科技型中小企业提供保费补贴和风险保障。稳步推进财政科技资金资助大学生创新创业试点，扶持大学生众创空间创新创业。支持农业产业技术体系创新团队建设，通过资金链聚合创新链、产业链。（市科技局、市教育局、市农业局、市财政局、市金融办、市保险行业协会按职责分工负责）

（七）依据省战略性新兴产业创业投资引导基金、科技成果转化股权投资引导基金、天使投资基金、工业技术改造发展基金相关政策，谋划设立一批创业投资子基金，建立和完善对引导基金的运行监管机制。（市财政局、市发展改革委、市科技局、市工业和信息化局按职责分工负责）

（八）积极配合省财政厅做好创业投资企业和天使投资个人有关税收试点政策的推广。深入落实创业投资企业税收试点政策，扩大“税银互动”合作范围，依托政府信用信息共享交换平台，积极推动纳税信用评价结果外部门共享与应用。（市财政局、市国税局、市地税局按职责分工负责）

（九）在有效防控风险的前提下，优化信贷审批流程，指导辖内大型银行合理确定县支行信贷业务授权品种及额度；支持符合条件的地方性法人银行在基层区域增设小微支行、社会支行，鼓励商业银行对符合条件的小微企业客户探索运用零售业务管理技术。（邢台银监分局、市金融办按职责分工负责）

（十）完善债券、股权等融资服务机制，创新组织架构和信贷管理机制，鼓励具备条件的银行设立科技信贷专营机构，支持“双创”金融产品和服务发展，为科技型中小企业提供覆盖全生命周期的投融资服务。进一步研究推进“政银保”模式的小微企业贷款保证保险机制。（邢台银监分局、市保险行业协会、市金融办按职责分工负责）

（十一）推进科技型中小企业资产证券化发展，支持符合条件的企业通过多层次资本市场上市挂牌，依托新三板开展小额、便捷、灵活、多元融资，支持符合条件的科技型中小企业通过发行创新创业公司债、公司债等方式融资。（市金融办、市财政局按职责分工负责）

（十二）落实创新券发放运行机制，加大创新券资金投入力度，助力京津冀三地科技创新券合作和互认互通。（市科技局、市财政局按职责分工负责）

三、促进实体经济转型升级

（十三）鼓励高校、科研院所科研人员与创业者合作和互动交流，依托邢台学院、邢台职业技术学院等高校，实施重点学科建设工程，集成跨学科、跨领域、跨单位优势力量组建高端创新团队，以学科链、专业链对接产业链，提升创新源头供给能力。（市科技局、市教育局按职责分工负责）

（十四）采取多元投资、成果分享等模式，引导创建市级制造业创新中心。加强与国内知名院所、优势高校合作，争取现有国家级平台在我市设立分支机构。（市科技局、市工业和信息化局、市发展改革委、市教育局按职责分工负责）

（十五）积极开展关键共性技术研究和产业化应用示范，落实好“大智移云”、智能制造、工业机器人、生物医药、新能源汽车、新材料等战略性新兴产业发展有关政策，大力引进优势民企、央企高端高新项目。探索适应分享经济发展的监管和协同治理机制，促进分享经济健康发展。推进实施新一轮企业技术改造，促进先进制造业发展和传统产业转型升级。（市发展改革委、市科技局、市工业和信息化局按职责分工负责）

（十六）鼓励大型企业全面推进“双创”工作，建设“双创”服务平台等网络。支持企业协同开展创新创业，整合利用各类资源，建设制造业“互联网+”创新创业平台，大力发展新技术、新业态、新模式。支持大型企业开放制造资源，提升“双创”能力，带动产业链上下游发展，促进大中小微企业融通发展。（市工业和信息化局、市国资委按职责分工负责）

（十七）加快建立完善战略性新兴产业发展统计体系，按国家、省统计分类和指标，积极开展新产业新业态新模式统计监测服务。（市统计局牵头负责）

四、激发人才创新创业活力

（十八）进一步改革人才引进落地支持政策，构建统一规范的人力资源服务体系和多层次、多元化的就业创业服务体系，简化事业单位高层次人才、高技能人才招聘程序，实施留学人员回国创新创业启动支持计划，为外来人才工作、居住、子女入学、医疗保健等提供更加便利化服务，吸引更多高素质人才来我市创新创业。（市人力资源社会保障局、市公安局、市教育局、市科技局、各县（市、区）政府按职责分工负责）

（十九）推动高等学校创新创业教育改革，创新创业教育面向全部高校、全体大学生，由硬件建设向内涵建设发展；鼓励高校和有资质的培训机构利用省内外高校优质资源举办本专科函授教育和远程教育。（市教育局牵头负责）

（二十）完善高校和科研院所绩效考核办法，事业单位对优秀人才可设特岗，实行协议工资等分配形式，不纳入绩效工资总量管理。科研院所可在定编范围内自主设置内设机构和下属单位，调剂使用编制。（市人力资源社会保障局、市教育局按职责分工负责）

（二十一）加大返乡下乡人员创新创业支持力度，加快向返乡下乡创新创业人员拓展现有政策措施，深入落实对符合条件的返乡下乡人员创新创业项目强农惠农富农政策，在农村承包土地经营权以及农业设施抵押贷款、集体建设用地开发、社会保险等方面提供资金支持和便利化服务。（市农业局、市委农工委、市人力资源社会保障局、人行邢台市中心支行，各县（市、区）政府按职责分工负责）

五、创新政府管理方式

（二十二）深入推进“放管服”改革，推行“负面清单”“承诺制”等审批制度，放宽市场准入，明确审查流程和责任主体，全面实施公开、公平竞争审查制度。推进市、县设立专业化行政审批机构，建立“一章审批、一站式审批、一条龙服务”的政务服务新模式。（市有关部门，各县（市、区）政府按职责分工责任）

（二十三）进一步推进商事制度改革，深化“多证合一”登记制度，实行一口登记注册、限时办结，加快工商登记电子化，加大事中事后管理力度，积极推进“双随机、一公开”监管全覆盖。（市行政审批局、市工商局按职责分工负责）

（二十四）积极配合省有关部门推进跨省经营企业部分涉税事项全国通办，推进银行卡受理终端、网上银行、手机银行等多元化缴税方式，加强国税、地税联合办税，推进“一窗一人一机”联合办税新模式。（市国税局、市地税局按职责分工负责）

六、营造创新创业良好氛围

（二十五）积极推进“双创”试点示范，推动清河经济开发区省级“双创”示范基地及各类专业化示范基地建设，复制推广试验、示范经验，引领“双创”产业蓬勃、健康发展。（市发展改革委、市科技局、市工业和信息化局、市人力资源社会保障局、市教育局、各县（市、区）政府按职责分工负责）

（二十六）加大“双创”宣传力度，广泛宣传“双创”政策和成果，分享“双创”经验，营造良好环境生态、（市有关部门，各县（市、区）政府按职责分工负责）

各地各部门要进一步增强对深入推进“双创”重要性的认识，切实履职尽责、密切配合、勇于探索、主动作为，及时总结经验，加强监督检查，确保各项政策落到实处，进一步推进我市大众创业、万众创新扎实深入开展，成为拉动经济发展的新动能、新引擎。

邢台市人民政府办公室

2017年11月28日

中共张家口市委 张家口市人民政府
关于加快人才创新发展的实施意见

（张发〔2017〕11号）

为认真贯彻党的十九大精神，按照党中央、国务院和省委、省政府关于深化人才发展体制机制改革有关部署，全面落实市第十一次党代会确定的“构建更具灵活性、吸引力的普惠性人才政策体系”目标任务，充分发挥人才在“绿色发展、生态强市”中的推动引领作用，结合我市实际，现就加快人才创新发展提出如下实施意见。

一、总体要求

深入贯彻落实习近平总书记系列重要讲话精神，特别是关于人才工作的重要论述，紧紧围绕完成三大历史任务、建设好首都水源涵养功能区和生态环境支撑区等中心工作人才需求，坚持引进高精尖缺人才与本土人才培养提升相结合，坚持引进人才与更加注重引进人才团队相结合，坚持刚性引进与更加注重柔性汇聚相结合，突出重点强弱项、精准施策补短板，大力推进人才发展体制机制改革和人才政策创新，加快集聚承载人才项目平台建设，强化人才激励服务保障，最大限度激发各类人才创新创业活力，为扎扎实实交出冬奥会筹办和本地发展两份优异答卷提供有力人才支撑。

二、改革人才发展体制机制

（一）推进人才管理体制改革。转变政府人才管理职能，向用人主体放权，为人才松绑。推动人才管理部门简政放权，建立政府人才管理服务清单和责任清单，清理规范人才招聘、评价、流动等环节中的收费事项。给用人主体足够的自主权，改进事业单位人事编制管理方式，事业单位引进的急需紧缺人才可不受编制使用计划限制。在市属公立医院推行“四自一特”管理办法试点，自主确定编制控制数、自主设置内设机构和所属院所、自主设定岗位结构比例和岗位聘用、自主选人用人，实行备案制管理。对优秀人才可特设岗位，实行协议工资等分配形式，不纳入绩效工资总量管理，在试点基础上，逐步向市属高校、科研院所等推开。在市属高校、科研院所实行引进高层次人才周转编制制度，确保高精尖缺人才用编急需。在开发区实行聘任制和绩效工资制，领导班子成员可采取面向社会公开遴选方式聘用，对管理运营和专业岗位急需的高层次人才、特殊人才可实行特岗特薪、特职特聘。实行科研项目负责人负责制，制定激励人才创新的科研项目管理和审计办法，赋予项目负责人更大的技术管理决策权、经费支配权和自主组建团队选聘人员权。深化职称制度改革，完善职称分类评价标准，不唯论文、不唯学历、不唯资历，突出职业道德、能力素质、业绩贡献评价，对职称外语、计算机应用能力考试不作统一要求。探索市属高校自主开展职称评审，逐步向县区、市直部门、科研院所下放初中级职称评审权限，提高人才评价的科学性。打破户籍、地域、所有制、身份、档案、人事关系和体制内外等限制，凡在我市工作的专业技术人才，都纳入职称申报评审范围。（牵头单位：市人力资源和社会保障局、市编委办；责任单位：市委组织部、市政府法制办、市科学技术和地震局、市财政局、市审计局）

（二）建立市场化引才新机制。按照“政府引导+市场化运作”方式，2018年前先在市区和环北京县建立人力资源服务产业园，涵盖政策咨询、创业指导、职业介绍、职业培训和人事代理等服务，培育专业性、行业性人才市场，其他县区根据实际情况逐步建立。鼓励中介引才、以才引才，提高引才精准度，对为我市引进带资金、带技术、带项目高层次人才团队的个人或中介组织，经认定后，给予10万—30万元奖励。完善政府购买人才服务政策，推进人才选聘、培训、测评等技术性工作向专业组织和服务机构转移。（牵头单位：市人力资源和社会保障局；责任单位：市财政局）

（三）加大党政机关和企事业单位人才引进培养力度。通过直接引进、公开选拔、聘任、挂职、兼职等方式，畅通党政机关、企事业单位、群众团体人才流动渠道。到党政机关和事业单位工作的博士研究生、硕士研究生，取消应届毕业生见习工资制，直接执行定级工资，试用期满考核合格的，直接确定相应职务；岗位履职表现优秀的，可由非领导职务转任同级领导职务。各类行业协会、科技社团等社会组织结合实际，发挥好招才引智作用。（牵头单位：市委组织部；责任单位：市人力资源和社会保障局、市编委办、市财政局）

（四）创新事业单位急需紧缺人才选拔方式。针对全市“两区”建设、冬奥会筹办、绿色产业发展、“四方联动”扶贫开发新机制推进等急需紧缺专业人才和地方特色人才需求，每年编制发布《全市急需紧缺人才需求目录》。对目录范围内的人才，由人社部门和用人单位共同组织招聘，用“经历业绩评价”代替“笔试”，需要什么评什么，同时针对岗位需求设置面试方式和内容，解决“考上用不上”问题，提高人才选拔的科学性和精准度。（牵头单位：市人力资源和社会保障局；责任单位：市编委办、市财政局）

三、创新人才引进培养激励政策

（五）实施高层次人才和团队引进“雄鹰”计划。围绕国家草原公园和国家牧场、国家农业公园、磁浮公交等重大战略项目，立足冰雪运动、可再生能源等“四大两新一高”重点产业人才需求，大力引进国内外高精尖缺人才，重点引进高层次人才团队。对在我市注册企业并生产经营，或与我市用人单位签订1年及以上工作协议的人才，视业绩和贡献情况，给予科研经费支持。对中国科学院院士、中国工程院院士、发达国家院士或相当于上述层次的人才，给予500万元科研经费补贴；对国家“千人计划”专家、国家“万人计划”专家、长江学者特聘教授或相当于上述层次的人才，给予100万—500万元科研经费补贴；对省高端人才、省“百人计划”专家、省“巨人计划”创新创业团队领军人才或相当于上述层次的人才，给予50万—100万元科研经费补贴。重点引进带技术、带成果、带项目，拥有自主知识产权，技术达到国际先进水平，能够促进我市高新技术产业发展的创新创业团队，特别是引进国家“两院”院士、长江学者特聘专家等为领军人才的团队，经评审认定后，给予500万—2000万元科研或项目支持资金，并由注册地提供3年免费办公场所。对引进的顶尖人才、团队和重大项目，可采取“一事一议、一人一策”方式给予特殊支持。对我市产业发展急需、社会贡献较大、现行人才目录难以界定的“专才”，经认定后，享受相应的人才政策。设立“全民引才伯乐”奖。（牵头单位：市人力资源和社会保障局；责任单位：市科学技术和地震局、市财政局）

（六）实施“两区”建设人才开发计划。围绕“两区”建设，引进培养一批现代农业、生态修复、环境保护、新型城镇化建设等方面的专业技术人才和管理团队，推动绿色生态体系、绿色能源体系、绿色城镇化体系和绿色产业体系建设，对作出突出贡献的人才和团队，给予5万—20万元奖励。推动京张体育文化旅游带建设，选拔培养一批体育文化旅游骨干人才，视发挥作用情况，给予一定的资助和奖励。围绕可再生能源示范区和低碳奥运专区建设，打造可再生能源国际人才港，大力引进可再生能源人才和团队，根据业绩和贡献，给予适当资助和补贴。（牵头单位：市发改委；责任单位：市农牧局、市体育局、市旅发委、市文广新局、市财政局）

（七）实施奥运人才“火炬”计划。按照《2022年冬奥会和冬残奥会张家口市人才培养规划》，实施赛事组织管理人才培养引进、冰雪职业技能人才能力提升、赛事服务保障骨干人才“赛地融合”、冰雪运动人才资源开发、冰雪产业创新创业领军人才支持、绿色文化旅游产业人才培养6个行动计划，打造冬奥赛事参与、冬奥赛事服务保障、冰雪运动推广普及、冰雪和绿色生态产业创新创业4支人才队伍，重点培养冰雪运动竞技体育、冰雪职业技能、场馆运营管理、志愿者、外事、新闻宣传和媒体运行、法律事务、安保、卫生、交通、环保、残疾人冰雪健身指导、商务、旅游、冰雪运动社会推广普及、中小学冰雪运动推广、冰雪产业创新创业、绿色产业创新创业18类人才，为服务全市绿色产业和后奥运经济发展提供人才保障。建立健全人才市场化评价机制，按岗位重要程度和实际贡献，实行年薪制、项目工资制、协议工资制等激励办法。鼓励高校、职业院校培养冰雪运动人才，对开设冰雪运动专业，且达到国内一流水平的院校，每年给予100万元补助，连续支持3年。（牵头单位：市委组织部；责任单位：市冬奥办、市体育局、市人力资源和社会保障局、市教育局、崇礼区）

（八）实施人才智力柔性汇聚计划。按照“政府引导、市场调节、契约管理、绩效激励”原则，采取灵活务实的引才方式，柔性引进我市产业发展急需的人才智力。特聘团队和专家：市政府每年选聘10名政府特聘专家，每人最高可给予10万元工作津贴，为我市发展提供战略咨询、技术指导、远程服务、业务拓展及其他方面的智力支持。海外工程师：鼓励引进海外工程师，推进核心技术研发、新产品设计制造、新材料新技术开发，提升企业自主创新能力，实行年薪资助，按照30万—50万元、50万—80万元、80万元以上3个年薪区间，分别按40%、50%、60%的标准给予资助，资助金额最高不超过60万元。兼职指导：聘请国内外高层次人才来张兼职，开展课题攻关、成果转化、人才培养、技术推广等方面智力支持，聘请国内优秀退休专业技术人才来张开展指导服务，对与我市用人单位签订1年及以上工作协议，且服务满1年的，视业绩和贡献情况，给予一次性10万—50万元补贴。技术入股：采取项目招标、组建团队等方式，集聚吸引一批研发人才和创新人才，以产业链打造人才链，引进的各类人才以技术成果和发明专利与我市企业合作的，其技术、成果、专利等要素作价入股，参与收益分配。“候鸟式”聘任：利用专家学者休假时间，每年相对固定的在夏、冬两季来张稳定开展教学科研、课题研究、技术指导等智力服务，用人单位给予一定的生活补贴和工作津贴。智力服务：突出用好北京丰富的人才资源，争取有关部门、高校支持，选派专家人才来张服务，定期组织“首都高校博士服务团”和“首都专家张家口行”等活动，有针对性地开展智力服务、项目合作和产业对接。对口支援：用好北京对口帮扶张家口有关政策，争取各类急需人才到我市挂职、定期帮扶，支援期满后，根据对我市经济社会发展贡献和影响力，可给予一定奖励和补贴。（牵头单位：市人力资源和社会保障局；责任单位：市委组织部、市政府办公室、市发改委、市科学技术和地震局、市财政局）

（九）实施人才科技成果转化行动计划。吸引人才带高新技术研发成果、专利技术等自主知识产权来我市进行科技成果转化和产业化。鼓励拥有自主知识产权的初创者开展科技成果转化，在我市国家级、省级科技企业孵化器建立知识产权成果转化基地，各类初创者在基地孵化的，通过市场化、产业化评估后，每个项目给予10万—30万元启动扶持资金。鼓励企业开展科技成果转化，创新创业人才和团队创办企业，其技术成果可作为无形资产入股，所占注册资本比例不做限制；对与国内外高校、科研院所合作，成功实现重大技术转移和重大成果转化的企业，在项目年收入达到2000万元或年税收达到200万元的当年，一次性给予企业成果转化补助20万元，用于奖励相关科研人员。鼓励高校和科研院所开展科技成果转化，高校和科研院所以技术转让或者许可方式转移转化职务发明和科技成果的，转移转化所得收入全部留归本单位分配。其中，获得的净收益可提取不低于70%奖励给研发团队、成果完成人或科技成果转化重要贡献人员。加强知识产权保护。（牵头单位：市科学技术和地震局；责任单位：市财政局）

（十）实施创新创业平台建设计划。以我市省级开发区为引领，着力提升各类人才平台、产业平台对创新创业的承载能力。推进人才集聚平台建设，建立一批院士工作站、博士后科研工作站，吸引“两院”院士及其创新团队、知名高校博士进站工作。建立院士工作站补助50万元，年度考核优秀的，再补助10万元；建立国家级博士后科研流动站或工作站补助30万元，建立省级博士后创新实践基地补助20万元。每招收1名博士后入站工作，补助5万元。2017—2018年，省级开发区要率先建立。推进人才创业平台建设，支持建立高创园、大学生创业园、创业孵化园、众创空间等创业载体，视其规模和孵化效果给予10万—50万元补助。推进企业研发平台建设，建立国家级重点实验室、工程技术研究中心、产业技术研究院的企业给予50万元补助，省级的给予30万元补助。推进企业服务平台建设，经认定的国家级科技企业孵化器、中小企业公共服务平台（含技术服务平台）给予100万元补助，省级的给予50万元补助。（牵头单位：市人力资源和社会保障局、市科学技术和地震局；责任单位：市工信局、市财政局、各开发区）

（十一）实施助企提升计划。加强对企业人才引进培养的支持，促进各类人才向企业流动，提升企业自主创新能力和综合竞争力。引进培养企业经营管理人才，建立职业经理人制度，鼓励市属企业与央企合作，引进优秀职业经理人。提高国有企业经营管理人才市场化选聘比例，实行年薪制、项目绩效工资制等激励办法。鼓励企业引进高层次人才，对全职引进国家“千人计划”专家、省“百人计划”专家或相当于上述层次人才的，每引进1名分别给予企业10万元、5万元奖励。对同一年度引进3名及以上博士研究生或具有正高级职称专业技术人才，且签订3年及以上劳动合同，足额缴纳社会保险的，每录用1人给予企业1万元奖励。鼓励企业自主培育人才，对企业自主培养的人才入选国家、省重点人才培养工程的，每培养1名，分别给予企业2万元、1万元奖励。（牵头单位：市国资委、市工信局；责任单位：市人力资源和社会保障局、市财政局）

（十二）实施教育卫生领域人才合作计划。强化与国内重点高校和知名医院合作办学、合作办医，提升本地教育和医疗卫生人才队伍水平。推进教育人才合作开发，大力发展职业教育，鼓励校企合作，开展“订单式”培养，对与世界500强企业合作的职业院校，实训效果突出且毕业生当年就业率达到99%以上的，给予50万元补助。加强与全国知名院校交流合作，推进教育人才互访培训，积极引进国内优秀退休教师来我市建立名师、名校长工作室，每个工作室给予20万元补助，经考核发挥作用突出的，每年再给予一定的奖励。鼓励与国外院校合作，引进具有外语、冰雪运动等专业特长的外籍教师，实行协议工资制。推进卫生人才合作开发，加强我市医院与国内知名医疗机构交流合作，建设转会诊平台，培养学科带头人，提升医疗服务水平。对来张专家开展的科研项目予以优先立项，优先推荐国家、省级项目。设置“医疗卫生合作特殊贡献奖”，对在填补空白学科、临床和科研领域取得突破性成果、影响较大、贡献突出的来张专家，最高可给予10万元奖励。市属医院要为来张专家提供基本生活服务，给予适当工作津贴和生活补贴。市财政对与国内知名医院合作的市属医院给予一定的资金支持。引进一批学科带头人和具有高级职称的专业技术人才，提升我市卫生人才队伍整体水平。（牵头单位：市教育局、市卫计委；责任单位：市财政局、市属医院）

（十三）推进“百名硕博”引进计划。市直事业单位引进的硕博人才，解决事业编制，列入市财政开支，引进的博士给予15万元住房补贴，每月享受500元学位补贴。市属企业、民营企业引进符合“硕博计划”条件的博士研究生，享受相关待遇。改进硕博人才引进方式，由每年一次招聘改为经常性招聘，不受招聘时间限制。鼓励用人单位到全国知名高校招聘硕博人才，提高引才质量和效率。为改善医学类高学历专业技术人才紧缺现状，5年内对引进到市属医院且在专业技术岗位工作的硕士研究生给予一次性资助2万元，博士研究生除享受“硕博计划”津贴外，再给予一次性资助3万元。（牵头单位：市委组织部；责任单位：市人力资源和社会保障局、市编委办、市卫计委、市财政局）

（十四）实施本土人才培养提升计划。围绕我市产业发展和区域特色，加强本土人才培养激励，促进各行业优秀人才脱颖而出。加强高技能人才培养，对我市职业院校毕业的学生，在毕业前取得高级工及以上职业资格证书，并与在张单位签订3年及以上劳动合同的，给予每人1000元资助。支持有条件的企业建立技能大师工作室，对认定的市级技能大师工作室，每个给予10万元资助。在全市各行各业倡导工匠精神，每年认定10名“首席工匠”，每人给予1万元奖励。加强科技人才培养，建立我市创新团队后备库，每年认定10个高层次创新团队，每个团队给予20万元支持资金。鼓励发明创造，对获得国内外发明专利授权、实用新型专利授权、外观设计专利授权的，每项分别资助2000元、1000元、800元。加强文化人才培养，每2年认定一批市级非物质文化遗产传承人，每人给予1万元奖励。加强农村实用人才培养，注重激励扶持农村实用人才，每2年认定一批农村致富带头人和农村实用人才创业基地，分别给予1万元、5万元资助。挖掘各条战线涌现出的优秀人才，每3年认定一批政治可靠、贡献突出的各行业拔尖人才和优秀人才，每人每年分别享受1万元、6000元工作津贴。定期组织专家人才开展服务基层活动，充分发挥技术引领、决策咨询作用，激发各类人才干事创业热情。（牵头单位：市委组织部；责任单位：市人力资源和社会保障局、市科学技术和地震局、市文广新局、市教育局、市农牧局、市财政局）

（十五）实施大学生自主创业“青蓝”计划。鼓励引导高校毕业生自主创业，市、县（区）每年安排一定数额的创业扶持资金，扶持成长型高校毕业生创办企业。对符合我省创业担保贷款规定的高校毕业生，可申请不超过10万元的创业担保贷款，财政部门按一定比例给予贴息。对符合入驻大创园条件的高校毕业生，可在各县（区）大学生创业园内申请不超过3年的免费经营场地。对持《社会保障卡》的高校毕业生毕业年度内从事个体经营的，在3年内按每户每年9600元为限额依次扣减其当年实际应缴纳的增值税、城市建设维护税、教育费附加、地方教育附加和个人所得税。对年纳税额20万元以上且带动就业20人以上的高校毕业生创办企业，给予2万元资助。组织开展张家口大学生创业大赛，每年认定一批“大学生创业之星”，每人奖励1万元。（牵头单位：市人力资源和社会保障局；责任单位：市国税局、市地税局、市财政局、各县区）

（十六）落实人才税收优惠政策。鼓励引导各类人才创办的企业申请认定高新技术企业，对国家重点扶持领域的高新技术企业，减按15%的优惠税率征收企业所得税。一个纳税年度内，对符合条件的居民企业技术转让所得不超过500万元的部分，免征企业所得税，超过500万元的部分，减半征收企业所得税。对年应纳税所得额低于50万元（含）的小型微利企业，其所得减按50%计入应纳税所得额，按20%的税率缴纳企业所得税。鼓励企业加大研发投入，对符合税法规定的研究开发费用，未形成无形资产计入当期损益的，在按照规定据实扣除的基础上，按照研究开发费用的50%加计扣除，形成无形资产的，按照无形资产成本的150%摊销，其中科技型中小企业研发费用按照国家有关规定执行。（责任单位：市国税局、市地税局）

四、强化人才服务保障措施

（十七）妥善解决人才住房。按照“政府统筹、政策扶持、分批实施”原则，在环境优雅、交通便捷、生活方便的地段统筹规划地块，统一建设人才家园，建设两种住房，包括高品质的高级人才周转房和建筑面积不超过150平方米的普通商品房。对引进的国家“两院”院士、国家“千人计划”专家、国家“万人计划”专家或相当于上述层次的人才，免费提供周转房，不愿入住周转房的，可在人才家园以成本价选择购买普通商品房；对引进的省高端人才、省“百人计划”专家、省管优秀专家或相当于上述层次的人才，免费提供周转房，不愿入住周转房的，可在人才家园以低于市场价20%选择购买普通商品房；对引进的具有正高级职称或博士研究生学历，以及相当于上述层次的人才，用人单位可在人才家园租赁普通商品房作为人才住房，也可在人才家园优先选择购买普通商品房；将自主创业或与用人单位签订1年及以上劳动合同，且毕业未满5年的全日制本科及以上学历高校毕业生，纳入公租房保障范围。各县区、开发区可根据本地实际情况，建设人才家园。（牵头单位：市住房和城乡建设局；责任单位：市财政局、市国土资源局、市城乡规划局、各县区）

（十八）优化完善公共服务。提高高层次人才医疗保障水平，确定市第一医院为定点医院，为高层次人才提供优质医疗服务。对引进的国家“两院”院士，安排家庭医生，提供“一对一”服务；对国家“千人计划”专家、国家“万人计划”专家或相当于上述层次的人才，建立个人健康档案，享受医疗保健“绿色通道”和每年2次健康体检；省高端人才、省管优秀专家、市级拔尖（优秀）人才或相当于上述层次的人才，享受每年1次健康体检，并在定点医院优先安排就医。为外籍人才提供预约诊疗和外语服务。妥善解决高层次人才子女入学问题，对引进的国家“两院”院士、国家“千人计划”专家、省“百人计划”专家或相当于上述层次的人才，其子女入学问题，由市、县（区）教育部门统筹协调，妥善安排。加快国际学校建设，引进从幼儿园到高中阶段的国际教育学校，更好满足国内外高层次人才国际化教育需求。妥善安排随迁配偶就业，对引进的国家“两院”院士、国家“千人计划”专家、省“百人计划”专家或相当于上述层次的人才，配偶愿意在我市就业的，列入政策性安置，暂时无法安排的，用人单位可为其适当发放生活补贴。建立服务人才发展绿卡制度，为持卡人提供落户、关系转接、子女入学、社保、住房、医疗等方面快捷办理服务，解除人才后顾之忧。（牵头单位：市委组织部、市人力资源和社会保障局；责任单位：市卫计委、市教育局、市行政审批局、市第一医院）

（十九）强化组织保障。坚持党管人才原则，完善人才工作目标责任制，将人才发展改革工作作为对县（区）党政领导班子和市直部门领导班子考核的重要内容，特别是作为各级党委书记抓人才工作“第一责任人”的考核依据。建立领导干部联系服务专家人才制度，每名市、县（区）领导联系2—3名专家人才，加强政治引领，支持干事创业。提高政治待遇，对作出突出贡献的专家人才，推荐为各级党代表、人大代表、政协委员，授予“优秀共产党员”“劳动模范”等荣誉称号。（牵头单位：市委组织部；责任单位：市直有关部门）

（二十）强化资金保障。市、县（区）财政设立人才发展专项资金，列入年度财政预算，用于人才和团队的引进、培养、激励等，资金要切实保障，及时足额到位，确保各项激励政策落到实处。建立多元化投入机制，发挥政府资金引导和撬动作用，发展天使投资和创业投资引导基金，研究制定鼓励企业和社会组织加大人才投入的政策措施。（牵头单位：市财政局；责任单位：市委组织部、市人力资源和社会保障局）

五、建立责任落实机制

（二十一）明确责任分工。全市人才和团队引进培养工作在市委、市政府统一领导下，由市人才工作领导小组组织实施，各分管市领导牵头负总责。市委组织部、市人力资源和社会保障局、市科学技术和地震局、市财政局牵头协调解决实施过程中的问题，有关职能部门各司其职、加强协作，并按照分工制定实施细则。市委组织部负责牵头抓总、统筹协调，督促检查政策落实情况，牵头实施重大人才工程项目，负责市级拔尖（优秀）人才、硕博人才政策落实。市人力资源和社会保障局负责制定人才评价认定办法和职称制度改革办法，编制紧缺人才需求目录，选拔急需紧缺人才，落实大学生创业资助、人才配偶安置等政策，抓好人力资源服务产业园、高创园、大创园、创业孵化园、博士后科研工作站等人才载体建设。市委组织部、市人力资源和社会保障局负责制定服务人才发展绿卡制度。市科学技术和地震局负责制定科技成果转化支持办法，落实创新团队培育支持政策，抓好院士工作站、产业技术研究院、科技企业孵化器、工程技术研究中心、重点实验室等人才载体建设。市人力资源和社会保障局、市编委办负责梳理政府人才管理服务清单和责任清单。市编委办负责解决急需紧缺人才用编和制定高层次人才周转编制制度。市冬奥办配合市委组织部、市人力资源和社会保障局落实奥运人才支持政策。市发改委负责落实“两区”建设人才支持政策。市国资委、市工信局负责落实企业人才支持政策。市农牧局负责落实农村实用人才支持政策。市文广新局负责落实文化人才支持政策。市国税局、市地税局负责落实人才税收优惠政策。市住房和城乡建设局负责制定人才住房保障实施意见，并落实相关政策。市教育局负责落实教育人才支持政策和人才子女入学有关政策。市卫计委负责制定卫生人才支持办法，并做好医疗服务保障。市财政局负责资金保障。市政府办公室、市政府法制办、市旅发委、市体育局、市城乡规划局、市国土资源局、市审计局、市行政审批局等市直有关部门做好职责范围内的相关工作。（牵头单位：市委组织部；责任单位：市直有关部门）

（二十二）建立政策落实机制。建立扶持奖励政策落实机制，对引进的高层次人才和团队给予的各种奖励、创新创业扶持、平台建设资助等，由所在县区或市直主管部门对其资格条件和真实性、合法性进行审核，必要时组织评审，报市人才工作领导小组备案后，市财政统一拨付补助资金，用于项目研发、平台建设、人才培养等。（牵头单位：市委组织部；责任单位：市人力资源和社会保障局、市科学技术和地震局、市财政局、市直有关部门、各县区、各用人单位）

（二十三）建立考核退出机制。强化人才发挥作用的考核，各牵头单位、责任单位、用人单位根据实际情况制定具体考核办法，对人才发挥作用情况进行年度考核，提高财政资金使用绩效。对发挥作用不明显或存在品行不端、违法乱纪等行为的人才，由用人单位提出申请，经牵头单位和责任单位核实认定，报市人才工作领导小组批准后，取消其相关待遇。各牵头单位、责任单位、用人单位在政策落实过程中，要认真负责，严格把关，对有意套取资金等行为严肃查处。（牵头单位：市委组织部；责任单位：市人力资源和社会保障局、市科学技术和地震局、市财政局、市直有关部门、各县区、各用人单位）

我市现行有关政策与本意见不一致的，以此为准，与本意见政策待遇相同的，不重复享受。

中共张家口市委
张家口市人民政府
2017年10月30日

中共山西省委
关于深化人才发展体制机制改革的实施意见

（晋发〔2017〕14号）

为认真贯彻中共中央《关于深化人才发展体制机制改革的意见》（中发〔2016〕9号）和中共中央办公厅、国务院办公厅《关于实行以增加知识价值为导向分配政策的若干意见》（厅字〔2016〕35号）精神，全面落实省第十一次党代会精神，深入实施人才强省战略，激发人才创新创造创业活力，着力构建科学、开放、高效的人才管理体制，提出如下实施意见。

一、深入推进人才管理体制改革

（一）加快转变政府人才管理职能。充分尊重市场在人才资源配置中的决定性作用和更好发挥政府作用，各级政府要在理顺体制、完善机制、制定政策、创优环境、建设服务体系、强化市场监管等方面深化改革、大胆创新。加强法规制度建设，建立权力、责任清单，清理和规范人才招聘、评价、流动、使用等各环节的行政审批事项。

（二）健全管理服务体系。加快建立统一、开放的人力资源市场体系，大力发展行业性人才市场，放宽人才服务业准入条件，鼓励发展高端人才猎头等专业化服务机构，重点培育一批有核心产品、成长性好、竞争力强的人力资源服务企业。鼓励支持社会服务组织积极承接政府转移下放的有关人才培养、评价、流动等服务职能。建立完善人才诚信激励体系和失信惩戒机制。

（三）全面落实用人主体自主权。优化调整机关事业单位人才结构，真正落实用人主体用人自主权。取消机关事业单位“控编进人卡”和“进人计划卡”制度，变指令性计划为指导性计划，变具体性前置管理为总量性后置监管。改革机关事业单位处级干部职数备案和干部调动审批制度。继续完善公务员招录工作机制。全面落实国有企业、高校、科研院所等企事业单位和社会组织在人才培养、引进、使用、评价和激励等方面的自主权。

（四）改革事业单位编制和人事管理模式。进一步完善机关事业单位公开招考（聘）制度，实现用人单位自主权与社会服务密切配合的良性工作机制。试行高校和公立医院等事业单位编制备案管理，选择部分公益类事业单位进行取消行政级别、实行法人治理结构管理模式改革试点。

（五）开展人才管理改革试点。支持转型综改示范区在人才流动、成果转化、创业扶持、收益分配和服务保障等方面先行先试，吸引集聚一批高层次创新创业人才，为全省人才发展体制机制创新提供可复制、可推广的经验。鼓励各地各单位积极开展人才管理体制机制改革，大胆探索创新。

（六）加强各类人才政策统筹。整合建立统一的人才工程、计划和项目管理平台。推动人才发展体制机制改革与高等院校、科研院所、国有企业等领域改革和干部人事制度改革相互配套，人才政策与我省应用基础研究计划、平台基地计划、重点研发计划、科技成果转化引导专项（基金）、科技重大专项等有效衔接。按照精简、合并、取消、下放要求，深入推进人才项目评审、人才评价、机构评估改革，逐步建立依托专业机构管理人才计划项目的机制。

二、健全人才培养机制

（七）深化教育改革。实施“1331”工程，全面提升高等教育综合实力。重点支持山西大学、太原理工大学按照国家“双一流”建设要求率先发展。引导其他具有博士学位授予权的高校建设成为高水平大学。积极推动有条件的本科院校和独立学院向应用型发展转变。开展高校毕业生就业第三方评估，加强毕业生就业稳定性监测，建立需求导向的学科专业和招生计划动态调整机制，对毕业生就业率连续2年低于60%的专业，要调减直至取消招生计划。创新应用型和技术技能型人才培养模式，发挥职业院校和企业的“双主体”作用，完善学历学位证书和职业资格证书的“双证书”制度。

（八）实施重大人才工程。巩固发展我省“十二五”期间各类人才工程成果。“十三五”期间要重点实施“三个工程”和“三个计划”，即“高端创新型人才培养引进和新兴产业领军人才培育工程”“高技能人才开发工程”“优秀企业家培育工程”和“三晋学者支持计划”“山西省青年拔尖人才支持计划”“三晋首席技师培养计划”。紧紧围绕我省创新驱动发展和经济转型升级，着力培养一批创新创业领军人才和具有“工匠精神”的高技能人才。同时要加强文化名家队伍和哲学社会科学人才队伍建设。健全以职业农民为主体的农村实用人才培养机制。

（九）创优成长环境。打造人才干事创业的平台和载体，为人才提供施展才华的舞台，最大限度发挥人才作用，用政策激励人才，用事业吸引人才，用感情打动人才。积极落实高端人才生活和工作待遇，想方设法解决好其配偶子女就业、教育、医疗等需求，努力营造人才安心创新创业的小环境。遵循人才成长规律，探索建立鼓励创新、合理容错机制。完善知识产权保护制度，依法保护企业家财产权和创新收益。鼓励支持各类人才广泛参加国内外学术技术交流合作。继续扩大我省公派出国留学生和吸收国外留学生规模。建立国有企业职业经理人制度，扩大国有企业经营管理人才市场化选聘比例。鼓励支持广大劳动者和科技人员在“大众创业、万众创新”中创新创业、创造佳绩。

（十）优化经费管理。健全竞争性经费和稳定支持经费相协调的投入机制，提高科研项目立项、评审、验收科学化水平。赋予高校、科研院所在经费预算调剂、支出结构调整、科研设备采购、差旅会议管理等方面更大的自主权。对横向经费和纵向经费实行差异化审计，科研人员劳务费开支不设比例限制。实行哲学社会科学研究成果后期资助和事后奖励制度。选择若干试点单位，试行科研项目牵头人（单位）先行自主融资、政府全额担保贴息、科研成果收益偿还与政府宽容失败、共担风险政策相结合的新机制。

（十一）建立多元投入新机制。各级政府要确保人才发展资金投入力度到位、优先可持续增长。到2020年，省市县三级财政人才专项资金要高于全国平均水平、领先中部六省。政府设立专项资金，引导社会资本投入人才发展战略，加快形成政府扶持、金融支持和社会资本共同参与的人才发展多元投入机制。鼓励金融机构推出支持科技创新的新产品新服务，支持企事业单位和社会组织设立人才基金。加大对青年科技研究基金投入力度，对新入职的优秀博士毕业生一次性给予不低于5万元的科研项目经费支持。加大对院士工作站、博士后科研流动（工作）站和技能大师工作室的经费支持力度。

三、创新人才引进保障机制

（十二）创新引进政策。进一步完善山西省引进海内外高层次人才政策，着力扩大高层次人才引进规模，优化人才结构。从尊重爱护、关心照顾、物质奖励、精神激励等诸多方面，形成山西引进高层次人才政策的“洼地效应”，吸引更多海内外高层次人才及其团队来晋创新创造创业。企业和事业等用人单位是引进人才的市场主体，鼓励其设立人才发展专项资金，通过市场竞争引进高层次人才。企业引才所需费用可全额列入经营成本；事业单位引才费用可从事业经费中列支。

（十三）创新引进方式。努力探索评审式、目录式、举荐式、合作式等多样化的人才引进方式。探索建立人才引进与项目开发相结合的引才机制。采取联建重点实验室（研发中心）或工程研究中心（工程实验室）、联合办学等方式，加强与海内外优秀企业、研发机构和知名高校的合作，积极引进其核心研发团队。从教育部所属高校、中科院和其他科研院所积极选调优秀专业人才到我省高校挂职担任副校长。支持有条件的高校、科研院所和企业在省外设点办学和建立研发机构。鼓励国内外高层次人才通过顾问指导、短期兼职、项目合作、技术咨询等方式来晋创新创业。支持引进人才深度参与国家和省级重大工程、科研攻关项目。

（十四）突出高精尖缺。大力引进经济转型升级急需的领军拔尖人才，凡能够引领全省产业发展、带动区域性产业结构调整和产生重大经济效益的，要采取“一人一策”“一事一议”的引进方式，由省财政给予专项资金支持。引进“两院”院士、“长江学者”、国家“千人计划”入选者、国家“万人计划”入选者、“国家杰出青年科学基金”获得者等国家级以上高端人才，由省财政给予相应标准的工作和生活补助，享受我省高层次人才各项配套保障政策。根据引进人才的专业经历、技术贡献，直接认定相应专业技术职务，职务岗位已满的事业单位可特设岗位聘任。对我省急需的一流人才，实行专用编制、人编捆绑、动态调整、周转使用的编制周转池制度。

（十五）创建信息平台。建立省级人才需求信息数据库，定期发布全省高层次人才需求信息，构建基于云计算和大数据技术的人才信息系统。积极加强与省外高层次人才的联络沟通。建立山西籍在外人才数据库，实施晋商晋才“回乡”创业创新工程。组建山西院士专家服务联络中心，加强与“两院”院士的沟通联系。

（十六）实行“绿卡”制度。海内外高层次人才入晋，可在全省范围内自主选择居住地，用人单位负责落实周转房。各级政府要集中建设人才公寓，鼓励人才集聚的大型企事业单位利用存量用地建设人才公寓。外籍高层次人才可一次性办理五年有效工作类居留证件，符合条件的可优先申办“外国人永久居留证”，享受预约办证、加急办证、代办证件等“绿色通道”服务。海内外高层次人才随迁子女可在省内自愿选择中小学校就读，随迁配偶工作暂时未落实的，先由用人单位按本单位职工平均工资为其发放生活补贴，并按规定交纳社会保险费。引进人才在科研方向选择、科研团队组建、仪器设备采购、科研经费分配、科研成果处置等方面拥有充分的自主权。

四、改革人才评价机制

（十七）深化职称制度改革。依据能力、实绩和贡献评价人才，取消附着在职称评审上的一切非专业条件。进一步下放高等院校、科研院所、国有企事业等用人单位的高级职称评审权。实行职称评聘分离，职能部门严把标准严监管，个人自主自愿申报，社会公开公正评价。建立职称岗位聘任动态调整机制，实行岗位聘任制、聘用任期制。

（十八）改革职业资格制度。清理和减少职业资格许可和认定事项，建立职业资格目录清单、动态调整、定期公布制度。推进职业资格评价市场化、社会化，社会专业组织和中介机构要依法依规履行职业资格许可认定等社会公共服务职能。

（十九）科学设定条件。各系列、各级别职称评价取消计算机应用能力考试要求。初中级职称评价取消外语考试要求。高级职称评价，县级及以下基层单位人员取消外语考试要求，其他人员凡不以外语作为工作必备条件的，原则上取消外语考试要求。应用型人才职称评价取消论文限制性要求，代之以体现专业技术业绩水平的产品研制、技术推广、专利、病历、教案等成果作为评审依据。用人单位在聘任专业技术职务时，可结合岗位需要，对履行岗位职责所必需的计算机应用、外语和写作能力等单项要求设定竞争择优条件。

（二十）设立绿色通道。优秀青年专业技术人才，可不受学历、任职年限、岗位设置等条件限制，破格晋升和聘用专业技术职务。长期在基层农村、艰苦边远地区工作的专业技术人员，可按“定向评价、定向使用”的原则给予职称晋升倾斜。高技能人才可直接参加对应层次的专业技术职务评聘。畅通非公有制经济组织和社会组织人才职称评价渠道，支持具备条件的非公有制经济组织和社会组织设立专业技术职称评审委员会。

五、完善人才流动机制

（二十一）消除流动障碍。构建人才自主选择、合理流动、有效配置的新体制，打破户籍、地域、身份、学历、所有制、人事关系等制约。改革现行机关事业企业单位间人才流动的行政管理制度，实行顺向流动市场配置办理、横向流动单位协商办理、逆向流动科学调控。加快机关事业单位社会保险制度改革，完善异地就医结算和社会保险关系转移接续办法。加强人事档案互联互通、资源共享和规范管理的信息化建设。

（二十二）打通政企流动通道。研究制定吸引非公有制经济组织和社会组织优秀人才进入党政机关和事业单位的政策措施。研究出台鼓励支持党政机关干部离岗创业实施办法。

（二十三）完善事企流动制度。鼓励高校、科研院所人才在履行好岗位职责的前提下，到企业从事科技成果转化、技术攻关和多点教学等兼职工作，所得收入不受本单位绩效工资总量限制，原则上依法依规纳税后归个人所有。支持科研人员携带科研项目或科技成果离岗创业。制定吸引企业工程技术人员入校从事教学科研的具体政策。

（二十四）鼓励向基层流动。艰苦边远地区招用机关事业单位工作人员，要适当放宽学历、专业、开考比例等限制条件。切实提高从政府购买基层服务项目人员中定向招录县以下机关事业单位工作人员的比例，落实县以下机关公务员职务与职级并行制度，提高乡镇工作补贴。以58个贫困县为重点，实施公职人员到基层服务锻炼的派遣轮调，针对性选派优秀人才到县（市、区）挂职科技或项目副县（市、区）长。注重运用市场机制和利益导向，引导鼓励各类科技人才到基层、到农村创业创收。

六、强化人才激励机制

（二十五）改革薪酬制度。实行以增加知识价值为导向的分配政策，在保障基本工资水平正常增长的基础上，逐步提高科研人员基础性绩效工资水平，建立绩效工资稳定增长机制。对高等院校、高级技校专职教学人员，适当提高基础性绩效工资比重。制定技术技能人才薪酬激励办法。选择部分试点，探索高层次人才协议工资、项目工资和年薪制等灵活多样的分配方式。实行财政工资总量包干改革的高校、科研院所和医院等事业单位，可在全额事业单位绩效工资总量5倍的范围内自主确定工资总额。

（二十六）促进成果转化。落实高校、科研院所科技成果使用权、处置权和收益权，相关主管部门原则上不再审批备案。支持科技成果通过协议定价、市场挂牌、公开拍卖等转让转化方式实现收益。高校、科研院所科技成果转让转化所得净收益，按不低于70%的比例奖励课题负责人、骨干技术人员和研发团队。鼓励各类企事业单位通过股权、期权、分红等方式，有效调动科研人员创新创造创业积极性。出台高校、科研院所担任领导职务的科技人才从自己的科研成果中获取合法收益的办法。

（二十七）实施表彰奖励。健全以政府奖励为导向、用人单位和社会力量奖励为主体的人才表彰奖励体系。设立“山西省优秀人才突出贡献奖”，定期对为我省经济社会发展做出突出贡献的优秀人才和团队进行表彰奖励。鼓励企事业单位对为经济社会发展做出突出贡献的优秀人才给予物质和精神奖励。设立“山西省人才工作贡献奖”，重点对落实人才政策积极，在人才培养、引进、开发、使用等工作中成绩突出的地方和企事业单位等给予奖励。

七、加强组织领导

（二十八）健全工作机制。进一步加强和改进党对人才工作的统一领导，健全党管人才领导体制，创新党管人才方式方法，切实履行好管宏观、管政策、管协调、管服务职责，努力完善组织部门牵头抓总，有关部门各司其职、密切配合，社会力量发挥重要作用的人才工作新格局。

各级党委（党组）要发挥总揽全局、协调各方的领导核心作用，将人才发展体制机制改革纳入全面深化改革中总体谋划。进一步明确党委、政府“一把手”抓“第一资源”的责任，明确人才工作领导小组职责任务和工作规则，明确行业、领域人才队伍建设的部门职责和工作重点，切实加强人才工作队伍建设。

（二十九）强化联系服务。完善党委联系专家工作制度，制定党政领导干部直接联系专家办法。畅通建言献策渠道，健全专家决策咨询制度，充分发挥各类智库作用。完善人才教育培训、国情研修等制度，强化政治引领和政治吸纳，增强人才的认同感和向心力。建立健全高层次人才休假疗养、医疗保健服务制度，关心关注他们的身心健康。

（三十）制定实施细则。组织、编办、人社、财政、教育、科技等省直有关部门要按照本实施意见和任务分工，研究制定实施细则，报省委人才工作领导小组办公室统一协调后，2017年5月底前出台。各市县党委和政府要狠抓政策落实，积极选择改革试点，大胆探索创新。

（三十一）严格考核督办。研究制定人才工作目标责任制的实施意见，探索建立以人才政策落实、人才投入强度、人才数量结构、人才成果贡献等为主要内容的综合评价指标体系，强化人才工作年度评估、考核和调整，确保动态科学一流。将人才工作纳入各级领导班子和领导干部综合考核重要内容，列入落实党建工作责任制情况述职，作为领导班子评优、干部评价的重要依据。建立挂牌督办机制，对重大人才事项要挂牌督办，确保中央和我省各项政策措施落实到位。

中共山西省委

2017年3月9日

山西省促进创业投资持续健康发展若干政策措施

（晋政发〔2017〕32号）

为贯彻落实《国务院关于促进创业投资持续健康发展的若干意见》（国发〔2016〕53号），汇集推动大众创业、万众创新的重要资本力量，促进科技创新成果转化，实现技术、资本、人才、管理等创新要素与创业企业有效结合，为全省经济社会发展注入新动力，打造新引擎，现就促进我省创业投资持续健康发展提出如下政策措施：

一、培育多元创业投资主体

（一）加快培育形成各具特色、充满活力的创业投资机构体系。鼓励各类机构投资者和个人依法设立公司型、合伙型创业投资企业。鼓励行业骨干企业、创业孵化器、产业（技术）创新中心、创业服务中心、保险资产管理机构等创业创新资源丰富的相关机构参与创业投资。完善人才流动机制，建立健全企业引进人才制度，鼓励经济领域人才参与创业投资。鼓励具有资本实力和管理经验的个人通过依法设立一人公司从事创业投资活动。鼓励和规范发展政府参与、市场化运作、专业化管理的创业投资母基金。（省发展改革委、省科技厅、省经信委、省人力资源社会保障厅、省商务厅、省国资委、省工商局、省金融办、团省委、山西银监局、山西证监局、山西保监局按职责分工负责）

（二）积极鼓励包括天使投资人在内的各类个人从事创业投资活动。鼓励成立公益性天使投资人联盟等各类平台组织，培育和壮大天使投资人群体，促进天使投资人与创业企业及创业投资企业的信息交流与合作，营造良好的天使投资氛围，推动天使投资事业发展。规范发展互联网股权融资平台，为各类个人直接投资创业企业提供信息和技术服务。（省发展改革委、省科技厅、省金融办、山西证监局按职责分工负责）

二、多渠道拓宽创业投资资金来源

（三）大力培育和发展合格投资者。在风险可控、安全流动的前提下，支持中央企业、省内国有企业、保险公司等各类机构投资者投资创业投资企业和创业投资母基金。鼓励符合条件的信托公司遵循价值投资和长期投资理念，充分发挥既能进行创业投资又能发放贷款的优势，积极探索新产品、新模式，为创业企业提供综合化、个性化金融和投融资服务。培育合格个人投资者，支持具有风险识别和风险承受能力的个人参与投资创业投资企业。（省发展改革委、省财政厅、省国资委、省金融办、山西银监局、山西证监局、山西保监局按职责分工负责）

（四）建立股权债权等联动机制。按照依法合规、风险可控、商业可持续的原则，建立创业投资企业与各类金融机构长期性、市场化合作机制，推动发展投贷联动、投保联动、投债联动等新模式，不断加大对创业投资企业的投融资支持。推动专业化金融组织发展，鼓励有条件的银行业金融机构围绕创业投资领域，设立特色专营机构，创新金融产品，为创业投资企业提供综合化金融服务。拓宽创业投资企业多元化融资渠道，鼓励银行业金融机构采取多种方式加强对创业投资企业的信贷支持。积极稳妥开展并购贷款业务，提高对创业企业兼并重组的金融服务水平。支持符合条件的创业投资企业通过发行企业债券和其他债务融资工具融资，增强投资能力。加强“防火墙”相关制度建设，有效防范道德风险。（省发展改革委、省科技厅、省金融办、人行太原中心支行、山西银监局、山西证监局、山西保监局按职责分工负责）

三、加强政府引导和政策支持

（五）发挥政府资金的引导作用。积极争取对接国家新兴产业创业投资引导基金、国家中小企业发展基金、国家科技成果转化引导基金等基金对我省设立的创业投资引导基金的支持。鼓励有条件的市县推动设立创业投资引导基金，发挥财政资金的引导和聚集放大作用，引导民间投资等社会资本投入。按照“政府引导、市场化运作”原则，鼓励省内各级创业投资引导基金择优注资市场化母基金，由专业化创业投资管理机构受托管理引导基金。建立并完善创业投资引导基金中政府出资的绩效评价制度。（省发展改革委、省财政厅、省经信委、省科技厅、省住房城乡建设厅、省金融办和各市、县政府按职责分工负责）

（六）建立创业投资与政府项目对接机制。充分发挥我省新型工业产业化示范基地、转型综改示范园区、各级开发区、工业园区、产业集聚区、自主创新示范区、双创示范基地、产业（技术）创新中心、科技企业孵化器、众创空间等作用，开放项目（企业）资源，充分利用政府项目资源优势，搭建创业投资与企业信息共享平台，打通创业资本和项目之间的通道。（省各有关部门按职责分工负责）

（七）挖掘农业领域创业投资潜力。依托农村产业融合发展园区、农业产业化示范基地、农民工返乡创业园等，通过发展第二、三产业，改造提升第一产业。有关方面要配合做好项目对接和服务。（省农业厅负责）

（八）落实创业投资企业税收及投资政策。严格执行财政部、国家税务总局等部门对创业投资企业税收优惠系列政策，确保各项优惠政策落到实处。严格执行对专注于长期投资和价值投资的创业投资企业在企业债券发行、市场化退出等方面给予的政策支持。（省发展改革委、省财政厅、省金融办、省地税局、省国税局按职责分工负责）

四、完善创业投资相关法律法规

（九）构建符合创业投资行业特点的法制环境。严格执行国家出台的促进创业投资发展的相关法律法规。完善我省创业投资相关管理制度及外商投资我省创业投资企业管理制度。对我省创业投资企业和创业投资管理企业实行差异化监管和行业自律，构建我省创业投资行业发展环境。（省发展改革委、省金融办、省商务厅、山西证监局按职责分工负责）

（十）落实和完善国有创业投资管理制度。鼓励国有企业汇集众智，开拓广阔市场空间，增强国有企业竞争力。支持有需求、有条件的国有企业依法依规、按照市场化方式设立或参股创业投资企业和创业投资母基金。强化国有创业投资企业对种子期、初创期等创业企业的支持，鼓励国有创业投资企业追求长期投资收益。健全符合创业投资行业特点和发展规律的国有创业投资管理体制，完善国有创业投资企业的监督考核、激励约束机制和股权转让方式，形成鼓励创业、宽容失败的国有创业投资生态环境。支持具备条件的国有创业投资企业开展混合所有制改革试点，探索国有创业投资企业和创业投资管理企业核心团队持股和跟投。探索政府融资平台公司转型升级为创业投资企业。依法依规豁免国有创业投资企业和国有创业投资引导基金国有股转持义务。（省发展改革委、省财政厅、省国资委、省金融办、山西证监局按职责分工负责）

五、进一步完善创业投资退出机制

（十一）拓宽创业投资市场化退出渠道。充分发挥主板、创业板、全国中小企业股份转让系统以及山西省股权交易中心功能，畅通创业投资市场化退出渠道。鼓励创业投资以并购重组等方式实现市场化退出，规范发展专业化并购基金。（省国资委、山西证监局按职责分工负责）

六、优化创业投资市场环境

（十二）优化监管环境。建立创业投资行业发展备案和监管备案互联互通机制，对创业投资企业在行业管理、备案登记等方面建立适应创业投资行业特点的宽市场准入、重事中事后监管的适度而有效的监管体制。加强信息披露和风险揭示，强化创业投资企业内控机制、合规管理和风险管理机制，打击违法违规募集资金行为。（省发展改革委、省金融办、省国资委、山西证监局按职责分工负责）

（十三）优化商事环境。持续深化商事制度改革，加快推进工商登记注册便利化推进步伐，进一步减少登记环节，提高审批效率，为企业提供优质高效的准入服务，进一步减少开办企业的时间，营造更加便捷、高效、规范、统一的市场准入环境。（省工商局负责）

（十四）优化信用环境。建立健全创业投资企业、创业投资管理企业及其从业人员信用记录，实现创业投资领域信用记录全覆盖。推动创业投资领域信用信息纳入省信用信息共享平台，并与国家企业信用信息公示系统（山西）实现互联互通。依法依规在“信用山西”网站和国家企业信用信息公示系统（山西）公示相关信息。加快建立创业投资领域严重失信“黑名单”制度，按照有关法律法规和政策规定实施守信联合激励和失信联合惩戒。建立健全创业投资行业信用服务机制，推广使用信用产品。（省发展改革委、省工商局、人行太原中心支行、山西证监局按职责分工负责）

（十五）严格保护知识产权。进一步完善商标知识产权保护相关法规和制度建设，积极引导创业投资企业和创业投资管理企业注册商标，培育自主品牌，鼓励其争创山西省著名商标，指导符合驰名商标认定条件的创业投资企业积极申报。严厉打击恶意抢注商标行为，加大商标专用权保护力度。健全知识产权侵权查处机制，依法惩治侵犯知识产权的违法犯罪行为，将企业行政处罚、“黑名单”等信息纳入省信用信息共享平台，对严重侵犯知识产权的责任主体实施联合惩戒，并通过“信用山西”网站、国家企业信用信息公示系统（山西）等进行公示，营造创业投资良好的知识产权保护环境。（省工商局、省知识产权局、省发展改革委、人行太原中心支行、山西证监局等按职责分工负责）

七、推动创业投资行业双向开放

（十六）有序扩大创业投资对外开放。坚持走开放式发展道路，通过吸引境外投资，引进国际先进经验、技术和管理模式，提升我省创业投资企业的国际竞争力。鼓励外资扩大创业投资规模，加大对种子期、初创期创业企业支持力度。坚持为实体经济服务的原则，大力推动银联、跨境电商使用人民币跨境清算、结算，支持和鼓励商业银行创新金融产品和服务，为“走出去”企业提供全方位的跨境人民币结算服务。充分发挥外汇窗口政策指导作用，简化外汇管理登记流程，支持企业以外汇和跨境人民币资金进行项目投资，服务创业投资项目顺利开展。允许外资创业投资企业按照实际投资规模将外汇资本金结汇所得的人民币划入被投资企业。（省发展改革委、省商务厅、人行太原中心支行、山西外汇管理局按职责分工负责）

八、完善创业投资行业自律和服务体系

（十七）加强行业自律。依据相关规定，加强省创业投资企业促进会、省投资基金业协会的行业自律和规范化管理，建立健全信息公开制度和年度报告制度，主动接受社会监督。充分发挥行业协会在政府与市场沟通中的积极作用，加强行业协会在政策对接、会员服务、信息咨询、数据统计、行业发展报告、人才培养、国际交流合作等方面的能力建设，支持行业协会推动创业投资行业信用体系建设和社会责任建设，维护有利于行业持续健康发展的良好市场秩序。（省发展改革委、省科技厅、省民政厅、山西证监局按职责分工负责）

（十八）健全创业投资服务体系。加强与创业投资相关的会计、征信、信息、托管、法律、咨询、教育培训等各类中介服务体系建设。支持创业投资协会组织通过高等学校、科研院所、群团组织、创业投资企业、创业投资管理企业、天使投资人等多种渠道，以多种方式加强创业投资专业人才培养，加大教育培训力度，吸引更多的优秀人才从事创业投资，提高创业投资的精准度。（省发展改革委、省科技厅、山西证监局按职责分工负责）

九、加强各方统筹协调

（十九）加强统筹协调。省发展改革委要会同有关部门加强促进创业投资发展的政策协调，建立部门与部门、部门与地方之间政策协调联动机制，加强创业投资行业发展政策和监管政策的协同配合，建立相关政府部门促进创业投资行业发展的信息共享机制。（省发展改革委会同有关部门、各地政府按职责分工负责）

（二十）强化政策落实。各地、各部门要积极宣传贯彻落实国家、省关于促进创业投资持续健康发展政策措施，牢固树立和贯彻落实创新、协调、绿色、开放、共享的发展理念，着力推进供给侧结构性改革，深入实施创新驱动发展战略，大力推进大众创业万众创新，使市场在资源配置中起决定性作用和更好发挥政府作用，加快形成有利于创业投资发展的良好氛围和“创业、创新+创投”的协同互动发展格局，进一步扩大创业投资规模，促进创业投资做大做强做优，推动全省创业投资行业快速发展。

山西省人民政府

2017年7月14日

山西省关于强化实施创新驱动发展战略进一步推进大众创业万众创新深入发展的实施意见

（晋政发〔2017〕51号）

近年来，省委、省政府坚决贯彻落实党中央、国务院各项决策部署，深入实施创新驱动发展战略，大众创业、万众创新蓬勃兴起，涌现出数量众多的市场新生力量，“双创”已经成为稳定和扩大就业的重要支撑、推动新旧动能转换和经济转型发展的重要力量。当前，全省上下正在深入学习贯彻习近平总书记视察山西重要讲话，认真贯彻落实李克强总理考察山西提出的工作要求，全面落实《国务院关于强化实施创新驱动发展战略进一步推进大众创业万众创新深入发展的意见》（国发〔2017〕37号），为进一步系统性优化创新创业生态环境，强化政策供给，加快动能转换，充分释放蕴藏在人民群众中的巨大创造力，在更大范围、更高层次、更深程度上推进大众创业、万众创新，现提出如下实施意见。

一、总体要求

（一）指导思想。

以习近平总书记系列重要讲话精神为指引，牢固树立新发展理念，坚定不移实施创新驱动发展战略，深入贯彻落实党中央、国务院关于推进大众创业、万众创新各项决策部署，坚持“融合、协调、共享”，进一步优化创新创业的生态环境，进一步拓展创新创业的覆盖广度，进一步提升创新创业的科技内涵，进一步增强创新创业的发展实效，及时总结和推广我省典型经验与做法，积极移植和复制省外先进经验，推进我省大众创业、万众创新深入发展，努力建设一支宏大的创客队伍，推动我省“双创”工作进入全国第一方阵。

（二）基本原则。

——创新引领、抢占前沿。把创新摆在全省发展全局的核心位置，强化科技创新的基础支撑作用。坚持以创新创业促进转型发展，瞄准前沿构建创新产业体系，实现一二三产业渗透发展，推动军民融合深入发展，增强产业核心竞争力。

——敢为人先、后来居上。坚持向东部学理念、向周边学方法，拿来用好国内外先进经验和典型做法，以改革的思维和办法推进“双创”深入发展。弘扬晋商精神，鼓励探索创新、先行先试，营造敢为人先、宽容失败的良好氛围。

——人才优先、创造至上。以人才支撑为第一要素，改革人才引进、激励、发展和评价机制。树立创造至上的价值导向，鼓励科技人员、中高等院校毕业生、留学回国人才、农民工、退役士兵等有梦想、有意愿、有能力的群体更多投身创新创业。

——主体联动、融通发展。加强各类主体协同联动，促进优势互补。把“双创”同深化国有企业改革、促进民营经济发展结合起来，同深化高校和科研院所体制机制改革以及群团组织改革结合起来，并有机融入到传统产业改造提升、新兴产业培育壮大全过程，形成多元主体合力汇聚、活力迸发的良性格局。

——市场主导、资源聚合。把创意和市场紧密结合，与社会资本有效对接。整合各方资源，建设众创、众包、众扶、众筹支撑平台，健全创新创业服务体系，推动政策、技术、资本等各类要素向创新创业集聚。

——人人参与、共创共享。大力弘扬创新文化，厚植创业沃土，推动创新创业成为生活方式和人生追求。践行共享发展理念，实现人人参与、人人尽力、人人享有，使创新创业成果更多更公平地惠及全体人民，促进社会公平正义。

（三）目标任务。

——到2018年底，全省创客大军达到10万人，比2017年增长一倍。到2020年，全省高新技术企业达到1500家以上，科技型中小微企业达到10000家，高新技术企业销售收入占规模以上工业企业销售收入的比重达到15%以上。每年新创办中小微企业3万户，科技成果年均增长10%以上，在省内得到优先快速转化，年技术合同交易额达到265亿元。科技进步贡献率突破50%，综合科技实力达到全国平均水平以上。

——到2020年，研究与试验发展（R&D）经费投入占地区生产总值的比重争取达到全国平均水平，有效发明专利拥有量达到1.3万件左右。山西转型综改示范区R&D经费投入水平达到全国先进水平，专利申请量翻一番。省级以上高新技术产业开发区达到15家以上。省级及以上实验室、工程（技术）研究中心、企业技术中心等达到500家以上。产业技术创新战略联盟达到50家，其中国家级10家。院士专家工作站达到100家以上。

——到2020年，建设一批高水平的“双创”示范基地，省级“双创”示范基地达到30个以上。打造一批具有市场活力的“双创”支撑平台，推广一批具有示范意义的“双创”模式和典型经验。支持“双创”的政策措施更加完善，要素资源更加集聚，生态环境更加优化，社会氛围更加浓厚，实现创新创业主体由小众到大众、创新创业载体由重点布局到全面建设、创新创业服务由注重“硬条件”到更加注重“软服务”。

二、充分发挥各类主体作用，激发全社会创新创业活力

（四）更好发挥企业主力军作用。鼓励大企业建设“双创”基地和服务平台，打造大企业为主体、大中小微企业协同共生的“双创”新格局。依托省内相关领域骨干企业，建设符合发展需求的制造业创新中心，加强基础研究，提升原始创新能力，开展关键共性重大技术研究和产业化应用示范。充分发挥太钢、太重等大型企业的国家级企业技术中心、重点实验室等科技创新平台作用，打造涵盖基础研究、技术中试、工业示范、技术集成和产学研用一体化创新链条，带动产业链上下游中小微企业发展。（省经信委、省国资委按职责分工负责）

（五）提升高校服务“双创”能力。深入实施“1331工程”，全面加强重点学科、重点实验室、重点创新团队建设，全面加强高校协同创新中心、工程（技术）研究中心、产业技术创新研究院（战略联盟）建设，促进山西大学、太原理工大学、中北大学等高校学科、人才、科研与产业互动，打通基础研究、应用开发、成果转移与产业化链条，着力提高高校对经济社会发展和产业转型升级的贡献率，推动高校成为催化产业技术变革、加速创新驱动的重要策源地。鼓励高校开设创新创业课程，加大“创业意识”和“创办企业”培训力度。（省教育厅牵头负责）

（六）充分释放科研院所潜能。进一步扩大科研院所自主权，调动公益一类科研院所科技创新和服务积极性，进一步深化省属转制科研院所改革，强化激励导向，调动科研人员技术革新和发明创造的积极性，提升行业服务、成果转化能力。改革和创新科研管理、投入和经费使用方式，鼓励科研人员与创业者开展合作和互动交流。（省科技厅牵头负责）

（七）支持开发区和转型综改示范区开展“双创”试点。支持全省各类开发区和转型综改示范区在人才流动、成果转化、创业扶持、收益分配和服务保障等方面先行先试。积极引进一流大学、科研院所和世界500强研发中心在山西转型综改示范区内设立分支机构和科技成果转化基地。积极争取新设一批国家级高新区。（省商务厅、省科技厅、山西转型综改示范区管委会按职责分工负责）

（八）提升全民参与创新创业积极性。促进人人创新、草根创业，在全省企事业单位职工、高校和农村农业战线科技人员中全面开展“五小”（小发明、小创造、小革新、小设计、小建议）竞赛活动，激发蕴藏在广大职工和科技人员中的创新活力。鼓励机关事业单位人员离岗创业。进一步完善鼓励扶持大学生创新创业的政策措施。研究制定支持返乡下乡人员创业创新办法，将符合条件的返乡下乡人员创业创新项目纳入强农惠农富农政策范围。根据相关规定，开展“双创”表彰活动。（省人社厅、省总工会、团省委、省教育厅、省农业厅、省科协等部门按职责分工负责）

三、不断深化“双创”实践，引领实体经济转型升级

（九）创新众创空间运营模式。支持众创空间采取“创意+工厂”模式，配套建设生产工厂、试验平台、中试基地，加快创意向产品转变的过程，形成研发、生产、技术、销售等完整的产业体系。支持众创空间、科技企业孵化器采取“场地+服务+投资”模式，更多提供信息服务、创业辅导、人才培训、法律服务、管理咨询等特色化集成式服务和个性化、定制化高端创业增值服务。支持众创空间采取“孵化+辅导+投资”模式，打造集“金融服务、创新创业辅导服务、创业孵化服务、第三方专业服务”四大服务平台为一体的服务体系，提高创新创业能力和成功率。（省委改革办、省科技厅按职责分工负责）

（十）倡导企业推行全员创客。鼓励企业建立大师工作室、职工（劳模）创新工作室，搭建全员创新创业平台。弘扬工匠精神，由学术带头人结合技术专长，围绕创新攻关和以师带徒两大任务，积极推行创客平台化、小组化和创客团队“公司”化，推动个人创新向团队创新转变。支持创客围绕某一技术或工艺进行攻关，通过创客入股等方式鼓励创新，完善与创新成果相匹配的薪酬制度和激励机制，更好调动企业科技工作者和职工创新积极性，着力营造全员创新氛围。（省委改革办、省科技厅、省经信委、省国资委按职责分工负责）

（十一）打造各具特色的“双创”载体。积极有序推进试点示范，加快建设国家级、省级“双创”示范基地。鼓励区域、高校和科研院所、企业围绕各自优势在细分领域建设“双创”示范基地、众创空间、科技企业孵化器、小微企业创业创新基地及城市示范、创业园区、星创天地等创新创业载体，逐步向精细化、专业化升级。（省发改委、省科技厅、省人社厅、省农业厅、省中小企业局按职责分工负责）

（十二）移植推广“双创”先进经验。把“双创”作为转型综改试验区建设重要任务，聚焦转型发展重点领域和关键环节，率先复制移植上海自贸区、北京中关村等创新创业先进经验和典型做法，及时总结推广太原清控创新基地、长治市唯美诺双创科技园有限公司、山西华翔集团有限公司等我省“双创”实践中涌现出的成功模式，积极争取国家在我省布局创新创业改革试点。（省委改革办、省发改委、省科技厅、省经信委、省中小企业局等单位按职责分工负责）

（十三）促进分享经济发展。清理规范制约分享经济发展的行政许可、商事登记等事项，进一步取消或放宽市场准入条件。合理引导预期，创新监管模式，推动构建适应分享经济发展的包容审慎监管机制和社会多方协同治理机制，完善新就业形态、消费者权益、社会保障、信用体系建设、风险控制等方面的政策和制度体系。依法严厉打击泄露和滥用用户个人信息等损害消费者权益行为。（省发改委、省人社厅、省工商局、省公安厅等单位按职责分工负责）

（十四）促进数字经济繁荣发展。促进各级政府部门开放数据资源，引导并鼓励企业和个人对政府数据进行增值开发和创新应用，放大数据的能量和价值，激发全社会的智慧和创意，激发创新创业活力。完善工业信息安全技术标准体系，筹建山西省网络安全和大数据信息技术标准化技术委员会，研究制定全省网络安全和信息化、大数据、电子信息等领域地方标准，强化工业信息安全保障支撑能力。（省经信委、省质监局等单位按职责分工负责）

（十五）推动传统产业改造提升。以新技术、新业态、新模式推动传统产业生产、管理和营销模式变革。立足我省实际，保障政府技改资金投入，重点实施智能制造示范、军民产业融合等八大专项工程，全面推动企业科技创新、技术改造，进一步提高工业发展质量和效益。（省经信委牵头负责）

四、建立健全交易机制，加快科技成果转化

（十六）建立市场化交易平台。搭建山西科技成果转化和知识产权交易管理服务平台，促进科技成果转移转化和知识产权交易，提高科技成果就地转化率。探索在高端装备制造、煤化工、煤层气等战略性新兴产业相关领域率先建立利用财政资金形成的科技成果限时转化制度。积极引导省内高校及科研院所根据自身实际，建立与省级交易平台相衔接的知识产权交易平台及其运营机构。引导企业开展多层次知识产权运营，推进知识产权收储、开发、组合、许可、交易、投资等，加快实现知识产权市场价值。（省科技厅、省知识产权局、省财政厅等单位按职责分工负责）

（十七）促进科技资源开放共享。建成全省统一的科技资源开放共享网络管理服务平台，将符合条件的大型科研设施与仪器及科技文献、科技数据、生物（种质）资源等科技基础条件资源纳入平台，面向社会开展科技创新服务。设立科技资源开放共享专项资金，建立绩效考评奖补机制。完善科技成果登记制度和技术合同认定登记制度，落实国家有关技术开发、技术转让减免税优惠政策。建立完善科技成果转化年度统计和报告制度。（省科技厅牵头负责）

（十八）加强知识产权保护。在各类开发区、产业集聚区等有条件的地方，积极推进知识产权保护中心和快速维权中心建设，实现快速审查、快速确权、快速维权，开展审查确权、行政执法、维权援助、仲裁调解、司法衔接相联动的重点产业知识产权快速协同保护，提高保护效果。（省知识产权局牵头负责）

五、拓宽融资渠道，强化“双创”金融支持

（十九）加大信贷支持力度。支持金融机构按照“双创”企业生命周期，积极开发金融服务产品，合理设置“双创”企业流动资金贷款期限。鼓励试点银行探索银税新型合作方式。鼓励地方法人银行设立社区支行、小微支行，提高薄弱领域金融服务可得性，大力发展普惠金融。引导大型银行合理赋予基层支行信贷审批权，简化审批流程，降低准入门槛。支持商业

银行改造小微企业信贷流程和信用评价模型，提高审批效率。（山西银监局牵头负责）

（二十）加大投资基金支持力度。发挥创业投资、私募股权投资、产业投资基金作用。支持在山西转型综改示范区设立基金集聚区，吸引各类股权投资基金落户，围绕示范区定位创设各类基金产品。完善集聚区内基金服务体系和基础服务设施建设。鼓励有条件的区市设立基金产业园、基金小镇。发挥山西太行产业基金作用，设立“双创”子基金。已设立的各类产业基金、创业风险投资基金、科技成果转化基金要重点关注民营企业科技成果转化项目，向民营企业倾斜。（省金融办、省财政厅按职责分工负责）

（二十一）实施科技创新券政策。完善创新券管理制度和运行机制。对在创新券管理系统中完成信息注册和审核的科技型中小微企业，即发放5万元创新券。支持其利用国家级及省级重点实验室、工程技术研究中心、科技基础条件平台及高等院校等资源开展研发和科技创新活动。支持各类科技创新团队免费使用高校、科研机构和国有企业的科研设备进行科研检测实验。对民营企业科技创新团队的创新券支持比例不少于50%。（省科技厅、财政厅按职责分工负责）

（二十二）创新“双创”保险产品。加快发展科技保险、首台（套）重大技术装备保险，探索发展专利保险，推进现代科技与现代保险深度融合。加快发展信贷保证保险、履约保证保险、信用保险、借款人意外保险，积极发挥保险增信功能。（山西保监局牵头负责）

（二十三）依托资本市场助力“双创”。支持符合条件的企业在主板、中小板、创业板、新三板上市挂牌，发挥山西股权交易中心作用，为青年创意企业、初创企业及成长型企业提供符合其特点的融资渠道和发展平台，对在山西股权交易中心挂牌、进行股份制改造并实现融资的中小微企业给予奖励。（省金融办、山西证监局、省中小企业局、团省委按职责分工负责）

（二十四）完善科技融资机制。推动发展投贷联动、投保联动、投债联动等新模式。鼓励和引导各类社会资金参与对知识产权转化运用的投入体系。探索建立知识产权投融资风险管理以及补偿机制，拓展知识产权质押融资范围，推广专利权质押等知识产权融资模式，鼓励保险公司为科技型中小企业知识产权融资提供保证保险服务。支持政府性融资担保机构为科技型中小企业发债提供担保。探索建立政银担、政银保等不同类型的风险补偿机制。（省科技厅、省知识产权局、省金融办、山西银监局、山西保监局按职责分工负责）

（二十五）推动创投行业信用体系建设。鼓励第三方征信机构参与创业投资行业信用建设和管理，建立健全创业投资企业、创业投资管理企业及其从业人员信用记录，实现创业投资领域信用记录全覆盖。推动创业投资领域信用信息纳入省信用信息共享平台，依法依规在“信用山西”网站公示，加快建立创业投资领域严重失信黑名单制度。（省发改委牵头负责；人行太原中心支行、山西证监局按职责分工负责）

六、完善激励机制，释放“双创”人才红利

（二十六）实施重大人才工程。坚持以二流财政打造一流人才政策。重点实施高端创新型人才培养引进和新兴产业领军人才培育工程、高技能人才开发工程、优秀企业家培育工程“三个工程”和三晋学者支持计划、山西省青年拔尖人才支持计划、三晋首席技师培养计划“三个计划”。继续实施晋商晋才回乡创业创新工程。采取“一人一策”“一事一议”的方式，大力引进经济转型升级急需的领军拔尖人才，由省财政给予专项资金支持。对急需的一流人才，实行专用编制、人编捆绑、动态调整、周转使用的编制周转池制度。（省委组织部、省编办、省人社厅、省财政厅、省国资委、省教育厅、省商务厅按职责分工负责）

（二十七）创新人才引进政策。鼓励企事业单位设立人才发展专项资金，企业引才所需费用可全额列入经营成本，事业单位引才费用可从事业经费中列支。建立山西省外国人永久居留服务管理联席会议制度，出台关于加强外国人永久居留服务管理的实施意见。启动实施山西留学人员创新创业支持计划，推进留学人员创新创业基地建设，制定留学人员回晋创新创业扶持政策。高校可自主组织到高层次人才集聚地区或单位进行专项招聘。（省财政厅、省人社厅、省公安厅、省教育厅按职责分工负责）

（二十八）改革薪酬分配制度。实行以增加知识价值为导向的分配政策，建立绩效工资稳定增长机制。制定技术技能人才薪酬激励办法。实行财政工资总量包干改革的高校、科研院所和医院等事业单位，可在无收入全额事业单位绩效工资总量5倍的范围内自主确定绩效工资总量。科研成果转化收益中用于人员激励的部分不计入绩效工资总量基数。科研机构、高校可自主决定科技成果转化收益分配和奖励办法，科技成果转化净收入的70%以上可用于奖励课题负责人、骨干技术人员和研发团队。试点探索高层次人才协议工资、项目工资和年薪制等灵活多样的分配方式。鼓励有条件的地方将返乡农民工纳入住房公积金缴存范围，按规定将其子女纳入城镇（城乡）居民基本医疗保险参保范围。（省财政厅、省人社厅、省科技厅按职责分工负责）

七、创新政府管理方式，优化“双创”生态环境

（二十九）实行“多证合一”登记制度。按照能整合的尽量整合、能简化的尽量简化、该减掉的坚决减掉的原则，将涉企登记备案等有关事项和各类证照整合到营业执照上。对内外资企业在支持政策上一视同仁，加快企业工商登记注册便利化推进步伐。推动取消企业名称预先核准，推广自主申报。全面实施企业简易注销登记改革，实现市场主体退出便利化。推进工商登记全程电子化和电子营业执照改革，推进无介质电子营业执照建设和应用。（省工商局牵头负责）

（三十）强化事中事后监管。深入推进企业投资项目承诺制试点。实现“双随机、一公开”监管全覆盖，开展跨部门联合检查，建立省、市、县三级标准统一、互联互通的抽查信息监管系统，提高监管效能。深化市场监管体制改革，做好临汾市、吕梁市的工商、质监、食药监管理机构整合试点工作，综合设置市场监管机构，进一步推进市场监管领域综合执法改革。（省发改委、省工商局、省编办按职责分工负责）

（三十一）推进相对集中行政许可权改革试点。探索完善审批、管理、监督相互衔接的运行机制。在灵石县、高平市和山西转型综合改革示范区开展试点，组建行政审批局，整合划转行政审批职责和行政审批事项，统一规范事项名称、实施依据、申请材料、审批流程，逐项编制行政职权运行流程图，实行审批职责、审批事项、审批环节“三个全集中”，实现“一颗印章管审批”。（省编办、省法制办牵头负责）

（三十二）适当放宽教育等行业互联网准入。推进全省教育系统“三通两平台”建设，依托全省高等教育宽带省域网，为高校广大师生创新创业、科技成果转移转化、知识价值体现提供平台支撑。加强新兴业态领域事中事后监管，促进平稳有序健康持续发展。（省教育厅牵头负责）

（三十三）加大财政投入力度。统筹使用各级各类支持中小企业发展资金、科技成果转化资金，对民营企业科技成果转化项目给予重点支持和倾斜支持，支持比例不低于资金总量的50%。省级安排的扶持众创空间发展专项资金和科技企业孵化器专项资金，要重点向民办众创空间和民办科技企业孵化器倾斜，倾斜比例要达到50%以上。对于认定的省级“双创”示范基地，省级财政给予资金支持。（省财政厅、省科技厅、省发改委等部门按职责分工负责）

（三十四）提高税收服务水平。深入开展“便民办税春风行动”，积极推进跨省经营企业部分涉税事项全国通办，切实减轻纳税人负担。推进银行卡受理终端、网上银行、手机银行等多元化缴税方式。加强国税、地税联合办税。建立健全市、县两级银税合作工作机制，加大基层银税合作力度，逐步扩大税务、银行信用信息共享内容。探索通过建立电子平台或在银税双方系统中互设接口等方式，实现银税信息“线上”互动。（省国税局、省地税局、山西银监局牵头负责）

（三十五）落实用地保障政策。优化国土规划布局，引导新产业集聚发展。加大用地保障力度，用地指标向新产业新业态项目倾斜。城镇低效用地再开发后，优先供应新产业新业态项目。用好按原用途和土地权利类型使用土地的过渡政策，降低新产业新业态项目用地成本。加强部门协同监管，规范新产业新业态项目用地行为。（省国土厅牵头负责）

（三十六）健全社会化服务体系。采用政府购买公共服务方式，支持各类专业社会服务组织和中介机构面向科研创新团队、中小微创业创新企业，提供代理记账、知识产权登记评估、产权登记、大数据等社会化服务，支持承接政府提供的法律、税收、工商管理等专业培训工作。根据服务数量和服务质量给予财政补助。（省财政厅牵头负责）

（三十七）完善公平竞争审查和统计监测制度。制定出台山西省公平竞争审查制度实施办法，明确审查程序，强化审查责任，推动公平竞争审查制度全面落实，为创新创业营造统一开放、竞争有序的市场环境。建立完善切合山西实际的“三新”统计监测制度，充分利用大数据等现代信息技术手段，探索研究建立“双创”发展统计监测制度。（省发改委、省统计局牵头负责）

八、强化组织保障，确保政策措施落实到位

（三十八）完善领导机制。建立山西省推进大众创业万众创新工作领导小组，负责对全省创新创业工作的顶层设计、政策制定、统筹协调、督办评估，及时协调解决创新创业中面临的突出问题，推动我省大众创业、万众创新深入发展。建立部门之间、部门与地方之间政策协调联动机制，形成政策合力。重大事项要及时向省委、省政府报告。（省发改委牵头负责）

（三十九）强化责任落实。各级各部门要进一步统一思想认识，明确任务分工，落实工作责任。将“双创”工作纳入全省目标责任考核。加快建立推进“双创”有关普惠性政策措施落实情况督查督导机制，加快探索建立和完善政策执行评估体系和通报制度。（省委组织部、省发改委、省统计局牵头负责）

（四十）加强宣传引导。充分发挥传统媒体及网络媒体和新媒体的积极性和创造性，全方位宣传我省创新创业取得的成效，树立一批创新创业先进典型和案例，引导社会舆论，营造浓厚氛围。办好“双创”活动周，以及创新创业论坛、赛事、培训、沙龙等活动，弘扬创新文化，厚植创业沃土，激发全社会创新创业活力。（省委宣传部、省发改委、省科技厅、省教育厅、省经信委、省中小企业局、省科协等单位按职责分工负责）

中共山西省委
山西省人民政府
2017年9月30 日

晋城市招才引智十条激励政策

（晋市政发〔2017〕12号）

为聚力引进一批国际国内高层次人才，加快创新驱动、转型升级，制定如下激励政策。

一、对引进的驻晋城工作院士给予1000万元科研经费、200万元安家费、每年40万元工作津贴、20万元生活补助。

二、对引进的国家“千人计划”专家等高层次领军人才给予1000万元科研经费、100万元安家费和每年20万元工作津贴、10万元生活补助。

三、对引进的国家级重点学科、重点实验室、工程技术研究中心学术技术带头人给予1000万元科研经费、100万元安家费和每年10万元工作津贴。

四、对引进的海内外高层次紧缺急需人才给予50万元安家费和每年10万元工作津贴。

五、对来创新创业或开展技术项目合作、技术指导交流的高层次人才，资助往返国际、国内交通费，生活补贴和60%的工薪（以用人单位与人才签订的合同或协议为准）。

六、对新设立的院士工作站资助50万元；对新设立的博士工作站和博士后科研创新实践基地资助30万元。

七、对获得国家、省科研经费资助的产品研发项目给予1：1的科研经费配套并免费或协调提供研发实验、小试、中试场所。

八、对携带具有自主知识产权的科技成果，在晋城创办公司或与市内企业共同设立公司，开展科技成果转化活动的团队，市政府以投资入股的方式给予支持，最高限额1000万元。

九、对创新创业领军人才在晋城投资建设项目用优先提供土地，给予贷款贴息补贴总额最高300万元，以及最高为500万元的创新科研成果转化资助。

十、对引进国际国内高层次人才，充分尊重本人意愿，为其未成年子女优先安排学校就读、配偶工作安排保持原单位编制性质和职级。由引进单位申请安排人才公寓住房。

晋城市人民政府
2017年6月9日

中共内蒙古自治区委员会
关于深化人才发展体制机制改革的实施意见

（内党发〔2017〕16号）

为贯彻落实 《中共中央印发〈关于深化人才发展体制机制改革的意见〉的通知》（中发 〔2016〕9号）精神，大力培养人才、广泛聚集人才、用活用好人才，最大限度激发人才创新创造创业活力，充分发挥人才在建设现代化内蒙古中的关键作用，现就自治区深化人才发展体制机制改革提出如下实施意见。

一、总体要求

（一）指导思想。

全面贯彻党的十八大和十八届三中、四中、五中、六中全会精神，深入贯彻习近平总书记系列重要讲话和治国理政新理念新思想新战略，全面落实习近平总书记考察内蒙古重要讲话精神，深入贯彻自治区第十次党代会精神，大力践行新发展理念，紧紧围绕统筹推进"五位一体"总体布局和"四个全面"战略布局，牢固树立科学人才观，遵循社会主义市场经济规律和人才发展规律，着力破除束缚人才发展的思想观念和体制机制障碍，加快实施创新驱动发展战略和人才优先发展战略，构建充满活力、通畅高效、更加开放的人才发展制度体系，为决胜全面小康、建设现代化内蒙古、打造祖国北疆亮丽风景线提供有力支撑。

（二）基本原则。

——坚持党管人才。充分发挥党的思想政治优势、组织优势和密切联系群众优势，进一步加强和改进党对人才工作的领导，健全党管人才领导体制和工作格局，创新党管人才方式方法，全面落实管宏观、管政策、管协调、管服务各项任务，为深化人才发展体制机制改革提供坚强的政治和组织保证。

——服务发展大局。紧紧围绕中央和自治区党委工作大局，把服务科学发展作为深化人才发展体制机制改革的出发点和落脚点，推动人才资源总量稳步增长，使人才队伍更好适应经济社会发展需要。

——立足区域特色。紧紧围绕自治区第十次党代会确定的推进基础设施"七网"同建、战略性新兴产业"七业"同兴的重大战略决策，突出边疆少数民族地区特点，以实施"草原英才"工程为统领，以集聚高精尖缺人才为突破口，以更积极、更开放、更有效的人才政策推进人才队伍建设。

——突出系统构建。兼顾现实和未来发展需要，以高端人才为引领，以应用型人才为主体，全面抓好各类人才培育，统筹推进人才资源在城乡、区域、产业、行业和不同所有制间合理流动，实现人才资源的有效配置。

——注重市场导向。充分发挥市场在人才资源配置中的决定性作用，加快转变政府人才管理职能，促进人才链、创新链、产业链、资本链和市场需求有机衔接，最大限度激发人才创新创业活力，让人才价值得到充分尊重和实现。

——扩大人才开放。树立全球视野、开放理念，充分利用国际、国内人才智力资源，建立更加灵活、更加有效的人才培养、引进和使用机制，确保人才引得进、留得住、流得动、用得好。

（三）主要目标。

通过深化改革，到2020年，人才发展体制机制更加健全，党管人才的领导体制更加完善，人才管理体制更加科学，人才开发、使用、保障机制更加完善，人才结构、布局和创新能力与自治区经济社会发展需要相适应，建成一支规模宏大、结构优化、布局合理、富有创新精神的高层次创新创业人才队伍，人才对自治区经济社会转型升级贡献率明显提升，全社会爱才敬才用才氛围更加浓厚，人人皆可成才、人人尽展其才的政策体系和社会环境基本形成。

二、推进人才管理体制改革

（四）转变政府管理职能。推动人才管理部门简政放权，人才管理职能向培育创新创业平台、营造良好发展环境、提供优质高效服务转变。自治区、盟市、旗县（市、区）政府建立人才管理服务权力清单和责任清单，清理规范人才招聘、评价、流动等环节中的行政审批和收费事项。

（五）优化人才编制管理方式。深化事业单位编制管理体制改革，扩大用人单位自主权，优化编制管理程序，明确办理列编注册时限，用人单位在核定编制数内引进、聘用、调入高层次急需紧缺人才时，经本级组织人事管理部门审核后，在空编范围内直接办理列编注册。创新事业单位机构编制管理方式，推动公益二类事业单位实行编制备案制管理，逐步探索高等院校、公立医院不再纳入编制管理。根据自治区《关于设立区直事业单位人才编制的意见》，建立健全编制动态调整机制，确保人才引进的用编需求，推动盟市、旗县（市、区）设立人才专项编制，放宽编制结构、岗位数额和结构比例限制，加大对事业单位引进高层次、高技能急需紧缺人才的支持力度。

（六）推动人才管理市场化、社会化、信息化。坚持政府引导、政策支持、市场调节，推动政府人才开发与人力资源服务业紧密结合，实现人才开发市场化、社会化。加大政府购买人才公共服务力度，吸引民间资金投入人才市场，积极培育专业化、行业化的人才中介组织、高精尖人才猎头公司等服务机构。完善人才工作统计年报制度，做好人才数据摸底、统计等工作。建立人才需求预测机制，分级建设人才需求信息发布平台。推进内蒙古高端人才全成长周期服务信息平台建设，完善自治区人才信息库，促进人才信息和各类产业项目信息畅通与互动，实现全区高层次人才数据化动态管理。

（七）建设人才管理改革试验区。以呼包鄂为依托，以和林格尔新区和呼和浩特市留学人员创业园、包头市稀土高新区、鄂尔多斯市高新技术产业园区等自治区人才管理改革试验园区为重点，推进科技园区、产业园区、工业园区和经济技术开发区等各类园区人才“引育管用”综合配套改革，建设创新驱动发展人才管理改革示范区。建立盟市高层次人才区域合作交流机制，探索建立覆盖蒙东地区人才发展改革试验区，打造一批创新创业与宜居宜业功能相结合的创业社区，促进优质科技资源相互开放。支持组建跨区域产业技术创新联盟，鼓励各地结合优势产业发展，完善创新政策体系，探索人才发展管理新模式，推动众创空间、创业孵化基地等互联互通。

三、健全人才培养机制

（八）完善人才培养开发制度。坚持高端引领、梯次开发、以用为本，研究制定加强人才培养工作的实施办法，系统实施人才项目引领支持计划。完善在职人员带薪定期培训办法，建立重点项目、重点工程、重点任务与人才培养开发的配套制度，完善资格认证、继续教育、晋升晋级、注册登记、荣誉奖励等制度，激发人才内生动力。修订自治区科研人员因公出国管理制度，依据国家有关规定，放宽科研人员因公临时出国批次限量管理政策，鼓励支持人才更广泛地参加国际学术交流与合作。

（九）改革高层次人才培养支持机制。创新人才教育培养模式，集中力量打造一流大学、一流学科，构建与自治区经济社会发展相适应的重点学科体系。依托各类人才计划和科技创新平台载体，着力培养一批战略科技人才、科技领军人才和高水平创新团队，加快培养一批少数民族专业技术骨干和学科带头人。深化拓展“草原英才”工程，实施“滚动支持”计划，进一步加大对创新创业团队、基地和“草原英才”个人的支持力度。实施院士后备人选培养支持计划，选拔一批重点培养对象，给予实验室建设和科研经费支持。建立首席科学家、专家、技师制度，在自治区高等院校、科研院所或行业、学科选拔一批领军人才，鼓励和支持自主选择科研方向、组建科研团队、开展重大原创性研究和应用研发，发挥引领示范带动作用。

（十）培养造就创新型企业家。合理增加国有企业经营管理人才市场化选聘比例，减少行政任命管理人员，研究制定国有企业职业经理人制度，制定配套的薪酬管理、绩效考核、股权设置等激励政策，完善国有企业经营管理人才中长期激励措施。结合出资监管企业改革发展实际，引导企业将经营发展规划与人才发展规划同步衔接，推进出资人培训与企业自主培训相结合，经营管理人才培训与专业管理人才培训相结合，增强优秀企业家培养培训工作实效。实施创新型民营企业家培养工程，改进民营企业家队伍培养方式，推进民营企业家“高端化、定制化、层次化”培养，探索与国有企业双向挂职，定期组织培训考察，开展创业导师帮带工作。

（十一）创新高技能人才培养模式。制定自治区首席技师评选管理办法，改革创新高技能人才培养、评价、使用、激励工作，加快推进高技能人才队伍建设。完善高技能人才校企合作培养制度，积极开展企业新型学徒制试点工作，通过建立校企合作实习基地、组建职教联盟（集团）等方式，推动企业和职业院校联合培养高技能人才，鼓励和引导高技能人才向重点项目流动。研究制定高技能人才与工程技术人才职业发展贯通办法。加大高技能人才培养载体建设力度，每年重点建设10个自治区级技能大师工作室和10个自治区级高技能人才培训基地，根据项目评审结果予以经费资助。

（十二）加强农村牧区实用人才培养。深入推进“农村牧区实用人才能力提升计划”，着力构建“示范培育、规范管理、政策扶持”三位一体的农村牧区实用人才培育体系。积极开展农村牧区实用人才示范培育和认定工作，加快培育适应现代农牧业发展需要的“土专家”“田秀才”和“致富带头人”，发挥农村牧区实用人才在科技创新、技术推广和致富带动方面的作用。自治区每年培育农村牧区实用人才1000人，辐射带动盟市、旗县（市、区）每年培育农村牧区实用人才10000人。

（十三）优化青年人才培养机制。实施“青年创新人才选拔培养计划”，在自然科学、哲学社会科学、文化艺术、技术技能等领域遴选一批优秀青年人才，给予重点扶持和跟踪培养。研究制定青年人才普惠性支持政策，在政府研究资助计划中设立青年专项，确保申报重大科研项目的科研团队中青年人才占有一定比例。完善博士后制度，加强培养考核，促进国际交流，充分发挥博士后制度在高等院校、科研院所人才引进和企业研发中的重要作用，设站单位在博士后研究人员培养中的主体作用，博士后研究人员在科研团队中的骨干作用。提高博士后流动站、工作站设站单位补贴标准，建立在站博士后生活补贴制度。

（十四）健全基层和生产一线人才开发机制。制定关于加强基层专业技术人才队伍建设的意见，从引进招聘、培养开发、职称评审、岗位管理、激励表彰等方面给予倾斜，提高基层人才服务保障水平。重大人才工程项目适当向基层倾斜，加大贫困地区技工教育和职业培训力度，探索建立医疗卫生人才、社会工作人才、金融人才培养机制，对在基层艰苦岗位工作的人才予以资助支持。实施“科技特派员”创新创业行动、“三区”（边远贫困地区、边疆民族地区和革命老区）人才扶持计划。

四、完善人才引进机制

（十五）创新急需紧缺人才引进机制。创新完善人才引进政策，制定人才引进和流动实施办法，畅通人才引进“绿色通道”，探索以“年薪制、协议工资制”与“聘期目标考核制”相结合的方式，引进高层次人才。探索机构式引才模式，重点引进知名高等院校和科研院所来我区设立研发机构，开展重大项目联合攻关、战略咨询等活动。加大对高层次人才引进的支持力度，对特殊人才和创新团队，允许自带优秀助手，且不受学历、职称、身份等条件限制，引进单位相应专业技术岗位没有空缺的，可通过设置特设岗位进行聘用。鼓励有条件的地方设立引才专项基金，吸引社会资本参与。完善引才配套政策，解决人才任职、社会保障、户籍、配偶安置、子女教育等问题。

（十六）加强人才集聚平台载体建设。实施“草原英才院士引进培养计划”，给予实验室建设和科研经费支持。实施“区外高层次人才引进计划”，5年内引进100名拥有国内外领先专利技术和教学科研成果、能推动重点产业技术突破、能带动高新技术产业发展的特殊人才。探索实施重大引才活动的服务外包，推广举办高层次人才合作交流会暨人才创新创业周的引才方式。借助区域合作平台，建立区域人才协同创新体制机制，深入实施“鸿雁行动”计划，鼓励双向兼职、联合聘用、交叉任职、技术入股等“柔性”引才方式。

（十七）构建海外人才引进机制。贯彻落实中央《关于加强新形势下引进外国人才工作的意见》，加大外国人才引进力度，实施“海外高层次人才引进计划”，5年内争取引进100名海外高层次创新创业人才。在海外人才密集地区，建立海外人才工作站，构建常态化的引才联络网。支持有条件的企业在境外设立研发中心、分支机构、孵化载体，有效利用境外先进技术、国际专利和人才智力资源。以共建合作园区、互设分基地、成立创业投资基金等多种方式，深化高等院校、科研院所和企业的人才国际化创新合作。对国外人才来我区签证、居留，放宽条件、简化程序，落实相关待遇。

五、改进人才使用流动机制

（十八）健全人才顺畅流动机制。完善人才流动政策，开展聘任制公务员试点，研究制定党政人才、企业经营管理人才、专业技术人才双向流动政策，打破单位、部门和所有制限制，打破户籍、地域、身份、学历、人事关系等制约，促进党政机关、事业单位、国有企业和社会各类人才合理流动。健全完善有利于人才向艰苦边远地区和基层一线流动的政策机制，鼓励和支持优秀人才到艰苦边远地区、基层一线、小微企业创新创业、提供专业服务。建立“草原英才”服务基层机制，深入实施“人才精准扶智行动计划”，发挥自治区高层次人才的培养帮带作用。加强人事档案管理服务信息化建设，完善社会保险关系转移接续办法，为人才流动提供方便快捷服务。

（十九）健全政产学研人才合作制度。研究制定自治区加强政产学研人才合作的指导意见，加强重点实验室、工程技术研究中心、工程实验室、企业技术中心等各类创新平台建设，加大对现有国家重点实验室及国家工程技术研究中心的支持力度。积极引导和鼓励高等院校、科研院所与政府、企业联合建立合作项目、实习基地和实验基地，鼓励企业与高等院校、科研院所联合建立院士专家工作站、企业重点实验室、工程技术研发中心、技能大师工作室和产学研合作基地。加快科技企业孵化器建设，扶持一批企业研发中心、科技服务中介机构、科研实践基地和技能大师工作室。加强留学人员和大学生创业园建设，拓展创业融资、成果转化及项目合作渠道。

（二十）鼓励支持事业单位人才离岗创业。研究制定事业单位科研人员离岗创业、兼职创新政策，符合条件的高等院校、科研院所科研人员经所在单位和主管部门同意，可带着科研项目和成果离岗创业，离岗创业期限以3年为一期，最多不超过两期。离岗创业人员离岗期内保留原单位人事关系和基本工资，工作年限连续计算，并与原单位其他在岗人员同等享有参加专家项目评选、职称评审和岗位等级晋升等权利；继续与原单位保留社会保险关系，社会保险费用个人缴费部分由个人承担，单位缴费部分按照在岗同类人员政策和标准由原单位承担。对担任职能部门领导职务的，辞去领导职务后，可以科研人员身份离岗创业。离岗创业期内返回原单位的，单位按照相应专业技术职务做好岗位聘任工作。允许高等院校、科研院所设立一定比例的流动岗位，吸引具有创新实践经验的企业家、科技人才兼职。

六、创新人才评价激励机制

（二十一）建立科学的人才评价机制。研究制定分类推进人才评价机制改革的实施意见，完善人才评价标准和方式，发挥政府、市场、专业组织、用人单位等评价主体作用，基础研究人才以同行学术评价为主，哲学社会科学人才强调社会评价，应用研究和技术开发人才突出市场评价，不将论文等作为评价应用型人才的限制性条件，克服唯学历、唯职称、唯论文等倾向。推行同行评价和代表性成果评价，鼓励引入专业性较强、信誉度较高的第三方机构参与人才评价。探索设立人才项目入选专家退出制度。加强评审专家数据库建设，建立评价责任和信誉制度。

（二十二）深化职称制度改革。制定关于加强职称制度改革的意见，健全职称制度体系，修订完善职称评审条件。坚持德才兼备、以德为先，科学评价专业技术人员能力素质，突出评价专业技术人员的实际业绩和贡献。丰富职称评价方式，拓展职称评价人员范围，推进职称评审社会化，加强职称评审监督，合理下放职称评审权限。对论文、科研、职称外语和计算机应用能力考试不作统一要求。建立高层次人才以及特殊人才职称评审“绿色通道”。

（二十三）建立创新成果转化机制。实施实用高新技术成果转化工程，探索建立科技成果转移转化的市场定价机制。探索建立市场化的国有技术类无形资产可协议转让制度，试点实施个人将科技成果、知识产权等无形资产入股和转让的支持政策。健全知识产权归属和利益分享机制，高等院校、科研院所科技人员以技术转让或者许可方式转化职务科技成果的收益，按不低于70%的比例划归成果完成人及其团队所有，由成果完成人与团队成员协商确定具体分配方案。完善企业收入分配制度，探索股权和分红激励实施办法，明确科技成果转化收益、分配方式。

（二十四）创新人才奖励表彰机制。健全人才奖励体系，鼓励各地加大对优秀人才奖励力度，支持和规范社会力量设立科技类奖励。高等院校、科研院所科研人员承担国家、自治区科学研究、技术攻关等项目期间，按年度给予一定的奖励。完善自治区杰出人才荣誉奖励制度，对有卓越贡献和重大贡献的杰出人才、优秀人才给予奖励并授予荣誉称号。

七、完善人才服务保障机制

（二十五）建立人才投入多元化机制。坚持人才投入优先保障，自治区、盟市、旗县（市、区）统筹各类人才工程、项目、奖励和扶持资金。完善人才工作投入机制，建立以政府投入为主导、用人单位投入为主体的多元化投入机制，进一步加大“草原英才”工程和自治区人才开发基金等人才专项资金投入力度，将其纳入同级财政预算。鼓励事业单位和企业建立人才发展资金，采取风险补偿、事后补助、创业投资等方式支持人才开展技术创新。引导社会资金和金融资本投资人才创业，搭建金融机构、风投机构与高新技术项目充分对接平台，设立创新创业投资引导基金，支持科技型企业发展壮大。

（二十六）改革科研经费管理方式。制定关于改进和完善自治区财政科研项目资金管理等政策的意见，下放自治区科研项目经费预算调剂权限，改进预算编制方法，保证科研人员及时使用项目资金。科研项目经费在项目实施期间，年度剩余资金可结转下一年度。项目完成任务目标并通过验收后，结余资金按规定留归项目承担单位使用，在2年内由项目承担单位统筹安排用于科研活动的直接支出。对劳务费不设比例限制，参与项目的硕士研究生、博士研究生、博士后、访问学者及项目聘用的科研人员、科研辅助人员等均可按规定标准开支劳务费。将社会保险补助费用纳入科研经费劳务费支出范围。简化科研仪器设备采购管理，自治区高等院校、科研院所采购科研仪器、仪表及设备属于政府集中采购目录中专用采购项目的，可实行部门集中采购。

（二十七）优化人才服务平台建设。研究制定关于进一步加强党委联系服务专家工作的实施意见，开通高层次人才服务热线，听取意见建议，解决实际问题。制定关于进一步加强人才公共服务体系建设的意见，完善人才公共服务平台，在各级政府行政服务中心设立专门窗口，为人才提供“一站式”服务。建立高层次人才医疗保健制度，在全区三级甲等医院开通“绿色通道”，为高层次人才提供体检、就医服务。落实人才休假制度，定期组织高层次人才休假疗养。自治区、盟市、旗县（市、区）政府采取财政补贴建设人才公寓或以年度租金补贴的方式，为引进人才提供住房保障。

（二十八）加强创新成果知识产权保护。强化知识产权综合行政执法，打击侵犯知识产权违法行为。建立知识产权举报投诉奖励制度，健全知识产权维权援助体系，推动建立知识产权司法保护与行政保障联动机制。依据国家有关规定，研究探索商业模式、文化创意等新形态创新成果的保护办法。探索人才引进中的知识产权鉴定机制，防控知识产权风险。鼓励开展知识产权质押融资等金融服务机制，建立市场化风险补偿机制。

八、切实加强党对人才工作的领导

（二十九）完善党管人才工作格局。发挥党委（党组）在人才工作中的领导核心作用，保证党的人才工作方针政策全面贯彻落实。党委（党组）每年至少听取一次人才工作汇报，研究重大问题和重要政策。改进党管人才方式方法，完善党委统一领导，组织部门牵头抓总，有关部门各司其职、密切配合，社会力量积极参与的工作格局。健全人才工作领导小组职责任务和工作规则，健全领导机构、配齐配强工作力量。理顺党委和政府人才工作职能部门职责，将行业、领域人才队伍建设列入相关职能部门“三定”方案。

（三十）建立人才工作目标责任制。健全“一把手”抓“第一资源”的工作体制，完善人才工作目标责任制，将推动改革情况作为人才工作目标责任制考核的重要内容，考核结果作为对领导班子和领导干部评价的重要依据。将人才工作列为落实党建工作责任制情况述职的重要内容。建立各级党委、政府和各级人才主管责任部门定期报告、定期检查制度。各有关部门要切实履行主体责任，研究制定涉及人才工作改革的相关政策、方案和具体措施，明确改革路线图、时间表，将责任落实到位。

（三十一）营造人才发展良好环境。充分发挥党组织的凝聚作用，注重人才工作理论政策研究和实践探索，通过开展国情研修、服务基层、建言献策等活动，完善专家决策咨询制度，充分发挥新型智库作用，激发人才服务发展的热情。统筹研究事业留人、政策留人、感情留人和待遇留人的有效办法，大力宣传人才典型和人才工作经验，扩大覆盖面和影响力，增强人才荣誉感和归属感，营造尊重人才、见贤思齐的社会环境，鼓励创新、宽容失败的工作环境，待遇适当、后顾无忧的生活环境，公开平等、竞争择优的制度环境，形成全社会关心支持人才发展体制机制改革的良好氛围。

中共内蒙古自治区委员会

2017年6月1日

内蒙古自治区人才引进和流动实施办法

（内政发〔2017〕77号）

第一章 总 则

第一条 为进一步构建更加开放、更加灵活、更具竞争力的人才创新创业环境，大力集聚创新创业人才，积极促进人才合理流动，根据《中共中央关于深化人才发展体制机制改革的意见》（中发〔2016〕9号）和《内蒙古自治区党委印发〈关于深化人才发展体制机制改革的实施意见〉的通知》（内党发〔2017〕16号）精神，制定本办法。

第二条 自治区行政区划内所属企事业单位引进人才，自治区党政群机关、事业单位及部门所属事业单位人才流动适用本办法。

各盟市、旗县（市、区）和有条件的用人单位执行本办法，或参照本办法结合地区实际制定更加宽松、优惠的人才引进政策。

第三条 围绕我区建设国家重要能源基地、新型化工基地、有色金属生产加工基地、绿色农畜产品加工基地、战略性新兴产业基地和国内外知名旅游目的地，紧扣能源、化工、冶金、建材、装备制造、农畜产品加工等重点优势特色产业和新能源、新材料、节能环保、高端装备、大数据云计算、生物科技、蒙中医药等战略性新兴产业发展需要，加快集聚高精尖缺人才，实现重点产业领域人才数量大幅增长，形成产业人才大集群。

加大人才对呼包鄂协同发展、内蒙古和林格尔新区建设、大数据综合实验室、东部盟市跨越发展支持力度，推进新型工业化、信息化、城镇化、农牧业现代化和绿色化同步发展，打造我区人才高地。

人才流动应破除体制机制障碍，尊重用人单位自主权，优化管理服务流程，促进合理有序流动。

第四条 自治区对引进的高层次急需紧缺人才在科研项目、岗位待遇、生活保障等方面给予支持。

自治区内优秀人才符合本办法规定条件，并正在承担或主持重大科研项目的，按照本办法享受科研、岗位等支持政策。科研经费等支持政策不重复享受。

第五条 自治区设立“人才引进工作办公室”，作为引进人才工作的日常办事机构，负责组织协调和具体实施引进人才工作重大事项、认定引进人才类别、协调督促落实优惠政策，支持用人单位采取多种有效形式引进人才，并指导各地区、各部门人才引进工作。办公室设在自治区人力资源社会保障厅。

第二章 人才引进范围

第六条 引进的人才及团队应紧紧围绕我区经济社会发展需求，能够主持或承担重大科研、工程实验等项目，遵纪守法、诚实守信，具有良好的职业道德且身体健康。下列人才引进适用本办法。

（一）第一类。

中国科学院院士、中国工程院院士（含外籍院士）以及相当层次的人才。

（二）第二类。

1. 进入中国科学院院士增选、中国工程院院士遴选的有效候选人。

2. 国家自然科学奖、国家技术发明奖、国家科学技术进步奖一等奖及以上获得者（第一主研人员）。

3. “国家特支计划”杰出人才，哲学社会科学领域做出创造性成就和重大贡献、学术声望高的一级教授（资深教授），海外一流大学或科研机构知名终身教授以及相当层次的人才。

（三）第三类。

1. 国家自然科学奖、国家技术发明奖、国家科学技术进步奖二等奖及以上获得者。

2. 国家自然科学基金重大项目、重点项目主持人，国家杰出青年科学基金获得者，国家社会科学基金重大项目主持人。

3. 国家“千人计划”入选者，“国家特支计划”领军人才。

4. 全国杰出专业技术人才获得者。

5. “长江学者奖励计划”特聘教授。

6. 符合第三条规定的自治区优势特色产业和战略性新兴产业发展需求的其他相当层次人才。

（四）第四类。

1. 国家重点学科、实验室、工程技术研究中心学术（技术）带头人。

2. “百千万人才工程”国家级人选。

3. “国家特支计划”青年拔尖人才，国家“青年千人计划”入选者，“青年长江学者”入选者，“创新人才推进计划”中青年科技创新领军人才，国家自然科学基金优秀青年科学基金获得者。

4. 中国科学院“百人计划”入选者。

5. 符合第三条规定的自治区优势特色产业和战略性新兴产业发展需求的其他相当层次人才。

（五）第五类。

1. 具有国内外知名高校或科研院所的博士、博士后经历，取得较高学术成就的。

2. 具有国内一流高校与科研院所副高级以上专业技术职称，取得突出学术成就的。

3. 符合第三条规定的自治区优势特色产业和战略性新兴产业发展需求的其他相当层次人才。

（六）第六类。

1. 世界技能大赛金、银、铜牌和国家级一类技能竞赛前五名获得者。

2. 中华技能大奖获得者和全国技术能手。

3. 国家级技能大师工作室主要负责人。

4. 省部级选拔表彰的最高层次技能人才。

5. 具备绝技绝活的特殊技能人才及其他相当层次的技能人才。

（七）第七类。

1. 取得正高级专业技术职称人员。

2. 取得博士学位人员。

3. 取得海外硕士以上学位人员、一流大学重点学科全日制毕业硕士研究生。

4. “双师型”高技能人才。

5. 国家级优秀文化艺术体育人才、非物质文化遗产传承人。

6. 其他自治区急需紧缺人才。

第七条 统筹开发利用国际国内人才资源，完善海外人才引进政策和方式。国家和自治区外国专家归口管理部门认定的首席外国专家项目、高端引智项目、重点引智项目、外国文教高端聘请计划项目等高层次外国专家、高层次留学归国专家、海外高层次急需紧缺人才，符合相应引进人才类别的，享受相应支持政策。

第三章 人才引进方式

第八条 人才引进工作坚持刚性与柔性并重的原则。

刚性引进人才指人事关系通过聘用、调动等方式转入我区的人才。

柔性引进人才指采取兼职、委托、合作等方式到用人单位工作且不改变人事关系，与引进单位签订柔性引进协议，有具体明确的工作内容，协助用人单位完成重点科研、教学等工作并发挥主要作用的人才。

第九条 事业单位可通过“绿色通道”引进各类高层次急需紧缺人才。

引进第一至四类人才的，引进单位应向组织人事管理部门提交申请、编制使用情况、拟引进人才资质证明等材料。符合条件且材料齐备的，组织人事管理部门应在受理之日起15个工作日内办理引进手续；编制管理部门应在收到同意引进通知之日起15个工作日内列编注册。

引进第五至七类人才的，除按照前款规定的程序执行外，用人单位还应进行专家评估或考察考核、集体研究并将有关情况报组织人事管理部门。

第十条 事业单位在编制已满的情况下，刚性引进第一至六类人才的，应向编制部门申请核增人才专项编制为其列编注册。

第十一条 鼓励各类企事业单位、人才中介组织等引进和举荐人才。对成功刚性引进第一至四类人才及创新创业团队的，给予50万元至100万元的奖励。

第四章 科研支持

第十二条 用人单位应为引进人才开展工作提供场所、设备、人员等必要条件，支持引进人才申请国家和自治区重大科研项目。引进人才担任科研项目负责人的，可同时引进科研团队，实行项目负责制，享有科研自主权、人事管理权和经费支配权。

第十三条 鼓励支持高校、科研院所开展国内外学术交流、科研合作等活动，简化出国境审批程序，重点保障、优先安排执行国家及自治区重大、前沿领域的科研项目和国际合作项目人员出访。

第十四条 事业单位刚性引进人才的，可根据工作需要与引进人才签订专门岗位聘用协议。我区符合条件的人才也可与本单位签订专门岗位聘用协议。专门岗位聘用协议应约定工作总体目标、具有相应水平的科研教学任务、聘用期限、岗位待遇等内容。

第十五条 专门岗位聘用协议须经“人才引进工作办公室”组织专家进行评估，通过后在聘期内享受相应的科研支持、岗位激励等待遇。

第十六条 事业单位刚性引进人才在聘期内，根据科研工作实际需要，参照下列标准给予科研经费支持：

第一类人才，第一年给予1亿元实验室建设及科研经费支持，次年起5年内每年给予1000万元。

第二类人才，从事自然科学研究的，给予5000万元；从事社会科学研究的，给予500万元。

第三类人才，从事自然科学研究的，给予1000万元；从事社会科学研究的，给予300万元。

第四类人才，从事自然科学研究的，给予500万元；从事社会科学研究的，给予150万元。

第五类人才，从事自然科学研究的，给予150万元至300万元；从事社会科学研究的，给予50万元至100万元。

第六类人才，给予50万元。

第七类人才，给予20万元。

第十七条 事业单位柔性引进人才按照下列标准给予引进单位工作经费支持：

（一）第一类人才，每年30万元。

（二）第二类人才，每年20万元。

（三）第三、四类人才，每年15万元。

（四）第五、六类人才，每年10万元。

第十八条 刚性引进的第一至四类人才，可直接认定为自治区“草原英才”，享受相关奖励支持政策。

第十九条 引进人才符合我区优势特色产业和战略性新兴产业需求，能够在科研、生产中发挥重大作用，属自治区急需紧缺的高层次人才，可采取一事一议方式，给予更高的科研和工作经费支持。

第五章 待遇保障

第二十条 建立体现知识价值的薪酬分配体系，落实科技成果转化奖励措施。事业单位刚性引进人才可采取年薪制、协议工资制等，不纳入单位绩效工资总量。

第二十一条 事业单位刚性引进第一至七类人才，签订专门岗位聘用协议并经“人才引进工作办公室”评估通过后，聘期内参照下列标准享受年薪和住房补贴。

享受住房补贴的，须在引进单位驻地无自有住房，具体标准由用人单位和引进人才协商确定。

第一类人才，税前年薪200万元+N（住房补贴）。

第二类人才，税前年薪150万元+N（住房补贴）。

第三类人才，税前年薪80万元至150万元+N（住房补贴）。

第四类人才，税前年薪50万元至80万元+N（住房补贴）。

第五类人才，税前年薪30万元至50万元+N（住房补贴）。

第六类人才，税前年薪30万元至50万元+N（住房补贴）。

第七类人才，税前年薪10万元至30万元+N（住房补贴）。

第二十二条 引进到我区的高端人才，经本人同意，自治区人民政府可聘为“特聘科技顾问”。

第二十三条 刚性引进人才无专业技术资格的，引进单位根据其业绩、经历可直接认定专业技术资格和聘任专业技术岗位，并报人力资源社会保障部门备案。

事业单位刚性引进第一至六类人才、无相应岗位空缺的，应通过设置特设岗位予以聘用。

事业单位刚性引进人才签订专门岗位协议的，聘任期内不得担任行政领导职务。担任行政领导职务的，须终止聘任协议。

第二十四条 事业单位刚性引进第一至四类人才配偶需要就业的，由当地组织、人力资源社会保障部门负责解决就业；其他刚性引进人才配偶需要就业且具有全日制本科以上学历，经引进单位同意，可通过人才引进“绿色通道”安置到引进单位。

第二十五条 刚性引进第一至六类人才子女需要在我区入学的，可在引进单位驻地公立中小学选择就读学校，由引进单位驻地盟市教育行政主管部门负责办理入学手续。

第二十六条 鼓励各地建设人才公寓，提供给引进高层次人才租住。刚性引进人才在引进单位驻地无自有住房的，当地财政可按以下标准，3年内每年给予租房补贴：第一、二类5万元；第三、四类4万元；第五、六类3万元；第七类2万元。

第二十七条 企业引进高级专业技术职称或博士学位等高层次人才、具有高级技师资格技能人才和外国专家，支付的一次性购房补贴、安家费、科研启动经费等费用，可按规定在企业所得税前扣除。国有企业引进高层次高技能人才、外国专家产生的人才专项投入成本可视为当年考核利润。国有和国有控股企业具有正高级职称的女性科研人员，按照个人意愿退休年龄可按60岁执行。

第二十八条 放宽外国人才来我区签证、居留条件，简化审批程序。

经自治区组织部门或外国专家归口管理部门认定柔性引进的外国专家，给予不少于50%的工薪支持，并按认定人次给予食宿交通补贴。

第六章 人才流动

第二十九条 高校、科研院所等事业单位科研人员经所在单位同意，可带着科研项目和成果离岗创业。

第三十条 高校、科研院所等事业单位科研人员在完成本单位科研、教学等任务的前提下，经所在单位同意，可到企业和其他科研机构、高校、社会组织兼职并取得报酬。兼职工作内容须与本职岗位、所学专业相关，不影响本职工作。

高校、科研院所可设立一定的流动岗位，吸引有创新实践经验的企业家和企业科研人员兼职。兼职期间的权利义务，由兼职人员与所在企业、兼职单位协商确定。

第三十一条 鼓励人才向旗县以下基层用人单位流动，基层事业单位招聘具有高、中级专业技术资格的人员，可适当放宽年龄条件；招聘高层次、急需紧缺专业人才的，可采取直接考察等方式。

第三十二条 机关事业单位结合工作需要，因人才引进、人员交流、基层选调、解决夫妻两地分居、照顾家庭困难，需要办理人员调配且符合相关政策规定的，组织人事管理部门及编制部门应在政策规定范围内，优化办理流程。

第三十三条 自治区本级机关事业单位申请人员调配时，应向编制部门提交首次入职证明、历次工作变动证明、学历学位证书等。从区外调入的，须由调出单位所在地区的编制部门出具在编证明等。

应向组织人事管理部门提交商调人员申请、机关事业单位人员调配审批表、拟调人员档案、考察材料、档案审核报告和空编使用通知单等。从区外调入公务员（含参照管理）的，须由调出单位所属省部级公务员管理部门出具公务员身份证明。

第三十四条 调入单位应当对拟调人员严格考察，重点考察遵纪守法、道德品质、工作能力等情况，对拟调人员人事档案进行认真审核，如实形成考察审核材料，并对考察审核材料负责。

第七章 服务保障

第三十五条 用人单位应按人才引进协议、专门聘任协议等对引进人才的工作情况进行考核，考核结果作为享受科研支持、岗位激励和生活保障等优惠政策的依据。

人才引进变动情况应及时向同级人力资源社会保障部门备案。

第三十六条 自治区整合现有涉及人才引进、培养、使用等方面的资金，统筹安排，合理使用，发挥最大效用。根据需要增加自治区人才开发资金，列入财政预算。人才引进所需经费从“草原英才”、人才开发资金、科技专项资金等现有人才方面的资金中解决，不足部分由各级财政安排。企业和其他非财政拨款单位引进人才所需资金自行解决，各级财政可给予适当奖励。

第三十七条 各级财政部门应及时拨付人才引进工作经费。有关单位应严格按规定使用管理，加强监管，确保专款专用。

第八章 附 则

第三十八条 本办法自发文之日起施行。本办法施行之前有关规定与本办法不一致的，以本办法为准。

内蒙古自治区人民政府

2017年6月6日

内蒙古自治区
贯彻落实《国家创新驱动发展战略纲要》实施方案

（内政办发〔2017〕51号）

为认真贯彻党的十八大和十八届三中、四中、五中、六中全会、全国科技创新大会、自治区第十次党代会及十届二次全委会精神，深入实施《中共中央 国务院关于印发〈国家创新驱动发展战略纲要〉的通知》（中发〔2016〕4号），切实把创新摆在发展全局的核心位置，加快建成创新型内蒙古，制定本实施方案。

一、实施背景

创新驱动是国家命运所系、世界大势所趋、发展形势所迫。实施创新驱动发展战略，建成创新型内蒙古，对于更好地适应和引领经济发展新常态，推进供给侧结构性改革，加快转变经济发展方式，推动经济保持中高速增长、产业迈向中高端和全面建成小康社会具有重大战略意义。

近年来，我区认真落实中央关于创新发展的决策部署，坚持把创新作为推动发展的第一动力，紧紧围绕国家战略需求和地方经济特色，大力推进以科技创新为核心的全面创新，研究制定了《内蒙古自治区人民政府关于实施创新驱动发展战略的意见》（内政发〔2014〕79号）《内蒙古自治区人民政府办公厅关于印发〈内蒙古自治区创新驱动发展规划（2013—2020年）〉的通知》（内政办发〔2014〕73号）和《内蒙古自治区党委办公厅 政府办公厅关于印发〈内蒙古自治区深化科技体制改革实施方案〉的通知》（内党办发〔2015〕60号）等重要文件，改革科技项目形成机制，创新科技资金投入机制，健全创新发展的协调推进机制，实施科技创新三大工程，在清洁能源、装备制造、绿色农牧业、生态环境治理等领域取得一批重大科技创新成果，有力促进了我区科技实力和综合经济实力的提升。“十二五”期间，全区科技进步贡献率由32%增长到42%。

当前，区域创新能力不足仍是我区全面建成小康社会的突出短板。2015年，我区科技进步贡献率比全国平均水平低13.3个百分点；R&D/GDP（科技研究与试验发展经费占地区生产总值比例）仅为0.72%，不足全国平均水平的1/3；地方财政科技支出占地方财政支出的比重为0.85%，居全国第28位；每万人发明专利拥有量1.22件，不足全国平均水平的1/5。适应创新的体制机制还有待完善，领军人才和高技能人才缺乏，创新体系不健全，经济发展尚未转到依靠科技创新的轨道。

面对新一轮科技革命和产业变革，必须始终坚持抓创新就是抓发展、谋创新就是谋未来的理念，全面贯彻中央“坚持双轮驱动、构建一个体系、推动六大转变”的战略部署，统筹推进创新驱动发展和科教兴区、人才强区战略，努力构建新的发展动力系统，推动全区经济社会持续健康发展。

二、总体要求

（一）指导思想。

坚持以邓小平理论、“三个代表”重要思想、科学发展观为指导，深入贯彻落实习近平总书记系列重要讲话和考察内蒙古重要讲话精神，协调推进“五位一体”总体布局和“四个全面”战略布局，贯彻落实创新、协调、绿色、开放、共享的发展理念，强力推动新型工业化、信息化、城镇化、农牧业现代化和绿色化“五化”深度融合、深层互动、协同发展，坚持以创新为引领发展的第一动力，大力推动以科技创新为核心的全面创新，全面推进大众创业、万众创新，着力营造良好的创新环境，为建成创新型内蒙古、打造祖国北疆亮丽风景线提供强有力的科技支撑。

（二）基本原则。

紧扣发展需求。坚持市场导向、需求导向和问题导向，围绕我区供给侧结构性改革、产业转型升级明确创新目标、重点任务和主要举措，合理布局创新资源，大力提升创新能力。把谋实事、出实招、求实效的务实精神贯穿始终，以解决实际问题为创新活动的出发点和落脚点。

深化体制改革。坚持科技创新和制度创新同步发力，遵循社会主义市场经济规律和科技创新规律，推动技术、人才、资本、政策等创新要素优化组合，促进科技融入经济，破除一切不利于创新驱动发展的思想障碍和制度藩篱，构建支撑创新驱动发展的良好环境。

强化政策激励。坚持创新驱动实质是人才驱动，突出“高精尖缺”导向，加快引进和培养高层次科技创新人才和团队，促进形成各类人才衔接有序、梯次配备、合理分布的人才结构。尊重创新创造的价值，建立创新质量、贡献和效率为导向的分类评价和激励机制，形成良性选人用人机制，鼓励优秀人才脱颖而出。

突出企业主体。坚持推动企业成为创新决策、研发投入、科研组织和成果应用的主体，促进资源要素高效配置。注重政府引导和政策支持，促进企业通过创新做大做强做优。优化企业创新发展环境，增强市场机制内生动力，增强经济发展后劲。弘扬企业家精神，培育企业家队伍，形成全社会支持、崇尚创新型企业家的良好氛围。

扩大开放合作。坚持以全球视野谋划和推动科技创新，利用国内外一切可利用的资源，推动全方位科技开放合作和产学研协同创新，实现跨地域、跨部门配置和共享科技创新资源，以科技型企业为龙头，合力建设创新联盟和平台，提高创新活动的现代化水平，形成政、产、学、用全新的创新合作格局。

（三）发展目标。

我区科技创新的近期奋斗目标是：经过5至10年的努力，科技进步贡献率达到全国平均水平，高新技术产业产值占规模以上工业总产值比重达到25%，创新型经济格局初步形成，自主创新能力大幅提升，区域创新体系更加完善，一些重要领域形成独特创新优势，发展驱动力实现根本转换，建成创新型内蒙古。

结合《中共中央 国务院关于印发〈国家创新驱动发展战略纲要〉的通知》（中发〔2016〕4号），我区的三步走分解目标为：

第一步，到2020年，进入全国创新型省区行列，建成具有内蒙古特色的区域创新体系，有力支撑全面建成小康社会目标的实现。

1．科技进步水平明显提高。科技进步贡献率达到55%以上，创新驱动发展的格局初步形成；高新技术产业产值占规模以上工业总产值比重达到20%以上，战略性新兴产业增加值占地区生产总值比重达到10%以上；若干重点产业进入全国乃至全球价值链中高端；知识密集型服务业占地区生产总值比重达到全国平均水平。

2．自主创新能力大幅提升。优势领域原始创新能力、重点行业集成创新能力、特色产业引进消化吸收再创新能力得到明显提高。2020年，技术市场合同交易总额达到300亿元以上，财政科技支出占财政年度支出比例和全社会R&D经费占生产总值比重达到全国平均水平，每万人有效发明专利拥有量达到3件，综合科技实力跻身国家科技创新第二梯队。

3．创新体系协同高效。科技与经济融合更加顺畅，创新主体充满活力，创新链条有机衔接，创新治理更加科学，创新效率大幅提高。

4．创新环境更加优化。激励创新的政策法规体系更加健全，知识产权保护更加严格，形成崇尚创新创业、勇于创新创业、激励创新创业的价值导向和文化氛围。

第二步，到2030年，创新能力达到全国创新型省区平均水平以上。发展驱动力得到根本转换，各项创新指标进入全国中等靠前位置，经济社会发展水平和区域竞争力大幅提升，为经济转型升级和建成共同富裕社会奠定坚实基础。

1．在稀土新材料、清洁能源、重型装备制造、石墨烯、大数据、畜牧业、蒙医药等若干方向和领域形成新的创新优势，部分产业达到全球领先水平。高新技术产业、战略性新兴产业成为支柱产业。知识密集型服务业占地区生产总值的比重超过全国平均水平。

2．综合科技竞争优势明显增强。部分领域科技创新能力走在全国前列，制约我区经济社会发展的重大技术瓶颈得到基本解决，自主创新能力总体上达到全国平均水平以上。财政科技支出占财政年度支出比例和全社会R&D经费占生产总值比重达到全国靠前水平。

3．区域创新体系更加完备，实现科技与经济深度融合。

4．创新文化氛围浓厚，法治保障有力，全社会形成创新活力迸发、创新源泉不断涌流的生动局面。

第三步，到2050年，建成全国科技创新强区。创新驱动力进一步增强，成为国家重要的区域科技创新中心，强力支撑内蒙古现代化建设。

1．科技服务业成为重要支柱产业，形成完善的科技创新体系。劳动生产率、社会生产力提高主要依靠科技进步和全面创新，经济发展质量高、能源资源消耗低、产业核心竞争力强。

2．部分产业、部分学科、部分大学的科技创新能力达到全国一流，涌现出一批重大原创性科学成果。

3．创新环境更加优化，尊重知识、崇尚创新、保护产权、包容多元成为全社会的共同理念和价值导向。

三、主要任务

紧扣自治区经济社会发展的科技需求，重点实施实用高新技术成果转化、重点领域关键共性技术攻关、科技创新人才平台载体建设“三大工程”，加快构建区域创新体系，不断提升区域创新能力，充分激发全社会创新创业活力，全力推进供给侧结构性改革和产业转型升级。

（一）实施实用高新技术成果转化工程。

把加速重大科技成果转移转化作为创新驱动发展战略的首要工程来实施，落实《内蒙古自治区人民政府关于印发内蒙古自治区促进科技成果转移转化八项措施的通知》（内政发〔2017〕2号），建立市场导向、政府服务、企业主体、产学研结合的科技成果转化推广体系，促进科技成果的商品化、资本化、产业化，推动产业和产品向价值链中高端跃升。充分利用科技创新综合信息服务平台，精准发布科技成果和重大科技需求，建成线上线下相结合的科技成果网络交易平台和区域性、专业性平台，推进科技成果交易，带动全区技术交易额年均增长25%。围绕技术转移交易、成果中试熟化、创新创业等环节，创新科技成果转化体制机制，健全成果转化服务链条，提高科技成果转化服务和承载能力。加快构建知识产权和技术交易的市场规则、评价标准和管理平台。依托技术市场、交易平台、展会等推介成熟的各类科技成果。设立实用技术成果转化专项资金，通过重点项目和转化交易后补助模式，支持转化一批先进适用的高技术成果，形成一大批新技术、新材料、新工艺、新产品，推动重点产业技术升级和转型发展。（自治区科技厅牵头，自治区财政厅、审计厅配合）

（二）实施重点领域关键技术攻关工程。

1．重要能源基地建设科技攻关工程。持续开展风电、光电、核能开发与利用研究。加强智能电网、储能储热等方面的关键技术研究，开展新能源微电网示范项目研究，提高可再生能源消纳能力。在风电装备、太阳能光伏利用等领域形成一定的技术优势。（自治区科技厅牵头，自治区发展改革委、经济和信息化委配合）

2．新型化工基地建设科技攻关工程。加强煤的清洁高效利用，开展煤炭分质分级利用、气化、净化、合成、三废处理、节能节水等关键技术研发。大力开发煤化工下游精细产品深加工技术，延长加工循环产业链。实施燃煤电厂超低排放和节能技术改造。推动聚氯乙烯、焦化、电石等传统产业技术进步和升级换代。加强煤层气、页岩气地质勘查、无井式地下采煤气化、二氧化碳捕集、利用与封存等技术研究。（自治区科技厅牵头，自治区发展改革委、经济和信息化委配合）

3．有色金属和新材料生产加工基地建设科技攻关工程。在有色金属材料领域，突破精铝、铝板带、高纯高压电子铝箔及铝基系列合金深加工关键技术，加强铜、镁、铅、锌、钼等有色金属勘查开采、选冶、加工的科技攻关和各种有价元素的回收利用。（自治区科技厅牵头，自治区发展改革委、经济和信息化委配合）

在稀土材料领域，加强稀土材料核心技术研究，实施稀土材料基因组计划，推进稀土在复合材料、风力发电、动力电池、医疗、电子、汽车、航空、石油化工、节能减排等领域的应用技术研究和产品开发，完善稀土磁性、储氢、发光、抛光、催化、合金等6大领域技术体系。（自治区科技厅牵头，自治区国资委配合）

在其他材料领域，加强高端钢材、高品质镁合金、铝硅钛合金、锗产品、非晶材料等技术攻关和产品研发；推动特种橡胶、工程塑料、有机硅材料、氟材料、高性能纤维、功能性膜材料等技术研发和产品开发；推动多晶硅及下游产品，石墨、石墨烯、富勒烯、碳纤维、芳纶纤维及其制品，瓷绝缘子和微晶玻璃，新型建筑材料等的技术研发和综合应用。（自治区科技厅牵头，自治区发展改革委配合）

4．绿色农畜产品生产加工基地建设科技攻关工程。围绕马铃薯、玉米、大豆、小麦、水稻、杂粮、油料、蔬菜、甜菜等优势特色产业，针对新品种选育、高产高效种植技术、病虫害防控和深加工等关键环节开展技术攻关，强化设施农业、农机装备、农区面源污染防控等关键技术的研究开发，建立适应不同地域特征的良种、良法配套的技术规程和标准，推进农业物联网试验示范，加强农业信息技术推广应用，形成一批高技术含量、高经济效益、高科学管理、高劳动者素质的优势特色产业成套技术规范，为全面提升我区农业生产水平提供示范和支撑。（自治区农牧业厅牵头，自治区科技厅配合）

围绕乳业、肉羊、肉牛、绒山羊、草业等主导产业和马、骆驼、生物饲料等特色产业，以遗传育种、品种培育、杂交改良、高新生物技术及深加工技术开发应用为重点，开展种质资源保护和利用、优质品种的选育提高和新型畜产品加工技术研究开发，力争突破和掌握一批关键核心技术，加强技术的集成和组装，提升自主创新能力。强化饲养管理、疫病防控、污染防控和风险预警等技术和畜产品溯源体系的集成开发，综合应用新品种、新技术、新方法、新设备，为畜牧业生产实现质和量的提升打好基础、提供支撑。（自治区农牧业厅牵头，自治区科技厅配合）

5．国内外知名旅游目的地建设科技创新工程。围绕民族文化强区建设，重点突破草原文化资源集成系统及网络化应用。支持景区旅游资源数字化、票务代理和银行支付网络化协同服务等关键技术集成、标准规范的研究开发，完善旅游公共服务体系，促进草原文化景区营销服务信息化产业发展。（自治区旅游局牵头，自治区科技厅配合）

6．现代装备制造技术。在汽车、铁路车辆、农牧业机械、工程机械、运输机械、煤炭机械、发电及输变电设备、煤化工成套设备、新能源设备等领域，提升关键零部件、基础工艺、基础制造装备研发和系统集成技术水平。加大智能制造技术在控制系统、仪器仪表、电网装备、伺服控制系统、高档数控机床、工业机器人等领域的攻关和推广力度。（自治区经济和信息化委牵头，自治区科技厅配合）

7．基于移动互联网、云计算、大数据等的新一代信息技术。推进“互联网+”与经济社会各领域的融合，促进云计算、大数据、移动互联网、物联网、微电子与光电子等新一代信息技术的开发和应用。突破云计算协同技术、中间件与平台、云安全等核心技术，加快建设国家级云计算数据中心和超算中心。围绕大数据采集、传输、存储、管理、处理、分析、应用、可视化和安全等关键技术加大支持力度，促进大数据关键技术产品产业化；加快建设一批大数据企业技术中心、工程（技术）研究中心、重点实验室和应用中心，开展大数据关键技术、解决方案研究，推进大数据分析、理解、预测及决策支持与知识服务等智能数据应用和技术创新，加快推进内蒙古国家大数据综合试验区建设。推动金融电子、远程医疗、信息通信、北斗导航、高分辨对地观测为主的卫星应用技术、可穿戴设备和智能终端等信息制造业和服务业加快发展。加快企事业单位专有云的研发和应用，开展智慧城市城域网建设。（自治区大数据发展管理局牵头，自治区发展改革委、经济和信息化委、科技厅、通信管理局配合）

围绕低碳、绿色、智慧、集约新型城镇化建设，开展城镇基础设施功能提升关键技术示范、装配式建筑关键技术研发及农村牧区建筑节能与清洁能源利用关键技术应用。加大城乡建设领域科学技术项目支持力度，建成面向全区城乡建设领域可持续发展的科技创新研发核心机构，加强创新研发人才队伍和科技推广平台建设。加快绿色建筑推广力度，加强装配式建筑技术体系研究，大力推进建筑信息模型的研发应用。发展城市管线管网等基础设施的标准化、数字化、智能化技术，构建城市基础设施智能管控系统。加强房屋建筑和市政基础设施防灾减灾技术推广应用及相关产品研发。（自治区住房城乡建设厅牵头，自治区科技厅、财政厅配合）

8．人口健康技术。促进生命科学、蒙医药、中医药、生物工程等多领域技术融合，提升重大疾病防治、公共卫生、生殖健康等技术保障能力。推动民族医药现代化研究，并力争形成支柱产业。开展布病防治基础研究、疫苗技术研发，制定预防管理技术规范。研发创新药物、新型疫苗、先进医疗装备、蒙医传统诊疗设备和生物治疗技术。促进健康医疗大数据研究，发展精准医学和基因检测等技术。（自治区卫生计生委牵头，自治区科技厅配合）

9．生态环境保护技术。建立全区生态环境大数据平台，进行资源与生态要素数据化集成与分析，针对我区森林、草原、沙漠、沙地、湖泊、湿地等生态类型，按照立地条件一致性划分为若干类型区，建立不同类型区生态保护与资源可持续高效利用技术规范体系。建设若干园区基地，开展荒漠化防治产业化科技创新示范，围绕生态修复、水生态环境、水土保持、生态产业，形成一系列经济、稳定、可复制的区域生态保护与修复发展模式。开展水资源持续利用和保护研究。加强北方生态屏障保障功能提升理论和技术研究，形成理论和技术优势。（自治区环保厅牵头，自治区农牧业厅、林业厅、国土资源厅、水利厅、住房城乡建设厅、科技厅配合）

10．三废资源利用技术。突破工业领域“三废”的减量化、资源化和无害化技术开发与应用。突出废矿尾矿处理、电解铝烟气处理、氟化物处理、煤化工高盐废水处理、城镇污水处理、粉煤灰利用、重金属污染场地修复、农作物秸秆综合利用、畜禽粪便处理利用等领域关键技术研发。（自治区环保厅牵头，自治区农牧业厅、国土资源厅、发展改革委、经济和信息化委、住房城乡建设厅、科技厅配合）

（三）实施科技人才平台载体建设工程。

1．打造创新创业人才队伍。推行“人才+项目+平台”三位一体的引进培养模式。实施“草原英才院士引进培养计划”，对引进的院士每人给予1亿元实验室建设和科研经费。对现有和引进的院士每月给予1万元生活补贴。对自治区优势特色产业和战略性新兴产业杰出人才每人给予3000万至5000万元实验室建设和科研经费。实施高层次领军人才引进培养计划，每人给予500万至1000万元科研经费。逐年扩大“草原英才”等人才工程专项经费规模。实施“首席技师”培养工程，每年选拔认定50名以上首席技师，给予相应工作经费，建设30个技能大师工作室、30个高技能人才培训基地，分别给予10万元、300万元经费支持。健全高层次高技能急需紧缺人才引进绿色通道，在编制、住房、配偶就业、子女入学、职称认定等方面实施特殊政策。注重培养、引进青年拔尖创新人才和科研骨干，建立健全对青年人才普惠性支持措施，加大各类人才工程项目对青年人才培养支持力度。加强创新型企业家队伍建设，实施创新型企业家培养计划，依托国内外高水平大学、科研机构和跨国公司建设一批创新型企业家培训基地。鼓励和引导企业积极参与高等学校、中等职业学校人才培养。有条件的高职院校可与本科高等学校通过合作办学、联合培养等方式，培养高层次应用技术人才。加强高等院校、科研院所、企业、基层及一线科技管理队伍建设，培养一支业务水平高、管理能力强、具有现代科学素质、创新意识和战略眼光的复合型、专业化、职业化科技管理人才队伍。

完善人才培育配套政策。制定分类推进人才评价机制改革实施意见，把握不同领域、行业、层次专业技术人才特点，进行分类评价。推进职称制度改革，下放评审权，完善评审条件，淡化论文要求，对职称外语和计算机应用能力考试不作统一要求，突出能力业绩导向。深化事业单位人事制度改革，完善特设岗位聘用办法，扩大用人自主权，合理设置高校、科研院所专业技术中高级岗位结构比例。研究制定人才在党政机关、企事业单位之间的双向流动政策，制定鼓励高校、科研院所科技人才创新创业办法，制定高校科研人员将自有科技成果通过知识产权入股企业等事项的具体实施方案。推行第三方评价，探索建立政府、社会组织、公众等多方参与的评价机制，拓展社会化、专业化、国际化评价渠道。强化人才创新激励保障机制，建立科研人员科研绩效奖励制度，完善人才表彰奖励体系，修订科学技术奖励办法。事业单位具有副高级以上职称、国有和国有控股企业具有正高级职称的女性科研人员，按照个人意愿，退休年龄可按60岁执行。奖励支出和学科带头人、核心研发人员薪酬在企业预算中予以单列。制定科研人员因公出国分类管理办法，优化科研人员出国审批程序。科研人员出国开展学术交流合作，单位与个人的出国批次数、在外停留天数根据实际需要安排。高校和科研院所副厅级以上的专家学者出国开展学术交流合作经自治区主管部门审核后，报自治区分管领导审批。改革国有企业技术人员主要依靠职务提升的单一晋升模式，实施管理、技术“双通道”的国企晋升制度。（自治区党委组织部、人力资源社会保障厅牵头，自治区财政厅、编办、教育厅、科技厅、国资委、外办配合）

2．优化科技创新服务平台。聚焦国家和自治区经济社会发展重大需求，在优势特色领域建设关键共性技术研发和转化平台。优化布局重点实验室、工程技术研究中心、工程实验室、企业技术中心等各类创新平台。稳定支持已有重点实验室和工程技术研究中心，国家级重点实验室每年给予1000万元经费支持，自治区级优秀重点实验室每年给予100万元经费支持，国家级工程技术研究中心每年给予500万元经费支持，自治区级优秀工程技术研究中心每年给予100万元经费支持。对国家和自治区级优秀企业技术中心、国家各部委局认（评）定设立的重点实验室和工程技术研究中心给予一定的资金支持。进一步加大国家重点实验室和国家工程技术研究中心建设力度，到2020年，推动2—3家省部共建国家重点实验室进入国家重点实验室行列，新建国家级工程技术研究中心3—5家。组建一批产业技术创新战略联盟，符合条件的可以登记为企业法人。引导现有联盟建立现代治理机制，有效利用内外部科技资源，共建研发机构，加强协同创新。建设一批多元化投资、多样化模式、市场化运作的新型研发机构，将中科院稀土研发中心、浙江大学包头工业技术研究院等新型研发机构打造成国内一流的新材料技术研发中心。支持行业龙头骨干企业组建实体型产业技术研究院，提高产业共性技术研发和服务能力。发挥科技在推动荒漠化防治中的引领作用，创建“国家荒漠化防治产业科技创新中心”。（自治区科技厅、经济和信息化委、发展改革委牵头，自治区财政厅配合）

3．提升园区示范引领作用。壮大高新技术产业园区基地规模，到2020年，力争再培育2家国家级高新区，使我区国家级高新区总数达到5家，形成呼包鄂“金三角”和环乌海湖“小三角”两个高新技术产业区片。推动农业科技园区成为区域农牧业产业创新创业中心。在高新技术、战略性新兴产业等领域，各培育2—5个高水平特色产业化基地。支持县域建设不同类型的科技示范园区、特色科技产业基地、可持续发展实验区，形成地方经济新的增长点。（自治区科技厅负责）

（四）加强特色领域基础与前沿技术研究。

1．加强特色领域基础研究。长期、稳定支持我区具有比较优势的畜牧学、农学、生态学、蒙医药学等学科领域。培育扶持材料科学、计算机科学、蒙医药学、环境化学等学科，使其快速成长为我区的优势学科。依托医疗机构，建立蒙医药临床研究基地，开展重大疾病防治研究。重视支持“非共识”科研项目，探索建立宽容失败制度。引导大学组建跨学科、综合交叉的科研团队，形成一批优势学科集群和高水平科技创新基地。加快中国特色现代大学制度建设，深入推进管、办、评分离，扩大高校办学自主权，以大学章程建设为统领，完善学校内部治理结构。建立创新能力评估基础上的绩效拨款制度。到2050年，推动我区4—6所大学和50个左右学科建设成为国内一流大学和一流学科，重点支持内蒙古大学早日达到世界一流大学水平，蒙医药学、生物学、生态学、畜牧学、林学、草学、农业工程、食品科学与工程等学科达到世界一流学科水平。（自治区教育厅、科技厅负责）

2．开展前沿技术探索。围绕稀土、煤化工、重型装备、蒙医药、生物医药、乳业、肉业、沙产业等优势特色领域的重大任务，选择可有力带动基础科学和技术科学结合的战略性、全局性、长远性的方向，进行前瞻性部署，为产业发展提供源头性供给。加强基础研究与经济社会发展需求的衔接，促进生物、生态、畜牧、乳业等优势领域的基础研究成果尽快应用与转化。（自治区科技厅负责）

（五）深化军民融合提升产业技术水平。

1．建立协同创新机制。进一步加大企业与政府的战略研究和规划对接，建立军民融合重大科研任务形成机制，构建军民共用技术项目联合论证和实施模式，建立产学研相结合的军民科技创新体系。支持企业承担国家军民融合重大专项计划项目。支持企业与军工单位开展研发合作。（自治区国防科工办负责）

2．促进技术双向转移转化。落实中共中央、国务院、中央军委《关于经济建设和国防建设融合发展的意见》，打造适合国防建设和地方经济协同发展的政策环境。重点围绕航天航空、核技术、高端智能制造、重型装备、新材料等领域，推进军用科技成果向民用领域转化。设立军民融合创新研究院和服务机构，推进军民两用高端技术研发与科技成果转化。统筹军民共用重大科研基地和基础设施建设，引导优势民营企业进入军品生产和维修领域。（自治区国防科工办负责）

（六）强化企业创新主体地位。

发挥企业家在创新决策中的重要作用。推动科技项目、资金、平台等创新资源向企业倾斜，建立企业牵头组织实施产业方向明确的科技项目机制，注重引导形成一批拥有自主知识产权、自主品牌和持续创新能力的创新型企业。引导和支持行业领军企业编制产业技术发展规划和技术路线图。鼓励企业吸引和集聚社会力量，组建新型研发机构和国家、自治区各类创新平台载体，实现大中型企业研发机构全覆盖。大力支持中央直属企业、国内行业龙头企业、知名跨国公司、国家科研机构、国家重点大学，在区内设立符合我区产业发展方向的研发机构，引入核心技术和核心研发团队。整合企业、高等院校、科研院所等创新链各环节的创新资源，培育建设一批自治区级产业协同创新中心（基地），吸引社会资本参与，加强产学研结合的中试基地和共性技术研发平台建设，探索形成多种形式的产学研协同创新模式。对通过并购国内外高新技术企业或购买核心技术项目增强研发能力的区内企业，在融资、保险、信贷、外汇管理、税费减免等方面提供支持。依法为企业进出口研发设备和相关物资提供通关便利。以预备案清单等方式简化相关企业境内外科研人员出入境审批手续。实施高新技术企业培育行动，建立培育库，对符合条件、未获得国家认定的入库企业，可予以连续3年的研发支持。到2020年，争取使高新技术企业总数达到1000家，成为我区经济社会发展的重要力量。（自治区科技厅牵头，自治区国资委、经济和信息化委、外办、呼和浩特海关、满洲里海关配合）

（七）激发全社会创造活力。

1．发展众创空间鼓励创新创业。到2020年，发展100家低成本、便利化、开放式的众创空间。推动创客文化进学校，设立创新创业课程，开展品牌性创客活动，鼓励学生动手、实践、创业。设立创客专项计划，支持创业人才、项目及平台。发挥众创空间联盟作用，建立资源共享机制。支持企业员工参与工艺改进和产品设计，鼓励一切有益的微创新、微创业和小发明、小改进，将奇思妙想、创新创意转化为实实在在的创业活动。实施“创业内蒙古行动”，推动大众创业。到2020年，打造100个以上示范性创业园和100个高校毕业生创业品牌，新增注册企业30万个以上，带动就业100万人以上。（自治区科技厅、发展改革委牵头，自治区人力资源社会保障厅、教育厅、科协配合）

2．孵化培育创新型小微企业。实施科技创新券制度，鼓励企业以创新券等方式购买创新服务，对符合条件的企业最高可申请10万元创新券。支持高成长性创新型中小企业发展，培育一批掌握产业“专精特新”技术的隐形冠军。建设为科技型中小企业创新提供全程服务的市场化、专业化、网络化平台。（自治区科技厅牵头，自治区经济和信息化委配合）

3．健全专业化科技服务体系。推广研发设计、中试熟化、创业孵化、检验检测认证、知识产权等科技服务。完善全区技术交易市场体系，发展规范化、专业化、市场化、网络化的技术和知识产权交易平台。推进科技特派员创新创业行动、“三区”（边远贫困地区、边疆民族地区和革命老区）人才支持计划、“12396”科技信息服务、农村牧区党员干部远程教育、农牧业科技培训等工作，拓展服务内容，创新服务方式。发挥农技协在科技精准扶贫中的独特作用，开展“一帮一”精准扶贫。（自治区科技厅负责）

（八）构建区域创新发展格局。

呼包鄂地区注重提高原始创新和集成创新能力，加快建成创新型城市，建设协同创新高地，积极创建国家自主创新示范区。其他地区结合产业发展特点和资源禀赋，加强技术成果转化应用创新，带动产业发展，建立各具特色的统筹科技资源改革示范区。积极推动呼和浩特市云计算和大数据基地的应用研发水平达到国内领先水平，包头市发展成为国家重要的高端制造基地，鄂尔多斯市组建煤炭清洁高效利用示范区，呼伦贝尔市、兴安盟、锡林郭勒盟建立以科技创新推动绿色发展示范区，通辽市、赤峰市、巴彦淖尔市打造农畜产品创新基地，乌兰察布市建立特色种植加工先进技术示范基地，乌海市以科技创新完善循环经济示范区建设，阿拉善盟重点打造沙产业创新发展示范基地。（自治区科技厅牵头，自治区经济和信息化委配合）

（九）实施知识产权、标准、质量和品牌战略。

1．实施知识产权战略。开展知识产权综合管理改革试点，加快推进专利、商标、版权的知识产权统一监管及执法体系改革。通过资助、奖励、考核等措施，激励知识产权创造；完善创新成果权益分配机制，促进创新成果知识产权化，推动知识产权转化运用；加强知识产权服务机构和人才队伍建设，提高知识产权信息开放利用水平。探索建立自治区专利运营基金，促进高校院所知识产权开放共享，建立高校、院所、企业等共建共享的专利联盟、专利池和技术标准联盟，推动专利集成运营。开展知识产权质押融资，推动科技保险试点工作，建立知识产权评估体系。强化知识产权行政执法，开展知识产权执法维权“护航”“闪电”专项行动，打击侵犯知识产权和制售假冒商品等违法行为。建立知识产权举报投诉奖励制度，健全知识产权维权援助体系。（自治区科技厅负责）

2．实施质量强区战略。贯彻落实国家质量发展纲要精神，增强质量提升动力，优化质量提升环境，培育竞争新优势，完善质量诚信体系，整体提升我区质量水平。夯实质量技术基础，强化质量技术研制创新，将计量、标准、检验检测、认证认可等质量技术基础（NQI）研究纳入科研支持范围。（自治区质监局负责）

3．实施技术标准战略。持续实施标准化行动，强化基础通用标准研制，健全技术创新、专利保护与标准化互动支撑机制，及时将先进技术转化为标准。推动我区产业采用国际先进标准，强化强制性标准制定与实施，形成支撑产业升级的标准群。支持企业、联盟和社团参与或主导国际、国内标准研制，推动优势技术与标准成为国际国内标准。培育发展标准化服务业，推动技术标准创新基地建设。（自治区质监局负责）

4．实施商标品牌战略。依托内蒙古的品牌资源禀赋优势，加大企业商标注册力度，全方位推进驰名商标、著名商标、地理标志商标、名牌产品及原产地保护等自主品牌建设与保护，不断充实和丰富品牌内涵，以技术创新、商业模式创新等为依托，实施“内蒙古品牌”创建培育行动，形成一批自主创新能力强、品牌带动能力突出的优势品牌企业和产业集群。（自治区工商局牵头，自治区质监局配合）

（十）全方位推进创新合作。

立足我区发展实际，进一步扩大开放合作，走差异化和跨越式发展道路，柔性汇聚创新资源，不断提升创新能力。加强对新产业、新业态技术创新范式、路径及模式的发展战略前瞻性研究。在国内合作方面，吸引清华大学、北京大学、中国科学院、中国工程院等高校院所来我区设立研发机构，开展重大科技项目联合攻关、科技战略咨询等活动。加大对院士专家工作站的支持力度，实现高端人才引进与创新团队培育、技术创新研发与成果转化应用有机结合。强化与发达省市和周边地区的科技合作，搭建区域产业发展研究、高新技术联合攻关、成果转移转化等平台，推动产学研合作，带动产业转型升级。在国际合作方面，全方位推动国际合作创新和技术转移转化，重点深化同俄、蒙的科技合作与交流，支持我区优势产业与“一带一路”沿线国家互利合作；以政府购买服务的形式，建立国际技术转移中心，根据我区技术需求，引进紧缺急需的高层次人才、平台和项目；鼓励国际知名企业、高校和科研机构来我区设立研发和技术转移机构，支持我区企业在区外设立研发机构。（自治区科技厅负责）

（十一）加强科学普及。

深入实施全民科学素质提升行动，依托科技活动周、科技文化卫生“三下乡”等活动，大力开展科学教育、普及和宣传。实施“互联网+科普”建设等工程，充分发挥科协所属学会的优势开展科学普及活动，大力提升科学传播能力和水平。逐步增加科学普及经费投入，到2020年自治区本级人均科学普及经费达到2元。推进现代科技馆体系提升工程，加强科学普及基础设施和青少年校外科学普及教育基地建设，推动企业、高校、科研机构的各类科研基地和设施向社会开放。丰富科学教育的教学内容和形式，激发青少年的科技兴趣。拓宽科学普及宣传途径，完善大众科技传媒网络，提高宣传实效，创新科学普及形式，扩大受众人群。（自治区科协、科技厅负责）

四、保障措施

（一）制度保障。

1．重构创新治理体系。按照简政放权、放管结合、优化服务的要求，推动政府从研发管理向创新服务转变。强化政府战略规划、政策制定、环境营造、公共服务、监督评估和重大任务实施等职能。建立高层次科技决策咨询制度，建设高水平科技智库。建立创新治理的社会参与机制，有序开展自治区科协所属学会承接政府职能转移工作。开展高等院校、科研院所去行政化改革。扩大高校和科研院所自主权。发挥市场在科研评价中的主导作用，改革完善科研成果评价机制。在科技规划、政策研究、科研服务、监督评估、交流培训、科普宣传等方面大力推广政府向社会力量购买服务模式。推进创新调查制度建设。（自治区科技厅牵头，自治区教育厅、科协配合）

2．健全科技项目形成机制和管理办法。建成与经济充分对接的科技项目动态储备库。建立科技计划管理联席会议和专家评议制度，负责审议科技发展战略规划、科技计划布局、重点任务指南等。逐步建立专业机构管理项目机制。改进和优化科技计划管理流程，建立以结题质量为导向的过程管理体系。建立科技项目评估和监督制度，加强事中、事后监督检查和责任倒查。完善科技项目绩效评价和科技报告制度。（自治区科技厅负责）

3．完善科技资金投入机制和管理办法。大幅提高财政科技投入，到2020年全区各级财政科技支出占财政支出的比重达到全国平均水平和20位之前；自治区直属国有企业年均科技投入要达到主营业务收入的1.5%以上，落实好承担自治区各类科技计划项目企业资金匹配要求。加大一流大学和一流学科建设经费投入力度。创新国资创投管理，完善国有创投机构激励约束机制。改革财政科技资金管理办法，创新财政科研经费投入与支持方式。简化预算编制，下放预算调整权限。提高间接费用比重，增列绩效支出。明确劳务费开支范围，不设比例限制。改进项目结转结余资金留用处理方式。自主规范管理横向经费。下放差旅费、会议费、咨询费、科技合作与交流费管理权限。科技项目研发中，允许低值易耗的实验材料通过非政府采购渠道购买，对于涉及社会调查、访谈等过程中支付给个人的数据采集费及从个人手中购买的农副产品等特殊材料所支付的费用，允许按照“按需开支，据实报销”的原则报销。将财政预算科目和科技预算科目名称和支出范围进行统一并明确界定。建立科技专项资金后补助制度，放宽后补助资金的使用限制。（自治区财政厅牵头，自治区审计厅配合）

4．建立创新导向的考核评价机制。制定针对不同主体的创新驱动考核评价指标体系，并将其列入对盟市、部门及各个相关单位的实绩考核中。改革高等学校和科研院所科研评价制度，对从事教学、基础研究、应用研究和成果转化的不同工作进行分类考核评价。进一步完善和落实国有资本经营预算支持国企提升自主创新能力资金管理政策。完善国有企业业绩考核制度体系，在年度经营绩效、领导任期考核中强化对创新工作的考核，推广实施创新投入视同利润等激励政策。（自治区党委组织部牵头，自治区国资委、财政厅配合）

（二）政策保障。

1．完善多元化投入激励政策。健全财政科技资金以股权投资、贷款贴息、风险补偿、债权融资、保险资金等市场化手段支持技术创新的机制。制定金融支持科技创新的实施意见。金融机构要对创新型中小微企业进行差异化信贷管理。设立专营科技信贷事业部，引导社会资本积极参与企业技术改造升级，加大企业资产折旧力度。在自治区科技协同创新基金中设立天使投资基金、创新创业基金，开辟科技成果转化板块。引导鼓励金融机构积极向高新技术产业开发区科技型企业提供多元化的融资支持。实施企业研发准备金制度，对其研究开发投入予以一定比例的事后支持。在内蒙古股权交易市场启动科技创新板，拓宽科技型企业融资渠道。重点支持科技型企业挂牌上市融资。支持符合条件的民间资本成立发起服务于科技企业的民营银行。（自治区财政厅牵头，自治区科技厅、金融办配合）

2．落实科技创新税收激励政策。认真落实高新技术企业所得税优惠、技术转让所得税减免、固定资产加速折旧、企业职工教育经费扣除等优惠政策。落实国家有关完善激励企业研发的普惠性政策，优化企业研发费用加计扣除政策办理流程。落实增值税起征点和小微企业税收优惠、技术市场税收扶持政策，积极引导企业成为技术创新投入主体。（自治区财政厅、国税局、地税局负责）

3．完善科技成果转化激励政策。制定更具操作性、更加灵活的促进科技成果转化政策。落实自治区事业单位科技成果使用、处置、收益管理制度，允许高校和科研机构自行制定成果转化收益分配制度。职务发明成果转让收益中，用于奖励重要贡献人员和团队的比例不低于70%。对于社会公益类科技成果，通过政府购买等方式进行转化。鼓励高校设立科技成果转化岗位，对优秀团队增加高级专业技术岗位职数。在高校、科研院所专业技术职称评聘与岗位考核中，将成果转化应用情况与论文指标要求同等对待，技术转让成交额与纵向课题指标要求同等对待。建立事业单位领导干部科技成果转化尽职免责制度。制定股权和分红激励政策，建立高等学校、科研院所、国有企业创新激励制度。（自治区财政厅牵头，自治区科技厅配合）

4．实施科技资源开放共享政策。完善科技创新综合信息服务平台，整合开放全区技术成果、科学数据、科技文献、专利信息等科技资源。推进大型科研仪器和基础设施开放共享，运用财政资金购买的大型仪器，除涉密和专用仪器外，全部纳入共享范围，建立绩效评价、奖励补助和市场化的运行机制。（自治区科技厅牵头，自治区财政厅、教育厅配合）

（三）环境保障。

1．健全法治环境。加快创新薄弱环节和领域的地方立法进程，构建综合配套精细化的法治保障体系。建立创新政策审查和清理机制，启动政策清理工作，对市场准入、产业政策、财政、教育、价格、土地、环保等方面政策进行审查，废止阻碍创新发展的政策条款。（自治区人大法工委牵头，自治区科技厅、法制办配合）

2．培育市场环境。破除限制新技术新产品新商业模式发展的不合理准入障碍。完善符合市场规律和国际规则、支持采购创新产品和服务的政策措施，通过政府采购支持重大科技成果应用示范，加大对各类创新产品和服务的采购力度。研究完善使用首台（套）重大技术装备的鼓励政策，推进保险补偿机制。强化能源资源、生态环境等方面的刚性约束，提高创新要素在产品价格中的权重。（自治区财政厅负责）

3．营造文化环境。加强我区重大科技成就、创新人才、科技政策、体制改革、知识产权、公众创业创新行动等方面的专题宣传，组织科技政策进企业、进园区行动。倡导百家争鸣、尊重科学家个性的学术文化，增强敢为人先、勇于冒尖、大胆质疑的创新自信。重视科研试错探索价值，建立鼓励创新、宽容失败的容错纠错机制。营造宽松的科研氛围，保障科技人员的学术自由。开展科研诚信体系建设，引导广大科技工作者恪守学术道德，坚守社会责任。（自治区党委宣传部负责）

五、组织实施

各级党委、政府要充分认识创新驱动发展的极端重要性，把科技创新作为“一把手工程”来抓，进一步增强责任感、使命感和紧迫感，统筹谋划，系统部署，精心组织，扎实推进。

加强领导。按照自治区党委、政府统一部署，自治区创新驱动发展战略协调领导小组负责本方案的具体组织实施工作，加强对创新驱动发展重大战略问题的研究和审议，指导推动方案落实。

分工协作。自治区各有关部门要强化厅际联席会议制度，加强协同、形成合力。推进国家、自治区、盟市、旗县（市、区）四级科技联动。完善会商制度，健全科技创新资源整合、优化、配置协调机制，合力解决创新驱动发展战略实施中的重大问题。

考核评价。将创新驱动发展成效作为重要考核指标，引导广大干部树立正确政绩观，激发各地区、各部门的创新动力。突出鼓励创新的用人导向，在相同条件下优先选拔使用创新意识强、创新实绩突出的干部。

加强宣传。做好舆论宣传，及时宣传报道创新驱动发展的新进展、新成效，让创新驱动发展理念成为全社会共识，调动全社会参与支持创新积极性。

全区全社会要深入贯彻全国科技创新大会精神，把各方面力量凝聚到创新驱动发展上来，为全面建成创新型内蒙古而努力奋斗。

内蒙古自治区人民政府办公厅

2017年3月31日

沈阳市人民政府关于建设海外人才离岸创新创业自由港的实施意见

（沈政发〔2017〕3号）

为全面打造我市国际化营商环境，深入落实创新改革试验任务，积极探索符合振兴需要的引才用才机制，建设具有国际竞争力的海外人才离岸创新创业“自由港”，根据《中共沈阳市委沈阳市人民政府关于打造国际化营商环境的意见》（沈委发〔2016〕23号）精神，结合我市实际，特提出如下意见：

一、目标原则

1．总体目标。紧紧抓住全面创新改革试验区、自主创新示范区和自由贸易试验区三区叠加的重大战略机遇，通过政府引导、市场化运作和专业化服务，坚持离岸与落地相结合，将我市海外人才离岸创新创业“自由港”打造成具有国际竞争力的东北地区海外高端人才聚集中心，力争形成可复制、可推广的经验模式。

2．基本原则。按照“不求所在、不求所有、但求所用”的原则，面向国内外开放，依靠环境和制度优势，吸引海外高端人才来沈创新创业。

二、政策措施

3．投资自由化。在“自由港”内，对海外人才离岸创新创业实行备案制和负面清单管理（负面清单禁止除外），非禁即入，其他行业、领域和经济活动实行市场准入自由制度。推行承诺制和审慎监管。（责任部门：市外经贸局、审批局）

4．贸易便利化。在“自由港”内，对海外人才离岸创新创业涉及的保税、通关服务、商品交易、出口退税等方面，在政策允许范围内，率先复制推广已设自贸试验区的创新监管制度。实行AEO企业信用动态管理，给予高级认证企业相应的通关便利措施。（责任部门：市外经贸局，沈阳海关、沈阳出入境检验检疫局）

5．权益保障国际化。在“自由港”内，对海外人才离岸创新创业实行国际离岸公司通行规则。创新创业公司在办理离岸注册、国际经营业务时，经营地不受限制；在股东资料、股权比例、收益状况等方面，享有保密权利；在合理避税、避开贸易壁垒、境外融资及上市、规避投资风险等方面，享有国际通行权益；可在国际银行开设账号，以实现国际金融服务便利化。（责任部门：市外经贸局、金融办、审批局，沈阳海关）

6．关税优惠。依照相关法律法规规定，对“自由港”位于海关特殊监管区域内的企业，执行现行海关特殊监管区域有关税收政策。（责任部门：沈阳海关，市国税局、地税局）

7．税收优惠。“自由港”内海外人才离岸创新创业符合高新技术企业条件的，企业科技人员通过科技成果转化取得的股权奖励收入，可在5年内分期缴纳个人所得税；市及所在区政府引进的海外人才列入市高层次人才中的顶尖人才、杰出人才范畴，视其对地方税收贡献情况给予奖励。（责任部门：市国税局、地税局、科技局、财政局，浑南区、铁西区政府）

8．收费优惠。在“自由港”内，对海外人才离岸创新创业实行行政事业性零收费。除资源类、补偿类收费外，免征“自由港”内涉企的其他行政事业性收费；免征海外人才离岸创新创业工业及生产性服务业投资项目城市基础设施配套费。（责任部门：浑南区、铁西区政府）

9．服务保障待遇。经我市高层次人才认定标准认定的高层次人才在“自由港”创新创业，将按照《中共沈阳市委沈阳市人民政府关于实施“盛京人才”战略打造具有国际竞争力人才高地的意见》（沈委发〔2015〕9号）等相关政策，予以奖励和资助。通过东北（千人计划）海外高层次人才创新创业服务中心，对在“自由港”创新创业的海外高层次人才实行“一站式”保姆服务，即在公司注册、办公场所和住房租赁、就医、子女入托入学、出入境签证、暂住登记（满半年后领取居住证）、就业、邀请函手续办理等方面实行全覆盖保障。（责任部门：市委组织部，市人力资源社会保障局、公安局、外办、卫生计生委、教育局，浑南区、铁西区政府）

10．科技奖励待遇。按照“从新、从优、从高”的原则，全面对接国家、省、市科技人才政策，在成果转化、市场推广、技术交易、政府采购、收益分配、学术评定、科技交流等方面，对海外离岸创新创业人才实行国内同等科技奖励政策。（责任部门：市科技局、财政局、地税局）

11．知识产权国际保护待遇。海外离岸创新创业人才享受国际知识产权保护待遇。遵循国内外共同研发、国内统一申报的原则，建立海外专利国内申请、国际保护业务体系，实现研发成果的知识产权本地化。鼓励企业申请知识产权海关备案。（责任部门：市科技局，沈阳海关）

三、平台建设

12．搭建创新创业空间平台。按照国际化经济园区标准，统一规划，突出特色，线上线下联动，建设国际科技企业孵化器、国际科技研发公共服务中心、海外人才博士后工作站、创新创业实践基地等科技中介服务平台。基地内孵化器对海外离岸创新创业人才创新创业免3—5年租金，由所在区政府予以补贴。（责任部门：市科协，浑南区、铁西区政府）

13．搭建国际人才交流平台。实施“互联网+”人才信息化工程，建立海外高层次人才与我市人才需求、技术需求相匹配的数据库，实现人才对人才、人才对企业、人才对机构、人才对技术无缝对接。（责任部门：市委组织部、统战部，市人力资源社会保障局、外办、科协、欧美同学会）

14．搭建国际金融服务平台。搭建创投机构、金融机构、融资租赁机构、中介服务机构合作平台，为海外人才离岸创新创业提供金融服务。推行跨境人民币创新业务试点，为海外人才离岸创新创业国际贸易结算和境外贷款创造便利条件。（责任部门：市金融办、科技局，科协、欧美同学会）

15．搭建欧美同学会服务平台。依托市欧美同学会，建立归国留学人才信息库，搭建归国留学人员创新创业平台，建设留学报国（沈阳）基地和海归（沈阳）创业学院。组织开展"'千人计划'专家沈阳行"和全球"百城同台"海归招聘会等系列活动，吸引国内外高端留学人才向我市集聚。（责任部门：市委统战部，市欧美同学会）

四、主要载体

16．开展三项品牌活动。以"海创赛""海洽会""海智论坛"三项品牌活动为载体，广泛邀请国际著名研发机构、大学、国际科技组织、各类人才机构参与，搭建海外高层次人才引进、创新创业项目对接和科技成果转化交流合作平台，促成技术、人才、资本的有效对接，将三项品牌活动打造成具有国际影响力的科技交流盛会。（责任部门：市科协，市委组织部，市人力资源社会保障局、科技局）

17．建立四大创新创业基地。"自由港"设在自贸区内，建设中德（沈阳）装备制造产业园、沈阳国际软件园、沈阳锦联新经济产业园、新松机器人创新实验室四大海外人才离岸创新创业基地，实行封闭管理。（责任部门：市科协，浑南区、铁西区政府）

五、保障机制

18．健全人才资源保障机制。利用中国科协、国家外专局、中国侨联、欧美同学会"千人计划"专家联谊会等国际学术和友好交流团体丰富的科技、人才和渠道资源，与我市科技需求、创新创业人才培育、海外资源渠道进行对接，促进国际创新要素的加速集聚。（责任部门：市科协，市委统战部，市人力资源社会保障局、外办、欧美同学会）

19．建立"自由港"引导基金。市政府吸引社会资本，设立海智创业投资引导基金。发挥好现有创业投资基金作用，扩大"天使投资"引导基金规模，支持创新创业项目债券融资、股权融资、知识产权融资、质押融资及上市融资。（责任部门：市科协，市金融办、财政局）

20．建立协同联动推进机制。市政府要成立海外人才离岸创新创业"自由港"建设工作领导小组，小组成员单位为市委组织部、市人力资源社会保障局、科技局、外经贸局、国税局、地税局、沈阳海关等部门和相关区政府。市科协负责对接中国科协，协调推进相关工作。各有关部门要根据各自分工，细化工作方案，确保"自由港"建设工作顺利推进。

沈阳市人民政府
2017年1月12日

大连市人民政府
关于加快构建大众创业万众创新支撑平台的实施意见

（大政发〔2017〕12号）

为认真贯彻《国务院关于深入推进实施新一轮东北振兴战略加快推动东北地区经济企稳向好若干重要措施的意见》（国发〔2016〕62号）精神，落实市第十二次党代会关于促进创新、创业、创投、创客（以下简称四创）共同联动，鼓励众创、众包、众扶、众筹（以下简称四众）协同发展的有关部署和要求，加快构建我市大众创业万众创新支撑平台，进一步营造良好的创业创新生态环境，激发全社会创业创新活力，现提出如下实施意见。

一、把握振兴机遇，确立创业创新工作理念

深入贯彻落实国发〔2016〕62号文件精神，按照国家、辽宁省大力推进大众创业万众创新的整体部署和市第十二次党代会关于创业创新工作有关要求，立足我市实际，以打造全国双创区域示范基地为目标，以形成完善的政策体系为引领，以构建大众创业万众创新支撑平台为载体，以开展风格新颖、形式多样的创业活动为抓手，秉承"坚持市场主导、包容创业创新、公平有序发展、优化治理方式、深化开放合作"的基本原则，发挥"互联网+"集众智汇众力的乘数效应，整合政府部门及社会各方面力量，推动各类要素资源集聚、开放、共享，统筹研发服务平台、科技融资平台和创业孵化平台等各类平台建设，推进大众创业万众创新向更大范围、更高层次、更深程度发展，打造新引擎、培育新动能、发展新经济，增强我市经济发展活力，提升层次水平，进一步打开创业创新工作新局面，为大连实现率先全面振兴，加快"两先区"建设提供坚强有力支撑。

二、促进四创联动，打造创业创新生态系统

（一）营造创新氛围，为城市注入活力。营造良好的创新氛围，从不断增强全社会的创新意识入手，坚持以问题为导向，突破思维瓶颈和工作惯性，积极开展创新实践，释放大众的创新意识和创造潜能。建立健全推进创新的协作机制，鼓励采取筑巢引凤、短期聘请、长期合作、智力引进等手段，有效整合企业、项目、高校、科研院所、创新载体等各类平台，实现信息、资源、数据的互联互通、共享共用。加强对创新的宣传和引导，有效调动和激发全社会的创新创造活力，使每个单位成为创新的阵地、每个岗位成为创新的载体、每个个体成为创新的因子，努力营造尊重劳动、尊重知识、尊重人才、尊重创造的良好氛围，进一步为大连的建设发展注入生机、释放活力。

（二）营造创业生态，为社会凝聚合力。政府部门和具有公共管理、服务职能的企事业单位要按照各自职责分工，做好搭建创业平台、落实扶持政策、营造创业氛围等工作，同时进一步增强公平服务意识，优化办事流程，提高工作效率，营造良好的发展环境。创业企业和创业者要摒弃传统思维，切实利用好国家推进实施新一轮振兴东北战略有关政策举措，积极学习借鉴国内外先进经验，加大开放合作力度，促进融合发展。社会大众要坚持正确认识和主动融入，把支持和促进创业工作作为城市发展的一种形态、一种精神，持续推动全市创业工作健康快速发展，进一步提升城市的影响力和竞争力。

（三）营造创投环境，为发展增添动力。发展创业投资，要坚持服务实体经济，既重视发挥大企业的骨干引领作用，也注重激发中小企业的创造力和活力。鼓励各类机构投资者和包括天使投资人在内的各类个人依法从事创业投资活动，多渠道丰富创业投资资金来源。推动创业投资双向开放，在有序引进境外投资的同时，鼓励本地有实力的创业投资企业积极稳妥的“走出去”。要坚持市场主导和政府引导相结合，施行专业化运作，督促创业投资主体履行诚信义务和社会责任，同时按照国家有关要求，加强创业投资信用监管和法律规制。通过上述举措的实施，拓宽创业投融资渠道，促进经济结构调整和产业转型升级，拉动民间投资服务实体经济，进一步培育经济发展新动能。

（四）营造创客文化，为未来挖掘潜力。培育创客文化，在源头上厚植创业文化，以高校、科研院所以及软件开发、智能硬件等领域为重点，整合共享资源，以开放的心态鼓励创客主动参与技术和产品研发，建立针对创客群体需求的文化教育、交流分享和公共服务体系，着力营造滋养创客的公共空间。充分尊重创客的首创精神，引导他们通过实践去发现问题和需求，将经验转换为价值，锻造创新意识和工匠精神。重视发挥社团组织资源优势和纽带作用，扶持以共同兴趣为依托的创客群体，鼓励创客类社团的发展。形成鼓励探索、宽容失败的良好风气，大力培育企业家精神和创客文化，让创客成为创业创新的重要力量，进一步挖掘大连创业创新的内在潜能。

三、推进四众发展，激发创业创新内在动能

（五）大力推进众创服务，形成创新发展新格局。通过创业创新服务平台聚集全社会创新资源，提供部分或全方位支撑服务，大幅降低创业创新成本。

1．发展专业化众创。鼓励各区市县、先导区利用老厂房、旧仓库、存量商务楼宇以及传统文化街区等资源进行改扩建，打造新型众创平台。鼓励和支持众创平台提供创业场地、设备设施、商务服务等基础条件和服务。积极吸引外地优质平台进驻我市，发挥其资源优势和引领作用，提升全市支撑平台建设水平。立足我市众创平台的现状，向内挖掘升级潜力，打造一批遵循市场规律的高水平、有特色的专业化众创平台。利用好中日韩循环经济示范基地等对外开放通道，支持本地众创平台加强与国外先进平台的对接合作，为创业者提供开放式、全方位的资源链接服务。

2．发展集聚化众创。依托各区市县、先导区，并充分发挥国家级新区、国家自主创新示范区、自由贸易试验区、跨境电子商务综合试验区和构建开放型经济新体制综合试点试验区等环境政策优势，全力打造国家级双创区域示范基地。结合我市产业发展特点及布局情况，打造一批创业创新特色街区、特色小镇。结合城乡区域特点，以发展现代农业为重点，推动农村依托互联网创业和返乡创业集聚发展。鼓励大型互联网企业、行业领军企业通过网络平台，为创业创新主体提供资源支撑。鼓励大中型企业通过投资员工创业、股权激励等方式，开展内部众创。鼓励和支持高校、科研院所充分利用设备设施、重大技术和研发人才等资源优势，集聚开展创业创新活动。

3．发展大众化众创。鼓励和引导有梦想、有意愿的各类创业群体投身于创业创新当中。落实国家相关鼓励和扶持政策，支持职工、青年、妇女、残疾人、失业人员、复转军人利用本领域平台资源，开展创业创新。探索切实可行的办法，创造便利条件，支持科研人员、大学生、境外人才、留学人才借助自身的平台优势，参与到创业创新当中。通过上述举措的稳步实施，逐步打造更多类别、更大范围、更深层次的群众性创业创新平台。

（六）积极推进众包服务，丰富社会协同新途径。借助互联网等手段，将传统由特定企业或机构承担的工作，向自愿参与的企业或个人进行分工并完成任务。

4．积极发展研发创意众包。支持大连软件和信息服务业通过网络平台开展发包业务，将部分设计、研发任务分发和交付，促进降本增效。支持生物医药、新能源、新材料等技术密集领域大型企业，在主线产品开发、细分行业应用等方面，通过众包方式加强跨地区、跨行业合作，提升研发效率。支持现代服务业、文化创意产业等企业通过网络社区征集用户创意，促进产品、服务与市场需求有效对接。鼓励行业协会、产业联盟等举办创新创意大赛或以购买服务等方式，聚合个人研发者及科研机构的研发创意，解决大数据分析处理的应用需求。

5．鼓励发展制造运维众包。鼓励装备制造、船舶制造、石油化工、轴承、海洋经济等传统优势产业中的龙头骨干企业依托互联网众包平台，解决关键和共性的技术问题，不断深化产学研用合作。同时，发挥其引领作用，开放相关项目和资源，以众包的方式加强与中小企业之间的分工和协作。鼓励中小型制造企业通过众包模式，构筑产品服务运维体系，快速共享生产资源并降低运维成本。

6．探索知识内容和生活服务众包。支持微电影、动漫、科学知识、百科问答等原创内容互联网平台发展，汇聚网络大众智慧，构筑开放式共享知识库。鼓励交通出行、物流快递、旅游、医疗、教育等领域充分利用互联网众包服务的便捷性、可选择性等特点，高效对接供需信息，优化组织运营模式，激发大众参与的活力。围绕广大群众对生活性服务的新需求，以养老、健康、文体、休闲、社区商业等产业为重点，整合利用分散闲置的社会资源，打造分享经济模式下的服务生态圈。

（七）切实推进众扶服务，构建大众创业新体系。通过政府和公益机构支持、企业帮扶援助和个人互助互扶等多种途径实施创业帮扶。

7. 推动社会公共众扶。探索切实有效办法，搭建创业创新在线公共服务平台，提供信息发布、项目筛选、创业诊断等系列支持服务。充分整合城市智慧化资源，推进跨部门、跨领域协同合作，逐步推动政府部门和具有公共管理、服务职能的企事业单位向外界公开数据，提倡高校、科研院所结合实际向社会开放科研设施，通过组织应用大赛等形式，支持社会大众创业创新。鼓励行业协会、产业联盟等行业组织和第三方服务机构加强对小微企业和创业者的支持。

8. 支持企业分享众扶。立足东北老工业基地发展实际，主动融入和积极对接“一带一路”建设、京津冀协同发展等战略机遇，加强与环渤海地区、山东半岛经济区的经济联系，支持国有、民营、外资等领域大型企业，通过生产协作、开放平台、共享资源、开放标准等方式，带动上下游小微企业和创业者发展。帮扶初创企业、成长型企业和小微企业与行业领军企业开展产业协作对接。鼓励龙头骨干企业、高校、科研院所与国内外先进创业创新平台开展对接合作。

9. 鼓励公众互助众扶。聚焦本市优势行业及战略新兴产业，鼓励通过网络平台、线下社区、公益组织等途径扶助大众创业，促进互助互扶，营造浓厚的众扶氛围。支持开源社区、开发者社群、资源共享平台等各类互助平台发展。鼓励成功企业家以天使投资、慈善、指导帮扶等方式支持创业者创业。

（八）稳妥推进众筹服务，拓展投资融资新渠道。通过互联网平台向社会募集资金，灵活高效地满足产品开发、企业成长和个人创业的融资需求。

10. 鼓励开展实物产品众筹。鼓励各类企业、众创平台利用自有载体和互联网，搭建新产品交易展示平台，发布消费电子、智能家居、健康设备、特色农产品等消费类创新产品研发或预生产信息，开展以商品奖励为回报的实物众筹。支持艺术、出版、影视等创意项目在加强内容管理的同时，依法开展以消费体验等为回报的实物众筹。

11. 探索股权众筹和网络借贷。严格按照国家关于加强互联网金融监管及股权众筹相关法律法规和政策要求，鼓励小微企业和创业者探索以小额股权众筹融资方式募集早期股本。加强网络借贷行为规范管理和风险防控，缓解信息不对称等问题，切实保护借贷双方合法权益。

（九）探索推进其他服务，打造支撑平台新模式。

12. 探索推进其他形式的支撑平台建设。在支持和推进四众支撑平台规范健康发展的同时，鼓励各类企业、机构和创业者借助互联网平台，并紧密结合大连的产业布局和发展实际，大胆研究探索深入推进大众创业万众创新的新业态、新模式，形成更多的“大连经验”，进一步发展新经济，培育新动能，释放新活力。

四、优化环境措施，强化创业创新工作保障

（十）营造宽松发展环境。

13. 完善市场准入制度。降低四众行业准入门槛，落实国家及辽宁省在交通、物流、快递、金融、医疗、教育等领域市场准入规定和要求，倡导“负面清单”制度，依法为众包、众筹等新模式新业态发展营造良好的政策环境。积极探索放宽对众创、众扶平台的准入限制，惠及众多创业创新主体。

14. 加强行业行为监管。落实国家关于四众行业的标准规范，加快信用体系建设，发挥信用信息共享交换平台、企业信用信息公示系统等的作用，加强事中事后监管，强化跨部门协同监管和失信联合惩戒机制。加强四众领域知识产权保护，加强在线创意、研发成果的知识产权执法，切实维护创业创新者权益。

15. 优化提升公共服务。围绕扶持四众行业发展，进一步深化商事制度改革，落实国家“先照后证”“五证合一、一照一码”“两证整合”等有关政策措施，推进电子化登记和电子营业执照应用。结合实际放宽新注册企业场所登记条件限制，支持符合条件的四众企业采取“一址多照”“一照多址”以及集群注册等形式办理工商登记。简化和完善四众企业注销流程，探索和试行个别领域企业简易注销工作。

（十一）加大政策扶持力度。

16. 强化财政资金支持。积极争取中央预算内投资设立的东北振兴新动能培育专项、东北地区创新链整合专项等资金，支持创业创新平台建设发展。发挥国家小微企业创业创新基地城市示范专项资金作用，对经认定符合条件的支撑平台，市政府将对平台运营及各类创业活动等方面的支出给予相应补贴或奖励。鼓励有条件的区市县、先导区结合实际制定相应扶持政策，形成市区两级配套的政策体系。

17. 贯彻落实税收政策。重点围绕推动四众行业快速健康发展，加大企业创业创新研发费用加计扣除、固定资产加速折旧等各项税收优惠政策的落实力度。逐步扩大网上办税事项范围，支持符合条件的四众平台企业和采用众包模式的中小微企业及个体经营者按规定开具和使用电子发票。

18. 创新金融服务模式。发挥财政资金杠杆作用，通过市场机制引导社会资金和金融资本支持创业活动，支持平台内创业企业通过资本市场进行融资。发挥政府补位作用，合理运用好我市产业（创业）投资引导基金，研究设立对接我市创业创新支撑平台的创业投资子基金，为平台内种子期、初创期的创业企业提供资金支持。鼓励融资担保机构和银行业金融机构通过股权和债权相结合的方式，探索开展投贷联动、投债联动和投保联动，为符合条件的中小微企业提供有效的融资支持。

（十二）提升平台自律功能。

19. 强化平台内生治理作用。依托平台企业的商业模式和信息化优势，加强对平台生态圈内从业机构和用户的动态管理。鼓励平台企业利用平台积累的用户评价数据，规范其在内容管理、平台规则、事中监测、网络安全等方面的责任和义务，提升平台治理效果。

20. 强化行业自律发展机制。充分发挥行业自律机制在规范四众从业机构市场行为和保护行业合法权益等方面的积极作用，促进企业之间的业务交流和信息共享。完善多元化纠纷协调和解决机制，鼓励第三方及用户参与平台治理，帮助平台企业健全完善信用评价体系，与政府监管形成有效互动。

（十三）培育创业创新文化。

21．健全培训辅导机制。实施大学生创业引领计划，鼓励高校建立创业培训师资队伍和开展创业教育。鼓励有条件的企业有针对性地开展创业培训和指导。鼓励知名企业家、天使和创业投资人、专家学者等担任专兼职创业导师，为创业者提供创业指导、创业培训等支撑服务。建立市级创业导师库，加强对各类创业人才的培训辅导。

22．积极举办各类活动。扎实办好全国大众创业万众创新活动周大连分会场、中国（大连）海外学子创业周等大众创业万众创新活动，积极引进国内、国际知名的创业大赛、发布大会等赛事活动，提升大连创业创新的影响力。支持社会力量举办创业讲堂、创业沙龙、创业训练营等活动，打造一批具有大连本土特色的创业活动品牌。

23．加强新闻舆论宣传。以"创业大连·梦响滨城"为主题，围绕贯彻双创政策、展示双创成果、弘扬双创精神、厚植双创文化等内容，利用传统媒体、新媒体和各类科普设施，加强新闻宣传和舆论引导，充分发挥典型的激励、引导和示范作用，推动形成大众创业万众创新的良好局面。

五、加强统筹协调，完善创业创新体制机制

（十四）加强组织领导，确保工作落实。市创促委负责领导全市创业创新支撑平台建设工作，市创促办负责有关日常工作。各相关部门要高度重视，积极落实促进支撑平台发展的各项政策措施。各区市县、先导区要强化组织领导，加强工作统筹，加大资金投入、政策支持和条件保障力度。

（十五）加强示范引导，鼓励探索先行。充分尊重和发扬大众的首创精神，支持各类创业创新主体因地制宜、突出特色，大胆探索支撑平台发展的新业态、新模式。强化各地区、各部门对本区域、本领域支撑平台建设发展的主体责任，鼓励先行先试，促进融合发展，及时总结形成可复制、可推广的经验。

（十六）加强协调指导，增强推进效果。市创促办要加强与相关部门的沟通协调，适时组织开展调研指导，对发现的问题进行全面梳理、持续跟进，不断增强工作推进的质量和效果。各地区、各部门要配合做好构建支撑平台情况的调研、统计汇总等工作，及时报告有关工作进展情况。

大连市人民政府
2017年2月24日

吉林省人民政府关于强化实施创新驱动发展战略进一步推进大众创业万众创新深入发展的实施意见

（吉政发〔2017〕35号）

为深入贯彻落实《国务院关于强化实施创新驱动发展战略进一步推进大众创业万众创新深入发展的意见》（国发〔2017〕37号，简称《意见》）精神，推动我省大众创业万众创新深入发展，培育壮大新动能，打造吉林全面振兴发展的新引擎，现制定实施意见如下：

一、切实增强以大众创业万众创新推动吉林全面振兴发展的思想自觉和行动自觉

创新是引领发展的第一动力，创业是改善民生的重要途径，大众创业万众创新蓬勃发展，已经成为实施创新驱动发展战略的重要载体。全省上下要深刻认识实施创新驱动发展战略的重大意义，把创新创业摆在全省经济社会发展全局的核心位置，切实增强以大众创业万众创新促进产业转型升级、推动老工业基地全面振兴的思想自觉和行动自觉。要以深入推进供给侧结构性改革为方向，以振兴实体经济为目标，坚持"融合、协同、共享"，做好"有中生新"和"无中生有"两篇文章，进一步系统性优化创新创业生态环境，强化政策供给，着力突破发展瓶颈，充分激发全社会创新创业潜能，拓展创新创业的覆盖广度，提升创新创业的科技内涵，增强创新创业的发展实效，在更大范围、更高层次、更深程度上推进形成全省"大众创业、万众创新"新局面。

——坚持创新驱动。牢固树立创新发展理念，全力推进创新驱动战略向纵深发展，实现创新带动创业、创业促进创新的良性循环。坚持创新创业与实体经济相结合，创造新供给、释放新需求，形成以创新为主要引领与支撑的发展模式。

——坚持深化改革。破除制约创新创业发展的体制机制障碍，深入推进"放管服"改革，加快政府职能转变，着力改善营商环境，构建包容创新的审慎监管机制，推动形成政府、企业、社会良性互动的创新创业生态。

——坚持服务创新。针对新技术、新业态、新模式发展面临的政策、市场、资金等难点问题，创新政府公共服务方式，加大普惠性政策支持力度，形成市场化、专业化、资本化、全链条增值服务体系，提高创新创业效率。

——坚持人才优先。充分激发人才创新创业活力，改革急需紧缺高端人才引进机制和评价机制，健全保障体系，引进国际高层次人才，促进人才合理流动，加快形成规模宏大、结构合理、素质优良的创新创业人才队伍。

——坚持开放共享。充分发挥社会资本作用，以市场机制促进多元化供给与多样化需求更好对接，推动创新要素资源集聚、开放、共享，实现人人参与、人人尽力、人人享有，推动科技成果在全社会范围实现共享和转化。

二、进一步加快科技成果转化

破除制约创新创业的体制机制障碍，强化知识产权保护，鼓励提升创新能力，推进创新资源共享，促进科技成果向现实生产力转化。

（一）严格执行国家有关法律、法规，强化知识产权行政执法与司法保护的有机衔接，建立健全知识产权行政主管部门、执法部门与司法审判机关的信息共享、诉调对接等工作机制。发挥全省知识产权运营公共服务平台枢纽作用，加快建设全省知识产权运营服务体系。建立全省知识产权维权援助服务体系，在长春市、吉林市等专利密集型产业集聚区，搭建知识产权快速维权中心，建设长春市、长春新区知识产权联合执法办公室，推进长春新区专利导航示范区建设，探索开展集专利快速审查、快速确权、快速维权于一体的一站式综合服务。组建全省知识产权维权援助专家库，为维权提供知识产权专业化服务。建立知识产权侵权违法档案，将恶意侵权纳入社会信用体系。探索建立海外知识产权维权援助机制。探索建立专利、商标、版权“三合一”综合执法机制。（省知识产权局牵头负责）

（二）推动科技成果、专利等无形资产价值市场化，完善知识产权、基金、证券、保险等各类服务模式，推进国家专利运营试点建设，建立健全知识产权运营服务体系和第三方评估体系，营造专利转让和知识产权质押的公平环境。依托省市科技大市场，依法发挥资产评估的功能作用，简化资产评估备案程序，实现协议定价和挂牌、拍卖定价。鼓励省内高等院校、科研院所设立技术转移机构。鼓励省内企业主动承接高等院校、科研院所的知识产权和科技成果转化转移，加速推进首创科技成果就地转化。高校、科研机构科研人员职务发明成果在本省转化所获净收益，以不低于70%的比例奖励给成果完成人（团队）和为科技成果转化作出重要贡献人员。（省知识产权局、省财政厅、省科技厅、省科协等单位按职责分工负责）

（三）探索建立科技成果限时转化制度。率先在“两所五校”开展利用财政资金形成的科技成果限时转化制度建设试点，探索财政资助项目知识产权信息披露机制。由政府性资金支持形成的科技成果，除涉及国防、国家安全、国家利益、重大社会公共利益、基础研究外，项目的主管部门要明确项目承担单位的成果转化责任，转化情况纳入项目承担单位绩效考核指标体系。在合理期限内未能转化的专利成果，可由政府部门依法强制许可实施转化。（省科技厅、省财政厅、省发展改革委等部门按职责分工负责）

（四）引导众创空间向专业化、精细化方向升级，通过省级各类创新创业平台建设资金，支持高校院所围绕优势专业领域、龙头骨干企业围绕主营业务方向、社会力量围绕区域支柱和优势产业建设“专业服务型”众创空间。支持创投孵化器发展，丰富创新创业平台服务业态。（省科技厅牵头负责）

（五）在高校、科研院所、各类创新创业平台开展国家科技成果转化法律法规和政策落实试点工作，探索一批可复制、可推广的工作经验和模式，加快建立科技成果转移转化新机制，推进科技成果转移转化工作落实落地。发挥高校产学研引导基金作用，引导高校同企业合作实施科技成果产业化项目。（省科技厅、省教育厅、省人力资源社会保障厅等部门按职责分工负责）

（六）健全大型仪器和科研基础设施开放共享机制，省内符合条件的大型仪器和设施全部入网开放，完成与国家网络的对接。推动省内地方单位的国防科研仪器设备信息资源，按照程序申请开放。发布国家的军工重大试验设备和大型科研仪器、国防科技工业科技创新资源等开放信息，提高军民国防科研仪器的利用效率。完善吉林省大型仪器网，提升网络的推介、预约、评价等功能。建立大型仪器和基础设施开放共享奖补机制，鼓励大型仪器设施提高使用效率，对相关管理和操作人员给予适当补贴。依托长春科技大市场仪器设备共享服务平台，探索仪器设备所有权和经营权分离机制，对于财政资金购置的仪器设备，探索引入专业服务机构进行社会化服务等多种方式。（省科技厅、省财政厅等单位牵头负责）

（七）推进光电子产业创新创业基地、化工新材料重大科技创新基地建设。鼓励科研院所发挥自身优势，进一步开放现有科研设施和资源，提高科技成果转化能力和创新创业能力，推动科技成果在全社会范围实现共享和转化。（省发展改革委、中科院长春分院、省科技厅等单位按职责分工负责）

三、拓展企业融资渠道

进一步完善鼓励创新创业的金融财税政策，健全服务体系，创新金融产品，加大信贷支持力度，解决创新创业的融资难题。

（八）在有效防控风险的前提下，支持大型银行合理赋予县支行信贷业务权限。调整创新银行机构信贷政策，在贷款准入标准、考核激励机制、风险容忍度政策等方面加大对创新型、创业型企业支持力度。鼓励金融机构在市、县拓展业务网点，下沉金融服务，提高农村融资服务可得性。继续督导辖内地方性法人机构加强普惠金融服务力度，进一步下沉机构网点，在基层区域继续增设小微支行、社区支行。推动信贷服务与“互联网+”、大数据融合，探索供应链信用融资模式。规范发展互联网股权融资行为，支持开展创业大赛等投融资对接活动，为初创期企业搭建融资平台。支持商业银行改造小微企业信贷流程和信用评价模型，合理设定授信审批条件，提高审批效率。（吉林银监局、人民银行长春中心支行、省金融办等单位按职责分工负责）

（九）完善债权、股权等融资服务机制，建立企业发债综合协调机制，帮助企业降低融资成本。推动区域股权市场完善交易服务功能，打造扶持中小微企业政策措施综合运用平台。加强科技与金融融合，为中小企业提供投融资信息服务。积极推进申报投贷联动试点，继续做好投贷联动业务的统计监测，督导吉林银行夯实开展投贷联动业务基础条件，争取成为试点银行。为科技型中小企业提供覆盖全生命周期的投融资服务。引导符合条件的科技型中小企业通过上市、新三板挂牌、发行债券等方式拓宽融资渠道，提升企业直接融资比例。（省金融办、吉林银监局、人民银行长春中心支行、吉林保监局、省财政厅、省科技厅、省知识产权局、吉林证监局、省发展改革委等部门按职责分工负责）

（十）鼓励保险公司为科技型中小企业知识产权融资提供保证保险服务，对符合条件的由地方政府提供风险补偿或保费补偿。金融机构、地方政府等依法按市场化方式自主选择建立“贷款+保险保障+财政风险补偿”的专利权质押融资新模式，为中小企业专利贷款提供保证保险服务。支持政府性担保机构为科技型企业提供债券担保，推动吉林省担保机构扩大科技型中小企业担保业务规模。鼓励各级担保机构结合本地实际降低反担保门槛或取消反担保。开展小微企业应收账款融资专项行动，加快推进小微企业创业担保贷款贴息不担保业务。推动地方各级政府建立政银担、政银保等不同类型的风险补偿机制。（吉林银监局、人民银行长春中心支行、吉林保监局、省财政厅、省科技厅、省知识产权局、省工业和信息化厅、省金融办等部门按职责分工负责）

（十一）提高财政、国有资本创业投资的积极性。改革财政资金、国有资本参与创业投资的投入、管理与退出标准和规则。探索建立创业投资引导基金中政府、国有资本出资的绩效评价机制。综合运用参股基金、联合投资、融资担保、政府出资适当让利于社会出资等多种方式，发挥政府资金在引导民间投资、扩大直接融资、弥补市场失灵等方面的作用。（省财政厅、省国资委等部门按职责分工负责）

（十二）积极培育各类股权基金、创业投资基金、风险投资基金，不断提高基金数量和规模，加大对创新创业企业投入力度，缓解“最先一公里”资金来源问题。积极对接并争取国家新兴产业创业投资引导基金、国家中小企业发展基金、国家科技成果转化引导基金等已设立的基金支持。探索建立对引导基金的运行监管机制、财政资金的绩效考核机制和基金管理机构的信用信息评价机制。进一步提高省产业（创业）投资引导基金及财政出资各类创业投资企业的市场化运作效率和专业化能力。创新股权融资模式，建立“天使投资人+合伙人制”等新型融资机制，推进创业孵化基地建设，引导投资者加大对创新创业企业投资力度。引导社会资本参与创业投资，积极争取纳入到国家创业投资企业和天使投资个人有关税收试点范围内。推动创业投资企业、创业投资管理企业及其从业人员在第三方征信机构完善信用记录，实现创业投资领域信用记录全覆盖。（省财政厅、省工业和信息化厅、省金融办、省国税局、省地税局、省发展改革委等部门按职责分工负责）

（十三）适时循序渐进地推行创新券制度，推广以创新券购买服务，利用省级现有财政资金，以购买服务、后补助、绩效奖励等方式，为创业者和创新企业提供仪器设备使用、检验检测、知识产权、数据分析、法律咨询、创业培训等服务。推广完善长春新区“创新券”的管理制度，拓宽“创新券”使用范围。（省科技厅、省发展改革委等部门按职责分工负责）

四、促进实体经济转型升级

围绕产业转型升级，全力做好“有中生新”和“无中生有”两篇文章，打造产学研用贯通的众创空间，培育壮大新动能，促进制造业增效升级和现代服务业加快发展。

（十四）加强基础研究，提升原始创新能力。改革创新科研经费使用、管理方式和评价制度。创新财政科技投入方式，逐步将对企业技术创新的投入方式转变为普惠性财税政策支持为主。建立符合科研规律的科研经费使用及监管机制，赋予科研单位、高校更大的科研经费支配权和资源调动权，探索科研单位、高校领导干部正职任前在科技成果转化中获得股权的代持制度。鼓励科研人员构建市场化、专业化、集成化、网络化的“众创空间”，形成面向全社会开放的共享互动机制，提升众创活动专业化水平。鼓励高校和社会举办创业训练营等活动，搭建创业者交流平台，通过众包共议方式，提高创新效率和水平。（省科技厅、省财政厅等部门按职责分工负责）

（十五）推动企业联合高校、科研院所等创新主体建设一批具有独立法人资格的制造业创新中心，促进产业技术研发、转移扩散和首次商业化应用。鼓励企业、研究开发机构、高等院校和其他组织建立以专利为纽带的产学研协同创新机制，推进建设协同创新中心。推动军民两用技术产品对接合作，推进军工单位参与吉林省地方标准制（修）订，促进军民两用技术双向转移和科技成果转化。拓展军民两用技术融合，鼓励军工企业确定可由民营企业承担的军品配套任务和准入条件，形成军工企业与民营企业分工协作的合作模式，实现军民技术共享。（省发展改革委、省工业和信息化厅、省科技厅、省教育厅等部门按职责分工负责）

（十六）进一步推动创新创业发展联盟建设，构建区域创新创业发展联盟，以企业为主体，加快产业链整合，布局全产业链的产业协同发展体系，促进各地差异化、互补式发展。支持大型企业学习海尔模式，开放供应链资源和市场渠道，带动产业链上下游发展。围绕汽车、农产品加工等传统优势产业，新材料、生物医药、高端装备制造等新兴产业，组建各类产业创新创业发展联盟，促进大中小微企业融通发展。（省发展改革委、省工业和信息化厅、省国资委、省工商联等单位按职责分工负责）

（十七）鼓励大型企业推进创新创业工作，充分发挥大型企业的人才、市场以及研发中试基础等优势，鼓励大型企业建设创新创业平台，为创新创业者提供服务，给予一线员工一定的自主权，企业与员工分享产品增值，激发员工创造力。完善对地方国有企业重大创新工程和项目的容错机制，探索领导人员任期激励等创新导向的中长期激励方式。加快推广辽源东北袜业园“平台+服务”的发展模式，为创业者提供厂房、设备等标准化设施，配套金融、人力资源、检验检测、信息网络、营销策划、投资咨询等专业化服务，努力实现“零成本创业”。（省发展改革委、省工业和信息化厅、省国资委、省工商联等单位按职责分工负责）

（十八）促进分享经济发展，取消或放宽资源提供者市场准入条件限制，支持和引导各类市场主体积极探索分享经济新业态新模式。完善新就业形态、消费者权益、社会保障、信用体系建设、风险控制等方面的政策法规，研究完善适应分享经济特点的税收征管措施，建立分享经济企业名录。探索建立政府、平台企业、行业协会以及资源提供者、消费者共同参与的分享经济多方协同治理机制和信息共享合作机制。完善分享经济发展行业指导和事中事后监管，明确鼓励行业组织依法合规探索设立分享经济用户投诉和维权的第三方平台。研究建立平台企业履职尽责与依法获得责任豁免的联动机制。（省发展改革委、省人力资源社会保障厅、人民银行长春中心支行、省工商局、省国税局、省地税局、省委网信办等单位按职责分工负责）

（十九）加强数字经济公共基础设施建设，实施“宽带吉林”工程，推进政务信息系统整合共享，整合数据共享交换平台，实现与国家共享交换平台“网络通、数据通、业务通”，以应用为导向，加强政务信息资源汇聚和共享应用服务。在医疗、交通、金融、物流、教育、环保等领域，开展跨部门、跨地区数字融合应用和协同创新。推进与日本、韩国、以色列等“一带一路”沿线国家开展数字经济交流与合作，连接东亚经济圈与欧洲经济圈。（省发展改革委、省委网信办等单位按职责分工负责）

（二十）在国家统计局建立“双创”发展指标之后，参照国家统计局制定的“双创”发展指标体系，建立适合我省实际情况的“双创”发展统计指标体系，科学、准确、及时反映经济结构优化升级的新进展，为各类“双创”参与主体提供更加准确的信息服务。（省统计局牵头负责）

（二十一）加强网络安全管理，加快建设工业互联网网络安全监测平台和中小企业网络安全公共服务平台，强化工业互联网安全保障支撑能力。（省工业和信息化厅牵头负责）

（二十二）探索灵活用地政策，切实推动支持新经济、新产业、新业态、新模式发展产业用地政策落地，提高用地保障管理水平。将创新创业用地优先纳入供地计划，优先保障供应。对符合条件的非商品住房，房地产开发企业可通过调整规划条件等方式，转型用于创业孵化基地等用途。鼓励各地政府将区域内闲置厂房、仓库等改造为创新基地和众创空间，对办公用房、水电、网络等设施给予补助。（省国土资源厅、各地政府负责）

（二十三）促进首台（套）重大技术装备的研发和推广（应用），建立推广应用奖励机制和补偿机制，省级重点产业发展专项资金对符合条件的《吉林省首台（套）重大技术装备首批次关键零部件和重点新材料推广指导目录》（简称《目录》）产品生产制造企业进行奖励，对投保的生产制造企业给予保险补偿。鼓励金融机构加大对《目录》产品相关项目的信贷支持力度。支持担保机构优先为使用《目录》产品的企业提供融资担保，并在同等条件下优先给予担保机构业务补助。对采用《目录》产品的项目，优先列入省级技术改造和新产品、新技术开发计划，优先推荐申请国家专项建设基金支持，省级各类专项资金优先给予支持。加快建立和完善首台（套、批次）产品标准体系。（省工业和信息化厅、省发展改革委、省金融办、省质监局、省财政厅、人民银行长春中心支行、吉林银监局、吉林保监局等部门按职责分工负责）

（二十四）充分利用产业投资基金支持先进制造业发展。加大对先进制造业重大转型升级项目的支持力度，积极培育节能与新能源汽车、先进轨道交通装备、生物医药及高性能医疗器械、卫星及通用航空、精密仪器与装备、CMOS等新一代信息技术、新材料等吉林新动能产业“北斗七星”。加大对工业强基重点项目，特别是绿色强基项目的支持力度，以先进技术补齐供给短板，持续提升工业基础能力。引进社会资本建立精益管理投资发展基金，重点围绕高端汽车、石化、农产品等，推动互联网与制造业整合，提升制造业数字化、网络化、智能化水平。（省发展改革委、省工业和信息化厅、省财政厅等部门按职责分工负责）

五、完善人才流动激励机制

充分激发人才创新创业活力，健全分配激励机制，引进国内外高层次人才，留住用好用活人才，健全人才保障体系，推进形成结构合理、素质优良的创新创业人才队伍。

（二十五）积极引进国外专家，列入省引才计划的外籍高端人才及其随迁配偶和未成年子女，或中国籍高端人才的外籍配偶和未成年子女，可比照“千人计划”享受办理签证和居留许可的便利，公安机关提供预约服务，按加急程序办理。外籍配偶有工作意向并被省内用人单位聘用的，省人力资源社会保障厅优先办理外国人来华工作许可。开展外国高端人才服务“一卡通”试点，建立安居保障、子女入学和医疗保健服务通道。达到工资、缴税、工作年限等规定条件的外国高端人才，可申请永久居留。整合外国专家来华工作许可和外国人入境就业许可，实行一个窗口办理发放外国人来华工作许可证。（省委组织部、省公安厅、省外办、省人力资源社会保障厅、省教育厅、省卫生计生委、省住房城乡建设厅等部门按职责分工负责）

（二十六）鼓励引导优秀外国留学生就业创业，外国留学生凭国内高校毕业证书、创业计划书，可申请加注“创业”的私人事务类居留许可；注册企业的，凭国内高校毕业证书和企业注册证明等材料，可到省人力资源社会保障厅申请工作许可、到公安出入境部门办理工作类居留许可。获得硕士及以上学位的外国留学生，符合一定条件的，可先到省人力资源社会保障厅申请外国人来华工作许可后，到公安出入境部门申请工作类居留许可。（省公安厅、省人力资源社会保障厅、省教育厅等部门按职责分工负责）

（二十七）鼓励支持留学回国人员和台湾青年来我省创业，推动吉林省海峡两岸青年创业基地建设和长春新区“侨梦苑”建设。探索建立华侨华人创新创业综合服务体系，为华侨华人高层次专业人才和企业家出入境、停居留以及申办外国人永久居留身份证件提供便利。研究对留学回国创业高端人才来我省创办高科技企业给予一次性创业启动资金，在配偶落户、就业、子女入学、医疗、住房、社会保障等方面完善支持政策。从国外或省外重点引进的高层次留学回国人才可同时打破学历、毕业年限和任职年限限制，经所在工作单位批准同意，申报认定相应系列的职称。（省人力资源社会保障厅、省外办、省公安厅、省港澳办、省台办、省侨办、省科协等单位按职责分工负责）

（二十八）鼓励大学生留吉创业就业，落实已出台的人才安居支持政策，探索建设人才公寓、产业园区配套住房，将符合规定条件的留吉创业就业大学毕业生纳入公共租赁住房保障范围，实施住房保障。落实高校毕业生自主创业、灵活就业社会保险补贴政策。对吸纳符合条件的高校毕业生和中职毕业生参加就业见习的单位，给予一定标准的就业见习补贴。进一步放宽落户年龄限制，探索实行落户与就业创业政策“全脱钩”，就业毕业生取消劳动合同和社保证明，创业毕业生取消营业执照和半年以上缴税证明。（省人力资源社会保障厅、省住房城乡建设厅、省财政厅、省教育厅、省公安厅等单位按职责分工负责）

（二十九）完善高校和科研院所绩效考核办法，省属高校全面实施奖励性绩效工资制度。科研人员承担企业科研项目所获收入、科技成果转化奖励、科研经费绩效奖励，均不纳入绩效工资总量，纳入工资总额管理。鼓励和支持省内企事业单位采取年薪制、协议工资制或项目工资制等灵活方式引才聚才，对引进省外高端人才的单位，由各级政府给予相应奖励。建立“动态调整、周转使用”的事业单位编制省内统筹调剂使用制度，形成需求引领、基数不变、存量整合、动态供给的编制管理新模式。（省编办、省财政厅、省人力资源社会保障厅、省教育厅、省科技厅、中科院长春分院等部门按职责分工负责）

（三十）鼓励社团创新创业，搭建创新创业资源对接平台，推介一批创新创业典型人物和案例，推动创新精神、企业家精神和工匠精神融合，进一步引导和推动各类科技人员投身创新创业大潮。（省发展改革委、省科协等单位按职责分工负责）

（三十一）深入实施农民工等人员返乡创业工程，落实创业担保贷款、创业培训补贴、自主创业社会保险补贴等政策。探索实施农村承包土地经营权以及农业设施、农机具抵押贷款试点。允许返乡人员依法使用集体建设用地开展创新创业。返乡农民工可在创业地参加各项社会保险。鼓励有条件的地方将返乡农民工纳入住房公积金缴存范围，按规定将其子女纳入城镇（城乡）居民基本医疗保险参保范围。建立协调推动机制，有条件的地区政府应设立“绿色通道”，为返乡人员创新创业提供便利服务。（省人力资源社会保障厅、省农委、省国土资源厅等单位按职责分工负责）

（三十二）鼓励域外院士、“千人计划”专家、知名企业家等高端人才，特别是吉林籍高端人才，带技术、带项目、带资金来我省创办科技型企业。制定灵活的引才引智政策，采取不改变人才的户籍、人事关系等方式，以用为本，发挥实效，解决关键领域高素质人才稀缺等问题。进一步加大对创业人才的支持力度，对入选省引才计划的创业类人选给予资金支持。（省委组织部、省人力资源社会保障厅、各地政府负责）

六、创新政府管理方式

继续深化“放管服”改革，加快审批流程再造，推进试点示范，完善公平有序市场环境，推动形成政府、企业、社会良性互动的创新创业生态。

（三十三）落实国家公平竞争审查制度，推动建立统一透明、有序规范的市场环境。清理规范涉企收费项目，完善收费目录管理制度，制定事中事后监管办法。完善信用信息共建共享平台，逐步在行政管理、社会公共服务、市场交易、社会信息体系建设等领域推广使用。（省发展改革委、省财政厅、省商务厅、省工商局、省软环境办等部门按职责分工负责）

（三十四）推进“多证合一”等商事制度改革，加强部门协同和信息共享，全面实施企业、个体工商户“多证合一、一照一码”改革。由政府组织实施“多证合一”改革检查，进一步完善“多证合一”办理流程，全面推行企业名称登记全程电子化，实现名称登记便利化。对内外资企业，在支持政策上一视同仁，推动实施一个窗口登记注册和限时办结。推动取消企业名称预先核准，推广自主申报。全面推广企业简易注销登记工作，建立便捷的市场退出机制。（省工商局、各地政府及有关部门按职责分工负责）

（三十五）加大事中事后监管力度，完善省“双随机、一公开”监管工作实施方案，推进各部门和地区制定具体实施方案或办法，深入推进市场监督管理局综合执法机构整合试点工作，实现“双随机、一公开”监管模式全覆盖。（省工商局、省编办、省法制办、省软环境办等单位按职责分工负责）

（三十六）动态调整公布权力和责任清单，开展相对集中行政许可权改革试点，逐步做到“一枚印章管审批”。鼓励有条件的基层政府设立专业化的行政审批机构，实行审批职责、审批事项、审批环节“三个全集中”。推进审批流程再造，整合实现“一口受理、信息共享、并联办理、限时办结”。加快行政审批标准化建设，按照“七统一”标准规范全省行政审批事项。完善政务服务“一张网”，推动实体政务大厅、网上办事大厅融合发展。（省编办牵头负责）

（三十七）加快推进吉林教育专网、优质师资专递课堂城乡共享平台、优质教育资源家家通、在线教育、大型开放式网络课程（MOOC）等建设。适当放宽教育等行业互联网准入条件，鼓励高校、科研单位及社会力量积极参与，加强新兴业态领域事中事后监管。（省教育厅牵头负责）

（三十八）推进跨省经营企业部分涉税事项全国通办。实行创业税收政策首问首办责任制，强化“省内通办”“二维码一次告知”、预约服务等便民服务。推进银行卡受理终端、网上银行、手机银行等多元化缴税方式。探索国税、地税联合办税，推进国税、地税合作共建办税服务厅，统筹整合办税资源，实现“进一家门、办两家事”的目标。建立健全市、县两级银税合作工作机制，加大基层银税合作力度，逐步扩大税务、银行信用信息共享内容。探索通过建立电子平台或在银税双方系统中互设接口等方式，实现银税信息“线上”互动。（省国税局、省地税局按职责分工负责）

（三十九）积极有序推进试点示范，加快建设长春新区等4个全国创新创业示范基地，支持示范基地充分发挥示范引领作用，进一步总结典型经验，探索创新创业发展新模式。争取获批长春国家级自主创新示范区，深化国家自主创新示范区政策试点。创建返乡创业示范县、建设返乡创业基地（园区），对省级农民工返乡创业基地（园区）给予资金补助。研究新培育一批国家级创新创业示范基地和小型微型企业创新创业示范基地。（省发展改革委、省科技厅、省财政厅、省工业和信息化厅、省人力资源社会保障厅、省农委等部门按职责分工负责）

（四十）营造创新创业良好氛围，组织开展创新创业主题活动，加强对大众创业万众创新的政策宣传和舆论引导，配合“创响中国”巡回接力系列活动，办好“大众创业万众创新活动周”，展示创新创业成果，促进投资对接和互动交流。通过举办创新创业赛事活动，每年评选一批“创业先锋”“创业尖兵”等行业领军代表人物，宣传推介创新创业的成功经验，充分发挥创新创业榜样的激励、引导和示范作用。（省发展改革委、省科协等单位按职责分工负责）

各地、各部门要按照本实施意见的要求，切实履职尽责，强化协调配合，积极探索，主动作为，加强督促检查，切实把各项政策措施落实到位，推进全省大众创业万众创新深入发展，为培养壮大新动能、改造提升传统产业和促进吉林老工业基地全面振兴提供强力支撑。

吉林省人民政府

2017年12月24日

吉林省人民政府办公厅
关于促进创业投资持续健康发展若干政策措施

（吉政办发〔2017〕17号）

为贯彻落实《国务院关于促进创业投资持续健康发展的若干意见》（国发〔2016〕53号）精神，进一步落实新发展理念、实施创新驱动发展战略、推进供给侧结构性改革和稳增长、扩就业、培育发展新动能，激发大众创业、万众创新活力，促进科技创新成果转化，调动社会资本参与创业投资积极性，有效引导创业投资助力实体经济，加快吉林老工业基地振兴，按照“服务实体、专业运作、信用为本、社会责任”基本原则，结合我省实际，进一步实施以下政策措施。

一、培育充满活力、各具特色的创业投资主体

（一）完善创业投资机构体系。支持省产业（创业）投资引导基金扩大自身规模，择优注资并培育创业投资企业发展壮大。鼓励和规范发展市场化运作、专业化管理的创业投资母基金。鼓励各类机构投资者和个人依法设立公司型、合伙型创业投资企业。鼓励行业骨干企业、创业孵化器、产业（技术）创新中心、创业服务中心、保险资产管理机构等创业创新资源丰富的相关机构参与创业投资。鼓励国有企业从事创业投资活动。鼓励具有资本实力和管理经验的个人通过依法设立一人公司从事创业投资活动。（省发展改革委、省财政厅、省工业和信息化厅、省科技厅、省人力资源社会保障厅、省商务厅、省国资委、省工商局、省金融办按职责分工负责）

（二）支持个人投资者从事创业投资活动。鼓励成立吉林省天使投资人联盟，培育和壮大天使投资人群体。积极吸引域外合格个人投资者参与吉林省天使投资人联盟，促进天使投资人与创业企业及创业投资企业之间的信息交流与合作，营造良好天使投资氛围，推动天使投资事业发展。规范发展互联网股权融资平台，为个人投资者直接参与创业投资提供信息和技术服务。完善市场准入、信息披露等监管制度，健全信用体系，防范风险，切实保障投资者合法利益。（省金融办、省科技厅、吉林证监局、省工商局、省经合局按职责分工负责）

二、拓宽创业投资资金渠道

（三）鼓励合格投资者参与创业投资。支持中央企业、地方国有企业、保险公司、大学基金等各类机构投资者投资创业投资企业或参与创业投资母基金。鼓励信托业充分发挥信托制度优势，为创业企业提供综合化、个性化金融和投融资服务。培育和引导合格个人投资者创业投资，支持具有风险识别和风险承受能力的个人参与投资创业投资企业。鼓励天使投资人、创业投资基金入驻孵化器和众创空间开展业务。（省国资委、省金融办、省科技厅、省财政厅、吉林银监局、吉林保监局、吉林证监局按职责分工负责）

（四）引导开展股债联动业务创新。吸引商业保险资金进入创业投资领域，推动发展投贷联动、投保联动、投债联动等新模式，加大对创业投资企业支持。鼓励银行业金融机构积极稳妥开展并购贷款业务，提高对创业企业兼并重组的金融服务水平。支持创业投资企业及其股东依法依规发行企业债券和其他债务融资工具融资，增强投资能力。（省发展改革委、省金融办、人民银行长春中心支行、吉林银监局、吉林保监局、吉林证监局按职责分工负责）

（五）争取各类国家基金支持。积极对接并争取国家新兴产业创业投资引导基金、国家中小企业发展基金、国家科技成果转化引导基金等已设立基金支持。（省发展改革委、省财政厅、省工业和信息化厅、省科技厅等按职责分工负责）

三、加大引导扶持创业投资力度

（六）落实创投企业税收优惠政策。严格执行财政部、国家税务总局等部门对创业投资企业税收优惠系列政策，确保各项优惠政策落到实处。（省财政厅、省地税局、省国税局按职责分工负责）

（七）引导社会资本进入创业投资领域。充分发挥财政资金对社会资本的引导和聚集放大作用，综合运用参股基金、联合投资、融资担保、政府出资适当让利于社会出资等多种方式，进一步发挥政府资金在引导民间投资、扩大直接融资、弥补市场失灵等方面的作用。（省发展改革委、省财政厅、省工业和信息化厅按职责分工负责）

（八）提升省产业（创业）投资引导基金专业化水平。进一步提高省产业（创业）投资引导基金及财政出资各类创业投资企业的市场化运作效率和专业化能力，促进政策目标实现，维护出资人权益。鼓励省产业（创业）投资引导基金注资市场化母基金，由专业化创业投资管理机构受托管理引导基金。建立并完善产业（创业）投资引导基金中政府出资的绩效评价制度。（省金融办、省发展改革委、省财政厅、省审计厅按职责分工负责）

（九）建立创业投资与政府项目对接机制。在全面创新改革试验区域、双创示范基地、高新区、自主创新示范区、产业（技术）创新中心、科技企业孵化器、众创空间等，开放项目（企业）资源，充分利用省投资基金业协会和省创业投资协会等行业组织优势，搭建吉林省创业投资与项目（企业）信息共享平台，打通创业资本和项目之间的通道。搭建创投资本与高新技术成果产业化对接平台，促进科技成果落地转化。依托农村产业融合发展园区、农业产业化示范基地、农民工返乡创业园等，挖掘农业领域创业投资项目潜力。研究建立农业创业项目库，通过发展第二、三产业，改造提升第一产业。有关方面要配合做好项目对接和服务。（省金融办、省科技厅、省工业和信息化厅、省农委按职责分工负责）

四、完善国有创业投资管理制度

（十）创新国有创业投资体制机制。落实好国有企业参与设立产业（创业）投资基金若干政策措施，完善相关投资管理制度，鼓励国有企业按照市场化方式设立或参股创业投资企业和创业投资母基金。简化出资审批程序，国有企业出资设立创业投资基金，除国家另有规定外，只履行备案程序。完善国有创业投资企业的监督考核、激励约束机制和股权转让方式，鼓励国有创业投资企业和创业投资管理企业核心团队依照国家规定持股和跟投。鼓励地方政府探索将1家现有融资平台转型升级为创业投资企业。（省金融办、省国资委、各地方政府按职责分工负责）

五、实现创投资本市场化退出

（十一）不断完善创业投资退出机制。积极关注资本市场相关政策变化及交易所规则变化，通过进一步强化企业上市等相关扶持政策，引导创业投资企业利用多层次资本市场进行创投资本退出。鼓励创业投资以并购重组等方式实现市场化退出，规范发展专业化并购基金。（省金融办、省财政厅、省国资委按职责分工负责）

（十二）充分利用市场化退出渠道。充分发挥主板、创业板、全国中小企业股份转让系统以及吉林长春产权交易中心的市场功能，畅通创业投资退出渠道。进一步发挥吉林长春产权交易中心作用，增强服务创投企业能力。支持证券公司在依法合规前提下开展柜台市场业务，促进创业投资企业直接融资。（吉林证监局、省金融办按职责分工负责）

六、优化创业投资市场环境

（十三）优化制度环境。研究推动相关立法和规章制定工作，加强政策宣传、培训和解读，构建符合吉林特点的创业投资行业政策环境。（省发展改革委、省财政厅、省审计厅，各地方政府按职责分工负责）

（十四）优化监管环境。建立创业投资行业发展备案和监管备案互联互通机制。对创业投资企业在行业管理、备案登记等方面，建立适应创业投资行业特点的宽市场准入、重事中事后监管的适度而有效的地方监管体制。加强信息披露和风险揭示，强化创业投资企业内控机制、合规管理和风险管理机制，加强投资者保护和教育，打击违法违规募集资金行为。（省发展改革委、吉林证监局、省国资委、省科技厅按职责分工负责）

（十五）优化商事环境。各地区、各部门不得自行出台限制创业投资企业和创业投资管理企业市场准入和发展的有关政策。各级发展改革、工商部门要为创业投资企业备案提供便利，放宽创业投资企业的市场准入。帮助创业投资企业协调解决经营过程中遇到的困难和问题。（省发展改革委、省工商局等有关部门按职责分工负责）

（十六）优化信用环境。建立健全省、市、县三级公共信用信息数据交换平台体系，利用省信用数据交换平台，推动创业投资领域信用信息纳入全国信用信息共享平台，并与企业信用信息公示系统实现互联互通。依法依规在“信用吉林”网站和国家企业信用信息公示系统（吉林）公示相关信息。加快建立创业投资领域严重失信黑名单制度，按照有关法律法规和政策规定实施守信联合激励和失信联合惩戒。（省金融办、省编办、人民银行长春中心支行、省工商局、省发展改革委按职责分工负责）

（十七）严格保护知识产权。引导和提升创业投资企业保护知识产权的意识，同时强化知识产权执法队伍能力建设，建立侵权纠纷快速调解机制，健全知识产权援助体系，完善维权援助举报投诉机制，畅通知识产权维权援助热线。培育创业投资企业行业商标品牌。加强宣传和指导，积极引导创业投资行业企业申请注册创业投资服务类商标；支持符合条件的创业投资服务类企业申请认定吉林省著名商标。（省知识产权局、省工商局、省商务厅按职责分工负责）

七、促进创业投资行业双向开放

（十八）利用外资发展创业投资。引进具有国际先进经验、技术和管理模式的创业投资团队，同时做好创业投资项目的跟踪服务，按照对内外资一视同仁的原则，放宽外商投资准入，简化管理流程，鼓励外资扩大创业投资规模。（省经合局、省工商局、省商务厅、省发展改革委按职责分工负责）

（十九）为创业投资企业汇兑提供便利。鼓励外资扩大创业投资规模，鼓励和支持境内外投资者在跨境创业投资及相关的投资贸易活动中使用人民币。依法依规对直接投资的企业在跨境人民币信息管理系统中开户进行合规性审核，准许开户行进行跨境人民币直接投资业务的申报。允许外资创业投资企业按照实际投资规模将外汇资本金结汇所得的人民币划入被投资企业。（人民银行长春中心支行、省外汇管理局、省商务厅按职责分工负责）

（二十）推动优秀创业投资企业“走出去”。积极引导和鼓励创业投资企业到境外和港、澳、台地区投资高端研发项目，积极分享高端技术成果。鼓励创业投资企业充分利用商务部对境外研发项目的支持，引导有意愿的创业投资企业到境外投资科技研发型境外经贸合作区，并积极为园区向商务部申请建设补贴资金。（省外汇管理局、省商务厅、省工商局、省科技厅按职责分工负责）

八、加强创业投资行业自律和服务体系建设

（二十一）强化行业自律。推动创业投资企业和创业投资管理企业加强行业自律，充分发挥创业投资性社会组织在行业自律管理和政府与市场沟通中的积极作用，加强行业协会在政策对接、会员服务、信息咨询、数据统计、行业发展报告、人才培养、国际交流合作等方面的能力建设，支持行业协会推动创业投资行业信用体系建设和社会责任建设，维护有利于行业持续健康发展的良好市场秩序。（省发展改革委、省科技厅、省民政厅、吉林证监局按职责分工负责）

（二十二）完善创业投资服务体系。加强与创业投资相关的会计、征信、信息、托管、法律、咨询、教育培训等各类中介服务体系建设。支持创业投资性社会组织通过高等院校、科研院所、群团组织、创业投资企业、创业投资管理企业、天使投资人等多种渠道，以多种方式加强创业投资专业人才培养，加大教育培训力度，吸引更多的优秀人才从事创业投资，提高创业投资的精准度。（省发展改革委、省金融办、省科技厅、省教育厅、省人力资源社会保障厅按职责分工负责）

九、强化政策落实

（二十三）统筹协调形成合力。省发展改革委会同中省直有关部门加强促进创业投资发展的政策协调，建立部门之间、部门与地方之间政策协调联动机制，各地、各部门要及时沟通信息，实现信息共享，加强创业投资行业发展政策和监管政策的协同配合。（省发展改革委、省科技厅、省工商局、省财政厅、吉林证监局、各地政府等按职责分工负责）

各地区、各部门要积极宣传、认真贯彻落实国家和全省关于促进创业投资发展的政策措施，加快形成有利于创业投资持续健康发展的良好氛围和“创业、创新+创投”的协同互动发展格局，进一步扩大创业投资规模，促进创业投资做优做强，推动全省创业投资行业快速发展。

吉林省人民政府办公厅

2017年2月16日

中共长春市委办公厅 长春市人民政府办公厅关于进一步集聚人才创新发展的若干意见

（长办发〔2017〕50号）

人才是实现民族振兴、赢得国际竞争主动的战略资源，是实施创新驱动战略的根本动力。为深入实施人才强市战略，充分发挥人才效能，激发人才创新创业活力，现就进一步集聚人才服务创新发展制定如下意见。

一、总体要求

1．指导思想。全面贯彻落实党的十九大精神，坚持以习近平新时代中国特色社会主义思想统领全市人才工作，坚持科学分类、业绩导向，高端引领、统筹兼顾，政府引导、企业主导的原则，加大人才引进和培养力度，完善人才激励和服务保障机制，以人才优先发展引领创新发展。聚焦制约人才发展的关键问题，进一步深化体制机制改革，实行更加积极、更加开放、更加有效的人才政策，以识才的慧眼、爱才的诚意、用才的胆识、容才的雅量、聚才的良方，不断优化人才发展环境，激发人才创新活力，把党内和党外、国内和国外各方面优秀人才集聚到加快推进东北亚区域性中心城市建设、实现老工业基地全面振兴发展的事业中来。

2．主要目标。通过加大高层次人才、创新创业人才及团队的引进培养力度，扩大人才增量，优化人才存量，造就一批具有一流水平的顶尖人才、领军人才、青年人才和高水平创新创业团队，使人才队伍结构、素质与经济社会发展相适应，打造区域性人才高地。经过5年努力，引进和培育国内外顶尖人才20名左右，国家级领军人才100名左右，省级创新创业人才500名左右。人才对产业的支撑作用明显增强，产业自主创新能力和科技成果转化能力明显提高，形成有利于人才干事创业、优秀人才脱颖而出的良好社会环境，让各类人才的创造活力竞相迸发、聪明才智充分涌流。

3．人才及团队分类界定。本意见所指的高层次人才，主要是根据我市现行人才分类目录，经认定的学术造诣高、社会影响力大、创新创业能力强的国内外顶尖人才、国家级领军人才、省级领军人才（具体分类目录附后）。

二、加大人才引进培养力度

创新更具竞争力的人才智力集聚机制，坚持党管人才原则，突出市场配才作用，发挥用人主体积极性，统筹域内外两方面人才资源，引进和培养并重，招才和引智并重，汇聚各类人才助力全面振兴发展。

4．实行高层次产业人才资助。实施分类分层次资助，对企业引进培养的国内外顶尖人才，给予300万元资金资助；对企业引进培养的国家级领军人才，给予100万元资金资助；对企业引进培养的省级领军人才，给予50万元资金资助。对企业引进的产业发展急需、拥有关键技术和成果、能够带来巨大经济和社会效益的世界一流人才团队，采取一事一议，给予最高5000万元额度的启动资金或股权投资支持，所需资金由市、县（市）区和开发区两级政府（管委会）各承担50%。

5．支持柔性引才引智。鼓励国内外紧缺高层次人才来我市企业和市属事业单位从事兼职、科研和技术合作或其他专业工作，服务全市重大工程、重大项目。根据实际工作时间，对于引进的国内外顶尖人才、国家级领军人才、省级领军人才，分别给予每月5万元、3万元、1万元补助。

6．探索市场化引才新机制。鼓励用人单位加大对紧缺创新创业人才引进力度，充分发挥企业、高校、科研院（所）等用人单位引才主体作用，对企业引进高层次人才所发生的费用，可按规定尽最大可能税前列支。支持人才中介服务业发展，充分调动高层次人才和中介机构引才积极性，通过中介引才、以才引才，提高引才精准度。建立实施引才激励制度，对为我市引进国内外顶尖人才、国家级领军人才、省级领军人才的个人和中介组织，分别给予20万元、10万元、5万元奖励。

7．加大技能人才引进培养力度。弘扬劳模精神和工匠精神，建设知识型、技能型、创新型劳动者大军。对于引进培养获得中华技能大奖的高技能人才给予每人2万元奖励；对于引进培养获得全国技术能手、吉林省技能大奖的高技能人才给予每人1万元奖励；对于引进培养获得吉林省技术能手称号的高技能人才给予每人5000元奖励。开展长春技能大奖、长春技术能手评选表彰，对获得“长春技能大奖”荣誉称号的高技能人才给予每人1万元奖励，对于获得“长春技术能手”荣誉称号的高技能人才给予每人5000元奖励。建立长春市技师学院和长春市职业技能公共实训基地。对经认定的市级技能大师工作室，给予10万元经费资助。对特别优秀的高技能人才可授予“长春工匠”荣誉称号。对每年新获得技师、高级技师职业资格的人才，分别一次性给予每人2000元、3000元奖励。

8．实施高端人才年度奖励。对市域内年薪20万元以上的高级经营管理人才和高级技术人才，按其贡献大小进行奖励，奖励最高额度20万元。所需资金由市、县（市）区和开发区两级政府（管委会）各承担50%。

9．支持发展高端智库。统筹国内外人才智力资源，重点支持知名大学、科研院（所）和行业组织在我市建设特色鲜明、引领发展的专业化高端智库，为我市经济社会发展提供智力支持，通过政府采购等形式，给予每年最高100万元业务经费资助。

三、完善人才创业扶持政策

创新充满活力的人才创业服务机制，优化创新创业平台，建立以企业为主体、市场为导向、产学研深度融合的技术创新体系，加强对中小企业创新的支持，完善“转化激励+创投资金+公共技术平台+创业辅导”的立体孵化模式，促进科技成果转化，最大限度发挥各类人才作用，提升人才对全市经济社会发展的贡献度。

10．完善科技成果转化激励机制。倡导创新文化，强化知识产权创造、保护、运用，赋予科研人员成果转化处置权。支持在长高校、科研院（所）自主决定以转让、许可或者作价投资等方式向企业转化科技成果。科研人员职务发明在我市转化所获净收益（或成果形成股权、股权收益），以不低于70%的比例奖励给成果完成人或团队，以及为科技成果转化做出重要贡献人员，奖励比例上不封顶。高校、科研院（所）转化职务科技成果以股份或出资比例等股权形式给予科研人员奖励，可在5年内分期缴纳个人所得税。

11．拓宽人才创业投融资渠道。发挥财政资金引导和放大效应，吸引战略投资者共同建立天使投资引导基金、创业投资引导基金、产业投资引导基金、风险补偿基金等。支持银行机构采取与风险投资、天使资金投贷联动的方式，凭个人信用对人才创办的科技型企业开展债权融资、股权融资和知识产权质押融资等金融服务。对人才创办的企业拟上市（挂牌）融资的，加强政策指导与服务，对在主板、中小板、创业板成功上市的企业奖励200万元，对在“新三板”正式挂牌的企业奖励50万元，对在区域股权市场正式挂牌的企业奖励15万元。

12．优化人才创新创业平台。鼓励企业与国内外高等院校、科研院（所）共建研发中心，对新获批的国家和省级制造业创新中心分别给予1000万元和500万元资助；对新获批的由企业牵头建设的国家级重点（工程）实验室、工程（技术）研究中心、企业技术中心按投资额的30%，给予最高500万元资助；对世界500强、国内500强企业在长新设立研发机构的，给予最高500万元和300万元资助。建立科技“创新券”制度，鼓励高校、科研院（所）、龙头企业、产业园区开放检验检测等科技创新服务平台，对高层次人才所在企业购买服务的，给予每年最高10万元的“创新券”支持。加快推进人力资源服务产业园建设，对新获批的国家级、省级人力资源服务产业园分别给予100万元、50万元的资助，同时对世界500强、国内100强的人力资源服务企业在长设立独立区域总部的，给予50万元、20万元的资助。

13．鼓励大学生自主创业。实施“长春大学生留长创业行动”，建立大学生创业就业服务平台，为大学生免费提供创业指导、政策咨询、项目推介、担保贷款、法律维权等方面服务；建立创业就业指导专家团队，以政府购买服务的方式，根据专家层次和服务项目给予补贴；建立大学生创业项目库，对经评估为优秀项目的给予项目补贴；举办大学生创新创业大赛，向获奖个人及团队提供5万—20万元项目扶持资金。

四、优化人才生活保障体系

创新便捷高效的人才生活保障机制，竭诚为人才提供优质服务，千方百计纾解实际困难，妥善解决人才后顾之忧，确保人才引得来、留得住、干得好，不断提高人才的感受度、满意度和获得感。

14．加大人才住房保障支持力度。对与企业签订3年以上正式劳动合同、在本地无住房的全日制本科以上人才可申请人才公寓。对企业引进且与企业签订3年以上正式劳动合同的重点院校全日制本科生给予一次性安家费3万元，分别给予全日制硕士、博士研究生一次性安家费5万元、8万元。所需资金由市、县（市）区和开发区、用人单位按照20%、40%、40%比例承担。对引进的国内外顶尖人才和国家级领军人才在长自购住房的给予20万元—50万元购房补贴。

15．帮助解决人才子女就学问题。对我市引进的高层次人才的中国籍子女，可自愿选择市属公办义务教育学校入学，享受本市居民子女就学同等待遇。加快国际学校和中外合作办学机构建设，海外高层次人才的外国籍子女，根据本人意愿，可选择外籍人员子女学校及幼儿园就读，也可选择普通中小学及幼儿园就读。

16．健全人才荣誉制度。每3年开展一次“长春市杰出人才”和“长春市有突出贡献专家”评选工作，分别给予20万元和3万元奖励。对在长春经济和社会发展做出突出贡献的外籍专家人才，授予“长春友谊奖”。组织开展长春市“优秀企业家”“文化名家”“教育名师”“卫生名医”“乡土专家”“长春工匠”“优秀社会工作人才”等评选活动，对获奖人才给予表彰奖励。不断提高各类人才政治待遇，建立重大决策咨询通报制度，及时向各类人才通报党委、政府重大决策事项，支持各类优秀人才发挥专业特长，就我市经济社会发展关键问题提出意见和建议，为党委政府决策提供依据。拓宽各类人才参与政治事务的渠道，各类人才表现突出的，可优先推荐为劳动模范、党代表、人大代表、政协委员候选人。

五、切实加强组织领导

加强党委统一领导，突出统揽全局，协调各方的核心作用。进一步健全完善人才引进培养工作机制，组织部门牵头抓总，有关部门各司其职、密切配合，社会力量发挥重要作用，构建人才资源开发多元治理主体的责任共同体。

17．明确职责分工。全市人才引进培养工作在市委、市政府领导下，由市人才工作领导小组组织实施，各成员单位加强协作、推动落实。市人才办负责统筹协调、审核认定，督促检查政策落实情况，牵头实施重大人才工程和人才项目、重要人才平台建设、市场化引才和人才服务保障等工作。市人社局负责牵头建立人才评价认定办法，每年制定人才分类目录，落实高层次人才和团队引进培养、大学生创业资助、高技能人才培养、人才服务激励等政策，抓好人力资源服务产业园建设。市财政局负责落实政策保障资金，加强财政资金监管，兑现税收优惠政策。市工信局、市科技局、市金融办等部门负责为人才创业提供必要的项目和融资服务。市教育局负责推进国际学校建设，落实人才子女就学有关政策。市委宣传部、市发改委、市卫计委、市总工会、市农委、市民政局、市国税局、市地税局等按部门职责做好相关工作。

18．科学规范人才分类机制。成立市人才分类认定协调小组，坚持定性与定量相结合，结合创新驱动战略和产业发展实际，细化人才评价标准和人才层次，建立层次清晰、便于操作、动态调整的人才评价制度和协调机制，定期修订完善人才分类目录。对于长春产业发展急需、社会贡献较大、现行人才目录难以界定的人才，经协调小组联席会议认定后，享受相应人才政策。

19．加大评估考核力度。支持各地各部门及用人单位根据实际情况制定人才考核办法，采取调查评估的办法，广泛听取企业、社会和人才的意见，对政策落实情况进行跟踪研判，根据评估结果及时研究调整政策。

20．营造良好社会氛围。各地各部门要加大宣传力度，充分利用各种渠道、各类媒体宣传人才政策，提高政策影响力。加强人才工作品牌和优秀人才事迹宣传，在全市大兴识才、爱才、敬才、用才之风，形成尊重劳动、尊重知识、尊重人才、尊重创造的社会共识，营造良好的人才发展环境和氛围。

各县（市）区、开发区可结合实际，制定人才引进、培养和创新创业扶持政策。我市此前出台的政策与本意见有重复、交叉的，按照从新、从优、从高的原则执行。本意见自发布之日起实施。

附件：长春市高层次人才分类目录（略）
关于进一步集聚人才创新发展的若干意见实施细则（略）

中共长春市委办公厅
长春市人民政府办公厅
2017年10月27日

黑龙江省人民政府
关于促进创业投资持续健康发展的实施意见

（黑政规〔2017〕7号）

为深入贯彻落实《国务院关于促进创业投资持续健康发展的若干意见》（国发〔2016〕53号）精神，调动社会资本参与创业投资积极性，做大做强我省创业投资行业，引导创业投资助力实体经济发展，促进经济结构调整和产业转型升级，加快我省老工业基地振兴，现结合实际提出如下实施意见。

一、总体要求

（一）指导思想。

认真贯彻落实习近平总书记系列重要讲话精神特别是对我省两次重要讲话精神，牢固树立和贯彻落实创新、协调、绿色、开放、共享的发展理念，着力推进供给侧结构性改革，深入实施创新驱动发展战略，大力推进大众创业万众创新，使市场在资源配置中起决定性作用，更好发挥政府作用，进一步深化简政放权、放管结合、优化服务改革，不断完善体制机制，健全政策措施，构建促进创业投资发展的良好环境。围绕创新实施“五大规划”，大力发展“十大重点产业”，加快建设“龙江丝路带”，全面提升我省核心竞争力，构建“创业、创新+创业投资”的协同互动发展格局，发展新经济，培育新动能，加快产业转型步伐，培育一批具有影响力和竞争力的创业投资企业，促进我省创业投资行业做大做强做优，成为“创业投资最活跃地区”之一。

（二）基本原则。

以构建“实体创业投资”“专业创业投资”“信用创业投资”“责任创业投资”为总体原则，坚持市场主导、政府引导，发展各类创业投资。引导和鼓励创业投资企业和创业投资管理企业进行长期投资和价值投资。

二、培育和完善创业投资机构体系

（一）加快培育各类创业投资机构。

1．设立黑龙江省创业投资母基金。整合省科技创业投资政府引导基金，坚持市场化运作、专业化管理原则，健全和完善母基金运行机制和管理制度，吸引社会资本做大做强我省创业投资规模。尽快落实《黑龙江省千户科技型企业三年行动计划》中提出的政府风险投资基金引导资金，参股设立各专业领域的创业投资子基金。（省科技厅牵头，省财政厅、人社厅配合）

2．降低准入门槛，消除不合理限制，为各类机构投资者和个人依法设立公司制、合伙制创业投资企业提供高效便捷的登记注册服务。（省工商局、黑龙江证监局负责）

3．鼓励行业骨干企业、创业孵化器、产业（技术）创新中心、创业服务中心等创业创新资源丰富的相关机构参与创业投资，通过风险补偿方式引导天使投资、创业投资与孵化器和众创空间联合设立种子基金。鼓励高新技术产业开发区设立天使投资基金。（省科技厅牵头，省工商局配合）

4．积极引导保险资金参与创业投资。（黑龙江保监局牵头，省科技厅配合）

（二）积极鼓励包括天使投资人在内的各类个人从事创业投资活动。

1．引导支持成立黑龙江天使投资人联盟，培育和壮大天使投资人群体。鼓励科技人员、大学生、农民等创业者参与天使投资人联盟，促进天使投资人与创业企业及创业投资企业之间的信息交流与合作，营造良好的天使投资氛围，推动天使投资事业发展。（省科技厅牵头，省民政厅配合）

2．规范发展互联网股权融资平台，为个人投资者直接参与创业投资提供信息和技术服务。完善市场准入、信息披露等监管制度，健全信用体系，防范风险，切实保障投资者合法利益。（省金融办牵头，黑龙江银监局、黑龙江证监局、省工商局配合）

三、拓宽创业投资资金融资渠道

（一）大力培育和发展合格投资者。

1．支持中央企业、地方国有企业、保险公司、大学基金等各类机构投资者投资创业投资企业或参与创业投资母基金。（省国资委牵头，黑龙江保监局、黑龙江证监局配合）

2．鼓励信托公司充分发挥信托制度优势，开展投贷联动业务，注重投贷联动方向和理念引领，加强投贷联动业务产品的创新，为创业企业提供综合化、个性化金融和投融资服务。（黑龙江银监局负责）

3．培育合格个人投资者，支持具有风险识别和风险承受能力的个人参与投资创业投资企业。鼓励天使投资人、创业投资基金入驻孵化器和众创空间开展业务。（省科技厅牵头，黑龙江证监局、省财政厅、国税局配合）

（二）鼓励开展股权债权联动业务创新。

1．引导创业投资企业与各类金融机构建立长期性、市场化合作机制，推动发展投贷联动、投保联动、投债联动等新模式，不断加大对创业投资企业的投融资支持。（人民银行哈尔滨中心支行牵头，黑龙江银监局、黑龙江证监局、黑龙江保监局配合）

2．按照依法合规、审慎经营、风险可控、商业可持续的原则，积极稳妥开展并购贷款业务，鼓励银行业金融机构设立科技专营支行。积极申请加入投贷联动业务试点，结合实际制定投贷联动业务的试点实施方案，加强事中事后管理。（黑龙江银监局牵头，人民银行哈尔滨中心支行配合）

3．引导和支持创业投资企业及其股东依法依规发行企业债券和其他债务融资工具融资。（黑龙江证监局、省财政厅牵头，省发改委、人民银行哈尔滨中心支行配合）

四、强化政策扶持力度

（一）落实创业投资税收政策。

贯彻落实国家鼓励创业投资企业和天使投资人投资种子期、初创期等科技型企业的各项税收支持政策，落实好创业投资企业投资抵扣税收优惠政策。按照国家部署，适时在我省开展天使投资人个人所得税政策试点工作。（省国税局牵头，省财政厅、地税局、发改委、科技厅配合）

（二）打通创业投资资本与政府项目对接渠道。

1．搭建黑龙江省创业投资与企业信息共享平台，充分利用政府项目资源优势，开放创新改革试验区域、双创示范基地、国家高新区、国家自主创新示范区、国家新型工业化产业示范基地、产业（技术）创新中心、科技企业孵化器、众创空间的项目（企业）信息资源。搭建创业投资资本与高新技术成果产业化对接平台，促进科技成果落地转化。（省科技厅牵头，省发改委、金融办、工信委配合）

2．依托农村产业融合发展园区、农业产业化示范基地、农民工返乡创业园等，挖掘农业领域创业投资项目潜力。研究建立农业创业项目库，通过众筹、股权融资等方式拓宽创业融资渠道，做好项目对接和服务。（省农委牵头，省科技厅配合）

（三）支持鼓励长期投资和价值投资。

选择一批有实力的创业投资企业，在企业债券发行、引导基金扶持、政府项目对接、市场化退出等方面给予政策支持，推动创业投资企业专注于长期投资和价值投资，充分发挥国有创业投资企业的示范引领作用。积极关注创业投资机构所投资的企业上市解禁期与上市前投资期限长短反向挂钩制度的政策进展。（省发改委牵头，省科技厅、黑龙江证监局配合）

（四）充分发挥政府资金杠杆作用。

1．积极争取国家新兴产业创业投资引导基金、国家中小企业发展基金、国家科技成果转化引导基金参股我省创业投资企业和投资科技成果转化项目。（省发改委、科技厅牵头，省工信委配合）

2．鼓励有条件的地方，按照“政府引导、市场化运作”原则设立创业投资引导基金，发挥财政资金引导和聚集放大作用，引导民间投资等社会资本投入。鼓励具备条件的母基金通过参股方式予以支持。（各市〔地〕、县〔市〕政府〔行署〕牵头，省财政厅、科技厅配合）

3．各类创业投资基金应为高新技术成果产业化营造良好的投融资环境。发挥政府资金在引导民间投资、扩大直接融资、弥补市场失灵等方面的作用。（省科技厅牵头，省财政厅配合）

4．完善科技创业投资引导基金管理办法，进一步提高创业投资引导基金市场化运作效率，促进政策目标实现，维护出资人权益。建立创业投资基金绩效评价指标体系。（省科技厅牵头，省财政厅配合）

五、完善创业投资相关制度

（一）构建有利于创业投资行业健康发展的法制环境。

进一步落实促进创业投资发展相关法律法规和管理办法，探索对创业投资企业和创业投资管理企业实行差异化监管和行业自律。做好对我省外商投资创业投资企业有关服务工作。（省发改委牵头，黑龙江证监局、省商务厅配合）

（二）落实国有创业投资管理制度。

1．健全国有创业投资管理体制，完善分类监督考核机制、激励约束机制，形成鼓励创业、宽容失败的国有创业投资生态环境。支持有条件的国有企业谋划发起创业投资企业，适度开展收益较好的创业投资项目。支持国有创业投资企业开展混合所有制试点。探索地方政府融资平台转型升级为创业投资企业。探索国有创业投资机构高管人员、中层干部、管理团队在对创业投资项目初始投资时，以跟投方式进行员工投资入股尝试。（省国资委牵头，省科技厅、财政厅、黑龙江证监局配合）

2．支持符合条件的国有创业投资企业和国有创业投资引导基金依法依规享受豁免国有股转持政策。（省财政厅牵头，省国资委配合）

六、完善创业投资退出机制

充分利用市场化退出渠道。积极关注相关政策变化及交易所规则变化，引导创业投资企业利用多层次资本市场进行创业投资资本退出。进一步完善区域股权交易中心功能，增强服务创业投资企业能力。支持证券公司在依法合规前提下开展柜台市场业务，有序扩大收益凭证、收益互换及场外期权三类业务规模。鼓励创业投资以并购重组等方式实现市场化退出，规范发展专业化并购基金。（黑龙江证监局牵头，省金融办配合）

七、营造良好的创业投资市场环境

（一）优化监管环境。

1．落实更多的普惠性支持政策措施，营造公平竞争的发展环境。实施适度监管、差异监管和统一功能监管，创新监管方式，有效防范系统性区域性风险。做好备案登记服务，加强信息披露和风险揭示，对不进行实业投资、从事上市公司股票交易、助推投资泡沫及其他扰乱市场秩序的创业投资企业实行清查清退制度。（省发改委、黑龙江证监局牵头，省金融办配合）

2．发挥备案管理部门和行业协会的作用，建立行业规范，增强企业自律。加强投资者保护，维护其合法权益。加强投资者教育，提高其风险识别和风险承受能力。落实好募集资金的托管制度，规范创业投资企业募集资金行为，打击违法违规募集资金行为。（省科技厅、发改委牵头，省金融办、黑龙江证监局配合）

（二）优化商事环境。

1．积极落实各项创业投资企业和创业投资管理企业市场准入和发展的有关政策。推动创业投资行业发展备案和监管备案互联互通机制，为创业投资企业备案提供便利。（省发改委牵头，黑龙江证监局配合）

2．持续深化商事制度改革，提高工商登记注册便利化水平。对创业投资企业降低准入制度性成本、释放市场主体名称资源、放宽住所（经营场所）登记条件。（省工商局负责）

（三）优化信用环境。

依托黑龙江省信用信息共享交换平台，归集全省各部门创业投资企业、创业投资管理企业信用信息，并实现与国家企业信用信息公示系统（黑龙江）的互联共享。依法依规在“信用黑龙江”网站和国家企业信用信息公示系统（黑龙江）公示相关信息。充分发挥创业投资领域失信黑名单作用，推动各部门依法对创业投资企业、创业投资管理企业及从业人员实行守信联合激励和失信联合惩戒。（省工商局牵头，省诚信领导小组成员单位配合）

（四）严格保护知识产权。

1．提升创业投资企业保护知识产权的意识，强化知识产权执法队伍能力建设，建立侵权纠纷快速调解机制，健全知识产权援助体系，完善维权援助举报投诉机制，畅通知识产权维权援助热线。建设“知识产权评估评价体系”，促进开展知识产权质押贷款业务。（省知识产权局牵头，人民银行哈尔滨中心支行配合）

2．培育创业投资企业行业商标品牌。加强宣传和指导，积极引导创业投资行业企业申请注册创业投资服务类商标；对符合条件的创业投资服务类商标申请认定黑龙江省著名商标，参照省重点产业支持措施予以扶持。依法打击商标侵权违法行为，建立商标专用权保护的长效监管机制，依法查处各类商标侵权违法行为。（省工商局牵头，省知识产权局配合）

八、积极推动创业投资行业双向开放

（一）积极利用外资发展创业投资。

1．引进具有国际先进经验、技术和管理模式的创业投资项目，并做好此类项目的跟踪和创业投资项目的前期服务工作，对于不涉及国家规定实施准入特别管理措施的外商投资企业设立及变更采取备案制管理，可先行办理工商登记手续后再履行备案程序。对落地创业投资企业做好后期服务，帮助解决经营过程中遇到的困难和问题。（省商务厅牵头，省工商局配合）

2．依法依规对直接投资的企业在跨境人民币信息管理系统中开户进行合规性审核，准许开户行进行跨境人民币直接投资业务的申报。允许外资创业投资企业按照实际投资规模将外汇资本金结汇所得的人民币划入被投资企业。（省外汇管理局负责）

（二）推动创业投资企业“走出去”。

积极引导和鼓励创业投资企业到境外和港、澳、台地区投资高端研发项目，积极分享高端技术成果。鼓励创业投资企业充分利用国际对境外研发项目的支持，引导有意愿的创业投资企业到境外投资科技研发型境外经贸合作区，并积极为园区申请建设补贴资金。（省商务厅牵头，省科技厅配合）

九、完善创业投资行业自律和服务体系

（一）充分发挥行业协会自律作用。

依法设立黑龙江省创业投资行业相关协会，鼓励具备条件的市（地）成立市级创业投资协会，搭建行业协会交流服务平台。充分发挥行业协会在行业自律管理和政府与市场沟通中的积极作用，加强各级创业投资行业协会沟通交流，支持行业协会推动创业投资行业信用体系建设和社会责任建设，维护有利于行业持续健康发展的良好市场秩序。（省科技厅牵头，省民政厅、黑龙江证监局、省发改委配合）

（二）完善创业投资服务体系。

加强与创业投资相关的各类中介服务体系建设。支持创业投资协会组织通过多种渠道，以多种方式加强创业投资专业人

才培养，加大教育培训力度，吸引更多的优秀人才从事创业投资，提高创业投资的精准度。（省科技厅牵头，省人社厅、发改委配合）

十、加强统筹协调

建立促进创业投资发展的统筹协调工作机制。省发改委要会同中省直有关部门加强促进创业投资发展的政策协调，建立部门之间、部门与地方之间政策协调联动机制，各地、各部门要及时沟通信息，实现信息共享，加强创业投资行业发展政策和监管政策的协同配合。（省发改委牵头，省科技厅、工商局、财政厅、黑龙江证监局配合）

中省直各部门要按照职责分工，密切跟踪国家政策动态，结合我省实际，制定相关配套政策措施。各地、各部门要加强沟通协调，形成工作合力，制定实施细则和年度工作目标，确保各项政策及时落实到位，省政府有关部门将对各地落实情况进行督查。

黑龙江省人民政府

2017年3月27日

黑龙江省人民政府关于强化实施创新驱动发展战略进一步推进大众创业万众创新深入发展的实施意见

（黑政规〔2017〕31号）

为贯彻落实《国务院关于强化实施创新驱动发展战略进一步推进大众创业万众创新深入发展的意见》（国发〔2017〕37号）和省第十二次党代会关于以创新引领转方式调结构、实施创新驱动发展战略、支持大众创业万众创新的有关部署，现提出如下实施意见：

一、总体要求

（一）总体思路。

深入推进供给侧结构性改革，全面实施创新驱动发展战略，加快新旧动能接续转换，着力振兴实体经济。进一步优化创新创业的生态环境，着力推动“放管服”改革，构建包容创新的审慎监管机制，有效促进政府职能转变；进一步拓展创新创业的覆盖广度，着力推动创新创业群体更加多元，发挥大企业、科研院所和高校的领军作用，有效促进各类市场主体融通发展；进一步提升创新创业的科技内涵，突出科技人员、大学生、农民、城镇转移就业职工4支创业创新主力军的创造潜能，强化基础研究和应用技术研究的有机衔接，加速科技成果向现实生产力转化，有效促进创新型创业蓬勃发展；进一步增强创新创业的发展实效，着力推进创新创业与实体经济发展深度融合，结合“互联网+”“中国制造2025”和军民融合发展等重大举措，有效促进新技术、新业态、新模式加快发展和产业结构优化升级。

（二）基本原则。

——创新为本、多元发展。以科技创新为基础支撑，引导创新创业多元化、特色化、专业化发展，坚持创新创业与实体经济相结合，实现一二三产业相互渗透，推动军民融合深入发展，增强产业活力。

——改革先行、精准施策。以深化改革为动力，针对重点领域、关键群体精准发力，着力破除制约创新创业发展的体制机制障碍，促进生产、管理、分配和创新模式的变革，持续深入推进“放管服”改革，积极探索包容审慎监管，培育壮大新动能。

——人才优先、主体联动。以人才支撑为第一要素，激发人才创造潜能，鼓励科技人员、大学生、农民、城镇转移就业职工、留学回国人才等有意愿、有能力的群体更多投身创新创业。加强科研机构、高校、企业等主体融合发展，推动城镇与农村创新创业同步发展，形成创新创业多元主体合力汇聚的良性格局。

——市场主导、资源聚合。充分发挥市场配置资源的决定性作用，整合政府、企业、社会等多方资源，推动政策、技术、资本等各类要素向创新创业集聚，以市场化机制促进多元化供给与多样化需求更好对接，实现优化配置。

——价值创造、共享发展。大力弘扬创新文化，厚植创业沃土，营造敢为人先、宽容失败的良好氛围，推动创新创业成为生活方式和人生追求，使创新创业成果更多更公平地惠及全体人民。

二、大力促进高新技术成果产业化

（一）加强知识产权运用、维权和保护。加大知识产权保护力度，组织开展专利执法维权“护航”专项行动、“雷霆”专项行动，严厉打击专利违法行为。加强知识产权维权援助，针对市场创新主体开展维权援助需求调研、疑难案件专家咨询论证等，逐步建立维权援助举报投诉与执法保护的协同机制，充分发挥维权援助中心在支持执法、协助执法中的重要作用。发挥公共服务平台作用，搭建知识产权基础信息和知识产权运用系统，完善知识产权智能决策、过程管理和交互功能。（省知识产权局牵头负责）

（二）落实促进科技成果转移转化行动，培育和发展一批机制灵活、人才集聚、成效突出的国家级和省级技术转移示范机构。完善国有技术成果无形资产管理制度，探索技术成果所有权下放。支持“科淘网”等各类科技服务平台通过“互联网+”

方式连接技术转移服务机构、投融资机构、高校、科研院所和企业等，打造线上与线下相结合的技术交易网络平台，提供信息发布、融资并购、公开挂牌、竞价拍卖、咨询辅导等专业化服务。深入落实技术合同减免政策，进一步简化办事程序，提高服务水平。引导高校、科研院所、国有企业的科技成果挂牌交易与公示。支持高校、科研院所将闲置专利向企业许可转让，推动企业加强专利布局和专利挖掘，促进专利技术产业化和商品化。（省科技厅、知识产权局、财政厅等按职责分工负责）

（三）探索建立利用财政资金形成的科技成果限时转化制度。在新一代信息技术、生物、高端装备制造、新能源、新材料和新能源汽车、节能环保、数字创意产业等战略性新兴产业领域，立项部门与项目承担者约定成果实施转化期限，财政资金支持形成的科技成果逾期一年未转化的，除涉及国防、国家安全、国家利益、重大社会公共利益外，资助机构或政府有关部门可以授权第三方或许可他人有偿或无偿实施成果转化，成果研发团队或完成人拥有科技成果转化的优先处置权。（省科技厅牵头负责）

（四）制定支持我省龙头骨干企业、高校、科研院所围绕优势细分领域建设平台型众创空间的政策措施，引导众创空间向专业化、精细化方向升级。发挥哈尔滨科技创新城作用，鼓励现有孵化器完善功能，积极引入国内专业孵化机构合作或独立创办专业孵化器和众创空间，提升全省孵化器、众创空间发展水平。根据孵化器和众创空间的综合服务绩效和软硬件设施成本给予后补助。（省科技厅牵头负责）

（五）推动落实《黑龙江省促进科技成果转化条例》和《中共黑龙江省委、黑龙江省人民政府关于大力促进高新技术成果产业化的意见》（黑发〔2016〕23号）等促进科技成果转化的系列法规政策，强化激励导向，提高科技成果转化效率，激发科技人员创新创业积极性。（省科技厅牵头负责）

（六）促进仪器设备开放共享，探索仪器设备所有权和经营权分离。制定推动公共科技资源整合共享的政策措施，实现重大科研基础设施、大型科研仪器和专利基础信息资源对社会开放。鼓励仪器资源存量较大的拥有单位以自建市场化运营主体或委托第三方专业服务机构进行运营和服务的方式，提升仪器资源开放共享和配置效率。（省科技厅牵头负责）

（七）实施科研院所创新创业共享行动，赋予研究开发机构、高校等国有企事业单位科技成果使用权、处置权和收益权，鼓励科研院所根据自身优势制定实施推动科技成果在全社会范围实现共享和转化的政策措施，进一步提高科技成果转化能力和创新创业能力。（省科技厅牵头负责）

三、拓展企业融资渠道

（一）指导大型银行完善信贷业务授权机制，在有效防控风险的前提下赋予县支行合理的信贷业务权限，结合实际，将一定额度的低信用风险信贷业务审批权逐步下沉至县支行，加强对授权效果的监测、评估，实施授权的动态调整。加快拓展小微企业金融服务渠道。推动地方性法人银行继续向小微企业集中区域增设小微支行、社区支行。支持条件成熟的银行进行小微企业信贷子公司改革。合理设定授信审批条件，提高审批效率。鼓励商业银行为小微企业研发适合的中长期固定资产贷款产品。（黑龙江银监局牵头负责）

（二）开展知识产权质押融资，支持保险公司为科技型中小企业知识产权融资提供保险服务。加快推进科技金融产品和服务方式创新，探索适应高新技术全生命周期的融资产品和抵质押担保方式。支持科技型中小企业利用资本市场融资，鼓励科技型上市公司、挂牌公司等各类企业进行并购重组和再融资。探索投贷联动，有效增加科技创新企业的金融供给，为种子期、初创期的科技创新企业提供资金支持。（省科技厅、财政厅、工信委、知识产权局、人民银行哈尔滨中心支行、黑龙江证监局、黑龙江银监局、黑龙江保监局按职责分工负责）

（三）发挥省科技创业投资政府引导基金作用，与市（地）政府（行署）、社会资本合作建立天使投资、创业投资等覆盖科技型中小企业全生命周期的各类子基金，不断扩大基金总规模，助力科技型中小企业创新创业。扩大直接融资规模、提高直接融资比重。鼓励地方政府建立政银担、政银保等不同类型的风险补偿机制，支持政府性融资担保机构为科技型中小企业发债提供担保。（省科技厅、金融办按职责分工负责）

（四）健全国有创业投资管理体制，完善分类监督考核机制、激励约束机制，形成鼓励创业、宽容失败的国有创业投资生态环境。支持有条件的国有企业谋划发起创业投资企业，适度开展收益较好的创业投资项目。支持国有创业投资企业开展混合所有制改革试点。探索国有创业投资机构高管人员、中层干部、管理团队在对创业投资项目初始投资时以跟投方式进行员工投资入股尝试。（省国资委牵头，省科技厅、财政厅、黑龙江证监局等单位配合）

（五）拓宽创业投资资金融资渠道，大力培养和发展合格投资者，支持具有风险识别和风险承受能力的个人参与投资创业投资企业。鼓励天使投资人、创业投资基金入驻孵化器和众创空间开展业务。（省科技厅牵头，黑龙江证监局、省财政厅、国税局配合）

（六）争取国家新兴产业创业投资引导基金、国家中小企业发展基金、国家科技成果转化引导基金参股我省创业投资企业和投资科技成果转化项目。规范政府投资基金管理，完善引导基金的运行监管。整合省科技创业投资政府引导基金，设立黑龙江省创业投资母基金，吸引社会资本做大做强我省创业投资规模。（省发改委、科技厅、工信委、财政厅按职责分工负责）

（七）实施和完善科技创新券制度，鼓励使用创新券模式购买科技服务，推进科技资源开放共享。按照企业使用创新券购买技术服务实际发生费用的50%比例，给予最高不超过10万元的补助，引导科技型中小企业加大科技创新投入。（省科技厅牵头负责）

四、促进实体经济转型升级

（一）加强基础研究，提升原始创新能力。加大对应用技术研发的投入，围绕我省新旧动能转化和经济结构升级，支持产学研协同创新。发挥财政资金的杠杆作用，通过风险补偿、后补助、创投引导等方式，运用市场机制引导和支持企业技术创新和科技成果转化活动。对高校和科研院所科研人员通过众创空间、创新挑战赛与创业者凝炼提出的科学问题，采用政府引导，企业自筹、众筹联合投入等方式给予支持。提高省杰出青年基金对企业创新人才的资助比例。争取国家在我省设立制

造业创新中心。支持有条件的高新技术企业建立创新平台，为创业者提供科技支撑。（省科技厅、财政厅按职责分工负责）

（二）充分利用国家军民融合公共服务平台和我省军民融合平台资源，推进重大科研生产装备、重要科研生产能力的共用共享和军民供需信息互联互通，发挥哈尔滨工业大学、哈尔滨工程大学、中船重工703所、东安集团、哈电集团等涉及军工的高校、科研机构和大中型骨干企业的示范带动作用，围绕航空航天、增材制造、卫星应用、石墨烯、海洋工程装备等军民两用高技术产业，开展产业协同创新。（省工信委、科技厅按职责分工负责）

（三）加强企业间产需对接信息服务，及时发布企业的需求与供给信息，增强企业间的信息对称性，促进企业间的产需对接，实现协作配套。围绕产业链上下游协作对接、龙头企业配套对接、企业科技需求对接、人力资源需求对接、助力企业开拓市场、生产要素保障等方面，加强企业间产品供需、生产要素、人才信息、科技需求等方面的交流合作。（省工信委牵头负责）

（四）鼓励企业全面推进“双创”工作。发挥企业在创新活动中的主体作用，强化技术创新平台建设，提升创新支撑服务能力。鼓励装备制造、医药、食品、石化等重点行业大型企业开放“双创”平台，提升产业链上下游企业间的协同创新能力。提炼大型企业开展“双创”的成功经验和做法，加强典型案例和优秀解决方案的应用推广。鼓励国有企业充分利用淘汰落后产能、处置闲置厂房、空余仓库以及生产设施，改造建设孵化器和众创空间，通过集众智、汇众力等开放式创新，吸纳科技人员创业，创造就业岗位，实现转型发展。（省工信委、国资委牵头负责）

（五）推动构建适应分享经济发展的包容审慎监管机制和社会多方协同治理机制。加快数字经济发展，提升市场配置资源效率。按照国家部署，完善适应新就业形态特点的用工和社保等制度，支持劳动者实现多元化就业，符合条件的从业者可享受灵活就业社会保险补贴和自主创业扶持政策。创新网络市场监管机制，构建线上线下一体化监管机制，深入开展网络市场监管专项行动，依法受理和处理消费者投诉、举报。推动社会信用体系建设，加强守信联合激励和失信联合惩戒，大力推进农村信用体系建设，探索中小企业信用体系试验区建设。建设网络交易监管服务平台，创新税收网络业务监管手段，提高分享经济纳税服务能力。（省发改委、省委网信办、省通信管理局、人社厅、国税局、地税局、工商局、人民银行哈尔滨中心支行、省质监局等单位按职责分工负责）

（六）贯彻执行新产业新业态新商业模式统计分类，探索利用大数据等现代信息技术手段，研究“双创”发展统计指标体系，及时、客观反映经济结构优化升级的新进展。（省统计局牵头负责）

（七）优先安排新产业发展用地，根据各地确定的重点发展新产业，以“先存量、后增量”的原则，优先安排用地供应。对新产业发展快、用地集约且需求大的地区，可适度增加年度新增建设用地指标。新产业项目用地符合《划拨用地目录》的，可以划拨供应。鼓励以租赁等多种方式向中小企业供应土地，推行先租后让、租让结合供应方式。（省国土资源厅牵头负责）

（八）主动对接，跟踪国家关于促进首台（套）重大技术装备示范的应用意见及相关实施细则的制定落实，为我省企业争取国家首台（套）重大技术装备示范应用政策支持。利用好省重点领域首台（套）产品扶持资金，支持省内企业技术创新。（省发改委牵头，各有关单位按职责分工负责）

（九）利用省工业投资基金，围绕我省重点产业建设，采取政府引导、市场化运作、专业化经营管理的模式，通过股权投资方式并辅以专业的增值服务参与我省的工业升级，实现资本增值与地区发展。加强工业互联网建设。密切跟踪国家实施新一轮技术改造政策措施，重点在智能制造综合标准化与新模式应用、绿色制造系统集成、工业强基工程等方面积极组织省内企业申报。（省工信委牵头负责）

五、完善人才激励保障机制

（一）加强省属高校绩效工资管理，积极推进高校实行增加知识价值为导向分配政策改革，改革高校内部薪酬分配制度，在核定的绩效工资总量内可采取年薪制、协议工资、项目工资等灵活多样的分配形式和办法。高校可根据国家有关规定，自主制定教师到企业兼职从事科技成果转化活动的办法和离岗创业办法。（省人社厅、科技厅、教育厅按职责分工负责）

（二）实施国家留学人员回国创新创业启动支持计划和省级留学回国人员择优资助等项目，为留学回国人员创新创业提供资金支持。在事业发展上为留学回国人员提供发展平台，营造引才、用才、留才的社会氛围，聚集吸引更多高素质留学人才来我省创新创业。推动来内地创业的港澳同胞、回国（来华）创业的华侨华人享受当地城镇居民同等待遇的社会公共服务。（省人社厅牵头负责）

（三）全面落实国家外国人来华工作许可等有关制度要求。对主管部门认定的外籍人才申办签证、居留许可、永久居留身份证等出入境证件一律开通绿色通道，缩短办证时限。（省公安厅牵头负责）

（四）依托各类创新创业载体和平台，做好海外学人龙江行、“相聚龙江·共谋发展”侨商合作会议、“一带一路”沿线国家侨商合作会议等活动，优化华侨华人专业人士回国服务的政策环境，打造长效化侨务引智工作机制和服务体系，发掘和引荐具有原始创新能力的华侨华人高层次人才、有推动重大技术革新能力的高科技人才以及我省经济社会发展急需的各类人才，推动提升科技成果转化水平。（省外办牵头负责）

（五）推进省科学院、省农科院、东北农业大学、黑龙江大学等4家单位落实以增加知识价值为导向的分配政策试点，推动高校和科研院所落实自主权，完善绩效考核办法，激发科研人员创新创业积极性。出台进一步完善事业单位绩效工资工作办法，确保绩效工资工作顺利贯彻实施。（省科技厅、人社厅按职责分工负责）

（六）事业单位引进高层次人才和招聘急需紧缺人才，按规定可简化程序，采取考核的方式公开招聘。事业单位引进特定范围内高层次人才，可不受编制结构、岗位数额和结构比例限制，自主设置特设岗位，办理聘用手续。（省人社厅牵头负责）

（七）组织开展“创新争先行动”，实施青年人才托举工程，大力推荐、宣传科技“双创”先进典型。配合中国科协开展“创新驱动助力工程”示范城市建设，组织省级学会、协会、研究会实施“创新驱动助力工程”，搭建创新创业资源对接平台，引导和推动各类科技人员投身创新创业大潮。（省科协牵头负责）

（八）完善返乡下乡本乡人员创业创新扶持政策。对符合支农惠农资金等扶持政策规定的及时纳入扶持范围，优化申请程序，简化审批流程，建立健全政策受益人信息联网查验机制。统筹利用现有涉农资金渠道，将符合条件的返乡下乡本乡人员纳入扶持范围，强化落实取消、停征和免征部分行政事业性收费和政府性基金政策，贯彻落实好农业税收减免、小微企业税收优惠、支持创业就业等有关税收优惠政策。（省农委牵头负责）

（九）支持返乡下乡本乡人员使用乡镇土地利用总体规划确定的建设用地兴办企业，或与其他单位、个人以土地使用权入股、联营等形式共同举办企业。（省国土资源厅牵头负责）

（十）返乡农民工可在创业地按规定参加各项社会保险，返乡创业农民工子女纳入城镇（城乡）居民医保参保范围。（省人社厅牵头负责）

（十一）出台《黑龙江省柔性引进人才实施办法》，按照“不求所有，但求所用”的原则，以“政府引导、市场调节、单位自主、契约管理、待遇激励”的方式，在不改变人才的人事、档案、户籍、社保等关系前提下，本着以用为本，发挥实效，解决关键领域高素质人才稀缺等问题，汇集各类优秀人才参与我省经济社会建设。（省人社厅牵头负责）

六、创新政府管理方式

（一）严格落实公平竞争审查制度，推动统一开放、竞争有序的市场体系建设，省内各级行政机关和法律、法规授权的具有管理公共事务职能的组织制定市场准入、产业发展、招商引资、招标投标、政府采购、经营行为规范、资质标准等涉及市场主体经济活动的规范性文件和其他政策措施时，均应当进行公平竞争审查。（省物价监管局牵头，省公平竞争审查工作联席会议成员单位按职责分工负责）

（二）在全面实施企业“五证合一、一照一码”登记制度改革的基础上，将涉及企业登记、备案等有关事项和各类证照进一步整合到营业执照上，在全省全面实行“多证合一、一照一码”。进一步深化名称登记管理改革，全面实施企业简易注销登记改革，实现市场主体退出便利化。（省工商局牵头负责）

（三）全面实施“双随机、一公开”，规范行政执法检查行为。把握监管重点环节，健全随机抽查机制，推进抽查信息公开，构建联合惩戒机制，确保“双随机、一公开”监管方式全覆盖。行政执法单位及其行政执法人员要严格按照已经公布的权责清单开展行政执法检查，不得在权责清单以外开展行政执法检查，涉企检查不得干扰企业正常生产经营活动，坚决遏制重复执法、多头执法、滥用行政处罚权、执法简单粗暴等问题。（各市〔地〕、各有关单位按职责分工负责）

（四）选取部分基础较好的市（地）、县（市、区）开展相对集中行政审批权试点工作，在本级政府工作部门限额内设置行政审批机构，集中行使行政审批职能。（省编办牵头负责）

（五）推进办税便利化改革。拓展纳税人缴税渠道、创新缴款方法，逐步实现银行端查询缴税及银行卡缴税业务，推进银联云账单扫码、网关模式和银联手机APP等互联网缴税支付模式建设。探索前台一家受理、后台分别处理、限时办结反馈的服务模式，建立“一窗一人一机”联合办税服务窗口。开通网上税务局，开展联合网上办税服务。建设牡丹江市、大庆市、鹤岗市国地税合作市级示范区，推行一窗一人一机双系统。（省国税局、地税局牵头负责）

（六）扩大银税互动受惠面。将银税互动受惠群体由纳税信用A级拓展至B级。持续扩大参与“银税互动”商业银行的范围和数量。推动税务部门、银行业金融机构信息互通，鼓励银行业金融机构结合自身经营发展特点，对纳税守信、经营状况和发展前景较好的小微企业研发信用贷款类产品，给予优惠信贷支持。（省国税局、地税局、黑龙江银监局、人民银行哈尔滨中心支行牵头负责）

（七）支持哈尔滨新区、哈尔滨工业大学“双创”示范基地建设和经验推广。结合我省全面推进大众创业万众创新工作重点，强化“双创”政策体系建设，落实鼓励创业投资发展的优惠政策，完善“双创”示范基地支撑平台，引导各类社会资源向创业创新支撑平台集聚，推动基地尽快建成、尽早发挥作用，形成可复制可推广的创业创新模式和典型经验。（省发改委牵头）

（八）积极有序推进试点示范。推进哈尔滨市小微企业创业创新基地城市示范。依托现有开发园区、农业产业园，盘活闲置厂房、零散空地等存量资源，建设农民创业园等农村创新创业示范基地。争取建设“哈大齐”国家自主创新示范区，围绕“东北老工业基地振兴”“一带一路”倡议等国家战略目标，明确哈尔滨、大庆、齐齐哈尔3个国家级高新技术产业开发区自主创新的示范重点。突出农业特色，依靠创新驱动现代农业发展，争取建设佳木斯国家农业高新技术产业开发区。（省工信委、农委、科技厅按职责分工负责）

（九）持续办好“双创”活动周黑龙江分会场各项活动。组织开展展览展示、经验交流、信息发布、系列评选、文化传播等各具特色的活动，突出展示黑龙江省科技人员、大学生、农民、城镇转移就业职工4支创业创新主力军的亮点，展示“双创”成果，营造“双创”氛围，激发创新创业主体积极性，把“双创”活动周办出黑龙江特色，取得实效，推动“双创”理念更加深入人心。（省发改委牵头负责，各有关单位按职责分工负责）

各地、各有关部门要高度重视，加强组织领导，建立健全组织体系，加强指导，明确分工，密切配合，主动作为，进一步细化政策措施，不断拓展大众创业万众创新发展空间，汇聚经济发展新动能，释放全社会创新活力，推进大众创业万众创新深入发展。省政府将加强跟踪督查，确保各项政策措施落地生根，推动形成大众创业万众创新新局面。

黑龙江省人民政府
2017年10月26日

哈尔滨英才集聚计划实施方案

（哈政规〔2017〕6号）

为深入贯彻落实《中共中央关于深化人才发展体制机制改革的意见》（中发〔2016〕9号）和《中共黑龙江省委黑龙江省人民政府关于建立集聚人才体制机制激励人才创新创业若干政策的意见》（黑发〔2015〕6号）、《中共黑龙江省委黑龙江省人民政府关于贯彻落实〈关于深化人才发展体制机制改革的意见〉的实施意见》（黑发〔2016〕20号）精神，加快实施人才强市战略，积极做好高层次人才引进工作，结合我市实际，制定本方案。

一、工作目标

以企事业单位人才需求为导向，紧紧围绕重点领域项目建设、产业发展和高层次人才来哈创新创业，坚持“高、精、尖、缺”的人才引进原则，采取“政策+平台”“资金+基地”“人才+项目”等模式，大力引进我市急需紧缺人才。到2020年，引进国内高层次人才10000人，新建企业博士后科研工作站10个、省博士后创新创业实践基地20个、市博士后创新创业基地60个，计划引进和集聚博士、博士后及副高职以上人才200余人，引进海外高层次人才300人、外国专家项目200个、外国专家800人次，聘任市政府特聘专家200人。

二、主要任务

（一）实施企事业单位高层次人才引进工程。组织发动企事业单位，采取赴重点名校招聘、专场招聘、到发达地区公开招聘等形式，大力引进优秀人才。

（二）实施企业博士后人才集聚工程。发挥在哈高校、科研院所人才优势，盘活用好本地人才。利用博士后科研工作站、博士后创新创业实践基地等人才工作载体，建立市博士后创业示范中心，吸引一批高校、科研院所博士及副高职以上人才来哈创新创业。

（三）实施特邀专家聘任工程。以建立院士工作站等柔性引进方式，聘请一批省外高端人才来哈开展项目合作、科研攻关和成果转化，构建“不求所有，但求所用”的人才共享模式，为经济社会发展提供新的智力支撑点。

（四）实施海外人才智力引进工程。通过国家外专局引智项目和市地方项目引智计划，吸引一批外国专家和海外人才来哈开展项目合作和技术攻关。通过国家“千人计划”“万人计划”、留学回国人员创业启动支持计划和留学人员择优资助计划及省、市资助计划，吸引一批海外留学人员来哈创新创业。

（五）实施创新创业人才项目资助工程。对携带项目来哈创新创业的高层次人才给予大力支持。资助一批科技含量高、市场前景好的人才创新创业项目在我市落地转化。

三、有关政策

（一）对引进人才给予安家费、购房补贴、生活补贴。对中直省属在哈企业、市属企事业单位引进的两院院士，给予安家费100万元、购房补贴100万元，生活补贴每月发放1万元；对引进“长江学者”“千人计划”专家、“万人计划”入选者，给予安家费50万元、购房补贴50万元，生活补贴连续3年、每月发放0.5万元；对引进的国家自然科学奖、国家技术发明奖、国家科学技术进步一等奖主要完成人、享受国务院特殊津贴或国家级有突出贡献的中青年专家、大型企业高管，给予安家费30万元、购房补贴30万元，生活补贴连续3年、每月发放0.4万元；对引进的国家杰出青年基金获得者，国家自然科学奖、国家技术发明奖、国家科学技术进步二等奖主要完成人，中华技能大奖获得者，享受省政府特殊津贴或省级优秀中青年专家，大型企业中层正职管理人才，给予安家费20万元、购房补贴20万元，生活补贴连续3年、每月发放0.3万元；对引进的具有自主知识产权、掌握核心技术、取得发明专利的正高级专业技术职务人才和博士研究生，给予安家费10万元、购房补贴10万元，生活补贴连续3年、每月发放0.2万元。其中，到事业单位工作的，安家费、购房补贴、生活补贴由市人才发展资金全额承担；到企业工作的两院院士及“长江学者”“千人计划”“万人计划”专家安家费、购房补贴、生活补贴由市人才发展资金全额资助，其他人员安家费、购房补贴由市人才发展资金和用人单位各承担50%，生活补贴由市人才发展资金全额资助。引进的人才应与企事业单位签订不少于5年的劳动（劳务）合同，并在我市依法缴纳个人所得税和社会保险费。

（二）对院士工作站、博士后科研工作站、博士后创新创业实践基地建设及进站（基地）人员给予资助和补贴。对吸引院士、博士、博士后及副高职以上人才的中直省属在哈企业及市属企事业单位设立的院士工作站、企业博士后科研工作站和博士后创新创业实践基地，一次性分别给予50万元、20万元和10万元建设资助。对进站（基地）从事科研开发和成果转化的，院士给予科研启动费50万元，每月给予生活补贴1万元；博士、博士后及副高职以上人才一次性给予科研启动经费5万元，在站（基地）工作期间（最长不超过3年）每月给予生活补贴2000元。

（三）对市政府特聘专家予以奖励。对中直省属在哈企业及市属企事业单位通过项目合作、联合攻关等柔性方式引进的省外专家或专家团队，经单位申报、专家评审、市政府批准，可聘为市政府特聘专家，并颁发证书。对为经济社会发展、企业经济效益增长和地方财政收入增加做出贡献的，由市政府根据其贡献情况给予一次性奖励，其中一等奖3万元、二等奖2万元、三等奖1万元，对做出特殊贡献的可以申报特等奖10万元。

（四）对引智项目予以资金配套支持。对我市申报的经国家批复的引进外国人才项目，按照国家资助金额1：1的比例给予项目配套资助；对我市引进外国人才地方项目，经单位申报、专家评审后，参照国家标准给予经费资助；对引进国外人才智力成果，获得国家、省级、市级“引进国外智力成果示范推广基地”或“引进国外智力成果示范单位”称号的单位，每年根据其成果推广情况，分别给予15万元、10万元、5万元经费资助。

（五）对留学回国创业人员予以资助。对入选“国家海外人才千人计划”“国家外专千人计划”和“国家特支计划”的市属企事业单位人才，按照国家资助金额1：1的比例给予项目配套资助；对获得国家和省留学人员回国创业启动支持计划和留学人员科技活动项目资助的留学人员，按照国家和省资助金额给予1：1的配套资助；对引进的经国家有关部门认定具有硕士以上学历留学人员，享受国内引进人才同等待遇。

（六）对携带项目来哈产业化的人才（团队）予以资助。对携带项目来哈创新创业的国内外高层次人才，经评审，按启动、优秀、重点层次分别给予5万元、10万元、15万元经费资助；对被列为市重大产业项目且在哈进行产业化、能够带来重大经济效益、形成新的经济增长点的创新创业团队给予50万元至100万元资助。

（七）对创新创业高层次人才予以支持。对来哈创新创业，并在我市行政区域内注册成立科技企业的高层次人才，优先列为科技部门重点服务对象，符合条件的，依托市科技计划给予最高200万元项目资金支持。对在我市领办、创办、入股科技企业，且获得创业投资机构融资支持的，经审定，按照成果持有人现金出资额的20%，给予最高不超过300万元的股权投资配套支持。对新注册入驻经备案的科技企业孵化器（含众创空间）开展科技创业的，按照据实发生的房屋租赁缴费，每年给予不超过40%、最高3万元的房租补助，并优先推荐其申报国家、省科技计划项目及认定高新技术企业、技术先进型服务企业和知识产权试点示范企业，对其取得的科技成果优先推荐申报各类科技奖项。

（八）进一步扩大事业单位用人自主权。事业单位可根据需要，优先使用空余编制用于公开招聘重点高校毕业生。简化公开招聘程序，招聘统招硕士研究生以上学历（含教育部认证的海外留学硕士研究生以上学历）人员或高层次紧缺人才，可不经过笔试，由用人单位主管部门采取适当方式公开、择优选拔聘用。对市直事业单位引进的博士等高层次人才，有空编且手续完备的，到市编办办理落编手续；没有空编的，由用人单位主管部门向市编办提出在本部门所属其他同类型事业单位调整编制的申请，市编办下发调整编制的批复意见，专编专用。编制调整后手续完备的，到市编办办理落编手续。

（九）特殊情况“一事一议”。对能够为我市带来重大经济效益、社会效益的重点领域和产业引进的特殊人才及团队给予特殊政策、支持，具体标准可“一事一议”。

（十）不重复享受政策。经确认和评定的高层次人才，按照“就高、从优、不重复”的原则，享受我市人才优惠政策。

四、保障措施

（一）建立科学规范的人才评价体系。以能力和业绩为重点，突出用人单位主体作用，探索符合不同人才评价特点的评价方法。建立重在社会和业内认可，以政府为主导、用人单位为主体、第三方专业评价机构参加的人才评价机制。成立高层次人才评定委员会，按学科领域设立若干专家评审组。制定高层次人才确认办法和认定标准以及高层次人才团队评审办法，建立项目评审与人才测评相结合的评价指标体系，科学评价人才。

（二）搭建人才服务平台。建立高层次人才服务“绿色通道”，设立专门窗口，开通服务热线，帮助用人单位做好高层次人才引进工作，并为引进的高层次人才及其家属在信息咨询、户口转迁、身份证办理、子女入学、人才公寓提供、人才资金及社会保障支持等方面提供“一站式”服务。建立创新创业人才交流、技术应用、成果转化服务平台。在国外建立海外人才工作站，形成国际性引才服务网络。

（三）建立招商引资和招才引智相结合的工作机制。全面整合资源优势，结合我市重点产业发展需要，把招商引资和招才引智相结合，编制“招商+招才”政策汇编，集成现有人才政策和招商引资政策，实现人才政策和招商政策共同推介。建立起招商引资与招才引智相结合的工作机制，从单纯招商、引才，向“人才+项目”方式转变，在引进资金、项目的同时引进人才、技术、品牌，实现人才和项目最佳组合，达到引资与引智“双赢”。

（四）加大吸引高层次人才工作投入力度。完善市人才资金管理办法，为引进人才工作提供资金保障。对赴外地招聘人才的企事业单位在展位费、展示宣传费等方面通过市人才发展资金给予支持。各区县（市）政府、各有关部门要加大对人才工作的投入，进一步整合资源，统筹各部门、各领域相关专项资金，在符合项目支持条件的前提下向引进人才方面倾斜。同时，建立健全以用人单位为主，市、区县（市）两级政府分级负担、社会力量广泛支持的多渠道、多层次经费投入机制。

（五）加强对人才引进工作的组织领导。建立由市人社局、市发改委、市编办、市财政局、市科技局、市工信委、市教育局、市商务局、哈尔滨新区等参加的人才引进工作联席会议制度，市人社局为牵头单位，统筹协调人才引进工作，及时研究解决人才

引进工作中存在的困难和问题。市政府各有关部门要加强督促检查，确保各项政策措施落到实处。

五、有关要求

（一）统一思想，提高认识。各地区、各部门和各单位要充分认识英才集聚计划的重要意义，进一步增强工作的积极性和主动性，抢抓机遇，引进一批高端人才，为事业发展提供人才支撑。各有关部门、各新闻媒体要大力宣传英才集聚计划及优惠政策，积极营造吸引高层次人才来哈创新创业的良好环境。

（二）加强资金管理，提高使用效益。对市政府给予企事业单位引进高层次人才的资助资金，各单位要单独设账，严格资金使用管理，做好绩效评价，并于每年年底向市政府有关部门上报资金使用情况，切实提高资金使用效益。对绩效考核未达标或未完成绩效考核内容的，视情况全部或部分追回财政补助资金。市人社局、市财政局、市审计局等部门要按照省市有关规定，对专项资金使用情况进行监督检查，严肃查处提供虚假材料或虚报冒领、截留挪用资金等违规违法行为。

哈尔滨市人民政府
2017年2月6日

上海市人民政府
关于创新驱动发展巩固提升实体经济能级的若干意见

（沪府发〔2017〕36号）

实体经济是经济发展的根基。巩固提升实体经济能级，是上海贯彻落实党中央、国务院决策部署，发挥中国（上海）自由贸易试验区（以下简称“自贸试验区”）改革开放和建设具有全球影响力的科技创新中心创新引领作用的重要实践，对上海建设“四个中心”和卓越全球城市具有重要战略意义。为此，现就创新驱动发展，巩固提升实体经济能级提出以下若干意见：

一、明确指导思想和目标任务

（一）指导思想。

全面贯彻党的十八大和十八届三中、四中、五中、六中全会精神，深入贯彻习近平总书记关于不断巩固提升实体经济能级的重要讲话精神，牢固树立新发展理念，适应和把握经济发展新常态，以供给侧结构性改革为主线，坚持创新驱动、提质增效，着力加强服务、优化环境，促进二三产业共同发展、融合发展，防止资源、资金、资产脱实转虚，防止产业结构形态虚高，在振兴实体经济发展中体现上海新作为，进一步增强城市的吸引力、创造力和竞争力，继续当好全国改革开放排头兵和创新发展先行者。

（二）目标任务。

未来五年，适应上海城市功能定位的实体经济能级大幅提升，战略性新兴产业增加值占全市生产总值比重达到20%以上，制造业保持合理比重和规模，战略性新兴产业制造业产值占全市工业总产值比重达到35%左右，现代服务业优质高效发展，生产性服务业增加值占服务业增加值比重达到三分之二左右，新经济成为增长新动能，龙头企业和创新型企业持续涌现，基本形成法治化、国际化、便利化的营商环境和公平、统一、高效的市场环境，成为全国创新引领实体经济发展的新高地。

二、提升实体经济质量和核心竞争力

服务服从国家战略，坚持高端化、智能化、绿色化、服务化，加快转变经济发展方式，坚定不移推动产业结构调整，加强区域经济统筹发展，推动军民融合发展，做优存量、做大增量，坚持标准引领、品牌发展、质量为先，加快向产业链高端迈进，形成一批千亿级的产业集群，增强在全球产业链和价值链的竞争力。

（一）持续推进新型产业体系建设。

1．加快发展先进制造业。落实“中国制造2025”战略，聚焦发展新一代信息技术、智能制造装备、生物医药与高端医疗器械、新能源与智能网联汽车、航空航天、海洋工程装备、高端能源装备、新材料、节能环保等战略性新兴产业，成为世界级新兴产业创新发展策源地之一。加快推动汽车、船舶、都市工业等传统优势产业技术升级改造，加快生产方式向数字化、网络化、智能化、柔性化转变。

2．提升发展现代服务业。推动研发设计、文化创意、信息技术、总集成总承包、检验检测认证、供应链管理、人力资源等生产性服务业向专业化和高端化拓展。推进实体零售、文化服务、家庭服务、体育服务、旅游服务、健康服务等生活性服务业向精细化和高品质提升，实施新消费引领计划。

3．积极培育新技术新产业新业态新模式。强化数字技术、信息技术、智能技术向各行业各领域覆盖融合，大力推动大数据、人工智能、虚拟现实、增强现实、微机电系统、卫星导航、增材制造等加快发展，积极培育“制造+互联网+服务”新模式新业态，着力打造创新型、网络型平台，促进产业融合发展。

4．实现农业现代化。转变农业发展方式，提升农业科技和信息化水平，大力发展生产、生态、生活多功能融合、高附加值都市现代农业，建成国家现代农业示范区。

（二）促进区域经济统筹协同。

5．推动全市经济协同一体、集约高效发展。郊区集聚发展先进制造业，加快发展生产性服务业和特色生活性服务业，中心城区优先发展高端服务业和都市型产业，促进产城融合。制订本市产业统筹招商实施意见，市级层面加强产业规划和空间布局统筹，区级层面加强项目准入统筹，促进产业集群发展。

6．建立重大科技成果跨区域转化的市级协调机制。促进科创中心重要承载区创新成果在本市产业基地和园区实现产业化。依托产业园区、集聚区、功能性载体，搭建产业项目及资源的信息集成和供需对接平台。

（三）构建开放型经济新优势。

7．拓展“走出去”新空间。发挥“一带一路”战略桥头堡作用，积极推进高端装备制造、能源、港口、通信等领域的国际产能合作和建设能力合作，推动装备、技术、管理、标准、服务“走出去”，探索建立上海国际产能合作服务平台。鼓励企业通过并购投资等多种方式增强国际化经营能力，提高境外投资质量和效益，逐步形成若干具有国际知名度和影响力的本土跨国公司。

8．深化国内区域经济合作交流。贯彻“长江经济带”国家战略，深入推进长三角地区协同，促进产业合理布局和集群发展。加强产业升级、科技创新合作，加快形成共建共享的公共服务和统一开放的市场体系，打造区域创新网络和科技交流合作平台。探索跨区产业园区共建，共同打造若干规模和水平位居国际前列的产业集群。

（四）加大重大项目推进力度。

9．加快重点产业项目建设和储备。积极引进一批引领性强、成长性好、带动性大的产业项目，统筹推进全市10亿元以上重大产业项目，加快项目落地、开工和竣工投产，提升项目数量和质量，确保产业投资规模适度增长。瞄准国家战略和产业发展制高点，加快推进集成电路、民用航空发动机及燃气轮机、大飞机、智能制造、先进传感器及物联网、新型显示、北斗导航及空间信息、创新药物与高端医疗装备等领域重大项目组织实施。加快推进国际旅游度假区、世博园地区、虹桥商务区等标志性区域和服务业集聚区的重大项目建设，深化“互联网+生活性服务业”创新试验区建设。

10．推动军民融合发展。出台促进军民融合有关办法。协调保障涉军重大专项和军工科研生产任务顺利实施，组织一批军民融合重大项目落户，全面完成国家赋予上海的国防科研生产任务。组织实施“国防强基工程”，主动承担国家重大科技专项，形成一批国内领先、填补空白的民口配套产品和技术。鼓励军工单位采用先进适用的民用技术，启动军民融合产业示范基地建设，促进军民技术双向转移转化。

（五）全面提升经济质量水平。

11．加快提升质量和标准。推进产业提升品质、提高效益、强化绿色、增强辐射和迈向高端。实施千项工业精品创造计划，加强产品质量攻关。开展仿制药质量和疗效一致性评价。组织攻克一批关键共性质量技术，建设重点产品全生命周期质量追溯体系，以及检验检测、质量和标准化等公共服务平台。组织开展“上海品质”建设试点工作，培育一批质量标杆企业。大力发展标准化服务体系，推出上海制造、上海服务、上海设计等系列评价标准。

12．支持自主品牌振兴和发展。实施以增品种、提品质、创品牌为核心的“三品”战略，以市场为导向、以创新为动力、以企业为主体，大力发扬工匠精神，扶持品牌培育、运营和评估专业服务机构，创新提升老字号品牌，加大商标保护力度，有力推进品牌建设。

13．深入推进产业结构调整。坚决调整淘汰低效落后产能，建立“压减”与“新增”引导对接机制，完善产业结构调整负面清单，鼓励支持资源要素盘活再利用，打造产业结构调整盘活信息服务平台。

三、创新引领实体经济发展

牢牢把握世界科技进步大方向、全球产业变革大趋势，立足科技创新中心建设，大力实施创新驱动发展战略，围绕产业链部署创新链，着力构建适应科技创新的体制机制，激发市场主体活力，促进创新成果转化，形成一批全国乃至全球创新百强的创新型标杆企业。

（一）加强科技创新供给。

14．建设张江综合性国家科学中心。加快硬X射线自由电子激光装置、超强超短激光等重大科技基础设施群建设，开展生命、材料、环境、能源、物质等多学科交叉前沿研究，建设有国际影响力的大学、科研机构和国家实验室，为实体经济提供创新支撑。

15．布局重大科技专项。加快推进航空发动机及燃气轮机等国家重大专项，积极争取量子通信和量子计算机、脑科学与类脑研究等国家科技创新2030重大项目落户。围绕国家战略和产业需求，在信息技术、生物医药、高端装备等领域加快布局一批市级重大科技专项。面向创新需求，建设一批研发与转化功能型平台。

16．推进产业创新工程。深化智能网联汽车“创新链突破、产业链培育、资源链开放”创新行动，推进工业互联网“互联互通改造、服务平台建设、试点示范引导”重点项目，布局一批重点创新工程。实施工业强基工程，推动一批核心元器件/零部件、先进工艺和关键材料实现工程化、产业化突破。建设一批有影响力的国家级和市级企业技术中心。在集成电路、智能制造等领域，形成5—10家具有较强影响力的制造业创新中心。

17．创新智能制造应用模式。支持市场导向、多方协同开展智能制造应用“十百千”工程，推广融资租赁、效益分享、生产能力共享、产融结合、应用与产业联动等智能制造应用新机制，建设国家机器人监测与评定中心等重大项目。

（二）激发市场主体创新活力。

18．健全企业主体创新投入激励机制。扩大高新技术企业数量和规模，推广张江国家自主创新示范区企业股权和分红激励办法。完善国有企业以创新为导向的考核评价体系，加大科技创新指标权重。深化落实“三个视同于和一个单列”政策，对本市国有企业符合条件的研发投入、创新转型费用、境外投资项目费用，在考核业绩时视同于利润；境外投资合作项目，经认定可在一定期限内单列考核。对竞争类国有企业集团，实施任期创新转型专项评价。

19．优化企业创新支持方式。加大政府首购、订购创新产品的力度，发挥高端智能装备首台突破、新材料首批次、软件首版次专项作用，促进创新产品市场化应用。鼓励行业领军企业联合中小企业和科研单位共建高水平研发机构。引导中小企业向“专精特新”方向发展，培育一批国内及国际细分行业“隐形冠军”，打造一批卓越创新企业。

20．促进科技成果转移转化。实施本市促进科技成果转化条例，完善科技成果转化收益分配制度，畅通科研院所和高校技术转移通道。加快建设专业化、市场化技术转移机构，发挥技术转移交易平台功能作用，促进各类科技中介服务机构发展。健全科技成果向技术标准转化的工作机制，加大对技术标准科研项目的支持力度。实行严格的知识产权保护，加强知识产权运用。

（三）大力推动创新创业蓬勃发展。

21．完善“四新”经济发展环境。以宽广的视野、宽松的管制、宽容的氛围、宽心的体制机制，严密周到的服务和严密透明的监管，依托“四新”发展“2+X+16”服务体系，健全问题发现、梳理、化解、突破的机制，破除体制机制障碍。围绕大数据、工业设计、卫星导航、互联网教育等重点领域，加快建设一批“四新”经济示范引领区。

22．健全包容和支持创新发展的管理机制。创新对新兴经济领域市场主体的准入服务，及时将新兴企业纳入新兴行业名称、经营范围表述及行业分类管理等目录和政策支持范围。适应技术更迭和产业变革要求，建立相关标准动态调整和快速响应机制。积极开展新经济领域的统计研究，创新统计方式方法，与时俱进完善统计制度。

23．提升“双创”服务能力和水平。建设国家“双创”示范基地，搭建全要素、全创新链资源集聚的“双创”服务平台，鼓励和支持有条件的大型企业发展“双创”平台，形成产业创新生态群落。促进众创空间服务实体经济转型升级，加强众创空间国际合作。

四、构建有利于实体经济发展营商环境

发挥自贸试验区改革开放的示范引领作用，坚持以制度创新为核心，进一步扩大对外开放，提升“引进来”能级和水平，深化“放管服”改革，加快政府职能转变，加强事中事后监管，构建“亲”“清”新型政商关系，优化企业服务，增强企业获得感。

（一）创新政府管理方式。

24．建立更加开放透明的市场准入管理模式。最大限度缩减自贸试验区外商投资负面清单，推进电信、维修、航运服务等领域对外开放。对市场准入负面清单和外商投资准入特别管理措施以外的行业、领域、业务等，各类市场主体皆可依法平等进入。深化“证照分离”改革，扩大实行告知承诺的领域。

25．全面深化商事制度改革。加快推进“多证合一”，放宽新兴行业企业登记条件，探索企业登记住所、名称、经营范围登记改革，推行全程电子化登记和电子营业执照改革试点，建立普通注销登记制度和简易注销登记制度相互配套的市场主体退出制度。

26．构建具有国际竞争力的创新产业监管模式。进一步提升行业管理水平，完善有利于提升集成电路全产业链国际竞争力的监管模式，优化生物医药全球协同研发的试验用特殊物品的准入许可，试点数控机床、工程设备、通信设备等进口再制造。创新口岸监管服务，深入实施货物状态分类监管，扩大海关自主报税、自助通关、自动审放、重点稽核试点范围，推广第三方检验结果采信。

27．强化事中事后监管。全面建成事中事后综合监管平台，加强信息互联共享，健全跨部门监管协调机制。完善市公共信用信息服务平台功能，对守信者实行减少检查频次、绿色通道等激励政策，对严重失信主体加强联合惩戒。

（二）提升服务企业能力。

28．建设全市企业服务平台。形成集聚政府政策和服务的“一门式”窗口，构建面向全所有制、全规模、全生命周期的普惠制企业精准服务体系，完善企业诉求汇总、跨部门协作与跟踪督办机制，研究解决各类企业发展中遇到的难点和突出问题。

29．完善企业服务工作协调机制。制订企业服务清单，提供更有效政府服务，开展企业服务机构、政策实施效果第三方评估。鼓励基层服务企业创新，加大街镇、园区安商稳商力度。充分发挥行业协会、商会等社会组织在行业自律、企业服务、政策协调等方面的作用。

（三）促进各类所有制企业发展。

30．推动民营企业创新升级。加大普惠性政策力度，进一步消除制约非公经济发展的制度性障碍，放宽非公有制经济市场准入，激发企业家精神，支持民营资本进入医疗、养老、教育等民生领域，支持民营企业设立总部和功能性机构，鼓励非公有资本更深层次参与国有企业混合所有制改制。

31．提高利用外资的质量和效益。积极构建面向全球的投资促进网络，鼓励外商投资投向先进制造业和现代服务业，实施产业转型升级和技术改造。鼓励跨国公司设立地区总部和采购中心、营运中心、结算中心等。

32．推动国有企业做优做大。支持央企加大投资、开展合作，在本市布局地区总部、金融总部、研发中心和重大产业项目。以市场为导向，深化国资国企改革，创新发展一批、重组整合一批、清理退出一批，推动国有资本重点投向实体经济。

（四）加大财政支持力度。

33．完善财政投入机制。深化市与区收入分配机制改革，着力从财政体制上调动各区加快产业转型升级、发展实体经济的积极性。研究鼓励企业实施技术改造政策，加大技术改造支持力度。进一步发挥产业转型升级、战略性新兴产业发展、服务业发展引导资金等专项资金作用，扩大“科技创新券”“四新券”覆盖范围。建立跨部门的财政科技项目统筹决策和联动管理制度，加大对产业化项目、应用研究、基础研究的投入。完善政府采购支持政策，落实对中小企业、创新产品和服务的采购规定。

五、引导资源要素向实体经济集聚

主动适应特大城市资源要素紧约束新常态，进一步提高要素保障水平和资源利用效率，破除瓶颈制约，改革创新举措，有效促进资金、人才、土地、信息等资源要素向实体经济集聚，为实体经济发展提供有力支撑。

（一）强化金融要素支持。

34．发挥自贸区金融开放创新试点制度优势。加强自贸区金融改革与国际金融中心建设联动，加快建设面向国际的金融市场平台，进一步拓展自由贸易账户功能，拓宽企业跨境投融资渠道。

35．大力促进产融结合。推动银行业金融机构建立差异化信贷管理体制，开展投贷联动、产业链金融、并购贷款、无形资产质押贷款等融资服务模式创新。支持有条件的大型企业设立财务公司，推动金融机构和制造业企业发起设立金融租赁公司，鼓励符合条件的民营企业发起设立民营银行。鼓励保险公司发展企业财产保险、责任保险、保证保险等业务，推进首台（套）重大技术装备保险试点工作，推动保险资金通过债权、股权、基金、资产支持计划等多种形式为实体经济提供资金融通。建立产融信息对接合作平台，推动浦东、嘉定建设国家产融合作试点城市（区）。完善金融综合监管联席会议机制，推动信用信息共建共享，切实防范金融风险。

36．充分利用多层次资本市场。支持企业开展上市、发债、资产证券化以及在“新三板”、上海股权托管交易中心挂牌。发挥产业转型升级、集成电路等产业基金作用，引导和鼓励社会资本设立若干个百亿级产业投资基金。发挥本市中小企业政策性融资担保基金功能，不断完善多元化融资担保体系，为企业融资提供信用增进服务。

（二）促进人才集聚培育。

37．大力集聚海内外优秀人才。落实“上海人才30条”，选拔推荐和培养国家级人才和上海领军人才等，发挥户籍政策的激励导向作用，积极支持实体经济引进紧缺急需的高层次人才。注重培养技能型人才，建立一批高技能人才培养基地，建设一批技能大师工作室，打造实体经济高技能人才队伍。

38．创新优化人才服务管理。完善实体经济专业技术人才职称评审体系，对高层次人才建立高级职称评审的便利通道，优化科技成果转化类、应用开发类科技人员分类评价标准。引导高校、科研院所与企业科研人才双向流动，支持科研人员到企业兼职和离岗、在岗创业。鼓励实体经济企业独立开展博士后科研创新。强化人才激励机制，鼓励各类企业通过股权、期权、分红等方式加大对优秀人才的激励力度。

39．着力破解人才住房难题。增加公租房分配供应，鼓励单位整体租赁公租房并相应放宽入住人才准入条件。鼓励人才集聚的大型企事业单位、产业园区平台利用自有土地建设人才公寓（单位租赁房）等配套服务设施，产业类工业用地配套的租赁住房等服务设施建筑面积占项目总建筑面积的比例不超过15%。鼓励各区、产业园区和用人单位向人才提供多样化的住房资助。

（三）优化土地资源供给。

40．加强对先进制造业的空间保障。推进工业用地转型升级，到2020年，全市工业用地规模保持在550平方公里左右，对规划工业用地予以严格管控，为制造业长远发展留足空间。统筹安排用地计划指标，重大战略性新兴产业项目由市统筹予以保障。各区加强对重点项目用地保障，每年工业用地减量化腾挪出的土地指标，按照不低于1/3的比例用于重点工业项目。实行工业用地弹性年期出让，承担国家及上海重大战略的产业类或功能性项目，经认定后，可按照最高50年出让年期出让。

41．提高产业空间资源供给能力。探索设立产业园区转型升级投资基金，积极推动园区平台主体参与园区转型升级。加大存量土地二次开发力度，鼓励符合产业导向及规划要求的现状优质企业开展技术改造，存量工业和研发用地按规划提高容积率的，各区政府可根据产业类型和土地利用绩效情况，确定增容土地价款的收取比例。

（四）加强信息资源支撑。

42．全面提升信息基础设施能级。落实网络强国战略，加快5G、千兆宽带网络、物联网等新一代信息基础设施建设，加强网络信息技术自主创新，推动云计算、大数据、移动互联网等新兴业态发展，促进信息技术、产品、业务与实体经济的深度融合，打造世界级信息基础设施能级标杆城市。

43．着力推动互联网和实体经济深度融合发展。实施工业互联网行动计划，建设工业大数据和工业互联网等功能型平台，创新综合性解决方案推广应用模式，创建国家级工业互联网示范城市，促进信息化和工业化深度融合。推进公共信息资源开放共享和社会化开发利用，鼓励开展多样化、专业化的信息增值服务。全面推广智慧应用，激发“互联网+”创新创业活力，推动传统业态和服务模式创新发展，最大限度释放信息生产力。

六、降低实体经济企业成本

按照“高度透明、高效服务，少审批、少收费，尊重市场规律、尊重群众创造”的总体要求，突出问题导向，坚持标本兼治、精准施策，千方百计帮助企业降本减负，着力降低制度性交易成本，切实降低要素成本，合理减轻税费负担。

（一）着力降低制度性交易成本。

44．完善优化产业项目审批流程。围绕产业投资、生产经营领域，再取消和下放一批市场能够自主调节、行业能够自律管理、基层能够有效实施的行政审批等事项。进一步清理各种行业准入证、上岗证。按照“强化基础、提前介入、告知承诺、同步审批、会议协调、限时办结”的要求，推进开工项目和开业项目的审批期限在法定时间的基础上压缩1/3。

45．深化行政审批中介服务改革。严格评估评审目录管理，规范评估评审行为，优化简化评估评审的形式和内容，推行分类评估评审、区域评估评审和同步评估评审改革，继续推进中介机构与政府部门脱钩改制工作，清理规范行政审批中介服务收费。

（二）切实降低要素成本。

46．降低企业用地成本。按照最高20年出让年期出让的工业用地，出让价格按照基准地价对应的最高年限进行年期修正，并可在出让合同中，约定土地使用权到期申请续期条件和续期出让价格。鼓励企业采用先租后让、租让结合方式使用土地，鼓励园区平台采用先租后售方式供应产业用房。

47．降低企业用工用能成本。平稳适度调整最低工资标准，适当降低企业社保缴费比例。建立天然气价格上下游市场化谈判机制，努力降低天然气采购成本，推进输配电价改革，开展电力用户与发电企业直接交易试点。

48．降低企业物流通信成本。继续完善交通基础设施体系，提高通行效率和服务能力，鼓励铁路部门对大运量物资给予优惠便利措施，大力发展多式联运，规范机场铁路港口等经营性收费。鼓励电信运营商针对各类企业推出更优惠的产品和套餐，降低中小企业互联网接入资费，为企业提供具有竞争力的上网资费与服务。

（三）合理减轻税费负担。

49．积极落实各项减税政策措施。按照国家要求，深入推进“营改增”试点工作，积极落实支持科技成果转移转化的税收政策。贯彻小微企业税收优惠政策，落实提高科技型中小企业研发费用加计扣除比例、股权激励递延纳税和技术成果投资入股选择性税收优惠等政策。落实创业投资企业、天使投资人采取股权投资方式直接投资于种子期、初创期科技型企业满2年的，可以按照投资额的70%，抵扣应纳税所得额政策。

50．清理规范政府性基金和行政事业性收费。落实取消本市电价、水价中包含的城市公用事业附加等2项政府性基金，落实取消或停征环境监测服务费等16项中央设立行政事业性收费，取消内河货物港务费等5项地方设立涉企收费项目。进一步规范涉企经营服务性收费管理，加大监管力度。清理规范涉企保证金，建立常态化公示制度。

各区、各有关部门要切实把思想和行动统一到中央对振兴实体经济的决策部署和市委、市政府的工作要求上来，注重运用创新思维和改革办法，着力破解实体经济发展中存在的难题。要建立常态化的组织协调和督查落实工作机制，研究制定相关配套政策文件，系统梳理现有政策，形成可操作的实施计划和工作方案，加快落实推进目标任务，切实巩固提升实体经济能级。

上海市人民政府
2017年5月27日

中共江苏省委关于聚力创新深化改革打造具有国际竞争力人才发展环境的意见

（苏发〔2017〕3号）

为全面贯彻党的十八大和十八届三中、四中、五中、六中全会精神，深入学习贯彻习近平总书记系列重要讲话特别是视察江苏重要讲话精神，认真落实中央《关于深化人才发展体制机制改革的意见》，按照省第十三次党代会部署要求，现就我省聚力创新，深化改革，充分发挥用人主体作用，进一步激发市场活力，形成人才脱颖而出、公平竞争的体制机制，提出如下意见。

一、着力完善创新创业导向鲜明的人才培养机制

1．创新人才教育培养模式。结合高等教育改革和布局调整，加快推进高校“双一流”建设和高水平大学建设，强化大学生创新创业意识和能力培养。探索建立学术休假制度，高校教学科研人员工作每满6年，可享受一定期限的带薪学术休假，开展专业进修或研发创新活动。探索推行高校工程技术学科的应用型教学人员晋升高级职称，应有半年以上企业工作或实践经历。积极推进产教融合，支持企业科技人才到高校兼职，推进产业教授在高校开设学分课程、联合指导研究生。实施大学生企业工程师培育计划，加强政策引导，鼓励优秀大学毕业生到企业工作，进行重点培养，加快成长进程。实施弹性学制管理，支持大学生保留学籍休学创业。实施优秀博士后培育计划，着力资助培养符合我省重点学科、产业发展方向的博士后，不断提高培养质量。支持建设企业大学、创客学堂等新型社会教育培训机构，不断壮大众创队伍，营造众创声势，提升全域创新创业浓度。

2．推进人才培养支持计划改革。高度重视用好本土人才，完善相关政策，更好地发挥本土人才作用。改进“333工程”等人才培养支持方式，推行以奖代补、跟奖跟补，实现奖励与贡献实绩挂钩。聚焦产业发展，深化实施“产业人才高峰行动计划”，加大产业领军人才培养支持力度。加强专业技术人才知识更新培训。设立青年专项，提高对青年人才的资助比例。统筹省内产业、科技和人才等各类工程项目资源，形成集成支持。加强目标管理，强化滚动培养，实施差异化考核，落实退出惩戒制度，切实提高人才培养绩效。

3．铸造新型企业家队伍。大力弘扬企业家精神，加强文化引领。建立企业家培训制度，开办“苏商大讲堂”，支持优秀企业家赴境外学习交流，促进企业家能力提升。实施百千科技企业家培育工程，通过强化项目支持、建立定向联系、搭建合作平台等途径，进行定制式培育和个性化扶持，培养一批既通科技又懂市场的复合型创新创业人才。实施千名青年企业家接力计划，把握创业企业家代际交接的阶段特征，整合运用领军企业、知名高校和创业成功人士资源，选拔“创二代”后备人才进行专项培养培训，造就一批优秀青年苏商。培育职业经理人队伍，推行国有企业经营管理人才市场化选聘，加快推进国有企业经理层人员任期制和契约化管理。选树一批企业家领军人物，挖掘提升价值内涵，总结推广成功之道，充分发挥“头雁效应”。积极构建“亲”“清”新型政商关系，营造有利于企业家创新创业的生态环境。

4．培养技艺精湛的技能人才。积极发掘和培养各领域能工巧匠、民间艺人等乡土人才，加强乡土人才技能培训和技艺传承，制定支持乡土人才创新创业的系列政策。建立健全技术技能人才培养体系，引导一批普通本科高校和独立学院向应用型高校转型发展，推进中职、高职、应用型本科教育分段培养或联合培养。推行企业新型学徒制、“双导师制”“双元制”职业教育，完善职业教育学历与职业资格证书双证书制度。拓宽职业发展通道，研究制定技能人才与专业技术人才职业发展贯通办法。不断提高技术技能人才经济待遇和社会地位，企业在聘的高级工、技师、高级技师可参照本单位助理工程师、工程师、高级工程师享受同等工资福利。推行企业首席技师、特级技师制度，享受教授级高级工程师待遇，试行年薪制和股权制、期权制。

二、加快构建整合全球资源的人才引进机制

5．大力引进金字塔塔尖人才。实施顶尖人才顶级支持计划，对引进世界一流的顶尖人才团队，简化程序、一事一议、特事特办，最高给予1亿元项目资助。深化实施“双创计划”，聚焦重点产业、重点企业、重点园区和其他重要领域，大力引进产业发展最前沿、科技创新最核心的领军型人才。实施“凤还巢”计划，更大范围柔性汇聚江苏出生或曾在江苏学习、工作、生活过的海内外各领域标志性人才。加大人才计划支持力度，重点引进江苏高端制造业发展急需紧缺的工匠大师。完善特级专家津贴制度，对在我省工作的发达国家院士、国家最高科学技术奖获得者以及“两院”院士等杰出人才，省财政每月给予1万元的特殊人才补贴。

6．激发企事业单位引才活力。研究制定支持政策，鼓励有条件的企事业单位在境外通过设立研发中心、共建实验室等形式，吸纳用好海外优秀人才。鼓励各类企业和高校、科研院所、公立医院根据发展需要，按照上年度销售额或总支出的一定比例，设立人才发展专项资金。省和各地建立引才奖补制度，对引进高层次人才的企事业单位，通过跟奖、跟补等方式，在引才投入、租房补贴、项目资助等方面给予支持。企业引进高层次人才，支付的一次性住房补贴、安家费、科研启动经费等费用，可按照规定在计算企业所得税前扣除。国有企业引进高端人才经费视同利润考核，新招录高层次人才薪酬不纳入企业当年和次年薪酬总额。高校、科研院所、公立医院等事业单位通过年薪工资、协议工资、项目工资等形式聘用的高层次人才和创新实践成果突出的优秀科技人才，其人员及实际薪酬发放水平不纳入所在单位绩效工资总量核定范围。

7．打造开发区产业和人才融合新高地。坚持以产引才、以才促产，推动开发区制定产业与人才融合发展专项规划。引导各类开发区围绕做大做强优势产业，集聚特色产业人才，打造一批“产业+人才”特色小镇。坚持招才引智与招商引资并举，引进高层次人才和急需紧缺人才，视同招商引资项目进行考核。支持“招院引所”，鼓励开发区与高校、科研院所共建研究院所和产业技术创新联盟，共同引才育才，共享科研设备设施。支持建设人才发展缓冲基地，推行人才在高校等事业单位与园区“双落户”制度，畅通人才在不同体制间的流动渠道。

8．积极引进急需紧缺外国人才。扩大人才对外开放，创新外国人才引进方式和使用机制，深入实施“外国人才智力引进工程”，着力引进处于国际产业和科技发展前沿，具有世界眼光和深厚造诣、对华友好的各类优秀外国人才。研究制定国有企事业单位聘用外国人才的方法和认定标准。积极争取优秀外国留学生毕业后直接在苏创业就业试点。推进下放县级公安机关出入境管理机构外国人签证证件审批权，缩短审批期限。试点扩大外国人才R字签证（人才签证）范围，对符合条件的外国人才提供办理口岸签证、工作许可和长期居留许可的便利。完善海外高层次人才居住证制度，全面落实各项待遇。

9．强化人才供需精准对接。建设“江苏人才云”大数据平台，动态掌握人才家底，加强人才需求预测预警。绘制全球高层次人才地图，准确掌握各领域海内外领军人才分布。在高层次人才集聚的国家和地区，建立引才引智联络机构，聘请引才引智大使。推广人才举荐制，强化以才引才、以才荐才。加强与国际学术组织和国家相关行业协会、专业学会联系对接，鼓励社会各方力量参与人才引进，积极培育和引进猎头机构，拓宽寻才引才渠道。引进“一中心、一基地”建设急需、产生重大影响和显著经济社会效益的顶尖人才或团队，由省财政给予引才中介50万—100万元奖励。

10．搭建具有全球影响力的聚才活动平台。定期举办海内外江苏人才交流活动，畅通与全球人才对接联系渠道。依托我省特色优势产业，举办世界物联网大会、世界智能制造大会、世界未来网络大会等具有全球影响力的产业科技活动，以产业集聚人才。吸引国内外高水平学术会议、专业论坛在我省举办或永久性落地。面向海内外积极开展各类创新创业大赛等活动，实现以赛荐才、以赛聚才。探索重大引才活动服务外包，运用市场力量，提高引才质效。

三、积极创新有利于释放活力的人才使用机制

11．强化人才分类评价。建立多元化人才评价体系，强化品德、能力和业绩导向，克服唯学历、唯职称、唯论文倾向。基础研究和前沿技术研究人才，突出中长期目标导向，适当延长评价考核周期，着重评价研究质量、原创价值和实际贡献。应用研究和技术开发人才，坚持市场发现、市场评价、市场认可，把人才享受的薪酬待遇、创造的市场价值、获得的创业投资等作为人才评价的重要依据。哲学社会科学人才，突出社会评价，以理论创新、决策咨询支撑和社会影响作为评价基本依据。

12．创新人才激励政策。赋予企事业单位科技成果使用、处置和收益自主权，提高职务发明成果转让收益用于奖励研发团队的比例。开展高校、科研院所等单位与发明人对知识产权分割确权和共同申请制度试点。鼓励企事业单位通过股权、期权、分红等激励方式，调动科研人员创新积极性。非上市公司授予本公司专业技术人才的股权激励等，符合条件的可按规定递延至转让股权时缴纳个人所得税。有条件的设区市、县（市、区）应当对本地产业发展有特殊贡献的科研人员予以奖补，奖补数额可相当于其缴纳的个人所得税。鼓励企事业单位设立首席研究员、首席科学家、首席工程师等专业技术岗位，给予其具有市场竞争力的相应待遇。

13．支持科研人员投身创业。鼓励高校、科研院所等事业单位科研人员依法依规适度兼职兼薪、创新创业。相关单位要建立和完善科研人员在岗兼职、离岗创业和返岗任职制度，对在岗兼职的兼职时间和取酬方式、离岗创业期间和期满后的权利义务及返岗条件等作出规定。科研人员在履行好岗位职责、完成本职工作的前提下，经所在单位同意，可以到企业和其他科研机构、高校、社会组织等兼职并取得合法报酬，兼职取得的报酬原则上归个人，建立兼职获得股权及红利等收入报告制度。担任领导职务的科技人员的兼职管理，按中央有关规定执行。

14．积极发展人才金融。推进人才、资本和产业有效对接，鼓励引导企业和社会资本积极参与，完善人才创新创业金融支持体系。推行“拨+投”“拨+贷”，发展投贷联动、投保联动、投债联动，推出“人才投”“人才贷”“人才保”等金融产品。加大对人才创新创业的信贷支持，省签约金融机构对设区市以上人才计划入选者提供最高1500万元的信用贷款。鼓励各地设立人才创新创业风险补偿资金池，积极落实投资种子期、初创期科技型企业的税收支持和风险分担政策。积极支持符合条件的人才企业在主板、中小板和创业板发行上市或到“新三板”、江苏股权交易中心挂牌。

15．畅通人才流动渠道。打破户籍、地域、身份、人事关系等制约，完善机关事业单位与企业之间社会保险关系转移接续办法，促进人才资源有效配置。研究制定优秀人才在党政机关、企事业单位、社会组织之间合理流动的政策措施，探索推进聘用制、先挂后任等做法。完善苏北人才发展计划，鼓励和引导人才向苏北、基层一线和特殊行业流动，对于到农村基层、苏北地区工作的人才实行倾斜政策。建立人才发展苏南、苏中、苏北挂钩合作机制，促进人才在地区之间合理流动和协同创新。

16．推行支持创新创业容错免责政策。立足鼓励探索，坚持权责一致，研究制定支持人才创新创业决策中的容错免责政策。人才科技成果转化过程中，通过协议定价或市场方式确定价格的，单位领导在勤勉尽职、没有牟取非法利益的前提下，免除其在科技成果定价中因科技成果转化后续价值变化产生的决策责任。对人才创新创业项目进行经费资助或风险投资，符合规定条件、标准和程序，但资助项目未达到预期发展效果，相关领导干部在勤勉尽职、没有牟取非法利益的前提下，免除其决策责任。

四、不断健全人才优先发展的有效保障机制

17．保障和落实用人主体自主权。转变政府人才管理职能，建立管理服务权力清单和责任清单，消除对用人主体的过度干预。创新事业单位编制管理方式，探索对符合条件的公益二类事业单位逐步实行备案制管理。深化职称制度和职业资格改革，合理界定和下放职称评审权限。完善事业单位预算拨款制度，加大基本支出保障力度，扩大事业单位经费使用和绩效工资分配自主权。构建统一开放的人才市场体系，大力发展人才服务业，积极培育专业性、社会化人才服务组织。

18．坚持人才发展多元投入。建立政府、企业、社会多元投入机制，发挥政府投入的撬动作用，引导社会资本支持人才创新创业。各级政府建立稳定增长机制，足额安排人才专项资金，纳入财政预算，保证重大人才项目实施。产业类引导资金等安排一定比例用于相关领域人才引进、培养工作，政府投资基金优先支持人才项目。省财政今后3年支持“一中心、一基地”建设的1000亿元省级各类资金和基金，用于人才发展的实际支出不低于30%。建立绩效评价体系，对绩效显著的人才项目持续加大投入力度，提高人才资金使用效益。

19．完善人才生活服务保障。鼓励通过建设人才周转公寓、购买或租赁商品住房向人才出租、发放购房租房补贴等形式，多渠道解决人才阶段性居住需求。积极推进公共租赁住房建设，政府投资建设的公共租赁住房，可采用划拨方式供地。符合当地城镇居民公租房准入条件的专业技术人员，应纳入公租房保障范围。鼓励人才聚集的大型企事业单位、开发区，在符合土地利用总体规划和城乡总体规划的前提下，利用自有存量土地建设人才公寓（公共租赁房）。建立人才健康档案和补充医疗保险，优先为高层次人才配备家庭医生，适当提高诊疗待遇。入选中央、省级重点人才计划的，享受所在城市高层次人才购房、教育、医疗等方面的同城待遇。鼓励有条件的地方建设外籍人员子女学校，支持中小学接收外籍人才子女入学。

20．扩大人才国际交流便利。支持教学科研人员参与国际学术交流，对高校、科研院所中直接从事教学或科研任务的人员、担任领导职务的专家学者，出国（境）开展教育教学、科学研究、学术访问、出席重要国际学术会议以及执行国际学术组织履职任务等，实行计划报备、区别管理，单位和个人出国（境）批次数、团组人数、在外停留天数，根据任务需要合理安排。

21．推动人才发展与经济社会发展深度融合。坚持人才发展与实施经济社会发展重大战略同步谋划、同步推进。主动策应“一带一路”、长江经济带、长三角区域发展一体化等国家战略，围绕南京软件与新一代信息技术、苏州纳米材料、无锡物联网、常州石墨烯、泰州生物医药等战略性新兴产业布局，重点部署相关产业人才集聚。结合我省产业发展规划，分别编制重点行业领域人才发展专项规划，实施“一行业领域一人才工程”，促进各类人才协同发展，形成产业聚人才、人才兴产业的生动局面。

22．营造尊才重才的社会环境。大力宣传人才工作重大方针政策，宣传各地各部门人才工作新举措新成效，宣传优秀人才创新创业成果和先进事迹。坚持运用法治思维和法治方式推动人才工作，完善人才工作法规体系，加大知识产权保护力度，建立人才维权快速援助机制，切实维护各类人才和用人主体的合法权益。完善人才奖励制度，加大对有突出贡献人才的褒奖力度。强化人人皆可成才理念，培育鼓励创新、宽容失败的创新创业文化。

五、切实加强党对人才工作的领导

23．构建党管人才新格局。坚持党管人才原则，发挥党委（党组）领导核心作用。完善党委统一领导，组织部门牵头抓总，人力资源社会保障、教育、科技、财政等部门各司其职、密切配合、具体落实，社会力量发挥重要作用，适应江苏经济社会发展的人才工作新格局。落实党委（党组）书记人才工作第一责任人责任。完善各级人才工作领导小组及其成员单位职责任务和工作规则。强化各级人才工作领导小组办公室统筹协调职能，明确机构设置，配齐配强工作力量。将行业、领域人才队伍建设列入相关职能部门“三定”方案。

24．充分发挥党组织凝聚人才作用。加强思想引领，健全党政领导干部直接联系人才制度。大力开展各类人才教育培训、国情研修，将高层次人才培训列为各级党校、行政学院、社会主义学院培训的重要任务，增强认同感和向心力。畅通人才参政议政、建言献策渠道，聘请有影响力的专家人才担任决策咨询顾问。加强人才工作与组织、统战工作的联动，推进对专家人才的政治吸纳。

25．推进人才发展体制机制改革试点。加快苏南人才管理改革试验区建设，推进南京江北新区等人才管理制度创新，形成一批可复制、可推广的改革经验。支持省产业技术研究院开展人才综合改革试点，探索更加开放高效的人才引进、培养、使用、激励机制。鼓励各地因地制宜开展差别化改革探索，支持有条件的企事业单位开展分类改革试点。

26．建立全面考核体系。建立各级党政领导班子和领导干部人才工作目标责任制，将人才工作履责情况作为落实党建工作责任制述职的重要内容。坚持人才发展绩效纳入设区市、县（市、区）和省级以上开发区的经济社会发展综合考核体系，科学设置考核权重。开展对省级机关相关部门、国有企业、高校、科研院所等人才工作年度考核，考核结果作为领导班子评优、干部评价的重要依据。把人才资源信息统计列入全省社会统计体系，定期发布人才统计报告和人才竞争力报告。

中共江苏省委
2017年1月20日

江苏省人民政府 关于促进创业投资持续健康发展的实施意见

（苏政发〔2017〕101号）

创业投资是实现技术、资本、人才、管理等创新要素与创业企业有效结合的投融资方式，是推动大众创业、万众创新的重要资本力量。为进一步促进创业投资持续健康发展，激发社会资本投资活力，推进供给侧结构性改革和经济转型升级，根据《国务院关于促进创业投资持续健康发展的若干意见》（国发〔2016〕53号）精神，结合我省实际，提出以下实施意见。

一、总体要求

创业投资是指向处于创建或重建过程中的未上市成长性创业企业进行股权投资，以期所投资创业企业发展成熟或相对成熟后，主要通过股权转让获取资本增值收益的投资方式。天使投资是指除被投资企业职员及其家庭成员和直系亲属以外的个人以其自有资金直接开展的创业投资活动。发展包括天使投资在内的各类创业投资，应坚持以下总体要求。

（一）指导思想。全面贯彻党的十八大和十八届三中、四中、五中、六中全会精神，以创新、协调、绿色、开放、共享的发展理念为指引，深入实施创新驱动发展战略，构建有利于创业投资发展的制度环境、市场环境和生态环境，强化以服务实体经济为核心定位的多层次资本市场作用，将发展创业投资作为扩大投资和供给侧结构性改革的重要支撑，聚力创新、支持创业，催生新的发展动能，培育一批具有爆发力和引领力的创新性增长点，为推进“两聚一高”、建设“强富美高”新江苏做出新的贡献。

（二）基本原则。坚持“服务实体、专业运作、信用为本、社会责任”，体现我省实体经济发展优势，充分发挥市场在资源配置中的决定性作用，按照专业化、市场化、法治化方式，引导和鼓励长期投资和价值投资，促进创业投资持续健康发展。

（三）发展目标。以支持实体经济、助力创业企业发展为重点方向，加快形成有利于创业投资发展的良好氛围和“创业、创新+创投”的协同互动发展格局，促进资本与产业对接、创新与创业融合，依托我省产业优势和特色，聚焦高端制造、节能环保、生物医药、信息技术、移动互联、文化创意、新材料、新能源、现代服务业、传统产业转型升级等领域，培育一批具有全国乃至国际影响力的创业投资品牌，培养一批引领行业创新发展的创业投资管理队伍，建设一批功能配套完善的创业投资集聚区，为在“十三五”期间构筑我省现代产业新高地，汇聚创新创业优质资源。

二、积极培育多元创业投资机构体系

（四）吸引各类合格投资者开展创业投资业务。在风险可控、安全流动的前提下，支持国有企业、有实力的民营企业、保险公司、大学捐赠基金等各类机构投资者投资创业投资企业和设立创业投资基金。鼓励信托公司等金融机构探索新产品、新模式。培育合格个人投资者，支持具有风险识别和风险承受能力的个人参与投资创业投资企业。鼓励政府出资产业投资基金与众创空间、科技企业孵化器、民间投资机构等共同组建孵化投资基金，通过“孵化+创投”的服务模式，对在孵创业项目进行创业投资，完善双创载体投融资功能。（省发展改革委、省金融办、省科技厅、人民银行南京分行、江苏银监局、江苏证监局、江苏保监局，各设区市人民政府按职责分工负责）

（五）鼓励包括天使投资人在内的各类个人从事创业投资活动。支持具有资本实力和管理经验的个人通过依法设立一人公司从事创业投资活动，享受创业投资企业的相关优惠政策。鼓励成立天使投资联盟等各类公益性平台组织，培育和壮大天使投资人群体，促进天使投资人与创业企业及创业投资企业的信息交流与合作，营造良好的天使投资氛围，加强天使投资对优质科技资源的开发和扶助。规范发展互联网股权融资平台，为各类个人直接投资创业企业提供真实有效的信息和技术服务。（省发展改革委、省科技厅、省金融办、省工商局、江苏证监局按职责分工负责）

（六）鼓励国有企业参与设立创业投资企业。推进创业投资领域国有企业市场化改革，在国有创业投资企业或其基金管理公司中开展混合所有制改革试点，探索建立符合创业投资特点和发展规律的国有资本监督管理体制和国有企业激励约束机制，鼓励创业，宽容失败，落实国有创业投资企业和创业投资管理企业核心团队持股跟投政策，依法依规豁免国有创业投资企业和国有创业投资引导基金国有股转持义务，更好地发挥国有创投推动行业发展的作用，做大做强国有创业投资企业。探索地方政府融资平台公司转型升级为创业投资企业或拓展创业投资业务。（省国资委、省发展改革委、省金融办，各设区市人民政府按职责分工负责）

（七）鼓励有实力创业投资企业提升国际影响力。充分发挥苏南国家自主创新示范区的政策先行先试优势，支持优质创业投资企业积极稳妥“走出去”，加大对境外及港澳台地区高端研发项目的投资，积极分享高端技术成果，提升江苏创投品牌企业的国际影响力。鼓励有条件的地区组建人民币海外创业投资母基金。（省商务厅、省发展改革委、省科技厅、人民银行南京分行，各设区市人民政府按职责分工负责）

三、引导各类社会资本加大创业投资力度

（八）拓宽创业投资募集资金渠道。在法律法规允许的范围内，创新各类募资手段，支持创业投资企业及其股东发行企业债券和其他债务融资工具，拓宽融资渠道，形成市场化、多元化的资金来源。探索在有效监管的前提下，进一步简化外资参股人民币创业投资企业相关行政审批流程。（省发展改革委、省金融办、人民银行南京分行、江苏证监局、江苏银监局、江苏保监局按职责分工负责）

（九）股权债权联动扩大有效投入。按照依法合规、风险可控、商业可持续的原则，建立创业投资企业与各类金融机构长期性、市场化合作机制，鼓励保险资金加大对我省创业投资领域的投入，推动发展投贷联动、投保联动、投债联动等新模式，与创投资本形成合力，扩大对实体经济的有效投入。积极争取政策支持，鼓励创业投资企业联合金融机构共同成立股债联动基金，为科技型企业提供股权加债权的综合性融资服务。（省金融办、省发展改革委、省人力资源社会保障厅、人民银行南京分行、江苏银监局、江苏证监局、江苏保监局按职责分工负责）

（十）创新政府出资引导基金管理模式。鼓励各级政府按照“政府引导、市场化运作”原则，以预算内资金出资或通过国有企业出资组建创业投资引导基金，进一步提高引导基金市场化运作效率，维护出资人权益。合理设定政策目标，加大政策性创业投资引导基金让利幅度。鼓励创业投资引导基金注资市场化母基金，由专业化创业投资管理机构受托管理引导基金。探索建立由受托管理的创业投资机构使用自有资金对投资项目按一定比例跟投的机制。综合运用参股基金、联合投资、融资担保、政府出资适当让利于社会出资等多种方式，进一步放大政府资金的引导作用。积极鼓励引导各类社会资本发起设立商业化创业投资母基金。（省发展改革委、省财政厅、省金融办、省经济和信息化委、江苏证监局，各设区市人民政府按职责分工负责）

四、强化创业投资载体功能

（十一）实施创业投资企业竞争力提升行动计划。培育与引进并重，着力培养一批注册地、核心管理机构均在本省的创业投资企业，鼓励和吸引一批省外知名创业投资企业落户我省，有计划、有重点地建设创业投资企业梯队，增强我省创业投资企业的区域竞争力和资源吸引力。到2020年，全省重点培育具有国际和全国影响力的创业投资品牌领军企业20家，示范企业50家，优秀团队100个。（省发展改革委、省商务厅，各设区市人民政府按职责分工负责）

（十二）建立健全创业投资引导基金持续投入机制。充分发挥省级新兴产业创业投资引导基金作用，指导首期引导基金稳妥退出并逐步扩大基金规模，引导社会资本加大后续创业投资投入。鼓励有条件的市县设立和发展创业投资引导基金，探索建立省、市、县创业投资风险补偿联动机制，引导扩大对种子期、初创期创新创业企业的服务和支持范围。落实省天使投资引导资金政策，对出现投资损失的项目，省及地方财政按照实际发生损失额的一定比例分别给予支持。（省发展改革委、省科技厅、省财政厅，各设区市人民政府按职责分工负责）

（十三）提升省级创业投资示范载体引领作用。深化南京、苏州、泰州等地金融改革创新，打造以创业投资为特色的长三角重要金融中心。支持南京江北新区在基金落户、总部设立、上市补助、人才奖励等方面采取更加优惠的政策措施，加快创业投资基地建设。深入推进省创业投资示范城市、省创业投资创新发展示范城市、省级创业投资集聚发展示范区和省级创业投资综合服务基地创建活动，实施“2251”工程（到2020年，建设20家省级创业投资集聚发展示范区、20家省级创业投资综合服务基地，集聚500家创业投资企业，管理资产规模超1000亿元），鼓励地方政府和园区叠加扶持政策，激发示范载体的创业投资活力，构筑产业金融与实体经济融合高地。（省发展改革委、省金融办，各设区市人民政府按职责分工负责）

（十四）建立多层次多领域融资对接机制。依托全省融资企业项目库，建设全省创业投资与企业信息共享和投融资服务平台，实现创业投资企业与投资项目的高效对接。鼓励各类创业投资机构参与创办创业孵化器和众创空间，丰富便利创业投资的案源供给。面向省内外创投机构与各类金融机构，开展服务于实体经济各行业的创业投资对接活动，与全省各类创业投资示范载体及国家自主创新示范区、国家高新区、产业（技术）创新中心、双创示范基地、农业产业化示范基地、科技企业孵化器、众创空间等联动，举办行业沙龙、融资路演、企业推介、创业培训、股改辅导等形式多样的创业投资服务活动，打造线上线下相结合的综合服务体系。（省发展改革委、省经济和信息化委、省金融办、省财政厅、省科技厅、省商务厅、省农委，各设区市人民政府按职责分工负责）

五、拓宽创业投资退出通道

（十五）强化多层次资本市场的退出通道作用。支持创业投资企业培育优质企业在主板、创业板上市，在全国中小企业股份转让系统挂牌。充分发挥区域性股权市场的职能，支持有条件的园区出台相关优惠政策，鼓励投向园区内初创期企业的创投股权在江苏股权交易中心等交易市场转让退出。鼓励省内非上市股份公司到区域性股权交易市场集中登记托管，为创业投资企业投资退出创造条件。（省金融办、省商务厅、省发展改革委、江苏证监局按职责分工负责）

（十六）鼓励创业投资以并购重组等方式实现市场化退出。支持地方政府、国有企业、上市公司等规范设立专业化并购基金。探索设立政府主导的资本市场发展引导基金，主要投资在我省区域性股权交易市场挂牌和拟挂牌的企业。支持银行业金融机构积极稳妥开展并购贷款业务，提高对创业企业兼并重组的金融服务水平。（省发展改革委、省财政厅、省国资委、省金融办、江苏银监局、江苏证监局，各设区市人民政府按职责分工负责）

六、优化扶持创业投资发展政策环境

（十七）优化监管环境。坚持适度监管、差异监管和统一功能监管，创新监管方式，有效防范系统性区域性风险。建立适应创业投资行业特点的宽市场准入、重事中事后监管的适度而有效的监管体制。加强信息披露和风险揭示，引导创业投资企业建立以实体投资、价值投资和长期投资为导向的合理的投资估值机制。对不进行实业投资、从事上市公司股票交易、助推投资泡沫及其他扰乱市场秩序的创业投资企业建立清查清退制度。建立行业规范，强化创业投资企业内控机制、合规管理和风险管理机制。加强投资者保护，依法保护产权和投资者合法经营、合法权益和合法财产。建立并完善募集资金托管制度，规范创业投资企业募集资金行为，打击违法违规募集资金行为。健全对创业投资企业募集资金、投资运作等与保护投资者权益相关的制度规范，加强日常监管。（省工商局、省发展改革委、省金融办、江苏证监局，各设区市人民政府按职责分工负责）

（十八）优化商事环境。各地各部门不得自行出台限制创业投资企业和创业投资管理企业市场准入和发展的有关政策。优化创业投资企业设立、工商变更等事项的审批流程，建立创业投资行业发展备案和监管备案互联互通机制，为创业投资企业备案提供便利。按照对内外资一视同仁的原则，放宽创业投资企业的市场准入。充分发挥创业投资协会等行业自律组织作用，加强行业协会在政策对接、会员服务、信息咨询、数据统计、行业分析、人才培养、国际交流合作等方面的能力建设，推动与创业投资相关的会计、征信、信息、托管、法律、咨询、教育培训等各类中介服务体系建设。（省工商局、省金融办、省发展改革委、省商务厅、江苏证监局，各设区市人民政府按职责分工负责）

（十九）优化信用环境和知识产权保护环境。进一步建立健全创业投资企业、创业投资管理企业及其从业人员信用记录，开展对政府出资创业投资基金的信用登记和绩效评价，信用信息逐步纳入省级及全国信用信息共享平台，并与企业信用信息公示系统实现互联互通。加快建立创业投资领域严重失信黑名单制度，探索建立守信红名单制度，依法依规公示创业投资企业信用信息，按照有关法律法规和政策规定实施守信联合激励和失信联合惩戒。完善知识产权保护相关法律法规和制度规定，加强对创业创新成果的知识产权保护，健全知识产权侵权查处、违法行为公示和联合惩戒机制。（省发展改革委、省经济和信息化委、省知识产权局，各设区市人民政府按职责分工负责）

（二十）进一步完善落实扶持政策。积极落实创业投资企业税收优惠政策，公平创业投资企业和投资人税负。落实国家对投资种子期、初创期等科技型企业的税收优惠政策，以及创业投资抵扣和技术成果投资入股等税收优惠政策。落实国家在苏州工业园区开展试点的优惠政策。加大扶持力度，鼓励和支持省级创业投资集聚发展示范区，创业投资综合服务基地，创业投资品牌领军企业、示范企业、优秀团队等发展。将引进符合条件的海内外高层次创业投资人才纳入“省双创计划”支持范围，按规定给予相应资助。对于规范备案和披露信息的企业，享受国家和省市相关扶持政策，在企业债券发行、引导基金扶持、政府项目对接、市场化退出等方面给予便利，所投资企业优先列入上市后备培育计划。研究制定扶持政策，鼓励创业投资企业从事长期投资和价值投资。（省委组织部、省国税局、省地税局、省财政厅、省发展改革委、省人力资源社会保障厅、省金融办、江苏证监局，各设区市人民政府按职责分工负责）

（二十一）加强统筹协调。为促进全省创业投资企业持续健康发展，加强统筹规划和政策协调，由省发展改革委牵头建立省各有关部门政策协调联动机制，共同研究推进全省创业投资发展的全局性工作，加强信息共享，及时全面落实国务院及国家有关部委下发的相关文件和政策，研究制定并组织实施相关配套政策，协调跨地区、跨部门重要事项，督促检查落实情况，做好全省创业投资发展监测分析。

各地各部门要把促进创业投资持续健康发展作为深入实施创新驱动发展战略、推动大众创业万众创新、促进经济结构调整和产业转型升级的重要举措，按照职责分工抓紧制定相关配套措施，加强沟通协调，形成工作合力，确保各项政策措施及时落实到位，积极发展新经济、培育新动能、改造提升传统动能，推动江苏经济保持中高速增长、迈向中高端水平。

江苏省人民政府
2017年7月17日

中共无锡市委 无锡市人民政府 关于深化“太湖人才计划”的若干意见

（锡委发〔2017〕40号）

为更好推进创新驱动核心战略、产业强市主导战略等六大战略，进一步优化我市人才发展环境，现就深化“太湖人才计划”提出如下实施意见。

一、加大人才政策支持力度

第一条 实施顶尖人才团队优先支持计划。对我市物联网、智能制造、现代服务业等重点产业领域引进的诺贝尔奖获得者、海内外院士、国家科学技术奖最高奖获得者以及与其相同层次的顶尖人才或领军团队，带技术、带项目、带资金来锡创新创业，实现核心技术产业化，产生重大经济和社会效益，经评审认定的，给予1000万元至1亿元项目资金支持。

对于上述顶尖人才或团队，依托我市企业、高校院所等研发平台，采取项目合作、技术指导、培训咨询等方式开展短期合作，实现关键技术突破和创新成果转化，产生显著经济效益，经评审认定的，按照实际给付劳动报酬的30%，给予引才单位最高100万元引才薪酬补贴。

对我市新兴产业、先进制造业、现代服务业发展急需紧缺的，掌握核心技术，在行业领域内具有国际一流、国内领先水平的，与国家、省级重大人才计划入选者等相同层次的海内外领军型团队，带技术、带项目、带资金来锡创新创业，实现重大技术突破，引领我市产业发展和转型升级作用明显，经评审认定的，给予300万元至1000万元项目资金支持。

第二条 实施“凤还巢”创新创业支持计划。围绕打造国内一流、具有国际影响的现代产业新高地，紧扣以物联网为龙头的新一代信息技术产业、智能制造、现代服务业等三个产业行动计划，鼓励和支持海内外高层次人才来锡创新创业或投资兴业。对我市重点产业发展急需、拥有核心技术和重大发明创造、处于行业领域高端和前沿的高层次人才，来锡创办企业或创新发展，促进重大成果转化，解决核心技术难题，产生良好经济效益，经评审认定的，给予50万元至150万元项目资金支持或购房补贴。定期评选“无锡乡贤奖”，对在国内外具有重大影响，为我市经济、文化、社会、生态等建设作出突出贡献的知名人士，授予“无锡乡贤奖”称号，并给予一定奖励。

第三条 实施“乡土人才”培养培育计划。对拥有一技之长、掌握绝技绝活的能工巧匠、民间艺人，在带领技艺传承、带动群众致富、带强产业发展等方面具有典型示范、产生积极影响，经评选认定的，参照享受省“333工程”培养对象的相应待遇。对德艺双馨、业内公认、具有社会责任感的“乡土人才”领衔设立的工作室，并在“三带”工作中取得显著成效的，经评审认定，授予“大师工作室”称号，给予20万元至100万元资金支持。

第四条 实施引才用才主体跟奖跟补特别支持计划。在市级人才专项资金中，设立跟奖跟补资金，对“太湖人才计划”实施中组织领导有力、政策支持力度大、发展平台层次高、服务保障成效好、引才用才绩效显著的市（县）区，经考核认定，给予200万元至1000万元的人才项目扶持经费跟奖跟补。

我市企事业单位引进创新领军人才或团队，具备雄厚创新实力、实现重大技术革新、承担国家重大项目，推动新产品、新技术、新工艺研发攻关取得重大突破，引领和带动产业层次提升的；或自主培育的国内领先、国际一流领军人才或团队，学术造诣高、创新能力强、专业业绩突出、在业内具有较高知名度、产生重大经济社会效益的，经评审认定，按一定比例对引才用才主体进行跟奖跟补。

二、创新人才工作机制

第五条 建立健全组织领导机制。坚持党管人才，明确实施人才工作党政“一把手”工程，把人才发展纳入经济社会发展全局优先布局、优先开发、优先投入、优先保障。组织部部长和政府分管领导发挥牵头抓总、统筹协调作用，抓好人才发展规划制定、重要人才政策研究、重点人才工程实施、重大人才典型宣传等工作。职能部门主要负责人切实负起具体责任，各司其职、密切配合、齐抓共管。按照编制、职责、人员和经费“四到位”要求，市（县）区设立人才工作办公室，配齐配强工作力量，发挥人才办的积极作用。

建立健全人才工作考核机制，加大人才发展专项考核激励力度，考核结果在一定范围内通报。强化各级党政领导班子和领导干部人才工作目标责任制，把人才工作列入落实党建工作责任制述职的重要内容。坚持把人才发展绩效纳入市（县）区科学发展考核体系、开发区科学发展综合考核体系，强化人才发展服务经济社会发展的鲜明导向。

第六条 建立健全“人才+项目+平台”联动机制。围绕产业强市，坚持“双招双引”融合发展，招才引智享受招商引资出国（境）审批政策，实现招商部门与人才部门、招商队伍与人才队伍力量整合、工作联合、项目融合。坚持产学研协同创新，推进“一镇一院一产业”建设，支持板块、园区与高校科研院所共建产业研究院和产业技术创新联盟，共同引才育才、共享科研设备设施，对工作成效明显的，给予专项支持；企业用于研发活动而购买产研院技术成果或委托产研院进行技术研发所发生的支出，纳入企业研发费用加计扣除政策支持范围。

第七条 建立健全引才聚才机制。定期举办世界物联网博览会、无锡（太湖）高层次人才创新创业交流大会、海内外系列招才引智等活动，面向国际国内招引一流人才，畅通人才交流对接渠道。

积极发挥市场引才的作用，推动人力资源产业园建设，加强与国内外猎头机构、中介服务机构和高端人才市场的长效合作，拓宽寻才引才渠道。

建设“无锡人才云”大数据平台，动态掌握我市人才、企业、产业供需，聚焦重点产业海内外人才资源分布状况，打造人才供需精准对接渠道。

第八条 建立健全金融支撑机制。发挥市级信保基金和天使投资的作用，设立规模不少于1亿元的人才信保基金，推行“人才贷”业务，加大对人才创新创业的支持；引导银行等金融机构加大对重点人才计划入选对象信贷投放；通过融资增信、风险补偿等方式，撬动担保、保险公司等金融机构提供融资增信；发生信贷风险，经评估认定的，按照信保基金有关规定给予一定比例补偿，单个项目最高补偿400万元。鼓励投保贷联动，引导社会资本加大对人才企业的支持，因首投失败，经评估认定的，最高给予原始投资额30%、单个项目最高150万元的风险补偿。将重点人才计划入选项目列入市产业引导股权投资基金重点支持对象，加大首投、跟投力度，将投资金额、项目和比例作为市产业引导股权投资基金绩效考核的重要依据。设立科技成果转化基金，首期规模1亿元，支持各级各类重点人才企业的成果产业化。

第九条 建立健全容错机制。对人才项目扶持、科技成果转化、综合服务保障等工作决策方面，符合规定条件、标准和程序，但未达到预期发展效果，相关领导干部在勤勉尽职、没有牟取非法利益、未造成严重损失和恶劣影响的前提下，对有关人员免除责任。

三、强化人才服务保障

第十条 强化人才是“第一资源”的理念。坚持人才优先发展，推动人才发展与经济社会发展深度融合。在全社会营造渴求人才、尊重人才的社会环境，鼓励创新、宽容失败的工作环境，待遇适当、无后顾之忧的生活环境，公开平等、竞争择优的制度环境。

第十一条 强化承载创新创业的载体建设。依托高新技术开发区、经济技术开发区、科技产业园（科技孵化器、众创空间、军民融合产业园）、留学生创业园，以及高等院校、科研院所、企业研发机构等载体，创建一批人才创新创业示范基地。定期开展“十佳人才示范基地”评选活动，对政策创新力度大、工作推进措施实、自主创新能力强、人才作用发挥好、产才融合程度高的基地，经评选认定，最高给予100万元经费支持。

第十二条 强化人才生活的服务保障。提供优质教育服务，由市、市（县）区教育行政部门在区域内公办名校中拿出一定数量名额，为高层次人才子女就近入学入托提供优质服务；鼓励和引导教育行政部门，整合社会力量，推进国际合作办学和国际学校建设，为高层次人才子女教育提供优质教育资源。提供优质医疗健康服务，选择在锡优质健康医疗机构，定点为高层次人才提供免费体检服务；开通高层次人才就医绿色通道，建立人才健康档案和补充医疗保险，适当提高诊疗待遇。实施“安居工程”，建设一批拎包入住的高层次人才公寓，加大各类人才安居保障。拓展人才“一卡通”服务功能，设立服务专窗，为高层次人才提供高效便捷优质的一站式服务。

本意见为《关于实施“太湖人才计划”打造现代产业发展新高地的意见》（锡委发〔2016〕28号）的补充意见，相关实施办法另行制定。

中共无锡市委
无锡市人民政府
2018年6月7日

中共扬州市委 扬州市人民政府 关于深入实施“兴城先兴人”战略 着力优化人才创新创业环境的政策意见

（扬发〔2017〕37号）

人才是支撑创新发展的第一资源。为深入实施“兴城先兴人”战略，着力建设创新人才高地，促进“新产业、新人才、新城市”融合发展，根据中央《关于深化人才发展体制机制改革的意见》、省委《关于聚力创新深化改革打造具有国际竞争力人才发展环境的意见》，结合扬州实际，提出如下政策意见。

一、构建更加系统完备的人才培养机制

1．鼓励自主培养顶尖人才。重点培养具有成长为两院院士潜力的人才，凡在我市的单位科技人员申报成为两院院士的，给予新入选人才100万元奖励和100万元工作经费。由我市申报入选国家“千人计划”“万人计划”或相当层次领军人才的，给予新入选人才最高50万元奖励和50万元工作经费。我市培养的本土人才获得省级以上政府奖励或项目资助的，推行以奖代补、跟奖跟补，实现奖励与贡献实绩挂钩。做出特别贡献的顶尖人才，按照“一事一议”给予最高1000万元项目资助。

2．深入实施“英才培育计划”。重点围绕基本产业、特色传统产业，聚焦发展人才、民生人才、文化人才、乡土人才，定期遴选培养对象。在培养期内开展科研项目并取得成果的，择优给予5万—10万元项目资助。新入选省“333工程”第二层次以上人才项目的，给予5万—10万元奖励。组织举办专题培训班，提升培养对象专业能力水平。明确名特优教师财政专项补贴和补助标准。

3．拓展建设“名师工作室”。完善师带徒和代际传承机制，采用“领衔专家—指导专家—培养对象”多层级梯队，以文化、教育、卫生、体育、旅游、高技能等领域为重点，组建200个左右“名师工作室”，培育1000名左右具有较高专业技术水平的优秀本土人才。在管理期内给予每个工作室每年4万元经费资助，开展科研项目并取得成果的，择优给予5万—20万元项目资助。根据不同领域特点，开展分类精准管理，探索学徒补助机制。

4．突出加强企业家队伍建设。重点集聚和培养领军型企业家500名，新生代企业家500名，县级以上科技企业家培育对象500名。建立企业家培训制度，开设“创新大讲堂”。实施“科技企业家培育工程”，培养一批既懂科技又懂市场的复合型企业家。实施“企业家创新能力提升计划”，组织工业百强等重点企业领军人才赴海内外名校、名企开展专题研修，拓展国际视野。实施“青年企业家发展领航计划”，打造新生代企业家梯队。开展国有企业经理人市场化选聘工作。

5．加快培养高技能人才。积极发掘和培养各领域能工巧匠、民间艺人等乡土人才，打造“扬州工匠”队伍。加快高技能人才公共实训基地建设，对每个市级以上高技能人才公共实训示范基地给予最高20万元建设经费。举办“扬州市技能状元大赛”，培育一批能工巧匠、企业首席技师。支持技工院校发展，着力建设市级技工院校示范专业学科、精品课程。

二、实施更具竞争优势的人才引进政策

6．提档升级“绿扬金凤计划”。围绕“12345”创新发展工程和三大创新板块发展需要，大力发展高新技术产业和战略性新兴产业，重点引进软件和互联网、机械及特色高端装备、汽车、食品等基本产业和先进制造业高层次创新创业人才（团队）。对引进的世界科技和产业发展前沿的顶尖人才（团队），按“一事一议”给予最高5000万元项目资助。每年重点引进和资助创新创业团队3个左右、领军人才100名左右、优秀博士200名左右，给予最高1000万元创新创业资金资助。

7．拓宽人才引进渠道。定期征集并发布人才、技术需求信息。实施人才“凤还巢”计划，举办人才峰会、众创大赛，开展“科教合作新长征”“科技产业合作远征”活动，用好科技镇长团资源，持续拓宽引才渠道。建立国（境）外招才引智联络站，每年给予最高20万元工作经费，根据引进人才的层次和数量给予相应奖励。引进产生重大影响和显著经济社会效益的顶尖人才（团队）的，经认定给予引才中介机构最高30万元奖励。探索建立离岸孵化器，促进引智节点前置。对经核准的招才引智出国（境）重点团组，予以重点保障。

8．积极引进国外智力。鼓励各类企事业单位引进海外智力和外国专家。对列入国家、省级的有关引智项目，给予资金配套支持。获批国家级、省级引进国外智力示范推广单位（基地）称号的，分别给予10万元、5万元经费资助。获批省外国专家工作室的企事业单位，给予4万元经费资助。鼓励开展经国家批准立项的因公出国（境）培训。

9．激发用人单位引才主体作用。建立引才奖补制度，对以高薪引进高层次人才的企事业单位，通过跟奖跟补等方式给予支持。对自主培养人才入选两院院士、国家“千人计划”“万人计划”或相当层次领军人才的单位，给予最高100万元奖励。鼓励企事业单位设立人才发展专项资金。创新事业单位编制、岗位管理和招录方式，支持科研、教育、文化、卫生等行业引进高端人才。

三、打造支持人才创新创业的载体平台

10．加快建设“大学生城”。深度融入扬子江城市群建设，积极承接上海、南京等地高校院所的人才溢出。把兴办高等教育作为集聚高素质年轻人才的最佳路径，集中力量招引知名高校院所在扬设立分校或研究生院。重点依托驻扬高校科研院所，集聚创新资源和高层次人才。围绕产业布局和院校专业特色，鼓励企业联合市内外高校建立大学生实习实训基地，制定大学生实习实训补贴政策和基地建设奖励机制。实施弹性学制管理，支持大学生保留学籍休学创业。

11．推进开发园区“双招双引”。推动各类开发园区围绕做大做强优势产业，制定产业与人才融合发展专项规划，集聚特色产业人才，打造一批“产业+人才”特色小镇。坚持招才引智与招商引资并举，引进高层次人才和急需紧缺人才，视同招商引资项目进行考核。加快推进众创空间、留学生创业园等载体建设，提升人才承载能力。推行人才在高校等事业单位与开发园区“双落户”制度，畅通人才流动渠道。

12．支持科技产业综合体运营发展。设立科技产业综合体运营专项资金，鼓励分类精准招引高层次人才入驻。高层次人才在综合体内创办企业或新型研发机构，其研发成果直接在扬转化的，按税务部门提供的研发投入予以10%—50%、年度最高50万—150万元的资助。对入驻人才创业项目，给予创业贷款担保费用支持和科技贷款支持。入驻企业或人才获批省级以上科技人才项目的，给予20%配套支持。

13．鼓励企业建设创新创业平台。激励企业加大研发投入，推进“三站三中心”扩量提质，集聚高层次人才。采取先建后奖的方式，对新建成国家级、省级博士后科研工作站（创新实践基地）的单位，分别给予20万元、10万元奖励；对新建成省市院士工作站的，给予20万元奖励。

四、健全人才优先发展的服务保障体系

14．强化人才创新创业金融支持。用好1亿元规模天使（人才）专项资金，对初创期科技企业最高给予500万元股权投资。用好3000万元规模天使梦想基金，通过众创大赛等方式择优给予每个创业团队20万元资助。用好4亿元规模企业应急专项资金，企业可申请不超其到期贷款本金80%、单笔最高不超过4000万元的应急资金。对社会创投机构投资高层次人才创办企业发生损失的，经审核评估，单个项目按照不高于投资损失额的30%、最高100万元的标准给予补助，单个机构当年所获补助金额不超过300万元。人才企业成功在境内外证券交易所上市和新三板挂牌的，给予专项资金扶持。鼓励银行对人才企业采取差异化信贷管理。

15．完善人才生活服务保障。开展人才需求调查，针对人才不同需求，优先开展精准服务。优化政策兑现流程，对市区有关企业引进的高层次人才，给予租房、社保等相关补贴，给予最高200万元购房资助；优秀人才申请公积金住房贷款的，贷款额度可放宽至最高贷款额度的3倍。通过人才公寓、公共租赁房等形式，多渠道解决人才阶段性居住需求。高层次人才子女就学，非本市户籍的享受市民待遇，根据情况享受相应优惠政策。提高涉外办学水平，保障外籍人员子女就学。明确定点医院，建立绿色通道，定期开展体检，建立健康档案，优先组织家庭医生签约，提供医疗健康服务。

16．营造良好社会氛围。建立党委（党组）直接联系服务高层次人才机制，加强思想交流和感情联络，做好团结凝聚工作。对创新创业杰出人才和人才集聚示范单位，分别给予最高20万元、50万元奖励。定期组织高层次人才参加革命传统教育和休假疗养活动。给高层次人才发放“绿扬英才卡”。推行支持人才创新创业决策中的容错免责政策，大力宣传人才政策和先进典型，依托社区等平台推进“人才友好型城市”建设，在全社会营造尊重知识、珍惜人才、鼓励创新、宽容失败的良好氛围。

五、切实加强党对人才工作的统一领导

17．完善党管人才工作格局。坚持党管人才原则，发挥党委（党组）领导核心作用。全市人才工作在市委、市政府和市人才工作领导小组的统一领导下，由组织部门牵头抓总，有关部门各司其职、密切配合、具体落实，社会力量积极参与、发挥作用。各级党委政府主要负责人要高度重视人才工作，把人才工作纳入年度工作的重要内容。完善人才工作领导小组成员单位职责任务，将行业、领域人才队伍建设列入相关职能部门“三定”方案，实施“一行业领域一人才工程”。

18．优化人才工作运行机制。强化人才工作领导小组及办公室统筹协调职能，定期召开领导小组协调推进会、人才办工作例会、相关部门联席会议，加强交流沟通，强化协作配合。凡涉及到人才工作的重要政策、重大投入、重点工程、重大活动等，都要提交审议。对人才工作重要政策、重点任务等落实情况定期开展专项督查，并在一定范围内以适当形式通报。

19．强化目标责任考核激励。落实党委（党组）书记人才工作第一责任人责任。建立党政领导班子和领导干部人才工作目标责任制，将人才工作履责情况作为党（工）委书记落实党建工作责任制述职的重要内容。把人才发展主要指标纳入经济社会发展综合考评体系，提高考核权重至6%以上。开展对机关部门、国有企业、高校院所、园区、科技产业综合体等人才工作年度考核，考核结果作为领导班子评优、干部评价的重要依据。健全人才统计体系，定期发布市县人才发展统计公报。

20．优先保障人才投入和工作力量。市县两级财政按一般公共财政预算收入3%的比例优先足额安排人才工作专项资金，并保持人才投入与经济发展同步增长。市县两级人才工作领导小组办公室设在党（工）委组织部门，按照编制、职责、人员、经费“四到位”要求，配齐配强工作力量。市县人才工作重要职能部门、高校、科研院所要增配人才工作力量。

各级党委、政府要高度重视，不断强化“一把手抓第一资源”的责任。各县（市、区）、功能区要结合本地实际，参照制定出台相应人才政策措施。各有关部门要按照任务分工，积极主动担当，会同市人才办制定相应的实施细则，抓好政策落地落实。本意见由中共扬州市委负责解释，具体解释工作由市委办公室商市委组织部（市人才办）承担，市委组织部（市人才办）抓好督查推进，从发布之日起执行。此前出台的相关人才政策与本意见不一致的，以本意见及相应实施细则为准。

中共扬州市委
扬州市人民政府
2017年9月1日

浙江省人民政府
关于促进创业投资持续健康发展的实施意见

（浙政发〔2017〕12号）

为贯彻落实《国务院关于促进创业投资持续健康发展的若干意见》（国发〔2016〕53号）精神，大力促进我省创业投资持续健康发展，积极推动大众创业万众创新，加快推进经济转型升级、提质增效，提出如下实施意见：

一、总体要求

（一）指导思想。以五大发展理念为引领，以“八八战略”为总纲，深入实施创新驱动发展战略，使市场在资源配置中起决定性作用和更好发挥政府作用，积极落实创业投资服务实体、专业运作、信用为本、社会责任的原则，不断完善体制机制，健全政策措施，加强统筹协调和事中事后监管，加快构建促进创业投资发展的制度环境、市场环境和生态环境，形成有利于创业投资发展的良好氛围和“创业、创新+创投”协同互动发展格局，进一步扩大创业投资规模，促进创业投资企业做大做强做优，加快培育一批具有国际竞争力和影响力的浙商创业投资品牌，推动我省创业投资行业走在全国前列。

（二）主要目标。到2018年底，全省创业投资行业在资本规模、企业品牌、队伍建设等方面有较大发展；资本规模达到1000亿元左右，在全国比重进一步提高；形成20家左右在全国具有品牌影响力的创业投资企业；创业投资管理队伍人数达到2000人以上。到2020年，创业投资企业进一步做大做强做优，形成一批具有国际竞争力和影响力的浙商创业投资品牌，浙江成为国内领先的创业投资集聚地。

二、大力发展多元创业投资主体

（一）加快形成具有浙江特色、充满活力的创业投资机构体系。坚持培育与引进并重，着力培育一批注册地、核心管理机构均在我省的创业投资企业，鼓励和吸引省外知名创业投资企业将总部或核心管理团队迁入我省。鼓励行业骨干企业、创业孵化器、产业（技术）创新中心、创业服务中心、保险资产管理机构等创业创新资源丰富的相关机构参与创业投资。鼓励具有资本实力和管理经验的个人依法设立公司从事创业投资活动。鼓励和规范发展市场化运作、专业化管理的创业投资母基金。（省发展改革委、省经信委、省科技厅、省人力社保厅、省商务厅、省国资委、省地税局、省工商局、省金融办、省国税局、人行杭州中心支行、浙江银监局、浙江证监局、浙江保监局按职责分工负责）

（二）鼓励和支持包括天使投资人在内的各类个人从事创业投资鼓励成立政府或民间公益性天使投资人联盟等各类平台组织，培育和壮大天使投资人群体，促进天使投资人与创业企业及创业投资企业的信息交流与合作，营造良好的天使投资氛围，推动天使投资事业发展。规范发展互联网股权融资平台，为各类个人直接投资创业企业提供真实、可靠的信息和技术服务。（省发展改革委、省科技厅、省金融办、人行杭州中心支行、浙江银监局、浙江证监局按职责分工负责）

三、多措并举扩大创业投资资金规模

（一）大力培育和发展合格投资者。支持有实力的国有企业、民营企业、保险公司、大学基金等各类机构投资者在风险可控、安全流动的前提条件下，投资创业投资企业和设立创业投资母基金。鼓励信托公司等金融机构积极探索新产品和新模式，为创业企业提供综合化、个性化金融和投融资服务。鼓励具有风险识别和承受能力的个人参与投资创业投资企业。（省发展改革委、省科技厅、省财政厅、省国资委、省金融办、浙江银监局、浙江证监局、浙江保监局按职责分工负责）

（二）建立和完善股权债权等联动机制。按照依法合规、风险可控、商业可持续的原则，建立创业投资企业与各类金融机构长期性、市场化合作机制，鼓励商业保险资金加大对创业投资的投入，推动发展投贷联动、投保联动、投债联动等新模式，不断加大对创业投资企业的投融资支持。支持银行业金融机构积极稳妥开展并购贷款业务，提高对创业企业兼并重组的金融服务水平。完善银行业金融机构投贷联动机制，稳妥有序推进投贷联动业务试点，推动投贷联动金融服务模式创新。推荐、支持创业投资企业及其股东依法依规发行专项企业债券和其他债务融资工具融资，增强创业投资能力。（省发展改革委、省科技厅、省金融办、人行杭州中心支行、浙江银监局、浙江证监局、浙江保监局按职责分工负责）

四、加强政府引导和政策支持

（一）积极落实创业投资税收政策。做好与国家相关税收政策的衔接，密切关注国家鼓励创业投资企业和天使投资人投资种子期、初创期等科技型企业的税收支持政策，进一步落实创业投资企业投资抵扣和技术成果投资入股的税收优惠政策，争取列入天使投资人个人所得税政策国家试点。发挥不良资产处置公司剥离不良创投项目的作用，探索确认股权转让损失的办法，为创业投资有序退出创造条件。（省地税局、省工商局、省国税局按职责分工负责）

（二）完善创业投资与政府项目对接机制。在国家级新区、创新改革试验区、双创示范基地、高新区、自主创新示范区、产业（技术）创新中心、科技企业孵化器、众创空间、小微企业园等，开放项目（企业）资源，充分利用政府项目资源优势，搭建创业投资与企业信息共享平台，打通创业资本和项目之间的通道，引导创业投资企业投资政府科技计划（专项、基金等），实现科技成果的转化。挖掘农业领域创业投资潜力，依托农业“两区”和“一区一镇”、农村产业融合发展园区、农业产业化示范基地、农民工返乡创业园等，加快推进三次产业融合发展。对符合国家产业政策的创投项目，在项目、用地、资金等方面给予重点支持。（省发展改革委、省经信委、省科技厅、省商务厅、省农业厅按职责分工负责）

（三）研究鼓励长期投资的政策措施。倡导长期投资和价值投资理念，研究制定对专注于长期投资和价值投资的创业投资企业在企业债券发行、引导基金扶持、政府项目对接、市场化退出等方面的支持政策。（省发展改革委、省经信委、省科技厅、省财政厅、人行杭州中心支行、浙江证监局按职责分工负责）

（四）拓宽创业投资市场化退出渠道。运用好主板、创业板、全国中小企业股份转让系统市场功能，充分发挥浙江股权交易中心等区域性股权交易市场的作用，积极完善创投基金份额评估及流通转让机制，改善市场流动性，畅通创业投资市场化退出渠道。规范发展专业化并购基金，鼓励创业投资以并购重组等方式实现市场化退出。（省地税局、省工商局、省金融办、省国税局、浙江证监局按职责分工负责）

（五）推动创业投资行业双向开放。鼓励外资扩大创业投资规模，加大对种子期、初创期创业企业支持力度。鼓励外资创业投资管理机构在中国（浙江）自由贸易试验区发起管理人民币投资基金。鼓励和支持境内外投资者在跨境创业投资及相关的投资贸易活动中使用人民币。设立省级跨境创业投资引导基金，引导和鼓励境内有实力的创业投资企业“走出去”。完善境外投资相关管理制度，优化商务、外汇等环节审批服务。引导和鼓励创业投资企业加大对境外及港澳台地区高端研发项目的投资，把高端技术成果产业化项目引入我省。（省发展改革委、省商务厅、人行杭州中心支行按职责分工负责）

（六）发挥政府资金的引导作用。做大做强省级创新强省引导基金，充分发挥新兴产业创业投资引导基金、中小企业发展基金、科技成果转化引导基金等作用，促进创业投资发展。加大对地方创业投资引导基金的支持力度。鼓励创业投资引导基金注资市场化母基金，由专业化创业投资管理机构受委托管理引导基金。综合运用参股基金、联合投资、融资担保、政府出资适当让利于社会出资等多种方式，进一步引导社会资本增加对实体经济的投入。加大对高校毕业生等重点群体创业的支持力度，促进以创业带动就业。建立健全创业投资引导基金中政府出资的绩效评价制度，不断提升政府性创业投资绩效。（省发展改革委、省经信委、省科技厅、省财政厅、省人力社保厅、省金融办按职责分工负责）

（七）落实和完善国有创业投资管理制度。支持有需求、有条件的国有企业依法依规、按照市场化方式设立或参股创业投资企业和创业投资母基金。强化国有创业投资企业对种子期、初创期等创业企业的支持，鼓励国有创业投资企业追求长期投资收益。健全符合创业投资行业特点和发展规律的国有创业投资管理体制，完善国有创业投资企业的监督考核、激励约束机制和股权转让方式，形成鼓励创业、宽容失败的创业投资生态环境。支持具备条件的国有创业投资企业开展混合所有制改革试点，探索国有创业投资企业和创业投资管理企业核心团队持股和跟投办法。探索地方政府融资平台公司转型升级为创业投资企业路径。依法依规豁免国有创业投资企业和国有创业投资引导基金国有股转持义务。（省发展改革委、省财政厅、省国资委、浙江证监局按职责分工负责）

（八）争取设立国家级创业投资综合改革试验区。积极争取国家有关创业投资扶持政策在创业投资改革试验区先行先试，重点在创业投资企业合格投资人认定、商事制度改革、创业投资企业和被投企业的股权融资和转让交易、创业投资领域的双向开放、创业投资的税收、创业投资与科技成果转化对接、合伙企业财产份额质押登记、国有创业投资管理、投贷联动、创业投资的信用建设和自律管理等方面进行探索。（省发展改革委、省科技厅、省商务厅、省地税局、省工商局、省金融办、省国税局、人行杭州中心支行、浙江银监局、浙江证监局、浙江保监局按职责分工负责）

五、优化创业投资环境

（一）优化监管环境。加快推进“最多跑一次”改革，深化简政放权、放管结合、优化服务各项工作，实施更多的普惠性支持政策措施，充分激发市场发展活力。坚持适度监管、差异监管和统一功能监管，创新监管方式，有效防范系统性区域性风险。建立适应创业投资行业特点的宽市场准入、重事中事后监管的适度而有效的监管体制。加强信息披露和风险揭示，引导创业投资企业建立以实体投资、价值投资和长期投资为导向的合理的投资估值机制。对不进行实业投资、从事上市公司股票交易、助推投资泡沫及其他扰乱市场秩序的创业投资企业建立清查清退制度。建立行业规范，强化创业投资企业内控机制、合规管理和风险管理机制。加强投资者保护，特别是要深入落实产权保护制度，依法保护产权和投资者合法经营、合法权益和合法财产。加强对投资者的教育，相关投资者应为具有风险识别和风险承受能力的合格投资者。建立并完善募集资金的托管制度，规范创业投资企业募集资金行为，打击违法违规募集资金行为。健全对创业投资企业募集资金、投资运作等与保护投资者权益相关的制度规范，加强日常监管。（省发展改革委、省科技厅、省国资委、省金融办、浙江证监局按职责分工负责）

（二）优化商事环境。积极落实国家推进创业投资行业发展备案和监管备案互联互通要求，为创业投资企业备案提供便利，放宽创业投资企业的市场准入。持续深化商事制度改革，准确把握有限责任制、合伙制等创业投资企业注册登记特点，研究简化各类机构投资者和个人依法设立创业投资企业的办理流程，探索设立创业投资服务窗口进行专业服务，提高工商登记注册便利化水平。各地、各有关部门不得自行出台限制创业投资企业和创业投资管理企业市场准入和发展的有关政策。（省发展改革委、省工商局、浙江证监局按职责分工负责）

（三）优化信用环境。深化全省信用体系建设，推进各类公共信用信息平台建设和信用信息开放共享，培育和支持市场化征信机构开展征信业务。加强“防火墙”相关制度建设，加强对创业投资企业和创业投资个人的监管，通过设立信用黑名单等制度防范道德风险。积极保护金融债权，依法严厉打击恶意逃废债行为，完善失信企业联合惩戒机制，加大失信惩戒力度，进一步优化信用环境。推动创业投资领域信用信息纳入全国信用信息共享平台。（省发展改革委、省商务厅、省工商局、省金融办、人行杭州中心支行、浙江证监局按职责分工负责）

（四）优化政策环境。贯彻落实好国家有关法律法规制度，制定出台浙江省创业投资企业管理实施细则，对创业投资企业实行差异化监管和行业自律管理。鼓励创业投资企业实践新政策或交叉使用政策，不断提高管理效率、降低经营成本。对落实新政策过程中遇到的新情况新问题，各级、各有关部门要及时向上级有关部门反映。（省发展改革委、省科技厅、省财政厅、省商务厅、省国资委、省地税局、省工商局、省金融办、省国税局、人行杭州中心支行、浙江银监局、浙江证监局、浙江保监局按职责分工负责）

（五）严格保护知识产权。积极落实知识产权保护相关法律法规制度，大力加强对创业创新早期知识产权保护，在市场竞争中培育更多自主品牌。健全知识产权侵权查处机制，依法惩治侵犯知识产权的违法犯罪行为，将企业行政处罚、黑名单等信息纳入全国信用信息共享平台，对严重侵犯知识产权的责任主体实施联合惩戒，并通过“信用中国”网站、企业信用信息公示系统等进行公示，创造鼓励创业投资的良好知识产权保护环境。（省发展改革委、省科技厅、省工商局、人行杭州中心支行、浙江证监局按职责分工负责）

六、落实保障措施

（一）加强统筹协调。省发展改革委要会同有关部门加强创业投资政策协调、行业监管、指导服务，建立部门之间、部门与市县之间的协调联动机制，全面落实国家有关创业投资行业发展政策和监管政策，推进创业投资行业信息共享，加强对重要事项落实情况的督促检查，形成促进创业投资持续健康发展的合力。（省发展改革委、省科技厅、浙江证监局按职责分工负责）

（二）加强行业自律。加强创业风险投资行业协会建设，鼓励有条件的设区市成立创业投资协会组织，搭建行业协会交流服务平台。充分发挥创业投资协会组织在行业自律管理、政府与市场沟通中的积极作用，加强创业投资协会组织在政策对接、会员服务、信息咨询、数据统计、行业发展报告、人才培养、国际交流合作等方面的能力建设，支持创业投资协会组织推动创业投资行业信用体系建设和社会责任建设。健全创业投资服务体系，加强与创业投资相关的会计、征信、信息、托管、法律、咨询、教育培训等各类中介服务体系建设。（省科技厅、省民政厅按职责分工负责）

（三）加强人才培养。鼓励高校建设创业投资相关院系、科研机构，加强学科建设，开设相关专业，完善相关课程设置。鼓励高校、科研机构与创业投资企业开展交流合作，建设一批创业投资实训基地，加快培养和引进一批高端、复合型人才。鼓励创业投资协会组织以多种方式加强专业人才培养，加大教育培训力度，吸引更多的优秀人才从事创业投资活动。（省教育厅、省科技厅、省人力社保厅按职责分工负责）

（四）加强平台搭建。依托世界互联网大会等重大活动平台，推动开展创业投资国际国内交流合作。鼓励和支持有条件的地方与国内外知名城市联合开展富有特色的创业投资推广活动，为创业投资持续健康发展搭建更多的平台。

浙江省人民政府

2017年4月7日

中共嘉兴市委 嘉兴市人民政府
关于打造最优人才生态促进人才优先发展的若干意见

（嘉委发〔2017〕4号）

根据中央、省委关于深化人才发展体制机制改革的要求和部署，现就嘉兴打造最优人才生态、促进人才优先发展，提出如下意见。

一、明确总体要求、基本原则和主要目标

（一）总体要求。以创新、协调、绿色、开放、共享五大发展理念为引领，深入实施人才优先发展战略，遵循社会主义市场经济规律和人才成长规律，破除束缚人才发展的思想观念和体制机制障碍，落实向用人主体放权、为人才松绑的要求，最大限度激发、释放人才创新创造创业活力，形成人人渴望成才、人人努力成才、人人皆可成才、人人尽展其才的良好局面，为高水平全面建成小康社会，全力打造现代化网络型田园城市提供坚强的人才支撑、智力支撑、创新支撑。

（二）基本原则。坚持党管人才、增强合力。充分发挥党的思想政治优势、组织优势和密切联系群众优势，大力激发用人主体和各类人才的能动性，进一步加强和改进党对人才工作的领导，健全党管人才领导体制和工作格局，创新党管人才方式方法，深化人才发展体制机制改革，着力推进人才政策体系化、科学化，为打造最优人才生态提供坚强的政治和组织保证。

坚持制度创新、激发活力。聚焦人才发展体制机制中的重点难点问题，持续推进人才制度的精准创新、系统创新、协同创新，不断增强人才体制机制的灵活性和人才政策的开放度，在改革中释放制度新活力，在创新中打造发展新引擎，努力形成具有区域竞争力的人才制度优势。

突出市场主导、政府放权。充分发挥市场在人才资源配置中的决定性作用，更好推进政府下放权力、放宽条件、放开空间，深入推进用人制度的市场化改革，深化“政、产、学、研、金、介、用”模式，促进人才链、创新链、产业链、资本链、服务链、价值链的有机衔接和良性互动，实现人才效率和人才机制最优化。

注重分层分类、高端引领。通过科学的人才分类，针对不同层次人才制定不同政策，使人才各尽其能、各展其长、各得其所。重点加强海内外顶尖人才、高端人才的引进培育，对人才最关心的创业资助、居留落户、教育医疗、融资渠道等政策进行重点突破，让人才工作生活更加便捷和舒适。

（三）主要目标。以嘉兴打造全域孵化器和沪嘉杭G60科技创新走廊为契机，到2020年在人才发展体制机制的重要领域和关键环节取得突破性进展，基本形成与打造人才生态最优市相适应的科学规范、开放包容、运行高效的现代人才发展治理体系，基本构建具有区域竞争力的人才制度体系，使嘉兴成为海内外创业创新人才的向往之地、事业发展之地、价值实现之地。

二、打造以全球揽才为目标的集聚生态

（四）优化升级高精尖人才引进政策。对新引育的顶尖人才采取“一事一议”的方式，每人给予不低于200万元的工作经费和800万元的奖励补助。深化和拓展“创新嘉兴·精英引领计划”，对新入选的A类、B类、C类创业人才项目，分别给予500万元、300万元、200万元资助。对新入选的A类、B类、C类创新人才项目，分别按引进人才年薪的70%、60%、50%给予企业引才薪酬补助，属于长期项目的每年最高补助不超过100万元、60万元、40万元，补助时间不超过5年；属于短期项目的每年最高补助不超过50万元、30万元、15万元，补助时间不超过3年。新引进国家级、省级高端人才，到嘉兴全职创业的，经认定直接享受“创新嘉兴·精英引领计划”B类、C类创业人才项目政策；新引进国家级、省级高端人才到嘉兴创新的，经认定按长期、短期直接享受“创新嘉兴·精英引领计划”B类、C类创新人才项目政策。

（五）大力引进顶尖、高端人才团队。对顶尖人才领衔的团队项目采取“一事一议”，制定专门政策予以支持。对入选浙江省领军型创新创业团队的，在为期3年的首个资助期内，按照不低于省级财政投入额度进行配套资助。对经评审认定的嘉兴市领军型创新创业团队，给予不低于2000万元的资助，其中财政投入不低于1000万元，团队所在企业按照不低于各级财政资助资金总额对团队进行配套资助；对成长性好和业绩突出的团队项目，可通过“一事一议”，根据实际需求予以不超过1亿元的滚动支持或追加资助。在企业、科研院所、文化创意、金融等领域推进嘉兴市重点创新团队建设，对经遴选的嘉兴市重点创新团队，给予60万—200万元的创新资助。

（六）实施重点产业紧缺人才扶持。建立重点产业人才需求申报、监测和信息发布制度。研究重点领域人才培育政策。对纳入“八大千亿”产业紧缺人才扶持名录的万名人才，在3年管理期内，给予其社会保险（商业保险除外）个人缴纳部分财政全额补贴。

（七）加大国内外智力柔性引进力度。实施“海外工程师”计划，对企业及其开办的研发机构聘请外籍顶尖人才、高端人才，符合条件的，根据用人单位聘请“海外工程师”所支付的薪酬标准，按一定比例给予用人单位10万—50万元年薪资助，单个“海外工程师”资助期限最长不超过3年。实施“域外专家”计划，对企事业单位新聘请顶尖人才、高端人才、高级人才，实际支付人才年薪达到30万元及以上的，财政按年薪超出30万元部分的20%，最高不超过10万元的标准补助用人单位，资助期限最长为3年。实施“双休人才”计划，对北上广深省级以上高端人才，在双休日到嘉兴工作生活的，由政府部门组织的，政府部门支付交通、食宿费用及提供相应工作条件；由纳入重点人才中介目录的中介机构组织的，中介机构支付交通、食宿费用及提供相应工作条件，财政按其实际支出的30%给予中介机构补助，每家机构每年不超过200万元；由用人单位组织的，用人单位支付交通、食宿费用及提供相应工作条件，经认定，财政按其实际支出的30%给予用人单位补助，每人每年不超过3万元。对引进国外智力项目获得国家或省级资助的，财政给予引智项目单位1：1的配套资金支持。

（八）实施菁英人才计划。加大各类人才计划对青年人才的支持力度，提高青年人才入选比例。对35周岁以下青年人才入选国家级、省级、市级各类人才计划的，上浮5%的奖励额度。建立青年人才举荐制度，组建青年人才举荐委员会，邀请各行业高端及以上人才和龙头骨干企业高管担任成员，经委员会举荐的35周岁以下优秀青年人才，可直接认定为我市杰出人才第一、第二层次培养人选并享受相关待遇。

（九）切实优化财政人才保障投入。坚持人才投入优先保障，各级财政要统筹安排，确保人才政策兑现和人才工程实施的经费需求。探索推行充分体现人才特点和创新价值的经费管理办法和审计方式。由市政府作为基石投资人出资20%，设立规模10个亿，首期1个亿的“人才创业投资引导基金”，重点用于投资早期、初创项目。由市本级产业基金与创业投资机构、行业龙头企业（上市企业、集团公司）等合作设立“人才产业境外并购投资基金”，重点用于支持以获取顶尖人才、高端人才和团队（含相关高新技术、知识产权、研发机构）为目标的境外投资并购活动。大力推进与域内外高校合作对接，开展人才互派挂职，人才活动联办，共建成果转化、孵化、研发中心，建设大学生实践基地，承接高校分校或专业学院落地等全方位合作，每年统筹安排1000万元，重点对接大院名校，扶持高校教师创新类项目、大学生创业类项目到嘉兴落地。对嘉兴市政府资金不参与的规模总额3000万元以上的基金，累计投资我市顶尖人才、高端人才创业企业超过3000万元的，可申请财政补贴，财政补贴金额不超过其投资总额的6%，单家投资机构累计不超过300万元。对政府不参与的各类基金，投资我市顶尖人才、高端人才创业企业的，可申请给予基金管理人该基金实际投入额1%的财政奖励。

三、打造以市场机制为导向的竞争生态

（十）优化市场化引才机制。建立统一的人才工程项目信息管理平台，推进人才项目、重大引才活动的服务外包和市场化运作。鼓励企事业单位、人才中介组织、个人等引进和举荐人才，对为我市引进顶尖人才，引进我市申报入选的国家“千人计划”“万人计划”领军人才、青年拔尖人才和浙江省“万人计划”杰出人才，引进我市申报入选的浙江省“千人计划”“万人计划”领军人才、青年拔尖人才和浙江省领军型创新创业团队，引进入选嘉兴市领军型创新创业团队和嘉兴市领军人才的推荐单位或个人，每引进一人（团队）分别给予最高50万元、20万元、10万元、5万元的一次性引才奖励；再由项目落户地根据人才创业企业发展情况给予推介单位（含域外孵化器）或个人奖励，具体为企业注册落户起5年内销售收入首次突破1000万元、5000万元、1亿元的，分别给予3万元、5万元、10万元奖励。在北京、上海、深圳等国内人才集聚地聘请“引才大使”，根据协议和绩效给予每年3万—10万元工作经费。改进和完善海内外引才工作站（点）政策。建立健全与大院名校、国家级组织、产学研战略联盟人才资源信息共享机制。

（十一）鼓励引导企业发挥招才引智主体作用。对企业委托猎头机构招聘顶尖人才、高端人才的，在人才全职引进后，给予企业前期费用50%的补贴，每人次最高不超过5万元。对国有企业新招录的高级人才及以上层次人才，其薪酬不纳入企业当年薪酬总额。企业引进高级以上人才，支付的一次性住房补贴、安家费、科研启动经费等，可据实在计算企业所得税前扣除。鼓励企业建立高校、科研院所实践基地，联合培养研究生。推行重点企业人才工作推进情况与享受工业经济、科技创新等优惠政策挂钩机制。

（十二）深化人才评价制度改革。改进市场化、社会化的多元人才评价方式，建立人才分层分类体系和人才积分办法，对人才进行综合量化评价认定。建立激励创新和科技成果转化的职称评审导向。制定嘉兴市留学回国人员专业技术资格评定办法，开辟海外高级以上人才职称评审“绿色通道”。探索紧缺人才职称直聘方法。政府逐步授权重点企事业单位、行业组织、新型研发机构等开展自主认定业内人才职称评定和技能评价层次试点，并建立完善评审评价责任和信誉制度。

（十三）完善人才顺畅流动机制。研究鼓励高校、科研院所等事业单位科研人员在岗或者离岗创业以及鼓励企业对接、承接创业人员及项目的政策措施。研究制定人才接轨上海专项政策。创新事业单位编制管理方式，对符合条件的公益二类事业单位逐步实行备案制管理。对顶尖人才、高端人才来嘉兴创业创新，可直接纳入浙江省星耀南湖创新发展院管理。允许和鼓励高校、科研院所以及职业院校、技工学校设立一定比例的流动岗位，吸引有创新实践经验的企业家和企业科研人才兼职或聘为教授、副教授，兼职期间的各方权利义务，由兼职人员与原单位共同协商确定。鼓励“三院一所”（浙江清华长三角研究院、浙江中科院应用技术研究院、嘉兴学院、中国电子科技集团第36研究所）等在嘉兴的高校、科研院所聘任顶尖人才、高端人才担任兼职教授或研究员。研究制定专门政策，通过双向挂职、短期工作、项目合作等柔性流动方式，吸引高校、科研院所的博士、教授向企业一线流动。试点将企业任职经历作为高校工程类教师晋升专业技术职务的重要条件。完善科研人员在事业单位与企业之间流动时社保关系转移接续政策。

（十四）强化人才创业创新激励机制。落实国家、省促进科技成果转移转化的收益分配制度、税收优惠政策和绩效工资制度。防止简单套用党政领导干部管理办法管理科研教学机构学术领导人员和专业人才。优化科研教学机构学术领导人员管理方式，探索聘任制和任期制，完善出国管理和兼职管理制度。对国有企事业单位科研人员因公出国实行分类管理，简化审批程序，参加高层次国际交流合作活动，不计入本单位和个人年度因公临时出国批次限量管理范围，出访团组、人次数和经费单独统计。完善“科技创新券”制度、政府购买服务制度，对人才创业团队和科技企业使用加盟嘉兴人才科技公共服务平台的仪器设备、公共服务等给予适当补贴。

四、打造以人才平台为载体的优质生态

（十五）加快建设人才培养载体。对“大院名校”在嘉兴设立分院（分校）实行“一事一议”。研究支持在嘉大院名校发展政策。根据创新导向和产业需求，加强对高校学科专业动态调整的指导和引导。鼓励高校、职业院校与企业合作，探索产教深度融合的办学模式。鼓励高校、科研机构与企业联合共建新型研发机构。鼓励顶尖人才、国家级高端人才及其所在团队在嘉兴组建国家和省重点实验室、工程（技术）研究中心，设立产业研究院、智库等专业性、公益性、开放性新型研发机构，经认定，最高可给予5000万元的财政支持。出台专门政策，吸引和支持高水平国家级学术会议、专业论坛在嘉兴举办或永久性落地，鼓励专业公司承办该类学术会议、专业论坛。

（十六）推动域外孵化器建设。加强与海内外专业孵化器的合作，鼓励地方、企事业单位出资在海内外建设域外孵化器，完善管理机制、激励机制和经费保障机制，根据协议和绩效，经考核优秀的，每年给予最高50万元的奖励。对新建设的市级域外孵化器，按国外、国内分别给予建站单位一次性最高100万元、50万元的补助经费。

（十七）做优做强各类人才平台。强化对嘉兴科技城、秀洲国家高新区、嘉兴智慧产业创新园、浙大海宁国际联合校区、“千人计划”产业园等重点平台建设的指导和扶持力度。推进星耀南湖创新发展院实体化运作。依托开发区、产业园区、特色小镇、众创空间等，以“差异化定位、标准化打造、星级化服务”为导向，打造高层次人才创业创新基地。对新建成的国家级、省级、市级院士专家工作站，分别给予建站单位100万元、50万元、20万元资助，经考核合格的每年给予工作经费10万元，对柔性引进第二名以上院士的每增加1名院士每年补贴工作经费10万元。对新建成博士后科研流动站、工作站和创新实践基地的，给予建站单位30万元、建基地单位20万元的资助，每招收一名博士后研究员给予每年7万元科研经费补助、5万元生活补助，补助时间不超过2年；对出站后留嘉兴或来嘉兴工作的博士后，给予每人最高20万元的科研经费资助。对新建成的省级、市级外国专家工作站，分别给予建站企业30万元、20万元资助。

（十八）大力发展人力资源服务业。在市服务业发展资金中安排一定额度的人力资源服务业发展资金，专项用于扶持人力资源中介组织和人力资源服务产业园建设。积极引进国内外知名人才中介机构，鼓励其向创投、孵化、咨询等环节延伸，支持其承担重要人才研究课题、承办重大人才活动、评选优秀人才等。构建统一、开放的人才市场体系，大力发展专业性、行业性人才市场。对新引进的人才中介服务平台，从注册落户起3年内根据其发展情况每年给予奖励，具体为当年度营业收入达到500万元的，由平台落户地给予每年每次5万元奖励。加强技术经济人培育和行业组织发展，完善园区公共服务功能，充分发挥嘉兴市人力资源服务业协会作用，加速市场化、专业化的研究开发、技术转移、检验检测、知识产权、投融资服务等中介服务机构集聚。对经认定的国家级、省级、市级人力资源服务产业园分别给予100万、80万、50万元的资助。

（十九）推进人才综合服务平台建设。建设嘉兴“智立方”人才综合服务平台，实施集审批、服务、评估、人才交流、技术交易、产品展示于一体的“一门式”服务。整合打造人才综合信息网站，建立开放的人才信息互联互通平台，运用大数据搜集和分析人才状况，发布人才供需信息。

五、打造以精准服务为保障的多元生态

（二十）强化人才创业融资扶持。“投、贷、券、保”等金融工具多管齐下，联动支持顶尖人才、高端人才创业创新。依托人才创业投资引导基金、人才产业境外并购投资基金等，加大对初创、优质人才项目的投资力度。研究实施财政与金融、类金融机构共担风险的科技金融专营机构支持政策。支持人才企业通过发行债券取得债务性融资，按企业债券发行利率的20%给予发债贴息，对单家企业的年度贴息额不超过50万元。建立科技保险保费补贴机制，财政给予实际支付保费的30%补贴，单家企业最高不超过5万元。完善知识产权融资服务平台，建立知识产权融资市场化风险补偿机制和创业投资风险补偿机制。组建政策性融资担保基金，完善商业银行与风险投资的投贷联动模式。

（二十一）加强人才安居保障。编制“十三五”人才公寓建设规划，根据规划市财政每年安排2000万元额度专项用于人才公寓建设，并加大人才公寓相关配套服务设施建设力度。探索在特定区域新建商品房住房项目中配建不低于5%的人才安居住房。鼓励产业园区和企事业单位利用自用存量用地建设人才安居房及其配套设施，其建筑面积控制在总面积15%以内，主要面向区内和本单位人才出租。探索建立外国专家楼，为外籍人士来嘉兴工作提供便利。制定人才安居办法，根据人才分层分类情况和人才积分办法给予多渠道的住房保障。对顶尖人才采取“一人一议”的方式解决住房问题；对符合条件的国家级、省级、市级高端人才、高级人才在我市购买商品房的，分别给予100万元、80万元、60万元、35万元的购房补贴，或分别给予为期10年每年10万元、5万元、4万元、3万元的租房补贴；对符合条件的基础人才按人才公寓入住有关规定予以安排。顶尖人才、高端人才，在嘉兴购买首套商品房的，在按规定支付完首付后，所余房款给予放宽购房（租房）提取额度、缩短申贷缴存时限、提高贷款最高限额等住房公积金优惠政策。

（二十二）加大采购扶持力度。建立嘉兴市自主创新与优质产品目录，对本市顶尖人才、高端人才创业中小企业的产品、技术和服务，符合条件的优先列入目录，政府采购单位和国有投资为主的项目建设单位不得将其排斥在招标采购项目之外，同等条件下优先采购，通过预留份额（份额30%以上）、价格扣除（扣除10%的价格参与评审）、优获分包、联合协议等方式提高政府采购比例。对采购金额在规定招标金额标准以下的政府采购或国有投资为主的项目，鼓励采用目录产品。属于首台（套）产品（设备）的优先采购，可采取竞争性谈判、竞争性磋商、单一来源采购等非招标方式实施首购、订购及政府购买服务。

（二十三）强化人才医疗保障。对顶尖人才、高端人才及其配偶子女，可按规定办理社会保险，并享受市级医疗单位绿色通道服务。对引进的顶尖人才可纳入享受人才保健待遇，对不愿享受保健待遇的顶尖人才可通过支持其购买商业医疗保险等方式提供相应医疗保障。为外籍人才医疗提供便利，在我市三甲医院提供预约诊疗和外语服务。鼓励符合条件的医院、诊疗中心与国内外保险公司合作，加入国际医疗保险直付网络系统。

（二十四）优化人才子女入学政策。根据人才积分办法，妥善安排人才子女义务教育阶段就学。对经认定的顶尖人才、省级以上高端人才子女，根据教育资源情况，由各地教育部门统筹安排，无障碍入读公办学校；对其他高端人才子女，各地教育部门根据人才单位所在地或其居住地（租住地），就近统筹安排。加快国际学校和中外合作办学机构（项目）建设，推进教育国际化进程。

（二十五）优化人才居留服务。为外籍人才来嘉兴工作提供便利，逐步建立海外人才网上预约申请、电子审批及政府部门间信息共享机制，适时推进外国专家证和外国人就业证“两证合一”试点，缩短审批周期，提高办理效率。对已取得永久居留权的外籍人才，其配偶及其未成年子女可办理永久居留许可。对外籍人才聘雇的外籍家政服务人员，可以签发限定人数和期限的私人事务类居留许可。硕士以上学位外国留学生毕业后可直接到嘉兴创业就业。

（二十六）完善人才落户政策。对引进的顶尖人才、高端人才，落户不受年龄和市域范围内工作地的限制，若在嘉兴无合法固定住所的，按照自愿原则，可在嘉兴市人力社保部门人才中心集体户落户，并允许其配偶、未成年子女、成年未婚子女和符合投靠条件的双方父母迁入；对引进的高级人才，若在嘉兴无合法固定住所的，按照自愿原则，可在工作地人力社保部门人才中心集体户落户，并允许其配偶、未成年子女迁入。

（二十七）提升服务人才水平。加快引进知识产权服务专业机构，建立知识产权侵权查处快速反应机制，建立创新人才维权机制。研究出台人才企业土地保障政策。建设“红船服务”总联盟，发挥嘉兴市“千人计划”产业促进会、长三角海创俱乐部（嘉兴）、高层次人才联谊会等人才社团作用，搭建人才交流互动平台，推动人才与专业服务机构、企业进行资智、企智对接。拓展“生活绿卡”发放范围和服务功能，发放范围延伸至顶尖人才、高端人才，服务功能与“市民卡”相衔接。

六、加强党对人才工作的领导

（二十八）健全党管人才工作格局。进一步强化人才是第一资源的理念、树立人才强市的战略意识、确立人才优先发展的战略布局，做到人才资源优先开发、人才结构优先调整、人才投资优先保障、人才制度优先创新。进一步明确和完善各级人才工作领导小组职责任务和工作规则，完善宏观指导、科学决策、统筹协调、督促落实机制。健全领导机构，配强工作力量，建立镇（街道）人才科技工作站。建立完善领导小组会议及联席会议制度。完善“双招双引”工作机制。健全人才科技创新协同机制。发布人才发展指数和人才需求目录、建立健全人才荣誉制度。进一步发挥党组织凝聚人才作用，完善党政领导联系顶尖人才、高端人才制度，通过开展教育培训、国情研修、专家休假等，加强对人才的政治引领和吸纳。完善专家决策咨询制度，创造条件多维度发挥人才作用。

（二十九）强化人才工作责任。深入实施全市人才工作目标责任制考核，将考核结果作为领导班子评价、干部评优的重要依据。加强人才强市、人才强县、人才强校、人才强院、人才强企规划体系建设。全面深化人才工作“一把手”述职制度。将行业、领域人才队伍建设职责列入相关部门“三定”方案。

（三十）推动人才生态建设落到实处。相关部门切实履行主体责任，研究出台配套实施细则，制定涉及改革的相关政策、方案和具体措施，明确改革路线图、时间表，将工作任务和责任落实到位。

本意见所涉及资金按现行财政体制执行。本意见适用于嘉兴市本级，各县（市）可参照执行。本意见与我市现有政策有重复、交叉的，按照“从优、从高、不重复”原则执行。本意见自发布之日起施行。

附件：嘉兴市人才分层分类目录（试行）（略）

中共嘉兴市委
嘉兴市人民政府
2017年1月12日

台州市人民政府办公室 关于强化实施创新驱动发展战略进一步推进大众创业 万众创新深入发展的若干意见

（台政办发〔2017〕70号）

为深入贯彻落实《国务院关于大力推进大众创业万众创新若干政策措施的意见》（国发〔2015〕32号）、《国务院关于强化实施创新驱动发展战略进一步推进大众创业万众创新深入发展的意见》（国发〔2017〕37号）、《浙江省人民政府关于大力推进大众创业万众创新的实施意见》（浙政发〔2015〕37号）和市委五届二次全会精神，为在更大范围、更高层次、更深程度上推进大众创业、万众创新，经市政府同意，特制定以下意见。

一、总体要求

（一）指导思想。

全面贯彻落实党的十九大精神，强化实施创新驱动发展战略，充分发挥市场在资源配置中的决定性作用和更好发挥政府的引导作用，深化改革，进一步放宽政策、放开市场、放活主体，加快形成服务最优、机会最多、成本最低的创业创新生态体系，全面激发创新创业活力，为建设独具魅力的“山海水城、和合圣地、制造之都”提供有力支撑。

（二）基本原则。

坚持深化改革，加强政策协同。深入推进供给侧结构性改革和“放管服”改革，着力破除制约创业创新发展的体制机制障碍和政策瓶颈，营造均等普惠环境。统筹推进创业、创新、就业等各类政策的改革创新，强化政策联动，确保具体化、可操作、能落地。

坚持市场主体，突出资源整合。充分发挥市场配置资源的决定性作用，整合政府、企业、社会等各方资源，推动技术、资本、政策、信息、服务等各类要素向创业创新集聚，强化多元化供给与多元化需求有机结合，促进创业创新进一步蓬勃发展。

坚持开放共享，鼓励先行先试。积极营造开放包容的发展环境，践行共享发展理念，推动商业模式创新，实现创业创新要素自由流动。

鼓励有条件的地方先行先试，探索形成可复制、可推广的创业创新经验。大力弘扬创业创新文化，营造敢为人先、宽容失败良好氛围。

坚持人才为本，强化价值创造。以人才支撑为第一要素，深化人才引进、激励、发展和评价机制改革，鼓励更加多元化群体投身创业创新。以价值创造为本质内涵，加速科技成果向现实生产力转化，促进创业创新与实体经济发展深度融合，增强发展实效。

（三）发展目标。

聚焦“融合、协同、共享”，加强创业服务力度，加大创新支撑能力，统筹创新链、资金链、产业链、人才链、政策链，进一步优化发展环境，促进新技术、新产品、新业态、新模式、新动能发展。到2021年，建成一批高水平的“双创”示范基地，成为长三角区域具有重要影响力的创新高地、创业福地。

二、主要任务

（一）创造更加便利公平的市场环境。

深化商事制度改革。贯彻推广“多证合一”“一照一码”“一址多照”“一照多址”、企业名称自主申报登记、企业简易注销登记等政策，开展全流程网上商事登记，推进电子营业执照应用。进一步放宽登记条件限制，简化申办企业流程，降低大众创业门槛。（责任单位：市市场监管局、市行政服务中心）

深化“放管服”改革。以“最多跑一次”改革为突破口，推进“一窗受理、集成服务”“容缺受理”“先办后补”等改革，进一步简化审批。在有条件的乡镇（街道）、高新区、集聚区设立专业化的行政审批机构，实行审批职责、审批事项、审批环节“三个全集中”。加大事中事后监管力度，实现“双随机、一公开”监管全覆盖。（责任单位：市编办、市行政服务中心、市市场监管局）

优化市场准入制度。推广市场准入负面清单制度，对负面清单以外的行业、领域、业务等，各类市场主体皆可依法平等进入。大力支持交通出行、无车承运物流、快件投递、旅游等新模式发展，适时适当放宽教育、卫生等行业互联网准入条件，降低创业创新门槛，加强新兴业态领域事中事后监管。（责任单位：市市场监管局、市教育局、市卫生计生委）

营造公平市场环境。全面贯彻落实公平竞争审查制度，完善反垄断执法办案机制，集中整治不正当竞争行为。清理规范涉企收费项目，完善收费目录管理制度。建立和规范企业信用信息发布制度，把企业主体信用与市场准入、享受优惠政策等挂钩，完善守信激励和失信惩戒机制，健全以信用管理为基础的创业创新监管模式。（责任单位：市发改委、市市场监管局、人行台州市中心支行、市财政局、市商务局）

（二）打造更加高效的科技成果转化机制。

加强知识产权保护运用。加强知识产权保护行政执法体系和队伍建设，建立完善行政执法体系。加强执行执法和刑事执法的有效衔接，提高执法效能。完善市、县两级维权援助服务体系，不断完善维权援助制度。实施专利导航产业发展工程。深入推进专利权质押融资，探索建立多层次、多途径的专利权质押融资风险分担机制。加快培育知识产权服务机构，提高知识产权服务能力。（责任单位：市科技局）

推进科技资源开放共享。积极推动社会公共众扶，促进公共科技资源和信息资源开放共享，探索仪器设备所有权和经营权分离机制，对于财政资金购置的仪器设备，探索引入专业服务机构进行社会化服务等多种方式。鼓励和引导有条件的企业和创新载体开放仪器设备使用、检验检测、知识产权、数据分析、创业培训、风险投资等服务，推进科技成果在更大范围共享和转化。（责任单位：市科技局、市财政局）

推动产学研用协同发展。大力支持企业与高校、科研院所联合设立研发机构或技术转移机构，共同开展研究开发、成果应用与推广、标准研究与制定等。引导发展多种形式的产业技术创新联盟，围绕产业链构建创新链，推动跨领域跨行业协同创新，发展订单式研发服务。倡导以价值创造为本质内涵，引导高校、科研院所发布科技成果目录，建立面向企业的技术服务点网络，加速科技成果向现实生产力转化。（责任单位：市科技局、市发改委、市经信委）

加快科技成果中试转化。进一步扶持提升传统孵化器，拓展孵化功能，构建“创业苗圃+孵化器+加速器（中试基地）”孵化培育体系。鼓励企业与高校、科研院所建设一批产学研结合的成果转化中试基地，面向社会开放式运营，为中小企业成果转化提供全方位、多功能服务。扶持发展医药化工、新材料、新能源等行业性中试基地，促进科技成果高效转移转化。（责任单位：市科技局、市发改委、市经信委）

（三）打造更高水平的创业创新平台。

加快建设区域创新平台。积极创建国家创新型试点城市，努力跻身浙东南国家自主创新示范区，全面推广复制中关村成熟经验和政策，发挥示范和带动作用。

加速“一城一区一廊”三大创新平台建设，加快台州中央创新区建设，大力引进大院名校和鼓励骨干企业共建创新载体，整合创新资源，完善配套设施，优化服务环境，打造成具有一定影响力的创业创新示范中心。（责任单位：市科技局、台州湾产业集聚区管委会、台州经济开发区管委会）

加快构建特色众创空间。大力发展“创客空间”“创业咖啡”“创新工场”等新型孵化模式，鼓励将老厂房、旧仓库、存量商务楼宇以及传统文化街区等资源改造成新型众创空间，鼓励具备条件的高校和中职技校建设公益性创业创新场所，大力发展基于互联网平台的众创空间。鼓励传统孵化器与上市公司、创投机构、专业团队合作，引导众创空间向专业化、精细化方向升级。支持平台型众创空间、创投孵化器等新型孵化器发展，并享受相应扶持政策。（责任单位：市科技局、市经信委、市教育局、市规划局、市国土资源局）

推进“双创”示范基地建设。鼓励各类开发区（高新区、工业园区）、产业集聚区、特色小镇、科技园、重点企业、科研院所申报浙江省“双创”示范基地建设，引导创业创新要素投入，建设一批功能齐全的众创空间，扶持一批服务完善的支撑平台，集聚一批创新活跃的高端创客，培育一批充满活力的创新型企业，形成可复制、可推广的创业创新模式和典型经验。（责任单位：市发改委、市科技局、市经信委、市商务局）

加快培育“四众”支撑平台。大力构建低成本、便捷化、全要素、开放式的众创空间，形成大众创新、释放众智的新局面。积极培育研发创意、制造运维、知识内容和生活服务等众包平台，开拓集智创新、便捷创业、灵活就业的新途径。积极推动企业分享、公众互助、公益机构等众扶平台，不断加大对小微企业和创业者支持力度。稳步推进实物、股权、网络等众筹平台，拓宽创业创新融资渠道。（责任单位：市科技局、市经信委、市商务局、人行台州市中心支行、市金融办）

（四）培育更好服务实体经济新模式。

促进“互联网+”发展。深入实施国家“互联网+”行动计划，组织实施“互联网+”重大工程，促进以云计算、物联网、大数据为代表的新一代信息技术与现代制造业、生产性服务业、现代农业等融合协同创新。按照“非禁即入”原则，放宽互联网融合性产品和服务的事前准入限制，培育发展“互联网+”众创、众包、众扶、众筹创业创新。支持参与研究制订工业互联网安全技术标准，强化工业互联网安全保障支撑能力。（责任单位：市发改委、市经信委、市商务局、市科技局）

推动军民深度融合。积极争创省级军民融合创新示范区，加强军民融合科技对接平台建设，探索设立军民融合产业投资基金，推进建立一批军民结合、产学研一体的科技协同创新平台，谋划一批军民融合重大科技工程，实施一批军民融合重大科技联合攻关项目。（责任单位：市发改委、市经信委、市科技局）

促进分享经济发展。支持基于互联网平台将分散资源进行优化配置的新型经济形态，清理制约分享经济发展的商事登记等事项，大力推动政府部门数据共享和公共数据资源开放。合理引导预期，创新监管模式，探索建立政府、平台企业、行业协会以及资源提供者和消费者共同参与的分享经济多方协同治理机制，引导分享经济企业开展有效有序竞争。（责任单位：市发改委、市经信委、市市场监管局）

培育发展人工智能。加快人工智能关键技术转化应用，培育智能机器人、移动智能终端、可穿戴设备、虚拟现实、车联网、无人机等人工智能新兴产业。推动人工智能与各行业融合创新，在制造、农业、物流、金融、商务、家居、教育、健康医疗、交通、环境、社会治理等重点行业和领域开展人工智能应用试点示范，推动人工智能规模化应用，全面提升产业发展智能化水平。支持和引导企业在设计、生产、管理、物流和营销等核心业务环节应用人工智能新技术，大规模推动企业智能化升级。（责任单位：市科技局、市经信委、市发改委）

（五）培育更具活力的创业创新主体。

支持青年和科技人员创业。建立健全高校弹性学制管理办法，鼓励普通高校在校大学生创业，按规定享受税收优惠、创业担保贷款、一次性创业补贴、招用高校毕业生社保补贴等扶持政策。支持返乡下乡人员创业创新，符合条件的可享受“双创”相关扶持政策及纳入强农惠农富农政策范围，在抵押贷款、社保、住房公积金、子女纳入城镇居民基本医保等方面开展试点政策。完善高校和科研院所绩效考核办法，提高科研人员职务成果转化收益的分享比例，鼓励支持事业单位科研人员离岗创业创新或创办企业，对经单位同意离岗的人员，其人事关系可保留5年。（责任单位：市教育局、市人力社保局、市科技局、市农业局）

引进高层次人才创业创新。全面贯彻落实台州市人才新政“三十条”，大力实施“千人计划”“500精英计划”、领军型创新创业团队引进培育计划等高层次人才和团队引进计划。符合条件的事业单位引进高层次人才和招聘急需紧缺人才，可简化招录程序，没有岗位空缺的可申请设置特设岗位。制定人才签证实施细则，全面简化外国高层次人才办理工作许可证和居留证件的程序，开展外国高层次人才服务“一卡通”试点。（责任单位：市委组织部、市人力社保局、市科技局、市公安局）

支持大企业高管持续创业。鼓励创新型企业、行业龙头骨干企业、上市公司、浙商回归企业、央企国企、跨国公司等积极培育企业内部创客文化，建立企业内部资源平台，为有创业意愿的高管、员工以及产业链上下游创业者开放供应链资源和市场渠道，搭建开放的创业创新生态圈。加大对广大在外浙商的创业创新政策宣传和引导，支持在外浙商带资金、带技术回乡创业创新。（责任单位：市经信委、市科技局、市经合办）

健全“双创”人才培育机制。支持普通高校开设创业创新教育课程，推动创业创新教育与专业教育有机结合。建立创业导师制度，吸纳有实践经验的创业者、职业经理人等加入创业师资队伍，通过线上线下等多种方式为创业者分类、分阶段进行指导。健全职业技能培训体系，扩大政府补贴范围，组织创业培训、创业项目推介、创业指导进校园、进社区等专题活动。支持社会力量举办创业沙龙、创业大讲堂、创业论坛等各类创业培训活动，建立创业联盟，开展创业创新大赛、创业成果展示会等创业交流活动。（责任单位：市人力社保局、市科技局、市教育局、市科协）

（六）构建更具优势的财税金融服务体系。

加大财税扶持力度。统筹安排科技、产业、人才等各类专项资金，加大对小微企业和创业创新支持，加强资金使用绩效评估。研究制定促进首台（套）重大技术装备示范应用政策，建立示范应用和保障机制。落实普惠性税收优惠和抵扣政策，加大政策宣传，确保“应享尽知”。健全完善创新券、创业券的管理制度和运行机制，探索建立创新券、创业券异地互通互认机制。加大创业创新的政府采购力度，对创新产品和服务实施政府首购、订购和优先采购。（责任单位：市财政局<市地税局>、市国税局、市科技局、市经信委）

丰富创业融资模式。深入实施“128”股改上市三年行动计划，推动企业上市，引导企业对接多层次资本市场。支持银行与基金、证券、保险、信托等机构合作，探索“商行+投行”经营模式，创新金融支持方式，进一步加大创业企业信贷支持。推动专利权、商标权、股权、应收账款质押融资工作常态化、规模化发展，创新金融产品增量扩面。探索设立创业创新企业风险资金池，对金融机构发放给创业创新企业的贷款损失给予一定补偿。（责任单位：市金融办、市财政局、市科技局、市经信委、人行台州市中心支行、台州银监分局）

创新投资支持方式。鼓励设立创业投资引导基金，建立创业投资风险补偿机制，允许按基金长期投资额的10%提取风险准备金，用于补偿基金投资损失。发展国有资本创业投资，完善国有资本创业投资机构国有股转持豁免政策，对带有国有资本性质的产业基金投资初创期、中早期创业创新项目，鼓励采取一定期限收益让渡、约定退出机制和回报率、按同期银行贷款基准利率收取一定收益等方式给予适当让利。推动商业银行在依法合规、风险隔离的前提下，与创业投资机构建立市场化长期合作机制，促进投贷联动、投保联动、投债联动等新模式发展，拓宽资金供给渠道。（责任单位：市科技局、市财政局、市国资委、人行台州市中心支行、台州银监分局）

丰富完善公共服务。加快发展企业管理、财务咨询、市场营销、人力资源、法律顾问、知识产权、检验检测、现代物流等第三方专业化服务。加快创业创新人才重点集聚区域的住房、教育、医疗等公共服务设施建设，落实引进人才住房保障、子女入学、配偶就业、医疗保障等措施。研究制定“双创”发展统计指标体系，科学、准确、及时反映经济结构优化升级的新进展。（责任单位：市科技局、市委组织部、市统计局分别牵头，各有关部门按职责分工落实）

三、保障措施

（一）加强组织领导。

各地要把进一步推进大众创业万众创新深入发展摆上重要议事日程，建立部门联席会议制度，加强统筹指导和综合协调，强化部门协同和上下联动，切实形成合力，共同推进大众创业万众创新蓬勃发展。

（二）加大宣传引导。

大力弘扬“敢为人先、宽容失败、百折不挠”的创业创新精神，以先进人物为榜样、以成功经验为标杆、以典型示范为引领，加强舆论引导，厚植创业创新文化，进一步激发有梦想、有意愿、有能力的各类创业创新主体创造性，使创业创新成为全社会共同的价值追求和行为习惯。

（三）加快政策落实。

各地各部门要统一思想，尽快落实本意见，制订符合本地、本部门实际的实施方案，明确目标任务、时间节点和工作要求，切实加强支持和保障力度。要加大政策解读、宣传、督察、评估力度，破除中梗阻，全力打通政策落实的“最后一公里”，确保各项政策落地见效。

本意见自发布之日起实施。

台州市人民政府办公室
2017年11月22日

中共安徽省委办公厅 安徽省人民政府办公厅 关于合肥综合性国家科学中心建设人才工作的意见（试行）

（皖办发〔2017〕23号）

为贯彻省五大发展行动计划，加快推进合肥综合性国家科学中心（以下简称科学中心）建设，聚力引进一大批国际国内高层次人才，本着特事特办、先行先试的原则，重点围绕来得了、待得住和用得好，现提出如下意见。

一、加大引才奖补力度。引进人才工资性年收入超过50万元、纳税10万元以上者，在首个管理期内，省市两级财政按实付薪酬的50%资助奖补用人单位用于引才工作，每人每年最高可达100万元。管理期一般在5年以下，奖励资金省、市按1：1比例承担。入选国家“千人计划”，省政府一次性配套给予100万元生活补助，其中国家“千人计划”短期项目入选者每人30万元。

二、提供签证居留便利。对符合认定标准的外籍高层次人才及其配偶、未成年子女，经当地人才主管部门推荐，可直接申请在华永久居留。外籍人员已在当地连续工作满4年、每年在我国境内实际居留累计不少于6个月，有稳定生活保障和住所，工资性年收入和年缴纳个人所得税达到规定标准，经工作单位推荐，可以申请在华永久居留，并允许其配偶和未成年子女随同申请。具有博士学位的外籍华人在当地工作，或外籍华人在当地连续工作满4年、每年在我国境内实际居住累计不少于6个月，可直接申请在华永久居留。

对来探望亲属、洽谈商务、开展科教文卫交流活动及处理私人事务的外籍华人，可签发5年以内多次出入境有效签证。对在当地工作、学习、探亲以及从事私人事务需长期居留的，可以按规定签发有效期5年以内的居留许可。对具有创新创业意愿的外国留学生，可以凭我国高校毕业证书申请2至5年有效的私人事务类居留许可（加注“创业”）。对在皖工作的外国人，如其已连续两次申请办理工作类居留许可，且无违法违规问题的，可以按规定签发有效期5年以内的工作类居留许可。

有关企业选聘的外籍技术人才和高级管理人才，办妥工作许可证明的，可在入境口岸申请工作签证入境；来不及办理工作许可证明的，可凭企业出具的邀请函件申请人才签证入境。引进人才属华侨的，凭侨务部门出具的证明材料，可在居住地直接落户。

三、强化知识价值激励。支持按照知识、技术、管理、技能等要素贡献参与分配。实行期权股权激励等中长期激励政策，科技成果转化收益用于奖励重要贡献人员和团队的比例首期可达90%。支持外籍人才或团队通过科技成果作价入股等方式与企业开展协同创新，允许外籍人才通过技术股权收益、期权确定、资本市场变现等增加合法收入，依法保护外籍人才享有知识产权权益。

四、享受个税优惠减免。高校、科研机构转化职务科技成果以股权或出资比例形式给予科研人员的奖励，获奖人享受递延至取得分红或转让时适用20%税率征税优惠。非上市公司授予本公司员工的股权奖励，符合规定条件的，享受递延至转让该股权时适用20%税率征税优惠。个人获得省政府、国务院部委和部队军以上单位，以及外国组织、国际组织颁发的科学、教育、技术、文化、卫生、环境保护等方面的奖金，免纳个人所得税；个人因作出突出贡献从省级以下政府及其所属部门取得的一次性奖励收入，不论其奖金来源，享受按“偶然所得”20%税率征收个税。

五、开辟职称绿色通道。科学中心引进的海外人才高级职称实行自主评定，由两名同专业领域正高级职称人才推荐，经科学中心职称评审委员会评审，报省主管部门备案。职称评审重点看能力、业绩贡献和业内公认度，不受身份、任职年限等限制。

六、创新编制岗位管理。支持科学中心用人单位设立特设岗位和流动岗位柔性引进人才，不受岗位总量、最高等级和结构比例限制。畅通科学中心高层次人才在全省各类高校、科研院所和企业间流动渠道。创新人员编制管理方式，保障供给，满足科学中心机构建设和各用人单位引进急需紧缺人才需要。中科大、中科院合肥物质院、中电科等中央驻皖单位引进高层次人才，可根据需要由省里调剂事业编制供其周转使用。

七、优化生活配套服务。对引进国际国内高层次人才，充分尊重本人意愿，为其未成年子女优先安排学校就读。增设外籍子女学校或开设国际部，外籍人才子女就学可实行弹性学制。配偶工作安排保持原单位编制性质和职级。加快合肥市人才公寓房建设，优先保障科学中心引进人才90—220平方米的住房需求。为外籍人才提供预约诊疗和外语服务，在部分省重点医院设立国际医疗部，积极引进现代医疗机构临床技术与服务管理理念，探索建立国际医疗结算体系。

向非本地户籍引进人才发放“江淮优才卡”，作为持有人在本地居住和工作的证明，用于办理具体事务。持有人凭卡可直接到相关部门办理住房、配偶就业、子女入学、医疗保险等手续，享受公共文化服务。在外籍人才集聚地试点建设国际社区和街区。探索建设合肥国际人才城，打造人才要素集聚和人才工作机制创新载体。

八、开展先进典型奖励。建立政府奖励为导向、用人单位奖励为主体、社会力量奖励为补充的分层次多样化人才奖励体系。对在科学中心工作并作出重要贡献、成就突出的，不受国籍限制，可参评“安徽省突出贡献人才奖”，每人给予100万元奖励。允许外籍人才依法平等参与国家及省科学技术奖励评选活动，申报省内重点人才工程。

九、特殊人才特殊办理。每年由省领导带队集中开展1—2次海外人才招聘活动，在海外人才密集地区建立引才工作站。对引进国际、国内顶尖人才和科学中心建设特殊需要人才及其科研团队，采取“一事一议”方式，在依法依规的前提下，创造条件实现精准引进。

十、加强协调推进落实。成立合肥综合性国家科学中心人才服务协调办公室，设在省委组织部，安排专人负责政策落实的调度协调工作。在科学中心设立“无否决权人才服务专窗”，开展“一站式”服务。加强政策落实情况督促检查，并纳入省综合考核重要内容。

以上意见自发布之日起在科学中心试行，有关部门将定期开展评估和完善，并适时加以推广。

中共安徽省委办公厅
安徽省人民政府办公厅
2017年5月9日

安徽省人民政府
关于促进创业投资持续健康发展的实施意见

（皖政〔2017〕28号）

为贯彻落实《国务院关于促进创业投资持续健康发展的若干意见》（国发〔2016〕53号）精神，进一步促进全省创业投资持续健康发展，现提出以下实施意见：

一、总体要求

（一）指导思想。全面贯彻党的十八大和十八届三中、四中、五中、六中全会精神，深入贯彻习近平总书记系列重要讲话特别是视察安徽重要讲话精神，牢固树立并贯彻落实创新、协调、绿色、开放、共享发展理念，着力构建促进创业投资发展的制度、市场和生态环境，引导创业投资坚持服务实体、专业运作、信用为本、社会责任的基本原则，秉承价值投资和长期投资理念开展业务，提高专业化运作和管理水平，将诚信作为立业之本和发展之基，履行服务美好安徽建设的使命和责任，加快促进技术与资本融合、创新与产业对接，进一步推动全省大众创业万众创新，为系统推进全面创新改革试验提供有力支撑。

（二）主要目标。到2020年末，全省创业投资“募、投、管、退”各环节政策和服务体系进一步健全，创业投资行业规模持续壮大，骨干创业投资企业国内外影响力和竞争力不断增强，合芜蚌国家自主创新示范区、皖江城市带承接产业转移示范区形成若干创业投资集聚区，“创业、创新+创投”的协同互动发展格局基本形成。

二、积极培育多元创业投资主体

（三）壮大创业投资机构队伍。鼓励各类机构投资者和个人依法申请注册公司型、合伙型创业投资企业。支持省高新投基金等创业投资母基金做大做强。支持行业骨干企业、创业孵化器、产业（技术）创新中心、创业服务中心、保险资产管理机构、股权投资基金等相关机构参与创业投资。鼓励具有资本实力和管理经验的个人依法设立一人公司，从事创业投资活动。已设立且符合《创业投资企业管理暂行办法》（国家发展改革委令第39号）要求的创业投资企业，可向省发展改革委申请备案。（省发展改革委、省科技厅、省经济和信息化委、省人力资源社会保障厅、省商务厅、省国资委、省工商局、省政府金融办、安徽银监局、安徽证监局、安徽保监局等按职责分工负责）

（四）支持包括天使投资人在内的各类个人从事创业投资活动。鼓励有实力的天使投资人与省内创新创业资源丰富的众创空间、企业孵化器、加速器及产业园合作，共同发起成立公益性天使投资人联盟等组织，搭建天使投资人与创业企业、创业投资企业的信息交流和合作平台，培育壮大天使投资人群体。按照国家股权众筹风险专项整治工作要求，逐步建立长效监管机制，规范发展互联网股权融资平台，为各类个人直接投资创业企业提供信息和技术服务。（省发展改革委、省科技厅、安徽证监局等按职责分工负责）

（五）提升创业投资管理机构专业水平。申请设立创业投资管理机构，依法到工商行政管理部门注册登记。引导创业投资管理机构建立健全内部激励机制和风险约束机制，提高专业化管理水平。督促创业投资管理机构规范化运营，对所管理的不同创业投资企业设置不同账户，实行分账管理，不得利用所管理的创业投资企业财产为第三方牟取利益。符合条件的创业投资管理机构，可向省发展改革委申请附带备案。（省发展改革委、省商务厅、省工商局等按职责分工负责）

三、多渠道拓展创业投资发展空间

（六）培育和引进合格投资者。在风险可控、安全流动的前提下，鼓励中央企业、大学基金、保险公司、国家科技成果转移转化示范中心等机构投资者投资省内创业投资企业和创业投资母基金。支持信托公司以合规稳健、风险可控为前提，充分发挥信托制度优势，丰富业务模式和产品种类，为创业企业提供综合化、个性化金融和投融资服务。加强投资者教育，培育合格投资者，支持具有风险识别和风险承受能力的机构和个人参与投资创业投资企业。（省发展改革委、省财政厅、省国资委、安徽银监局、安徽证监局、安徽保监局等按职责分工负责）

（七）建立股权债权等联动机制。按照依法合规、风险可控、商业可持续的原则，推动发展投贷联动、投保联动、投债联动等新模式，建立创业投资企业与各类金融机构长期性、市场化合作机制。支持银行业金融机构通过调整贷款期限、还款方式等措施，向符合条件的创业企业发放并购贷款，提高对创业企业兼并重组的金融服务水平。支持徽商银行等银行业金融机构积极申请投贷联动业务试点，推动投贷联动金融服务模式创新。依法依规降低商业保险资金进入创业投资领域的门槛，鼓励保险机构、保险资产管理机构通过股权投资计划、项目资产支持计划、设立或投资私募基金等形式，为创业企业提供融资服务。加强政策宣传、辅导和培训，支持创业投资企业及其股东依法依规发行企业债券和其他债务融资工具融资，增强投资能力。（省发展改革委、省科技厅、人行合肥中心支行、安徽银监局、安徽证监局、安徽保监局等按职责分工负责）

（八）引导国有资本开展创业投资。按照国家关于国有创业投资的制度安排，支持省内国有企业采取市场化方式，依法依规设立或参股创业投资企业和创业投资母基金。鼓励省高新投基金等国有创业投资企业加强与国家各类创业投资引导基金对接。支持国有创业投资企业坚持长期投资和价值投资理念，加大对省内种子期、初创期等创业企业投资力度。引导国有创业投资企业建立健全投资决策和风险防范机制，尝试按照市场化原则投资，采用市场通用方法对拟投资企业进行价值评估。根据国家法律法规和政策规定，完善国有创业投资企业监督考核和激励约束机制。鼓励具备条件的国有创业投资企业进行混合所有制改革试点，探索国有创业投资企业及管理企业核心团队持股和跟投。支持创业投资企业与各地政府融资平台公司合作，探索在不影响存量债务存续的前提下，将符合条件的地方政府融资平台公司转型升级为创业投资企业。（省发展改革委、省财政厅、省国资委、安徽证监局等按职责分工负责）

（九）鼓励创业投资双向发展。落实国家放宽外商投资准入政策，支持外商来皖投资新设创业投资企业。参照国内先发地区做法，开展外商设立合伙制创业投资企业试点。落实《外商投资企业设立及变更备案管理暂行办法》，简化外商投资创业投资企业的审批和登记手续。推广外汇资本金“意愿结汇”政策，支持外商创业投资企业在境内所投资项目真实、合规前提下，按其实际投资规模将外汇本金直接结汇，或将结汇待支付账户中人民币资金划入被投企业。落实国家境外投资管理制度，支持发起设立海外并购基金，依法依规加大对境外及港、澳、台地区高端研发项目投资，积极分享高端技术成果。（省发展改革委、省商务厅、省国资委、人行合肥中心支行、安徽证监局等按职责分工负责）

（十）促进创业投资集聚发展。依托建设合芜蚌国家自主创新示范区、合肥综合性国家科学中心、合肥国家金融综合服务基地和芜湖皖江金融中心的目标，支持合肥、芜湖、蚌埠等市借鉴国内外“基金小镇”发展经验，完善政策扶持和个性化配套服务，积极吸引和集聚天使投资、创业投资企业及管理机构、中介服务机构等创业投资主体，率先在全省建成3个左右创业投资集聚区。鼓励省内各类创业投资集聚区与创新创业平台合作，与国内创业投资集聚区建立战略联盟，增强发展动力和活力。（省发展改革委、省财政厅、省科技厅、省工商局、省商务厅、省政府金融办、安徽证监局等按职责分工负责）

四、加强政府引导和政策支持

（十一）强化税收扶持政策保障。投资运作符合《创业投资企业管理暂行办法》和《外商投资创业投资企业管理规定》有关要求的创业投资企业，享受《财政部国家税务总局关于将国家自主创新示范区有关税收试点政策推广到全国范围实施的通知》（财税〔2015〕116号）、《国家税务总局关于实施创业投资企业所得税优惠问题的通知》（国税发〔2009〕87号）和《国家税务总局关于有限合伙制创业投资企业法人合伙人企业所得税有关问题的公告》（国家税务总局公告2015第81号）等有关政策。根据国家鼓励创业投资企业和天使投资人发展的相关税收政策制定情况，及时研究出台我省关于创业投资企业投资抵扣税收优惠、天使投资人个人所得税等政策的操作性规则，为投向种子期、初创期等创业创新活动主体的创业投资提供更多政策支持。（省发展改革委、省科技厅、省财政厅、省地税局、省国税局、省商务厅、安徽证监局等按职责分工负责）

（十二）建立创业投资与政府项目对接机制。培育创业创新主体，完善创业创新公共服务体系，扶持初创企业、小微企业和中小企业成长，为各类创业投资主体提供充足的项目源。率先在合芜蚌国家自主创新示范区、国家级双创示范基地、国家级高新区、国家级众创空间等开放项目（企业）资源，带动省内各类创业创新载体多渠道搭建创业投资资源共享平台。挖掘农业领域创业投资潜力，依托现代农业示范区、农村产业发展园区等，通过发展第二、三产业，改造提升第一产业。省、市重点项目优先向各类创业投资主体推介，有关项目资本对接活动设立创业投资项目专栏，重大招商引资活动、银企对接活动邀请各类创业投资主体参加。（省发展改革委、省科技厅、省经济和信息化委、省农委、省商务厅、省政府金融办、安徽证监局等按职责分工负责）

（十三）制定鼓励长期投资的政策措施。按照国家关于企业债券发行、引导基金扶持、政府项目对接、市场化退出等方面的总体安排，研究制定更加优惠、更加便利的政策和服务措施，推动专注于长期投资和价值投资的创业投资发展。遵循种子期、初创期企业投资风险高的规律，研究制定符合我省实际的创业投资容错机制和风险补偿机制。支持省内银行业金融机构对专注于长期投资和价值投资的创业投资，给予贷款利率、业务费用等方面优惠。（省发展改革委、省科技厅、省财政厅、人行合肥中心支行、安徽银监局、安徽证监局等按职责分工负责）

（十四）发挥创业投资引导基金杠杆作用。积极争取国家新兴产业创业投资引导基金、国家中小企业发展基金、国家科技成果转化引导基金等支持，促进省内创业投资企业发展。研究设立省级天使投资引导基金，做大做强省级创业投资引导基金，支持市、县政府和产业集中区、开发园区规范设立创业投资引导基金，发挥政府资金引导和聚集放大作用，利用市场化手段吸引社会资本投入，推动建立全省天使投资、创业投资基金群。鼓励创业投资引导基金注资市场化母基金，由专业化创业投资管理机构受托管理引导基金。支持创业投资引导基金综合运用阶段参股、联合投资、融资担保、政府出资适当让利于社会出资等方式，扶持创业投资企业设立与发展。（省发展改革委、省科技厅、省财政厅、省经济和信息化委、省政府金融办、安徽证监局等按职责分工负责）

五、健全创业投资退出机制

（十五）拓宽创业投资市场化退出渠道。支持创业投资企业利用沪深港交易所市场、全国中小企业股份转让系统、省区域性股权交易市场等功能，通过股权上市转让、股权协议转让、股权回购等市场化途径，实现投资退出。支持机构间私募产品报价与服务系统、证券公司柜台市场开展直接融资业务，拓展创业投资退出渠道。规范发展专业化并购基金，支持创业投资企业以并购重组等方式实现市场化退出。探索试行国有创业投资企业投资退出及股权转让时免于公开挂牌政策，对符合条件的，可采用协议转让等方式退出，按照内部决策程序办理股权转让。鼓励创业投资企业参与符合资产证券化条件的基础设施领域优质政府和社会资本合作（PPP）项目建设，通过项目资产证券化融资方式回收资金。（省发展改革委、省国资委、省政府金融办、人行合肥中心支行、安徽证监局等按职责分工负责）

六、优化创业投资市场环境

（十六）建立健全行业监管机制。坚持适度监管、差异监管和统一功能监管，有效防范系统性区域性风险。适应创业投资行业特点，依法依规降低市场准入门槛，在行业管理、备案登记等方面实施与其他私募基金区别对待的差异化监管政策，强化事中事后监管。加强信息披露和风险揭示，引导创业投资企业建立以实体投资、价值投资和长期投资为导向的合理投资估值机制。对不进行实业投资、从事上市公司股票交易、助推投资泡沫及其他扰乱市场秩序的创业投资企业，按照国家要求进行清查清退。引导创业投资企业根据行业规范，执行内部控制、合规管理和风险管理等方面要求。落实国家关于创业投资企业资金募集、投资运作、产权保护等与保护投资者权益相关的制度规范，依法依规保护产权和投资者合法经营、合法权益和合法财产。实施募集资金托管制度，规范创业投资企业资金募集，打击违法违规行为。（省发展改革委、省科技厅、省国资委、省政府金融办、安徽证监局按职责分工负责）

（十七）优化市场准入环境。研究建立创业投资行业发展备案和监管备案互联互通机制，为创业投资企业备案提供便利，放宽创业投资企业市场准入。全面实施企业“五证合一、一照一码”和个体工商户“二证合一、一照一码”登记制度，实行“一次申请、一窗受理、一站办结”。支持各地结合实际放宽企业住所登记条件限制，释放住所资源，降低创业成本。充分利用“互联网+”，逐步开放各级企业名称库，积极推进企业登记全程电子化，推行电子营业执照，实现登记注册便利化。（省发展改革委、省工商局、安徽证监局会同有关部门按职责分工负责）

（十八）加强行业信用体系建设。督促有关部门、行业组织和社会征信机构加强创业投资企业及管理企业、从业人员信用记录，实现创业投资领域信用记录全覆盖。依托省公共信用信息共享服务平台，实现创业投资信用信息在相关部门、行业组织和社会征信机构间的交换共享，并与国家企业信用信息公示系统（安徽）等对接。依法依规在“信用安徽”网站和国家企业信用信息公示系统（安徽）公示备案创业投资企业相关信息。加快建立创业投资领域严重失信黑名单制度，鼓励有关社会组织探索建立守信红名单制度，依法依规实施守信联合激励和失信联合惩戒。建立健全创业投资行业信用服务机制，推广使用信用产品。（省发展改革委、省商务厅、人行合肥中心支行、省工商局、安徽证监局等按职责分工负责）

（十九）严格落实知识产权保护政策。按照国家知识产权保护法律法规和制度规定，加强对创业创新早期知识产权保护，引导各类创业投资主体及时注册和运用商标，在市场竞争中培育更多自主品牌。健全知识产权侵权查处机制，依法惩治侵犯知识产权的违法犯罪行为，将企业行政处罚、黑名单等信息纳入省公共信用信息共享服务平台，对严重侵犯知识产权的责任主体实施联合惩戒，并通过“信用安徽”网站、国家企业信用信息公示系统（安徽）等公示。（省发展改革委、省工商局、省知识产权局、人行合肥中心支行、安徽证监局等按职责分工负责）

七、优化行业服务和管理

（二十）健全中介服务体系。引导与创业投资相关的会计、征信、信息、托管、法律、咨询、教育培训等各类中介服务机构，按照法律和行业规范开展经营活动。鼓励中介服务机构参与全省创业投资活动，提供技术信息、市场预测、项目评估等专业化服务，健全创业投资社会化服务体系。（省发展改革委、省科技厅、安徽证监局会同有关部门按职责分工负责）

（二十一）加强人才队伍建设。鼓励高等学校、科研院所、群团组织、创业投资企业及管理机构、天使投资人等主体，以设立培训基地、加强与创新创业平台合作等方式，加强创业投资专业人才培养，加大教育培训力度，吸引更多优秀人才从事创业投资。对熟悉资本运作、拥有行业背景、精通现代管理的专业人才，符合条件的，可享受我省关于人才引进、人才奖励、配偶就业、子女教育、医疗保障等有关政策。（省发展改革委、省教育厅、省人力资源社会保障厅、省卫生计生委等按职责分工负责）

（二十二）加强行业自律管理。省级创业投资备案管理部门要加强与国家创业投资协会组织的对接，开展政策对接、会员服务、信息咨询、数据统计、行业发展报告、人才培养、区域交流合作等方面交流，推动创业投资行业信用体系建设和社会责任建设。参照全国性创业投资行业协会组建架构，依托省内股权投资类行业自律组织、骨干创业投资企业等，适时研究组建省级创业投资协会组织。（省发展改革委、省科技厅、省民政厅、省工商局、安徽证监局等按职责分工负责）

八、加强统筹协调

（二十三）合力扶持创业投资发展。省发展改革委牵头推动全省创业投资行业发展，依法依规为省内创业投资提供备案和服务。省发展改革委会同有关部门建立协调机制，加强全省创业投资行业发展政策和监管政策的协同配合，并依托全省公共信用信息共享服务平台，与各地、各部门开展创业投资行业的信息共享。各地、各部门要制定相关配套措施，加强沟通协调，确保政策落实到位。（省发展改革委、安徽证监局会同有关部门按职责分工负责）

安徽省人民政府
2017年2月28日

安徽省人民政府关于进一步推进大众创业万众创新深入发展的实施意见

（皖政〔2017〕135号）

为贯彻落实《国务院关于强化实施创新驱动发展战略进一步推进大众创业万众创新深入发展的意见》（国发〔2017〕37号）和《国务院办公厅关于建设第二批大众创业万众创新示范基地的实施意见》（国办发〔2017〕54号）精神，鼓励、支持、汇聚创新人才，培育、营造、繁荣创新文化，进一步打造融合、协同、共享的创新创业生态环境，现提出如下实施意见。

一、指导思想和主要目标

（一）指导思想。

深入学习贯彻党的十九大精神，以习近平新时代中国特色社会主义思想为指导，统筹推进“五位一体”总体布局，协调推进“四个全面”战略布局，注重以科技创新为基础支撑，以深化改革为核心动力，以人才资源为第一要素，以价值创造为本质内涵，发挥市场配置资源的决定性作用，整合推动各类资源、平台、要素向创新创业集聚，着力实现创新创业与实体经济发展深度融合，有效促进新技术、新产品、新业态、新模式加快发展和产业结构优化升级，在更大范围、更高层次、更深程度上推进大众创业、万众创新，为增强经济创新力和竞争力、加快建设现代化五大发展美好安徽提供强有力支撑。

（二）主要目标。

创新创业的生态环境进一步优化。创新驱动发展的体制机制更加完备，技术和产业、平台和企业、金融和资本、制度和政策等支撑体系逐步完善，政府服务的响应速度和水平大幅提升。建成一批高水平的双创示范基地，形成一批可复制可推广的双创模式和典型经验。

创新创业的覆盖广度进一步拓展。发挥大企业、高校、科研院所的领军作用，科技人员、高校毕业生、留学回国人员、农民工等更多群体投身创新创业，各类市场主体融通发展。到2020年，全省新增注册企业70万个以上，带动就业200万人以上。

创新创业的科技支撑进一步增强。突破一批制约经济社会发展的核心关键技术，若干领域在全球形成优势。到2020年，力争研究与试验发展经费占地区生产总值的比重达到2.5%，每万人口发明专利拥有量达到10件，国家级创新平台超过160家，培养引进高层次科技人才团队500个。

创新创业的引领作用进一步凸显。创新创业与实体经济发展深度融合，新技术、新产品、新业态、新模式不断涌现。到2020年，建成10个左右千亿级战略性新兴产业集聚发展基地，培育一批有核心竞争力的创新型领军企业和中小企业集群，创新型现代产业体系初步形成。

二、加快科技成果转化，提升创新创业科技内涵

（一）强化知识产权创造、保护、运用。建立健全知识产权保护预警防范机制，探索建立专利、商标、版权综合执法机制。完善知识产权快速维权机制，支持在合芜蚌国家自主创新示范区和产业集聚发展基地建立快速维权援助中心。加强重点产业知识产权海外布局和风险防控，提高企业应对知识产权国际纠纷能力。（省知识产权局、省工商局、省版权局按职责分工负责）

（二）完善科技成果信息登记制度，探索在战略性新兴产业相关领域率先建立利用财政资金形成的科技成果限时转化制度，除涉及国防、国家安全、国家利益、重大社会公共利益外，在合理期限内未能转化的科技成果，可依法强制许可实施转化。（牵头责任单位：省科技厅；配合单位：省发展改革委、省经济和信息化委、省教育厅等）

（三）引导众创空间向专业化、精细化方向升级，支持龙头企业、高校、科研院所围绕优势细分领域建设专业化众创空间。探索将创投孵化器等新型孵化器纳入科技企业孵化器管理服务体系，并享受相应扶持政策。（牵头责任单位：省科技厅；配合单位：省发展改革委、省财政厅）

（四）实施科研院所创新创业共享行动，进一步提高科技成果转化能力和创新创业能力。（省发展改革委、省教育厅、省科技厅按职责分工负责）推进仪器设备资源开放共享，探索仪器设备所有权和经营权分离机制，对于财政资金购置的仪器设备，探索引入专业服务机构进行社会化服务等多种方式。（省科技厅、省教育厅按职责分工负责）

三、完善金融财税政策，破解创新创业融资难题

（五）支持大型银行在有效防控风险的前提下，合理赋予县支行信贷业务权限。支持地方性法人银行在符合条件的情况下在基层区域增设小微支行、社区支行，提供普惠金融服务。增加科技信贷产品和服务供给，积极推进应收账款、知识产权、存货等新型抵质押贷款业务。支持商业银行改造小微企业信贷流程和信用评价模型，提高审批效率。（牵头责任单位：安徽银监局；配合单位：人行合肥中心支行、省政府金融办、省科技厅、省工商局等）

（六）采取“基地+基金”“产业+基金”模式，积极发展省级种子投资基金、省级风险投资基金、省“三重一创”产业发展基金和省中小企业（专精特新）发展基金，加快建设覆盖企业全生命周期的省级股权投资基金体系。（省政府金融办、省发展改革委、省经济和信息化委等按职责分工负责）推动企业对接多层次资本市场上市挂牌，提升省股权托管交易中心平台服务功能。（牵头责任单位：省政府金融办；配合单位：省经济和信息化委、省科技厅、省工商局、省股权托管交易中心等）加强政策性融资担保体系建设，持续推进新型政银担合作机制创新。（牵头责任单位：省财政厅；配合单位：省信用担保集团）

（七）落实国家关于财政资金、国有资本参与创业投资的投入、管理与退出规定，进一步建立完善与其特点相适应的绩效评价体系。依法依规豁免国有创业投资机构和国有创业投资引导基金国有股转持义务。（省财政厅、省国资委按职责分工负责）落实国家创业投资企业和天使投资个人有关税收试点政策，鼓励社会资本参与创业投资。（省财政厅、省地税局、省国税局按职责分工负责）推动创业投资企业、创业投资管理企业及其从业人员在第三方征信机构完善信用记录，实现创业投资领域信用记录全覆盖。（牵头责任单位：省发展改革委）

（八）加强与国家新兴产业创业投资引导基金、国家科技成果转化引导基金对接，支持设立一批扶持早中期、初创期创新型企业的创业投资子基金。（省发展改革委、省科技厅按职责分工负责）引导和规范各市设立创业投资引导基金，建立完善对引导基金的运行监管机制、财政资金的绩效考核机制和基金管理机构的信用信息评价机制。（省政府金融办、省财政厅按职责分工负责）

（九）鼓励通过创业券、创新券等方式对创业者和创新企业提供社会培训、管理咨询、检验检测、软件开发、研发设计等服务，建立、规范相关管理制度和运行机制，形成可复制、可推广的经验。（省科技厅、省人力资源社会保障厅、省财政厅按职责分工负责）

四、促进实体经济转型升级，增强创新创业发展实效

（十）扎实推进“三重一创”建设，打造战略性新兴产业梯次推进、滚动发展的格局。（牵头责任单位：省发展改革委）聚焦重点行业领域，培育一批省级制造业创新中心和国家级制造业创新中心。（牵头责任单位：省经济和信息化委）实施一批军民融合科技重大专项和项目，建成一批科技研发、科技信息、成果孵化转化“三位一体”的军民融合产业示范基地，建设一批军民科技协同创新中心和成果转化平台，加速军民技术双向转移转化。（牵头责任单位：省发展改革委；配合单位：省经济和信息化委、省科技厅等）

（十一）实施企业创新创业协同行动，支持大型企业开放供应链资源和市场渠道，建设双创服务平台与网络，推动开展内部创新创业，带动产业链上下游发展，促进大中小微企业融通发展。（省发展改革委、省经济和信息化委、省国资委、省工商联按职责分工负责）

（十二）促进分享经济发展，合理引导预期，创新监管模式，推动构建适应分享经济发展的包容审慎监管机制和社会多方协同治理机制。打破制约数字生产力发展的制度障碍，推进市场化的生产资料分享，提升市场配置资源效率，加速数字化转型，引领和适应数字经济发展。（牵头责任单位：省发展改革委；配合单位：省经济和信息化委、省工商局、省网信办等）

（十三）积极参与国家新产业新业态新模式统计分类研究，充分利用大数据等现代信息技术手段，在贯彻执行国家“双创”发展统计指标体系的基础上，研究建立我省“双创”发展统计指标体系，科学、准确、及时反映经济结构优化升级的新进展。（牵头责任单位：省统计局）

（十四）强化工业互联网安全保障支撑能力，指导和督促工业企业加强工业控制系统安全防护，培育和发展信息安全服务机构，建立完善工业控制系统信息安全应急管理体系。（牵头责任单位：省经济和信息化委）积极落实支持大众创业、万众创新的用地政策，加大新供用地保障力度，鼓励盘活利用现有用地，引导新产业集聚发展，完善新产业用地监管制度。（牵头责任单位：省国土资源厅）

五、健全人才流动激励机制，激发创新创业活力

（十五）贯彻落实国家人才签证实施细则，全面实施外国人来华工作许可制度，突出对“高精尖缺”特殊人才的支持，简化办理工作许可证和居留证件的程序。进一步完善外国人才由工作居留向永久居留转换机制，实现工作许可、签证和居留有机衔接。（省公安厅、省人力资源社会保障厅、省委组织部按职责分工负责）

（十六）放宽外国留学生在皖工作限制，逐步完善留学生实习居留、工作居留和创新创业奖励制度。对具有创新创业意愿的外国留学生，可以凭我国高校毕业生证书申请2—5年有效的私人事务类居留许可（加注“创业”），进行毕业实习及创新创业活动。外国人依法申请注册成为企业的，可凭创办企业注册证明等材料向有关部门申请工作许可和工作类居留许可。（省公安厅、省人力资源社会保障厅、省教育厅按职责分工负责）

（十七）加大对留学人员来皖创新创业扶持力度，每年遴选一批优秀项目和创业企业给予资金支持。加快省级留学人员创业园建设。（牵头责任单位：省人力资源社会保障厅）组织不同层次、不同领域的皖港澳交流合作，宣传推介我省创新创业支持政策。深入开展“万侨创新行动”，支持合肥“侨梦苑”侨商产业集聚区建设，打造华侨华人创新创业示范基地。搭建“安徽海外侨胞联络站”服务平台，探索建立华侨华人创新创业综合服务体系。（牵头责任单位：省外办）

（十八）支持携带拥有自主知识产权、具有国际先进或国内一流水平科技成果的省内外高层次科技人才团队在皖开展科技成果转化、产业化，对符合条件团队分类给予扶持。（省科技厅、省投资集团按职责分工负责）完善高层次人才分配激励办法，对于高校、科研院所、企业引进的部分紧缺或高层次人才，可采取特殊人才分配激励政策，允许其探索实行年薪制、协议工资或项目工资等灵活多样的分配方式和办法。（牵头责任单位：省人力资源社会保障厅；配合单位：省教育厅、省科技厅）健全人才引进机制，鼓励双创示范基地研究制定“柔性引才”政策，吸引关键领域高层次人才。（省发展改革委、省人力资源社会保障厅按职责分工负责）

（十九）实施社团创新创业融合行动，搭建创新创业资源对接平台，推介一批创新创业典型人物和案例，推动创新精神、企业家精神和工匠精神融合，进一步引导和推动各类科技人员投身创新创业大潮。（省发展改革委、省科协按职责分工负责）

（二十）将符合条件的返乡下乡人员创新创业项目纳入扶持范围，采取以奖代补、先建后补、政府购买服务等方式予以重点支持。（省人力资源社会保障厅、省农委按职责分工负责）鼓励返乡下乡人员依法使用集体建设用地开展创业创新。（牵头责任单位：省国土资源厅）实施新型职业农民培育工程、现代青年农场主培养计划、农村实用人才带头人培训计划，培育农村创业创新主体。支持建设一批具有区域特色的返乡下乡人员创新创业园和青年创业园。（省人力资源社会保障厅、省农委、省发展改革委按职责分工负责）

六、改革政府管理方式，优化创新创业服务

（二十一）推进科技项目和经费管理改革，健全协同高效创新治理体系。（牵头责任单位：省科技厅；配合单位：省发展改革委、省教育厅、省经济和信息化委、省财政厅、省科协等）全面推动实施公平竞争审查制度，进一步健全审查机制，明确审查程序，强化审查主体责任，防止出台排除、限制竞争的政策措施，为创新创业营造统一开放、竞争有序的市场环境。（牵头责任单位：省物价局）

（二十二）全面推行“多证合一”改革，持续降低市场准入制度性成本。深化市场主体名称登记制度改革，推动取消企业名称预先核准，全面开放市场主体名称库，完善名称网上申报系统。全面落实简易注销登记改革举措，构建高效便捷的市场退出机制。全面实现市场主体全程电子化登记，开发、应用电子营业执照，逐步实现电子营业执照跨区域、跨部门、跨领域的互通互认互用。（牵头责任单位：省工商局；配合单位：省相关行业主管部门）

（二十三）加大事中事后监管力度，实现“双随机、一公开”监管全覆盖，开展跨部门“双随机”联合检查，提高监管效能。深化市场监管领域综合执法改革，继续巩固深化县级市场监管体制改革成果，按照国家统一部署，适时推进市级市场监管体制改革，形成一元主管、多元共治的监管体系。（省工商局、省编办、省法制办等按职责分工负责）

（二十四）进一步减少行政审批事项，简化优化办事流程，规范改进审批行为。推进行政许可标准化工作，制定完善行政审批事项目录清单并向社会公布。在有条件的地方探索开展相对集中行政许可权改革试点。（省编办、省政务服务中心等按职责分工负责）根据国家政策，适时适当放宽教育等行业互联网准入条件，降低创新创业门槛，加强新兴业态领域事中事后监管。（牵头责任单位：省教育厅）

（二十五）建设推广国地税网上联合办税平台、移动办税服务系统、自助办税服务系统、“码上办税”等，拓展网上银行、手机银行等多种税款缴纳渠道，持续推广“二维码信息采集系统”。认真落实国地税合作规范，在联合采集纳税人信息、联合办税服务、互相委托代征、涉税信息共享等方面取得新突破。加大基层银税合作力度，逐步扩大税务、银行信用信息共享内容，拓展“银税互动”受惠面。（省地税局、省国税局按职责分工负责）

（二十六）加快建设合肥高新技术产业开发区、芜湖高新技术产业开发区、中科院合肥物质科学研究院、合肥荣事达电子电器集团有限公司等国家双创示范基地。支持双创示范基地之间建立协同机制，共同完善政策环境，共享创新创业资源，共建创新创业支撑平台。支持双创示范基地“走出去”，与相关国家、地区开展合作交流。（牵头责任单位：省发展改革委）

（二十七）组织开展全国双创活动周、“创响中国”安徽创新创业大赛等活动，营造创新创业良好氛围。（牵头责任单位：省发展改革委；配合单位：省科协、省投资集团等）弘扬创业精神，厚植创新文化，激发和保护企业家精神，不断增强创新创业意识，使创新创业成为全社会共同的价值追求和行为习惯。（省发展改革委、省教育厅、省科技厅、省经济和信息化委、团省委、省工商联等按职责分工负责）

各市人民政府、省有关部门要认真落实本意见的各项工作要求，进一步细化政策措施，切实履职尽责，密切配合，勇于探索，主动作为，真抓实干，及时总结经验，加强监督检查，确保各项政策落地见效，推进大众创业、万众创新深入发展，为我省全面实施创新驱动发展战略、培育壮大新动能、改造提升传统动能和促进经济保持中高速增长、迈向中高端水平提供强劲支撑。

附件：具体任务分解表（略）

安徽省人民政府
2017年12月4日

中共合肥市委 合肥市人民政府关于建设合肥综合性国家科学中心打造创新之都人才工作的意见

（合发〔2017〕17号）

加快建设合肥综合性国家科学中心，聚力打造具有国际影响力的创新之都，最关键的支撑是人才。市委、市政府决定实施人才发展“6311”工程，未来5年安排不少于20亿元人才发展专项经费，通过体制机制创新，力争新引进及培养国内外顶尖人才和国家级领军人才600人、省市级领军人才3000人、高级人才10000人，集聚科技创新创业人才不少于10万人，以人才优先发展打造新一轮创新优势、产业优势和发展优势。根据中央关于深化人才发展体制机制改革的意见、省委的实施意见及建设合肥综合性国家科学中心人才工作意见，结合我市实际，制定以下意见。

一、构建具有竞争力的人才集聚政策体系

1．实施国内外顶尖人才引领计划。坚持高端引领、以用为本，未来5年，重点培养一批具有成长为中国科学院、中国工程院院士潜力的人才并争取入选6至10名，重点引进诺贝尔奖获得者、国家最高科学技术奖获得者以及两院院士等顶尖人才30名左右。对新培养、全职引进的国内外顶尖人才，给予个人200万元生活补助，给予培养单位最高500万元奖励；有特别需求的，可“一事一议”予以支持。对合肥发展做出特殊贡献的顶尖人才，给予个人200万元生活补助、最高500万元工作经费。支持设立院士（科学家、专家）工作站（室），符合条件的资助50万元至100万元。

2．深化“双引双培”人才计划。突出“高精尖缺”导向，提升拓展领军人才和创业团队引进计划、庐州英才和产业创新团队培养计划，着力集聚培养创新创业领军人才。入选市领军人才引进计划的，创业类分三档给予500万元、300万元、100万元资助，创新类分三档给予100万元、50万元、30万元资助，市和县（市）区、开发区各承担50%。入选市高层次人才创业团队引进计划，符合条件的，给予最高1000万元专项资金或2000万元创业引导基金扶持；对成长性好、业绩突出的团队项目，给予滚动支持或追加资助，最高可达1亿元。对优秀个人和团队的资助名额不设上限。加大配套资助力度，入选国家“千人计划（创业）”可配套资助100万元，入选国家“千人计划（创新长期、外专、青年）”“万人计划（领军、青年拔尖）”、省“百人计划”“外专百人计划”“特支计划”可配套资助50万元。

3．大力引进产业紧缺人才。在新一代信息技术、新能源、智能制造、生物产业、节能环保、新材料等产业领域内，支持企业引进产业领军人才、核心团队或40岁左右、具有较高业内知名度的技术骨干，其中，产业领军人才不受年龄限制。每年重点引进3000人左右，符合条件的分期给予每人5万元至10万元生活补助，市和县（市）区、开发区各承担50%。对我市重点扶持的产业（行业），经市人才工作领导小组批准，支持对象的条件可适当放宽。鼓励企事业单位引进紧缺专业人才和重点高校优秀毕业生。

4．储备培养青年优秀人才。提高各类人才工程项目中青年人才的入选比例。组建青年人才举荐委员会，大力举荐青年人才，促进优秀人才脱颖而出。加强博士后科研工作站建设，符合条件的给予20万元至50万元项目经费，在站博士后研究人员每人每年给予4万元生活补助。实施“梦创天使计划”，大力扶持有发展前景的青年创客，每年重点扶持1000人左右，对符合条件的给予最高50万元的贷款贴息；每年举办创新创业大赛，选拔具有创新能力和高成长潜力的参赛项目，在我市落地后给予最高100万元资助；所需经费市和县（市）区、开发区各承担50%。驻肥高等院校、科研院所优秀毕业生、出站博士后科研人员留肥工作，享受我市人才引进政策。

5．加快培养国际化人才。鼓励支持企事业单位、创新主体和社会组织与国（境）外机构开展人才、技术和项目合作交流。深化“优秀企业家培养计划”，每年组织不少于100名优秀企业家赴国（境）外知名高校、科研机构和企业研修学习。实施“鸿雁计划”，每年遴选30名左右优秀高校毕业生、创新平台科研人员和社会组织人才，赴国（境）外留学深造，每人给予最高30万元资助。实施学校国际交流计划，每年选派一批中青年骨干教师赴国（境）外研修培训，鼓励符合条件的高校、科研机构接收培养国际生，支持我市各类学校开展学生交换互读。实施留学人员创业扶持计划，符合条件的给予10万元至50万元创业资助。

二、打造助力人才成就梦想的事业平台

6．加快建设合肥综合性国家科学中心。认真落实《关于合肥综合性国家科学中心建设人才工作的意见（试行）》（皖办发〔2017〕23号），坚持特事特办，大力引进、集聚国内外一流的科研人才和创业团队，重点打造量子信息国家实验室、超导核聚变中心、天地一体化信息网络合肥中心、联合微电子中心、离子医学中心、分布式智慧能源创新平台、大基因中心等重大创新平台。

7．大力支持高校院所、科研机构建设。中央、省属驻肥高等院校、科研院所引进及培养的国内外顶尖人才、国家级领军人才，享受合肥市人才引进奖励及配套资助政策。加强与国内外知名院校、研究机构和跨国公司合作，创新共建模式，对在肥设立校区、研发机构、协同创新平台的按规定予以奖补，特别优秀的，可“一事一议”。全面支持中德教育合作示范基地建设，推动合肥学院建设国内一流应用型高校。加快资源整合，鼓励职教院校提升发展水平，对升级为国家级示范、省级示范的给予不少于100万元的奖励。

8．致力打造国际化学术交流平台。吸引更多的学术论坛、创新创业论坛、人才峰会来肥落户，在合肥发起、组织国际性或全国性学术论坛，可给予承办单位最高100万元补助。对企业、产业联盟、新型研发机构、人才协会发起的技术研讨和创新交流活动，可给予最高20万元补助。支持高层次人才参加国内、国外短期研修和学术交流活动，国内最高补助2万元、国外最高补助5万元。

9．努力打造人才创新创业新载体。高起点谋划建设环巢湖科技创新走廊暨未来科学城，全力打造创新要素集聚、创业氛围活跃、体制机制灵活、服务功能完备的创新创业体系，积极推进中德国际创新园、中德智慧产业园、侨梦苑、海外人才离岸创新创业基地和特色小镇等创新创业载体建设。鼓励行业领军企业、创业投资机构、社会组织等社会力量，打造一批低成本、便利化、全要素、开放式的众创空间。加强与国内外知名企业合作，建设“互联网+”专业孵化平台和充满活力的众创服务平台。

10．积极打造社会事业人才培育平台。在宣传、文化、教育、卫生和工农业技术推广等领域，充分发挥本地名师、名医、名家的作用，以“名师带徒”方式分批组建300个左右工作室，给予每个工作室10万元至20万元工作经费，支持领衔人（首席专家）培育新人，引领和推动全市社会事业加快发展。

三、创新激发人才活力的管理使用机制

11．改进人才评价方式。推动人才评价去行政化，建立科学的人才分类评价体系。动态更新合肥市高层次人才分类目录，指导各地制定上下衔接的人才分类目录。在人才评价中将薪酬水平等市场化要素作为重要的评价指标，对产业发展急需、社会贡献较大、人才分类目录中难以界定的人才，经评估认定可以享受相应人才政策。

12．创新人才引进机制。鼓励我市企事业单位、人才中介机构和个人引进、推荐人才（团队）。面向国内外聘请知名企业家、专家学者、投资人等担任“招才顾问”“引才大使”。对引进人才工资性年收入超过50万元、纳税10万元以上的，按省有关规定奖补用人单位。推进海外人才工作站建设，采取契约化管理模式，在北美、欧洲等发达国家和地区分批建立10个左右海外人才工作站，对完成任务的予以定额补贴。探索建立海外人才产业孵化器，促进引智节点前置。对出国（境）招才引智的重要团组在出国指标等方面予以保障。每年由市领导带队集中开展1至2次海外人才招聘活动。

13．创新编制岗位管理。设立“合肥双创英才港”，凡具有事业编制身份的高层次人才来肥创新创业，可在英才港继续保留事业身份。建立事业单位编制动态调整机制，支持用人单位设立特设岗位和流动岗位柔性引进人才，不受岗位总量、岗位等级、结构比例限制。认真落实科研人员离岗创业政策，畅通科研人员在事业单位和企业之间流动渠道。

14．加大人才激励力度。对合肥发展做出杰出贡献的高层次人才，每人给予100万元补助。不断完善以政府奖励为导向、用人单位奖励为主体、社会力量奖励为补充的人才奖励体系。支持按照知识、技术、管理、技能等要素贡献参与分配。实行期权股权激励等中长期激励政策，科技成果转化收益用于奖励重要贡献人员和团队的比例首期可达90%。允许外籍人才通过技术股权收益、期权确定、资本市场变现等增加合法收入，依法保护外籍人才享有知识产权权益。

15．落实个税优惠减免。严格遵守并落实《个人所得税法》等法律法规、行政法规及其他规范性文件中关于个人所得税征缴比例及减免的规定。高校、科研机构转化职务科技成果以股权或出资比例形式给予科技人员的奖励，获奖人享受递延至取得分红或转让时适用20%税率征税优惠。非上市公司授予本公司员工的股权激励，符合规定条件的，享受递延至转让该股权时适用20%税率征税优惠。个人获得省政府、国务院部委和部队军以上单位，以及外国组织、国际组织颁发的科学、教育、技术、文化、卫生、体育、环境保护等方面的奖金，免纳个人所得税。个人因做出突出贡献从省级以下政府及其所属部门取得的一次性奖励收入，不论其奖金来源，享受按“偶然所得”20%税率征收个税。

四、营造宜居宜业的人才生态环境

16．优化生活保障服务。加快推进人才公寓建设，符合条件的引进人才可以优惠价格购买相应标准的人才公寓，也可租住人才公寓。引进的市级以上领军人才子女就读学前教育和义务教育学校，尊重本人意愿，优先安排其子女到公办学校就读；配偶工作安排保持原单位编制性质和职级。增设外籍子女学校或开办国际部，外籍人才子女就学可实行弹性学制。在合肥部分重点医院设立就医绿色通道和国际医疗部，为市级以上领军人才、外籍人才提供预约诊疗和导医服务。积极引进现代医疗机构临床技术与服务管理理念，探索建立国际医疗结算体系。进一步建立完善各类人才生活保障服务的新政策新机制。

17．建设高效便捷的服务机制。认真落实我省外籍人才签证居留便利政策，优化办事流程，完善工作机制。建设“高层次人才综合信息服务平台”，设立“无否决权人才服务专窗”，形成省、市、县三级网络衔接贯通，实现网上统一受理、窗口“一站式”办理。在人才集聚度高的单位设立人才服务站，选派优秀干部驻点服务。向高层次人才发放“江淮（合肥）优才卡”，持有人凭卡可直接到相关部门办理配偶就业、子女入学、医疗保险等手续，享受公共文化服务。在外籍人才集聚地试点建设国际社区和街区。充分发挥各类人才协会的作用，创新服务方式。加快建设合肥国际人才城，打造人才要素集聚和人才工作机制创新载体。推进国家级人力资源服务产业园建设，进一步提高人才公共服务水平。

五、强化人才优先发展的保障机制

18．加强组织领导。坚持党管人才原则，进一步完善组织部门牵头抓总、相关部门分工合作的工作机制。完善领导联系服务人才制度，把服务专家工作纳入党的建设重要内容。完善科技人才挂职培养制度。实行人才工作目标责任考核，将人才工作纳入领导班子和领导干部综合考核的重要指标。根据事业发展需要调整机构编制，配足配强人才职能部门的工作力量，确保有人干事、人事相宜。

19．加大人才投入。各级财政设立人才发展专项经费，并保持人才投入与经济发展同步增长。加强人才专项资金使用的绩效评价，不断提高资金的使用效益。逐步提高天使投资基金、创业引导基金的容错率，引导、支持金融机构创新金融产品，支持人才创新创业。

20．营造良好氛围。建立人才工作联动宣传机制，整合优质媒体资源，进一步加大人才政策的宣传力度，不断提升政策的影响力。完善人才荣誉制度和激励体系，广泛宣传优秀人才的先进事迹，大力培育创新文化，积极弘扬创业精神，努力在全社会形成人人渴望成才、人人努力成才、人人皆可成才、人人尽展其才的良好氛围。

本意见从印发之日起施行。与此前政策有重复、交叉的，按照“从新、从优、从高”原则执行。

市财政局、市科技局、市人社局、市发改委、市经信委等部门应当依据本意见，尽快研究制定实施细则。

中共合肥市委
合肥市人民政府
2017年6月19日

合肥市领军人才引进计划实施办法

（合人才〔2017〕8号）

第一章 总 则

第一条 为进一步落实人才强市战略，根据市委、市政府《关于建设合肥综合性国家科学中心打造创新之都人才工作的意见》（合发〔2017〕17号）精神，制定本办法。

第二条 按照“突出重点、按需引进、优化结构、确保质量”的原则，突出“高、精、尖、缺”导向，面向国内外每年重点引进一批能够突破关键技术、推动成果转化、发展高新产业的创新创业领军人才。

第二章 对象和条件

第三条 引进对象。重点引进我市主导产业和战略性新兴产业领域的领军型人才，分创新型领军人才和创业型领军人才两类。

第四条 创新型领军人才条件：在我市优先发展的主导产业、战略性新兴产业和现代服务业等领域，企业所急需的掌握重大项目核心技术的高层次创新人才，以及精通相关领域业务、善于经营管理、有丰富实践经验的高级经营管理人才。一般应具有博士学位、年龄不超过55周岁。入选后须在我市连续工作不少于3年。

第五条 创业型领军人才条件：带技术、带项目、带资金来我市投资创办（领办）科技型企业的创业者。所创办（领办）企业符合我市产业发展方向，主导产品和服务具有自主知识产权，技术含量达到国际先进、国内领先，能够填补国内、省内空白，或引领本市主导产业、战略性新兴产业和现代服务业跨越发展，有较大的市场潜力和预期经济效益。一般应具有硕士以上学位。以近年来肥创办（领办）企业的主要创始人为主，本人持有企业20%以上股份，且为企业第一大股东。

第三章 支持政策和管理

第六条 入选专家由市人才工作领导小组授予“合肥市创新领军人才”“合肥市创业领军人才”称号，颁发入选证书。

第七条 领军人才实行分档资助。其中创新型领军人才分三档给予100万元、50万元、30万元资助，创业型领军人才分三档给予500万元、300万元、100万元资助。

第八条 领军人才资助，市本级和入选专家所属县（市）区、开发区各承担50%。市本级承担的资助经费在入选后第一年度拨付到位，县（市）区、开发区承担的资助经费须在履行相应考评程序后，于入选第二年度、第三年度分两批拨付到位。市直用人单位领军人才资助，由市本级全额承担，按上述程序分年度拨付。

第九条 各级财政资助的经费由用人单位负责管理使用，其中60%用于入选专家的生活补助，40%用于入选专家自主选题研究、人才培养和团队建设等。

第十条 创新型领军人才各档入选的基本条件：

第一档：资助100万元。拥有独立自主知识产权或掌握核心技术，相当于国家级领军人才及以上水平；技术成果国际领先或填补国内空白，能进行产业化并具有较好的市场前景；或曾在世界500强企业担任过中层以上职务的专业技术人才、经营管理人才，能够给企业带来关键性技术突破或管理创新，并能产生较好的经济效益等。

第二档：资助50万元。拥有独立自主知识产权或掌握核心技术，相当于省级领军人才水平；技术成果国内领先或填补国内、省内空白，能进行产业化并具有较好的市场前景；或曾在中国500强及以上层次企业担任过中层以上职务的专业技术人才、经营管理人才，能够给企业带来关键性技术突破或管理创新，并能产生较好的经济效益等。

第三档：资助30万元。拥有独立自主知识产权或掌握核心技术，相当于市级领军人才水平；技术含量达到国内一流、省内领先水平；或曾在国内外知名企业中担任过高层职务的专业技术人才、经营管理人才，能够给企业带来关键性技术突破或管理创新，并能产生较好的经济效益等。

第十一条 创业型领军人才各档入选的基本条件：

第一档：资助500万元。国际国内某一学科、技术领域内的带头人；拥有独立自主知识产权或掌握核心技术，技术成果国际先进、能进行产业化发展、具有广阔的市场潜力并能够引领国内的产业发展方向；有创业经验并曾在世界500强企业担任中层以上职务或中国500强企业担任高层职务的专业技术人才和经营管理人才等。企业投资达到一定规模，具有良好的发展前景。

第二档：资助300万元。拥有独立自主知识产权或掌握核心技术的国家级水平专家；技术成果国内领先，或填补国内、省内空白，能进行产业化发展并具有较好的市场前景，能够引领本市该产业实现跨越式发展；有创业经验并曾在中国500强企业担任中层以上职务的专业技术人才、经营管理人才或中国民营企业500强担任高层经营管理人才等。企业投资达到一定规模，具有良好的发展前景。

第三档：资助100万元。创办（领办）企业符合本市产业发展方向，主导产品或服务具有自主知识产权，技术含量达到国内一流、省内领先水平，能够引领或促进我市支柱产业、新兴产业和现代服务业加快发展，有较大的市场潜力和预期的经济效益等。企业投资达到一定规模并具有良好的发展前景。

各档资助经费不得超过企业工商注册实缴资本的40%。

第十二条 同等条件下，优先推荐入选专家申报国家“千人计划”、省“百人计划”等人才项目和市级以上重大研发项目，优先支持入选专家所在企业申请天使投资基金或创业引导基金。

第十三条 入选专家纳入市高层次人才库，建立个人培养档案，加强联系，提供服务。在子女入学、医疗保障、家属就业、研修学习、创业服务等方面享受相应优惠政策。

第十四条 人才引进单位要依据申报材料中相关内容，与入选专家签订工作目标责任书，明确目标任务、实施进度、绩效考评以及单位支持措施等。工作目标责任书应报市委组织部和所在县（市）区、开发区组织人事部门备案。

第十五条 领军人才入选3年内，由所在县（市）区、开发区、市直单位组织人事部门每年对入选专家进行年度考评，重点考评其创新创业目标任务的完成情况、所在单位支持措施的落实情况等。考评结果作为兑现资助余额的重要依据。入选专家有工作岗位变动、调离（解聘、辞职）、取得重大科技成果（奖项）、获得重要荣誉等事项应及时报告市委组织部。

第十六条 市委组织部会同有关部门不定期对入选专家进行回访，重点了解入选专家在岗情况、作用发挥情况、单位支持情况、资助资金使用情况等。工作合同期满后组织综合评估，评估情况作为调整、改进培养支持措施的重要依据。对违反职业道德、产生不良社会影响以及因个人原因不能发挥作用的，取消支持措施，对不履行合同协议的或采取欺骗手段获得资助的人员，追回全部或部分资助，并视情追究有关单位和人员责任。

第四章 组织实施

第十七条 本办法在市人才工作领导小组领导下，由市委组织部会同市经信委、市人社局、市科技局、市财政局组织实施。

第十八条 市委组织部牵头制定计划、组织申报、推荐评审和人选发布等，评估实施效果，抓好政策落实。市直相关部门在科研管理、事业平台、人事制度、考核评价、激励保障、经费使用等方面，制定落实重点培养支持措施和管理办法，做好推荐评审有关工作。

第十九条 建立评审委员会评委专家库，从专家库中随机抽选评委组建专家评审委员会，通过两轮评审产生“合肥市领军人才”推荐人选。第一轮评审按照同行评审原则，由专业评审组进行初评，按一定差额提出初步人选；第二轮由全体评审委员会成员对各专业组提出的初步人选进行复评，投票表决推荐人选，并提出资助档次建议。

第二十条 市委组织部会同有关部门组织考察组对评审委员会推荐人选进行实地考察，重点核查申报材料的真实性和人选及所在单位有关情况，对人选及发展潜力进行综合研判，提出考察意见，明确人选及资助档次。

第二十一条 建议人选需在相关媒体上进行公示，接受社会监督。对公示期间反映的问题，由市委组织部牵头进行核查并提出意见。正式入选名单由市人才工作领导小组研究后确定。

第五章 附 则

第二十二条 本办法由市委组织部负责解释，自印发之日起实施。原《合肥市领军人才引进计划实施办法》同时废止。

合肥市人才工作领导小组

2017年12月26日

中共黄山市委关于深化人才发展体制机制改革促进人才创业创新的实施意见

（黄字〔2017〕18号）

根据中共中央《关于深化人才发展体制机制改革的意见》和中共安徽省委《关于深化人才发展体制机制改革的实施意见》精神及市委对人才工作的部署要求，为进一步激发人才创新创业活力，加快打造人才高地，现结合我市实际，重点围绕园区建设和市级队工业企业发展，制定本实施意见。

一、建立人才引进机制

1．实施人才和团队引进项目。坚持请进来和走出去并重、引资和引智并重，市、区县每年组织园区及重点企业开展招才引智工作。对新引进《关于加强引进高层次人才工作的若干意见》（黄字〔2015〕11号）规定的第一类高层次人才（以下简称第一类人才），年薪超过30万元以上并缴纳相应个人所得税的，薪酬超过部分按50%给予用人单位补助，补助期限为5年。对引进国家“千人计划”和“万人计划”、省“百人计划”或同等层次人才领衔的团队在我市创新创业，分别给予用人单位30万元、10万元资助。对已落地并入选省高层次科技人才团队的，给予100万元资助。鼓励教育、卫生、科研等事业单位根据工作需要，通过设立特设岗位、实行协议工资制等方法，引进急需紧缺人才和团队。（责任单位：市委组织部、市编办、市教育局、市科技局、市人社局、市卫计委）

2．实施柔性引才项目。支持企事业单位通过顾问指导、短期兼职、退休返聘、对口支援、技术入股等方式，柔性引进第一类人才，年度在单位实际工作时间不少于3个月的，每年给予用人单位实际支付薪酬30%的补助，最高不超过5万元，资助期限最长为3年。利用我市良好的生态资源，鼓励区县试点打造乡村人才驿站，吸引“星期天工程师”“银发专家”等人才来我市创新创业。深化与清华、浙大、上海外国语大学等高校的合作，推动博士研究生与实践单位建立长期合作关系。（责任单位：市委组织部、市旅委、市科技局、市外办）

3．实施人才平台建设项目。对企业在境外设立、合办或收购研发机构的，按当年投资额的10%予以资助，最高不超过300万元。对新组建的省级院士工作站，给予建站单位30万元资助，每年开展评估，对工作站运行情况优秀的，补助10万元。对新建成省级以上博士后工作站，给予建站单位10万元资助，给予在站工作的博士研究生每人每年2万元资助；每年开展评估，对工作站运行情况优秀的，补助5万元。对经国家或省有关部门认定的工程（重点）实验室、工程（技术）研究中心、企业技术中心等研发平台和积极推进人才平台建设的企事业单位，根据引才的质量和数量予以资助。（责任单位：市委组织部、市科技局、市经信委、市人社局）

二、完善人才培养机制

4．实施企业家素质提升工程。建立知名企业家讲坛，设立企业家“徽商微课堂”。实施青年企业家接力计划。组织开展“年度经济人物”推荐活动。与市外黄山籍的知名企业家建立联谊交流机制。在国有企业开展选聘和管理试点工作，建立职业经理人制度，积极推进市属国有企业高管市场化选聘工作。（责任单位：市经信委、市国资委、市招商局、市工商联）

5．实施“徽匠振兴工程”。加强高技能人才培训，每年新建设10个技能大师工作室，新培养技师100人以上、高级工1000人以上、技能人才10000人以上。对新建市和省级以上技能大师工作室，分别给予5万元、10万元补助；每两年开展技能大师工作室工作成果评鉴活动，按照大师工作室总量的10%确定优秀等级，并分别给予5万元补助。开展职业技能竞赛活动，实施世界技能大赛夺牌计划。依托具备高技能人才培训能力的省级非遗教育基地、职业学校和企业，力争五年内建设15个市级技能人才培训基地，2个以上省级技能大赛集训基地、1个国家级技能大赛集训基地。对建成省级、国家级技能大赛集训基地的，分别给予50万、100万元建设资金补助。根据创新导向和产业需求，对职业院校学科专业实行动态调整。探索中高职“3+2”联合培养的职业教育发展模式。统筹优化全市中职学校专业设置，加强优势专业发展，扩大对口升学规模，力争到2020年，对口升学率显著提升，学校所开设的专业85%以上为地方经济发展服务。（责任单位：市教育局、市人社局）

6．实施专业技术拔尖人才培育项目。每三年重点在科研、工业、农业、服务业等实体经济领域选拔15名专业技术拔尖人才，进行跟踪培养和重点支持。依托“专业技术拔尖人才”“黄山名医”“金牌导游员”等特色项目，五年内分批组建100个工作室，给予每个工作室1万元的补助，支持工作室提升业务、培育新人。健全以职业农民为主体的农村实用人才培养机制，推进实施新型职业农民培育工程，完善教育培训、规范管理、政策扶持“三位一体”培育制度。（责任单位：市旅委、市教育局、市人社局、市农委、市卫计委）

7．实施文化旅游人才培养工程。制定非遗人才培养扶持计划，建立以省级以上非遗项目代表性传承人开展现场教学为主的教育模式，分年度分批次培养一批非遗传承人。发挥故宫博物院驻安徽黄山市徽派传统工艺工作站、故宫学院（徽州）和故宫博物院博士后工作站（徽州）的作用，提升产业化发展水平。建立徽学研究人才培养机制。全面实施旅游人才质量提升计划，抓好旅游综合执法、民宿管家、小语种导游等重点队伍建设。建立导游员队伍激励培养机制。（责任单位：市旅委、市文化委、市社科联）

8．实施青年优秀人才培育项目。加大党政机关在职人员素质提升培训力度，强化继续教育意识，不断优化知识结构，增强综合素质。鼓励和引导“985”等重点高校毕业生来我市工作。“985”高校毕业的选调生尊重其意愿分配到区县直机关工作，符合条件的可直接分配到市直机关工作；试用期满考核合格的，任职定级时，硕士研究生任副主任科员，博士研究生任主任科员。无基层工作经历的，分配后，根据其特点和所学专业，安排到企事业单位或县乡单位锻炼两年；市直机关补充工作人员时，拿出一定比例的职位专门面向县级以下“985”高校毕业的公务员。创新开展面向全国重点高校定向招聘事业单位工作人员工作。加大事业单位优秀干部的调任公务员工作力度。探索开展事业单位管理岗位聘任方式改革。（责任单位：市委组织部、市编办、市人社局）

三、优化人才创新创业的综合环境

9．大力发展众创空间。支持各地在高校院所、龙头企业、开发区周边，打造一批低成本、便利化、全要素、开放式众创空间，促进人才、项目、资金有效对接。调整财政投入方式，加强对众创空间的公交、金融等服务设施建设，加大政府购买创新创业服务的力度。开展大学生创新创业优秀项目评选活动。实施“大学生创业起航奖励促进计划”，每年对100名在校或离校两年内未就业大学生首次自主创业的优秀项目（含从事电子商务经营并通过网上交易平台实名注册认证的创业企业），经申报评审后，给予5000元资助。（责任单位：市科技局、市人社局）

10．推进人才评价机制改革。鼓励各行业各领域研究出台“民间艺人”“能工巧匠”“乡村规划师”、新安医学传承人等实用人才的个性化评价、倾斜化支持和特色化发展方法，并给予适当补贴。畅通非公有制经济组织和社会组织人才申报参加职称评审渠道。（责任单位：市人才工作领导小组成员单位）

11．建立健全人才流动机制。鼓励和引导人才向艰苦地区和基层一线流动的政策措施，加大基层教师、医护人员等定向培养力度。聚焦脱贫攻坚，加强人才对口支持，选拔优秀年轻干部到贫困村挂职，做好专家服务美丽乡村建设活动和大学生村官、“三支一扶”计划、科技特派员等各类基层服务项目。（责任单位：市委组织部、市扶贫办、市教育局、市科技局、市人社局、市卫计委）

12．加强创新成果知识产权保护。建立健全知识产权维权援助机制，对专利权人维权诉讼费，按20%的比例给予一次性维权费用资助，国内维权不超过2万元，涉外维权不超过10万元。区县知识产权部门调处专利案件，结案后给予每件1000元经费补贴。对年代理我市发明专利申请并获授权50件及以上的知识产权服务机构，给予2万元奖励。探索建立知识产权质押融资市场化风险补偿机制。（责任单位：市科技局）

13．支持科研成果转化。创新院地、校地等多种合作模式，支持市内外高校、科研机构在我市设立研发机构或分支机构，鼓励开展多种形式的合作研发活动。鼓励高校、科研院所将科技成果转化收益用于奖励科研人员和团队，比例不低于70%。用于科技成果转化的奖励与分配，计入当年单位工资总额，不作为单位工资总额基数，不纳入单位绩效工资总额。对实质参与研发活动的高校院所领导干部，可按实际贡献依法依规享受成果收益。对我市企业购买高校、科研院所等先进技术成果并在黄山转化、产业化的，按其技术合同成交并根据实际支付额给予20%补助，单个企业最高可补助50万元。（责任单位：市科技局）

四、加强人才工作领导

14．构建党管人才工作机制。发挥党委（党组）总揽全局、协调各方的领导核心作用，进一步明确和完善各级人才工作领导小组职责任务和工作规则，健全领导机构，配强工作力量，压实工作责任。建立市县财政人才发展投入增长机制和高层次人才专项奖励制度。（责任单位：市委组织部、市财政局）

15．加大评估考核力度。加强人才工作目标责任考核，将人才工作目标责任考核纳入全市领导班子和领导干部综合考核体系，考核结果作为领导班子评优、干部评价的重要依据。把人才工作列为落实党建工作责任制情况述职的重要内容。建立人才重点项目定期调度督查机制。（责任单位：市委组织部）

16．加强人才关心关怀。制定党委联系专家工作实施意见，加强党政领导联系高层次人才制度建设。市、县（区）党政领导班子成员每人至少联系1名高层次人才，定期走访慰问，听取工作意见，帮助解决实际问题。组织开展高层次人才健康体检、疗养休假等活动。推荐符合条件的人才担任“两代表一委员”。加大优秀人才宣传力度，在全社会营造识才、爱才、敬才、用才的良好氛围。（责任单位：市委办公厅、市委组织部、市委宣传部、市政府办公厅）

各级党委和政府要根据本实施意见精神，结合本地实际，制定具体实施办法。市直各相关单位要根据任务分工和进度安排，研究制定具体落实措施。涉及人才相关资金补助的，市级党政机关、财政拨款事业单位按现行经费供给渠道和标准给予补助；市直自收自支事业单位、市级企业给予50%补助，各区县、黄山风景区、黄山经济开发区、黄山现代服务业产业园给予30%补助，驻黄单位给予10%补助。本意见与我市现有政策有重复、交叉的，按照“从优、从高、不重复”原则执行。本意见自印发之日起执行。

中共黄山市委
2017年8月22日

福建省人民政府关于强化实施创新驱动发展战略进一步推进大众创业万众创新深入发展的实施意见

（闽政〔2017〕49号）

为深入学习贯彻党的十九大精神，以习近平新时代中国特色社会主义思想为指导，深化供给侧结构性改革，进一步系统性优化我省创新创业生态环境，拓展创新创业覆盖广度，提升创新创业科技内涵，增强创新创业发展实效，根据《国务院关于强化实施创新驱动发展战略进一步推进大众创业万众创新深入发展的意见》（国发〔2017〕37号）、《国务院办公厅关于推广支持创新相关改革举措的通知》（国办发〔2017〕80号），提出以下实施意见。

一、加快科技成果转移转化

（一）完善知识产权运营服务体系。开展知识产权执法维权专项行动，规范展会、电商市场交易秩序。充分发挥人民调解与仲裁等替代性纠纷解决机制作用，构建知识产权纠纷多元解决机制，满足知识产权权利人高效、便捷、低成本维权需求。发挥中国（厦门）厨卫快速维权中心平台服务功能，结合我省产业优势推动建设更高层次的知识产权保护中心。以“知创中国”知识产权综合运营公共平台和“知创福建”知识产权公共服务平台对接国家知识产权运营公共服务平台，推进“互联网+知识产权”一体化公共服务平台建设。引进一批高端知识产权智库机构、专业服务机构、专业运营机构及各类国家级创新平台进场服务，优化知识产权服务供给，加快建设对接全国的福建省知识产权运营服务体系。

责任单位：省知识产权局

（二）创新知识产权服务模式。推动科技成果、专利等无形资产价值市场化，在作价入股、企业并购、资本流转、知识产权交易过程中强化知识产权价值评估。增加知识产权估值在企业贷款信用评估指标体系中的权重，对高价值专利加大融资支持力度。完善企业专利交易扶持政策，促进企业专利技术运用。补助企业购买高校院所专利技术，奖励高校院所专利技术向企业转移。加强知识产权中介服务体系建设，鼓励现有中介机构拓展业务范围，强化与国内外高端机构合作，提升服务能力和效率。推广应用知识产权公共服务包，通过整合政府管理部门、智库资源、专家人才、专业服务机构等多方力量，以政府购买社会服务的方式为创新主体提供多元化服务，拓展、丰富和提升知识产权服务内容和供给品质。

责任单位：省知识产权局、财政厅、人行福州中心支行、福建银监局

（三）搭建科技成果转化平台。加快建设技术市场体系，提升中国·海峡项目成果交易会、“6·18”虚拟研究院产业技

术分院、国家技术转移海峡中心、中科院STS（科技服务网络计划）福建中心等平台功能，培育一批省级技术转移机构，推进覆盖全省、服务企业的技术转移中心网络建设，促进更多科技成果在闽转移转化、更多人才来闽创新创业。

责任单位：省发改委、科技厅

（四）提高科技成果转化能力。探索在战略性新兴产业相关领域率先建立利用省级财政资金形成的科技成果限时转化制度。省级财政资金资助形成的职务科技成果的权属单位自取得科技成果之日起一年以上未启动转化的，成果完成人和参加人在不变更职务科技成果权属的前提下，可以根据与成果所有单位的协议进行该项科技成果的转化。推动落实高校院所等事业单位科技成果处置自主权，督促完善科技成果转化内部规章制度和机制。开展科技信息企业推广应用服务。强化激励导向，研究制定以用为导向的产学研结合措施，力争通过系统部署和综合施策，解决科技成果转化“最后一公里”问题，激发高校院所等事业单位科技人员创新创业积极性和活力。

责任单位：省科技厅、财政厅、教育厅、科协

（五）鼓励科研机构共享创新资源。持续探索推进高校、科研院所、各类创新平台开放共享仪器设备等科研设施和资源，对财政性资金购置的科研设施仪器在所有权不变和保证科研用途的基础上，将经营权全部交由第三方专业机构负责运行、服务和管理。鼓励支持专业服务机构建立在线服务平台为社会和仪器管理单位提供服务，促进科研设施在全社会实现开放共享。

责任单位：省科技厅、教育厅

二、拓宽“双创”企业融资渠道

（六）健全普惠金融服务机制。引导银行业机构在总行授权范围内，结合辖区实际，合理设置小微企业授信审批权限，优化审批机制。在有效防控风险的前提下，尽可能贴近基层下放审批权限，提高小微企业金融服务效率。鼓励银行业机构向下延伸服务支点，加强专营机构建设，向小微企业集中区域增设小微支行、特色支行。大力推广创业贷、交易贷、双创债等“双创”特色金融产品。推动银行业机构运用“互联网+”和大数据等技术，进一步改进信贷管理技术，促进小微企业金融服务集约化、精细化，提高小微企业贷款的可获得性。

责任单位：福建银监局、福建证监局、人行福州中心支行、省金融办

（七）完善投融资服务体系。支持金融机构与风险投资机构等合作，加快建立覆盖科技型企业发展全生命周期的投融资服务体系。推动银行业机构为科技型小微企业提供包括授信、支付结算、资产管理等在内的综合性金融服务，进一步拓展抵质押品范围，为企业提供“知识产权运营+投贷保联动”全方位的金融服务。支持符合条件的创新创业企业通过上市、新三板和区域股权交易中心挂牌、配股、定向增发、并购重组、发行债券等多种方式，拓宽直接融资渠道。政府出资设立的融资性担保机构要将创新创业企业纳入担保增信支持重点，适度降低准入门槛。

责任单位：人行福州中心支行，福建银监局、保监局、证监局，省发改委、知识产权局

（八）完善创业投资管理机制。积极争取和引进国家中小企业发展基金、国家科技成果转化基金、国家新兴产业创业投资引导基金等国字号政府投资基金，支持有条件的地市规范有序设立政府投资基金。进一步落实促进政府投资基金健康发展若干措施，健全完善对政府投资基金的运作监管、财政资金的绩效考核和基金管理机构的信用信息评价等机制，依法依规豁免国有创业投资机构和国有创业投资引导基金国有股转持义务。

责任单位：省财政厅、发改委、金融办、经信委、科技厅

（九）扩大创新券使用范围。完善省级创新券的管理制度和运行机制，扩大支持范围，逐步探索跨区域互通互认机制，鼓励有条件的设区市和县（市、区）设立创新券，共同加大对科技企业和创客科技创新的支持力度。

责任单位：省科技厅

三、促进实体经济转型升级

（十）立足企业主体加大源头创新。围绕我省主导产业、战略性新兴产业发展中关键、共性技术难题和创新需求，组织开展应用基础研究，力争取得一批具有自主知识产权和重大应用前景的原创性成果。面向企业和社会创新的难点，扩大高校、科研院所学术自主权和个人科研选题选择权，鼓励科研人员与各类众创空间开展合作、加强与各类创客互动交流，举办各种形式的创新大赛，提升创新效率和水平。

责任单位：省科技厅、教育厅、发改委、经信委

（十一）推动大中小企业协同创新。鼓励龙头骨干企业开放创新资源、供应链资源和市场渠道，推动开展内部创新创业，培育内部创客文化，带动产业链上下游发展，促进大中小企业融通发展。推动互联网企业建设或与制造企业、行业组织合作建设面向中小制造企业的“双创”服务平台，结对帮扶中小微企业。引导和支持小型微型企业创业创新基地提升服务水平，对省级、国家级小型微型企业创业创新基地给予奖励。

责任单位：省经信委、国资委、工商联

（十二）着力推进分享经济加快发展。出台促进分享经济发展的实施意见，鼓励和规范分享经济领域发展，培育扶持和积极引进一批在物品、劳务、知识、技能等领域分享应用平台。降低分享经济创业创新门槛，适当放宽行业市场准入条件，放宽外商投资分享经济企业中方股东主体资格条件和经营范围用语，制定包容审慎的行业监管举措，完善适应分享经济特点的税收征管制度，推广网上办税、移动办税和无纸化办税。加强信用监管，深化个人、企业征信，培育第三方信用机构及产品服务。强化分享经济平台企业和个人使用者的相应责任，落实消费者权益保护和从业者的社会保障，完善新就业形态、社会保障等方面的政策举措。

责任单位：省数字办、省人社厅、人行福州中心支行，省工商局、地税局、国税局

（十三）着力推进数字经济深入发展。研究制定数字经济发展行动计划，建成新一代信息基础设施，深化互联网、物联网、大数据、云计算、虚拟现实、人工智能等新一代信息技术在政务治理、公共服务、产业发展等领域的应用。加快公共基

础设施的网络化和智能化改造，强化公共服务体系建设，加快形成数字经济健康发展新生态。深入开展智慧城市试点，推进新型智慧城市建设。大力发展一批交互式、服务型、定制化的新型工业互联网企业，创新生产模式、制造模式、营销模式，推动制造业与互联网融合发展。在福州、厦门等地开展信息经济综合示范区建设，在部分县（市、区）探索开展数字经济试点建设。推动与"一带一路"沿线国家的数字经济交流与合作。

责任单位：省数字办、经信委

（十四）深入实施新一轮技术改造。发挥福建省企业技术改造投资基金作用，鼓励设立市级、县级技改基金，为关键领域和瓶颈环节技术改造提供资金保障。深化新一轮企业技术改造行动计划，加强工业企业技术改造投资指导，实施技改奖励。落实《福建省首台（套）重大技术装备认定和扶持实施细则》，支持装备制造企业研制首台（套）重大技术装备和智能制造装备并给予资金扶持，推进首台（套）重大技术装备保险补偿机制试点。

责任单位：省经信委、财政厅、金融办，福建保监局

四、激励各类人才流动发展

（十五）优化外籍人才服务机制。落实外国人来华工作许可制度，为来闽外籍高层次人才办理工作许可开辟绿色通道，简化申请材料，实行容缺预审。落实国家外专局一卡通服务举措，加强在闽外籍人才服务保障工作，对外籍高层次人才提供保姆式服务。对经人才主管部门认定的自贸区内境外高层次人才，可以不受60周岁年龄限制，符合条件可以申请永久居留。在自贸区工作的外国人申请居留证件的工作时限从15个工作日缩短至7个工作日，高层次人才申请居留证件的工作时限从15个工作日缩短至2个工作日。

责任单位：省公安厅、人社厅、外办、科协

（十六）鼓励海外人才来闽创业创新。实施留学人员来闽创业启动支持计划，开展"中国·福建海外人才创业周"等引才活动，发挥海外科技团体和海归创业联盟作用，畅通海外人才参与科技创新的渠道。允许外国留学生凭高校毕业证书、创业计划申请加注"创业"的私人事务类居留许可。在福建自贸区内注册企业工作的外国人，如其已连续两次办理工作类居留许可，且无违法违规问题的，第三次申请工作类居留许可，可以按规定签发有效期5年以内的工作类居留许可，连续工作满4年、每年在中国境内实际居住累计不少于6个月，有稳定生活保障和住所，工资性年收入和年缴纳个人所得税达到规定标准，经工作单位推荐，可以申请永久居留。继续推进中国（福建）自由贸易试验区国家海外人才离岸创新创业基地建设，以福建自贸试验区为依托，探索建立与国际接轨的柔性引才新机制，建立多层次的离岸创业服务支持系统。

责任单位：省公安厅、人社厅、外办、科协

（十七）支持返乡下乡人员创业创新。支持返乡下乡人员围绕茶叶、蔬菜、水果、畜禽、水产、林竹、花卉苗木等七大优势特色产业，重点发展规模种养、农产品加工、农业生产服务、休闲农业和乡村旅游业，相关强农惠农富农政策向符合条件的返乡下乡人员创业创新项目倾斜。返乡农民工可按规定在创业地参加各项社会保险。允许返乡下乡人员依法使用集体建设用地开展创新创业。

责任单位：省农业厅、人社厅、国土厅

（十八）鼓励科技人员双向流动。加快落实国有企事业单位科研人员离岗创业政策，经同意离岗的可在3年内保留人事关系，并与原单位其他在岗人员同等享有职称评定、社会保险等方面的待遇，3年内要求返回原单位的，按原职级待遇安排工作，高校院所科研人员离岗在本省转化自主研发成果的，可延长至5年。支持高校院所将一定比例的编制用于聘任有创新实践经验的企业家、企业科技人员兼职或担任研究生导师。

责任单位：省人社厅、编办、科技厅、教育厅

（十九）支持各地各部门灵活引才。各地可结合实际制定灵活的引才引智政策，采取短期聘用、项目合作、兼职挂职、学术交流、人才租赁等方式，以用为本，促进人才资源合理流动。赋予高校和科研院所在选人用人、科研立项、编制管理、职称评审、薪酬分配等方面必要自主权，引进创新创业急需人才。对符合《福建省引进高层次人才评价认定办法（试行）》（闽委人才〔2015〕5号）确定的福建省引进高层次人才（A、B、C类），超出核准岗位数的，可按规定申报特设岗位，不受事业单位岗位总量、最高等级和结构比例限制。事业单位引进高层次人才和招聘急需紧缺人才，可简化招聘程序。

责任单位：省人社厅、教育厅、科技厅

五、打造创新创业平台载体

（二十）加快科技创新平台建设。主动对接高端创新资源，积极争取国内外一流大学、科研院所在闽设立高水平科研机构。支持龙头企业、高校院所培育和创建一批高水平工程研究中心、重点实验室、企业技术中心、产业技术研究院、院士专家工作站等重大创新平台，开展重大关键共性技术研究和产业化应用示范。在新一代信息技术、锂电池、稀土等优势产业领域培育建设一批省级制造业创新中心，主动融入国家制造业创新中心网络。

责任单位：省科技厅、发改委、经信委、教育厅、科协

（二十一）加强众创空间和双创示范基地建设。鼓励和引导众创空间向专业化、精细化发展，支持龙头企业、高校、科研院所围绕优势细分领域建设一批专业化众创空间。鼓励建设一批省级大学生创新创业校外基地和农村创业创新园区（基地）。支持基础条件相对较好的县（市、区）申报高水平、有特色的国家、省级双创示范基地。

责任单位：省科技厅、教育厅、农业厅、发改委

（二十二）推进两岸青年创新创业基地建设。进一步加大政策扶持力度，完善基地周边生活设施配套，鼓励台湾青年来闽就业创业。建立健全省级台湾青年就业创业基地考评机制，争取国台办授牌海峡两岸青年创业基地。在创新创业基地设立台胞证受理点，为台湾青年提供就近办证便利服务。

责任单位：省台办、公安厅

（二十三）营造创新创业良好氛围。建立长效机制，组织实施好全国双创活动周、“创响中国”系列活动，全力办好“双创在福建”等活动。依托中国·海峡项目成果交易会平台，通过“6·18”五天展会和日常专场对接会，集中展示、宣传、推介双创成果。举办创新创业大赛、互联网经济、VR创业创新等各类赛事，推动创新创业理念深入人心。组织新闻媒体多角度报道双创故事，营造创新创业良好氛围。

责任单位：省发改委、科技厅、数字办、教育厅

六、推动军民融合产业技术创新

（二十四）构建军民融合创新平台。鼓励军民融合企业与科研院所合作建设工程研究中心、重点实验室、企业技术中心，开展产业链关键核心技术攻关。支持军民融合创新平台、重点企业、高校、科研院所、产业基地共同组建军民融合创新联盟。打造一批军民融合众创空间，培育一批示范企业，构建军民共享的知识产权运营服务体系。

责任单位：省发改委、经信委、科技厅、教育厅

（二十五）推动军民技术共享。支持企业参与标准制订修订，促进军民标准转化融合，建立健全军民兼容标准体系。面向军民两用推进检验检测中心认证公共服务平台建设，建立产品认证制度。加强军民共用计量基础设施建设，推动建立计量产业测试体系。建立完善军民一体的量值溯源体系，扩大计量资源共享范围。搭建计量开放式科研平台，推进军地计量科技协同创新。

责任单位：省质监局、经信委

（二十六）建立省级军民融合产业基金。鼓励有条件的机构设立军民融合发展投资基金，重点投向军民融合项目和公共平台建设、军民两用技术开发和成果转化、军民融合产业发展等领域，促进国家专项建设基金支持的军民融合项目加快落地实施。

责任单位：省财政厅、发改委、金融办、经信委、科技厅

七、创新政府部门服务机制

（二十七）深化行政审批制度改革。加快推进相对集中行政许可改革试点，在已明确的经济技术开发区和县（市、区）5个试点单位开展相对集中许可权改革，推进试点区域在行政审批、投资审批、商事登记等方面改革创新，在项目投资、通商贸易等重点领域取得改革突破。在试点基础上，及时总结和复制推广审批职责、审批事项、审批环节“三个全集中”的成熟经验做法，不断深化行政审批制度改革。

责任单位：省审改办、工商局、法制办及其他省直相关单位

（二十八）优化市场营商环境。推进“多证合一”登记制度改革，在“五证合一”基础上，再整合13项涉企登记、备案等有关事项和证照到营业执照上，实施内外资企业国民待遇原则，同享支持政策，同一窗口受理、登记和限时办结。实施企业名称“自助查重、自主申报、全程网办”登记模式。全面实施企业简易注销登记改革，实现市场主体退出便利化。深化电子营业执照改革，推进无介质电子营业执照建设和应用。制定福建省落实公平竞争审查制度的具体方法和工作方案，建立健全部门间工作机制，推动公平竞争审查制度有效实施，营造统一开放、竞争有序的市场环境。

责任单位：省公平竞争审查工作厅际联席会议成员单位

（二十九）加大事中事后监管。全面推动“双随机一公开”监管全覆盖，建立完善“两单两库”，推行“双随机”抽查标准化规范化制度，制定和落实抽查工作指引细则；积极探索建设跨部门“双随机”联合抽查部门协同监管平台。全面建成国家企业信用信息公示系统（福建），着力打造具有福建特色、全国一流的服务网络和管理平台，深化企业涉企信息归集共享和公示工作，加强涉企海量信息大数据分析应用。进一步加强市场主体经营异常名录管理，落实严重违法失信企业名单管理制度，建设失信企业联合惩戒工作平台，推动各部门将企业失信信息依法嵌入业务办理平台，运用融入到涉企行政服务和监管执法工作中。将协同行政执法制度设计在相关法规中，推动建立、健全行政执法协作机制。加强对教育网站网校的监管，做好教育网站网校违法违规查处工作，保障教育网站网校持续健康有序发展。

责任单位：省编办、审改办、工商局、法制办、教育厅、网信办、经信委、公安厅

（三十）优化税收服务机制。积极探索手机银行、微信、支付宝缴税等网上办税服务，在条件成熟的情况下，先期开展部分试点。加强国税、地税联合办税，进一步深化“一窗一人一机”联合办税，加快福建省电子税务局的建设进程。建立健全市、县两级银税合作工作机制，加大基层银税合作力度，实现银税合作工作机制覆盖全省所有县域。逐步扩大税务、银行信用信息共享内容，税务部门向银行推送纳税信用A－D级企业名单、注册地址、经营地址、联系方式、法定代表人信息（不涉及个人信息），银行依法合规配合税务部门查询纳税人账户等信息。探索通过搭建系统平台、建立专线等方式实现银税数据直连，将银税信息交互由“线下”搬到“线上”。进一步完善网上纳税信用级别证明的在线开具，拓展纳税信用级别评价记录的明细查询功能，推动政务公开，促进纳税遵从度的提升。

责任单位：省地税局、国税局

（三十一）完善新兴产业用地政策。以“先存量、后增量”的原则，优先安排新兴产业用地供应，对新产业发展快、用地集约且需求大的地区，可适度增加年度新增建设用地计划指标。鼓励以租赁等方式向中小企业供应土地。鼓励盘活利用现有土地，传统工业企业转为先进制造业企业，以及利用存量房产进行制造业与文化创意、科技服务业融合发展的，可实行按原用途和土地权利类型使用土地的过渡期政策。城乡规划主管部门在符合控制性详细规划的前提下，研究制定有助于新产业、新业态发展的兼容性地类和相关控制指标，引导新产业集聚发展。完善新兴产业用地监管制度，建立政策实施主管部门联动机制和共同监管机制。现有建设用地过渡期支持政策5年期满后需办理用地手续的，可按新用途、新权利类型、市场价，以协议方式办理。

责任单位：省国土厅、住建厅

（三十二）完善“双创”发展统计分类。严格执行新修订的《国民经济行业分类》《新产业新业态新商业模式统计分类（试行）》以及《国家科技服务统计分类》等有关分类标准，以适应开展“双创”发展统计需要。按照国家统计局开展“双创”发展统计的总体部署，做好统计调查，为科学、准确、及时反映经济结构优化升级的新进展提供统计信息。

责任单位：省统计局

各地、各部门要认真落实本实施意见的各项要求，切实履职尽责，积极主动作为，充分发挥省双创厅际联席会议作用，加强监督检查，确保各项政策落到实处，推进大众创业、万众创新深入发展，为全面实施创新驱动发展战略、推动新旧动能转换提供有力支撑。

福建省人民政府

2017年11月22日

中共泉州市委 泉州市人民政府 关于实施人才“港湾计划”的若干意见

（泉委发〔2017〕6号）

为深入实施创新驱动发展战略，全面落实泉州市“十三五”规划纲要，加快推进供给侧结构性改革，以人才优先发展服务、支撑、引领产业发展。根据中央、省委关于深化人才发展体制机制改革的有关部署，结合我市实际，现就实施人才“港湾计划”提出如下意见：

一、总体要求

坚持党管人才原则，牢固树立科学人才观，深化人才发展体制机制改革，激发和释放人才创新创造创业活力，推动人才工作由“服务支撑产业”向“引领产业发展”升级，让人才在推进泉州经济社会发展过程中与泉州共成长，体现自身价值，增强获得感，打造人才“引得进、留得住、过得好”的梦想港湾、事业港湾、生活港湾。

——坚持“两个规律”。遵循社会主义市场经济规律，充分发挥市场在人才资源配置中的决定性作用，按照市场供求关系畅通人才流动渠道，建立公平公正的人才竞争环境，构建人才创造价值得到充分体现的分配机制。遵循人才成长规律，精准把握各类人才特点，创新人才成长的要素保障。

——突出“两个主体”。落实用人主体自主权，保障用人主体在人才评价以及培养、引进、使用中的主导作用。坚持以人才主体为中心，充分尊重人才的市场价值取向，激发人才创新创造创业的内生动力。

——深化“两个创新”。着力解决人才工作的根源性问题，深化体制创新，理顺政府、市场、用人主体关系，明确各自功能定位，加快转变政府人才管理职能，完善市场化、社会化的人才管理服务体系。深化机制创新，健全人才引进、培养、使用、评价、流动、激励、服务机制，加快构建以集聚实体产业人才为核心的人才制度体系。

二、目标任务

通过实施人才“港湾计划”，健全完善充满活力的人才发展体制机制，形成系统高效、开放共享的人才成长生态链。全社会识才爱才敬才用才氛围更加浓厚，人才的贡献和价值在社会中得到充分尊重，公平公正的人才创新创造创业环境更加健全，为打造国家自主创新示范区、“中国制造2025”试点示范，建设“创新、智造、海丝、美丽、幸福”的现代化泉州提供强有力的人才支撑和智力保障。

——发挥产业聚才优势。立足实业兴市，构筑“产业集聚人才、人才引领产业”的发展格局。对纺织鞋服、建材家居、食品等优势产业，重点围绕融合新技术、创新新模式、催生新业态进行引才聚才；对石油化工、机械装备、集成电路等主导产业，重点围绕延伸产业链条、做大产业配套、形成产业集聚进行引才聚才；对节能环保、新一代信息技术、高端装备制造、新材料、新能源等战略性新兴产业，重点围绕发展新经济、培育新动能、打造新产业进行引才聚才。力争到2020年，全市人才资源总量达200万人，占全市人口总量的比重达到23%。

——打造人才创新基地。发挥泉州“多区叠加”政策联动优势，以国家自主创新示范区为改革动力，在人才管理、投资融资、股权激励、成果转化等方面进行创新突破，打造政产学研用跨界协同创新平台，有效整合科技孵化器、风险投资、科技金融、科技园区以及商业模式培训等配套资源，推动人才创新成果加速转化，实现人才创新价值。力争到2020年，全市人力资本投资占GDP比重达到17%，形成一批具有核心技术的高新技术产业群，人才贡献率达40%。

——共创人才幸福家园。厚植海纳百川、爱拼会赢的泉州文化，把制造业大市、深厚文化底蕴优势，融入人才工作生活的各个角落，激活人才创新创造创业基因。加速改善宜居宜业城市环境，解决人才后顾之忧，吸引人才共建共创共享美丽幸福泉州。

三、主要措施

（一）创新责任明晰的人才管理体制。

1. 转变人才管理方式。坚持政社分开、政事分开和管办分离，落实用人主体自主权，推动政府人才管理职能由微观向宏观转变。推进人才管理部门简政放权，建立政府人才工作服务清单和责任清单，清除影响人才发展的制度藩篱。优化人才公共服务流程，提高政府管理服务效率。

2. 改革编制和岗位管理。改进事业单位编制管理方式，对符合条件的公益二类事业单位实行备案制管理。在高校、科研院所、公立医院等事业单位试行“人员控制数”管理。探索实行高层次人才专编专用管理规定。建立人编捆绑、人走编收的编制周转池制度。允许在专业性较强的机关、国有企事业单位设置特设岗位，引进急需的高层次专业人才。

3. 培育人才中介服务机构。整合市县两级人才市场和劳动力市场，构建统一、开放的人力资源市场体系。出台人力资源服务业发展扶持政策，鼓励引进高端人才中介、人力银行等专业化服务机构。推动人力资源服务产业园建设。强化对人才中介服务机构的监管，健全诚信体系，规范第三方评价，建立失信惩戒机制，营造法制规范、公平公正的人才市场环境。加大政府购买服务力度，引导人才中介服务机构有序承接政府转移的人才培养、评价、流动、激励等职能。

4. 改进人才评价方式。发挥政府、市场、专业组织、行业龙头企业等多元评价主体作用，以用人主体的评价为主导，建立科学化、社会化、市场化的人才评价制度。企业人才突出以实绩为主要依据的市场化评价，专业技术人才突出同行认可、推广第三方评价，技能人才突出企业和行业组织自主评价，支持建立以赛代评、以赛促评的技能人才评价模式。引入人力资源服务机构、风险投资机构等市场化评价要素。加强评审专家数据库建设，建立评价责任和信誉制度。

（二）健全务实有效的人才引进机制。

5. 优化人才引进政策。完善高层次人才认定标准和认定规定，实施“领军人才+创新团队+创新项目”的精准引才模式，重点引进1000名以上急需紧缺的高层次人才、100个以上高层次人才团队。对近3年内引进到我市的高层次人才，按照不同层次分别给予10万—200万元的补助资金；对近3年引进到我市的高层次人才团队，给予100万—300万元的专项工作经费。对引进到我市3年以上且拥有持续创新成果的高层次人才（团队），给予滚动支持。对有突出贡献和重大影响力的高层次人才（团队），可根据实际需要，“一事一议”追加支持。确认为市引进人才（团队）的，支持申报中央、省级人才项目，发挥政策叠加扶持的乘数效应。

6. 改进人才引进方式。健全人才需求预测定期发布制度，发挥各类引才平台和用人单位的主体作用，常态化开展引才引智工作。成立引才工作组，建立招才引智与招商引资联动机制，实现引资、引技、引智并举。依托重大商贸活动扩大引才视野，探索实施重大引才活动服务外包。注重柔性引才，支持引导院士、国家“千人计划”人才、海外博士等专家来泉考察，进行技术项目对接。

7. 畅通海内外引才引智渠道。发挥“海丝”先行区和港澳台侨资源丰富的优势，主动融入国家“一带一路”布局，与部分“海丝”沿线国家地区共建人才协同创新联盟，探索建设离岸（异地）人才创新中心，适时举办国际性的人才交流活动。支持建设台湾青年创业基地，积极搭建对台技术合作、人才培养平台。主动对接留学人员组织以及海外泉籍团体、侨亲社团，建设一批引才联络站。鼓励有条件的企业，在境外设立研发机构，与境外专业机构搭建合作平台，推动高新技术研发成果在境内转化。

8. 建立人才举荐制度。发挥专家信誉和专业权威，组建由海内外各行业杰出人才组成的举荐专家库，建立举荐制度。根据我市产业发展需要，凡经举荐专家推荐的高层次人才，可采取简便灵活方式认定为我市相应层次的高层次人才，享受相关政策待遇。建立举荐质量分析制度，动态调整专家库举荐成员。

（三）推进更加精准的人才培养工程。

9. 实体产业人才“领跑工程”。坚持创新驱动振兴实体经济，着力培养领跑实体产业转型升级、改革突围的高层次经营管理人才和专业技术人才。落实企业家素质提升培训专项计划，建立覆盖国有、民营、外资企业的开放式培训平台，推动企业完善治理、强化激励、突出主业、提高效率。突出专业技术人才的职业素养和专业能力提升，主动呼应新旧动能转换，积极打造企业大学、继续教育基地、产学研载体等人才培养平台。鼓励人才自主选择科研方向、组建科研团队，开展原创性基础研究和面向需求的应用研发，充分发挥核心技术人才在创新驱动和创业实践中的主体作用。围绕深化金融服务实体经济综合改革，加大对金融人才和团队的培养支持力度，加快设立泉州金融研究院，着力培养一批精通基金、证券、债券、保险、信托、创投等多元金融服务的专业人才。

10. 技能人才“支撑工程”。大力传承和弘扬“工匠精神”，加快培养支撑泉州制造、泉州创造的技能人才队伍。创新技能人才培训模式，推行企校“双主体”的现代学徒制人才培养模式，扩大校企联合培养试点。抓好产业技工培养基地、技能大师工作室等平台建设，建成50个市级以上技能大师（名师）工作室。组织开展“泉州工匠”评选。支持行业协会、企业和院校举办职业技能竞赛，鼓励优秀技能人才参加国内外职业技能大赛。组建技能人才协会，搭建技能人才切磋技艺、展示才华的舞台。加快农村实用人才培养，依托高等学校、职业院校定向培养新型职业农民。

11. 社会事业人才“保障工程”。立足补齐城市软环境“短板”，重视抓好教育、医疗卫生、城市规划建设、新闻网络、社会工作等社会事业人才队伍培养。实施“桐江学者奖励计划”，支持高校重点学科设置特聘教授岗位。鼓励高校加强基础研究，对符合条件、从事科技类基础前沿研究的高层次人才，给予稳定的科研经费支持。实施教育名师培养工程，建立数量充足、素质优良的中小学名师、名校长、名班主任和“双师型”职教名师队伍。瞄准建设福建南部区域医疗中心目标，集中培养100名以上高层次卫生人才、1000名以上卫生骨干人才、10000名以上基础性卫生人才，支持建设一批临床重点学科。适应做大做强环湾中心城市要求，坚持“请进来、走出去”，下大力气培养一支层次较高、业务精湛、结构合理的城市规划建设领域优秀人才队伍。适应媒体深度转型与融合发展需要，突出讲政治、精业务、善管理、会经营，抓好主流媒体和网络媒体骨干人才培养，持续强化新闻网络媒体的正面舆论引导作用。重视抓好社会工作人才培养，扶持建设社会工作专业人才培训基地，培育一批市级以上民办社工服务机构。

12. 特色文化人才“传承工程”。发挥千年古城、“海丝”起点、东亚文化之都的独特优势，做好南音、梨园、高甲、木偶、瓷雕、石雕、木雕等非物质文化的传承发扬，通过培育文化名家、工艺大师、非物质文化传承人以及资助传习活动、扩大对外交流等有效做法，培养一批具有浓郁泉州特色的文化人才。坚持特色文化传承发扬与推进古城保护、建设海丝重要门户城市紧密结合，依托人才培养、文化传播，活化海丝基因，繁荣文化事业、发展文化产业，释放泉州重才识才的城市底蕴，彰显泉州爱才敬才的城市特质，提升泉州聚才留才的城市魅力。

（四）构建要素齐全的人才价值实现平台。

13．支持产学研用平台建设。采取“一院（所）一策”办法，支持县（市、区）差异化引进产业急需的国内外科研机构及技术转移机构来泉设立分支机构，加大对现有科研院所的扶持力度。推广公办专营、民办公助、企办补贴等模式，整合建设10个以上“国字号”创新平台，100家公共技术中心、实验室、检验检测中心，1000家企业技术中心、工程技术研究中心，有效嫁接源头创新，实现新技术—新产品—新产业转化。推动院士、专家、博士后等工作站建设，积极转化应用科研成果。鼓励开展人才科技成果竞价拍卖以及技术供需对接、交流、展示、洽谈等市场活动。建立科技公共服务联盟以及跨界融合的“互联网+”平台，推动创新资源协同共享。探索推广“创新券”，对人才使用仪器设备、购买科技服务、进行创业孵化等定向补贴。鼓励企业建立研发准备金制度。

14．加快众创空间发展。按照“创业主体大众化、孵化主体多元化、建设运营市场化、创业模式多样化”的要求，聚焦新技术、新产业、新业态、新模式，采取众创、众包、众扶、众筹的方式，打造一批低成本、便利化、开放式的众创空间，吸引聚集创新资源和创业人才。力争5年内建成50家市级以上众创空间。依托本地高校、职业院校、技工学校开设创客教育课程试点，支持建设创客实践室。招募一批资深创客、知名创客以及企业家、技术专家，组建志愿创客导师队伍。

15．推进产教深度融合。坚持专业群和产业群对接，推动本地高校、职业院校根据产业发展和社会事业需求进行专业学科设置，鼓励本地高校、职业院校与龙头企业建立战略合作关系。实施职业院校服务产业特色专业群建设工程，未来5年内组建8个职业院校联盟、10个市级职教集团，建设一批服务产业发展的特色专业群，实现专业群基本覆盖全市重点产业。强化高校科研创新资源引入，实施名城名校融合发展战略，建设一批高水平的产教基地，促进实体经济人才链、创新链与产业链的深度融合。

16．打造国际化学术交流平台。紧扣实体产业发展，组织开展层次较高的学术交流活动。鼓励国内外知名学术机构、学术组织、高校在泉举办高水平的学术论坛、科技峰会，搭建一批有较强影响力的高端学术交流平台，汇聚泉州产业发展需要的前沿性高端智力资源。

（五）实行科学管用的人才激励办法

17．完善人才奖励资助政策。鼓励和资助各类人才参加学术交流、进修培训。支持各行业人才参加所属领域省级以上荣誉奖项评选，对获奖者给予叠加奖励。强化对高层次人才科技创新创业活动的支持，对用人单位实施的、由高层次人才主持研发的科技成果转化项目，择优给予资金补助。定期举办人才创新创业大赛。建立健全人才荣誉制度，对有重大贡献的各类人才，授予泉州建设功勋荣誉称号。

18．改进人才收入分配。实行以增加知识价值为导向的分配政策。加强创新成果知识产权保护，构建全市知识产权大维权平台，提高知识产权维权援助能力，为创新人才提供公益性、专业性的知识产权法律服务。鼓励企事业单位高层次人才试行协议工资、年薪制、项目工资制等多种分配形式。支持企业对科研、管理等骨干人才实施股权、期权激励。鼓励科技成果转化收益分成向创新团队或个人倾斜。

19．改进科研人员管理办法。对国有企事业单位和高校、科研院所在编科研人员因公出国开展学术交流合作，实行区别管理，简化审批程序，不列入国家工作人员因公临时出国批次限量管理范围。鼓励科研人员离岗创业。高校、科研院所科研人员经所在单位同意，可在科技型企业兼职并按规定获得报酬。

20．深化职称制度改革。探索在企事业单位和行业组织开展职称自主评聘试点。出台高层次人才、急需紧缺人才职称直聘办法。对引进的高层次留学人才，可将国（境）外专业工作经历、学术或专业技术贡献作为参评高级专业技术职称的依据，不受本人国内任职年限限制。对业绩突出、成果显著的优秀中青年人才，可打破学历、任职资历要求，申报高一级专业技术职称。畅通非公有制经济组织和社会组织人才申报参加职称评审渠道，实现与国有企事业单位同类人员同等对待。

（六）创造优质高效的人才服务环境。

21．构建综合式的人才服务平台。整合相关部门人才服务职能，构建全市统一的人才综合服务平台，开通人才服务专线，实行“一站式”受理、办结、答复制度，为各类高层次人才提供政策咨询、项目申报、业务办理等“一揽子”服务。规范市、县两级高层次人才服务中心运作，完善市高层次人才网，创新市县联动、便捷高效、线上线下结合的人才服务模式，简化优化服务流程，提高服务效率。

22．实施人才安居工程。制定高层次人才安居暂行规定。对市级认定且在泉无住房的高层次人才，按照不同层次分别提供5万—80万元的购房补助，或最长免租10年的人才周转房。对第一层次人才在我市全职工作满10年，可无偿获赠所居住的周转房。支持各县（市、区）在符合土地利用总体规划、城市规划的前提下建设人才公寓，或者从现有库存房源中筹措一批人才住房、人才周转房，多渠道强化人才住房保障。鼓励用人单位向人才提供安家补贴、购（租）房补贴。对新引进的人才，缴存、提取住房公积金享受市民同等待遇。

23．优化人才子女就学政策。完善高层次人才子女来泉接受学前教育、义务教育和高中阶段教育的优惠政策。市级认定的第一、第二层次人才，其子女可按个人意愿选择在全市范围内的优质公办幼儿园、义务教育阶段学校就读。第三、第四层次人才，可安排其子女到人才居住地或工作单位所在县（市、区）优质公办幼儿园、义务教育阶段学校就读。第五层次人才以及经市委人才工作领导小组认定的其他人才，其子女由工作单位所在县（市、区）教育行政部门妥善安排到条件较好的公办幼儿园、义务教育阶段学校就读。支持创办1—2所国际学校，支持优质民办学校开展中外合作办学，成立高中国际部，为高层次人才子女提供国际化的教育资源。

24．统筹解决人才配偶就业。引进高层次人才的配偶需要就业的，根据原就业情况和个人条件，由用人单位和有关职能部门优先推荐就业。其中配偶原属在编事业单位工作人员的，可考核聘用到用人单位所在地专业对口的事业单位（参照公务员法管理的事业单位除外）工作。

25．提升人才医疗保障水平。市级认定的第一层次人才，可享受一级医疗保健待遇；第二、第三层次人才，可享受二级医疗保健待遇。每年组织高层次人才免费健康体检。在市内三级医院开通就医绿色通道，为高层次人才提供预约诊疗。推动具备条件的医院、诊疗中心与国内外保险公司合作，加入国际医疗保险直付网络系统。

26．完善外籍人才管理服务。健全外国专家管理服务机构与职能设置，探索实行来泉外籍人才统一归口、分类管理制度。改进外籍人才工作签证、居留等审批服务。建立外籍人才服务专员制度，设立外语志愿者服务平台。

27．加强对人才的团结教育引导。加强政治引领和政治吸纳，充分发挥党的组织凝聚人才作用。制定加强党委联系专家工作意见，建立党政领导干部联系人才制度。建立高层次人才培训基地，加强各类人才教育培训、市情省情国情研修，增强认同感和向心力。完善专家决策咨询制度，畅通各类人才建言献策渠道，充分发挥新型智库作用。建立高层次人才休假疗养制度。搭建高层次人才"群英会"，推动创新创业人才与创投机构、用人企业进行资智、企智对接。经常性举办以"筑梦港湾"为主题的高层次人才沙龙活动，提供常态化的沟通交流平台。

四、组织保障

（一）强化组织领导。各级党委、政府和各有关部门要把实施人才"港湾计划"作为深化人才发展体制机制改革的重要举措，履行好"一把手抓第一资源"职责，确保"港湾计划"落地见效。要改进党管人才方式方法，清晰党委和政府人才工作职能部门职责，将行业、领域人才队伍建设列入相关职能部门"三定"规定。市委人才工作领导小组各成员单位要明确人才工作职能科室，配备专（兼）职工作人员；各县（市、区）要保证人才办配备充足的工作力量；乡镇（街道）要将人才工作纳入党政领导班子分工，鼓励有条件的乡镇（街道）和园区设立人才工作机构，配备专职工作人员。要树立全市人才工作"一盘棋"理念，共享资源、抱团发展，做大做强人才项目和活动品牌。

（二）落实工作责任。市委人才工作领导小组要牵头制定"港湾计划"任务分工方案，加强宏观指导和组织协调，建立协调落实、督查督办和成效评估机制，并确定一批人才工作直接联系点。各地各相关部门要根据任务分工，采取项目化管理的方式，研究制定具体落实措施，明确时间表和路线图，落实责任领导和具体责任人。要将"港湾计划"纳入年度人才工作目标责任制和基层党建工作述职评议的重要内容，严格考责问责，确保责任落实。

（三）保障资金投入。按照"政府引导、社会参与、金融支持"的方式，多渠道解决人才"港湾计划"的经费保障问题。加大人才工作财政投入力度，做到实施重大建设工程和项目时，统筹安排人才开发培养经费。发挥政府投入的引导作用，推动市县两级设立人才创新创业投资基金，吸引社会资本、风险投资进入人才科技创新领域。支持设立科技支行，鼓励金融机构对符合条件的高层次人才创业融资提供无需担保抵押的平价贷款。完善人才创业投资风险补偿机制，优化补偿比例、放宽条件设定，对人才创业的种子期、初创期科技型企业，符合条件的给予信用贷款和贷款担保支持。

（四）注重宣传引导。健全完善市县联动的宣传工作机制，加强政策解读和舆论宣传，让"港湾计划"深入人心。加强优秀人才和工作典型宣传，营造尊重人才、见贤思齐的社会环境，鼓励创新、宽容失败的工作环境，待遇适当、无后顾之忧的生活环境，公开平等、竞争择优的制度环境，推动各方面的人才尽展其长、各得其所。

本意见与我市此前出台的政策有重复、交叉的，按照从新、从优原则执行。

中共泉州市委
泉州市人民政府
2017年2月17日

中共江西省委
关于深化人才发展体制机制改革的实施意见

（赣发〔2017〕4号）

为深入贯彻习近平总书记系列重要讲话精神，全面落实《中共中央印发〈关于深化人才发展体制机制改革的意见〉的通知》（中发〔2016〕9号）精神，按照坚持党管人才、服务发展大局、突出市场导向、体现分类施策、扩大人才开放的基本原则，深入实施人才优先发展战略，加快推进人才发展体制机制改革，破除束缚人才发展的思想观念和体制机制障碍，最大限度地激发人才创新创造创业活力，为建设富裕美丽幸福江西提供强有力的人才支撑。现结合我省实际，提出如下实施意见。

一、改革人才管理体制

（一）加快转变政府人才管理职能。

1．纠正人才管理中存在的行政化、"官本位"倾向。推动人才管理部门简政放权，建立人才管理服务权力清单、责任清单，清理规范在人才招聘、评价、流动等环节中的行政审批和收费事项，消除对用人主体的过度干预。增强服务人才意识，完善问责机制，加强人才管理法制建设。尊重人才主体地位，防止人才管理服务中行政力量主导学术资源分配、主导教学科研人才评价使用和激励等，防止简单套用党政领导干部管理办法管理科研教学机构学术领导人员和专业人才。

2．创新人才编制管理方式。加快探索符合条件的公益二类事业单位实行编制备案制管理，率先在财政经费不与编制直接挂钩、有明确机构编制标准的高校和公立医院实行编制备案制试点，并及时推开。高层次人才或引进的特殊、急需、紧缺人才，由用人单位提出申请并经认定后，直接办理进人核编和上编手续。健全控编减编措施，调剂部分编制专项用于人才引进，探索建立转企改制事业单位拔尖人才编制管理新机制，为高层次人才流动提供编制保障。

3．健全教学科研人才因公临时出国（境）分类管理机制。根据高等院校、科研院所对外学术交流合作的实际需要，对教学科研人才因公出国（境）开展教育教学、科学研究、学术访问、出席重要国际学术会议以及执行国际学术组织履职任务等，实行有别于其他党政机关干部的审批制度。

（二）保障和落实用人主体自主权。

4．发挥用人主体在人才培养、引进和使用中的主导作用。全面保障和落实高等院校、科研院所、医疗卫生机构、国有企业等企事业单位和社会组织在岗位设置、人员配备、职称评聘、收入分配等方面的用人自主权。鼓励事业单位根据工作人员实绩和贡献，建立自主决定的绩效工资分配机制。鼓励用人主体采用年薪工资、协议工资、项目工资等方式引进或聘用海内外高层次人才，人才薪酬不受单位工资总额限制。

5．培育良好的学术环境。坚持学术自主，保障领衔科技专家享有更大的技术路线决策权、经费支配权和资源调动权。坚守学术诚信，弘扬学术道德和科研伦理，营造尊崇创新、鼓励探索、宽容失败、多元包容的学术氛围。

（三）加快推进人才服务市场化体系建设。

6．大力发展专业性行业性人才市场。实施更加开放的市场准入制度，积极培育和支持人才中介服务机构发展壮大，有序承接政府转移的人才培养、评价、流动、激励等职能。加大高端人才猎头引进培育力度，积极拓展境外市场化引才渠道。

7．做大做强人力资源服务产业。把人才服务业纳入现代服务业，通过加大政府采购和财税支持力度，做大做强一批综合实力强、专业化程度高、发展潜力大的人力资源服务企业。支持创建人力资源服务产业园。

（四）深入探索人才管理改革试验区建设。

8．继续推进省级人才管理改革试验区建设。鼓励试验区按照自身功能定位和发展方向，围绕人才引进培养、人才评价激励、搭建发展平台、推动科技成果转化、优化人才环境等方面，先行先试开展各具特色的人才管理改革实践，创造可复制、可推广的经验。

二、健全人才引进培养支持机制

（一）加快高端智力入赣。

9．突出引才工作重点。坚持把引进高层次人才作为加快创新驱动发展、推动产业转型升级的重要支撑，注重“高精尖缺”导向，切实加大高层次人才引进力度。以高端制造、生物工程、资源环境、新能源、新材料、集成电路等领域为重点，大力引进工程技术创新领军人才，特别是引进对接《中国制造2025》、实施“互联网+”行动计划以及发展我省重点战略性新兴产业和生态文明建设等急需紧缺人才，推动我省在关键核心技术和自主知识产权上实现突破。积极引进战略规划、风险评估、资本运作、产品设计、国际投资、国际金融机构管理和知识产权运营管理等领域高层次专门人才。注重引进教育、卫生、文化、社会科学研究等领域具有较高学术造诣或丰富实践经验的优秀人才。坚持以用为本，刚性引才和柔性引才并重，建立引进人才目录，健全分析研判机制，增强引进人才工作的针对性。

10．推进重大引才引智计划。发挥重大引才工程的高端引领作用，多形式、多维度、多领域实施各类人才引进计划，吸引和集聚各类优秀人才。积极对接国家“千人计划”等重大引才工程，调整完善我省创新创业人才引进计划、高端人才柔性特聘计划，制定实施“赣籍人才回乡创新创业计划”，大力引进具有推动重大技术革新能力的科技领军人才。研究制定加强引进海外人才工作的实施意见，鼓励支持各地各单位实施各具特色的引进海外人才项目，从注重引进国外智力向引进外国人才转变。对有助于解决长期困扰我省关键技术、核心部件难题的海外人才，开辟特殊引进渠道，实行特殊支持政策，实现精准引进。在海外人才引进中开展知识产权评议，规避知识产权风险，有效利用知识产权信息发现和引进海外人才。

11．拓宽高层次人才引进渠道。积极搭建院士工作站、博士后科研工作（流动）站、海智工作站等载体，依托高等院校、科研院所、干部学院、医疗卫生机构、园区、企业等加强引才基地建设，举办“海外人才江西行”“海智慧赣鄱”等活动，加快打造引才聚才国际合作平台。发挥外事、侨务、外专、商务、海外人才服务机构等渠道作用，建立海外联络机构协同运行机制。建立海外人才智力信息服务平台。支持有条件的企业和单位在境外设立研发中心、分支机构、孵化载体和产业化基地等，支持企业并购海外研发中心、实验基地、研发型公司，就地吸引使用海外人才。深化省校（院）战略合作，健全省校（院）合作联席会议机制，围绕提供战略咨询与智力服务、开展科技项目联合攻关、推进科技成果转移转化、搭建创新合作平台、加强人才培养等方面，加快形成全方位、多层次、宽领域的交流与合作。充分利用省外相关高等院校、科研院所的人才、技术、科技成果等方面的优势，加强人才培养与合作交流，吸引更多优秀人才服务我省经济社会发展。

12．实施极具竞争力的引才政策。推行更积极、更开放、更有效的人才引进政策，对引进的院士给予1000万元的项目资助和300万元安家费，配备工作助手和工作用车。对引进的国家“千人计划”专家，给予500万元到1000万元的创新创业项目资助；对引进的国家杰出青年科学基金获得者、教育部“长江学者奖励计划”特聘教授、中科院“百人计划”A类人选，优先入选我省“院士后备人选支持计划”，给予300万元到500万元的项目经费支持。其中，自带高水平科研成果来赣转化的，再给予50万元到100万元的转化项目资助。对我省重点产业发展能够产生重大影响、具有重大经济社会生态效益的国际一流或顶尖人才团队的引进，实行“特事特办、一人一策”，并通过项目资助、创业扶持、股权投资、贷款贴息等方式给予综合资助。高等院校、科研院所、公立医院在引进“高精尖缺”专业技术人才时，可设置特设岗位，不受岗位总量、岗位等级和结构比例限制。对企业引进急需紧缺高层次人才所支付的一次性住房补贴、安家费、科研启动经费等费用，可按规定据实在计算企业所得税前扣除。鼓励用人单位对高层次人才实施股权、期权和职业年金等中长期激励。鼓励柔性引才，柔性引进的高层次人才在赣工作生活期间，在科技项目立项、科技成果奖励等方面享受我省同类人员待遇。用人单位柔性引进高层次人才所支付的奖励和劳务报酬，可按规定在单位成本中税前列支。研究制定引才激励办法，对在推荐引进高层次人才工作中作出突出贡献的用人单位、中介机构、社会组织和个人给予奖励。用人单位引进院士及“千人计划”等国家重大人才工程入选人员、享受国务院特殊津贴的专家，视贡献情况给予20万元到100万元的引才奖励。国有企业引才专项投入成本列入业绩考核特殊事项管理清单，可视为当年利润考核。

13. 优化对引进的海外人才配套服务。健全海外人才创新创业利益回报机制，加强对海外人才在项目申请、成果推广、融资服务等方面的支持。支持海外人才领衔承担省级科技计划（项目）。探索海外高层次人才担任新型科研机构事业单位法人代表的制度。放宽外国留学生在赣工作限制，允许获得学位的优秀研究生毕业后直接在赣工作，逐步完善留学生实习居留、工作居留和创新创业奖励制度。逐步建立与国际接轨的保障机制，切实解决引进人才在任职、社会保障、户籍、子女教育、住房等方面的问题。对来赣工作的海外高层次人才，在办理签证、居留或永久居留等方面提供优质服务，限时办结。为外籍人才提供医疗便利，鼓励符合条件的医院、诊疗中心与国内外保险公司合作，加入国际医疗保险直付网络系统。试点普通中小学特别是外国语学校、民办学校开设专门招收外籍人员子女的国际班。

（二）加大人才培养力度。

14. 实施重大人才工程。创新实施“赣鄱英才555工程”，加快推进院士后备人选支持计划、青年拔尖人才培养计划、优秀创新团队支持计划、支持优秀人才团队科研成果转化计划等。统筹推进各类重大人才项目，深入实施省“百千万人才工程”“井冈学者”特聘教授奖励计划、全省宣传思想文化系统“四个一批”人才工程、江西省文化名家工程、“江西省国医名师”等，培养一批具有发展潜力的高端人才。

15. 加快培养科技领军人才。着力实施创新驱动“5511”工程，重点聚焦航空制造、半导体照明、生物和新医药、新一代信息技术、新材料、新能源、节能环保等战略性新兴产业和优势产业，加快培养一批能够突破关键技术、发展高新产业、带动新兴学科的科技领军人才，提升自主创新能力和竞争力。对接国家“万人计划”，创新支持政策和支持方式，培养一批国家级创新人才和团队。

16. 优化企业家成长环境。建立有利于企业家参与创新决策、凝聚创新人才、整合创新资源的新机制，定期组织优秀高层次企业家参与全省战略决策对话咨询等活动。建立优秀企业家人才库，依托知名高等院校、科研院所及跨国公司、国家级园区、国内外知名培训机构，建立创新型企业家培养基地，实施开放式、个性化、精准化的培训，重点培养高新技术企业、高成长性企业的主要负责人。增加各类人才奖项中创新型企业家的评选名额，培养推荐一批思想政治强、行业代表性强、参政议政能力强、社会信誉好的民营企业家进入工商联。依法保护企业家财产权和创新收益，进一步营造尊重、关怀、宽容、支持企业家的社会文化环境，激发企业家的创业精神。健全完善职业经理人制度，合理提高国有企业经营管理人才市场化选聘比例，选择有条件的企业对经营层实行市场化、契约化管理。

17. 大力培养“赣鄱工匠”。大力发展职业教育，推动公办、民办职业教育培训共同发展，开展校（院）企联合培养试点，加快培养支撑中国制造、中国创造的技术技能人才队伍。实施“技兴赣鄱”专项行动，建设一批高水平职业技术院校，推进技能人才培训基地建设，举办职业技能竞赛，激发“工匠精神”。研究制定技术技能人才激励办法，不断提高技术技能人才经济待遇和社会地位。鼓励企业建立首席技师制度，试行年薪制和股权制、期权制。健全以职业农民为主体的农村实用人才培养机制，大力培养农业技术推广人才。

18. 抓紧培养青年优秀人才。打破常规，不论资排辈、不求全责备，促进青年优秀人才脱颖而出。在省级人才工程项目中设立青年专项或向青年人才倾斜，通过导师引导与跟踪培养相结合、国内培养和国际交流合作相结合等方式，加强对青年优秀人才的培养。实施好省“青年拔尖人才培养计划”“青年井冈学者”“杰出青年人才资助计划”“青年俊才开发计划”等。对入选省“青年拔尖人才培养计划”的，给予20万元到50万元的项目经费资助，在职称评审和岗位聘任时优先考虑，择优推荐到省重点实验室、工程技术研究中心、院士工作站、重点科研基地、重点建设学科等科研机构工作并担任相应职务。

三、创新人才评价激励机制

（一）改革人才评价考核制度。

19. 完善人才评价标准。克服“唯学历、唯职称、唯论文”等倾向，坚持德才兼备，根据岗位特点，突出能力、业绩和贡献导向，分类制定评价标准。对基础研究人才，突出学术、技术水平的同行评价；对应用研究和开发型人才，强化创新创造业绩贡献评价，注重创新能力、创新成果、产学研结合等；对科技成果转化型人才，突出转化的效益效果评价，注重产值、利润等经济效益和吸纳就业、技术普及、节约资源、保护环境等社会效益；对哲学社会科学人才，强调社会评价。

20. 推进人才评价社会化。发挥政府、市场、专业组织、用人单位等多元评价主体作用，灵活使用同行评价、客户评价以及社会评价等方式，鼓励支持更多的学会、行业协会、专业人才评价机构等社会组织承担人才评价的服务工作。逐渐弱化政府对科研机构的申报式评估，推行第三方的非干扰式评估。加强评审专家数据库建设，建立评价责任和信誉制度。

21. 科学确定人才评价周期。根据科研活动类别和学科特征，合理确定从事基础研究的科研人才评价周期。弱化中短期目标考核。适当延长优秀青年人才评价周期，让人才集中精力投入科研活动。鼓励用人单位建立和实施免考评制度，对优秀科研人才一定周期内不考评科研工作量和成果情况。

（二）完善职称评聘制度。

22. 合理下放职称评审权限。突出用人主体的主导作用，扩大用人单位职称评审自主权。对专业技术人员集中、条件成熟的高等院校、科研院所、医疗卫生机构、国有企业、高新技术企业下放职称评审权限，探索自主评审机制，自行制定不低于全省通用标准的职称评价标准，自主开展职称评审工作。

23．有效缓解评聘矛盾问题。根据用人单位所在行业、职业、岗位特点和单位属性，合理确定职称评审与聘用的衔接关系，促进人才优化配置。积极探索建立与岗位管理制度相衔接的职称评审制度，逐步放宽岗位职数控制比例限制，实行评后即聘、动态管理。深化卫生高级职称评审改革，全面推进中小学教师职称制度改革。制定事业单位岗位动态管理指导意见，建立岗位动态调整机制，推进岗位管理职级晋升改革。

24．创新职称评审机制。完善职称评审公开制度，实行政策公开、标准公开、程序公开、结果公开。清理减少准入类职业资格并严格管理，推进水平类职业资格评价市场化、社会化。放宽急需紧缺人才职业资格准入。对职称外语和计算机应用能力考试不作统一要求，由用人主体根据研究领域和岗位特点确定评价依据。对广泛分布在各类企业和社会经济组织中的新兴职业职称系列，实行评聘分开。

25．开辟高层次人才、急需紧缺人才职称评审和聘任“绿色通道”。完善突出贡献人才高级专业技术资格评聘办法，向企业和科研一线创新创业人才倾斜，有突出贡献人才可不受学历、资历、论文等限制，直接审定高级专业技术资格。对回国工作、符合条件的海外高层次留学人才，其国外专业工作经历、学术或专业技术贡献可作为评聘高级专业技术职务的依据。

（三）完善科研经费管理办法。

26．推进财政科研项目资金管理改革。按照中央关于进一步加强财政科研项目资金管理等政策的要求，加快推进我省科研项目资金管理改革。对不同功能和资金来源的科研项目实行分类管理，在绩效评价的基础上，加大对科研人员的绩效激励力度。完善科研项目资金和成果管理制度，对目标明确的应用型科研逐步实行合同制管理。赋予财政科研项目承担单位对间接经费的统筹使用权，取消绩效支出比例限制。劳务费用预算不设比例限制，由项目承担单位和科研人员据实编制。结转结余资金可按规定结转下年继续使用。高等院校和科研院所可根据科研工作需要，合理制定科研人员差旅费管理办法，可根据学术会议的性质确定会议规模和经费标准。下放预算调剂权限，在项目总预算不变的情况下，将部分直接费用的预算调剂权下放给项目承担单位。简化科研仪器设备采购管理，高等院校、科研院所可按照《政府采购法》有关规定，自行采购科研仪器设备和选择评审专家。横向课题经费纳入单位财务统一管理，其具体支配和安排，依据合作双方约定，实行课题组长全权负责制。对科研人员承担来自于市场的横向科研项目与来自于政府的纵向科研项目，在职称评聘、业绩考核、科技奖励等方面同等对待。

27．加大科研经费支持力度。根据实际需求，对基础研究和公益性强的共性技术领域研究，给予长期稳定的财政资金支持，为科研创新人才潜心研究和自由探索创造条件。对前沿和高新技术领域研究，建立政府资助、竞争性项目经费资助、对外技术服务收益资助等多元投入机制。提高科研项目立项、评审、验收科学化水平，建立和完善“企业出题、协同攻关、市场验收、政府补助”的科技项目立项与事后奖励支持机制。

（四）实施科技创新激励。

28．保障人才合理分享创新收益。积极推进以增加知识价值为导向的分配政策实施，鼓励科技创新人才成果转化后“一朝致富”，在全社会形成既充满活力又规范有序的正向激励。高等院校、科研院所科技成果转移转化净收入用于人员奖励的支出部分，不纳入单位绩效工资总额，对在研究开发和科技成果转移转化中作出主要贡献的人员，获得奖励的份额不低于奖励总额的50%。建立绩效工资稳定增长机制，加大对作出突出贡献科研人员和创新团队的奖励力度，提高科研人员科技成果转化收益分享比例。

29．健全国有企业创新激励机制。按照深化国有企业负责人薪酬制度改革的总体部署，研究制定国有企业人才股权期权激励政策，对不适宜实行股权期权激励的采取其他激励措施。鼓励国有科技创新型企业对重要科研人员和管理人员实施股权和分红激励，建立员工持股制度，调动科研人员和管理人员创新创业积极性。企业实施分红激励所需支出计入工资总额，但不受当年本单位工资总额限制、不纳入本单位工资总额基数，不作为企业职工教育经费、工会经费、社会保险费、补充养老及补充医疗保险费、住房公积金等的计提依据。

（五）健全人才荣誉激励机制。

30．完善人才奖励体系。健全优秀人才奖励制度，建立以政府奖励为导向、单位奖励为主体、社会奖励为补充的多层次人才奖励体系。支持人才积极参加本行业、本专业国际或国家荣誉奖项评选。优化“江西省突出贡献人才”“省政府特殊津贴”“庐山友谊奖”等人才荣誉表彰项目，对在产业发展与自主创新方面作出突出贡献的人才给予奖励。

31．提升优秀人才的社会影响力。大力宣传优秀人才的先进事迹，营造鼓励人才投入创新创业、充分发挥作用的良好氛围。进一步提高优秀人才的经济待遇、社会地位和政治待遇，注重在优秀人才中发展党员、评选劳模、推荐人大代表候选人和政协委员。

四、创新科技成果转化支持机制

（一）优化人才创新创业生态环境。

32．加快建立人才、技术、资本等创新要素融合机制。健全产业技术政策和管理制度，营造公平竞争、开放透明的市场环境，严格知识产权保护，激发科技人员创新活力和创造潜能，加快科技成果向现实生产力转化。支持人才开展技术创新、商业模式创新和管理创新，培育新兴业态，支持高层次人才开展跨界融合创新。

33．大力培育众创空间。围绕我省产业转型升级需要，鼓励行业领军企业、创业投资机构、社会组织参与众创空间建设。支持高等院校、科研院所、企业建立“创业咖啡”“创新工场”“创新创业实验室”等各种形式的“双创”平台。采取“一站式”受理、网上申报、三证合一等措施，为创业企业市场准入提供便利。对入驻众创空间的企业、个人在众创空间创新创业发生的房租等费用实行补贴，支持众创空间建设，加大政府购买创新创业服务的力度。

（二）鼓励高等院校、科研院所自主转移转化科技成果。

34. 建立市场化的创新成果利益分配机制。高等院校、科研院所科技成果的使用、处置和收益分配可自主确定，除涉及国家秘密、国家安全外，不需审批或者备案。转移转化科技成果所获得的收入不上缴国库，全部留归单位，纳入部门预算管理。以科技成果作价入股的企业，放宽股权奖励、股权出售对企业设立年限和盈利水平的限制。

35. 健全推动科技成果转化的财税金融保障体系。加大财政资金投入，引导产业资本、金融资本共同组成多种类型基金，重点服务种子期、初创期企业发展，形成对参与科技成果转化的人才及所在企业的金融支持体系。拓宽人才创新创业投融资渠道，每年从省级人才发展专项资金中安排资金作为人才创新创业引导基金，重点支持一批优秀人才开展科技成果转化。鼓励天使投资、风险投资、商业银行等机构开展股、债、贷相结合的融资产品与服务，缓解人才创业初期融资难题。积极落实国家有关支持个人和机构开展天使投资的税收优惠政策。

（三）支持高等院校、科研院所科技人员创新创业。

36. 支持科研人员离岗创业。建立简便高效和规范的科技人员离岗创新创业的审批方式，保障离岗创新创业科技人员离岗期间在原单位保留人事关系、职称评聘、岗位等级晋升和社保承续等方面的权利。

37. 鼓励科研人员在岗创业。鼓励高等院校、科研院所在编在岗科技人员在按要求完成岗位职责任务的前提下，依法利用本人及所在研发团队的科技成果或技术专长开展在岗创新创业，自行合法创设与本人研究方向一致的相关企业或机构，也可经所在单位同意，在科技型企业从事与本人研究方向一致的兼职并按规定取得报酬。允许高校教师从事多点教学获得合法收入。

五、健全人才向艰苦边远地区和基层一线流动机制

（一）完善人才流动政策。

38. 提升艰苦边远地区和基层一线人才保障水平。对艰苦边远地区和县以下事业单位招聘，适当放宽学历、专业和年龄条件，降低准入门槛，允许部分职位面向本市、县（市、区）户籍人员定向招考。对艰苦边远地区急需引进的高层次、短缺专业人才，可以采取面试、组织考察等方式公开招聘。鼓励基层企事业单位实行灵活的人才薪酬制度吸引人才，落实农村艰苦边远地区津贴正常增长机制，对条件艰苦偏远乡镇基层一线人才进一步倾斜，帮助解决住房、就医、子女教育、配偶就业等问题。放宽基层一线专业技术人员职称评聘条件。全面推行中小学教师“县管校聘”管理改革。在评选突出贡献人才、劳动模范、享受政府特殊津贴专家等人才表彰项目时，适当向基层倾斜或实行名额单列。

39. 优化人才流动的配套服务。研究制定与聘用制度和岗位管理制度相配套的人才流动管理办法，完善机关和基层、公有制和非公有制人员流动手续的转接办法，健全人才向基层一线流动的社会保障体系和社会保险衔接机制。对到艰苦边远地区和基层一线工作或就业的人才，实行来去自由的落户政策，并享受免费的人事代理服务。探索建立人才居住证制度。做好从服务期满、考核合格的“三支一扶”、大学生村官、“西部计划”志愿者、农村特岗教师等服务基层项目人员中考录公务员的工作。探索建立和实施人才服务基层“奖励积分制”，建立智力帮扶长效机制。

（二）搭建人才基层服务载体。

40. 实施人才定向培养计划。深入实施“三区”人才支持计划，加大选派科技、教育、文化、卫生、社会工作等公共服务领域的优秀人才到艰苦边远地区和基层一线服务的力度。积极培养本土人才，加大免费师范生、免费医学生、全科医师等基层急需人才的培养力度，推进“定向培养乡村教师计划”“农村订单定向医学生免费培养项目”“一村一名大学生工程”等人才项目的有效实施。

41. 积极推进对口合作项目。鼓励和支持开展县（企）校（院）合作，创新合作项目和方式。围绕省市重大发展战略，因地制宜引导重大科技项目向基层一线和艰苦边远地区布局，鼓励高层次人才带项目、带资金到基层一线和艰苦边远地区创业。落实各项优惠政策和支持措施，推进选派博士服务团、科技副职、科技特派团、卫生人才服务团和专家咨询服务等活动。

42. 探索设立基层科研工作机构。鼓励和支持省属高等院校、科研院所在县（市、区）、工业园区、企业或有条件的乡镇设立科研工作院（站、所、中心）等，围绕当地主导产业和特色产业发展，开展人才培养、项目合作和成果转化等。定期派出专家开展技术服务，发挥专业优势，服务基层一线。

六、优化人才服务保障机制

（一）提升人才服务水平。

43. 建立“一站式”服务平台。建设省高层次人才服务窗口，“一站式”受理高层次人才的服务申请。实施“江西省高层次人才服务卡”制度，高层次人才凭卡享受《江西省高层次人才引进实施办法》等文件中明确的相关优惠，同时可在指定时间段内，在赣以优惠协议价格游览指定景区、入住指定酒店。

44. 解决人才后顾之忧。加强人才公寓建设，优先解决引进人才的过渡性住房问题。支持用人单位通过提供房贷贴息、房租补贴等形式解决人才住房困难。完善高层次人才医疗保健待遇，在全省三级甲等医院开通“绿色通道”，提供体检、就医等优质服务。支持人才购买相关商业医疗保险。为高层次人才子女入学提供便利，经认定为优秀高层次人才的子女就读义务教育阶段和高中阶段学校不受户籍限制，自主择校。

（二）加强对人才工作的领导。

45. 健全党管人才工作体系。坚持人才优先发展，健全党委统一领导，组织部门牵头抓总，有关部门各司其职、密切配合，社会力量发挥重要作用的人才工作新格局。健全人才领导机构，配强工作力量，将行业、领域人才队伍建设列入相关职能部门“三定”方案。完善人才发展投入机制，优化财政支出结构，加大人才开发投入力度。建立各级党政领导班子和领导干部人才工作目标责任制，将考核结果作为领导班子评优、干部评价、绩效考评的重要依据。将人才工作列为落实党建工作责任制情况述职的重要内容。

46．加强对人才的政治引领和政治吸纳。健全党委联系专家工作机制，建立党政领导干部直接联系人才制度。充分利用“红色”优势，加强对人才的国情、党情、省情教育，增强人才自觉服务江西发展大局的认同感和凝聚力。健全专家决策咨询制度，推进江西特色新型智库建设。

各级党委和政府要切实增强责任感、使命感，推进人才工作体制机制创新，确保各项改革任务落到实处。鼓励支持各地各单位因地制宜，制定实施细则或配套政策，开展差别化改革探索。对基层因地制宜的改革探索建立容错机制。相关职能单位要加强指导监督，抓紧制定任务分工方案，明确各项改革任务的进度安排，切实抓好落实。

中共江西省委

2017年1月13日

中共山东省委 山东省人民政府
关于做好人才支撑新旧动能转换工作的意见

（鲁发〔2017〕26号）

人才是实现民族振兴、赢得国际竞争主动的战略资源。为深入学习贯彻党的十九大精神，落实省第十一次党代会部署要求，进一步强化创新驱动，加快新旧动能转换，推进供给侧结构性改革，开创经济文化强省建设新局面，现就做好人才支撑新旧动能转换工作，提出如下意见。

一、总体要求

以马克思列宁主义、毛泽东思想、邓小平理论、“三个代表”重要思想、科学发展观、习近平新时代中国特色社会主义思想为指导，全面落实习近平总书记视察山东重要讲话、重要指示批示精神，紧紧围绕“五位一体”总体布局和“四个全面”战略布局，牢牢把握走在前列的目标定位，坚持党管人才原则，聚天下英才而用之。加快建设人才强省，改革创新适应人才成长规律、激发人才发展活力的体制机制，实行更加积极、更加开放、更加有效的人才政策，着力搭建发挥人才作用、实现人才价值的事业平台，全面营造人人渴望成才、人人努力成才、人人皆可成才、人人尽展其才的生态环境，让各类优秀人才引得进、留得住、用得好。充分发挥人才对新旧动能转换的支撑引领作用，以人才优势打造创新优势、产业优势、发展优势，为加快山东由大到强战略性转变，实现创新发展、持续发展、领先发展提供坚强的人才保障和智力支持。

二、实施更加精准聚焦的人才工程

1．对接新旧动能转换重点产业升级泰山人才工程。调整泰山学者、泰山产业领军人才工程支持范围，聚焦新技术、新产业、新业态、新模式，围绕高端装备制造、高端化工、信息、能源原材料、海洋经济、现代农业、文化、医养健康、旅游、现代金融等新旧动能转换重点产业发展和现代管理需要，面向海内外集中遴选一批“高精尖缺”人才。增加青年人才和创业人才支持数量。单设海外引才名额，对具有国际一流水平、创新能力和工作业绩特别突出的急需紧缺人才，放宽年龄、学历、职称、获奖情况等条件，吸引更多人才来鲁创新创业。优化泰山人才工程现行经费结构，建立更加符合人才成长规律和市场规律的创新创业资助模式。调整泰山产业领军人才科技创业类遴选程序和支持方式，每年面向海内外举办“创业齐鲁·共赢未来”高层次人才创业大赛，将各类拥有优质创业项目的高层次人才纳入支持范围。

2．集中资源引进顶尖人才团队。对接新旧动能转换重大工程重点行业领域人才需求，按照“领军人才+创新团队+优质项目（优势学科）”模式，面向全球“一事一议”引进顶尖人才团队，给予最高5000万元的综合资助或6000万元的直投股权投资支持，符合条件的团队核心成员可全部入选泰山人才工程。赋予高等学校、科研院所国家“千人计划”“万人计划”专家和泰山学者组建团队自主权，团队成员可采取考察的方式公开招聘。

三、建立更加开放灵活的引才用才机制

3．做大做强引才工作品牌。打造“齐鲁之约”海外引才活动品牌，省人才工作领导小组每年统筹各市、各成员单位海外招才引智活动，制定年度出访引才专项计划，外事部门统一调配、积极保障。对纳入专项计划的团组赴国（境）外对接的“高精尖缺”人才，符合条件的，经评估认定可直接入选泰山人才工程。深化“中国山东海内外高端人才交流会”活动品牌，推行“多元化、专业化、精准化、高端化”办会模式，建立海内外人才常态化引介平台。提升“山东一名校人才直通车”活动品牌，每年以省委、省政府名义组织不少于5次知名高校集中招聘活动，扩大组织规模，优化招聘方式方法，急需紧缺人才可按照有关规定采取考察的方式公开招聘。

4．更大力度柔性用才。围绕新旧动能转换重大工程，强化院士工作站集聚人才和创新项目措施，确保每个工作站至少有1个院士领衔的创新项目在山东落地转化。在高等学校、科研院所、重点企业、园区设立一批“千人计划”专家工作站，柔性吸引国家“千人计划”专家来我省开展创新研究。建设一批省级专家服务基地，吸引专家开展多种形式的服务活动。围绕加快推动农业“新六产”发展，新建一批新动能产业技术体系创新团队。鼓励有条件的高等学校、科研院所在海外建立办学机构、科研机构，鼓励企业建立海外离岸研发中心和孵化基地，对其中全职工作的高层次人才视同在鲁工作，可单独申报省级人才工程或作为项目负责人申报科研项目。研究制定吸引高层次人才到县域挂任科技副职的激励措施，完善跟踪培养机制，拓展基层借智借力渠道。鼓励各地各用人单位通过薪酬补贴、项目资助、生活补助等方式，柔性引进、灵活使用“海外工程师”“候鸟专家”“双休人才”。

5．实施“齐鲁英才汇聚计划”，创新编制人事管理延揽急需人才。绘制“齐鲁英才地图”，掌握山东籍或曾在山东学习、工作过的各领域标志性人才分布情况，推动各级各部门（单位）定期联系走访，广泛开展推介活动，吸引在外人才回鲁创新创业。发挥群团组织和欧美同学会、高层次人才发展促进会、校友会、商会等组织自身优势，广泛联系人才、引进人才。统筹海内外人才联络资源，依托省政府及相关部门（单位）驻境外、省外机构建设人才工作站，加强招才引智工作。指导各市研究制定支持驻鲁高等学校及山东籍毕业生留鲁（回鲁）创新创业的政策措施，吸引更多青年人才扎根齐鲁、服务山东。

支持省属事业单位按照不超过本单位主系列专业技术岗位总数5%的比例，设置特设岗位专门引进急需紧缺人才，不受岗位总量、岗位等级、结构比例限制。国有企事业单位可采取项目工资、协议工资、年薪制等灵活多样的分配方式，为高层次人才及其团队合理确定薪酬，其中，事业单位高层次人才及其团队实行项目工资、协议工资、年薪制的薪酬总额，在核定绩效工资总量时单列，不作为单位绩效工资总量基数；科研成果转化获得的股权、期权及分红激励，不纳入绩效工资管理。对知识技术密集、高层次人才集中的事业单位，核定绩效工资总量时可给予适当倾斜。支持地方政府与高等学校、科研院所加强人才引进与培养方面的合作，推行“政府搭平台、院校引人才、双方共用才”模式，实现人才联合引进和共享使用。鼓励有条件的市采取灵活方式，妥善解决引进的高层次人才在身份编制、职称评聘、社会保障等方面的后顾之忧，畅通人才在不同体制间的流动通道。

四、健全更加实用有效的人才培养开发模式

6．实施“新工科优先发展计划”。对接新旧动能转换重点领域需求，结合“高水平应用型重点专业（群）”建设，鼓励高等学校推动现有传统工科专业改造升级，加强高端化工、高端装备制造、能源原材料、人工智能、智能制造等领域的新兴交叉专业建设，支持地方政府、高等学校、科研院所与国内外高水平工科大学、科研机构、领军企业共建一批新工科特色专业、先进技术研究院等，力争通过5—10年时间，全省直接面向新技术、新产业、新业态、新模式的新兴工科专业比例达到40%以上。省财政结合相关资金，对新工科专业课程开发、师资培育、实训基地建设等给予重点保障。

7．实施“青年人才国际化培养计划”。围绕新旧动能转换重点领域，每年资助相关专业100名左右在读博士研究生出国研修、100名左右在读博士研究生参加国际学术交流会议。鼓励企业与省内外高等学校深入合作，采取委托培养、定向资助等方式，支持在校学生出国研修。加大省政府公派出国留学资助力度，每年资助500名左右优秀中青年骨干教师（研究人员）、科技工作者、医务工作者以及企业经营管理人员等到国（境）外进修。鼓励杰出青年科技人才牵头承办国际学术交流会议，根据有关规定适当放宽对会议规模、数量等方面的限制。支持我省青年科学家牵头组织、参与国际大科学工程，在国际学术组织担任职务。

8．实施“企业家发展领航计划”。依托企业家队伍建设“111”工程，加强企业战略管理、商业模式与市场开拓、资本市场与投融资等方面培训。加强青年企业家接力培养，整合领军企业、知名高等学校和创业成功人士资源，建立山东省企业家培育中心，每年选拔100名以上优秀青年企业家进入中心培养锻炼、100名以上优秀青年企业家到世界500强企业总部实践学习。打造“天下鲁商”系列高峰论坛，分领域建立常态化、多形式“政产学研金服用”对话交流机制，促进企业与各类创新要素深入对接。

9．实施“企业博士（后）集聚计划”。对省内企业博士后科研工作站新招收的国内重点高等学校或在国际公认的三大世界大学排名体系中排在前200名高校的博士毕业生入站进行博士后研究的，省财政给予每人每年5万元生活补贴，最长补贴3年，出站后留鲁工作并签订5年以上劳动合同的，省财政给予每人15万元一次性生活补贴。实施“千名博士进企业”行动，利用5年时间，每年从高等学校、科研机构选派200名左右青年博士到企业挂职服务，支持双方联合申报省级各类科技项目、联合转化科研成果；挂职期间的发明专利应用情况和横向课题可作为职称评聘的重要指标。

10．实施“高技能人才素质提升计划”。加快建设知识型、技能型、创新型劳动者大军，大力弘扬劳模精神和工匠精神。围绕新旧动能转换重点领域，每年选派100名优秀高技能人才赴制造业强国和“一带一路”沿线国家进行技能研修学习。提升“金蓝领”培训项目质量，加大企业后备技能人才培养力度，稳步扩大现代学徒制、企业新型学徒制试点范围。打通高技能人才与工程技术人才职业发展通道，高技能人才可参加工程系列专业技术人才职称评审。鼓励企业建立高技能人才岗位津贴制度，企业发放高技能人才岗位津贴，按照国家现行税收政策规定予以税前扣除。建立技能大赛研究机构，建设一批高水平的国家级和省级技能大赛集训基地，推动职业教育、企业生产对接国际标准。

11．实施“哲学社会科学优秀人才培养计划”。落实中央关于加快构建中国特色哲学社会科学的有关要求，支持造就10名左右大家名家、100名左右学科带头人、1000名左右中青年学术骨干，建设学科齐全、梯队衔接的哲学社会科学人才队伍。鼓励省属高等学校、社科研究机构加快集聚高层次人才，对引进培养的国家“万人计划”、长江学者中的哲学社会科学人才，省财政给予每人50万元经费支持。依托省级人才工程加大支持力度，齐鲁文化名家、齐鲁文化英才中哲学社会科学人才比例提升到25%以上。完善实践锻炼机制，分期分批推荐高等学校、研究机构的哲学社会科学人才到党政机关、基层一线挂职。

五、打造更具生机活力的创新创业载体

12．建设各具特色的人才聚集区。支持济南、青岛、烟台三市在外籍人才来华工作许可、永久居留办理、出入境办理、执业资格认证、专业技术职务评聘等方面加大工作创新力度，加快建设国际人才集聚高地。落实《关于支持省级人才改革试验区建设的若干政策》，加快推进济莱协作区、青岛西海岸新区、济宁市、德州鲁北等人才改革试验区建设，逐步扩大人才改革试验区试点范围，加快山东半岛自主创新示范区、黄河三角洲农业高新技术产业示范区人才体制机制创新，探索更多可复制可推广经验。支持建设10个左右产业优势突出、人才特色鲜明的产才融合发展园区，在省级人才工程、科技与产业项目、创新平台、重大活动等方面倾斜支持。支持各地建设人力资源服务产业园，引进海内外知名猎头公司等人力资源服务机构。支持青岛国际院士港建设，建立省、市、区三级联动机制，集中优势资源打造院士集聚高地。对入港开展技术研发、产学研合作、人才联合培养的“两院”院士及发达国家院士给予我省聘任院士待遇。定期举办山东国际院士交流合作活动，推动院士科研成果在全省范围转化。

13. 加快培育新型研发机构。出台支持新型研发机构发展的具体办法，鼓励地方政府、产业园区、骨干企业联合国内外一流高等学校、科研院所组建具有独立法人资格的新型研发机构，在政府项目承担、创新平台建设、职称评审、人才引进、建设用地、投融资等方面给予科研事业单位同等资格待遇。支持高等学校、科研院所人员到新型研发机构兼职，其工作业绩作为岗位考核的重要内容，发明专利应用情况及技术转让取得的经济社会效益作为职称评聘的重要指标。大力推进产业创新中心、制造业创新中心、技术创新中心、技术转移中心建设，带动上下游产业人才、技术、标准、信息等创新要素整合。

六、营造更具竞争力的人才生态环境

14. 加大人才财政金融扶持力度。充分发挥财政资金的杠杆作用，鼓励新旧动能转换基金支持高层次人才创新创业项目。政府投资基金对人才创新创业项目进行风险投资，符合规定条件、标准和程序，但投资项目未达到预期发展效果，相关负责人在勤勉尽职、没有牟取非法利益的前提下，免除其决策责任。推动金融机构开发“人才贷”等产品，与风险投资、天使资本投贷联动，为人才初创企业提供知识产权质押、股权质押等金融服务。支持政府性融资担保公司对省级以上人才工程入选者优先提供贷款担保，并适当降低担保费用。留学人员在我省创办的小微企业，可申请最高额度300万元的创业担保贷款，本人可申请最高额度10万元的创业担保贷款。

15. 实施人才安居工程。支持各地通过新建、购买、租赁人才公寓以及发放住房补贴等形式，多渠道解决人才居住需求。支持人才集聚的企事业单位、产业园区利用自用存量工业用地，在符合相关规划前提下，建设人才公寓（单位租赁住房）等配套服务设施，建筑面积占项目总建筑面积的比例由7%提高到不超过15%。择业期（毕业3年内）来鲁工作的博士在省内购买首套房的，住房公积金管理机构在贷款额度方面，可给予其适度政策优惠，具体办法由各市根据当地实际制定。降低柔性引进人才在鲁购房门槛，来鲁开展项目合作的省级以上人才工程入选者在购买省内首套住房时，享有本地户籍人员同等待遇。

16. 提升人才精细化服务水平。将山东省引进高层次高技能人才服务绿色通道服务范围，扩大到所有符合条件的引进及培养人才。建立高层次人才服务专员制度，为国家“千人计划”“万人计划”专家、泰山人才工程人选、“外专双百计划”专家等，每人配备1名服务专员，提供政策咨询、手续代办、待遇落实等服务。多途径解决海外归国高层次人才子女就学需求，子女选择当地中小学（幼儿园）就读的，由当地教育部门按规定优先为其协调办理入学手续，享受当地学生同等待遇。鼓励各市研究制定政策措施，吸引社会资本建设外籍人员子女学校，丰富海外归国高层次人才子女教育服务渠道。支持符合条件的医院、诊疗中心加入国际医疗保险直付网络系统，在三级甲等医院特需门诊为外籍人才提供预约诊疗和外语服务。按规定将海外归国高层次人才及紧缺人才纳入本地养老保险体系，鼓励企业为其缴纳年金和补充商业保险。

17. 健全人才荣誉制度。申请设立“齐鲁杰出人才奖”，表彰奖励为我省经济社会发展作出卓越贡献的人才。完善省、市、县三级党委联系服务专家工作体系，加强对人才的教育培训，强化政治引领和政治吸纳，增强广大人才的认同感和向心力。积极推荐政治素质好、参政议政能力强的创新创业人才作为各级党代会代表、人大代表、政协委员人选，优先推荐为各级优秀共产党员、劳动模范等。进一步加强党外知识分子工作，注重从高知识群体中发展党员。获得省科学技术最高奖人员授予省劳动模范或者省先进工作者荣誉称号。健全完善企业家表彰奖励机制，提升企业家社会地位。

七、加强组织领导

18. 建立统筹协调推进机制。在省委、省政府统一领导下，省人才工作领导小组统筹负责人才支撑新旧动能转换工作。在省人才工作领导小组框架下，省委组织部成立人才支撑新旧动能转换工作专项组，配齐配强工作力量，统筹做好人才引进、培养、服务工作，负责本意见实施的统筹协调及具体任务分工、政策落实督查，定期协调调度，项目化推进实施。各牵头及分工负责单位按照本意见分工，完善工作措施，协调做好配套细则制定、具体任务实施等工作。各市结合本地实际，制定具体实施办法，扎实推进各项工作。中央驻鲁单位可结合自身实际和主管部门规定，参照本意见实行。

19. 加大人才工作目标责任制考核力度。严格落实党委（党组）书记人才工作第一责任人责任，将人才工作列为落实党建工作责任制情况述职的重要内容。深化提升17市人才工作目标责任制考核工作，探索将人才工作目标责任制考核扩展覆盖省人才工作领导小组成员单位，突出人才支撑新旧动能转换工作的考核导向。强化考核结果运用，考核结果作为各级领导班子评优、干部评价的重要参考。对政策任务落实不到位、考核排名连续两年处于后三位的市和省人才工作领导小组成员单位，由省人才工作领导小组负责同志约谈相关负责人。建立规范有序的人才管理体系，完善重点人才工程人选考核管理制度，强化入选考察、目标管理和绩效评估，健全奖惩激励机制。

20. 强化人才政策落实督办。在省级“12345政务服务投诉热线”中开通“人才专线”，依托“人才山东网”开发手机应用互动交流模块，实时受理人才政策落实问题。对人才提出的投诉事项，建立按责转办、限时办结、逐一反馈、回访督导的办理机制，做到问题马上处理、政策马上落实。投诉问题办结率纳入对各市各部门（单位）的人才工作目标责任制考核。

中共山东省委
山东省人民政府
2017年11月4日

中共济南市委 济南市人民政府关于深化人才发展体制机制改革促进人才创新创业的实施意见

（济发〔2017〕16号）

为深入贯彻落实中共中央印发的《关于深化人才发展体制机制改革的意见》（中发〔2016〕9号）和省委印发的《关于深化人才发展体制机制改革的实施意见》（鲁发〔2016〕22号），大力破除束缚人才发展的思想观念和体制机制障碍，最大限度激发和释放人才创新创造创业活力，为“打造四个中心，建设现代泉城”提供坚强有力的人才保障和智力支撑，现结合济南实际，就深化人才发展体制机制改革、促进人才创新创业，提出如下实施意见。

一、实施人才引进培养升级政策

1．建立人才分类目录。建立全市人才分层分类体系，按照人才能力水平和业绩贡献，将人才分为国内外顶尖人才（A类）、国家级领军人才（B类）、省级领军人才（C类）、市级领军人才（D类）、高级人才（E类）五个层次。建立人才分类动态调整协调机制，成立市人才分类协调小组，定期修订完善人才分类目录。对济南产业发展急需、社会贡献较大、现行人才目录难以界定的“偏才”“专才”，经协调小组认定后，享受相应的人才政策。（牵头单位：市委组织部、市人力资源社会保障局）

2．实施顶尖人才集聚计划。制定顶尖人才奖励资助实施办法。对新引进或自主培养的国内外顶尖人才和团队，经评审认定，可通过项目资助、创业扶持、贷款贴息、股权直投等方式，给予最高1亿元的综合资助。对新当选和全职引进的中国科学院院士、中国工程院院士等层次的国内外顶尖人才，给予500万元生活补贴。（牵头单位：市委组织部、市人力资源社会保障局）

3．深化泉城“5150”引才倍增计划。新来济创新创业的“千人计划”“万人计划”、泰山学者、泰山产业领军人才等国家和省部级重点人才工程入选人才，直接纳入泉城“5150”引才倍增计划管理服务范围，其中全职引进的，分别参照“5150”引才倍增计划A类、B类创业创新人才项目资助。对我市自主申报入选“千人计划”“万人计划”、泰山学者、泰山产业领军人才的，按照国家、省人才资助经费额度给予入选人才1：1配套。（牵头单位：市委组织部）

4．实施泉城产业领军人才支持计划。聚焦大数据与新一代信息技术、量子科技、智能制造与高端装备、生物医药、先进材料、产业金融、现代物流、医疗康养、文化旅游、科技服务等十大产业，以“高精尖缺”为导向，集中力量培养本土重点产业领军人才和团队。对入选的创业人才（团队），给予最高300万元项目经费资助，同时提供工作场所房租补贴、贷款贴息、知识产权质押、融资补贴等支持。对入选的创新人才（团队），给予最高200万元项目经费资助。对成长性和业绩突出的人才团队项目，根据实际需求予以滚动支持或追加资助。（牵头单位：市委组织部）

5．实施产业金融人才集聚计划。制定加强金融人才队伍建设的实施意见，5年内分层次引进培养一批紧缺型金融人才、领军型金融人才、金融高级管理人才和金融高级专业人才，打造产业金融人才特区。根据引进金融人才的层次和水平及对全市金融产业的贡献，可给予最高100万元的生活补贴。对于特别优秀的领军型、紧缺型金融人才，可按照“一事一议”的原则研究办理，享受更高待遇。（牵头单位：市金融办）

6．完善企业经营管理人才培养机制。研究制定加强企业家队伍建设的意见。建立泉城优秀企业家人才储备库，实施动态管理、跟踪培养。加大企业家培训力度，建立创新型企业家培训基地，定期选派重点产业领域的知名企业家到国（境）外学习交流。实行企业家培养导师制度，选择知名企业家担任导师，对新生代企业家提供指导、咨询和建议。建立高层次常态化的企业家参与全市战略决策对话咨询制度。（牵头单位：市经济和信息化委）

7．支持用人单位更好发挥引才主体作用。制定支持重点企业加快引进高层次人才实施办法，遴选一批重点企业，实施人才工程配额制。企业引进高层次人才支付的一次性住房补贴、安家费、科研启动经费、子女教育费等费用，可据实在计算企业所得税前扣除。国有企业引进高层次人才产生的人才专项投入成本，可视为当年考核利润。我市事业单位引进A、B、C类高层次人才，可设立特设岗位，不受岗位总量、最高等级和结构比例的限制。对市属国有企业和事业单位引进的急需紧缺人才，经相关部门审核后，用人单位可单独制定收入分配倾斜政策，不纳入绩效工资总量。鼓励用人单位对急需紧缺人才实行协议工资制、项目工资制和年薪制，不纳入单位绩效工资总量基数。（牵头单位：市委组织部、市财政局、市人力资源社会保障局、市地税局）

8．积极推进市场化引才。完善高层次人才供需精准对接机制，建立开放共享的高层次人才信息平台。组织开展“海外行、城市行、高校行”等高端人才专项对接活动，举办海内外高层次创业创新大赛。在海内外高端人才密集地区设立人才工作联络站，构建常态化的人才联络网。实施重大引才活动服务外包，依托高端猎头机构，开展高层次人才寻访和引进工作。建立引才激励制度，对为我市引进落户A、B、C、D类人才的个人和中介组织，分别给予60万元、30万元、20万元和10万元奖励。对用人单位委托第三方机构招聘D类及以上层次人才的，在人才全职引进后，给予用人单位招聘费用50%的补贴，每人次最高不超过5万元，每家用人单位每年补助最高不超过20万元。（牵头单位：市委组织部、市人力资源社会保障局）

9．深化“泉城学者”建设工程。加大柔性引才工作力度，建立柔性引才供需对接平台，支持用人单位在不改变人事、档案、户籍、社保等关系的前提下，通过顾问指导、短期兼职、技术合作、技术入股、合作经营等方式，柔性汇聚全球创新创业人才。对柔性引进的人才（团队），经评审认定，命名为“泉城学者”，并给予每人10万元生活补贴；对实施的项目，给予最高100万元的项目扶持资金。（牵头单位：市委组织部）

10．建立更具活力的省会人才集聚机制。研究制定有利于驻济中央、省直单位人才在济创新创业的支持政策、激励机制和服务办法。将驻济高等学校、科研院所等单位人才纳入我市资助服务范围，对新入选国家级重点人才工程的，给予最高100万元的配套资金补助。积极为高等学校、科研院所新引进的高层次人才提供户籍、住房、子女入学等服务。完善驻济中央、省直单位人才科技成果转化和产业化的支持机制，积极推动科技成果就地转化。支持中央、省直单位人才在济创业，享受引进人才创业优惠政策。建立健全深化校（院）市、校（院）企合作机制，促进校（院）高层次人才柔性流动。（牵头单位：市委组织部、市科技局）

二、健全人才发展激励保障机制

11．促进科技人才创新创业。允许高等学校、科研院所等事业单位科技人员在履行岗位职责、完成本职工作的前提下，经单位同意，可以兼职到企业从事科技成果转化，或者离岗创业，在3年内保留人事关系，相应享受职称评聘、保险等方面待遇；离岗创业期满后，符合条件的经批准同意可再延长3年。除高等学校、科研院所之外的事业单位的专业技术人员，也可以提出申请，经所在单位和主管部门认定后也可享受上述政策。（牵头单位：市人力资源社会保障局）

12．加强科研成果转化激励。建立和完善职务发明成果收益分配制度，市属高校、科研院所中，职务发明成果转化收益按照不少于70%、不超过95%的比例用于奖励科研负责人、骨干技术人员等重要贡献人员和团队，团队负责人有内部收益分配权。鼓励和允许国有企业在科技成果转化实现盈利后，连续3—5年每年提取不高于30%的转化利润，用于奖励核心研发人员、团队成员及有重大贡献的科技管理人员。（牵头单位：市财政局、市科技局）

13．完善多元化人才投入机制。加大人才发展投入，整合市级财政人才发展资金，制定人才发展专项资金管理办法，加强对人才发展专项资金的动态管理和审核监督，提高资金效益。各县区都要设立人才发展专项资金，并不断增加资金规模。探索建立重点人才工程资助经费市和县区财政分担机制，根据县区财政状况确定差异化分担比例。创新人才发展金融支持，鼓励金融机构加大对人才企业信贷支持，探索推行“人才贷”等扶持方式。建立人才创业贷款担保专项资金，市财政每年出资1000万元，对在济创新创业人才的企业贷款，可给予每个企业最高贷款额度500万元的担保费用补贴或部分贴息。发挥政府投资引导基金引导作用，设立人才创新创业基金。（牵头单位：市财政局、市委组织部、市金融办）

14．完善有利于各类人才发展的税收政策。落实国家支持企业技术创新的研发费用加计扣除、高新技术企业所得税优惠、固定资产加速折旧、股权激励、股权分红、技术服务和转让税收优惠等激励政策。高新技术企业转化科技成果，给予本企业相关技术人员的股权奖励，技术人员一次性缴纳个人所得税有困难的，报主管税务机关备案，可在5年内分期缴纳税款。高校、科研院所等转化科技成果以股份或出资比例等股权形式给予个人奖励的，获奖人在取得股份、出资比例时，暂不缴纳个人所得税。对于我市十大产业重点企业的高级管理人才、科技骨干人才及新引进的急需紧缺高层次人才，可以结合企业地方经济贡献大小，按照个人工资薪金收入贡献额度，给予每个企业不超过10人，每人金额为贡献额度40%以内的奖励。（牵头单位：市地税局、市国税局）

15．加强人才发展载体建设。研究制定引进和共建产业技术研究院的意见，对引进共建的产业技术研究院，在资金保障、建设规划、科研条件、人才引进等方面给予支持。制定重点企业研究院建设管理办法，选择部分研发实力比较雄厚的企业，采取财政和企业共同投资的方式，建设重点企业研究院。在济南章丘高教科创片区规划建设济南高层次人才创新创业基地，整合市、区两级资源，在人才引进培养、公共服务平台、生活配套设施建设、融资服务等方面予以优先扶持、先试先行。鼓励高等学校、科研院所、企业、园区设立“千人计划”专家工作站，按照省财政补助资金1：1的比例予以配套建站经费。建设海外人才离岸创新创业基地，开展离岸创业托管和海外人才项目预孵化，打造国际化综合性引才平台。（牵头单位：市委组织部、市科技局、市科协）

三、推进人才管理体制改革

16．转变政府人才管理职能。推动人才管理部门简政放权，建立政府人才管理服务权力清单和责任清单，清理和规范人才招聘、评价、流动等环节中的行政审批和收费事项，强化人才管理部门宏观管理、公共服务、监督保障等方面职责。建立人才政策调查和评价机制，采取“一年一调查、一年一评估”方式，对人才政策落实情况进行跟踪研判，根据需要及时完善、清理有关政策性文件。（牵头单位：市委组织部、市编办、市人力资源社会保障局）

17．大力发展人力资源服务业。研究制定进一步促进人力资源服务业发展的政策措施，设立人力资源服务业发展专项资金500万元。放宽人力资源服务业准入限制，鼓励知名人力资源服务企业来济发展。促进人力资源服务机构集聚和规模发展，被认定为市级、省级、国家级人力资源服务产业园的，由市财政分别给予一次性补助50万元、100万元、200万元。加大高端猎头和国际知名人才寻访机构引进培育力度，加大高端猎头专业机构引进培育力度，对新引进国内外知名猎头机构的园区，经评审认定，可以按照每家20万元的标准给予一次性奖励。对新评定为“全省人力资源诚信服务示范机构”“年度全省人力资源服务业十大品牌”“全省人力资源服务业十强机构”“省级优质猎头服务机构”“人力资源服务新获驰名商标”的人力资源服务机构，按照省财政奖补资金1：1的比例予以配套扶持。加强人力资源服务机构高级管理人员研修培养，打造一支素质优良、结构合理的人力资源服务业高端人才队伍。（牵头单位：市人力资源社会保障局）

18．成立济南高层次人才发展促进会。将济南专家协会换届更名为济南高层次人才发展促进会，通过政府购买社会服务方式，承接人才工程评审、人才培训、人才服务等项目，推动人才交流、政产学研合作，搭建政府和高层次人才、用人单位之间的沟通桥梁。（牵头单位：市委组织部）

19．设立泉城“人才驿站”。全市范围调剂500个事业编制作为人才编制“蓄水池”，滚动使用、动态管理。凡具有事业身份的高层次人才来济创新创业，5年内保留其事业身份，并享受人事档案管理、档案工资晋升、职称评审等服务。（牵头单

位：市编办）

20．设立招才引智专项出访计划。对党政机关、市属企事业单位的领导干部，因专题招才引智活动临时因公出国（境）的，可使用专项出访计划，不占用派员单位和个人出国计划。进一步简化和规范我市高层次人才因私出国（境）办理程序，提高高层次人才出国（境）事务办理效率。高等学校、科研院所担任领导职务的专家学者因公临时出国开展学术交流合作的，单位与个人的出国批次数、组团人数、在外停留天数可以根据实际需要安排。（牵头单位：市外侨办）

21．建立招商引资与招才引智协同推进机制。以招商项目为载体打包引进领军人才与团队。实行招才引智和招商引资一体化考核，县区从市外全职引进1名“千人计划”“万人计划”专家，创业人才、创新人才分别视同完成1亿元、6000万元招商引资任务；从市外全职引进1名省部级创新创业人才工程人选，创业人才、创新人才分别视同完成5000万元、3000万元招商引资任务。（牵头单位：市投资促进局）

22．促进人才向基层流动。落实好山东省加强基层专业技术人才队伍建设的实施意见，提高基层专业技术人才各项待遇水平。深入开展人才服务基层活动，建立市级重点人才工程人选基层志愿服务制度，推进专家服务基地建设。将服务基层成效作为市级人才工程的重要考核指标，市级人才工程项目适当向基层和县域倾斜，在名额分配、资金配套方面予以支持。完善科技副职工作机制，积极发挥科技副职在推动县域经济发展、促进产学研合作方面的作用。（牵头单位：市委组织部、市人力资源社会保障局）

23．积极推进人才改革试验区建设。建设济南新旧动能转换先行区人才改革试验区，在人才培养引进、评价使用、流动配置、激励保障等方面，建立更加符合国际规则的人才政策体系、管理制度和服务模式，集聚引进一批新技术、新产业、新业态、新模式等新兴经济领域的高层次人才。积极落实济莱协作区省级人才改革试验区建设试点工作，在破除人才流动的体制壁垒和身份障碍、完善人才畅通流动制度体系、区域人才一体化等方面，开展改革创新实践。支持县区因地制宜，在人才集聚、政策创新等方面先试先行，建设一批特色人才改革试验区。（牵头单位：市委组织部）

四、完善人才公共服务体系

24．建立人才“金卡”制度。为现有和新引进的高层次人才发放服务金卡，持卡的高层次人才可在创业投资、子女入学、医疗保健、交通社保、出入境管理等方面享受到及时高效专项服务。加快推进国际学校建设和社会优质教育资源办学，更好满足高层次人才子女对国际化教育和优质教育的需求，新引进的A、B、C类人才子女在就读方面，由市、区教育行政部门统筹协调、妥善安排。妥善解决新引进高层次人才配偶随迁安置问题，消除人才后顾之忧。完善高层次人才医疗保健待遇，A、B类人才参照享受我市一级医疗保健待遇；C、D类人才参照享受我市二级医疗保健待遇。完善人才服务绿色通道，优化人才服务窗口一站式办理，深化人才服务专员制度，对高层次人才实行跟踪服务。（牵头单位：市委组织部、市教育局、市公安局、市人力资源社会保障局、市卫生计生委）

25．实行更为便利的人才居留落户政策。建立引进人才落户绿色通道，引进海内外高层次人才，可不受原户籍所在地的限制在济落户，与其共同生活居住的配偶、未婚子女可以随迁，不受住所条件、居住年限、年龄等条件限制。在市人才服务局设立“人才集体户”，来济创业或就业的具有全日制本科及以上学历和学士及以上学位的毕业生，凭与用人单位签订的劳动合同或依法注册登记就业按规定参加社会保险，可申请落户。对我市重点企业、重大项目“成建制”引进的急需紧缺人才及团队，经市人才办统筹协调并审核后，可办理落户。（牵头单位：市公安局）

26．优化外籍人才管理服务。全面推行外国专家证和外国人就业证“两证合一”，建设济南市外国人来华工作公共服务中心，为外籍人才来济工作提供便利。对符合条件的外国专家取消来我市工作年龄限制，获得硕士及以上学位的外籍毕业生和外国留学生经申请可直接获得工作许可。扩大外籍高层次人才在口岸和境内申请办理R字签证（人才签证）的范围，健全完善外籍人才特别通道服务机制，为外籍人才及其家属提供签证受理和居留便利。（牵头单位：市人力资源社会保障局、市公安局）

27．实施人才安居工程。统筹市、县区资源，通过两级共建、县区自建或整合现有房源等形式，集中建设或储备一批人才安居房，作为新引进高层次人才周转房，周转期5年。允许人才集聚的大型企事业单位、产业园区平台利用自用存量用地，在不违反城市规划的前提下，建设人才公寓（单位租赁住房）等配套服务设施。完善高层次人才安居办法，对新引进的A类国内外顶尖人才，采取“一事一议”的方式解决住房问题；对B、C、D类人才，给予最高100万元的购房补贴或最长免租5年的住房。对企业新引进入户的全日制博士、硕士研究生，分别按照每月1500元、1000元的标准享受连续3年的租房和生活补贴。引进的D类及以上人才需要购买住房的，经本人申请并认定后，可不受户籍、在我市缴纳一定期限社会保险等限购政策影响。（牵头单位：市委组织部、市住房保障管理局）

28．建设人才公共服务信息平台。重点建设“一库两网五平台”。“一库”是指人才项目数据库，动态分析掌握全市人才现状；“两网”是指“中国济南人才”官网和“睿智人才”微官网，发布人才政策、工作动态、人才需求等信息，搭建互动交流平台；“五平台”是指信息发布、项目申评、管理评估、人才服务、供需对接等平台，打通全市各类人才服务渠道，让人才享受一键式、互动式的优质人才服务。（牵头单位：市委组织部、市人力资源社会保障局）

五、加强党对人才工作的组织领导

29．完善党管人才工作格局和工作机制。发挥党委（党组）在人才工作中的领导核心作用，深化组织部门人才工作牵头抓总职能。进一步明确人才工作领导小组及办公室职责任务和工作规则，健全成员单位人才工作述职报告制度，建立重点人才工作督办制度。理顺党委和政府人才工作职能部门职责，将行业、领域人才队伍建设列入相关职能部门“三定”规定。市人才管理部门要明确人才工作专门机构和人员，各县区党委组织部门要设立专职人才工作机构，配强专职工作人员。强化人才工作目标责任制考核，严格落实党委（党组）书记人才工作第一责任人责任，将人才工作纳入各级领导班子和领导干部综合考核，列为落实党建工作责任制情况述职的重要内容。（牵头单位：市委组织部、市编办）

30．充分发挥党的组织凝聚人才作用。深化落实党委联系专家制度，真诚爱护人才、关心人才、成就人才。加强人才思想联系，强化各类人才教育培训，深入开展国情省情市情研修。加强人才政策宣传解读，加大优秀人才和工作典型宣传力度，营造爱才敬才的良好氛围。（牵头单位：市委组织部）

各级各部门要认真贯彻落实中央、省委关于深化人才发展体制机制改革的有关精神和要求，对本实施意见未涉及的改革措施，要按照上级部门出台的配套文件，制定相应贯彻意见，切实抓好落实。各县区、济南高新区要根据本实施意见精神，结合本地实际，制定具体实施办法。市直各有关部门要根据任务分工，研究制定工作推进计划和具体措施，建立健全事中事后监管机制，确保规范有序推进。

中共济南市委

济南市人民政府

2017年5月22日

中共烟台市委 烟台市人民政府 关于进一步加快创新驱动发展的意见

（烟发〔2017〕13号）

为深入实施创新驱动发展战略，服务支撑新旧动能转换和产业转型升级，加快实现创新发展、持续发展和领先发展，现提出如下意见。

一、目标定位

到2020年，全市创新要素有效整合，创新瓶颈有效破除，科技创新能力明显增强，人才发展水平明显提升，创新驱动发展新格局基本形成，科技创新和人才发展新优势基本确立，切实把我市打造成为“全省领先、全国一流”的创新发展新高地。

——创新投入持续加大。全社会R&D经费支出占GDP比重达到3%，规模以上工业企业研发经费内部支出占主营业务收入比重达到1.3%；高新技术企业研发投入占主营业务收入比重达到4%以上；财政科技投入占财政支出比重达到3.5%以上；市级人才工作投入占财政支出比重达到3.6%以上。

——创新载体大幅增加。国家级创新平台达到50家，省级创新平台达到500家，引进或共建高端科技研发机构20家，创客空间达到60家。企业孵化器总面积突破1000万平方米，其中经认定的市级及以上科技企业孵化器面积突破300万平方米。

——创新人才集聚发展。高层次人才达到10万人以上，其中，国家千人计划专家突破150人、科技部创新人才推进计划人选突破30人、省泰山系列工程人才突破200人、市双百计划人才突破300人。

——创新能力明显提升。有效发明专利数量达到7000件，万人发明专利拥有量达到10件以上；市级以上知识产权优势企业达到80家以上；新争取国家级、省级科技奖励50项以上，中国专利金奖（优秀奖）12项以上。

——创新带动作用不断增强。高新技术产业产值突破1万亿元，占规模以上工业总产值比重达到45%以上，高新技术企业突破1000家，科技型中小企业突破1500家。战略性新兴产业工业产值达到7000亿元以上，占规模以上工业总产值比重达到30%。

二、实现路径

1．强化产业核心关键技术突破。紧扣新旧动能转换重大科技需求，围绕培强做大优势产业、改造提升传统产业、培育发展新兴产业，梳理产业创新主攻方向和着力点，组织实施创新发展重大科技项目攻关，单个项目给予最高500万元资金支持。（**责任部门：市科技局**、发展改革委、经济和信息化委、财政局。黑体为牵头部门，下同）

2．补齐高新技术企业培育短板。实施高新技术企业培育计划，建立高新技术企业培育库，每年选择一批尚未达到高新技术企业认定条件的科技型中小企业，实行入库储备支持。对提交高新技术企业申请并获受理的入库企业，给予10万元研发费用补助。对首次认定的高新技术企业给予30万元补助。强化各县市区高新技术企业培育目标考核，保障高新技术企业税收优惠、企业研发费用加计扣除等激励政策落地。（**责任部门：市科技局**、财政局、国税局、地税局、各县市区政府）

3．加快技术成果转移转化。推进科技成果转移转化服务机构建设，对新列入的国家级、省级科技成果转移转化示范机构，分别给予100万元、30万元资金补助。对承接高校院所成果转化成效明显的科技型企业，最高按技术合同交易额10%的标准，每年给予最高50万元资助。（**责任部门：市科技局**、知识产权局、教育局、财政局）

4．深化校所城产融合联动。充分发挥驻烟高校院所的科技、人才、学科优势，建立与全市资源、产业及经济社会发展需求精准对接机制，支持驻烟高校院所同等享受市级各类创新优惠政策，加快“一流”学科建设、项目研发、成果转化和人才引进，深入推进院所校区、城市社区、产业园区“三区”联动，打造创新发展新引擎。探索建设“校所城产”融合发展示范区，围绕政产学研一体化、基础设施一体化、公共服务一体化、人才资源一体化开展先行先试。强化驻烟高校院所周边控制性规划，加快建设众创空间、中试基地及技术成果转移转化基地。建立科研人员双向流动机制，支持高等学校和科研院所的专家学者到企业兼职或创办企业，鼓励有创新实践经验的企业家和企业科技人才到高等学校和科研院所兼职，促进创新人才双向流动。建立完善企业、高等学校、科研院所共同参与、利益共享、风险共担的产学研协同创新机制。（**责任部门：市教育局、科技局**、人力资源社会保障局、财政局、国土资源局、规划局、有关县市区政府）

5．聚力招引大学大校大院大所。面向重点产业发展，集全市之力加快招引。对整建制引进的国内外高等院校、国家级科研机构，给予不低于1亿元支持。对国内外知名大学和科研院所、世界500强企业等在烟设立或共建具有独立法人资格、符合烟台产业发展方向的研发总部或研发机构，引入核心技术并配置核心研发团队的，给予最高5000万元支持。对以诺贝尔奖获得者、著名科学家命名并牵头组建，由社会力量捐赠、民间资本等建设的科学实验室，给予最高1亿元支持。对经济社会发展有重大意义的高校院所、研发机构及国家实验室等，实行“一事一议”，给予特别支持。（**责任部门：市科技局、教育局**、发展改革委、经济和信息化委、财政局、商务局、各县市区政府）

6．着力打造新型研发机构。鼓励采用市场化手段，结合重点产业发展需求，布局建设一批新型研发机构，积极开展技术研究、产品开发、成果转化和产业孵化等科技创新活动。对经认定的新型研发机构，给予最高1000万元支持；对新型研发机构上年度扣除财政支持后的研发经费总额，按最高20%的标准，给予最高500万元支持。新型研发机构在政府项目承担、职称评审、人才引进、建设用地、投融资等方面享受相应级别科研机构同等待遇。（**责任部门：市科技局、发展改革委、经济和信息化委**、市委组织部、市人力资源社会保障局、财政局、住房城乡建设局、国土资源局、金融办）

7．深入推进军民科技融合。加强与军工院所的密切合作，支持建设军民融合技术、质量、标准、测试计量以及信息交流、融合成果展示、中介服务等公共服务平台，强化军民两用服务功能。支持企业取得军方相关资质认证，对新取得武器装备科研生产单位保密资质、武器装备质量体系认证的军民融合企业分别给予5万元奖励；对新取得武器装备科研生产许可、装备承制单位资格的军民融合企业分别给予10万元奖励。（**责任部门：市发展改革委、科技局**、经济和信息化委、财政局）

8．实施“一事一议”引进顶尖人才（团队）计划。针对带重大项目来烟创新创业、现行政策支持力度不够或按常规程序不能满足快速引进需要的顶尖人才（团队），采取“一事一议”的方式引进，经评审认定，给予最高1亿元的资助或1.5亿元的直投股权投资支持，对拉动产业发展作用巨大的，可追加资助。对顶尖人才（团队）用人单位，给予最高500万元奖励。（**责任部门：市委组织部**、市发展改革委、科技局、财政局、人力资源社会保障局）

9．加速“双百计划”人才（团队）集聚。瞄准全市重点产业需求，对新引进入选的“双百计划”人才（团队），资助金额由税前资助调整为税后资助；对技术水平特别突出、产业发展急需紧缺的，经审核确认可破格参评“双百计划”，吸引更多高层次人才来烟创新创业。（**责任部门：市委组织部、市发展改革委**、财政局、人力资源社会保障局）

10．激发重点企业（园区）引才活力。发挥企业（园区）引才用才主体作用和积极性，每两年筛选确定10个左右引才重点支持企业（园区），分别给予2个“双百计划”人才引进配额，2年内有效，不占用年度申报指标，经核准认定直接确定为“双百计划”人才，享受相应政策待遇。（**责任部门：市委组织部**、市经济和信息化委、科技局、人力资源社会保障局）

11．打造“慧聚烟台”海外引才活动品牌。以“慧聚烟台”为主题，每年统筹组织专项赴国（境）外招才引智活动，宣传推介人才政策及需求信息，点对点对接海外优秀人才，符合条件的经评估认定，可直接入选“双百计划”。市县两级因公出国（境）的团组，原则上都要安排招才引智任务。党政机关、企事业单位因公临时出国（境）开展专项招才引智活动的，根据实际工作需要优先安排。鼓励支持各类创新主体、社会团体和其他机构与国（境）外机构开展人才、技术和项目交流，成效显著的给予最高50万元资助。（**责任部门：市委组织部**、统战部、市财政局、人力资源社会保障局、商务局、外事侨务办）

12．加强高层次人才交流。实施“百名高端人才烟台行”工程，以千人计划专家、泰山系列人才、海外优秀人才为重点，每年组织100名以上高端人才来烟交流对接，给予来烟人才每人2000—5000元交通补贴，给予达成合作意向或全职引进人才的用人单位最高50万元奖励。积极吸引高水平学术会议、专业论坛等在烟举办，永久落地烟台的给予最高300万元资助。开展“名企名校行”活动，每年组织不少于5次集中专题招聘，对参与招聘活动的单位，视签约数量给予最高10万元引才奖励。加大科技副职选聘力度，我市从中科院选聘的科技副职每月由市财政发放生活补贴2000元，对省里组织选派的科技副职，按省定补贴标准由市财政给予1∶1补贴支持；科技副职促成人才引进的，可视同社会个人享受引才奖励政策。编制“烟台英才地图”，实施“桑梓创客”行动，3年吸引100名烟台籍或曾在烟工作生活过的高端人才回烟创新创业，符合条件的经评估认定，可直接入选“双百计划”。（**责任部门：市人力资源社会保障局、市委组织部**、市经济和信息化委、科技局、财政局、商务局、文化广电新闻出版局、外事侨务办）

13．激励本土人才创新创业。强化本土人才培育提升，对主持重大科研项目、承担重点工程、推动先进技术成果转化、具有较大发展潜力的优秀本土人才进行扶持，每年选拔20名左右科技创新创业领军人才，其中青年科技人才不低于50%，给予最高100万元项目资助。（**责任部门：市科技局**、市委组织部、市财政局）

14．强化技能人才培养。创新技能人才培养模式，选拔扶持一批示范带动作用强的烟台工匠和首席技师，进一步培育和传承精益求精的工匠精神。对在市级、省级、国家级和世界级职业技能竞赛中取得优异成绩的选手（团队），分别给予最高1万元、3万元、5万元和10万元奖励；每年举办市级职业技能竞赛20场以上，累计给予不少于50万元经费补贴。加快技能人才培养载体建设，建立一批市级技师工作站和职业院校教学团队，每处给予不少于10万元经费补贴；对新获批省级或国家级载体项目的，给予最高100万元补贴；对新获批省级或国家级集训基地的，按省级或国家级奖励标准给予1∶1配套奖励。（**责任部门：市人力资源社会保障局、教育局**、总工会、经济和信息化委、财政局、国资委）

三、支撑体系

15．构建全方位引才布局。围绕新旧动能转换重大工程，强化院士工作站集聚人才项目措施，确保每个工作站至少有1个院士领衔的项目在烟落地转化。在高层次人才相对集中、具备持续引才条件的高校院所、企业、园区设立一批“英才工作站”，吸引集聚更多高层次人才来烟创新，对设站单位给予100万元引才资助。在市政府驻国（境）外、市外机构加挂人才工作站牌子，赋予其招才引智职责。依托海外华人社团、留学生组织、人才机构和我市企业驻外机构等设立一批人才工作联络处，开展招才引智工作。对人才工作站和人才工作联络处每年给予10万元工作经费，每引进一名人才视层次给予最高10万元奖励。（**责任部门：市委组织部**、统战部、市编办、教育局、科技局、财政局、人力资源社会保障局、商务局、外事侨务办）

16．建设人才发展高位平台。提升高层次人才创业园建设水平，加快创业项目招引，积极申报省级人才创业孵化基地或示范园区，入选后按省规定标准给予1：1市级建设奖补。助推中国烟台人力资源服务产业园发展，研究制定扶持园区做大做强措施，推动园区企业集聚发展，筛选确定一批重点企业，承接政府购买服务业务。发挥千人计划（烟台）创业服务中心作用，统筹利用千人计划平台优势、千人计划专家资源、海外高层次人才储备，打造山东半岛乃至全国具有较大影响力的千人计划专家和海内外高端人才综合服务平台。依托中韩（烟台）产业园，探索建设海外人才离岸创新创业基地，打造具有引才引智、创业孵化、专业服务等功能的国际化综合性创新创业平台。（**责任部门：市人力资源社会保障局、市委组织部**、市科协、财政局、商务局）

17．实行高层次人才机动编制管理。全市范围调剂300个事业编制作为人才编制"蓄水池"，滚动使用、动态管理，主要用于校（院）地共建人才（产业、技术）研究院等机构平台和引进具有博士学位的高端人才及配偶。引进"高精尖缺"人才为事业编制的可不受所在单位编制限制，非事业编制的服务满一定期限且表现突出的，可采取直接考察的方式招聘进入事业单位。依托人才服务中心，为企业、民办高校、民办医院等引进的研究生或具有高级职称等急需紧缺人才存放人事档案，提供档案管理、职称评审申报、社会保险代缴等服务，具有事业编制的5年内保留身份。（**责任部门：市编办**、人力资源社会保障局）

18．推进人才落户制度改革。取消来烟就业创业人才参加社会保险时限限制，可直接在当地申请登记常住户口，与其共同生活居住的配偶子女可以随迁，不受住所条件和年限等限制。对本科以上学历人才，制定实施"先落户后就业"政策。持有烟台"优才卡"的高层次人才，可直接在工作地申请登记常住户口。（**责任部门：市公安局**）

19．实施人才安居工程。通过新建、购买、租赁等形式，到2020年，市县两级筹集提供不少于10000套人才公寓，其中市级提供不少于5000套，统筹安排高层次人才租住或周转使用。支持人才集中的企事业单位、园区利用自用存量建设用地建设租赁型人才公寓等配套服务设施，建筑面积占项目总建筑面积的比例由7%提高到不超过15%。择业期（毕业3年内）来烟工作的博士在市内购买首套房的，自缴存住房公积金当月起即可申请住房公积金贷款，贷款最高额度可提高至当地最高贷款额度的4倍。对新引进硕士研究生以上学历、副高级以上职称的高层次人才的购房补贴，按现行政策执行。（**责任部门：市住房城乡建设局、国土资源局、规划局、人力资源社会保障局、住房公积金管理中心、教育局**、财政局、各县市区政府）

20．提供人才子女入园入学优惠政策。持有烟台"优才卡"的高层次人才，子女需要入园或就读义务教育阶段学校的，可根据本人意愿选择入学；在我市参加高中阶段升学考试的，可根据考生志愿及学校录取分数线选择入学。因父母工作调动或户籍迁移，需跨省、市、县转学的，按照相关规定优先安排。（**责任部门：市教育局**）

21．加快人才工作社会化发展。制定政府购买人才工作服务意见，市、县两级财政部门把购买人才服务纳入预算，足额保障。鼓励社会机构和个人引才引智，对贡献突出的，给予最高50万元奖励。（**责任部门：市人力资源社会保障局、市委组织部**、市财政局）

22．建立人才荣誉制度。开展"烟台市优秀人才"选拔活动，表扬奖励为新旧动能转换、经济社会发展做出突出贡献的人才，每两年开展一次，每批20人左右，由市委、市政府命名表扬，并分三个层次分别给予200万元、100万元、50万元奖励。完善市、县党委联系服务专家工作体系，强化对人才的政治引领和政治吸纳。积极推荐政治素质好、参政议政能力强的创新创业人才作为各级党代会代表、人大代表、政协委员人选，优先推荐为各级优秀共产党员、劳动模范等。（**责任部门：市委组织部、市人力资源社会保障局**、经济和信息化委、科技局、财政局）

23．引导加大全社会研发投入。推动企业普遍建立研发准备金制度，对研发投入占销售收入达到一定比例、按规定完成年度研发费用加计扣除备案的企业，省、市、县三级财政联合实施研发经费补助，其中市、县两级财政对单个企业年度最高补助500万元。细化分解各县市区研发投入年度任务，确保加计扣除政策落实。（**责任部门：市科技局**、财政局、国税局、地税局、各县市区政府）

24．加快科技型企业孵化培育。加强科技企业孵化器建设，对新认定的国家级科技企业孵化器，按照入驻及孵化毕业的科技型企业数量等绩效情况，给予最高300万元奖补；对新认定的市级科技企业孵化器，给予50万元奖补。对评估认定为市级创业孵化示范基地和创业示范园区的，给予100万—300万元一次性奖补；对评估认定为市级大学生创业孵化示范基地、创业示范园区的，给予30万—50万元一次性奖补；对评估认定为市级创客空间的，根据创客空间运行情况分设两类给予资金奖补，一类奖补30万元，二类奖补10万元。（**责任部门：市科技局、人力资源社会保障局**、财政局）

25．提高科技奖励支持标准。鼓励重大科技创新成果在我市实施产业化，对获得国家科技奖一等奖、二等奖的第一完成单位，分别给予200万元、100万元配套奖励，已在我市实现转化的，给予总额不超过500万元、200万元资金补助；对获得国家科技奖一等奖、二等奖第二及以后完成单位，分别给予50万元、20万元配套奖励，已在我市实现转化的，给予总额不超过100万元、50万元资金补助；对获得省科技奖的第一完成单位，按省奖奖金1：1的比例给予配套奖励；对获得国家科技进步奖特等奖的，采取"一事一议"方式给予奖励。（**责任部门：市科技局**、财政局）

26．强化知识产权激励。对获得"中国专利奖金奖"、山东省专利奖特别奖的专利项目给予100万元奖励；对"中国专利奖优秀奖"、山东省专利奖一等奖专利项目给予30万元奖励，用于专利转化支持。对新认定的市级知识产权优势企业给予20万元奖励。支持专业的知识产权运营机构建设，加快专利技术转移转化。积极推进中国（烟台）知识产权保护中心筹建运行工作，开展快速审查、快速确权、快速维权服务。（**责任部门：市知识产权局**、财政局）

27．拓展国际技术交流合作。支持企业引进列入《鼓励进口技术和产品目录》的国外先进技术，对通过购买外方技术、外方技术入股或双方约定收益分配等方式引进国外先进技术的牵头单位，按照实际技术进口交易额的50%、给予最高50万元支持。对新认定的国家级、省级国际科技合作基地，分别给予150万元、30万元资金补助；对新建的国际技术转移机构，给予最高50万元资金补助。**（责任部门：市科技局、商务局、外事侨务办、财政局）**

28．加强创新创业引导扶持。深入推进大众创业万众创新，对国家、省、市创新创业大赛获奖企业或团队，按照获奖档次给予最高50万元项目支持。每年面向海内外人才举办高层次人才创业项目征集大赛，对大赛获奖项目在烟落地的，给予最高50万元项目奖励，符合条件参评“双百计划”的，入选后同时享受相应政策待遇。促进创客发展，建立创客自由探索支持机制，对符合条件的创客个人、创客团队项目，给予最高10万元资助。扩大科技创新券服务范围，支持科技型中小微企业购买研究开发、产品设计、知识产权、科技咨询、技术检测等科技创新服务，每家企业每年申请获取创新券总额不超过50万元。对孵化器、初创期科技型企业和创新项目完成引入创业投资的，按引资额的10%、给予最高50万元一次性补助。**（责任部门：市人力资源社会保障局、科技局、市委组织部、市发展改革委、财政局、金融办）**

29．降低科技型中小企业信贷成本。充分发挥政银企联席会议制度作用，专题组织面向科技型中小企业的融资服务活动，建立健全对银行机构支持实体经济的综合考评机制，引导银行机构进一步加大信贷投放力度。鼓励银行机构加强差异化信贷管理，对科技型中小企业实施优惠贷款利率，放宽科技型中小企业不良贷款容忍率至5%。鼓励符合条件的金融机构开展投贷联动、知识产权质押贷款、股权质押贷款、信用保证保险贷款等金融创新业务。对科技型中小企业贷款超过银行同期基准利率部分按一定比例给予贴息，每个项目贴息时间最长不超过2年，每家企业最高贴息100万元。**（责任部门：市金融办、科技局、人民银行烟台市中心支行、财政局、银监分局、保监分局）**

30．强化科技型中小企业融资扶持。由市级财政资金引导、吸引社会资本参与，成立市级科技担保公司，重点为科技型中小企业提供融资担保服务。扩大“科信贷”业务覆盖面和受益面，完善省、市、县三级联动机制，“科信贷”资金池规模扩大到1亿元以上，对银行机构、担保机构、保险机构等为科技型中小企业发放贷款产生的损失，给予最高500万元的信贷风险补偿。**（责任部门：市科技局、财政局、国资委、金融办）**

四、保障措施

（一）强化组织领导。市创新驱动发展工作领导小组要充分发挥统筹协调作用，定期召开会议，研究部署阶段重点任务，及时协调解决工作推进中的困难和问题，强化责任传导，推进工作落实。各成员单位和相关责任部门要围绕任务分工，细化政策措施，研究制定工作方案，明确阶段目标和时间进度，倒排工期，挂图作战，确保按时保质保量完成目标任务。

（二）强化服务提升。按照打造权力事项最少、办事效率最高、政务服务最优“三最环境”的目标，深入推进创新驱动发展“放管服”改革。加快创新服务云平台建设，提供“线上线下”全方位科技服务。扩大高层次人才服务窗口职能范围，加快市、县两级窗口信息化系统建设，努力提供人才办事“不跑腿”或“最多跑一次”的便捷服务。

（三）强化督导考核。量化各项任务目标，纳入全市经济社会发展综合考核指标体系，加大考核权重，凝心聚力落细落实。建立督导通报制度，每月调度一次，每半年通报一次，对工作落实不力的，进行约谈追责。

（四）强化宣传引导。成立政策宣讲团，组织巡回宣讲推介。加强创新舆论宣传，广泛凝聚共识。强化典型引路，开展创新发展“领军人才（团队）”和“领军企业”典型选树工作。大力倡导包容创新、宽容失败的创新文化，广泛倡树尊重人才、鼓励创新的鲜明导向，营造创新驱动发展的良好氛围。

中共烟台市委
烟台市人民政府
2017年9月5日

济宁市创业领军人才集聚计划实施办法

（济人社发〔2017〕36号）

第一章 总 则

第一条 为贯彻落实济宁市委、市政府《关于实施鲁西科学发展高地人才支持计划的意见》（济发〔2016〕25号），推进实施济宁市创业领军人才集聚计划，制定本实施办法。

第二条 济宁市创业领军人才集聚计划，是指围绕高端装备制造、能源化工、信息产业、纺织服装、文化产业、旅游业、现代农业、新材料、医养健康、现代金融等产业领域，到2020年面向海内外引进、培育50名左右带技术、带项目、带资金来我市创办企业的领军人才。

第二章 标准条件

第三条 济宁市创业领军人才应具备以下条件：

（一）拥有自主知识产权或掌握核心技术，能够引领我市相关产业发展，具有良好的市场效益前景；

（二）所创办企业在我市注册成立时间一般为1年（含）以上5年（含）以内，具有独立法人资格，正常缴纳社会保险；

（三）个人所占股权比例不低于总股份的30%，且为企业第一大股东；

（四）所创办企业实际到位资金不低于100万元，或上年度企业主营业务收入不低于500万元。

具备下列条件之一的，优先列入支持范围：创业人才已经拥有至少一项与创业企业主营业务相关的发明专利（或动植物新品种、软件著作权等）的；创业人才已经获得县（市、区）及园区人才工程支持的；创业人才与我市本土企业嫁接合作的；创业企业已经获得社会性资金支持的，包括创业投资机构、银行、其他类型金融机构等。

第四条 经我市推荐入选并在管理期内的国家“千人计划”“万人计划”专家和省泰山学者、泰山产业领军人才以及入选市“511”计划不足5年的，不再申报济宁市创业领军人才集聚计划。

第三章 选拔程序

第五条 创业领军人才选拔按照下列程序进行：

（一）申报推荐。凡符合济宁市创业领军人才集聚计划标准条件的创业人才均可申报。各县（市、区）人力资源社会保障部门受理本辖区内的申报材料，对申报材料进行初审后，择优确定推荐人选，报市人力资源社会保障局，并报送以下材料：

1．《济宁市创业领军人才集聚计划申报书》（附件）；

2．申报书附件材料，包括：推荐人选身份证或护照、学历学位证书、科研创新或技术成果（代表性论著、产品证书、专利证书或技术成果转让使用协议等）、荣誉证书、企业营业执照、公司章程、验资报告、股权构成材料、年度企业财务报表、缴税单、社保缴费证明、经营场所使用证明、商业计划书等复印件；

3．推荐意见（600字左右）。

（二）审查核实。市人力资源社会保障局对推荐人选的资格条件、申报材料的真实性和完备性等进行形式要件审查。申报单位对材料的真实性负责，弄虚作假的，一经查实，取消申报资格。

（三）实地考察。审核通过的，市人力资源社会保障局会同有关部门组织专家实地考察，重点了解考察人选创新创业和企业运营情况，并将申报人选创业情况与申报材料和标准条件互相印证，印证不合格的，当场取消评审资格。

（四）现场答辩。采取个人陈述、答辩提问、讨论评议等方式进行集中现场答辩。

（五）人选推荐。评审专家根据实地考察和现场答辩情况，对人才及团队实力、创业项目科技含量、产业化程度、市场前景等因素进行百分制评分，按照A类95（含）分以上、B类90（含）—95分（不含）、C类80（含）—90分（不含）、D类70（含）—80（不含）分四个等级提出初步人选名单。评分办法另行制定。

（六）结果公示。市人力资源社会保障局将初步人选名单在新闻媒体、门户网站和申报单位进行公示，公示期为5个工作日。

（七）行文公布。市人力资源社会保障局将通过公示的人选名单报市人才工作领导小组研究审定后，发文公布。

第六条 对从市外引进，开发价值特别重大的国际领军创业团队项目，实行“一事一议”，由市人力资源社会保障局会同市委组织部、市财政局组织相关领域专家对申报人才及企业进行现场考察论证后，提请市委、市政府研究确定。

第四章 支持保障

第七条 对入选的创业领军人才，市财政按照A类500万元、B类300万元、C类100万元、D类50万元的标准给予扶持经费，分入选后、中期评估、期满验收三个阶段，按5：3：2的比例拨付。对市委、市政府批准的“一事一议”国际领军创业团队项目，市财政最高给予5000万元资金扶持。扶持经费由市财政于次年在年度预算内拨付，由创业领军人才支配使用，专项用于企业生产、经营、研发、销售等各类支出，不得挪作他用。

第八条 济宁市创业领军人才经我市自主申报入选国家“千人计划”“万人计划”和省“泰山产业领军人才工程”的，经市人力资源社会保障局认定，每入选1人市财政分别给予引才企业30万元、15万元的奖励。对在推动上述入选人才落户我市过程中起到决定性作用的引才中介机构，经市人力资源社会保障局认定，每入选1人市财政分别给予10万元、5万元的奖励；对上述入选人才落地县（市、区），经认定，每入选1人视同分别完成5亿元、2亿元招商引资任务。

第九条 济宁市创业领军人才享受“济宁市高层次人才服务绿色通道”服务，对其居留和出入境、落户、医疗、社保、配偶随调、子女入学等事项，采取“一事一议”“特事特办”的方式提供“一站式”服务。

第五章 管理评估

第十条 对入选的济宁市创业领军人才，实行动态管理，管理期4年。

第十一条 绩效评估。市人力资源社会保障局建立创业领军人才和项目档案，依据《济宁市创业领军人才集聚计划申报书》所列目标任务，分阶段指导、组织开展绩效评估。

（一）年度考核。每年年底，各县（市、区）人力资源社会保障部门组织对创业领军人才及企业进行年度考核，考核结果报市人力资源社会保障局备案。

（二）中期评估。济宁市创业领军人才管理期过半后，市人力资源社会保障局会同相关部门对人才创业情况开展中期评估，评估结果分“合格”“不合格”两个等次。对评估结果为“合格”的，市财政拨付中期扶持经费；对评估结果为“不合格”的，由市人力资源社会保障局提出限期整改要求，整改期间暂停拨付扶持经费，整改到位后市财政再行拨付。

（三）期满验收。管理期满后，由市人力资源社会保障局组织成果验收，验收结果分“优秀”“合格”“不合格”三个等次。对验收结果为“优秀”“合格”的，市财政拨付期满扶持经费，并对验收结果为“优秀”的，市直有关部门在科技立项、创新平台建设等方面给予优先支持；对验收结果为“不合格”的，停止拨付期满扶持经费。因自然灾害、政策变化等不可抗力造成任务目标未完成的，可申请延期一年验收，延期验收结果只能为“合格”或“不合格”两个等次。

（四）绩效评价。市人力资源社会保障局负责编制项目绩效目标，对扶持经费使用总体情况进行绩效评价，评价结果作为预算安排的重要依据。

第十二条 济宁市创业领军人才和创业企业有下列情形之一的，停止发放扶持经费：

（一）创业领军人才及创业企业发生重大变故或调整，不再符合本办法规定条件的；

（二）扶持经费到位后，创业企业经营无明显改善，不能完成申报书所列任务目标的；

（三）不按规定进行年度考核评估，或中期评估、期满验收结果为不合格的；

（四）创业产业化进度严重滞后，企业管理出现重大问题或创业领军人才创业终止的；

（五）存在其他应予停止发放扶持经费行为的。

第十三条 创业领军人才和创业企业有下列情形之一的，按规定追回所拨经费，情节严重的，追究当事人相应责任：

（一）存在严重弄虚作假、违规失信等行为的；

（二）存在被追究刑事责任、违规使用资金、成立空壳企业套取财政资金等情形的；

（三）创业企业账目不清，所拨经费没有用于企业生产、经营、研发、销售等各类支出或者转往市外的；

（四）创业企业发生重大安全事故、重大质量事故、严重环境违法行为以及其他严重违法行为的；

（五）存在其他应予追回所拨经费行为的。

第十四条 济宁市创业领军人才享受我市其他市级人才支持政策的，按照“从优、就高、不重复”的原则执行。

第六章 附 则

第十五条 济宁市创业领军人才集聚计划由市人才工作领导小组统一领导，市人力资源社会保障局负责具体组织实施。

第十六条 本实施办法由市人力资源社会保障局负责解释，自2017年11月20日起施行，有效期至2022年11月20日。

附件：济宁市创业领军人才集聚计划申报书（略）

中共济宁市委组织部
济宁市人力资源和社会保障局
济宁市人才工作领导小组办公室
济宁市财政局
2017年11月20日

济宁市高层次人才服务绿色通道实施办法

（济人社发〔2017〕42号）

第一章 总 则

第一条 为进一步优化人才在济宁创新创业环境、激发创新创业活力，根据全市深化人才发展体制机制改革的总体部署和市委市政府《关于实施鲁西科学发展高地人才支持计划的意见》（济发〔2016〕25号）精神，制定本办法。

第二条 本办法所指高层次人才，是指济宁市从海内外引进或自主培养的各类高层次人才，主要包括海外高层次留学人才、高层次外国专家和国内高层次专业技术人才、高层次经营管理人才、高层次技能人才等。

第三条 本办法所指绿色通道服务，是指济宁市为高层次人才在济宁创新创业提供的出入境和居留、户籍、住房、职称、薪酬、配偶就业、子女入学、医疗保健、旅游、科研等优惠政策和便利服务。

第四条 济宁市为符合条件的引进或培养人才颁发高层次人才绿色通道服务凭证——“圣地人才一卡通”，高层次人才凭“圣地人才一卡通”获得绿色通道服务。

第五条 济宁市高层次人才服务绿色通道建设工作在市人才工作领导小组领导下，由市委组织部、市人力资源社会保障局会同有关部门、单位组织实施。

第二章 服务对象

第六条 符合下列条件之一的高层次人才，可以获得济宁市绿色通道服务：

（一）经市内单位（含中央、省驻济单位，下同）推荐入选国家级重点人才工程及相当层次的高层次人才。主要包括：中国科学院院士、中国工程院院士，中国社会科学院学部委员，国家“千人计划”“万人计划”入选者，“百千万人才工程”国家级人选，“长江学者”，国家有突出贡献的中青年专家，全国杰出专业技术人才，享受国务院特殊津贴专家，中国政府友谊奖获得者，中华技能大奖获得者，全国技术能手，国家级技能大师工作室主要负责人，世界技能大赛金、银、铜牌及优胜奖获得者等。

（二）经市内单位推荐入选省级重点人才工程及相当层次的高层次人才。主要包括：专业技术二级岗位在聘人员，“泰山学者”“泰山产业领军人才”等泰山系列人才工程入选者，“外专双百计划”入选者和入选团队核心成员，山东省有突出贡献的中青年专家，齐鲁友谊奖获得者，山东省留学人员回国创业奖获得者，齐鲁首席技师等。

（三）入选济宁市重点人才工程及相当层次的高层次人才。主要包括：济宁市创新创业领军人才集聚计划入选者，尼山学者，济宁市有突出贡献的中青年专家，孔子友谊奖获得者，济宁市首席技师等。

（四）市内单位引进的从市外入选国家级、省级重点人才工程及相当层次的高层次人才。

（五）市内单位引进的世界500强企业高级管理人员，在重点领域和关键技术岗位上有3年以上工作经历、属于本市急需紧缺专业的博士，具有较好创新创业业绩的正高级职称人才，以及其他经认定的急需紧缺高层次人才。

第七条 本办法所指高层次人才属引进的，引进方式主要包括调动、聘用、在我市领办创办企业等。其中，柔性引进的，每年在济宁工作时间不少于3个月；急需紧缺的，经批准可放宽到不少于2个月。

第三章 服务内容

第八条 出入境、工作许可和居留。对引进高层次人才和团队成员及其随行家属给予签证、居留等便利。经公安部审核批准的持外国护照入境的高层次人才，可申请换发5年多次有效、每次停留不超过180天的R字签证。取消外籍高层次人才来济工作许可的年龄上限，需在中国工作或长期居留的，凭人力资源社会保障、外国专家管理等部门出具的工作许可等证明材料，可申请1年至5年有效的外国人居留证件。符合在华永久居留条件的，可以申请外国人永久居留身份证。

第九条 户籍办理。引进高层次人才及其配偶、未到法定结婚年龄子女要求将户口迁入济宁市的，可以选择在市内合法稳定住所落户。合法稳定住所包括自购商品房、经济适用房、公租房、廉租房及租住的其他商品房；无合法稳定住所的可以选择在工作地集体户落户。

第十条 住房保障。支持市级和各县（市、区）住房保障部门或机构通过新建或购买合适的商品住房作为人才公寓、人才周转房等。来济宁开展项目合作的省级及以上人才工程入选者在工作所在地购买首套住房时，享有本地户籍人员同等待遇。高层次人才未在济宁购买自用住房的，用人单位可为其租用便于生活、工作的住房，或给予一定的租房补助。

第十一条 编制管理。全职引进到济宁市事业单位工作的省级以上重点人才工程人选和急需紧缺的正高级职称专业技术人员、全日制博士研究生（含国家认可的国外博士学位留学回国人员），年龄一般不超过50周岁，可在用人单位编制员额内直接办理入编手续，不受用编进人计划限制；已满编超编的，可先使用事业单位精简压缩等方式收回的编制办理入编手续，待自然减员后，改为占用用人单位编制。

第十二条 职称评定。引进的海外高层次人才首次参加职称评审时，不受本人任职和年限限制，按照业绩、能力、水平可直接申报相应的专业技术职务资格，其海外工作经历、学术和专业技术贡献可作为参评依据。打通高技能人才与工程技术人才职业发展通道，高技能人才可参加工程系列专业技术人才职称评审。

第十三条 岗位聘用。全职引进到济宁市事业单位工作的本办法第六条所列（一）（二）（三）（四）类高层次人才，凭“圣地人才一卡通”不受单位岗位总量和最高等级结构比例限制，可根据资格条件先聘用到相应岗位，再由有关主管部门予以确认。

第十四条 薪酬管理。全职在济宁市事业单位工作的高层次人才，经批准实行年薪制、协议工资制的，其薪酬在管理期内纳入事业单位绩效工资总量管理，但不作为计征调节金基数；高层次人才转化科研成果获得的股权、期权及分红激励，不纳入绩效工资管理。鼓励各地各用人单位通过薪酬补贴、项目资助、生活资助等方式，柔性引进、灵活使用海内外高层次人才。

第十五条 配偶就业。引进高层次人才的配偶一同来济并愿意在济宁就业，全日制硕士研究生以上学历的，由组织、人力资源社会保障部门按有关规定在机关或事业单位中协调安排工作；全日制本科学历的，原则上由组织、人力资源社会保障部门在与其原工作单位同性质的单位中协调安排工作；其他学历层次的，用人单位根据有关政策规定妥善安排工作。暂时无法安排的，用人单位可以按照所在县（市、区）城镇居民最低工资标准的2倍，以适当方式为其发放生活补贴，最多发放3年。

第十六条 子女入学。在我市工作的国家“千人计划”“万人计划”专家和省泰山学者、泰山产业领军人才，其子女就读或转入就读我市学前教育、义务教育、高中教育阶段学校的，可以根据本人意愿到我市公办学校（幼儿园）就读，由市教育行政部门负责协调；我市引进的其他高层次人才，其子女可申请在本人户籍所在地或工作单位所在地就读，由市教育行政部门统筹协调，当地教育行政部门根据有关规定和实际情况就近落实具体学校。

第十七条 医疗保健。在市内三甲医院开辟高层次人才就医绿色通道，高层次人才凭“圣地人才一卡通”可获得预约就诊、专家诊疗服务。为本办法第六条所列第（一）类高层次人才和省泰山学者、泰山产业领军人才配备服务专员，提供个性化服务。有意愿办理保健证的高层次人才，由用人单位提出申请，市卫生计生部门按规定办理保健证，凭证可到保健定点医疗机构就诊，费用按原渠道解决。

第十八条 社会保险。高层次人才申请办理各项社会保险关系转移接续的，各级社会保险经办机构应为其提供预约服务，受理材料后即时审核、限时办结。在济宁注册的引进院所、单位长期派驻高层次人才可以按有关规定在济宁缴纳“五险一金”，享受本地相关政策待遇。引进的海外高层次人才可纳入本地养老保险体系。

第十九条 交通服务。高层次人才在高铁曲阜东站、济宁站、兖州站乘车时，凭“圣地人才一卡通”、本人有效身份证件和当日当次火车票，本人、直系亲属和其他直接陪同人员可享受绿色通道服务；在市内机场乘机时，凭“圣地人才一卡通”、本人有效身份证件和当日当次机票，本人、直系亲属和其他直接陪同人员享受优先登机、VIP候机等服务；在济宁城区可免费乘坐公交车；在机动车注册登记、驾照申领审验、车辆年检时，可通过济宁公安手机APP预约，免排队叫号，由工作人员引导优先办理。

第二十条 旅游服务。高层次人才在济宁市内3A级及以上景区、国家森林公园，凭“圣地人才一卡通”免费进入景区。本办法第六条所列（一）（二）（三）（四）类高层次人才的直系亲属可随同免费进入景区。

第二十一条 健身服务。高层次人才在使用我市各级体育部门所属自主经营管理的公共体育场馆健身时，凭“圣地人才一卡通”可享受免费入场健身服务。

第二十二条 休假疗养。高层次人才优先受邀参加各级各部门组织的专家休假活动。按照国家、省、市重点人才工程政策享受休假疗养待遇。

第二十三条 工商服务。高层次人才申请工商注册服务时，凭“圣地人才一卡通”享受绿色通道服务，即时审核、限时办结。

第二十四条 税务服务。高层次人才凭“圣地人才一卡通”按规定享受相关税收优惠政策待遇。

（一）高层次人才创办企业在申报办理税务登记时，可优先办理。办理其他涉税事项时，可享受纳税绿色通道服务，优先办理各项纳税事宜，税务部门为其提供预约服务、“一对一”个性化咨询等。

（二）对经省人才工作领导小组确认的各类高层次人才取得的一次性补助，免予征收个人所得税；引进的外籍高层次专家、学者等海外高层次人才，以非现金形式或实报实销形式取得的住房补贴、伙食补贴、搬迁费、洗衣费，按合理标准取得的境内、境外出差补贴以及税务机关审核批准合理的探亲费、语言训练费、子女教育费等暂免征收个人所得税。

（三）购买机动车时，留学回国的高层次人才可凭我国驻外使领馆开具的《留学回国人员证明》，免征1辆自用国产小汽车车辆购置税。

第二十五条 海关服务。高层次人才进出境时，海关依据海关总署相关规定给予通关便利。

（一）海关指定专门机构和人员及时办理高层次人才个人进出境物品备案、验放等手续。对在节假日或者非正常工作时间以分离运输、邮递或者快递方式进出境的物品，有特殊情况需要及时验放的，海关可以预约加班，在约定的时间内为其办理物品通关手续。

（二）回国定居或来华工作连续1年以上（含1年）的引进人才可免税进境合理数量范围内的下列科研、教学物品：科学研究、科学试验和教学用的少量的小型检测、分析、测量、检查、计量、观测、发生信号的仪器、仪表及其附件；科学研究和教学必需的少量的小型实验设备；各种载体形式的图书、报刊、讲稿、计算机软件；标本、模型；教学用幻灯片；实验用材料。

（三）回国定居或来华工作连续1年以上（含1年）的引进人才可免税进境合理数量范围内的以下自用物品：首次进境的个人生活、工作自用的家用摄像机、照相机、便携式收录机、便携式激光唱机、便携式计算机每种1件；日常生活用品（衣物、床上用品、厨房用品等）；其他自用物品（国家规定应当征税的20种商品除外）。

第二十六条 科研服务。在不涉及国家秘密或商业秘密的前提下，高层次人才可在市政府管理的平台免费查阅资料，在科研创新中使用仪器产生的费用，由高层次人才合作企业提出申请，按《济宁市“创新券”补贴实施细则》规定优先给予支持。儒学研究高端人才可根据工作需要免费进入“三孔”“两孟”等儒学历史文化遗产、遗迹考察调研，查阅孔府档案馆藏。

第二十七条 金融服务。相关金融机构、保险机构和外汇管理机构为高层次人才提供绿色通道服务。

（一）高层次人才在市内指定商业银行、商业保险机构凭“圣地人才一卡通”享受绿色通道窗口或预约专员服务。

（二）各级外汇管理部门、银行业金融机构为高层次人才设立的外商投资企业优先开立外汇资本金账户、经常项目外汇账户，提供外汇资本金结汇等服务，优先办理贸易项下进出口托收、信用证、汇款等业务。

（三）高层次人才来济宁市设立的外资、合资、合作企业取得的人民币利润，或在济宁市工作期间取得的合法人民币收入，或需对外支付的进口货款和私人汇款，可按有关规定到银行办理汇兑手续及相关金融服务。

第二十八条 政策宣传支持。高层次人才优先受邀参加市内各级各部门组织的人才支持政策宣传活动。申报新的国家级、省级、市级重点人才工程时，享受人才服务专员“一对一”政策推介和咨询服务。

第二十九条 产业环境考察。高层次人才优先受邀参加市内各级政府或相关部门、机构组织的产业环境考察活动。

第三十条 合作项目推介。高层次人才优先受邀参加各类人才交流、联谊活动，优先获得相关企业创新创业项目需求汇编，优先享受重点对接交流项目推介服务。

第四章 圣地人才一卡通

第三十一条 高层次人才经以下程序取得“圣地人才一卡通”：

（一）直接颁发。属本办法第二章第六条所列第（一）（二）（三）类高层次人才的，由市人力资源社会保障局根据重点人才工程人选公布文件和高层次人才基本信息直接颁发“圣地人才一卡通”。

（二）审核颁发。属本办法第二章第六条所列第（四）类高层次人才的，经市人力资源社会保障局审核后颁发“圣地人才一卡通”。

（三）评审颁发。属本办法第二章第六条所列第（五）类高层次人才的，经市人力资源社会保障局组织综合评审后颁发“圣地人才一卡通”。

属本办法第二章第六条所列第（四）（五）类高层次人才的，由高层次人才所在（引进）单位为其填写《济宁市高层次人才审核（评审）认定申报表》，并提供相关证明材料，经所在县（市、区）人力资源社会保障部门审核后报市人力资源社会保障局，中央、省属驻济企事业单位、市属企事业单位直接报送市人力资源社会保障局，市人力资源社会保障局审核或组织评审后，向其颁发“圣地人才一卡通”。

第三十二条 已获得山东省高层次人才绿色通道服务凭证的我市高层次人才不再办理“圣地人才一卡通”，凭山东省高层次人才绿色通道服务凭证享受本办法规定的绿色通道服务。

第三十三条 “圣地人才一卡通”仅限高层次人才本人使用。个人信息变化的，用人单位应及时上报变更，对已办理退休手续或不在济宁继续工作的，聘用单位应在10个工作日内报市人力资源社会保障局并交回“圣地人才一卡通”。

“圣地人才一卡通”实行动态管理。高层次人才有违法、违纪或违反其他相关规定行为以及列入征信系统“黑名单”的，由所在（引进）单位向同级服务窗口提出意见，报市人力资源社会保障局同意后，收回“圣地人才一卡通”，取消其享受绿色通道服务资格。

第三十四条 “圣地人才一卡通”设定高层次人才服务绿色通道待遇享有期限。市级重点人才工程设置管理期的，入选高层次人才按管理期享受绿色通道待遇，其中属引进人才的，按照高层次人才与用人单位的工作合同或工作协议确定的合同期限享受绿色通道待遇；无管理期的，高层次人才服务绿色通道待遇享有期限一般为6年。入选国家级、省级重点人才工程的，不设享受绿色通道待遇期限。另有规定的从其规定。

第五章 服务机构

第三十五条 市委组织部、市人力资源社会保障局负责全市高层次人才服务绿色通道的建立运行和协调指导，会同市直有关部门确定服务事项并组织实施，积极构建职责明确、运转协调、服务周到、便捷高效的高层次人才服务绿色通道体系。

第三十六条 市人力资源社会保障局设立“济宁市高层次人才服务窗口”，负责“圣地人才一卡通”的申报受理、制作发放和日常管理，综合协调各有关部门和单位畅通绿色通道服务，推进落实人才政策待遇。各县（市、区）人力资源社会保障部门应设立“高层次人才服务窗口”，按照属地服务原则，为本区域的高层次人才落实绿色通道待遇。

第三十七条 建立市高层次人才服务绿色通道联席会议制度。联席会议由市委组织部牵头，市人力资源社会保障局具体组织，成员由本规定所列服务项目的市级主管部门组成，负责统筹协调高层次人才服务绿色通道相关事宜。联席会议根据工作需要召开。

第三十八条 高层次人才服务绿色通道联席会议各部门，应对本规定所列服务事项及时制定具体实施细则，明确落实措施、办理流程、办结时限和具体责任人。按照分级负责的原则，指导县（市、区）对口部门和服务事项具体承接单位落实好高层次人才绿色通道服务事项。

第六章 服务保障

第三十九条 建立高层次人才服务专员制度。在各级高层次人才服务窗口、服务事项主管部门、服务承接单位（机构）和高层次人才所在单位配备服务专员，负责为高层次人才提供政策咨询、待遇落实、人文关怀、创新创业等“保姆式”“一对一”服务。全市各级各部门高层次人才服务专员由市高层次人才服务窗口统一管理，并在市人力资源社会保障局门户网站上公示。

第四十条 建立绿色通道服务评估制度。市委组织部、市人力资源社会保障局定期对各县（市、区）、各部门和用人单位的高层次人才服务工作进行评估，并向市人才工作领导小组办公室报送工作情况、评估情况和意见建议。各级各部门高层次人才服务绿色通道建设纳入人才工作考核。

第四十一条 建立绿色通道服务项目动态调整机制。市委组织部、市人力资源社会保障局会同市直有关部门积极完善全市高层次人才绿色通道服务事项目录，不断丰富绿色通道服务内容。新增服务事项报市人才工作领导小组同意后向社会公布。对经市人才工作领导小组批准新纳入服务目录的事项，市直主管部门应及时制定具体实施细则向社会公布，并报市高层次人才服务窗口备案。

第四十二条 健全完善绿色通道网络支持平台。市人力资源社会保障局在局门户网站设立济宁市高层次人才网上服务专区，集成市、县（市、区）高层次人才服务资源，打造互联互通、资源共享的“一站式”网上服务平台。

在济宁市高层次人才服务窗口开通“绿色通道服务专线”，实时受理高层次人才反映的绿色通道落实问题，对人才提出的投诉事项，建立按责转办、限时办结、逐一反馈、回访督导的办理机制。

第四十三条 落实经费保障。各级财政部门应安排经费保障高层次人才服务工作开展，各有关单位要严格按规定管理和使用专项工作经费，确保专款专用。

第七章 附 则

第四十四条 各县（市、区）可以结合本地实际，制定具体实施办法。

第四十五条 本办法由市委组织部、市人力资源社会保障局负责解释，自2017年12月19日施行，有效期至2022年12月18日。

中共济宁市委组织部
济宁市人力资源和社会保障局
济宁市教育局
济宁市公安局
济宁市财政局
济宁市卫生和计划生育委员会
2017年12月19日

中共河南省委 河南省人民政府关于深化人才发展体制机制改革加快人才强省建设的实施意见

（豫发〔2017〕13号）

人才是经济社会发展的第一资源。为深入贯彻《中共中央印发〈关于深化人才发展体制机制改革的意见〉的通知》（中发〔2016〕9号）精神，全面落实省第十次党代会精神，深入实施人才优先发展战略，加快推进人才发展体制机制改革，最大限度激发人才创新创造创业活力，结合我省实际，提出如下实施意见。

一、总体要求和主要目标

1．总体要求。深入贯彻习近平总书记系列重要讲话精神和治国理政新理念新思想新战略，深入贯彻习近平总书记调研指导河南工作时的重要讲话精神，全面落实创新、协调、绿色、开放、共享的发展理念，践行聚天下英才而用之的战略思想，树立大人才观，围绕打好"四张牌"和建设经济强省、打造"三个高地"、实现"三大提升"，聚焦经济社会发展重大需求、产业企业做强做优现实需要、人才创新创业突出问题，着力破除束缚人才发展的思想观念和体制机制障碍，健全完善全链条育才、全视角引才、全方位用才的发展体系，加快构建具有河南特色和更具竞争力的人才制度优势，为决胜全面小康、让中原更加出彩提供坚实人才保障。

——解放思想、改革创新。坚持市场导向和改革取向，借鉴先进经验，打破传统定势，加快转变政府人才管理职能，推进简政放权，落实用人主体自主权，形成有利于人才集聚和发挥作用的制度环境。

——聚焦问题、精准施策。突出问题导向，纠正人才管理中存在的行政化、"官本位"倾向，针对不同领域、不同行业人才发展特点，坚持从实际出发，具体问题具体分析，把握关键，分类施策，增强改革的系统性、协同性、精准性。

——开放灵活、以用为本。坚持不求所有、但求所用，不求所在、但求所为，创新方式、完善政策，搭建舞台、专兼结合，不唯地域、不拘一格集聚各方英才，确保人才引得进、留得住、流得动、用得好。

——发挥优势、务求实效。充分发挥区位交通、产业基础、人力资源、历史文化等优势，广泛集聚国内外人才，提升人才特色品牌效应，加速人才链、创新链、产业链深度融合，强化人才对经济社会发展支撑作用。

2．主要目标。到2020年，在人才发展体制机制改革的重要领域和关键环节上取得突破性进展，人才管理体制更加灵活高效，人才评价、流动、激励更加科学完善、富有活力，人才引进、培养、使用更加开放包容、精准适用，人才创新创造创业活力充分迸发，全社会识才爱才敬才用才氛围更加浓厚，人才发展对加快河南现代化建设的融合度和贡献率明显提升，基本建立与建设经济强省、打造"三个高地"、实现"三大提升"相适应的人才发展治理体系，基本形成人人皆可成才、人人尽展其才的制度环境和社会环境。

二、健全更加灵活高效的人才管理体制

3．推动人才管理部门简政放权。强化政府人才宏观管理、政策法规制定、公共服务、监督保障等职能，下放人才管理行政审批权限，消除对用人主体的过度干预。建立人才管理服务权力清单、责任清单，清理规范人才招聘、评价、流动等环节中的行政审批和收费事项，将职权的行使主体、办理流程、办结时限和监督方式等向社会公布，并健全问责机制。大力发展专业性、行业性人才市场，放宽人才服务业准入限制，积极培育人才中介组织、高端人才猎头等专业化服务机构，推进重大人才招聘、培训和测评等服务外包。以法治思维和法治方式推进人才发展，修订完善河南省人才流动条例等，清理不合时宜的人才管理法规和政策性文件。

4．全面落实用人主体自主权。充分发挥用人主体在人才培养、引进和使用中的主导作用，研究制定全面落实国有企业、高校、科研院所等企事业单位用人自主权的具体办法。创新事业单位编制管理方式，对高校、公立医院和其他符合条件的公益二类事业单位逐步实行备案制管理，并完善相关配套政策措施。在新设立的公立医院探索开展员额制管理试点。高校、科研院所、公立医院在编制限额内，自主引进博士研究生和副高级职称以上高层次人才，编制、人力资源社会保障等主管部门不再进行前置备案和审批，引进人才到岗后向相关部门备案。完善人才编制使用管理办法，每年核定一定数量人才编制，用于引进高层次人才，简化程序，特需特办。在省属大学开展下放高校人事管理权限试点，全面落实岗位设置、公开招聘、职称评审、薪酬分配、人员调配等方面的自主权。科研院所可在核定机构编制限额内自主设置内设机构和下属单位，调剂使用编制，报机构编制部门备案。

5．深化人才分类评价和职称制度改革。树立以品德、能力和业绩为主要标准的评价导向，研究制定人才分类评价办法，基础研究人才评价以同行学术评价为主，应用研究和技术开发人才评价突出市场和社会评价，哲学社会科学研究人才评价重在同行认可和社会效益。加快建立多元化人才评价体系，引入第三方专业机构开展人才评价。深化职称制度改革，发挥用人主体在职称评审中的主导作用，在郑州大学、河南大学、省农业科学院、省社会科学院、省科学院开展职称晋升"以聘代评"试点，根据规定自主设置岗位，自主确定岗位结构比例，建立竞岗聘任、能上能下、动态调整的专业技术职务聘用制度。合理界定和下放职称评审权限，在有博士学位授予权的本科院校和有条件的省属科研单位可自主评审主系列相应学科（专业）正高级及以下职称；在有硕士学位授予权的本科院校和管理规范、技术领先的企业及有条件的文艺院团，可自主评审主系列相应学科（专业）副高级及以下职称。扩大省辖市职称评审权，中小学教师、基层卫生计生系列副高级职称下放省辖市评审，逐步下放正高级职称评审权限。完善职称评审绿色通道，对引进的高层次人才、急需紧缺人才及业绩特别突出的人才，可不受单位结构比例和岗位限制，通过专设职数、特设岗位等多种方式评聘专业技术职务；对符合条件的海外归国高层次人才，可直接考核认定高级专业技术职务。在部分专业性密切相关的职业领域打通职业资格与职称制度的贯通渠道，对业内认可度较高的部分职业资格开展考核认定高级专业技术职务工作。探索不将职称作为申报科研项目和人才计划的限制性条件。

6．加快建设人才管理改革试验区。在郑洛新国家自主创新示范区、中国（河南）自由贸易试验区、郑州航空港经济综合实验区建设人才管理改革试验区，推进人才政策先行先试，着重在人事管理制度、人才引进培养、评价激励、流动配置、服务保障等方面开展制度创新，为全省人才发展体制机制改革提供可复制、可推广的经验。加快推进郑洛新国家自主创新示范区建设，在科研人员激励、科研机构评价、科研管理改革等重点难点领域大胆探索，推动重大前沿领域跨学科交叉融合、创新要素开放共享、多主体协同创新，最大程度激发科研人员创新创造能力。以中国（河南）自由贸易试验区为依托，积极申建海外人才离岸创新创业基地，搭建与国际规则接轨，具有引才引智、创业孵化、专业服务保障等功能的国际化综合性创业平台，营造“类海外”人才发展环境。深入推进中国郑州航空港引智试验区建设，实施更具竞争力的高端人才引进使用政策，重点围绕航空设备制造维修、与航空关联的高端制造业和现代服务业等集聚各类专业人才，打造国内一流人才高地。鼓励和支持各地开展人才管理改革试验探索。

三、构建更具竞争力的人才集聚机制

7．大力引进重点领域高层次和急需紧缺人才。聚焦“三区一群”（郑州航空港经济综合实验区、郑洛新国家自主创新示范区、中国（河南）自由贸易试验区和中原城市群）等国家战略规划实施和战略平台建设，突出“高精尖缺”导向，坚持招才引智与招商引资、产业发展相统一，瞄准重点产业、重点领域和优势学科，统筹实施高层次人才重大工程，着力引进诺贝尔奖获得者、国家最高科学技术奖获得者、两院院士、发达国家院士等顶尖人才，国家“千人计划”“万人计划”入选者、国家杰出青年科学基金获得者、长江学者、国家重大科技成果第一完成人、全国杰出专业技术人才和“百千万工程”国家级拔尖人选等高端人才，拥有关键核心技术、能够带动产业转型的产业领军人才和团队；精准引进通晓国内外金融规则、善于资本运作的金融人才和团队，在文化创意、演艺运作等方面有所专长的文化产业人才，引领创新创业、具有全球战略眼光和社会责任感的优秀企业家、职业经理人；注重引进互联网跨界融合、大数据、智能制造、国际贸易、现代物流、电子商务、旅游运营、生态环保、现代农业、城市规划等重点领域人才。建立重点领域、重点产业人才需求预测预警机制，定期发布高层次和急需紧缺人才引才目录。

8．新开放务实柔性引才引智方式。把柔性引才引智作为聚才用才的重要方式，通过兼职挂职、技术咨询、项目合作、客座教授、医师多点执业、“星期天工程师”等多种形式，大力汇聚人才智力资源。发挥高端人才猎头、行业协会、驻外机构和“人才特使”等引才作用，建立人才工作海外联络站和“北上广深”人才工作站，构建国际化引才服务网络。实施乡情引才工程，以河南籍和在河南工作过的高端人才为重点，开展院士中原行、豫籍专家看河南、中原智库论坛、高端人才峰会等活动，打造招才引智品牌。建立“不看时间重业绩”的柔性引才评价激励办法，对柔性引进人才，视业绩贡献可与本地同类人才在职称评审、领办创办科技型企业、表彰奖励、科研立项、成果转化、生活待遇、医疗保障等方面享受同等待遇。鼓励高校、科研院所建立“人才驿站”，为引进人才到企业工作或自主创业提供身份、薪酬管理等基本保障，解除后顾之忧。每年评选一批柔性引才引智先进单位，省财政给予每个单位不低于100万元的引才补贴。

9．实行更具吸引力的人才引进措施。对全职引进和我省新当选的院士等顶尖人才，省政府给予500万元的奖励补贴，其中一次性奖励300万元，其余200万元分5年逐年拨付。对院士等顶尖人才，在岗期间用人单位可给予不低于每月3万元的生活补贴；对国家“千人计划”“万人计划”入选者、国家杰出青年科学基金获得者、长江学者等高端人才，在岗期间用人单位可给予不低于每月2万元的生活补贴。省财政设立中原院士基金，用于对院士等顶尖人才和国家“千人计划”“万人计划”入选者等高端人才的科研经费支持等，经评估根据实际需要确定资助额度，用人单位可给予一定比例配套支持。对产业领军人才和团队带项目、带技术、带成果来豫创新创业和转化成果的，经评估由省级政府引导基金给予不超过全部股权20%的基金支持，当地政府可在土地保障、平台建设、科研项目等方面给予重点支持。对能创造重大经济效益和社会效益或带动重大创新平台落户的创新创业团队，一事一议，特事特办。

实施“金融豫军”人才集聚工程，对市场化选聘的金融人才实行市场化薪酬待遇，允许地方金融投资类企业对市场化选聘的金融人才探索实行股权期权激励。支持文化产业领军人才、高端创意人才和文化名家领衔文艺创作、文化工程项目等，对公益性项目择优纳入财政专项资金支持范围；对创业类项目由省文化产业发展基金、现代服务业发展投资基金、战略性新兴产业发展投资基金等给予支持。制定高层次人才认定标准和办法，对现有高层次人才，享受与引进高层次人才同等待遇，按“就高不重复”原则享受支持政策。加大高层次人才标志性成果奖励力度，对在基础研究、战略高技术研究、重要公益研究等方面作出突出贡献的给予重奖。鼓励和支持各地各单位根据实际情况，大胆探索引才引智的优惠政策，加快推进“智汇郑州”“河洛英才”等地方引才引智项目。

10．发挥创新创业平台聚才用才主体作用。强化国家和省级重点实验室、工程实验室、协同创新中心、制造业创新中心、企业技术中心、工程研究中心、工程技术研究中心、省优势特色学科、博士后科研流动站（工作站）及产业技术创新联盟等高层次创新创业平台集聚人才作用，将引才用才情况作为平台绩效评估、考核评价和项目申报重要指标。支持“世界500强”“中国500强”企业及国内外知名大学、研发机构来豫设立全球性或区域性分支机构、研发中心、结算中心、数据中心等，集聚一批高级管理人才和技术研发人才。支持省内企业跨国并购优质品牌、技术、人才、管理等高端要素，在境外设立研发中心、分支机构、孵化载体等，积极开发利用海外人才智力资源。激励企业发挥聚才用才主体作用，对引进高层次人才发生的工资薪金，当地财政可视企业年度新增贡献情况给予适当补助。企业引进博士研究生和副高级职称以上高层次人才，支付的一次性住房补贴、安家费、科研启动经费等费用，可按规定在计算企业所得税前扣除。国有企业引进高层次、高技能人才产生的专项投入成本可视为当年考核利润。

11．全方位提升人才服务保障水平。在政府行政服务中心设立“一站式”人才服务窗口，在办理人事关系、社保医疗、住房安居、配偶就业、子女入学、工商注册、创业扶持等方面简化程序，提高效率。坚持部门联动，优化事业单位引进人才工作流程，实行限时办结，编制、人力资源社会保障等每个相关职能部门从受理到办结时间不超过10个工作日。完善便于人才跨地区、跨行业、跨体制流动的社会保险关系转移接续办法，用人单位在为引进人才办理各项社会保险的基础上，可为引进人才购买商业补充保险。完善高层次人才和特殊一线人才医疗保健制度。鼓励各地建设人才公寓，支持高校、科研院所利用自有存量国有建设用地建设高层次人才周转公寓和外国专家公寓，或给予引进人才一定的住房补贴。设立国际学术交流绿色通道，简化程序，加快办理；特殊情况需持普通护照出国执行学术交流合作任务的，可按组织人事管理权限予以审批。积极争取扩大外籍高层次人才申请办理R字签证（人才签证）范围，经认定的外籍高层次人才，无签证或持非R字签证来我省的，允许其在抵达口岸后申请R字签证，入境后根据工作需要和有关规定办理居留许可。完善永久居留证申报渠道，对入选国家“千人计划”、河南省海外高层次人才引进计划（简称“中原百人计划”）的外籍高层次人才及其配偶和未满18周岁未婚子女，根据本人意愿，可直接通过有关部门向国家部委推荐申报永久居留证。

四、完善经济社会发展需求导向的人才开发机制

12．改进高等教育人才培养模式。支持国内外知名大学来豫合作建设高水平大学，加速实现高等教育局部高端突破，构建开放式、国际化人才培养体系，提升高校创新型人才培养能力。对合作双方大学选派的学科带头人等高层次教育人才，提供更具竞争力的薪酬和待遇，在项目申报、职称评聘、人才评价等方面优先支持，符合条件的聘为河南省特聘教授，贡献突出的外籍教师可授予黄河友谊奖。提高来豫留学博士生奖学金和博士后安家费标准，在现有财政安排博士后安家费基础上，高校可对博士后安家费再予补助。持续实施优势特色学科建设工程，抓住国家推进一流大学和一流学科建设战略部署的重大机遇，加快高水平大学和特色骨干大学建设，对入选国家“世界一流大学”“世界一流学科”建设工程的，省财政按国家资助标准1：1配套支持。健全高校学科专业动态调整机制，推进部分普通本科高校转型为应用技术型高校，强化教育与产业对接、专业和职业对接，促进人才培养、社会需求和就业的良性互动。鼓励高校、科研院所设立一定比例流动岗位，吸引有创新创业实践经验的企业家、科研人员和天使投资人担任创业导师或研究生导师。在全省高校建设一批创新创业学院和教育实验班，大力开展创业教育，实行弹性学制，允许学生休学创业或在校创办企业。

13．加大创新型科技人才培养支持力度。深入实施省级重大人才培养工程，整合优化各类人才项目，推动人才工程项目与各类科研、基地计划相衔接，建立相互配套、覆盖人才不同发展阶段的梯次资助体系。更大力度实施“中原百人计划”，增设外专项目、短期项目、青年项目等，实现申报工作常态化，不断优化引才结构。参照国家“万人计划”，整合设立河南省高层次人才特殊支持计划（简称“中原千人计划”），用5—10年左右时间，有计划、有重点地遴选支持1000名左右自然科学、工程技术、哲学社会科学和高等教育领域的杰出人才、领军人才和青年拔尖人才等，打造中原人才系列品牌，形成与“中原百人计划”引进海外高层次人才相互衔接的本土高层次创新创业人才开发体系。制定基础研究人才培养长期稳定支持办法，健全竞争性经费与稳定支持经费相协调的投入模式，适当延长基础研究人才考核周期。依托重大科技基础设施、创新平台和项目建设，构建科学、技术、工程专家协同创新机制，培育造就一批创新型科技领军人才。健全重大科研项目专家领衔制度，依法赋予创新领军人才更大人财物支配权、技术路线决定权。为有潜力成长为院士的中原学者设立科学家工作室，实行有针对性的特殊支持政策。拓宽国有企业科研人员晋升渠道，鼓励设立首席研究员、首席工程师等专业技术岗位，给予其具有市场竞争力的薪酬待遇。积极推荐我省专家进入国际性或全国性学术团体和各级评审机构专家委员会。推动军民创新资源共享，鼓励军地共建技术研发中心，建立军地人才、技术、成果转化对接机制。

14．提升技术技能人才优势。推广企业和职业院校工学结合、校企合作的“双主体”技术技能人才培养模式，推行招工即招生、入企即入校、企校双师联合培养的企业新型学徒制，加快构建现代职业教育体系，大力培养支撑河南制造、河南创造的技术技能人才队伍。加强技师、高级技师培养，支持企业设立首席技师岗位，建设技能大师工作室，鼓励优秀技术技能人才参加世界技能大赛等国际性大赛，培养大批“大国工匠”和“金蓝领”，打造“中原名匠”品牌。对新获得“中华技能大奖”和“全国技术能手”的高技能人才，省财政分别给予每人5万元和2万元的一次性奖励，当地和用人单位相应给予一定奖励，纳入省优秀专家、享受国务院政府特殊津贴等评选推荐范围。提高技术技能人才待遇，研究制定技术技能人才激励办法，试行高技能人才年薪制和股权、期权制。健全高技能人才与工程技术人才职业发展贯通机制，对取得国家相应等级职业资格证书并受聘的高级工、技师、高级技师，比照助理工程师、工程师、高级工程师给予相应的福利待遇。探索建立特级技师制度，相关待遇参照教授级高级工程师执行。健全以新型职业农民为主体的农村实用人才培养机制，在创业补贴、孵化机制、金融服务等方面给予精准支持，带动培育大批适应现代农业发展需要的青年农场主、农业职业经理人、“土专家”和“田秀才”。支持省新型职业农民培养基地建设。鼓励各地研究出台各类农村实用人才评定标准和奖励办法。

15．优化企业家健康成长环境。实施经营管理人才素质提升工程，通过民企与国企双向挂职、国内外高端培训交流、行业企业观摩学习等方式，培养大批懂经营、善管理、具有国际化视野的优秀企业家。坚持组织选拔和市场选聘相结合，加强国有企业领导人员队伍建设，造就一支对党忠诚、勇于创新、治企有方、兴企有为、清正廉洁的高素质国有企业领导人员队伍，合理提高国有企业市场化选聘经营管理人才选聘比例，开展选聘和管理试点。探索推行职业经理人制度，研究制定在国有企业建立职业经理人制度的实施意见，畅通现有国有企业经营管理人才与职业经理人身份转换通道。对市场化选聘的职业经理人实行市场化薪酬分配机制。把握民营企业家代际交接的阶段特征，强化对“创二代”经营管理人才的培养培训，鼓励和支持民营企业选聘职业经理人。注重小微企业创业者能力培养，加大政府购买培训服务，提供高水平、普惠性创业指导。

鼓励支持各地和各行业领军企业、创业投资机构、社会力量参与建设众创空间、星创天地、科技企业孵化器、大学科技园等，采取“平台+创投+市场”模式，为创业者提供低成本、便利化、全要素、开放式成长环境。依法保护企业家财产权和创新收益，建立“亲”“清”的新型政商关系，进一步营造尊重、关怀、宽容、支持企业家的社会文化环境。

16．加强青年人才战略储备。完善青年人才普惠性支持措施，在重点人才工程项目中设立青年专项，加大青年科技人才、骨干教师、医生、社科人才、企业家、法官检察官等培养支持力度。对培养引进的国家“千人计划”青年项目入选者、“万人计划”青年拔尖人才、国家优秀青年科学基金获得者、“长江学者奖励计划”青年学者、文化名家暨“四个一批”青年文化人才等青年英才，省市财政按照国家资助标准给予1∶1配套。提高省自然科学基金青年人才项目资助比例，延长考核周期。鼓励高校、科研院所和企业设立博士后科研流动站（工作站）和研发基地，积极推荐研发能力强、产学研结合成效显著的博士后科研工作站申报独立招收博士后研究人员。实施“名校英才入豫”计划，吸引名校全日制应届硕士以上毕业生来我省工作，当地和用人单位可给予适当生活补贴，提高青年人才待遇保障。

五、强化促进创新创业的人才激励机制

17．赋予创新主体成果转化和科研经费自主权。全面保障和落实高校、科研院所科技成果使用、处置和收益管理自主权，除事关国防、国家安全、国家利益、重大社会公共利益外，行政主管部门不再审批或备案，并按规定实施科技成果转化风险免责政策。高校、科研院所将科技成果以技术转让或许可方式实施转化所得净收入，其研发团队可按不低于70%的比例取得；以作价投资实施转化形成的股份或出资比例，其研发团队可按不低于70%的比例取得。鼓励在豫高校、科研院所的科技成果就地转化，经评估后地方政府可给予适当支持。允许国有企业在科技成果转化实现盈利后，连续5年，每年提取不高于30%的转化利润，用于奖励核心研发人员、团队成员及有重大贡献的科技管理人员。担任领导职务的科研人员是科技成果主要完成人，或对科技成果转化作出重要贡献的，按照有关规定获得转化收益，实行公开公示制度。改进科研项目结转结余资金使用管理，项目年度剩余资金可结转下一年使用；项目完成并通过验收后，结余资金在2年内由项目承担单位统筹安排用于科研活动的直接支出，未使用完的，按规定收回。高校、科研院所以市场委托方式取得的横向经费，纳入单位财务统一管理，由项目承担单位按照委托方要求或合同约定管理使用。探索实行哲学社会科学研究成果后期资助和事后奖励机制。高校、科研院所差旅会议管理不简单比照机关和公务员，可根据工作需要合理制定差旅费和业务性会议管理办法。实行有利于人才创新和规范管理的经费审计方式。

18．支持人才兼职科技服务或离岗创业。高校、科研院所科研人员在履行岗位职责且不损害本单位利益的前提下，经所在单位同意，可兼职从事科技成果转化、技术攻关等活动，所得报酬按照规定计缴个人所得税后归个人所有。研究制定规范高校、科研院所领导人员兼职及取酬的具体办法。高校、科研院所科研人员经所在单位同意，离岗创办企业或到企业开展科技成果转化的，5年内保留人事关系和基本工资，并享有参加职称评审、岗位等级晋升、社会保险等方面的权利；5年内返回原单位的，单位按原聘专业技术职务做好岗位聘任工作。兼任管理岗位职务的，应在辞去管理岗位职务后以科研人员身份离岗创业。

19．探索体现人才价值的薪酬和股权期权激励办法。实行以增加知识价值为导向的分配政策，国有企事业单位引进或聘用高层次人才、急需紧缺人才，可实行协议工资、项目工资和年薪制，所需薪酬不受单位工资总额和绩效工资总量限制。对市场化选聘的职业经理人和对企业发展起关键核心作用的科研人员、经营管理人员、业务骨干，可采取股权奖励、股权出售、股票期权、分红激励、绩效奖励、增值权奖励等方式实施激励。优先支持人才资本和技术要素贡献占比较高的转制科研院所、高新技术企业、科技服务型企业开展员工持股试点。对高校、科研院所以科技成果作价入股的企业，逐步放宽股权激励、股权出售等对企业设立年限和盈利水平的限制。对高校、科研院所和高新技术企业、科技型中小企业转化科技成果给予个人的股权奖励，符合规定条件的，递延至取得股权分红或转让股权时按规定纳税。对以省政府名义发给高层次人才的奖金，依法免征个人所得税。

20．建立多元化市场化基金化的人才投入机制。优化财政支出结构，把人才发展支出作为财政支出重点领域予以优先保障，实施重大建设工程和项目时，统筹安排人才开发培养经费。整合设立省人才发展专项资金，鼓励有条件的市县设立人才发展专项资金，保障重大人才工程项目实施。鼓励高校按总支出、企业按销售额的一定比例设立人才发展资金，对使用情况较好、效果明显的，在科技项目申报、人才培养支持、评先评优时予以倾斜。充分发挥省中原科创风险投资基金、科技成果转化引导基金、中小企业发展基金、“互联网+”产业投资基金、战略新兴产业发展投资基金、现代服务业发展投资基金作用，为创新创业人才及所在企业提供覆盖种子期、初创期、成长期的全链条金融支持；政府出资部分的基金增值收益等可按一定比例用于奖励基金管理团队和天使投资其他参与人。探索建立“人才贷”金融服务模式，鼓励金融机构对符合条件的高层次人才创业融资给予无需担保抵押的平价贷款。支持保险机构创新保险产品，分散创业者创业风险。

21．加强创新成果知识产权保护。制定人才创新创业知识产权扶持政策，推动知识产权处置、使用和收益管理改革试点，探索职务发明专利所有权改革。围绕重点产业发展和重大项目建设，建立专利导航产业发展协同运行机制，加强高层次人才引进使用中的知识产权鉴定，防控知识产权风险。推动建立知识产权司法保护与行政保护联动机制。实施知识产权维权援助，缩短专利确权审查、侵权处理周期。加强对商业模式、文化创意等创新成果的知识产权保护。建立知识产权质押融资的市场化风险补偿机制，鼓励开展知识产权证券化交易。健全知识产权信用管理制度，建立知识产权信用档案，将恶意侵权等行为纳入社会信用记录。

22．鼓励人才向基层一线和贫困地区流动。进一步完善政策措施，在人员招录、职称评聘、薪酬待遇、科研项目等方面给予倾斜，提高基层人才保障水平。对县乡企事业单位新引进的全日制硕士、博士研究生和副高级职称以上专业技术人员以及高级技师等急需紧缺人才，当地可给予适当生活补贴。研究制定进一步引导和鼓励高校毕业生到基层工作的实施意见，加大省选调生、“三支一扶”大学生、特岗教师、特招医生等选聘力度，引导更多的高校毕业生到基层一线和贫困地区工作服务。深入推进科技副职、博士服务团选派工作，实施科技特派员乡镇全覆盖工程。实行城镇中小学教师、卫生、农业、林业、水利等系列高级职称评审“凡晋必下”制度，将在基层一线和贫困地区工作服务经历、贡献和业绩作为高级职称评聘的必要条件；在评聘中、初级职称时，对有基层一线和贫困地区工作服务经历的同等条件下优先考虑。对在基层一线和贫困地区工作的专业技术人才，评聘职称时淡化或不作论文要求，适当放宽学历和任职年限要求，侧重考察其工作实绩。支持高校、科研院所和科技社团在县以下，围绕地方优势特色产业发展，设立基层科技服务站，遴选科技人才进站兼职服务，当地可根据实际需求给予一次性经费补助，提供必要工作场地。

六、加强党对人才工作的领导

23．完善党管人才工作格局和运行机制。坚持党管人才原则，切实履行管宏观、管政策、管协调、管服务职责，完善党委统一领导，组织部门牵头抓总，有关部门各司其职、密切配合，用人主体作用充分发挥，社会力量广泛参与的人才工作格局，形成统分结合、上下联动、协调高效、整体推进的人才工作运行机制。各级党委要把人才工作摆在全局工作更加突出的位置，发挥党委（党组）在人才工作中的领导核心作用，定期听取人才工作专项汇报。严格落实党委（党组）书记人才工作第一责任人责任，将人才工作列为落实党建工作责任制述职重要内容。进一步明确党委和政府人才工作职能部门职责，将行业、领域人才队伍建设列入相关职能部门“三定”方案。健全各级人才工作机构，配齐配强工作力量。

24．强化人才工作目标责任考核和机制保障。建立各级党政领导班子和领导干部人才工作目标责任制，研究制定人才工作目标责任制考核办法，细化考核指标，加大考核力度，将考核结果作为领导班子评优、干部评价的重要依据。将高层次人才引进培养、重大科技攻关和科技成果转化等作为高校、科研院所等企事业单位年度考核重要指标。对抓人才工作不力、造成重大人才流失的，进行责任追究。探索建立人才发展监测评价体系，发布年度人才发展统计报告，将人才发展列为经济社会发展综合评价指标。省人才工作领导小组办公室要充分发挥综合协调、督促落实、工作指导、联系服务的职能作用，及时协调解决人才工作有关问题。

25．营造人才发展良好环境。充分发挥党的思想政治优势、组织优势和密切联系群众优势，做好各类人才的团结引领服务工作。研究制定进一步加强党委联系服务专家工作办法，扎实做好专家研修、体检、休假、慰问等工作。领导干部带头加强同广大专家的联系，给予更多的关心支持。定期召开专家人才座谈会，充分听取他们的意见建议。积极推荐符合条件的优秀人才作为各级党代会代表、人大代表、政协委员和劳动模范人选。加强各级各类人才教育培训，完善专家决策咨询制度，建立全省高端人才智库。培育全社会创新文化和创业精神，大力宣传人才创新创业先进典型，扩大人才表彰的覆盖面和影响力，营造尊重人才、见贤思齐的社会环境，鼓励创新、宽容失败的工作环境，待遇适当、无后顾之忧的生活环境，公开平等、竞争择优的制度环境，让中原成为各类人才荟萃之地、创新创业之地、实现梦想之地。

建立人才发展体制机制改革容错纠错机制，鼓励支持各地各部门因地制宜，开展差别化改革探索。省直各有关职能部门要切实履行主体责任，研究制定涉及改革的相关方案和具体措施，明确改革路线图、时间表，将责任落实到位，推动各项改革措施落地见效。各级党委和政府要根据本实施意见精神，结合本地实际，大胆创新突破，创造性地抓好落实。

中共河南省委
河南省人民政府
2017年4月17日

河南省人民政府办公厅
关于促进创业投资持续健康发展的实施意见

（豫政办〔2017〕29号）

为充分发挥创业投资在激发创新创业活力、增强经济发展新动能中的资本助推作用，促进我省经济又好又快发展，根据《国务院关于促进创业投资持续健康发展的若干意见》（国发〔2016〕53号）要求，经省政府同意，现结合我省实际，提出如下实施意见：

一、总体要求

（一）指导思想。牢固树立和贯彻落实创新、协调、绿色、开放、共享的发展理念，围绕推进供给侧结构性改革、深入实施创新驱动发展战略、推进大众创业万众创新，使市场在资源配置中起决定性作用和更好发挥政府作用，坚持服务实体、专业运作、信用为本、社会责任，以构建促进创业投资发展的制度环境、市场环境和生态环境为重点，着力做大做强做优一批创业投资企业，扩大创业投资规模，打造创投河南品牌，形成“创业、创新+创投”的互促共进良好发展格局，使我省创业投资具有明显竞争优势，充满生机活力，跻身全国先进行列。

（二）发展目标。通过加强政策引导、培育发展主体、服务募投管退、优化市场环境，创业投资活跃度明显提升，基本形成有效满足创业企业从种子期、初创期到成长期不同发展阶段融资需求的创业投资体系，创业投资企业管理团队品牌形象进一步树立。争取到2020年，吸引培育一支结构合理、行业知名的创业投资管理队伍（500人以上），集聚打造一批业界有影响力的品牌创业投资企业（30家以上），引导带动一批创业投资资本（新增500亿元以上），投资培育一批高成长创业企业（1500家以上），把我省建设成为中西部地区规模大、活力强、环境优的创业投资中心。

二、做多做优创业投资主体

（一）加快培育形成各具特色、充满活力的创业投资企业体系。继续推动各类机构投资者和个人依法设立公司型、有限合伙型创业投资企业。引导社会资本与优秀基金管理团队合作，围绕国家确定的重点支持行业领域，积极争取国家新兴产业创业投资引导基金、中小企业发展基金、科技成果转化引导基金等政府投资基金注资，设立创业投资企业。推动省内上市公司与创业投资管理机构合作或单独发起设立创业投资基金。加快郑洛新国家自主创新示范区科技成果转化引导基金设立，联合创业投资企业和社会资本共同发起或参股设立子基金，促进科技成果转化与应用，支持科技型中小企业发展。鼓励各省辖市众创空间、科技企业孵化器设立一批市场化运作的创业投资企业。推动具有资本实力和管理经验的个人通过依法设立一人公司从事创业投资活动。鼓励有条件的高校依法设立创业投资企业和创业投资研究、培训、咨询机构。（责任单位：省发展改革委、工商局、工业和信息化委、科技厅、财政厅、教育厅）

（二）大力发展天使投资。鼓励引导社会各类资金合规参与天使投资，依托产业（技术）创新中心、众创空间、科技企业孵化器、大学科技园等，建设一批公益性天使投资人联盟等平台组织，促进天使投资人、投资个人与创业企业及创业投资企业信息交流与合作，推动包括天使投资人在内的各类个人从事创业投资活动，形成一支具有较强投资能力的天使投资人队伍。探索组建天使投资俱乐部。规范发展互联网股权众筹融资平台，为各类个人直接投资创业企业提供信息和技术服务。鼓励有条件的省辖市设立天使投资引导基金，引导社会资本从事天使投资。（责任单位：省科技厅、发展改革委、教育厅、省政府金融办、河南证监局、省财政厅）

（三）发展国有创业投资。支持各省辖市、省直管县（市）通过财政性涉企资金基金化等方式设立创业投资引导基金，吸引社会资本共同发起设立创业投资企业。支持有需求、有条件的国有企业依法依规、按照市场化方式设立或参股创业投资企业和创业投资母基金。支持具备条件的国有创业投资企业开展混合所有制改革试点，探索国有创业投资企业和创业投资管理企业核心团队持股和跟投。支持各地政府投融资公司创造条件、发起设立创业投资企业或探索转型升级为创业投资企业试点。探索和支持国有企业设立职工持股平台公司，发展创业投资。落实和完善国有创业投资管理制度，健全国有创业投资管理体制，改进国有创业投资企业的监督考核、激励约束机制和股权转让方式，形成鼓励创业、宽容失败的国有创业投资生态环境。依法依规豁免国有创业投资企业和国有创业投资引导基金国有股转持义务。强化国有创业投资企业对种子期、初创期等创业企业的支持，鼓励国有创业投资企业追求长期投资收益，鼓励对国有创投企业实行一定年限内整体考核或基金存续期统一考核方式。（责任单位：省财政厅、省政府国资委、省发展改革委）

（四）推动创业投资集聚发展。推动郑州市郑东新区等具备条件的区域制定出台支持创业投资企业发展的政策措施，规划建设创业投资大厦，吸引境内外创业投资企业进驻，建设功能突出的特色创业基金群。支持有条件的省辖市借鉴外省市经验建设基金小镇。（责任单位：省发展改革委、省政府金融办）

三、拓宽创业投资募资来源

（一）大力培育和发展合格投资者。引导中央驻豫企业、我省国有企业等各类机构投资者投资创业投资企业和创业投资母基金。鼓励商业银行、信托公司和大型实体企业积极出资创业投资基金，扩大资本规模。推动省级投融资公司、大型基金管理公司与保险资产管理机构合作，引导保险资金投资河南创业投资基金。推动创业投资基金与信托机构加强合作，支持中原信托、百瑞信托发展创业投资基金管理业务，积极探索新产品、新模式，实现信托投资与创业投资协同发展。加大对高净值群体培训的力度，形成一批具有风险识别和风险承受能力的创业投资个人投资群体。（责任单位：省发展改革委、财政厅、省政府金融办、人行郑州中心支行、河南银监局、保监局）

（二）支持创业投资多渠道融资。鼓励和支持运作规范的创业投资企业，通过上市募集、发行企业债券、发行资金信托和募集保险资金等方式，构建市场化、多元化的资金来源渠道。推动符合条件的创业投资企业和符合条件的创业投资企业股东、有限合伙人发行企业债券，扩大创业投资企业资本规模。支持银行业金融机构积极稳妥开展并购贷款业务，提高对创业企业兼并重组的金融服务水平。（责任单位：省政府金融办、人行郑州中心支行、河南证监局、省发展改革委、河南银监局）

四、引导创业投资加大投资力度

（一）建立股权债权投资联动机制。推动创业投资企业与各类金融机构开展长期性、市场化合作，发展投贷联动、投保联动、投债联动，增强投资能力。积极争取郑洛新国家自主创新示范区开展国家投贷联动试点，推动地方法人银行开展投贷联动业务。加强“防火墙”相关制度建设，有效防范道德风险。选择有实力的担保机构与创业投资企业合作，探索发展基于担保业务的创业投资。（责任单位：河南银监局、省政府金融办、人行郑州中心支行）

（二）加强产学研优质项目培育。建立高等院校、科研机构、大型企业与创业投资企业的联动合作机制，加快推进科技成果产业化，努力培育优秀创业企业。对创业投资企业投资培育的创业企业提供的新业态、新技术、新模式，鼓励各部门和国有企事业单位积极推广应用，并探索建立新产品、新服务使用行政免责机制。（责任单位：省科技厅、教育厅）

（三）完善创业投资与政府项目对接机制。围绕郑洛新国家自主创新示范区、双创示范基地、产业（技术）创新中心、科技企业孵化器、众创空间等，定期筛选项目（资源），建立创业投资拟投企业信息库，依托省融资对接信息系统，定期向创业投资机构推荐投资项目，构建公正、透明、及时的投资项目信息发布制度。依托农村一二三产业融合发展园区、创业孵化园、农民工返乡创业园、电子商务园区等，实现创业投资企业与园区对接。探索建立由具备资质和良好信用记录的创业投资企业向各部门保荐专项资金支持项目的机制。创业投资企业投资符合政府政策性目标的项目，省辖市、县（市、区）设立的政府投资基金可跟进投资。（责任单位：省发展改革委、科技厅、商务厅、财政厅）

（四）举办多层次融资对接活动。充分利用河南省创新创业引领中原活动和中国创新创业大赛平台，组织召开全省创业投资基金投资对接峰会，通过项目路演展示，促进项目与资本结合。组织开展研讨、培训、经验交流等活动，推动银行、证券、会计、法律、资产评估等机构拓展创业投资基金业务，降低服务收费标准，支持创业投资基金扩大投资、开展增值服务。（责任单位：省发展改革委、科技厅）

五、支持创业投资实现投资退出

（一）推动创业投资所投企业快速成长。鼓励创业投资企业加强与银行合作，开展投贷联动，保障所投企业资金需求。支持创业投资基金向所投企业提供发展规划、产业链资源整合、开拓市场、引进技术等咨询服务。建立创业投资所投企业数据库，进一步完善政府部门与中介机构综合服务体系，支持入库企业快速成长。（责任单位：河南银监局、省发展改革委）

（二）完善创业投资退出机制。积极推进多层次资本市场建设，支持创业投资机构所投企业优先纳入省定上市后备企业范围，推动所投企业通过境内外上市退出。推动省股权交易中心建立创业投资基金转让平台。鼓励省辖市、省直管县（市）政府对境内外首次公开发行上市、在全国中小企业股份转让系统和中原股权交易中心挂牌实现融资的创业投资所投企业给予一定奖励。建立健全协调推进工作机制，提高服务效率和服务水平，支持创业投资通过股权协议转让、所投企业回购等途径实现投资退出。（责任单位：省政府金融办、河南证监局）

六、加大创业投资双向开放力度

（一）大力引进创业投资企业。围绕吸引境外投资，引进国际先进经验、技术和管理模式，落实国家对外资创业投资企业的各项政策，引导境外专业机构组建人民币创业投资基金、中外合资创业投资基金；允许外资创业投资企业按照实际投资规模将外汇资本金结汇所得的人民币划入所投企业，推动外商在我省开展创业投资业务；吸引国内外知名基金管理公司来我省设立投资管理机构，加大对种子期、初创期创业企业的支持力度。鼓励和支持境内外投资者在跨境创业投资及相关的投资贸易活动中使用人民币。（责任单位：省发展改革委、商务厅、人行郑州中心支行、省外汇管理局）

（二）推动有实力的创业投资企业“走出去”。引导管理资产规模较大、管理水平较高的创业投资企业加强与省内企业合作，积极开展境外投资。推动“一带一路”基金设立创业投资子基金，开展境外项目投资。开展创业投资机构与境外高端研发项目对接。支持有实力的企业、基金管理机构发起设立“一带一路”专业创业投资基金。（责任单位：省发展改革委、商务厅、工商局、财政厅）

七、优化创业投资市场环境

（一）完善监管方式。深化简政放权、放管结合、优化服务改革，激发创业投资活力。对创业投资企业在行业管理、备案登记等方面采取与其他私募基金区别对待的差异化监管政策，构建适应创业投资行业特点的宽市场准入、重事中事后监管的适度且有效的监管体制。引导创业投资企业建立以实体投资、价值投资和长期投资为导向的合理的投资估值机制。清查清退不进行实业投资、从事上市公司股票交易、助推投资泡沫及其他扰乱市场秩序的创业投资企业，强化行业管理，推动创业投资企业完善内控机制、合规管理和风险管理机制。加强投资者教育，相关投资者应为具有风险识别和风险承受能力的合格投资者。建立完善募集资金托管制度，打击违法违规募集资金行为。健全对创业投资企业募集资金、投资运作等与保护投资者权益相关的制度规范。（责任单位：省发展改革委、工商局、河南银监局、证监局）

（二）完善登记备案管理制度。加强创业投资行业发展备案和监管备案互联互通，为内外资创业投资企业备案提供便利。持续深化商事制度改革，提高工商登记注册便利化水平。进一步完善工商登记与发展备案信息沟通机制，实现创业投资监管无缝衔接。促进创业投资行业加强品牌建设。（责任单位：省发展改革委、商务厅、工商局）

（三）加强创业投资信用建设。进一步建立健全创业投资企业、创业投资管理机构及其从业人员信用记录，实现创业投资领域信用记录全覆盖。推动创业投资领域信用信息纳入省级公共信用信息平台，并与国家企业信用信息公示系统（河南）实现互联互通。依法依规在“信用河南”网站和国家企业信用信息公示系统（河南）公示相关信息。加快建立创业投资领域严重失信黑名单制度，鼓励有关社会组织探索建立守信红名单制度。依托省级公共信用信息平台，加强创业投资机构信用评级，针对不同信用等级的从业机构给予不同政策支持。（责任单位：省发展改革委、工商局）

（四）严格保护知识产权。建立高效的知识产权综合管理体制，加强对创业创新早期知识产权的保护，健全知识产权侵权查处机制，强化知识产权行政执法与刑事司法的衔接，依法惩治侵犯知识产权的违法犯罪行为，将企业行政处罚、黑名单等信息纳入省级公共信用信息平台，对严重侵犯知识产权的责任主体实施联合惩戒，并通过“信用河南”网站、国家企业信用信息公示系统（河南）等进行公示，并由“信用河南”网站推送至“信用中国”网站，推动形成授权确权、行政执法、司法裁判、维权援助、社会诚信及调解仲裁相互促进的知识产权综合保护机制，营造鼓励创业投资的良好知识产权保护环境。（责任单位：省知识产权局、发展改革委、人行郑州中心支行）

（五）完善创业投资法规体系。全面修订《河南省促进创业投资发展暂行办法》，启动《河南省促进创业投资发展条例》立法调研，完善创业投资发展法规体系。（责任单位：省发展改革委、省政府法制办、省科技厅）

八、加强政策引导

（一）实施普惠性创业投资税收政策。落实鼓励创业投资企业和天使投资人投资种子期、初创期等科技型企业的税收支持政策，进一步完善创业投资企业投资抵扣税收流程，争取开展天使投资人个人所得税政策试点。（责任单位：省财政厅、国税局、地税局）

（二）制定鼓励长期投资的政策措施。倡导长期投资和价值投资理念，对专注于长期投资和价值投资的创业投资企业在企业债券发行、引导基金扶持、政府项目对接、市场化退出等方面给予政策支持。（责任单位：省发展改革委、财政厅）

（三）发挥政府资金的引导作用。加大新兴产业创业投资基金、科技成果转化基金、科技创新风险投资基金、先进制造业基金、现代农业发展基金、“互联网+”产业发展基金等已设立基金的投资力度，加快推进河南省重点产业知识产权运营基金设立与运营。支持未设立创业投资引导基金的省辖市按照“政府引导、市场化运作”原则，尽快设立创业投资引导基金，引导社会资本投入。鼓励创业投资引导基金注资市场化母基金，由专业化创业投资管理机构受托管理引导基金。综合运用参股、联合投资、政府出资适当让利于社会出资等多种方式，进一步发挥政府资金在引导民间投资、扩大直接融资、弥补市场失灵等方面的作用。进一步提高创业投资引导基金市场化运作效率。建立完善创业投资引导基金中政府出资的绩效评价制度。（责任单位：省财政厅、科技厅、知识产权局）

（四）探索建立早期创业投资奖励和风险补偿机制。充分发挥各级小微企业信贷风险补偿资金作用，鼓励和引导金融机构联合创业投资企业加大对中小微企业的股权投资支持力度。有条件的省辖市、省直管县（市）要安排相应资金，对创业投资企业投资辖区内高科技中小微企业风险损失给予一定补偿。对创业投资企业投资参股的中小微企业项目，财政专项资金同等条件下给予优先支持。（责任单位：省财政厅）

九、加强行业自律和服务体系建设

（一）加强行业自律。加快成立省级创业投资行业协会，完善行业自律规范，加强政策对接、会员服务、信息咨询、数据统计、行业发展报告、人才培养、国际交流合作等，协助政府主管部门做好行业管理工作，积极为创业投资企业和会员单位提供高质量服务。支持行业协会推动创业投资信用体系建设和社会责任建设，维护有利于行业持续健康发展的良好市场秩序。（责任单位：省发展改革委、科技厅）

（二）健全创业投资服务体系。加强与创业投资相关的会计、征信、信息、托管、法律、咨询、教育培训等各类中介服务体系建设。鼓励我省高等院校开设创业投资和产业投资基金专业课程。统筹高等院校、科研机构、群团组织、创业投资企业、创业投资管理企业、天使投资人等多种资源，加大教育培训力度，吸引更多的优秀人才从事创业投资，提高创业投资的精准度。推动创业投资企业与有关高等院校加强合作，共建创业投资实训基地，培养专业技术和管理人才。（责任单位：省科技厅、教育厅）

十、组织实施

（一）加强统筹协调。建立省发展改革委牵头、有关部门参加的联席会议制度，完善政策协调联动机制和工作协调推进机制，加强创业投资行业发展政策和监管政策的协同配合，强化对创业投资风险的协同监管，促进创业投资行业持续健康发展。

（二）明确责任任务。各地、各部门要把促进创业投资持续健康发展作为深入实施创新驱动发展战略、推动大众创业万众创新、促进经济结构调整和产业转型升级的一项重要举措，按照职责分工研究实施方案，明确工作任务、时间节点、责任人和保障措施，加强沟通协调，形成工作合力，确保各项政策及时落实到位。

（三）推动信息共享。进一步建立完善信息报送制度，各省辖市、省直管县（市）要督促做好辖区内创业投资企业基本信息、统计信息、信用信息的更新或填报工作。进一步完善河南省投资类企业信息系统平台并通过平台实现全省信息共享。各地、各部门要于每年1月10日前将上一年度创业投资工作总结反馈至省发展改革委，由省发展改革委汇总后报省政府。

河南省人民政府办公厅
2017年2月10日

中共郑州市委 郑州市人民政府关于实施“智汇郑州”人才工程加快推进国家中心城市建设的意见

（郑发〔2017〕23号）

为深入贯彻党的十九大、《中共中央印发〈关于深化人才发展体制机制改革的意见〉的通知》（中发〔2016〕9号）和《中共河南省委、河南省人民政府关于深化人才发展体制机制改革 加快人才强省建设的实施意见》（豫发〔2017〕13号）精神，全面落实市十一次党代会、市委十一届四次全会精神，进一步深化人才发展体制机制改革，着力打造内陆地区人才集聚高地和极具活力的创新创业中心，加快推进国家中心城市建设，结合我市实际，提出如下意见。

一、总体要求

1．指导思想。深入学习贯彻习近平新时代中国特色社会主义思想，按照“五位一体”总体布局和“四个全面”战略布局，落实新发展理念，以建设国家中心城市为统揽，以深化人才发展体制机制改革为引领，以实施“智汇郑州”人才工程为抓手，聚焦郑州航空港经济综合实验区、中国（河南）自由贸易试验区、郑洛新国家自主创新示范区等国家战略实施，着力破除制约人才发展的思想观念和体制机制障碍，充分释放和激发人才创新创业活力，努力形成人人渴望成才、人人努力成才、人人皆可成才、人人尽展其才的良好局面，为建设国家中心城市提供坚强有力的人才保障和智力支撑。

2．基本原则。站位全局、服务发展。围绕全市经济社会发展大局，紧扣国家中心城市建设战略任务，坚持目标导向、问题导向，加速人才链、创新链、产业链有机衔接和良性互动，实现人才发展与经济建设、政治建设、文化建设、社会建设、生态文明建设深度融合。

高标定位、开放创新。坚持全球视野和战略眼光，深刻把握变革趋势，对标一线城市，持续推进人才制度的精准创新、系统创新、协同创新，形成具有国际竞争力的人才制度优势。

市场主导、注重效益。充分发挥市场在人才资源配置中的决定性作用，营造人才加速集聚、脱颖而出的发展环境，实现人才能力最大化和人才效益最优化，确保人才引得进、留得住、流得动、用得好。

深化改革、务求实效。加强和改进党对人才工作的领导，加快转变政府人才管理职能，保障和落实用人主体自主权，推动专业部门履行专业职责，进一步整合资源，形成合力，确保人才政策落地生效。

3．主要目标。通过实施“智汇郑州”人才工程，到2020年，引进培育5—10个顶尖创新创业团队，聚集100名国内外顶尖人才、3000名重点产业急需紧缺人才、2000名社会事业领域领军和专业骨干人才，新增40000名高技能人才，每年吸引20万名高校毕业生在郑创新创业。全市人才队伍规模结构更加合理，人才引领创新、支撑发展的局面更加生动，全社会识才爱才敬才用才的氛围更加浓厚，形成与建设国家中心城市相适应的科学规范、开放包容、运行高效的人才发展治理体系，构建人才城市发展共同体。

二、建立科学规范的人才分类体系

4．制定全市高层次人才分类认定办法。按照人才能力水平和工作业绩，分为顶尖人才、国家级领军人才、地方级领军人才、地方突出贡献人才四类。

顶尖人才包括：诺贝尔奖获得者（物理、化学、生理或医学、文学、经济学奖）；国家最高科学技术奖获得者；中国科学院院士、中国工程院院士；中国社会科学院学部委员、荣誉学部委员；国家“万人计划”杰出人才人选；《外国人来华工作分类标准（试行）》中规定的入选国内人才引进计划、符合国际公认的专业成就认定标准的外国高端人才；以及相当于上述层次的顶尖人才。

国家级领军人才包括：国家“千人计划”（不含“千人计划”青年项目）人选；国家“万人计划”领军人才；全国杰出专业技术人才；百千万人才工程国家级人选；中华技能大奖获得者；世界技能大赛金牌获得者；中科院“百人计划”A类人才；国家杰出青年科学基金项目完成人；国家外国专家局“首席外国专家项目”人选；“长江学者”特聘教授；世界综合排名前100位大学中担任助理教授以上、35岁以下的优秀青年理工科人才；以及相当于上述层次的国家级领军人才。

地方级领军人才包括：国家“千人计划”青年项目人选；国家“万人计划”青年拔尖人才；百千万人才工程地方级人选；“长江学者奖励计划”青年学者；国家优秀青年科学基金获得者；国务院政府特殊津贴专家；国家外国专家局“高端外国专家项目”人选；全国技术能手；世界技能大赛银牌获得者；中原学者；河南省海外高层次人才引进计划（“中原百人计划”）人选；以及相当于上述层次的地方级领军人才。

地方突出贡献人才包括：省级杰出专业技术人才；省级科技创新杰出青年；省级特聘教授；省级特聘研究员；省级“国际人才合作项目计划”外国专家主要人选；中原技能大奖获得者；世界技能大赛铜牌获得者；入选“智汇郑州·1125聚才计划”的创新创业领军人才和紧缺人才；以及相当于上述层次的地方突出贡献人才。

建立人才分类认定动态调整机制，定期修订完善高层次人才分类认定标准，对郑州产业发展急需、社会贡献较大、现行标准难以界定的“专才”，经认定后，享受相应类别的人才政策。

三、全面实施“智汇郑州”人才工程

5．实施顶尖人才（团队）引领计划。加大顶尖创新创业团队引进培育力度。3年内重点引进培育5—10个掌握核心关键技术和自主知识产权，引领和推动产业跨越发展，在行业有较大影响力的创新创业团队。通过产业发展引导基金、天使基金和创投基金等，采用参股投资或跟进投资等运作方式对顶尖创新创业团队给予扶持，推动新技术、新产业、新业态加速成长。

助推高端人才集聚。到2020年，集聚100名左右两院院士、国家“千人计划”“万人计划”专家等，实现顶尖人才倍增。对全职引进或新当选两院院士以及同等层次顶尖人才，除国家和省政府奖励外，给予500万元奖励和不超过300平方米的免租住房。对全职引进或新培养的国家“千人计划”“万人计划”专家以及同等层次的国家级领军人才，除国家和省政府奖励外，给予200万元奖励和不超过200平方米的免租住房。顶尖人才、国家级领军人才在郑工作满10年且贡献突出的，无偿获赠免租住房。支持顶尖人才、国家级领军人才建立高标准研发平台和研发团队，根据科研成果转化前景和发展需求，协调创业投资、风险投资基金跟进，服务支持共建经营管理团队，加快推动科技成果实现产业化。对新培养的两院院士等顶尖人才和国家“千人计划”“万人计划”专家等国家级领军人才，分别给予培养单位100万元、50万元奖励。

提升“智汇郑州·1125聚才计划”。建立“财政资助+基金投资”的支持机制，实行人才与项目双向扶持。对入选人才，按类别给予奖励；对入选项目，政府给予项目启动资金。同时，坚持市场导向，设立总规模100亿元郑州市创新创业基金，按照“政府母基金+专项子基金”架构，采取政府主导、市场运作的方式给予扶持。

6．实施重点产业人才支撑计划。围绕产业链谋划人才链，紧盯未来产业发展方向，重点围绕人工智能、电子信息、汽车与高端装备制造、现代金融、商贸物流、文化创意、生物医药、节能环保、增材制造、新材料、大数据、现代农业等战略主导、新兴产业及传统优势产业发展，到2020年，引进培养3000名科技研发人才、工程技术人才和经营管理人才等。经认定的地方级领军人才和地方突出贡献人才，分别给予50万元、20万元奖励。对满足企业生产经营管理、创新项目所需，拥有相关专业背景的急需紧缺人才，给予5万—10万元奖励。制定发布全市重点产业人才需求目录，根据产业发展情况实行动态调整。

7．实施社会事业人才荟萃计划。推进社会事业人才培养开发，在教育、文化、医疗卫生、人文社科等领域，大力引进培养一批知名教育学者、医疗专家、文化名家和艺术大师等，繁荣社会事业，提升城市品位，打造文化郑州、健康郑州、幸福郑州。到2020年，在社会事业领域引进培养1000名具有国内外专业领域领先水平的国家级领军人才、在全国具有较高学术造诣和行业影响的地方级领军人才、在专业领域成绩较为显著、具有较大发展潜能的地方突出贡献人才，分别给予200万元、50万元、20万元奖励。加快培育1000名左右网络传媒、城市规划设计、市政管理、环境工程、社会工作等方面专业骨干人才，形成与建设国家中心城市相适应的社会事业人才队伍。

8．实施优秀企业家领航计划。充分发挥企业家在创新创业活动中的组织管理作用，在全市培养200名有战略眼光、锐意创新、引领产业发展和企业资源整合能力的领军型企业家，1000名以“专精特新”中小企业为重点、具有行业（区域）影响力和发展潜力的成长型企业家。实施企业家素质提升工程，依托国内知名高校建立企业家培训基地，开展企业家能力提升培训。开设“智汇郑州·企业家论坛”，邀请国内外知名企业家、专家、学者介绍管理经验，增强企业管理者驾驭市场和管理企业的能力，着力培育企业家精神。加大企业家出国（境）培训力度，定期选派企业家到国（境）外学习交流，提升国际视野和创新素养。实行企业家培养导师制度，选择知名企业家担任导师，对成长型企业家提供指导、咨询和建议。开展郑州市杰出贡献企业家、创新成长型企业家评选活动。

9．实施高技能人才振兴计划。聚焦郑州先进制造业和现代服务业重点领域，大力实施全民技能振兴计划，培养更多“大国工匠”。到2020年，新增高技能人才40000名。研究制定高技能人才激励政策，支持高校、职业（技工）院校、企事业单位选派技能人才参加国际国内技能大赛，对获得世界技能大赛金、银、铜牌和优胜奖的选手，分别给予200万元、50万元、20万元、10万元奖励；对获得“中华技能大奖”“全国技术能手”和“中原技能大奖”的高技能人才，分别给予200万元、50万元、20万元奖励。大力开展郑州市百万职工技能比武和职业技能竞赛活动，搭建高技能人才培养选拔平台。完善职业教育和培训体系，深化产教融合、校企合作。

10．实施青年人才储备计划。着眼培养国家中心城市建设后备人才队伍，每年吸引20万名高校毕业生在郑创新创业。出台青年人才普惠性支持政策，对新引进落户的全日制博士研究生、35岁以下的硕士研究生、本科毕业生和技工院校预备技师（技师），三年内按每人每月1500元、1000元、500元的标准发放生活补贴；落户后暂未就业或创业的，按上述标准发放6个月的生活补贴；对符合上述条件的博士、硕士和“双一流”建设高校的本科毕业生，在郑首次购房分别给予10万元、5万元、2万元购房补贴。高校毕业生初始创业，正常经营3个月以上的，可享受1万元一次性创业补贴；初创企业可申请参加我市举办的创业大赛，优秀企业可获得2万—10万元创业奖励。实施青年人才国际化培养计划，每年资助一批青年优秀人才赴国（境）外学习进修，根据培养时间和层次给予3万—10万元资助。

11．实施海外高层次人才集聚计划。依托我市重大科研项目、重大工程、重点学科、重点实验室和企业引进外籍高层次人才。充分发挥航空港区、郑东新区、经开区、高新区留学人员创业园载体作用，吸引归国留学生来郑创新创业。依托欧美同学会、中国创客领袖大会、美中药协年会等主题峰会，吸引各类国际组织、学术论坛落户郑州。鼓励外资研发机构与我市高校、科研院所、企业共建实验室和人才培养基地。开展外籍人才融入郑州培训计划，对长期在郑外籍人才进行社会融入学习培训。

四、创新灵活多样的人才引育模式

12．加大柔性引才力度。坚持以用为本，鼓励用人单位通过技术指导、培训咨询、项目合作等形式，柔性引进高层次人才。加大院士工作站建设力度，到2020年，新建30家院士工作站，对批准建立的院士工作站，给予最高100万元资助。加大博士后工作扶持力度，经批准设立的博士后科研工作站和省、市级博士后创新实践基地，可分别享受最高100万元、50万元、20万元资助。到2020年，各级博士后科研工作站（创新实践基地）达到100家。

13．探索市场化、社会化引才途径。大力引进国内外知名猎头公司等人才中介组织，提高人力资源服务的专业化、市场化水平。将人才服务纳入政府购买服务的指导目录，充分发挥猎头公司等人才中介组织引才聚才作用，有针对性地寻访和引进高层次人才，为我市全职引进顶尖人才、国家级领军人才、地方级领军人才的中介组织，经认定考核后，每引进1人分别给予50万元、20万元、10万元奖励。

14．注重“乡情”引才。立足河南人口大省资源优势，把握人才流动规律，开展“豫才聚郑”行动。建立海内外豫籍重点人才信息数据库，加强与在外豫籍人才对接，吸引来郑创新创业。对在相关领域有重大影响力或有较高学术地位的豫籍人才授予“郑州人才特使”，宣传推介郑州发展优势和引才政策。开展“智汇郑州”海外行、城市行、高校行等人才对接活动，组织园区、用人单位到境内外人才集中城市开展专项引才。依托留学生组织、华人华侨社团、企业驻外机构和人才中介机构等，设立海外人才工作站，畅通海外高层次人才来郑创新创业渠道。对经过考核成效显著的人才工作站，给予5万—10万元奖励。

15．加快创新创业载体建设。大力推进创新创业科技公共服务平台建设，实现20个创新创业综合体科技公共服务平台全覆盖。对新认定的国家级、省级科技企业孵化器和大学科技园、众创空间、星创天地等创新创业载体，分别给予200万元、100万元的一次性市级财政补贴。对入驻市级以上创新创业载体的创客或成立三年内的初创企业，按照不超过50%、最高10万元的标准，对入驻创新创业载体产生的场租进行补贴。鼓励综合体等各类创新创业载体引进专业化、高层次运营商及运营团队。每年对市级以上创新创业载体运营团队（运营管理机构）进行年度公共服务能力和孵化绩效考核，经评审认定，给予优秀运营团队（运营管理机构）30万—50万元的市级财政补贴。对认定的市级以上科技企业孵化器、大学科技园，市、开发区、县（市）区每年按其税收贡献给予奖励支持。

16．打造研发型聚才平台。实施郑州市产学研合作计划，积极整合高等院校、科研院所、相关企业的科研资源，主动对接中科院系统科研院所、央企科研院所、国内外知名高校在郑设立分支机构，共建新型高端研发机构，采取“一院一策、一事一议”的方式，给予重点支持。支持企业、郑州大学等驻郑高校、科研机构联合组建国内外一流的重点实验室、工程（技术）研究中心、产业创新中心等国家级研发中心，吸引集聚国内外理工类杰出人才来郑发展。对新获批的国家、省级各类研发平台分别给予500万元、100万元补贴。

五、营造人尽其才的人才发展环境

17．增加科技人员对科技成果转移转化的收益。加大对科技成果转化的支持力度，促进科技成果就地转化，提高科技成果转化效率，建立专利技术成果应用长效机制。高等学校、科研院所和其他主要从事科技成果转移转化业务的事业单位，将职务科技成果转让收益用于奖励成果完成人和为成果转化做出重要贡献的其他人员，比例不低于70%、最高可达100%，事前有约定的，按约定执行。允许国有企业在科技成果转化实现盈利后，连续5年，每年提取不高于30%的转化利润，用于奖励核心研发人员、团队成员及有重大贡献的科技管理人员。支持科技人员兼职取酬，鼓励高校、科研院所科技人员在完成岗位职责和聘用合同约定任务的前提下，兼职从事技术研发、产品开发、技术咨询、技术服务等成果转化活动。

18. 支持高层次人才产品市场推广。对列入我市高层次人才分类目录的人才研发生产的，经国家、省认定符合条件的首台（套）重大技术装备产品，在实现首台（套）销售后，按首台（套）产品销售价格的最高30%给予奖励，单个产品奖励最高金额不超过1000万元。对其研发生产的终端新产品，优先推荐纳入省、市创新产品目录。

19. 完善人才荣誉制度。对在我市经济社会发展中实现重大科研突破、重要科技成果转化、重点产业发展培育、社会事业领域贡献突出的各类人才，颁发"商都英才奖"，优先推荐参评各级劳动模范等荣誉，推荐和协商为各级党代表、人大代表、政协委员等候选人。对做出突出贡献的外籍专家，颁发"商都友谊奖"。对引才工作成效显著的人才中介组织、企事业单位及市有关部门，颁发"商都伯乐奖"。

六、健全以人为本的人才服务体系

20. 建立人才服务绿色通道。健全人才服务保障机制，开辟人才服务绿色通道，设立服务专窗，为高层次人才发放服务绿卡，根据人才类别分别确定服务事项，明确办理流程、办结时限和责任人。在相关职能单位指定服务专员，为人才在落户、居留签证、子女入学、医疗保障等方面提供便捷、高效、规范化服务。对顶尖人才、国家级领军人才实行人才专员服务制度，帮助解决具体问题。

21. 实行更为开放的人才落户政策。全面放开对高校毕业生、职业（技工）院校毕业生、留学归国人员和技能人才的落户限制。专科以上毕业生、职业（技工）院校毕业生，凭毕业证来郑即可申请办理落户手续。

22. 为外籍人才来郑提供停居留和往来便利。积极争取扩大外籍高层次人才申请办理R字签证（人才签证）范围，经认定的外籍高层次人才，无签证来我市的，允许其在抵达口岸后申请R字签证和Z字签证（工作签证），入境后根据工作需要和有关规定办理居留许可。完善永久居留证申报渠道，对入选国家"千人计划""中原百人计划"等重点引才计划备案项目的外籍高层次人才及其配偶、未成年子女，可直接通过有关部门向国家部委推荐申报永久居留证。在华高校外国留学生，毕业后在中国（河南）自贸区创新创业的，可申请2至5年私人事务类居留许可，进行毕业实习及创新创业活动。

23. 加大各类人才安居保障力度。按照"政府主导、政策扶持、市场运作、自主选择"的原则，通过政府统建、单位自建、出让国有用地、利用集体建设用地、盘活存量土地、整合安置房资源和公租房建设等方式，筹集建设人才公寓，供在郑工作的高校毕业生等各类人才租住。对在郑工作并拥有全日制本科以上学历、副高级职称（高级技师）以上的非郑户籍人才，在郑购买首套自住商品住宅，可免予提供社保或个税证明。

24. 搭建人才服务平台。成立郑州人才发展促进会，承接政府转移的人才培养、服务等职能，组织海内外高层次人才招聘、项目推介和创新创业项目路演，开展高层次人才日常沟通联谊、座谈交流和建言献策等，搭建人才交流合作平台。组建郑州市专家咨询委员会，定期举办高端论坛，围绕经济社会发展的重大战略规划和实践问题开展调查咨询论证，为人才发挥作用搭建平台。建立300名由各行业知名学者组成的专家信息库。

七、构建充满活力的人才管理体制

25. 全面落实用人单位自主权。充分发挥用人主体在人才培养、引进和使用中的主导作用。积极探索并推行在事业单位设立人才编制。高校、科研院所和公立医院公开招聘纳入总量管理的博士研究生和副高级职称以上的专业技术人员等高层次人才，不再进行前置备案和审批，实行自主招聘，人才到岗后进行备案。在航空港区、郑东新区、经开区、高新区和事业单位设置特设岗位，用于引进高层次人才、急需紧缺人才及业绩特别突出的人才。实行以增加知识价值为导向的分配政策，国有企业和事业单位引进或聘用高层次人才、急需紧缺人才，可实行协议工资、项目工资和年薪制，所需薪酬不受单位工资总额和绩效工资总量限制。建立事业单位引进高层次人才人事关系办理绿色通道，优化工作流程，实行限时办结。

26. 深化人才评价和职称制度改革。坚持德才兼备，注重凭能力、实绩和贡献评价人才，探索建立由政府、市场、专业组织、用人单位多元主体参与的，符合人才岗位特点的多维度人才评价体系。优化完善现有职称制度，发挥用人主体在职称评审中的主导作用，进一步下放职称评审权限，推进高校全面开展自主评审。事业单位引进的高层次人才、急需紧缺人才及业绩特别突出的人才，可不受单位结构比例限制，通过特设岗位方式评聘专业技术职务。加快职称信息化建设，逐步实现职称网上申报评审。

27. 建设人才管理改革试验区。以郑州航空港经济综合实验区、中国（河南）自由贸易试验区、郑洛新国家自主创新示范区等国家战略平台为依托，在航空港区、郑东新区、经开区、高新区、金水区建立各具特色的人才管理改革试验区，推进人才政策先行先试。在自主创新示范区加快推进核心区人事制度和薪酬制度改革，在科技与金融结合、成果转移转化等方面进一步完善示范区人才政策支撑体系。在自贸区探索建立境外专业人才职业资格负面清单，争取政府支持，允许具有境外职业资格的金融、设计、会计、教育和医疗等专业人才，在备案后直接为区域内的企业和居民提供专业服务，条件成熟时将服务范围扩大至全市。试点建立与国际规则接轨的高层次人才招聘、考核、科研管理、社会保障等制度，探索自贸区海外人才离岸创新创业基地建设，支持海外人才在自贸区创新创业，逐步建立多层次离岸创业服务支持系统，为海外人才营造开放便利的创业营商环境。

八、加强党对人才工作的领导

28. 完善党管人才工作格局。坚持党管人才原则，切实履行管宏观、管政策、管协调、管服务职责。完善党委统一领导，组织部门牵头抓总，有关部门各司其职、密切配合，用人主体作用充分发挥，社会力量广泛参与的人才工作格局。各级党委（党组）要把人才工作摆在全局工作更加突出的位置，发挥党委（党组）在人才工作中的领导核心作用，定期听取人才工作专项汇报。严格落实党委（党组）书记人才工作第一责任人责任，将人才工作列为落实党建工作责任制述职重要内容。健全各级人才工作机构，在航空港区、郑东新区、经开区、高新区设立人才工作专门机构，配齐配强各县（市）区人才工作力量。

29．推行人才工作目标责任考核。建立各级人才工作目标责任制，将人才工作纳入各级领导班子考核和综合工作考核，研究制定人才工作目标责任制考核办法，细化考核指标，加大考核力度，将考核结果作为领导班子评优、干部评价的重要依据。探索建立人才发展监测评价体系，发布年度人才发展统计报告，将人才发展纳入经济社会发展综合评价指标体系。

30．营造人才工作良好氛围。充分发挥党的思想政治优势、组织优势和密切联系群众优势，做好各类人才的团结引领和服务工作。完善市领导直接联系高端人才制度。运用大数据、"互联网+"技术，重点建设郑州人才数据库、"智汇郑州"人才网、"智汇郑州"微平台、咨询服务热线，打造人才服务"一库一网一平台一热线"，实现人才政策发布、项目申报、问题咨询、人才交流、服务保障等事项线上推送、实时对接、及时办结。加强舆论引导，加大对典型人才和创业事迹的宣传力度，营造尊重人才、支持创新、鼓励成功的浓厚社会氛围。

现行政策与本文件不一致的，按照"从新、从高、奖励补贴不重复"的原则执行。市直有关单位要根据本意见精神，制定配套实施细则，确保政策兑现落实。

中共郑州市委

郑州市人民政府

2017年11月23日

郑州市海外高层次人才集聚计划实施细则（暂行）

（郑政办〔2017〕119号）

第一条 根据《中共郑州市委 郑州市人民政府关于实施"智汇郑州"人才工程 加快推进国家中心城市建设的意见》（郑发〔2017〕23号）精神，充分发挥海外高层次人才在我市经济社会发展中的作用，制定本细则。

第二条 "海外高层次人才集聚计划"目标任务：到2020年，在电子信息、汽车与装备制造、现代金融商贸物流、文化创意旅游、都市生态农业五大战略产业和人工智能、生物医药、可见光通讯、北斗系统应用等战略新兴产业，依托高等院校、科研院所、医疗机构、大中型企业、金融机构以及各类园区，引进一批我市急需紧缺的海外高层次人才，为郑州国家中心城市建设提供坚强有力的人才保障和智力支撑。

第三条 "海外高层次人才集聚计划"与目前实施的国家 "千人计划"、河南省"中原崛起百千万海外人才引进工程"行动计划等人才工程项目相结合，由市人力资源和社会保障行政部门负责组织实施。

第四条 引进的海外高层次人才应取得教育部认可的国外知名高校硕士及以上学位，年龄一般不超过50周岁，诚实守信，遵守法律法规，无不良职业道德记录，引进后每年在郑州工作时间不少于6个月，并符合下列条件之一：

（一）在国外著名高校、科研院所从事教学、科研工作3年以上，相当于副教授以上职务的专家学者；

（二）在国际或所在国知名企业、金融机构、知名律师（会计、审计）事务所担任中、高级职务的专业技术人才和管理人才；

（三）在国际组织、国外政府机构、知名非政府机构中担任中高层管理职务的专家、学者；

（四）拥有我市重点发展产业、行业、领域所需的自主知识产权或掌握核心技术，具有海外自主创业经验，熟悉相关领域业务和国际规则，能在我市各类园区领办、创办科技型企业，实施科技成果转化，具有较大发展潜力和实施产业化的创业人才；

（五）具备较高的科技创新能力，研发水平、科研成果为同行公认，达到国内一流水平的领军型人才；

（六）在海外参与过重要科研或工程项目实施，有较为丰富的科研、工程技术经验，在解决技术和工艺难题方面取得过重要成果的专业技术人才和管理人才；

（七）我市急需和紧缺的其他海外高层次人才。

业绩突出的急需紧缺人才，经市人力资源和社会保障行政部门审定，在引才条件上可适当放宽，成熟一个、引进一个。

第五条 海外高层次人才引进工作一般按以下程序进行：

（一）设置岗位、制定计划。用人单位设置引才岗位，明确岗位要求，主管部门征集汇总人才需求信息，制定年度引才计划，编制引才及项目合作需求目录。

（二）发布信息、洽谈对接。主管部门通过郑州市人才服务"一库一网一平台一热线"定期发布引才及项目合作需求信息指南。用人单位要通过多种途径加强与海外人才的联系，面向海外自主招聘人才。主管部门要拓宽引才渠道，全面推进与海内外知名高等学校、科研院所、大型企业的战略合作，加强与境外人力市场、猎头机构和驻外机构的联系，推进人才引进社会化、市场化，为用人单位引才提供公共服务。鼓励通过师承关系、同学同事关系、合作伙伴关系，以才引才。

（三）推荐申报、组织认定。用人单位与拟引进人才按相关法律法规和政策规定签订工作合同或合作协议，办理有关手续后，由用人单位申报进行高层次人才分类认定。认定程序根据我市高层次人才认定有关政策组织实施。

事业单位通过留学回国服务机构发布的引进海外留学人才信息视为公开招聘信息，留学人员报名应聘的，按事业单位公开招聘的规定办理。

第六条 符合基本条件的海外高层次人才可以自荐的方式直接向市人力资源和社会保障行政部门申报。通过自荐、其他渠道推荐，或需要以特殊方式引进的人才，由市人力资源和社会保障行政部门商有关部门按既定程序个案处理。

第七条 在国（境）外学习、培训或研修一年以上，具有高等教育经历或高级专业技能的海外留学人才，经本人申请，由市人力资源和社会保障行政部门受理，经省人力资源社会保障厅审核后，发给《海外留学人才身份证明》。海外留学人才符合我市青年人才条件的，享受我市青年人才普惠性支持政策。

第八条 申报时须提供以下材料（提供复印件，验看原件）：

（一）海外留学人才须提供省人力资源和社会保障厅出具的《海外留学人才身份证明》；

（二）外籍人员须提供外国专家局出具的《外国人来华工作许可证》；

（三）海外高层次人才须提供本人所工作过的海外企业（机构）出具的工作证明或推荐信，确实不能提供前述证明或推荐信的，需提供该企业（机构）工作的纳税证明或工资单；

（四）科技成果证明材料（专利、论文、项目等）；

（五）国外所获得的荣誉及奖励证明；

（六）创业型人才还须提供项目报告、营业执照及资金证明。

第九条 引进的海外高层次人才的服务保障按照“智汇郑州”人才政策相关规定落实。

第十条 开展外籍人才融入郑州培训计划，对长期在郑外籍人才进行社会融入学习培训。

第十一条 引进的海外高层次人才因个人原因未履行合同，由主管部门提出意见，经市人力资源和社会保障行政部门审核批复后，取消其享受的相关待遇。

第十二条 各县（市、区）、开发区和市直各部门可结合实际，制定引进海外高层次人才和落实有关政策措施的实施办法，积极推出特色项目，大力吸引海外高层次人才创新创业。

第十三条 本细则自发布之日起施行，执行过程中涉及的问题由市人力资源和社会保障局解释。

郑州市人民政府办公厅

2017年11月22日

郑州市引进培育创新创业领军人才（团队）“智汇郑州·1125聚才计划”项目实施办法（暂行）

（郑政办〔2017〕121号）

第一条 为大力推进郑州国家中心城市建设，进一步加大高层次创新创业领军人才（团队）引进培育力度，根据《中共郑州市委郑州市人民政府关于实施“智汇郑州”人才工程 加快推进国家中心城市建设的意见》（郑发〔2017〕23号）精神，制定本办法。

第二条 本办法是指对“智汇郑州·1125聚才计划”引进培育的创新创业领军人才（团队）所承担的创新创业项目给予启动奖励资金和多元化的综合性资金支持。

第三条 重点支持引进培育的创新创业领军人才和高层次创新创业紧缺人才。围绕我市现代产业发展和先进制造业建设，在电子信息、汽车与装备制造、现代金融商贸物流、文化创意旅游、都市生态农业五大战略产业及生命科学、增材制造、储能材料、可见光通信、新一代通信网络、北斗导航、虚拟现实等技术领域和产业开展的创新创业项目。

第四条 “智汇郑州·1125聚才计划”在市人才工作领导小组领导下，由市科技局、市财政局负责具体实施工作。

第五条 市科技局主要负责制定年度计划项目指南，发布年度技术需求，受理项目申报，组织项目评审，审核并提出项目奖励资金支持额度。

市财政局主要负责制定计划专项资金的年度经费预算，审核确定项目奖励资金的额度，负责项目资金拨付等工作。

市科技局会同市财政局，将拟支持项目及金额报市人才工作领导小组会议和市政府常务会议审定。

第六条 创新创业领军团队应符合以下条件：

（一）创新创业领军团队成员中，核心成员须有3人以上，至少有1人应全职来郑创新创业，其余成员每年应在郑州工作6个月以上。团队带头人须符合国家“千人计划”“万人计划”个人基本申报条件，核心成员均须符合省“百人计划”个人基本申报条件，成员间的专业结构合理，具有关联性和互补性，且在郑稳定合作工作5年以上。

（二）创新创业领军团队在相关领域达到国际先进或国内领先水平，符合我市高新技术产业和战略新兴产业发展方向，在同行中具有重要的创新地位和学术影响，拥有可产业化的发明专利或自主知识产权的创新成果，具备突破重大技术、解决关键问题的持续创新能力和成果转化能力，并能产生显著经济社会效益。

（三）创新创业团队成员与用人单位签订5年以上工作合同，且认真履约；所创办企业须在郑完成工商注册、参保等相关手续。

第七条 创新创业领军人才。

（一）创业领军人才。

须取得博士学位或正高级专业技术职称，且有5年以上海内外大型企事业单位工作经历，年龄不超过55周岁，引进后每年在郑工作时间不少于6个月，并同时具备以下条件：

1. 拥有自主知识产权和发明专利，且其技术成果国际先进或填补国内空白、具有市场潜力并处于中试或产业化阶段，符合我市战略支撑产业和战略新兴产业发展方向。

2. 有自主创业经验，在国际国内知名企业担任管理职位5年以上，熟悉相关领域和国际规则的经营管理人才。

3. 创办科技型企业，本人投入企业的注册资本不少于200万元人民币（不含技术入股），非法人代表的股权不得低于总投资的35%。

（二）创新领军人才。

须取得博士学位或正高级专业技术职称，且有5年以上海内外大型企事业单位工作经历，年龄不超过55周岁，引进后在签约企业或平台工作时间不少于5年且每年不少于6个月，并符合以下条件之一：

1. 在国内外著名高校、科研院所担任教授、研究员、首席科学家或相当职务的专家学者，掌握关键技术并拥有自主知识产权的重大成果。

2. 在国际知名企业、金融机构、国际组织中担任中高级职务，熟悉相关产业发展和国际规则的专业技术人才和经营管理人才。

3. 承担过国家级重大科技项目相关的任务，具有较强的产品开发能力和产业化潜力的领军人才。

4. 能够解决关键技术和工艺操作性难题，或自主创新产品具有国际水平的企业领军人才。

对于研发水平或拥有核心技术的产品处于国内领先、国际先进的创新创业领军人才，经专家评审机构认定后，可以适当放宽学历和年龄限制。

第八条 高层次创新创业紧缺人才。

（一）高层次创业紧缺人才。

1. 须取得硕士以上学位或副高级以上专业技术职称，年龄不超过55周岁，有5年以上工作经验；

2. 拥有与创业领域产品、技术相应的自主知识产权或关键技术，符合我市战略支撑产业和战略新兴产业发展方向，相关技术能够转化，相关产品能够产业化，并具有市场前景；

3. 创办科技型企业，本人投入企业的注册资本不少于100万元人民币（不含技术入股），非法人代表的股权不得低于总投资的35%。

（二）高层次创新紧缺人才。

1. 企业紧缺的具有硕士以上学位或副高级以上专业技术职称人才；

2. 具有5年以上在国内外知名企业、高校、科研机构及相关单位关键岗位从事科研、管理或教学工作经历，符合我市战略支撑产业和战略新兴产业发展方向，拥有核心技术和重要科技成果，或具有学科重要奖励，业绩突出；

3. 与所在企业或平台签订5年以上聘任合同，并保证每年至少有6个月在签约企业或平台工作。

对于特别优秀的高层次创新创业人才，经专家评审机构认定后，可以适当放宽学历和年龄限制。

第九条 郑州市行政区划内注册创办或领办的企业以及企业引进的高层次人才及团队均可申报。项目申报实行常年受理，每年集中组织一次评审。项目评审时间以公告或通知为准。

第十条 申报及评审程序。

（一）信息发布。针对我市发展的重点产业和技术领域，面向社会发布项目申报指南和申报通知。

（二）组织申报。符合条件的单位和个人通过登陆郑州市科技局官方网站（郑州科技港）进行申报资料下载和填写。申报材料包括：申报书、项目可行性研究报告、项目资金申报书及相关证明材料（纸质材料装订成册一式三份，并附PDF格式电子版一份）。

（三）审核推荐。各开发区、县（市、区）科技局负责本区域范围内单位和个人项目的受理工作。负责核实申报单位和个人的身份、年龄、学历、经历、业绩等的真实性。按要求对申报资料进行初步筛选，出具推荐意见报送市科技局。

（四）技术评审。市科技局对项目进行形式审查后，委托第三方机构对项目进行评审。依据评审结果提出现场考察名单，并报市人才工作领导小组会议审核。

（五）现场考察。市科技局会同市人才工作领导小组成员单位对通过专家技术评审的项目进行现场考察。根据技术评审结果和现场考察结果提出拟支持项目的名单及奖励资金额度。

（六）立项支持。市科技局会同市财政局提出拟支持项目、奖励资金额度，报送市人才工作领导小组会议和市政府常务会议研究确定，对拟支持的项目及金额面向社会公示。公示无异议，确定给予项目奖励资金和基金的综合支持。

第十一条 对于拟支持的项目采取“项目奖励资金+基金”的形式给予多元化综合资金扶持，项目奖励资金应统筹用于项目开展。

（一）项目奖励资金支持。

1. 经评审认定的国家最高科学技术奖获得者、两院院士领衔的创新创业团队，可给予项目奖励资金400万元支持；国家

“千人计划”“万人计划”专家团队及同等层次创新创业团队，可给予项目奖励资金300万元支持。

2. 经评审认定的创业领军人才和全职引进的创新领军人才给予200万元项目奖励资金支持。

3. 经评审认定的高层次创业紧缺人才和全职引进高层次创新紧缺人才，给予100万元项目奖励资金支持。

（二）基金支持。在项目奖励资金支持的基础上，市政府双创基金将引导天使、种子、科技成果转化、风险投资等不同类型的投资基金，针对项目发展的不同阶段，给予基金、信息、市场等多元化综合支持。

第十二条 市产业发展引导资金、市股权投资资金、市产业发展引导基金、小微企业创业投资引导基金、市小微企业贷款风险补偿基金等优先对人才（团队）创新创业项目进行扶持。

第十三条 各开发区、县（市、区）及引进人才所在单位，应对申报材料的真实性负责，对弄虚作假的，一经查实，取消申报资格，并进行通报，5年内不再接受该单位和个人的申报，并记入信用档案。

第十四条 本办法自发布之日起施行，执行过程中涉及的问题由市科技局解释。

郑州市人民政府办公厅

2017年11月22日

中共信阳市委 信阳市人民政府关于实施“信阳英才计划”引进培育创新创业人才（团队）的意见

（信发〔2017〕13号）

为深入实施人才强市战略，吸引集聚更多高层次人才来我市创新创业，全面提升我市的人才竞争力、科技竞争力、产业竞争力，现就我市实施“信阳英才计划”引进培育各类创新创业人才（团队）提出如下意见。

一、指导思想和目标任务

（一）指导思想。以党的十八大和十八届六中全会以及习近平总书记关于人才工作的系列重要讲话精神为指导，全面贯彻落实省第十次党代会和市第五次党代会精神，充分发挥我市的生态和交通区位优势，坚持“差别竞争、重点突破、特色取胜”的工作思路，“引育结合、以引为主”的引才理念，引进和培育一批创新创业领军人才（团队），形成群贤毕至、人才辈出、以才兴市的生动局面，为推进“一市一区三枢纽”和“五个信阳”建设提供强有力的人才支撑和智力保障。

（二）目标任务。围绕我市“十三五”期间重点发展的电子信息、新型建材、绿色食品、现代物流、现代家居、医药制造等产业，以及现代金融、旅游、健康养老等高成长性服务业，依托信阳国家级保税物流中心、国家级高新技术产业园区和三所本科院校，13个产业集聚区，以及各类科技创新平台，实施“信阳英才计划”。5年内，引进培育10个领军型创新创业团队，20名具有国际化视野、拥有核心自主知识产权的领军型创新创业人才和科技创新创业企业家，300名（个）拥有掌握核心技术、具有较强创新创业能力的高层次创新创业人才（团队）。

二、引育对象

引育对象重点是：具有创新创业能力，拥有自主知识产权，技术成果国内外领先或填补国内空白，初步具备实现产业化的条件，能够引领相关产业发展，带技术、带项目、带资金、带成果来信阳创新创业的领军人才（团队）。主要包括以下人才（团队）：

（一）领军型创新创业团队（人才）。领军型创新创业团队带头人（领军型创新创业人才）一般为某一领域的开拓人、奠基人，在相关领域达到国际或国内先进水平，在同行中具有重要的创新地位和学术影响；对某一领域发展有过重大贡献的著名科学家；拥有自主知识产权的可产业化的科技成果或发明专利，且技术成果为国际先进或填补国内空白，并具有较好产业化开发潜力，对我市经济社会有巨大贡献及引领作用的领军型人才。团队核心成员须有3人以上。

（二）科技创新创业企业家。拥有核心技术和自主知识产权，至少拥有1项与主营业务相关的发明专利，技术水平在行业中处于领先地位，具有市场潜力并处于中试或产业化阶段，为业内普遍认可的领军型人才。本人在信阳创办科技型企业，企业注册资本不少于100万元人民币（不含技术入股），或在信阳与他人联合创办科技型企业，本人所持股权不低于30%。

（三）高层次创新创业人才（团队）。人才（团队带头人）一般为在某一领域造诣较深，拥有关键技术和重要科技成果，在同行中具有重要的创新地位或学术影响；符合我市产业发展方向，拥有自主知识产权或关键技术，能够实现产业化并具有市场前景，为业内普遍认可的创新创业型人才，特别是具有较强的创新创业能力，拥有海外创业经验的青年归国人才，或符合我市发展需求，拥有良好发展前景，能带动我市某一领域科技进步、产业升级的创新创业人才。

对信阳产业发展急需、社会贡献较大、现行人才目录难以界定的“偏才”和“专才”，经市人才工作领导小组组织专家或第三方评审认定后，享受相应的人才政策。

三、引育方式和责任主体

探索“引育项目+引育资金+引育人才”“产业需求+现场引才+成果转化”等方式，动员全社会的力量做好引才育才工作。

（一）“引育项目+引育资金+引育人才”方式。利用网络、报纸大力宣传“信阳英才计划”，发挥市县在外商会、联谊会的平台作用，吸引和激励优秀人才（团队）到信阳创新创业，实现招商引资和招才引智同步。

责任主体：以各县区党委、政府和管理区、开发区党委，市委、市政府在外商会、联谊会为主。

引育措施：引育责任主体根据本地优势产业、特色产业，积极与有创新创业意愿的人才（团队）对接，做好动员、引进到创新创业项目研发、孵化、产业化等各个环节的服务保障工作。

（二）“产业需求+现场引才+成果转化”方式。根据产业发展需求，定期赴高校、科研机构、大型企业和人才比较集中的城市，现场识才、引才。

责任主体：以市委组织部协同市发改委、市科技局、市人社局、市工信委、市商务局等相关职能部门为主。

引育措施：每年由市人才工作领导小组统一组织，引育责任主体组团赴高校、科研机构、大型企业和人才比较集中的城市，有针对性地现场动员优秀人才（团队）到我市创新创业，并对创新创业项目的先进性、创新性和可行性归口提出评审意见。

（三）“一事一议、一人一策”方式。对我市急需的资本运作、金融创新服务等领域人才，可由用人单位申报，采取“一事一议、一人一策”方式研究引进。

四、资金支持

“信阳英才计划”人才落地的创新创业项目，享受以下资金支持：

（一）项目产业化资金资助。

1．对创新创业领军团队，按不同层次给予项目产业化资金资助。国家最高科学技术奖获得者、“两院”院士领衔的创新创业团队，每个团队给予3000万—5000万元项目产业化资金资助；国家“千人计划”、省“百人计划”专家团队及同等层次创新创业团队，每个团队给予500万—1000万元项目产业化资金资助。市级以上其他创新创业团队，每个团队给予100万—300万元项目产业化资金资助。

2．对领军型创新创业人才，按不同类型给予支持。其中，领军型创业人才给予400万元项目产业化扶持资金资助；全职引进的领军型创新人才给予200万元项目研发扶持资金资助。

3．对科技创新创业企业家给予200万元项目产业化资金资助。

4．对高层次创业人才（团队），给予100万元项目产业化资金资助；全职引进的高层次创新人才（团队），给予50万元项目研发资金资助。

5．对由领军型创新创业团队（人才）所主持的特别重大的科技项目，且对我市产业发展具有奠基性、战略性、支撑性作用的，实行“一事一议”，最高可获得1亿元项目产业化资金资助。

（二）金融支持。

1．股权投资支持：根据创新创业项目实际投资额度，经论证审批后，可由我市产业发展基金或创业投资基金等各类政府引导基金提供实际投资额20%左右的股权投资。

2．跟进投资支持：创新创业项目成功吸引社会风险投资的，可由市产业发展基金或创业投资基金等各类政府基金提供10%—30%的跟进配套风险投资，原则上最高不超过500万元。

3．贷款担保支持：创新创业项目进入中期或产业化初期，因流动资金不足申请融资的，由市担保机构给予最高500万元的融资担保。

4．贷款贴息支持：对于创新性强、市场前景好的创新创业项目，经评审认定，创业初期3年内通过银行融资所付银行利息，由同级财政按照同期银行贷款基准利率全额补贴。对中小微高新技术企业获得银行资金支持的，市财政给予贴息支持，贴息利率为同期银行贷款基准利率的20%（含），每户企业年贴息额最高不超过10万元。

（三）创新创业场租支持。

对“信阳英才计划”人才落地的项目，由项目落地方负责提供分别不低于300平方米、200平方米、100平方米的创业场所，3年内免租金。自行租赁办公用房的，3年内由项目落地方按市场价格给予租金补助。需要生产性建设用地的，按照工业用地标准优先供地。

（四）协同支持。

落户我市产业集聚区、科技园区、孵化器的“信阳英才计划”人才创新创业项目除享受市定政策外，还可享受该产业集聚区、科技园区、孵化器的相关优惠政策。

五、发展支持

（一）科技创新支持。

1．支持“信阳英才计划”人才所领办创办的企业争创高新技术企业、知识产权优势示范（强企备案）企业、创新型示范（试点）企业等。对新认定的高新技术企业给予50万元的奖励；对新认定的国家级和省级知识产权优势示范（强企备案）企业，分别给予30万元和10万元的奖励；对新认定的国家级和省级创新型示范（试点）企业，分别给予50万元和20万元的奖励；对新认定的省级创新龙头企业给予20万元的奖励，对新认定的省级节能减排科技创新示范企业给予10万元的奖励；对新认定的省级中药现代化科技创新示范企业（基地），给予10万元的奖励。对经备案的河南省科技型中小企业给予倾斜支持。对承担国家重点研发计划项目给予奖励80万元，承担科技型中小企业创新基金项目给予奖励10万元。

2．支持“信阳英才计划”人才申报各类科技奖项，提高市级奖励标准。对获得国家或省部级重大科技奖项中的一、二、三等奖项的，给予国家或省（部）奖励金额50%的资金奖励。对获得的发明专利、科技含量较高的实用新型和外观设计授权专利，分别给予每件5000元、1000元和500元的一次性奖励，对涉外授权专利给予每件2万元的一次性奖励；对新获得的省政府专利奖一等奖和特等奖，分别给予10万元和20万元的奖励；对新获得的中国专利奖优秀奖和金奖，分别给予20万元和50万元的奖励。

3．支持“信阳英才计划”人才所领办创办的企业参与标准制定。对主持研制和参与起草国家标准、行业标准和省级地方标准的第一起草单位，分别给予20万元、10万元奖励。

（二）平台建设支持。

1．支持“信阳英才计划”人才与高新技术企业、高等院校、科研机构开展产学研合作，创建重点实验室、工程实验室、工程研究中心、制造业创新中心、企业技术中心、工程技术研究中心，以及院士工作站和博士后科研工作站（研发基地、流动站）等各类科技创新平台。对新认定（批准建设）的国家级和省级科技创新平台，分别给予50万元、20万元的奖励；对新认定的省级科技创新团队，给予10万元奖励。同一级别的研发平台不重复奖励，省级以上补足差额。

2．支持建设众创空间。对认定的国家级和省级众创空间分别给予50万元和20万元奖励。鼓励众创空间等孵化载体引进专业化、高层次运营团队，对自有孵化资金投资在孵企业，财政按照不高于投资额的20%给予补贴或跟投。

3．支持协同创新。支持“信阳英才计划”人才按照“风险共担、利益共享”的原则，牵头组建电子信息、新型建材创新联盟等一批对支柱产业发展有重大影响的区域技术联盟、创新联盟和标准联盟，形成融科研、服务、人才输送、投资于一体的产业链关系。对牵头新组建国家级和省级产业技术创新战略联盟的企业或科技创新平台，分别给予50万元、30万元的奖励。

（三）股权与分红激励。

1．鼓励企业对科技成果转化过程中做出突出贡献的“信阳英才计划”人才实施股权和分红激励。驻信阳高校、科研机构和企业以转让或许可职务科技成果等方式获得收益的，可按不低于50%、最高100%的比例奖励科研负责人、骨干技术人员等重要贡献人员和团队。

2．鼓励领办、创办科技型企业，经评估或协商，允许“信阳英才计划”人才以科技成果、知识产权和专利技术等无形资产按注册资本最多100%的比例作价入股。研发团队将个人收益直接用于创办企业或投入受让企业所形成的股权收入，在形成现金收入后，按国家有关政策缴纳个人所得税。

六、荣誉激励

（一）培优激励。定期组织“信阳英才计划”人才到清华大学等著名高校学习、到行业领军企业深造等，促使他们知识常新、成果常有。优先推荐申报国家“千人计划”“万人计划”“国务院政府特殊津贴专家”和省“百人计划”等市以上重点人才计划；优先推荐参加省管专家、省杰出专业技术人才等优秀人才评选。对荣获中原学者、专有知识产权等高端创新人才及团队的，给予10万元奖励；荣获省创新型企业家的，给予20万元奖励。建立拔尖人才绿色通道，有突出贡献的人才可随时进入市级拔尖人才队伍。

（二）岗位激励。建立领导干部联系“信阳英才计划”人才制度，并将“信阳英才计划”人才纳入市、县智库。协调驻信阳高校、科研院所提供兼职教授、研究员等兼职岗位。

（三）职称激励。“信阳英才计划”人才评聘专业技术职务时，不受单位结构比例和岗位限制；对符合条件的海外归国高层次人才，可直接考核认定高级专业技术职务；引进后做出较大贡献且符合条件的，可按规定破格晋升专业技术职务。对领办创办企业3年以上的企业家，通过对企业经营管理情况、纳税、社保、就业、环保、安全生产等进行考核，可直接认定高级经济师资格。

七、服务保障

（一）家庭安置。“信阳英才计划”引进人才的配偶、子女以及父母、岳父母可以随迁。配偶在原单位属公务员或事业单位在编在岗人员的，由人事和编制部门在空编单位协调调动工作。

（二）子女入学。“信阳英才计划”人才的适龄子女，需入幼儿园的，优先解决入园需求；接受义务教育的，按照就近入学原则优先安排在公办学校就读；接受高中教育的，参加河南省统一组织的高中阶段教育招生考试，在同等条件下优先录取。

（三）住房保障。支持各地建设专家公寓或人才周转房，按照“人进房住、人走房收”的原则安排无偿使用。“信阳英才计划”人才在我市定居且服务满5年后需购置商品房的，对领军型创新创业人才、科技创新创业企业家、高层次创新创业人才，分别给予80万、40万、20万的购房补贴。

（四）社会保险和医疗保障。“信阳英才计划”人才申报养老保险时，原有符合政策规定的工作年限视同缴费年限；在市、县区重点医疗卫生机构开设“绿色通道”，为“信阳英才计划”人才提供优质医疗服务，并建立健康档案。

八、工作措施

（一）工作机制。“信阳英才计划”引进培育创新创业人才（团队）工作在市委、市政府领导下，由市人才工作领导小组统一组织实施。市委组织部发挥好牵头抓总作用，市发改委、市科技局、市人社局、市工信委、市商务局等相关职能部门发挥识才引才育才职能，市财政局做好相关资金的核发和监管工作，县区和管理区、开发区围绕本地优势产业、特色产业、新兴产业谋划引才育才重点，做好申报工作，各相关单位要密切配合，形成工作合力。

（二）评审程序。在全市范围内注册创办或合办企业引育的创新创业人才（团队），均可申报“信阳英才计划”。实行常年受理申报，每半年集中组织评审一次，具体要求以公告为准。特别急需的人才项目，可即报即审。申报评审认定程序为：发布公告，县区和管理区、开发区以及市直相关单位组织申报和审核推荐，初步技术评审，综合评审，市委常委会确定人选，项目资助。

（三）考核评价。市委组织部牵头组织市发改委、市财政局、市科技局、市人社局、市工信委、市商务局等市直有关部门，加强对“信阳英才计划”执行情况的跟踪了解和绩效评估，及时研究调整政策措施，提高财政资金使用绩效。将实施“信阳英才计划”引进培育创新创业领军人才（团队）工作纳入各县区和管理区、开发区人才目标责任制考核体系，层层压实工作责任。

（四）退出机制。坚持以用人单位为主体，强化人才发挥作用情况的考核，规范用人单位与人才之间的契约行为，运用市场化的手段评价、激励人才。委托第三方对人才（团队）创新创业项目完成情况进行考核评价，对履职较好、经费使用规范、产业带动效果明显的，予以奖励；对发挥作用不明显的，调整或取消对其的相关激励政策；对存在违法乱纪、品行不端等行为的，取消相关待遇。

各县区和管理区、开发区可结合实际，制定本地引进培育创新创业人才扶持政策。

中共信阳市委
信阳市人民政府
2017年6月13日

中共襄阳市委 襄阳市人民政府
关于深入实施隆中人才支持计划的意见

（襄发〔2017〕16号）

为认真贯彻《中共中央印发〈关于深化人才发展体制机制改革的意见〉的通知》（中发〔2016〕9号）、《省委办公厅、省政府办公厅关于深化人才发展体制机制改革促进人才创新创业的实施意见》（鄂办发〔2016〕33号）精神，大力引进海内外带技术（成果）、带项目、带资金的高层次人才团队来襄创新创业，充分发挥人才引领创新驱动、促进产业转型升级的作用，奋力开创“两个中心、四个襄阳”建设新局面，市委、市政府决定，深入实施隆中人才支持计划，特制定本意见。

一、引进对象和条件

重点围绕全市汽车及零部件、装备制造、新能源汽车、新能源新材料、电子信息、医药化工、农产品深加工等主导产业，尤其是新能源汽车、高端装备制造等战略性新兴产业，大力引进海内外高层次人才团队。引进对象应同时具备以下条件：

1．项目团队应具有海内外创新创业经历，拥有自主知识产权或高技术含量的科技成果，具有较大市场潜力，并进行产业化生产。

2．项目团队由1名技术带头人和3名以上核心成员组成。团队带头人一般应有硕士研究生以上学历学位或相当于副教授职称，或在跨国公司、知名企业担任中高级技术管理职位2年以上。创业团队带头人为企业主创人员的，一般应担任企业重要职务（法定代表人、董事长、总经理、技术负责人），并持股20%以上。

二、扶持政策

1．工作场所。项目注册地所在县（市、区）、开发区提供100—300平方米工作场所，前3年免收租金，第4至第5年按市场价50%收取租金。资助项目扩大生产需建厂房的，企业用地实行“一企一策”，依法予以保障。

2．项目资助。坚持“逐年遴选、梯次培育、分期资助”。市财政对申报入选的项目进行无偿资助，支持周期为3年。第1年入选项目设为C类，给予每个项目50万元经费支持；第2年在C类项目中进行第二次遴选，遴选项目设为B类，再给予每个项目100万元经费支持；第3年在B类项目中进行第三次遴选，遴选项目设为A类，再给予每个项目200万元经费支持。对我市产业发展产生巨大带动效应的，实行“一事一议”，按照资金支持与带动效应所产生的效益相匹配的原则给予支持。对参加国家、省级创新创业赛事活动取得第三等次及以上的人才创业项目，且符合引进对象和条件的，在我市落地实施后，可直接组织专家开展实地考察入选C类项目，并给予相应资助。

3．担保贷款。资助项目进行产业化生产的，根据其项目层次和投资需求，经论证审批，由市中小企业投资担保公司等国有控股担保公司提供100万—500万元的担保贷款。市科技金融基金鼓励商业银行向科技型中小企业发放知识产权质押贷款。

4．股权投资。资助项目需要融资的，推荐给市汉江产业股权投资引导基金参股子基金采取股权投资方式予以支持。子基金根据尽职调查情况，按照被投资企业规模、发展阶段等实施差别化投资，对处于种子期、初创期、成熟期的单个企业，投资金额原则上最高分别可达100万元、300万元、2000万元，基金对被投资企业的投资不超过企业总股本的30%。对我市产业发展有重大贡献、能够带来重大经济社会效益的项目，采取“一事一议”，股权投资最高可达1亿元。

5．风投补偿。实施鼓励风投机构投资科技创业的风险补偿机制，按照汉江产业股权投资基金相关管理规定明确的条件和标准，设立襄阳市科技创业风险投资补偿基金，制定科技创业风险投资补偿基金管理暂行办法，备案风投机构（在襄注册或设立分支机构）投资隆中人才支持计划资助项目所发生的投资损失，可按不超过实际投资损失的30%给予补偿，每个投资项目的投资损失补偿金额不超过300万元，单个投资机构每年度获得的投资损失补偿金额累计不超过600万元。

6．薪酬激励。支持高层次人才以技术成果参与分配，以合作方式实施技术成果转化的，项目盈利后5年内，所在单位每年可从实施该项成果的新增税后净利润中提取不低于15%的比例，用于奖励成果完成人。鼓励用人单位对高层次人才团队实行股权激励、期权激励。高层次领军人才创办的企业获得A轮以上投资，并引进技术或管理团队，可申请团队核心成员3年内每人每年20万元薪酬补贴。薪酬补贴所需经费，按现行财政体制分级负担。

7．引才优惠。城区（不含襄州区）企业引进的高层次人才、高技能人才，按照《市委办公室、市政府办公室印发〈关于支持企事业单位引进高层次人才试行办法〉的通知》（襄办发〔2013〕24号）规定，享受襄阳市住房补贴优惠政策。支持企业引进人才，允许企业以符合国家政策规定的智力支出作为技术开发费用投入，对引进创新型人才的租房补贴、安家费、科研启动经费等费用可按有关规定列入生产成本核算。

8．政府奖励。资助的团队成员在襄做出较大贡献的，优先推荐参评国家“千人计划”“万人计划”、湖北省“百人计划”、襄阳杰出人才、襄阳优秀人才，以及国家、省、市有突出贡献中青年专家和政府特殊津贴人员。用人单位引进的高层次创新创业人才在襄申报入选国家“千人计划”“万人计划”、湖北省“百人计划”的，对所在单位分别给予20万元、20万元、10万元奖励。鼓励中介服务机构推荐高层次人才到襄创新创业，引进的高层次人才在襄申报入选国家“千人计划”、湖北省“百人计划”的，对中介服务机构分别给予20万元、10万元资助。所需资金按现行财政体制分级负担。

9．科技扶持。资助企业被批准为国家、省创新型试点企业的，财政分别给予不低于60万元、30万元的科技项目经费支持。凡被认定为国家级、省级知识产权示范企业的，财政分别给予不低于40万元、20万元的奖励。所需资金按现行经费渠道支出。

10．保障服务。团队带头人、核心成员（不超过4人，下同）在襄无自有住房的，可分别申请拎包入住120平方米左右、100平方米左右人才公寓，3年内免收租金。团队带头人纳入市级保健对象，核心成员在全市三甲医院享受优诊优疗服务。团队带头人及核心成员子女就读市内中小学、幼儿园，可根据本人意愿和实际情况，结合当年各学段入学原则，由市、区教育行政部门协调安排入学接受优质教育。各级政府加大购买服务力度，通过合同、委托等方式，鼓励社会中介机构为隆中人才支持计划资助项目提供咨询辅导、人才招聘、人才测评、人才培训、法律、财务、投融资、市场营销、知识产权、技术转移等专业化服务，经费按现行财政体制分级负担。

三、实施程序

隆中人才支持计划在市委人才工作领导小组领导下实施，市委组织部、市科技局、市财政局、市经信委、市发改委、市外侨局、市人社局、市住房保障和房屋管理局、市教育局、市卫计委、市国税局、市地税局、市政府金融办、汉江投资控股有限公司等承担相应的工作任务，市委人才办负责组织、协调、指导、检查、督促。

1．发布公告。每年通过《襄阳日报》、襄阳市人民政府网、襄阳党建网等媒体发布隆中人才支持计划申报公告。

2．申报受理。高层次人才团队向公司工商注册地所在县（市、区）、开发区人才办提交书面《申请书》《高层次人才来襄创新创业项目计划书》，经各地初审汇总后报市委人才办。

3．资格审查。市委人才办会同市科技局、市财政局、市经信委，组织有关部门和行业专家对申报项目进行资格审查，确定集中评审名单。

4．集中评审。市委人才办委托第三方机构，组织省内外行业技术专家、创投机构和知名企业负责人，根据资格审查结果，采取集中路演（面试答辩、会议评审）等方式对申报项目进行评审，确定拟推荐名单。

5．实地考察。市委人才办会同市科技局、市财政局、市经信委组织专班，或委托第三方机构组织有关专家，实地考察项目注册、落地、投资等情况，对拟推荐名单进行现场考察，拟定最终推荐名单。

6．审定公示。市委人才工作领导小组对推荐名单进行审核，报市政府审定拟入选名单。对需要实行“一事一议”在项目资助、股权投资方面给予支持的重点项目，提请市政府常务会会议、市委常委会会议研究确定。将拟入选名单在《襄阳日报》、襄阳市人民政府网、襄阳党建网等媒体上公示7个工作日。

7．管理服务。公示期满无异议的，正式列入隆中人才支持计划扶持对象，签订协议书，明确项目进度、有关指标完成情况等，作为项目支持、管理和考核的依据。根据项目进展情况，按政策分期予以资助、落实相关待遇。对弄虚作假骗取资助的企业或个人，一经查实，取消申报资格，并列入“黑名单”，3年内市直相关部门不再接受该单位和个人的各类项目申报；对已骗取的资助资金，依法予以追回，并依法追究法律责任；涉及违法犯罪的，移送司法机关处理。风险投资机构弄虚作假骗取补偿资金、不配合资金实施情况检查、不按要求提供完整财务报表及投资进展材料的，将解除风险补偿合同，通报批评并依法追究责任。政府部门、相关机构及其工作人员弄虚作假、隐瞒事实真相或串通作弊造成风险补偿资金损失的，将依法依规对相关单位和责任人进行处理。

8．考核评估。委托第三方专业机构，定期对隆中人才支持计划资助项目进行绩效评估。将隆中人才支持计划实施情况纳入各县（市、区）、开发区和市直相关单位人才工作年度目标考核内容。

本意见自2017年7月25日起执行，有效期五年，由市委人才办会同有关部门制定具体细则。同类型的奖励不得重复享受。《中共襄阳市委、襄阳市人民政府关于实施隆中人才支持计划的若干意见（试行）》（襄发〔2009〕6号）同时废止。

中共襄阳市委

襄阳市人民政府

2017年7月25日

湖南省人民政府
关于促进创业投资持续健康发展的实施意见

（湘政发〔2017〕30号）

为贯彻落实《国务院关于促进创业投资持续健康发展的若干意见》（国发〔2016〕53号）精神，促进经济转型升级和提质增效，将我省打造成在全国具有影响力的创业投资中心和中西部地区创业投资集聚高地，现提出以下实施意见。

一、培育多元创业投资主体

（一）积极鼓励各类社会资本从事创业投资活动。鼓励各类机构投资者和个人依法设立公司型、合伙型创业投资企业。鼓励行业骨干企业、创业孵化器、产业（技术）创新中心、创业服务中心、保险资产管理机构等创业创新资源丰富的相关机构参与创业投资。支持一批具备综合实力和管理经验的企业发挥产融结合优势，设立或参股市场化运作、专业化管理的创业投资和产业并购母基金。鼓励成立公益性天使投资人联盟等各类平台组织，培育和壮大天使投资人群体。规范发展互联网股权融资平台，为各类个人直接投资创业企业提供信息和技术服务。（省发改委、省科技厅、省经信委、省政府金融办、湖南证监局、湖南保监局按职责分工负责）

（二）创新优化国有创业投资企业国资监管体制。国有创业投资企业应坚持价值投资、实业投资和长期投资理念，兼顾政策目标和经济目标，强化对初创企业的支持。要结合创业投资行业属性，针对国有创业投资企业，制定完善相应的自主投资决策、国有股权处置、经营业绩考核、薪酬与收益分配等制度，鼓励采用市场化项目收益分成、投资损失核销与责任追究等方式，实施长效激励约束分配机制。支持具备条件的国有创业投资企业开展混合所有制改革试点，通过上市、挂牌等途径做强做大。（省国资委、省财政厅、省发改委、省政府金融办、湖南证监局按职责分工负责）

（三）吸引省外专业机构来湘设立创业投资企业。放宽外商投资准入，简化管理流程，吸引境外专业机构来湘设立创业投资管理机构和创业投资企业。外资创业投资企业与内资创业投资企业同等享受相关政策。鼓励综合实力雄厚、募资能力强、投资管理经验丰富的创业投资管理机构来湘发展。针对投资界湘籍人士开展“引资引智”对接活动，鼓励回湘设立创业投资企业或区域性总部机构。各级政府在新设产业发展基金、产业引导基金时，原则上应公开招募优秀基金管理机构进行管理。（省发改委、省政府金融办、省财政厅、省商务厅、省工商局按职责分工负责）

二、拓宽创业投资资金来源

（一）大力培育和发展合格投资者。在风险可控、安全流动的前提下，鼓励地方国有企业、保险公司、大学基金等各类机构投资者参股创业投资企业和创业投资母基金。鼓励产业园区、地方政府融资平台与知名创业投资机构合作发起设立各类创业投资企业，创新产业投资与招商引资模式，为地方培育专业投资团队。在风险可控的前提下，支持信托公司和运作规范、实力较强的担保公司以自有资金设立创业投资子公司，为创业企业提供综合性、个性化金融和投融资服务。支持具有风险识别和风险承受能力的个人参与投资创业投资企业。（省政府金融办、省发改委、省国资委、省经信委、省科技厅、人民银行长沙中心支行、湖南银监局、湖南证监局按职责分工负责）

（二）建立股权债权等联动机制。支持符合条件的国家自主创新示范区和银行申请国家投贷联动试点，支持试点机构依法申请设立具有投资功能的子公司，通过“股权+债权”的业务模式，为科技型创业企业提供持续资金支持。加快制定投贷联动的扶持政策，建立创业投资企业与各类金融机构长期性、市场化合作机制。推动发展投贷联动、投保联动、投债联动等新模式，不断加大对创业投资企业的投融资支持力度。同等条件下，优先将符合政策要求的创业投资企业所投资企业纳入省重点上市后备企业资源库。支持创业投资企业及其股东依法依规通过发行企业债券和其他债务融资工具、发行资金信托、募集资产管理计划和保险资金等方式拓展融资渠道。（省政府金融办、省发改委、省科技厅、人民银行长沙中心支行、湖南银监局、湖南证监局、湖南保监局按职责分工负责）

三、加强政府引导和政策扶持

（一）建立健全财政性引导资金投入机制。鼓励有条件的市州、县市区按照“政府引导、市场化运作”原则设立创业投资引导基金。充分发挥湖南高新科技成果转化基金、省新兴产业投资基金等财政性引导基金作用，引导社会资本投资转化科技成果的科技型、创新型创业企业。积极支持社会资本与优秀基金管理团队合作，申报国家新兴产业创业投资引导基金、国家中小企业发展基金和国家科技成果转化引导基金等，申报中涉及需要省级出资作为配套或参与国家基金的，省新兴产业投资基金等省级基金优先予以支持。探索建立初创期创业投资风险补偿机制。充分运用政府出资适当让利于社会出资的方式，鼓励各类财政性引导基金参股的创业投资企业投向创新创业企业。建立并完善创业投资引导基金中政府出资的绩效评价制度。（省财政厅、省发改委、省经信委、省科技厅、省国资委、省政府金融办按职责分工负责）

（二）积极落实创业投资税收政策。全面落实国家现行创业投资各项税收优惠政策，密切关注国家鼓励创业投资企业和天使投资人投资种子期、初创期等科技型企业的税收支持政策出台进度，及时抓好贯彻落实。（省财政厅、省国税局、省地

税局、省发改委、省科技厅按职责分工负责）

（三）建立创业投资与政府项目对接机制。在全面创新改革试验区域、国家自主创新示范区、国家高新区、双创示范基地、产业（技术）创新中心、科技企业孵化器、众创空间等，开放项目（企业）资源，充分利用政府项目资源优势，搭建创业投资与企业信息共享平台，打通创业资本和项目之间的通道。挖掘农业领域创业投资潜力，依托农村产业融合发展园区、农业产业化示范基地、农民工返乡创业园等发展第二、三产业，改造提升第一产业，加大创业投资对产业扶贫项目的支持力度。（省发改委、省科技厅、省经信委、省农委、省商务厅按职责分工负责）

四、优化创业投资市场环境

（一）优化商事环境。深化简政放权、放管结合、优化服务改革，各地区、各部门不得自行出台限制创业投资企业和创业投资管理企业市场准入和发展的有关政策。建立创业投资行业发展备案和监管备案互联互通机制，为创业投资企业备案提供便利，放宽创业投资企业的市场准入。提高创业投资企业的工商登记注册便利化水平，鼓励有条件的地区设立创业投资服务中心，为创业投资企业落户、运营、投资等提供“全方位、一站式”的优质服务。促进创业投资行业加强品牌建设。（省发改委、省政府金融办、省工商局、湖南证监局按职责分工负责）

（二）优化监管环境。坚持适度监管、差异监管和统一功能监管，创新监管方式，有效防范系统性区域性风险，建立适应创业投资行业发展特点的监督管理机制。按照坚持服务实体、坚持专业运作、坚持信用为本、坚持社会责任的基本原则，通过对创业投资机构实行准入管理、强化后续监管，建立高效、健康、良性的监管机制。建立行业规范，强化创业投资企业内控机制、合规管理和风险管理机制。加强投资者教育，使相关投资者成为具有风险识别和风险承受能力的合格投资者。建立并完善募集资金的托管制度，规范创业投资企业募集资金行为，打击违法违规募集资金行为。健全对创业投资企业募集资金、投资运作等与保护投资者权益相关的制度规范，加强日常监管。（省政府金融办、省发改委、省科技厅、省国资委、湖南证监局按职责分工负责）

（三）优化信用环境。进一步建立健全创业投资企业、创业投资管理企业及其从业人员信用记录，实现创业投资领域信用记录全覆盖。推动创业投资领域信用信息纳入全国和我省信用信息共享平台，并与国家企业信用信息公示系统（湖南）实现互联互通。依法依规在“信用中国”“信用湖南”等网站和国家企业信用信息公示系统（湖南）公示相关信息。加快建立创业投资领域严重失信黑名单制度，鼓励有关社会组织探索建立守信红名单制度，依托信用信息共享平台，按照有关法律法规和政策规定实施守信联合激励和失信联合惩戒。建立健全创业投资行业信用服务机制，推广使用信用产品。加强对创业创新早期知识产权保护，健全侵权查处机制，依法惩治侵犯知识产权的违法犯罪行为，将企业行政处罚、黑名单等信息纳入信用信息共享平台，对严重侵犯知识产权的责任主体实施联合惩戒并进行公示。（省发改委、人民银行长沙中心支行、省工商局、省科技厅、省知识产权局、省公安厅、省政府金融办、湖南证监局按职责分工负责）

（四）打造创业投资企业集聚区。加快基金小镇建设。支持条件成熟的地区和各类投资机构，依托创新创业园区、创业孵化基地和众创空间，建设创业投资企业集聚区，成立创业投资联盟或其他公益性服务平台。（省发改委、省政府金融办、省财政厅、省科技厅、省民政厅、省住房城乡建设厅、省国土资源厅按职责分工负责）

（五）拓宽创业投资市场化退出渠道。建立创业投资企业与湖南股权交易所的对接机制，为创业投资企业转让已投资企业的股权提供便捷服务。鼓励创业投资以并购重组等方式实现市场化退出，规范发展专业化并购基金。推动省内有条件的大型产业集团与创业投资基金对接。（省政府金融办、湖南证监局、省科技厅、省国资委、省财政厅按职责分工负责）

五、完善创业投资行业自律和人才支撑体系

（一）加强行业自律与协会建设。推进依法设立全省性促进创业投资的社会组织，鼓励具备条件的市州成立相应的社会组织。加强相关行业协会在政策对接、会员服务、信息咨询、数据统计、行业发展报告、人才培养、国际交流合作等方面的能力建设，支持相关行业协会推动创业投资行业信用体系建设和社会责任建设。（省发改委、省民政厅、湖南证监局、省政府金融办按职责分工负责）

（二）加大创业投资人才队伍引进与培养力度。加强与创业投资相关的会计、征信、信息、托管、法律、咨询、教育培训等各类中介服务体系建设。当地政府要为引进的创业投资人才提供落户、居住、子女教育等便利服务。鼓励和倡导成立创业投资类的社会服务机构（民办非企业单位），通过高等学校、科研院所、群团组织、创业投资企业、创业投资管理企业、天使投资人等多种渠道，以多种方式加强创业投资专业人才培养。（省发改委、省人力资源社会保障厅、省教育厅、省科技厅、省民政厅、省政府金融办、湖南证监局按职责分工负责）

六、加强对创业投资工作的统筹协调

省发改委要会同有关部门加强推进创业投资发展的政策协调，切实落实各项创业投资支持政策。鼓励智库为我省创业投资行业发展出谋划策，探索开展多种形式的行业交流活动，扩大我省创业投资力量的影响力。（省发改委、省政府金融办、湖南证监局会同有关部门按职责分工负责）

各地区、各部门要把促进创业投资持续健康发展作为深入实施创新驱动发展战略、推动大众创业万众创新、促进经济结构调整和产业转型升级的一项重要举措，按照职责分工抓紧制定完善配套政策和实施细则，各牵头部门要加强对政策落实情况的督查考核，抓好各项工作落实。

湖南省人民政府

2017年9月11日

中共广东省委
关于我省深化人才发展体制机制改革的实施意见

（粤发〔2017〕1号）

为贯彻落实中央《关于深化人才发展体制机制改革的意见》精神，深入实施创新驱动发展战略，建立具有全球竞争力的人才制度体系，加快建设人才高地，结合我省实际，现就深化人才发展体制机制改革提出如下意见。

一、深化人才管理体制改革

健全党管人才体制机制。市、县（市、区）人才工作领导小组组长由同级党委书记担任，组织部门应设立或明确人才工作机构。将人才发展列为经济社会综合评价指标，实行人才工作目标责任考核，将创新人才队伍建设作为重点考核内容，考核结果作为领导班子评优、干部选拔任用的重要依据。将人才工作列为落实党建工作责任制情况述职的重要内容。建立省人才工作领导小组成员单位工作责任制和年度述职制度，将人才工作职责列入相关职能部门“三定”方案。加强重点人才工程监测考核，建立人才退出机制和失信惩戒机制。组建省人才发展研究机构。设立省级人才发展改革试验区。制定省人才发展促进条例，营造人才发展法治环境。

推动人才管理部门简政放权。清理规范人才招聘、评价、流动等环节中的行政审批和收费事项，消除对用人主体的过度干预。取消一批职业资格认定事项，改由行业组织自律管理。向高水平大学、高水平理工科大学建设高校下放岗位设置、公开招聘、职称评审、薪酬分配、人员调配相关权限。

推进机构编制备案制管理。普通高等学校、公立医院等符合条件的公益二类事业单位实行机构编制备案制管理，逐步实现由相关单位研究提出人员控制数额、内设机构设置方案，报同级机构编制部门备案，按照中央统一部署，探索不再纳入编制管理。

二、改进人才培养支持机制

提高科研项目人力资源成本费用支出比例。利用本省财政性资金设立的自主创新项目，承担项目人员的人力资源成本费用可以从项目经费中支出，一般不超过该项目经费的40%，软科学研究项目、哲学社会科学研究项目和软件开发类项目支出比例不超过该项目经费的60%。劳务费预算不单设比例限制，由项目承担单位和科研人员据实编制。加大对科研人员的激励，绩效支出不单设比例限制，不纳入单位绩效工资总量调控管理。探索实行哲学社会科学研究成果后期资助和事后奖励制。

赋予人才更大经费支配权。下放科研项目直接费用预算经费调整审批权，在项目总预算不变的情况下将直接费用部分预算调剂权下放给项目承担单位。项目负责人可根据科研活动实际自行调剂材料费支出明细。实行部门预算批复前项目资金预拨制度。项目实施期间，年度剩余资金可结转下一年度继续使用。项目完成任务目标并通过验收后，结余资金按规定留归项目承担单位使用，在2年内由项目承担单位统筹安排用于科研活动的直接支出；2年内未使用完的，按规定收回。

下放科研设备采购自主权。高等学校和科研院所采购进口仪器实行备案制管理。继续落实进口科研教学用品免税政策。

优化提升高层次人才培养工程。加大实施广东高层次人才特殊支持计划力度，给予杰出人才每人120万元生活补贴，给予科技创新领军人才、科技创业领军人才、百千万工程领军人才、宣传思想文化领军人才和教学名师每人80万元生活补贴，给予科技创新青年拔尖人才、百千万工程青年拔尖人才和青年文化英才每人50万元生活补贴。

实施企业家人才培养工程。建立常态化的企业家培训机制，每年选送200名省内高成长性科技型企业的主要负责人和国家及省重大人才工程创业人才到国内外学习培训，着力培养造就一批职业化、现代化、国际化的优秀企业家和职业经理人。实施“领航100”青年创业领军人才培养计划，打造广东大型骨干企业人才后备梯队。

加大青年人才培养力度。实施青年优秀科研人才国际培养计划，每年资助400名40岁以下的优秀科研人才到海外一流大学和科研机构开展合作研究。对引进到珠三角地区工作且年龄在35岁以下的青年博士由各市财政给予每人不少于10万元生活补贴（其中到中央驻粤单位和部属、省属单位工作的青年博士由用人单位负担）；对引进到粤东西北地区及惠州、江门、肇庆市享受省财政转移支付的县（市）（以下针对粤东西北地区的政策均适用该范围）工作且年龄在40岁以下的青年博士由省财政给予每人20万元生活补贴。

提高技术技能人才培养水平。遴选约500家企业深入开展校企联合培养技能人才试点。建立企业首席技师制度。大力弘扬工匠精神，研究制定高技能人才激励办法，通过评选南粤技术能手奖和职业技能竞赛，培养发现优秀技能人才。鼓励各地区制定高技能人才纳入户籍准入管理政策。建立农村实用人才培训体系，深入实施新型职业农民培养工程。

三、健全引才用才机制

推进人才出入境和停居留便利。落实公安部关于支持广东创新驱动发展和自贸区建设的16条出入境政策，在申请永久居留、延长居留期限、办理人才签证、过境免签、聘雇外籍家政服务人员等方面为人才提供更多便利。积极创造条件，争取国家给予更加开放便利的出入境政策。

优化提升人才引进工程。大力实施“珠江人才计划”，加大企业引才力度，继续引进创新创业团队，给予单个团队最高1亿元资助；大力引进领军人才、企业家、金融人才和青年拔尖人才，对引进高层次人才实施更加优惠的补贴政策，根据当年申报公告规定的准入条件和工资薪金收入及相应个税标准直接认定引进人才资助对象，对符合条件的人才按实际年工资薪金收入的1倍提供生活补贴，每年最高不超过100万元。对从事应用研究和技术开发的，连续资助5年；对从事基础研究的，连续资助10年。实施海外专家来粤短期工作资助计划，来粤工作30—60天的，给予最高不超过25万元生活补贴；来粤工作61天以上的，给予最高不超过40万元生活补贴。实施海外青年人才引进计划，支持外籍（境外）和有留学经历的博士毕业生在我省从事博士后研究工作，省财政分两年给予进站博士后每人60万元生活补贴，出站后留在我省工作的，省财政给予每人40万元住房补贴。对引进居世界领先水平的创新创业团队和战略科学家，可一事一议、特事特办。

柔性使用海外人才。鼓励支持有条件的地方建设海外人才离岸创新创业基地，充分发挥国（境）外人才的作用。支持我省企业在国（境）外设立研发中心、分支机构、孵化载体，就地吸引使用人才，经评审认定，分三档给予相关单位500万元、400万元、300万元补贴资助。

实施人才举荐制度。鼓励人才中介组织、猎头机构和个人等举荐人才，每从国（境）外成功引进1名国家“千人计划”或“珠江人才计划”领军人才，给予举荐者5万元补贴；每从国（境）外成功引进1个“珠江人才计划”团队，给予举荐者10万元补贴。

四、强化人才评价激励保障机制

下放职称评审权限。深化职称制度改革，推动高等学校、科研院所、新型研发机构、国有企业、高新技术企业、大型骨干企业自主评审，由用人主体自主制定评审标准，自主组建评审机构及评审专家库，自主开展评审工作，自主颁发职称证书。

支持团队自主创新。支持以国家“千人计划”入选者、“万人计划”入选者、“珠江人才计划”引进领军人才、“广东特支计划”杰出人才为带头人的团队开展原创性基础研究和应用技术研发。对项目入选的团队，在珠三角地区的由省财政按用人单位支持额度的1倍提供科研经费，在粤东西北地区的由省财政按用人单位支持额度的2倍提供科研经费，提供每个团队科研经费最高不超过1000万元。3年后进行考核，考核优秀的再给予最高不超过1000万元资助。

提高人才享受科研成果收益比例。在利用财政资金设立的高等学校和科研院所中，职务科技成果转让、许可收益或作价投资形成的股权用于奖励科技成果重要贡献人员的比例不低于60%；科研机构、高等学校转化职务科技成果以股份或出资比例等股权形式给予科研人员个人奖励时，符合规定条件的，获奖人暂不缴纳个人所得税，待分红或转让时缴纳个人所得税。

推行人才优粤卡服务。经省人才主管部门认定的高层次人才，可凭卡在社会保障、购房购车、职称评定等方面与工作所在地居民享受同等待遇，在落户、出入境、长期居留、永久居留、医疗、子女入学、配偶安置、社会保险、入住人才公寓等方面享受优先便利服务。

实施人才安居工程。各级党委、政府必须切实解决高层次人才住房难问题，住房城乡建设、人力资源社会保障、国土资源等职能部门要全力做好落实人才安居工程的支持保障工作。对新引进国内外顶尖人才、国家级领军人才、省级领军人才，省财政分别给予350万元、250万元、150万元的购房补贴，各地级以上市根据本地实际制定高层次人才购房补贴标准。各级党委、政府应通过规划建设、购买商品房等方式筹建人才公寓，各地级以上市应将辖区内高等学校和科研院所引进的高层次人才纳入人才公寓统筹范围，尽力提供优质充裕房源，并制定高层次人才公寓租金优惠政策或提供租房补贴。在我省工作的国（境）外人才，符合条件的，在缴存、提取住房公积金方面与工作所在地居民享受同等待遇。

奖励突出贡献人才。设立“南粤突出贡献和创新奖”，每两年评选1次，每届突出贡献奖授奖不超过5个、创新奖授奖不超过10个，分别各奖励300万元、100万元。

五、完善人才流动机制

支持科技人员创业兼职。鼓励高等学校、科研机构拥有科技成果的科技人员创办科技型企业。离岗创业的期限以3年为一期，最多不超过两期，期间保留原有身份和职称。高等学校、科研机构科技人员经所在单位同意，可以在科技型企业兼职并按规定获得报酬。鼓励高等学校、科研院所设立一定比例的流动岗位，吸引具有创新实践经验的企业家、科技人才兼职。

优化提升粤东西北地区人才发展帮扶计划（扬帆计划）。支持粤东西北地区引进创新创业团队，按档次分别给予800万元、500万元、300万元资助；入选“珠江人才计划”的创新创业团队，免于评审、自动入选并享受该项目资助。根据当年申报公告规定的准入条件和工资薪金收入及相应个税标准，认定为“引进紧缺拔尖人才”资助对象的，按实际年工资薪金收入标准的2倍提供生活补贴，每年最高不超过100万元；对从事应用研究和技术开发的，连续资助5年；对从事基础研究的，连续资助10年。对入选“培养高层次人才”项目人才一次性给予30万元生活补贴。给予粤东西北地区在站博士后每人每年20万元生活补贴。对新增高级技师资助2万元。推进实施竞争性扶持市县重点人才工程、科技专家服务团、人才驿站项目。

支持大学生和专业技术人才到粤东西北地区就业创业。编制粤东西北地区急需紧缺人才目录，定向招录选调生。对新引进到粤东西北地区乡镇、签订3年以上工作合同、具有正高或副高职称的专业技术人员，省财政分别一次性给予每人10万元、8万元岗位补贴。深入推进教育卫生智力扶持山区计划。

深化粤港澳人才合作。深入推进全国人才管理改革试验区（粤港澳人才合作示范区）建设，推进落实《关于促进中国（广东）自由贸易试验区人才发展的意见》。支持港澳高等学校、科研院所等机构与我省企事业单位开展全方位合作，共同建设一流大学和一流学科，培育高水平科研机构和新型智库。对港澳机构在我省设立的科研创新平台，落实进口科技研发设备或教学科研用品的税收支持政策。深入推进粤港科技创新合作计划，在省自然科学基金中增设粤港澳学者合作研究项目。积极争取国家支持，允许具有港澳职业资格的金融、规划、设计、建筑、会计、教育、医疗等专业人才在我省应聘执业。支持港澳青年人才和高等学校毕业生在我省就业或自主创业。

中共广东省委办公厅

2017年1月26日

广东省加快促进创业投资持续健康发展的实施方案

（粤府〔2017〕62号）

为贯彻落实《国务院关于促进创业投资持续健康发展的若干意见》（国发〔2016〕53号），进一步促进我省创业投资持续健康发展，着力将广东打造成为华南风投创投中心，制定本方案。

一、培育多元创业投资主体

（一）积极鼓励包括天使投资人在内的各类个人从事创业投资活动。鼓励成立公益性天使投资人联盟等各类平台组织，培育和壮大天使投资人群体，促进天使投资人与创业企业及创业投资企业的信息交流与合作，推动天使投资事业发展。规范发展互联网股权融资平台，在总结试点经验的基础上，培育一批运作规范、专业能力强的省级互联网股权投融资平台示范企业。（省发展改革委、科技厅、工商局、金融办，各地级以上市人民政府按职责分工负责）

（二）培育本土创业投资品牌机构。通过市场化手段运作母基金、直投或跟投方式，打造具有国际影响力和竞争力的创业投资品牌。支持粤科金融集团进一步做大做强，获取更多金融牌照，着力打造覆盖创业投资、产业基金、小额贷款、融资担保、融资租赁、资产评估与交易、科技金融产业园区等业务的综合性科技金融控股集团。广州、深圳要进一步培育形成若干国内知名的创业投资机构。支持具备条件的国有创业投资企业开展混合所有制改革试点。鼓励在市场竞争中培育和发展一批具有重大影响力和竞争力的本土创业投资品牌。（省发展改革委、科技厅、财政厅、国资委，各地级以上市人民政府按职责分工负责）

二、多渠道拓宽创业投资资金和项目来源

（三）建立股权债权等联动机制。积极争取国家支持，将广东列入第二批投贷联动试点地区。支持符合条件的银行业金融机构通过设立子公司开展股权投资，与创业投资机构实施投贷联动，提高对创业企业兼并重组的金融服务水平。实施股债联动，鼓励创业投资机构联合金融机构共同成立股债联动基金，为科技型企业提供股权加债权的综合性融资服务。支持创业投资企业及其股东依法依规发行企业债券和其他债务融资工具融资，增强投资能力。开展投保联动，鼓励创业投资机构与担保机构合作开展担保换期权、担保分红以及担保换股权等业务。（省发展改革委、经济和信息化委、科技厅、金融办，人民银行广州分行、广东银监局、广东证监局，各地级以上市人民政府按职责分工负责）

（四）培育优质项目源。加快推进科技产业中心建设，到2020年，国家高新技术企业达2.8万家以上，全省建成科技企业孵化器超800家，在孵企业数量超5万家，为创业投资机构提供更多优质投资项目源。在全省范围内开展规范化公司制改制工作，建立工作联席会议机制和督导考核工作机制，研究制定财政扶持等政策，引导企业按照建立现代企业制度的目标，完善公司治理，规范股权结构，妥善处理历史遗留问题，达到具备对接资本市场的条件。（省科技厅、金融办、经济和信息化委、财政厅，各地级以上市人民政府按职责分工负责）

三、加强政府引导和政策扶持

（五）落实税收优惠政策。创业投资机构、天使投资个人采取股权投资方式直接投资于种子期、初创期科技型企业满2年的，按国家规定实行应纳税所得额抵扣政策。（省财政厅、地税局，省国税局按职责分工负责）

（六）建立创业投资与政府项目对接机制。建立高新技术后备培育企业信息、科技成果转化项目信息等分类信息的科技企业信息库，适时发布相关企业信息。进一步完善省级科技金融综合服务中心和各地市分中心建设，搭建创业投资与企业项目信息共享平台，为科技型企业、创业投资企业提供线上线下专业服务。（省发展改革委、科技厅、财政厅，人民银行广州分行，各地级以上市人民政府按职责分工负责）

（七）发挥政府资金的引导作用。充分发挥广东省科技创新基金、创业引导基金和其他政府出资产业投资基金的作用，带动社会资金投入创新创业和科技成果转化，加大力度培育新的经济增长点。鼓励有条件的地区进一步扩大创业创新类引导基金的规模，发挥财政资金的引导和集聚放大作用，引导民间投资等社会资本投入。综合运用参股基金、联合投资、融资担保、政府让利等多种方式，进一步发挥政府资金在引导民间投资、扩大直接融资、弥补市场失灵等方面的作用。建立并完善创业投资引导基金中政府出资的绩效评价制度。（省发展改革委、科技厅、财政厅、人力资源社会保障厅，各地级以上市人民政府按职责分工负责）

（八）创新财政出资引导基金管理模式。合理设定政策目标，减少政策性限制，适当降低财政出资引导基金的杠杆比例。加大政策性创业创新类引导基金让利幅度，允许财政盈利全部让渡给基金管理人和其他社会资本出资方。探索建立由受托管理的创业投资机构使用自有资金对投资项目按一定比例跟投的机制。研究完善符合创业投资规律的政策性基金考核机制，重点考核实际支持科技企业或初创企业发展、带动产业发展或带动就业情况。（省财政厅、科技厅、人力资源社会保障厅，各地级以上市人民政府按职责分工负责）

（九）创新国有创业投资机构管理模式。健全符合创业投资行业特点和发展规律的国有创业投资管理体制，完善国有创业投资企业的监督考核、激励约束机制和股权转让方式，形成鼓励创业、宽容失败的国有创业投资生态环境。鼓励国有创业投资企业内部实施有效的管理人员激励与约束机制，探索建立国有创业投资机构和创业投资核心团队持股和跟投机制，研究进一步放宽新设立创业投资企业的单一员工持股比例。探索实施国有控股创业投资企业投资项目评估管理改革试点，试点企业投资项目采取估值报告方式，资产评估报告或估值报告可实行事后备案；对已投资项目不再参与增减资的，可采用内部估值方式；在投资时已约定退出价格的，可按约定价格退出，不再进行评估。鼓励地方政府探索将融资平台公司转型升级为创业投资企业。（省发展改革委、科技厅、财政厅、国资委，各地级以上市人民政府按职责分工负责）

（十）优化创业投资产业布局。在广州、深圳、珠海、佛山等地规划建设一批基金产业园、基金小镇或股权投资基地，充分发挥广东金融高新区作用，鼓励各地级以上市在基金落户、投资奖励、置业补助、基金管理机构和核心管理团队奖励等方面出台支持力度更大的政策措施。加大资本招商力度，通过省市联动方式，重点加强与国内综合实力领先的创业投资机构开展对接洽谈与合作，充分依托知名机构资源以及投资能力，示范带动区域创业投资发展。（广州、深圳、珠海、佛山市及其他地级以上市人民政府，省发展改革委、金融办按职责分工负责）

四、进一步完善创业投资退出机制

（十一）拓宽创业投资退出渠道。制定规范的管理办法，鼓励省内非上市股份公司到区域股权交易中心集中登记托管，通过区域股权交易中心构建公信高效、安全有序的创业投资项目二级交易市场，为创业投资企业投资退出创造条件。争取国家支持，探索建立区域股权交易中心与新三板的转板对接机制，由区域股权交易中心与证券公司合作开展新三板推荐业务；探索建立新三板与创业板、创业板与中小板的转板对接机制。研究特殊股权结构类创业企业到创业板上市的制度设计。（省工商局、金融办，深圳市人民政府，广东证监局、深圳证监局按职责分工负责）

五、优化创业投资市场环境

（十二）优化监管环境。按照宽市场准入、重事中事后监管的原则，积极引导创业投资企业按要求登记备案，及时掌握创业投资企业投资运作情况。加强风险管控，引导创业投资企业建立风险控制机制，做好信息披露和风险揭示工作。加强投资者教育，提高投资者风险防范意识，使相关投资者成为具有风险识别和风险承受能力的合格投资者。依托有关专业机构和行业协会，编制广东省创业投资行业年度发展报告。（省发展改革委、金融办、工商局，广东证监局按职责分工负责）

（十三）优化商事环境。各地、各部门不得自行出台限制创业投资企业、创业投资管理企业市场准入和发展的相关政策。建立创业投资行业发展备案信息共享机制，为创业投资企业备案提供便利。各地级以上市要在注册便利性、服务队伍建设、基金落户后的配套及增值服务等方面进一步提升吸引基金落户的服务能力，形成有利于创业投资集聚和健康有序发展的市场环境。（省发展改革委、工商局、金融办，地级以上市人民政府按职责分工负责）

（十四）优化信用环境。建立健全创业投资企业、创业投资管理企业及其从业人员信用记录，实现创业投资领域信用记录全覆盖。强化创业投资领域信用信息交换共享，将企业行政处罚、黑名单等信息纳入广东省公共信用信息平台，并与企业信用信息公示系统实现互联互通。依法依规在“信用广东网”和广东省企业信用信息公示系统公示相关信息。加快建立创业投资领域严重失信黑名单制度，将严重破坏创业投资市场公平竞争秩序的相关市场主体列入黑名单，鼓励有关社会组织探索建立守信红名单制度。依托广东省公共信用信息平台，按照有关法律法规和政策规定对诚信市场主体实施联合激励和对失信市场主体实施联合惩戒，推动建立联合奖惩协同机制。探索在中国（广东）自由贸易试验区横琴新区片区率先开展创业投资、股权投资信用体系建设工作。（省发展改革委、工商局，人民银行广州分行、广东证监局，珠海市人民政府按职责分工负责）

（十五）严格保护知识产权。加强对创业创新早期知识产权保护，在市场竞争中培育更多自主品牌。健全知识产权侵权查处机制，依法惩治侵犯知识产权的违法犯罪行为。对严重侵犯知识产权的责任主体实施联合惩戒，并通过“信用广东网”、广东省企业信用信息公示系统公示，创造鼓励创业投资的良好知识产权保护环境。（省发展改革委、知识产权局、工商局、人民银行广州分行、广东证监局按职责分工负责）

六、推动创业投资行业双向开放

（十六）推动创业投资行业“走出去”和“引进来”。在国家外汇宏观审慎监管的前提下，鼓励有条件的机构探索组建人民币海外创业投资母基金。在有效监管的前提下，鼓励境外专业机构到省内组建人民币创业投资基金，探索开展境外机构投资人参股人民币基金一次性结售汇试点，打通境外创业投资参股人民币创业投资企业的结汇通道；进一步简化外资参股人民币创业投资企业相关行政审批流程。（人民银行广州分行、国家外汇管理局广东省分局，省商务厅、金融办，各地级以上市人民政府按职责分工负责）

七、完善创业投资行业自律和服务体系

（十七）加强行业自律。充分发挥广东省创业投资协会、风险投资促进会和科技金融促进会等行业协会在行业自律管理和政府与市场沟通中的积极作用，加强在政策对接、会员服务、信息咨询、人才培养、对外交流合作等方面的能力建设，维护有利于行业持续健康发展的良好市场秩序。鼓励具备条件的地市成立创业投资协会组织，搭建行业协会交流服务平台。（省发展改革委、科技厅、民政厅、金融办，各地级以上市人民政府按职责分工负责）

（十八）营造创业投资氛围。做好中国风险投资论坛在广州、深圳轮流举办的各项组织工作，着力打造成为中国创业投资领域的顶尖论坛品牌。继续举办中国创新创业大赛（广东赛区、深圳赛区、港澳台大赛）、广东众创杯创业创新大赛等活动。举办行业沙龙、融资路演、企业推介、创业培训、股改辅导、创新创业嘉年华等形式多样的创业投资服务活动，营造良好氛围。鼓励各地支持创业投资龙头企业牵头投资、建设、运营“创投大厦”，吸引各类创业投资主体和中介服务机构入驻。（省发展改革委、科技厅、金融办，各地级以上市人民政府按职责分工负责）

（十九）健全创业投资服务体系。加强与创业投资相关的会计、征信、信息、托管、法律、咨询、教育培训等各类中介服务体系建设，逐步建立健全社会化服务体系。依托区域股权交易中心、行业协会、中介机构为创业投资企业提供技术经纪、信息交流、项目评估、资信评级等服务。（省发展改革委、科技厅、金融办，各地级以上市人民政府按职责分工负责）

（二十）完善创业投资高层次人才扶持政策。研究将高层次创业投资人才纳入省重大人才工程。通过高等学校、科研院所、群团组织、创业投资企业、创业投资管理企业、天使投资人等多种渠道加强创业投资专业人才培养，吸引更多的优秀人

才从事创业投资。（省委组织部，省科技厅、人力资源社会保障厅、教育厅、财政厅按职责分工负责）

省发展改革委要会同有关部门加强促进创业投资发展的政策协调，建立部门之间、部门与地市之间协调联动工作机制和信息共享机制，加强创业投资行业发展政策和监管政策的协调配合，确保本实施方案落实到位。各地级以上市要把促进创业投资持续健康发展作为深入实施创新驱动发展战略、推动大众创业万众创新、促进经济结构调整和产业转型升级的一项重要举措，建立健全工作机制，制定本区域促进创业投资发展的政策措施。

广东省人民政府

2017年5月17日

广州市人民政府办公厅关于实施鼓励海外人才来穗创业“红棉计划”的意见

（穗府办规〔2017〕21号）

为全面贯彻党的十九大精神，高举习近平新时代中国特色社会主义思想伟大旗帜，认真落实党的十九大报告中关于培养造就一大批具有国际水平的战略科技人才、科技领军人才、青年科技人才和高水平创新团队的要求以及国家、省关于大众创业、万众创新的决策部署，根据市委、市政府关于加快创新创业人才高地建设、大力实施人才强市和创新驱动发展战略的工作要求，进一步推动海外人才集聚，培养促进经济增长新动能，经市人民政府同意，提出以下实施意见：

一、主要目标

紧紧围绕我市“IAB计划”（发展新一代信息技术、人工智能、生物科技产业计划）、“NEM计划”（发展新能源、新材料产业计划）以及其他重点产业领域，从2018年起5年内每年引进并扶持不超过30个海外人才来穗创业项目，集聚一大批具备较高专业素养和丰富海外工作经验，掌握先进科学技术、熟悉国际市场运作的海外创业人才；培养和孵化一批创新型企业集群，打造高端、高质、高新的现代产业新体系，推动新常态下我市产业转型升级，打造海外人才创新创业集聚高地。

二、适用对象

本实施意见所适用的海外人才是指通过“中国海外人才交流大会暨中国留学人员广州科技交流会”（以下简称“海交会”）等各类平台和载体引进的在国（境）外学习、工作、居住的各类人才以及来华留学的外籍人才，具体包括：

（一）入选中央“千人计划”“外专千人计划”的海外高层次人才；

（二）在国（境）外取得学士以上学位的留学人员；

（三）在国（境）外大型企业或高校工作的海外人才；

（四）在国内取得硕士以上学位的外籍留学人员；

（五）旅居海外的华人华侨。

三、主要措施

（一）加大创业项目资助力度。从2018年起每年通过“海交会”平台的“春晖杯”创新创业项目大赛、“智创未来”海外创新创业大赛等平台评选出不超过30个创新创业项目。对评审后入选“红棉计划”的创业项目，分别给予200万元创业启动资金资助。项目资金资助拨付，首期50%经费在评审通过后拨付，剩余50%经费在第二年对项目进行评估后拨付；对获得B轮以上融资的创业项目，按不高于融资额的10%给予奖励，最高奖励不超过100万元。设立在指定创业园区内的创业项目，可免费使用不低于500平方米的生产和办公用房；自行租用办公和生产用房的，连续3年给予租金补贴，补贴标准每月每平方米不超过35元。对入选“红棉计划”的创业项目，不与“羊城创新创业领军人才支持计划”同时重复资助。（责任单位：市人力资源和社会保障局、科技创新委、财政局，各区政府）

（二）拓宽海外人才创业融资渠道。运用财税政策鼓励风险投资、创业投资、天使资金支持“红棉计划”创业项目。扩大创业投资引导基金、政策性担保、风险池资金等融资扶持资金总量，引导社会资本和金融资本支持海外人才创业活动。鼓励金融机构加大对“红棉计划”创业企业和项目的信贷融资支持，开展信用贷款、知识产权质押贷款、股权质押贷款、信用保险及贸易融资等类型的信贷融资。对海外人才创办的科技型企业科技成果转化贷款给予风险补偿。建立完善供应链金融服务平台、应收账款融资服务平台等金融基础设施，推动供应链核心企业支持海外人才创办企业开展应收账款融资，为海外人才创办企业提供融资增信服务。对获得银行贷款的“红棉计划”创业项目，按银行同期贷款基准利率（1年）的标准在2年内给予1000万元以内50%的银行贷款贴息补助。支持符合条件的创业项目企业上市或发行票据融资，推动“全国青年大学生创业板”工作。支持互联网金融发展，充分利用资本市场支持创新型创业项目发展。（责任单位：市金融局、人力资源和社会保障局、科技创新委、财政局、工业和信息化委、知识产权局，各区政府，中国人民银行广州分行、广东银监局）

（三）优化创业主体市场环境。深化商事制度改革，推进工商注册便利化，实行企业名称自主申报，放宽名称登记有关限制。试行新设立商事主体“容缺登记”制度。建立全程电子化商事登记平台，探索更广泛实行多证（照）合一。实施“一门式、一网式”政务服务模式改革，拓展完善网上办事大厅。开展市场准入负面清单制度。持有“广州人才绿卡”的海外人才创办企业，可以人才绿卡作为投资身份证明，依法申办工商营业执照。持有人为外国国籍、取得外国永久（长期）居留权或为港澳台地区居民的，投资兴办企业时，可持人才绿卡直接申办工商营业执照，无需再对其有效身份证明进行公证、认证。海外人才来穗投资创业，注册资本（金）的非货币出资比例不受限制。（责任单位：市工商局、政务办、工业和信息化委、人力资源和社会保障局，各区政府）

（四）加强创业知识产权保护。研究商业模式创新等新形态创新成果的知识产权保护机制。推进知识产权快速维权机制建设，探索建立商标维权援助服务平台。提升创业企业的知识产权制度运用水平，搭建知识产权大数据应用平台，推动知识产权基础信息资源向社会开放。鼓励知识产权交易和运营，研究建立多元化知识产权融资担保机制，设立知识产权质押融资风险补偿基金。建立知识产权诚信信息管理，将侵犯知识产权行为情况纳入信用记录。落实专利资助政策，对以广州为专利申请地址并获得国内外专利授权的留学人员按政策规定给予相应资助。（责任单位：市知识产权局、金融局、工业和信息化委、科技创新委、司法局、工商局）

（五）落实支持创新创业税收优惠政策。对“红棉计划”中的海外人才来穗创业的企业，其发生的符合税收政策规定要求的研发费用，如未形成无形资产计入当期损益的，在按照规定据实扣除的基础上，再按照研发费用的50%加计扣除；形成无形资产的，按照无形资产成本的150%摊销；如果创办的是科技型中小企业，其开展研发活动中实际发生的研发费用，未形成无形资产计入当期损益的，在按规定据实扣除的基础上，在2017年1月1日至2019年12月31日期间，再按照实际发生额的75%在税前加计扣除；形成无形资产的，在上述期间按照无形资产成本的175%在税前摊销。对其经省级认定机构认定为高新技术企业的，减按15%的税率征收企业所得税，其发生的职工教育经费支出，不超过工资薪金总额8%的部分，准予在计算企业所得税应纳税所得额时扣除，超过部分，准予在以后纳税年度结转扣除。自2017年1月1日至2019年12月31日，对年应纳税额低于50万元（含50万元），且符合税收政策规定的小微企业，其所得减按50%计入应纳税所得额，按20%的税率缴纳企业所得税；公司制创业投资企业，采取股权投资方式投资于未上市的中小高新技术企业或者初创科技型企业2年以上的，可按照其投资额的70%在股权持有满2年的当年抵扣该创投企业的应纳税所得额；当年不足抵扣的，可以在以后纳税年度结转抵扣；对有限合伙制创业投资企业采取股权投资方式投资于未上市的中小高新技术企业或者初创科技型企业满2年（24个月）的，其法人合伙人可按照对未上市中小高新技术企业或者初创科技型企业投资额的70%抵扣该法人合伙人从该有限合伙制创投企业分得的应纳税所得额，当年不足抵扣的，可以在以后纳税年度结转抵扣。符合条件的留学回国创业人员，可在回国后一年内享受购车税收优惠。（责任单位：市地税局、国税局、科技创新委，广州海关、黄埔海关）

（六）探索建立海外人才离岸创业基地。加强与美国硅谷等全球科技创新先进地区的技术交流，探索建立南沙自贸试验区、广州经济技术开发区海外人才离岸创新创业基地，为海外人才提供区内注册、海内外经营的载体；创造低成本、便利化、全要素、开放式、高起点配套的空间环境，构建具有引才引智、创业孵化、专业服务、政策保障等功能的国际化在岸与离岸相结合的创业平台。支持海外人才设立离岸研发、离岸贸易、离岸金融等创业企业并将其纳入“红棉计划”申报范围，建立多层次的离岸创业服务支持系统，探索海外高层次人才创业项目在离岸企业注册、高新技术企业认定、知识产权认定和上市审批等方面的制度创新。对有意向在自贸试验区、经济技术开发区内创业的海外人才进行知识产权、技术、投资对接等整体前置服务，通过“海外预孵化”，使海外人才在海外完善创业团队或创业项目，提高海外人才落地创业的成功率。对于基地内注册的企业，导入优质服务机构，为人才创新创业提供全方位的托管式服务；对海外创业项目，协助其注册企业后进行正式孵化，形成灵活便利的创业模式。（责任单位：市科协、科技创新委、人力资源和社会保障局，广州开发区管委会、南沙开发区管委会）

（七）用好人才绿卡制度，吸引外国留学生、“菁英计划”留学生毕业后直接在穗创业。实施人才绿卡制度，探索与国际接轨的柔性人才引进机制，将入选“红棉计划”创业项目的海外创业人才列入广州人才绿卡申领范围。鼓励在国内高校取得硕士及以上学位的外国留学生来穗创业并申报“红棉计划”创业项目。对入选“红棉计划”创业项目的外国留学生等创业人员，可直接申请办理人才绿卡。属我国高等院校（含港澳地区的高等院校）的应届毕业外国留学生创业人员持人才绿卡及创业项目证明到公安机关办理2年以内私人事务类居留许可（加注“创业”）。期间被有关单位解聘或创业不成功，按可规定办理2—5年工作类居留许可。“红棉计划”创业人员申领“人才绿卡”后可在购房、购车、子女入学等方面享受广州市户籍市民待遇。鼓励“菁英计划”留学回国人员带项目回广州创办企业。（责任单位：市人力资源和社会保障局、教育局、公安局、住房城乡建设委，各区政府）

（八）加快推进“红棉计划”创业园区等创业载体建设。充分发挥“留学人员广州创业园”吸收海外人才创业的品牌效应和创业载体作用，加大创业园区建设力度，打造一批“红棉计划”海外人才创业园区。加快广州科学城、国际创新城、归谷科技园等创新创业平台建设，强化“红棉计划”创业企业主体地位，支持创业企业申报院士工作站、博士后工作站和创新基地；鼓励创业园区及企业申报国家级海外高层次人才创新创业基地，对入选国家级海外高层次人才创新创业基地的“红棉计划”海外人才创业园区一次性给予100万元补助。设立“红棉计划”海外人才创业园管理工作机构，改善服务环境，增强对海外人才的吸引力。（责任单位：市人力资源和社会保障局、教育局、公安局、住房城乡建设委，番禺区政府、广州开发区管委会）

（九）加大对“红棉计划”创业企业采购扶持力度。倡导各级国家机关、事业单位和社会团体在政府采购活动中支持“红棉计划”创业企业。“红棉计划”创业企业研发的产品、技术或提供的服务符合采购单位需要的，采购单位应当根据国家政府采购支持节能、环保、科技创新和促进中小企业发展等政策规定，通过优先采购、评审优惠、预留份额等予以具体支持。鼓励采购单位按照国家、省、市支持科技创新有关规定，探索远期约定购买“红棉计划”创业企业的科技创新产品和服务。（责任单位：市财政局、工业和信息化委、科技创新委、环保局、住房城乡建设委）

（十）完善海外人才创业服务。大力发展海外人才创业工场、“红棉”创业咖啡等新型孵化器，打造国际化的众创空间，完善创业孵化服务。建立提供海外人才创新创业公共实验室及公共技术服务平台为海外人才创业使用。发展海外人才“互联网+”创业服务网络体系，促进创业与创新、创业与就业、线上与线下相结合，降低海外人才创业门槛和成本。推广建立海外人才、留学人员回国创业导师辅导机制，通过高级研修、企业会诊、项目路演等形式开展海外人才创业服务。建设广州人才大数据平台，加强政府数据开发共享，推动大型互联网企业和基础电信企业向海外创业者开放计算、存储和数据资源。积极推广众包、用户体验设计、云设计等新兴创业创新模式。对来穗创办企业，且在穗购房或租房并符合相关条件的留学回国人员，可按《广州市留学人员资助管理办法》规定给予10万元安家补助费。同时，纳入“红棉计划”项目的各类创业人才，可按照我市人才住房政策享受住房保障。（责任单位：市人力资源和社会保障局、工业和信息化委、科技创新委、住房城乡建设委、城市更新局）

（十一）充分发挥“海交会”引智创业平台作用。搭建“海交会”创新“知本”平台，充分发挥“海交会”引才聚才和创新创业的平台作用，为企业和海外人才搭建方式更加灵活、渠道更加畅通的交流平台，通过将“红棉计划”与“海交会”对接，打造广州海外人才创业首选地。探索建立海外人才、留学人员海外工作站，发展高端人才猎头服务，建立海外引才平台。每年在获得“春晖杯”创新创业大赛优胜奖以及“智创未来”海外创新创业大赛优胜入围项目中，评选出不超过30个落地广州的创业项目作为“红棉计划”资助项目，在创业资金、融资贷款等多方面给予扶持，具体评选办法另行制定。（责任单位：市人力资源和社会保障局、科技创新委、外办、侨办）

四、组织保障

（一）建立绩效评价制度。加大评价考核力度，市委组织部、市人力资源和社会保障局牵头市直相关部门，加强对“红棉计划”创业项目执行情况进行跟踪评估和绩效评价，提高财政资金使用绩效，引入第三方评价机构，对“红棉计划”政策落实情况和执行效果开展绩效评价，根据评估结果及时研究调整政策。市财政局提供绩效管理相关指导。（责任单位：市委组织部，市人力资源和社会保障局、科技创新委、财政局）

（二）建立制约退出机制。相关职能部门应根据对创业项目的评估结果，及时对创业项目进行考核约束，对未达到考核目标创业项目，经核实认定后，取消其“红棉计划”入选项目称号。对通过提供虚假材料、弄虚作假等行为入选“红棉计划”创业项目的行为，永久取消其参选资格，收回财政资助；涉嫌犯罪的，移交司法机关处理。（责任单位：市委组织部、市人力资源和社会保障局）

（三）保障财政资金投入。市财政可视财力情况和创业项目的实际需要，加强人才资金保障。同时加大市级人才项目资金整合力度，避免对同一项目、企业或园区的重复资助，提高资金使用效益。（责任单位：市人力资源和社会保障局、财政局）

（四）营造良好社会氛围。各区、各部门要进一步加强政策宣传工作，充分利用各种渠道、各类媒介宣传“红棉计划”政策，提高政策影响力，做好政策贯彻落实工作。加大对“红棉计划”典型创业案例和优秀海外人才创业事迹的宣传力度，为打造海外人才创新创业首选地营造良好舆论环境。（责任单位：市人力资源和社会保障局、市委宣传部）

本实施意见自印发之日起施行，有效期5年。

广州市人民政府办公厅

2017年12月12日

东莞市人民政府
关于大力推进大众创业万众创新的实施意见

（东府〔2017〕93号）

为贯彻落实《国务院关于大力推进大众创业万众创新若干政策措施的意见》（国发〔2015〕32号）、《国务院关于加快构建大众创业万众创新支撑平台的指导意见》（国发〔2015〕53号）和《广东省人民政府关于大力推进大众创业万众创新的实施意见》（粤府〔2016〕20号），进一步优化创业创新环境，促进众创、众包、众扶、众筹（以下统称四众）等新型支撑平台快速发展，激发创业创新活力，形成大众创业、万众创新的宏大局面，制定本实施意见。

一、总体要求

深入贯彻党的十八大和十八届三中、四中、五中、六中全会精神，全面贯彻习近平总书记系列重要讲话精神特别是关于广东工作“四个坚持、三个支撑、两个走在前列”的重要批示精神，全面落实省委十一届五次、六次全会和十二届一次全会，以及市委十三届六次、七次、八次和十四届全会精神，坚持创新、协调、绿色、开放、共享发展理念，充分发挥市场在资源配置中的决定性作用和更好发挥政府作用，加快形成引领经济发展新常态的体制机制和发展方式，加快构建有利于大众创业、万众创新的政策环境、制度环境、市场环境，加快建设四众等重大支撑平台，支持引导有意愿有能力的人员成为市场创业创新主体，不断开办新企业，开发新产品，开拓新市场，打造新引擎，形成新动力，发展分享经济，实现创新支持创业、创业带动就业的良性互动，激发全社会创新潜能和创造活力，有力支撑我市稳增长调结构惠民生目标任务实现，支撑我市全面建设国家自主创新示范区，支撑我市参与粤港澳大湾区建设和广深科技创新走廊建设，努力率先实现从要素驱动向创新驱动全面转变。

——坚持深化改革，优化创业环境。以开展全面创新改革试验为引领，以经济体制改革为重点，进一步简政放权，推动供给侧结构性改革和重点领域改革取得突破，创新政府管理和服务方式，完善扶持政策和激励措施，坚决破除阻碍创新、限制新模式新业态发展的体制约束和政策瓶颈，营造均等普惠环境，优化创业创新生态。

——坚持需求导向，激发创业活力。尊重创业创新规律，保障企业和劳动者的主体地位，维护各类市场主体的合法权益，通过制度供给、平台搭建等满足创业者的资金、信息、政策、技术、服务等需求。依托“互联网+”、大数据等推动商业模式创新，建立和完善线上与线下、境内与境外、政府与市场开放合作的创业创新机制，为社会大众广泛平等参与创业创新、共享改革红利和发展成果创造多元途径和广阔空间。

——坚持政策协同，确保实施效果。加强创新、创业、就业等各类政策统筹，促进省直部门与我市政府的协调联动，形成政府、行业、企业、社会共同参与的高效协同机制，打通创业创新与市场资源、社会需求的对接通道，确保政策可操作、能落地。鼓励有条件的镇（街道、园区）积极探索可复制、可推广的创业创新政策措施。

——坚持开放共享，创新合作格局。把握参与国家实施“一带一路”建设、广东自由贸易试验区建设和粤港澳大湾区建设的重大机遇，抢抓省委省政府建设广深科技创新走廊的重大战略机遇，加强创业创新公共服务资源开放共享。全面提升莞港澳台合作水平，加强与发达国家及新兴市场经济体的合作，开展区域合作，拓展对内对外开放新空间。

二、创新体制机制，推进创业便利化

（一）深化市场准入制度。

落实市场准入负面清单制度，各类市场主体皆可依法平等进入清单之外领域。深化行政审批制度改革，进一步取消妨碍大众创业、万众创新的行政审批事项，全面推行行政审批标准化，逐步实现同一事项同等条件无差别办理。推广“一门式”“一网式”政府服务管理模式，实现行政审批及服务事项便捷办理。（市发改局、市政务服务办、市编办、市经信局、市工商局）

（二）优化商事制度改革。

全面落实工商营业执照、组织机构代码证、税务登记证、社会保险登记证和统计登记证“五证合一、一照一码”登记制度、“先照后证”、企业集群注册、“一址多照”改革，推进全程电子化登记和电子营业执照应用。各镇（街道、园区）积极开展企业简易注销改革试点，建立便捷的市场退出机制。（市工商局、市发改局、市经信局）

（三）推进市场环境公平竞争。

加强公平竞争审查，打破地方保护主义，推动形成统一透明、有序规范的市场环境。完善反垄断执法办案机制，拓宽反垄断执法领域，对重点领域不正当竞争行为进行集中整治。清理规范行政审批中介服务及收费，取消政府部门设定的区域性、行业性或部门间中介服务机构执业限制和限额管理。清理规范涉企收费项目，完善收费目录管理制度。运用企业信用信息公示系统，增强创业企业信息透明度。（市工商局、市编办、市发改局）

（四）完善市场监管体系。

推进企业信用监管，加强跨部门、跨地区协同监管，完善守信激励机制和失信联合惩戒机制。完善企业信用信息管理目录，建立和规范企业信用信息发布制度，把创业主体信用与市场准入、享受优惠政策挂钩，完善以信用管理为基础的创业创新监管模式，建立健全事中事后监管体系。推广应用协同监管信息化系统，推动基层市场网格化监管和社会服务管理“智网工程”有机融合，打造协同创新平台，推进“智慧监管、信用监管、协同监管”三大工程，建设市场科学监管体系。（市工商局、市发改局、市经信局、市质监局、人民银行东莞中支）

（五）加大知识产权保护力度。

积极推动知识产权交易，强化知识产权运营公共服务，满足创业创新需求。以展会、大型商场、专业市场及商品批发集散地等流通环节及食品、药品和家电等产品为重点，严厉打击侵犯知识产权行为。打造一批科技服务产业集群，加快建设松山湖广东省知识产权服务业聚集发展试验区，建设常平广东省知识产权密集型产业聚集区，努力建设带有品牌效应的科技中介服务集聚地。健全知识产权侵权查处机制，强化行政执法与司法衔接，加强知识产权行政执法，完善中国东莞（家具）知识产权快速维权援助中心建设。落实巡回审判工作机制，推进知识产权民事、刑事、行政案件的“三审合一”。探索区域和部门间知识产权保护协作机制。加大网络知识产权执法力度，积极探索在线创意及研发成果的知识产权保护机制。（市科技局、市工商局、市文化广电新闻出版局、市农业局、市商务局、市食品药品监管局）

三、优化财税政策，强化创业扶持

（六）加强财政支持。

统筹用好各类支持小微企业和创业创新的财政资金，加大对创业创新人才和项目的支持力度，引导社会资源支持四众加快发展。优化市级创业引导基金的使用和管理，通过阶段参股、跟进投资、风险补偿等方式，重点支持以初创企业为主要投资对象的创业投资企业发展以及大学生创业创新活动。对经认定并按规定为创业者提供创业孵化服务的创业孵化基地，按每户不超过5000元标准和实际孵化成功户数给予创业孵化补贴；对入驻政府主办的创业孵化基地（创业园区）的初创企业，按第一年不低于80%、第二年不低于50%、第三年不低于20%的比例减免租金。落实《东莞市加快科技企业孵化器建设实施办法》（东府办〔2015〕84号）和《东莞市加快科技四众平台建设实施管理暂行办法》（东府办〔2016〕96号），落实创业培训补贴、一次性创业资助、租金补贴、创业带动就业补贴等各项扶持政策。（市财政局、市发改局、市科技局、市教育局、市人力资源局、市社保局）

（七）落实普惠性税收政策。

落实高新技术企业和创业投资企业税收优惠、研发费用加计扣除、股权激励和技术入股以及科技企业孵化器、大学科技园、固定资产加速折旧等创新激励税收优惠政策。落实促进高校毕业生、残疾人、退役军人、登记失业人员等创业就业税收政策。探索实施天使投资税收支持政策、新型孵化机构适用科技企业孵化器税收优惠政策。将线下实体众创空间的财政扶持政策惠及网络众创空间。切实加强对国家税收扶持政策的解读、宣传，进一步公开和规范税收优惠政策的申请、减免、备案和管理程序，加强对税收扶持政策执行情况的监督检查。（市地税局、市国税局、市财政局、市教育局、市科技局、市人力资源局、市社保局、市府金融工作局）

（八）发挥政府采购支持效应。

根据修订完善后我省中小企业认定标准，落实促进中小企业发展的政府采购政策。积极探索试行创新产品和服务远期约定政府购买制度，按照广东省远期约定购买创新产品与服务清单，加大创新产品和服务的采购力度。落实首台（套）重点技术装备推广应用政策，对经认定的首台（套）重点技术装备，在产业化后进行销售奖励，对相关装备投保定制化综合险的，给予保险补贴。（市财政局、市经信局、市科技局、市发改局）

四、搞活金融市场，实现便捷融资

（九）优化资本市场。

综合运用征信管理、账户管理、外汇管理等手段，支持具有良好发展前景的创业企业在证券交易所、全国中小企业股份转让系统、股权交易中心上市、挂牌。充分发挥创业板对创业创新融资的重要平台作用，积极探索特殊股权结构类创业企业到创业板上市的制度设计，研究推动符合条件但尚未盈利的互联网和科技创新企业到创业板发行上市。支持符合条件的创业企业发行超短期融资券、短期融资券、中期票据、企业债、公司债、资产支持票据等直接债务融资工具，募集资金用于创新项目建设。支持符合条件的创业企业赴香港发行人民币债券。支持符合条件的发行主体发行小微企业增信集合债等企业债券创新品种。（市府金融工作局、市科技局、市工商局、人民银行东莞中支、东莞银监分局）

（十）创新银行支持方式。

鼓励银行业金融机构针对创业创新企业资金需求和四众特点积极创新信贷产品和服务模式，发展小额贷款、债务融资、质押融资等新业务。合理配置支持小微企业再贷款额度，适当向小微型创业创新企业信贷投放力度较大的城市商业银行、农村商业银行、村镇银行倾斜，引导地方法人银行业金融机构加大对创业创新活动的信贷投入。鼓励银行业金融机构在科技资源集聚区域设立专门从事创新金融服务的科技信贷专营机构，通过建立贷款绿色通道等方式，提高科技贷款审批效率。支持银行业金融机构利用互联网、大数据、云计算等新技术，构建金融公共云服务平台，积极向创业企业提供融资理财、资金托管、债券承销、信息咨询、财务顾问、并购贷款等一站式系统化金融服务。（市府金融工作局、人民银行东莞中支、东莞银监分局）

（十一）丰富创业融资模式。

推进东莞众创金融街升级改造工作，加大对PE、VC、产业基金、科技创新企业的招商力度，引导互联网金融企业与创业创新资源无缝对接，实现集聚发展。大力发展政府支持的融资担保机构，加大创业担保贷款支持力度，加强政府引导和银担合作，综合运用资本投入、风险补偿等方式，促进融资担保机构和银行业金融机构为符合条件的创业企业和四众平台企业提供快捷、低成本的融资服务。加快完善科技保险市场，支持符合条件的保险公司设立专门服务于科技企业的科技保险专营机构，支持保险公司创新科技保险产品及服务，支持符合条件的社会资本在我市设立相互保险公司。落实知识产权金融服务促进计划，完善知识产权估值、质押和流转体系，设立知识产权质押融资风险补偿基金，鼓励银行业金融机构推广专利权、商标权、著作权等知识产权质押贷款业务。（市府金融工作局、市发改局、市经信局、市科技局、市人力资源局、市社保局、市文化广电新闻出版局、市工商局、人民银行东莞中支、东莞银监分局）

五、扩大创业投资，支持创业起步成长

（十二）发挥创业投资引导机制作用。

充分发挥创新创业种子基金以及科技型中小企业技术创新基金（资金）等支持作用，引导创业投资更多向创业企业起步成长的前端延伸，逐步建立支持创业创新和新兴产业发展的市场化长效运行机制。支持有条件的金融机构出资设立创业投资基金，以股权投资方式支持中小微企业发展。探索联合投资等新模式，建立风险补偿机制。积极争取国家新兴产业创业投资引导基金、科技型中小企业创业投资基金、国家科技成果转化引导基金、国家中小企业发展基金的支持。探索创业投资行业协会建设，加强行业自律。支持有意愿有条件的镇（街道、园区）设立引导基金，推动并鼓励常平等镇（街道、园区）探索建设科创基金小镇。（业务主管部门、市财政局、市经信局、市科技局、市府金融工作局、市发改局、东莞银监分局、常平镇政府）

（十三）拓展创业投资资金供给渠道。

发挥财政资金杠杆和引导作用，不断扩大社会资本参与新兴产业等创投基金的规模，做大直接融资平台。鼓励银行业金融机构对创业投资引导基金、创业投资基金提供融资和资金托管服务，做好创业投资引导基金的资金保管、拨付、结算等服务。鼓励保险资金投资创业投资基金，积极推动保险资金对接实体经济。鼓励符合条件的银行业金融机构与创业投资、股权投资机构开展投贷联动试点。探索投保联动、投债联动等新业务模式。（业务主管部门、市财政局、市府金融工作局、东莞银监分局、市发改局）

（十四）鼓励国有资本创业投资。

落实鼓励国有资本参与创业投资的政策措施，完善国有创业投资机构激励约束和监督管理机制。引导和鼓励国有企业参与新兴产业创业投资基金、设立国有资本创业投资基金等，充分发挥国有资本在创业创新中的重要作用。落实国有产业投资机构和国有创业投资引导基金国有股转持豁免政策。（市国资委、市府金融工作局）

（十五）推进创业投资“引进来”与“走出去”。

落实外商投资创业投资企业相关管理规定，鼓励外资开展创业投资业务。鼓励中外合资创业投资机构发展。支持设立海外创新投资基金，发挥“走出去”综合服务平台的作用，引导和鼓励创业投资机构加大对境外高端研发项目的投资。加快境外投资管理体制改革，完善创业投资境外投资管理和服务。建立健全与外商投资管理制度相适应的工商登记制度。（市商务局、市工商局、市府金融工作局、东莞外汇管理局）

六、发展创业服务，优化创业生态

（十六）推动创业孵化服务发展。

落实孵化器筑巢育凤行动计划和孵化基地“一十百千万计划”，大力支持孵化器和众创空间等创业载体建设，完善创业创新和科技型中小微企业孵化育成体系。积极争取省级小型微型企业创业创新示范基地认定，优化和完善创业服务环境。完善孵化器及在孵企业投融资模式，建立面向科技企业孵化器在孵企业的创业投资风险补偿和信贷风险补偿机制。推动高校和科研院所建立促进科技成果转化管理制度和统计、报告制度，加强科技成果转化服务。鼓励高校和科研院所根据需要设立技术转移服务机构，负责技术转移、成果转化和提供社会服务。引导和鼓励国内资本与境外合作设立新型创业孵化平台，引进境外先进创业孵化模式，提升孵化能力。（市科技局、市教育局、市经信局、市人力资源局、市社保局、市商务局、东莞银监分局、市科协）

（十七）推动第三方专业服务发展。

加快推进第三方检测认证等机构的社会化、市场化、专业化改革，丰富和完善工业设计、文化创意、质量检测、知识产权、信息网络、创业孵化、企业融资、现代物流、信用评价、人才培养等创业服务。有序推进检验检测认证机构整合，发展标准化信息公共服务平台，加大对“东莞标准信息服务平台”和“WTO/TBT预警信息平台”的资金投入。探索引进国际标准认证体系，推动技术服务机构与境外相关机构开展标准和检验互认。支持在各类产业园区建设创业创新服务基地、科技创业服务中心、大学生创业服务中心和生产力促进中心，丰富创业服务平台形式与内容，提升创新服务能力。（市质监局、市科技局、市教育局、市人力资源局、市社保局、市工商局、市发改局、市文化广电新闻出版局、市府金融工作局）

（十八）推动“互联网+”创业服务发展。

加快发展“互联网+”创业网络体系，通过线上线下相结合降低创业门槛和成本。支持建设互联网创新园区，支持创建互联网经济创新示范区。支持建设互联网创业孵化基地，为创客提供工作场地、团队运营、资金扶持、产品推广等孵化服务，以及相关配套支撑条件。大力支持常平等镇（街道、园区）建设广东省“互联网+”创新创业示范镇。依托全省统一的政务数据信息资源库和政务大数据中心，加强政府公共数据开放共享，推动大型互联网企业和基础电信企业向创业者开放计算、存储和数据资源，支持重点企业互联网数据中心向云服务转型。加快推进云计算公共服务平台建设，统筹推进全市云计算数据中心建设，拓宽云计算应用示范应用，为创业创新提供大数据支撑。建立健全与新经济形态相适应的体制机制，加快网络经济和实体经济融合，培育壮大分享经济。积极推广众包、用户参与设计、云设计等创业创新模式。（市科技局、市发改局、市经信局、市电子政务办、常平镇政府）

（十九）加大公共服务模式创新力度。

加大政府购买服务力度，对创业企业和四众平台企业提供管理指导、技能培训、市场开拓、标准咨询、检验检测认证、研发设计等服务。实施“创新券”补助政策，支持企业向高校院所、科技服务机构购买技术和服务。各镇（街道、园区）可结合实际通过政府采购社会专业化创业服务的形式，为劳动者提供各类创业服务。（市科技局、市人力资源局、市社保局、市财政局）

七、打造创业创新平台，增强支撑作用

（二十）打造创业创新公共平台。

加强创业创新信息资源整合，建立创业政策集中发布平台，增强创业创新信息透明度。加快公共创业服务信息网和业务管理系统建设，构建高效便捷的公共就业创业网上服务平台，实现就业创业服务和补贴申领发放全程信息化管理。继续办好各级各类创业创新大赛，以赛事活动引导形成激励创业创新的良好导向。大力推动服装、家具、鞋帽、玩具、食品、模具等专业镇转型升级，支持发展一批中小微企业公共技术创新服务平台。建立专业镇公共技术服务平台，发挥虎门“全国服装（休闲服）知名品牌创建示范区”示范带动作用。利用知识产权大数据应用平台，向全社会免费提供基础数据，向中小微企业开展专利信息推送服务，实现知识产权信息利用便利化。鼓励和支持有条件的大型企业发展创业平台，利用企业资源支持企业内外部创业者创新创业。通过国有企业员工持股等多种形式，搭建员工创业平台。开展创业企业、天使投资、创业投资年度统计工作，加强数据监测和分析。（市人力资源局、市社保局、市经信局、市教育局、市科技局、市国资委、市工商局、市统计局、市文化广电新闻出版局、市科协）

（二十一）打造创业创新技术平台。

组建技术市场运营平台、专利运营平台，建立“线下+线上”科技服务模式，通过网上共享推介和线下洽谈对接，推动科技成果的转移转化。引导和支持有条件的领军企业创建特色服务平台，向企业内部和外部创业者提供资金、技术和服务支撑。（市科技局、市发改局、市经信局、市人力资源局、市社保局、市文化广电新闻出版局）

（二十二）打造创业创新区域平台。

加快推进全面创新改革试验，在知识产权、人才流动、国际合作、金融创新、激励机制、市场准入等重要领域先行先试。积极参与珠三角国家自主创新示范区建设，编制自主创新示范区发展规划纲要、空间发展规划和建设实施方案，形成与全省开放型区域创新体系联动协作、具有东莞特色的开放型区域创新体系。优化自主创新示范区内部布局，围绕高端电子信息、生物医药、机器人、水处理、新能源等重点产业布局。在全市构建“一廊两核三带多节点”的创新发展空间格局，谋划建设滨海湾新区创核心，强化松山湖高新区创引领作用，在广深科技创新走廊沿线布局东莞中子科学城、常平国际创新港等创新节点。（松山湖〔生态园〕管委会、滨海湾新区管委会、常平镇政府、市发改局、市经信局、市科技局、市财政局、市人力资源局、市社保局、市住房和城乡建设局、市商务局、市工商局、市地税局、市文化广电新闻出版局、市外事侨务局、市府金融工作局）

（二十三）打造“双创”示范基地。

大力加强“双创”示范基地建设，积极推荐省级“双创”示范基地申报国家级“双创”示范基地。落实省新兴产业“双创”示范基地三年行动计划，依托各类创业创新产业园区、高校科研院校和创新型企业，争取打造一批创业创新要素集聚、服务专业、布局优化的国家级和省级新兴产业“双创”示范基地，推动建设一批创业创新的支撑平台。构建“众创空间—孵化器—加速器—科技园区”全产业链的创新创业载体。争取发行“双创”孵化专项债券，加大对“双创”孵化项目支持力度。在新兴产业核心关键技术环节培育一批创业创新企业，形成一批服务完善、成效显著的众创空间。（市发改局、市经信局、市科技局、松山湖〔生态园〕管委会、长安镇政府）

（二十四）加强平台用地保障。

根据省政府有关文件精神，在符合土地利用总体规划、城乡规划和产业发展规划的前提下，每年可安排一定比例的全市计划用地作为科技企业孵化器建设用地。结合供给侧结构性改革去库存工作，引导房地产开发企业将库存工业、商业地产改造为孵化器和众创空间。利用新增工业用地开发建设科技企业孵化器，可按一类工业用地性质供地。工业用地建设的科技企业孵化器，在不改变科技企业孵化服务用途并经过相关部门审定或者确认界限的前提下，其载体房屋可按幢、层、套、间等有固定界限的部分为基本单元进行产权登记并出租或转让。利用存量房产兴办创客空间、创业咖啡、创新工场等众创空间的，可实行继续按原用途和土地权利类型使用土地的过渡期政策。鼓励开发区、产业集聚区规划建设多层工业厂房、综合研发用房等，供中小企业进行生产、研发、设计、经营多功能复合利用。鼓励在规划许可前提下，盘活闲置的商业用房、工业厂房、企业库房、物流设施和家庭住所、租赁房等资源，为创业者提供低成本办公场所和居住条件；有条件的可改造为创业园区，以及为园区创业者服务的低居住成本住房。鼓励有条件的镇（街道、园区）通过财政补贴、发放租房券等方式，支持创业者租赁住房。简化创业用房和创业园区改造工程审批流程。（市国土资源局、市住房和城乡建设局、市科技局、市财政局）

八、激发创造活力，发展创新型创业

（二十五）激发科研人员创业活力。

高校和科研院所等事业单位专业技术人员，经所在单位批准并签订合同，可离岗从事创业工作，离岗3年为一期，最多不超过两期，离岗期间保留人事关系，与原单位同等条件人员同等享有参加职称评聘、岗位等级晋升和保留社会保险关系等方面的权利。对科研人员因公出国进行分类管理，放宽因公临时出国批次限量管理政策。高校和科研院所要抓紧制定专业技术人员在职创业、离岗创业的内部人事管理办法。落实创新型中小企业上市股权激励和员工持股等制度规则。加快实施新型研发机构成果转让转化收益奖励、高校院所科研人员技术入股收益提取等机制。落实经营性领域技术入股改革要求，选取相关高校院所进行试点，完善技术入股相关机制。推进东莞市科协所属学会有序承接政府转移职能试点，探索学会服务地方经济社会发展的有效方式。（市教育局、市科技局、市人力资源局、市社保局、市科协）

（二十六）激发大学生创业活力。

鼓励有条件的高校搭建创业信息交流平台，建设大学生创业创新示范基地、大学生创业创新教育示范校、大学生创业创新园、创业创新模拟实验室、创业孵化基地等创新实践平台。实施大学生创业素质提升、创业政策助推、创业服务优化和创业文化培育工程，提升大学生创业意识和能力，扩大大学生创业规模。鼓励高校成立创业创新俱乐部，聘请创业成功者、企业家、投资人等人士兼任创业创新导师，推行大学生创业校企双导师制，为大学生创业创新提供培训和辅导。支持高校推进学分制管理改革，实行弹性学制管理，支持大学生保留学籍休学创业。（市教育局、市财政局、市人力资源局、市社保局、市科协）

（二十七）激发境外人才来莞创业活力。

充分发挥中国（东莞）国际科技合作周、东莞高层次人才活动周、“‘千人计划’专家东莞行”等平台的桥梁纽带作用，大力开展招才引智。加强海外人才工作站和中国科协海智计划广东（东莞）工作基地建设，组织开展高规格的引才揽人活动，引进海外人才来莞创新创业。落实外籍高层次管理人才、高科技人才以及来粤投资人才入境、居留便利等有关政策。探索建立外籍高层次人才“绿卡”制度，切实解决高层次科技人才医疗卫生、子女入学、配偶就业、学术交流等问题。培育建立海外科技人才离岸创业基地，支持特色留学人员创业园建设。（市人才办、市人力资源局、市社保局、市科技局、市公安局、市财政局、市商务局、市科协，各镇〔街道、园区〕）

（二十八）完善创业人才培养与流动机制。

继续创新中等职业教育，新开新兴产业配套专业。加强创新创业工作的指导，增强学生的创新意识。探索新加坡“教学工厂”本土化模式，加强校企合作。实施“一镇一品”技能人才培养计划，办好各类“创客”嘉年华活动和创新创业大赛。贯彻落实省有关文件精神，将专利创造、标准制定及成果转化作为职称评审的重要依据之一，科技人员参与职称评审与岗位考核时，发明专利转化应用情况与论文指标要求同等对待，技术转让成交金额与纵向课题指标要求同等对待。加快推进社会保障制度改革，适应人才流动的需要，实现社会保险关系顺畅转移接续。对符合条件的创业失败者，按规定落实社会保险补贴、岗位补贴、培训补贴、费用减免、职业介绍补贴、职业技能鉴定补贴等扶持政策。（市教育局、市人力资源局、市人才办、市社保局、市国资委、市科协）

九、拓宽城乡创业渠道，实现科技带动就业

（二十九）支持返乡创业集聚发展。

认真贯彻落实《国务院办公厅关于支持农民工等人员返乡创业的意见》（国办发〔2015〕47号），大力实施鼓励农民工等人员返乡创业三年行动计划，强化政策衔接，鼓励和引导更多有技术、有资本、会经营、懂管理的农民工等人员返乡创业。以科技创新引领和支撑现代都市农业发展。支持农业领域的科技创新项目，开展农业技术攻关和先进适用技术推广。加大农产品生产质量安全全程控制技术和农产品加工及物流等新技术的研发和应用。加快现代农业园建设，建立农业科技成果转化示范基地和农业高新科技展示窗口，促进农业品种优良化、技术先进化、管理科学化、生产标准化。依托农业科研单位共建都市农业科技创新中心，推动高素质人才和重大科研项目向我市聚集、重大科研成果在我市孵化应用。探索发展生物育种高科技农业技术，研发具有较强市场竞争力的特色品种，输出辐射国内外市场。选择并支持一批政策落实好、创业创新环境优的镇（街道、园区），重点开展休闲农业、农产品深加工、乡村旅游、农村服务业、家庭农场等示范试点。深入实施农村青年创业富民行动，支持返乡创业人员因地制宜围绕休闲农业、农产品深加工、乡村旅游、农村服务业等开展创业，完善家庭农场等新型农业经营主体发展环境。（市人力资源局、市社保局、市农业局、市旅游局）

（三十）支持依托电子商务创业就业。

落实促进农村电子商务发展的指导意见，支持电商企业积极开展农村电子商务。引导和鼓励集办公服务、投融资支持、创业辅导、渠道开拓于一体的市场化网商创业平台发展。鼓励龙头企业结合乡村特点建立电子商务交易服务平台、商品集散平台和物流中心，推动农村依托互联网创业。鼓励电子商务第三方交易平台渠道下沉，带动城乡基层创业人员依托其平台和经营网络开展创业。（市经信局、市商务局、市农业局）

（三十一）完善基层创业支撑服务。

加快完善覆盖城乡的公共就业创业服务体系，推动服务网点向基层延伸。推进城乡基层创业人员社保、教育、医疗等基本公共服务均等化，完善跨区域创业转移接续制度。强化农村劳动力专业就业培训、职工技能晋升培训和创业培训，提升基层人员创业能力。从新型职业农民、农村实用人才、技术能手、大学生村官等群体中培养农民创业创新带头人。鼓励中小商业银行设立社区支行、小微事业部，加快发展农村普惠金融，支持社区和农村创业者创业。选择一批知名农业企业、合作社、农产品加工和物流园区等作为基地，为创业创新农民提供见习、实习和实训服务。（市人力资源局、市社保局、市教育局、市卫生和计划生育局、市农业局、市府金融工作局）

十、促进线上线下融合，推动四众健康发展

（三十二）全面推进众创。

汇众智搞创新，通过创业创新平台汇集众智，整合资源，实现人人都可参与创新。大力发展专业空间众创，鼓励各类科技园、孵化器、创业基地、农民工返乡创业园等与互联网融合创新，推动基于“互联网+”的创业创新活动，鼓励创客空间、创业咖啡、创新工场等新型众创空间以及线上虚拟众创空间发展。推进网络平台众创，支持大型互联网企业、行业领军企业通过网络平台向各类创业创新主体开放技术、开发、营销、推广等资源，鼓励各类电子商务平台为小微企业和创业者提供支撑。积极培育壮大企业内部众创。在确保公平竞争前提下，鼓励对众创空间等孵化机构的办公用房、用水、用能、网络等软硬件设施给予适当优惠，减轻创业者负担。（市科技局、市发改局、市经信局、市人力资源局、市社保局、市商务局）

（三十三）积极推广众包。

汇众力增就业，借助互联网手段，将传统由特定企业和机构完成的任务向自愿参与的所有企业和个人进行分工、分包。积极开展科研众包示范推广，鼓励有条件的企业将部分设计、研发工作向社会公众分包，支持“东莞科技在线”等科研众包平台发展。大力发展研发创意、制造运维、知识内容、生活服务等众包，鼓励技术先进型服务企业和服务外包重点联系企业积极应用众包模式，鼓励举办设计众包等比赛活动。支持有能力的大中型制造企业通过互联网众包平台满足大规模标准化产品订单制造需求。推动交通出行、快件投递、旅游、医疗、教育等领域生活服务众包。推动整合利用分散闲置社会资源的分享经济新型服务模式。（市科技局、市发改局、市经信局、市教育局、市交通运输局、市卫生和计划生育局、市旅游局、市邮政管理局）

（三十四）立体实施众扶。

汇众能助创业，通过政府和公益机构支持、企业帮扶援助、个人互助互扶等多种方式，共助小微企业和创业者成长。加快公共科技资源和信息资源开放共享，提升各类公益事业机构、创新平台和基地的服务能力。鼓励行业协会、产业联盟等对小微企业和创业者加强服务，充分发挥行业协会、科技社团、产业技术创新联盟、新媒体等社会组织的作用，为科技创新和成果转化提供专业化服务。鼓励大中型企业通过生产协作、开放平台、共享资源、开放标准等形式带动上下游小微企业和创业者发展。支持开源社区、开发者社群、资源共享平台、捐赠平台、创业沙龙等各类互助平台发展。鼓励通过网络平台、线下社区、公益组织等途径辅助大众创业、万众创新。（市科技局、市经信局、市教育局、市人力资源局、市社保局）

（三十五）稳健发展众筹。

汇众资促发展，通过互联网平台向社会募集资金，拓展创业创新投融资新渠道。鼓励消费电子、智能家居、健康设备、特色农产品等创新产品开展实物众筹。对投资者实行分类管理，切实保护投资者合法权益，防范金融风险。规范发展网络借贷，运用互联网技术优势加强风险防控。发展互联网与实体相结合的众创金融平台，探索推出创业创新融资价格指数，为互联网项目提供网上融资支持。（市府金融工作局、市经信局、市科技局）

（三十六）推动四众平台持续健康发展。

加快建设“互联网+创新创业”示范市，加快推动众创、众包、众扶、众筹等“互联网+”背景下创新创业模式的发展。出台四众平台建设政策。启动“四众”平台申报认定和组织管理工作，建设一批具有示范带动效应的四众平台。积极探索交通出行、无车承运物流、快递、金融、医疗等领域的准入制度创新，针对四众资产轻、平台化、受众广、跨地域等特点，放宽市场准入条件。创新与四众发展相适应的支付、征信和外汇服务，促进四众平台加快发展。推动相关行政管理部门与四众平台企业加强互联共享，推进公共数据资源开放，推行电子签名、电子认证，推动电子签名国际互认。适应新业态发展要求，建立健全行业标准规范和规章制度，创新监管方式，强化平台企业内部治理，明确四众平台企业在质量管理、信息内容管理、网络安全等方面的责任、权利和义务，发挥四众平台企业内部治理和第三方治理作用，健全政府、行业、企业、社会共同参与的治理机制。建立四众平台企业的信用评价机制，公开评价结果。加强行业自律规范，推行守信激励机制和失信联合惩戒机制，对违法失信者依法予以限制或禁入。四众平台企业应切实提升技术安全水平，保障信息安全和用户权益。（市发改局、市科技局、市交通运输局、市卫生和计划生育局、市经信局、市工商局、市质监局、市府金融工作局、人民银行东莞中支）

推进大众创业、万众创新是培育和催生经济社会发展新动力、激发全社会创新潜能和创造力的重大举措，各镇（街道、园区）、各部门要高度重视，进一步统一思想认识，按照国务院、省委省政府的部署和本实施意见的要求，加强组织领导，明确责任分工，形成强大合力。市全面深化改革加快实施创新驱动发展战略领导小组办公室要加强统筹协调和督促指导。建立部门之间、部门与镇（街道、园区）之间的政策协调联动机制，系统梳理各部门、各镇（街道、园区）已发布的有关支持创业创新发展的政策措施，做好“立、改、废”工作。要充分尊重和发挥基层首创精神，鼓励镇（街道、园区）和部门先行先试，探索适应创业创新和四众新模式新业态发展的新形式，及时总结形成可复制、可推广的经验。各镇（街道、园区）、各部门要建立大众创业、万众创新政策措施落实情况督查督导机制，完善政策执行评估体系和通报制度，全力打通政策部署的“最先一公里”和政策落实的“最后一公里”，确保各项政策措施落到实处。要加大宣传力度，加强舆论引导，及时总结推广成功经验做法，积极营造大力推进大众创业、万众创新的良好社会氛围。

东莞市人民政府

2017年10月27日

中共中山市委
关于进一步集聚创新创业人才的若干意见

（中山发〔2017〕2号）

为贯彻落实中央《关于深化人才发展体制机制改革的意见》、广东省委《关于我省深化人才发展体制机制改革的实施意见》精神，深入实施创新驱动发展战略，进一步集聚创新创业人才，结合我市实际，制定本意见。

一、提高党管人才水平

（一）建立人才工作目标责任考核制。将人才工作纳入落实党建工作责任制情况述职重要内容，将人才工作职责列入相关职能部门“三定”方案，将人才发展列为经济社会综合评价指标。严格执行人才工作实绩考核办法，重点考核创新人才队伍建设情况，考核结果作为领导班子评优、干部选拔任用的重要依据。成立镇区人才工作领导小组，安排专人负责人才工作。加强重点人才工程监测考核，建立人才退出机制和失信惩戒机制。

（二）落实党委政府联系专家制度。完善市党政领导、人才工作领导小组成员直接联系人才工作机制，建立各级党政领导班子和领导干部联系专家名单，通过座谈交流、决策咨询、走访慰问等形式，及时掌握人才的工作和生活情况，广泛听取意见建议。加强思想引导和政治引领，邀请高层次人才代表列席全市性重要会议。健全专家意见直通车制度，落实专家考察、疗养、服务等各项待遇。建立各领域、行业协会学会沟通机制，充分发挥专业协会学会联系服务人才的积极作用。

（三）强化人才投入保障。加大人才投入力度，保障重大人才工程和项目的实施。进一步加大对人才培养引进和镇区人才发展的支持力度，通过政府无偿资助与有偿资助相结合的方式加大对市级以上重大人才工程入选人才的支持力度。研究制定鼓励企业、社会组织加大人才投入的政策措施。

二、实施“中山英才计划”

（四）大力引进创新创业团队。根据我市产业需求，引进掌握关键技术、市场前景好的创新创业团队，按国际领先、国内领先、省内领先三个档次，分别给予最高3000万元、2000万元、1000万元资助。推荐创新创业团队申报“珠江人才计划”，对入选团队在省财政资助基础上给予1∶1比例的配套资助。对促进我市经济发展、科技创新、产业升级具有重大意义的项目，可通过“一事一议”的方式决定支持措施和力度。

（五）大力引进紧缺拔尖人才。对科技创新、企业经营管理、金融领域的领军人才和青年拔尖人才，根据规定的准入条件直接认定资助对象，按实际年工资薪金收入1∶1比例提供生活补贴，每人每年最高不超过100万元，享受期为3年。对我市入选国家“千人计划”“万人计划”以及“珠江人才计划”领军人才的，在中央或省财政资助基础上给予1∶1比例的配套资助。结合创新驱动发展形势要求，调整优化我市紧缺适用高层次人才划分标准，实施更加优惠的补贴政策。

（六）加大柔性引才力度。支持我市企业在国内外设立研发中心、分支机构、孵化载体，就地吸引使用人才智力资源，经评审认定，给予50万元至300万元资助。建立柔性引才长效机制，采取后资助方式，对来中山短期工作连续1个月以上的专家，按照单位实际支出的薪酬，分层次每年给予最高不超过30万元的生活补贴。长期在我市全职工作的紧缺适用高层次人才及我市急需引进的特殊人才，依法享受相关待遇不受国籍、户籍、人事关系等限制。

（七）加大企业引才聚才力度。突出企业引才主体作用，鼓励企业引进人才，每成功引进1个“珠江人才计划”团队，分三档给予用人单位100万元、80万元、50万元补贴；每成功引进1名全职院士，给予用人单位200万元补贴；每成功引进1名国家“千人计划”人才、“万人计划”人才或“珠江人才计划”领军人才，给予用人单位20万元补贴。对企业引进的副高级专业技术人员、全日制硕士研究生，直接认定为第七层次的企业紧缺适用高层次人才。建立以高新技术企业需求为导向的人才集聚机制，优先支持我市高新技术企业、后备高新技术企业引才。

三、实施“中山优才工程”

（八）实施领军人才培养工程。立足培养高层次人才，面向自然科学、工程技术、哲学社会科学、教育、医疗、宣传思想文化等领域，遴选支持一批我市优秀专家、拔尖人才，参照“广东特支计划”标准给予资助；入选“广东特支计划”的，在省财政资助基础上给予1：1比例的配套资助。

（九）实施企业经营管理人才培养工程。遵循企业家成长规律，拓宽培养渠道，建立常态化的企业家培训机制，分批次选送市内高成长性科技型企业的主要负责人和重大人才工程创业人才到国内外知名企业、高等学校、先进产业园区学习培训，着力培养造就一批职业化、现代化、国际化的优秀企业家，打造一支高素质、创新型、复合型的职业经理人队伍。

（十）实施青年人才培养工程。建立健全对青年人才普惠性支持措施，加大教育、科技、文化、医疗等各类人才工程项目对青年人才培养支持力度。对引进到我市工作且年龄在45岁以下的正高级专业技术人员、博士研究生，分别给予总额不少于30万元、20万元市政府特殊津贴及购房补助。给予我市在站博士后2年共30万元科研经费和生活补贴，获得中国博士后科学基金资助的，给予1：1比例的配套扶持。

（十一）实施技能人才培养工程。大力弘扬工匠精神，通过开展职业技能竞赛和技术能手评选，发现培养优秀技能人才。对市级工艺美术大师工作室、技能大师工作室分别给予40万元、10万元的经费资助；被认定为国家级或省级大师工作室的，在中央或省财政资助基础上给予1：1比例的配套资助。以职业（技工）院校为主，建设一批高技能人才培训基地，对评定的市级高技能人才培训基地给予100万元的一次性补贴。落实在职劳动者职业技能晋升补贴资助办法，给予职业技能晋升者每人最高3500元补贴。实施技术技能人才“双元制”教育模式，对与职业（技工）院校合作开展现代学徒制的本市企业，每培养一名技能人才给予2000元补助。

四、支持人才创新创业

（十二）拓宽人才创新创业投融资渠道。依托市属国有企业或金融机构，设立人才创新创业投资引导基金，带动社会资本支持人才创新创业。完善参股投资、跟进投资、贷款担保贴息、风险补偿、科技创新券、项目后补助等市场化机制，加快科研成果转化，支持人才（团队）创业项目。大力发展人才金融，引导金融机构根据人才需求创新产品、优化流程，建立多层次、多主体、多渠道支持人才创新创业的金融服务体系。

（十三）实施特色小镇人才支持计划。根据我市特色小镇建设发展规划，整合优化人才政策资源，为特色小镇的重点产业、重点项目、重点企业培养引进人才。支持特色小镇实施特色人才支持计划，经市认定的项目，由市财政采取奖补方式提供资助。鼓励特色小镇单独或联合建设特色人才创新创业平台，提供办公场所、人才公寓和配套服务。

（十四）积极创建省人才发展改革试验区。支持翠亨新区、火炬开发区在人才发展上积极探索、先行先试，联合创建省人才发展改革试验区，争取上级支持，复制推广粤港澳人才合作示范区成功经验，带动全市人才工作改革创新。实施翠亨新区人才发展“展翅计划”，围绕先进装备制造、健康医药等重点产业进行精准引才。建立翠亨新区海外孵化器（人才、技术引进基地），优化留学报国基地、海归创业学院、中瑞（欧）技术中心、粤港澳台青年创新创业基地等聚才平台，吸引海内外优秀人才前来创新创业。

（十五）加强人才创新创业平台建设。加大对高新技术企业、新型研发机构、科技企业孵化器、创新创业孵化基地、科技产业园区和众创空间等创新创业平台的支持力度。支持企业建设院士工作站、国家级创新平台（分支机构）、重点实验室，分类别给予100万元至1000万元科研经费资助，助力提升产业核心竞争力和企业自主创新力。鼓励有条件的镇区开设留创园分园，根据入园企业创新创业情况，给予每年最高100万元工作经费补贴。对留创园、人才创新创业生态园入园项目，给予最高200万元启动经费补贴。支持市级创新创业园区标准化建设，经考核给予每年最高50万元工作经费补贴。对博士后科研工作站、创新实践基地的设立单位分别给予80万元、30万元一次性资助。出台人力资源服务业扶持政策，加快发展市场化、专业化的人力资源和科技服务机构。支持建设全市性创新创业资源共享平台。

五、完善人才服务体系

（十六）实施人才安居工程。健全市、镇（区）两级人才公寓供给体系，提供优质充裕房源和租房优惠政策，坚持以实物配置与货币补贴相结合的方式解决人才住房问题。我市引进的“两院”院士等第一层次紧缺适用高层次人才，可选择享受200万元购房补助，或选择免租入住面积200平方米以上住房；在我市全职工作满5年的，可无偿获赠所租住房。第二层次至第六层次紧缺适用高层次人才，分别享受10万元至50万元购房补助，3年内可免租入住面积最大150平方米的人才公寓。鼓励人才集聚的镇区、产业园区、高等学校、科研机构利用自有存量用地建设人才公寓，以租赁方式专门提供给高层次人才居住。改变资助方式，提升资助效率，紧缺适用高层次人才享受购房补助统一在3年内发放完毕。实行住房公积金个人住房贷款支持政策，紧缺适用高层次人才申请首套住房贷款时，可享受最高上浮20%的贷款额度。

（十七）推行“中山优才卡”服务。建立高层次人才信息库，人才凭卡在社会保障、购房购车、职称评定等方面与户籍居民享受同等待遇，并在住房保障、配偶就业、入户入学、医疗保健、政务服务、文体生活等方面享受优先便利服务。建立紧缺适用高层次人才健康档案，在市内定点三甲医院提供免费健康体检和绿色医疗服务。

（十八）建设人才综合服务平台。建设运营市人才大厦、人才创新创业生态园、人力资源服务产业园，整合全市人才政策、产业需求、企业信息、技术项目、金融投资和配套服务，促进创新创业主体与要素资源相对接，形成线上线下无缝衔接的人才生态系统。完善市高层次人才“一站式”服务平台、市高层次人才联谊会、各级行政服务中心的功能设置，落实人才服务相关职能部门联席例会制度，优化人才认定、待遇落实、创新创业扶持等行政审批流程，实行限期快速审核反馈机制。

中共中山市委
2017年3月28日

钦州市大力推进大众创业万众创新实施方案

（钦政办〔2017〕47号）

为贯彻落实国家和自治区关于大力推进大众创业万众创新的决策部署，加快我市实施创新驱动发展战略，营造良好创业创新环境，推动我市经济结构调整，打造发展新引擎，增强发展新动力，根据《国务院关于大力推进大众创业万众创新若干政策措施的意见》（国发〔2015〕32号）和《广西壮族自治区人民政府办公厅关于印发大力推进大众创业万众创新实施方案的通知》（桂政办发〔2015〕134号）精神，结合实际，制定本实施方案。

一、总体要求

（一）工作思路。

全面贯彻落实国家和自治区的决策部署，以深化改革为动力，以营造良好创业创新环境为目标，以激发全社会创业创新活力为主线，加快实施创新驱动发展战略，加大简政放权力度，切实转变政府职能，建立激励社会创新大众创业的体制机制。主动适应经济发展新常态，夯实创业创新基础，构建创业创新生态体系，以创业促创新，以创业促就业，以创业促发展，加快形成我市大众创业、万众创新的良好局面，全力打造全市经济社会发展的新引擎。

（二）实施原则。

1. 优化服务，提高效率。进一步简政放权、优化服务，消除行政管理横向、纵向限制，用政府权利的减法换取市场活力的乘法。进一步优化市场环境，逐步建立有利于创业创新的政策体系，降低创业创新门槛，提高创业创新效率。

2. 开放共享，创造机会。强化创业创新公共服务资源、政府公共信息资源开放共享，打破地域、体系界限，整合利用各类资源，构建开放创新平台，支持大众充分挖掘信息资源价值，为大众创业创造无限机会。

3. 市场主导，激发活力。充分发挥市场在资源配置中的决定性作用，坚持政府“事前”不干预、“事中”指导、“事后”扶持的原则，以社会力量为主推动形成大众创业、万众创新的良好局面，激发全社会创新潜能和创业活力。

（三）主要目标。

到2020年底，全市初步形成较为完善的创业创新政策体系，呈现出创业创新载体多元、创业创新服务专业、创新要素集聚、创业主体和谐发展的良好格局。

——创业服务平台加快发展。扶持建设重点示范众创空间3家以上，与行业协会、企业合作建设一批大学生创业基地。

——创业人才队伍不断壮大。全市科技创业者突破1000人，创业导师队伍超过100人，新型职业农民突破3000人。

——创新要素高度集聚。全市新增科技型中小企业100家，每万人口发明专利拥有量达到2件，建设创业孵化基地30个以上。

二、主要任务

（一）营造创业创新良好环境。

1. 进一步转变政府职能。深化政府部门权力清单制度建设，完成市、县两级政府部门权力清单和责任清单“两单融合”。继续深化行政审批制度改革，大力推进行政管理体制改革，根据自治区人民政府取消下放行政审批事项的决定，全面组织开展市级行政审批事项清理和接、管、服。加快权力清单运行平台建设，公布市直部门权力运行流程图。（市编办、政务服务管理办、法制办等部门，各县区人民政府。排第一位的单位为牵头单位，下同）

2. 清理和规范收费项目和完善管理制度。根据《广西壮族自治区物价局关于印发〈广西壮族自治区定价目录〉的通知》（桂价综〔2015〕96号），建立和公示我市政府定价或指导价的涉企经营服务收费目录清单、涉企行政审批前置服务收费目录清单两项制度。开展涉企收费专项清理工作，清理规范涉企行政事业性收费和具有强制垄断性的经营服务性收费，整顿规范行业协会或商会收费。对涉企收费实行目录清单管理，各有关部门通过政府网站和公共媒体对外发布，各收费部门要在部门网站、市民服务中心窗口、收费场所全面公开收费项目、标准、依据、服务承诺、服务事项等内容，接受服务对象与社会各界的监督。（市物价局、民政局、财政局、商务局、工商局，钦州海关、钦州检验检疫局等部门）

3. 加强企业信用监管。严格执行市场主体信用信息公示抽查制度，定期或者不定期开展对市场主体的随机抽查和重点抽查，加强信息互联互通和共享交换，构建以信用监管、信用约束、部门联动为核心的新型监管模式，把创业主体信用与市场准入挂钩，切实做到放而不乱、管而有序。落实企业信用信息发布制度，定期或不定期向社会公布企业信用状况，不断完善守信激励和失信联合惩戒机制。（市工商局、发改委、工信委、商务局、质监局，人行钦州市中心支行等部门）

4. 不断深化商事制度改革。积极推行“多证合一”及“一照一码”登记制度改革，建立健全相关部门协作工作机制，设立“多证合一”受理窗口，推行“一口受理、一网流转、一码加载、一窗发照”机制，全面落实“先照后证”改革事项，国务院和自治区人民政府公布的前置审批事项目录以外的项目，一律不得作为市场主体登记的前置审批项目。进一步放宽企业住所登记限制，允许企业“一址多照”“一照多址”。推动保险营销员按照“一址多照”方式登记为个体工商户。探索推进全程电子化登记管理和电子营业执照，在各级政务服务中心设置电脑终端机，采取一站式窗口、网上申报等措施，为创业创新提供工商注册便利。进一步完善市场主体简易退出机制，争取国家同意在依法依规的前提下对个体工商户、未开业企业、无债权债务企业推行简易注销试点。（市工商局、财政局、质监局、政务服务管理办，市国税局、地税局等部门）

5．加大知识产权工作力度。健全知识产权保护、运用机制，积极推动市及县区机构建设，设立钦州市知识产权局，增强市、县区知识产权部门处理知识产权事务的能力。逐步完善知识产权全程维权以及快速维权的援助机制。加快建立中国（广西）知识产权维权援助中心钦州分中心，健全知识产权办公会议机制，进一步强化统筹协调全市知识产权工作。开展知识产权执法维权“护航”专项行动，组织食品药品、医疗器械、建装材料等民生领域行政执法专项检查，建立电子商务等重点领域的专利保护协作机制，积极配合开展中国－东盟博览会等重点展会的执法保护。深入打击侵犯商标专用权和制售假冒伪劣商品行为，严肃查处商标侵权大案要案。开展地理标志商标和农产品商标专项整治工作，切实保护商标权人的合法权益。（市科技局、公安局、工商局等部门）

6．加强创业创新知识教育普及。加强高校协同创新建设，大力推进高校与高校、科研院所、行业企业、政府、社会的深度融合。在我市本科院校开设创业基础课程并纳入教学计划，创业课程不少于32学时、不低于2个学分。鼓励人社、财政部门认定的创业培训定点机构加强与院校合作，在高校毕业年度学生中大力开展创业培训，并按规定享受相应的创业培训补贴。深入开展群众性“讲理想、比贡献、比创新”活动，举办科技创新创业大赛、青年创业创新大赛、青少年科技创新大赛、青少年坭兴陶艺创作大赛、电子商务创业大赛等全市性创业创新大赛，发挥基层科普行动计划、科普惠农兴村计划、十月科普大行动、城市科普行、校园科普活动等科普资源平台作用，加快科普信息化建设步伐，在全市普及创业创新知识。组织举办各类创业培训师资培训班和提高班，培养创业培训师资队伍。（市教育局、科技局、财政局、人社局、商务局，团市委、市科协，钦州学院等部门）

7．推动“互联网+”创业创新。建设一批小微企业创业创新基地，促进创业与创新、创业与就业、线上与线下相结合，降低创业门槛和成本。加强政府数据开放共享，推动大型互联网企业和基础电信企业向创业者开放计算、存储和数据资源。积极推广众包、用户参与设计、云设计等新型研发组织模式和创业创新模式。依托坭兴陶“互联网+”先进制造公共技术服务平台，推广计算机3D建模及自动三维雕刻技术在坭兴陶生产中的应用，解决坭兴陶产业共性技术问题，帮助企业发展壮大。支持钦州学院建设由创新创业在线课程学习平台、创新思维训练平台、创新创业实训平台、信息平台、电商平台等模块构成的“互联网+创新创业服务平台”，为在校大学生、有志于创业的青年提供免费、零资本、系统的创新创业服务。（市工信委、发改委、科技局、工商局，钦州学院等部门）

8．提高公共检测技术服务水平。整合全市质检中心的检测资源，为产品质量提升和企业技术创新提供技术支撑。大力发展检验检测认证科技服务，重点引进检验检测专业服务机构，支持建设检测认证中心、进口汽车检测实验室设施公共服务平台，健全农产品质量安全检测体系。积极配合推进面向东盟的检验检测公共服务平台建设，促进高技术服务业集聚发展。（市质监局、发改委、科技局、住建委、交通运输局、水利局、农业局、卫计委、水产畜牧兽医局、食品药品监管局、编办，钦州保税港区、中马钦州产业园区管委，钦州检验检疫局）

（二）加大财税扶持政策。

9．支持品牌创建和新产品推广。鼓励企业创建广西品牌产品，支持企业主导或修订国家标准、行业标准或广西地方标准，并申请国家或自治区级标准化良好行为确认。支持钦州保税港区全国进口酒类综合服务产业知名品牌创建示范区建设。贯彻落实自治区对新产品推广的奖励补助政策，对获得工业新产品认定并在广西新产品推介和交易平台发布的工业新产品，每个产品补助2万元，对同一企业每年最高奖励不超过20万元，市本级不再另行补助。通过认定的新产品将优先推荐申报各级企业扶持资金。组织符合自治区认定的“国内首台套产品”企业申报自治区奖励资金，落实《政府采购促进中小企业发展暂行办法》，加大对创新产品和服务的采购力度。（市工信委、财政局、质监局等部门，钦州保税港区、中马钦州产业园区管委，各县区人民政府、管委）

10．对小微企业实施税收优惠政策。认真贯彻落实国家和自治区有关小微企业、小型微利企业各项税收优惠政策，为企业提供优质纳税服务。（市国税局、地税局，市财政局等部门）

11．减轻创业创新企业收费负担。取消征地管理费、纺织品原产地证明书费、货物原产地证书费和机动车驾驶培训许可证收费等一批收费项目。降低一批涉企收费标准，房地产网络信息服务费收费标准降低20%；产品质量监督检验收费按规定标准的90%执行。对创业创新小微企业免征组织机构代码证书费、环境监测服务费、计算机软件著作权登记费等42项全国性行政事业性收费，取消铁路运输治安联防费、道路运输证照工本费以及农作物品种审定费等地方性行政事业性收费。暂停征收部分涉企收费，包括石油（天然气）勘查开采登记费、矿产资源勘查登记费、采矿登记费、企业注册登记费、个体工商户注册登记费、工业产品许可证审查费、出口商品检验检疫费。不定期开展减轻企业负担收费措施落实情况专项检查，防止取消项目继续收费、放开市场化的收费转移到行业协会管理、推迟执行收费政策等直接加重企业负担的问题发生。确保减轻企业负担各项政策措施落实到位，为创新创业创造良好的收费环境。（市财政局、物价局，市国税局等部门，各县区人民政府、管委）

12．缓解创业创新企业的经营困难。失业保险费率按有关规定由现行2%降至1%。对困难企业实施失业保险，支持企业稳定就业岗位补贴，按该企业及其职工上年度实际缴纳失业保险费总额的50%给予稳岗补贴，所需资金从失业保险基金中列支。（市人社局、工信委、财政局、水利局等部门，各县区人民政府、管委）

（三）完善创业投资融资机制。

13. 支持创业创新担保贷款。积极争取自治区信贷引导资金，按要求落实配套资金，充分发挥引导资金杠杆作用，扩大融资担保规模，支持中小工业企业发展。依托北部湾产权交易中心，为科技企业提供培育孵化、知识产权质押、股权质押、债权融资等全方位金融服务。鼓励互联网金融企业依法合规开展产品、服务、技术和管理创新，运用互联网技术和金融工具，加大对创业创新企业等的金融支持。积极贯彻国家创业担保贷款政策和自治区农民工创业担保贷款政策，创业担保贷款最高额度统一调整为10万元，市、县区要建立创业担保贷款基金，用于创业担保贷款。人社部门要积极帮助符合条件的个人申请创业担保贷款，财政部门要落实贴息政策。加大对创业创新中小微企业金融扶持，在市场准入、专项金融债发行、风险资产权重、存贷比考核及监管评级等方面落实差异化的监管政策。逐步放宽小额贷款公司经营区域限制、融资渠道及比例限制，增强小微金融服务能力。贯彻落实《钦州市关于开展政策性融资担保业务的实施方案》（钦政办〔2016〕139号），加快建立钦州市政策性融资担保体系，支持广西金海湾融资性担保有限公司转型为我市政策性融资担保公司，对全市中小企业开展低费率的融资担保业务，切实缓解中小企业融资难问题。（市工信委、财政局、人社局、金融办，人行钦州市中心支行、钦州银监分局等部门，各县区人民政府、管委）

14. 支持创新企业直接融资。支持企业加大股份制改造力度，培育和储备一批上市企业资源。支持暂不符合上市条件的企业在场外交易市场挂牌融资。鼓励符合条件的中小微企业在全国中小企业股份转让系统挂牌融资。2017年，对上市后备企业资源库内的企业，与券商签订改制挂牌协议的给予10万元补助，完成股份制改造的给予10万元补助，新三板挂牌上市材料通过券商内部审核并获得全国股转系统正式受理的给予50万元补助，成功在新三板正式挂牌的给予50万元补助。对成功开展资产证券化和发行企业债、公司债、超短期融资券、项目收益票据新型债务融资工具的企业（平台公司除外），且企业所得的融资资金用于生产领域的，按实际发行金额的1%给予一次性奖励，对每家企业奖励金额不超过50万元。市本级同类政策仅享受1次，不得重复享受；对金融机构为我市企业发行股票及债务融资工具提供主承销服务的，由市、县区金融办、财政局向自治区申请按年度累计发行额的0.01%给予奖励，每个金融机构奖励金额不超过100万元。（市金融办、财政局，人行钦州市中心支行等部门，各县区人民政府、管委）

15. 发挥创业投资引导作用。探索设立各类引导基金，逐步建立支持创业创新和新兴产业发展的市场化长效运行机制，鼓励投向众创空间、大学生等创业创新项目。发展联合投资等新模式，探索建立风险补偿机制。依托北部湾产权交易中心，打造立足北部湾、面向东盟的青年大学生创业综合金融服务平台，全面对接各类青年创业创新竞赛和高校“青创空间”、创业社区等，为青年创业创新项目和创业企业提供孵化培育、规范辅导、登记托管、挂牌展示、投融资对接等综合服务。促进我市创业投资、科技成果转化、中小企业扶持等各类专项资金和基金协同联动。（市金融办、发改委、工信委、财政局、人社局等部门，各县区人民政府、管委）

（四）强化众创公共服务功能。

16. 强化创业创新孵化服务。以国家级和自治区级科技企业孵化器为示范，建立健全孵化服务团队的激励机制和入驻企业流动机制，提升孵化服务水平，形成涵盖项目发现、团队构建、投资对接、商业加速、后续支撑全过程服务的孵化链条。印发实施《钦州市科技企业孵化器认定和管理暂行办法》，加快高新技术产业服务中心建设，帮助提升联创科技企业孵化器、金狐大学生创业孵化基地、浦北县汇桥科技企业孵化基地、浦北县众联科技企业孵化基地、灵山县三科电商创业园、灵山县广源创业孵化基地等一批民间资本投资孵化器（众创空间）以及钦州联创众创空间的管理水平和创业孵化能力，促进成果转化；支持坭兴陶产业孵化器（众创空间）、钦州市海洋食品产业孵化器（众创空间）和“星创天地”建设。符合规划并经依法批准后，鼓励盘活闲置的住宅、商业用房、工业厂房、企业库房、物流仓库、租赁房等资源，为创业者提供低成本的办公场所和居住条件。鼓励创业企业通过购买专利保险有效转移专利侵权、专利执行等知识产权风险。（市科技局、发改委、国土资源局、住建委等部门，各县区人民政府、管委）

17. 积极推进众创空间等新型创业平台建设。切实落实对创业孵化基地的管理服务奖补政策，“十三五”期间，建成国家级科技企业孵化器1家、自治区级科技企业孵化器4家、创业孵化基地30个以上。加快推广创客空间、创新工场、创业社区等新型孵化模式，鼓励以工业园区、科技企业孵化器及高校、科研院所为载体，重点围绕我市战略性新兴产业、现代服务业、文化创意产业等领域，建设各类新型众创空间。对经认定为创业孵化基地的众创空间，给予2年房租、宽带接入费补助。补助标准按每个基地每年实际缴纳的房租和宽带接入（租用）费的70%给予补助。房租和宽带接入费补助每个基地每年最高不超过55万元。属自有房产创办的基地，由所在地人社、财政部门参照当地同类房产的租金水平合理确定其房租补贴。所需资金从就业补助资金中安排。（市科技局、教育局、财政局、人社局等部门，各县区人民政府、管委）

18. 扶持基地创业企业加快成长。入驻创业孵化基地的企业，每较上年新招用1名就业人员，并与其签订1年以上劳动合同的，按其为新增就业人员实际缴纳的基本养老保险费、基本医疗保险费、失业保险费给予1年的社会保险补贴，所需资金从就业补助资金中安排；每新招用1名毕业年度高校毕业生就业，可按10万元的银行贷款额度及中国人民银行公布的相应期限档次的贷款基准利率给予1年的财政贴息，银行贴息贷款额度单个企业最高不超过200万元，所需资金从自治区下拨的财政贴息资金中安排。（市人社局、教育局、财政局，人行钦州市中心支行、钦州银监分局等部门，各县区人民政府、管委）

19. 加强中小企业公共服务平台和各类创新平台建设。加强钦州市中小企业服务中心机构建设，加快推进中小企业公共服务网络平台建设，为中小微企业、创业创新型企业提供融资服务、信息咨询、创业辅导、人员培训、技术支持等专业化优质服务。鼓励和支持有条件的大型企业开发创业平台，深入推进中小企业两化融合能力提升行动，支持企业在研发设计、生产制造、经营管理、市场营销等业务环节的信息化应用，增强企业创业创新活力。引导企业创建自治区级技术创新示范企业、工程实验室、工程研究中心、工程技术研究中心、企业技术中心等创新平台，鼓励企业与高等院校、科研机构共建创新平台，壮大和完善以企业为主体的技术创新体系。（市工信委、发改委、科技局等部门）

（五）激活创业创新主体。

20．下放科技成果使用、处置和收益权。贯彻落实《广西壮族自治区人民政府办公厅转发科技厅财政厅关于事业单位科技成果使用处置和收益管理暂行规定的通知》（桂政办发〔2015〕135号），授予事业单位对其拥有的财政资金支持形成的，不涉及国防、国家安全、国家利益、重大社会公共利益的科技成果使用权、处置权和收益权。事业单位科技成果转让、许可、合作和投资遵从市场定价，可以采用协议定价、技术市场挂牌交易、拍卖等方式确定市场价格。实行协议定价的，应当在本单位将科技成果名称、拟交易价格等内容予以公示，并在此基础上确定最终成交价格。单位主管部门和财政部门对科技成果在国内的使用、处置和收益分配不再审批或备案。科技成果转移转化所得收入全部留归单位，实行统一管理，处置收入不上缴国库。（市科技局、财政局等部门）

21．鼓励科技人员离岗创业。经所在单位批准，符合条件的科研院所科技人员可带科研项目和成果、停发工资待遇到企业开展创新工作或创办企业，3年内可保留人事关系、社会保险关系，薪级工资按规定正常晋升，保留其原聘专业技术岗位等级，不影响职称评定。允许高等学校、科研院所科技人员在符合法律法规和政策规定条件下，经所在单位批准从事创业或到企业开展研发、成果转化，取得合法收入。相关行政主管部门制定管理制度，所在单位建立相应管理办法，规范科技人员离岗期间和期满后的权利和义务。（市人社局、科技局、教育局、财政局等部门）

22．鼓励大学生创业。鼓励高校与科研单位、企业合作共建大学生创业实践基地，支持钦州学院与中马钦州产业园区管委联合申报、建设全国高校实践育人创新创业基地，以创业基地为载体支持和帮助大学生创业。贯彻落实国家、自治区有关鼓励大学生创业的政策。允许在校大学生休学，保留学籍2年从事创业活动，休学时间可视为其参加实践教育时间。从2016年起，高校毕业生在县级以下（不含县级和县人民政府驻地）科研或技术推广事业单位、国有或国有控股中小企业就业，服务期在3年以上（含3年）的，给予最高限额8000元／学年的学费补偿和国家助学贷款代偿，所需资金从自治区本级教育支出中统筹安排。对吸纳符合条件高校毕业大学生就业见习的单位或基地，按900元/人·月的标准给予就业见习补贴，对见习期满留用率达到50%的，补贴标准提高至1200元／人·月，所需资金从就业补助资金中安排。（市教育局、财政局、人社局，钦州学院等部门，中马钦州产业园区管委）

23．提高科研人员成果转化收益比例。落实桂政办发〔2015〕135号文件精神，事业单位应将科技成果转移转化收益所得的70%－99%用于奖励科技成果研发团队和完成人，以及为科技成果转移转化作出重要贡献的人员、技术转移机构等相关方；奖励支出部分，计入绩效工资总量外项目管理，不受事业单位当年绩效工资总额限制，不作为绩效工资总额基数。国有企业对职务发明完成人，科技成果转化重要贡献人员和团队的奖励，计入当年单位工资总额，不作为工资总额基数。（市科技局、人社局、财政局、国资委等部门）

24．允许科技人员兼职取酬。财政资金设立的高等学校、科研院所科技人员在完成岗位职责和聘用合同约定任务的前提下，经所在单位依法批准，可在市内兼职从事技术研发、产品开发、技术咨询、技术服务等成果转化活动，以及在市内创办、领办科技型企业，并从兼职单位取得相应合法股权或薪资。允许高等学校、科研院所、科技社团设立一定比例流动岗位，吸引有创新实践经验的企业家和企业科技人才兼职。（市人社局、科技局、教育局、财政局等部门）

25．开展招才引智活动。深入实施人才优先发展战略，重点推进北部湾经济区重大人才项目、领军型创业人才“520”计划和“三高”人才引进培养计划，实施好人才小高地、特聘专家、“十百千人才”等重大人才项目，启动“助企聚才”工程，推进“非公有制企业家培训100计划”，不断创新完善人才培养、引进、评价、使用机制。继续抓好人才载体建设，推进广西博士后创新实践基地（钦州高新区、中马钦州产业园区）、中山大学钦州博士后创新实践基地建设，加强对钦州学院“百名博士人才引进计划”、中马国际人才合作示范区海外人才工作站项目后续工作的指导和监督。通过实施“千人计划”项目吸引海外高层次人才来钦创业创新。探索与海外机构共同建立合作伙伴关系，鼓励并组织赴海外开展创业创新大赛，吸引海外更多的创业创新优秀项目落户钦州。引导和鼓励回国创业高端人才和境外高端人才来钦创办高科技企业，按有关规定申请相关补助。充分争取人才智力资源，发挥“海智工程工作基地”作用，加强与海外社团和人才的联系。构建海智工作网络，为海外人才在钦州创业创新提供服务。（市人社局、科技局、教育局，市科协，钦州学院等部门，钦州保税港区、中马钦州产业园区管委）

（六）扩宽城乡创业渠道。

26．支持电子商务向基层延伸。实施“电子商务进万村工程”，按照“企业主体、政府推动、市场运作”的模式联合推进利用邮政网点等现有资源，建设县、镇、村级电子商务服务点。建设农产品现代流通体系，带动农产品批零市场、农民合作社、家庭农场共建网上购销渠道，培育农民网商。完善农村网络购物环境，推进农村电子商务基础设施建设，促进工业品下乡和农产品进城双向流通。加快邮政系统服务“三农”综合平台建设。开展电子商务进农村综合示范，鼓励电商、物流、邮政、快递、供销、金融等各类企业和个人积极参与农村电子商务工作。结合“智慧城市”“智慧社区”建设，努力打造社区电子商务服务平台，提供购物、餐饮、医疗保健、家政、维修、缴费等便捷服务。鼓励利用广西跨境电子商务综合服务平台，开展跨境电子商务创业创新。优化政府发展引导资金支出结构，加大对电子商务创业创新支持力度。（市商务局、工信委、财政局、农业局，市邮政管理局等部门）

27．支持返乡人员创业。抓好全国、全区休闲农业与乡村旅游示范点创建工作，打造一批休闲农业与乡村旅游标志性品牌。积极推动灵山县、浦北县开展国家第一批结合新型城镇化开展支持农民工等人员返乡创业试点工作，围绕农民工等返乡创业面临的场地短缺、基础设施不完善、公共服务不配套以及融资难融资贵、证照办理环节多等突出问题，重点做好园区资源整合、服务平台和服务能力建设等工作，加快发展农村电商，培育特色产业集群，在以返乡创业促扶贫发展、转型脱困、产城融合等方面积极探索新路径，积极与电子商务龙头企业等市场资源、公益性培训机构等社会资源加强对接。发挥灵山县三科农商城农民工创业园、浦北县农民工创业园、钦北区皇马工业园区农民工创业园的示范作用，带动返乡人员就业创业。

依托钦州市创业指导服务中心和钦州市创业指导专家服务团，提供“一对一”创业后续跟踪服务。通过钦州就业创业服务网、钦州就业创业微信平台等，拓宽就业创业信息发布渠道。支持有关县区申报自治区示范性农民工创业园，2017年经验收合格的，自治区给予每个农民工创业园奖励500万元。（市人社局、农业局、旅发委等部门，各县区人民政府）

28．提升农民工创业技能。开展重点人群免费接受职业培训行动，全面落实好职业培训补贴和职业技能鉴定补贴政策。“十三五”期间，全市计划培育新型职业农民3000名以上。围绕新型职业农民培育工程，实施“广西现代青年农场主计划”，5年内，全市培育专业种养大户、家庭农场经营者、农民合作社骨干、返乡创业大学生、中高职毕业生等各类现代青年农场主50名以上。实施新型职业农民培育整市推进工程，组织农民工技能提升竞赛活动，各县区组织不少于200人的县级初赛，组织不少于100人参加市级复赛。通过现场比赛、现场评比、现场鉴定、现场颁证的方式，选拔1000名初级工、200名中级工、100名高级工。农民工技能提升竞赛活动经费纳入同级财政预算。支持县区立足当地人力资源实际和市场需求，建设以农副食品加工、竹藤麻棕草制品加工、中式烹调、中式面点、客房服务、餐厅服务、家政服务、育婴师、茶艺师、汽车应用与维修、机电安装与维修、家电维修、制冷设备维修、电工、挖掘机操作、电子商务、计算机应用等技能工种实训为主的地方特色型公共实训基地，面向各类劳动者提供初、中级技能训练、技能竞赛、技能鉴定、创业孵化、师资培训等职业技能实训场所。（市农业局、财政局、人社局等部门，各县区人民政府、管委）

三、组织实施

（一）加强组织领导。建立由市发改委牵头的钦州市推进大众创业万众创新工作联席会议制度，加强对创业创新工作的统筹协调和整体推进，确保各方形成合力，切实落实本方案的各项工作任务。重大事项要及时向市人民政府报告。

（二）明确各方责任。建立有关政策措施和工作任务落实情况的督查通报机制，将落实情况列入年度考核工作内容。各县区、各单位根据任务分工，制定具体工作方案和重大工作举措，明确工作时间表，扎实高效推进各项工作。

（三）开展试点示范。鼓励和支持各县区开展创业创新试点，积极探索推进大众创业万众创新的新机制、新政策，不断完善创业创新服务体系。依托国家级、自治区级园区，重点打造中马科技创新集聚区和钦州高新区科技服务业集聚区。支持各县区建设自治区级经济技术开发区。

（四）加强宣传引导。通过举办多层次多形式的创业创新讲座和论坛，组织典型经验交流，营造人人支持创业、人人推动创新、宽容创新失败的社会氛围。强化舆论引导，宣传一批创业创新典型事迹和人物，树立崇尚创新、创业致富的社会价值导向。

附件：钦州市大众创业万众创新工作联席会议制度（略）

钦州市人民政府办公室

2017年5月17日

中共海南省委
关于深化人才发展体制机制改革的实施意见

（琼发〔2017〕11号）

为深入贯彻落实《中共中央关于深化人才发展体制机制改革的意见》（中发〔2016〕9号）精神，进一步深化我省人才发展体制机制改革，结合海南实际，提出如下实施意见。

一、总体目标

全面贯彻党的十八大和十八届三中、四中、五中、六中全会精神，深入贯彻习近平总书记系列重要讲话精神特别是视察海南时关于人才工作的重要指示，认真贯彻落实省第七次党代会精神，统筹推进“五位一体”总体布局和协调推进“四个全面”战略布局，切实强化“人才是事业发展第一资源”意识，按照建设海南国际旅游岛国家战略和人才强省战略要求，立足12个重点产业发展需求，充分发挥“三大优势”，通过深化改革，到2021年，在人才管理服务、引进培养、使用评价、流动配置和激励保障等体制机制关键环节上实现重大突破，人才创新创业平台建设取得显著成效，人才成长成才环境得到明显优化，人才数量质量获得大幅提升，具有海南特色和比较优势的人才高地初步建成，基本形成人才发展与实现“三大愿景”相适应的良性互动格局，为加快建设经济繁荣、社会文明、生态宜居、人民幸福的美好新海南提供有力的人才智力支撑。

二、改革人才管理体制和管理方式

（一）转变政府人才管理职能。加快“放管服”改革，按照政社分开、政事分开和管办分离原则，强化政府人才宏观管理、政策法规制定、公共服务、监督保障等职能。把人才政策纳入全面深化改革各项政策，把人才发展纳入全省国民经济和社会发展规划，促进人才发展与经济社会发展深度融合。推动人才管理部门简政放权，建立政府人才管理服务权力清单和责任清单，将相关职权的行使主体、办事流程、办结时限和监督方式等向社会公布。清理和规范人才招聘、评价、流动等环节中的行政审批和收费事项，有序下放审批权限，减少事前审批，加强事中事后监管。探索建立第三方评估政府人才管理服务效能机制。

（二）落实用人主体自主权。充分尊重、保障和发挥省属高校、科研院所、卫生文体机构、国有企业等单位和社会组织在人才引进、培养、使用、评价和激励等方面的自主权。改进事业单位人事编制管理方式，对符合条件的公益二类事业单位逐步实行备案制管理，由单位在控制总额内自主确定编制使用数、自主设置内设机构，报机构编制部门备案；单位可自主设定岗位结构比例、自主选人用人，强化自我规划与管理。适时探索将具备条件的公益二类事业单位不纳入编制管理。加大公益一类事业单位改革力度，探索实行同工同酬、绩效管理制度，打造更加公平的发展机制与工作环境。破除人才管理中存在的行政化、“官本位”倾向，防止简单套用党政领导干部管理办法管理省属高校、科研院所和卫生文体机构学术领导人员和专业人才，逐步建立省属高校、科研院所和卫生文体机构行政人员专业化、职业化发展制度。探索推动省属科研院所等单位取消行政级别。省属高校、科研院所和卫生文体机构领导人员经审批可兼任与本单位或本人教学科研领域相关的社会团体和基金会等职务，学术领导人员开展学术交流合作的因公临时出国（境）批次数、在外停留天数根据实际需要安排。合理提高省属高校、科研院所和卫生文体机构绩效工资总额，实行灵活的绩效工资分配机制。

（三）建立健全市场化、社会化的人才管理服务体系。整合全省人才服务机构资源，组建省级人才服务中心，打造集中受理人才准入、落户、安居、社保、子女入学、档案托管、证照办理、出入境等业务的“一站式”服务平台。扩大人才管理服务体制改革试点范围，鼓励各园区开展差别化改革探索，支持国际化人才集聚园区探索建立与国际接轨的人才管理服务体系。积极培育各类专业社会组织和人才中介服务机构，有序承接政府转移的人才培养、评价、流动、激励等职能。鼓励发展高端人才猎头等专业化服务机构，加强与国内外知名人才中介服务机构和猎头公司合作，探索开展招才引智、服务外包与代办等业务。建设全省统一的人才工作网，打造互动、高效、便捷的人才公共服务信息平台。定期发布海南人才发展报告，对人才发展进行常态化监测、评估。完善人才诚信体系建设，建立人才失信惩戒制度。

三、构建更具竞争力的人才引进机制

（四）大力引进急需紧缺人才。聚焦重点产业发展需要，实施更积极、更开放、更有效的人才引进政策，吸引更多高层次人才和急需紧缺人才以多种形式为海南服务。建立重点领域、重点产业人才需求预测机制，定期发布全省引才目录。积极对接国家“千人计划”等重大引才工程，着力实施我省“百人专项”等重点引才项目，重点引进能推动重点产业技术突破、带动高新技术产业发展的高层次人才与创新创业团队。对我省急需紧缺的特殊人才和团队，开辟专门渠道，采取“一事一议”方式给予特殊支持。开通“双一流”高校引才直通车，引进和储备优秀青年人才。制定实施“琼籍人才回流计划”，着力集聚琼籍优秀高校毕业生或曾在海南学习、工作、生活过的人才回琼创新创业。充分发挥地缘、乡情优势，以纳入开放台湾居民在大陆事业单位就业试点地区为契机，加强琼台、琼港澳人才交流合作。加强海外高层次人才联络站建设，发挥海南欧美同学会（海南留学人员联谊会）作用，拓宽海外招才引智渠道。借助国际交流合作平台，加大外籍专家引进力度。将招才引智工作纳入政府年度工作任务，相关出国出访团组把招才引智作为对外交流合作的重要内容予以统筹安排。探索实行高层次人才协议工资制、年薪制等灵活分配办法。企业招才引智投入实行税前扣除。国有企业引才专项投入成本视为当年利润考核。对引才工作突出的企业和中介组织经评估后由财政给予奖励。开展海南省华侨华人人才突出贡献奖评选奖励活动。

（五）加大柔性引才工作力度。完善柔性引才政策，不求所有、但求所用，柔性汇聚国内外人才资源。实施人才“高位嫁接”战略，鼓励省内用人单位与省外人才智力密集主体广泛对接、深度合作。鼓励各类创新主体与海外机构开展人才、技术和项目合作交流。支持有条件的企业在省外设立研发机构，吸引使用当地优秀人才。依托博鳌亚洲论坛等国际交流平台加强人才交流，采取项目合作、科技咨询、技术入股、合作经营等多种方式吸引国内外人才为我省服务。支持举办高水平学术交流活动，资助国际学术会议、学术组织、高端智库、专业论坛在琼举办或永久落地。搭建供需对接平台，完善服务保障措施，大力挖掘使用“候鸟型”人才资源。对柔性引进的高层次急需紧缺人才，在科技项目立项、科研成果转化、人才项目申报、重大奖项参评、绿色通道服务等方面，给予全职引进同类人才待遇。

（六）加强人才引进服务工作。放宽引进人才落户限制，高层次人才可在全省自由落户，大学专科及以上学历者可选择在工作地或实际居住地落户。出台引进高层次人才安居政策，通过提供免费人才公寓、公租房、共有产权房或发放住房补贴等方式多渠道解决人才居住需求，以居住成本优势增强对省外人才的吸引力。完善高层次人才医疗保障制度，落实医疗保障待遇，在全省三级甲等医院开通就医绿色通道。制定高层次人才子女就学政策，解决引进人才子女入学后顾之忧。建立健全重点引进的高层次人才和创新创业团队精准化服务保障机制。实施R字签证（人才签证），对符合要求的海外高层次人才放宽签证条件、简化签证手续，可在口岸办理，允许用人单位代办，对海外高层次人才集中单位提供绿色通道；持非R字签证来我省的海外高层次人才，入境后可变更为R字签证或按照规定办理居留许可。

四、建立以创新创业为导向的人才培养支持机制

（七）创新人才教育培养模式。根据人才需求状况，鼓励省内高校与境外教育机构联合办学，支持创办外籍人员子女学校，大力提升海南教育的国际化水平。推动海南大学建设国内一流大学，支持海南师范大学、海南医学院、海南热带海洋学院等建设特色鲜明的高水平大学。深化高校教育改革，努力建设5个左右国内一流特色学科、50个左右省内一流学科，重点培养创新型、应用型、复合型人才。对接重点产业需求，推进部分普通本科高校专业向应用技术型转变，推进职业院校（含技工院校，下同）在专业设置、课程改革等方面与产业需求深度对接。支持高校设立一定比例流动岗位，吸引有创新经验和实践的企业家或科研人员兼职。加强大学生创新创业教育，支持高校将大学生参加创新创业培训、获得专利和自主创业情况纳入学分体系。搭建大学生创新创业平台，依托“国家大学科技园”等载体建设高校众创空间和科技成果转化基地。完善大学生创新创业指导服务机制，允许大学生休学创业。

（八）完善符合科研活动特点和规律的经费管理办法。推进省级科研项目管理改革，对不同功能和资金来源的科研项目实行分类管理，完善科研项目招投标制度，提高科研项目立项、评审、验收科学化水平。健全竞争性经费和稳定支持经费相协调的投入机制，提高科研项目经费管理透明度。扩大项目承担单位在科研项目资金、差旅会议、基本建设、科研仪器设备采购等方面的管理权限。探索法人授权下的项目负责人负责制，赋予项目负责人更大的技术管理决策权、选人用人权、经费支配权、内部收益分配权。探索对哲学社会科学研究成果实行后期资助和事后奖励制度，对符合条件的智库项目推行政府购买服务模式。政府科研项目结题探索实行第三方验收方式。改革不符合科研规律和不利于调动科研人员积极性的科研项目经费报销制度。实行符合人才创新规律和科研规律的经费审计方式。

（九）加大领军人才与创新创业人才培养力度。大力实施本土人才培养支持计划，加大推送本土人才进入国家级人才项目力度，制定入选人才配套支持政策，探索实行入选人才弹性退休制度。加大创业英才培养计划实施力度，完善支持政策，创新支持方式。制定实施“南海学者”引进培养计划，大力培养重点学科领军人才。着力实施产业领军人才培养计划，在健康、旅游、海洋、热带农业等特色产业领域打造领军人才培养项目。鼓励符合条件的高校、科研院所、企业申报院士工作站、博士后科研工作（流动）站，支持博士后研究人员在琼创办企业。优化企业家成长环境，提高国有企业经营管理人才市场化选聘比例，探索建立职业经理人制度，制定与之相配套的薪酬管理、绩效考核、股权分配等激励政策。建立容错纠错机制，为国有企业经营管理人才“敢干事、能干事、干成事”解除后顾之忧。破除论资排辈、求全责备观念，在重大人才工程项目中设立青年专项，促进青年拔尖人才脱颖而出。开展海南省杰出人才奖、优秀科技创新创业人才奖、有突出贡献优秀专家奖评选奖励活动。

（十）加强技术技能人才培养。深化技术技能人才培养体制改革，鼓励企业、职业院校、社会组织联合开展集团化职业教育，支持中外合资、社会资本投资兴办职业教育机构。推行产教融合、校企（校）合作、工学一体的协同育人模式，支持园区、企业与职业院校开展学科专业共建，开展校企联合“双轨制”办学，推进学历证书和职业资格证书“双证书”制度。促进中高职教育衔接，支持建设海南卫生职业学院、旅游职业学院。逐步提高职业院校财政生均拨款水平，提高职业院校教师待遇，加大骨干教师培养力度。制定“天涯技能人才培养计划”，重点支持10个以上产业急需高技能人才实训基地，组建若干技能大师工作室，建立首席技师、特聘技师制度，试行年薪制和股权制、期权制等激励办法。重点实施“千名旅游英才计划”，全面实施旅游行业职业外语提升计划，着力培养旅游产业发展需要的高素质技能和管理服务人才。鼓励支持有条件的单位或组织参加国内外行业技能竞赛，推动“天涯工匠”培养事业上新台阶。加强农村实用人才培养，总结推广“万名中专生培养计划”和“雨露计划”工作经验，全力推进新型职业农民培训工作。加大社会工作人才引进、开发和培养力度，制定实施“社会工作者千人培养计划”，支持和培育社会工作服务机构发展，建立健全政府购买社会工作服务相关政策。开展海南省优秀高技能人才奖、优秀农村实用人才奖、优秀社会工作人才奖评选奖励活动。

五、建立以能力和业绩为重点的人才评价机制

（十一）改进人才评价考核方式。分类推进人才评价机制改革，突出品德、能力和业绩评价，克服唯学历、唯职称、唯论文等倾向。完善人才分类评价标准和方式，基础研究人才以同行学术评价为主，注重研究成果质量及社会影响力，适当延长评价考核周期，强化聘期考核；应用研究和技术开发人才突出市场评价，注重创新能力、成果转化、专利创造和运用，强调效益评价，不将论文等作为评价限制性条件；哲学社会科学人才强调社会评价，坚持政治标准与学术标准相统一，注重研究成果的学术原创性和实际应用价值。积极引入专业性强、信誉度高的行业学会、专业组织等第三方机构参与评价，合理引入国际同行评价。建立符合基层一线和创新创业特点的人才评价机制。

（十二）改革职称制度和职业资格制度。突出用人单位在职称评审中的主导作用，逐步分级分批下放职称评审权。具备条件的省属本科高校、科研院所、卫生文体机构以及国有企业实行自主评审，强化事前事中事后监管。完善符合中小学教师、全科医生职业特点的职称制度，探索在中职学校设置正高级教师职称。建立健全省、市县资源共享的评审专家库，建立评价责任和信誉制度。畅通非公有制经济组织和社会组织人才申报参加职称评审渠道。开辟海外高层次人才职称评审通道，海外高层次人才在国外的专业工作经历、学术或专业技术贡献可作为评审专业技术职称的依据。探索有重大贡献的高层次创新人才和急需紧缺人才职称直接评审办法。规范职业资格准入和评价管理，推进职业资格与职称制度有效衔接。对专业技术人才在中央单位、其他省区市获得的专业技术资格、技术等级、职业资格予以认可。建立国际职业资格单边认证制度。

六、构建人才顺畅流动机制

（十三）畅通党政机关、企事业单位、社会各方面人才流动渠道。打破户籍、地域、身份、学历、年龄、人事关系等制约，促进人才资源合理流动、有效配置。完善公务员考录政策，畅通国有企事业单位优秀人才进入公务员队伍渠道，探索建立非公有制经济组织和社会组织优秀人才进入公务员队伍和事业单位途径。鼓励国有企业吸纳非公有制经济组织和社会组织优秀人才。鼓励公务员向事业单位和企业有序流动。加快人事档案管理服务信息化建设，建立覆盖全省、互联互通的业务经办系统和信息共享系统，完善社会保险关系转移接续办法。

（十四）鼓励人才向艰苦地区和基层一线流动。完善市县以下单位招录人才政策，适当放宽条件、降低门槛。基层和艰苦地区公共服务事业单位急需的本科以上学历、中级以上专业技术职称人员，承诺服务年限5年以上的，可直接考核聘用。适当提高乡镇工作补贴，完善事业单位绩效工资分配向基层一线倾斜政策，提高基层专业技术人才收入水平。实施教育、卫生、农业等专业技术人才到基层兼职或服务锻炼制度，基层服务经历、贡献和业绩作为职称评审的重要考核指标，作为评聘高级专业技术职务的必要条件。建立高层次人才基层志愿服务制度，支持省级专家服务基地建设。省级及以下科研项目、人才计划适当向基层和艰苦地区倾斜。深入实施中央“三区”人才支持计划、“博士服务团”和我省中西部市县人才智力扶持行动计划等项目，加大对中西部市县人才智力扶持力度。在省级各类人才表彰和优秀人才选拔中，适当提高艰苦地区和基层一线人才比例。开展海南省少数民族和贫困地区人才贡献奖评选奖励活动。

七、建立体现人才创造价值的激励机制

（十五）加强人才创新创业平台要素支持。鼓励高校、科研院所、企业自主或产学研用合作建设研发机构，支持在深海、航天、热带农业等具有相对优势领域创建国家和省级重点实验室、工程（技术）中心、企业技术中心、工程实验室等研发创新平台。支持省内外高校、科研院所、企业在我省建设技术转移转化中心、中试与转化基地、新型研发机构、产业技术创新战略联盟等科技成果转化平台。加快构建大众创业万众创新支撑平台，鼓励社会力量投资建设或管理运营创新创业载体，积极推动专业孵化器、众创空间和创业孵化基地建设发展。鼓励社会力量开展创业大赛、创业沙龙等公益性活动，积极发挥创业辅导、技术支持、创业投资、市场推广等核心孵化功能。建立高科技人才项目会商机制，对科技含量高、转化前景好的高科技人才创新创业项目，集成各类科技计划和产业项目给予重点支持。建立创业项目和金融资本对接机制，定期举办人才项目对接会、投融资洽谈会，搭建金融机构、风投机构与高新技术项目对接平台。落实企业研发费用税前加计扣除政策，完善创新创业人才个人所得税计征模式，合理减轻创新创业税负。

（十六）加大创新创业人才激励力度。建立高校、科研院所科技成果转化绩效考核评估机制，考核评估结果作为对单位予以支持的重要参考。实施科技成果转化风险免责政策，省属高校、科研院所采取投资方式转移转化科技成果，对已经履行勤勉尽责义务、没有牟取非法利益，但投资项目未达到预期效果的，免除责任。科技成果转让遵从市场定价，由研发团队自主选择协议定价或挂牌转让等方式，科技成果转化所得净收益，研发团队所得不低于70%，成果收益分配由团队协商确定。在企事业单位担任领导职务的科技人才，是科技成果主要完成人或对科技成果转化做出重要贡献的，可进行现金奖励，实行公开公示制度。改革科技成果转化收益纳税方式，研发团队将技术成果投资入股到境内居民企业，被投资企业支付的对价全部为股票（权）的，可暂不缴纳个人所得税，在转让股权时再行缴纳。鼓励和允许国有企业在科技成果转化实现盈利后，连续3至5年每年提取不高于30%的转化利润，用于奖励核心研发人员、研发团队成员及有重大贡献的科技管理人员。科研人员承担企业科研项目所获收入、科技成果转化奖励、科研经费绩效奖励，均不纳入单位绩效工资总额基数。

（十七）鼓励事业单位科技人员到企业兼职或离岗创业。研究制定事业单位科技人员到企业兼职和离岗创业实施办法。鼓励高校、科研院所等事业单位科技人员在履行岗位职责、完成本职工作的前提下，到企业兼职从事科技成果转化、技术攻关，所得收入由个人、单位协商分配。支持高校、科研院所等事业单位科技人员离岗创业，3年内保留人事关系，停发工资待遇，按规定正常晋升档案工资，并按档案工资缴纳社会保险费，与单位同类人员享有同等职称评审等方面的权利。鼓励国有科技型企业对做出重要贡献的技术人员和经营管理人员实施股权期权激励。鼓励高校、科研院所、园区等设立科技成果转化岗位，培育一批专业化技术经纪人。

八、强化人才优先发展保障机制

（十八）完善党管人才工作格局。坚持党管人才原则，发挥党委（党组）总揽全局、协调各方的领导核心作用，加强党对人才工作的统一领导，切实履行管宏观、管政策、管协调、管服务职责。改进党管人才方式方法，完善党委统一领导，组织部门牵头抓总，有关部门各司其职、密切配合，社会力量发挥重要作用的人才工作新格局。明确人才工作职能部门职责，将行业、领域人才队伍建设列入相关部门“三定”方案，强化相关部门人才队伍建设主体责任。鼓励和支持各级科协、团委、妇联、侨联、工商联等组织开展有特色的人才工作。成立人才政策理论研究会，推进人才工作创新发展。

（十九）建立健全人才工作责任制。严格落实党委（党组）书记人才工作第一责任人责任，将人才工作列为落实党建工作责任制情况述职的重要内容。进一步明确人才工作领导小组职责任务和工作规则，健全完善宏观指导、科学决策、统筹协调机制。实行人才工作领导小组成员单位人才工作述职制度，成员单位定期报告人才工作进展情况。建立重要人才政策、重大人才项目、年度主要工作落实督查与反馈制度，对推进落实情况进行专项督办，定期通报。进一步优化人才工作目标责任制考核，细化考核指标，加大考核力度，将考核结果作为领导班子评优、干部评价和提拔任用的重要依据。

（二十）建立多元化投入机制。完善人才发展投入机制，加大人才开发投入力度，把人才发展支出作为财政支出重点予以优先保障。实施重大建设工程和项目时，统筹安排人才开发培养经费。优化财政支出结构，调整和规范人才工程项目财政性支出。发挥人才资源开发专项资金、创业投资引导基金等政府投入的引导和撬动作用，充分利用中小企业发展基金、天使投资、产业投资基金，建立政府、企业、社会多元化投入机制。鼓励企业设立人才发展专项资金，加大人才投入力度。鼓励金融机构创新产品服务，加大对人才创新创业信贷支持。

（二十一）推进人才发展法治建设。将促进人才发展纳入法治化轨道，运用法治思维和法治方式推进人才工作。研究制定国际旅游岛人才发展促进条例。制定出台知识产权成果归属细则。落实职务发明、知识产权质押融资、文化创意成果保护等方面政策。清理不合时宜的人才管理法规规章和政策性文件，构建系统完善、务实管用的人才政策体系。加大人才法制工作宣传力度，营造人才发展的法治环境。

（二十二）加强对人才的政治引领。完善省委省政府直接联系服务重点专家制度，建立党政领导干部直接联系人才机制。加强各类人才教育培训、国情研修，增强人才对党情、国情、社情和省情的了解认识。健全高级专家服务机制，定期开展休假疗养活动。加强对体制外人才的团结凝聚，增强认同感和向心力。完善专家决策咨询制度，畅通人才参政议政、建言献策渠道。加强优秀人才和工作典型宣传，营造识才爱才敬才用才的社会环境。

省人才工作领导小组要牵头制定分工方案，明确本实施意见各项重点任务的责任分工和进度安排。各地区各部门要结合实际制定具体政策和措施，创造性抓好落实。省人才工作领导小组办公室要会同有关部门加强政策解读和舆论引导，形成全社会关心支持人才发展体制机制改革的良好氛围。

中共海南省委
2017年6月1日

中共海南省委 海南省人民政府关于加快科技创新的实施意见

（琼发〔2017〕12号）

为深入贯彻落实全国科技创新大会精神，主动适应经济发展新常态，坚持把创新作为引领发展的第一动力，补齐科技创新短板，着力解决我省科技创新能力薄弱、科技创新体制不顺和机制不灵活、科技创新人才缺乏、科技与产业结合不紧密，特别是科技创新的氛围不浓厚、企业作为创新主体的作用尚未有效发挥等突出问题，根据《中共中央国务院关于深化体制机制改革加快实施创新驱动发展战略的若干意见》（中发〔2015〕8号）等文件精神，结合海南实际，提出如下实施意见。

一、指导思想和总体目标

（一）指导思想。全面贯彻党的十八大和十八届三中、四中、五中、六中全会精神，深入学习贯彻习近平总书记系列重要讲话精神和治国理政新理念新思想新战略，牢固树立创新、协调、绿色、开放、共享的发展理念，全面落实中央关于深化科技体制机制改革、加快实施创新驱动发展的决策部署，立足省情，加快实施创新驱动发展战略，着力推进供给侧结构性改革，培育壮大以现代服务业为主的12个重点产业，提高经济发展质量和效益，为全面建设国际旅游岛、全面建成小康社会提供有力的科技支撑。

（二）总体目标。到“十三五”期末，全省研究与试验发展经费占地区生产总值的比重达到1.5%以上，与经济社会发展相适应的区域科技创新体系进一步完善，企业技术创新主体地位明显增强，科技创新和成果转化应用能力显著提高，科技基础条件明显加强，科技创新资源和服务平台共享机制基本形成，科技人才队伍得到较快发展，全民科学素质明显提升。在重点领域和重点产业的关键共性技术取得突破，自主创新能力显著增强，战略性新兴产业和高新技术产业快速发展，科技支撑和引领经济社会发展的作用更加显著，基本形成以企业为主体、市场为导向、产学研相结合的技术创新体系。

二、加强科技创新的统筹协调

（三）加强科技创新驱动发展战略的顶层设计。强化顶层设计，搭建公开统一的省科技计划管理平台，建立省科技计划管理厅际联席会议制度，成立战略咨询与综合评审委员会，优化形成符合我省实际、与国家五大科技计划衔接的省级科技计划体系。改革科技创新战略规划和资源配置体制机制，深化产学研合作，加强科技创新统筹协调，加快建立健全各主体、各方面、各环节有机互动、协同高效的科技创新体系。

（四）建立以产业创新为重点的科技创新新机制。着力围绕产业链部署创新链、围绕创新链完善资金链，聚焦全省经济社会发展战略目标，整合和优化创新资源要素配置，形成科技创新合力。围绕加快培育深海、航天、医疗健康、新能源、新材料、互联网、热带特色高效农业和现代旅游等产业，组织实施一批重大科技计划项目，突破一批具有引领和带动作用的核心关键技术，形成一批有竞争力的新产品、新企业、新业态，争取在深海、航天和热带高效农业等领域成为领跑全国的创新高地。

三、强化企业技术创新主体地位

（五）培育发展高新技术企业。开展科技型企业认定工作，重点支持具有一定规模和良好成长性的科技型企业开展技术创新活动，建立高新技术企业培育库，培育期3年。每年根据入库企业年度研发实际投入和培育期内企业规模的成长，给予不超过50万元的研发资金补贴，用于企业技术攻关、新产品研发和标准研制，提高企业自主创新能力。

（六）积极引进高新技术企业。引进一批符合我省产业需求的高新技术企业，培育壮大我省高新技术企业队伍，促进我省高新技术产业快速发展。对整体迁入我省的高新技术企业，在其高新技术企业资格有效期内完成迁移的，根据企业规模和企业所在行业等情况，给予不超过500万元的一次性研发资金补贴，用于企业开展技术创新活动。省外高新技术企业在我省设立的具有独立法人资格的企业，经所在园区或市县科技部门推荐、省科技厅审核，直接纳入高新技术企业培育库。

（七）鼓励企业开发具有自主知识产权的新产品。鼓励企业积极开展新技术、新产品的研发攻关、专利化和产业化应用，被认定为海南省高新技术产品的，一次性给予最高不超过20万元的研发资金补贴。鼓励各市县和科技园区给予相应的政策扶持。

（八）强化企业技术创新的制度保障。认真落实国家支持企业技术创新的研发费用加计扣除、高新技术企业所得税优惠、固定资产加速折旧、股权激励、技术入股、技术服务和转让等税收优惠及分红激励政策。对按规定可享受研发费用加计扣除所得税优惠政策企业的实际研发投入，企业所在市县（区）政府要按一定比例给予补助。把研发投入和技术创新能力作为政府支持企业技术创新的前提条件。鼓励有条件的企业牵头开展重大科技研发活动。

（九）加快创新创业载体建设。鼓励社会力量投资建设或管理运营创新创业载体，积极推动科技企业孵化器和众创空间的建设和发展。经认定的国家级科技企业孵化器一次性奖励200万元，省级科技企业孵化器一次性奖励100万元，省级众创空间一次性奖励30万元；对科技企业孵化器和众创空间实行年度考核、动态管理。根据考核结果，对科技企业孵化器和众创空间的运营给予一定资金补贴。

四、加快科技创新成果转化

（十）加强科技成果转化平台建设。支持国内外高等院校、科研院所、企业在我省建设技术转移转化中心、中试与转化基地、新型研发机构、产业技术创新战略联盟等科技成果转化平台。符合规定的，省科技部门给予立项支持。鼓励市县政府、高新园区、开发区为新型研发机构提供长期免费或低租金的办公、科研场所。经省科技部门认定为新型研发机构的，其专门科研用地可按程序以科教用地办理土地出让手续；经营性产业用地采取招标出让的，出让底价可以在参照工业用地基准地价及相应的土地用途修正系数进行价格评估后集体决策确定。

（十一）加强科技服务机构建设。加强科技评估、技术市场、标准服务、检验检测认证、创业孵化、知识产权、科技咨询、科技金融、科学普及等科技服务机构建设，积极探索以政府购买服务、“后补助”等方式支持公共科技服务发展，提升科技服务业对科技创新和产业发展的支撑能力。

（十二）强化知识产权创造和运用。通过国家知识产权管理体系认证机构审核认证的贯标企业一次性支持20万元；通过国家知识产权局审核准予备案的产业知识产权联盟，一次性支持30万元；经国家知识产权局确认的国家级知识产权示范企业、优势企业，分别一次性支持50万元、30万元。加强知识产权交易服务平台建设，经批准设立的知识产权运营公共服务平台，一次性支持100万元；支持知识产权质押融资，鼓励知识产权质押融资评估担保机构、商业银行和保险公司等机构开展知识产权质押融资服务工作，每年根据年度考核，给予一定补助。

五、加强科技创新平台建设

（十三）积极培育海南国家农业高新技术产业开发区。以现有国家农业科技园区为基础，培育海南国家农业高新技术产业开发区，集聚高等院校、科研院所、创新创业人才和高新技术企业入驻园区，实现产业链的融合，引领海南现代农业发展。

（十四）支持高新技术产业园区建设。从人才引进、住房优惠、科技创新奖励、招商资源配备、重大招商项目审批等方面出台专项优惠政策，积极支持海口国家高新技术产业开发区、海南生态软件园、博鳌乐城国际医疗旅游先行区等产业园区建设。开展省级高新技术产业开发区认定和管理工作。

（十五）加大力度引进科研机构。对国内外著名科研院所、大学在我省设立科研机构，给予大力支持。设立整建制科研机构，给予最高不超过2000万元的支持；设立分支机构，给予最高不超过500万元的支持。省财政、发展改革、科技等相关部门，采取一事一议的方式决定支持额度，省财政安排经费，支持科研机构完善科研条件和引进、培养人才等。

（十六）加强海洋科技创新载体建设。对从事海洋等领域科学技术研究的公益性科研机构用地，以划拨方式供应所需建设用地，保障岸线和用海需求。支持国家级深海等科研平台建设，争取海洋领域的国家重大科技专项落户海南，打造海洋科技创新新高地。

（十七）加强科普载体建设。着眼于科普可持续发展，聚焦科普设施、科普活动、科普内容开发、科技传播载体建设等，加快专业科技馆、虚拟科技馆等各类科普教育基地建设，提升科普公共服务能力。

六、鼓励科技人才创新创业

（十八）实施创新创业人才培养计划。加大推送本土人才进入国家高层次人才行列力度，制定入选国家级项目人才配套支持政策。依托重大科技项目、重点科研基地，培养科技创新创业领军人才。加大力度推进创业英才培养计划实施，完善支持政策，创新支持方式，对在我省重点发展的优势产业和领域做出突出贡献的创新创业型人才给予奖励。

（十九）加强高层次人才和团队的引进。围绕12个产业、6类产业园区和海洋等领域，实施高层次人才和科技创新团队引进计划，按照有关政策，对引进带项目、带资金的科技型创新创业领军人才，给予每人100万元的项目启动经费及其他相关补贴；对引进的院士、国家“千人计划”等高层次人才，以及引进人才被认定为我省“百人专项”专家的，享受相关人才政策奖补待遇；对引进的科技创新团队，给予200万—500万元创业启动经费支持。对我省急需紧缺的特殊人才，开辟专门渠道，采取一事一议方式给予特殊支持；允许高等院校、科研院所设立一定比例流动岗位，吸引有创新创业经验的企业家和企业科技人才担任兼职教授或创业导师。完善柔性引才政策，简化手续，吸引国内外“候鸟”高端人才来琼交流服务。

（二十）落实人才配套政策。放宽引进人才落户限制，符合标准的高层次人才可在全省自由落户。进一步开展人才服务管理改革试点工作，积极扩大试点范围，解决人才在工作、生活、保险、住房、子女入学、配偶安置等方面的困难。出台引进高层次人才安居政策，通过提供免费人才公寓、公租房、共有产权房或发放住房补贴等方式多渠道解决人才居住需求，以居住成本优势增强对省外人才的吸引力。

（二十一）鼓励开展各类创新创业活动。鼓励社会力量围绕大众创业、万众创新组织开展各类活动，让大众创业、万众创新在全社会蔚然成风。通过举办中国创新创业大赛（海南赛区）暨海南省创新创业大赛等赛事活动，鼓励各行业、各市县举办各类创新创业竞赛活动，广泛聚集创新人才、创新团队在我省创新创业。

七、促进科技与金融结合

（二十二）创新财政科技投入方式与机制。继续加大财政资金对科技创新的投入，积极构建以政府投入为引导、企业投入为主体，财政资金与社会资金、股权融资与债权融资、直接融资与间接融资有机结合的科技投融资体系。综合运用无偿资助、政府性基金引导、风险补偿、贷款贴息以及后补助等多种方式，引导和带动社会资本参与科技创新。

（二十三）加大对科技创新的信贷支持。鼓励银行业金融机构先行先试，积极探索科技型中小企业贷款模式、产品和服务创新。建立科技型中小企业贷款风险补偿机制，形成政府、银行、企业以及中介机构多元参与的信贷风险分担机制。鼓励符合条件的银行业金融机构与创业投资、股权投资机构开展投贷联动，为科技型企业提供股权和债权相结合的融资服务。

（二十四）开展发放科技创新券试点。面向企业发放科技创新券，按一定比例支持企业向高校、科研院所等科技服务机构购买技术成果、专利技术、测试检测、科技咨询等科技创新服务，创新服务履行完毕后由企业或服务机构持科技创新券向科技部门兑现。通过科技创新券的发放，降低企业创新成本，促进产学研合作，激发大众创业、万众创新活力。

（二十五）加大科技型企业创业投资基金投入。支持设立科技成果转化投资基金，加大政策性资金投入力度，引导金融资本和民间资本支持科技成果的转移转化。鼓励各市县设立科技成果转化投资基金，或与社会投资机构共同出资设立基金，优先投入高新技术领域中小微企业。支持各园区、众创空间整合集聚创业者、创业导师、创投机构、民间组织等各类创新创业资源，围绕种子期、初创期科技型企业创新链资源整合，提供创业导师辅导、天使投资、创业投资等服务。

八、完善科技创新激励机制

（二十六）完善科技创新资源配置。整合科技资源，优化配置，稳定支持基础性、前沿性、公益性科学研究。加大各类科技计划向公共科研平台建设倾斜支持力度，提高公益性科研机构运行经费保障水平，支持科研机构软、硬件建设，改善科研机构科技创新条件。

（二十七）推进科技成果处置权和收益权改革。赋予高等院校、科研机构科技成果自主处置权。除涉及国家安全、国家利益和重大社会公共利益外，高等院校、科研机构可自主决定科技成果的实施、转让、对外投资和实施许可等科技成果转化事项，取得的科技成果1 年内未实施转化的，成果研发团队或完成人拥有科技成果转化的优先处置权，可自行实施转化；科技成果转化收益全部留归单位自主分配，纳入单位预算，实行统一管理，处置收入不上缴国库。科技成果转化收益用于人员激励的支出部分，在本单位绩效工资总量中单列，不作为绩效工资总量基数。高等院校、科研机构转化职务科技成果，以股份或出资比例等股权形式给予个人奖励的，获奖人可暂不缴纳个人所得税，在转让其股权或获得分红时再缴纳。

（二十八）完善科技人员职称评审政策。突出用人单位在职称评审中的主导作用，逐步分级分批下放职称评审权。具备条件的省属本科高校、科研院所实行自主评审，强化事前事中事后监管。将专利创造、标准制定及成果转化作为职称评审的重要依据之一。

（二十九）改革完善科技奖励制度。修订科技进步奖励办法和科技成果转化奖励办法，优化奖励结构，制定激励约束并重、突出价值导向、公开公平公正的评价标准和方法。进一步完善科技奖励评审方式，引进省外专家或实行异地评审，增强评审的客观性和公正性。

（三十）推进科技资源开放共享。推进财政投入的大型科学仪器设备、科技文献、种质资源、科学数据等科技资源以非营利方式向企业和社会开放共享。对财政资金资助的科技项目和科研基础设施，建立统一的管理数据库和科技报告制度。引导和鼓励科研院所和高校的科研设施设备、科学数据、科技文献等科技资源向社会开放。建立以开放服务绩效为导向的科研平台运行评价体系和资源共享激励机制。

九、改进财政科研项目资金管理机制

（三十一）下放预算调剂权限。在项目总预算不变的情况下，将直接费用中的材料费、测试化验加工费、燃料动力费，以及出版、文献、信息传播、知识产权事务费和其他支出预算调剂权下放给项目承担单位。确需要调剂的，由项目承担单位据实核准，验收（结题）时报项目主管部门备案。简化预算编制科目，合并会议费、差旅费、国际合作与交流费科目，由科研人员结合科研活动实际需要编制预算并按规定统筹安排使用，其中不超过直接费用10%的，不需要提供预算测算依据。

（三十二）加大对科研人员的绩效激励力度。取消科研项目绩效支出比例限制。项目承担单位在统筹安排间接费用时，要处理好合理分摊间接成本和对科研人员激励的关系，绩效支出安排与科研人员在项目工作中的实际贡献挂钩。承担单位中的国有企事业单位从科研项目资金（含项目承担单位以市场委托方式取得的横向经费）中列支的编制内有工资性收入科研人员的绩效支出，在本单位绩效工资总量中单列，不作为绩效工资总量基数。

（三十三）劳务费开支不设比例限制。参与项目研究的研究生、博士后、访问学者以及项目聘用的研究人员、科研辅助人员等，均可开支劳务费。项目聘用人员的劳务费开支标准，参照当地科学研究和技术服务业从业人员平均工资水平，根据其在项目研究中承担的工作任务确定，其社会保险补助纳入劳务费科目列支。劳务费预算不设比例限制，由项目承担单位和科研人员据实编制。

（三十四）改进结转结余资金留用处理方式。项目实施期间，年度剩余资金可结转下一年度继续使用。项目完成任务目标并通过验收后，结余资金按规定留归项目承担单位使用，在2年内由项目承担单位统筹安排用于科研活动；2年后未使用完的，按规定收回。

十、强化科技创新保障

（三十五）加强组织领导。各级党委和政府要从全局高度，把加快实施创新驱动发展战略纳入重要议事日程，切实做好各项工作的推进和协调服务，强化科技管理能力建设，充分发挥各类创新主体的积极性，形成推进科技创新的强大合力，统筹推进全省科技体制改革和区域创新体系建设各项工作。

（三十六）加强财政支持和政策衔接。各级政府要加大对科技创新的投入，优先保障科技经费投入，规范财政科技投入口径，优化支出结构。省政府印发的《海南省鼓励和支持战略性新兴产业和高新技术产业发展的若干政策（暂行）》（琼府〔2011〕52号）《海南省促进高新技术产业发展的若干规定》（琼府〔2012〕9号）等文件规定，与本意见不一致的，以本意见为准。各有关部门要做好政策衔接工作。

（三十七）落实职责任务。各有关部门要各司其职、协调配合，加强对科技创新工作的分类指导。科技、发展改革、工业和信息化、国有资产管理、财政、教育、人力资源和社会保障、工商、税务、金融等有关部门要结合实际，制定和完善配套办法及细化措施，抓好各项政策的落实，并加强对相关政策的绩效评估。科研院所、高校、企业、科技社团等有关单位，要主动承担和落实好科技改革发展的有关任务。

（三十八）强化考核监督。加强对科技创新的目标责任考核，将科技创新发展评价指标纳入我省经济社会发展绩效考核指标体系，作为各级党政领导班子和领导干部综合考核评价指标体系的组成部分。省委办公厅、省政府办公厅、省科技厅要加强对科技创新重点工作和重大项目的督查，确保各项决策部署落到实处。

中共海南省委
海南省人民政府
2017年6月1日

重庆市引进海内外英才“鸿雁计划”实施办法

（渝府发〔2017〕14号）

第一章 总 则

第一条 为深入贯彻中共中央《关于深化人才发展体制机制改革的意见》和市委、市政府《关于深化改革扩大开放加快实施创新驱动发展战略的意见》，大力引进海内外紧缺高端人才，为全市重点产业发展提供人才智力支撑，决定实施重庆市引进海内外英才“鸿雁计划”（以下简称“鸿雁计划”），特制定本办法。

第二条 “鸿雁计划”遵循“聚焦产业、突出创新、按需引进、市场认可、重在使用”原则，既支持传统产业转型升级人才引进，更重点满足科技型企业人才需求，支撑战略性新兴产业发展；既支持存量企业技术创新，更着眼于引进新的创新人才团队，支撑新业态、新模式发展；既重视市场化人才评价，更重视人才核心技术能力的同行认定，支撑引领性创新人才队伍建设。

第三条 “鸿雁计划”按照“属地申报、市级确认、两级分担、分期兑现”方式组织实施，着力构建“政府引导、企业为主、市场配置”的引才工作机制。

第二章 范围及条件

第四条 “鸿雁计划”适用于我市现有企业引进或者来渝创办科技型企业（包括法人化研发机构）的直接从事基础研究、应用研究和试验发展的研发类科技人才。

第五条 “鸿雁计划”入选人才应同时具备以下条件：

（一）遵守中华人民共和国法律，具有良好的职业道德、社会责任意识、先进的管理理念或创新创业能力。

（二）原则上应有海内外知名高校、科研院所、机构、世界500强企业学习或工作经历。

（三）原则上应与引进企业签订3年及以上劳动合同或者与引进区县签订3年及以上的落户协议。

第六条 “鸿雁计划”入选人才分为A、B、C三类。

A类：主要指在全球产业技术研究领域享有较高声誉，具有重大技术发明成果或重大新产品开发成功经验，能对我市企业创新发展产生重大影响或带来显著经济社会效益，且在渝工作期间企业认定年薪在200万元人民币以上，企业研发人员中年薪排前1%的研发类人才（企业研发人员总数不足100人的，按1人计算）。

B类：主要指在全球产业技术研究领域具有一定影响力，工作期间主持过研发项目并成功实现商业化，能够在我市领衔企业核心攻关项目或解决核心技术难题，或在同行业优秀企业高级管理、研发工作岗位上取得显著业绩，且在渝工作期间企业认定年薪在100万元至200万元人民币，企业研发人员中年薪排前5%的研发类人才（企业研发人员总数不足100人的，按2人计算）。

C类：主要指掌握某行业、某领域特殊专长，对我市企业创新发展具有较大促进作用，或在同行业优秀企业中级管理、研发岗位上取得显著业绩，且在渝工作期间企业认定年薪在50万元至100万元人民币，企业研发人员中年薪排前10%的研发类人才（企业研发人员总数不足100人的，按5人计算）。

人才年薪认定以其实际缴纳个人所得税基数核准。

第七条 对来渝创办符合战略型新兴产业发展方向的科技型企业或法人化研发公司的技术创新人才，如难以用当期的薪酬认定其人才类别，可以本人拥有发明专利的价值作为人才认定评估标准。具体办法由市科委、市知识产权局牵头另行制订，报市政府审定后实施。

第三章 申报及奖励

第八条 “鸿雁计划”入选人才资格认定及奖励工作由市人力社保局会同市级有关部门、区县（自治县）共同实施。

第九条 引进人才的用人单位或园区在人才来渝工作满1年后，可以向单位纳税所在地区县（自治县）人力社保部门提出人才奖励申请，并按规定提供证明材料。对符合条件的，按规定兑现奖励。

第十条 “鸿雁计划”人才奖励标准，对于现有企业引进的人才，参照人才年缴纳个人所得税额度的一定倍数确定；对于从事科技创业的人才，可实行定额奖励。

A类人才参照其年缴纳个人所得税额度的2倍或定额给予奖励，最高不超过200万元；

B类人才参照其年缴纳个人所得税额度的1.5倍或定额给予奖励，最高不超过100万元；

C类人才参照其年缴纳个人所得税额度的1.2倍或定额给予奖励，最高不超过30万元。

奖励资金分3年发放，其中第一年发放奖励资金的40%，第二年发放奖励资金的35%，第三年发放奖励资金的25%。

以上奖励作为市政府奖励，依法免征个人所得税。

第十一条 对用人单位通过项目合作、技术开发、科技咨询、学术交流等方式柔性引进的人才实行弹性考核，奖励标准根据其在渝工作时间、个人所得税缴纳情况等确定，并按年度申报。

第十二条 “鸿雁计划”入选人才符合我市其他人才政策条件的，按规定进行申报，并按照就高从优、不重复计算的原则享受相关待遇。

第十三条 对“鸿雁计划”入选人才的用人单位按照引进人才年薪的5%给予经费补助。补助资金主要用于用人单位支付人力资源服务机构中介费用、个人推荐人才奖励、引才工作经费等相关支出。

第十四条 对来渝创新创业的人才及团队，在科技奖励、项目资助、股权激励、贷款贴息、知识产权质押贷款、职称认定、创业扶持等方面按现有政策给予重点支持。鼓励各类天使投资基金、风险投资基金围绕创新创业团队开展创投业务，鼓励金融机构对创新创业团队提供债权融资服务。

第四章 服务保障

第十五条 市和区县（自治县）建立“鸿雁计划”专项资金，主要用于“鸿雁计划”人才奖励、引才单位补助及开展引才活动等支出。人才奖励资金、引才单位补助资金由市和区县（自治县）各承担50%。

第十六条 建立引进人才“一站式”服务平台，实行人才服务证制度，为引进的各类人才提供奖励兑现及个人来渝相关事宜代办协调等服务。

（一）创业服务。对引进人才创办企业的，按照我市政策规定，在创业投资、债权融资、申报国家和市级科技计划项目等方面提供服务。

（二）居留签证。对引进的外籍人才，持人才签证以外的其他签证来渝的，入境后可按规定申请变更为人才（R字）签证或办理居留证件；凭来华工作许可证明入境的，可办理最高5年期外国人工作许可，并为其申请在华永久居留提供便利。

（三）落户。引进人才可自愿选择在我市办理落户，其配偶和未成年子女可一并随迁落户。

（四）配偶、子女就业。“鸿雁计划”入选人才提出解决随调配偶、子女就业的，由工作单位所在地组织部门、人力社保部门协助用人单位办理。

（五）医疗服务。“鸿雁计划”入选人才看病就医的，在签约医院可凭人才服务证享受优先就诊预约、优先医生预约、优先安排住院、优先安排手术等“绿色通道”服务。

（六）子女入学（托）。“鸿雁计划”入选人才未成年子女需在我市入托、入学（义务教育阶段）的，由其户口所在地、工作单位所在地或居住地区县（自治县）教育主管部门按照规定优先安排。

引进人才“一站式”服务平台由人力社保部门建立，教育、科技、公安、卫生计生等部门支持配合。

第十七条 经“鸿雁计划”入选人才自愿申请，符合条件的，优先纳入我市“双师”交流计划实施范围。允许高校、科研院所设立一定比例流动岗位，吸引“鸿雁计划”入选人才到高校、科研院所兼职。

第十八条 建立“鸿雁计划”入选人才工作成效定期评估制度。在入选人才3年政策兑现期内，由所在区县（自治县）人力社保部门会同用人单位按年度核查在岗履职、个税缴纳、资格条件等情况，并对其工作成效进行联合评估，评估结果分为好、较好、一般、差4个等次。评估结果为差或因退休、离职、工作调整等原因不能继续履行职责的，经所在区县（自治县）人力社保部门核准并报市人力社保局备案，终止其享受“鸿雁计划”待遇资格。

第十九条 “鸿雁计划”入选人才及其用人单位以弄虚作假等手段骗取、套取奖励补助资金的，按规定追回骗取、套取的资金，并将其不良行为信息纳入征信系统，5年内不再受理其财政补助资金申请；涉嫌犯罪的，按规定移送司法机关依法处理。

第五章 附 则

第二十条 “鸿雁计划”在党委人才工作领导小组领导下，由人力社保部门会同发展改革、财政、经济信息、教育、科技、公安、卫生计生、税务等部门组织实施。日常工作由人力社保部门负责。

第二十一条 市级主管部门、区县（自治县）和用人单位可在“鸿雁计划”政策基础上制定配套措施。

重庆市人民政府

2017年4月12日

四川省引进海内外高层次人才“千人计划”实施办法

（川组通〔2017〕12号）

第一章 总 则

第一条 为贯彻全省人才工作会议精神，落实《国家海外高层次人才引进计划管理办法》（组通字〔2017〕9号）以及《中共四川省委、四川省人民政府关于深化人才发展体制机制改革、促进全面创新改革驱动转型发展的实施意见》（川委发

〔2016〕10号）《四川省“十三五”人才发展规划》（川委办〔2016〕13号），加快引进一批高层次人才及团队来川创新创业，更好服务推动四川转型发展、创新发展，现就我省引进海内外高层次人才“千人计划”（简称省“千人计划”），制定本办法。

第二条 实施省“千人计划”的主要目标是：到2020年，面向国（境）外和省外发达地区，重点支持引进1000名左右能够突破关键技术、发展新兴产业、引领创新发展的高层次人才和100个左右高层次创新创业团队，示范带动各地、各单位引进一大批高层次急需紧缺人才，为实施“三大发展战略”、推进“两个跨越”提供有力人才支撑。

第三条 实施省“千人计划”的基本原则是：

（一）围绕中心、按需引进。紧扣四川推进全面创新改革试验、建设自由贸易试验区、产业转型升级、军民融合深度发展、脱贫攻坚、绿色发展以及高等学校创建“双一流”等重大战略，贴近经济社会发展需要、贴近产业企业做大做强需要，积极参与全球人才竞争，加快人才国际化进程，聚天下英才而用之。

（二）突出重点、高端引领。坚持标准、优化结构、提升层次、宁缺勿滥，突出“高精尖缺”导向，充分体现引进人才的不可替代性和行业领军性，通过引进高层次人才及团队快速提升我省自主创新能力和发展竞争力。

（三）尊重规律、创新机制。充分发挥市场在人才资源配置中的决定性作用和更好发挥政府作用，推进招商引资与招才引智相结合、刚性引进与柔性引进相结合、引进聚集与培养使用相结合，实现人才引得进、留得住、用得好。

（四）统筹联动、形成合力。以省“千人计划”为牵引，统筹实施“天府高端引智计划”“留学人员回国服务四川计划”“企业博士集聚计划”等引才引智工程，带动各地、各部门联动实施一批重大人才引进计划，形成齐抓共管的引才工作格局。

第二章 工作机制

第四条 在省委、省政府领导和省人才工作领导小组指导下，由省委组织部会同省委宣传部、省委统战部、省发展改革委、省经济和信息化委、教育厅、科技厅、公安厅、财政厅、人力资源社会保障厅、商务厅、省卫生计生委、省外事侨务办、省国资委、省地税局、省国防科工办、省投资促进局、省科协、省金融工作局、成都海关等部门，组建全省高层次人才引进工作协调小组（以下简称“协调小组”），负责省“千人计划”的组织领导和统筹协调。

第五条 省人才办承担协调小组日常工作，负责省“千人计划”的具体实施，牵头制定高层次人才认定标准，指导协调各地、各部门人才引进工作。各地、各部门（单位）要明确专门机构和人员，负责与省人才办工作衔接，推进本地区、本部门、本系统的高层次人才引进工作。

第六条 各重点行业领域的人才引进工作由相关部门归口负责。其中，中央在川和省属高等学校、科研院所、医疗卫生机构、国防军工单位的人才引进工作，分别由教育厅、科技厅、省卫生计生委、省国防科工办负责组织实施；中央在川和省国有重要骨干企业、省重点民营企业、省级宣传文化单位及在川金融机构的人才引进工作，分别由省国资委、省委统战部、省委宣传部、省金融工作局负责组织实施。中科院成都分院系统、中物院系统、二重集团、东方电气集团的人才引进工作，由省人才办协调实施。

第七条 协调小组其他成员单位和涉及人才引进工作的其他部门、单位按照各自职能，配合开展人才引进工作，做好落实特殊支持政策、加强跟踪培养扶持、提供窗口服务等工作。商务、外事侨务、投资促进、科协等部门，结合对外贸易投资、对外开放、招商引资、“海智计划”等重大活动和平台，积极做好招才引智工作。公安、外事侨务、海关、外国专家等部门，负责为引进人才出入境及居留提供充分便利。发展改革、经济和信息化、科技、财政、人力资源社会保障、地税等部门整合各自资源，为引进人才在川创新创业给予倾斜支持。

第八条 产业园区及企业、高等学校、科研院所、医疗卫生机构、金融机构等用人单位是引进人才的主体，负责提出人才引进及项目合作需求、对接拟引进人选及合作项目、搭建工作平台、安排岗位职务、落实配套支持政策等工作。

第三章 引才项目及条件

第九条 省“千人计划”分个体引进、团队引进、专项引进三个类别10个引才项目实施。其中，个体引进包括顶尖人才项目、创业领军人才项目、创新领军人才长期项目、创新领军人才短期项目、青年人才项目等，团队引进包括创业团队、创新团队等，专项引进包括全面创新改革专项、省校省院省企合作专项、民族地区和贫困地区专项等。

按照省委、省政府对人才工作的新部署新要求，省“千人计划”可增设其他引进人才专项。

第十条 省“千人计划”个体引进条件。主要支持引进我省创新驱动发展急需的战略科学家、科技创新创业领军人才、高级管理人才，以及具有较大发展潜力的青年科技人才，一般应取得博士学位，具有3年以上国（境）外和省外工作经历并取得突出业绩，且符合以下条件之一：

（一）我省实施“三大发展战略”、推进产业结构调整和转型升级急需紧缺，且具有国际领先、国内一流水平的战略性、领军型人才。

（二）在国（境）外和省外知名高等学校、科研院所、医疗卫生机构担任教授、研究员、首席科学家或相当职务的专家、学者。掌握关键技术、急需紧缺的海内外高层次人才，可适当放宽到担任副教授或相当职务。

（三）在国际国内知名企业、金融机构、国际组织中担任中高级职务的经营管理人才和科技领军人才。

（四）拥有自主知识产权和发明专利，具有海外自主创业经验，熟悉相关领域和国际规则的创业人才。创业项目能够填补我省空白、引领相关产业发展的，可适当放宽到硕士学位。

（五）回国来川前在国（境）外和省外知名高等学校、科研院所、医疗卫生机构、企业有正式工作经历，具有成为该领域学术和技术带头人潜力的青年拔尖人才。

第十一条 省“千人计划”团队引进条件。主要支持引进以企业为主体，以团队带头人为核心，以转化科技成果为支撑，能有效促进我省产业转型升级的高层次创新创业人才群体，且符合以下条件：

（一）团队创新创业领域紧扣我省构建现代产业体系方向，符合我省发展特色优势产业、战略性新兴产业、军民融合产业，特别是五大高端成长型产业和五大新兴先导型服务业发展需求；

（二）团队带头人一般应是国家或省“千人计划”引进人才，创业团队带头人应是企业主要创办人，创新团队带头人应是企业核心技术所在领域的领军人物；

（三）团队核心成员中应有相当数量的高层次人才，其中，在海内外知名院校、医疗卫生机构曾聘为高级职称或担任知名公司中高管职位的，一般不低于三分之一；

（四）所创办企业核心技术处于国际领先、国内一流水平，能在较短时间取得突破性发展或引领带动形成新的产业集群；或创新项目能迅速填补我省空白，已在川内企业进行有效转化，具有产业化发展前景；

（五）所在地区及产业园区从政府资助、创业扶持、创新支持等方面给予充分配套，为团队建设创造良好条件。

第十二条 省“千人计划”专项引进条件。主要支持引进我省重大发展战略急需的高层次、高素质人才，一般应取得博士学位或高级专业技术职称，具有3年以上国（境）外和省外工作经历并取得突出业绩，且符合以下条件之一：

（一）全面创新改革专项。引进后在我省全面创新改革试验重点区域特别是特色产业园区（基地）、技术研发中心和企业从事科技研发，或在川创办领办军民融合领域高新技术企业，有望实现突破性发展。从四川行政区域内的军工单位（军队）转业、转岗到地方创新创业的，可纳入本专项支持范围。

（二）省校省院省企合作专项。引进后到我省与知名高等学校、科研院所、大型企业战略合作构建的政产学研用创新平台工作；在川有明确具体的工作目标任务，能作出实质性贡献。

（三）民族地区和贫困地区专项。引进后到我省民族自治地区、“四大片区”88个贫困县的企事业单位工作，或创办领办科技型企业，有望取得突破性发展。

第十三条 引进人才特别优秀且为四川发展特需的，可适当突破学历、专业技术职务、任职年限等限制，采取一人一策、一事一议的方式破格引进。对通过组团赴外招才引智、四川与名校名院名企战略合作、海科会、科博会、中外知名企业四川行等平台引进的，可优先支持。创新领军人才长期项目、青年人才项目入选者在川创办企业并取得突出业绩的，可申报转为创业领军人才项目；创新领军人才短期项目入选者全职来川后，可申报转为创新领军人才长期项目。

第四章 引进方式及程序

第十四条 省“千人计划”的引进方式主要包括：

（一）发挥市场主体作用。建立海内外高层次人才信息共享机制，定期发布全省引进高层次人才及项目合作需求信息指南、全省人才发展蓝皮书。支持省内企事业单位面向全球公开招聘高层次急需紧缺人才，加大国有企业经营管理人才市场化选聘力度。加强与知名人才中介机构和猎头公司的合作，推进人才引进社会化、市场化。

（二）搭建招才引智平台。全面推进与海内外知名高等学校、科研院所、大型企业的战略合作，将赴外招才引智纳入全省重大对外开放和对外贸易投资活动，定期开展组团赴外专项招才、海科会、科博会、中外知名企业四川行等活动。加强各类重点（工程）实验室、工程技术（研究）中心、院士（专家）工作站、大学科技园、留学人员创业园、博士后工作（流动）站和创新实践基地建设。

（三）推广柔性引才方式。鼓励各地、各部门采取挂职兼职、特聘岗位、项目合作、技术联姻等方式柔性引才。支持有条件的高等学校、科研院所、企业在海外建立办学机构、研发机构，吸引使用当地优秀人才。加快建设成都海外人才离岸创新创业基地。

（四）加强对外联络合作。加强与驻外使领馆、海内外知名专业社团、留学生团体组织的合作，设立一批海外引才工作站，聘请一批海外引才顾问，大力推进“以才引才”。加强与省工商联、“千人计划”专家联谊会、四川欧美同学会·四川留学人员联谊会、四川海外联谊会等团体合作，鼓励用人单位依托驻外机构、 校友会等组织引进人才。鼓励省内外专家、留学回国人员举荐我省发展急需的高层次人才。

第十五条 省“千人计划”的引进及资助程序为：

（一）制定并发布引才计划。由省委组织部、人力资源社会保障厅汇总并发布人才引进需求信息，广泛搭建各类招才引智平台，促进用人单位和拟引进人才对接。

（二）用人单位确定引进人才。用人单位与拟引进人才按相关法律法规和政策规定签订工作合同，办理引进手续。

（三）申请纳入省“千人计划”。根据省人才办申报通知要求，由用人单位组织符合条件的引进人才及团队申报省“千人计划”，按照行业归口或隶属关系报省级归口部门或市（州）党委组织部。由相关部门或市（州）党委组织部组织专家进行初评，提出建议名单报省人才办。

（四）评审产生省“千人计划”引进人才。省人才办负责对各地、各部门建议人选及团队的资格、条件进行审核把关，会同有关部门组建专家评审委员会，评选产生省“千人计划”引进人才及团队名单，采取适当形式进行公示后，报省委组织部部务会和省人才工作领导小组审批。

（五）审批命名。经批准的引进人才，由省委组织部、人力资源社会保障厅颁发《四川省特聘专家证书》，省高层次人才引进工作协调小组成员单位凭证落实引进人才有关特殊支持政策；经批准的引进团队，由省人才工作领导小组授予《四川省高层次创新创业团队》称号。

第五章 支持政策

第十六条 省“千人计划”引进人才在工作、生活等方面享受下列特殊支持政策：

（一）资金资助。对省“千人计划”引进人才，由省委组织部、财政厅依托“天府英才”工程专项资金，分别给予每人50万元至200万元资助，其中，对顶尖人才给予每人200万元资助，创业领军人才给予每人100万元资助，创新领军人才短期项目给予每人20万元资助，其他项目给予每人50万元资助。对省“千人计划”引进团队，按创新团队、创业团队分别给予每个团队200万元、300万元资助，其中，对科技含量高、发展前景广阔的创业团队，可给予500万元资助。对创新创业团队中经评估具有重大产业化前景的战略发展项目，集成各部门政策资源，采取项目资助、创业扶持、股权投资、贷款贴息等方式，可给予最高5000万元综合资助。

（二）职务职称。引进人才可担任高等学校、科研院所、医疗卫生机构、国有企业、国有商业金融机构中层以上领导职务和党政机关专业性、辅助性岗位职务（安全、保密、外事等岗位除外）或者高级专业技术职务，以及国家和省重大科技专项、重大工程和建设项目的负责人。探索外籍引进人才担任新型科研机构事业单位法人代表、相关驻外机构负责人制度。高等学校、科研院所、医疗卫生机构急需引进人才，而单位未设置相应等级岗位或设置的等级岗位、编制暂无空缺的，可采取特设岗位、使用人才专项编制聘用，不受单位岗位总量、最高等级和结构比例限制。引进人才可按规定破格参加高级专业技术职务任职资格申报和评审。

（三）薪酬待遇。用人单位根据引进人才能力、业绩、贡献，协商确定引进人才的合理薪酬。国有企事业单位采用年薪制、协议工资制、项目工资等方式引进人才，所需薪酬计入当年单位工资总额，不作为工资总额基数。引进人才通过自行转化、转让、许可、作价入股等方式转移转化职务科技成果，其转化收益按不低于70%的比例划归成果完成人及其团队所有。对作出突出贡献的引进人才，可采取股权、期权、企业年金等中长期激励方式。

（四）税收减免。省财政为省“千人计划”入选者发放的一次性资助资金，符合税法规定条件的，免征个人所得税。引进人才5年内境内工资收入中的住房补贴、伙食补贴、搬迁费、探亲费、子女教育费等，按照税收法律法规规定予以税前扣除。引进人才来川创新创业，进境的科研、教学物品，由接收单位按照国家有关规定办理进口减免税手续，符合规定的免征进口税收。进境合理数量的生活自用物品，由海关依据有关规定予以免税验放。

（五）创新创业。引进人才在管理期内，按照《四川省高层次人才特殊支持办法（试行）》，享受每人每月1000元至2000元岗位激励津贴，并在项目研发、平台建设等方面给予择优资助。支持引进人才领衔申报各类科技计划、科研基金项目、科技资金及产业发展扶持资金，用于在省内开展科学研究或生产经营活动；对我省经济、科技发展具有战略意义的重点项目，经有关部门审批，可专门立项，以特别项目形式给予支持。有关部门应注重吸收引进人才参与国家、省重大项目咨询、重大科研计划和行业标准制定、重点工程建设等工作。

（六）出入境与居留。外籍引进人才及其外籍配偶和未满18周岁外籍子女，以及中国籍引进人才的外籍配偶和未满18周岁外籍子女，按有关规定为其提供办理签证和居留许可的便利。对符合条件的外籍引进人才及其配偶和未满18周岁未婚子女申报永久居留的，有关部门予以优先办理。中国籍或外籍华裔引进人才可按照有关规定向人力资源社会保障厅申请办理《海外高层次留学人才身份证明》，享受我省海外高层次留学人才有关优惠政策。引进人才持有境外机动车驾驶证的，可根据《机动车驾驶证申领和使用规定》（公安部令第139号）相关规定，向居留地或居住地公安交通管理部门申请中华人民共和国机动车驾驶证，公安交通管理部门应开通绿色通道，优先受理并全程导办。

（七）落户。引进人才及其配偶、未成年子女可不受住所、居住年限、年龄等条件限制，选择在居住地或工作地落户。具有中国国籍、未取得国外永久居留权的引进人才，不受出国前户籍所在地限制，可申请在省内落户。愿意放弃外国国籍、申请加入或恢复中国国籍并取得入籍或复籍证书，以及取得《批准定居通知书》和《台湾居民定居证》的引进人才，可申请在省内落户。申请办理省内落户的，公安机关应简化手续、优先办理。

（八）住房。引进人才购买自用商品住房，享受当地居民购房优惠政策。外籍引进人才购买取得外销许可证的商品房，有关部门应提供便利。引进人才未购买自用住房的，用人单位应为其提供便于其生活、工作的住房，或提供相应的房租补贴、购房房贷贴息等。有条件的地方和单位可修建人才公寓、公共租赁住房（单位租赁房），妥善解决引进人才的住房问题。

（九）医疗、保险。引进人才在管理期间，凭《四川省特聘专家证书》，由省卫生计生委办理《特约医疗证》，享受优秀专家医疗待遇。引进人才及其配偶子女，可按有关规定参加我省各类社会保险。用人单位在引进人才办理各项社会保险的基础上，可为引进人才购买商业补充保险。随引进人才来川定居或每年居住9个月以上的未就业配偶和子女，可按省委组织部、财政厅《关于对高层次引进人才未就业家属实行医保优待政策的通知》，参加我省城镇职工基本医疗保险或城乡居民基本医疗保险。

（十）配偶安置。引进人才配偶一同回国（来川）并愿意在我省就业的，由用人单位按规定妥善安排其工作；暂时无法安排的，用人单位可参照单位人员平均工资水平，以适当方式为其发放生活补贴；确有困难的，当地组织、人事部门应积极帮助推荐就业。

（十一）子女入学。引进人才子女，无论是否具有中国国籍，在就读小学到普通高中期间可有一次自由选择公办学校机会。其中，就读义务教育的，在子女所在县（市、区）范围内选择；就读普通高中的，在子女所在市域范围内选择。华裔引进人才的子女报考国内高等学校以外的非义务教育的学校，可参照归侨、归侨子女、华侨子女予以加分照顾。引进人才的外国籍子女报考国内高等学校的，按接收外国留学生有关规定执行。

（十二）评价激励。按照国际惯例评价引进人才的工作绩效，避免多头评价、重复评价。对作出突出贡献的引进人才，可推荐参加中国科学院和中国工程院院士（外籍院士）、四川杰出人才奖、科学技术奖、天府友谊奖、四川省学术和技术带头人及后备人选、四川省有突出贡献的优秀专家等评选。对代表性强、贡献突出的海内外高层次人才，积极推荐进入各类学术组织、政府决策咨询机构。

第六章 管理服务

第十七条 加强联系服务。将引进人才纳入省人才工作领导小组直接联系专家范围。依托省委组织部高端人才服务中心、省人力资源社会保障厅专家服务中心设立引进人才服务窗口，负责协调落实有关特殊支持政策。定期举办“千人计划”专家国情省情考察研修班，加强优秀人才典型表彰宣传，充分发挥“千人计划”专家联谊会作用。支持各地和重点园区普遍建设创新创业服务平台，为引进人才提供优质服务。

第十八条 实行动态管理。引进人才入选省“千人计划”后，按5年周期进行管理，管理期满后由省人才办会同有关方面进行考核，考核合格的可纳入第二个管理周期，但最高不超过两个管理期，管理期内享受岗位激励资金、特约医疗、子女选学等特定待遇。管理期间或期满后，可申请评定为省学术和技术带头人、省有突出贡献的优秀专家，与本土高端人才享受同等待遇。对入选者工作岗位发生变化、取得重大成果、患严重疾病等方面情况，所在单位要及时报告。

第十九条 建立退出机制。对弄虚作假骗取入选资格的，或入选后6个月之内未到岗工作的，或管理期未履行工作合同的，或违反职业道德、学术不端造成恶劣影响的，或触犯国家法律法规的，取消本人“千人计划”入选资格，不再保留相应工作生活待遇，获得的一次性资助视合同履行情况部分或全部收回。对伪造申报资质、隐瞒违规行为或对违规行为处置不力的用人单位，暂停或取消其申报资格。

第二十条 加强资金监管。省委组织部（省人才办）会同财政、审计等部门联合成立专项资金监督小组，加强对资助资金使用情况的检查、监督和审计。用人单位应单独建账核算，确保专款专用，不得以任何理由和方式截留、侵占或挪用。对虚报冒领、套取骗取、挤占挪用等各种违规违纪行为，依照《财政违法行为处罚处分条例》的规定严肃处理处罚，并追回财政补助资金。对涉嫌严重违纪或违法犯罪的，按规定移送监察机关或司法机关处理。

第七章 附 则

第二十一条 各地应参照本办法，结合实际制定实施相应的人才引进计划。已入选原省“百人计划”和省“千人计划”的，由省人才办会同有关方面进行考核后，重新颁发《四川省特聘专家证书》，享受本办法中各项特殊支持政策。

第二十二条 本办法自发布之日起实施，由省人才办会同有关部门负责解释。省委组织部等部门制发的《四川省引进海外高层次人才“百人计划”实施办法》（川组通〔2009〕58号）、《四川省“青年百人计划”及“百人计划短期项目”实施办法》（川组通〔2011〕19号）、《关于实施“顶尖团队支持计划”的意见》（川组通〔2011〕73号）、《四川省“百人计划”引进人才享受特定生活及工作待遇的若干政策规定》（川组通〔2009〕57号）同时废止。

中共四川省委组织部　中共四川省委宣传部
中共四川省委统战部　四川省教育厅
四川省科学技术厅　四川省人力资源和社会保障厅
四川省卫生和计划生育委员会　四川省政府国有资产监督管理委员会
四川省国防科学技术工业办公室　四川省金融工作局
2017年3月17日

中共成都市委 成都市人民政府关于深化人才发展体制机制改革加快推进国家中心城市建设的实施意见

（成委发〔2017〕1号）

为认真贯彻《中共中央关于深化人才发展体制机制改革的意见》（中发〔2016〕9号）和《中共四川省委四川省人民政府关于深化人才发展体制机制改革促进全面创新改革驱动转型发展的实施意见》（川委发〔2016〕10号），全面贯彻落实全省人才工作会议和市委十二届七次、八次、九次全会精神，最大限度激发人才创新创造创业活力，现就深化人才发展体制机制改革、加快推进国家中心城市建设，提出如下实施意见。

一、总体思路和工作目标

（一）总体思路。全面贯彻党的十八大和十八届三中、四中、五中、六中全会精神，深入学习贯彻习近平总书记系列重要讲话精神，坚持党管人才原则，牢固树立并切实贯彻五大发展理念和科学人才观，突出服务创新驱动发展主线，坚持国际化、高端化、市场化、法治化发展方向，建立更具竞争力和灵活性的人才发展体制机制，最大限度激发和释放人才创新创业活力，为系统推进国家自主创新示范区、全面创新改革试验区和中国（四川）自由贸易试验区建设，加快建设国家中心城市提供坚实人才支撑。

（二）工作目标。通过深化改革，力争通过3年努力，基本构建起与建设国家中心城市相适应的人才制度体系，人才管理、引进、培养、评价、流动、激励机制更加完善，形成人才引领创新、人才支撑发展的生动格局。通过5年努力，基本形成与建设国家中心城市相匹配的规模宏大、结构优化、布局合理、富有创新精神的人才队伍，形成科学规范、开放包容、运行高效的人才发展治理体系，建成具有国际影响力的区域创新创业中心，成为西部领先、全国一流的人才强市。

二、建立灵活有效的人才管理体制

（三）转变政府人才管理职能。围绕“放管服”改革，整合行政资源，厘清权责边界，建立“行政权力清单”“行政责任清单”“政府服务清单”人才管理服务“三张清单”，强化政府人才宏观管理、政策制定、公共服务、监督保障职能，推进政府人才管理职能向简政放权、管办分离和优化服务转变。

（四）强化国有企事业单位用人主体自主权。探索推进市属国有重要企业经营管理层实行市场化选聘和契约化管理，探索面向全球人才资源选聘高级管理人员和技术人员。深化市属高校、科研院所人事制度改革，完善高校科研院所用人自主权保障落实机制、创新岗位设置管理制度、健全岗位聘用管理制度、建立与企业联合聘才机制、完善流动科技人员社保转接制度、赋予职务评聘和收入分配自主权。

（五）构建市场主导的人才管理服务体系。构建国际化、市场化、专业化的人才管理服务体系，推动政府人才公共服务与经营性服务分离，积极引进和培育国际化、专业化的人力资源服务机构，加快建设中国成都人力资源服务产业园、成都国际人才城，打造市场化、社会化、产业化的人力资源服务产业链。

（六）创建人才管理改革试验区。以国家自主创新示范区、全面创新改革试验区、中国（四川）自由贸易试验区等为重点，积极创建人才管理改革试验区，鼓励在人才引进、社会化评价、双向流动、股权期权激励、成果转化、科技金融等方面先行先试。

三、建立更具比较优势的人才引进机制

（七）建立更具吸引力的人才扶持政策体系。加大人才投入力度，保证“成都人才计划”等重大人才工程实施，更好支持各类人才创新创业。建立高层次人才礼聘制度，对于经济社会发展急需的高层次人才（团队），直接采用“一人一策”“一企一策”方式给予扶持，增强人才政策吸引力。建立重点人才（团队）接力扶持机制，对于在蓉创新创业5年以上且为成都发展作出重大贡献的人才（团队），通过集合部门政策资源等方式给予综合扶持。

（八）建立更为开放的柔性引才机制。以“一人一策”的方式，支持诺贝尔奖获得者、世界500强企业或国际知名高校、科研院所科技人才来蓉建立联合实验室、新型产业技术研究院，开展科研项目攻关。对中国科协（成都）海外人才离岸创新创业基地引进人才，不受在蓉工作时间限制，按规定享受市级人才政策。

（九）建立更为主动的外籍人才引进机制。支持在蓉高校与重点园区博士后科研工作站联合招收外籍博士后。支持中韩、中德、中法、中古、新川等国际合作园区企业聘用世界著名高校和科研院所优秀外籍应届毕业生。支持中国境内高校外国留学生中取得硕士及以上学位的优秀毕业生到中韩、中德、中法、中古、新川等国际合作园区直接留蓉就业创业。

（十）构建更为便利的外籍人才出入境机制。健全完善外籍人才特别通道服务机制，为外籍人才提供停居留便利。设立“成都人才计划”外籍人才申报永久居留证服务专员和服务特别通道，建设完善专门的人才出入境服务站，为外籍人才及家属提供签证受理和永久居留便利。健全完善市级人才落地签制度。深化外国人来华工作体制机制改革，试点外国人来华工作许可制度，减少申报材料、压缩审批时限、优化服务流程，实行“一窗式”服务。

（十一）构建更为灵活的党政机关、事业单位人才引进机制。根据国家关于聘任制公务员管理的有关规定，探索在专业性较强的政府机构，设置高端特聘职位，实行聘期管理和协议工资，通过灵活方式吸引集聚岗位急需的高层次专业人才，进一步优化党政人才队伍结构。对市属事业单位符合条件的创新创业人才，实施更加灵活的绩效工资政策，构建市属事业单位高层次人才引进机制，实行协议工资制，实现高层次人才以技术、业绩等要素参与分配；探索加大对突出贡献人才的薪酬激励，实行专项专核；探索对科技成果转化产生经济效益的突出贡献人才及其团队进行奖励。

四、建立具有国际水准的人才培养机制

（十二）培养具有国际竞争力的创新型科技人才。支持在蓉高校与海外一流高校和科研院所开展学位联合培养项目、师资培训项目，培养具有国际视野、熟悉国际规则、熟练使用外语的创新人才。加强对国有企业、事业单位科研人员因公临时出国的支持，实行“分类管理”，开设“绿色通道”，允许“容缺办理”。

（十三）建立具有国际水准的技能人才培养机制。加快推进现代学徒制改革试点。支持在蓉职业院校与国内外高校合作，建立中外合作培训中心。实施“工业强基人才‘输血’计划”，推行产教融合、校企合作、工学一体的培养模式，通过支持企业与职业院校开展学科专业共建、面向企业一线遴选一批技能大师项目、建立技能大师工作室等方式，加快培育紧缺技能人才，形成支持“工业强基”行动的新型高技能人才集群。

（十四）构建与国际接轨的人才培训机制。依托中国成都人力资源服务产业园、成都国际人才城，引进国际知名人力资源机构海外培训师资和课程，建立本土人才国际化系列培训项目。加大对重点领域、关键环节的专业技术人才以及中长期培训项目支持力度。支持高层次人才所在企业选派技术骨干和高级管理人员赴国外著名高校、行业龙头企业开展短期研修。

五、建立符合国际标准的创新创业支撑体系

（十五）探索外籍人才项目申报享受国内人才同等待遇。对外籍人才申报市级科技项目、科学技术奖项时，可享受国内人才同等政策待遇。适时扩大外籍人才的受奖范围，提高外籍人才的参与度，适当吸收外籍人才担任评奖主体。

（十六）建立海外离岸人才跨区域投资创业机制。支持中国科协（成都）海外人才离岸创新创业基地内海外人才办理企业实行住所、经营场所分离登记，试行企业集群注册登记制度。研究探索外籍海外人才企业工商登记注册享受准入前“国民待遇”，实行“负面清单”管理模式，依托离岸基地探索全程电子化网上登记注册。

（十七）建立国际化的人才创新创业园。依托中国（四川）自由贸易试验区，支持成都高新区、成都天府新区建设集高端人才创新创业服务中心、综合保税区、国际化社区等功能平台为一体的海外高层次人才创新创业园，营造“类海外”的高层次人才宜业宜商宜居环境。

（十八）建立离岸孵化空间。支持在蓉企业海外研发中心、在蓉高校海外研究院，建立国际化众创空间、海外离岸孵化器和海外创新创业基地，撬动境外资源孵化人才，引进境外高层次人才来蓉转化科技成果。

六、建立推动人才创新创业的激励机制

（十九）开展职务科技成果权属混合所有制改革。鼓励高校、科研院所与发明人对既有职务科技成果分割确权，以共同申请知识产权的方式分割新的职务科技成果权属，发明人可享有不低于70%的股权，财政、科技等部门对知识产权奖励予以承认。

（二十）开展科技成果处置权改革。支持在蓉高校、科研院所自主决定以转让、许可或者作价投资等方式向企业或者其他组织转移科技成果，建立定价领导责任免除机制。支持在蓉高校、科研院所2年内无正当理由未实施转化的科技成果，由成果完成人员或团队自行运用实施。

（二十一）开展科技成果收益权改革。科技成果转化所获收益全部留归单位，可按不低于70%的比例，用于对成果完成人员或为成果转化作出贡献的人员进行奖励。高校、科研院所转化职务科技成果以股权或者出资比例形式奖励科技人员，科技人员可在获得收益后再缴纳个人所得税。

（二十二）完善知识产权管理体制机制。出台支持重点园区与国内外知名科技文献及知识产权服务机构合作政策，建设线上线下一体的知识产权综合信息服务平台，有效促进专利的创造和运用。探索建立知识产权质押融资市场化风险补偿机制，优化知识产权质押融资流程。加大知识产权保护力度，支持保险机构探索建立专利保险机制，降低专利人专利维权成本。依托现有平台或新设交易机构，打造以大数据应用和交易相融合的知识产权交易综合服务平台，构建知识产权综合服务链体系。

（二十三）创新投融资扶持体系。鼓励商业银行创新融资产品和服务，为高层次人才所在企业提供信用贷款、知识产权质押融资、股权质押贷款等融资服务。打造“西部创业投资中心”，构建“基金+基地、孵化+投资”创新型基金运作机制，壮大债券融资风险补偿资金池，扩大创投基金规模，形成完整的基金产业生态圈，力争全市创新创业领域投资基金规模达200亿元。

（二十四）支持高层次人才产品市场推广。建立《高层次人才名优产品目录》，支持高层次人才自主研发的终端产品（服务）进入《高层次人才名优产品目录》。

（二十五）健全人才奖励体系。设立创新创业人才杰出贡献奖，对在成都创新创业5年以上且为成都经济社会发展作出贡献的高层次人才，授予“成都市杰出人才”荣誉，给予100万元奖励。对在成都经济建设和社会发展中作出突出贡献的外籍专家人才（不含港、澳、台地区专家）授予“金沙友谊奖”。对在成都经济建设和社会发展中作出突出贡献的本地优秀人才，授予“市优专家”荣誉，给予20万元奖励。

七、构建人才科学评价机制

（二十六）探索建立人才分类评价体系。探索建立“自主评价+业内评价+市场评价”的多元评价体系。鼓励处于区域或行业领先水平的企事业单位，自主探索评价要素和评价标准，建立人才自主评价体系。针对基础型研究人才，突出同行评价、强化行业标准，注重研究成果质量和社会效益，构建人才的行业评价体系。针对应用型人才，突出市场评价，注重创新创造业绩贡献，注重产值、利润等经济效益，构建人才的市场化评价体系，不将学历、论文论著等作为限制性条件。积极探索发展专业化的人才评价机构，探索引入第三方参与人才和人才项目评价。

（二十七）探索职称评定改革。探索逐步将职称评审权下放给用人主体、行业组织，引导建立由行业组织或者龙头企业牵头，不同所有制、不同类型企业共同参与的职称评审机构。深化高层次人才、急需紧缺人才职称直聘办法，完善海外高层次留学人才专业技术职称评审“直通车”。对业绩突出的优秀中青年工程技术人员，可打破学历、任职资历要求，申报高一级专业技术职称。探索实施外语和计算机应用能力可不作为职称评审的前置条件，由用人主体自主确定外语和计算机应用能力要求。

（二十八）构建社会化的人才认定体系。建立高层次人才举荐制度，组建由行业杰出人才和领军企业高管组成的高层次人才举荐委员会，不唯学历和职称，直接认定市级高层次人才。探索政府授权行业协（学）会、行业领军企业和新型科研机构自主认定、直接认定高层次人才。

八、完善人才顺畅流动机制

（二十九）完善军民人才融合机制。探索重大人才专项向军队开放，对作出重大贡献的涉军科技人才，享受成都人才专项补贴待遇。在符合保密有关规定前提下，鼓励军民融合创新创业项目市场化融资。鼓励军工单位面向成都市高层次人才开放仪器设备，开展课题研究和项目合作。依托成都高新区、成都天府新区等区域，共建一批军民技术研发中心、军民融合产业园区和特色产业基地，吸引军工单位科技人才来蓉创办领办高新技术企业。

（三十）优化完善校地合作发展机制。支持国内外知名高校、科研院所在蓉设立分支机构、研发中心，构建集人才引进、科技创新、成果转化为一体的合作平台。鼓励和扶持高校面向企业开放实验室、公共技术平台，开放共享创新服务资源。支持和促进国内外知名高校在成都建设新型产业技术研究院，鼓励和支持区（市）县共建环高校、科研院所成果转化区。加快推进中科院成都战略新兴产业联动创新中心等一批政产学研用协同创新平台和项目建设。鼓励建立市场化的技术转移机构、知识产权交易机构和科技成果评价机构。鼓励高校、科研院所科技人才、社科人才和大学生创新创业，拓宽创新创业融资渠道。

（三十一）构建科研人员灵活创业机制。鼓励高校、科研院所科研人员在岗创业或者到企业兼职从事科技成果转化、技术攻关，支持高校、科研院所拥有科技成果的科研人员以技术入股或现金出资方式，持有企业股权或创办科技型企业，并在基本待遇、职称评聘、岗位等级晋升、社会保险和专业技术职务等方面给予支持。对高校、科研院所中担任领导职务的科研人员在企业兼职或科技成果转化，要按有关规定执行。支持吸引有创新实践经验的企业家和企业科研人才到高校、科研院所兼职。

（三十二）完善鼓励人才向基层一线流动机制。对于急需紧缺的教育、卫生、农业、科技、社工等专业技术人才，可采取差别化待遇，分类别、分梯度到基层一线、远郊工作，促进义务教育师资、基层卫生人才、农业技术人才、科技人才、社工人才均衡配置，加强乡村教师队伍建设，充实基层卫生人才、农业技术人才、科技人才和社工人才队伍，在职称评审、“市优专家”评选等方面给予倾斜。定期组织教育、卫生、农业、科技、社工等专业技术人才赴基层一线特别是贫困地区开展技术指导、科技扶贫等智力服务。

九、营造“类海外”人才创新创业生态环境

（三十三）加快推进外籍人士“家在成都”工程。围绕教育、医疗、住房、出入境等为外籍人才创造便捷舒心的宜业宜商宜居环境，增进外籍人才对成都的融入感和归属感。完善外籍人才子女入学办法，支持国际学校健康发展。鼓励社会力量建设国际医院。支持有条件的医疗机构提升服务效能，推出更多创新服务产品，为外籍人才提供优质的医疗服务。充分发挥“成都人才发展促进会”社会组织的灵活机制，与在蓉五星级酒店、商业银行合作，为外籍人才提供短期入住、人民币信用卡办理、个人理财、担保贷款等服务。

（三十四）构建“一站式”人才服务体系。整合全市人才服务资源，建立“党委政府+社会组织+市场主体”的人才服务体系，不断完善人才公寓、医疗待遇、子女入学、家属就业等方面的具体政策措施，构建涵盖高层次人才创新创业、融资、后勤保障等“一站式”服务平台。探索设立人才管理服务信息共享平台，建立“一窗受理、多证联办”服务机制。

十、加强党对人才工作的领导

（三十五）强化党对人才的政治引领和团结凝聚。坚持党管人才原则，深化党委联系专家制度，不定期开展市委、市政府主要领导联系高层次人才座谈会。加大各类人才教育培训、国情研修力度，增强认同感和向心力，切实加强政治引领和政治吸纳。完善专家决策咨询制度，集聚国内外优秀专家人才组建新型智库。

（三十六）强化人才工作责任制。理顺党委和政府人才工作职能部门职责，将行业、领域人才队伍建设职责列入相关职能部门“三定”规定。探索实施人才工作目标责任制，将人才工作作为党建述职的重要内容，开展区（市）县人才综合实力指数考核以及对职能部门人才工作督查督办，提高党政领导班子综合考核指标体系中人才工作专项考核的权重。

中共成都市委
成都市人民政府
2017年1月20日

乐山市高层次人才特殊支持办法（试行）

（乐府办发〔2017〕68号）

第一章 总 则

第一条 为进一步贯彻落实中央和省、市关于人才工作的决策部署，加快实施人才强市战略，根据中共四川省委组织部等8部门《四川省高层次人才特殊支持办法（试行）》（川组通〔2016〕25号）和《中共乐山市委关于实施“嘉州英才”工程的意见》（乐委发〔2017〕17号）精神，结合我市实际，特制定本办法。

第二条 目标任务。综合运用安家补助、岗位激励、政治激励、项目和平台支持等政策，有计划、有重点地遴选支持一批高层次人才和团队，充分激发各类人才创新创造创业活力，形成高层次人才引领带动经济社会发展的良好局面，为建设宜居宜业宜游的幸福美丽新乐山提供人才支撑。

第三条 基本原则

（一）突出高端。坚持高端引领、优化结构，重点支持引进培养一批能够代表国际国内一流水平、具有领军才能和团队组织能力的高层次人才，特别是能推动我市重点产业发展、具有重大创新前景和发展潜力、具有显著示范引领作用的高层次人才。

（二）重点支持。坚持以用为本、急需优先，实行重点人才重点支持、特殊人才特殊培养。对站在行业科技前沿、掌握关键核心技术，对乐山创新驱动、绿色发展作出突出贡献的高层次人才及顶尖团队，可采取一人一策、一事一议的方式给予重点支持。

（三）创新机制。坚持统筹推进、上下联动，对接国家“千人计划”“万人计划”与省“千人计划”，统筹全市重大人才工程及相关高层次人才项目，创新人才引进、培养、使用、评价、激励机制，形成更具竞争力和吸引力的人才制度优势，营造良好人才创新创业生态环境。

第二章 支持对象

第四条 支持对象应拥护党的领导，遵纪守法，具有强烈事业心和良好职业道德。主要包括来乐、在乐工作和创业的以下四类高层次人才。

（一）第一类（顶尖人才）。

1. 中国科学院、中国工程院院士（含外籍院士），发达国家相同层次的院士；

2. 国家自然科学奖（一等奖）、国家技术发明奖（一等奖）、国家科学技术进步奖（一等奖、特等奖）获得者第一主研人员；

3. 国家“千人计划”顶尖人才与创新团队项目入选者，国家“万人计划”杰出人才入选者。

（二）第二类（领军人才）。

1. 国家自然科学奖、国家技术发明奖、国家科学技术进步奖二等奖及以上获得者前三名；

2. 国家“千人计划”顶尖人才与创新团队项目入选者外的其他入选者，国家“万人计划”杰出人才入选者外的其他入选者；

3. 全国杰出专业技术人才获得者、国家杰出青年科学基金获得者、百千万人才工程国家级人选、“长江学者”奖励计划特聘教授和讲座教授；

4. 国家自然科学基金、国家科技重大专项、国家重点研发计划、技术创新引导专项（基金）、基地和人才专项等五类科技计划项目主持人，国家哲学社会科学基金重大项目主持人；

5. 省级科学技术杰出贡献奖获得者。

（三）第三类（高级人才）。

1. 国家自然科学奖、国家技术发明奖、国家科学技术进步奖三等奖获得者前三名，以及省部级科技奖一等奖获得者主持人；

2. 省部级高层次人才引进计划入选者；

3. 国家重点（工程）实验室、国家工程（技术）研究中心主要负责人；

4. 国家自然科学基金、国家哲学社会科学基金重点项目主持人；

5. 省部级学术技术带头人、优秀专家、创新型企业家，享受国务院政府特殊津贴专家，国家（省）级“有突出贡献的中青年专家”荣誉称号获得者，中华技能大奖获得者、全国技术能手、国家级技能大师工作室领办人及其他相当于本层次的高层次人才。

（四）第四类（优秀人才）。

1. 取得全日制博士学位或正高级专业技术职称的优秀人才；

2. 取得全日制硕士学位或副高级专业技术职称，到4个省定贫困县工作的优秀人才；

3. 副高级专业技术职称，到非省定贫困县工作的优秀人才；

4. 国内重点骨干企业任职的高级经营管理人才；

5. 市级（地级市）杰出人才、学术技术带头人、科技杰出贡献奖获得者、科技进步奖一等奖和特等奖获得者主持人、技能大师工作室领办人及其他相当于本层次的高层次人才。

第五条 第四条所述人选的认定工作，由市委组织部（市人才办）会同市人社局等有关部门组织实施，入选者经批准后享受相关特殊支持政策。符合第四条多个类别条件的，按最高类别认定。

第六条 第四条所述计划、工程、项目及奖项、荣誉称号获得者，原则上应尚在建设周期或管理期间。

第三章 安家补助

第七条 对符合第四条标准，从市外引进来乐工作并与市内用人单位签订5年以上工作合同，或携项目、资金、技术到我市各类园区创办企业且在当地已办理工商登记，未享受过乐山市引进人才政策的高层次人才，经审核批准后，按以下标准发放一次性安家补助。

（一）第四条第一类人才为每人200万元；

（二）第四条第二类人才为每人100万元；

（三）第四条第三类人才为每人50万元；

（四）第四条第四类第一、二项人才为每人10万元；

（五）第四条第四类第三、四、五项人才为每人5万元。

第八条 对符合第四条标准的柔性引进人才，其安家补助由用人单位与引进人才协商确定。

第四章 岗位激励

第九条 对符合第四条第一、二、三类标准的来乐、在乐工作和创业的高层次人才，经审核批准后，按以下标准发放岗位补贴资金。

（一）第四条第一类人才为每人每月10000元；

（二）第四条第二类人才为每人每月5000元；

（三）第四条第三类人才为每人每月3000元。

第十条 对引进来乐工作的第四条第四类人才（不含公务员），分别按每人每月第一、二项人才1000元，第三、四、五项人才500元的标准发放岗位补贴资金；对在乐工作的第四条第四类人才，其岗位补贴资金由用人单位根据工作需要确定。

第十一条 对符合第四条标准的柔性引进人才，其岗位补贴资金由用人单位根据工作需要确定。

第十二条 岗位补贴资金按就高不就低、不重复享受的原则，在管理期内每年计发一次，无管理期的发放3年。

第十三条 对来乐、在乐工作和创业的高层次人才，新入选第四条第一、二、三类人才的，按照国家（省）奖励标准给予等额奖励。

第五章 政治激励

第十四条 对符合第四条标准的来乐、在乐工作和创业的高层次人才，可按规定享受以下政治待遇。

（一）工作实绩突出的，在评优评先、职称评聘时优先推荐；符合公务员调任规定的，可根据本人意愿和工作需要，按程序调任机关担任相应领导职务。

（二）符合中国共产党党员发展对象推荐条件的，及时推荐列为发展对象；有突出贡献的，可按程序优先推荐为党代表、人大代表和政协委员人选。

（三）列入各级领导干部联系对象，市、县领导干部定期开展联系、走访和慰问。

（四）根据工作需要，列席市委、市政府重要会议，参与全市经济社会发展重要决策。

第六章 项目和平台支持

第十五条 对来乐、在乐创新创业的高层次人才、团队及平台，获得上级“人才+项目”“带头人+项目+团队”“人才+团队+平台”等方式资助经费的，按照50%予以配套资助，资助资金主要用于人才引进培养和团队建设。

（一）人才及团队。

1．向国家外国专家局申报获批“外专千人计划”、高端外国专家项目、重点项目资助的；

2．向省委组织部（省人才办）申报获批省“千人计划”创业团队、创新团队和大学生及科技人才创业典型资助的；

3．向人力资源社会保障厅申报获批留学人员回国创业启动经费、科技活动项目择优资助经费、学术技术带头人培养支持经费、博士后科研经费资助的；

4．向省外国专家局申报获批“天府高端引智计划”、常规项目资助的；

5．向科技厅申报获批四川省青年科技基金、科技创业领军人才计划资助和青年科技创新研究团队项目资助的。

（二）创新创业平台。

1．对新设立的国家级博士后科研工作站、省级博士后创新实践基地、省级技能大师工作室和省级专家服务团、专家服务基地申报获批人力资源社会保障厅资助的；

2．对新设立的省级院士专家工作站，申报获批省科协资助的；

3．对新批准设立的四川省重点实验室和已建实验室、产业技术研究院，申报获批科技厅资助的；

4．对新设立的省级巴蜀文化名家工作室，申报获批省委宣传部资助的。

第十六条 对来乐、在乐创新创业的高层次人才、团队及平台，未获得上级资助经费的，采取“人才+项目”“带头人+项目+团队”“人才+团队+平台”等方式，择优予以资助，资助资金主要用于人才引进培养和团队建设。

（一）人才及团队。

1．对符合聘请外国专家或示范推广项目引进国外技术相关规定，且当年未获批国家和省外国专家局引智资助的，给予5万元资助；

2．对新评选的市级优秀大学生及科技人才创新创业典型，给予5万元资助；

3．对乐山文化名家入选者，给予5万元资助。

（二）创新创业平台。

1．对新批准的产业技术研究院、企业技术中心、工程技术中心等重点平台，按国家级和省级分别给予100万元、50万元资助；

2．对新设立的市级院士专家工作站、博士后科研工作站、产业技术研究院、企业技术中心、工程技术中心等，给予20万元创建补助；

3．对新设立的乐山文化名家工作室、技能大师工作室，给予10万元资助。

第十七条 对其他成效突出、发展前景广的项目和平台，由市委组织部（市人才办）会同有关部门采取“一事一议”的方式给予特殊资助。

第七章 管理服务

第十八条 加强组织领导。本办法在市委、市政府的领导和市人才工作领导小组的指导下，由市委组织部（市人才办）会同市人社局等部门负责组织实施。注重发挥政府引导、市场主导和用人单位的主体作用，整合各地各部门资源统筹推进高层次人才的引进培养工作。

第十九条 实行动态管理。对入选者实行动态管理，具体管理期限根据各项目（计划）要求确定。在管理期内离退休、去世或调离乐山的，不再继续发放岗位激励资金；工作单位调整、职务变化或在市内调动的，应报市委组织部（市人才办）备案。管理期满经考核合格、符合条件的，可继续申报纳入下一个管理期。对弄虚作假骗取入选资格、严重违反学术道德规范，以及受到党纪政纪处分或受到刑事处罚的入选者，一律取消入选资格及享受的相关待遇。对享受特殊支持的高层次人才、团队和平台，明确5年的服务年限，不履行或未能全面履行规定的，支持经费退回。

第二十条 明确经费来源。按照市县分级负责的原则，市属机关、事业单位引进培养高层次人才所需经费及全市项目和平台建设支持所需经费由市财政负担；各县（市、区）、乐山高新区、峨眉山景区、乐山大佛景区引进培养人才所需经费由本级财政负担；其他企业（单位）引进培养高层次人才所需经费由所在地财政按"一事一议"方式予以资助。

第二十一条 加强资金监管。市级相关部门应根据各个人才项目扶持政策，会同市财政局制定完善资金管理办法，严格落实资金审批和拨付有关规定，建立政策实施效果评估机制，强化资金追踪问效。市财政局会同相关部门定期开展专项检查和绩效评价，并将检查和绩效评价情况作为以后年度专项经费安排的依据。各用人单位具体负责资助资金监管，并根据项目实施要求，制定内部资金使用管理办法，单独建账核算，确保专款专用。高层次人才特殊支持专项资金依法接受审计和监察部门的监督。对虚报冒领、套取骗取、挤占挪用等各种违规违纪行为，依照《财政违法行为处罚处分条例》的规定严肃处理处罚，并追回财政补助资金。对涉嫌严重违纪或违法犯罪的，按规定移送监察机关或司法机关处理。

第八章 附 则

第二十二条 本办法适用于乐山市行政区划内的各类企事业单位、非公有制经济组织和社会组织，以及有关机关事业单位。

第二十三条 各地各部门可参照本办法，结合实际制定本地本部门高层次人才引进培养特殊支持政策。

第二十四条 本办法由市委组织部（市人才办）负责解释，自印发之日起施行。原有政策与本办法不一致的，按本办法执行。

乐山市人民政府办公室

2017年12月21日

资阳市激励科技创新十条政策

（资府发〔2017〕39号）

为深入实施创新驱动发展战略，进一步提升自主创新能力，充分发挥科技创新在推动经济社会发展中的支撑引领作用，结合我市实际，制定以下政策。

一、培育壮大科技创新主体。对申报国家高新技术企业和国家级知识产权优势企业、示范企业，且被省级行政主管部门受理的企业，在被认定前分别一次性给予5万元补助；对成功认定的国家高新技术企业和国家级知识产权优势企业、示范企业，分别一次性给予15万元奖励。对新认定的市级科技型企业一次性给予2万元奖励。对市级科技型企业上年度研发投入总额给予5%、最高不超过20万元的资金补助。

二、支持建设各类创新创业平台。对新认定的国、省、市级科技企业孵化器、众创空间，分别一次性给予40万元、30万元、20万元奖励；对新认定的国、省级高新技术产业化基地，分别一次性给予30万元、20万元奖励。对新认定的国、省、市级农业科技园区，分别一次性给予20万元、10万元、5万元奖励。对新认定的国、省、市级科普基地，分别一次性给予20万元、10万元、5万元奖励。

三、支持建设高水平研发机构。对新认定的国、省、市级重点实验室、工程技术研究中心、产业技术研究院，分别一次性给予70万元、50万元、20万元奖励。对新认定的国、省、市级院士（专家）工作站分别给予50万元、30万元、10万元补助。

四、支持发展科技服务业。重点支持发展技术转移、检验检测认证、知识产权、科技金融等科技服务业，着力提升科技服务业对我市科技创新和产业发展的助推能力。对在我市注册的科技服务业企业，根据科技服务业务开展情况一次性给予不超过5万元的资金补助

五、推进知识产权试点示范。对新认定的国、省、市级知识产权试点示范园区分别一次性给予20万元、10万元、5万元奖励。鼓励企业贯彻《企业知识产权管理规范》国家标准，对成功贯标的企业一次性给予10万元奖励。

六、加大国省科学技术奖和专利奖奖励力度。对以项目第一完成单位新获得国家科学技术奖特等奖、一等奖、二等奖的，分别一次性给予100万元、50万元、30万元奖励。对以项目第一完成单位新获得省级科学技术进步奖特等奖、一等奖、二等奖、三等奖的，分别一次性给予30万元、20万元、15万元、10万元奖励。对新获得中国专利（含外观设计）金奖、中国专利（含外观设计）优秀奖的专利权人，分别一次性给予20万元、10万元奖励。对新获得四川专利奖特等奖、一等奖、二等奖、三等奖的专利权人，分别一次性给予10万元、8万元、5万元、2万元奖励。

七、加速科技成果转移转化。设立市级科技成果转移转化项目专项资金，实施重大科技成果转移转化项目，重点支持口腔装备材料、汽车机车、生物医药、节能装备等高新技术领域和柠檬、蜜柑、蚕桑、生猪山羊、道地中药材等区域特色农业，开展共性关键技术研究、成果转移转化及产业化示范等，加快推动科技成果转化为现实生产力，促进我市经济转型升级、提质增效。

八、鼓励参加中国创新创业大赛。积极鼓励各类创新创业主体参加中国创新创业大赛，对入选中国创新创业大赛和中国科技工作者创新创业菁英大赛决赛的一次性给予20万元奖励，对入选中国创新创业大赛和中国科技工作者创新创业菁英大赛四川赛区决赛的一次性给予10万元奖励，对参加中国创新创业大赛的一次性给予1万元补助。

九、加大科技创新人才培育力度。设立科技创新人才培育专项资金，通过专题培训、创新论坛、创享会等方式，引导科技创新人才增强创新战略意识，熟悉了解国、省、市最新科技创新政策和知识产权的法律法规，提升科技成果转移转化的能力。

十、营造创新创业良好氛围。加大区域科技合作交流力度，引导优质科技创新资源加速向资阳流动，有效提升资阳科技创新综合实力。通过新闻报道、专题报道、深度报道等形式，着力宣传创新企业、创新成果、创新品牌，大力宣传有创新潜力的特色小微企业，深入挖掘宣传创新创业先进人物事迹，营造创新创业良好社会氛围，激发全社会的创新创业活力。

本政策所需资金在市级创新创业引导资金中列支。与此文件不一致的，以此文件为准。

本政策自发布之日起施行，由市科技知识产权局、市财政局负责牵头组织实施。各县（区）可参照本政策制定配套政策。

资阳市人民政府
2017年12月12日

贵州省人民政府
关于促进创业投资持续健康发展的实施意见

（黔府发〔2017〕28号）

为认真贯彻落实《国务院关于促进创业投资持续健康发展的若干意见》（国发〔2016〕53号），进一步促进我省创业投资持续健康发展，结合我省实际，提出以下实施意见。

一、总体要求

（一）指导思想。牢固树立和贯彻落实创新、协调、绿色、开放、共享的发展理念，坚守发展和生态两条底线，紧紧围绕大扶贫、大数据、大生态三大战略行动，以深入实施创新驱动发展战略、推进大众创业万众创新为主线，以支持实体经济发展、助力创新创业企业为目标，进一步深化简政放权、放管结合、优化服务改革，完善体制机制，健全政策措施，加强统筹协调和事中事后监管，构建促进创业投资发展的制度环境、市场环境和生态环境，加快形成有利于创业投资发展的良好氛围和“创业、创新+创投”的协同互动发展格局，进一步扩大创业投资规模，促进创业投资做大做强做优，培育一批具有较强影响力和竞争力的贵州创业投资品牌，推动我省创业投资企业跻身全国先进行列。

（二）发展目标。充分发挥政府设立的创业投资引导基金作用，扩大创业投资规模，加快构建参与主体丰富、资本属性多元、专业人才聚集，满足创新型企业从种子期、初创期到成长期不同发展阶段融资需求的创业投资体系，到2020年，全社会创业投资超过500亿元，以创业投资业务为主的创业投资机构超过100家，重点打造3家以上在国内外具有较高知名度的创业投资管理机构，将贵州打造成为在西部地区具有较强竞争力和较大影响力的创业投资集聚地。

二、主要任务

（一）扩大创业投资规模。

1．大力培育和发展合格投资者。鼓励和支持中央企业、地方国有企业、民营企业等各类实体经济企业，保险公司、信托公司、社保基金、企业年金、大学基金等机构投资者依法依规牵头或参与设立创业投资企业。鼓励和支持具备一定资本实力和风险识别能力的个人积极参与设立创业投资企业。（牵头单位：省发展改革委；责任单位：省财政厅、省国资委、省政府金融办、贵州银监局、贵州证监局、贵州保监局）

2．丰富创业投资主体。鼓励和规范发展市场化运作、专业化管理的创业投资母基金，支持中央企业、地方国有企业、保险公司、大学基金以及民营企业等机构投资者与政府引导基金合作设立创业投资母基金。鼓励行业骨干企业、创业孵化器、产业（技术）创新中心、创业服务中心、保险资产管理机构等创业创新资源丰富的机构参与创业投资，鼓励有资本实力和管理经验的个人通过依法设立一人公司从事创业投资活动。鼓励包括天使投资人在内的各类个人，通过成立公益性天使投资人联盟或直接投资等方式从事创业投资活动。（牵头单位：省发展改革委；责任单位：省财政厅、省科技厅、省经济和信息化委、省人力资源社会保障厅、省商务厅、省国资委、省工商局、省政府金融办、贵州银监局、贵州证监局、贵州保监局）

3．拓宽创业投资资金来源。鼓励银行、保险、信托公司等金融机构遵循价值投资和长期投资理念，推动发展投贷联动、投保联动、投债联动等新模式，为创业企业提供综合化、个性化金融和投融资服务。鼓励设立创业投资融资性担保机构，为创业投资企业及其投资企业提供融资担保。鼓励商业保险资金从事创业投资活动，吸引商业保险资金进入我省创业投资领域。支持银行业金融机构积极稳妥开展并购贷款业务。支持创业投资企业及其股东依法依规发行企业债券和其他债务融资工具融资，增强投资能力。鼓励政府出资的创业投资引导基金与社会资本共同设立市场化的创业投资母基金，进一步发挥财政资金的放大效应，引导更多社会资金进入创业投资领域。（牵头单位：省发展改革委；责任单位：省政府金融办、人行贵阳中心支行、贵州银监局、贵州证监局、贵州保监局）

4. 加快推动天使投资发展。充分利用现有创业投资引导基金，综合运用参股设立子基金、跟进投资、融资担保、风险补偿、奖励补贴等方式，鼓励引导社会资本投入种子期、初创期的创新型企业，推动创业投资重点向创新创业前端延伸。按照政府引导、专业管理、市场运作原则，推动省级和具有条件的市（州）创业投资引导基金设立或引导各类社会资本投资设立天使基金以股权投资等方式重点支持初创期创新型小微企业，推动新技术、新构思、新原理的商业应用。天使投资应具备全球视野，把握新兴产业发展方向和机遇，鼓励研发和引进国内外先进技术，支持国内外创新创业人才和创新型企业来黔发展。（牵头单位：省发展改革委；责任单位：省财政厅、省经济和信息化委、省科技厅、省商务厅、省政府金融办）

（二）推动创业投资开放创新。

5. 有序扩大创业投资对外开放。鼓励外资扩大创业投资规模，加大对种子期、初创期创业企业支持力度。强化境外创业投资企业招商，搭建招商宣传平台，积极捕捉创业投资项目信息，吸引海外创业投资企业来黔投资合作，进一步提升我省创业投资企业的国际竞争力。鼓励和支持境内外投资者在跨境创业投资及相关的投资贸易活动中使用人民币。促进创新资本跨境流动便利性，鼓励企业按照宏观审慎原则开展跨境融资。允许外资创业投资企业按照实际投资规模将外汇资本金结汇所得的人民币划入被投资企业。（牵头单位：省商务厅；责任单位：省发展改革委、省工商局、人行贵阳中心支行〔国家外汇管理局贵州省分局〕）

6. 引导和鼓励创业投资企业引进境外高端研发项目。简化管理流程，提高创业投资企业外汇资金使用和跨境结算便利化程度。引导和鼓励创业投资企业加大对境外高端研发项目的投资引进力度，积极分享高端技术成果。建立海外创业投资市场信息联络平台，帮助创业投资企业发掘更多境外股权投资项目。（牵头单位：省商务厅；责任单位：省发展改革委、省财政厅、省经济和信息化委、省科技厅、省政府金融办、人行贵阳中心支行〔国家外汇管理局贵州省分局〕）

（三）完善创业投资机制。

7. 建立创业投资与政府专项资金对接机制。探索建立创业投资机构向政府部门推荐专项资金支持项目机制，扩大创业投资机构管理人员在政府项目评审中的参与度。做好政府部门之间沟通协调，及时发布各类信息，引导创业投资企业投资已获政府专项资金支持的企业，有关部门要积极做好项目对接和服务。（牵头单位：省发展改革委；责任单位：省经济和信息化委、省科技厅、省商务厅）

8. 完善创业投资多渠道退出机制。支持创业投资机构投资的创新型企业在主板、中小板、创业板、“新三板”等国内资本市场上市或挂牌。加快完善区域性股权交易市场，加强与沪深证券交易所、“新三板”深度合作，支持中小微创新型企业挂牌。规范发展专业化并购基金，引导和支持我省行业领军企业、产业联盟、行业协会、产业投资机构、专业并购机构等作为主发起人发起设立并购基金，拓宽创业投资以并购重组等方式的市场化退出渠道。（牵头单位：省政府金融办；责任单位：省发展改革委、省财政厅、贵州证监局）

9. 落实和完善国有创业投资管理制度。建立适应国有创业投资机构和国有创业投资引导基金特点的考核评价体系。鼓励国有创业投资企业追求长期投资收益，对支持创业企业发展的国有创业投资企业，允许一定比例的投资损失，形成宽容失败的国有创业投资环境。国有创业投资企业股权投资可采取估值报告作为定价依据，在投资时已约定退出价格的，可按约定价格退出。鼓励国有创业投资企业开展混合所有制改革试点，支持国有创业投资企业、国有创业投资管理企业核心团队持股和跟投，支持国有创业投资企业内部实施有效的管理人员激励约束机制，将投资效益与管理人员的激励约束相结合。依法依规豁免国有创业投资企业和国有创业投资引导基金国有股转持义务。（牵头单位：省国资委；责任单位：省发展改革委、省财政厅、省科技厅）

（四）营造良好的创业投资环境。

10. 简化和规范创业投资企业设立程序。创业投资企业和创业投资管理企业可以采取有限责任公司、股份有限公司、有限合伙企业以及法律规定的其他企业组织形式设立。提高工商登记注册便利化水平，除法律、行政法规和国务院决定外，一律不得设定工商登记前置审批事项，也不得通过备案等方式实施变相前置审批。（牵头单位：省工商局；责任单位：省政府金融办、贵州证监局、省发展改革委）

11. 优化监管环境。创业投资企业应向相关部门完成备案手续，经过备案并符合条件的创业投资企业，可享受国家和各级政府相关支持政策，并接受备案管理部门的监督。建立创业投资企业的募集资金、投资运作定期检查制度，加强信息披露和风险揭示，引导创业投资企业建立以实体投资、价值投资和长期投资为导向的合理的投资估值机制。对违规募资、不进行实业投资、从事上市公司股票交易、助推投资泡沫及其他扰乱市场秩序的创业投资企业建立清查清退制度。（牵头单位：贵州证监局；责任单位：省政府金融办、省发展改革委）

12. 优化信用环境。建立健全创业投资企业、创业投资管理企业及其从业人员信用记录，实现创业投资领域信用记录全覆盖。建立创业投资领域严重失信黑名单制度，鼓励有关社会组织探索建立守信红名单制度，实施守信联合激励和失信联合惩戒。政府出资的创业投资基金要按照《国家发展改革委办公厅关于印发〈政府出资产业投资基金信用信息登记指引（试行）〉的通知》（发改办财金规〔2017〕571号）有关规定进行信用信息登记。（牵头单位：省发展改革委；责任单位：省商务厅、省工商局、人行贵阳中心支行、省科技厅〔省知识产权局〕）

13. 完善创业投资中介服务体系。发挥中介服务机构在项目对接、财务、法务、咨询、评估等方面作用，鼓励律师事务所、会计师事务所等向创业投资机构开展专业化服务，逐步建立和完善创业投资发展社会化服务体系。（牵头单位：省发展改革委；责任单位：省工商局、省民政厅、省财政厅、省政府金融办）

14. 优化创业投资人才服务。加强对创业投资人才服务保障工作，依据相关规定在住房、子女教育等方面提供便利服务。推进我省创业投资人员与国内外富有经验的创业投资专家的合作交流，加强人才培训，促进联合投资。（牵头单位：省人力资源社会保障厅；责任单位：省公安厅、省发展改革委、省教育厅）

15. 加强创业投资行业自律。发挥贵州省创业股权投资协会在行业自律管理、政府与市场沟通中的纽带作用，协助做好行业管理相关工作，加强行业协会在政策对接、会员服务、信息咨询、数据统计、行业发展报告、人才培养、国际交流合作等方面的能力建设。支持行业协会做好创业投资行业信用体系建设和社会责任建设，维护有利于行业持续健康发展的良好市场秩序。（牵头单位：省发展改革委；责任单位：省民政厅、省科技厅、贵州证监局）

三、保障措施

16. 加大创业投资财税扶持力度。对创业投资企业采取股权投资方式投资未上市中小高新技术企业2年（24个月）以上，且符合国家相关规定的，可按《财政部国家税务总局关于将国家自主创新示范区有关税收试点政策推广到全国范围实施的通知》（财税〔2015〕116号）有关税收优惠政策执行。在我省设立和运作的创业投资企业及其股东或合伙人，符合以《西部地区鼓励类产业目录》规定的产业项目为主营业务，且其当年度主营业务收入占企业收入总额70%以上的企业，可按《国家税务总局关于执行〈西部地区鼓励类产业目录〉有关企业所得税问题的公告》（国家税务总局公告2015年第14号）规定的优惠税率缴纳企业所得税。鼓励有条件的地方政府为创业投资机构按规定给予补贴和奖励。（牵头单位：省国税局、省地税局；责任单位：省发展改革委、省财政厅）

17. 增强政府引导基金引导功能。扩大全省创业投资规模，提高引导基金市场化运作效率，通过积极参股各类创业投资基金，引导更多社会资本投资中小科技型企业，促进中小微企业创新发展。建立特定领域创业投资让利及补贴机制，对省创业投资引导基金参股的创业投资和天使投资子基金，根据投资省内地区项目的资金比例、投资省内贫困地区和农业领域项目的资金比例、政府资金安全保障等情况，引导基金出资部分可做出让利，并优先对符合条件的以农业产业领域为主要投资方向的创业投资企业给予风险补贴支持。鼓励引导基金参股的创业投资企业加大对战略性新兴产业和高技术产业领域中小企业的投资力度。综合运用融资担保、政府让利以及与省内外创业投资企业联合投资等多种方式，进一步发挥政府资金在引导民间投资、扩大直接融资、弥补市场失灵等方面的作用。（牵头单位：省发展改革委；责任单位：省财政厅、省经济和信息化委、省科技厅、省商务厅、省政府金融办）

18. 开放政府项目资源。打通创业资本和项目之间的通道，创建全省创业创新项目云，整合省内双创示范基地、国家高新区、科技企业孵化器、众创空间、政府部门项目资源，打造服务创业投资的开放平台。积极开展创业投资项目推介活动，引导创业投资企业投资各类科技计划，促进科技成果转化。优先扶持被投资项目，对创业投资机构投资的成果转化项目、高新技术产业化项目，符合条件的优先列入政府支持的科技计划，优先安排扶持资金。（牵头单位：省发展改革委；责任单位：省经济和信息化委、省科技厅、省商务厅）

19. 加强统筹协调。省发展改革委要会同省有关部门、单位建立沟通协调和信息共享机制，加强全省创业投资行业发展政策和监管政策的协调配合，形成工作合力。各地各有关部门要加快制定完善促进创业投资发展相关配套政策，确保落实到位。（牵头单位：省发展改革委；责任单位：省有关部门、单位，各市（州）人民政府、贵安新区管委会）

贵州省人民政府
2017年10月13日

铜仁市人民政府
关于大力推进大众创业万众创新的实施意见

（铜府发〔2017〕28号）

为贯彻落实《国务院关于大力推进大众创业万众创新若干政策的意见》（国发〔2015〕32号）《国务院关于强化实施创新驱动发展战略进一步推进大众创业万众创新深入发展的意见》（国发〔2017〕37号）《省人民政府关于大力推进大众创业万众创新的实施意见》（黔府发〔2016〕25号）精神，进一步加快实施创新驱动发展战略，有效激发社会创新潜力和创业活力，培育和催生经济社会发展新动力，特提出以下实施意见。

一、总体要求

（一）总体思路。

牢固树立创新、协调、绿色、开放、共享发展理念，坚持把创新驱动发展战略作为核心战略，坚持市场主导、政府服务，充分发挥市场在资源配置中的决定性作用和更好发挥政府作用，围绕铜仁“一区五地”战略目标，以促进经济转型升级为主线，加速推动经济发展由要素驱动、投资驱动向创新驱动转变。着眼于激发调动全社会创业创新热情，进一步放宽政策、放开市场、放活主体，通过体制机制创新，健全普惠性政策措施，构建有利于大众创业万众创新的政策、制度环境和公共服务体系，营造大众创业万众创新良好生态环境，以创业带动就业，创新促进发展，推动新技术、新业态、新模式和新产业加速成长，打造铜仁经济发展新引擎。

（二）主要目标。

到2020年，全市创业创新主体活力充分释放，自主创业、勇于创新成为社会共识。创业创新群体不断壮大，实现全市市场主体总量比2015年增长50%以上，市场主体数量达到25万家，城镇新增就业人数达到26万人。服务体系基本健全，形成30户有效满足创业创新需求、具有较强专业化服务能力的新型孵化载体。创新成效更加明显，战略性新兴产业增加值占工业增加值的比重达到30%以上，专利授权量超过1500件，每万人发明专利拥有量达到0.5件，每千人创业人数达到15人。铜仁高新区成功创建国家级高新技术开发区，将我市初步建成全省大众创业、万众创新示范城市和武陵山区创业创新引领区、示范区和集聚区。

二、重点工作任务

（一）优化创业创新环境。

1．营造公平竞争市场环境。进一步转变政府职能，简政放权、放管结合、优化服务，凡是国家法律法规未禁止的行业领域一律向各类创业创新主体开放。进一步用好投资项目在线审批监管平台，优化投资项目审批流程，规范完善办事指南，简化事项申请要件，进一步提高投资项目办理效率和便利化。建立健全企业信用信息发布制度，将创业主体信用作为市场准入、享受优惠政策的重要依据，完善以信用管理为基础的创业创新监管模式。出台公平竞争审查实施细则，进一步健全审查机制，明确审查程序，强化审查责任，推动全面实施公平竞争审查制度，为创新创业营造统一开放、竞争有序的市场环境。加大事中事后监管力度，实现“双随机、一公开”监管全覆盖，开展跨部门“双随机”联合检查，提高监管效能。健全跨部门执法协作机制，推进市场监管领域综合执法改革。（牵头单位：市发改委；责任单位：市工信委、市财政局、市地税局、市工商局、市编委办、市政府法制办、市国税局、人民银行铜仁中心支行）

2．深化商事制度改革。推进“多证合一”登记制度改革，将涉企登记、备案等有关事项和各类证照进一步整合到营业执照上。对内外资企业，在支持政策上一视同仁，推动实施一个窗口登记注册和限时办结。推动取消企业名称预先核准，推广自主申报。全面实施企业简易注销登记改革，实现市场主体退出便利化。建设全国统一的电子营业执照管理系统，推进无介质电子营业执照建设和应用。（牵头单位：市工商局；责任单位：市发改委、市财政局、市地税局、市政府法制办、市国税局、市工信委）

3．清理规范涉企收费项目。完善收费目录管理制度，制定事中事后监管办法。认真落实好省制定的涉企行政事业性收费项目政策，不在收费目录内的行政事业性收费项目一律不得收取。落实创业负担举报反馈机制，按照有关规定对初创企业免收登记类、证照类、管理类行政事业性收费。（牵头单位：市财政局；责任单位：市发改委、市工信委、市政府法制办）

（二）打造创业创新支撑平台。

1．构建多层次创业创新空间。优化创业创新载体布局，切实增加产业用地供给，到2020年新增创业空间100万平方米。在铜仁高新区和省级经济开发区加强工业园区内的标准化厂房改造提升，鼓励各区（县）在棚改规划中建设一定比例的商贸企业聚集区和微型企业孵化园，大力推广创客空间、创业咖啡、创新工场等新型孵化模式，建设一批低成本、便利化、全要素、开放式的众创空间，培育一批满足大规模标准化产品订单、社区生活服务需要的众包平台，培育一批助推小微企业和创业者成长的众扶平台，打造一批促进中小微企业成长的互联网众筹平台。对具备一定条件的“四众”平台给予20万—100万元的财政性资金支持，对入驻创业企业减免1—3年的宽带、房租等费用。支持建立一批以大学生创业创新俱乐部、大学生创业场、创业沙龙为代表的创业苗圃。支持建设一批“孵化+创投”“互联网+创新工场”等新型孵化器，在全市逐步形成“创业苗圃+孵化器+加速器+产业园”阶梯型孵化体系。加快建设多种形式双创示范基地，对获批省级、国家级双创示范基地的，市区（县）财政分别给予一定的资金奖励。（牵头单位：市发改委；责任单位：市教育局、市科技局、市工信委、市财政局、市人力资源社会保障局、市工商局）

2．用好创业创新技术平台。以市场化为导向，因地制宜、突出特色，着力构建宽领域、强需求、多层次、实用性的技术平台体系。充分发挥铜仁高新区、梵净山大健康产业集聚区等平台的带动作用，开展共性关键技术攻关，实现跨领域行业协同创新，推动产业转型升级。依托大型优强企业，鼓励建立一批专业化、市场化的技术转移平台，立足产业链开展技术合作，带动中小微企业创业创新。围绕茶、中药材、食品、旅游商品、石材、新型建材等特色产业，着力打造特色新兴技术平台，激发大众创业、万众创新热情。（牵头单位：市科技局；责任单位：市教育局、市工信委、市科协）

3．打造创业创新公共平台。鼓励投融资机构、中介机构、企业与个人在示范基地组建公司性质的创新创业孵化平台，吸引国内外科技领军人才带技术成果进行中试孵化。积极引进国家级和省级科技孵化器来铜投资建设专业孵化器或众创空间。支持有条件的企业建立工程（技术）研发中心、企业技术中心、重点（工程）实验室等研发平台。支持有条件的企业联合高校和科研院所建立院士工作站、博士工作站。支持锰系新材料、难溶性钾、低（无）汞触媒、锂电等资源型产业创建高技术（产业）基地，引领和支撑产业技术创新。支持有条件的现代高效农业示范园区申报建设农业科技示范园区，打造现代高效农业示范园区升级版。对在铜仁新建并被认定为“国家级、省级、市级工程（技术）中心”的，分别给予100万元、50万元和10万元科研补助；对新建并被认定为“国家级、省级企业技术中心”的，分别给予100万元、50万元科研补助；对新建并通过认定的院士工作站、博士工作站，分别给予20万元、10万元科研补助；对新建并通过认定的“国家级高新技术（特色）产业化基地”，给予200万元科研补助。对新认定的国家级、省级农业科技园区，分别给予100万元、50万元的科研补助。（牵头单位：市科技局；责任单位：市发改委、市工信委、市财政局）

4．搭建创业创新产业集聚平台。以创业创新为目标，探索建设“小微企业创业创新基地”“小微企业创业创新示范园”“小微企业创业创新孵化园”“创业创新型小城镇”，用好用活用足我市获批国家级电子商务示范市、铜仁高新区获批国家电子商务示范基地、10个区（县）获批全国电子商务进农村综合示范县机遇，全面推进试点示范建设，搭建促进创业创新的公共服务平台，促进产业集群集约发展，培育一批具备辐射带动作用的创业创新示范企业。（牵头单位：市人力资源社会保障局；责任单位：市教育局、市科技局、市工信委、市财政局、市商务局、市农委、市扶贫办）

（三）激发创业创新主体活力

1．鼓励科技人员创业创新。实施社团创新创业融合行动，搭建创新创业资源对接平台，推介一批创新创业典型人物和案例，推动创新精神、企业家精神和工匠精神融合，进一步引导和推动各类科技人员投身创新创业大潮。认真落实科研人员离岗创业、促进科研成果转化等激励政策。设立铜仁市促进科技成果转化资金200万元，支持民生和重点产业发展的科技成果转化。研发机构和高等院校等事业单位的科技人员在履行岗位职责、完成本职工作的前提下，经征得单位同意，可以兼职到企业等从事科技成果转化活动，并按规定获得相应的报酬，或者离开岗位创业，在原则上不超过3年时间内保留人事关系。对深入农村开展科技创业的科技特派员，在5年时间内保留其人事关系，与原单位其他在岗人员同等享有参加职称评聘、岗位等级晋升和社会保险等方面的权利，期满后可以根据本人意愿选择辞职创业或回原单位工作。在全市精心遴选100户科技型中小企业和5户成长性好的龙头企业，在创新平台、科技项目、产业升级、财税政策、融资发展、人才培养方面给予重点支持，到2020年，形成一批成长性好的科技型企业梯队，成功培育创新型领军企业3家、高新技术企业30家、省级知识产权优势企业5家、科技型小巨人企业15家、科技型小巨人成长企业35家、科技型种子企业15家、大学生创业企业10家。对新认定的省级创新型领军企业、国家高新技术企业、省级知识产权优势企业，分别给予50万元、10万元、5万元科研补助资金；对新认定的其他科技型企业，按照省科技厅补助经费的10%给予科研补助。（牵头单位：市科技局；责任单位：市教育局、市人力资源社会保障局、市人才办）

2．扶持大中专学生创业创新。深入实施大学生创业引领计划，建立大学生创业情况统计制度，强化绩效考核，确保实现每年扶持200名大学生成功创业的目标。大中专毕业生领办创业项目并带动就业，连续正常经营1年以上的，一次性补助5000元。落实大学生创业（开业）补贴，对初次创业的毕业2年以内高校毕业生或毕业学年高校毕业生，符合条件的给予每人1000元补贴。对毕业5年内的高校毕业生在认定的孵化基地内创办实体发生的物业管理费、卫生费、房租费、水电费，3年内给予当月实际费用50%的补贴，年补贴额最高限额为5000元。（牵头单位：市教育局；责任单位：市工信委、市财政局、市人力资源社会保障局、市工商局、人民银行铜仁中心支行）

3．鼓励农村外出务工人员返乡创业。加快将现有支持“双创”相关财政政策措施向返乡下乡人员创新创业拓展，将符合条件的返乡下乡人员创新创业项目纳入强农惠农富农政策范围。允许返乡下乡人员依法使用集体建设用地开展创新创业。继续实施好雁归工程，“雁归人员”初次返铜创业正常经营1年以上、带动就业1人以上，与所雇员工签订1年以上劳动合同并为员工缴纳社会保险费的，可一次性享受3500元的创业补贴。市财政每年预算安排500万元，作为扶持“雁归人员”创业就业专项资金，主要用于支持“雁归人员”创业孵化基地建设、创业园区建设、专家指导团队经费支出和开展“创业之星”评选表彰。各区县（高新区、开发区）每年要预算安排不低于300万元的专项资金，用于鼓励和扶持“雁归人员”创业就业。（牵头单位：市人力资源社会保障局；责任单位：市财政局、市人才办、市农委、市商务局、市民政局、各区县政府，铜仁高新区、大龙开发区管委会）

4．支持高层次人才来铜创业。中国科学院、中国工程院两院院士，国家“千人计划”入选者，在铜仁高新区和大龙开发区创办企业的，3年内按银行同期利率80%的比例给予企业固定资产贷款投入贴息扶持；零租金提供不少于600平方米工作场所和150平方米住房；对流动资金不足的，通过政府性担保机构提供500万—1000万元贷款融资担保；企业年销售产值达到5000万元后，一次性给予企业核心人才团队200万元奖励。对具有自主知识产权，其技术成果填补国内空白、符合国家产业政策且具有市场潜力，在铜仁高新区和大龙开发区进行产业化生产的人才，3年内按银行同期利率50%的比例给予企业固定资产贷款投入贴息扶持；零租金提供不少于300平方米工作场所和不少于100平方米住房；对流动资金不足的，提供200万—500万元贷款融资担保；企业年销售产值达到2000万元后，一次性给予企业核心人才团队30万元奖励。符合条件的高层次人才经评审认定可享受《贵州省“百千万人才引进计划”实施办法》（黔人领发〔2013〕8号）和《铜仁市引进高层次人才绿色通道实施办法（试行）》（铜人领发〔2014〕3号）规定的相关政策待遇。（牵头单位：市人才办；责任单位：市教育局、市科技局、市人力资源社会保障局、市工信委）

（四）构建创业创新服务体系。

1．大力拓展“互联网+”服务。加快推进“互联网+”创业创新、电子商务、便捷交通、精准扶贫等专项行动计划，建设一批中小微企业创业创新基地，促进创业与创新、创业与就业、线上与线下融合发展，降低全社会创业门槛和成本。发挥科技云服务平台作用，积极推广众包、用户参与设计、云设计等新型研发组织模式和创业创新模式。鼓励龙头企业结合乡村特点建立电子商务交易服务平台、商品集散平台和物流中心，推动农村依托互联网创业。鼓励电子商务第三方交易平台渠道“下沉”，带动基层创业人员依托其平台和经营网络开展创业。支持有条件的县（区）、乡（镇）建设一批农村互联网创业园，开展业务培训、供应链管理、网站建设、仓储配送、网络技术等服务。（牵头单位：市发改委；责任单位：市科技局、市工信委、市交通运输局、市环保局、市农委、市林业局、市商务局、市扶贫办、市政府金融服务中心、市供销社、市邮政管理局）

2．鼓励科技创新资源开放共享。建立科研设施、仪器开放共享激励机制，加快推进全市科学仪器设备、科学数据等科技公共服务平台、基础条件平台共享共建，实现资源共享。对重点实验室、工程实验室、工程（技术）研究中心等研发平台进行资源整合，健全兼顾各方利益的资源开放共享机制。支持我市公益性服务机构为初创企业提供法律、知识产权、财务、咨询、检验检测认证和技术转移等服务。探索利用“创新券”等形式，支持科技型中小微企业向高等院校、科研机构、科技中介服务机构及大型科学仪器设施共享服务平台购买所需科研服务。（牵头单位：市科技局；责任单位：市发改委、市财政局、市工信委）

3．加大金融科技创新。加快建设小微企业创业创新服务中心，打造“政府服务+金融支持+小微企业培育+中大企业加速”的综合科技服务平台，向企业提供信息服务、担保平台、风险投资、银行服务、培训、中介等全方位服务。鼓励金融机构创新小微企业抵质押担保方式，开发适合小微企业特点的金融产品，开设小微企业绿色通道，主动为小微企业提供金融服务，满足小微企业用款短、频、急的需求。试点“银行+共保体”融资新模式。推动试点保险公司发展小额贷款保证保险、信用保险等，有效转移银行放贷和担保风险。加大互联网金融融资力度。支持企业按照国家相关规定探索建立“互联网+”项目股权众筹融资试点，增强众筹对大众创业创新的服务能力。推进知识产权质押融资，开展科技小额贷款试点。（牵头单位：市政府金融服务中心；责任单位：市科技局、市工信委、铜仁银监分局）

4．推进创业创新教育。构建全覆盖、多层次、分阶段的创业创新教育体系。在义务教育阶段开展创客教育，开发学生的创造性思维，提高学生综合素质和创业创新能力。在普通高等院校、职业学校，全面推进创业创新教育。以职业教育为抓手，强化高技能人才培养，把创业创新教育融入人才教育培养全过程。加强创业导师队伍建设，优化师资结构，吸纳有实践经验的创业者、职业经理人和其他专业人员加入师资队伍。广泛学习借鉴发达地区创业思想、创新理念，积极构建创业交流平台，开展创业论坛、“创业青年说”“创业大讲堂”等文化活动，营造有时代气息和地方特色的创业创新文化氛围。（牵头单位：市教育局；责任单位：市发改委、市科技局、市工信委、市人力资源社会保障局）

5．加大创业创新培训力度。深入实施科技特派员行动计划，融合“创业导师”服务，为创业者提供创业指导帮助。拓宽创业培训受益群体范围，完善“创业意识+创办/改善企业+创业实训”培训模式，加强讲师队伍建设，不断提高培训质量和效果。加强创业辅导，做好开业指导、项目咨询、评估、分析和后续跟踪服务工作，建立创业导师和创业咨询师队伍，举办创业讲堂、专题咨询等多种形式的辅导活动，促进初创企业成长。各级各类职业技术学校要突出专业重点，培育培训品牌，按照“一校一品”或“一校多品”的要求，抓好大众创业创新培训工作。各级群团组织和各类社会组织要利用自身优势，积极办好创业创新人员技能培训班。对参加创业培训的毕业年度高校毕业生、下岗失业人员和返乡农民，根据其参加培训内容和获得创业培训合格证书情况给予培训补贴。（牵头单位：市人力资源社会保障局；责任单位：市教育局、市科技局、团市委、市妇联）

6．完善社会服务。整合注册会计师协会、律师协会、民营（私营）企业协会等专业协会及其成员单位资源，搭建创业专业化服务平台，为创业主体开展期货、融资、财务、法律等专业化服务。探索发行“创业创新服务券”，购买专业化服务，遴选有需求、潜力好、前景广的小微企业进行资助。规范管理各类创业培训机构，通过以奖代补等方式支持成效明显的培训机构。（牵头单位：市财政局；责任单位：市科技局、市工信委、市工商局）

7．建立健全科技成果转化机制。深化科技体制改革，创新科研管理运行机制，探索实施将科研项目人力资源费比例提高到政府资助经费的30%、决策咨询与管理创新研究项目和软件开发项目人力资源费最高可达60%的管理办法。对职务科技成果，除涉及国家安全、国家利益和重大社会公共利益外，高等院校、科研院所等企事业单位不再报批、自主转让，所获收益由单位或企业自主分配。高等院校、科研院所等事业单位以科技成果作价入股的企业，放宽股权奖励、股权出售对企业设立年限和盈利水平的限制。依托技术市场平台，完善科技成果和项目供需发布机制，推动线上线下科技成果对接交易。培育发展一批技术经纪、咨询评估、成果推介、融资担保等技术转移服务机构，助推科技创新和成果转化。（牵头单位：市科技局；责任单位：市发改委、市教育局、市工信委、市财政局、市人力资源社会保障局）

（五）加大创业创新财税金融支持力度。

1．加大财政资金支持和统筹力度。设立创业创新引导基金，市级引导基金不少于200万元，区（县）引导基金不少于100万元；统筹利用现有市级各类创业创新专项资金，积极争取省级创业创新发展专项资金和贵州省创业创新投资引导基金，重点支持“双创”示范基地和项目建设。对争取到的国家新兴产业创投计划参股基金、中小企业发展基金、科技型中小企业创业投资引导基金、国家科技成果转化引导基金等，按国家规定从相应的专项资金、基金渠道，以基金配基金、资金配基金等模式予以配套落实。发挥财政资金杠杆作用，继续实行“3个15万元”扶持微型企业发展政策。鼓励举办各类创新大赛，对获奖的新技术、新成果、新工艺等产业化项目，采取基金、以奖代补、事中事后贴息等方式给予一定额度的资助。对优秀创业项目，采取以奖代补、贷款贴息等方式给予不高于3万元的支持。（牵头单位：市财政局；责任单位：各区县人民政府，铜仁高新区管委会、大龙开发区管委会，市发改委、市科技局、市工信委、市工商局、市政府金融服务中心）

2．落实创业创新税收优惠政策。凡得到上级授权的税收优惠政策一律按上限执行。高校毕业生、登记失业人员等重点群体创办个体工商户、个人独资企业的，可按国家规定享受税收最高上浮限额减免政策。对符合条件的创业投资企业，采取股权投资方式投资未上市的中小高新技术企业2年（含2年）以上的，可以按照其对中小高新技术企业投资额的70%，在股权持有满2年的当年抵扣该创业投资企业的应纳税所得额；当年不足抵扣的，可在以后纳税年度结转抵扣。对企业为开发新技术、新产品、新工艺发生的研究开发费用，未形成无形资产计入当期损益的，在按照规定据实扣除的基础上，按照研究开发费用的50%加计扣除；形成无形资产的，按照无形资产成本的150%摊销。高新技术企业和科技型中小企业科研人员通过科技成果转化取得股权奖励收入时，可分期缴纳个人所得税。（牵头单位：市地税局、市国税局）

3．强化投融资扶持。建立健全创业创新贷款风险补偿机制，用好“黔微贷”“电商信用贷”“贵园信贷通”“贵工贷”等融资产品，采取补助、贴息、担保、股权投资、债权投资、基金支持、风险代偿补偿等方式，强化对创业创新企业、新型农业经营主体的信贷扶持。探索打捆集聚扶持和跟进扶持模式，对集聚创业者抱团发展的龙头企业给予支持，对成长型、成熟型微型企业给予跟进扶持。鼓励、引导金融机构探索设立理财子公司和投资子公司，对创业创新企业进行股权投资。引导和鼓励众筹融资平台开展公开、小额股权众筹融资试点。支持企业在资本市场直接融资，对我市企业挂牌上市按照《中共铜仁市委办公室 铜仁市人民政府办公室印发关于发挥资本市场作用助推铜仁市脱贫攻坚工作实施方案的通知》（铜党发〔2017〕7号）规定给予奖励。（牵头单位：市财政局；责任单位：市政府金融服务中心、人民银行铜仁中心支行、铜仁银监分局）

4．加强创业担保贷款扶持。建立健全创业担保机制，整合政府性融资担保、再担保资金，建立市、县级融资担保基金，形成“政银担”风险分担机制。鼓励属地政府性国有担保机构对拟上市的中小微企业给予支持，按规定实施再担保。建立反担保机制，采取信用担保或互联互保方式支持创业创新的中小微企业通过诚信度评估后给予创业担保贷款扶持。健全创业担保贷款政策，对城镇登记失业人员、就业困难人员（含残疾人）、复原转业退役军人、刑满释放人员、高校毕业生（含大学生村官和留学回国学生）、化解产能企业职工和失业人员、返乡创业农民工、网络商户、建档立卡贫困人口提供创业贷款扶持，个人创业担保贷款的贷款期限与贷款额度按省有关文件执行。对符合条件的小微企业，提供最高不超过200万元的创业担保贷款。鼓励金融机构参照贷款基准利率，结合风险分担评估，合理确定贷款利率水平，个人创业担保贷款在贷款基准利率基础上上浮3个百分点以内的，由财政部门按相关规定贴息。（牵头单位：市财政局；责任单位：市人力资源社会保障局、市政府金融服务中心、市扶贫办）

5．发挥政府采购支持作用。落实和完善促进中小企业创新发展的政府采购政策，加强对采购单位的政策指导和监督检查，督促采购单位改进计划编制和项目预留管理。加大创新产品和服务的采购力度，把政府采购与支持创业发展紧密结合起来。鼓励采用首购、订购等非招标采购方式，以及政府购买服务等方式支持创新产品的研发和规模化应用。（牵头单位：市财政局）

三、保障措施

（一）加强组织领导。市大众创业万众创新联席会议负责研究部署和统筹指导全市大众创业万众创新工作，研究解决工作中的重大问题。各区县、市直各单位和产业园区等要高度重视大众创业万众创新工作，明确责任，加强联动，切实抓紧抓好。

（二）密切协调配合。各有关部门要按照职能分工，结合实际制定具体实施方案，加大资金投入、政策支持和条件保障力度，所需奖励资金比照收益分配原则实行市区（县）分担。各有关部门要按照全市统一部署，互相配合，齐抓共管。

（三）注重政策落实。加快建立推进大众创业万众创新有关普惠性政策措施落实情况督查督导机制，建立和完善政策执行评估体系和通报制度，确保各项政策措施落地生根。

（四）营造良好氛围。各级各有关部门要加大相关政策的宣传力度。及时发现、精心培养各类创业创新典型，通过多种形式，及时推广先进经验、成功做法，弘扬创业创新典型精神，引导全社会共同关心支持大众创业万众创新工作。

铜仁市人民政府

2017年12月19日

中共云南省委办公厅 云南省人民政府办公厅 关于实施“云岭英才计划”的意见

（云办发〔2017〕34号）

为深入推进人才强省战略，加大高层次人才（团队）培养引进力度，为云南跨越发展提供人才保证和智力支持，现就实施“云岭英才计划”提出如下意见。

一、总体要求

（一）基本原则。坚持需求导向，着力提升人才培养引进的针对性和精准性。坚持服务发展，着力强化人才对经济社会发展的带动促进和支持保证作用。坚持高端引领，着力优化全省人才素质和队伍结构。坚持跟踪问效，着力加强目标管理和绩效约束。坚持各方联动，着力发挥政府、社会和用人单位作用。

（二）目标任务。围绕全省经济社会发展需求，用5年左右时间，力争有重点地培养、引进和支持200名左右“云岭高层次人才”、100名左右“云岭高端外国专家”、1000名左右“云岭青年人才”、100个左右“云岭高层次创新创业团队”。争取通过10年左右的努力，培育造就一支创新创业有成效、示范带动作用强、支撑引领效果好的高层次人才队伍，推动云岭大地成为人才实现价值、发挥作用、贡献才智的沃土。

（三）引进对象。“云岭英才计划”包括4个专项：

1．云岭高层次人才。一般在55岁以下（院士除外），具有博士学位，副高以上专业技术职务，引进后须全职在云南连续工作不少于5年，且符合下列条件之一：

（1）国内外顶尖人才。主要包括“两院”在职院士、欧美等发达国家在职院士及国际性重大人才奖项获得者。

（2）国家级重大人才工程入选者。主要包括国家“千人计划”“万人计划”“长江学者奖励计划”入选者；“国家杰出青年基金”获得者；“百千万人才工程”国家级人选。

（3）国家级重大人才奖项获得者。国家最高科学技术奖，国家自然科学奖、国家技术发明奖、国家科学技术进步奖、国际科学技术合作奖排名一、二位；与前述层次相当奖项。

（4）其他高层次人才。国家重大科技计划项目、国家自然科学基金重大项目、国家重点工程建设项目首席科学家或项目主要负责人；自然科学、人文社会科学方面具有国际领先地位，或拥有核心技术、专有技术，能显著提升我省研究及创新水平；有国内外知名企业、高校、科研单位及相关机构关键岗位研发或技术管理经历，担任过高级技术管理职务；符合云南经济社会发展需要，与前述层次相当的各类高层次人才。

2．云岭高端外国专家。非中国籍，一般在65岁以下，具有较高学历学位，相当于副教授以上专业技术职务，引进后须在云南连续工作不少于3年、每年不少于6个月，且符合下列条件之一：

（1）有国外高校、科研单位及相关机构关键岗位研发或技术管理经历，某一领域具有国际先进水平。

（2）在国外知名企业担任过中高级专业技术职务或管理职务，具备较强技术创新或经营管理能力。

（3）拥有国际领先自主知识产权或核心关键技术，有持续创新或成果转化能力、能产生显著经济社会效益。

（4）我省急需紧缺的其他高端外国专家。

3．云岭青年人才。一般在40岁以下，具有博士学位，引进后须全职在云南连续工作不少于5年，且符合下列条件之一：

（1）在国内外知名高校、科研机构及企业研发机构有正式教学或者科研职位，取得博士学位后有2年以上教学或科研工作经历。

（2）在国内外知名企业担任过中高级专业技术职务或经营管理职务。

（3）掌握核心专利或技术发明，拥有自主知识产权。

（4）在国外知名高校、科研单位或相关机构，攻读博士、从事博士后研究或时间不少于1年的访问学者等回国人才。

（5）取得同行专家认可的科研成果，且具有成为该领域学术或技术带头人的发展潜力，符合云南经济社会发展需要的其他青年人才。

4．云岭高层次创新创业团队。拥有一定数量成员，引进后团队在云南连续创新创业不少于5年，至少1名核心成员入选“云岭高层次人才”，且符合下列条件之一：

（1）在相关领域达到国际先进或国内领先水平，具有重要学术影响或技术优势。

（2）拥有可产业化发明专利或自主知识产权创新成果。

（3）具备突破重大技术、科技难题的持续创新能力或成果转化能力，能产生显著经济社会效益。

二、经费补助

（四）工作生活补贴。引进人才，经认定并正式履行工作合同后，给予一次性工作生活补贴。

1．入选“云岭高层次人才”，给予一次性工作生活补贴100万元。其中，引进“两院”在职院士200万元；引进“千人计划”按中央标准同等配套。

2．入选“云岭高端外国专家”，给予一次性工作生活补贴50万元

3．入选“云岭青年人才”，给予一次性工作生活补贴50万元。

4．“云岭高层次创新创业团队”成员，入选前述三类人才的，给予相应一次性工作生活补贴。

5．引进人才到我省工作后，符合“高层次人才特殊生活补贴”条件的，给予相应补贴。

（五）项目经费支持。引进人才（团队）在我省领办、创办企业或研发机构的，择优给予项目经费支持。经费额度一次性核定，按本意见确定的在云南最低服务年限（创新创业年限）实行年度平均拨付。人才（团队）所在单位按不低于1∶1配套。

1．“云岭高层次人才”领衔的项目支持经费，经评审认定自然科学类最高500万元、人文社会科学类最高100万元。

2．“云岭高端外国专家”领衔的项目支持经费，经评审认定最高100万元。

3．“云岭青年人才”领衔的项目支持经费，经评审认定最高100万元。

4．“云岭高层次创新创业团队”的项目支持经费，经评审认定最高3000万元。

（六）人才培养激励。行政、工资关系隶属我省的各类人才，在我省工作期间新入选国家级重大人才项目或获得国家级重大人才奖励，直接给予个人一次性奖励。

1．新入选“两院”院士500万元；新入选国家“万人计划（杰出人才）”“长江学者”“国家杰出青年基金”“百千万人才工程”100万元；新入选国家“千人计划”按中央一次性工作生活补贴标准同等配套。

2．新入选与前述相当的国家级重大人才项目或获得国家级重大奖励，经审核，一次性奖励最高50万元。

三、创业支持

（七）发展基金。整合财政、社会、企业、个人多元投资资金，设立省级人才发展基金，由省属投融资企业管理运作，主要用于入选人才创新创业投资或融资支持。鼓励各类创业风险投资机构对入选人才创新创业提供投资、融资支持。建立创新创业跟投机制，对风险投资机构投资科技型初创企业，经评审符合条件的，由发展基金按风险投资额20%跟投。

（八）贷款贴息。为入选人才在云南创业提供贷款贴息扶持。创办高新技术企业获得银行贷款的，经审核符合条件的，给予贷款贴息，从省级人才发展基金中列支。鼓励我省金融机构积极探索创新金融产品，为入选人才创新创业开展股权质押贷款、知识产权质押贷款等服务。

（九）住房保障。实行政府与用人单位共同分担，以购（租）房货币化补贴、人才公寓为主的人才住房保障。入选人才

经评审，可按云南省现行政策，按层次分别享受50万元、30万元、20万元购房补贴及对应工作经费资助。鼓励人才集聚的企事业单位、产业园区，在符合国家规定前提下利用自有存量用地建设人才公寓，采用划拨方式供地。

（十）办公用房。入选人才创办高新技术企业、在云南设立研发机构总部，经认定符合条件予以立项的，按有关规定给予办公用房补贴。

（十一）科研经费。入选人才获得的省级财政科研项目资金，简化预算编制科目，由科研人员结合科研活动实际需要编制预算并按规定统筹安排使用。提高间接费用比重，核定比例可以提高到不超过直接费用扣除设备购置费的一定比例：500万元以下的部分为20%，500万元至1000万元的部分为15%，1000万元以上的部分为13%。加大对科研人员的激励力度，取消绩效支出比例限制。科研类差旅、会议费用不受零增长限制。项目完成任务目标并通过验收后，结余资金按规定留归项目承担单位使用，在2年内由项目承担单位统筹安排用于科研活动的直接支出；2年后未使用完的，按规定收回。项目承担单位以市场委托方式取得的横向经费，纳入单位财务统一管理，由项目承担单位按照委托方要求或合同约定管理使用。

（十二）设备采购。入选人才所在单位可根据入选人才科研需求，自行采购科研仪器设备，自行选择科研仪器设备评审专家。简化政府采购项目预算调剂和变更政府采购方式审批流程。对采购进口仪器设备实行备案制管理。

（十三）落实税收支持政策。入选人才领办创办的创新创业企业，符合条件的按国家规定享受企业所得税优惠。单位以股份或出资比例等股权形式给予入选人才个人奖励的，科技人员所获科技成果技术入股股权归个人所有，获奖人员可按国家有关规定暂不缴纳个人所得税，取得按股权、出资比例分红或股权转让、出资转让所得时，应依法缴纳个人所得税。

（十四）成果转化。鼓励入选人才在我省域内转化科技成果。职务发明成果收益按照有关规定划归参与研发的人才及其团队所有，合同约定的从其约定。入选人才在转化科技成果时，获得奖励比例不低于转化收益的50%，不受所在单位当年工资总额限制、不纳入所在单位工资总额基数。

四、引才激励

（十五）特设岗位。简化引进人才招录程序，入选人才到党政机关工作，可按规定采取聘任制公务员等方式办理；到事业单位工作，可按规定以直聘或特设岗位方式引进。入选人才符合规定，可按干部管理权限任命（聘任）引进单位中层及以上领导职务或高级专业技术职务。业绩突出、成效显著的优秀中青年专业技术人才，可直接申报评审相应专业技术职称。鼓励简化程序、特设岗位，有重点地引进一批“名师、名医、名家、名匠、名（校、院、所）长”。

（十六）市场化引才。积极引进国内外知名人才中介机构和国际国内知名孵化器、加速器等创业服务机构。认定一批规模大、业绩好、诚信度高的专业化中介服务组织，作为实施“云岭英才计划”的合作单位。

（十七）引才平台。人才公共服务机构可有计划地设立海内外招才引智工作站，引进人才（团队）符合条件的，可申报列入“云岭英才计划”。鼓励我省高校、科研院所和企业依托国内外发达地区对应机构，在当地合作建立办学和研发机构，吸引使用优秀人才（团队）。

（十八）服务保障。经评审认定，符合条件的培养引进人才，享受“云南省引进高层次人才绿色通道”有关服务。省人才服务中心设立“一站式”服务窗口，为入选人才提供代收代办等相关服务。用人单位可为入选人才配备行政助手。入选“云岭高层次人才”的，直接列为“省委联系专家”。定期组织人才国情省情研修考察、咨询服务及健康体检、休假疗养等活动，引导人才弘扬爱国奉献精神、严守学术道德规范，胸怀全局、矢志报国、模范引领。

（十九）柔性引才。鼓励用人单位采取灵活多样形式柔性引进高层次人才，弹性使用、软性管理、个性服务，按照云南省柔性引进人才办法享受相关待遇。推进院士（专家）工作站建设，鼓励建立联合、区域、行业工作站，同等享受建站支持和项目资助。加大博士后站建设力度，鼓励博士后研究人员在云南创新创业。

五、工作机制

（二十）责任分工。“云岭英才计划”在省人才工作领导小组领导下，由领导小组办公室统筹，各责任部门根据本意见，制定具体实施办法，报省人才工作领导小组审定后组织实施。“云岭高层次人才”“云岭高层次创新创业团队”由省科技厅负责；“云岭青年人才”由省人力资源社会保障厅负责；“云岭高端外国专家”由省外国专家局负责；“人才培养激励”由省委组织部负责。“创业支持”“引才激励”涉及的支持政策及责任分工，按现行规定办理。

（二十一）申报评审。“云岭英才计划”每年4月1日至6月30日集中申报评审。用人单位持相关资格证明和项目资料向各责任部门申报。各责任部门分口组织专家评审，报省人才工作领导小组审批后认定。引进人才符合“云岭高层次人才”第（1）（2）项条件的，经申报、责任部门审核、省人才工作领导小组审批后直接认定，不再组织评审。

拟申报人才（团队）须为申报起始日前2年内引进到我省工作，或起始日前2年内在我省工作期间入选国家级重大人才项目、获得国家级重大人才奖项的人才。同一人才（团队）申报同一项目最多不超过2次，不得同时重复申报“云岭高层次人才”“云岭高端外国专家”“云岭青年人才”以及人才培养激励支持。经核实重复申报的，取消申报资格。已入选省级人才引进项目的，不得重复申报。

（二十二）资金保障。“云岭英才计划”涉及的一次性工作生活补贴及人才培养激励经费，由各责任部门预算，省人才工作领导小组办公室汇总审核后，统一向省财政申报，列入各责任部门次年预算；项目支持经费，由各责任部门按照“统筹现有、归口核算、分别申报、按年拨付”原则，经评审后报省人才工作领导小组办公室备案，各责任部门分别向省财政申报预算。省财政每年给予一定“云岭英才计划”工作经费，由省人才工作领导小组办公室统筹，根据工作情况拨付省委组织部、省人力资源社会保障厅、省科技厅、省外国专家局，专项用于“云岭英才计划”组织实施。

（二十三）规范管理。各责任部门要明确标准、规范程序、严肃纪律，确保“云岭英才计划”实施的公正性、公信力、透明度。加强入选人才（团队）定期考核、绩效评估和跟踪监管，建立退出机制和诚信公告机制，对弄虚作假骗取入选资格，未按规定履行合同，违反职业道德、学术不端造成不良社会影响，或者触犯国家法律法规的，取消“云岭英才计划”相关待遇，并按服务年限扣减（收回）一次性工作生活补贴、项目支持经费等。用人单位具体负责入选人才（团队）日常管理和服务保障，与人才（团队）签订服务合同，明确目标任务，约定权利义务，积极创造条件、搭建舞台，促进人才（团队）作用发挥。

本意见自印发之日起施行。《关于做好海外高层次人才引进工作的实施意见》（云办发〔2009〕10号）、《云南省引进海外高层次人才暂行办法》（云组发〔2009〕12号）、《云南省高端科技人才引进计划实施办法》（云科发〔2014〕9号）及“高端外国专家引进计划”不再实施。“云岭系列”人才培养项目，按现行规定执行。

附件：“云岭英才计划”主要工作任务措施分解

中共云南省委办公厅
云南省人民政府办公厅
2017年6月9日

云南省人民政府
关于促进创业投资持续健康发展的实施意见

（云政发〔2017〕23号）

为贯彻落实《国务院关于促进创业投资持续健康发展的若干意见》（国发[2016]53号），结合我省实际，现提出以下意见：

一、加快培育多元创业投资主体

（一）培育创业投资机构体系。鼓励各类机构投资者和个人依法设立公司型、合伙型创业投资企业，不涉及《工商登记前置审批事项目录》内前置审批事项的，按照“非禁即入”原则和“先照后证”程序办理工商注册。鼓励国内外各类投资机构、投资基金在我省设立创业投资机构，并按照资本市场发展专项资金的有关管理规定，给予一定补助。鼓励具有资本实力和管理经验的个人通过依法设立一人公司从事创业投资活动。鼓励和规范发展市场化运作、专业化管理的创业投资母基金，培育符合我省发展实际、充满活力、管理规范、拥有实力的创业投资机构体系。（省发展改革委、财政厅、科技厅、工业和信息化委、人力资源社会保障厅、商务厅、工商局、国资委、金融办，云南证监局按照职责分工负责）

（二）积极鼓励包括天使投资人在内的各类个人从事创业投资活动。培育和壮大天使投资人群体，促进天使投资人与创业企业及创业投资企业的信息交流与合作，营造良好的天使投资氛围，推动天使投资事业发展。规范发展互联网股权融资平台，为各类个人直接投资创业企业提供信息和技术服务。（省发展改革委、科技厅、金融办，人民银行昆明中心支行、云南银监局、云南证监局按照职责分工负责）

二、多渠道拓宽创业投资资金来源

（三）大力培育和发展合格投资者。在风险可控、安全流动的前提下，支持国有企业、保险公司、大学基金等各类机构投资者投资创业投资企业和创业投资母基金。鼓励信托公司遵循价值投资和长期投资理念，充分发挥信托公司既能进行创业投资又能发放贷款的优势，积极探索新产品、新模式，为创业企业进行综合化、个性化金融和投融资服务。培育合格个人投资者，支持具有风险识别和风险承受能力的个人参与投资创业投资企业。（省发展改革委、财政厅、国资委，云南银监局、云南证监局、云南保监局按照职责分工负责）

（四）建立股权债权等联动机制。按照“依法合规、风险可控、商业可持续”的原则，建立创业投资企业与各类金融机构长期性、市场化合作机制，推动发展投贷联动、投保联动、投债联动等新模式。有效增加科技型企业金融供给总量，鼓励和支持银行业金融机构提高对创业企业兼并重组的金融服务水平，积极为符合国家产业政策和信贷政策、具有较高产业关联度的并购方与创业企业开展并购贷款业务。鼓励和支持我省银行业金融机构积极探索外部投贷联动新模式，争取内部投贷联动试点地区和试点机构资格。加大对创业投资企业直接债务融资的宣传力度，支持创业投资企业及其股东依法依规发行企业债券和其他债务融资工具融资，纳入资本市场发展专项资金予以扶持。（云南银监局、人民银行昆明中心支行、云南证监局、云南保监局，省发展改革委、财政厅、金融办、科技厅按照职责分工负责）

（五）发挥众创空间支持创新创业功能。为创业团队、创业企业提供包含工作空间、网络空间、交流空间和资源共享空间等在内的各类创业场所，为创业者提供低成本、便利化、全要素的创业服务平台。鼓励和支持各类创业园区、众创空间等创业孵化器与创业投资机构合作，建立创业孵化与创业投资相结合的孵化机制，多渠道为创业者争取资金支持。（省科技厅负责）

三、加强政府引导和政策扶持

（六）落实好创业投资税收政策。认真宣传并贯彻落实好国家出台的各项支持创业投资的税收优惠政策，充分发挥地方税收职能作用，不断优化税收服务，引导和促进云南创业投资持续健康发展。（省国税局，省地税局、发展改革委、科技厅、财政厅、商务厅、人力资源社会保障厅、新闻办，云南证监局按照职责分工负责）

（七）建立创业投资与政府项目对接机制。在“双创”示范基地、国家高新区、科技企业孵化器、众创空间等，开放项目（企业）资源，充分利用政府项目资源优势，搭建创业投资与企业信息共享平台，打通创业资本和项目之间的通道，引导创业投资企业投资于国家科技计划（专项、基金等）形成科技成果的转化。挖掘农业领域创业投资潜力，依托农村产业融合发展园区、农业产业化示范基地、农民工返乡创业园等，通过发展第二、三产业，改造提升第一产业。有关方面要配合做好项目对接和服务。（省发展改革委、科技厅、工业和信息化委、农业厅、商务厅按照职责分工负责）

（八）落实鼓励长期投资的政策措施。倡导长期投资和价值投资理念，落实对专注于长期投资和价值投资的创业投资企业在企业债券发行、引导基金扶持、政府项目对接、市场化退出等方面给予必要的政策支持。（省发展改革委、财政厅、科技厅，人民银行昆明中心支行、云南证监局按照职责分工负责）

（九）发挥政府资金的引导作用。充分发挥政府设立的创业投资引导基金作用，加强规范管理，加大力度培育新的经济增长点，促进就业增长。积极参与国家新兴产业创业投资引导基金、国家中小企业发展基金、国家科技成果转化引导基金等已设立的政府出资基金。对于已设立基金未覆盖且需要政府引导支持的领域，鼓励有条件的地区按照“政府引导、市场化运作”规则，推动设立创业投资引导基金，发挥财政资金的引导和聚集放大作用，引导民间投资等社会资本投入。进一步提高创业投资引导基金市场化运作效率，促进政策目标实现，维护出资人权益。鼓励创业投资引导基金注资市场化母基金，由专业化创业投资管理机构受托管理引导基金。综合运用参股基金、联合投资、融资担保、政府出资适当让利于社会出资等多种方式，进一步发挥政府资金在引导民间投资、扩大直接融资、弥补市场失灵等方面的作用。建立并完善创业投资引导基金中政府出资的绩效评价制度。（省发展改革委、科技厅、工业和信息化委、财政厅按照职责分工负责）

（十）支持科技人员创新创业。高校、科研院所要按照有关规定，落实科技成果使用权、处置权和收益权政策，对财政资金支持形成的，不涉及国防、国家安全、国家利益、重大社会公共利益的科技成果使用权、处置权和收益权，全部下放给符合条件的项目承担单位。高校、科研院所及其他研发、服务机构科研人员，保留基本待遇到企业开展创新工作或创业，对于离岗创业的，经原单位同意，可在3年内保留人事关系，与原单位其他在岗人员同等享有参加职称评聘、岗位等级晋升和社会保险等方面的权利。高校、科研院所科技成果转化所获收益用于奖励科研负责人、骨干技术人员等重要贡献人员和团队的比例不低于60%。对高校、科研院所的创业项目知识产权申请、转化和运用，按照国家有关政策给予支持。（省人力资源社会保障厅、教育厅、科技厅、知识产权局按照职责分工负责）

四、进一步完善创业投资退出机制

（十一）拓宽创业投资市场化退出机制。充分发挥主板、创业板、全国中小企业股份转让系统功能，畅通和拓宽创业投资市场化退出渠道。支持机构间私募产品报价与服务系统、证券公司柜台市场开展直接融资业务。鼓励创业投资以并购重组等方式实现市场化退出，规范发展专业化并购基金。（云南证监局，省发展改革委负责）

五、优化创业投资市场环境

（十二）优化监管环境。实施更多的普惠性支持政策措施，营造公平竞争的发展环境，深化简政放权、放管结合、优化服务改革，搞好服务，激发活力。坚持适度监管、差异监管和统一功能监管，创新监管方式，有效防范系统性区域性风险。对创业投资企业在行业管理、备案登记等方面采取与其他私募基金区别对待的差异化监管政策，建立适应创业投资行业特点的宽市场准入、重事中事后监管的适度而有效的监管体制。加强信息披露和风险揭示，引导创业投资企业建立以实体投资、价值投资和长期投资为导向的合理的投资估值机制。对不进行实业投资、从事上市公司股票交易、助推投资泡沫及其他扰乱市场秩序的创业投资企业建立清查清退制度。建立行业规范，强化创业投资企业内控机制、合规管理和风险管理机制。加强投资者保护，特别是要进一步完善产权保护制度，依法保护产权和投资者合法经营、合法权益和合法财产。加强投资者教育，有关投资者应为具有风险识别和风险承受能力的合格投资者。建立并完善募集资金的托管制度，规范创业投资企业募集资金行为，打击违法违规募集资金行为。健全对创业投资企业募集资金、投资运作等与保护投资者权益有关的制度规范，加强日常监管。（省发展改革委、科技厅、国资委，云南证监局按照职责分工负责）

（十三）优化商事环境。各地各部门不得自行出台限制创业投资企业和创业投资管理企业市场准入和发展的有关政策。建立创业投资行业发展备案和监管备案互联互通机制，为创业投资企业备案提供便利，放宽创业投资企业的市场准入。持续深化商事制度改革，巩固扩大“五证合一”成果，积极推进“多证合一”进程，不断提高工商注册便利化水平。促进创业投资行业加强品牌建设。（省发展改革委、工商局，云南证监局会同有关部门按照职责分工负责）

（十四）优化信用环境。建立健全创业投资企业、创业投资管理企业及其从业人员信用记录，实现创业投资领域信用记录全覆盖。推动创业投资领域信用信息纳入省信用信息共享平台，并与企业信用信息公示系统实现互联互通。依法依规在“信用云南”网站和国家企业信用信息公示系统（云南）公示有关信息。加快建立创业投资领域严重失信黑名单制度，鼓励有关社会组织探索建立守信红名单制度，依托全国信用信息共享平台，按照有关法律法规和政策规定实施守信联合激励和失信联合惩戒。建立健全创业投资行业信用服务机制，推广使用信用产品。（省发展改革委、工商局、商务厅，人民银行昆明中心支行、云南证监局按照职责分工负责）

（十五）严格保护知识产权。不断完善出台严格保护专利合法权益，促进创业投资的配套政策，全面推进“双随机一公开”监管工作，合法依规开展市场监管，加强知识产权维权援助和专利违法行为举报投诉工作。加强对创业创新早期企业知识产权保护，推进商标注册便利化改革。健全知识产权侵权查处机制，依法惩治侵犯和假冒知识产权的违法犯罪行为，将企业行政处罚、黑名单等信息纳入省信用信息共享平台，对严重侵犯知识产权的责任主体实施联合惩戒，并通过“信用云南”网站、企业信用信息公示系统等进行公示，创造鼓励创业投资的良好知识产权保护环境。（省工商局、知识产权局、新闻出版广电局、商务厅、发展改革委，人民银行昆明中心支行、云南证监局等按照职责分工负责）

六、推动创业投资双向开放

（十六）有序扩大创业投资对外开放。发展创业投资要坚持走开放式发展道路，通过吸引境外投资，引进国际先进经验、技术和管理模式，提升我省创业投资企业的竞争力。按照对内外资一视同仁的原则，简化管理流程，鼓励外资扩大创业投资规模，加大对种子期、初创期创业企业支持力度。鼓励和支持境内外投资者在跨境创业投资及有关的投资贸易活动中使用人民币。允许外资创业投资企业按照实际投资规模将外汇资本金结汇所得的人民币划入被投资企业。（省发展改革委、商务厅，人民银行昆明中心支行按照职责分工负责）

（十七）鼓励有实力的创业投资企业积极稳妥“走出去”。用好境外投资有关管理制度，引导和鼓励创业投资企业加大对境外及港、澳、台地区高端研发项目的投资，积极分享高端技术成果。（省发展改革委、商务厅，人民银行昆明中心支行按照职责分工负责）

七、完善创业投资行业自律和服务体系

（十八）加强行业自律。鼓励具备条件的州、市成立创业投资协会组织，搭建行业协会交流服务平台。充分发挥行业协会在行业自律管理和政府与市场沟通中的积极作用，加强行业协会在政策对接、会员服务、信息咨询、数据统计、行业发展报告、人才培养、交流合作等方面的能力建设，支持行业协会推动创业投资行业信用体系建设和社会责任建设，维护有利于行业持续健康发展的良好市场秩序。（省发展改革委、民政厅，云南证监局按照职责分工负责）

（十九）健全创业投资服务体系。加强与创业投资有关的会计、征信、信息、托管、法律、咨询、教育培训等各类中介服务体系建设。支持创业投资协会组织通过高校、科研院所、群团组织、创业投资企业、创业投资管理企业、天使投资人等多种渠道，以多种方式加强创业投资专业人才培养，加大教育培训力度，吸引更多的优秀人才从事创业投资，提高创业投资的精准度。（省发展改革委、科技厅、人力资源社会保障厅，云南证监局按照职责分工负责）

八、加强各方统筹协调

（二十）加强政策跟踪落实和统筹协调。省发展改革委要会同有关部门加强促进创业投资发展的政策跟踪落实和协调，建立部门之间、部门与各州市之间政策贯彻落实协调联动机制，形成有关政府部门促进创业投资行业发展的信息共享机制。（省发展改革委，云南证监局会同有关部门按照职责分工负责）

各地各部门要把促进创业投资持续健康发展作为深入实施创新驱动发展战略、推动大众创业万众创新、促进经济结构调整和产业转型升级的一项重要举措，按照职责分工抓紧制定有关配套措施，加强沟通协调，形成工作合力，确保各项政策及时落实到位，为助推我省经济持续健康发展提供新动能。

云南省人民政府
2017年4月11日

陕西省“千人计划”实施办法

（陕办发〔2017〕46号）

第一章 总 则

第一条 陕西省“千人计划”是省级层面实施的重大人才工程，是原省高层次人才引进计划（“百人计划”）的提升工程，旨在围绕我省发展战略目标，计划用5年左右时间，重点引进2000名左右自然科学、工程技术、哲学社会科学与文化艺术等领域高层次创新创业人才。

第二条 实施我省“千人计划”遵循以下原则：

（一）坚持党管人才；

（二）服务追赶超越和落实“五新”战略任务；

（三）突出高精尖缺需求；

（四）注重公平公正科学；

（五）体现高端示范引领。

第三条 我省“千人计划”由若干项目构成，包括：创新人才长期项目、创新人才短期项目、创业人才项目、青年项目、外国专家项目、顶尖人才和创新团队项目、文化艺术人才项目、区域人才项目。

根据我省经济社会发展和人才队伍发展需要，经省委人才工作领导小组批准，可调整计划项目设置。

第四条 在省委人才工作领导小组（以下简称“领导小组”）领导下，由省委人才工作领导小组办公室（以下简称“人才办”）负责组织协调和日常管理工作。在有关部门设立平台，负责具体实施工作。

省科技厅、省国防科工办设立自然科学和工程技术领域创新项目平台和创业人才平台，省外国专家局设立外国专家项目平台，省人力资源和社会保障厅设立顶尖人才和创新团队项目平台，省委宣传部设立哲学社会科学和文化艺术人才创新项目平台，省委组织部设立区域人才项目平台，省委组织部、省委宣传部、省委高教工委、省科技厅、省人力资源和社会保障厅、省国资委、省国防科工办共同设立青年项目平台。

第二章 资格条件

第五条 创新人才长期项目。申报人一般应当取得博士学位，身体健康，引进时未全职来陕工作，或者来陕工作不超过1年，引进后须全职来陕工作3年以上，并符合下列条件之一：

（一）在国内著名高校、科研机构、医疗机构等单位担任相当于教授职务或者在国外著名高校、科研机构、医疗机构等单位担任相当于副教授以上职务的专业技术人才和管理人才；

（二）在国内知名企业、金融机构担任高级职务或者在国际知名企业、金融机构担任中级以上职务的专业技术人才和经营管理人才；

（三）近5年发表过高水平学术论文，获得国际、国内重要科技奖励，掌握重要实验方法或关键技术；

（四）拥有能够促进企业自主创新、技术产品升级的重大科研成果；

（五）熟悉相关领域业务和国际规则，具有丰富的金融管理、资本运作和项目规划管理经验，在业界有较大影响。

对其他达到国内一流水平或者我省急需紧缺人才，经专家论证推荐，可适当放宽学历、专业职务要求。

第六条 创新人才短期项目（含非华裔外国专家）。引进时未全职在省内工作，且符合创新人才长期项目其他资格条件。在省内有稳定的合作单位，有明确的工作目标任务，能够作出实质性贡献。引进后须在我省连续工作3年以上，每年不少于2个月。

第七条 创业人才项目。申报人一般应符合下列条件：

（一）拥有自主知识产权和发明专利或掌握核心技术，具有海外自主创业经验或者曾任国际知名企业中高层管理职位，有较强的经营管理能力；

（二）承担过相关领域的重大项目，具有较强的产品开发能力，或在相关产业领域能够解决关键技术或工艺性难题，且其技术成果达到国内先进水平；

（三）在省内时间不超过6年，其创办企业成立2年以上、5年以下，产品具有市场潜力并能产业化生产；

（四）为企业主要创办人且为第一大股东或者最大自然人股东。一户企业只能申报一名；

（五）自有资金（含技术入股）或海外、省外跟进的风险投资占创业投资的30%以上，熟悉相关产业领域和国际规则的创业人才。

第八条 青年项目。自然科学和工程技术领域的申报人年龄不超过40周岁（女性不超过42周岁），哲学社会科学领域的申报人年龄不超过45周岁，申报人应具有博士学位，身体健康，并符合下列条件：

（一）为所从事科研领域同龄人中的拔尖人才，有成为该领域学术或技术带头人的发展潜力；

（二）申报时未全职来陕工作，或者来陕工作不超过1年；

（三）引进后须全职在陕工作两个聘期以上，每个聘期不少于3年。

大中型金融机构或者金融管理部门的申报人，一般应当取得博士学位，年龄不超过40周岁（女性不超过42周岁），身体健康，并符合下列条件：

（一）在海外或省外商业性金融机构或者金融监管机构工作不少于1年；

（二）业绩突出，在业内具有一定知名度，且具有成为所在领域领军人才的发展潜力；

（三）申报时应当未全职来陕工作，或者来陕工作不超过1年；

（四）引进后须全职在陕工作两个聘期以上，每个聘期不少于3年。

第九条 外国专家项目。申报人应当为非华裔外国专家，年龄不超过68周岁，身体健康，引进后须全职来陕工作3年以上。其他资格条件应当符合创新人才长期项目要求。

第十条 顶尖人才和创新团队项目。申报人应当为自然科学或者工程技术领域的国际国内顶尖专家，引进后一般应当全职来陕工作5年以上（特殊情况可以适当放宽），并具备下列条件之一：

（一）诺贝尔奖、图灵奖、菲尔茨奖等国际大奖的获得者或者提名人选；

（二）欧美等发达国家科学院院士或者工程院院士；

（三）外省中国科学院院士、中国工程院院士；

（四）在世界一流大学、科研机构任职的国际著名学者；

（五）拥有国际国内领先的技术成果；

（六）其他急需紧缺的顶尖人才。

第十一条 文化艺术人才项目。从事研究工作的申报人，一般应当取得博士学位，年龄不超过55岁；从事舞台艺术、经营管理、创意设计等专业的申报人，可适当放宽学历和年龄要求。申报人申报时一般应当未全职来陕工作，或者来陕工作时间不超过1年。申报长期项目的，引进后须全职来陕工作3年以上；申报短期项目的，须来陕连续工作3年以上，每年不少于2个月。

第十二条 区域人才引进项目。引进主体为西安城区以外地区的用人单位，资格条件比照其他项目予以适当放宽。

第十三条 申报人不得通过多个平台渠道同时申报。除研究成果、技术水平出现重大进展或者突破外，申报次数累计不超过2次。创业人才项目、青年项目不限制申报次数。

第十四条 除创业人才项目外，其他项目申报人须与用人单位签订工作合同或者意向性协议。

第十五条 存在违约违纪违法、学术不端等行为的人员，不得申报。

第十六条 建立绿色申报通道。符合我省“千人计划”各项目基本条件且符合下列条件之一的人员，按照本人申请、用人单位推荐、人才办审核的程序，可直接作为引进人才建议人选。

（一）国家“千人计划”“万人计划”入选者；

（二）国家科学技术奖（最高科学技术奖、自然科学奖、技术发明奖、科学技术进步奖、国际科学技术合作奖）获得者（排名前三）；

（三）国家杰出青年科学基金和国家优秀青年科学基金获得者，教育部“长江学者奖励计划”入选者；

（四）其他国家部委重点人才支持计划入选者或授予人才荣誉头衔的专家。

以上所列各项条件均适用于我省以外区域获奖者或入选者，对于我省符合上述条件的申报人，通过该渠道申报的在年度申报通知中进一步明确来陕时间要求。

第三章 遴选程序

第十七条 遴选工作应当遵循下列程序：人才办部署年度遴选工作，用人单位组织申报，设立平台的部门（以下简称“平台部门”）开展形式审查、组织同行专家评审，人才办会同平台部门组织咨询顾问组审核、公示，领导小组批准。一般每年安排两次。

第十八条 各地区各部门按照下列渠道组织申报工作。

自然科学和工程技术领域创新人才长期项目和创新人才短期项目：中央驻陕和省属单位报主管部门审核汇总后报省科技厅、省国防科工办；各市（区）所属单位拟引进人才，由所在市（区）党委组织部审核汇总后报省科技厅、省国防科工办；其他单位按照属地原则由所在市（区）党委组织部审核汇总后报省科技厅、省国防科工办。

创业人才项目：由创办企业所在市（区）党委组织部对申报人创办的企业进行实地核查后报省科技厅。

青年项目：按照行业类别分别报省委宣传部、省委高教工委、省科技厅、省国资委、省国防科工办汇总，其他行业和市（区）所属单位按照属地原则报所在市（区）党委组织部汇总，经审核后报省委组织部。

外国专家项目：中央驻陕和省属单位向省外国专家局申报，其他单位按照属地原则由各市（区）人力资源和社会保障局、外国专家局审核同意后报省外国专家局。

哲学社会科学和文化艺术人才创新项目：中央驻陕和省属单位向省委宣传部申报，其他单位按照属地原则由所在市（区）党委宣传部审核同意后报省委宣传部。

顶尖人才和创新团队项目：由用人单位直接报省人力资源和社会保障厅。

区域人才项目：由各市（区）党委组织部汇总审核后报省委组织部。

符合条件的高层次人才可以自荐或推荐的方式直接向省委组织部申报。通过自荐、其他渠道推荐或因涉密等需要以特殊方式引进的人才，由省委组织部商有关部门按个案处理。

第十九条 形式审查由平台部门负责，对申报人资格条件和申报材料进行审核。平台部门应当及时将形式审查结果反馈推荐单位。

第二十条 同行专家评审由平台部门负责，针对申报人类别采取会议、网络通讯评审、面谈、远程视频答辩等方式。对评审工作全过程严格监督，建立责任追究机制，对说情打招呼、泄露评审专家名单等违规违纪行为严肃处理。

第二十一条 人才办组织召开专家咨询顾问会议，通报评审工作情况，接受专家质询，对建议人选和相应经费支持额度建议进行审核，研究提出审核意见并向平台部门反馈。

第二十二条 创业人才项目、青年项目拟入选名单须通过媒体向社会公示，公示期为7个工作日。相关平台部门负责对公示反映的问题进行调查核实，提出处理意见。对实名举报和有具体线索的匿名举报应当逐一调查核实。涉及学术技术问题的可再次征求评审专家意见，涉及申报资格条件的须由申报单位作出说明、提供独立第三方有效证明材料。

第二十三条 入选资格名单经人才办报领导小组审批后印发。

第二十四条 设立特殊评审评议程序，对我省需要的特殊重点人才，可“一事一议”，单独报送评审。

第二十五条 申报推荐、形式审查、专家网络通讯评审均依托信息平台实施。

第四章 支持政策

第二十六条 省“千人计划”创新人才长期项目、创业人才项目、外国专家项目入选者，省财政给予100万元的经费补助（视同政府奖金）。创新人才短期项目（含非华裔外国专家）、区域人才项目入选者，省财政给予50万元的经费补助（视同政府奖金）。青年项目入选者，省财政给予60万元的经费补助（视同政府奖金）。文化艺术人才项目入选者按照创新人才长期项目和创新人才短期项目标准予以资助。入选专家正式履行工作合同后一次性发放，由专家自主使用，用人单位不得截留挪用。用人单位、主管部门和当地政府配套其他资金，用于改善引进人才的工作生活条件。

第二十七条 给予顶尖人才和创新团队项目入选者200万元的经费补助（视同政府奖金）。在科学研究、成果转化、人才培养等方面，按照“一事一议”方式给予特殊支持。

第二十八条 除生活资助外，省财政给予青年项目、外国专家项目、区域人才项目入选专家30万元—100万元的科研经费补助。补助经费额度一次性核定，一次性拨付用人单位，用于支持专家自主选题研究，用人单位可按照科研进度合理安排经费使用，不得提取管理费用和挪作他用。已获得国家“千人计划”相关项目科研经费资助的，不再重复资助。

第二十九条 对于承担重大科研项目、技术研发、成果转化和重大创作等任务的省“千人计划”入选者，在合同聘期结束时，可根据个人意向与用人单位达成续聘合同，由用人单位提出申请，报人才办审核备案。工作成绩突出的，经人才办组织专家评审认定后，可给予一定的后续科研经费支持。

第三十条 对省“千人计划”创新人才长期项目、创业人才项目和外国专家项目入选者，授予“陕西省特聘专家”称号。省特聘专家可直接认定高级专业技术资格，有关部门应当在财政科技项目资金、产业发展扶持资金等方面给予省特聘专家一定的倾斜，对创办企业的，应简化手续、优先办理。

第三十一条 省“千人计划”入选者在签证居留、落户、住房、医疗保健、子女入学、交通出行、保险等方面享受优惠政策，由相关部门提供高效、便捷的服务。

第五章 服务管理

第三十二条 省委组织部、省人力资源和社会保障厅为省“千人计划”入选者颁发证书。

第三十三条 省“千人计划”入选者列入党委联系的专家范围。人才办为引进人才建立档案，制定日常联系和服务办法，建立跟踪服务和沟通反馈机制，及时掌握引进人才工作和生活的相关情况。各市（区）党委组织部门要加强思想引导和政治引领，注意将入选专家纳入本级党委联系范围，定期组织国情研修考察、咨询服务等活动，引导专家弘扬爱国奉献精神、严守学术道德规范。注意培养推荐入选专家到国际、全国性组织任职。

第三十四条 省人力资源和社会保障厅设立高层次人才服务窗口，负责协调落实引进的高层次人才有关待遇政策，受理各类问题诉求。

第三十五条 用人单位应当按省“千人计划”有关政策规定、工作合同做好服务和管理工作。

第三十六条 入选专家在首个聘期内原则上不得转换工作单位。确需转换的，应当由本人提出申请，征得转出单位同意，接收单位提出具体意见，主管部门审核后向人才办提出有关建议，人才办按照有利于发挥人才作用的原则研究批复。企业入选人员如转换到高等学校（含民办高校）、科研机构工作，需经人才办组织专家审核。工作单位转换后，省财政给予的一次性补助及科研经费补助一并流转。首个聘期内，区域人才项目入选专家不得向西安地区流动。

第三十七条 鼓励支持创新人才短期项目入选专家转换为创新人才长期项目。创新人才长期项目入选专家原则上不得转换为创新人才短期项目。转换项目类别后，相应调整经费支持等政策。

第三十八条 入选创新人才长期项目的引进人才，首个合同聘期结束且有意向全职来陕工作或已正式入职用人单位的，可申请省“特支计划”。入选青年项目的引进人才，可在合同聘期结束申请省“特支计划”。

第三十九条 建立入选专家退出机制，依据不同情形实施分类管理。对因个人或者家庭原因提出放弃入选资格的，按主动退出办理。对未按合同约定如期到岗工作，或者在岗时间未达到要求，经督促提醒仍不履约的，予以劝退。对弄虚作假骗取入选资格的，违反职业道德、学术不端造成恶劣影响的，或者触犯国家法律法规的，取消入选资格。按退出处理和被取消入选资格的专家，省上将收回发给个人的资助经费。

第四十条 原省“百人计划”入选者纳入省“千人计划”服务管理。

第四十一条 陕西省“千人计划”是我省高层次人才引进计划的专有名称，未经授权，不得擅自以陕西省“千人计划”名义组织相关活动，严禁以商业目的或者潜在商业目的使用陕西省“千人计划”名称及标志。

第六章 组织实施

第四十二条 人才办负责牵头研判高层次人才引进形势并提出政策建议，制定发布引才指导目录和年度引才工作安排；牵头研究制定引进高层次人才的有关政策、制度、办法，协调解决引才工作中的重大问题；牵头组织计划实施的全过程监督，综合评估各平台引才工作情况；协调有关部门和地方制定并落实特殊政策措施；指导各地区各部门引才工作。

第四十三条 平台部门负责制定相关项目实施细则，按照人才办遴选工作通知要求，组织实施申报、评审和遴选工作。每完成一个评审周期应形成工作报告，总结成绩、查找不足，不断提高实施水平。

第四十四条 各级组织部门统筹协调本地区本单位人才引进工作。

第四十五条 用人单位负责引进高层次人才资格审核、专业评估、培养使用、服务管理等工作，为入选者提供必要支持。

第四十六条 工作实施过程中，涉及评审、评估等可委托第三方机构承担。

第四十七条 充分发挥有关学会、协会和联谊会等社会组织的作用，加强同海外高层次人才的联系，为高层次人才来陕工作、服务牵线搭桥。

第七章 附 则

第四十八条 本办法由省委负责解释，具体解释工作由省委组织部承担。

第四十九条 本办法自发布之日起施行。原省“百人计划”相关政策继续适用于省“千人计划”入选者，此前发布的有关规定与本办法不一致的，按照本办法执行。

中共陕西省委办公厅

陕西省人民政府办公厅

2017年11月9日

陕西省人民政府
关于加快推动创业投资发展的实施意见

（陕政发〔2017〕53号）

为贯彻落实《国务院关于促进创业投资持续健康发展的若干意见》（国发〔2016〕53号）精神，发展壮大我省创业投资，推进供给侧结构性改革，培育经济发展新动能，现提出以下实施意见：

一、总体目标

强化市场主体地位，发挥政府引导作用，营造良好的创业投资环境和积极的投资氛围，构建多层次创业投资体系，满足处于不同发展阶段创新型企业融资需求，加快推动创业投资发展。到2020年，全省创业投资规模超过1000亿元，培育以创业投资业务为主的创业投资机构100家以上，形成主体多元、资本富集、人才集聚的创业投资体系，将我省打造成西部地区具有较大影响力的创业投资中心。

二、强化市场主导作用，促进创业投资快速发展

1．培育面向萌芽期企业的创业投资。支持专业种子基金发展，瞄准科技尖端前沿领域，提前布局研发团队、技术成果等，孵化优秀项目。发挥省科技成果转化引导基金作用，推动各市区（县）、园区、高校、院所等合作组建创业种子基金，积极对接各类创业创新大赛等活动，以公益参股和贷款风险补偿等多种方式，重点支持众创空间等创业载体中的创业团队和萌芽期创新型小微企业。（省科技厅、省发展改革委等按职责分工负责）

2．发展面向初创期企业的创业投资。发挥政府资金引导作用，鼓励社会资本投资组建天使基金，以股权投资等方式重点支持初创期创新型小微企业，推动具有商业潜能新技术、新构思、新原理的商业应用，着力提高初创企业“发芽率”。积极把握产业未来发展动向和机遇，支持国内外人才、团队来陕创业，引进先进工艺技术，促进新兴产业快速发展。（省科技厅、省发展改革委等按职责分工负责）

3．壮大面向成长期企业的创业投资。充分发挥市场主导作用，激发各类社会资本参与创业投资活力，以股权投资等方式重点支持成长期创新型中小企业快速发展，推动其商业价值实现规模化，培育壮大新兴产业。不断丰富创业投资品种、健全退出机制、增加基金流动性，满足不同所有制形式、行业领域成长期创新型企业发展需求。（省发展改革委、省科技厅等按职责分工负责）

4．扩大创业投资规模。鼓励各类机构投资者和个人依法在陕设立公司型、合伙型创业投资企业。鼓励具有资本实力和管理经验的个人通过依法设立一人公司从事创业投资活动。鼓励长期投资和价值投资，对专注于长期投资和价值投资的创业投资企业在企业债券发行、引导基金扶持、政府项目对接、市场化退出等方面给予优先考虑，激励原有投资者再次投资创业投资。已设立省级各类专项补助资金要加大对创业投资基金及所投项目无偿资金支持力度。支持创业投资企业及股东依法依规通过发行企业债券和其他债务融资工具融资，增强募资和投资能力。鼓励现有创投基金、产业基金根据投资布局，加大投向萌芽期、初创期企业的比例。支持引导商业保险资金等投资创业投资基金。建立创业投资企业与保险、银行、证券等金融机构合作机制，推动发展投贷联动、投保联动、投债联动等新模式。（省金融办、省工商局、省财政厅、省科技厅、省发展改革委、人民银行西安分行、陕西银监局、陕西证监局、陕西保监局等按职责分工负责）

5．打造创业投资品牌。加快推动一批专业化创业投资发展壮大，形成国内具有广泛影响力的创业投资品牌。大力支持专注于航空、航天、新一代信息技术、新材料等战略性新兴产业重点领域的创业投资发展，培育一批具有行业影响力的专业化创业投资基金。培养一批具有国际视野的专业化创业投资管理团队和领军人才。（省科技厅、省发展改革委等按职责分工负责）

6．完善创业投资退出机制。支持创业投资机构投资的创新型企业在主板、中小企业板、创业板、全国中小企业股份转让系统以及陕西股权交易中心挂牌上市，改善市场流动性，畅通创业投资市场化退出渠道。鼓励创业投资以并购重组等方式实现市场化退出，规范发展专业化并购基金，不断探索创业投资市场化退出新路径。（省金融办、陕西证监局、省发展改革委等按职责分工负责）

三、发挥政府引导作用，助推创业投资持续发展

7．发挥政府资金撬动作用。加快实施国家新兴产业创业投资计划，引导各类社会资本投资设立市场化运作、专业化管理的创业投资基金。充分发挥陕西省中小企业发展基金、科技成果转化引导基金等资源配置导向作用，推动建立院所、高校、重点产业、区域科技等4个方面成果转化子基金，积极吸引社会资本参与，放大政府出资基金规模。鼓励有条件的市区（县）、园区设立中小企业基金、创业投资引导基金。创新政府资金使用方式，综合运用参股基金、联合投资、融资担保、政府出资适当让利于社会出资等多种方式，支持发展创业投资基金。（省金融办、省财政厅、省发展改革委、省科技厅、省工业和信息化厅、省中小企业局等按职责分工负责）

8．鼓励国有企业参与创业投资。鼓励国有企业在风险可控、安全流动的前提下，按照市场化方式设立或参股创业投资企业和创业投资母基金，强化对萌芽期、初创期等创业企业的支持。鼓励国有创业投资机构联合高水平投资管理机构、创业孵化器、大学科技园、保险资产管理机构等创业创新资源丰富的相关机构，合作设立创业投资基金。（省国资委、陕西保监局等按职责分工负责）

支持具备条件的国有创业投资企业开展混合所有制改革试点，探索国有创业投资企业和创业投资管理企业核心团队持股和跟投。鼓励国有创业投资企业实施内部人员约束激励机制，建立风险、责任、收益相匹配的管理制度，按照市场化方式确定经营目标及相应的薪酬水平。支持国有创业投资机构建立适应创业投资行业特点的考核评价体系，健全投资损失核销机制，简化投资损失核销流程。（省国资委牵头负责）

9．贯彻落实创业投资税收优惠、奖励和风险补偿政策。落实财政部、国税总局《关于创业投资企业和天使投资个人的有关税收试点政策的通知》要求，确保试点税收优惠政策执行到位，吸引创业投资机构、天使投资个人等投资主体来陕投资。对省级引导基金参股的创业投资企业，投资本省重点支持领域早期创业企业的，投资获利退出时，探索开展创业投资奖励。政府参股的基金投资效益显著、成功培育企业境内外上市的，对基金管理团队实行业绩奖励，业绩奖励最高不超过子基金增值收益的20%。（省财政厅、省地税局、省国税局、省发展改革委等按职责分工负责）

鼓励融资担保机构为创业投资机构债权融资，以及创业投资机构投资的我省创新型企业提供融资担保。探索在创业投资企业投资本省范围内的早期科技型创业企业投资损失确认后，给予适当风险补偿。（省金融办、省国资委等按职责分工负责）

10．建立创业投资与政府专项对接机制。对接政府项目资源，构建创业投资与企业信息共享交流机制。扩大创业投资机构管理人员在政府专项项目评审中的参与度。引导创业投资企业投资已获得政府专项资金支持的企业和项目。探索建立基金间共享项目资源储备，以及对省内优秀项目互投、跟投机制。（省发展改革委、省财政厅、省科技厅等按职责分工负责）

11．打造创业投资基金和孵化器集聚区。结合我省产业结构布局，探索在西安高新区、西安经开区、西咸新区沣西新城、宝鸡高新区等条件相对成熟的区域，引导形成投资人、投资机构、创业团队、基金管理人规模集聚效应，探索建设基金小镇。鼓励基金加基地、孵化加投资等各类创新型基金运作模式。鼓励有条件的市、县（区）政府制定相应的政策，支持创业投资基金和孵化器集聚区发展。引导孵化器、园区、高校和投资机构建立一批微种子基金，有效对接项目和平台。积极引进知名专业机构管理基金，集聚创业投资人团队，并通过专业机构和优秀团队影响力带动产业引进，打造优势集群。建立省级基金管理人互动机制，共享项目资源，形成天使—创投—产业基金接续支持的聚集效应。（省科技厅、省发展改革委等按职责分工负责）

四、完善服务保障体系，促进创业投资健康发展

12．加强组织领导。建立创业投资联席会议制度，协调推进创业投资发展中的重大政策问题。省级各有关部门和单位要结合自身职能，密切配合，加快制定完善各项创业投资发展配套政策。（省发展改革委牵头负责）

加强监督管理，强化信息披露和风险揭示，引导创业投资企业建立以实体投资、价值投资和长期投资为导向的合理投资估值机制。健全对创业投资企业募集资金、投资运作等与保护投资者权益相关的制度规范，加强日常监管。建立完善募集资金的托管制度，规范创业投资企业募集资金行为。探索建立对不进行实业投资、从事上市公司股票交易、助推投资泡沫及其他扰乱市场秩序的创业投资企业清查清退制度。（陕西证监局、省金融办、省发展改革委等按职责分工负责）

13．加强创业投资与金融机构、市场的联动。建立多层次创业投资衔接联动机制，实现对不同阶段企业的接续性支持。充分发挥各类创业投资社会组织的服务作用，促进创业投资信息交流与合作。鼓励以科技金融服务为特点的银行与创业投资企业、股权投资企业战略合作，推动投贷联动金融服务新模式。鼓励银行业金融机构在风险可控前提下，优先支持省级基金及参股子基金投资的挂牌企业项目。（省金融办、陕西银监局、陕西证监局、省科技厅等按职责分工负责）

14．加强信用体系建设。建立健全创业投资企业、创业投资管理企业及其从业人员信用记录，实现创业投资领域信用记录全覆盖。加快建立创业投资领域诚信典型“红名单”和严重失信“黑名单”制度，依托陕西省公共信用信息平台实现红黑名单信息跨地区、跨部门共享，并通过“信用陕西”网站和“信用中国”网站向社会公示，实施守信联合激励和失信联合惩戒。建立健全创业投资行业信用服务机制，在政府管理和相关经济社会活动中推广使用第三方信用等级评价、信用报告等信用服务产品。（省发展改革委、陕西证监局、省工商局、人民银行西安分行等按职责分工负责）

15．严格保护知识产权。完善创业投资领域相关知识产权保护制度。积极推进重大经济活动知识产权评议工作，加强对创业创新早期知识产权保护。健全打击知识产权侵权假冒违法行为联合查处和失信惩戒机制，依法惩治侵犯知识产权的违法犯罪行为，对严重侵犯知识产权的责任主体实施联合惩戒。（省知识产权局、省工商局、人民银行西安分行等按职责分工负责）

16．加强创业投资人才队伍引进和培养。支持我省创业投资协会等各类创业投资社会组织，与高校院所、群团组织、创业投资企业、创业投资管理企业、天使投资人等开展合作，以开设课程、合作办学等方式加强创业投资专业人才培养，吸引更多的优秀人才从事创业投资。支持创业投资企业引进各类高层次人才，积极参加国家“千人计划”、省“百人计划”“三秦学者”等人才项目。积极支持我省创业投资人员与国内外富有经验的创业投资专家合作与交流，加强联合投资。（省委组织部、省人力资源社会保障厅等按职责分工负责）

本实施意见自2017年12月9日起施行，有效期至2020年12月9日。

陕西省人民政府
2017年11月9日

甘肃省人民政府
关于促进创业投资持续健康发展的实施意见

（甘政发〔2017〕93号）

为进一步促进我省创业投资持续健康发展，推动经济结构调整和产业转型升级，培育发展新动能，激发创新创业，促进就业增长，根据《国务院关于促进创业投资持续健康发展的若干意见》（国发〔2016〕53号）精神，结合我省实际，提出如下实施意见。

一、总体要求

（一）指导思想。以习近平新时代中国特色社会主义思想为指导，认真贯彻落实党的十九大精神，牢固树立和贯彻落实创新、协调、绿色、开放、共享的发展理念，进一步深化供给侧结构性改革和简政放权、放管结合、优化服务改革，充分发挥市场在资源配置中的决定性作用和更好发挥政府作用，大力推进大众创业万众创新，加强统筹协调和事中事后监管，构建促进创业投资发展的制度环境、市场环境和生态环境，加快形成“创业、创新+创投”的协同互动发展格局，积极发展新经济，培育新动能，改造提升传统动能，进一步扩大创业投资规模，培育一批具有影响力和竞争力的创业投资企业，促进我省创业投资做大做强做优。

（二）基本原则。坚持“服务实体、专业运作、信用为本、责任担当”的基本原则。加大对实体经济支持的力度，增强可持续性，构建“实体创投”的创业投资环境。鼓励创业投资企业和创业投资管理企业从自身独特优势出发，强化专业化投资理念和投资策略，深化内部体制机制创新，加强对投资项目的投后管理和增值服务，不断提高创业投资行业专业化运作和管理水平，夯实“专业创投”的创业投资运行基础。加强创业投资行业信用体系建设，建立和完善守信联合激励和失信联合惩戒制度，促进创业投资企业和创业投资管理企业诚信守法，忠实履行对投资者的诚信义务，创建“信用创投”的创业投资发展环境。推动创业投资行业严格按照国家有关法律法规和相关产业政策开展投资运营活动，按照市场化、法治化原则，促进创业投资良性竞争和绿色发展，共同维护良好市场秩序，树立“责任创投”的创业投资价值理念。

二、培育多元创业投资主体

（一）加快培育各类创业投资机构。鼓励各类机构投资者和个人依法设立公司型、合伙型创业投资企业。鼓励行业骨干企业、创业孵化器、产业（技术）创新中心、创业服务中心、保险资产管理机构等创业创新资源丰富的相关机构参与创业投资。鼓励具有资本实力和管理经验的个人通过依法设立一人公司从事创业投资活动。鼓励和规范发展市场化运作、专业化管理的创业投资母基金。（省发展改革委、省科技厅、省工信委、省人社厅、省商务厅、省政府国资委、省工商局、甘肃银监局、甘肃证监局、甘肃保监局、人行兰州中心支行、国家外汇局甘肃省分局按职责分工负责）

（二）鼓励社会资本从事创业投资活动。鼓励成立公益性天使投资人联盟等各类平台组织，培育和壮大天使投资人群体，促进天使投资人与创业企业及创业投资企业的信息交流与合作，营造良好的天使投资氛围，推动天使投资事业发展。规范发展互联网股权融资平台，为各类个人直接投资创业企业提供信息和技术服务。（省发展改革委、省科技厅、甘肃证监局按职责分工负责）

三、多渠道拓宽创业投资融资渠道

（一）培育和发展合格投资者。支持中央和省属国有企业、保险公司、大学基金等各类机构投资者投资创业投资企业和创业投资母基金。鼓励省内银行、保险机构、信托公司遵循价值投资和长期投资理念，充分发挥既能进行创业投资又能发放贷款、投保的优势，积极探索新产品、新模式，为创业企业提供综合化、个性化金融和投融资服务。支持具有风险识别和风险承受能力的个人参与投资创业投资，支持各级地方政府融资平台公司从事创业投资活动。（省财政厅、省发展改革委、省政府国资委、甘肃银监局、甘肃证监局、甘肃保监局、各市州政府按职责分工负责）

（二）探索建立股权债权等联动机制。建立创业投资企业与各类金融机构长期性、市场化合作机制，进一步降低商业保险资金进入创业投资领域的门槛，鼓励各类商业保险资金进入我省创业投资领域。推动发展投贷联动、投保联动、投债联动等新模式，不断加大对创业投资企业的投融资支持。支持银行业金融机构积极稳妥开展并购贷款业务，提高对创业投资企业兼并重组的金融服务水平。完善银行业金融机构投贷联动机制，推动投贷联动金融服务模式创新。支持创业投资企业及其股东依法依规发行企业债券和其他债务融资工具融资，增强投资能力。（甘肃银监局、甘肃证监局、甘肃保监局、人行兰州中心支行、省发展改革委、省科技厅按职责分工负责）

四、加强政府引导和政策扶持

（一）发挥政府资金的引导作用。充分发挥兰白科技创新改革试验区技术创新驱动基金、甘肃省中小企业发展基金、甘肃现代农业产业创业投资基金、甘肃省现代服务业创业投资基金、甘肃省高技术服务业创业投资基金、甘肃生物产业创业投资基金等政府已设立基金的引导作用，加强规范管理，加大力度培育新的经济增长点，促进就业增长。对于已设立基金未覆盖且需要政府引导支持的领域，各地可根据实际情况，按照“政府引导、市场化运作”的原则设立创业投资引导基金，发挥财政资金的引导和聚集放大作用，吸引民间投资等社会资本投入。进一步提高创业投资引导基金市场化运作效率，促进政策目标实现，维护出资人权益。鼓励创业投资引导基金注资市场化母基金，由专业化创业投资管理机构受托管理引导基金。综合运用参股基金、联合投资、融资担保、政府出资适当让利于社会出资等多种方式，进一步发挥政府资金在引导民间投资、扩大直接融资、弥补市场失灵等方面的作用。建立并完善创业投资引导基金中政府出资的绩效评价制度。（省发展改革委、省科技厅、省工信委、省财政厅、各市州政府按职责分工负责）

（二）建立创业投资与政府项目对接机制。在全面创新改革试验区域、兰州新区、自主创新示范区、双创示范基地、产业（技术）创新中心、科技企业孵化器等，开放项目（企业）资源，充分利用政府项目资源优势，搭建创业投资与企业信息共享平台，建立创业投资企业库和创业投资项目库，打通创业资本和项目之间的通道，引导创业投资企业投资国家、省级科技计划（专项、基金等），促进科技成果的转化。挖掘农业领域创业投资潜力，依托农村产业融合发展园区、农业产业化示范基地、农民工返乡创业园等，通过发展第二、三产业，改造提升第一产业。加大创业投资对产业扶贫项目的支持力度。（省科技厅、省发展改革委、省工信委、省农牧厅、省商务厅按职责分工负责）

（三）制定鼓励长期投资的政策措施。在企业债券发行、引导基金扶持、政府项目对接、市场化退出等方面按照国家要求制定更加优惠的政策措施，激励专注于长期投资和价值投资的创业投资企业发展。（省发展改革委、人行兰州中心支行、甘肃证监局、省科技厅按职责分工负责）

五、完善创业投资相关制度

（一）落实和完善国有创业投资管理制度。支持有意向、有条件的国有企业参与创业投资活动，健全符合创业投资行业特点和发展规律的国有创业投资管理体制，完善国有创业投资企业的监督考核、激励约束机制和股权转让方式，形成鼓励创业、宽容失败的国有创业投资生态环境。支持具备条件的国有创业投资企业开展混合所有制改革试点，探索国有创业投资企业和创业投资管理企业核心团队持股和跟投。探索地方政府融资平台公司转型升级为创业投资企业。依法依规豁免国有创业投资企业和国有创业投资引导基金国有股转持义务。（省发展改革委、省政府国资委、甘肃证监局按职责分工负责）

（二）拓宽创业投资市场化退出渠道。充分发挥主板、创业板、全国中小企业股份转让系统以及区域性股权市场功能，畅通创业投资市场化退出渠道。支持机构间私募产品报价与服务系统、证券公司柜台市场开展直接融资业务。鼓励创业投资以并购重组等方式实现市场化退出，规范发展专业化并购基金。（甘肃证监局牵头负责）

六、优化创业投资发展环境

（一）优化市场准入环境。各地、各部门不得自行出台限制创业投资企业和创业投资管理企业市场准入和发展的有关政策。深化简政放权、放管结合、优化服务改革，建立创业投资行业发展备案和监管备案互联互通机制，为创业投资企业备案提供便利，放宽创业投资企业的市场准入。提高创业投资企业的工商登记注册便利化水平，提升政务服务质量和效率。促进创业投资行业加强品牌建设。（省工商局、甘肃证监局、省发展改革委、各市州政府按职责分工负责）

（二）加强创业投资行业信用体系建设。有关部门、行业组织和社会征信机构要进一步建立健全创业投资企业、创业投资管理企业及其从业人员信用记录，实现创业投资领域信用记录全覆盖。逐步将创业投资领域信用信息纳入甘肃信用信息共享平台，并与甘肃省企业信用信息公示系统实现互联互通。依法依规在“信用甘肃”网站和甘肃省企业信用信息公示系统公示创业投资企业相关信息。加快建立创业投资领域严重失信黑名单制度，将扰乱创业投资市场公平竞争秩序的市场主体列入失信黑名单，依规对其进行失信惩戒。鼓励有关社会组织探索建立守信红名单制度，依托甘肃信用信息共享平台，按照有关法律法规和政策规定实施守信联合激励和失信联合惩戒，通过联合奖惩营造创业投资行业良好氛围。建立健全创业投资行业信用服务机制，推广使用信用产品。（省发展改革委、人行兰州中心支行、省工商局、省商务厅、甘肃证监局按职责分工负责）

（三）严格保护知识产权。加强对创业创新早期知识产权保护，在市场竞争中培育更多自主品牌，健全知识产权侵权查处机制，依法惩治侵犯知识产权的违法犯罪行为，将企业行政处罚、黑名单等信息纳入甘肃省信用信息共享平台，对严重侵犯知识产权的责任主体实施联合惩戒，并通过“信用甘肃”网站、甘肃企业信用信息公示系统等进行公示，创造鼓励创业投资的良好知识产权保护环境。（省知识产权局、省工商局、省发展改革委、人行兰州中心支行、甘肃证监局按职责分工负责）

（四）健全创业投资行业监管机制。坚持适度监管、差异监管和统一功能监管，创新监管方式，有效防范系统性区域性风险。对创业投资企业在行业管理、备案登记等方面采取与其他私募基金区别对待的差异化监管政策，建立适应创业投资行业特点的宽市场准入、重事中事后监管的适度而有效的监管体制。完善信息披露和风险制度，引导创业投资企业树立以实体投资、价值投资和长期投资为导向的合理的投资理念。对不进行实业投资、从事上市公司股票交易、助推投资泡沫及其他扰乱市场秩序的创业投资企业建立清查清退制度。建立行业规范，强化创业投资企业内控机制、合规管理和风险管理机制。加强投资者保护，特别是要进一步完善产权保护制度，依法保护产权和投资者合法经营、合法权益和合法财产。加强投资者教育，相关投资者应为具有风险识别和风险承受能力的合格投资者。建立并完善募集资金的托管制度，规范创业投资企业募集资金行为，打击违法违规募集资金行为。健全对创业投资企业募集资金、投资运作等与保护投资者权益相关的制度规范，加强日常监管。（省发展改革委、甘肃证监局、省科技厅、省政府国资委按职责分工负责）

七、完善创业投资行业自律和服务体系

（一）健全创业投资服务体系。鼓励会计、征信、信息、托管、法律、咨询、教育培训等与创业投资相关的各类中介服务体系发展，依法依规开展经营活动。鼓励与创业投资相关的中介服务机构参与创业投资活动，并提供先进技术、信息资源、市场预测、项目评估等专业化服务，完善健全创业投资服务体系。（省发展改革委、省科技厅、甘肃证监局按职责分工负责）

（二）加强创业投资人才培养与队伍建设。通过高等学校、科研院所、群团组织、创业投资企业、创业投资管理企业、天使投资人等主体，以设立培训基地等多种方式加强创业投资专业人才培养，加大教育培训力度，吸引更多的优秀人才在我省从事创业投资，提高创业投资的精准度。（省人社厅、省科技厅、省发展改革委按职责分工负责）

（三）加强创业投资行业自律。支持成立区域性创业投资行业协会组织，搭建创业投资行业协会交流服务平台。充分发挥区域性创业投资行业协会在行业自律管理和政府与市场沟通中的积极作用，协助政府主管部门做好行业管理相关工作。加强创业投资行业协会在政策对接、会员服务、信息咨询、数据统计、行业发展报告、人才培养、国际交流合作等方面的能力建设，支持行业协会推动创业投资行业信用体系建设和社会责任建设，维护有利于行业持续健康发展的良好市场秩序。（省民政厅、省发展改革委、省科技厅、甘肃证监局按职责分工负责）

八、加强对创业投资工作的统筹协调

省发展改革委要会同有关部门加强促进创业投资发展的政策协调，建立部门之间、部门与地区之间政策协调联动机制和相关政府部门促进创业投资行业发展的信息共享机制。各地、各部门要把促进创业投资持续健康发展作为深入实施创新驱动发展战略、推动大众创业万众创新、促进经济结构调整和产业转型升级的一项重要举措，按照职责分工抓紧制定相关配套措施，加强沟通协调，形成工作合力，确保各项政策及时落实到位，推动甘肃经济迈上新台阶。（省发展改革委、甘肃证监局、各市州政府按职责分工负责）

甘肃省人民政府

2017年12月12日

青海省人民政府办公厅关于加快大众创业万众创新支撑平台建设服务实体经济转型升级的实施意见

（青政办〔2017〕2号）

为全面贯彻落实《国务院关于加快构建大众创业万众创新支撑平台的指导意见》（国发〔2015〕53号）、《国务院办公厅关于加快众创空间发展服务实体经济转型升级的指导意见》（国办发〔2016〕7号）精神，着力构建众创、众包、众扶、众筹（以下简称“四众”）等大众创业万众创新支撑平台，服务我省经济结构调整和产业转型升级，加快推进创新型省份建设，经省政府同意，现结合我省实际，制定本实施意见。

一、总体要求

认真贯彻全国科技创新大会和省委十二届十二次全会精神，全面落实党中央、国务院关于大力推进大众创业万众创新的决策部署，以营造良好的创新创业环境、服务实体经济转型升级为目标，围绕我省特色优势产业，依托龙头企业、高校、科研院所等各类创新主体，建设产学研紧密结合的专业化众创空间，构建一批“四众”平台，营造大众创业万众创新发展环境，激发全社会创新创业活力，促进人才、技术、资本等各类创新要素高效配置和有效集成，不断提升科技服务创新创业的能力和水平，加快科技成果向现实生产力转化，培育实体经济转型发展新动能。

二、发展目标

到2020年，全省建成50家以上众创空间，争取实现各市（州）、县均建成1个以上功能完备的众创空间，聚集各类创新创业人员2000人以上，基本形成创新创业全链条服务体系。依托龙头企业、高校、科研院所建立专业化众创空间，增加技术创新有效供给，实现科技成果向现实生产力加速转化，形成具有自主知识产权的技术200项以上，转移转化各类科技成果200项以上。依托高新区、工业园区等产业聚集区和地方、行业创业孵化基地等平台建设众创空间，孵化培育一批创新型中小微企业，助推1—2个国家小微企业创业创新基地城市示范建设。

三、重点任务

（一）全面推进众创。

1．优化众创空间区域布局。结合产业分布、发展特点及实际需求，合理布局建设众创空间。西宁市重点依托国家级高新区和工业园区，建设新能源、新材料、大数据、生物医药、高端装备、文化旅游等领域的众创空间，打造众创空间聚集区。海东市重点依托工业园区，建设商贸物流、装备制造、新能源、大数据、信息化等领域的众创空间；依托农业科技园区、科技特派员服务站等载体，在农村建设星创空间，将众创空间引向农业农村。海西州重点依托国家循环经济试验区，建设盐湖化工、新能源、特色生物等优势产业的众创空间，充分释放产业技术需求，有效对接上下游产业链条。海南州、海北州、玉树州、果洛州、黄南州重点依托生态环境保护、新能源开发、智慧生态畜牧业、特色文化旅游等特色优势产业建设众创空间。（各市州政府，省科技厅、省发展改革委、省经济和信息化委、省财政厅、省质监局，西宁经济技术开发区管委会、柴达木循环经济试验区管委会、海东工业园区管委会负责）

2．引导龙头企业建设专业化众创空间。充分发挥龙头企业引领带动作用，鼓励其整合和改造提升老旧厂房、生产设施等资源，依托企业工程技术（研究）中心、重点实验室等，建设针对细分产业领域、具有专业服务能力的专业化众创空间5家以上。通过网络平台发展众包和培育壮大企业内部众创方式，与中小微企业、高校、科研院所和各类创客群体有机结合，构建开放式、协同式创新创业平台。（省科技厅、省发展改革委、省经济和信息化委、省国资委、省教育厅，各市州政府，西宁经济技术开发区管委会、柴达木循环经济试验区管委会、海东工业园区管委会负责）

3．鼓励高校、科研院所建设专业化众创空间。充分发挥高校、科研院所在科研设施、专业团队、技术积累等方面的优势，依托国家和省级重点实验室、大学科技园、技术创新联盟等技术创新平台，利用各类投资基金、存量土地和存量房屋等，建设以科技人员为核心、具有研发和成果转移转化能力的专业化众创空间8家以上。（省科技厅、省教育厅、省财政厅、省人力资源社会保障厅、团省委，各市州政府负责）

4．支持农业科技园区建设星创空间。依托国家和省级农业科技园区建设具有地方农牧业特色的星创空间3家以上，吸引科技特派员、农村实用技术人才、大学生等到农村牧区创新创业，为从事生态农牧业、农畜产品深加工、乡村旅游、农村电商等业务的中小微企业提供孵化和服务。（省科技厅、省人力资源社会保障厅、省农牧厅、省商务厅、省旅游发展委、省工商局、团省委，各市州政府负责）

（二）积极推广众包。

1．推进研发创意众包。培育和规范青海省技术交易市场发展，建设和完善网上技术交易平台。鼓励企业、高校、科研院所等通过互联网平台实现设计、研发、品牌建设、营销推广等任务分发、交付，进一步提高研发水平和创新效率。（省科技厅、省经济和信息化委、省教育厅负责）

2．鼓励专业机构开展众包服务。着力推进企业管理、电商运营、财务咨询、市场营销、人力资源、法律顾问、检验检测、物流配送等专业化服务机构发展，优化服务效率，降低创新创业成本。鼓励和支持创新集群、产业联盟、行业学会、协会等科技社团为创新创业企业提供专业化科技咨询、科技评价及评估鉴定等服务。（省科技厅、省经济和信息化委、省财政厅、省工商局、省人力资源社会保障厅、省司法厅、省质监局、省交通运输厅、省商务厅、省科协负责）

3．鼓励开展运维众包。围绕产业链部署创新链，引导和鼓励新能源、新材料、盐湖化工等龙头企业围绕主营业务延伸产业链，开放大规模标准化产品的项目开发目标和资源，通过向上下游中小企业分发任务的方式降低运维成本，带动行业发展。（省经济和信息化委、省发展改革委、省科技厅负责）

（三）立体实施众扶。

1．加大公共资源开放力度。大力推进政府部门数据资源开放共享，推进互联网和基础电信服务商向社会开放计算、存储和数据资源，促进高校、科研院所、重点实验室、工程技术（研究）中心等机构开放共享科研仪器设备、技术咨询、检验检测等服务，加快推动科研协作、协同创新。（省经济和信息化委、省发展改革委、省教育厅、省科技厅、省财政厅、省质监局负责）

2．引导企业帮扶援助。引导龙头企业发挥自身优势，有效整合资金、技术、平台资源，通过生产协作、开放平台、共享资源、开放标准等方式，引领带动上下游中小微企业共同发展。鼓励龙头企业围绕打造产业链，建立“大手拉小手”对接平台，帮扶中小微企业与龙头企业实现产业协作对接。（省经济和信息化委、省发展改革委、省科技厅、省财政厅、省质监局负责）

3．支持社会公共众扶。鼓励行业协会、产业联盟等社会团体整合、协调行业资源，探索内部共享、共赢和互助机制，引导行业企业快速成长。引导创业投资、金融机构、中介服务等资源向众创空间聚集，鼓励省内外企业家以天使投资、慈善、指导帮扶等方式支持创业者创业，通过众创空间、科技企业孵化器、线上平台、线下社区、公益组织等载体开展创新创业帮扶活动。（省科技厅、省金融办、省科协、人行西宁中心支行、青海银监局、青海证监局负责）

（四）规范发展众筹。

1．积极开展实物众筹。围绕我省产业特色，聚焦文化旅游、健康医疗、轻工纺织、特色生物、高原种养殖等领域，鼓励发展以产品预售、推广、展示为目的的智能硬件、健康设备、民族工艺品、生物制品、农畜产品等实物产品众筹模式。加强对实物产品众筹资金筹集、产品质量、后续服务等相关环节的监管体系建设。（省金融办、人行西宁中心支行、青海银监局、青海证监局，相关行业主管部门负责）

2．探索开展股权众筹。发挥股权众筹和网络借贷作用，增强金融对中小微企业和创新创业者的服务能力。鼓励省内创投机构、创业服务机构参与股权众筹平台建设及运营，探索建立股权众筹平台运营中的“领投”“跟投”机制。规范股权众筹和网络借贷平台建设和运营，加强监管和风险控制，切实保护投资者合法权益。（省金融办、人行西宁中心支行、青海银监局、青海证监局负责）

（五）协同推进创新创业。

1．推动创新创业国家级载体建设。依托国家和省级高新区、朝阳国家电子商务示范基地、青海大学科技园和农业科技园区、西宁中关村科技成果产业化基地、海东中关村科技园及各类科技企业孵化器，巩固推进西宁市、格尔木市国家级创业型城市建设，大力推动西宁市等城市争创国家小微企业创业创新基地城市示范建设，打造国家大众创业万众创新示范基地和国家小型微型企业创业创新示范基地。（省科技厅、省发展改革委、省经济和信息化委、省教育厅、省人力资源社会保障厅、省财政厅、省商务厅、省金融办，各市州政府，西宁经济技术开发区管委会、柴达木循环经济试验区管委会、海东工业园区管委会负责）

2．培育创新创业孵化链条。围绕国家级科技企业孵化器和有条件的创业园，开展“苗圃（众创空间）+孵化器+加速器”模式的孵化链条建设试点，为不同发展阶段的科技企业提供差异化服务。通过大学生等创新创业大赛挖掘创新项目和创业企业入孵众创空间，鼓励有条件的众创空间承办或参与大赛组织工作，促进以赛代培、以赛促创。鼓励高校、科研院所等建设技术转移示范机构，加快聚集和共享创业导师、财务代理、法律顾问、创投基金等创业资源，开展工艺设计、产品检测、专利保护、市场推广等服务。建立健全众创空间、孵化器和创新型产业集群协同发展机制，为创新创业提供专业化、便捷化、全要素服务。（省科技厅、省发展改革委、省经济和信息化委、省教育厅、省财政厅、省人力资源社会保障厅、省金融办、团省委，各市州政府负责）

四、保障措施

（一）强化政策扶持。

1．实行奖励和补助政策。对我省各类创新主体与国内外大型企业、高校、科研院所、科技企业孵化器通过合作投资和服务外包等方式在省内建设的众创空间，绩效突出的给予100万元以内的后补助奖励支持。支持有条件的地方对众创空间的房租、宽带网络、公共运行费用等给予适当财政补贴。省中小企业发展基金、省创业促就业扶持资金等，同等条件下优先支持国家级、省级众创空间建设。（省科技厅、省发展改革委、省经济和信息化委、省财政厅、省人力资源社会保障厅、省商务厅、团省委负责）

2．落实税收优惠政策。对符合条件的众创空间等新型孵化机构实行科技企业孵化器税收优惠政策。众创空间的研发仪器设备符合相关规定条件的，按照税收有关规定适用加速折旧政策；进口科研仪器设备符合规定条件的，适用进口税收优惠政策。众创空间发生的研发费用，及企业、高校、科研院所委托众创空间开展研发活动发生的研发费用，符合规定条件的享受研发费用税前加计扣除政策，对认定为科技型企业的众创空间，省财政科技经费按当年研发费用加计扣除免税额给予10%的补贴，最高补贴200万元。（省国税局、省地税局、省科技厅、省财政厅负责）

3．提升政府公共服务水平。加强公共研发和检验检测服务、电子商务等政府公共服务平台建设，扩大覆盖面，延伸服务终端，优化服务流程，提升服务效能。充分利用互联网等新一代信息技术，提高大型科研仪器共享平台、工程技术（研究）中心、重点实验室等创新资源向众创空间和创新创业者的开放共享度。通过“互联网+”政务服务，推动公共数据资源开放，实现信息互联共享，为“四众”平台发展提供支撑。（省科技厅、省发展改革委、省经济和信息化委、省财政厅、省人力资源社会保障厅、省商务厅、省工商局、团省委负责）

4．引导金融资本支持。省财政资金与天使投资、创投机构、专业众创空间等合作设立创业投资基金、创新基金或股份投资基金，支持“四众”平台建设。鼓励商业银行在众创空间、科技企业孵化器、高新区等科技企业聚集区，设立专门为科技创新企业服务的科技支行，或通过改造原有分支机构，作为从事科技创新企业金融服务的专业分支行。鼓励金融机构根据创新创业特点推动金融产品和服务创新，积极开展知识产权、应收账款等质押融资业务，加强“助保金”等以市场化运作的科技担保和再担保体系建设。发挥多层次资本市场功能，推动股权众筹融资试点，增强众筹在创新创业中的融资便利。（省金融办、省发展改革委、省经济和信息化委、省科技厅、省财政厅、省商务厅、人行西宁中心支行、青海银监局、青海证监局负责）

5．支持科技人员到众创空间创新创业。完善高校、科研院所和机关事业单位科技人员离岗创业政策，允许和鼓励其保留基本待遇到众创空间等开展创新工作或离岗创办企业，3年内返回原单位的保留人事关系，工龄连续计算，与在岗人员同等享受职称评聘、岗位晋升、社会保险等待遇，创业所得归个人所有。省级科研项目和资金，同等条件下优先支持科技人员在众创空间创办的企业。（省科技厅、省人力资源社会保障厅、省教育厅、省科协负责）

（二）营造创新创业生态环境。

1．营造公平竞争市场环境。完善市场准入制度，建立公开透明、公正统一的市场规则，逐步清理并废除制约创新创业发展的制度和规定。探索交通出行、无车承运物流、快递、金融、医疗、教育等领域准入制度创新，为众包、众筹等新模式新业态发展营造政策环境。（省政府法制办、省教育厅、省交通运输厅、省卫生计生委、省金融办、青海证监局、省邮政管理局负责）

2．加强行业监管。建立健全“四众”平台标准规范和规章制度，明确“四众”平台企业在质量管理、信息内容管理、知识产权、申报纳税、社会保障、网络安全等方面的责任、权利和义务。建立以信用为核心的新型市场监管机制，加强跨部门、跨地区协同监管。完善事中事后监管体系，发挥青海省公共信用信息共享交换平台、青海省市场主体信用信息公示系统等的作用，利用大数据、随机抽查、信用评价等手段，加强对“四众”平台的监督检查和违法违规行为的处置。严格落实商事制度改革的各项政策措施。（省发展改革委、省科技厅、省经济和信息化委、省人力资源社会保障厅、省商务厅、省地税局、省工商局、省国税局、省质监局、省知识产权局负责）

3．完善知识产权服务。建立面向“四众”平台的专利申请绿色通道，完善知识产权公共服务平台，在高新区、工业园区等建设一站式知识产权服务机构，在中小微企业聚集的创业基地、孵化器、产业园等逐步推行知识产权联络员制度和专家服务试点。鼓励建立多元化知识产权交易与评估机构。加强中小微企业知识产权维权援助机制，强化知识产权保护，加强知识产权行政执法办案力度，开展“四众”平台专项整治。加强网络知识产权执法，促进在线创意、研发成果申请知识产权保护。（省科技厅、省文化新闻出版厅、省工商局、省知识产权局负责）

4．健全人才培养与流动机制。完善大中专院校创业课程设置，强化师资队伍建设，加强大学生创新创业培训，广泛开展创业大讲堂、创业沙龙、创业训练营等培训活动。加强创业导师队伍建设，组建一批由创业成功人士、企业家、天使和创业投资人、专家学者等组成的创业导师团队，建立创业导师（专家）库。健全创新创业绩效评价和激励机制。（省教育厅、省科技厅、省财政厅、省人力资源社会保障厅、省科协负责）

（三）强化内部治理。

1．提升平台治理能力。鼓励“四众”平台企业结合自身商业模式，积极利用信息化手段加强内部制度建设和管理规范，提高风险防控能力、信息内容管理能力和网络安全水平。引导“四众”平台企业履行管理责任，建立用户权益保障机制。（省工商局、省发展改革委、省经济和信息化委负责）

2．加强行业自律规范。强化行业自律，规范“四众”从业机构市场行为，保护行业合法权益。推动行业组织制定各类产品和服务标准，促进企业之间的业务交流和信息共享。完善行业纠纷协调和解决机制，鼓励第三方以及用户参与平台治理。（相关行业主管部门负责）

3．保障网络信息安全。切实提升“四众”平台企业的技术安全水平，及时发现和有效应对各类网络安全事件，确保网络平台安全稳定运行。妥善保管各类用户资料和交易信息，不得买卖、泄露，保障安全。强化守法、诚信、自律意识，营造诚信规范发展的良好氛围。（省网信办、省公安厅、省通信管理局负责）

五、组织实施

（一）加强组织领导。进一步完善推进大众创业万众创新工作领导小组工作制度，加强统筹指导和综合协调。各地区、各部门要进一步细化明确工作任务和职责分工，结合实际深化改革创新，转变工作方式，加强监督评估，提供精准服务，从根本上解决创新创业面临的各种体制机制问题。

（二）加强分类指导。各地区、各部门要统筹考虑发展基础，按照各地战略性新兴产业发展和传统产业升级的具体需求，借鉴省内外“四众”平台建设成功经验，对不同模式的创新创业支撑平台进行分类指导，推动“四众”平台的建设和发展。

（三）加强宣传推广。各地区、各部门要及时总结和宣传“四众”平台建设的先进做法和经验，加大创新创业政策宣传报道力度，通过组织全省创新创业大赛、大众创业万众创新活动周等系列活动，对全省开展大众创业万众创新工作涌现出的优秀创业项目、创业人物、经验做法进行宣传和推广，努力营造创新创业文化氛围。

本意见自印发之日起施行。

青海省人民政府办公厅
2017年1月1日

宁夏回族自治区人民政府
关于促进创业投资持续健康发展的实施意见

（宁政发〔2017〕43号）

为贯彻落实《国务院关于促进创业投资持续健康发展的若干意见》（国发〔2016〕53号）精神，充分发挥创业投资在激发创新创业活力、增强培育发展新动能、推进经济转型升级的资本助推作用，结合我区实际，特提出本实施意见。

一、基本原则和目标任务

（一）基本原则。坚持服务实体，加大对实体经济的支持力度，构建“实体创投”的投资环境；坚持专业运作，培育优秀创投团队，夯实“专业创投”运行基础；坚持信用为本，营造诚实守信良好氛围，创建“信用创投”发展环境；坚持社会责任，共同维护良好市场秩序，树立“责任创投”价值理念。

（二）目标任务。通过加强政策引导，加快构建参与主体丰富、资本属性多元、专业人才聚集，能满足创新创业企业从种子期、初创期到成长期不同发展阶段融资需求的创业投资体系。大力推进大众创业万众创新，加快形成“创业、创新+创投”的协同互动的良好发展格局，进一步扩大我区创业投资规模。到2020年引进培育20家以上资本规模大、投资能力强、增值服务水平高的创业投资机构和企业，其中：四个地级市（不含银川市）、国家级开发区至少有2家以上创业投资机构，有条件的自治区级开发区、工业园区至少有1家以上创业投资机构，投资培育一批高成长的创业创新企业，初步形成具有一定优势的创业投资体系。

二、加快培育形成各具特色、充满活力的多元创业投资主体

（三）加快培育创业投资机构体系。鼓励各类机构投资者和个人在我区依法设立公司型、合伙型创业投资企业。鼓励境内外创业投资企业来我区设立分支机构。鼓励行业骨干企业、创业孵化器、产业（技术）创新中心、创业服务中心、保险资产管理机构等机构投资者参与创业投资。鼓励具有资本实力和管理经验的个人依法设立一人公司从事创业投资活动。鼓励和规范发展市场化运作、专业化管理的创业投资母基金。鼓励国有企业从事创业投资活动。宁夏创新创业投资基金择优投资创业投资企业，培育其发展壮大。（自治区发展改革委、经济和信息化委、人力资源社会保障厅、科技厅、工商局、国资委、金融工作局，宁东管委会，宁夏证监局、宁夏保监局，五市人民政府分别负责）

（四）积极鼓励包括天使投资人在内的各类个人从事创业投资活动。鼓励成立公益性天使投资人联盟等各类平台组织，培育和壮大天使投资人群体，促进天使投资人与创业企业及创业投资企业的信息交流与合作。规范发展互联网股权融资平台，为各类个人直接投资创业企业提供信息和技术服务。（自治区金融工作局、工商局、发展改革委、科技厅，宁夏证监局分别负责）

（五）推进国有企业参与创业投资。落实好国有企业参与设立创业投资若干政策措施，完善相关投资管理制度，鼓励国有企业按照市场化方式设立或参股创业投资企业和创业投资母基金。完善国有创业投资企业的监督考核、激励约束机制和股权转让方式，允许国有创业投资企业和创业投资管理企业核心团队依照国家规定持股和跟投。鼓励地方人民政府融资平台公司转型升级为创业投资企业。五市人民政府要积极探索在现有融资平台基础上试点设立创业投资企业。（自治区国资委，五市人民政府分别负责）

三、拓宽创业投资资金来源

（六）充分发挥创业投资引导基金作用。逐年增加宁夏创新创业投资基金规模，到2020年规模达2.5亿元以上。充分发挥宁夏创新创业投资基金引导作用，通过阶段参股、跟进投资等方式，支持创业投资企业的设立和发展，支持创业投资企业投资创新型企业及处于种子期、起步期等创业早期的企业。鼓励五市根据创业投资发展的需要和财力状况设立创业投资引导基金，发挥财政资金的引导和聚集放大作用，引导民间投资等社会资本投入。充分发挥各级创业引导基金作用，积极争取国家新兴产业创业投资引导基金、国家中小企业发展基金、国家科技成果转化引导基金等已设立基金的支持。（自治区财政厅、金融工作局，五市人民政府分别负责）

（七）大力培育和发展合格投资者。支持上市公司、国有企业、担保公司等具备一定资本实力的机构投资者投资创业投资企业和创业投资母基金。支持保险资金对创业投资出资，发挥我区法人保险公司的重要作用，引导其优先参与我区创业投资。鼓励符合条件的金融机构遵循价值投资和长期投资理念，充分发挥既能进行创业投资又能发放贷款的优势，积极探索新产品、新模式，为创业企业提供综合化、个性化金融投融资服务。培育合格个人投资者，支持具有风险识别和风险承受能力的个人参与投资创业投资企业。（自治区国资委、金融工作局，宁夏银监局、宁夏证监局、宁夏保监局分别负责）

（八）建立股权债权等联动机制。推动发展投贷联动、投保联动、投债联动等新模式，支持银行业金融机构积极稳妥开展并购贷款业务，提高对创业企业兼并重组的金融服务水平。支持创业投资企业及其股东依法依规发行企业债券和其他债务融资工具融资，增强投资能力，对成功发行债券融资的创业投资企业，按其发债额度每年给予2%的贴息。对创业投资企业的贷款保险，给予保险机构不超过2个百分点的保险费补贴。（自治区发展改革委、金融工作局、财政厅、经济和信息化委，人行银川中心支行、宁夏银监局、宁夏保监局、宁夏证监局分别负责）

四、加强政府引导和政策扶持

（九）完善创业投资税收政策。参照自治区党委《关于融入“一带一路”加快开放宁夏建设的意见》（宁党发〔2015〕22号），对在宁投资新办且从事国家允许或鼓励发展产业的创投企业，其自用土地的城镇土地使用税和自用房产的房产税实行“三免三减半”优惠；依法享受国家“西部大开发”各项优惠政策，除减按15%税率征收企业所得税外，从其取得第一笔生产经营收入所属纳税年度起，第1年至第3年免征企业所得税地方分享部分，第4年至第6年减半征收企业所得税地方分享部分。创业投资企业采取股权投资方式投资于未上市的中小高新技术企业2年以上的，符合国家相关规定的，可按其投资额的70%，在股权持有满2年的当年抵扣该创业投资企业的应纳税所得额，当年不足抵扣的，可以在以后纳税年度结转抵扣。鼓励有条件的市县、园区为创业投资机构提供财政、购房等补贴政策，支持创业投资机构向科技、金融集聚区聚集。（自治区地税局，宁夏国税局，五市人民政府分别负责）

（十）加强培育优质项目源。支持我区高校、科研院所充分利用大学生创业园、工程技术研究中心、重点实验室等创新载体，培育创新创业项目。建设银川区域性创业创新城市，加快推进石嘴山小微企业创业创新基地城市建设。提升iBi育成中心和银川TMT育成中心孵化功能，打造“宁夏创业谷”，继续创建一批国家级、自治区级创业孵化基地，依托各级科技园区或科技示范基地，培育快速成长型科技企业、高新技术企业，为创业投资提供强大的投资主体。支持骨干企业创新发展，推进重大科技成果产业化应用。设立自治区科技成果转化基金，逐步形成初创期风险补偿贷款支持、成长期科技金融和成果转化基金共同支持的科技金融服务模式。积极开展科技保险，大力发展科技型小微企业贷款保证保险等险种，为创新创业企业提供全方位风险保障，提升创新创业企业吸引创业投资的能力。（自治区科技厅、人力资源社会保障厅、财政厅、教育厅、金融工作局，宁夏保监局，宁东管委会，五市人民政府分别负责）

（十一）建立创业投资与创新创业项目对接机制。通过举办中国创新创业大赛（宁夏赛区）、双创活动周、创新成果和创业项目展示推介、路演、投资洽谈等活动，建立创业投资与科技型企业、高校创客空间的对接平台，为创业投资与创新创业项目提供便利的沟通渠道，打通双方之间的通道。（自治区科技厅、人力资源社会保障厅、教育厅、商务厅，宁东管委会，五市人民政府分别负责）

五、进一步完善创业投资市场化退出渠道

（十二）推动创业投资所投企业快速成长。鼓励创业投资企业加强与银行合作，开展投贷联动，保障所投企业资金需求。支持创业投资企业向所投企业提供发展规划、产业链资源整合、开拓市场、引进技术等咨询服务。进一步完善政府部门与中介机构综合服务体系，支持企业快速成长。（自治区发展改革委，宁夏银监局、宁夏证监局分别负责）

（十三）拓宽创业投资市场化退出渠道。支持宁夏股权托管交易中心设立科技型企业专板，为科技型、创新型企业提供股权融资等综合服务。通过进一步强化鼓励和支持企业上市的相关政策，充分发挥主板、创业板、全国中小企业股份转让系统以及宁夏股权托管交易中心的市场功能，支持创业投资市场化退出。鼓励创业投资以并购重组等方式实现市场化退出，规范发展专业化并购基金。（自治区金融工作局，宁夏证监局分别负责）

六、优化创业投资发展环境

（十四）优化监管环境。建立创业投资行业发展备案和监管备案互联互通机制，对创业投资企业在行业管理、业务监管等方面建立适应创业投资行业特点的差异化监督管理机制。加强信息披露和风险管理揭示，强化创业投资企业内控机制、合规管理和风险管理机制。对不进行实业投资、从事上市公司股票交易、助推投资泡沫及其他扰乱市场秩序的创业投资企业，建立清查清退制度。严厉打击利用创业投资名义进行非法集资活动等各类违法违规募集资金行为。（自治区发展改革委、金融工作局，宁夏证监局，五市人民政府分别负责）

（十五）优化商事环境。工商行政管理部门要持续深化商事制度改革，支持创业投资企业、创业投资基金实施“五证合一、一照一码”登记制度，提高工商登记注册便利化水平。行业管理部门要为创业投资企业备案提供便利，放宽创业投资企业的市场准入。优化营商环境，促进创业投资行业加强品牌建设。（自治区工商局、发展改革委，宁夏证监局分别负责）

（十六）优化信用环境。利用自治区信用信息共享平台，推动创业投资领域信用信息纳入全区信用信息共享平台。加快建立创业投资领域严重失信黑名单制度，按照有关法律法规和政策规定实施守信联合激励和失信联合惩戒，并通过“信用宁夏”网站和国家企业信用信息公示系统（宁夏）进行公示。（自治区发展改革委、金融工作局、工商局，人行银川中心支行、宁夏证监局分别负责）

（十七）有序扩大创业投资双向开放。落实好国家对外资创业投资企业的各项政策，引导境外专业机构组建人民币创业投资基金，组建中外合资创业投资机构。吸引国内外知名基金管理公司来我区发起设立投资管理机构。鼓励和支持境内外投资者在跨境创业投资及相关投资贸易活动中使用人民币。引导管理资产规模较大、管理水平较高的创业投资企业加强与区内企业合作，积极开展境外投资。（自治区金融工作局、发展改革委、商务厅、国资委，人行银川中心支行、宁夏证监局，五市人民政府分别负责）

七、完善创业投资行业自律和服务体系

（十八）加强行业自律。推动成立宁夏创业投资和股权投资协会，完善行业规范，加强行业激励和约束机制，逐步形成创业投资和股权投资行业自律机制，协助政府主管部门做好行业管理相关工作，积极为创业投资机构和会员单位提供高质量服务，推动创业投资行业信用体系建设和社会责任建设，努力营造行业健康发展的环境氛围。（自治区金融工作局、发展改革委，宁夏证监局分别负责）

（十九）健全创业投资服务体系。加强与创业投资相关的会计、征信、信息、托管、法律、咨询、教育培训等各类中介服务体系建设，为创业投资企业投资项目提供市场化的配套服务。完善创业担保贷款服务机制，逐步降低担保门槛。支持行业协会组织以多种方式加强创业投资专业人才培养，加大教育培训力度，吸引更多的优秀人才从事创业投资。地方各级人民政府要加强对创业投资人才的服务，提供居住、子女教育、医疗等方面便利。（自治区人力资源社会保障厅、教育厅、科技厅，人行银川中心支行、宁夏证监局，五市人民政府分别负责）

（二十）加强统筹协调。自治区发展改革委、金融工作局、宁夏证监局要会同有关部门加强促进创业投资发展的政策协调，建立部门、地方之间协调联动机制，加强创业投资行业发展政策和监管政策的协同配合，建立相关政府部门促进创业投资行业发展的信息共享机制。（自治区发展改革委、金融工作局和宁夏证监局会同有关部门负责）

宁夏回族自治区人民政府

2017年5月4日

乌鲁木齐市人民政府关于大力推进大众创业万众创新若干政策措施的实施意见

（乌政发〔2017〕3号）

为深入贯彻落实国务院《关于大力推进大众创业万众创新若干政策措施的意见》（国发〔2015〕32号）和自治区人民政府《关于大力推进大众创业万众创新若干政策措施的实施意见》（新政发〔2016〕88号），推进大众创业、万众创新，激发全社会创业创新发展活力，进一步推动我市经济结构调整，打造发展新引擎，增强发展新动力，结合首府实际，制定本实施意见。

一、创新体制机制，实现创业便利化

（一）完善公平竞争市场环境。

1．逐步清理市场环境，打破地方保护主义，建立统一透明、有序规范的市场环境。开展各类打假专项执法行动，打击不利于创业创新发展的垄断协议和滥用市场支配地位的垄断违法行为。（牵头单位：市工商局；配合单位：各区（县）、市科技局、文化局）

2．严格执行国家、自治区行政事业性收费和政府性基金目录清单，加强涉企收费管理，动态公布项目目录，切实减轻企业负担。（牵头单位：市发改委；配合单位：市经信委、财政局、工商局）

（二）推进商事制度改革。

3．实行“五证合一、一照一码”登记制度。实现工商、税务、质监、人社、统计五证合一，使用“统一社会信用代码”，税务、质监、人社、统计部门不再单独受理注册登记申请；推进全程电子化登记和电子营业执照应用。（牵头单位：市工商局；配合单位：市国税局、地税局、质监局、人社局、统计局）

4．实行注册资本认缴登记制。依法放宽注册资本登记条件，实行注册资本认缴登记。对明确规定实行注册资本实缴登记制的行业、企业类型继续进行注册资本实缴登记。实行申报（认缴）出资登记的个人独资企业、合伙企业、农民专业合作社仍按现行规定执行。鼓励、引导、支持国有企业、集体企业等非公司制企业法人实施规范的公司制改革，实行注册资本认缴登记制。进一步取消和下放与创业密切相关的审批事项。（牵头单位：市工商局；配合单位：市发改委、经信委、工商局）

（三）健全科技成果转化与知识产权保护机制。

5．整顿和规范专利产品市场，建立知识产权信用公示制度，依托企业知识产权信用公示平台，公开专利行政处罚案件信息。将侵犯知识产权的企业或个人的专利信息记录纳入社会信用体系，加大对侵犯知识产权的企业和个人的惩处力度，优化创新和投资环境。经济技术开发区（头屯河区）先行先试，推进众创空间集中办公工位注册试点。（牵头单位：市科技局；配合单位：市工商局、质监局）

6．进一步深化股权激励、科技成果处置权和收益权、科研项目经费管理、高新技术企业认定等改革试点，促进科技成果产业化，加大对科技成果保护力度。支持我市企业和高校、科研院所联合组建产业技术联盟，搭建公共技术和产业服务平台，构建专利池，创制技术标准。通过高校科技成果处置权管理改革、收益分配方式改革、设立科技成果转化岗等方式，打破束缚、释放活力，加快推进科技成果转化和保护。（牵头单位：市科技局；配合单位：市财政局、科技局、经信委、人社局、教育局、工商局）

（四）健全创业人才培养与流动机制。

7．丰富创业教育形式，开展灵活多样的创业实践活动。普及创业教育，将创业教育融入人才培养体系，开发开设创新创业课程，并纳入学分管理。加强师资队伍建设，为普及创业教育提供有力支持。各相关部门要加强与教育部门和高校的衔接，强化创业培训，鼓励支持有条件的高校、教育培训机构、创业服务企业、行业协会、群团组织等开发适合大学生等青年群体的创业培训项目。完善落实创业培训补贴政策，健全并加强培训补贴资金管理。加强创业培训师资队伍建设，强化创业培训教学监管，探索开展创业培训绩效评估，提高创业培训质量。（牵头单位：市人社局；配合单位：各区〔县〕、市发改委、经信委、教育局）

8．在普通高等学校、职业学校、技工院校全面推进创业创新教育，把创业精神培育和创业素质教育纳入国民教育体系。优化教育师资结构，推进创业创新教育示范学校建设，完善创业课程设置，支持高校积极开展大学生创新创业训练及竞赛活动，加强创业实训体系建设。（牵头单位：市教育局；配合单位：各区〔县〕、市人社局）

9．推进社会保障制度改革，破除人才自由流动制度障碍，实现党政机关、企事业单位、社会各方面人才顺畅流动。建立国有企业创业创新绩效评价机制，加快创业创新人才引进、培养和使用。（牵头单位：市人社局；配合单位：市发改委、国资委）

二、优化财税政策，强化创业扶持

（五）加大财政资金支持和统筹力度。

10．加大财税金融等政策扶持力度，引导和鼓励社会资金投入。充分发挥我市现有专项资金的引导作用，重点扶持小微企业创业创新。建立稳定的财政投入增长机制。鼓励金融机构加大信贷支持，发挥多层次资本市场的融资功能，大力发展创业投资和股权投资基金。（牵头单位：市委财经办、市财政局；配合单位：市经信委、科技局、商务局、人社局、各区〔县〕）

11．支持创业项目开发等创业服务，对创业孵化基地场地租金、水电费予以适当补助。对众创空间等新型孵化机构的房租、宽带接入费用和用于创业服务的公共软件、开发工具给予适当财政补贴，推动基础电信企业加快宽带网络基础设施建设，推进宽带提速降费等工作，减轻创业者负担。（牵头单位：市科技局；配合单位：市财政局、人社局、发改委、经信委）

（六）完善普惠性税收措施。

12．落实扶持小微企业发展的各项税收优惠政策。将涉及中小微企业注册登记、土地、财税、融资、公共服务平台、创业就业、企业减负等方面的优惠政策落到实处。落实高新技术企业降低税率、创业投资企业投资额抵免、研发费用加计扣除、固定资产加速折旧等税收优惠政策以及科技企业孵化器、大学科技园等相关税收政策。做好政策的宣传与辅导，落实促进高校毕业生、残疾人、退役军人、登记失业人员等重点群体创业就业税收政策，对已享受政策的纳税人做好后期的跟踪管理与服务。（牵头单位：市财政局；配合单位：市国税局、地税局、经信委、教育局、人社局、科技局、商务局、工商局）

13．严格落实支持种子期、初创期等创新活动的投资税收优惠政策。认真执行国家修订后的《高新技术企业认定办法》。认真落实创业投资企业税收优惠政策。在法定授权范围内，积极探索股权激励和转增股本个人所得税征管、股权奖励和技术入股个人所得税试点政策。（牵头单位：市财政局，配合单位：各区〔县〕、市国税局、地税局、科技局、市委财经办）

（七）发挥政府采购支持作用。

14．用好各类财政专项资金。创新财政投入方式，实施财政专项资金同方向归并、整合，发挥政府采购引导作用，统筹发挥提升各级各类财政资金投入效益，加强预算管理，明确资金投向，推进科学决策，支持混合所有制经济主体和新兴业态发展。充分发挥重点产业发展基金等各类基金的产业引导作用，对政府和社会资本合作（PPP）以及政府购买服务给予专项资金支持。（牵头单位：市财政局；配合单位：各区〔县〕、市发改委、经信委、科技局）

15．完善促进中小企业发展的政府采购政策，加强对采购单位的政策指导和监督检查，建立政府采购信用体系，净化政府采购市场环境，保障中小企业公平参与政府采购活动的权利。鼓励符合资质条件的疆内小微企业依法组成联合体参与政府采购投标，疆内大企业与小微企业依法组成联合体参与政府采购活动的，联合体视同小微企业。提高政府采购小微企业产品或服务的比例。在预算资金安排上鼓励各级机关、事业单位、行业系统，在符合采购需求、质量和服务相等的前提下优先采购小微企业产品或服务。（牵头单位：市财政局；配合单位：各区〔县〕）

三、搞活金融市场，实现便捷融资

（八）优化资本市场。

16．鼓励和推动符合条件的小微企业根据自身特点，在银行间债券市场灵活运用债务融资工具，通过中小企业票据、“区域集优”债务融资等模式，实现企业“抱团融资”，缓解小微企业融资困难。支持符合条件的发行主体发行小微企业增信集合债等企业债券创新品种，积极提供政策咨询、指导和加快上报发行方案等前期服务，对预审转报环节提供绿色通道。（牵头单位：市委财经办；配合单位：市发改委）

17. 支持符合条件的创业企业上市融资。加大挖掘、培育上市后备资源的力度，简化备案辅导手续，做好拟上市公司的辅导工作，重点实施政策倾斜、税费减免，降低创业企业上市成本。引导和支持符合条件的创业企业到主板、中小板、创业板上市融资。鼓励创业企业通过债券市场筹集资金，加强培训和政策宣传，支持中介机构开发债券类业务，鼓励符合条件的创业企业通过发行中小企业私募债、资产证券化方式进行融资，优化企业资产结构，拓宽企业融资渠道。（牵头单位：市委财经办；配合单位：市发改委）

（九）创新银行支持方式。

18. 积极协调引导金融机构加大对大众创业、万众创新的金融支持力度，积极争取中央政策倾斜。支持银行机构与创业投资、股权投资机构合作，为小微企业创新提供股权和债权相结合的融资服务。（牵头单位：市委财经办；配合单位：人民银行乌鲁木齐中心支行、市发改委、科技局）

（十）丰富创业融资新模式。

19. 积极研究拓宽中小微企业融资渠道。在直接融资方面，要加快建立中小微企业上市培育和辅导体系，鼓励一批符合产业政策的有成长性、高科技型中小企业获得上市融资机会。同时积极建立多层次的债券市场体系，允许中小微企业发行企业债券，并允许其在不同层次的债券市场上流通转让，方便不同类型、不同发展阶段的企业进行直接融资。在间接融资方面，要成立政策性金融机构或中小金融机构，并根据中小微企业政策和产业结构调整要求，为我市有发展潜力的中小微企业提供低利率贷款或融资担保。（牵头单位：市委财经办；配合单位：各区〔县〕、市发改委、经信委、科技局）

20. 加大对中小微企业融资扶持力度。注重中小微企业担保体系创新，大力发展服务中小微企业的中介担保机构，建立政策性融资担保基金，通过融资担保、再担保和股权投资等形式，与现有政策性融资担保机构、商业性融资担保机构合作，为科技型中小企业提供信用增进服务。同时要充分调动民间担保机构的积极性，通过有重点地为民间担保机构提供再担保来分散风险，鼓励、支持民间担保机构为中小微企业提供担保服务，有效解决中小微企业融资难题。认真落实小额担保贷款政策，简化反担保手续，规范小额担保贷款及财政贴息资金管理，多渠道筹集担保基金，促进小额担保贷款健康有序发展，积极支持符合条件的青年创业者申请小额担保贷款。实施青年创业小额贷款项目，鼓励金融机构加大对我市青年创业小额贷款项目的支持力度。发挥市中小企业专项担保资金作用，强化担保基金的独立担保功能，为青年创业争取贷款担保资金。（牵头单位：市委财经办；配合单位：各区〔县〕、市教育局、财政局、科技局、工商局）

四、扩大创业投资，支持创业起步成长

（十一）建立和完善创业投资引导机制。

21. 不断完善新兴产业创业投资政策体系、制度体系、融资体系、监管和预警体系以及考核评价体系，逐步建立支持创业创新和新兴产业发展的市场化长效运行机制。研究制定鼓励政策，吸引和支持社会资本参与新兴产业创投计划，不断扩大社会资本参股基金规模，做大做实直接融资平台，引导创业投资更多向创业企业起步成长的前端延伸。（牵头单位：市发改委；配合单位：市财政局、科技局、经信委）

22. 完善创业引导资金管理及操作办法，引导担保、金融机构，为高校毕业生等青年群体创业项目提供信用贷款、担保贷款等融资支持。完善落实创业补助政策，积极支持高校毕业生等青年群体创业并带动就业，按规定给予创业扶持补助。探索建立重点面向扶持高校毕业生创业的天使投资和创业投资基金。完善股权投资市场体系，加快股权投资类企业发展，拓宽创业融资渠道。（牵头单位：市委财经办；配合单位：各区〔县〕、市发改委、教育局、财政局、科技局）

（十二）拓宽创业投资资金供给渠道。

23. 根据国家新兴产业“双创”三年行动计划的要求，积极争取国家、自治区支持我市“双创”示范基地和创新创业支持平台建设，引导设立创业发展基金。（牵头单位：市科技局、市委财经办；配合单位：市财政局、发改委）

24. 积极推动设立政府引导型产业基金。通过政府参与、引导和带动，发挥“杠杆效应”，派生更多的行业子基金，吸引社会资本跟投重点项目、优势产业和重点行业。推动设立纺织服装业等发展基金，不断完善我市多层次资本市场体系。（牵头单位：市委财经办；配合单位：市财政局、经信委、科技局）

25. 统筹各类财政创业资金，为大学生创新创业提供场所、公共服务和资金支持。实施大学生创新创业资助计划，对初次创业的毕业2年以内的高校毕业生或应届高校毕业生，给予每人一定额度的创业补贴及相应的税收减免；对在创新创业孵化基地内注册满1年且运行良好的大学生创办的科技型小微企业，经认定符合条件的，给予创新创业团队一定数额资金奖补。（牵头单位：各区〔县〕；配合单位：市发改委、财政局、教育局、工商局、科技局、地税局）

（十三）发展国有资本创业投资。

26. 研究制定鼓励国有资本参与创业投资的政策措施，完善国有创业投资机构激励约束机制、监督管理机制。引导和鼓励市属国有企业参与新兴产业创业投资基金、设立国有资本创业投资基金等，充分发挥国有资本在创业创新中的作用。认真执行国有创业投资机构国有股转持豁免政策。（牵头单位：市委财经办；配合单位：市国资委、财政局）

（十四）推动创业投资“引进来”与“走出去”。

27. 加强同丝绸之路经济带沿线国家的科技交流与合作，探索建立区域协同创新研究中心、国际科技合作基地、国际创新人才服务中心、国际科技创新资源信息共享中心、技术转移中心、知识产权合作中心和教育文化交流中心等，利用“两种资源、两个市场”拓展创新创业空间。建立企业主导产业技术研发创新的体制机制。加快建立以企业为主体、市场为导向、产学研用紧密结合的技术创新体系。充分发挥企业在技术创新决策、研发投入、科研组织和成果转化中的主体作用。（牵头单位：市科技局；配合单位：市经信委、教育局、文化局、质监局、工商局）

五、发展创业孵化服务，构建创新创业生态

（十五）加快发展创业孵化服务。

28. 各区（县）、各相关部门要对众创空间等新型孵化机构的房租、宽带接入费用规模和相关公共软件、系统工具的开发维护需求等进行调查摸底，研究财政补贴的方式、规模、承担比例、使用方向、资金来源等。结合行政管理体制改革，围绕转变政府职能，支持各类新兴业态实施创业就业，加大对中小微企业和各类中介机构等社会组织的培育和支持力度，对社会组织承接政府购买服务给予政策倾斜，将适合由社会组织提供的公共服务通过政府购买服务承接，在同等条件下优先向社会组织购买。（牵头单位：各区〔县〕；配合单位：市发改委、经信委、科技局、工商局、国税局、地税局）

29. 加强政策指导。通过行业协会、创投基金等平台，引导和鼓励各类创业孵化器与天使投资、创业投资相结合，逐步完善投融资模式。支持依托高校和科研院所建立众创空间和孵化器，完善科技转型机制，加快科技成果转化，加强技术支撑服务。（牵头单位：市科技局；配合单位：市教育局、发改委、经信委）

（十六）大力发展生产性服务。

30. 大力发展企业管理、研发设计、技术创新、成果转化、专利申请、技术转移、财务咨询、人力资源、法律顾问、现代物流等生产性服务，搭建小微企业创业创新综合服务大平台和功能性孵化服务平台。加大政府购买服务力度，为中小微企业免费提供管理指导、创业孵化、技能培训、市场开拓、标准咨询、检验检测认定等公共服务。在创业者和小微企业比较集中的城区、街道、乡镇、高校、产业集群、创业基地建设小微企业创业创新服务中心，为创业者提供开放性、公益性、线上线下结合的一站式服务。（牵头单位：市经信委、科技局；配合单位：市发改委、财政局、人社局、商务局、工商局、各区〔县〕）

31. 建立“红山科技创新券”专业化服务机构库，推进创业服务机构标准化、专业化建设；落实公共创业服务制度，建立“红山创业导师”团队，对具有潜力的小微企业和创业团队及创客进行跟踪指导和孵化服务；开发建设扶持政策库、小微企业库、创新载体库、投资机构库、创业项目库、创新成果库和创业人才库等创新创业服务资源数据库，形成集创业培训、项目推荐、专家指导、创业孵化、融资支持、跟踪服务等内容为一体的创新创业综合服务体系。（牵头单位：市科技局、经信委；配合单位：市委财经办、市发改委、财政局、人社局、商务局、工商局、教育局）

（十七）发展“互联网+”创业服务。

32. 构建“互联网+”创新创业公共服务平台。依托我市现有的孵化器、加速器等场所，利用网络技术，把研究人员、科技成果、人力资源、政策资源、金融资源等方面资源充分连接，实现信息透明对称，实现24小时无间断、无缝隙公共服务，构建“020”电子商务服务体系，为创业、创新提供全方位支持。（牵头单位：市经信委；配合单位：市科技局、商务局、人社局、教育局）

六、建设创业创新平台，增强支撑作用

（十八）打造创业创新公共平台。

33. 统筹众创空间建设布局。围绕我市总体发展战略和产业布局，统筹谋划产业发展、城市发展、高校院所发展和科技创新人才发展，协同推进实施“红山众创行动计划”，加快建设创客孵化型、产业服务型、企业主导型、培训辅导型、媒体驱动型、地产开放型、投资驱动型和综合生态型等一批专业化、社会化、便利化众创空间，以众创空间服务重点产业、重点产业集聚创新人才、创新人才引领产业发展，努力构建良好的创新创业生态环境，为适应经济新常态和产业转型发展提供源源不断的新动力。（牵头单位：市科技局；配合单位：各区〔县〕、市发改委、财政局、经信委、商务局、教育局、人社局）

34. 充分发挥企业创新主体作用，鼓励和支持有条件的企业发展创业平台、投资并购小微企业，支持创业者创业，增强企业创业创新活力。依托全市中小企业公共服务平台网络，把创业服务平台作为专业应用平台来建设，以小微企业个性化、精细化、多样化的创业需求为出发点，开展政务代理、咨询服务、知识产权代理、财税代理等专业化服务，组织动员社会服务资源，为小微企业提供量身定制的服务。（牵头单位：市经信委、国资委；配合单位：市发改委、人社局、科技局）

（十九）用好创业创新技术平台。

35. 完善科技基础设施、大型科研仪器和专利信息资源向全社会开放的长效机制。完善重点实验室、工程技术研究中心等科研平台（基地）向社会开放机制，为大众创业、万众创新提供有力支撑。鼓励企业建立一批专业化、市场化的技术转移平台。（牵头单位：市科技局；配合单位：市发改委、经信委）

36. 以创新创业平台为依托，鼓励支持创新创业人员参加国内外学术会议，为创业者提供交流经验、展示成果、共享资源的机会。加速形成创业要素集聚化、孵化主体多元化、创业服务专业化、创业活动持续化、运营模式市场化、创业资源开放化的发展格局，全面提升我市创新创业生态环境，对国际国内创新创业资源进行集中展示和对接，打造高效衔接的创新创业生态圈。（牵头单位：各区〔县〕；配合单位：市发改委、经信委、科技局、教育局、广电局）

（二十）发展创业创新区域平台。

37. 建立完善中小企业服务平台。为中小企业、民营企业提供政策指导、改制重组、融资担保、人才培训、国际合作、管理咨询等全方位服务。同时有针对的联系大企业，带动中小企业发展。（牵头单位：市经信委；配合单位：市科技局、商务局、人社局、教育局）

38. 依托各区（县）和各级各类产业园区，打造小微企业创业创新先导区和拓展区。立足现有基础和优势，指导开发区高起点谋划未来发展，充分发挥区位和资源优势，加大引资力度，做大优势，提升水平。大力营造良好发展环境，促进战略性新兴产业尽快形成产业优势、经济优势，加快建立现代产业体系。（牵头单位：市商务局；配合单位：市发改委、经信委、人社局、商务局、工商局、各区〔县〕）

39．将中小微企业服务机构、公共示范平台等服务体系建设纳入3年支出规划和年度预算保障。（牵头单位：市财政局；配合单位：市发改委、科技局、商务局、工商局）

七、激发创造活力，发展创新型创业

（二十一）支持科研人员创业。

40．加快建立创业孵化人才队伍。鼓励和创造条件，使更多具有丰富创业经历的成功企业家投身于创新型孵化器的创建和管理，着力推进形成创业孵化器管理团队建设机制，全面优化升级孵化器管理团队人才结构，同时大力建设向前端延伸的大学孵化器，为更多年轻人创造更为便利和相对优越的创业环境与创业条件，为创业孵化器输送更多高素质、年轻有为的创业人才，全面促进孵化器快速、高水平、可持续发展。（牵头单位：市科技局；配合单位：市经信委、教育局、文化局、人社局）

41．支持教育、科研人员创业创新。积极落实中高职院校、科研院所等专业技术人员创业政策，逐步建立健全科研人员双向流动机制。探索实现职业院校科技成果转化所获收益用于奖励科研负责人、骨干技术人员等重要贡献人员和团队等扶持政策。（牵头单位：各区〔县〕；配合单位：市发改委、财政局、科技局、教育局、工商局）

（二十二）支持大学生创业。

42．积极做好返乡高校毕业生、在校大学生创新创业培训工作，开设创新创业教育课程，培养大学生勇于把“想法变成现实”的创客精神。支持返乡高校毕业生开展创业实践活动，对符合条件的大学生创办、领办企业项目中的初创企业，按国家和自治区有关就业创业政策给予支持；鼓励高校院所人才转化科技成果、创办企业，最大限度释放人才红利；对专门服务于大学生创业的“苗圃”孵化机构，在认定市级科技企业孵化器时给予倾斜；鼓励区（县）多渠道筹集资金、协商用地，为大学生自主创业提供保障。支持大型互联网企业、行业龙头企业、骨干企业建设虚拟众创空间或与众创空间合作。（牵头单位：市教育局；配合单位：各区〔县〕、市财政局、经信委、国税局、人社局、科技局）

43．普及创业教育，将创业教育融入人才培养体系，开发开设创新创业课程，并纳入学分管理。丰富创业教育形式，开展灵活多样的创业实践活动。加强师资队伍建设，为普及创业教育提供有力支持。各部门要加强与教育部门和高校的衔接，强化创业培训，鼓励支持有条件的高校、教育培训机构、创业服务企业、行业协会、群团组织等开发适合大学生等青年群体的创业培训项目。创新培训方式，积极推行创业模拟实训和创业案例教学，不断提升大学生等青年群体的创业能力。完善落实创业培训补贴政策，健全并加强培训补贴资金管理。加强创业培训师资队伍建设，强化创业培训教学监管，探索开展创业培训绩效评估，提高创业培训质量。（牵头单位：市教育局；配合单位：各区〔县〕、市发改委、经信委、科技局）

（二十三）支持境外人才来疆创业。

44．依据企事业单位人才引进工作需要，积极为项目单位引进一批高层次专家，更好服务我市经济社会发展。引导和鼓励回国创业高端人才和境外高端人才在乌鲁木齐市创办高科技企业。完善来我市工作外国专家及创业高端人才在配偶就业、子女入学、医疗、住房等方面的相关措施。（牵头单位：市人社局；配合单位：市科技局、财政局）

八、拓展城乡创业渠道，实现创业带动就业

（二十四）支持电子商务向基层延伸。

45．结合智慧城市、云计算产业基地、信息枢纽中心建设，有效盘活三大运营商现有网络平台资源，利用我市现有资源，完善电子商务生态体系，促进电子商务整体系统发展。研究制定我市电子商务发展规划，探索建立众筹网络平台，以电子商务的蓬勃发展助推大众创业、万众创新。（牵头单位：市商务局；配合单位：市经信委、发改委）

46．加强城市商贸流通、文化体育、旅游、宽带网络等基础设施建设。大力促进文化消费、旅游消费和养老消费。推动农村商业连锁经营和统一配送，优化城镇商业网点布局。加快电子商务信用体系建设，完善网上交易投诉和维权机制。鼓励有条件的职业院校、社会培训机构开展网络创业培训。（牵头单位：市商务局；配合单位：各区〔县〕、市委财经办、市经信委、文化局、旅游局、民政局、商务局）

（二十五）完善创业支撑服务。

47．争取国家、自治区项目，积极落实资金支持，大力推进中等职业学校基础能力和实训基地建设，继续实施中等职业教育基础能力建设二期工程，加强我市中等职业学校基础设施建设及教学实训设备购置，有效改善职业学校办学条件。加大与国内外知名“双创”机构和内地省市的合作，引入新华智库、光明智库等优势资源和创新谷、启迪之星、创业学院、创新综合体、创业生态圈等成功运营模式，提升我市创新创业创智集聚发展效应。（牵头单位：市发改委；配合单位：市教育局、人社局）

48．研究制定促进就业创业的综合政策，健全扶持创业工作体制机制，统筹整合各部门创业扶持政策、资金和服务资源，充分发挥创业扶持资金使用效益和效率。通过简政放权、统一市场准入和市场监管制度，保障创业机会公平。落实注册资本认缴登记制度，拓宽企业出资方式，推行电子营业执照和全程电子化登记管理。进一步完善工商登记“绿色通道”，简化登记手续，优化业务流程，为青年创业者办理营业执照提供便利。完善税费减免、小额担保贷款、创业扶持补助、社会保险补贴等措施，加大创业扶持力度。（牵头单位：各区〔县〕；配合单位：市发改委、经信委、财政局、教育局、工商局）

九、加强统筹协调，完善协同机制

（二十六）加强组织领导。成立由市领导为组长，各区（县）和相关部门分管领导为成员的大众创新创业工作领导小组，与小微企业创业创新基地城市示范建设工作领导小组协同并进，建立与国家部委、自治区厅局和相关省市的协调联动机制，共同推动我市“两创一微”示范城市建设。市发改委牵头负责全市大众创新创业工作的统筹协调，市科技局牵头负责我市众创空间的布局建设。各区（县）要高度重视发展众创空间和推进大众创新创业工作，进一步加强沟通协调，认真抓好各项工作的落实。各相关部门要按照工作分工，研究制定发展众创空间推进大众创新创业的具体措施。

（二十七）加强示范引导。最大限度地利用好现有各类众创空间、科技企业孵化器、小微企业创业创新孵化基地、商贸企业集聚区、创业就业孵化基地、文化产业示范基地等，激励高校院所开放实验室和科技服务，发挥创新创业资源的集聚效应和创新创业活动的规模优势。鼓励各地积极探索推进大众创新创业的新机制、新政策，不断完善创新创业服务体系，为创业者提供创业服务平台，让所有创业者都能“用其智、得其利、创其富”。

（二十八）加强协调推进。各区（县）、各部门要加强工作协调、指导和支持。相关部门要牵头做好我市大众创新创业支持配套政策的研究制定工作，组织开展政策落实情况调研、众创空间发展情况调查和大众创新创业生态圈体系建设的专项督导等协同工作，及时报告有关进展情况。同时指导红山众创空间联盟、科技企业孵化器协会等社会组织建设，加强行业自律和规范管理，提升我市大众创新创业的整体实力。

（二十九）加强考评监测。建立创业创新工作绩效评估制度。加大考核督查力度，按照职责分工，本着“谁负责、谁考核”的原则，由各牵头部门制定相应考核指标、考核办法，开展绩效评价。落实国家有关大众创业创新的信息监测指标要求，健全创业创新专项统计机制，按季度统计发布各项工作完成数据，动态跟踪我市大众创业创新工作进展情况。

乌鲁木齐市人民政府

2017年1月10日

第三部分

园区篇

北大留学人员创业园

园区概况

北大留学人员创业园成立于2002年9月，由北京大学与中关村科技园区管理委员会共建，开创了国内高校与地方政府合作共同扶持留学人员回国创业的先例，实现了地方政府与国家高等院校共同利用大学优势资源服务高层次留学人员自主创业的先河。创业园在响应国家和中关村人才战略，大力发展自主创新和人才优势实现高新技术成果产业化的背景下，由中关村管委会留学服务总部和北大留创园管理团队共同推动，在全国掀起了首都高校与地方政府合作吸引海外留学生回国自主创业的高潮，为国家引智战略输送了新鲜的血液。2006年2月，被北京市人事局和市科委评审认定为首批“北京留学人员创业园”。

创业园地处中关村核心区，依托北京大学，汇聚多领域的创新技术、管理思想和人文精神，吸引着众多海外留学人员回国入园创办高科技企业。同时，创业园积极为园区企业提供专业的咨询辅导、投融资、建立营销渠道、促进技术成果转化等服务，是一家为具有原创自主知识产权的项目提供全程创业孵化及促进科技成果转化的专业机构。

创业园实施以“3M+T”孵化服务模式（Money、Mentor、Marketing、TLO）为核心的融资服务体系、创业辅导体系、市场营销服务体系以及技术成果转化服务。为入驻企业提供完善的全方位服务，提供创业资金支持，专业的投资、融资服务；提供宝贵的境内外上市联合推荐机会；提供熟知国际惯例、符合中国国情的全程创业咨询与孵化服务；同时协助申请国家科技产业资金，提供更多留学人员创业贷款贴息机会；协助办理专利注册申请、科技成果鉴定、新技术企业资格认证、先进技术企业申报；协助办理“火炬计划”“新产品开发计划”“成果推广计划”；协助申报北京市人民政府设立的北京市留学人员创业奖、科技进步奖；集中政府审批，集中工商、税务服务；专业的政府公关、媒体运作、市场推广及广告服务等。此外，园区搭建企业共性技术平台，整合北京大学52家省部级重点实验室，推动北京大学科技成果转化及横向技术交流与合作；搭建知识产权平台、微构分析测试平台、光电子精密测量仪器研发平台，为入园企业提供国际顶尖的技术以及系统服务，加速园区企业发展。

创业园重点搭建的服务支撑平台包括：（1）节能环保新材料研究室。通过“商业型应用技术工程化研究模式”，实现学校技术源为创新技术平台的科研成果转化模式，创新技术平台围绕北大工学院科技成果、科研实力及人才优势，开展产学研合作，初步建成先进技术研究/转化机构13个。（2）专门成立北京北达燕园微构分析测试中心有限公司，一方面为园内在孵企业及所有客户提供便捷的高度专业的测试分析服务，另一方面通过合作研究早期发现和介入原创性种子项目，采用具体技术手段支持“3M+T”核心孵化服务模式。（3）科技园通过汇聚、梳理并协调组织核心区的科技创新、成果转化和科技服务资源，依托海淀园网络化的协作体系，建设创新驿站，并与平台形成良性互动。

近年来，创业园着力打造“网上科技园”与实体科技园020的服务体系，为园区实施“大数据驱动发展”战略建立基础，其战略目标是采用线上（云服务、大数据、物联网）服务与线下服务相结合方式，推出“科技创新与创业解决方案”及“创新型科技企业增值服务体系”，从而使北大留创园发展成为“技术转移顶层设计及商业模式”的提供商，“创意及技术提供、需求解决方案”的信息港，战略新兴产业孵化基地服务商和投资创新企业投资商和特色产业发展基地及加速器运营商。

联系方式

地　址：北京市海淀区中关村北大街127-1号
邮　编：100080
电　话：86-10-62769088
传　真：86-10-82667188
邮　箱：pkuincubator@pkusp.com.cn
网　址：www.pkusp.com.cn

北航留学人员创业园

园区概况

北航留学人员创业园成立于2003年4月12日，由北京航空航天大学和中关村科技园区管委会共同建立，以促进北京航空航天大学及周边高校科技成果转化、培育中小企业及造就科技企业家为宗旨，加速创业企业的群体成长，推动区域经济发展，提高区域创新能力。

创业园位于北航国家大学科技园内，共有孵化场地2.7万平方米，下设企业服务部、财务服务部、人力资源部及投融资部等部门，为企业提供工商注册、高新技术企业认证、财务代理、税收申报、人事代理、人才引进与招聘、科技企业优惠政策咨询，并协助企业进行市场开拓与融资。

创业园将不断提高服务队伍素质，聚集与整合政府有关部门、中关村科技园区与海淀园区、北京航空航天大学、北航大学科技园以及其他社会资源，构建完善的企业服务支撑体系，有效地支持大学科研成果的转化，更好地开展企业创业辅导、优惠政策咨询、企业管理与发展规划、企业体制改革咨询及投融资服务，逐步形成以北航科技园、北航创业园入驻企业为服务主体，面向中关村科技园区及海淀园区企业的开放式发展格局，打造北航创业园的企业孵化服务品牌。

联系方式

地　址：北京市海淀区北四环中路238号柏彦大厦406室
邮　编：100083
电　话：86-10-82316255
传　真：86-10-82338204
邮　箱：zhaibin@bbi.com.cn
网　址：www.bbi.com.cn

北京工业大学留学人员创业园

园区概况

北京工业大学留学人员创业园成立于2005年12月，由北京工业大学和中关村科技园区管理委员会共同建设，主要服务对象是海外留学归国人员创办的高新技术企业。2012年被北京市人力资源和社会保障局评为北京市留学人员创业园。

创业园位于北京工业大学西校区，面积共2万平方米，先期启动4000平方米，园区一期孵化器已经驻满，二期孵化器目前也已投入使用，该孵化器集科研、开发、办公为一体，为留学人员创办的高科技企业提供水、电、暖、电梯、通讯、健身、会议、网络接入、绿地、停车场、打印、收发、卫生、安保等物业服务，可容纳50多家留创企业，内设学术报告厅、会议室、中介服务中心、健身房等基础设施，宽敞明亮、造型别致的阳光厅将为留学人员营造又一个幽雅、舒适、安全、现代的创业环境。

为加速创业园的创新发展，进一步优化创新创业服务环境，提升创业园的服务层次和质量，更好地为园内企业服务，北京工业大学留学人员创业园2012年申请政府专项，投资14万余元建立了北工大留学人员创业园的网上“园区创新创业公共服务平台”。该平台将针对留学人员来园创业所关心的各种优惠政策及主管部门的行政审批统一整合，形成网上宣传与办公的窗口，为留学人员创业提供更加便捷的服务，为园区科学管理和服务提供保障，打造国内领先的创新创业软环境。目前该平台已开始试运行。平台具体包括：（1）建设园区对外门户官网，实现园区对外形象宣传展示。（2）建设网上办公平台，提升办公能力和效率。（3）建设创业绿色服务通道。（4）建设企业商务服务支持平台。（5）建设园区创业专家智库。（6）建设企业资源和设备共享平台。（7）建设企业研发技术和成果推介平台。（8）建设校企对接人才服务平台。（9）建设创业者俱乐部。（10）建设创业园“虚拟微企业群”孵育管理平台。

联系方式

地　址：北京市海淀区车公庄西路35号

邮　编：100048

电　话：86-10-68458163

传　真：86-10-68458163

邮　箱：zhenxiaohang@bjut.edu.cn

北京瀚海智业留学人员创业园

园区概况

瀚海智业留学人员创业园是在中关村科技园区管委会和东城区政府的大力支持和指导下，于2009年依托汉潮大成国家级科技企业孵化器创建而成。瀚海智业留学人员创业园是北京市中心城区第一家留学人员创业园，园区位于东直门商圈，交通便利，商务配套设施齐全，园区周边总部林立、人才密集。园区拥有创业孵化面积7000多平方米，种子孵化基金500万元，并配备留创服务专业团队，为留学人员企业提供政策指引、创业辅导、投融资等多层次、多角度的优质配套服务，助力企业健康快速发展。

创业园秉承“商以载道、成人达己”的经营理念，按照“政府指导、企业运作”的运营思路，充分发挥园区自主经营、高效便捷的机制优势，集聚资金、人才、市场、管理等各种资源，协助留学人员企业将技术、信息、智力等优势与政策有效结合，致力于成为培育具有创新能力和国际竞争力的留创企业的摇篮。

创业园成功打造了文化创意和中医药两个特色专业品牌，截至目前，瀚海智业留创园在园留创企业19家，聚集了一批如招通致晟、永航科技、宇信金实、朗动科技等由海外高层次人才回国创办的优秀留创企业，带动了园区内中小企业创业创新活力以及上下游产业生态的形成，正逐步成为东城区高层次人才引进的聚集高地和新的亮点。

2012年，瀚海智业留学人员创业园的海外窗口——中关村瀚海硅谷科技园正式运营，开启了瀚海智业留创园国际化发展新征程。海外窗口的建设旨在引导和帮助海外留学人才归国创业，促进海外优质项目和人才与国内留创园全面对接，实现归国留学人才聚集，打造文化与科技高端人才和项目汇聚的创业生态基地。

联系方式

地　址：北京市东城区东直门内海运仓1号瀚海海运仓大厦1018室

邮　编：100007

电　话：86-10-64050488，64050575，51239477

邮　箱：bjhcdc2011@163.com

网　址：www.bjhcdc.com

北京化工大学留学人员创业园

园区概况

北京化工大学留学人员创业园成立于2009年3月，由北京化工大学和中关村科技园区管理委员会共同建立。园区位于北京化工大学西校区，拥有良好的交通环境、办公设施和服务功能，为入驻企业提供了良好的创业平台。创业园日常管理工作由北京化大科技园科技发展中心负责，作为北京化工大学科技园的园中园，充分依托北京化工大学的资源优势，为留学生从事高科技创业提供优质服务。园区的建设宗旨是吸引更多优秀海外留学人员回国创业，促进科技创新，为首都的经济发展增添新的活力。

作为创业园的资源平台，北京化工大学是教育部直属的全国重点大学、国家“211工程”和“优势学科创新平台”重点建设大学。经过近50多年的建设，已经发展成为理科基础坚实，工科实力雄厚，文、法、管、经济学科富有特色的多科性重点大学，形成了从本科生教育到硕士研究生、博士研究生、博士后流动站以及留学生教育等多层次人才培养格局。北京化工大学科技园于2004年经国家科技部、教育部批准，被认定为“国家大学科技园”。

创业园积极扶持鼓励留学人员来园区创业，为留学人员创业提供了诸多优惠政策。首先，可申请管委会设立的中关村科技园区归国留学人员创业企业扶持资金；其次，落户创业园的高新技术企业自成立之日起，将享受有关税收优惠政策；留学人员创办企业注册公司时，在申办营业执照和高新技术企业认定等方面中关村管委会将给予优先办理和减免相关费用的支持。同时，入园企业第一年可免交40平方米孵化场地面积的租金，第二年开始采取优惠收取租金的方式，优惠期限为3年。入驻园区的优秀企业，在申请银行贷款时，可以享受管委会制定的留学人员贷款贴息和担保政策，另外，园区高新技术企业还可以享受北京市财政专项资金和其他形式的资金支持。

创业园自成立以来，经过一段时间的发展，已有10多家留学人员企业入驻，吸纳了来自美国、日本、英国、法国、德国、瑞典、巴西、韩国等国的20多名留学人员来园创业，从业人员近百人，行业涉及新材料、新能源、电子信息、机械、远程教育等多个领域。

联系方式

地　址：北京市海淀区紫竹院路98号北京化工大学（西校区）科技园写字楼
邮　编：100029
电　话：86-10-88588552，64435482
传　真：86-10-51589055
网　址：www.bhlcy.com

北京交大留学人员创业园

园区概况

北京交大留学人员创业园成立于2007年7月，由北京交通大学与中关村科技园区管委会共建。创业园依托北京交通大学的学科优势、专业优势、教育资源优势和中关村科技园区企业创新机制优势、政策优势，旨在吸引更多轨道交通领域专业人员创业，促进科技创新、服务创新、人才创新等新型创业企业的发展，加快中关村科技园区的全面建设，为首都高新技术产业的发展增添新的活力。

创业园位于北京交通大学东校区内，由交大科技园划拨5000平方米科教楼房屋用于孵化建设，办公设施齐全，服务功能完备，拥有良好的公共服务平台和共同技术平台，能够满足留学回国人员创办企业需要。创业园主要为轨道交通技术及相关领域业务的企业提供创业孵化服务，通过构造新型实验平台，提供专业化的技术服务，增强轨道高新技术企业的自主创新能力。同时，创业园通过产学研结合和完善的孵化服务体系致力于打造强优企业，为地区培育出新的经济增长点和产业热点。

联系方式

地　址：北京市海淀区高梁桥斜街44号一区89号科教楼1018室
邮　编：100044
电　话：86-10-51686946
传　真：86-10-51686946
邮　箱：dinglei-1983@hotmail.com

北京经济技术开发区留学人员（汇龙森）创业园

园区概况

北京经济技术开发区留学人员（汇龙森）创业园正式挂牌成立于2005年5月，是在北京经济技术开发区管委会和中关村科技园区管委会大力支持下，经北京经济技术开发区管委会批准，由北京经济技术开发区人才交流服务中心与汇龙森国际企业孵化（北京）有限公司共同创建的北京第一家民营留学人员创业园。

创业园地处北京经济技术开发区和中关村科技园区亦庄园的重叠区域，是目前开发区唯一一家留学人员创业园。2006年3月，正式被纳入中关村科技园区留学人员创业服务体系，命名为“中关村科技园区亦庄汇龙森留学人员创业园”。

汇龙森2006年12月被科技部火炬中心授予“国家高新技术创业服务中心”及被北京市科委授予“2006年度北京市优秀科技中介机构”；2012年被北京市经信委认定为“北京市中小企业公共服务平台”“北京市小企业创业基地”；被市科委认定为“战略性新兴产业孵育基地”；被北京市委组织部、北京市科委、北京市人社局等共同认定为“北京市优秀留学人员创业园”。

创业园以“迎来创业者、送出企业家”为宗旨，按照“政府指导、企业运作”的模式，本着人才培养与成果转化相结合的原则，充分发挥园区自主经营、高效便捷的机制优势，集中资金、人才、市场、管理、政府等各种资源，为园区留学人员企业提供多层次、多角度的创业服务。创业园通过专业技术服务平台、综合服务支撑平台及企业资金服务平台等服务载体建设和服务内容建设，为园区企业提供专业化的服务和支持。专业技术服务平台主要包括“国家生物产业基地中小企业公共技术服务中心”“先进材料公共技术服务平台”“国际化创新医疗产业化平台”；综合服务支撑平台主要包括“孵化器管理应用平台”“软件技术支撑平台”“综合商务平台”；资金服务平台主要由园区的债权服务与股权服务两大板块构成。目前，园区在生物医药、新材料、医疗器械这三个产业领域均具备了较强的服务支撑能力。

联系方式

地　址：北京经济技术开发区科创十四街99号
邮　编：101111
电　话：86-10-59755345，59755588-8835/8833/8832
传　真：86-10-59755396
邮　箱：liuchuangyuan@huilongsen.com
网　址：www.huilongsen.com

北京经开·北工大软件园留学人员创业园

园区概况

北京经开·北工大软件园留学人员创业园是北京经开工大投资管理有限公司为深入贯彻落实北京经济技术开发区科技强区、人才强区战略，在北京经济技术开发区管委会相关部门指导下，于2011年11月份成立。创业园以“营造环境、培育企业、孵化项目、造就人才”的发展思路，积极整合各种资源，提升和拓展创业服务功能，不断加大对入驻企业的扶持力度，园区被评为“北京市小企业创业基地”“院士专家工作站”，并先后设立北京12330知识产权服务工作站、工商服务工作站等，为园区企业提供全程、全方位的服务。

创业园位于北京新城市发展规划的“东部发展带”——北京经济技术开发区的核心发展区域，总占地面积17.41万平方米，包括研发办公、孵化器、教育培训、综合配套服务等功能分区，统一规划，整体开发，具备良好的硬件设施、完善的服务体系，可为上万名研发人员提供良好的工作和生活环境。创业园周边各大生活配套、商务配套均已呈现规模，开发区“青年公寓”“博大永康公寓”项目，可为入区各企业员工提供居住服务。并且开发区有完善的医疗、商业、金融及休闲配套，满足办公居住的各种需要。凉水河景观公园环绕园区，为入孵企业创造出极优的生态商务环境。

创业园内拥有1.4万平方米的公共服务设施，包括会议中心、企业会所、员工餐厅、银行自助取款机、便利店等，孵化企业可同其他入园企业共享园区内便利的配套设施。

作为北京市三大软件园之一，北工大软件园拥有北京云基地、美国应用材料、中国路桥研发中心、中国电子、民生证券、贝达药业等世界500强在内的众多国内外著名企业。北工大软件园以创新驱动、聚力发展，通过完善公共服务平台，升级园区“软”服务，来构建差异化的竞争优势。目前园区已初步形成包括基础物业、技术支撑、中介咨询、创业孵化、投融资等五大服务模块。

联系方式

地　址：北京经济技术开发区地盛北街1号A区2号楼4层
邮　编：100176
电　话：86-10-67862520
传　真：86-10-67877560
邮　箱：zhangchuntao0530@126.com

北京科大留学人员创业园

园区概况

北京科大留学人员创业园成立于2003年6月，由北京科技大学和中关村科技园区管理委员会共同组建。2005年9月，创业园被原北京市人事局和北京市科委首批认定为“北京留学人员创业园”；2007年12月，被教育部、科技部联合授予“春晖杯创业大赛创业基地”荣誉称号；2011年底，通过“北京市留学人员创业园”复核考评。

创业园依托北京科大国家大学科技园、方兴孵化器等平台，始终坚持企业化、专业化、网络化的发展模式，围绕新材料、制造业信息化、新能源行业领域建设专业园区，先后搭建了北京市新材料技术转移中心、北京科大分析测试服务中心、北京市留创新材料共性技术支撑体系、北京北科大新兴产业技术研究院等重要支撑平台，可为企业、项目提供孵化资金、中试、生产场地、项目管理、市场咨询等成果转化服务，以及联合研发、材料分析测试、技术咨询、实验室建设，人员培训等技术咨询特色服务。同时，园区与多类型专业机构、中介服务公司建立长期战略合作伙伴关系，为园区企业提供法律、工商、税务、人才、融资、培训、策划、知识产权等各类综合性咨询与服务。

创业园以新材料研究与制备技术、制造业信息化技术为办园特色，重点吸纳新材料领域的留学回国人员入园创办企业，项目和业务领域涉及新材料、制造业信息化、电子信息、能源环保等诸多领域。

联系方式

地　址：北京市海淀区学院路30号方兴大厦6层611室
邮　编：100083
电　话：86-10-62316722
传　真：86-10-62316722
邮　箱：zhanghq@ustbcm.com

北京理工留学人员创业园

园区概况

北京理工留学人员创业园成立于2003年，由北京理工大学和中关村管委会共建。创业园以服务企业为宗旨，追求高效务实的工作作风，致力于为留学人员搭建创业平台，落实政府专项政策，创造和谐创业环境。根据园区的功能定位，着力于创新创业能力建设，通过资源整合提供各种增值服务，搭建有特色的创新创业平台，加强了学校与园区及园区留学人员企业的合作和交流，为企业与风险投资、中介机构等搭建了沟通的桥梁，完善了创业服务体系和创新支撑体系，促进了园区的发展、留学人员企业的成长，为更多的海外留学人员回国创业搭建了平台。2006年5月，经北京市人事局、北京市科委认定为“北京市留学人员创业园”；2012年5月，经北京市社保局、北京市科委认定为“北京市优秀留学人员创业园”。自成立以来，北理工留创园多年的建设与发展成绩得到了各级政府部门的肯定。2012年2月9日，通过国家级科技企业孵化器复核；2012年3月31日，通过国家大学科技园绩效评价；2012年11月6日，通过战略性新兴产业孵育基地年度答辩；2012年12月12日，被北京市经信委授予“北京市小企业创业基地”称号。

创业园为入驻企业提供落实国家、北京市、中关村有关创办企业支持政策方面的服务。包括制作政府项目申报动态，推送项目申报信息；对企业项目申报出现的问题，安排有经验的专人答疑解惑；针对企业申报众多的项目，如科技型中小企业创新资金，举办项目申报专题培训。在北京理工科技园12330工作站的基础上，建立起北理工知识产权培训服务平台（“专利谈”），有针对性地开展知识产权活动，为企业的知识产权工作保驾护航。

创业园采取引导投资与融资相结合的原则，为企业提供一系列投融资服务，帮助企业争取融资机会。一方面，设有500万元种子资金，对部分在孵企业进行股权投资，通过实践，对“孵化+创投”及“持股孵化”进行初步有益的探索。另一方面，开辟多元化的投融资渠道，通过企业融资辅导、留创园主任投资能力培训、承办中关村留学人员企业精品项目推介会等形式做好企业融资服务。

联系方式

地　址：北京市海淀区中关村南大街9号理工科技大厦902室
邮　编：100081
电　话：86-10-68470073，68470075
传　真：86-10-68470073转8999
邮　箱：bitrp@126.com
网　址：www.bitrp.com.cn

北京市留学人员大兴创业园

园区概况

北京市留学人员大兴创业园是由北京市留学人员服务中心与大兴开发区开发经营总公司于1997年成立的北京市第二家留学生创业园，于2003年9月被市科委认定为“北京市高新技术产业孵化基地”。

创业园位于国家新媒体产业基地核心地带，占地50亩，分为一期、二期、三期工程，总建筑面积5万多平方米，是集办公、商务、娱乐、生活为一体的高档综合服务园区。

创业园致力于打造以新媒体产业为主的专业集聚区，建设集文化创意产业、现代服务业、现代制造业等业态为主的新型园区，并建立了相应的孵化服务平台，具备研发、培训、创作、孵化、制作、交易、展示与体验和配套服务等八大功能。园区现有孵化面积38000平方米，管理团队17人。

联系方式

地　址：北京市大兴经济开发区科苑路18号

邮　编：102600

电　话：86-10-61271941/42、61273247

传　真：86-10-61271943

邮　箱：msx7060@126.com

北京市留学人员海淀创业园

园区概况

北京市留学人员海淀创业园成立于1997年10月，是北京市留学人员服务中心与中关村科技园区海淀园创业服务中心共建的北京市首家专门吸引留学人员回国创业的科技企业孵化器。2007年10月，海淀创业园成为国家人事部与北京市人民政府的共建单位，并正式命名为中国北京（海淀）留学人员创业园。海淀创业园自成立之日起，就树立了把自身建设为一所“针对特殊人群，培育明星企业和优秀企业家”学校的宗旨，在孵化器建设就是学校建设的理念引导下，着重在“优选入园企业、加强过程管理、提高毕业标准、完善服务手段”四个环节上下功夫，并逐步形成了自身独特的核心竞争力，构建了“一个中心、三个平台、六项服务”的完整孵化服务体系，即围绕海淀创业园，构建企业孵化平台、科技条件平台、创业导师平台，以推进对企业的创业辅导、人才引进、企业融资、成果转化、股权投资、产业促进六项服务，促进创业者向企业家的转变，助力企业快速成长。

历年来，海淀创业园培育了一批又一批的优秀企业和企业家，得到了党和国家领导人、各级政府及社会各届的关注与认可。先后有两位国家领导人到海淀创业园视察。2000年江泽民总书记到海淀创业园视察；2003年胡锦涛总书记接见了海淀创业园优秀毕业企业的创办人。

1998年7月，海淀创业园被国家科技部认定为“国家高新技术创业服务中心”；2000年1月，被北京市科委列为“高新技术产业孵化基地”；2000年10月，被国家科技部、人事部、教育部和国家外专局确定为“国家留学人员创业园首批示范建设试点单位”；2001年9月，被国家科技部授予“国家高新区先进孵化机构”称号；2004年4月，被北京市科委认定为首批“首都科技条件平台试点单位”；2005年12月，被荷兰科学联盟评选为“最佳社会投资收益奖”；2008年12月，被评为“火炬计划实施二十周年先进服务机构”；2009年3月，获得“中关村科技园区20周年突出贡献奖”；2012年，被国家人社部认定为“全国创业孵化示范基地”；2013年10月，获得北京市经信委认定的“北京市小企业创业基地”授牌；2014年7月，被北京市人社局认定为“北京市创业孵化示范基地”；2015年，“金种子创业谷”成功入选中关村示范区创新型孵化器，并先后获得了中关村管委会创新型孵化器及市级和国家级众创空间的认定，等等。

海淀创业园坐落于环境优美的中关村科技园区上地信息产业基地，处于北京著名的文化旅游区，紧邻清华、北大、中国科学院等全国最高学府和研究机构，形成强大的科技条件支撑和技术依托，是集科研、开发、生产、经营、生活和服务于一体的新型社区。经过多年的发展，海淀创业园现有金种子创业谷、留学人员创业园、留学人员发展园、中关村生物医药园四大孵化基地，孵化面积近8万平方米，配有良好的通信条件、完善的共用设备及完备的服务设施，以适合不同发展时期、不同类型企业的创业环境和发展空间。

金种子创业谷，亦叫“零成本创业谷”，于2013年9月正式启动，孵化面积超过2000平方米。主要用于整合各类创新创业要素，聚集高层次创新创业团队，培育战略性新兴产业源头企业，依托海淀创业园的空间资源及孵化服务体系优势，为入孵项目提供从创业苗圃到孵化器再到加速器的全链条式孵化服务，并针对企业发展的不同阶段提供全过程的创业辅导。留学人员创业园孵化场地面积22000平方米，主要服务于留学人员新办的科技型中小企业，创业园通过整合多种资源为入园企业提供全方位的创业辅导，包括政策咨询、管理咨询、融资协助、人才引进等，为企业提供优惠的办公用房并协助办理工商、税务、知识产权代理等相关事务。留学人员发展园孵化场地面积17000平方米，主要服务于留学人员创业园毕业企业，为快速发展的企业提供配套的办公场地，服务的重点为融资咨询、产品宣传及推广。中关村生物医药园孵化场地面积30000平方米，是北京市科委授牌的“首都科技条件平台—生物医药专业孵化器”。园内设有生物制品中试车间、分析测试中心、生物工程开放实验室、合成制剂开放实验室、医疗器械产业化示范车间，配备49个标准实验室。为企业提供包括药品注册咨询在内的科技条件租赁、实验室共享、委托试验等服务。

经过多年的发展，海淀创业园孵化企业硕果累累，先后有韩庚辰、严望佳、俞孔坚、寿国梁、宋守根、朱荣辉等百余人次优秀的创业者受到国家各级政府的表彰。园内企业创办人累计共有40名“千人计划”入选者、60名“海聚工程”入选者、23名“高聚工程”入选者；累计培育出18家上市企业。

联系方式

地　址：北京市海淀区上地信息路26号中关村创业大厦106室

邮　编：100085

电　话：86-10-82898748，82898799

传　真：86-10-62984933

邮　箱：chuangye@ospp.com

网　址：www.ospp.com

北京望京留学人员创业园

园区概况

北京望京留学人员创业园成立于1999年8月，依托于北京望京科技园。2000年2月，望京科技园被市科委认定为北京市首批高新技术企业孵化基地。2000年8月，被科技部火炬中心认定为国家级高新技术创业服务中心。2000年12月，北京市人事局留学人员服务中心与朝阳区人事局和望京高新技术产业区签订协议，在望京科技创业园基础上共建“北京市留学人员望京创业园”。2001年6月12日，经国家科技部批准，望京高新技术产业区内以望京科技创业园为中心的3平方千米范围，正式加入中关村园区，称为“中关村科技园电子城西区”，在税收、人才、财政等各方面享受与中关村园区同等的优惠政策。2002年7月，国家人事部批复，与北京市政府共建中国北京（望京）留学人员创业园。2003年4月，中国北京（望京）留学人员创业园正式揭牌。2005年12月，望京科技园被团中央和全国青年联合会正式授予“中国青年留学人员创业基地”的称号。2006年2月，望京科技创业园被北京市人事局与市科委于联合授牌为首批8家“北京留学人员创业园”之一。

创业园位于北京市城区东北部的望京高新技术产业区内，总建筑面积17万平方米已全部投入使用，是集科研、生产、办公为一体的智能化、多功能、花园式的高新技术企业孵化基地和留学人员回国创业基地。享有专项扶持资金和创投引导资金，提供三项基础服务，即科技中介、科技金融和科技人才服务，特色服务项目包括知识产权托管、博士后科研工作站、望京科技园校园巡回招聘会、望京创业讲堂、知识产权工作站、创业人才班车、人才公寓以及北京移动研发实验服务基地和生命科学孵化平台。

联系方式

地　址：北京市朝阳区望京新兴产业区利泽中二路2号
邮　编：100102
电　话：86-10-64390345
传　真：86-10-64392019
邮　箱：wangjingkejiyuan@126.com
网　址：www.wjpark.com

北师大留学人员创业园

园区概况

北师大留学人员创业园于2005年12月成立，由中关村科技园区管委会和北京师范大学共同创建。园区在中关村科技园区管委会、海淀园区管委会的支持下，依托学校的优势资源，不断完善孵化服务体系，吸引了来自美国、加拿大、法国、日本、澳大利亚、俄罗斯等数十个国家的近百名海归精英在此创业。借鉴国内外大学留创园的建设经验，本着特色办园的思想，依托百年师大的优势资源，北师大留创园充分整合北京师范大学科研资源、人才资源、产业资源，以“北师大教育服务产业研究院”和“高科技产业研究与技术转移中心”为依托，以中医药现代化、特色新材料、现代放射性化学药物、环境保护及减灾与公共安全等技术平台为支撑，搭建大学资源与社会资本对接的有力平台。

创业园以“中关村国大中小微企业成长促进会”和“中关村科学城”建设项目两个新的平台为契机，全面延伸留创园企业服务范围，重点挖掘和培育“金种子”企业、高端人才创业企业，进一步完善了专业技术平台和科研资源。

目前，创业园已获得科技部“火炬计划重点单位”、团中央“青年就业创业见习基地”“北京市专利试点单位”“北京市海淀区产学研示范基地”、教育部“高校学生科技创业实习基地”“北京留学人员创业园”“北京市高新技术产业专业孵化基地”等称号，加入“中关村科学城”项目，全面构建以北师大产学研为核心的地缘文化经济产业链，打造中国领先的教育、科技、文化联动产业聚集区，并获得中国产学研合作促进奖。

联系方式

地　址：北京市海淀区学院南路12号北师大科技园
邮　编：100082
电　话：86-10-62205399
传　真：86-10-62206051
邮　箱：Bsd_kjy@163.com

北邮留学人员创业园

园区概况

北邮留学人员创业园成立于2003年12月4日，由北京邮电大学和中关村科技园区管委会共建。创业园是以北京邮电大学为依托，充分利用北京邮电大学的综合智力资源优势，通过包括风险投资在内的多元化投融资渠道，在政府政策的引导和支持下，建立从事技术创新和企业孵化的信息通信类孵化基地，旨在更好地吸引海外留学人员归国创业，加快中关村科技园区的建设，提升北京邮电大学产学研相结合的能力，发挥一流高校服务区域经济的社会职能。

创业园位于北京邮电大学校内，总建筑面积为10000平方米，先期启动5000平方米，办公设施齐全，服务功能完备。创业园结合北京邮电大学的学科特点和优势，主要面向IT行业，着眼通讯领域，立足信息特色，定位于专业的信息科技园，以特色求发展，以创新达成功。

创业园搭建了面向信息通信领域的“3+2”服务体系，可为入园企业提供具有专业特色的科技创新和成果孵化服务。创业园在确保为入驻企业提供基本商务、管理咨询和资本运作等立体式服务同时，充分利用北邮在信息产业的行业优势，在园区内搭建了互联网技术条件、电信产品推广服务和电信增值业务条件三个核心公共技术平台。开放时间每周在20小时以上，可以向企业提供信息通信领域的科学研究和技术开发平台，为企业科技创新提供覆盖整个通信信息领域从底层到应用，各种不同媒介的，向企业提供试验开发平台、测试平台、验证平台的使用服务。切实帮助创业企业降低了IT行业准入门槛和创业成本。创业园与北邮生命电子科学工程中心EMC—EMB实验室以及北邮宽带通信网络实验室合作，为入园企业提供优惠的专业服务，并以此为契机，共同向北京市申报实验室开放平台资助。

联系方式

地　址：北京市海淀区西土城路10号北京邮电大学综合服务楼5楼510室
邮　编：100876
电　话：86-10-62281497，62281487
传　真：86-10-62285259
邮　箱：1409000@sina.com

华北电力大学留学人员创业园

园区概况

华北电力大学留学人员创业园成立于2008年10月，由华北电力大学和中关村科技园区管委会共同建立，旨在吸引优秀海外留学人员回国创业，加快中关村科技园区建设，提升华北电力大学产学研结合能力，发挥一流高校服务区域经济的社会职能。

创业园位于华北电力大学国家大学科技园内，面积约2万平方米，办公设施齐全，服务功能完备。创业园充分利用和发挥华北电力大学创新创业环境和人才、学科、科研、设施及成果转化等综合资源优势，同时依托国内外的校友资源优势，着重吸引、发掘、培育一批创业团队完备、跨洋研发能力出众、拥有自主知识产权的国际领先技术、产业化前景巨大、国家重点支持领域项目的优秀留学人员创业企业，业已发展成为科研孵化、人才聚集、高新技术成果转化的重要基地，为首都科技创新体系建设和区域经济发展作出贡献。

目前，创业园已拥有科技创新创业实习基地、小企业创业基地服务、展示平台等系列服务设施，为园区企业营造了优良的服务环境和完善的创新创业服务体系。园区通过一系列配套服务的推行，完善企业基础服务平台、技术服务平台、创新创业平台及金融服务平台以及综合商务服务平台的建设，为在园企业提供综合性、全方位的孵化服务。

联系方式

地　址：北京市昌平区北农路2号华北电力大学主楼D1006
邮　编：102206
电　话：86-10-61772723
传　真：86-10-61772866
邮　箱：chx@ncepu.edu.cn

清华留学人员创业园

园区概况

清华留学人员创业园成立于2002年12月，是清华大学和中关村管委会共同发起设立，由北京启迪创业孵化器有限公司负责日常运营和管理。

创业园依托清华大学的科技优势和清华科技园的资源优势，采用“孵化+风险投资”的经营模式，重点吸引回国留学人员创办的拥有国际先进技术、具有高附加值、高成长性的企业入园。清华创业园通过整合“政、产、学、研、金、介、贸、媒”等创新资源、搭建成熟完善的创新创业孵化体系、开发建设信息化的创新服务网络平台，并借助清华科技园辐射全国近30个城市和地区的分园网络，已经成为促进区域经济发展和科技型创业企业发展的强大支撑力量。创业园先后被评为“国家级留创园”“国家级孵化器”“优秀留学人员创业园”；是火炬中心认定的国家级孵化器之一；是北京市科技条件平台首批试点机构；海淀区企业服务体系首批合作伙伴；曾被荷兰科学联盟组织的全球科技孵化器评为“科学孵化器最佳实践奖”。

清华留学人员创业园和启迪孵化器不断谋求为中小企业发展提供多种增值服务，探索创新服务内容，与企业共同成长，与各类金融机构进行沟通合作，联合浦发银行推出了中小企业信用贷款一站式服务平台；与齐鲁证券达成战略合作意向，为园区企业开展新三板上市咨询与相关服务工作。启迪孵化器和启迪创投联合设立了启迪天使投资（北京）有限公司，专注于投资早期企业，基金规模5000万，覆盖TMT、清洁技术、新能源、生命科学、消费品等领域。清华科技园知识产权服务平台始建于2008年，是国知局首批“企业专利工作交流站”之一、“海淀园知识产权服务平台”、北知局企业知识产权托管服务平台。

联系方式

地　址：北京市海淀区清华大学科技园创新大厦A座15层
邮　编：100084
电　话：86-10-62785888
传　真：86-10-62772777
邮　箱：xuyy@tuspark.com
网　址：www.tuspark.com，www.tusstar.com

首都师范大学留学人员创业园

园区概况

首都师范大学留学人员创业园成立于2007年10月，由首都师范大学与中关村科技园区管理委员会共同建立，是中关村科技园区创业体系的组成部分之一，是留学人员回国创业的重要基地。

创业园位于北京市海淀区首都师范大学校内，一期与首都师范大学科技园共用一座教学楼，办公环境良好，软硬件设施一应俱全。

创业园充分发挥首都师范大学深厚的文化、教育资源优势，突出“以文化、教育为特色，以高新技术为依托”的建园方针，以产学研联合工作为纽带，在留学人员创业企业与高校间建立通畅的桥梁，为企业的孵化、发展、壮大提供优质高效的服务。创业园重点吸纳、培育在文化创意及科技创新方面具有特色优势，具有自主研发能力和自主知识产权，与国内文化及经济建设需求紧密结合的留学人员创业企业。

经过不断的努力，园区逐步确立了“以高新技术为依托，以文化教育优势为特色，以产学研联合工作为主体，以科学技术成果的市场转化为手段，以服务于北京市社会、经济、文化建设发展为目标”的建设宗旨。一批优秀科研成果进入科技园进行孵化，并取得了良好成绩。2003年7月，首都师范大学科技园被市科委、市教委认定为北京市大学科技园，标志着科技园整体工作跃上了一个新的台阶。到目前为止，创业园已初步形成了文化创意、教育技术、高新技术三个重要产业化发展方向。

联系方式

地　址：北京市海淀区西三环北路105号首师大科技园（留学人员创业园）教一楼207室
邮　编：100037
电　话：86-10-68907023
邮　箱：kjy@mail.cnu.edu.cn

中关村博雅留学人员创业园

园区概况

中关村博雅留学人员创业园成立于2011年12月23日，由中关村科技园区管理委员会和北京市海淀区人民政府共建，是中关村多媒体创意产业园吸引海外人才、推动留学生回国创业工作的重要组成部分。创业园的建设是为了积极落实中关村人才特区的总体要求，促进科技创新、体制创新，吸引更多的以海外高层次人才为代表的发展所特需的各类留学人员回国创业，服务于留学归国人员创办的高新技术企业。

中关村多媒体创意产业园是中关村国家自主创新示范区的专业科技园，地处示范区核心区，位于中国北京市海淀区西三环紫竹桥与西四环四季青桥之间，占地95公顷，是北京率先以多媒体创意产业为核心发展方向的跨媒体专业园区。

创业园依托中关村多媒体创意产业园的资源与服务体系，为入园的留学归国创业人员提供行业指导、战略顾问、金融投资、创业辅导、品牌建设、市场推广、项目融资、高层次人才对接和运行团队组建等方面的系统服务，为企业的创新发展提供有力的支持。

目前，中关村多媒体创意产业园已聚集企业及机构近1000家，累计吸引投资超过26亿元。园区企业创新活跃、发展迅猛，产值增幅迅速，形成涵盖物联网、移动互联网、电子支付、动漫游戏、软件开发、系统集成、广告会展等领域在内，集产品、服务和应用等方面于一体的跨媒体产业集合。园区产业生态循环体系发展完善，企业已呈现出以产业集群模式进行集群化、规模化发展趋势，具有显著的产业聚集与辐射带动能力。

联系方式

地　址：北京市海淀区紫竹院路116号C座
邮　编：100097
电　话：86-10-51709191
网　址：www.bjmmedia.cn

中关村法大科技服务园

园区概况

中关村法大科技服务园成立于2007年5月28日，由中关村科技园区管理委员会和中国政法大学共同建立，是全国首家以法律服务为主的大学科技园。

创业园位于中国政法大学校园内，创建初期启动面积为3000平方米，总规划建筑面积共约25000平方米，致力于建设一流的硬件设施，提供优良的工作环境和物业管理。

创业园依托中国政法大学优势学科，发展法律服务产业，包括法律咨询服务、知识产权和专利服务、法律信息和法律出版服务、法学教育培训服务、证据和法庭科学技术服务、律师和公证服务等法律相关领域的新兴特色产业。

创业园的发展目标是重点培育一批国内一流法律服务企业，并逐步扩大发展规模，使法律服务范围覆盖中关村科技园区的所有创新企业，把园区建设成为国际知名的法律服务基地；建立与全国法律信息资源的建设者、所有者、使用者之间的多边联合；与中关村其他专业园区形成产业互补，促进和服务高科技产业发展。

联系方式

地　址：北京市海淀区西土城路25号中国政法大学旧1号楼109室
邮　编：100088
电　话：86-10-58908009
传　真：86-10-58908007
邮　箱：ly10312@163.com

中关村国际孵化园

园区概况

中关村国际孵化园（北京中关村国际孵化器有限公司）创立于2000年12月26日，是科技部认定的“国家级高新技术创业服务中心”“北京市高新技术产业孵化基地”“北京留学人员创业园”和“北京市小企业创业基地”。按照“政府引导，市场运作”的模式，园区为留学人员归国创业提供“孵化+创投”的全程、全方位服务。2003年1月，胡锦涛同志在刘淇等领导的陪同下来园区视察。

园区地处上地信息产业基地，拥有两幢共2.14万平方米的现代化商务楼，可满足入驻企业不同发展阶段的需求。园区整合各方资源，引入工商注册、法律、会计、人才等中介机构，搭建产学研平台，争取政府资助，设立贷款担保保证金和投资基金，带动风险投资，为企业走向成功铺路搭桥。

园区与北京大学光华管理学院、清华大学经济管理学院、北京航空航天大学软件学院、中国科学院软件学院、新加坡南洋理工大学联手打造了国际MBA和创业与创新学生实习基地、软件工程师实训基地；与中关村科技园区驻硅谷、伦敦、多伦多、马里兰、东京、伦敦、悉尼联络处建立了密切关系，为海外留学人员回国创业提供服务，为园内企业向海外拓展、寻求国际合作创造条件；与北京软件产品质量监测检验中心合作建立共享软件技术平台；与海淀生物医药园合作建立生物医药技术平台；投资建立电子信息技术测试与展示中心；投资开发企业评估体系软件等。在园企业可享受诸多优惠政策，孵化园为企业提供免费创业服务；组织各种项目推介会及融资洽谈会；协助企业申请各类政府专项资助；通过对优秀企业给予投资支持，帮助企业引进风险投资；协助企业申请各种贷款。同时，园区搭建了中介服务平台，组织企业家沙龙，促进企业间及企业与社会各界间的交流与合作，为园内创业者营造一个实现梦想的良好环境。

联系方式

地　址：北京市海淀区上地信息路2号创业园D栋
邮　编：100085
电　话：86-10－82893008
传　真：86-10－62974804
邮　箱：fjy1726@139.com

中关村集成电路留学人员创业园

园区概况

中关村集成电路留学人员创业园是在充分依托北京集成电路设计园现有的专业技术优势，于2006年1月由北京集成电路设计园和中关村科技园区管委会共同建立的。创业园位于中关村科技园区高科技企业云集的核心地带——北京市海淀区知春路27号北京集成电路设计园内，包括量子芯座和量子银座两座写字楼，创业园总面积约20000平方米。

园区自建设以来，先后被国家及地方科技部门授予国家（北京）集成电路产业园、中关村开放实验室、中关村科技园区海淀园高新技术企业服务平台、国家中小企业公共服务示范平台等称号，具有鲜明的专业特点和服务特色。2007年3月，中关村科技园区管理委员会在北京集成电路设计园挂牌“中关村集成电路EDA开放实验室”；2011年11月，由工信部授予“国家中小企业公共（技术）服务示范平台”的牌匾，科技部授予“北京现代服务业基地”；2012年12月，北京市经信委授予“北京市小企业创业基地”。

创业园依托北京地区丰富的集成电路设计资源优势，重点建设了以EDA工具为主的集成电路设计公共技术平台，为集成电路设计留创企业提供包括：EDA工具、IP、芯片生产、封装、测试和专业人才培养等集成电路设计产业链专业技术服务，帮助留创企业降低研发成本和技术门槛，加快留创企业发展。创业园建设的留创企业服务体系，可为留创企业提供政策法规咨询、企业注册咨询、行业信息发布、招商引资及知识产权等服务内容，结合园区掌握的国际国内行业发展情况，提供行业咨询，帮助留创企业迅速融入国内的产业环境；另外，根据集成电路留创企业的投融资需求，创业园积极与国资公司系统内的投融资机构及创业投资机构进行交流与合作，为留创企业与创投机构之间牵线搭桥，助力留创企业的成长。同时，创业园在对留创企业孵化及服务的过程中，积极落实各级政府制定的支持留创企业发展的支持政策，并配以园区的服务支持，已成功协助园区留创企业获得了企业开办费、房租补贴等；并成功推荐园区的优秀海归人才入选了国家“千人计划”、北京市“海聚工程”等。

联系方式

地　址：北京市海淀区知春路27号量子芯座508
邮　编：100191
电　话：86-1082357176
传　真：86-1082357178
邮　箱：service@bjicpark.com
网　址：www.bjicpark.com

中关村京仪海归人才创业园

园区概况

中关村京仪海归人才创业园由中关村科技园区管委会与北京京仪集团有限责任公司共建，北京京仪科技孵化器有限公司负责创业园的组织实施和日常管理。

京仪海归人才创业园总孵化面积9098平方米，其中大钟寺总园面积2300平方米，百万庄分园面积6798平方米。园区主要吸引新一代信息技术以及高端装备制造领域海归人才企业，通过整合京仪集团相关技术和市场资源为入驻企业提供创业服务。京仪集团在创业园建设上给予政策方面的支持，一是开放集团自身的试验测试和加工资源，二是开放产业化的市场推广和销售渠道，三是在房租和场地上给予优惠，四是充分发挥北京市仪器仪表工业人才服务中心的人才服务功能，为海归人才创业企业提供人才培训、人事代理和人力资源咨询等相关人力资源服务。同时，创业园通过公共服务平台（关键共性技术服务平台、科技咨询服务平台、市场推广服务平台、技术转移服务平台、中介服务平台）的建设运营，把海归人才创业企业的研发和成果资源与京仪集团产业化资源进行结合，实现产、学、研、用联合，促进行业技术进步和产业升级，助力海归人才创业企业的发展。

联系方式

地　址：北京市海淀区大钟寺东路9号
邮　编：100098
电　话：86-10-82121529
传　真：86-10-62252281
邮　箱：lijin5903@sohu.com
网　址：www.jyrkfhq.com

中关村科技园区丰台园留学人员创业园

园区概况

中关村科技园区丰台园留学人员创业园成立于2004年4月，依托中关村科技园区丰台园，由中关村科技园区丰台园科技创业服务中心（北京IBI）具体运作。北京IBI以输出品牌和管理的方式，低成本、高速度运营，整合丰台园基地一期及“科技一条街”资源，已形成中关村丰台园软件孵化中心、赛欧科园孵化中心、颐安鑫鼎孵化中心、生命科学孵化中心等分中心，作为留学生企业发展园、产业园。2007年，被北京市人事局、市科委批准为“北京留学人员创业园”。

创业园积极响应国家大力吸引海外高层次人才的号召，以“五大创新服务体系”和综合性技术服务平台为支撑，以提高自主创新能力和可持续发展能力为核心，推进留学人员创业服务体系建设，营造优质创业环境。园区为企业推出“留学生服务直通车”计划，推动科技中介服务体系建设，打造交流合作平台，营造引资引智氛围，申请政府资助，落实优惠政策，搭建引智渠道，完善人才资源服务平台。

联系方式

地　址：北京市丰台区科兴路9号
邮　编：100070
电　话：86-10-63744650
传　真：86-10-63728448
邮　箱：zxx@bjibi.org.cn
网　址：www.zgc-ft.gov.cn

中关村软件园留学人员创业园

园区概况

中关村软件园留学人员创业园成立于2004年1月，由北京中关村软件园孵化服务有限公司创办。创业园2006年被国家科技部认定为“国家高新技术创业服务中心”；2007年被北京市人事局和北京市科委联合命名为“北京留学人员创业园”；2009年被中关村科技园区领导小组授予“中关村科技园区20周年突出贡献企业”称号；2010年被北京市知识产权局认定为“北京市知识产权托管工程试点单位”；2011年被北京市科委认定为“北京市高新技术产业专业孵化基地”；2012年，被北京市委组织部、北京市人事局、北京市科委授予“北京市优秀留学人员创业园”，被北京市科委授予“北京市战略性新兴产业孵育基地”，被北京市经信委认定为“北京市小企业创业基地”；2013年，通过2013年度享受税收优惠政策审核，被认定为首批“北京市创业孵化示范基地”，在国家级科技企业孵化器考核评价工作为被评为A类孵化器；2014年，被认定为第四批“国家中小企业公共服务示范平台”；2015年，被北京市侨办、中关村管委会认定为首批“中关村侨创园”，被北京市经信委推荐为“首批国家小型微型企业创业示范基地”，被中国留学人员创新创业大赛组委会认定为“春晖杯”创业大赛创业基地；2016年，被北京市科委评为2016年度孵化器（大学科技园）品牌荣誉top10。

创业园立足中关村软件园，软件园发展互为融合、相互推动，经历了企业集中到企业微集群产生的全过程，通过“保护和支撑”的服务建设、资源整合的“协调”体系搭建和加大咨询、项目、股权等“干预”服务探索，初步建立从基础服务到增值服务的孵化服务全阶段，通过“2动力”即市场动力和创新动力，打造了“3特色”即“服务特色+人才特色+微集群特色”，形成了“5特性”的资源整合模式，即“开放性+整合性+专业性+体系性+辐射性”的“235”特色发展模式。创业园站定国家及北京市发展软件产业战略的高度，围绕科技条件、科技金融、科技中介三大板块建立了服务软件企业成长与发展的创新创业孵化服务体系，成立10多年来，累计孵化企业823家，企业累计总收入超过20亿元。

联系方式

地　址：北京市海淀区东北旺西路8号中关村软件园3号楼B座1318室
邮　编：100093
电　话：86-10-82825187，82825188
传　真：86-10-82825186
邮　箱：spi@zgcspi.com
网　址：www.zpark.com.cn

中关村生命科学园留学人员创业园

园区概况

北京中关村生命科学园留学人员创业园成立于2004年，由生物医药科技孵化有限公司负责运营。创业园的主要宗旨是帮助中小型生物医药企业成长，为归国留学创业人员提供良好环境，推动生命园区及北京市生物医药产业的发展。创业园成立以来受到了社会各界的肯定与好评，获得了包括国家级科技企业孵化器、国家中小企业窗口示范平台、北京市战略新兴产业孵化基地、北京市科技成果转化基地、北京市优秀留学人员创业园、北京市优秀基层科技工作单位、中关村20周年突出贡献奖单位等众多资质和荣誉。

创业园总孵化面积5万平方米，包括各类实验室，细胞室、中试洁净车间、清洗消毒室、纯水制备间、洁净空调室、试验废水处理间、行政办公室和公共会议室等各种类型的场地和专业设施，能为企业提供完备的办公和生物医药研发条件。在基础设施建设方面，创业园能为企业提供包括分析检测实验室、分子生物学实验室、固体制剂实验室、纯水系统、实验污水处理系统、通风及空调系统、中试车间、万级细胞培养室及公用会议室在内的工作条件。创业园累计投入1500万元用于平台的建设工作，先后获得北京市科技条件平台、中关村开放实验室、国家CNAS认证。目前，具有较强服务能力的四个平台包括分析检测平台、分子生物学平台、固体制剂平台及细胞级药筛平台。同时，整合各类仪器资源近2亿元人民币，充分实现了科技资源的优惠共享。

在产业引导与合作方面，创业园组建成立了中关村生命科学园开放实验室、中关村生物医药研发外包联盟、生命科学园资源网络同盟、生命园产业及孵化公共服务平台网等技术或产业联盟，整合了大量科技资源，为生物医药企业提供了良好的资源环境。此外，在留学回国人员创业、专业技术服务、产业资金申请、医药产品注册咨询，引导性创业投资等方面也都形成了自身的服务优势。

联系方式

地　址：北京市昌平区生命园路29号孵化科研生产大楼B-215
邮　编：102206
电　话：86-10-80715731
传　真：86-10-80715732-1005
邮　箱：zgcbmi@yahoo.com.cn

中关村数字娱乐留学人员创业园

园区概况

中关村数字娱乐留学人员创业园成立于2006年9月8日，是中关村科技园区管理委员会和北京市石景山区政府的第一个合作项目，主要服务于北京市文化创意产业留学生企业，是全国第一个专注于数字文化产业的留学人员创业园，是全国第一个以文化创意产业为服务对象的留学人员创业园。

创业园坐落于北京西山脚下，周边环绕着具有悠久历史的旅游文化博览胜地。整个地区风景秀丽、富含创意、宜居宜商，为从事文化创意创业的留学人员提供了得天独厚的工作及生活环境。创业园一期建筑面积8000平方米，拟扩充至28000平方米。优雅的人文环境、便捷的交通环境和齐全的基础设置配备，为海归留学人员企业的发展推波助澜。

对于从事文化创意、数字娱乐产业创业企业，在办公环境上“求新、求变”的特别需求，创业园给予了充分考虑。创业园配套有米黄色大型沙发茶座，在整个楼层无线网络的覆盖下，拓展了创业人员办公及思考空间。园内设有24小时保安和电子指纹式门禁系统。为进一步降低创业企业运营成本，创业园设立独立房间分体式空调、集团程控电话分机和计算机网络宽带接入。水、电、暖等基础配备24小时均设专人负责维护，复印机、传真机以及会议室等公用设施对入驻企业全部开放。

创业园在中关村石景山园管委会的指导下，依托石景山区打造首都休闲娱乐中心区的特点，旨在打造具有知名品牌、最多服务功能、最低创业成本的留学人员创业园，为留学人员归国后从事文化创意、高科技产业的创业提供全方位的服务，协助创业企业在全球创意经济迅猛发展的浪潮中不断壮大。

联系方式

地　址：北京市石景山区八大处高科技园区实兴东街11号楼北楼1层
邮　编：100043
电　话：86-10-88794725
传　真：86-10-88794725
邮　箱：suppersix@gmail.com

中国科学院中科海外人才创业园

园区概况

中国科学院中科海外人才创业园（原中国科学院中自留学人员创业园）成立于2004年10月，由中国科学院与中关村科技园区管委会共建而成，是中国科学院北京地区第一家海外人才创业园；同时，也是中国科学院目前唯一的一家海外人才创业园。

创业园现建有主园区和分园区（与北京市科委创业中心共建）两部分。其中，主园区位于海淀区中科资源大厦、中科院自动化所；分园区位于朝阳区北京创业大厦。中国科学院中科海外人才创业园由北京中科喀斯玛科技孵化器有限公司负责具体管理和运营。中科喀斯玛公司重组于2013年底，前身是中科院自动化所国有资产管理公司、中科院国家技术转移中心子平台，现为（中科院）北京中科资源有限公司控股、中科院自动化所参股的国有控股企业。

创业园作为中关村国家自主创新示范区人才特区创新创业服务的组成部分，围绕北京市和中关村整体发展部署，借同中科院的尖端科技、优秀人才和先进研究成果以及各科研院所的支持等丰厚的资源优势，为海外人才企业提供有力的技术支持、良好的创业氛围和中介机构增值服务的同时，也开展了一系列为企业提供科研成果转化、科技资源整合、科学研究交流与大型企业对接合作等园区特色服务，充分满足海外人才创办企业的需求，现已发展成为独具特色的、带有鲜明中科院品牌的海外人才创业园。

创业园以中科院院所科技、信息、政策、品牌、专家等为基础，依托海淀区、中关村高科技园区的广阔行政服务网络，引进风险投资资本，凝聚区域内现有科技成果转移机构资源共同打造科技协同创新机制，发挥新形势下政产学研合作新途径的优势，努力推动海外人才归国创业、中科院科技成果的转移、转化，带动相关产业升级，服务地方、区域经济。近年来，随着平台体系建设的不断加强，转移中心为高校、院所、企事业单位提供的服务也愈发系统和专业，逐步探索具有中科院特色的体系化服务模式。创业园充分发挥中科院科技创新资源，建立的“科技条件平台”包括专家顾问库、项目资源库、专利数据库和科研设备库等多个单元的中科院共享体系资源。

联系方式

地　址：北京市海淀区中关村东路95号自动化大厦东楼309室
邮　编：100080
电　话：86-10-61943380
传　真：86-10-61943380
邮　箱：casmpark@126.com，zhouy_work@126.com
网　址：www.casmpark.com

中国矿业大学留学人员创业园

园区概况

中国矿业大学留学人员创业园（中关村能源安全科技园）成立于2007年7月12日，是中国矿业大学（北京）与中关村科技园区管委会共建的具有显著能源与安全特色的专业科技园区，是我国第一家能源安全科技园，是中国矿业大学（北京）产学研结合及科技创新体系、中关村国家自主创新示范区及首都区域创新体系建设的重要组成部分。国家、北京市和相关部委领导十分重视和关心创业园的建设发展，时任国务委员刘延东，教育部部长周济，国家安全生产监督管理总局局长骆琳，教育部副部长陈希、吴启迪，科技部副部长刘燕华、尚勇等先后来创业园视察工作，并对创业园取得的成绩给予了充分肯定。

创业园地处中关村科技园区的核心地带，交通便利，位于城市主干道学院路和清华东路的交汇处附近，孵化面积1.5万平方米。创业园始终致力于打造能源安全品牌，为能源安全新技术产业集聚创造一流的服务平台，在完善多项基础设施建设的同时，搭建了创业服务、企业经营服务、公共技术服务、知识产权服务、信息服务、物业服务等15项软环境平台，开展了高效、快捷、全面的企业专业服务工作。

创业园针对煤炭能源行业的现状和亟待解决的突出问题，创新性地以“孵化+创投”的形式进行“项目孵化”，即对有前景的高新技术项目和项目所有人进行吸收，设立工程技术研究中心，直接面向矿山一线，形成产学研紧密结合的技术与产业平台。目前，已成立节能减排、绿色开采、矿山建设、固液处理、矿山机电和矿山数字化等6个工程技术中心。同时，创业园公司（北京矿大能源安全科技有限公司）利用中国矿业大学的科研优势和工程技术中心的产业优势，自主研发核心技术，2009年通过了国家级高新技术企业认证，获得了中小企业创新基金，研发项目“矿井回风源热泵系统与配套技术”获得煤炭行业科技进步一等奖。

联系方式

地　址：北京市海淀区清华东路16号3号楼中关村能源与安全科技园A2-1803
邮　编：100083
电　话：86-10-51733888
传　真：86-10-51733590
邮　箱：menggy@263.net

中国农大留学人员现代农业创业基地

园区概况

中国农大留学人员现代农业创业基地成立于2005年8月4日，由中国农业大学和中关村科技园区管理委员会共同创建，主要服务对象是海外留学归国人员创办的以现代农业和生物技术领域为主的高新技术企业，重点吸引、发掘、培育一批创业团队完备、跨洋研发能力出众、拥有自主知识产权的国际领先技术、农业产业化潜力巨大、国家重点支持领域项目特别是面向“三农”的高质量留学人员创业企业。

创业基地位于中国农大科技园的西区核心园区，面积共20000平方米，先期启动7200平方米。创业基地拥有完善的供电系统、供水系统和供暖系统，可供租用已装修不同档次的各种规格研发单元；对入驻企业提供各类的会议室、报告厅、接待室、餐厅、客房和娱乐、购物场所；提供宽带多媒体通讯网络服务，光缆已进入室内，每个单元均配置CATV接口。创业基地有可供租用的会议室、洽谈室共计15间，具备多媒体音像、投影设备。

创业基地依托中国农业大学在种子、农兽药、畜牧、肥料、农产品与食品、农业工程与装备及农业信息化等领域的人才和科研优势及在高新技术转化方面积累的经验，进一步将孵化功能向企业发展的上下游延伸。通过产学研的有机结合、孵化体系的日益完善，创业基地将吸引更多优秀海外留学人员归国创业，从而为地区培育出新的经济增长点及产业热点，形成中关村科技园区中的农业研发、推广和示范基地，成为国家农业高技术创新创业源头。

联系方式

地　址：北京市海淀区清华东路17号科贸楼C201
邮　编：100083
电　话：86-10-62732266
传　真：86-10-62736902
邮　箱：hujy@cau.edu.cn

中国人民大学留学人员创业园

园区概况

中国人民大学留学人员创业园成立于2005年12月，由中国人民大学与中关村科技园区管委会共建，是全国第一家文化主题的留学人员创业园，在留学人员创业园普遍只服务高新技术企业的背景下开始针对非科技类的文化创意企业提供创业服务。由人大文化科技企业孵化器公司负责运营。2012年3月，创业园被北京市委组织部、北京市人力资源和社会保障局、北京市科学技术委员会评为“优秀留学人员创业园”；2012年4月，中国人民大学文化科技园运作公司北京人大文化科技园建设发展有限公司，全资设立子公司北京人大文化科技企业孵化器有限公司，专业负责中国人民大学留学人员创业园运营管理；2012年12月，获中国留学人员创业创新大赛组委会授予“春晖杯”创业大赛创业基地；2013年，被认定为“北京市战略性新兴产业孵育基地”；2013年4月，获得第七届中国北京国际文化创意产业博览会“单项活动优秀组织奖”；2013年5月，获得第九届中国（深圳）国际文化产业博览交易会“优秀组织奖”。

创业园地处中关村核心区域，交通便捷，人才、资本高度密集，拥有13520平方米的孵化面积，园区内建设有全国第一家文化创意产业特色的国家大学科技园、全国第一家国家版权贸易基地、全国第一家依托大学建立的国家文化产业示范基地。创业园致力于孵化文化创意企业，除了为企业切实落实政府优惠政策外，还提供部分租金减免、种子资金投资、国际合作补贴、企业上市补贴等，着力打造中国文化创意产业品牌和有全球影响力的文化创新中心。

创业园借助中关村国家自主创新示范区的政策优势和中国人民大学在人文社会科学方面的资源优势，建立了以科技及文化创意相关产业为主导方向，享受园区以“创业服务+创业投资+创业导师”为核心的综合孵化服务体系。园区为留创企业提供“全流程、全方位、全链条、立体化”的专业优质孵化服务。“全流程”是对文化企业从孵化前，到孵化中，再到加速成长过程中提供的一系列服务；“全方位”是为创业团队提供创业培训课程、帮助创业融资、配备创业导师、营造创业人脉圈；“全链条”是指打造从“项目孵化”到“企业孵化”再到“新兴文化科技产业链孵化”的全产业孵化链条；“立体化”是指整合孵化器现有线上、线下资源，为文化企业提供线上企业诊断软件加线下企业会诊等集成服务。创业园建立了企业跟踪评价系统，为园区企业的健康发展提供了强有力的支撑，企业对园区的认同感、归属感不断增强，企业与园区已形成良性互动、共赢发展的格局。

联系方式

地　址：北京市海淀区中关村大街甲59号人大文化大厦2104室
邮　编：100872
电　话：86-10-82509532
传　真：86-10-62516386
邮　箱：cspruc@ruc.edu.cn
网　址：www.cyruc.com

中央财大留学人员创业园

园区概况

中央财大留学人员创业园成立于2006年12月8日，由中央财经大学与中关村科技园区管委会合作共建，是中关村留学人员创业园协会秘书长单位。园区管理机构为北京中财园科技有限公司。创业园的服务对象是海外留学回国人员创办的各类高新技术企业、文化创意企业和创新服务企业。创业园重点培育、孵化在海外学有所成、学有特色、有跨国研发能力、创业团队较为完备、拥有自主知识产权、产业发展潜力大的留学回国人员的创业企业。

依托中央财经大学及中央财经大学科技园的资源优势，创业园搭建了财税事务公共服务平台、经济法律事务公共服务平台、科技认证及工商注册公共服务平台、人才交流培训平台、投融资事务公共服务平台等创业孵化服务平台，为企业提供财税咨询、法律咨询、科技企业认证及注册、企业文化宣传、人才培训、融资推荐等服务。平台不仅为创业园内企业提供各类服务，而且已将服务功能拓展至整个中关村科技园区。

创业园新建规划位于北京市海淀区学院南路39号中央财经大学校内东南角。规划用地面积10000平方米，规划建筑面积将达30000余平方米。建成后的创业园将是一个办公环境优美、配套设施齐全、服务功能完备的一流企业孵化器。创业园将利用中央财经大学在财经、金融领域的学科、人才等资源优势，通过产学研的结合和完善的孵化服务体系，为入园留学人员企业创造良好的成长环境。创业园重点吸引、发掘、培育、孵化在海外真正学有所成、学有特色、有跨洋研发能力、创业团队较为完备、拥有自主知识产权、产业发展潜力巨大的高质量留学人员创业企业，从而为首都培育出新的经济增长点及产业热点。

联系方式

地　址：北京市海淀区学院南路39号
邮　编：100081
电　话：86-10-62288385
传　真：86-10-62288385
邮　箱：cufezcy@163.com

天津滨海高新区海外留学生创业园

园区概况

天津滨海高新区海外留学生创业园（天津滨海高新区国际创业中心）成立于1998年8月，是天津滨海高新区管委会创办并直接管理的孵化器。作为国家级留学人员创业园，先后被批准为部市共建“中国留学人员创业园”“国家留学人员创业园示范建设试点”，被中央组织部授予“全国留学回国人员先进工作单位”等9个国家级创业基地品牌，以及8个国家级和市级荣誉称号。

创业园创立十余年来，始终以“促进科技成果转化、培育高新技术企业和企业家”为宗旨，坚持“孵化精品企业”的基本工作方针，求真务实，不断进取，形成了以归国留学人员创办的企业为重点孵化对象，以具有自主知识产权的高科技项目为重点孵化项目的发展特点。创业园高效的孵化机制和优良的孵化业绩得到了国家各有关部委、天津市各有关部门以及社会各界的一致肯定和高度评价，目前已成为天津滨海高新区国家海外高层次人才创新创业基地的核心孵化载体、部市共建国家生物医药国际创新园核心实施主体和天津滨海新区的核心孵化器。

创业园围绕天津滨海高新区绿色能源、高端信息制造、生物医药、先进制造、现代服务业等主导产业领域，重点吸引能够参与全球竞争、处在世界科技前沿和产业高端、熟悉国际市场和国际规则的海外高层次人才来区创新创业，以培养战略性新兴产业企业、高成长性企业、领军企业、科技小巨人企业、上市企业为目标，深入开展精品孵化服务。园区重点打造了公共技术平台、人力资源服务平台、投融资平台与公共秘书平台等四大平台，为创业者提供无障碍、一站式、个性化、全方位的“全案式”服务。

联系方式

地　址：天津滨海高新技术产业开发区华苑科技园华天道2号
邮　编：300384
电　话：86-22-83710085
传　真：86-22-83710936
邮　箱：tibi@thip.gov.cn
网　址：www.tibi.com.cn

天津经济技术开发区留学生创业园

园区概况

天津经济技术开发区留学生创业园（天津泰达国际创业中心）成立于1996年8月，位于天津滨海新区的核心区域——天津经济技术开发区，与天津经济技术开发区生产力促进中心系同一机构，是天津开发区管委会下属事业单位，为天津泰达科技发展集团核心成员单位。2002年经科技部认定成为国家级高新技术创业服务中心，2005年经国家人事部批准成为部市共建的国家级留学生创业园，现为中国留学人员回国服务联盟成员单位、中国留学人员创业园联盟副理事长单位、天津市国际人才交流协会常务理事单位。多年来，创业园在各级党委和政府的领导下，在中国留学人员创业园联盟的支持下，本着“以留学回国人员创新创业需求为导向”的工作方针，始终将吸引服务留学回国人员创新创业作为工作重点，制定了一系列工作措施和方法，发挥了为海外人才及其所创办的科技企业提供全方位孵化和服务的职能。

创业园目前孵化总面积为18万平方米，孵化场地由创业中心、天大科技园、融科大厦等构成。园区一直以来担负着战略性新兴产业促进、海外高层次人才创业、科技平台运营、科技中小企业孵化和加速成长、科技园区管理运营的职责。作为天津滨海新区最大的中小科技企业孵化器之一，园区已经成为滨海新区科技创新创业的旗舰，为海外人才创业营造了良好的办公、生产、技术研发、资本运作、人才培育、信息交流的发展环境，成为滨海新区高新技术企业和海外高层次人才创新创业的聚集地。

为了能给海外人才营造一个舒适良好的创新创业环境，让人才更好地专注于自己的事业，园区建立了“四化六板块”的服务体系。“四化”为系统化、专业化、定制化、长期化。“六板块”为管理提升、技术创新、人力资源、科技融资、政策咨询、市场开拓。在为企业和人才服务的过程中，具体开展如下工作：（1）建立了企业服务专员制度；（2）开展企业走访和问卷调研活动；（3）完善企业培训体系；（4）开展创业导师服务；（5）为企业提供市场拓展服务；（6）提供公共平台专业化服务；（7）深化产学研合作；（8）构建“泰达科技中介服务网络”；（9）营造丰富健康的科技园区精神文化生活氛围；（10）组织海外人才联谊活动。

近20年来，创业园已成功孵化培育出凯莱英公司洪浩、博益气动公司陈乃克、博纳艾杰尔公司汪群杰等一大批海外高层次人才创办的高成长性企业。凯莱英、博益气动、赛诺医疗、瑞奇外科、博纳艾杰尔等留学人员企业快速成长，成为年产值过亿元的科技“小巨人企业”，极大地促进了天津开发区产业集群的完善，推动了创新型区域建设，成为天津滨海新区新的经济增长点。

联系方式

地　址：天津经济技术开发区第四大街80号天大科技园A1楼四层
邮　编：300457
电　话：86-22-66211527
传　真：86-22-66211504
邮　箱：caoypemail@163.com，caoyp@teda.net
网　址：www.newteda.com

天津国际生物医药联合研究院

园区概况

天津国际生物医药联合研究院于2009年11月正式挂牌成立，是一家典型的留学人员创业园。联合研究院坐落于天津滨海新区洞庭路，由天津市政府投资11亿元建设，是国家生物医药国际创新园的核心和标志。2014年被评定为天津市唯一的一家（A类）优秀级科技企业孵化器，是中组部和天津市海外高层次人才基地、博士后基地和科技部国际合作基地，天津市科技创新创业的领头兵。联合研究院重点围绕恶性肿瘤、心脑血管疾病、神经退行性疾病、代谢性疾病、自身免疫性疾病等重大疾病和艾滋病、病毒性肝炎、结核病等重大传染病，聚焦新型疫苗、诊断试剂、创新药物和医疗器械等领域，引进生物医药产业化项目和顶尖人才。

联合研究院规划用地340亩，规划建筑面积35万平方米，一期工程共计68600平方米，于2009年6月投入使用。作为国家级A类科技企业孵化器以及国际科技合作基地，联合研究院践行“滨海模式”，提供“一条龙、一站式、拎包入住”的保姆式服务，为留学归国创业团队提供国际一流的技术保障，贯穿药物研发的始终。联合研究院建成了包括药物分析测试平台、药物发现平台、药物研发信息平台、新药毒理评价平台（动物房）、生物药GMP中试研发平台等，从药物早期发现、临床前研究、临床实验到中试生产的国家级重大新药创制综合性大平台，服务平台总投资额近1.5亿元，现有设备2500余台，已经初步形成了涵盖新药研发各个环节的技术服务平台体系，对留学人员以低于市场价格优惠开放分析测试等公共服务平台，同时提供技术支持和辅导。同时，联合研究院向投融资机构推介优秀项目参与路演并与知名医药企业对接；积极协助高水平项目争取开发区、滨海新区、天津市以及国家等各层级政策支持。针对留学人员创办企业的具体特点，协调多方资源配套专业孵化服务，例如知识产权咨询、药事申报辅导、工商税务代办、企业创业沙龙等，积极促成企业和团队间的交流与互动，促进企业发展壮大。

联合研究院成立以来，累积培育孵化科技型中小企业140多家，在园企业150多家，全部为生物医药科技型企业，初步打造形成了生物医药集群产业链。已聚集18名中央“千人计划”人才、40名天津市“千人计划”人才、13名京津冀生物医药产业化示范区领军人才，共吸引100余名留学人员回国创办企业，留学人员企业占比超过60%，海外生物医药产业人才高地初具规模，极大地带动了天津市生物医药产业的集群化发展。

联系方式

地　址：天津经济技术开发区洞庭路220号
邮　编：300457
电　话：86-22-65378009
传　真：86-22-65378036
邮　箱：tjab@tjab.org，tjab2009@126.com
网　址：www.tjab.org

海外留学人员石家庄市创业园

园区概况

海外留学人员石家庄市创业园于2000年5月经河北省人事厅批准成立，坐落在石家庄高新技术产业开发区科技创业园区内，是河北省最大的留学生创业园。作为留学生创业企业和科技孵化企业的服务平台，创业园为留学生企业创造良好的环境，提供全面的、专业的孵化服务，吸引高层次的海外留学人员来石创办高新技术企业，促进高新项目和科技成果转化，培育企业和企业家，推动地区经济发展。

创业园拥有1.2万平方米的孵化场地，建有一幢四层的标准化厂房，按楼层划分为生物医药、电子信息等区域，并按企业需求进行隔断装，水、电、暖、通信及网络设施齐全，环境舒适，配有商务中心、会议室、多功能厅、产品展示厅等共享空间。创业园产业特色和石家庄高新区的产业特色相结合，主要集中在电子信息和生物医药领域，企业用人成本相对较低。

创业园采用市场化管理和政府支持相结合的管理模式，成立了专门的管理办公室，结合石家庄高新区及园区情况，先后制定了《海外留学人员石家庄创业园管理办法》《留学人员创业园专项扶持资金管理办法》，以政策作支撑，在为留学人员企业提供注册、入驻、运营管理、项目申报、咨询服务、培训、财务管理等服务的同时，不断拓宽服务范围，提高自身的服务水平和服务范围，并注重平台建设。园区建立了人力资源服务平台，2012年引入河北省最大的人力资源服务机构之一的“河北诺亚人力资源开发有限公司”进驻园区，为企业提供人员招聘、人事档案管理、劳务派遣、职业培训、职称评定、社会保险及HR外包服务等。积极协调各部门落实相关政策，为企业搭建融资平台，联络孵化器内的成熟企业成立天使会，设立天使资金，为园内企业项目提供资金支持；协调银行和人力资源部门协作，为符合条件的企业提供贷款贴息业务，缓解企业融资难题。促进产学研相结合，加强与大专院校和科研院所的联系，多次组织企业与石家庄市内的信息产业部五十四所、十三所等单位开展洽谈对接，帮助企业实现科技成果转化，保持企业技术创新力。建立企业交流互动平台，成立了海外留学人员联谊会石家庄高新区分会，理事和成员单位均由留学人员及企业组成，定期举行交流活动，加强联系与沟通。注重品牌效应，与石家庄华侨联合会等单位共同举办“月圆故乡行”“海外人才河北行”“河北省首届海外人才洽谈会”等活动，吸引更多的留学人员来园区创业。

自成立以来，创业园先后吸引了来自美国、加拿大、英国、德国、日本、澳大利亚等国家的130多名留学归国人员，累计孵化留学人员企业80余家。

联系方式

地　址：河北省石家庄市新石北路368号科技创业园
邮　编：050091
电　话：86-311-83815014，83818546
传　真：86-311-83825920
邮　箱：hbsjzlcy@126.com
网　址：www.sjzlcy.com

海外留学人员晋州市创业园

园区概况

海外留学人员晋州市创业园成立于2011年6月10日，创业园位于河北省晋州市经济开发区。晋州经开区成立于2008年，规划面积6.16平方千米，以生物、化工、医药和装备制造业为主。石德铁路、307国道、衡井公路横穿园区，樵营公路纵穿南北，地理位置优越，交通十分便利。开发区土地资源丰富，新一轮土地修编完成后，园区一期用地全部调整为工业用地，未来发展空间很大。2011年，获批省级经济开发区。创业园占地800亩，环境优良，以便捷的交通、畅通的信息、优美的环境吸引客商投资和留学人员入园创业。创业园致力于发展高新技术产业，积极引进高端人才，产业以生物、化工、制药和装备制造业为主导，积极推进清洁生产，实现工业和环境的可持续协调发展，努力打造高科技产业集群。

创业园推出了“重点项目VIP服务”“一站式”保姆服务，对高新技术企业前3年的贷款利息以及担保费给予全额补贴；晋州市财政预算每年安排“创业园创业专项基金”3000万元，以支持“创业园”的发展。

创业园目前成功引进了加拿大籍博士李玮等10多位海外留学博士到园区创业。

联系方式

地　址：河北省晋州市槐树镇经济开发区
邮　编：052260
电　话：86-311-84322334
传　真：86-311-83825920
邮　箱：jzsjyfwj@sina.com

唐山市归国留学人员创业园

园区概况

唐山市归国留学人员创业园成立于1999年9月，是唐山市人事局和唐山市高新技术开发区管委会共同创办的为归国留学人员提供科技创业服务的公益性孵化器。2001年6月，被团中央、国家青联授予“中国青年科技创新行动示范基地”；2002年7月，被国家人事部批准为人事部和唐山市政府共建的“中国唐山留学人员创业园”；2002年12月，被团省委、省青联授予“河北省青年科技创新杰出奖”；2002年4月，唐山高新技术创业中心被科技部认定为国家级创业中心，是省内唯一的一家由省级开发区主办的创业中心晋升为国家级的创业中心。

创业园与共同管理的唐山高新技术创业中心、高校科技创业园实行三个园区、一套机构的管理模式，构成唐山市的技术创新以及高新技术创业基地。园区内有孵化场地26000平方米，商务、餐饮、住宿、健身等服务设施完备，可为入驻企业提供完善的生产及经营条件，是适合IT、生物工程、新材料、节能环保、机电一体化等高新技术项目创业的理想场所。创业园积极创造良好条件促进入驻企业发展，免费为入驻企业办理或协助办理工商、税务登记、日常服务等基本服务，并向更高层次服务发展。

成立以来，创业园实现了快速发展，先后有从澳大利亚、日本、比利时、德国、新加坡等国家留学归来的人员入园创新创业，涉及高端装备制造、软件开发、节能环保、半导体材料、电子商务及新能源等诸多产业领域，已涌现出一批高成长性企业，成为唐山市吸引海外人才智力的重要基地和发展战略性新兴产业的重要策源地。

联系方式

地　址：河北省唐山市高新区西昌路北口创新大厦
邮　编：063020
电　话：86-315-3859345，3856847
传　真：86-315-3856847
邮　箱：info@mail.tsdz.gov.cn

秦皇岛市留学生创业园

园区概况

秦皇岛市留学生创业园成立于2006年8月，依托秦皇岛经济技术开发区国家级高新技术创业服务中心为平台，是秦皇岛市唯一针对海外留学人员归国创业成立的创业服务机构。创业园以服务留学人员创业为宗旨，为创业初期的中小型留学生企业提供办公及研发场地，资金筹措、人员培训等方面的综合性服务，重点发展光机电一体化、电子信息、生物工程等国家鼓励支持的行业。

创业园下设综合部、项目部、企业发展部、园区管理办公室、专家评审委员会。为吸引高新技术企业入驻，一是从房租、税收、项目申报等方面提供一系列优惠政策；二是由秦皇岛市财政和开发区财政每年共同出资200万元，设立留学人员创业基金，重奖为该市作出突出贡献的留学人员；三是扶持中小企业里有上市条件的企业上市，培育更多更好的企业，为他们提供项目储备和经济支撑。创业园利用秦皇岛开发区已建成的河北省软件产业（秦皇岛）基地、秦皇岛开发区服务外包基地、在建的秦皇岛数据产业园等高新技术产业集群优势大力发展高新技术产业。

成立至今，创业园已经成功地引入70多家企业，涉及的领域包括机电、化工、环境保护、电子、计算机软件、医疗设备、新材料及纳米技术等，企业产品和技术研发、市场营销、企业管理等方面均处于良好状态。

联系方式

地　址：河北省秦皇岛经济技术开发区珠江道29号
邮　编：066004
电　话：86-335-8576605
传　真：86-335-5909689
网　址：www.qhdcy.cn

海外留学人员邯郸创业园

园区概况

海外留学人员邯郸创业园是经河北省人事厅正式批准的新型科技园区，主要为留学人员提供优质服务和良好的孵化条件，创造与国际接轨、适合中外科技型企业发展的环境，进行科技成果转化，推动经济与科技的结合，进一步促进本地区产业结构的优化。创业园位于邯郸经济技术开发区内，拥有研发用房及科技孵化大楼，内部设施完善，水、电、宽带等各项配套设施全部齐全到位，并具有多功能展示厅、多功能休闲活动室、会议室、洽谈室、培训中心、商务中心。

经过多年的发展，邯郸经济技术开发区已经从一片荒沙地发展为配套设施完善、管理完备的科技区，并以加快建设“生态型、文化型、科技型”现代化综合性新城区为目标，不断优化投资环境，同时就高层次人才创业、技术创新和技术改造等制定扶持政策，营造了宽松、高效的创业环境。目前，邯郸开发区以新材料、生物医药、信息技术、先进制造业为支柱产业的产业布局基本形成，并以建设国家级新材料基地为目标，重点引进一批科技含量高、产业关联度大的项目，设立研发基地，加快形成特色产业集群。

建园以来，创业园吸引了一大批从美国、瑞士、荷兰、土耳其等国家留学回国人员创办的企业进驻，累计孵化了70余家科技型企业。

联系方式

地　址：河北省邯郸市开发区世纪大街2号
邮　编：056107
电　话：86-310-8067891，8067896
邮　箱：chenghui315@126.com

沧州市海外留学人员创业园

园区概况

沧州市海外留学人员创业园由沧州市人事局、沧州市经济技术开发区联合创办，于2000年12月12日正式开园。其宗旨是利用创业园的优惠政策和良好的投资环境，专门吸引海外留学人员回国创办企业，以促进高新技术成果商品化，培育一流科技企业，促进劳动区域经济发展。

创业园提供先进的数字智能新硬件环境，提供办公、研发、中试生产、会议等场地及配置设施。协助企业办理进区审批、工商注册、税务登记银行开户手续；协助项目申报、转移嫁接，以及新产品研究开发、鉴定；提供咨询服务；提供打字、复印、电传及互联网通信等。在创业园注册企业，从事研发的博士、硕士，由“开发区科技发展基金”分别给予每人每年1万—3万元不等的补助经费，由其个人支配；属于高新技术企业的，还享受其他政策优惠。

联系方式

地　址：河北省沧州经济技术开发区纬二路18号
邮　编：061000
电　话：86-317-3093322
邮　箱：lige77999@163.com

海外留学人员廊坊燕郊创业园

园区概况

海外留学人员廊坊燕郊创业园成立于2001年12月，是河北省人事厅批准成立的省级海外留学人员创业园。其宗旨是充分发挥人事系统的人才管理优势，利用创业园的优惠政策、良好的投资环境和一流的服务水平，创造海外留学人员回国创业的局部优化环境，加速高科技成果的商品化、产业化、国际化，促进高新技术产业发展和国内外科技交流。

创业园设在燕郊经济技术开发区创业大厦内，与燕郊经济技术开发区创业中心合署办公，是河北省距北京市最近的一家留学人员创业基地，具有独特的区位优势、明显的人才优势、“九平一通”的高质量园区服务优势。创业中心初建于1999年10月，正式成立于2005年3月，隶属于燕郊开发区管委会，属事业单位，实行企业化管理，以促进科技成果转化、培植高新技术企业和企业家为宗旨的社会公益性科技服务机构，属于综合性科技企业孵化器。

创业园孵化面积2.3万平方米，拥有燕郊创业大厦。根据创业大厦建筑格局，按照“一器多区”发展模式设立了电子信息、生物医药、光机电一体化、新材料、环保新能源等5个专业孵化功能区，可满足不同类型科技型中小企业的孵化需求。并设有商务中心、网络中心、多功能厅、接待室、洽谈室、会议室、图书室、健身活动室、餐厅等完善的配套设施以及会计师事务所、律师事务所、公证处、风险投资公司、管理咨询公司、生产力促进中心等中介服务机构，可为入驻企业提供全方位、多层次的优质服务，解决企业在创业发展过程中的困难和问题。

创业园遵循“瞄准制高点、服务争一流、创新求发展”这一总体发展思路，依托燕郊开发区得天独厚的区位、环境、政策、产业等优势以及北京的各科技信息、人才资源，为高新技术成果向现实生产力转化提供孵化场地、资金支持、创业辅导、企业诊断、项目包装、技术产权交易、中介服务、人才培训及对外交流等综合性配套服务，努力营造适合于科技型中小企业发展的局部优化环境，从而降低创业风险和创业成本，提高孵化成功率，为燕郊开发区培育有市场竞争力、成熟的高新技术企业。

联系方式

地　址：河北省三河市燕郊经济开发区迎宾北路2号
邮　编：101601
电　话：86-316-3314523
传　真：86-316-3327322
邮　箱：quhongbo@yanjiao.jov.cn

太原留学人员创业园

园区概况

太原留学人员创业园成立于2003年，是太原高新区管委会的直属事业单位，是山西省唯一一家国家级留学人员创业园。创业园依托太原高新区的整体资源优势，弘扬“勇于创新、敢于冒险、宽容失败、讲求诚信”的创业文化，构建了标准的“6S企业服务平台”为海外学子提供全方位、高层次的创业孵化服务，已成为山西省吸引海外归国人员创新创业的重要载体和高新技术成果转化的主要基地。

在高新区管委会的领导下，通过多年的努力，创业园投资环境渐趋优良，基础设施日臻完善，为胸怀大志的创业者们搭建了一个理想的创业平台，成为广大企业家投资兴业、报效家乡的一片沃土。目前，创业园总孵化面积为15万平方米，孵化项目涉及电子信息技术、软件开发、生物医药与新医药开发、环保节能、新材料等多个先进技术领域，逐步形成山西特色的产业发展格局。创业园重点提供以下政策支持：留学人员来园创业，可享受60—100平方米研发、办公场地，免房租费3年；留学人员在园新创办经认定符合条件的企业，太原高新区财政配给一定的启动资金；留学人员在园新创办经认定符合条件的企业，可获得山西省人事厅留学人员科技活动项目择优资助经费；留学人员在园创办经认定项目优秀的企业，可优先获得山西省科技厅科技攻关计划项目资助；留学人员在园创办符合条件的企业，可优先享受太原高新区的所有相关优惠政策。同时，高新区和创业园还在留学人员及家属居住便利化、子女入学入托、微利房分配、职称评定、驾证管理等方面连续出台了多项政策。

联系方式

地　址：山西省太原高新技术产业开发区科技街15号
邮　编：030006
电　话：86-351-7033799，7033029
传　真：86-351-7033799
邮　箱：gxqcz@126.com
网　址：www.tyctp.gov.cn

内蒙古自治区留学人员创业园

园区概况

内蒙古自治区留学人员创业园成立于2002年5月，是自治区首家留学人员创业园。2010年1月，被批准为“省部共建”国家级留学人员创业园。2011年以来，先后被中国留学人员创业园联盟、教育部留学服务中心、科技部火炬中心、中共中央组织部认定为中国留学人员创业园联盟内蒙古产业化基地、“春晖杯”创业大赛创业基地、国家级科技企业孵化器、国家级海外高层次人才创新创业基地，被自治区党委组织部、自治区发改委、自治区科技厅、自治区人社厅认定为“内蒙古自治区高层次人才创新创业基地”“草原英才”工程高层次创新创业基地，2013年获评内蒙古自治区“优秀科技中介服务机构”荣誉称号。

创业园坐落于包头稀土高新区，拥有孵化面积6.18万平方米、产业化用地700亩。园区借助国家级稀土高新技术产业开发区和园区自身的综合优势，以良好的软硬环境为留学人员服务于自治区社会、经济建设搭建了良好的创业平台。创业园努力构建创新创业“链条孵育”，形成了“创业苗圃+孵化器+加速器+产业园”全链条式的平台孵育体系，分别为“种子期—初创期—成长期—成熟期”不同阶段的创新型企业提供成长平台。目前，创业园已累计吸引347名海外留学人员来园创业，创办企业339家，其中在孵企业169家。

联系方式

地　址：内蒙古包头稀土高新区创业园区软件园大厦B座203室
邮　编：014010
电　话：86-472-5328646，5326636
传　真：86-472-5165902
邮　箱：626660146@qq.com，635789868@qq.com

呼和浩特留学人员创业园

园区概况

呼和浩特留学人员创业园是2004年国家人事部批准设立的省部共建的国家级留学人员创业园，2010年3月26日成功揭牌并启动运行，是自治区打造“草原硅谷”的核心区，是首府“一体两翼”人才建设工程和科技创新体系的重要载体，是开发区实现“二次创业”的重要引擎。2010年12月，经国家科技部批准为国家级科技企业孵化器；2015年11月，经国家工信部认定为首批国家小型微型企业创业创新示范基地。同时也是内蒙古青年创业人才示范基地和青年就业创业见习基地、内蒙古自治区高层次人才创新创业基地、内蒙古自治区人才改革试验园区、内蒙古自治区小企业创业示范基地、内蒙古自治区第一批众创空间试点单位。

在自治区、呼市两级党委政府的关怀下，各相关部门的大力支持下，创业园立足于打造“四高”基地，即高层次人才创新创业基地、高科技企业孵化培育基地、高新技术产业示范基地、高附加值企业发展基地；建设“五大服务平台”，即政策扶持服务平台、投融资服务平台、创业导师服务平台、公共技术服务平台、人才培训服务平台。截至目前，已入驻企业170余家，包括中国航天科工集团建设的航天云网、中国航天科技集团建设的3D打印材料研发基地、中国通服公司建设的通信全产业链项目、清科华芯建设的芯片国产化项目、创客星空孵化器项目等一批重点企业。

作为内蒙古自治区高端人才创业园，呼和浩特留学人员创业园将牢固坚持“创新、协调、绿色、开放、共享”五大发展理念，按照自治区及呼市两级党委、政府的要求，充分发挥好国家级留创园、国家级科技企业孵化器、国家级小型微型企业创新示范基地这“三大载体”，加速构建以“创业苗圃—孵化器—加速器—产业示范园”为模式的完整孵化链，使留创园早日成为“草原硅谷”的核心示范区，为全市乃至自治区的创新发展，大众创业贡献更大的力量。

联系方式

地　址：内蒙古呼和浩特市科尔沁南路69号留学人员创业园创新创业大厦
邮　编：010010
电　话：86-471-4617766，4614220
传　真：86-471-4617766，4610755
邮　箱：hhhtibi@163.com

内蒙古鄂尔多斯留学人员创业园

园区概况

内蒙古鄂尔多斯留学人员创业园成立于2013年9月9日。以新能源、节能环保、新材料、清洁煤、生物医药、电子信息、智能装备、云计算、文化创意及服务外包等产业为重点领域，以培育战略性新兴产业源头企业和创新创业领军人才为建设目标，努力营造科技创新创业的良好环境，致力于成为海内外高层次人才和创新创业团队的首选之地，打造鄂尔多斯市招才引智、科技创新和培育高新技术企业的重要基地和对外开放的重要窗口。

创业园位于鄂尔多斯市高新技术产业园区核心区域——科教孵化区，在空间格局设置上分为科技研发区域、中试生产区域、商务配套服务区域和人才生活区域。已建成投入使用孵化器两栋共2万平方米孵化场地，3万平方米的中试基地，8万平方米的标准化厂房已经开工建设，能满足项目的产业化需求。高新区还为创业园规划了科技项目产业化基地，用于毕业企业的产业拓展。同时，配套建设了6万平方米的专家公寓、人才住房、健身场地、餐饮服务等较完备的配套生活设施和商业环境，全方位为入驻企业提供普适普惠的标准化硬件平台及相关政策保障。创业园针对留学回国人员群体，以及入驻企业的不同发展阶段，开展“特殊人才政策+项目孵化+风险投资+市场开拓”的个性化服务。此外，创业园进一步完善产学研合作模式，与中科院、中国工程院、清华大学、浙江大学、武汉理工大学、大连理工大学等国内知名院所合作共建了大规模储能技术研究所、中科镓谷高技术（内蒙古）研发中心等14家科研机构，其中大规模储能技术研究所被认定为国家级重点实验室。投资3000万元建设了生物技术实验室、环境治理综合实验室、光电材料综合实验室、理化分析检测综合实验室、超级计算机运算中心、鄂尔多斯技术转移与协同创新服务平台等公共技术平台。这些平台与载体已经成为鄂尔多斯科技创新资源的源头活水，也为入驻企业的技术研发和成果转化提供了有力支撑。

联系方式

地　址：内蒙古鄂尔多斯市高新技术产业园区科教孵化园孵化器B座503
邮　编：017010
电　话：86-477-2299112
邮　箱：limin@ordostp.com

沈阳海外学子创业园

园区概况

沈阳海外学子创业园成立于1999年8月，与沈阳国家高新技术创业服务中心一套机构、两块牌子，是沈阳国家高新区管委会所属的社会公益性科技创新服务机构和海外归国高层次人才创新创业基地。创业园以吸引海外学子、促进科技成果转化和高新技术产业化、培养高新技术企业和企业家为宗旨，坚持“孵化梦想，助推创业，实践成功，传递感悟”的服务理念，按照重点产业集群化、创业服务专业化、服务平台标准化、服务内容国际化的发展原则，积极整合各种资源，努力创造适合技术创新、利于中小科技企业发展的软硬环境，有效促进科技成果商品化、产业化和国际化。2000年3月创业园被科技部评为“国家级科技企业孵化器”；2000年5月，被国家科技部、人事部、教育部、国家外专局联合批准为“国家留学人员创业园示范建设园区”；2001年3月，成为国家人事部和沈阳市人民政府共建园区；2002年5月，被中国侨联评为“科技兴业示范企业”；2010年3月，被科技部评为全国首批“大学生科技创业见习基地”。

创业园孵化场地由火炬信息园、德宝大厦3个园区构成，总建筑面积3.5万平方米，其中可用于海外学子创业面积2.8万平方米。此外，创业园在原有规模的基础上，结合高新区的主导产业，逐步建设了生物医药、地理信息、软件和动漫等领域的专业孵化器。

多年来沈阳海外学子创业园始终坚持“为创业者创造价值”的服务理念，在促进高新技术产业发展中，成功地为新区输送了一大批有竞争力的高新技术企业，并成为创新成果的重要孵化载体，连接技术创新链中研发和产业化的关键环节。为沈阳高新区加速转化科技成果，凝聚科技人才，培育成熟科技企业贡献自己的绵薄之力。

联系方式

地　址：辽宁省沈阳市浑南新区世纪路22号
邮　编：110179
电　话：86-24-31899851
传　真：86-24-31681059
邮　箱：55765115@qq.com

大连海外学子创业园

园区概况

大连创业园创建于1991年4月，其主体为大连市高新技术创业服务中心，是大连高新区管委会为扶持、服务中小型科技企业而设立的孵化器，是辽宁省首批、大连市首家成立的科技企业孵化器，1998年被科技部认定为“国家级高新技术创业服务中心”。创业园以科技型中小企业为服务对象，提供场地、资金、人才、市场、技术、信息、政策、培训、中介、商务等多方面的服务，为创业企业成长创造良好的环境；通过搭建平台、促进孵化链条建设、落实各项优惠政策及实施细则，充分发挥科技孵化器的作用；以专业化、多样化、系统化的孵化手段，成为吸引留学人员回国创业的基地，为科技企业的创新创业提供有力保障。创业园先后获得“国家留学人员创业园示范建设试点基地”“全国最佳留学人员回国工作机构”“中国青年留学人员创业基地”“国家中小企业公共服务示范平台（培训、创业）”“苗圃—孵化器—加速器科技创业孵化链条建设示范单位”“春晖杯中国留学人员创新创业大赛创业基地”“火炬计划15周年先进服务机构”“火炬计划20周年先进服务机构”等荣誉称号。

创业园坐落于大连高新区核心功能区内，依山傍海，交通便捷，大连理工大学、大连海事大学、东北财经大学等十几所高等院校和中科院大连化物所等科研机构怀抱其中，为其发展提供充足的人才储备和科技支撑。目前，形成以大连海外学子创业园、大连创意产业园、大连海外学子产业园等为主体的全方位、多功能的孵化格局，它们分布在大连高新区产业带内，可满足不同科技类创业企业的发展需要。创业园始终秉承“勇于担当、善于合作、乐于创新、期于成事”的工作理念，坚持“破围墙、延手臂、搭平台”，进一步创新孵化手段、完善孵化体系、提升孵化水平，全面提升孵化平台的整体服务功能。

2012年，园区创业大厦投入使用，创业工坊孵化器正式建立。目前，创业工坊已形成了以创业苗圃、咖啡厅、投资基地创业生态链为核心，创业高校、创业ABC、新媒体营销中心为平台，创业社区为主线的服务模式。同时，创业园全力支持创业工坊实施“走出去”战略，将本土项目带到北上广深等资本市场活跃地区以吸引更多的投资人及投资机构，并通过组织建设创投俱乐部、创业者俱乐部、小产业集群，加强创业者间的相互交流，让企业与企业之间相互融合，形成创新生态系统。

创业园现自有孵化场地15万平方米，累计孵化企业1237家，在孵企业505家。技术领域以电子信息（软件和硬件）为主，涉及节能环保、新一代信息技术、生物、高端装备制造、新能源、新材料和新能源汽车等七大战略性新兴产业，搭建了仿真产业、云媒体产业、船舶产业、微小软件产业、汽车电子产业、军工产业等不同技术领域、各具特色的平台。软件和服务外包产业是大连高新区的主导产业，也是国内首个软件和服务外包产业千亿产业集群。创业园围绕大连高新区主导产业开展孵化服务，累计为大连高新区输送软件类企业500多家，申报国家、省、市各级科技计划总计2800余项，共获得扶持资金3亿多元。2015年，园区全面启动众创空间建设，现有孵化机构30多家。

联系方式

地　址：辽宁省大连高新区火炬路32号创业大厦A座6楼
邮　编：116023
电　话：86-411-84754903
传　真：86-411-84792713
邮　箱：wsl@dhbi.cn
网　址：www.dhbi.cn

鞍山海外学子创业园

园区概况

鞍山海外学子创业园成立于2001年6月29日，是鞍山市政府为海外学子回国创业建设的专业园区，是鞍山高新区创业中心直属单位。为进一步优化海外学子创业环境，创业园采取民办公助共建孵化器的模式，并建成了鞍山海外学子创业大厦。同时，创造了二级孵化新理念，通过采取二级孵化的模式为园区内的中小企业提供一定规模的产业化基地，大大降低了园区企业生产经营成本，实现快速发展。

与国内同类园区相比，创业园是依托鞍钢老工业基地改造和鞍山产业结构调整而建立的，因此围绕钢铁冶金这一产业发展特色，鞍山海外学子创业园的发展目标是建成具有钢铁冶金自动化产业特色的全国一流高科技园区。

目前，创业园拥有孵化基地3.5万平方米，有来自美国、加拿大、澳大利亚、日本等国家和地区的100多名海外学子在园区创业，先后有80余家海外学子企业落户园区，企业注册总资本达2亿元，主要涉及信息技术、光电子、生物医药、环保、新材料等产业。大多数海外学子企业从孵化期逐步发展进入成长期，呈现了良好的发展势头，为鞍山高新区的经济发展和科技进步作出了巨大贡献。

联系方式

地　址：辽宁省鞍山市千山中路288号
邮　编：114044
电　话：86-412-5216552
传　真：86-412-5212221

长春海外学人创业园

园区概况

长春海外学人创业园成立于1999年6月，是由吉林省人事厅、科技厅、教育厅、长春市人民政府外事办公室、人事局、科技局、教育局、长春高新区、长春科技创业服务中心，以及吉林大学、东北师大、中科院长春应化所、中科院长春光机所等13家单位共同发起创办的。2001年3月，创业园被国家人事部、科技部、教育部和外国专家局联合认定为“国家留学人员创业园示范建设试点”园区；2003年被国务院侨办确定为重点联系单位。创业园建立以来，按照营造良好的创新创业环境，吸引和扶持海外留学人员归国创业，促进了国外先进技术、管理经验与国内资源的有效结合，培育了一批具有国际竞争力的高新技术企业和复合型的企业家，成为吉林省相关产业中的骨干企业和地方经济新的增长点。

围绕留学人员为国服务的需求，创业园通过协调各级政府部门职能，整合资源、扩张自身服务功能，初步形成一整套覆盖长春市的服务体系。创业园立足留学人员企业的需求变化趋势，围绕打造孵化企业核心竞争力，对孵化流程进行了重新定位，把创业园自身的孵化功能和能调动的社会资源，综合运用于各个流程阶段，以最高的效率、最少的资源占用量，为企业提供量身定制的有效服务。

创业园先后搭建了工程咨询中心、生产力促进中心、留学人员服务中心、中小企业创业服务网、中国留学人员之家和博士后中国专业网站，并通过协调政府职能，整合社会资源，构建了10大类30项专业化服务功能，覆盖了企业成长的全过程，为科技企业营造一流的创业平台和交流平台。为使入驻园区能够快速发展，创业园在资金注册、税费、房租和信息服务等方面给予了企业更大的政策扶持，吸引更多的海外高层次人才到创业园创办科技企业。

在国家、省市有关部门的关怀和指导下，同时依托吉林省科技、政策和环境优势，创业园正成为吉林省和长春市促进高新技术产业发展、培养引进高素质人才的重要基地。

联系方式

地　址：吉林省长春市高新开发区锦湖大路1357号
邮　编：130012
电　话：86-431-85542465
传　真：86-431-85528550
邮　箱：adele0814@hotmail.com
网　址：www.ccibi.com

吉林高新区留学人员创业园

园区概况

吉林高新区留学人员创业园始建于2000年，由吉林高新技术创业服务中心负责运营管理。创业中心先后获得“先进高新技术创业服务中心”“优秀国家高新技术创业服务中心”“国家科技计划（火炬计划）实施20周年先进服务机构”，吉林市委、市政府“科教兴市先进集体”，吉林市科技局“科技管理工作先进集体”等荣誉。

经过多年发展，创业园目前已初具规模。为了强化科技创新工作，围绕企业研发共性需求，创业中心依托高校、科研院所及行业龙头企业技术资源，自2003年起先后建设了国家级精细化工平台、国家级软件开发公共测试平台、国家级电力电子科技研发公共服务平台、国家级嵌入式控制技术开发平台和省级精细化工平台等多个公共服务平台，为区域各类中小企业提供各类平台服务。2014年，创业中心针对众多企业提出的人才瓶颈问题，联合国内知名职业教育上市公司上海智翔集团以及吉林电子职业技术信息学院联合打造了高新区科技人才实训服务平台，缓解了企业人才压力，并正在谋划电力电子检测试验公共服务平台及自动化控制公共服务平台建设。为了推动产学研合作，促进高校技术成果产业化，经过多方共同努力，北华大学科技园、东北电力大学科技园先后进驻创业园。创业园还集聚了为企业提供工商注册、财务记账、投融资服务、商务中心、科技咨询和服务、组织项目评审、专利申请等中介服务机构，并且积极拓宽融资渠道，为企业加快产业化步伐提供良好的软硬件环境。

创业园为企业集聚营造了良好的创业氛围，产业集群效应初现。目前，园区已形成了以中讯软件、吉智工场、东忠大全股份有限公司、万奇软件、易尚阳光、鹏福网络、天通宝业等30余家企业为代表的信息产业集群；以特纳普节能环保、沃尔姆、长城科技、芯微电子及东北电力大学科技园内的数十家企业为代表的电力电子产业集群。

联系方式

地　址：吉林省吉林市深圳街86号创业园A419
邮　编：132013
电　话：86-432-4648201
传　真：86-432-4648207
网　址：www.jlincubator.com

哈尔滨海外学人创业园

园区概况

哈尔滨海外学人创业园创建于2000年6月，是在哈尔滨市委市政府支持下，由哈尔滨开发区管委会投资建设的专门为海外学人来哈创办科技型企业服务的专业孵化器，由哈尔滨高科技创业中心负责管理。2010年6月8日，被国家科技部、国家人事部、国家教育部、国家外专局联合认定为“国家留学人员创业园示范园区”。

哈尔滨市政府为营造良好的政策环境，于2000年12月出台了《哈尔滨市鼓励留学人员入创业园创业的若干规定》，开发区在资金、服务等方面也给予特殊倾斜。为突出软件服务外包产业特色，在原海外学人创业园的基础上，开发区管委会于2006年投资建设了留学生创业二园，配备了功能完善的报告厅、会议室、接待室、活动室、信息中心、商务中心、多功能厅等共享服务设备设施，建设了电子产品共享实验室、软件开发平台等专业技术服务平台，使创业园总规模达到17500平方米。为做好为创业园入驻企业服务工作，创业中心还设立专门机构留学生服务部负责创业园的建设管理和企业的培育与服务，全力培育一批能与国际接轨、具备国际竞争力的高新技术企业，成为振兴地方经济的生力军。

联系方式

地　址：黑龙江省哈尔滨开发区南岗集中区嵩山路5号
邮　编：150090
电　话：86-451-82344005
传　真：86-451-82321334
邮　箱：huangrf100@sina.com

大庆留学人员创业园

园区概况

大庆留学人员创业园成立于2001年6月，是大庆市委市政府和大庆高新区工委、管委会为鼓励海外学子创新创业、报效祖国，按智能化、国际化、高标准建设的创业基地。创业园内环境优美、共享设施配套齐全，配备高素质的管理队伍，为留学人员回国创业提供高效快捷、热情周到的服务。

创业园依托大庆高新技术创业服务中心的孵化管理服务，以吸引高素质的海外留学人员和高科技含量的科技项目进驻创业园创业为宗旨，为企业提供优良的创新创业环境，落实优惠政策，提供资金支持。为支持和培育中小科技企业发展，创业园已建设了商务、中介、研发、信息、资金、培训等服务平台，为企业从创立到发展，提供产、学、研、资、介、贸全程服务。

目前，创业园已吸引了留学美国、加拿大、德国、澳大利亚、英国、日本、法国等10多个国家的回国人才，在新材料、精细化工、节能环保、生物医药、软件、先进机械制造业等高新技术领域开发和实施了一批技术含量高、发展潜力大的项目，已经发展成为高新区技术创新体系的核心、人才聚集的高地、小型科技企业创新创业的理想家园。

联系方式

地　址：黑龙江省大庆高新区高新路10号

邮　编：163316

电　话：86-459-6282541

传　真：86-459-6282536

邮　箱：hancq6618@163.com

网　址：www.dhbi.org

上海宝山留学人员创业园

园区概况

上海宝山留学人员创业园成立于2003年3月，是上海市宝山区人民政府、上海市宝山城市工业园区根据上海市总体规划，加快城市一体化建设，配合全市产业结构和工业布局调整而开发建立并管理的高科技、外向型创业园区。它以企业孵化为主，以新材料为主要发展方向，重点引进留学人员开发的高新技术项目。

创业园区地处宝山区的西南部，10分钟可达上海虹桥国际机场，20分钟可达浦东国际机场，6分钟可达沪宁高速公路，15分钟可达沪杭高速公路，地理位置和交通条件优越，自然环境优美。创业园区依托宝山城市工业园区，开发规模4.35平方千米，办公楼面积8000余平方米。园区以统一规划、合理布局、综合开发、集中配套的原则构成发展蓝图，建设有完善的公共配套设施，并设有金融、邮电、税务等服务机构，形成了环境优美、功能齐全、设施一流、信息畅通、机制灵活的现代化园区。

宝山区委、区政府对创业园的发展在政策、人力、资金上给予大力支持，在入驻租金上给予优惠，在税收上享受三资企业的待遇，对留学生创业具有极大的吸引力。创业园从起步到逐步规范，从体制调整到创业基地的拓展，现已走上健康发展的轨道，逐步成为宝山吸引海外高层人才的集聚地和高新技术企业的孵化基地。

联系方式

地　址：上海市宝山区丰翔路1409号

邮　编：200436

电　话：86-21-56171777

传　真：86-21-36161568

网　址：www.bspark.org

上海虹桥临空留学人员创业园

园区概况

上海虹桥临空留学人员创业园成立于1996年6月，是上海市人事局下设的市级留学生创业园区。创业园位于上海市长宁区虹桥临空经济园区民营经济城内，环境配套均已臻成熟。创业园区作为由长宁区人民政府和新泾镇人民政府投资兴建的上海虹桥临空经济园区的重要组成部分，其日常管理机构实行两块牌子、一套班子，即日常管理机构为上海虹桥临空经济园区开发建设办公室和上海虹桥临空经济园区发展有限公司，长宁区人民政府专门设立了上海虹桥临空经济园区开发领导小组。

长宁区属上海中心城区，城市基础设施健全，人文环境良好，长宁区域内的虹桥开发区和古北新区向归国留学人员展示了现代化城市的魅力。临空园区品牌效应、招商的集聚效应日渐显现，留学人员企业与其他企业一同纷纷落户园区。目前，创业园已引进企业200多家。同时，长宁区政府已将大量吸引留学人员来区创办企业作为实施“五业拓展”发展战略，推动长宁区新一轮经济发展的重要任务。

虹桥临空经济园区的产业规划重点是鼓励发展以IT为主的高科技产业和高附加值的电子电器、服装服饰，吸引跨国公司、国内外著名企业的地区总部、研发中心、销售中心、现代物流中心、营运管理中心落户，并涌现出了一批以奥雷、贝奥路、奥米、我武、昂信等为代表的优秀在园企业。

联系方式

地　址：上海市长宁区天山西路789号1楼

邮　编：200335

电　话：86-21-52180000

传　真：86-21-52187709

邮　箱：jemmyxie@vip.163.com

网　址：www.hqlk.com.cn

上海留学人员漕河泾创业园区

园区概况

上海留学人员漕河泾创业园区成立于1996年6月，是由上海漕河泾新兴技术开发区与上海市人事局共建的上海第一批留学人员创业园区。创业园区位于国家级漕河泾新兴技术开发区内，拥有逾10万平方米的创业基地，环境良好，交通便利，区内基础设施齐全，通讯捷达，集中了众多的科研院所和高新技术企业。十余年来，园区始终致力于以优惠条件、优良环境和优质服务支持科技型中小企业及加速企业，特别是归国留学人员企业的创办和发展，全方位地积极做好留学生企业服务工作，充分发挥企业孵化培育的功能，为留学人员企业的快速发展创造与国际接轨的环境。同时，作为上海市重要的留学人员创业基地，园区也是促进科技成果转化和技术创新、推动地方经济发展的一个重要基地。注重科技成果商品化、商品的市场化和市场的国际化，营造适合留学人员企业发展的办公环境、技术环境、人才环境、资本环境、信息环境和市场环境，为入驻的留学人员企业提供入驻、孵化、毕业三个阶段的完整规范、高效优质的服务。

创业园区在体制上三位一体，由留学人员创业园区、国家级高新技术创业服务中心和上海国际企业孵化器（漕河泾基地）共同组成。园区管理机构为上海漕河泾新兴技术开发区科技创业中心，是由上海市漕河泾新兴技术开发区发展总公司全额投资并主管的以培育和支持高新技术企业及其产业发展，促进科技成果商品化、产业化、国际化为目的的企业孵化器。创业中心先后被国家科技部评为“国家级高新技术创业中心”“国家高新区先进孵化服务机构”，被国家科技部与联合国开发计划署（UNDP）共同认定为“上海国际企业孵化器（基地）”。2009年4月，园区与徐汇区共建“大学生创业创新园”，重点帮助大学生和留学生创业，获团中央“大学生创业就业见习基地”；2009年9月，被中国技术创业协会留学人员创业联盟评为“第一届理事会常务理事单位”，园区总经理韩宝富任选为中国留学人员创业园联盟第一届理事会副秘书长；2011年，园区成立国际孵化中心，同年，园区管理机构创业中心被亚洲企业孵化器协会（AABI）授予“2010年度亚洲最佳企业孵化器”奖，被上海市孵化行业协会评价为年度优秀孵化器，再获2009—2010年度上海市文明单位，并被市中小办推荐为上海市“2011年度科技创新创业（双创）品牌服务”单位。此外，还荣获“国家级海外高层次人才创新创业基地”“上海市首批知识产权示范园区”“上海张江高新技术产业开发区建设发展突出贡献单位”“百家企业文化建设优胜单位”等荣誉称号；2013年，第八次被上海市孵化行业协会评价为年度优秀孵化器，获2013中国技术创业协会科技创业服务机构模式奖。

创业园已累计培育科技企业400余家，成功率超过91%，技术领域涉及信息、生物医药、新材料、光机电等。

联系方式

地　址：上海市徐汇区桂平路410号国际孵化中心B区3楼
邮　编：200233
电　话：86-21-64952625
传　真：86-31-64951721
邮　箱：scic@caohejing.com
网　址：www.caohejingibi.com

上海留学人员嘉定创业园

园区概况

上海留学人员嘉定创业园建立于1996年，是上海国家高新技术产业开发区“一区六园”之一，也是第一批被国家人事部、科技部、教育部确立的“国家级留学人员创业园示范园区”。南北两大园区采取“两块牌子、一套班子”的方式进行企业化管理。2000年，创业园获批“国家留学人员创业园示范建设试点单位”；2002年，被评为“全国十佳民营科技园区”；2003年，荣获“上海市火炬计划先进集体奖”，被评为“上海最具影响的科技园区”；2005年，荣获“上海最具活力科技创业园”；2006年，被评为“全国先进科技产业园”；2010年，获批“上海市知识产权试点园”；2012年，获批“上海市海外高层次人才创新创业基地”，被评为“上海张江高新技术产业开发区建设发展突出贡献单位”“上海市高新技术企业认定工作优秀单位”“上海科技创新创业服务先进集体”；2013年，获批“上海市知识产权示范园区”。

创业园位于张江国家自主创新示范区嘉定园内，地处上海西北部——长三角15个城市群的中心地带，总面积800亩，新规划的上海嘉定高新技术园北园区占地500亩，划分为4个板块：打造面向头脑型、研发型和孵化型企业的“嘉定硅谷园”，建设成高新技术研发和科技孵化基地；集中多功能商务会所、培训中心、宾馆酒楼、展示大厅等的生产生活配套服务区；建设高档标准厂房，并提供智能化安全技术防范和物业管理的先进制造业生产加工区；用以吸引国内外的著名高科技企业投资建厂的高新技术企业生产用地。

凭借自身优势和嘉定工业区的广阔空间，创业园得到长足发展，已经成为引导企业自主创新、发挥孵化器功效的重要载体。创业园以高起点的布局规划，以汽车零部件、信息电子、医疗设备、机电配件的现代制造业为产业导向，力求凭借标准的设计建设程序、产学研一体的创新制度、功能齐全的配套服务，为嘉定工业区不断聚集科技动力，成为海外学子归国创业的摇篮，科技企业投资开发的热土，是全国留学人员创业园中聚集留学生最多的园区之一。

从创建至今，园区累计孵化企业500家，其中，留学人员企业近300家。在园留学人员企业主要分布在电子信息、科技服务、生物医药等行业领域。

联系方式

地　址：上海市嘉定区叶城路1288号
邮　编：201821
电　话：86-21-59166232
传　真：86-21-59166232
邮　箱：Zhangyf@jdhitech.com

上海留学人员张江创业园区

园区概况

上海留学人员张江创业园区成立于1996年6月，由上海市人事局与上海张江高科技园区发展总公司共建。2000年，创业园区被国家科技部、教育部、人事部、国家外国专家局认定为国家留学人员创业园示范基地。创业园区作为国家批准设立的国家级高新技术产业开发区，经过10年的开发建设，已成为集科研、教育、科技创业孵化、高科技产业和休闲生活于一体的国际化的高新技术开发区。

创业园区具有优美的自然环境，北邻汤臣高尔夫球场，西靠中央公园和新国际博览中心，南依川杨河自然景观。园区绿化面积40%，设置公共绿化链，绿化链由大片有坡度的共享绿地和人工湖泊组成，形成主导景观。高标准的住宅小区与高雅的别墅、齐全的文化娱乐设施、良好的医疗卫生条件、各类学校、商业中心等构成了令人满意的园区环境。

为了推动张江高科技园区的发展，上海市和浦东新区先后出台了《上海市促进张江高科技园区发展的若干规定》等一系列推动园区发展的专项优惠政策，为创业园区的建设提供了迅速发展的机遇。浦东新区留学生服务中心对在张江服务和创业的留学人员提供更直接、更便捷的一揽子服务，帮助已落户的留学人员企业和个人解决融资贷款、厂房用地、进口关税、商检外汇、子女入学、户口档案挂靠等实际困难。园区建造了2.3万平方米的创业公寓，为归国留学人员解决安居问题；建有实行双语教学的上海外国语大学附属中学，留学人员子女义务教育阶段可在浦东新区自选学校。

为了支持创业园区的发展，浦东新区工商、财税、科技、海关、出入境和招商中心等政府部门在园区内设一门式办事机构，新区留学生服务中心、生产力促进中心、创业服务中心和人才交流中心张江分部纷纷进驻园区，银行、产权交易、律师事务所、会计师事务所、审计师事务所等中介机构等服务部门一应俱全，为进驻和落户园区的企业提供“一门式”服务。浦东新区财政还拨专款设立了浦东新区海外留学人员创业专项资金和每年1000万元的浦东科技创业（人才）资助资金；在园区设立了专项担保基金，解决中小企业担保难的问题；设立专门机构协助企业申请国家及市区有关基金，如国家中小企业创新基金、上海市种子基金、浦东新区科技发展专项基金等；引入了政府为主体的财政资本与民间资本相结合的机制并成立了相应的运作机构，如上海创投、浦东创投、浦东科投、张江创投等10多家投资公司，积极探索风险投资的市场化运作机制，培养和发展风险投资公司，吸纳境内外风险投资管理基金，探索风险投资退出机制，使风险投资行为规范化；推动高新技术企业在国内和国外上市；成立专业协会，作为对金融服务体系的补充，如投资银行家俱乐部、张江创业俱乐部等。

创业园区从人才吸引、开发和人才培训、服务两方面入手加强人才服务体系建设。连续多年赴海外招聘，吸引美国、加拿大、法国、德国、英国和香港等国家和地区人才加盟园区，建成了浦东海外人才网。在人才培训、服务方面，针对大型高科技项目及关联的新兴产业部门开展专业人才培训和继续教育，引进了复旦国际信息科技学院、中科大培训中心、软件园培训中心等机构。

联系方式

地　址：上海市张江高科技园区科苑路1300号2楼
邮　编：201203
电　话：86-21-61053526
邮　箱：hyw205@hotmail.com
网　址：www.zjpark.com

上海南汇留学人员创业园

园区概况

上海南汇留学人员创业园成立于2009年1月19日，由上海市人力资源和社会保障局与原南汇区人民政府共同批准设立，采取“企业化运作、公益性服务”的运作模式。

创业园位于地处浦东核心位置的上海国际医学园区内，一期占地面积60亩，总建筑面积约4.3万平方米，包括1栋综合服务楼以及6栋研发办公楼；二期占地面积8.7亩，总建筑面积1.34万平方米，包括2栋研发办公楼和1个地下车库。为满足小微企业创业兴业的需求，创业园在一期内特辟了1.2万平方米场地用于提供孵化服务。

创业园以服务和扶持海外归国人员创业为主，产业定位以生物医药、医疗器械以及相关的医疗产业为主，同时辅以发展其他具备科技含量的生产性服务业及相关产业，旨在推动先进制造业和与之配套的生产性服务业快速发展，提升园区的自主创新和科技成果转化能力。

借助各级政府的服务平台以及依托创业园已有的优质服务，加之创业园颇具潜力的地理位置，目前创业园已吸引了包括科文斯、金域检测等知名企业在内的留学人员创业企业及其他符合园区产业定位的企业180余家，其中，留学人员企业40余家，集聚留学人员100多人。

联系方式

地　址：上海市浦东新区周祝公路337号5号楼
邮　编：201318
电　话：86-21-68119873，38019036，38019189

上海普陀留学人员创业园

园区概况

上海普陀留学人员创业园设立于上海天地软件园内。上海天地软件园成立于2004年11月，是由上海市经济和信息化委员会与普陀区人民政府联合创办的、以软件和信息服务业、文化创意产业为主的高科技产业园区。园区空间集中，占地面积近100亩，由26栋花园式标准厂房组成，整体建筑面积为11万平方米，入驻企业180多家，是上海中心城区最大的信息产业集聚地。2005年，园区被市经委认定为“上海市创意产业集聚区”；2006年，被上海市发改委和上海市信息委联合认定为“上海市级软件产业基地”，并通过上海市人事局评审认定为“上海市留学人员创业园”。此外，还先后被评为“信息化应用示范产业园区”“上海市文化产业园区”“上海市科普教育基地”“国家级文化产业示范基地”“上海市服务外包专业园区”“上海市电子商务示范园区”“上海市文化创意产业示范园区”“上海市软件出口（创新）园区”“上海市明星软件园（领先型）”等。

自创建以来，创业园确立了以软件园的硬件和软件资源优势，吸引集聚海外留学人员创业，鼓励和培育一批软件企业、孵化一批软件创新成果、培养一批中高级软件人才为工作重点，吸引海外留学人员来园区施展才华。为促进留学人员在园发展，园区从财税、公共服务、人事人才、资金扶持等方面提供相应的配套服务，除享受区政府制定的财税扶持政策、相应的创业资金资助和部分“中小企业贷款信用担保资金”融资贷款贴息支持外，还在“一门式”免费服务、人事人才代理和家属就业推荐、子女入学，以及海外人才信息交流沟通、专业化增值服务等方面提供服务，积极搭建优质、高效的留学人员服务平台。同时，创业园定期和不定期举办科技政策宣讲、大型人才招聘会、企业经理人沙龙等活动，为园区企业申报各类创新项目、招聘人才、获得风险投资和相关行业资讯提供帮助，营造了一个良好的发展环境。

联系方式

地　址：上海市中江路879号天地园管理有限公司
邮　编：200333
电　话：86-21-61423089
传　真：86-21-52595508
邮　箱：15821056781@139.com
网　址：www.universal.sh.cn

上海莘闵回国留学人员科技创业园区

园区概况

上海莘闵高新技术暨回国留学人员科技创业园区成立于2000年7月，是由上海市人保局与闵行区人民政府共建留学人员创业园，是政府为留学人员创业企业和科技孵化企业搭建的服务平台，是以促进科技成果转化、培养高新技术企业和企业家为宗旨的社会科技创业服务机构。创业园区是国家科技部认定的“国家高新技术创业服务中心”、科技部教育部命名的“春晖杯”中国留学人员创新创业大赛创业基地、上海市人保局与闵行区人民政府共建的市级留学生创业园区、“YBC中国青年创业国际计划服务站”、上海市科委认定为“科技产业化基地”。2008年，被评为上海市火炬计划实施20周年先进单位；2009年，获上海市科技孵化协会颁发“最佳创新孵化环境奖”；2010年，被上海市科技创业中心评为“创新创业服务先进集体”；2011年，通过国家级孵化器复核，并获得上海市孵化器考评A级称号。

创业园区拥有近12万平方米的六大孵化基地，以“打造具有全球影响力的科技创新中心”为整体目标，承载科技企业孵化和留学人员创业服务，全面优化园区各项服务体系，始终坚持高层次人才为主、高新技术优先的发展策略，为留学回国人员创业提供全方位、全天候、人性化的服务。园区着力建立有特色的、高效的“创业企业技术孵化服务体系”，针对孵化企业成长发展中的需求，有效帮助和支持企业克服影响阻碍其发展的技术、市场、资金瓶颈，通过提供全面的、专业化的孵化服务，营造促进自主研发和自主创新的良好环境，使园区成为留学人员企业自主创新之源、优秀企业和人才、品牌的发源地、科技成果转化的摇篮。

随着张江国家自主示范区“八大平台”+“人才网”的开通，创业园区成为第一批试点单位，使得知识产权服务、科技中介服务、人才服务、科技金融服务得以深入开展。而智慧园区3.0时代的到来，促使园区的服务功能配套正从传统的招商，衍生至金融、管理、法务等企业运营各环节，进一步拓展企业服务的新内涵，增加服务的深度和广度，探索全生态链服务模式，形成园区新服务增值的优势。从企业自主创新意识的引导，政府政策的传递、宣传、落实，各级政府科技扶持资金的申报，到企业项目与资金的对接、产品的推广、市场的开拓，以及毕业企业的“后孵化”服务，在吸引人才、成果转化等方面作出了显著成绩。创业园区自成立以来共计培育科技企业500余家，成功孕育出以思源电气为代表的一批优秀企业，不仅为回国留学人员提供了报效祖国、施展才华的舞台，也为地区的科技创新体系建设和经济发展作出了贡献。

联系方式

地　址：上海市金都路4299号
邮　编：201109
电　话：86-21-64129265
传　真：86-21-64123218
邮　箱：xmxmxm@263.net

上海徐汇留学人员创业园

园区概况

上海徐汇留学人员创业园是由上海徐汇区人民政府根据有关鼓励留学人员归国发展的相关政策和徐汇区现有的科技产业功能、形态布局而建立。徐汇区作为科技资源集聚之地，拥有包括复旦大学、交通大学在内的10余所高校和包括中科院上海分院、上科院在内的100多家科研院所和国家级的漕河泾新兴技术开发区。近年来，徐汇区委、区政府坚持“科教兴区”的主战略，依托辖区内丰富的科技资源，不断优化科技创新的综合环境，形成了以高新技术产业为先导、各类科技产业同步协调发展、科技进步促进区域经济持续发展的良好格局。

创业园以“一园多基地”形态构成，分别利用各个不同的高新技术产业化基地现有的功能，为留学人员创业和企业发展提供空间和服务。主要包括：国家级产业化基地——徐汇软件基地、上海市绿色都市型工业园区、上海市级软件产业基地（软件园）、国家高新技术创业服务中心、上海国际企业孵化器基地——慧谷高科技创业中心孵化基地、徐汇区人民政府和中国科学院上海生命科学研究院联合创办的生物技术创业企业孵化园区——上海聚科生物园区、上海市纳米材料检测中心——上海纳米技术孵化基地、徐家汇青年创业孵化园区。

在原有服务功能的基础上，创业园还增加了投融资、进出口、信息综合等体现中心城区国际化的商务、便捷的生活功能，并对留学人员企业在人力资源建设、市场开拓及本土融入等方面进行指导。同时，提供各类政府绿色通道，加速留学人员企业高科技成果产业化，打造成为海外归国留学人员回国创业的成长基地。

联系方式

地　址：上海市徐汇区番禺路1028号102室
邮　编：200030
电　话：86-21-64077973
传　真：86-21-64077973
邮　箱：mail@decsh.org

上海杨浦海外高层次人才创新创业基地

园区概况

上海杨浦海外高层次人才创新创业基地成立于2009年6月，是全国第一家综合性、区域性海外高层次人才创新创业基地。基地占地9.46平方千米，以大学的强势学科为支撑，区域内已有复旦大学国家大学科技园、同济大学国家大学科技园、上海理工大学国家大学科技园、上海财经大学国家大学科技园、电力学院国家大学科技园5个国家级大学科技园和教育、体育、水产等9个专业化大学科技园，建成了上海中心城区最大的国家级科技企业孵化基地。

目前，近4000家头脑型、创新型中小科技企业集聚大学周边，已经成为科技“巨人”的成长摇篮和孵化基地，涌现了一大批成长快、前景好的科技骨干企业，如复旦光华、复旦微电子、同济芯豪、邮电设计院、市政设计院、大亚科技等，电子与信息、现代设计已经成为园区支柱产业的两大主体，新材料、光机电一体化、环保和资源综合利用等具有发展潜力的产业也在快速发展。

基地建立了上海知识产权园、上海教育服务园、上海创业者实训基地、上海股权托管中心、上海中小企业研发外包服务中心、大学技术转移中心、杨浦人才广场等公共服务平台体系，形成了良好的创新创业氛围和环境。而占地1000亩的创智天地是杨浦与香港瑞安集团联手着力打造的“科技超市”和创新服务板块，为创新创业活动和产学研合作提供完善的配套服务。在创智天地周边，已经集聚了科技孵化基地、风险投资服务园、大学生创业基金会等一批创新资源和各类中介服务机构，吸引了甲骨文、EMC、易保等世界科技巨子的入驻，初步形成了从初创、成长到产业化等不同发展阶段的“接力式”创新服务体系。

基地推出“3310”计划，即“三大工程三大目标十项政策”。实施“百千万”工程，实现标志性人才集聚的目标；实施人才环境工程，实现标志性成果突出的目标；实施主导产业集群发展工程，实现标志性产业清晰的目标，并配套十项创新创业扶持政策，海外高层次人才带技术、带资金、带项目在杨浦创业，可以通过“三方两审”（“三方”指技术专家、风险投资专家、经营管理专家，“两审”指函审和面审），分别给予A、B、C类扶持。基地还设立5年共3亿元专项资金，用于扶持海外高层次人才创新创业；设立杨浦区高层次人才创新创业服务中心，为海外高层次人才提供“一口式受理”“一门式服务”，具体推进基地建设。

基地秉持“基地共建、人才共享、资源共用、发展共赢”的“四共”原则，整合大学校区、科技园区、公共社区的优势资源，为海外高层次人才提供创新创业的广阔舞台。

联系方式

地　址：上海市杨浦区大学路243号8楼
邮　编：200433
电　话：86-21-55062055
传　真：86-21-55067190
邮　箱：yp3310@vip.163.com
网　址：www.yp3310.sh.cn

上海杨浦知识创新区留学人员创业园

园区概况

上海杨浦知识创新区留学人员创业园是根据上海新一轮发展总体规划，由上海市人事局和杨浦区人民政府共同组建的创业园区。创业园位于上海中心城区东北部，地处高校集中的地区，开发占地3.4公顷，拥有建筑面积9.5万平方米的商务办公大楼和中试综合楼。

创业园围绕杨浦大学城的建设，以教育服务、科学研究、科研成果孵化、产学研一体化为核心，以IT产业、微电子、生命科学、生物医药、建筑设计、环保科技、新材料、评估咨询为主要发展方向，重点引进留学人员开发的高新技术项目，为创办企业的留学人员提供全方位服务。

为进一步吸引海外学子到杨浦知识创新区创业，杨浦区发布了一系列优惠政策，包括提供100万元的创业启动资金、100万元的创业补偿金、200万元的信用担保贷款、500万元的创业贷款息贴、100万平方米的创业办公用房、100平方米的人才公寓等。

联系方式

地　址：上海市杨浦区大学路243号8楼
邮　编：200433
电　话：86-21-55062055
传　真：86-21-55067190
邮　箱：yp3310@163.com

南京留学人员创业园

园区概况

南京留学人员创业园于2005年由国家人事部、教育部与南京市人民政府共建，前身为1994年由南京市人事局和南京高新区共建的“金陵海外学子科技工业园”；2005年，共建“中国金陵留学人员创业园”；2006年9月，经南京市编委同意成立“南京高新技术产业开发区留学人员创业园管理服务中心”，行政隶属南京高新区管委会，后更名为“中国南京留学人员创业园”；2010年12月，获科技部“国家级科技企业孵化器”称号。创业园成立后依托于南京国家科技创业服务中心，是国家人事部、教育部和南京市政府共建的全国第一个留学人员创业园，是江苏省第一家科技成果转化、创新创业以及企业的孵化基地。

经过多年的发展，当年的金陵海外学子创业园已成长为当前包括经济技术开发区创业园、江宁经济技术开发区创业园、金港科技创业园、珠江路科技创业园、东南大学国家大学科技创业园、南京大学一鼓楼高校国家大学科技创业园、高淳外向型农业综合资源创业园、傅家边现代农业创业园和河西新城创业园在内的“一区十园”的规模，形成了“十园共建、资源共享”的创业网模式。创业园通过医药研发平台带动企业研究发展，建立了4万余平方米的生物医药专业孵化器和公共技术服务平台——江苏省新药创业服务中心，以及南京大学国家小鼠基因库、南京工业大学国家生化工程中心等创新平台。

创业园以“集约化、专业化、信息化、社区化、国际化”为建设和运营标准，通过集聚科技创业企业、科技成果、科技创业人才，构建“创业苗圃—孵化器—加速器”科技创业链条和服务体系，全力推进高新区创新孵化体系从单体孵化器、专业园向品质一流、功能完善的科技园区提升。

联系方式

地　址：江苏省南京高新区惠达路9号A座508室
邮　编：210061
电　话：86-25-66000613
传　真：86-25-66000623
邮　箱：zhaohang0903@163.com

南京金港留学人员创业园

园区概况

南京金港留学人员创业园成立于2000年10月，与2000年8月成立的南京金港科技创业中心施行“两块牌子、一套人马”。创业园于2004年12月被认定为国家级科技企业孵化器，2014年12月被认定为国家级“创业苗圃—孵化器—加速器”科技创业孵化链条建设示范单位，是江苏省科技企业加速器、江苏省“创业苗圃—孵化器—加速器”科技创业孵化链条试点单位，是南京市重点打造的集孵化器与加速器为一体的产学研集中区和高层次人才集聚区。

创业园位于南京市东北部，地处仙林大学城和国家级经济技术开发区的中间地带，直接受惠其科教与产业优势。园区总占地面积近250亩，建筑面积17万平方米的一期工程已全面建成并投入使用。创业苗圃、研发楼、产业楼、国际人才创业大厦，创新服务功能齐全，会议中心、图书馆、健身中心、咖啡吧、员工公寓，配套设施完善，形成了综合型生态创业家园。园区二期工程建设于2012年正式启动，总建筑面积15万平方米，重点规划建设知名企业总部、独立研发中心，整体建成后将形成办公、科研、试产、展示、交流为一体的人才、项目聚集基地。

创业园依托自身雄厚的场地和科技孵化资源优势，积极与劳动、人事、发改、工商、税务等部门合作，全力打造海外学人创业发展基地，为归国创业的学人提供场地和资金等方面的优惠政策扶持和专业化服务。针对中小型科技企业的需求特点，不断完善创业服务体系，以系列化、全程化、模块化的服务方式，全力满足企业在金融、培训、项目申报等方面的新需求。创业园与省标准化研究院共建了“江苏省射频识别产品质量监督检验中心暨省射频识别技术公共服务中心”，为物联网领域中小科技型企业的孵化和培育提供技术支持；与南京师范大学共建“南京师范大学科技创新中心”，促进高校优秀应用型成果转化和孵化。创业园大力推进金融服务体系建设，与交通银行签订金融服务协议，与广发银行合作设立特色信贷产品基地，并积极探索建立企业融资担保和股权投资机制，初步建立起可满足企业多种资金需求的金融服务网络体系。

联系方式

地　址：江苏省南京市栖霞区甘家边东108号
邮　编：210046
电　话：86-25-85551126
传　真：86-25-85550902
邮　箱：njjgkjcyzx@163.com
网　址：www.jingangpark.com

南京归国博士创业园

园区概况

南京归国博士创业园成立于2009年6月，由江宁开发区与硅谷留美博士企业家协会合作共建。

在各级领导的关怀和支持下，2009年11月，创业园大厦正式投入使用。创业园主要围绕新能源、新材料、节能环保、生物医药、电子信息、服务外包、动漫设计等新兴产业，着力引进在国内外具有创新创业经历、引领相关产业发展、市场开发前景广阔的人才，以及引领产业发展的带技术、带项目、带资金和具有自主创新能力的创业领军人才。

联系方式

地　址：江苏省南京市江宁区秦淮路20号
邮　编：211106
电　话：86-25-52078592

无锡留学人员创业园

园区概况

无锡留学人员创业园成立于2000年3月，依托于1998年8月成立的无锡科技创业园（Si-Park）。2004年，创业园与无锡国家高新技术创业服务中心合署办公；2006年，国家人事部与江苏省人民政府合作共建“中国无锡留学人员创业园”；2008年，由无锡科技创业发展有限公司和无锡市创业投资有限公司共同出资组建了无锡留学人员创业园发展有限公司，注册资本1亿元，公司负责无锡留学人员创业大厦（530大厦）的规划建设及留学人员创业园的运营管理。创业园坐落于无锡国家高新技术产业开发区，是无锡第一家国家级科技企业孵化器和第一家国家级留学人员创业园，集创业服务、企业孵化、产业培育、专业园区规划建设、科技人才培养等职能为一体。无锡高新科技创业发展有限公司作为园区公司开发建设和经营管理主体，于2007年5月成立，注册资本5.1亿元，是无锡新区国资委下属国有全资公司。已建成创新载体近50万平方米，发起组建了多家国家级、省级专业科技孵化器，拥有国家级、省级专业技术平台6个，吸引集聚的创投资本达85亿元。

创业园是全国首批科技型中小企业创新基金创业项目投资补贴型地方服务机构、科技部火炬中心首批国际科技合作依托机构试点单位之一、2007年度国家唯一实施创新基金项目地方现场评审的服务机构。多年来，先后获得国家科技部授予的“国家高新技术创业服务中心”“国家高新区先进孵化器服务机构”、火炬计划十五周年“先进国家创业服务中心”、火炬计划二十周年“先进国家创业服务中心”、江苏省“优秀科技企业孵化器”、江苏省高新技术产业化工作先进集体、江苏省服务业名牌、无锡市腾飞奖等荣誉称号。2013年，获得国家科技部首批“苗圃—孵化器—加速器”科技创业孵化链条建设试点。

创业园为科技创业人士提供了从项目扶持、企业培育、产业化推进，直至融资上市等多方面的全过程服务，已成功引进一大批高层次人才和高科技项目，成功培育产值超三亿企业4家，培育尚德等海外上市企业2家，推动32家科技企业进入上市程序。累计孵化企业达1500多家，其中留学人员企业600多家，在孵企业420多家。

目前，Si-Park已成为无锡培育战略新兴产业的高地，园区现正着力建设无锡生命科技园和无锡3D打印创新中心。无锡生命科技园于2015年8月获批国家火炬特色产业基地，作为无锡新区重点发展的专业园区，已形成创新药物制剂、新型医疗器械、智慧医疗与康健服务三大产业集群，依托科学的规划组织与政策扶持、优化的产业服务支撑体系，逐步实现人才集聚、技术集聚、产业集聚，为无锡生命科技产业的快速发展奠定基础。正在筹建中的无锡3D打印创新中心，将通过引进和培育一批龙头企业，聚集一批领军人才，制定一批行业标准，建设一个支撑平台，建立一支产业基金，利用3年左右时间，将无锡新区打造成国内3D打印产业高地。

大众创业、万众创新的东风吹绿了创业草根，孵化器3.0时代已经开启。在经济新常态下，创业园正在实现创业中心向创新中心、综合孵化向专业孵化、孵化企业向孵化产业的三大转变，为推动人才引领产业发展、带动区域产业升级创造新引擎。

联系方式

地　址：江苏省无锡新区太湖国际科技园大学科技园清源路530大厦A区2层
邮　编：214135
电　话：86-510-85229915
传　真：86-510-85213590
邮　箱：lxs@wnd.gov.cn

无锡崇安区留学生创业创意园

园区概况

无锡崇安区留学生创业创意园成立于2008年5月，是江苏省首家以文化创意产业为发展重点的留学人员创业园。创业园紧靠闻名中外的京杭古运河边，规划建筑面积2万余平方米，一期建筑面积约7000平方米，利用一幢民族工商业特色鲜明的丝茧仓库改造而成，创业园的设计被中央电视台、时尚杂志共同评为年度“中国最具创意奖”。目前，各类设计企业已入驻经营。

创业园二期建设将通过整体收购、承租等形式，总投资3亿元，沿古运河建成占地约20亩，建筑面积20000平方米以上的创意产业集聚区，使其成为集艺术创作设计、文化传媒、工艺装饰、服装设计、前卫演出、美术展览、休闲会客于一体的文化创意高地。另配套建设2000多平方米的餐饮、购物、娱乐等各种生活设施，把创业园建成留学生创业的摇篮以及成长的家园。

联系方式

地　址：江苏省无锡市崇安区北仓门37号
邮　编：214008

无锡南长留学人员创业园

园区概况

无锡南长留学人员创业园是依托南长区科技创业服务中心（2008年12月批准认定的省级科技孵化器）运营管理的创业载体、服务体系和发展平台，采取“一套班子、两块牌子”的运作方式，在创业中心增挂“无锡南长留学人员创业园”牌子，办公地点设在无锡市清扬路333号南长创业大厦内。为吸引更多海外留学人员来南长创业发展，提升南长科技创新水平，营造南长发展新优势，推进南长经济社会又好又快发展，2009年南长区政府决定在原南长区科技创业服务中心的基础上，积极争创省级留学人员创业园；2009年10月，获批成为省级留学人员创业园。

创业园目前拥有“三创”载体三个，分别是扬名高新科技创业园、扬名奕淳大厦1—6层和南长创业大厦，总面积约4.56万平方米。

扬名高新科技创业园位于无锡市下甸桥堍，总建筑面积1.01万平方米，园内已成功孵化出年销售上亿元的无锡国盛精密模具有限公司和无锡意昂数字技术有限公司。

扬名奕淳大厦为南长区科技创业服务中心营运管理的科技孵化器二期，总面积1.8万平方米，主要引进以电子信息技术、现代信息技术为基础的科技型服务外包企业和研发机构。

南长创业大厦于2006年破土动工，2008年底交付使用，总投资7000万元左右，占地面积3000平方米，发展定位是建成一个以软件研发、委托设计、动漫制作、外包服务为主导，融培训、展示、贸易、孵化于一体的特色专业楼宇。

为进一步帮扶归国留学人员创业，创业园在硬件设施和软件设施上加大投入，配备了双回路供电，保证入驻企业24小时连续供电，并为归国留学人员提供千兆网络、地下停车场、一站式服务中心，同时配备了多功能会议中心和接待中心，为入驻企业提供便利。另外，配有无锡市国际商务人才培训中心、无锡纵横知识产权代理有限公司、无锡润德管理培训有限公司、江苏洲豪风险投资担保有限公司、江苏苏亚金诚会计师事务所有限公司、无锡市基础信息安全测评认证中心等配套服务机构。

联系方式

地　址：江苏省无锡市南长区清扬路333号金匮苑27号楼
邮　编：214021
电　话：86-510-85025990

无锡北塘留学人员创业园

园区概况

无锡北塘留学人员创业园（无锡市北塘区北创科技创业孵化基地）由无锡产业发展集团有限公司、无锡创业投资集团有限公司、无锡市北塘区资产经营有限公司共同出资成立于2002年，是集“创业苗圃—孵化器—加速器”为一体化的科技创业孵化园区。创业园先后被各级政府职能部门命名为“国家高新技术创业服务中心”“江苏省科技企业孵化器”“江苏省现代服务业（科技）集聚区”“江苏省无锡北塘留学人员创业园”“无锡市创业孵化基地”。

创业园注册资本3.15亿元，计划投资35亿元，规划总占地100亩，建设总建筑面积50万平方米。园区一期现有一幢地下二层、地上二十一层的“530创业大厦”，于2010年12月竣工建成，总建筑面积87585平方米，具备较为完善的为科技成果转化提供信息、中介、培训、资金、市场等综合服务的功能。

目前，创业园已逐渐形成了以电子产业、信息产业、科技服务业、节能产业为产业特色的创业集群。

联系方式

地　址：江苏省无锡市新源北路401号
邮　编：214043
电　话：86-510-82600211
传　真：86-510-82600211

无锡滨湖留学人员创业园

园区概况

无锡滨湖留学人员创业园前身为江苏省无锡蠡园经济开发区。2003年5月，被国家科技部批准为国内首家以工业设计为主题的高新技术专业化园区；2006年9月，被国家知识产权局认定为无锡（国家）工业设计知识产权园；2007年被认定挂牌为江苏省现代服务业集聚区、江苏省国际服务外包示范区、江苏省无锡滨湖留学人员创业园。

创业园投资建成了创意园、工业设计大厦、530大厦、中锐大厦、联创大厦等80多万平方米的“三创”载体，已初步形成了以汽车设计、集成电路设计、软件研发、模型和工具设计、建筑设计、产品设计、自控系统设计、服务外包为主的创意产业格局。同时，创业园结合无锡“530”政策，努力吸引国外领军型海外留学归国创业人才来园区创业，一批涉及无线射频技术、汽车检测系统研发、纳米生物科技的创新企业已入驻园区。

联系方式

地　址：江苏省无锡市太湖西大道1890号太湖明珠发展大厦
邮　编：214072
电　话：86-510-85101872
传　真：86-510-85102785

东陇海留学人员创业园

园区概况

东陇海留学人员创业园成立于2008年9月22日，经省人事厅正式批准，在无锡—新沂工业园创建。鼓励海内外留学人员以知识、技术、专利等到新沂市创业，从事新产品研发，实施科技成果转化，进行高新技术研究、技术交流合作等活动，为他们在东陇海产业带创业、创新、实践提供一流的基地和发展平台。创业园与无锡新区留学人员创业园、江阴留学人员创业园联合，实行人才、项目、技术对接，努力打造先进制造业、现代服务业和高新技术研发的“人才高地”，以增强开发区创新能力，加快科技成果转化。新沂市是江北唯一的“三级一类中心城市”，被省委、省政府定位为“江苏新兴工业城市”“苏鲁接壤地区新兴的交通枢纽和商贸旅游中心”，先后两次当选“长三角最具投资价值县（市）”“全国最具投资潜力中小城市百强”，是江苏省“人才特区”试点单位之一，是东陇海产业带上的高新产业基地、物流服务基地。新沂市工业基础扎实雄厚，拥有省级经济技术开发区和无锡—新沂工业园，为创业园建设发展提供了有力的保障。

创业园占地8平方千米，包括4000平方米的办公大楼，以及总投资5000万元、建筑面积50000平方米的标准厂房，作为留学人员科技成果转化的孵化基地。创业园设立了专门的管理机构，根据职能设有主任室、综合管理部、科技招商部、企业发展部和财务部，新沂市发改委、税务、国土等13部门一次授权到位，由园区代替部门行使行政职权，为来新沂创业的留学人员提供全方位的快捷服务。为留学人员提供税收、高新科技项目研发经费，获得财政匹配奖金支持及职称评审、住房、配偶就业、子女就学等一系列服务。

为了扎实推进“江苏省东陇海留学人员创业园”建设，新沂市采取有力措施和扶持政策支持留学人员创业园建设，先后制定出台了《江苏省东陇海留学人员创业园管理暂行办法》《关于加快引进高层次人才和紧缺人才的意见》《江苏省东陇海留学人员创业园组织机构及职能》等政策文件，推进留学人员创业园建设，达到了“五有”：有优惠的政策条件、有科学规范的管理体系、有完善的基础设施、有健全的组织机构、有配套齐全的办公场所。

目前，创业园已经形成了高新企业培育体系，引进了一批高层次人才和高科技项目，促进了无锡—新沂开发区创新能力、科技成果的转化，为打造先进制造业、现代服务业、高新技术研发的“人才高地”，起到了强有力的推动作用。

联系方式

地　址：江苏省无锡市滨湖区龙山路4号旺庄科技创业中心大楼B栋9层
邮　编：221400
电　话：86-516-81600111，88898366
邮　箱：liuluping001@126.com

无锡海泰留学人员创业园

园区概况

无锡海泰留学人员创业园（中国无锡国际科技合作园）是无锡市科技局构筑国际新技术高地、人才高地的重要载体，主要面向留学归国人员创新创业、国际研发中心、电子信息产业成果转化。园区位于无锡国家高新技术产业开发区内，区位优势明显，交通便利，享受国家级高新技术产业开发区的所有优惠政策。

创业园建筑面积15000平方米，综合服务楼内建有多功能会议室、咖啡吧、商务中心、产品展示厅等，功能齐全、布局合理，环境舒适幽雅，是一个智能化、园林化、现代化的科学园区。无锡市科技局集其政府职能为入园企业进行政策、资金、项目专项支持，并根据入园企业特点对工程中心、国际合作、知识产权保护等重点项目进行资金扶持，为符合政策的企业进行流动资金担保。同时，积极协助入驻园区的科技创业企业申报高新技术产品、高新技术企业及申报市、省、国家的各类科技攻关项目、中小企业创新基金等。

联系方式

地　址：江苏省无锡新区泰山路2号
邮　编：214028
电　话：86-510-8525971
邮　箱：spsp0722@163.com

无锡锡山留学人员创业园

园区概况

无锡锡山留学人员创业园（江苏省锡山经济开发区科技创业园）成立于2008年6月，是锡山经济开发区投资建设的综合型科技园区，是中国科学院—清华大学（无锡）青年创新创业实践基地、清华大学无锡科技成果转化基地、江苏省电子信息产业基地、江苏省省级留学生创业园。2008年9月，被认定为省级科技创业园和省级留学人员创业园；2008年12月，被认定为江苏省中小企业创业基地；2009年1月，被批准建设江苏省博士后工作站。

创业园位于江苏锡山经济开发区腹地，沪宁杭经济圈中心，东靠上海，南临杭州，西临南京，北依长江，处于得天独厚的水陆枢纽位置。规划建设面积750亩，目前已建成区面积18万平方米，16栋研发楼，已启用一期12万平方米。

创业园以电子信息、生物医学、新材料，软件外包为主要发展方向，引进海外留学人员、科研院所科技人员创业项目，以及具有高科技含量和成长性的产业类项目和建设商、运行商、投资商、各类中介机构的服务类项目。同时，为海外领军人才创业提供创业投资、孵化场地、决策咨询、项目研究论证、科技攻关、信息化支持、人才支撑、投融资等全方位的服务，推行管家式、专家型服务。目前，园区几乎集中了锡山区所有的无锡市“530”计划项目。

联系方式

地　址：江苏省锡山经济开发区芙蓉中三路99号
邮　编：214192
电　话：86-510-83781855
传　真：86-510-83781733
邮　箱：xs.vpark@gmail.com
网　址：www.xkkj.org.cn

无锡惠山留学人员创业园

园区概况

无锡惠山留学人员创业园成立于2006年10月，依托于无锡惠山国家高新技术创业服务中心，致力于为科技型中小企业提供优质高效服务和良好的创业环境，加速科技成果的商品化、产业化、国际化，为地区培育高新技术企业和企业家。2007年，被江苏省科技厅和江苏省人事厅认定为省级高新技术创业服务中心和省级留学人员创业园；2009年，被科技部认定为国家级科技企业孵化器；2011年，通过了国家级科技企业孵化器复核；2013年，被科技部认定为国家级国际科技合作基地，被江苏省人社厅认定为省级创业示范基地，被省经信委认定为省级小企业创业基地；2014年通过科技部火炬中心的评价考核，列入A类（优秀）国家级科技企业孵化器，获评了江苏省三星级服务平台、江苏省科普教育基地、江苏省创业示范基地等荣誉资质。

创业园位于惠山经济开发区内，现有建筑面积10.68万平方米，占地60多亩，设有初创企业孵化区、成长企业加速区、总部经济集聚区和公共配套服务区四大功能区域。园内水、电、电梯、通讯、互联网接入及绿地、广场、餐饮、会议、娱乐、健身等基础设施完备，环境优美，为进园企业提供良好的办公、科研和生产空间。创业园以惠山区良好的投资环境为基础，以政府的相关职能为依托，为进园企业提供包括税收、人才、资金、用房、征地、工商行政管理等各方面的优惠待遇和全方位、全过程的高效优质服务，是留学人员回国创业的理想天地。经过多年的发展，目前创业园已经成为惠山区重要的科技成果转化基地、创新人才集聚高地和创新服务体系建设载体。

联系方式

地　址：江苏省无锡市惠山区政和大道189号
邮　编：214174
电　话：86-510-83593668
传　真：86-510-83595062
邮　箱：whedzcn@yahoo.com.cn

无锡江阴留学人员创业园

园区概况

无锡江阴留学人员创业园（江阴高新技术创业园）成立于2005年1月，隶属江阴经济开发区。2005年9月，被江苏省人事厅批准为省级留学人员创业园，与江阴高新技术创业园“两块牌子、一套班子”，合署办公。2006年8月，经江阴市委、市政府调整改为江阴市人民政府直接管理。2007年8月，被江苏省科学技术厅正式认定为省级高新技术创业园；2008年12月，被认定为国家高新技术创业服务中心。

创业园总规划面积20万平方米，以新传感、新医药、新能源、新材料、新装备、文化创意设计等为研发培育重点，搭建了五大公共服务平台，初步形成了“项目引进—孵化育成—科技加速—产业化”的科技企业成长路线。

目前，创业园已累计引进孵化企业130多家，引进留学归国人员60多人，培育了一批以远景能源、力博生物、迈康升华、德飞激光、强顺科技等为代表的重点企业。

联系方式

地　址：江苏省江阴市澄江中路159号
邮　编：214434
电　话：86-510-81602108
传　真：86-510-81602220
邮　箱：jycyy@jycyy.com
网　址：www.jycyy.com

宜兴经济开发区留学人员创业园

园区概况

宜兴经济开发区留学人员创业园成立于2007年10月，是江苏宜兴经济开发区为进一步加快高新技术产业的发展，提高园区自主创新能力，引进高层次创新创业人才，实施转型发展、优化发展战略而设立的综合性科技企业孵化机构。

2008年6月，被江苏省科技厅认定为省级高新技术创业园；2009年9月，被江苏省人力资源和社会保障厅认定为省级留学人员创业园。

创业园现拥有创业园一期、二期和创意软件大厦等各类“三创”载体30万平方米。同时，正在加紧建设以华东光电子科技创新基地、创业孵化大厦、投影产业园和白领公寓等项目为核心，总面积超40万平方米的“三创”载体。为进一步支持高层次人才创新创业，创业园组建了一期总额1亿元的风投基金，投入创业风险投资总额2000万元以上。

联系方式

地　址：江苏省宜兴经济开发区锦城大道11号
邮　编：214213
电　话：86-510-87822622
邮　箱：webmaster@hky.gov.cn

徐州留学人员创业园

园区概况

徐州留学人员创业园于2005年经江苏省人事厅批准建立，由徐州市人事局会同市科技局、徐州经济开发区创办，是以促进科技成果转化、培育高新技术企业、为留学人员回国创业提供综合服务的公益性科技中介机构。

创业园位于江苏徐州科技创业园内，毗邻中国矿业大学。按照徐州的特色产业、医疗器械企业的共性需求，提供医疗电子产业研发的常规设备及测试仪器，减少企业的前期投入，提高企业的自主创新能力，培育医疗电子特色基地，打造医疗电子企业特色产业群。

无锡市委、市政府十分重视留学人员来徐创业创新工作，先后制定出台了《徐州市引进海外留学人员来徐创业服务规定》《关于徐州科技创业园进园项目的优惠政策》等文件，不断加大创业园的建设力度。针对徐州市医疗电子企业研发能力弱的情况，创业园建立了医疗电子共性技术的共享研发平台，提供安全测试、超声测试、细胞显微、频谱分析、红外热成像、微波试验、光纤测温等医疗电子产品研发中的共性技术研发测试、实验手段。同时，整合与江苏徐州市医疗电子企业合作的东南大学毫米波实验室、上海交大电力实验室、中国矿大信电学院等研发力量，提升研发能力。在强化徐州市在超声仪器设备和光学仪器与窥镜等优势产品领域的市场竞争优势，扶持企业在优势产品领域做大、做强的同时，提高高档医疗电子产品的研发，树立品牌，促进产品升级和换代，提升企业的核心竞争力，将徐州建成我国医疗电子行业的研发基地和特色产业基地。

目前，园区已累计孵化中小科技企业150余家，10余家企业被评为省级高新技术企业。

联系方式

地　址：江苏省徐州市解放南路科技城高新技术创业中心307室
邮　编：210000
电　话：86-516-83897228
传　真：86-516-83990238
邮　箱：cyzx2004@126.com

常州留学人员创业园

园区概况

常州留学人员创业园（常州国家高新技术创业服务中心）是隶属于常州高新区管委会的公益性科技服务机构。中心经江苏省科委批准始建于1993年；1994年，经省科委批准成为省级科技创业服务中心；1999年12月，被认定为国家级高新技术创业服务中心；2001年3月，由省人事厅认定为省级留学人员创业园；2001年10月，被科技部授予“先进孵化服务机构”称号；2008年，被江苏省政府授予“江苏省留学归国工作先进单位”。

创业园始终贯彻区委、区政府提出的“加强自主创新，加快建设创新型园区”的指导思想，以大力推进高科技产业发展为目标，以“项目聚集、人才聚集和资金聚集”为抓手，坚持创新的理念，围绕光伏、创意、生物医药和新能源车辆等重点产业，突出专业孵化，加强孵化服务体系建设，培育企业自主创新能力，取得了明显成效。

随着园区服务功能的不断完善，中心积累了大量企业孵化服务的先进管理经验和服务经验，目前除了提供常规服务外，建立起了咨询、留学生专项服务等个性化的服务。为创业者和企业提供入驻、成长直至毕业的过程中所需的培训、项目申报、咨询、创业导师、分级分类、种子资金、融投资、知识产权、公共技术平台、国际合作以及会议、餐饮、物业服务等全方位的服务。使一大批科技型中小企业从无到有，从小到大，实现了超常规发展，已经成为区域科技创新的重要力量、科技成果产业化的重要基地、吸引和集聚科技人才的重要载体和培育中小科技企业的重要载体。

联系方式

地　址：江苏省常州市新北区高新科技园10号楼310室
邮　编：213022
电　话：86-519-85106846
传　真：86-519-85106846

常州钟楼留学人员创业园

园区概况

常州钟楼留学人员创业园成立于2006年，是在2003年成立的钟楼科技创业服务中心的基础上演化而来。创业中心与创业园实行“两块牌子、一套班子”的运行机制，由江苏常州钟楼经济开发区管委会直接领导。2008年，被江苏省人力资源和社会保障厅批准为江苏省留学人员创业园；2009年，被科技部批准为国家级高新技术创业服务中心。创业园还先后获得江苏省工程技术文献中心、常州市大学生创业见习基地、常州市小企业创业示范基地、常州市五大产业发展专项资金三大重点创业平台之一等多项认定。

创业园由主基地和4个分基地组成，总孵化面积8.8万平方米。主基地位于钟楼经济开发区玉龙路和星港大道的交汇处，临近钟楼区行政中心、生活居住区、商贸商务区、产业开发区。主楼高16层，总建筑面积2万平方米，整个大楼由留学人员创业区、高新项目孵化区、创意设计研发区、风险投资中介机构工作区、科技成果展示区、共享设施配套区等六大区域组成。主基地同时是旅法博士留学生中国（常州）创业基地、旅日华人工程师协会中国（常州）创业基地的所在地。4个分基地分别是：星港路65号标准厂房科技创业孵化基地、白云路3号南大紫金科技创业孵化基地、童子河西路壹地科技创业孵化基地、机场路新闻科技创业孵化基地。

为支持各类主体来园创新创业，钟楼区政府制定了《关于进一步加快常州钟楼高新技术创业服务中心和壹地创意设计产业园发展的政策意见》《常州市钟楼区关于引进高层次创业创新人才的实施意见》等文件，对软件企业、动漫企业、高层次人才创办的企业、科技创新型企业分别给予优惠政策。创业园十分注重与相关科技创新资源单位的联系。通过各种形式和渠道，已与江苏省孵化器网络、省创业投资协会、省科技咨询协会、省科技条件管理服务中心、省大型科学仪器设备资源共享服务平台、省三药创制公共服务平台、市制造业信息化服务中心等机构以及部分高校、科研院所建立了工作联系。同时，把整合社会创新资源作为重要服务内容，在选择部分科技、中介机构进驻大楼直接为被孵化企业服务的同时，与40多家科技咨询、科技成果转让、科技创业投资、人才服务、财务服务、法律服务、报关货代、速递物流、创意策划、快速成型、工业设计、专利代理、商标服务、图文快印、电信服务、科技创新、质量检测等机构建立了战略合作关系，方便进驻企业与社会创新资源互动，放大服务功能和服务能力。“企业科技创新管理”是创业园精心打造的优势服务项目，亮点是帮助进驻企业构建和运营好企业内部的技术创新管理系统，使进驻企业在科技创新中合理解决“有事做、有人做、有机构做、有资金做、有能力做”的问题。为增大海归人才申报项目和落户创业的成功率，创业园及时指导海归人才起草项目申报表、创业计划书，为海归人才寻求创投公司和项目投资者牵针引线。

联系方式

地　址：江苏省常州市钟楼区玉龙路6号
邮　编：213014
电　话：86-519-88890740，83976971
传　真：86-519-83976972
邮　箱：sun995110@163.com

常州天宁留学人员创业园

园区概况

常州天宁留学人员创业园成立于2009年12月，依托于常州市天宁高新技术创业服务中心。创业中心位于天宁经济开发区，是天宁区政府创办的公益性科技企业孵化器，成立于2008年4月。2009年2月，被省科技厅认定为省级科技企业孵化器；2009年12月，被批准为“常州市天宁留学人员创业园”；2012年12月，被国家科技部认定为国家级科技企业孵化器；2014年9月，获批“江苏省常州天宁留学人员创业园”。

创业园目前已建成4个园区，其中河海东路、高阳路、丰润大厦为孵化园区，弘达园区为加速园区，孵化总面积5.7万平方米，园内建有会议室、接待室、餐厅、人才公寓、公共技术服务平台、标准厂房等基础设施。

创业园以“引进海外高层次人才、培育高新技术企业和培养科技型企业家”为宗旨，以建设“企业孵化、公共服务、招才引智”三大平台一体化发展为目标，充分发挥园区服务高效、机制灵活、政策优惠、团队优秀等优势，整合资金、人才、市场、管理等社会资源，为园区创业企业提供多层次、全方位的创业服务。

联系方式

地　址：江苏省常州市河海东路9号
邮　编：213164
电　话：86-519-8550623
邮　箱：tncy@tncy.org

常州市三晶世界科技产业发展有限公司（孵化基地）留学人员创业园

园区概况

常州市三晶世界科技产业发展有限公司（孵化基地）留学人员创业园成立于2006年，由新北区三井街道办事处投资建设。2008年，被江苏省科技厅认定为省级科技企业孵化器；2010年12月，被国家科技部认定为国家高新技术创业服务中心；2012年，被认定为市级留学人员创业园。创业园是以信息技术及相关功能新材料为特色的孵化基地，是常州市高新区创新创业的重要载体之一。

创业园在吸引海外人才、转化科技成果，孵化科技企业、发展高新技术产业，培养创新创业人才、创造新的就业机会等方面具有有利条件，已经取得明显的经济效益和社会效益。

联系方式

地　址：江苏省常州市长江北路25号园区内
邮　编：213022
电　话：86-519-81238780

常州科教城留学人员创业园

园区概况

常州科教城由江苏省教育厅、江苏省科技厅与常州市人民政府共同建设，2011年经省人力资源和社会保障厅批准为省级留学人员创业园，管理机构是常州市国家大学科技园管理中心。创业园位于武进区，占地5平方千米，分为高教园区、科技园区两部分，是国家高职教育发展综合改革实验区、国家大学科技园和国家海外高层次人才创新创业基地。胡锦涛、江泽民、温家宝等党和国家领导人先后视察常州科教城，对常州大力发展高职教育和构筑产学研协同创新平台给予了充分肯定。2007年，园区被江苏省发改委认定为江苏省“现代服务业集聚区（科技服务业）”；2008年，被科技部国际合作司认定为“国际科技合作基地”，被科技部认定为“国家可再生能源基地”，被江苏省对外贸易经济合作厅认定为“江苏省国际服务外包人才培训基地”；2009年，被科技部、教育部认定为“国家大学科技园”，被江苏省商务厅认定为“江苏省国际服务外包示范区”；2010年，被江苏省科技厅确认为首批“省级科技企业加速器”，被江苏省人力资源与社会保障厅认定为“江苏省留学人员创业园”，被江苏省发展和改革委员会认定为“江苏省新能源汽车特色产业基地”，被中国科学技术协会认定为“海外智力为国服务行动计划工作站”；2011年，被中央人才工作协调小组定为“国家海外高层次人才创新创业基地”，被省经信委授予“江苏省信息化和工业化融合服务产业示范园”称号。

创业园推行在常州科教城、武进高新区建立“一园两区”的发展格局，在创新创业环境的建设上充分积聚创业优势和产业优势，实现联动双赢发展。“创业孵化区”设在常州科教城，“产业拓展区”设在武进高新区。

园区全力打造了科技金融中心，积极组织投融资对接会、精品项目路演、科技创业投资论坛等活动，拓宽支持创业企业发展的融资渠道，包括财政拨款、风险投资、银行贷款、信用担保、民营或私人自募资金等，建成一个以PE/VC为主、股权投资基金为特色的综合金融服务平台，实现科技和金融的无缝对接。园内目前有公共研发机构30家，其中，中科院已有20多个研究所在园设立了14个分中心和6个研究院所，建成了26个专业实验室，与企业共建26个研发中心。同时，南京大学、东南大学、北京化工大学、合肥工业大学、西南交通大学等17所著名高校在园设立了研发机构或孵化基地，其中，9家大学建立研究院，为园区企业的发展提供技术支持。为进一步深化产学研合作，创业园还每年均举办中国常州先进制造技术成果展示洽谈会，组织成果发布、对接洽谈、专题论坛、开工揭牌等活动。

联系方式

地　址：江苏省常州市常武中路801号
邮　编：213164
电　话：86-519-86339226
传　真：86-519-86339658
邮　箱：czlian@yeah.net
网　址：www.czkjc.gov.cn

津通留学人员创业园

园区概况

津通留学人员创业园由津通集团有限公司建设、运营，位于长三角地理心脏和沪宁高速公（铁）路中段的江苏省武进高新技术产业开发区内的津通国际工业园内，距上海1小时40分钟车程，离南京禄口国际机场40分钟车程，2小时可达杭州，具有吸收沪宁杭等特大城市辐射并向周边腹地扩散的焦点区位。津通国际工业园总规划建筑面积90万平方米，已建成近30万平方米的高标准工业厂房、生产服务中心和生活服务中心。园区完全参照国际先进科技工业园的标准建设，吸纳众多科技工业园的特点和要求，整体形态、功能设置和运作拓展已形成了以现代化高标准厂房为主体，集科研孵化中心、制造生产中心和现代服务中心为一体，以花园式社区为环境特征的智能化管理新型高新技术产业园区。整个园区已通过ISO9001和ISO14001体系认证，从设计风格、建筑形态、企业运营和物流保障等都一步到位地实现了与发达国家产业环境及企业平台的完美对接。工业园作为一个省级开发区内的“区中园”，受到海内外的广泛关注和高度赞赏，曾先后被联合国中小企业联合会、美国电子协会、欧盟机械制造协会等国际组织列为“外商在华投资重点推荐园区”。园区受到国家及省市各级领导的表彰鼓励，先后获得国家级“国际科技合作基地”“海外人才中国创业示范基地”“科技企业孵化器”；省级“江苏省两化融合产业服务示范园”“现代服务业集聚区”“重点培育小企业创业基地”“留学人员创业园”“特色产业园”；华侨华人专业人士江苏创业基地、中国民营科技促进会“津通科技产业化示范基地”等荣誉称号。

创业园建筑面积10.2万平方米，为津通国际工业园1号、2号、5号、16号楼。园内建有信息电子产品检测平台、基于提供远程服务的SaaS生产性信息服务平台、嵌入式信息技术平台、先进制造与科技服务集成平台等专业平台，并与常州佰腾科技有限公司合作共建中国企业专利信息服务平台、高校科技成果转化平台，为在孵企业提供各类专业服务。同时，通过集聚大量的服务业企业，为在园留学人员企业提供生产性服务、生产要素公共支撑服务、公共技术支撑服务、投融资服务、信息化服务和创业辅导服务，使企业将其非专业、不经济的业务流程外包，通过社会化资源配置，以实现其运作的扁平化，降低运作成本、提升运行效率，帮助初创型企业快速成长。此外，常州市及武进区政府通过领军型海外留学归国人才创业计划、“龙城英才”计划、科技基础设施计划、国际科技合作专项等计划，对引进的具有前瞻性的留学人员人才及企业实施的项目，在资金上给予专项支持，在政策上给予优惠待遇。

联系方式

地　址：江苏省常州市武进高新区西湖路8号
邮　编：213164
电　话：86-519-86220888转8107/8056
传　真：86-519-86220616
邮　箱：yppei@jinton.com

武进留学人员创业园

园区概况

武进留学人员创业园创立于2004年8月，经常州市人事局批准设立，2007年4月，被认定升级为省级园区。从“高效、精简”的角度出发，创业园依托武进（国家）高新技术创业服务中心的现有条件，与创业中心合署办公，实行“两块牌子、一套班子”的运作机制。在武进区委和深圳清华大学研究院领导的全力支持下，2005年初，创业中心与深圳清华力合国际技术转移有限公司共同出资设立了江苏武进力合企业孵化器有限公司，将创业中心的主营业务采取委托方式，由孵化器公司运营。孵化器公司的成立，整合了地方政府和深圳清华大学研究院双方的优势资源，在孵化项目筛选、高层次人才引进、为孵化企业提供创业投资等增值服务方面，提供了更广阔的发展空间。

创业园坐落在常州市城南，已投入资金近5000万元，建成了3.6万多平方米的孵化场地，办公设施齐全，服务功能完备。创业园注意瞄准当今世界科技发展潮流，把孵化重点放在电子信息、新材料、机电一体化等新兴产业，严格把好项目入口关，加快引进高新技术项目，努力营造高新技术优势，对每一个洽谈项目进行科学的评估和决策。企业批准进驻后，园区在创业环境、创业条件、创业资金、创业政策等方面提供方便，以及管理咨询、人才培训、融资担保、物业支撑等优质高效服务，并按不同企业的实际情况进行针对性孵化，使企业在宽松广阔的创业平台上运作。

创业园目前有留学人员创办企业20余家，涉及电子信息、软件开发、精密机械、新材料、生物医药等行业领域。

联系方式

地　址：江苏省常州市武进人民东路158号
邮　编：213161
电　话：86-519-86322963
传　真：86-519-86574082
邮　箱：bcd_cz@hotmail.com

江苏中关村留学人员创业园

园区概况

江苏中关村留学人员创业园成立于2012年3月，由江苏中关村科技产业园投资建设，日常管理机构为溧阳高新技术创业中心。产业园是常州市政府与北京中关村开展体制创新与区域合作的成果，也是中关村在北京市外设立的第一个科技产业园区，已被江苏省政府确定为省级高新技术开发区，并将优先申报国家级高新区。创业中心成立于2001年；2007年，被常州市人事局批准为常州市级留学人员创业园；2008年，被省科技厅认定为省级科技孵化器；2012年3月，溧阳市成立江苏中关村创业园，溧阳高新技术创业中心并入其中；2013年，被江苏省人社厅批准成立省级留学人员创业园。创业园致力于为初创阶段高科技企业及项目提供综合服务，培育高新技术企业。作为承载江苏中关村产业园及整个溧阳市高新技术成果转化和技术创新的重要基地，创业园力求打造成为高素质人才、高水平研发机构、高科技创业企业集聚的一流的科技创业基地。

创业园现有孵化面积15.7万平方米，建成面积8万平方米，专门设立了领导工作小组，配备了专职员工开展工作，除为入孵企业提供全程免费代理工商、税务登记等一条龙服务和周到的后勤服务外，着手搭建了政策咨询、投融资中介、管理培训、信息交流、人才支撑与技术支撑等服务平台，并与10多家大学、研发中心建立了产学研基地及共建研究中心。

创业园通过几年的努力，已有一批优秀高科技企业成功毕业，培养了一批成功的企业家，其中有多家毕业企业被认定为高新技术企业。

联系方式

地　址：江苏省溧阳市泓口路218号
邮　编：213399
电　话：86-519-87310357

金坛留学人员创业园

园区概况

金坛留学人员创业园成立于2007年11月，是由原常州市人事局批准设立的综合型科技创新创业场所，隶属江苏省金坛经济开发区，与金坛市高新技术创业服务中心合署办公，实行“两块牌子，一套班子”的运作机制。2009年2月，被省科技厅认定为省级高新技术创业服务中心；2009年10月，被省中小企业局认定为省重点培育小企业创业基地；2010年7月，被省中小企业局认定为江苏省小企业创业示范基地；2011年5月，中国科协海智基地金坛工作站在中心挂牌成立；2011年12月，被认定为“江苏省留学人员创业园”。

创业园依托政府平台与北京中关村、清华科技园建立了紧密的合作关系，利用中关村科创硅谷孵化器这一大平台搭建国内外区域政府间的合作交流平台，实现国内外高端创新要素的集成和流通。同时，着力加强与海外各科技团体和科技专家学者的联系，拓展交流渠道，与海外人才网、美国华人专业团体、中国旅美科技协会、北美华人创业协会、加拿大华人信息技术专业人士协会等多家海外科技团体形成了友好的合作。

创业园推行“一站式”“保姆式”服务，在此基础上强化服务功能，开展个性化、增值化服务，对在孵企业按规模、分门类提供有针对性的帮扶，促进创业者尽快成长和创业企业发展壮大。针对创业孵化器要求管理人员综合素质好、知识面广、活动能力强等特点，创业园采取多种形式加强学习和培训，着力打造一支充分履行服务和管理职能的高效能队伍，细化工作措施，分解落实责任，创新工作方法，不断提升各项工作成效。在做好基础性服务工作的同时，创业园强化政策配套的实施，积极与各类中介结构如会计事务所、律师事务所、专利事务所等加强合作；加快创投公司和科技小贷公司的引进，引进成立了金坛协立创投、江苏凯迪创投、东华矿业投资、行知常峰创投4家创投公司，成立了金坛瑞丰科技小贷公司，有力推动了技术与资本的深度融合，促进优质企业的快速发展。

联系方式

地　址：江苏省金坛市华城路296号
邮　编：213200
电　话：86-519-82693333
传　真：86-519-82693333
邮　箱：jsjtlh@126.com

苏州留学人员创业园

园区概况

苏州留学人员创业园创建于1998年2月，依托苏州高新技术创业服务中心，由教育部留学服务中心、科技部火炬中心、江苏省人才流动服务中心、苏州市科技发展中心、苏州新区管委会等部门联合组建，是苏州国家高新技术产业开发区重要的科技创新创业载体和国际科技合作基地，也是苏州高新区重点打造的两个服务外包集聚区之一。1999年12月，创业园被团中央、全国青联授予“中国青年科技创新行动示范基地”；2001年5月，被国家科技部、人事部、教育部和外国专家局联合授予“国家留学人员创业园示范园区”称号；2003年，被中共中央组织部、宣传部、统战部，国务院人事部、教育部、科技部共同授予“留学回国人员先进工作单位”，被科技部授予“先进高新技术创业服务中心”，被江苏省科技厅授予“江苏省高新技术产业化工作先进集体”；2004年8月，被中共江苏省委、省政府授予“江苏省留学回国人员工作先进单位”；2005年，被江苏省科技厅工商局等联合授予“江苏省AAA级信誉咨询企业”；2006年，被中国民营科技促进会授予“全国民营科技企业奉献奖”；2007年，被苏州市政府授予“苏州市服务业发展重点集聚区”，被江苏省名牌战略推进委员会授予“江苏服务业名牌”称号；2010年，被科技部确认为“全国大学生科技创业见习基地试点单位”；2011年，被苏州市知识产权局授予“苏州市知识产权工作示范园区”。

苏州创业园是苏州高新技术创业服务中心、苏州留学人员创业园、苏州创业园科技发展有限公司的总称，总建筑面积18万平方米，由5幢高标准研发大楼组成。位于苏州高新区竹园路，东依狮山商业板块、南邻国际教育园区、西望高新区政府，地理位置优越，大量科技企业在此成功创业。

创业园自成立以来，已经建立了科技金融、政策咨询、人力资源、企业管理、知识产权等较完善的科技中介服务体系和公共服务平台。先后获得留学回国人员工作先进单位、优秀国家高新技术创业服务中心、火炬计划先进集体等30多项荣誉称号。

在引进创新创业人才方面，累计引进各类高科技人才16000余人，招才引智地引进各级各类创新创业领军人才174人次，其中，国家“千人计划”人才6人、“万人计划”人才1人，江苏省“双创人才”12人，省重点创新团队1个，姑苏领军人才20人，高新区领军人才134人，其他留学归国人才900多人。先后引进培育科技企业1600多家，其中阿特斯光伏、纽威阀门、科达科技已成功上市，成为区内领军企业；仕德伟科技、东菱振动、国芯科技等一大批企业成为高新区新兴产业的龙头；世界500强的飞利浦、佳能以及周边的华硕、飞思卡尔等跨国研发机构形成了集聚。

在促进科技成果转化为现实生产力的征程中，创业园开发各类科技项目1500多项，其中获批国家863、973、核高基在内的省部级科技科技立项项目近400项，获得国家授权专利1200多项。与各大高校通力合作，借助高新区的各类科技平台，通过产学研合作等形式，大力促进科技成果的转化。

在国际化进程上，创业园与多个海外孵化器合作，为企业交流、拓展海外市场搭建了桥梁。

苏州创业园在不断地探索和发展中，已成为苏州高新区重要的科技创新创业载体、高端人才集聚区和国际科技合作基地。

联系方式

地　址：江苏省苏州市竹园路209号
邮　编：215011
电　话：86-812-68089925
传　真：86-812-68783306
邮　箱：qth@csibi.cn
网　址：www.csibi.cn

苏州国际科技园

园区概况

苏州国际科技园是苏州市科技创新、知识创新和企业孵化的重要载体。总规划建筑面积104万平方米，于2000年4月启动。是中国科技企业孵化器、国家软件产业基地、国家动画产业基地、国家海外高层次人才创新创业基地、中国软件欧美出口工程试点基地、中国留学人员苏州创业中心、中国服务外包示范基地和中国服务贸易创新示范基地。

苏州国际科技园分七期建设，其中一至四期位于金鸡湖大道，建筑面积31万平方米，主要承担科技企业孵化基地、服务外包基地和软件产业基地的功能；五期“创意产业园”位于独墅湖科教创新区，建筑面积80万平方米，六期“创意泵站”位于中新大道西、建筑面积2万平方米，正力争成为长三角地区重要的软件工厂、创意设计车间、动漫制作加工基地；七期“苏州人工智能产业园”位于苏州工业园区桑田岛北部，建筑面积26万平方米，致力打造成为国内知名的人工智能产业高地。

苏州国际科技园先后建设了软件评测、技术培训、数据服务、集成电路设计、中小企业信息化（云计算）、知识产权保护、动漫游戏服务等较为完善的公共技术平台体系；已经形成了以软件开发、集成电路设计、数码娱乐和行业应用高新科技等为主的四大特色产业群，新一代融合通讯、云计算、物联网、节能环保等一批新型产业项目也在加速集聚。

截至2016年底，苏州国际科技园累计注册企业超过2000家，实际入驻办公598家，其中214家企业通过国家高新技术企业认定，329家企业通过省软件企业认定，53家企业通过CMMI认定，主板上市企业3家，新三板挂牌企业20家。集聚各类高科技人才逾3.8万名；入选国家“千人计划”20人，各级科技领军人才253人。

联系方式

地　址：江苏省苏州工业园区金鸡湖大道1355号
邮　编：215021
电　话：86-512-62529888
传　真：86-512-62529777
邮　箱：hej@sipis.com.cn
网　址：www.sispark.com.cn

苏州吴中留学人员创业园

园区概况

苏州吴中留学人员创业园成立于2004年12月，位于吴中科技创业园内，是由政府投入、以企业化机制运作的公益型科技企业孵化器，是国家科技部认定的“国家级科技企业孵化器”，并先后被认定为“苏州市服务业重点集聚区”“江苏省小企业服务示范基地”“江苏省留学人员创业园”“江苏省中小企业投融资服务中心”“国家大学生科技创业见习基地”（全国首批）、“江苏省信息化和工业化融合服务产业园”（全省首批）等。

在区域医药和IT产业快速发展的大背景下，创业园通过创造局部优化的创新创业环境，提供特殊优惠政策和优质高效服务，积极有效地培育和引进电子信息及软件企业、生物医药和光机电一体化企业。入驻企业不仅享受企业注册、税务登记、人才支撑及政策咨询等“一站式”服务，而且还可以获得国家高新技术产业园区的各项相关优惠政策。在提供场地租用及物业服务同时，创业园还建设了中心机房、多功能厅、电子阅览室和公共实验室，完善了相关配套设施。建立并完善了吴中科技创业园网站，同时连接江苏省工程技术文献信息中心，对专业数据库、专业性数据软件、数字化图书杂志进行筛选和协议使用，为企业开通专业信息服务、科技查新服务。园区先后探索建立三种线上线下服务模式：建立“金枫网”线上运营推广服务平台，探索中小企业“线上抱团闯市场”的发展道路；建立“手拉手”服务平台，为园内企业提供了线上沟通交流，互通有无的社区平台，促进入园企业开展技术交流和技术合作，共同进行市场开拓，加快企业发展；建立共享云平台，帮助园内企业降低成本，提升工作效率。

目前，在园的软件及信息服务型企业159家，其中生产性信息服务企业62家，“两化融合”的生产型企业97家，已形成以互联网增值服务、软件及服务外包、电子商务等产业为特征的新兴产业发展格局。

联系方式

地　址：江苏省苏州市吴中区东吴北路31号
邮　编：215128
电　话：86-512-65270617
邮　箱：zhu_qin1@163.com
网　址：www.wzcy.cn

常熟留学人员创业园

园区概况

常熟留学人员创业园成立于2010年4月，位于常熟市经济开发区内，交通便利，环境优美，政策宽松，人才资源和资金资源丰富，具有良好投资环境。其创办旨在为给学有所成、回国创业的留学人员创造良好的创业环境。

创业园已建成孵化场地13.5万平方米，有智能化大楼1幢，标准化厂房5000多平方米，配套设施齐全，创业环境优越，可提供一流水准的孵化服务。创业园鼓励留学人员回国创业，科研院所来常合作，加速科技成果商品化、产业化、国际化，进一步推动经济与科技的结合，促进常熟市产业结构的调整，为区域经济的发展不断培育拥有民族自主知识产权的高新技术企业群体。

创业园依托教育部“春晖杯”创业基地，以“综合孵化器+专业孵化器+加速器”的载体建设、优质的专业服务、良好的创新创业环境吸引海外留学人员前来创业工作。

联系方式

地　址：江苏省常熟经济开发区滨江新城
电　话：86-512-52805327
传　真：86-512-52805310
邮　箱：info@ppos.com.cn

常熟高新技术产业开发区留学人员创业园

园区概况

常熟高新技术产业开发区留学人员创业园成立于2010年4月，是由常熟高新区依托常熟国家大学科技园建立的市级留学人员创业园。2013年10月，获批省级留学人员创业园。创业园立足优化产业结构、提升产业层次、培育新兴产业，把引进海外高层次留学人员放在最突出位置，不断加强载体建设，深化创业服务，创新与整合留学人员人才政策比较优势，吸引和聚集国外高端科技人才入园创新创业，为区域产业转型升级提供智力保障。

创业园建成孵化场地13.8万平方米，依托教育部“春晖杯”创业基地，以“综合孵化器+专业孵化器+加速器”的载体建设，以“创业孵化+创业投资+创业导师”的专业服务，营造良好的创新创业环境。创业园先后承办或参加苏州国际精英创业周、海外华侨华人高层次人才江苏行、美南中国专家协会联合会江苏行、美中高层次人才常熟行等活动，每年参与广州留学人员科技交流会、大连海外学子创业周等各地人才盛会。通过一系列的举措，为留学人员搭建了优质的创业平台。

联系方式

地　址：江苏省常熟市东南大道333号科创大厦3楼
电　话：86-512-52350317
传　真：86-512-52355339
邮　箱：gl@changshu.net

张家港留学人员创业园

园区概况

张家港留学人员创业园成立于2001年，由张家港市人民政府投资兴建，是张家港市为留学人员回国创新创业、施展才华提供的重要舞台。为强化管理与服务，创业园与张家港市高新技术创业服务中心实行“两块牌子、一套班子”的运作模式。2003年11月，创业园被江苏省人事厅批准为省级留学人员创业园；2004年4月，被苏州市委、市政府授予“苏州市留学人员先进工作单位”；2006年12月，被国家科技部认定为国家级科技企业孵化器；2011年，被苏州市知识产权局授予“苏州市知识产权示范园区”。

创业园按照整体规划、分步实施、滚动发展的建设模式，建有孵化大楼8幢、建筑面积6万多平方米，包括综合服务楼1幢、生物医药专业孵化楼1幢。此外，拥有总投资1200万元、总面积1200平方米的生物医药公共技术服务平台，为园区内处于初创期的生物医药类企业提供研发实验、分析检测等方面的专业技术服务。该平台建成以来，吸引了越来越多的海外高层次人才落户，生物医药产业链初显端倪。

创业园通过“政府投资、公益性引导、事业单位管理”的运营模式，全力培养拥有自主知识产权的科技企业和具备自主创新能力的科技企业家。以公共服务为主线，推行融资推荐、项目申报、定期走访、创业导师以及市场推广等增值服务，引入中介服务机构，打造专业服务，增强孵化能力。

联系方式

地　址：江苏省张家港市国泰北路1号
邮　编：215600
电　话：86-512-58541960
传　真：86-512-58541980
邮　箱：htic@zjghtic.gov.cn

张家港保税区留学人员创业园

园区概况

张家港保税区留学人员创业园成立于2011年4月，2014年11月获批江苏省省级留学人员创业园。创业园主要为高层次人才发展高新技术产业提供服务，并为来保税区的国内外大专院校、科研机构和社会各类科技人员的创业需求提供服务，通过落实扶持政策，营造宽松优惠的创业环境，帮助企业度过营运初期的风险阶段，加快商品化和产业化进程。

创业园位于张家港保税区环保新材料产业园内，规划面积210亩，首期规划103亩。一期和二期共7万平方米研发生产大楼已建设完成交付使用，三期7万平方米场地正在建设中。研发大楼内水电气管网等基础设施全部按照国际一流工业园区标准设计到位，企业可以根据自己的需要进行隔断，分出实验室、生产车间、办公室、休息室等。此外，还建有集商务、科技等公共服务于一体的商务配套区，国家化工设备产品质量监督检验中心及千人计划（张家港）战略新材料研究院，为留学人员回国创业发展提供优良的环境。

联系方式

地　址：江苏省张家港保税区环保新材料产业园
邮　编：215633

昆山留学人员创业园

园区概况

昆山留学人员创业园成立于1998年，是由江苏省人事厅、科技厅和昆山经济技术开发区联合创办的吸引海外留学人员回国创业的科技园区，是全国首家设立在县级市的留学人员创业园，全国首批“国家留学人员创业园”，也是全国唯一设立在县级市的“省部共建”创业园。创业园先后被中组部、宣传部、统战部、国家人事部、教育部、科技部联合授予“全国留学回国人员先进工作单位”荣誉称号，获得“国家火炬计划先进管理单位”“国家先进高新技术创业服务中心”、全国首批“中国青年科技创新行动示范基地”“江苏省优秀科技企业孵化器”“江苏省先进科技企业孵化器”“江苏省火炬先进管理单位”“江苏省留学回国人员工作先进单位”“江苏省博士后管理工作先进单位”“江苏省文明单位”等称号。

创业园现有孵化面积14万平方米，包括科技广场、现代广场、科技创业基地等载体，设有公共会议室、学术报告厅、图书馆、“第三空间”咖啡室、工程技术文献检索服务平台，非核心业务公共服务中心等。园区先后建立了全国县市级首家微软技术中心公共平台、专利信息检索服务平台、工程技术文献检索服务平台、集成电路失效分析技术平台、知识产权网络公共服务平台、园区网络信息服务平台等，为企业提供个性化科技公共服务。园区不断完善创业园“科技企业评估诊断系统”，对企业经营及发展中遇到的问题进行诊断评估，为企业决策提供政策、信息咨询和各种帮助，定期举办专业培训、创业沙龙，为初创型科技企业的培育、成长，传授经营经验，提供业务辅导。

目前，创业园已形成了比较完善的科技企业培育体系，吸引了一批海外学者创办的科技企业，引进了一批高层次科技人才，开发了一批技术领先并拥有自主知识产权的产品，推动了与大院大所的项目合作，培育了华恒、网进、锐芯、澳昆等一批科技明星企业。

创业园致力于打造全过程的政策支持环境，营造全方位的家居环境，依托全市人才新政、亿元奖励基金，支持领军人才创新创业，成为海归精英们“零成本”创业的福地。

联系方式

地　址：江苏省昆山市前进东路科技广场2楼
电　话：86-512-50360660，50360661
传　真：86-512-50360660
邮　箱：ksppcn@yahoo.com.cn
网　址：www.kscyy.com.cn

吴江市留学人员创业园

园区概况

吴江市留学人员创业园（吴江市科技人员创业园）成立于2007年2月，由吴江市科技局与吴江经济开发区管委会共同建设，并由开发区发展总公司和市科技开发中心共同出资5000万元成立吴江科技创业投资有限公司，负责创业园内项目建设管理、物业管理和各类专业申报等业务。创业园的设立主要用于鼓励和吸引国内外优秀科技人才来开发区创新创业，加快企业科技创新水平和高科技成果的转化，提升开发区的自主创新能力，加快企业科技创新的速度和加强科技创新能力，是促进产业由劳动密集型向科技密集型转变，加快实现从“吴江制造”向“吴江创造”转化的有效载体。

创业园位于吴江经济开发区内，占地面积1万平方米，其中研发大楼占地面积1500平方米，6层建筑面积为7500平方米，6幢生产厂房为2.45万平方米，总建筑面积3.2万平方米。园内设有多功能厅、多媒体会议室、商务、展示厅、超市、物业、专家用住房、餐厅、车库、停车场、警卫室等齐全的配套设施。吴江市政府专门出台了《关于明确我市科技人员暨留学人员创业园优惠政策的意见》，明确了吴江市科技人员暨留学人员入园创业可享受的优惠政策。

联系方式

地　址：江苏省吴江经济技术开发区云梨路1688号
邮　编：215200
电　话：86-512－63960806

太仓市留学人员创业园

园区概况

太仓市科技创业园暨留学人员创业园成立于2004年9月，以生物医药、电子信息、新材料、新能源、节能环保及服务外包、文化创意等产业为重点开发领域，以培育战略性新兴产业源头企业和创新创业领军人才为目标，致力于营造科技创新创业良好环境，打造成为海内外高层次人才和团队的首选园区之一。创业园先后被认定为国家级科技企业孵化器、国家大学生科技创业见习基地、省级留学人员创业园、省级博士后科研工作站、省级小企业创业示范基地、省三星级中小企业服务机构、苏州市服务业重点集聚区。

创业园位于太仓经济开发区北京西路，占地约100亩，总建筑面积10万平方米，拥有餐厅、宿舍、超市等配套服务设施。园区为入驻企业提供普适普惠的标准化硬件平台及政策性保障，并深入研究入驻企业的个性化服务需求，搭建企业深度孵化服务平台，以创业协作中心、创新研究中心为核心，针对不同的企业和不同发展阶段，为入驻企业提供深度孵化服务，帮助企业成长。

联系方式

地　址：江苏省太仓市经济开发区北京西路6号
电　话：86-512-53990555
传　真：86-512-53990556
邮　箱：kjcyy@yahoo.com.cn
网　址：www.kjcyy.com

南通留学人员创业园

园区概况

南通市经济技术开发区留学人员创业园成立于2003年，由江苏省南通市人事局联合市经济技术开发区共同创办。2016年升级为由国家人力资源和社会保障部和江苏省人民政府共建的“中国南通留学人员创业园”。作为高新技术产品和项目的孵化器，创业园通过营造优良的环境、优质的服务、优惠的政策，已逐渐成为留学人员创业和不断走向成功的支点。

创业园孵化总面积28.2万平方米，采取一中心多园区的建设模式，实现园区孵化器规模扩大、质量提升、环境优化的和谐推进。在平台建设方面，园区建立了商务服务平台、科技服务平台、中介服务平台三大服务平台，实现了园区与园区间、园区与企业间、企业与企业间的信息交流与技术合作等功能，极大地提高了园区管理和服务效率。在创业启动资金方面、办公场地房租的租金、创业平台载体建设等方面园区也在进一步制定适合区情的创业园优惠政策，吸引更多的留学生入园，增强园区的创新能力和成果技术的转化能力，建立种子期创业基金，引入风险投资公司，促进中心和创业园的科技企业的发展。同时，创业园鼓励各大企业和省级以上科研院所、全国重点高等院校产学研合作共建创新载体，钻研攻关关键技术，同时将科研院所、高等院校的成果和当地产业相结合，寻求产业化。围绕骨干企业整合资源，依托国家火炬计划椒江缝制设备高新技术特色产业基地和省级化学原料药高新技术特色产业基地，加大对企业技术创新能力的建设，着力培育一批高技术含量、高附加值、高市场占有率的高新技术企业。

近年来，创业园在市人事局、外侨办、科技等部门的支持下积极加强与外国专家组织、海外留学生团体、海外同乡会、华侨社团组织的沟通与联系，先后与中国旅美科技协会、中国留日同学会、中国海外科技创业投资协会、中国海外博士专家回国创业联合会达成了多项合作协议。相继组织举办了中国南通国际人才技术合作洽谈会、中国留日同学会技术项目交流洽谈活动、中国海外人才项目洽谈会等多项海外留学人员交流活动，邀请了上千名海外留学人才来通开展项目交流与合作。

联系方式

地　址：江苏省南通市经济技术开发区中央路29号
邮　编：226009
电　话：86-513-85922263
邮　箱：ntchyy@163.com

南通产业技术研究院留学人员创业园

园区概况

南通产业技术研究院留学人员创业园成立于2013年9月，是深化自主创新、提升区域科技竞争力，为推动新兴产业发展，提升传统产业能级而提供统筹、支撑、服务的创新平台。2014年5月，获批江苏省省级留学人员创业园。

创业园致力打造长三角北翼的科技创新示范平台，着力建设产业技术创新中心和高端人才集聚中心，构建行政推动、企业化运作、产学研支撑，研究机构、科技园区、产业园区三位一体的运作模式。围绕新材料、新能源、电子信息和生物技术等四大产业，努力完成产业技术研究机构建设、搭建公共技术服务平台、加速创新成果转移转化、吸纳培育技术创新人才、提供产业发展决策参考等五大任务。

创业园下一阶段的发展目标是，全面实现研发孵化面积35万平方米，引进大院大所10家、企业研发机构10家，建设公共技术服务平台10个，合作引进天使、风投机构10家，引进培育国家“千人计划”人才10名、创新创业人才团队50个，新增自主知识产权500项，促进3—5家科技企业上市等七大目标。

联系方式

地　址：江苏省南通市崇川路58号
邮　编：226019
电　话：86-513-85012988
传　真：86-513-85012982
网　址：www.ntiti.com.cn

海安留学人员创业园

园区概况

海安留学人员创业园位于省级开发区江苏海安经济开发区内，是由江苏省海安县人民政府领导、策划，南通华新建工集团投资3.6亿元兴建，旨在鼓励和吸引海外留学人员创业、创新，促进高新技术成果产业化，为区域经济长远发展提供人才支撑、技术支撑和项目支撑的科技创业服务机构。创业园由海安高科技创业园管理中心负责管理运营。创业园先后被认定为市级科技孵化器、省级科技企业孵化器。

创业园目前已建成孵化载体3万平方米，留学人员创业项目主要涉及软件开发、机械制造、精细化工、新能源等高新技术领域。

联系方式

地　址：江苏省南通市海安县海安镇长江西路288号
邮　编：226602
电　话：86-513-88783122
传　真：86-513-88783119
邮　箱：hakech@163.com

连云港留学人员创业园

园区概况

连云港留学人员创业园成立于2003年，是苏北地区第一家留学人员创业园，设在省级高新技术产业开发区内。园区管理机构为连云港经济技术开发区管委会、连云港市人社局。创业园与市科技创业服务中心、省级服务外包示范区实行“三块牌子、两套班子”的管理模式。

创业园占地面积16亩，孵化面积7000平方米，留学人员入园创业除了可以享受国家规定的各项优惠政策，还可以享受该园专门制定的一系列优惠政策。如：可享受开发区科技发展金和科技创业风险基金的扶持和融资担保，并提供贷款贴息；提供孵化场地，减免租金供企业使用；免费办理常住户口，提供设施完善的住房；对于贡献突出的创业人员，将授予科技贡献奖，并授予荣誉称号等。2011年，连云港市政府出台了《连云港市留学人员创业园建设与管理暂行办法》，设立留学人员创业服务专项资金，对在连创业的留学人员进行资助、补贴和奖励；因资金不足有融资需求的，政府创业投资引导基金优先给予扶持；企业被认定为省级软件或高新技术企业的，财政给予10万元一次性奖励；可依据政策获得50万—150万元的创业资金扶持。税收方面，从第一次销售产品开始，3年内享受企业所得税、营业税和增值税地方财政留成部分由注册地财政列支，扶持企业发展。

联系方式

地　址：江苏省连云港经济技术开发区振华路15号
邮　编：222047
电　话：86-518-82341701
传　真：86-518-82341025

连云港科教创业园区留学人员创业园

园区概况

连云港科教创业园区留学人员创业园成立于2008年，主要为海外归国留学人员为主的高层次人才创新创业和具有自主知识产权的高新技术成果孵化提供服务，江苏省海洋资源开发研究院、淮海工学院大学科技园同年正式启动建设。通过多年的建设，创业园形成了“一园多区”的发展格局，“一园”即科教园区留学人员创业园，“多区”主要由花果山大学科技园、淮海工学院大学科技园、省海洋资源开发研究院三大板块组成。2011年12月，经省人力资源和社会保障厅批准，科教园区留学人员创业园正式升格为省级留学人员创业园。创业园管理机构为连云港市新海新区建设指挥部，园区设立管理委员会、留学人员创业园服务中心、工商分局、投资公司等机构，成立专业招商及管理队伍，为留学人员来园区创业创新提供全方位的服务。

创业园孵化总面积4万平方米，其中科研孵化面积3万平方米，公共服务面积1万平方米。拥有科教、旅游、文化三大特色产业板块，着力打造以人才培养、科技研发为主体的智慧产业集聚区，以低碳便捷、山水田园为特色的自然生态宜居区，以文化创意、旅游休闲为要素的城市软实力核心区。创业园设立帮办制度，一对一企业服务，免费提供工商注册、税务登记等服务，协助办理高新技术产品、科技发展计划等项目及技术成果鉴定、登记等，并提供人事、财务等多项代理服务。创业园出台了《连云港市科教创业园区关于支持留学人员创业园建设若干优惠政策的规定》并配合落实；与各银行开展对接，建设了留创园融资平台，择优推荐留学人员企业向银行申请贷款服务，优先推荐与国内外投资者进行嫁接和建立联系；帮助园区企业与各大高校、科研院所开展产学研合作，吸引了南京大学、南京理工大学、南京工业大学高新研究院落户，成立合作科研机构。

联系方式

地　址：江苏省连云港市新浦区晨光路2号职业技术学院科技南楼
邮　编：222006
电　话：86-518-81089913
传　真：86-518-81089915

淮安留学人员创业园

园区概况

淮安留创园成立于2006年，2007年被人社部批准为省部共建国家级留学人员创业园，2009年被科技部批准为国家高新技术创业服务中心，是江苏省江北地区唯一一家国家级留学人员创业园。经过10年的持续发展，园区已成为国内具有一定知名度的人才高地、创新创业创意高地和服务高地，是全市人才“蓄水池”。

创业园位于淮安经济技术开发区，拥有迎宾大道和海创空间两个园区，孵化面积12万平方米，精心打造了以"一广场两中心五平台"为主的创新创业服务系统。先后吸引留学归国高端人才70多名，包括熊鹏、韩志玉、刘长坤等国家"千人计划"专家15名，吕军仁、刘清惓、李兵辉等省"双创计划"人才25名。在孵企业112家，成功出孵麒祥、明德立达、金恒泰等企业45家，国家高新技术企业10家，知识产权300多件，形成了先进制造、新能源新材料、生命健康和新一代信息技术四大特色产业。此外，园区积极开拓"人才+互联网+总部"的经济新模式，实现了财税爆发式增长。目前园区纳税企业279家，其中总部企业161家。

联系方式

地　址：江苏省淮安市经济技术开发区海口路9号
邮　编：223005
电　话：86-517-80821886
邮　箱：liyueping0707@163.com
网　址：www.hacyy.com

盐城留学人员创业园

园区概况

盐城留学人员创业园（高新技术创业园）成立于2004年10月，是盐城市人民政府兴办的培育和扶持高新技术企业的服务机构。2009年4月，获批为省级留学人员创业园。

创业园位于江苏省盐城经济开发区内，地理位置优越，占地约百亩，2.6万平方米的孵化用房已竣工，并实现了"六通一平"，具备了企业入驻的必备条件。江苏盐城市科技局、盐城经济开发区管委会、盐城市财政局联合组建了盐城高新技术创业园有限公司，对进园企业实行服务承诺制度，推行"一站式"全程服务。

创业园通过提供政策优惠、免费物理空间、项目扶持等各种有效的支持和服务，降低创业者的创业风险和创业成本，吸引高等院校、科研院所和科技人员的高新技术成果到创业园实现产业化，提高创业成功率，促进科技成果转化，培育科技型企业和企业家，推动盐城高新技术产业的发展。

联系方式

地　址：江苏省盐城市世纪大道东路15号
邮　编：224007
电　话：86-515-88155332
传　真：86-515-88155332

大丰留学人员创业园

园区概况

大丰留学人员创业园于2010年10月设立，2012年被省人社厅认定为"省级留学人员创业园"。自成立以来，创业园先后获得"春晖杯"中国留学人员创新创业大赛创业基地、江苏省侨界人才创新创业基地等荣誉，并成功加入中国留学人员创业园联盟。

创业园坐落在大丰经济开发区商贸区内，环境优美，配套完善，分为两个区域：一是科技研发区，建有层高24层，占地面积18000平方米，建筑面积40000平方米的国际商务大厦。大厦南侧配套建设了占地300亩的公园，大厦内设有会议洽谈区、餐饮中心、创业咖啡厅、健身中心和五星级标准的人才公寓等，是集商务办公、科技研发、生活娱乐为一体的综合性创业平台。二是科技孵化区，设立在国家级孵化器内，占地面积56000平方米，拥有各种规格的标准厂房近40幢，基础设施配套齐全，为留学人员提供一流的科研成果孵化和中试基地。科技孵化区内还配备有中小企业服务中心，随时为在孵企业提供帮助，解决难题。

创业园自创建以来，始终遵循"政府引导、市场运作、资源共享、服务开放"的建设原则，围绕大丰经济开发区主导产业，集聚高层次海外人才。创业园充分发挥自身优势，吸引和培养高知识和高含金量的科技型企业，逐步形成以精密制造、机电一体化、电子信息、新能源等项目为主导产业的科技型企业的合理布局和有效聚集。为更好地为企业服务，园区打造了一站式综合管理服务平台、人才服务平台、投融资平台、技术转移平台、信息网络支撑平台、科技中介服务平台，满足留学人员的创业需求。创业园的目标是利用社会存量资源，联合高校、科研院所、吸引海外留学人员，形成极具特色的海归人才专业孵化器。

联系方式

地　址：江苏省大丰市南翔西路666号
邮　编：224100
电　话：86-515-83855923
传　真：86-515-83855922
邮　箱：jssdflcy@163.com

扬州留学人员创业园

园区概况

扬州留学人员创业园于2003年8月由江苏省人事厅批准成立，2004年6月30日正式挂牌。创业园依托于扬州高新技术创业服务中心的现有条件，与创业中心实行"两块牌子、一套班子"。创业中心成立于1998年11月，是集管理、科研、生产、经营、服务于一体的科技服务机构。创业园的主要职能是为企业和科技创业者提供多种有效服务，创造一个局部优化适合体制创新和技术创新的环境和条件，引进、开发和转化高新技术成果、孵化高新技术企业，并吸引留学回国人员来园创业。

创业园自建成以来，已经有来自日本、法国、英国、德国等国的留学人员创办的多家企业入驻，主要以软件及电子行业为主，许多产品和软件具有国际先进水平。

联系方式

地　址：江苏省扬州市邗江中路119号
邮　编：225009
电　话：86-514-87898911
传　真：86-514-85126567
邮　箱：yzgxjs@yahoo.com

江苏信息服务产业基地（扬州）海外留学人员创业园

园区概况

江苏信息服务产业基地（扬州）成立于2007年，2008年经市人事局批准成立留学人员创业园，成为扬州市第二家专为扶持留学人员回国创业而建立的市级科技企业孵化器。2011年11月，被省人力资源和社会保障厅批准为省级留学人员创业园。

创业园占地63亩，建设总投资10亿元，规划建筑单体6座，其中标准面积的产业楼3幢，配套服务楼1幢，配套会所及展示中心2座，总建筑面积近5万平方米。创业园先后组织同济大学建筑学院、南京大学设计院、北京蔡德勒设计院、中国电子工程设计院等专业设计机构，从建筑物的层高、承重、网络等方面，针对性地对首发项目单体建筑物的形态进行了设计，在“国际研发社区”的标准中创造性地植入了“商务公园”的理念，为投资者提供“成本最低化、效益最大化、质量最优化”的创业空间。建设了包括呼叫中心产业区、数据服务产业区、软件研发产业区、教育培训区和综合配套区共五个专业区，以及便利店、健身房、员工宿舍、员工餐厅、声谷咖啡厅、多功能报告厅等配套设施，初步实现了环境园林化、区域功能化、交通网络化、后勤社会化、办公数字化、研发系列化、服务优质化、招商国际化。

创业园以引进、研发和转化信息服务类高新技术成果、孵化高新技术企业、双软企业，培养懂技术、善管理的高新技术企业家，为科技创业者提供多种有效的技术服务为运作目标和原则。为此，园区管理办公室不断创新方法，采取切实有效措施，为入驻企业提供研发、中试生产、经营场地和办公方面的有利条件，以及政策、管理、法律、财务、融资、市场推广和培训等方面的服务支持。

联系方式

地　址：江苏省扬州市广陵新城信息大道1号信息服务大厦2层
邮　编：225000
电　话：86-514-87456015
邮　箱：glgeyb2010@gmail.com

扬州市邗江区留学人员创业园

园区概况

扬州市邗江区留学人员创业园是以国家级科技企业孵化器——扬州市邗江区高新技术创业服务中心为依托所建立的为留学人员企业提供科技创新创业公共服务的载体，2005年被认定为市级留学人员创业园。作为全区高新技术成果孵化的重要载体和高层次人才创业的重要平台，创业园紧紧围绕“打造一流环境、引进一流人才、赢得一流效益”的目标，全力营造创新创业环境，全面推进标准化服务工作，在区域经济结构优化、区域经济协调发展中发挥了重要作用。

创业园地处江苏省扬州高新技术产业开发区北园科技集聚区，交通便捷，是人流、物流、资金流聚集之地。园区占地面积88亩，总投资约1.2亿元，建筑面积6.3万平方米，其中孵化用房面积5.9万平方米、配套设施面积4000平方米。

创业园充分运用高新区和国家级创业中心的影响力、辐射力，增强对留学人员的吸引力，在特色定位上与扬州高新区的产业特色相呼应，将智能装备、电子信息和生物医药及其配套业作为创业园的主导产业，通过高新区产业特色和大企业的配套和带动，以产业吸引项目，以项目集聚人才。

联系方式

地　址：江苏省扬州市开发西路217号
邮　编：225127
电　话：86-514-87860259
传　真：86-514-87860259
邮　箱：Hjkj1118@163.com

仪征留学人员创业园

园区概况

仪征留学人员创业园由仪征高创科技发展有限公司负责管理和运营，在企业注册、租金减免、项目申报、投资融资等方面为入驻孵化企业提供一系列的优惠政策和服务。2008年，被认定为省级高新技术创业服务中心；2009年7月，被批准为扬州市县级首家省级留学人员创业园。

创业园占地面积100亩，总投资1.1亿元，一期工程2幢5层共1.42万平方米的孵化厂房及附属设施已于2009年投入使用，二期工程2.84万平方米的4栋研发用房和8880平方米6栋厂房于2011年建成。

目前，创业园累计孵化企业30余家，引进高层次人才15人，其中，海外创新创业领军人才5人，江苏省“双创计划人才”3人，扬州市“绿扬金凤计划”人才2人。

联系方式

地　址：江苏省仪征经济开发区闽泰大道9号
邮　编：211400
邮　箱：gxb200910@163.com

镇江留学人员创业园

园区概况

镇江留学人员创业园成立于2000年，由镇江市人事局与镇江新区管委会联合创办，2002年，经国家人事部批准成为首批由人事部与地方政府共建的国家级留学生创业园。园区聚合镇江国家大学科技园、国家级镇江高新技术创业服务中心、省级镇江软件园、镇江国际服务外包示范区，实行“五位一体，资源共享，合署办公”。创业园先后被评为“镇江市科技进步先进集体”“镇江市创业实训基地”“镇江市大学生创业见习基地”“国务院侨务办公室引智引资重点联系单位”“清华大学研究生江苏省就业实践基地”。

创业园在管理中不断创新完善动态跟踪机制，根据企业的孵化情况，为入园企业提供专属资助、共享科技创新平台、人力资源服务、资本技术服务、商务物业服务等多种个性化特色服务。创业园依托北交大、东大、南大等合作高校的研究院、技术转移中心，通过广泛宣传、上门走访等多种形式，鼓励企业与合作高校科研院所进行深度产学研合作。同时，与中科控股、银河证券、深创投等10余家风投机构和金融机构建立合作，为在园企业提供融资和信贷支持。

联系方式

地　址：江苏省镇江市高新园区丁卯经十二路
邮　编：212009
电　话：86-511-88895106
传　真：86-511-88895106
邮　箱：lgyonline@163.com

镇江市丹阳留学人员创业园

园区概况

镇江市丹阳留学人员创业园与丹阳留学人员科技创业园于2009年8月同时获镇江市人事局批准成立，这也标志着镇江市留学生创业园规范化建设正式启动。丹阳留学人员创业园与丹阳留学人员科技创业园分别位于该市经济技术开发区和云阳镇高新技术产业集中区，各占地面积180亩和1500亩。创业园的成立，进一步完善了丹阳海外留学人员回国创业的重要条件，将显著提升高新技术产业的积聚和人才的吸纳效应，在引导留学人员企业向规模化、高端化发展等方面具有重大的战略意义。

目前，创业园已经吸引了来自加拿大、挪威以及美国等多个博士团队领军的生物医药、新能源、软件开发和半导体存储等企业落户。

联系方式

地　址：江苏省丹阳经济开发区金陵西路101号
邮　编：212300
电　话：86-511-86987909
传　真：86-811-86989005
网　址：www.dykfq.com.cn

扬中留学人员创业园

园区概况

扬中留学人员创业园成立于2007年，由扬中市政府创办，是一家公益性的综合科技服务机构，主要为留学人员创业企业提供全方位服务和一流的孵化条件，促进区域产业结构调整和经济持续发展。创业园成立了江苏大行临港产业投资有限公司，与扬中经济开发区形成政企合一的管理模式，为园区发展提供资产整合、投资、融资等服务。2009年，经镇江市人事局批准为镇江市扬中留学生创业园；2011年，经江苏省人力资源和社会保障厅批准为省级留学人员创业园。

创业园孵化总面积7.5万平方米，建立了光伏产业平台和省级光伏产业网上平台，并与复旦大学、浙江大学、东南大学、厦门大学、华中科技大学等高校科研院所建立了良好的合作交流机制，开展产学研合作，推进企业工程中心、技术中心建设。创业园对入园企业提供“一条龙”“全过程”服务，在企业注册、人力资源、技术开发、科技人才立项等方面提供“保姆式”服务。同时，落实省、市、县人才政策，为入园企业提供免费研发场所，提供配套资金支持。

联系方式

地　址：江苏省扬中市开发区2号线港隆路科创中心
邮　编：212215
电　话：86-511-88224055
传　真：86-511-88224055
邮　箱：my2890756@163.com

镇江市句容留学人员创业园

园区概况

镇江市句容留学人员创业园成立于2009年9月，由句容市人事局与句容经济开发区联合创建，并由后者具体负责具体管理运营工作。创业园的设立，旨在进一步加强句容经济开发区的建设和发展，增强区域科研开发的实力和水平，吸引留学归国人员来句容兴办实业，推动园区经济和科技的整合，促进科技成果的商品化、产业化和国际化。

创业园位于句容经济开发区的核心位置，占地面积100亩，总建筑面积11.2万平方米，项目总投资1.6亿元，基础和配套设施完备，并为进驻企业提供研发、生产、市场营销等全方位的“一条龙”服务。

目前，创业园已有句容驰遨运动器材有限公司等多家企业入驻，未来将建成长三角地区具有鲜明特色的光电子、输变电、新材料和运动休闲的研发、应用的服务业集聚区。

联系方式

地　址：江苏省句容市华阳西路开发区综合服务部
邮　编：212400
电　话：86-511-87265575
传　真：86-811-87266222
邮　箱：jrkfq@jrkfq.com.cn

泰州留学人员创业园

园区概况

泰州留学人员创业园位于江苏泰州开发区高新技术园内，2003年8月，经江苏省人事厅批准成为省级留学人员创业园。

园区规划总面积140亩，建筑面积近13万平方米，绿化面积1.2万平方米，项目总投资8000万元。分办公区、生产区、研发区、生活服务中心区，已建成综合办公楼4000多平方米、标准厂房12万平方米，另有会议中心、接待室、健身房、餐厅、展览中心等配套设施。

创业园根据泰州的产业基础和产业特色，结合开发区招商引资实际，产业定位于精密机械、机电一体化、生物医药、嵌入式软件、汽车零部件、新型材料等。目前，创业园已有近20家留学人员企业落地。

联系方式

地　址：江苏省泰州市凤凰西路98号1号楼

邮　编：225300

电　话：86-523-80660007

邮　箱：tonyblire@hotmail.com

网　址：www.tzibi.com

泰州海陵留学人员创业园

园区概况

泰州海陵留学人员创业园成立于2010年，以泰州市海陵区高新技术创业中心为依托。创业中心于2007年12月28日挂牌成立，2009年5月，被省科技厅认定为省级科技企业孵化器；2012年12月，被国家科技部认定为国家级科技企业孵化器；2014年，被省人社厅认定为省级创业示范基地。

创业园位于海陵区工业园区内，西临兴泰公路，北靠泰州火车站，交通便利，环境优美。园区规划用地51亩，规划建筑面积5万平方米，总投资7000万元。现已建成孵化场地3.15万平方米，道路、下水、消防、绿化、供电、网络、门卫等配套工程一应俱全，并筹建一幢6层大楼作为核心部分，重点招引软件类、广告创意类等科技项目入驻。

自创业园建立以来，海陵区不断完善留学人员创业政策，制定了“3个100”优惠政策，即提供不少于100平方米的创业场所、100平方米的住所、100万元的扶持资金，积极倡导为留学人员创新创业提供“101%”的服务。

联系方式

地　址：江苏省泰州海陵工业园区

邮　编：225300

电　话：86-523-86227765

泰兴留学人员创业园

园区概况

泰兴留学人员创业园位于泰兴市经济开发区高新产业园内，区位优越、交通便捷、设施齐全，是研发、创业、投资、发展的理想场所。2010年11月，被江苏省人力资源和社会保障厅批准为省级留学人员创业园。创业园以促进科技成果转化、培育高新技术产业、带动全市工业转型升级发展为目标，依托完善的创新培育体系和优越的创业服务体系，降低留学人员创业成本，吸引更多的留学人员来泰创业。

创业园首期占地100亩，建筑面积3.5万平方米，总投资8000万元，内设电讯网络、商务会议中心、科技展示交易大厅、科技报告厅、职工餐厅、留学人员公寓等公用设施，拥有60多个孵化单元，可为不同类型的留学人员回国创办企业提供50—300平方米的孵化空间和研发基地。

目前，有留学美、德、加拿大、日等国家的20多名从事电子信息、新材料、机械等高新技术领域研究开发的博士在园创业创新。

联系方式

地　址：江苏省泰兴市大庆西路39号

邮　编：225400

电　话：86-523-87662686

邮　箱：yongzhong@126.com

杭州高新区留学人员创业园

园区概况

杭州高新区留学人员创业园成立于1998年，是浙江省第一家留学人员创业园。创业园先后成为国侨办两家重点联系单位之一，国家“三部一局”的国家留学人员创业园示范建设试点单位，国家人事部与杭州市政府共建单位，被中组部、国家人事部等六部委联合授予“全国留学回国人员先进工作单位”称号。

2009年，创业园被中央人才工作协调小组批准成为“海外高层次人才创新创业基地”。基地成立后，园区在工作机制、服务机制、政策扶持、创业环境等方面进行改革和创新，出台《关于进一步鼓励海外留学人员来杭州高新区（滨江）创新创业的若干意见》和《关于实施海外高层次留学人才来杭州高新区（滨江）创新创业的“5050计划”的暂行办法（试行）》，进一步鼓励扶持海外高层次人才创新创业，推进基地建设，打造人才特区。目前，创业园已成为海外高层次人才创新创业的重要舞台。

联系方式

地　址：浙江省杭州市滨江区江南大道100号区政府1楼1129室

邮　编：310051

电　话：86-571-87703201

传　真：86-571-87702525

邮　箱：hhtzrc@163.com

网　址：www.hhrc.com.cn

杭州市经济技术开发区留学人员创业园

园区概况

杭州市经济技术开发区留学人员创业园成立于2005年10月。创业园以科技产业园区的建设为支撑，充分依托杭州经济技术开发区的综合优势，全面利用国家级开发区对人、财、物的集聚效应，积极营造与国际接轨、符合国际惯例的留学人员创业软硬件环境。杭州经济技术开发区党工委、管委会专门成立以工委主要领导为组长、各部门负责人为成员的人才工作领导小组和创业园领导小组，建立了人才工作联席会议制度，加强对开发区留学人员创业工作的指导。

创业园着力打造“四优四新”现代产业体系（生物医药、电子信息、食品饮料、装备制造四大优势产业，汽车及零部件、新能源新材料、服务外包及文化创意、现代物流四大新经济产业）的人才创业天堂。杭州经济技术开发区拥有新加坡科技园、高科技孵化器、服务外包人才培训基地等创新创业平台，这些创新创业平台包括以高新技术项目的研发、生产为主体，配套商务中心、金融管理、法律咨询等服务的综合性平台，可以为留学人员科技企业研发、孵化提供完善的共享设施和配套服务。近年来，在省、市有关部门的指导和帮助下，创业园申报的多个留学人员项目获得了杭州市留学人员创业资助资金的扶持。2007年，杭州经济技术开发区出台了《关于加强高层次人才队伍建设的暂行办法》《关于鼓励留学人员来杭州经济技术开发区创业发展的若干意见》《关于鼓励设立博士后科研工作站的暂行规定》等“三大人才政策”体系，设立了1000万元人才发展专项资金。2008年，开发区根据杭州市委、市政府的相关要求，制订了“留学回国人员创业三年行动计划”，通过明确目标、落实责任、开拓创新，建立起招商、工商、税务等部门的定期联络制度，强势推进开发区创业园的建设，为留学人才创业提供“一条龙”服务。为不断健全服务制度，创业园每年都会定期举办留学人员座谈会和联谊会，并通过日常的上门走访、电话访谈、问卷调查等多种形式，在加强与留学人员沟通交流的同时，及时了解留学人员的最新动态以及对创业园建设的合理建议。

目前，创业园已有海外创业人员580名，其中列入国家“千人计划”1名，浙江省海外高层次人才引进计划5名；留学人员创办的企业37家，留学人员服务企业90家，行业涉及电子信息、生物医药、新能源环保、精密机械等多个领域，已经成为开发区推进科学发展、跨越发展的一支重要力量。

联系方式

地　址：浙江省杭州经济技术开发区学林路1288号
邮　编：310018
电　话：86-571-86794698
传　真：86-571-86878786
邮　箱：chenyaoya@163.com
网　址：www.hedarc.gov.cn

杭州市留学人员拱墅区创业园

园区概况

杭州市留学人员拱墅区创业园成立于2008年8月，由拱墅区与杭州市人事局共同创立，与拱墅区国家级创业服务中心、北部软件园相互依托，实行“三园一中心”统一管理服务模式。

创业园坐落在杭州市中心城区北部，孵化面积20万平方米。依托拱墅区科技功能区的实体平台，创业园为留学人员创业提供政策咨询和扶持、融资、商务、信息交流、场地管理等“一站式”“一条龙”配套服务。留学人员在园区创业可享受的优惠政策包括：资助资金配套，经认定纳入拱墅区科技企业孵化器的可享受区级孵化器相关优惠政策、科技立项企业税收优惠、投资奖励；鼓励技术成果投资，对于办高新技术企业、中介服务企业、文化创意产业业绩突出的给予政府奖励；减免部分房租，优先列为拱墅区杭州市专项经济适用住房的申购对象等。此外，拱墅区出台了《关于印发吸引和鼓励留学人员来拱墅区创业的若干意见（试行）的通知》，实施政府支持、政策配套；拱墅区人事局下属人才交流中心成立了“拱墅区留学人员创业服务中心”，为留学回国人员提供政策咨询、人事代理、项目代理申报、落户以及组织开展文化交流活动等一系列服务。

联系方式

地　址：浙江省杭州市台州路1号区政府大楼1号楼1325
邮　编：310015
电　话：86-571-88259665
网　址：www.hzzjlx.com

杭州市留学人员上城区创业园

园区概况

杭州市留学人员上城区创业园成立于2006年9月，由杭州市人事局与上城区政府联合创建，是杭州市首家位于老城区的留学人员创业园。

创业园自成立以来，以上城区科技创业中心和工业功能区为依托，坚持政府推动与企业主导相结合、政策支持与优化环境相结合，招商引资与招才引智相结合，加大高层次、创新型人才引进力度，加强创业园规模化建设，不断增强创新创业优势，充分发挥了海归群体在构筑区域创新体系中的引领作用，发展成效显著，以促进高新成果转化和自主创新为有效载体，形成了电子信息、生物医药、食品化工为主，创意产业为新内容的发展格局，实现了经济效益和社会效益双丰收。

联系方式

地　址：浙江省杭州市惠民路26号区政府综合楼510室
邮　编：310002
电　话：86-571-87822813
邮　箱：hzscrc@163.com

杭州市留学人员下城区创业园

园区概况

杭州市留学人员下城区创业园暨杭州市大学生创业园（下城）成立于2009年5月31日，由杭州市人事局和下城区政府共同创建，依托于下城区科技创业中心和下城区科技孵化园。

创业园位于下城区星火电子商务产业园内，建筑面积3600平方米，一期建设1200平方米。园区内办公场所、会议室、休息洽谈室、通信网络、员工餐厅、商务中心、员工宿舍、物业管理等工作、生活配套设施一应俱全。为了能给留学人员到下城创新创业营造氛围，创业园不仅为留学生提供包括政策咨询、扶持资金申请、企业登记注册、商务、融资等在内的“一站式”服务，还同时配套出台了一系列优惠扶持政策。

联系方式

地　址：浙江省杭州市下城区东新街道费家塘路588号
邮　编：310004
电　话：86-571-85820625

杭州市留学人员江干区创业园

园区概况

杭州市留学人员江干区创业园成立于2009年12月，由杭州市人事局与江干区政府联合创建，以江干区科技创业中心和江干科技经济园为依托，并逐步向全区辐射。创业中心以吸引创业初期尚处在起步阶段的留学人员企业为主，科技经济园则重点吸引初具规模、具有一定科研与成果转化能力的留学人员企业。

江干区科技创业中心（天城信息产业研发基地、海潮信息产业研发基地）是浙江省科技厅认定的省级重点科技企业孵化器，研发基地位于城市核心商务区，地理位置优越，交通便捷，周边配套设施齐全，浓郁的研发氛围和优良的环境是创业者的理想选择。杭州市江干科技经济园位于杭州城市东部，总规划面积505公顷，是杭州市高新技术产业园和特色城镇工业功能先进单位，已成为拉动江干经济稳健强劲发展的重要平台。园区着重以引进、培育、调整、服务为手段，鼓励企业走“品牌+研发+网络+核心工厂”的发展路子，通过多元招商和项目筛选，引进、培育生物医药、新材料、新能源等高新技术产业，加快高新技术企业的发展。

创业园在充分发挥孵化器和产业基地的高新技术企业培育功能的基础上，集人事、科技、发改、工商、招商、财税、劳动、教育等各职能部门于一体，强化创业服务体系建设，为留学人员来江干创业提供政策咨询、人才人事、融资、公用、商务等一站式、一条龙配套服务。

联系方式

地　址：浙江省杭州市九堡九盛路9号江干科技经济园管委会408室
邮　编：310000
电　话：86-571-86905958

杭州市留学人员西湖区创业园

园区概况

杭州市留学人员西湖区创业园成立于2008年12月，由西湖区政府经市人事局批准设立，以“一街二带六园”及九大科技企业孵化器为载体，初期以西湖科技园、之江文化创意园为基地，逐步向浙大科技园、转塘科技经济区块、西溪文化创意园等园区辐射，建设泛西湖区域的留学人员创业园。

创业园依托西湖区推出六大服务新举措，致力打造一个具有最佳创业环境的创业摇篮。一是为创业企业提供房租补贴和配套设施，同时为创业企业提供共享服务设施，方便创业企业开展商务活动，降低企业运营成本。二是推荐和协助企业申报政府资金扶持计划。设立“西湖区留学生创业专项资金”，给予留学人员创业企业20万元以下一次性创业资助资金，同时积极帮助创业企业申请浙江省各类科技计划项目、杭州市科技创业种子资金项目，解决制约初创企业发展的投融资瓶颈，帮助高科技、高成长性、高附加值创业企业做大做强。三是免费为企业提供人才代理服务。根据企业需求，加强创业企业人才档案管理、人才引进、外地人员进杭落户手续办理等服务工作。四是打造信息服务平台。开设“西湖人才邮箱”、短信服务平台，为创业企业提供便捷、高效的网络信息服务，举办创业者沙龙和创业论坛，为创业企业经理人创造信息交流和思维碰撞的互动平台。五是建立公共技术服务平台。依托浙江大学雄厚的科研技术和完善的设备条件，目前已建成浙江大学国家大学科技园光与电技术开放实验室和浙江大学科技园生物医药技术测试中心，为信息技术、光机电一体化、生物医药、新材料、新能源和生命科学等技术领域的留学人员企业技术研发和分析测试提供便利条件。六是强化创业培训。帮助创业企业联络辖区高校、科研院所及有关培训机构，为创业企业提供政策、管理、金融、税务、法律、市场、财务等方面的培训。

联系方式

地　址：浙江省杭州市浙大路1号
邮　编：310013
电　话：86-571-87935180

杭州市留学人员萧山区创业园

园区概况

杭州市留学人员萧山区创业园成立于2006年1月。创业大厦坐落于杭州市萧山区金融、行政、商务中心区，总面积约8000平方米，配备完善的配套设施，以及会计师事务所、律师事务所、公证处、风投公司、管理咨询公司、生产力促进中心等中介服务机构，可为入驻企业提供全方位服务。

创业园主要针对高科技企业和回国创业的留学人员，通过免租、减租、奖励、资助等手段重点扶持电子信息、生物与医药科技、新型材料、机电一体化、新能源、高效节能与环保等高科技产业。依托得天独厚的区位、环境、政策、产业等优势以及杭州的科技信息、人才资源，营造适合于科技型中小企业发展的优化环境，为萧山培育有市场竞争力的、成熟的高新技术企业。

联系方式

地　址：浙江省杭州市萧山区金城路1038号
邮　编：311201
电　话：86-571-82898583
邮　箱：ljping@xs.zj.cn

杭州市留学人员余杭区创业园

园区概况

杭州市留学人员余杭区创业园成立于2009年3月，由杭州市人事局与余杭区政府共建，由杭州余杭高新技术产业园区创业中心负责管理。

创业园占地11亩，建筑面积6787平方米，可供孵化面积5772平方米。以余杭经济开发区（省级高新园区）、仓前高新高教园区余杭创新基地——生态科技岛两个重点集聚地为依托，按实体与虚拟相结合的原则建成，并逐步向全区辐射。创业园以吸引创业初期尚处在起步阶段的留学人员企业为主，基地则重点吸引初具规模、具有一定科研与成果转化能力的留学人员企业。创业园在硬件配套上，拥有公共接待大厅，配有培训室、会议室及休息洽谈室；在软件服务上，设立了留学人员服务办公室和科技项目服务办公室等部门，一对一地为项目发展做好服务。

联系方式

地 址：浙江省杭州市余杭区东湖街道保健路67号
邮 编：311199
电 话：86-571-86223642

杭州市留学人员富阳创业园

园区概况

杭州市留学生人员富阳创业园成立于2009年12月28日，由杭州市人事局和富阳市政府共同创建，是杭州五县市中首家留学人员创业园，以吸引创业初期尚处在起步阶段的留学人员企业为主。创业园依托富阳国家级经济开发区，按照“一园多点多基地”模式，搭建创业平台，完善政策体系，优化服务环境。目前，设有杭州市留学人员富阳创业园银湖科创总部、杭州市留学人员富阳创业园东洲分园、杭州市留学人员富阳创业园杭科院分园。2013年12月，经浙江省人力资源和社会保障局批准成为省级留学人员创业园。

创业园位于东洲街道，拥有5000平方米的创业孵化楼，集工作、休闲、娱乐于一体，设有会议室、报告厅、展示中心、商务中心等开放设施，并且提供税收、土地、资金、用房等各方面的优惠待遇，为园区企业提供全方位、全过程的优质高效服务。2010年4月，杭州市留学人员富阳创业园生物医药基地正式成立，是创业园设立的首家留学人员专业性创新创业孵化基地。基地的建立，可以有效地满足生物医药科研项目的环境孵化需求，加快生物医药项目落地转化步伐，更好地实现留学人员和企业互利双赢。

联系方式

地 址：浙江省富阳市江滨东大道138号
邮 编：311499
电 话：86-571-87196586，87196588
邮 箱：hzfylcy@163.com

宁波保税区留学人员创业园

园区概况

宁波保税区留学人员创业园成立于1999年9月，由浙江省人事厅、宁波市人事局、宁波保税区管理委员会联合组建，是目前我国唯一一家设在保税区内的留学人员创业园。2000年10月，被国家科技部、人事部、教育部和国家外国专家局批准为首批9家国家留学人员创业园示范园区之一；2001年12月，被团中央、全国青联授予“中国青年海外学人创业基地”；2005年7月，被命名为2004年度宁波市“青年文明号”，并经国家人事部批准设立了区域博士后科研工作站；2006年，被授予“国家高新技术创业服务中心”称号。

创业园已建成并投入使用创业大楼3栋，拥有创业孵化场地总面积13.7万平方米，目前已转让给孵化毕业企业9.1万平方米。创业孵化场地配套齐备，拥有学术交流、网络教学、商务接待、样品展示等综合服务设施和各类文体休闲娱乐设施及人才公寓等生活服务设施，大部分设施均供创业企业免费使用。10多年来，除硬件设施建设投入外，区管委会累计投入创业平台运作经费4000多万元，投入种子孵化资金3000多万元，获得上级科技经费资助8300多万元，累计转化科技成果360多项；在孵企业和毕业企业共获得各级各类科技计划立项项目280项，承担并完成国家科技计划项目53项，拥有发明专利80多件。同时，创业园形成了具有自身特色的“三级孵化模式”（即成果孵化、创业孵化、实现产业化）和“六大服务体系”（由创业支撑服务、政策信息服务、人力资源服务、后勤保障服务、创业融资服务、科技合作服务构成）。

联系方式

地 址：浙江省宁波市保税区大厦6楼
邮 编：315800
电 话：86-574-86865661
传 真：86-574-86869112
邮 箱：zjie@nftz.gov.cn

宁波高新区留学人员创业园

园区概况

宁波高新区留学人员创业园经宁波市人事局批准成立于2001年2月。2003年12月，经浙江省人事厅批准为浙江省留学人员创业园；2007年，成为国家人事部与宁波市人民政府共建的中国宁波留学人员创业园。创业园原与宁波市科技创业中心实行“两块牌子，一套班子”合署运营；2013年，宁波市科技创业中心、宁波研发园合并成立宁波创新创业管理服务中心，单位行政级别由处级事业单位升格为副局级事业单位，创业园隶属服务中心管理。近10年来，创业园不断完善孵化设施建设、优化海外人才创业平台服务功能，已成为区域科技自主创新，培育高新技术产业，吸引海外高技术人才来宁波创业的重要载体。2002年12月，被国家科技部批准为国家高新技术创业服务中心；2004年2月，被国家科技部创新基金管理中心正式列为创新基金小额资助依托机构；2005年10月，成为国务院侨办的重点联系单位；2006年4月，成为科技部火炬中心全国16家国际科技合作依托机构之一；2007年4月，成为宁波市科技创业孵化协会会长单位；2010年3月，被科技部列为国家大学生科技创业见习基地试点单位；2011年1月，荣获省级文明单位称号。

创业园创业大厦建筑面积3.07万平方米，按智能化要求建造，网络宽带千兆到大楼，孵化场地宽敞，拥有学术报告厅、会议中心、电子阅览室、商务中心、咖啡厅、商场等配套设施。2009年建成10万平方米标准厂房并投入使用，为留学人员创业企业提供后期产业化基地，现已形成了以人才创业为核心，项目孵化、企业加速、规模上市一体化的递进式孵化服务体系。

联系方式

地　址：浙江省宁波国家高新区光华路299弄19号302室
邮　编：315040
电　话：0574-87914605
传　真：0574-87907758
邮　箱：236840571@qq.com
网　站：www.nbiip.com

宁波经济技术开发区留学人员创业园

园区概况

宁波经济技术开发区留学人员创业园成立于2000年5月，是专供海外留学人员回国从事科研、开发、生产的创新基地。旨在充分发挥国家级开发区的综合功能优势，鼓励和吸引国内外优秀科技人才创新创业，促进高新技术成果产业化，为区域的长远发展提供充分的人才支撑、技术支撑和项目支撑。创业园先后被评定为“国家高新技术创业服务中心”“浙江省留学人员创业园”“浙江省国际服务外包示范园区”。2002年5月，被中华全国侨联授予“科教兴国示范基地”称号。创业园采用独特的“一园多基地”组建模式，同时设立留学人员创业园、宁波国际软件园开发区基地、智能装备研发园。其中，智能装备研发园是北仑区着力打造的工业机器人专业孵化器，也是建设北仑国家智能装备高新技术产业化基地的核心和枢纽。

创业园创业大厦高8层，采用智能化综合布线系统，适合不同产业的科技企业从事研发、办公。标准厂房高三层，空间布局灵活，便于分隔，适合不同产业的科技企业入驻从事研发、中试和生产。同时，园区高标准地配备了相关基础设施，留学人员、科研人员、国内外中小型科技企业以及科研院所、大专院校等均可在创业园设立外资企业、中外合资（合作）经营企业和内资性质的各类有限责任公司，享受各级政府及开发区管委会提供的优惠政策。

目前，创业园累计入驻各类科技型创业企业513家，其中留学人员企业70家；引进各类人才1515人，其中海外留学人员250人，留学归国博士李霖、张发饶、肖航入选国家“千人计划”，13名留学归国人员入选省“千人计划”，10名入选宁波“3315个人计划”，5个团队入选宁波“3315团队计划”。

联系方式

地　址：浙江省宁波市北仑明州西路477号
邮　编：315800
电　话：86-574-86783582
传　真：86-574-86783589
邮　箱：zhangliang@mail.netd.gov.cn
网　址：www.nbcyy.com

宁波江北区留学人员创业园

园区概况

宁波江北留学人员创业园（宁波海外人才江北创业园）成立于2009年11月，是由宁波市人事局批准的首家海外人才创业园。创业园由宁波蓝野医疗器械有限公司等4家民营企业投资建设的江北区中部科技创业服务有限公司进行管理，与宁波海外人才江北创业中心以“两块牌子、一套班子”的方式运营，为传统的园区建设管理模式注入了新的活力。

创业园位于江北区洪塘街道核心商业中心，毗邻杭州湾跨海大桥连接线进入宁波的第一个出口，地理位置优越。园区拥有五幢办公楼和厂房，总建筑面积8700平方米，绿化率达45%，并配有一系列软硬件设施。创业园是宁波唯一一家政府指导下企业化运作的留创园，拥有一支高效的服务团队，为企业提供工商注册、入驻全程包办、企业包装、企业科技项目申报指导、创业指导、人才招聘、知识产权咨询、科技成果推介和技术专家咨询等一系列完善的服务。资深瑞典籍、法籍商业顾问长期入驻园区，扶持留学生和其他外资企业入驻园区发展，提供多语种咨询和服务。

目前，创业园已形成了以牙科设备的研发制造销售为主业，牙科文化和牙科教育为两翼的产业格局，入驻企业20多家，聚集人才600余人。创业园正以其鲜明的特色、完备的服务、温馨的文化氛围，以及显而易见的孵化潜力，成为海外人才创业和区域科技发展的亮点。

联系方式

地　址：浙江省宁波市江北区洪塘街道长阳路35号
邮　编：315033
电　话：86-574-55003300
传　真：86-574-55003300
邮　箱：incubator@cn4311.com

宁波镇海区留学人员创业园

园区概况

宁波镇海区留学人员创业园于2007年12月经宁波市人事局批准设立，是宁波市11个县（市）、区中首家市级留学人员创业园。

创业园坐落于风景优美的宁波市高教园区（北区）宁波市大学科技园内，该区块毗邻中科院材料所、宁波大学、宁波工程学院等科研院所和高等院校，规划为未来宁波市的高端研发机构集聚基地、科技创新创业孵化基地、高新技术产业化基地、创意产业基地和留学人员创业基地。创业园所在的科技创业大厦建筑面积2.6万平方米，集研发办公、创业孵化、展示交易及专业市场等综合功能和一流物业管理于一体，为包括留学人员在内的人才创业发展提供良好的平台。

目前，创业园已建设成为集技术创新、高新技术企业孵化、创新人才培育、科研成果产业化等四大功能为一体的新型园区，拥有国内著名大中型企业40多家。

联系方式

地　址：浙江省宁波市镇海区胜利路112号
邮　编：315200
电　话：86-574-86681188
传　真：86-574-86256470
邮　箱：zhdxscyy@163.com

宁波鄞州区留学生创业园

园区概况

宁波鄞州区留学生创业园于2008年8月经宁波市人事局批准建立，依托宁波市鄞创科技孵化器管理服务有限公司，旨在吸引留学人员到鄞州区创业，为海外留学人才及其项目开发提供新的平台。鄞创孵化器是由区内5家核心机构（宁波市鄞州区科技创业投资有限公司、宁波杉杉科技创业服务有限公司、浙江中物九鼎科技孵化器有限公司、宁波恩科投资有限公司、宁波市鄞州区青年创业协会）出资成立的一家“资源整合一体、功能覆盖全区”的孵化器管理机构，实行“政府指导、企业化运作”模式，采用“孵化器+加速器+产业园”的器园结合发展方式，把创业苗圃、孵化器、加速器、产业园紧密相连，形成完整的科技孵化产业体系。创业园先后被评为“国家级科技企业孵化器”“国家级大学生科技创业见习基地试点单位”“浙江省留学人员创业园”。

创业园位于鄞州区中心城区，孵化总面积8.76万平方米，包括科技中心孵化器1万平方米，恩科科技创业园2.08万平方米，首南科技创业园0.7万平方米，鄞州大学生创业园0.7万平方米，杉杉科创孵化器2.96万平方米，高桥普天科技创业园0.72万平方米，中河街道和邦孵化器0.6万平方米。除入驻服务、创业培训、人才招聘、项目申报、风险投资、中介服务等基本服务外，创业园还建立了联络员、辅导员、创业导师“三位一体”的创业辅导服务模式。同时，鄞州区政府与杭州银行宁波科技支行建立合作关系，成立风险池基金，在无需抵押或担保前提下，在孵企业科技贷款可达100万元，毕业企业可达300万元，特别优秀的企业经科技管理部门核准后还可放宽贷款额度。

联系方式

地　址：浙江省宁波市鄞州区学士路298号
邮　编：315100
电　话：86-574-87417791
传　真：86-574-87417791
邮　箱：2658298410@qq.com

宁波（浙江慈溪出口加工区）留学生创业园

园区概况

宁波（浙江慈溪出口加工区）留学生创业园于2008年8月经宁波市人事局批准设立，由慈溪市和杭州湾新区共同投资建设，受杭州湾新区科技创业服务中心管理。

创业园占地面积60亩，建筑面积3.86万平方米，总投资1.2亿元，由服务外包产业基地、高端研发机构集聚基地、科技创新创业孵化基地、高新技术产业化基地四大基地和一个博士后工作站、一个院士工作站组成，是一个以应用型开发为主，兼具孵化、中试、商务办公及娱乐休闲为一体的综合性公共服务平台。创业园主要扶持的产业包括创意设计、广告策划、电子信息、生物医药、新能源新材料、机电一体化、环保节能等高新创新产业。创业园依托杭州湾新区的区位优势和政策优势，全力吸引慈溪及周边地区海外留学人员回国创业，打造宁波市人才智力引进的又一个重要平台。

联系方式

地　址：浙江省慈溪市杭州湾新区兴慈一路1号
电　话：86-574-63071029
传　真：86-574-63071000
邮　箱：office@cepz.ningbo.gov.cn

温州留学人员创业园

园区概况

温州留学人员创业园是2002年7月经国家人事部批准，由人事部与温州市人民政府共建的国家级留学人员创业园。2003年12月，创业园被中国侨联列为全国第二批23个“科教兴国示范基地”之一。

创业园坐落在温州高新园区黄金地段，紧邻温州市行政中心区和城市“绿色之肾”三垟湿地。创业园拥有设施齐全的花园式办公及生产用房9万平方米，以及完善的后勤服务设施，并提供特殊优惠政策和优质高效服务，为海外归国留学人员创造一个良好的创业环境和创业平台，吸引留学人员回国创办科技型企业。

联系方式

地　址：浙江省温州市龙湾区中兴大道高新技术产业园
邮　编：325000
电　话：86-577-81581002
传　真：86-577-86581003
邮　箱：4718199@qq.com
网　址：www.wzbi.com

嘉兴留学人员创业园

园区概况

嘉兴留学人员创业园于2000年7月与嘉兴科技创业服务中心同时挂牌成立，实行“两块牌子、一套班子”的管理运营方式。2006年，成为由嘉兴市科技局、嘉兴市人事局、嘉兴高新技术产业园区管委会和浙江省留学生工作站联合共建的省级创业园区。创业中心是浙江省嘉兴市首家国家高新技术创业服务中心，先后被认定为“国家高新技术创业服务中心”“浙江省小企业创业基地”“浙江省重点科技企业孵化器”“嘉兴市海外创新创业人才基地”等。

创业园占地近200亩，坐落于国家级浙江嘉兴经济开发区内，交通便利，紧邻高教园区，占地近200亩，规划孵化面积18.6万平方米，拥有1幢科技大楼，1幢创业大厦，17幢标准孵化楼，共12万多平方米的孵化及加速场地，集孵化器与加速器于一体，满足企业从初创期到成长期对孵化场地的不同需求。创业园以“创造环境、孵化项目、培育企业、造就人才”为宗旨，利用各项优惠政策，通过有效服务，为入驻企业提供租金扶持、创业指导、中介咨询、项目申报、培训服务、人才服务、融资服务、研发支持等创业服务，努力打造科技企业的摇篮、技术创新的基地、科技创业的舞台。

目前，创业园入驻孵化企业累计近300家，培育了省、市级高新技术企业40余家，现有在孵企业140余家，在园创业和从业人员2000多人。

联系方式

地　址：浙江省嘉兴市城南路1369号
邮　编：314031
电　话：86-573-82651772
网　址：www.jxbi.com

嘉兴科技城留学人员创业园

园区概况

嘉兴科技城留学人员创业园成立于2003年12月，是嘉兴市政府根据浙江省政府“打造环杭州湾先进制造业基地”、实施“引进大院名校共建创新载体”的战略要求而设立的。

创业园设在南湖科技创业中心，5万平方米孵化园已全面投入使用，构筑起了以浙江清华长三角研究院、中国科学院嘉兴中心为核心，以软件园、通讯园、芯片园、新材料园、生物园、孵化园为主体的高新技术产业创业群的“双核六园”创新创业发展格局。

创业园为海外高层次留学生的创业营造了良好的创业氛围，积极贯彻嘉兴市政府出台的《关于进一步加强高层次人才和智力开发工作的若干规定》《关于鼓励引进海外高层次留学人才的若干规定》等7个政策和南湖区政府制定的《关于进一步加强人才队伍建设的若干规定》等一系列政策措施，通过科技创新种子资金、留学人员创业补助基金等，为留学人员投资创业创造了一流的环境。

联系方式

地　址：浙江省嘉兴市南湖区凌公塘路3339号
邮　编：314006
电　话：86-573-83915021，83915022
邮　箱：jiaxing812@hotmail.com

嘉善留学人员创业园

园区概况

嘉善留学人员创业园设立于2006年，是由嘉善县人民政府全额投资的公益性科技服务机构，与嘉善科技创业服务中心合署办公。2006年6月，被浙江省人事厅认定为省级留学人员创业园，是浙江省首家设立在县一级的省级留学人员创业园；同年12月，被浙江省人事厅定为省级博士后试点工作单位。

创业园占地面积7.5万平方米，总投资1.6亿元，规划建筑面积6.3万平方米。一期投资7500万元，建设孵化用房3万平方米，公寓房、报告厅和食堂等7000平方米。已建成的中心分为三个区域，包括：东区为五栋孵化楼，主要是新型材料和电子信息项目的孵化区；中区为综合孵化楼，用于综合项目、软件企业的孵化和服务管理机构用房；西区为后勤服务区。园区内硬软件配套设施齐全，整个园区实行双回路供电，装备了监控系统、一卡通系统、广播系统等，网络实现“千兆到中心、百兆到桌面”。中心配有大小不等的会议室、计算机教室、接待室、可容纳200人的报告厅，是中国长三角地区规模较大、设施齐全的综合性孵化园。

嘉善县政府为了增强地方科技创新能力，发展高新技术产业，每年安排2000多万元科技专项经费，重点扶持高新科技企业的发展，并降低创业者的创业风险和创业成本推出了多项扶持政策。同时，创业园为入驻企业提供商务、融资、信息、咨询、培训、技术开发与交流、国际合作等多方面的服务。为扶持入驻企业快速成长，从入驻项目的洽谈，到评审、签约、入驻、种子资金初审和考核等，制定了一整套的服务和管理制度。

创业园目前已吸纳了众多留学美国、德国、加拿大、日本等国的留学归国人员学者出资创办企业，入园项目主要涉及电子信息、软件开发、生物医药和新材料等高科技产业。

联系方式

地　址：浙江省嘉兴市嘉善县晋阳东路568号
邮　编：314100
电　话：86-573-4228239
传　真：86-573-4228250
邮　箱：office@fhq.zj.cn
网　址：www.fhq.zj.cn

湖州留学人员创业园

园区概况

湖州留学人员创业园成立于2001年，由浙江省留学生工作站、湖州市人事局、湖州高新技术园区管委会共同组建，与湖州经济技术开发区、湖州高新技术产业园区合署办公。2002年5月，经浙江省人事厅批准升格为省级园区。

创业园位于湖州市西北部，地处湖州经济技术开发区、湖州高新技术产业园内，规划面积2平方千米，分为研发和创业投资两个区块。依托经湖州经济技术开发区近十年来开发建设所积累的通信、电力、能源、污水处理等资源优势，创业园按照市场经济的运作要求，建立了与国际接轨的经济运行体制，土管、城建、财政、公安、工商行政管理等市级职能部门在开发区设立了分局，对园区内企业实行全过程“宾馆式”服务。

建园之初，创业园就以吸引留学人员发展高新技术产业为目的，紧紧围绕“高科技、产业化”的发展方向，着力推进技术创新和科技进步，积极鼓励企业以实施高新技术项目和产品为准绳，企业技术创新势头强劲。为支持园区建设，创业园着力吸引具有较高技术含量的留学人员企业入驻，并设立了科技创业基金，每年安排100万元，重点支持高科技企业产业化和海外留学人员创业项目产业化。此外，创业园大力规划建设了南太湖科技创新中心、生物技术产业化公共平台，旨在更好地服务留学人员创新创业。南太湖科技创新中心总建筑面积30余万平方米，建设了生物技术、环保技术、电子信息技术等科技产业化公共平台，目前已有中科院湖州应用技术与产业化研究中心、中电15所等4家单位提出入驻意向。生物技术产业化公共平台一期建设细胞基因生物技术和抗体技术两个相关技术研究及产业化中心，分别由相关生物技术企业及技术团队为主建设。同时，在园区建设发展的过程中，创业园借助长三角人才开发一体化的大好发展机遇，积极开展与留学人才的交流与合作，与其他兄弟城市协作，进一步扩大园区的影响力。

联系方式

地　址：浙江省湖州市龙溪路208号
邮　编：313000
电　话：86-572-2101018
传　真：86-572-2101753
邮　箱：kfqgw@mial.huptt.zj.cn
网　址：www.hetd.gov.cn

吴兴留学人员创业园

园区概况

吴兴留学人员创业园成立于2008年3月。2010年10月，被认定为浙江省留学人员创业园吴兴园区，是湖州市唯一一家同时拥有“国家级科技企业孵化器”和“省级留学人员创业园”的科技创新创业平台。2015年10月，经国家科技部考核被列为湖州地区唯一的A类国家级科技企业孵化器，同年12月被评为“省级现代服务业集聚示范区”。

创业园总占地320亩，建筑面积25万平方米，是湖州市产业功能布局完备、配套设施相对齐全的园区之一。创业园以“打造纵向生态链、拓宽横向服务面、打造总部经济圈”为发展宗旨，以“一核多园+平台”为构建模式，即以吴兴区科技发展公司为核心，以吴兴众创空间、吴兴科技创业园、高新区产业园为载体，同时加速集聚EBD总部自由港等平台，并辐射多媒体产业园、七幸孵化器等民营孵化器。

创业园累计孵化企业155家，其中，留学人员企业35家。目前有在园企业110家，其中，留学人员企业30家，在园创业或工作的留学人员90人。在园留学人员企业主要分布在新材料、信息经济、生物医药等行业领域。园区主要发展的特色产业是以现代智慧装备与新材料科技研发服务业为核心，信息服务业与创意设计产业为引领，以“互联网+”的理念指导并推动全区产业创新发展。

联系方式

地　址：浙江省湖州市吴兴区戴山路1888号（吴兴科技创业园）D幢705室
邮　编：313028
电　话：86-572-2282122，2282635
邮　箱：525241756@qq.com

南浔留学人员创业园

园区概况

南浔留学人员创业园成立于2011年10月，2014年经浙江省人力资源和社会保障厅批准，升格为浙江省留学人员创业园南浔园区。创业园按照“科创园+孵化基地+中试基地+产业化基地”的“一园三基地”模式运作，以规划先行为龙头，以平台建设为抓手，以引领产业为支撑，以有效投入为保障，通过夯实基础配套建设、完善政策保障体系、健全海外引才服务等措施，加强留学人员创业载体建设，优化南浔创业环境。2013年，获得“湖州市海外高层次人才创业创新基地”称号，被浙江省科技厅认定为省级科技企业孵化器。

创业园占地15.36亩，总投资约2亿元，园内基础设施完善，服务功能健全，配备办公研发场所、中试产业化标准厂房、人才公寓等，为入驻企业提供政策咨询、信息与管理咨询、项目洽谈、立项申请、工商注册、税务登记、财务管理、法律事务、项目推介等全方位服务。

联系方式

地　址：浙江省湖州市南浔区南浔镇朝阳路666号
邮　编：313009
电　话：86-572-3013686
传　真：86-572-3013686
邮　箱：nx3013686@163.com

绍兴留学人员创业园

园区概况

绍兴留学人员创业园经浙江省人事厅批准于2004年4月成立，位于绍兴袍江工业区科技企业孵化中心内，与科创中心合署办公，是绍兴市区唯一的一家省级留学人员创业园。创业园依托绍兴袍江工业区的软硬环境和多年来形成的健全服务体系，为广大留学人员、博士等高层次人才创业和发展提供政策指导、优惠政策、投融资服务、管理咨询、培训等全方位的服务，在局部构建一个优化的创业环境，以吸引海内外学人前来进行科技成果转化，培育具有一定竞争能力的高新技术企业和高素质的科技型企业家。

创业园内基础设施完善，拥有研发用房及智能化科技孵化大楼1.8万平方米，水、电、宽带等各项配套设施完备，并具有多功能展示厅、会议室、洽谈室、培训中心、人才公寓等。创业园成立以来，积极通过组织和参加各种博士、留学人员座谈会，走访全国重点院所、院校等形式，为入园企业拓展资源，开辟发展空间。

联系方式

地　址：浙江省绍兴市袍江工业区教育路66-9号
邮　编：312000
电　话：86-575-88132889
传　真：86-575-88132889
邮　箱：wuyan020@163.com

金华留学人员创业园

园区概况

金华留学人员创业园成立于2003年6月，由金华省级高新技术产业园区管委会与金华市人事局共同创建。为培育和提升企业的自主创新能力，高新区管委会构筑了一套功能完善的技术创新服务体系和健全的管理服务机制，并依托金华科技园创业服务中心的孵化场地和共享设施，为企业自主创新提供强有力的人才引进、技术研发与合作平台，使创业园建设取得跨越式发展。2005年，经浙江省人事厅批准成为省级留学人员创业园。金华科技园创业服务中心成立于2001年3月，目前已建成六个孵化基地，场地面积5万平方米，孵化器规模名列浙江省前茅。2005年，被评为国家级高新技术创业服务中心。创业中心可为留学人员创业园在孵化场地、办公、研发、生活和园区信息化等方面提供配套齐全的共享设施，在企业孵化、科技创新、成果转化等方面提供全方位的配套服务，成为留学人员强有力的创新、创业支撑体。

创业园充分利用中科院金华科技园、浙江网上技术市场“工科会”等科技合作与人才交流平台，推动园区企业与院校所开展科技合作和引进人才；积极筹办“金华籍博士故乡行”、海外博士科技成果展示交易会、海外博士科技信息发布会和海外博士座谈会等活动，吸引留学人员来园区创业。为解决企业在引进技术、管理、技能人才方面的困难，创业园还成立了博士后科研工作站，与金华职业技术学院建立了全面合作关系，建立起一套多层次的人才引进体系。

近年来，创业园充分利用海外留学人员在技术、观念、管理、市场等方面的优势，培育一批高科技企业，留学人员创业园发展呈现出“一快三高”的特点，即增速快、创业人员素质高、发展产业档次高、孵化项目科技含量高。留学人员企业涉及电子信息、生物医药、机电一体化、环保、新材料等高新技术产业，为高新园区已成规模的电子信息、生物医药、汽车及配件、机电一体化及新材料四大特色产业提供了量的补充和质的提升，并涌现出了一批技术含量高、销售前景广阔的高新技术产品。

联系方式

地　址：浙江省金华市双溪西路620号
邮　编：321017
电　话：86-579-83183913
传　真：86-579-83183913
邮　箱：7427098@qq.com
网　址：www.jhcy.cn

舟山留学人员创业园

园区概况

舟山留学人员创业园由浙江省人力资源和社会保障厅于2012年11月批准建立。创业园位于浙江舟山群岛新区新城，背依舟山行政中心，面向浩瀚的大海，占地面积约1000亩，是中国（舟山）海洋科学城的核心组成部分。

创业园充分依托舟山作为群岛新区的发展优势，吸引一流研发机构、科技型企业和高素质人才入驻，是舟山新区发展的创新园、高端人才的集聚地。园区重点打造海洋科技研发产业集群（海洋资源研发、涉海基础设施工程研发、数字海洋信息应用研发）和海洋电子信息产业集群（船舶及海工电子、海洋地理信息、海洋创意及信息服务），并根据区位功能分为启动区、核心区和综合区。其中，启动区块布局涉海科技研发中心、海洋电子信息产业示范中心、工业设计中心、科技创业创新服务中心和孵化器等；核心区块以园中园模式设置海洋科技研发园、海洋产业示范园和集聚院士工作站、博士后工作站及留学人员创业中心的创新创业园。

联系方式

地　址：浙江省舟山市新城体育路18号
邮　编：316021
电　话：86-580-2291909
传　真：86-580-2291900
邮　箱：zskc@zskc.gov.cn

台州留学人员创业园

园区概况

台州留学人员创业园成立于2010年，由台州市人力资源和社会保障局、台州经济开发区牵头组成创业园办公室，负责优秀留学人员入园创办的企业相关事项的协调落实，台州经济开发区管委会具体负责创业园的建设和管理工作。

创业园重点引进汽车零部件、新材料、装备制造业、金融、商贸、现代商务、电子商务、文化创意等各类产业。优秀留学人员入园创办企业和研发机构，可享受《台州市海外优秀人才引进计划实施办法》规定的各项优惠政策，如实施产业化生产后，3年内企业所得税形成的地方财政收入部分，全额奖励给企业用于研发或扩大生产；给予创办企业或作为企业主要股东的优秀留学人员，相当于在该企业实施产业化生产后3年内所缴纳的个人所得税地方留成部分总金额的一次性奖励等。

联系方式

地　址：浙江省台州市东环大道五联大厦3楼
邮　编：318000
电　话：86-576-88530327
传　真：86-576-88538888
邮　箱：tzslcy999@163.com

合肥留学人员创业园

园区概况

合肥留学人员创业园成立于2000年6月，经安徽省人民政府批准设立，由安徽省科技厅、省人事厅、省教育厅、合肥市人民政府、合肥国家高新区管委会联合创办。2001年，被科技部、人事部、教育部确定为“国家留学人员创业园示范建设试点单位”；2008年5月，被国家人事部正式授牌

"中国合肥留学人员创业园"，成为安徽省第一家省部共建的留学人员创业园。

创业园依托合肥高新区优良的软硬环境，经过十多年的运作发展，孵化设施已配套完善。创业园以项目引才、政策引才、外出引才等方式，大力引进海外留学人才，并形成了较为健全的创业服务体系，为留学人员创业和发展提供政策咨询、优惠待遇、投融资服务、人才培训、合作交流、企业发展战略指导、物业管理等全方位、全过程的优质高效服务。目前，创业园已经成为海外留学人才科技创新、智力创新的高地，在实施高新区"二次创业"、打造"千亿"园区的战略中，为经济社会发展作出了积极贡献。

联系方式

地　址：安徽省合肥市望江西路860号307室
邮　编：230088
电　话：86-551-5869520
邮　箱：yimingfan888@yahoo.com.cn
网　址：www.hefei-stip.com.cn

留学人员芜湖创业园

园区概况

留学人员芜湖创业园成立于2003年4月，是经安徽省人民政府批准成立的科技服务机构。创业园与芜湖高新技术创业服务中心合署办公，并由创业中心负责运营。创业园先后获得"国家级科技企业孵化器""大学生科技创业见习基地""部省共建留学人员创业园""国家级示范生产力促进中心""科技创业孵化链条建设示范单位""安徽省创业富民基地""中国科协海外智力为国服务行动计划工作基地""安徽省小微企业创新创业基地"等称号。

创业园总占地面积150亩，已建成面积11万平方米，拥有全国首个发明创业工场和全省首家大学生创业苗圃，建成全省首家高新科技众创空间——银湖创客岛，及专属智能硬件培养基地——创星空·蓝宙创客空间。创业园致力于引进留学归国人才，建立了一整套服务体系，从申请孵化、申办企业、产品鉴定到成熟毕业，提供全过程、全方位的服务，并设置了人才交流培训、法律咨询、商务信息、财税代办、产品质量检测等服务机构。

创业园积极融入"长江经济带"发展战略，构建"技术+平台+资本"的创业生态，累计引进企业451家，现有在孵企业124家，毕业企业119家；引进高层次创业人才1986人，其中博士111人、硕士298人，享受国务院特殊津贴专家5人，成功培育国家"千人计划"2人、安徽省"百人计划"3人；4家企业成功登陆安徽省科技创新板，2家企业在新三板成功挂牌。

联系方式

地　址：安徽省芜湖市经济技术开发区银湖北路
邮　编：241009
电　话：86-553-5848089
传　真：86-553-5848005
邮　箱：whcyzx@163.com
网　址：www.whgkc.com

留学人员马鞍山创业园

园区概况

留学人员马鞍山创业园于2007年8月成立，创业园与马鞍山市高新技术创业服务中心合署办公，由市科技局、市人社局、市经开区管委会共同组建。其中，市人社局负责留学生身份资格审定工作；市经开区管委会负责创业园内涉及开发区相关事宜的协调落实工作；市科技局科创中心负责创业园日常管理工作。创业园的宗旨是广泛吸引优秀海外留学人员携带国外先进管理经验和科技成果回国创业，为回国创业人员营造宽松的创业环境，营造机制创新和技术创新氛围，在其创业阶段给予孵化场所、政策和资金支持，并提供创造发展条件和指导性管理、项目管理、人才培训、投融资等综合服务，为留学人员回国施展才华、创业发展提供平台，促进高新技术转化，是实施科技兴市和人才强市战略，实现经济可持续发展的综合性智能化的创业基地。历年来获得的荣誉资质有生物芯片国家工程研究中心马鞍山分中心、科技部科技型中小企业技术创新基金申报服务机构、中国留学人员创业园联盟理事单位、安徽省科技企业孵化器协会常务理事单位、马鞍山市人才工作先进单位、中国科协"海智计划"安徽（马鞍山）工作基地留学人员创业园工作站等。

创业园位于马鞍山市经济技术开发区内。毗邻江苏南京市，距离南京禄口国际机场仅38千米，距离南京南站40千米，通讯发达、交通便利、环境优美，是研发创业、投资发展的理想场所。创业园占地20亩，建筑面积8464平方米，大楼为7层结构，配有公寓式工作单元27间、生产办公用房30间等。在服务项目方面，创业园为留学生企业提供多功能报告厅、展示厅、会议室、商务中心、网管中心、餐厅等公共服务设施，为入园企业提供舒适、便利、完善、安全的工作环境。创业园为留学人员创业企业提供物业管理、商务、政策咨询、企业培训、投融资、招才引智等"一站式"服务。此外，鉴于留学创业人员不熟悉国内政策与金融环境的特殊情况，创业园积极落实政府各项优惠政策，提供场地资金减免、创业咨询等服务。

联系方式

地　址：安徽省马鞍山市经济技术开发区红旗南路88号
邮　编：243000
电　话：86-555-8323440
邮　箱：1370647855@qq.com

留学人员淮北创业园

园区概况

留学人员淮北创业园成立于2014年，是以安徽海聚信息科技有限责任公司为主体，由淮北经济开发区、市人社局共同创建的高科技创业园。

创业园设在淮北经济开发区龙湖高新技术产业园区内，总占地面积120余亩，拥有孵化场地约3万平方米，一期项目总建筑13.4万平方米，项目总投资5亿元。创业园以丰富的人才储备为根本，以完善的投资环境为依托，整合各大产业资源和优势，将人才、技术、电子信息等资源与淮北的区域功能、政策优势、产业优势、企业集群效应相结合，加快高新技术成果转化，为留学人员提供创业的平台。为实现创业园更高水平发展，淮北市出台《打造“百亿海聚”行动计划》等一系列优惠政策，成立了以市政府主要领导任组长的淮北市海聚创业园领导小组，从项目资金、人才招聘、资金投入等方面提供支持，多措并举力争创建安徽省一流的留学回国人员创业园。

联系方式

地　址：安徽省淮北经济开发区新区滨河路

邮　编：235000

电　话：86-561-3199500

留学人员安庆创业园

园区概况

留学人员安庆创业园成立于2006年8月，经安徽省人民政府批准设立。创业园围绕“活力安庆”的目标，积极引进包括留学回国人员在内的各类人才，重点鼓励汽车零部件、生物制药、电子信息、光机电一体、精细化工、新能源新材料等高新技术项目入园发展。

创业园坐落在安庆经济技术开发区的中心区域，建筑面积9万平方米，已建成首期创业基地5000多平方米。创业园提供“一条龙”的优质服务，包括接待留学创业人员，提供咨询服务和创业辅导；为进园企业提供政策指导、优惠政策、投融资、企业发展战略指导、物业租赁等全方位、全过程的创业服务；提供注册登记、项目申报、财务代理、人事代理、物业管理、网络通信等系列服务；提供办公（部分免费）、生产、商务洽谈、会议接待、产品展示等场所；协助申报高新技术产品、“火炬计划”、科研成果等认定、科研项目的资助经费等。留学人员进园创业，可享受的优惠政策包括创新奖励、税费减免、资金扶持、房租减免、科研经费补助、用地扶持等。

联系方式

地　址：安徽省安庆市经济技术开发区天柱山路80号

邮　编：246005

电　话：86-556-5317981

邮　箱：aqlxcyy@163.com

福建留学人员创业园

园区概况

福建留学人员创业园成立于1998年11月，由福建省公务员局、福建省人力资源开发办公室主管，福建省留学人员创业园管理中心是创业园的管理部门。2000年10月，被国家科技部、人事部、教育部和外国专家局列入首批国家留学人员创业园示范建设试点单位之一；2003年9月，被中央组织部、中央宣传部、中央统战部、人事部、教育部、科技部授予“留学回国人员先进工作单位”荣誉称号；2004年12月，成为国家人事部与福建省人民政府共建的“中国福建留学人员创业园”。

创业园一期建设总建筑面积为5.5万平方米，其中研究试验综合用房建筑面积3.2万平方米，另有高新技术孵化用房、研发楼和科研配套用房等。创业园管理中心组建了专业团队，为入园创业的留学人员提供工商、税务、经济资助、项目论证推广、投融资策划、人力支撑等相关服务，包括协助企业办理登记、注册、报批、开户等手续；协助办理高新技术企业、高新技术产品认定；提供文印、会务、后勤等低成本服务；提供人才招聘、人才评价等系列人事服务；提供人事档案管理、职称评定、出国政审等系列配套服务；提供法律咨询、财务顾问、信息交流、展览培训等专业服务；帮助企业申报“火炬计划”“新产品开发计划”、科技企业技术创新基金等。自创建以来，创业园始终致力于建设成为基础设施完善、信息网络发达、生态环境优美、企业富有活力、对高科技产业具有强劲推动力的智能型园区，吸引、聚集海内外高层次人才来闽创业和培养高素质创新人才的高地，大力开展招才引智和项目引进工作，通过举办“海外留学博士海峡西岸行”“福建（厦门）海外留学人才与项目对接洽谈会”等活动，并以“中国海峡项目成果交易会”为平台，促进海外留学人才与项目对接，为福建省企事业单位引进留学人才与智力牵线搭桥，为留学人员服务海峡西岸经济区提供渠道和平台，取得了良好成效。

联系方式

地　址：福建省福州市马伟江滨东大道108号

邮　编：350015

电　话：86-591-87609259

传　真：86-591-87677833

邮　箱：office@fjlx.net

福州留学人员创业园

园区概况

福州留学人员创业园成立于2013年，2016年成为国家人社部批准省部共建的“中国福州留学人员创业园”。创业园主要为留学人员从事科学研究、产品开发和成果转化提供场地，为项目孵化提供创业启动资金。在福州市委、市政府的支持下，园区建设成果显著，现有闽侯园、马尾园、福清园三个分园，总占地面积达2.5万平方米。

目前，创业园已入驻企业70多家，涵盖电子信息、生物医药、新材料新能源、教育文化、AR/VR等多个高科技领域。入园的企业项目负责人、技术骨干及其他具有博士学历人员190余人，其中，入选国家“千人计划”7人，福建省“百人计划”12人和4个团队，福州市引进高层次创新创业人才16人和6个团队，获得“中国留学人员回国创业启动支持计划”的企业8家，获得“留学人员来闽创业启动支持计划”资助的企业24家。

联系方式

地　址：福州高新区海西创业园10号楼

邮　编：350000

厦门留学人员创业园

园区概况

厦门创业园是厦门高新技术创业中心、厦门留学人员创业园、厦门台湾科技企业育成中心、厦门光电子孵化器、厦门科技企业加速器的总称，拥有孵化场地总建筑面积40多万平方米，是科技部重点扶持、海峡西岸最大、厦门火炬高新区管委会直属的国家级科技企业孵化集群。

厦门高新技术创业中心于1996年12月成立，2001年8月，被科技部认定为“国家高新技术创业服务中心”；2002年，经人事部批准设立“博士后科研工作站”；2006年，被共青团中央、中国科协、教育部、全国学联联合认定为首批“中国大学生创业园”；2010年，被教育部、科技部联合认定为全国首批“高校学生科技创业实习基地”，先后获得科技部“实施火炬计划十五周年先进高新技术创业服务中心”“国家科技计划（火炬计划）实施20周年先进服务机构”“优秀国家高新技术创业服务中心”“第四届中国技术市场协会金桥奖先进集体奖”和福建省“火炬计划先进管理单位”“科技管理系统先进集体”等荣誉称号。

厦门留学人员创业园创建于2000年4月，占地面积6.8万平方米，建筑面积10.84万平方米。2001年6月，被科技部、人事部、教育部、国家外专局联合认定为“国家留学人员创业园”；2004年12月，人事部与厦门市人民政府共建“中国厦门留学人员创业园”；2006年1月14日，中共中央总书记、国家主席、中央军委主席胡锦涛亲临厦门留学人员创业园视察，对创业园的孵化工作给予了充分肯定，并对创业园的未来发展作出重要指示。

在厦门市委、市政府“着力打造新火炬”政策方针和厦门火炬高新区管委会“项目、研发、资本、人才”四个带动发展战略引导下，创业园大力实施“空间、人才、项目、资本、平台、品牌”六大驱动发展战略，汇聚投融资及中介机构、大学科研院所等创新要素与资源，重点构建市场推广网络平台、专业化技术研发平台、规模化融资平台、高端人才服务平台四大创业促进公共服务平台，为科技人才建立起全方位、高效率的创新创业孵化平台。同时，不断完善政策环境，通过提供无偿资助金、配套资本金、创新基金、房租减免、专利资助、名牌奖励等优惠政策扶持。

联系方式

地　址：福建省厦门市湖里区火炬东路11号

邮　编：361015

电　话：86-592-3923888

传　真：86-592-3923999

邮　箱：office@xmibi.com

南昌留学人员创业园

园区概况

南昌留学人员创业园于2000年4月经省政府批准在南昌国家高新技术产业开发区内成立。2003年4月，成为国家人事部与江西省人民政府共建的国家级创业园。创业园坚持“优质为留学人员服务，优质为园区服务，组织开展为社会服务”的服务宗旨，开拓创新，不断进取，为有效地发挥留学人员的聪明才智，起到了积极的作用。

江西省先后出台了《中国江西留学人员创业园管理暂行办法》《江西留学人员创业园专项资金评审办法》《关于支持留学人员企业发展的政策措施》等文件；南昌市为大力引进海外高层次人才，出台了“洪城计划”“洪城特聘专家”计划、引进国外智力计划等一系列引才优惠政策。这些政策措施的出台，加大了创业园对外的影响，极大地调动了留学人员创业的积极性。同时，省财政从2004年始，每年拨出200万元专项资金，用于重点扶持留学人员创业园企业的项目延续、衔接和开发，重点扶持的项目有信息技术、电子技术、食品开发、建筑材料、新能源、电器、电化学、遥感技术、中药开发、新药开发等。在省市政府高度重视下，创业园得到了较快的发展，形成了江西省高技术产业发展中心园区、南昌高新技术产业开发区创业服务中心园区、南昌大学国家科技园园区“三块孵化基地”的发展格局。

目前，创业园已建成孵化场地6.7万平方米，累计吸引来自英、美、法、日、德等20余个国家的500多名海外留学人员来区创新、创业，成功孵化海外留学人员高科技企业50多家，并涌现出了一批包括中央“千人计划”“中国留学人员回国创业启动支持计划”入选者的创新、创业拔尖人才。

联系方式

地　址：江西省南昌高新区火炬大街201号

邮　编：330029

电　话：86-791-8113085

济南留学人员创业园

园区概况

济南留学人员创业园成立于1999年5月；2000年，被国家科技部、人事部、教育部、国务院外国专家局联合批准为全国首批“国家留学人员创业园”；2002年，成为国家人事部与济南市政府共建的“中国济南留学人员创业园”。

创业园孵化场地总计达到85万平方米，其中自建孵化基地53万平方米，联建孵化器9万平方米，产业园加速器23万平方米，21万平方米的药谷平台区和产业化基地也已投入使用，为留学人员来济创业提供了场地保证。

创业园作为济南高新区七大专业园区之一，以加快培育新经济增长点为主线，以提升产业规模与效益为目标，加快形成“四谷双岭、一楼一片”的产业格局。“四谷”即药谷、能源谷、电商谷、材料谷；“双岭”即金融岭和云制造岭，按照“一楼一片”配置；“一楼”是高端楼宇，主要承载总部、研发、孵化等功能；“一片”是产业片区，作为产业化项目发展承载区。

同时，创业园还着力构建“四主两新”产业体系，重点引进和培育生物医药、能源环保、电商物流、新材料四大特色主导产业和云制造、新兴金融两大战略新兴产业的研发、生产、销售和总部型企业，不断聚合高端要素、聚焦高端环节、实现高端效益，构建持续产生新引擎的产业生态，建成引领全市新经济发展的科技产业小镇。

创业园以健全、成熟的孵化培育服务体系为依托，以“一切为企业着想、为企业创造价值、让企业百分之百满意”为宗旨，以促进科技成果转化为己任，快速、有效地帮助企业将外围的技术、人才、资本、信息、市场、环境等创新资源合理、科学配置于企业创新创业的全过程，为技术创新提供全方位的服务，建成了适合初创中小科技企业生存发展的配套较为完善、环境优良、孵化服务体系较为健全的科技企业创业孵化基地。为了降低留学生归国创业的成本，凡入驻园区的普通留学生根据其项目大小，可享有3万到10万元的资金补贴，高端人才能享有50万到300万元的项目补贴。此外，园内所有企业都能享有100平方米3年内免房租的办公场地。为了使留学人员科研成果尽快产业化，园区还提供全方位的一体化服务。

面对国家科技重大专项——山东省重大新药创制平台和创新药物孵化基地落户高新区这一契机，创业园加快专业孵化器、加速器、产业区建设。以山东国家重大新药创制平台为技术支撑，以山东国家创新药物孵化基地为产业支撑，广纳海外生物医药领域高端人才和技术项目，按照技术链和产业链相结合打造高新区生物医药创新产业体系，以“一平台、一基地、一园区”的发展思路，加大力度进行空间建设和企业聚集，突出优势构建起化学药、生物工程、预防与健康、医疗器械、医药物流五大产业集群，加快建设“济南药谷”，全力打造生物医药产业集群，推动引进海外高层次人才创新创业实现新跨越。

联系方式

地　址：山东省济南市高新区出口加工区港源二路
邮　编：250100
电　话：86-531-88037888
传　真：86-531-88037860
邮　箱：deng003@vip.sina.com
网　址：www.jnbi.cn

山东省医疗卫生行业留学人员创业园

园区概况

山东省医疗卫生行业留学人员创业园成立于2002年10月，由山东省人事厅、山东省卫生厅联合批准成立，是全国第一家医疗卫生行业的专业性留学人员创业园。创业园根据卫生行业的特点，发挥专业优势，为全国医疗卫生行业的科技成果转化和产业化担负起开路先锋并起到示范作用，努力把创业园办成促进医疗卫生高新技术产业发展，培养引进高素质人才的重要基地。

创业园以山东省立医院为依托，充分利用和享受同高新技术开发区及经济技术开发区等同的企业孵化优惠政策，按《山东省人才柔性流动若干规定》标准，为广大留学人员创造了良好的创业环境和巨大的发展空间。山东省立医院拥有国内先进的配套设施和科技人才，充足的留学人力资源和国际、国内学术交流合作网络，并得到了国家卫生部等部委和山东省人民政府有关部门的大力支持，为归国留学人员创业提供优质高效的孵化服务和现代化的孵化环境。创业园享受济南高新技术开发区和经济开发区企业内孵化机构的优惠政策，为留学人员回国创业提供研发基地、税收优惠，以及创业咨询、投资、融资、市场开发、人才、信息、后勤等各方面的服务，促使其发展成为成功企业。

联系方式

地　址：山东省济南市经五路纬七路324号
邮　编：250001
电　话：86-531-86881659
邮　箱：syrsc@tom.com

青岛留学人员创业园

园区概况

青岛留学人员创业园成立于2002年4月；2012年8月，经国家人力资源和社会保障部批准，由人社部与青岛市政府在青岛高新区共建中国青岛留学人员创业园；2014年5月，创业园在高新区正式揭牌。创业园由主孵化园、企业加速分园、工业科创分园、蓝色生物医药产业园组成，经过近3年筹建，已引进中星微电子、迪玛尔海洋工程等一批留学人员企业，逐渐形成主园孵化、分园加速、集群化产业发展模式，并获批建设国家“千人计划”青岛创新基地、山东省海外高层次人才创新创业基地、青岛“人才特区”。

创业园主孵化园总面积4.6万平方米，企业加速分园规划总建筑面积约11.5万平方米；工业科创分园总建筑面积6.2万平方米，重点引进信息、通讯、仪器仪表、高端装备制造四个产业方向；蓝色生物医药产业园规划总建筑面积195万平方米，主要集聚生物技术及生物医药产业企业、新兴的生物医药研发外包企业、生物医药企业研发中心、生物医药中介机构等，形成生物医药产业集群，一期已经投入使用，目前已有多名国家“千人计划”专家和留学人员入驻创办企业。

高新区发挥青岛“人才特区”的政策优势，整合产业、科技、金融、创新创业等方面政策，在集聚高端海归人才上打出一系列“组合拳”。在人才政策方面，制定了鼓励留学回国人才干事创业的若干意见和办法。每年设立亿元青岛“人才特区”专项资金，给予单个人才项目最高5000万元的创业扶持，给予“千人计划”专家创业项目100万元的扶持资金。给予优秀留创企业5万—20万元的创业补贴。同时，创业园在青岛市政府支持下，结合海外高层次人才的特点，通过提升留学人员创业基地水平，整合资源、规范管理、整体推进、合作新建留学人员创业园区5家（青岛留学人员市南创业园、青岛留学人员市北创业园、青岛留学人员四方创业园、青岛留学人员崂山创业园、青岛留学人员开发区创业园），共有创业孵化面积80多万平方米，全市形成各具特色、优势互补、功能完善的留学人员创业园体系。

联系方式

地　址：山东省青岛市海尔路178号
邮　编：266101
电　话：86-532-88911726
传　真：86-532-88911726
邮　箱：xch0618@126.com

青岛留学人员开发区创业园

园区概况

青岛留学人员开发区创业园成立于2010年1月，前身是青岛开发区高科技创业服务中心。创业中心创办于2001年，2006年被国家科技部认定为国家高新技术创业服务中心。

创业园有健全、成熟的孵化培育服务体系，以促进科技成果转化、培育科技企业家、扶持和帮助留学人员回国创业为己任，依托青岛开发区雄厚的科技资源，努力营造适合于中小科技企业的发展环境和创新环境，力争不断促进高科技成果的商品化、产业化、国际化。

目前，创业园孵化基地总面积已达1.5万平方米，累计吸纳电子信息、新材料、生物医药等多类孵化企业150余家，在孵企业100多家；吸纳管理咨询、投融资、专利代理、会计事务所、保险等中介服务机构20多家；园区企业入驻率达95%；转化科技成果250余项，申请专利170余项，为社会提供就业岗位4000多个。

联系方式

地　址：山东省青岛市经济技术开发区香江路110号

邮　编：266555

电　话：86-532-86971838

传　真：86-532-86971838

青岛留学人员市南创业园

园区概况

青岛留学人员市南创业园成立于2010年1月29日，由青岛市人力资源和社会保障局与市南区共建，依托市南区软件园（新域蓝谷）和青岛国际动漫游戏产业园，为留学人员在青岛创业搭建专业平台。创业园被认定为“国家火炬计划软件产业基地”“国家欧美软件出口示范基地”“青岛市留学人员创业基地”，先后获得“全国先进科技产业园”“国家火炬计划软件产业基地先进单位”“全国科技产业园先进单位”等荣誉称号。

青岛市市南软件园（新域蓝谷）背靠浮山生态山林，直面黄海之滨的奥帆赛场，是全国少有的坐落在城市中心区的软件产业园区。园区占地12.6万平方米，规划建筑面积26万平方米，已有约20万平方米办公面积投入使用，建有1.5万平方米的停车场、3.5万伏变电站、3500平方米公共餐厅、综合性商务酒店等配套设施。

青岛国际动漫游戏产业园占地150亩，建筑面积11.6万平方米，由大企业研发楼、培训楼、公共技术平台及孵化器和综合研发楼5栋独立楼宇组成。园区三面环山，秀美自然风光和贯穿其中的万米人工湖使动漫游戏园被誉为“深林中的产业园，山谷中的研发楼”。优美的办公环境吸引了众多企业入驻，有4000多名年轻人在此就业创业，已创作动漫作品3000余分钟，被认定为“国家级动漫创意产业基地”。

创业园为入园企业提供完善的“一条龙”配套服务和创业启动资金资助、购房安家补贴等优惠政策。

联系方式

地　址：山东省青岛市宁夏路288号青岛软件园3号楼

邮　编：266073

电　话：86-532-88728875

传　真：86-532-88728588

青岛留学人员市北创业园

园区概况

青岛留学人员市北创业园创建于2010年1月。创业园依山而建，环境优雅，拥有总建筑面积达6万平方米的多功能、综合性文化创意产业基地。

创业园利用特有的高低错落台地，分成南北两个园区，以现代艺术、建筑设计、工业设计、广告和时尚品牌设计、管理咨询、创意产品展示等创意产业为主要特色，吸引国际、国内各创意产业门类中的领军企业入驻。

创业园为入园企业提供完善系统的工商、税收、资金、产业支持等“一条龙”配套服务，另有政府贴租、税收奖励、著作权登记奖励、留学归国人员创业小额资金扶持、科技专项资金扶持，以及子女就近入学、入托等政策扶持。

联系方式

地　址：山东省青岛市上清路12—16号

邮　编：266022

电　话：86-532-83631379，83641669

传　真：86-532-83631379

青岛留学人员四方创业园

园区概况

青岛留学人员四方创业园成立于2010年1月，依托于青岛科大都市科技园建立，由青岛科大都市科技园发展集团进行管理运营。2010年12月，科技园被国家科技部认定为国家级科技企业孵化器。

科技园总体规划面积1.8平方千米，以青岛科技大学校本部为中心，向四周幅射。园区规划由“一街二园三区”组成：一街即郑州路科技创业一条街；二园即青岛造纸厂科技产业园、青岛软控科技产业园；三区即研发区，东、西孵化区，一期70亩地块已投入使用。

2013年，青岛科技大学与青岛市北区人民政府签订共建国家大学科技园全面战略合作协议，双方将依托青岛科大都市科技园，在创新创业人才培养、科技成果转化孵化、产学研合作等方面开展全面战略合作，共同建设集总部经济、研发中心、信息中心、孵化中心、创业中心、生活配套服务中心等于一体的国家大学科技园，形成大学校区、科技园区、公共社区三区合一的高端产业聚集区。

联系方式

地　址：山东省青岛市四方区郑州路53号

邮　编：266045

电　话：86-532-68606066

青岛留学人员崂山创业园

园区概况

青岛留学人员崂山创业园成立于2010年1月，是经国家科技部认定的“国家高新技术创业服务中心”，市政府批准的“民营与中小企业创业辅导基地”。

创业园孵化基地总面积近30万平方米，配套有水、电、宽带网、公共餐厅、商务中心、网络系统、多媒体报告厅、接待室、洽谈室、会议室、活动室等，并为入园企业提供场地、注册登记、咨询、培训、融资、协助申报国家科技型中小企业技术创新基金及相关事务代理等专业化服务。

联系方式

地　址：山东省青岛市崂山区株洲路153号

邮　编：266101

电　话：86-532-88998816

淄博留学人员创业园

园区概况

淄博留学人员创业园成立于1999年，是淄博高新区管委会投资建设的科技企业孵化器，与淄博高新技术创业服务中心合署办公。2002年，被认定为国家级科技创业服务中心。

创业园切合实际情况和孵化器的发展趋势，在整体布局上形成了高层次人才创业区、生物医药暨新材料孵化区、电子信息暨软件孵化区、环保暨光机电一体化孵化区、综合服务区等专业功能相对集中的“一器多区”的格局，并规划逐步建立完善无机非金属材料、生化技术、电子信息等专业技术孵化平台，实现由专业孵化区向专业孵化器的转变，最终形成“一园多器”的格局。同时，在资金扶持、办公、住宿、家庭子女、土地使用、项目发展等方面给予扶持。

联系方式

地　址：山东省淄博高新区政通路135号

邮　编：255086

电　话：86-533-3583091，3580205

传　真：86-533-3583091

邮　箱：muxianquan@hotmail.com

烟台留学人员创业园区

园区概况

烟台留学人员创业园区成立于1996年10月，是全国最早设立的留学人员创业园区之一，国家级留学人员创业园、国家高新技术创业服务中心、全国首批“大学生科技创业见习基地”、欧美同学会·中国留学人员联谊会留学报国烟台基地、“春晖杯”中国留学人员创新创业大赛创业基地、中国留学人员创业园联盟副理事长单位、山东省重点服务业科技园区和小企业创业辅导基地，先后被评为全国“留学回国人员先进工作单位”、山东省“留学人员回国创业工作先进单位”和烟台市“人才工作先进单位”。

创业园区位于山东省烟台经济技术开发区黄金地段，拥有研发孵化基地12万平方米，配套设施齐全，创业环境优良，在项目、人才、载体等方面制定实施了一揽子高含金量的扶持奖励政策，形成了完善的创新创业政策体系。位于烟台业达科技园、建筑面积18万平方米的新孵化基地正在建设，2016年起陆续投入使用。

目前，创业园区内高层次人才和高科技项目聚集。累计孵化海外人才创业企业323家，其中有9家企业上市挂牌；吸引了372名海外留学人员来区创业，其中，国家“千人计划”专家42名，山东省“泰山产业领军人才”23名，烟台市“双百计划”专家21人，开发区“科技领军型人才”22人，3人入选中国留学人员创业园“十大创业领军人物”；海归博士创新团队46个，其中2个团队被国务院侨办授予“重点华侨华人创业团队”，4个团队入选开发区“科技创新团队”，成功研制出世界首例血管内皮抑制素抗肿瘤新药“恩度”、世界首创可降解人工神经修复材料、世界首台具有高性能高通量的全自动酶免分析仪、打破国外技术垄断的环氧结构胶、触摸屏用高端钼铌靶材等一大批“高、精、尖”技术成果。

联系方式

地　址：山东省烟台开发区珠江路28号科技大厦10楼

邮　编：264006

电　话：86-535-6385289

传　真：86-535-6379571

邮　箱：yt_cyyq@126.com

网　址：www.cyyq.org

潍坊留学人员创业园

园区概况

潍坊留学人员创业园成立于1999年，位于潍坊高新技术产业开发区科技孵化基地。创业园依托高新区完善的服务体系和优越的创业环境条件，吸引海外留学人员到潍坊工作和创业，发挥留学人员在信息技术、科研等方面的优势，把在国外学到的知识、掌握的技术、积累的经验和研究的成果带到本市进行开发，加快科技成果向现实生产力的转化，促进潍坊市高新技术产业发展。

创业园建设有商务性孵化基地3.7万平方米，拥有一流的国际会议中心、学术报告厅、产品展示厅、信息中心、商务中心等配套服务设施；中试孵化基地15万平方米，可容纳近500家各类中小企业成长和发展。创业园在为留学人员企业提供必要的基本服务基础上，引进了金融、会计师事务所、律师事务所、国际货运代理公司、报关代理公司、企业策划等社会中介服务机构，为企业提供更为丰富的业务咨询和服务。

目前，创业园已吸引国家“千人计划”人才1名、“长江学者”1名、山东省“泰山学者”2名、潍坊市“鸢都学者”2名，领军创新团队13个，以及高端创新创业人才130多人前来创业发展。

联系方式

地　址：山东省潍坊高新区玉清东街高新大厦
邮　编：261031
电　话：86-536-2999009
传　真：86-536-2999009
网　站：www.wfibi.org

威海留学人员创业园

园区概况

威海留学人员创业园成立于2006年5月，由威海经济技术开发区创新中心与教育部留学服务中心共建。创业园秉承“引进原创性，鼓励创新型，促进产业化”的原则，引进科技创新企业，促进科技成果转化，主要服务对象是中小型高新技术企业、海外留学人员回国创办的企业。

创业园制定了人才引进、创业扶持等政策，创立了以3M+T孵化服务模式（MOney/MentOn/Marketing+TZO）为核心的融资服务体系、创业辅导体系、市场营销服务体系和科技成果产业化体系，实行行政服务功能共享，同时建立了快速成型和汽车电子等多个公共技术服务平台，引入了技术交易中心、专利事务所等中介机构，为留学人员提供良好创业环境和优质的服务。

创业园目前吸引了一批优秀海外高层次人才回国创新创业，已成为服务高层次留学人才来威海市创业的重要载体。截至2017年底，创业园累计孵化海外人才创业企业65家，其中有5家企业上市挂牌；吸引的留学人才中，有2名入选国家“千人计划”，6名入选省部级人才计划，6名入选市区级人才计划。

联系方式

地　址：山东省威海经济技术开发区海滨南路28号建设大厦1层
邮　编：264209
电　话：86-631-5980656

威海海外学人高科技创新园

园区概况

威海海外学人高科技创新园成立于1999年12月，由威海高新区高新技术创业服务中心与中国留日同学总会共同创建。2001年，创业园与自26个国家归国的32个留学生团体创建了“威海留学人员创业创新示范基地”，并由国家人事部批准设立“博士后科研工作站”；2001年7月，被共青团中央命名为“中国青年创新行动示范基地”。2015年，成为国家人力资源和社会保障部与山东省人民政府共建的“中国威海留学人员创业园”。

创业园已建成1.5万平方米创业基地、0.4万平方米公寓，配套设施齐全，可满足企业创业发展多方面需要。为提升服务功能，创业园又引进了会计公司、银行代办处、技术交易等中介服务机构，为企业提供社会化、专业化服务。

目前，创业园已累计吸引了60多家留学人员企业入驻，3位创业人才入选国家“千人计划”，培育了吉威医疗、远航科技、海富光子等一批拥有自主知识产权的高科技企业。

联系方式

地　址：山东省威海市文化西路288号火炬大厦
邮　编：264200
电　话：86-631-5629100
邮　箱：webmaster@whctp.gov.cn

济宁留学人员创业园

园区概况

济宁留学人员创业园成立于2001年11月，由山东省济宁市人事局、济宁市高新区管委会联合创建。创业园依托高新区完善的服务体系和国家级创业中心优越的创业环境，为归国留学人员来济宁搭建创业的载体和平台。济宁留学人员创业园在做好“待遇留人”“感情留人”的同时，更加注重“事业留人”，立足搭建“政、产、学、研、资、介、贸”等创业要素集合的平台，让留学人员的成果在这里得到转化，让留学人员企业在这里扬名，让留学人员的个人价值在这里实现。创业园先后获得山东省政府“归国留学人员工作先进单位”、国家人事部“国家博士后科研工作站建站单位”、国家科技部“火炬计划国家生物产业基地”、国家科技部“全国优秀国家级高新技术创业服务中心”、山东省首批软件产业基地和全国博士后管委会“全国博士后科研工作先进单位”等称号。

创业园占地101亩，拥有2.1万平方米的高标准孵化厂房。园区积极扶持留学人员创业企业项目申报政策支持，在产业化初期投入一定高科技风险投资资金，推动中小高新技术企业快速成长。同时，对于留学人员承担的科技攻关计划项目，优先列入济宁市各类科技计划，优先安排科技三项经费，并采取贴息补助和无偿支持的办法给予扶持。

目前，创业园共有40位留学人员牵头创办了30多家高科技企业。

联系方式

地　址：山东省济宁市金宇路52号
邮　编：272023
电　话：86-537-2363611
传　真：86-537-2168952
邮　箱：jncyzx109@163.com
网　址：www.jnhn.gov.cn

泰山留学人员创业园

园区概况

泰山留学人员创业园成立于2000年8月，是泰安高新技术产业开发区管委会管理下的社会公益型科技事业服务机构，与泰安高新技术创业服务中心合署办公，是泰安市和高新区的技术创新基地和科技成果转化基地，是发展高新技术、培育中小型科技企业和企业家的摇篮。创业园旨在引进高层次的科技人才，吸引海外人员创办高新技术企业，进行科技成果转化，推动科技与经济结合，使之成为留学人员回国创业的基地、发展高新技术产业的孵化器、对外开放和招商引资的窗口。

创业园依托国家、省、市及高新区的优惠政策，以及泰安高新区良好的投资环境和完善的基础设施，为有发展前景的高新技术成果以及中小型科技企业提供创业服务。自运行以来，孵化服务能力不断增强，创新创业服务体系逐步健全，在创办初期的3万平方米孵化场地的基础上，又相继创办了泰山科技城和星火科技园二次孵化基地，使泰安创业中心孵化场地达到19万平方米。目前，创业园拥有公共EDA实验室、孵化器信息管理系统等，可提供设施齐全的孵化场地和相应的物业管理、投融资、商务信息、发展咨询、培训、企业注册咨询、落实优惠政策，以及申报科技计划、技术成果、高新技术企业和申请创新基金支持等全方位、全过程的优质高效服务。

创业园成立以来，培育和孵化了近300家拥有高新技术成果的科技企业，涉及仪器仪表、软件开发、光机电一体化、生物技术、环保节能等高新技术领域，成为留学人员施展才干、成就事业的理想天地。

联系方式

地　址：山东省泰安高新区泰山科技城
邮　编：271000
电　话：86-538-8515685
传　真：86-538-8938300
邮　箱：tcyzx@taigx.cn
网　址：www.taigx.cn

日照留学人员创业园

园区概况

日照留学人员创业园成立于1999年9月，属于公益性科技事业服务机构。创业园按照国际惯例进行建设，重点发展以电子信息、生物技术、新型材料、海洋化工、机电一体化为主导的高新技术产业，积极引进各类高级专业技术人才、管理人才、留学归国人员，鼓励各类人才带项目、带资金、带课题进园创业。

创业园位于日照开发区的黄金地段，拥有孵化面积3万余平方米，设有精简高效的管理服务机构，在项目建设、劳动人事等方面享有市级管理权限，实行封闭管理，为留学人员进园创业提供便捷高效的“一条龙”优质服务。为吸引广大的海外留学人员进园区创办企业，创业园初步建立了适合中小科技企业发展的体制和机制，先后引进凯威数码、凯讯电子、斯文电子、哈工大微电机项目、红惠医药、中科生物、平易软件等20余家高科技企业和科研机构，并在税费政策、房屋租赁、工商注册、资金等方面给予最大限度的优惠和扶持。

目前，创业园有入驻企业70余家，引进留学人员和各类高科技人才50余名，入驻企业绝大部分属于科技、教育、文化、创意、低碳环保、新能源等国家重点扶持的领域。创业园将积极发挥对外交流和人才引进的窗口带动作用，吸引更多的留学人员和高科技人才来园区创业。

联系方式

地　址：山东省日照经济技术开发区
邮　编：276800
电　话：86-633-8339816
传　真：86-633-8331049
邮　箱：rdp@rz-public.sd.cninfo.net

莱芜市留学人员创业园

园区概况

莱芜市留学人员创业园成立于2001年9月，由莱芜高新技术产业开发区挂牌，是山东省政府批准的省级高新区。

创业园坐落于莱芜城区东部，紧连市区，总规划面积35平方千米。区内现已形成“十纵十横”的道路主网络，并建设了110千伏输变电站、热力站、水厂等一批能源设施，在14.5平方千米范围内实现了“九通一平”，30平方千米范围内实现了“五通一平”。另设有青岛海关莱芜办事处，通关快速便捷。

创业园始终致力于创业环境的不断优化，以“亲商、富商、安商”为最高服务理念，设立了“一站式”服务大厅，全面落实了服务承诺、首问负责、违诺处罚、手续代办等制度，实现了涵盖“项目审批、开工建设、投产经营”的一条龙全过程服务。入驻企业除享有山东省省级高新区的优惠政策外，还享有莱芜市委、市政府在土地政策、财政政策、收费政策等各方面赋予的更大程度的优惠。

创业园优美的环境、优惠的政策、优良的秩序、优质的服务，已经吸引了来自美国、德国、加拿大、韩国等10多个国家和地区归国的留学人员前来投资兴业。

联系方式

地　址：山东省莱芜市汇源大街108号
邮　编：271100
电　话：86-634-8867136
传　真：86-634-8867960

临沂留学人员创业园

园区概况

临沂留学人员创业园位于临沂高新技术产业开发区科技孵化基地内，与临沂高新技术创业服务中心合署办公，其主要任务是通过国家、省、市及高新区的优惠政策和创业服务中心的优质服务，为学有所成的归国留学生人员提供广阔的发展空间。

创业园现有创业场地25万平方米，包括创新大厦、科苑广场以及科技企业加速器（科技园区），设有高标准办公研发场所、中试厂房、公用会议室、科技报告厅、商务中心等，餐饮服务、健身娱乐、通讯网络等配套设施齐全，可满足企业研发、中试和产业化不同阶段的需求。为快速聚集科技资源和产业要素，实现资源共享，降低创业成本，解决科技企业发展中遇到的共性难题、关键技术，创业园通过“政府引导、企业参与、多元化投资”方式，建设了山东省分析测试中心临沂分中心、金属材料强度国家重点实验室临沂研究中心、山东省分析测试中心临沂分中心、临沂光影动漫技术服务中心、生物医药分析测试中心等公共技术服务平台，同时可为留学人员创办的企业提供技术、人才、信息、咨询、培训、融资等一系列的服务。留学人员创办的企业可享受的主要优惠政策有：享受国家、省、市及高新区对高新技术企业制定的相关政策；设立“科技创业基金”以无偿补助、贴息和资本金投入等方式扶持科技型企业的发展；对留学人员创办的企业，在一定的开发、生产及经营用房面积内，实行房租减免政策，并实行税收返还政策；对于科技含量高、市场前景好、具有自主知识产权的项目，在资金、税收、工商行政管理、出入境等方面享受更优惠的待遇等。

联系方式

地　址：山东省临沂高新区新华路西段创业大厦
邮　编：276017
电　话：86-539-7109126
传　真：86-539-7109096
邮　箱：lycyzx@126.com

德州市留学人员创业园

园区概况

德州市留学人员创业园成立于2007年，是由德州市人民政府投资兴办的社会公益性科技服务机构，主要职责是为留学人员创业提供综合服务，促进科技成果转化，培养高新技术企业和企业家。2010年2月，被国家科技部火炬中心授予“大学生科技创业见习基地”荣誉称号；2010年12月，被科技部认定为“国家级科技企业孵化器”，并先后被认定为山东省大学生创业孵化示范基地、德州市中小企业创业辅导基地示范单位、中国留学人员创业园联盟理事单位。

创业园坐落于国家级开发区德州经济技术开发区，环境优美，位置优越，规划面积70万平方米，规划建筑面积45万平方米。建设有研发服务核心区、大学生创业孵化基地、科技企业孵化基地、科技企业加速器和新能源新材料、电子信息、光机电装备制造、生物医药、农产品深加工五个专业孵化器，初步形成了集“发生、孵化、加速、产业化”四位一体的现代孵化体系。其中，研发服务核心区占地3.2万平方米，建筑面积2.5万平方米，建有多功能报告厅、展厅、会议室、培训室、接待室等公共设施，并配套建设新能源新材料公共技术服务平台、科技中小微企业创业综合服务大厅和科技成果展示交易大厅，主要对接大学科研院所建设科研机构，引进高端科技人才创新创业。大学生创业孵化基地现有孵化面积7500平方米，配有专业孵化指导和服务团队，能够为大学生创业提供良好的环境和培训、指导等服务。科技企业孵化基地占地15亩，建筑面积1.1万平方米，孵化楼主体已完工，拟建生物医药、先进装备制造产业孵化器。科技企业加速器位于高铁新区，距高铁德州东站仅5分钟车程，占地900亩，一期占地360亩，建成标准厂房10万平方米，服务楼2万平方米。

创业园拥有一支素质优良、精干实效的管理服务团队，引进了各类科技中介服务机构，能够为在孵企业提供完善的投融资、对外合作交流、专利代理等服务。

联系方式

地　址：山东省德州经济开发区晶华大道587号
邮　编：253076
电　话：86-534-2558586
传　真：86-534-2556586
邮　箱：Dz587@163.com

河南留学人员创业园

园区概况

河南留学人员创业园成立于1998年1月。2002年7月，成为河南省唯一一家由国家人力资源和社会保障部与河南省人民政府共建的留学人员创业园。2010年12月，创业园成功进入科技部“国家级科技企业孵化器”行列；2014年11月，被共青团中央首批命名为“全国青年创业示范园区”，是河南省中小企业创业基地、郑州市创业孵化基地、河南省留学归国工作先进单位。创业园基本功能定位于孵化、服务、示范、聚集，紧紧围绕海外归国留学生的科技创业活动，输入园区政策、资金、服务，使海外科技成果转化为生产力，培养大批高素质的留学生科技企业和企业家，成为转变经济发展方式、调整经济结构和发展高新技术产业的重要载体。

创业园位于国家郑州经济技术开发区内，地理位置优越，交通便捷，新的创业孵化基地40万平方米，已完成8万平方米的建设施工。按照国家科技部对科技企业孵化器“苗圃—孵化—加速—产业化”的要求，创业园出台各项优惠政策，在孵化基地设立了创业苗圃，提供企业创新创业服务通道、组建投融资平台、设立人才引进培训机制、成立园区公共实验室、组建创业导师团队，积极辅导扶助初创期的留学人员企业发展。

目前，创业园已引进来自美、英、法、俄、日、澳大利亚、加拿大、新西兰等国家和地区留学生200多人，包括5位国家“千人计划”专家，在孵科技企业100余家。

联系方式

地　址：河南省郑州经济技术开发区航海东路1356号创业大厦A座507室
邮　编：450016
电　话：86-371-66786588
邮　箱：hnlxrycyy@126.com
网　址：www.hnchuangtou.com

郑州留学人员创业园

园区概况

郑州留学人员创业园于2001年8月由河南省人事厅批复成立，是郑州高新区为充分发挥我国留学人员特殊的智力资源优势，在园区营造有利于留学人员创新创业的良好环境而兴办的公益性科技服务机构。

创业园位于郑州国家高新区，现有孵化场地3.5万平方米，内设中央空调系统，停车场、商务中心、休息室、会议室、宽带等公共设施，服务健全，环境幽雅、舒适，是集办公、生产、科研、休闲、娱乐、餐饮于一体的综合型现代化的孵化基地，适合中小型科技企业入驻创业。入驻创业园的孵化企业，符合相应条件的，除可以享受郑州高新区的有关税收优惠政策之外，还可以申报中小型科技企业创新基金，高新区孵化基金等科技计划项目。此外，创业园建立了一套趋于完善的服务体系，包括多元化的投融资服务体系、宣传培训体系、专家咨询体系、中介服务体系等，全力提高对企业的孵化成功率。

目前，入驻创业园的留学人员企业有50余家，有5名创业人才入选国家“千人计划”，4人入选省部级人才计划。

联系方式

地　址：河南省郑州高新技术产业开发区长椿路11号
邮　编：450001
电　话：86-371-67980650
传　真：86-371-67986162
邮　箱：chenbr@zzgx.gov.cn

洛阳留学人员创业园

园区概况

洛阳留学人员创业园成立于2007年7月，由河南省人事厅批准，洛阳高新技术创业中心和捷威精密制造（洛阳）有限公司共同创办。

创业园坐落于洛阳高新技术开发区滨河路中段，交通便利，环境优美。园区建有多层标准厂房3栋3.3万平方米，钢结构厂房4000平方米，综合办公楼8000平方米，高层科研商务楼和生活服务设施2.9万平方米，是集办公、科研、生产、商住于一体的智能化、多功能、花园式的高新技术产业孵化基地。作为连接政府、企业、社会资源的纽带，创业园按照“政府引导、市场运作、专业服务”的运营模式，利用政府及社会资源优势，拓展和提升服务功能，不断加大对入驻企业的扶持力度，实行规范化的统一物业管理，为留学人员归国创业提供“孵化+创投”全方位服务。

入驻创业园的企业可享受国家高新技术开发业的各项优惠政策，如留学人员创办企业从事技术转让、技术开发和与之相关的技术咨询、技术服务取得的收入，经税务机关认定后免征营业税；对获得省高新技术产品证书、获得科技进步奖、获得专利、获得著作权的企业，给予一定的经济补贴等。创业园还为入驻企业搭建起广阔的服务平台，提供全方位的优质服务。比如引进、协调各类中介机构，建立中介服务体系，为入驻企业提供包括工商登记、高新技术企业资格认证、科技成果鉴定、法律业务咨询、财务顾问、信用评估、专利申请、媒体策划等全方位的综合性服务；协助入驻企业办理引进人才的户口、人事档案、技术职称评定、社会劳动保险等相关事宜；为企业提供价格优惠的标准厂房、写字间、会议室和商住两用房，以及科研实验室等场地，并提供水电、通讯、交通等配套服务。

创业园积极整合多种优势资源，不断拓展、提升自身的服务功能，加大对入驻企业的扶持力度。除了给予入驻企业良好的发展环境外，还积极通过中小型企业贷款平台、担保平台、孵化基金和联保基金等向符合条件的入驻企业提供融资服务，并与国内著名院校、科研机构和海外留学人员等建立密切联系，为企业积极寻求技术扶持，铺就发展之路。创业园与清华大学和西安交通大学等著名院校建立了研发合作战略联盟，建立了中关村国际孵化园洛阳基地，使优势资源入驻园区，汇集了一大批知名企业，推动了高新技术产业化发展。

联系方式

地　址：河南省洛阳高新区滨河路22号
邮　编：471003
电　话：86-379-64338125
传　真：86-379-64310818
邮　箱：zhcluoyang@tom.com

平顶山留学人员创业园

园区概况

平顶山留学人员创业园成立于2012年7月，经河南省人力资源和社会保障厅批准，由平顶山高新区与平顶山市人力资源和社会保障局联合设立，依托平顶山高新技术创业服务中心，是国家级科技企业孵化器、省级留学人员创业园。

创业园孵化基地4.7万平方米，建有标准厂房12栋，环境优雅，基础设施齐全，可为入驻的留学人员企业和科技企业提供厂房、水电等物业管理，以及融资、技术开发、信息咨询、人才培训、企业管理、质量认证、项目审批等综合性服务，帮助企业不断地成长壮大。

目前，创业园已入驻企业30余家。创业园将以促进科技成果转化、培育高新技术企业和企业家为宗旨，以新材料、新能源和机电装备为重点产业方向，引进海外高层次留学人员，发挥其科技创新优势，提高企业参与国际竞争的能力，为促进平顶山地区经济结构调整和经济增长方式的转变，为建设创新型城市、促进区域知识经济发展作出贡献。

联系方式

地　址：河南省平顶山市建设路东段高新区创业服务中心
邮　编：467000
电　话：86-375-3987501
传　真：86-375-3987502

许昌留学人员创业园

园区概况

许昌留学人员创业园成立于2011年12月22日，是由许昌市人社局和中原电气谷管委会共同创建的省级留学人员创业园，是许昌市委、市政府实施人才强市战略，吸引海外高层次人才来许创新创业而设立的新型现代化科技园区，是许昌市首个针对海外留学人员建设的高新技术产业创业示范园。创业园由市政府委托中原电气谷管委会管理，成立“一组一中心”作为行政、经济、建设、投资、服务的专职机构。

创业园位于中原电气谷核心区，占地面积约324亩，总投资约12亿元，总建筑面积13.3万平方米，建设有科研办公楼、标准化厂房、公寓楼等设施。该创业园主要以电力装备企业为服务对象，为周边产业集聚区内的电力装备制造企业和创新创业者提供科技咨询、研发设计、管理咨询、市场推广、企业孵化等全方位服务。为了加快园区发展，促进企业孵化，缩短科研成果产业化、商品化、效益化，使企业快速发展壮大，形成产业规模，市政府颁布实施了《许昌留学人员创业园管理暂行办法》，为鼓励海外留学人员入园创业提供了一系列优惠政策。

目前，创业园的配套政策日趋完善，环境逐步优化，初步形成了一个布局合理、环境适宜、现代化、多功能的高科技园区。园区集企业孵化、产业培育、科技人才培养等职能为一体，以新能源、电力电子、电力装备制造等产业为发展方向，为海外高层次人才搭建的广阔创业平台。

联系方式

地　址：河南省许昌市魏武大道中段许昌新区管委会
邮　编：461000
电　话：86-374-3190067，3190068
传　真：86-374-3190081
邮　箱：zydqgbgs@126.com，zydqgzs@126.com

武汉留学生创业园

园区概况

武汉留学生创业园成立于1998年5月，是武汉市政府为了吸引和鼓励海外高层次留学人员回武汉创业而专门成立的科技企业孵化器。目前武汉留创园成为湖北省科投集团有限公司下属单位。2001年6月，创业园被国家科技部、人事部、教育部和国家外专局认定为“留学人员创业示范建设单位”；2003年9月，被中共中央宣传部、组织部、统战部和国务院人事部、科技部、教育部联合授予“全国留学回国人员先进工作单位”光荣称号；2004年12月，与国家人事部、市人事局共建国家级留学人员创业园；2006年，被科技部批准成为国家高新技术创业服务中心；2011年1月，被湖北省科技厅授予“优秀科技企业孵化器”称号，被武汉市科技局授予“武汉市科技企业孵化示范基地”“武汉市全民创业科技行动立功单位”荣誉称号；2011年2月，被武汉市人民政府授予“留学人员先进单位”称号；2012年8月，被科技部认定为“国家级科技企业孵化器”并被认定为国务院侨办首家“重点联系单位”“湖北省博士后产业基地”以及欧美同学会“报国计划基地”。

创业园现有自营及委托经营的标准孵化场地面积共6.1万平方米，先后建成了光电技术中心、软件技术中心、集成电路设计中心、生物技术中心四个专业园区。创业园通过营造局部优良环境，为留学人员创业企业集中解决共性和个性问题，有效促进了企业的快速成长。除了为入孵企业提供设施完备、功能齐全、价格低廉的孵化场地外，还提供政策、管理、市场、人力资源、融资、上市等全方位的咨询和对接服务，协助企业办理工商、税务、海关、居留资格申请、项目申报等事务，并针对企业不同阶段的发展需求，提供企业培训、企业联谊等个性化服务。

作为东湖国家自主创新示范区人才和创新工作的重要载体，创业园是培育示范区生产力、创新税源、工业倍增计划的主要平台。目前，创业园累计孵化企业近500家，在孵企业近200家，累计注册资本金20亿元，累计实现工业产值160亿元，上缴利税9000多万元，一批优秀企业在这里快速发展壮大，成为所属行业的领军企业。

联系方式

地　址：湖北省武汉东湖高新区高新大道666号光谷生物城C5栋北楼1楼
邮　编：430075
电　话：86-27-87617342
传　真：86-27-87747847
邮　箱：wosp@wh-newstart.org
网　址：www.wh-newstart.org

湖北省留学生襄阳创业园

园区概况

湖北省留学生襄阳创业园成立于2010年3月11日，经湖北省人力资源和社会保障厅批准由襄阳市人事局、市人才办和高新技术开发区合作共建。

创业园坐落在襄阳高新技术开发区，为留学人员入园进行高新技术开发、创办企业提供优质高效服务和优良的孵化场所，并努力降低入园企业的创业成本和风险，帮助受孵化企业度过企业初期的高风险阶段。襄阳高新技术产业开发区特别设立了“留学人员创新创业专项资金”，自2010年起每年至少安排2000万元资金，重点支持留学人员到高新区留学人员创业园创新创业。

联系方式

地　址：湖北省襄阳市高新区追日路2号
邮　编：441003
电　话：86-710-3756010，3700606
传　真：86-710-3756011

长沙留学人员创业园

园区概况

长沙留学人员创业园成立于2002年，隶属于长沙高新区管委会，是科技部、人事部、教育部和国家外专局共同审批确定的首批“国家留学人员创业园”，是“全国优秀国家级创业园”、科技部火炬中心“创新基金初创期小企业创新项目服务机构”“湖南省留学生创业园先进单位”“湖南省大学生创新创业基地”及长沙市首批“中小企业创业基地”。2003年12月，被国家科技部批准为国家级高新技术创业园；2004年，被评为科技部全国25家优秀留学人员创业园之一；2005年，被国家发改委批准为国家大学生创业就业服务中心项目承担单位；同年，与意大利西西里科技园合作互设办事处，设立欧洲在中国建立的第一家科技创业园；2006年10月，获批国家人事部和湖南省人民政府“部省共建”留学人员创业园；2007年12月，成为“中国火炬创业导师行动”首批12家启动单位之一；2011年12月，获评湖南省唯一一家“国家海外高层次人才创新创业基地”；2012年，被评为湖南省优秀留学人员创业园。

创业园孵化总面积22万平方米，园区有巨星创业基地、延农创业基地、C2创业基地、MO创业基地、长海创业基地、新瑞信创业基地、天劲创业基地、德邦创业基地、人印创业基地等孵化场地。为了吸引海内外高端人才来园区创业，长沙高新区管委会先后出台了《长沙高新区关于建设国家创新型科技园区的若干政策意见》《长沙高新区关于进一步加强人才工作的意见》《长沙高新区引进高层次人才五年行动计划（2012—2016）实施办法》等政策，并拨款1亿元设立高层次人才创业投资基金，成立高层次人才创业投资有限公司作为基金的管理机构，由创业园具体负责公司日常管理和运营，鼓励和支持留学人员入园工作和创业。创业园在全力落实管委会政策的同时，制定了《长沙高新区创业园鼓励留学人员、大学生来区创业的实施办法》《长沙留学人员创业园房租补贴细则》等配套落实文件，并提供全方位的创业服务，为留学人员企业发展创造良好的环境。

截至2017年底，创业园累计孵化海外人才创业企业266家，其中有25家企业上市挂牌；吸引的留学人才中，有5人入选国家“千人计划”，23人入选省部级人才计划。

联系方式

地　址：河南省长沙高新技术产业开发区麓景路8号巨星创业基地205
电　话：86-731-89777053
传　真：86-731-89777055
网　址：www.cnibi.cn

长沙经济技术开发区留学人员创业园

园区概况

长沙经济技术开发区留学人员创业园成立于2010年6月，由湖南省人力资源和社会保障厅、长沙市人力资源和社会保障局联合授牌。创业园重点吸引留学人员在工程机械、汽车制造、电子信息、新材料等高科技产业领域创业，形成与创业园建设总体目标相适应、符合“创业之都”战略要求的功能格局。创业园由长沙经开区管委会授权长沙经开区创业服务中心统一管理。创业中心成立于2002年，是长沙经济技术开发区管理委员会全额拨款事业单位，是为留学人员创业企业提供综合服务的公益性科技事业服务机构。创业中心以“创造优良环境、提供优质服务、培育优秀企业家”为目标，在各级政府和社会各界及广大创业者的关心支持下，已建立了比较健全的创业服务体系，形成了规范化、专业化的创业服务机制。

创业园以国阳科技园为核心，以和祥科技园、物丰科技园等其他孵化基地为补充，孵化面积达14万多平方米。其中，国阳工业园占地60亩，总投资8600多万，园区按孵化生产区、公共服务区、生活配套区三大功能规划建设。和祥科技园占地98亩，已开发面积80亩，完成投资7452万元，建筑面积6万平方米，由标准厂房、办公楼和公寓楼三大部分组成，园内配套完善，餐饮、娱乐、购物、健身一应俱全，是长沙经开区最早的孵化基地。物丰机电产业园占地面积6万平方米，总建筑面积5.07万平方米，总投资7000多万元，由钢结构标准厂房、通用厂房、员工宿舍楼和综合楼四大部分组成，拥有完善的生产、商务、办公功能区，布局科学合理，使企业足不出园就可以进行各种活动。

联系方式

地　址：湖南省长沙市星沙三一路2号长沙经济技术开发区创业服务中心
邮　编：410100
电　话：86-0731-84020187
网　址：www.cetz.gov.cn

湖南生物医药留学人员创业园

园区概况

湖南生物医药留学人员创业园由湖南省人事厅批准成立，是以生物医药领域高科技项目孵化为主的专业服务机构。创业园建设是长沙国家生物产业基地重要发展战略之一，该基地是2006年10月由国家发改委批准认定的、以湖南浏阳生物医药园区为核心区的国家级生物产业基地，是中西部地区第一个国家级生物产业基地，是由联合国工发组织与长沙市政府共建的国际医药产业园，是科技部的生物医药火炬计划基地，国家商务部定点的全国十二大医药出口基地之一，湖南省的重点工程、长沙市十大标志性工程之一。

创业园总建筑面积3万平方米，其中孵化场地5200平方米，依托基地良好的投资环境、较为完善的产业化共享服务平台体系，通过创造一个局部优化、适合留学人员创业的环境和条件，提供具有国内先进水平的生物医药专业化服务，以加速中小科技创业型企业能够依托基地资源迅速发展。创业园以资源整合、优化配置为主线，逐渐形成了基因芯片技术、胶体金诊断试剂技术、组织芯片技术、病理检测抗体技术、组合生物合成、化学药物研究以及中药提取技术等七大共享实验技术平台，并积极协助入园企业共同建设新的技术平台。创业园与欧洲最大生物基地德国柏林生物医药园、挪威生物医药创业中心等建立了合作关系；承担了国家发改委的中国政府与古巴的生物技术合作并与三家古巴国家生物所签订合作协议；参与科技部的中英剑桥园并负责生物技术类项目洽谈合作；在省政府支持下，建立了药用植物资源国际合作研发中心、生物技术服务外包国际合作中心等。

创业园重点发展生物诊断试剂、单克隆抗体以及新药研发外包服务（CRO）三大技术领域，积极引进著名企业和投资商，促使创业园生物单克隆抗体产业规模化，并成长为园区继标准化提取物之后第二大出口品种。较为完善的产业服务平台与专业化的服务，使园区目前集聚了一批先进生物技术项目和创业人才，逐渐形成了生物芯片技术、诊断试剂技术、新药研发外包服务技术、单克隆抗体技术以及中药标准化提取物技术等产业集群。

联系方式

地　址：湖南省浏阳生物医药园区科创大楼
邮　编：410329
电　话：86-731-3280359
传　真：86-731-3280666
邮　箱：13907484359@139.com

株洲留学人员创业园

园区概况

株洲留学人员创业园成立于1999年7月，是湖南省成立的第一家留学人员创业园。创业园与株洲国家高新技术创业服务中心、大学生创业示范园采取“三块牌子、一套人马”的方式运作，按企业化管理模式运行，实行自收自支的财务管理体制。创业园先后荣获“全国先进高新技术创业服务中心”“湖南省留学人员创业园先进单位”“湖南省国家火炬计划实施20周年先进服务机构”“湖南省科技管理系统先进集体”“湖南省优秀留学人员创业园”“株洲轨道交通产业集群创新创业平台”“湖南省促进就业创业孵化基地”“国家级大学生科技创业见习基地”等100多项荣誉。

创业园孵化总面积14.87万平方米，包括“一园两基地”创业园本部和天台金谷孵化基地。创业园大力推进“苗圃—孵化器—加速器”一体化的科技创业孵化链建设，提升孵化器的服务能力和服务水平。创业园与省内外高校及科研机构建立长期合作关系，搭建多种技术合作平台，推进产、学、研结合，加速科技成果转化。

创业园鼓励有创业意向的科研人员、大学生、留学人员等开展创业见习实习，组织长、株、潭地区科研院所专家学者、园区成功创业的企业家作为创业导师来园讲学，提供团队组建、管理运营、技术攻关、产品市场前景分析等具体指导，为未成立企业的优秀创业项目和创业团队提供专业、系统的“预孵化”服务。

联系方式

地　址：湖南省株洲市天元区泰山路43号
邮　编：412007
电　话：86-731-28827865

湘潭留学人员创业园

园区概况

湘潭留学人员创业园于2003年8月29日经湖南省人事厅批准成立，10月28日正式授牌，是湘潭高新开发区管委会直属的公益性科技型事业单位，与湘潭国家高新技术创业服务中心采取“两块牌子、一套人马”的方式运作。创业园被评为“湖南省优秀留学人员创业园”。

创业园依托创业中心3.8万平方米创业孵化大楼，建设1.44万平方米的标准厂房，以优惠的政策和良好的服务，吸引海内外留学人员归国创业。同时，配合德国科技园引进国外项目进行孵化，逐步建成国际企业孵化器。

联系方式

地　址：湖南省湘潭市晓塘中路火炬创新创业园创新大厦2楼
邮　编：411100
电　话：86-0731-58551800
邮　箱：haoxinqing@sohu.com

岳阳留学人员创业园

园区概况

岳阳留学人员创业园创建于2001年6月，经湖南省人事厅批准，于2002年7月正式挂牌。创业园位于岳阳高新技术产业开发区内，是吸引留学人员来岳阳创业发展的重要平台，是推动岳阳高新区及其高新技术产业发展的重要载体。

创业园规划了8000平方米的厂房作为孵化基地，并建设了留学人员创业科技大楼，实行优惠政策，为留学人员新办企业提供场地、资金、申报项目、办理手续等服务。

目前，创业园引进项目大多处于国际国内领先水平，部分被列入湖南省科技厅重点支持项目，多名留学回国人员在园内成功兴办高新技术企业。

联系方式

地　址：湖南省岳阳市巴陵中路创业大厦
邮　编：414000
电　话：86-730-8720888
邮　箱：282423357@qq.com

常德留学人员创业园

园区概况

常德留学人员创业园成立于2005年6月，是继长沙、株洲、浏阳、岳阳、湘潭之后湖南省内第六家留学创业园。常德市政府采取灵活政策，提供启动经费与免费办公条件，并按照“政府搭台，企业唱戏；民办官助，大胆创新”的建设方针，将创业园交给留学人员自己经营管理。

目前，创业园成功吸引了一批来自美国、日本、加拿大、英国、比利时等国的留学人员，集聚了一批信息技术、材料、能源、交通、农业等高科技项目，成功开发出一系列如新型光缆材料、网络教育资源平台、GPS车辆监控系统、建筑节能系统、生物试剂等新型产品。

联系方式

地　址：湖南省常德市人民东路320号农业局大厦1楼
邮　编：415003
电　话：86-736-2597057
邮　箱：hncdwsb517@163.com

益阳留学人员创业园

园区概况

益阳留学人员创业园成立于2007年12月，被湖南省人事厅认定为省级留学人员创业园，并先后被认定授牌为“益阳会龙电子信息园”“湖南省高等院校科研院所科技成果转化及产业开发基地”“中南大学科技园”“清华大学科技园”等。

创业园位于湖南省益阳高新区南片区，规划总面积510亩，以云雾山路为轴线，分南北两个功能区：南边为生产区，规划建设标准化厂房和管理及仓储用房；北边为综合服务区，规划建设各类套型公寓、公共服务大楼和综合孵化大楼，以满足企业高管和其他工作人员的生活服务需求。创业园分别与清华大学、中国科技大学、国防科大、中南大学、湖南大学、湘潭大学、北京国力源研究中心、湖南省林科院等42所大学院校科研院所建立了密切的合作关系，园内大多企业建立了自己的研发机构。

目前，创业园累计入孵企业50多家，其中在孵企业30多家，汇盛科技、瑞亚高科、方圆液压、祥瑞科技等一批企业发展迅猛，有力地促进了益阳高新区新能源、新材料、新兴信息技术及服务业、高端装备制造、农产品精深加工等主导产业的快速形成。

联系方式

地　址：湖南省益阳市高新区云雾山路

邮　编：413000

电　话：86-737-2223126，2223128

留学人员广州创业园

园区概况

留学人员广州创业园成立于1999年8月，由广州开发区投资创办并与国家教育部、科技部合作共建，是广州开发区留学人员创业的主要聚集地。2001年8月，被国家科技部、教育部、人事部和外国专家局联合认定为国家留学人员创业园建设示范点，是广东省唯一的国家级留学人员创业园。创业园管理机构是科技部认定的国家级高新技术创业服务中心，首批国家级“大学生科技创业见习基地试点单位”、广东省小企业创业基地、广东省版权兴业示范基地、广州市创业（孵化）示范基地。2016年2月，广州开发区管委会、广州火炬中心被授予2015年度广东省科学技术奖特等奖。

创业园已建成了广州科技创新基地园区、广州科学城综合研发孵化区园区、广州开发区西区园区、广州国际企业孵化器园区、广东软件科学园园区、科学城信息大厦园区6个园区，形成了资源互补、配套齐全的孵化网络，总孵化场地达15万平方米。

创业园充分发挥广州开发区“孵化器的孵化器”平台化引领作用，逐渐探索出了一套具有鲜明特色的孵化模式，已在广州开发区形成从“创客空间（苗圃）—孵化器—加速器—科技园”的全链条孵化器集群。引进和培育了大批优秀留学人员企业，涉及生物医药、电子信息、新材料、光机电一体化等多个产业领域。

联系方式

地　址：广东省广州科学城揽月路80号广州科技创新基地综合服务楼708

邮　编：510663

电　话：86-20-32290476，32290563

传　真：86-20-32290839

邮　箱：anleex@enterpark.com

网　址：www.entrepark.com

广州市留学人员创业（海珠）基地

园区概况

广州市留学人员创业（海珠）基地成立于2001年9月，是为留学人员来海珠市创业而设立的科技企业孵化器。基地与广州市海珠高新技术创业服务中心实行“两个牌子、一套班子”进行运作。创业中心是由海珠区政府于2000年1月建立的科技创业服务机构，2000年12月，被广州市科技局认定为“市级高新技术创业服务中心”；2001年9月，被市科技局批准成为“广州市留学人员创业（海珠）基地”；2005年12月，被科技部认定为“国家高新技术创业服务中心”。

创业基地位于广州城市新中轴线，占地面积1.1万平方米，有6座主要建筑物，可供科技企业创业的建筑面积1.5万平方米，内设置有高新技术成果（产品）展览厅、多功能会议厅、商务中心、培训中心以及宽敞的停车场等基础设施，环境优美，周边生活服务设施齐全。创业基地为扶持进入中心的企业发展制定了各项优惠政策，入驻企业除可享受国家、省、市扶持发展高新科技产业的各项优惠政策外，还设有项目扶持资金及纳税奖励等一系列优惠措施。对留学人员自带项目到基地创业，经审查批准，可从广州市留学人员管理服务中心申请留学人员专项资金10万元；在此基础上，还可从海珠区高新技术创业扶持资金中获得10万元以上的资助，作为留学人员的项目启动资金。同时，提供园区物业管理、后勤服务，为入园企业办理工商、税务、证照等服务。

联系方式

地　址：广东省广州市海珠区敦和路189号

邮　编：510300

电　话：86-20-89224165，89226132

传　真：86-20-89225984

邮　箱：9963130@qq.com

网　址：www.cy-center.com

广州市荔湾留学生科技创业园

园区概况

广州市荔湾留学生科技创业园成立于2002年，是荔湾区人民政府出资、由荔湾区科学技术局主办、荔湾区生产力促进中心创办并管理的科技企业孵化基地。旨在建立一个良好的创业环境，以鼓励和支持留学人员和高新技术企业来区创业发展，为进驻的科技型企业提供从项目研究开发、中试小规模生产到市场开拓的多功能、全方位、全过程的优质服务。

科技园临近荔湾区政府及地铁，交通便利，环境优美，已建成由中山七路园区、穗丰大厦园区和聚龙中试基地（广州市市级高新技术创业服务中心）、东沙创业中心四个园区组成的完整体系。其中，最新成立的东沙创业中心位于荔湾区东沙工业园区内，建筑面积达4500平方米。

科技园成立以来，吸引了近200家科技型企业入园，近半是留学回国人员创办的企业；引进各类人才400多人，其中归国留学人员60多人，硕士以上学历人员100多人，已成为推动荔湾科技、经济和社会发展的一个亮点。

联系方式

地　址：广东省广州市荔湾区逢源路330号3楼
邮　编：510000
电　话：86-20-81377323
传　真：86-20-81033258
邮　箱：leif1963@21cn.com

深圳市留学生创业园

园区概况

深圳市留学生创业园成立于2000年10月，由深圳市人事局、高新办、龙岗区政府和美国国际华人科技工商协会联合投资兴办，实行“政府引导，企业化运作，留学生管理”，这种模式在全国尚属首创。2004年12月，成为国家人事部与深圳市人民政府共建的“中国深圳留学人员创业园”，并被国家科技部认定为“国家高新技术创业服务中心”；2010年，被广东省认定为“广东省小企业创业基地”；2012年，被广东省认定为“广东省科技服务业百强企业（机构）”；2013年3月，被深圳市委组织部确定为“人才工作基层联系点”。

创业园现有孵化场地3.34万平方米，拥有孵化、项目管理和资金管理三大功能，建立了财税咨询服务平台、创业园网络管理平台、企业知识产权全流程服务平台和多媒体培训平台四大公共服务平台，为入园企业提供基础设施、创业辅导、融资服务、人才引进、交流培训、市场推广、管理咨询、项目推介、专业服务、联谊沟通等十大类百余项服务内容。

创业园为响应国家大众创业、万众创新，打造发展新引擎、增强发展新动力的政策号召，于2015年6月正式成立留学生创客中心，由专业的早期项目孵化机构——红树谷孵化器运营，为创客、创业提供专业的服务。留学生创客中心打造全新的孵化器模式，以专业特色服务区别于传统孵化器，其中免费场地、免费创业导师服务、投融资对接、产业对接、互助互学氛围等都大大提高创客们的创业体验。

截至2017年底，创业园累计孵化海外人才创业企业959家，其中有10家企业上市挂牌；吸引的留学人才中，有22人入选国家“千人计划”，10人入选省部级人才计划，263人入选市区级人才计划。

联系方式

地　址：广东省深圳市南山区高新南环路29号留学生创业大厦2101室
邮　编：518057
电　话：86-755-86329000
传　真：86-755-86329004
邮　箱：Sz86329000@163.com
网　址：www.szchuangye.com

深圳市留学人员（福田）创业园

园区概况

深圳市留学人员（福田）创业园成立于2003年，依托于福田区高新技术创业中心（深圳市软件园福田分园）。2003年，创业中心被认定为深圳软件园（福田）分园、深圳市留学人员（福田）创业园和深圳市留学生联谊会（福田）分会；2007年，通过深圳市科技企业孵化器认定。

创业园现有4个孵化基地，总孵化面积约13万平方米。包括：位于滨河路边的“松岭”基地，孵化面积5000平方米，入驻企业主要为电子信息、软件开发行业的初创企业；位于彩田北路的“彩田”基地，也称中科大（福田）产学研基地，孵化面积6.7万平方米，发挥中国科技大学的人才和技术支撑点作用，将中国科技大学的高新技术成果引入福田区内孵化和产业化，促进海外留学人员带科技成果来福田创业；位于深圳市老工业区八卦三路荣生大厦的“八卦岭”基地，孵化面积1.1万平方米，是利用原有的工业办公楼进行功能重新定位，创建工业厂房向科技产业转型的典范，已吸引大批科技企业进入；位于福田保税区的福田软件出口基地，孵化面积约5.8万平方米，利用保税区的政策优势，吸引海内外创业投资者，重点发展行业应用软件、行业应用中间件、工业自动化软件，致力于提升福田区软件产业的规模和水平，成为软件出口的重要源头。

联系方式

地　址：广东省深圳市福田区松岭路1号
邮　编：518031
电　话：86-755-83650188
传　真：86-755-83650588

深圳市留学人员（国际科技）创业园

园区概况

深圳市留学人员（国际科技）创业园成立于2013年12月10日，是深圳市科学技术协会、深圳市福田区人民政府及深圳光启研究院，为搭建国际化的技术创新平台，引进国际先进技术和高端创新团队，促进深圳自主创新型城市建设和福田产业高端化发展而合作建立的国际科技创业园。创业园为入园企业提供国际专业化支持和智力服务，从政府扶持政策与创业配套服务等方面帮助国际创新团队尽快建立企业化运营模式，实现技术产业化和生产规模化。

创业园在深圳市科学技术协会、深圳市福田区人民政府的支持和指导下，建设项目将分两个阶段运行。第一阶段为示范项目阶段，选址位于福田区中投国际商务中心，作为过渡基地，共约3000平方米，计划引进海外高端创业团队或项目6到8家，目前已达饱合状态。第二阶段为拓展运营阶段，选址福田区深圳国际创新中心，计划投入运营面积约2万平方米，将引进40到60家海外高端创业团队，已有近200家国际高科技创业团队或项目向园区提出了入园申请，进入园区优质“种子企业库”。

创业园以深圳光启研究院所拥有的国际智力资源为核心驱动，以超材料产业发展基金为重要支撑，引进了一批国际化、专业化的高层次运营管理团队、投资团队和科学家团队，为入园企业提供全面的创业服务支持，并依托光启的海外合作机构，促进园区与海外机构的深入合作。同时，以新材料和新一代信息技术两大战略性新兴产业为主线，通过人才聚集和项目运作，集中特色技术进行园区产业布局。

联系方式

地　址：广东省深圳市福田区香梅路1061号中投国际商务中心A座18-B

邮　编：518040

电　话：86-755-23482785转812

传　真：86-755-82705173

邮　箱：sziip@kuang-chi.org

深圳市留学人员（龙岗）创业园

园区概况

深圳市留学人员（龙岗）创业园成立于2001年7月，是深圳市龙岗区为吸引海外留学生来龙岗创办高新技术企业而投资兴建，以引进优秀归国留学人员携带高科技项目来龙岗创业，提高相关产业水平，加快科技成果化，引导和带动自主创新体系建设为目的的综合性科技企业孵化器。2004年，通过深圳市科技企业孵化器认定；2005年，通过国家级科技企业孵化器认定；2006年，被授予“深圳市优秀引智单位”称号；2007年，被认定为“深圳市优秀科技企业孵化器”；2008年4月，成立知识产权工作站；2008年6月，通过ISO9000管理体系认证。

创业园地理位置优越、环境优美，总孵化面积近4万平方米，各项配套设施完善。科技图书馆、商务中心、情报中心、乒乓球室、台球室、会议室、洽谈室、展览厅、多功能厅均免费对企业开放；引进了深圳低成本健康实验室和CAE实验室、深圳市声学噪音处理检测平台、深圳市环保环评检测等公共技术检测平台；引进了咖啡厅、社康中心等社会配套机构；同时，为创业企业提供低成本的办公、科研及生产场地，以及一站式、全方位的服务。

目前，创业园内有在孵企业80余家，累计毕业企业60余家；在园企业共拥有专利280项，著作权35项，商标46个，拥有多项国际领先技术。

联系方式

地　址：广东省深圳市龙岗区中心城留学生创业园一园213室

邮　编：518172

电　话：86-755-28938007

传　真：86-755-28938001

邮　箱：lgcy@vip163.com

华丰（龙岗）留学生产业园

园区概况

华丰（龙岗）留学生产业园成立于2009年5月，是由华丰世纪集团投资兴建的留学生产业园，是深圳市引智办和龙岗区科技局重点项目。

园区一期规划用地面积约4.5万平方米，总建筑面积逾10万平方米，建有标准化工业厂房8栋，配套公寓5栋，地理位置优越，环境优美，配套完善。商务中心、情报中心、乒乓球室、台球室、会议室、洽谈室、多功能厅等均免费对企业开放。华丰集团先后投入300余万元资金，根据国际标准化工业园对园区的绿化、监控系统、电梯系统、配电系统、热水系统、通信系统、有线电视系统、语音广播系统、办公会议系统进行全面改造。产业园客户服务中心积极与外部企业及政府机构沟通交流，同时进行全方位的合作。龙岗区留学生联谊会已经成为联系园内外留学生的重要纽带。

目前，创业累计引进高新科技型企业25家，其中留学生企业16家、外资企业1家、中国台湾合资企业1家；园区企业共获得专利20余项，6家企业已采用或通过ISO等国际质量标准管理体系；1个博士后科研工作站、1个产学研合作基地正在筹建中；累计吸引投资4亿元人民币。

联系方式

地　址：广东省深圳市龙岗区宝龙工业区宝龙一路与宝荷路交叉路口

邮　编：518116

电　话：86-755-89668288

传　真：86-755-27856777

深圳市留学人员（光明）创业园

园区概况

光明新区留学人员创业园成立于2013年11月，是光明新区管委会为落实国家留学政策，吸引学有所成的海外留学人员到新区创办企业，培育具有国际竞争力的企业和企业家，促进新区经济与社会发展而投资设立的高新项目孵化基地。

创业园一期启动区4000平方米的场地已投入使用，地理位置优越，周边环境优美，配套设施完善，是海外留学人员创业的理想场所。创业园以优惠政策为入园企业提供孵化场地，并针对处于创业期、成长前期企业的特点，提供各类孵化服务，促进科技成果转化，帮助海外留学人员实现技术项目商品化与产业化。

根据市委、市政府要求，创业园被定位为光明新区引进、培养和发挥留学人员作用的重要载体，是实现科技成果转化的重要基地，是海外留学人员施展才华的创业舞台。

联系方式

地　址：广东省深圳市光明新区观光路招商科技园A3栋C2—C6单元
邮　编：518107
电　话：86-755-88211505
传　真：86-755-88211505

深圳市留学人员（龙华）创业园

园区概况

龙华新区留学生创业园于2013年8月20日在观澜银星工业园挂牌成立，依托龙华新区科技企业孵化器创建，旨在为留学回国人员创业提供优质服务平台。2013年11月，正式授牌为“深圳市留学人员（龙华）创业园”。创业园采用“政府指导、民间运营”的方式，由深圳市龙新国际孵化器管理有限公司直接运营管理。

创业园规划总建筑面积约10万平方米，可容纳200家创业企业和100家成长性企业入驻。一期建成面积1.5万平方米，配备有公共服务平台（培训、政策咨询、创业咖啡、特色餐饮、专家公寓、交通配套、秘书服务、法律服务站、财务服务站、人才服务站、超级前台、电子商务、知识产权代办机构、创投机构、知识产权服务站）和公共技术平台（公共实验室、公共测试平台、公共技术开发体系），并有员工食堂、班车、宿舍以及公共会议室、培训室等配套。

创业园构建科技服务创新系统，有效聚集整合政府、协会等多方面资源，入驻企业将享受专项资金扶持等优惠；为支持企业发展，园区对于重大项目的引进，可提供长免租期、厂房定制、股权投资、银行贷款、资金补助申请等方面的增值服务。创业园设立了创业咖啡吧和成果展示中心，通过舒适的创业环境激发优秀的创业灵感，通过专业成果展示高效的成果转移，最大限度地提供增值服务和模式创新，加快园区企业成长。

联系方式

地　址：广东省深圳市龙华新区观澜街道观光路1301号银星高科技大厦
邮　编：518110
电　话：86-755-23703093
传　真：86-755-23317956
邮　箱：szlhti@szyxjt.com

深圳市留学人员（坪山）创业园

园区概况

深圳市留学人员（坪山）创业园（坪山新区留学生创新产业园）成立于2011年11月，是坪山新区管委会为吸引海外留学人才员来区创业而投资设立的高新技术成果孵化基地，主要承担海外留学人员创业企业成长前期的孵育功能。2012年11月，被深圳市政府认定授牌为“深圳市留学人员（坪山）创业园”。

创业园位于华瀚科技工业园内，地处新区中心区的核心区，地理位置优越，总建筑面积2.38万平方米，一期1.75万平方米的科研、实验、办公场地已建成并投入使用，配套设施完备。对于入驻园区的留学人员，除了享受深圳市政府提供的优惠政策外，还可同时享受新区管委会提供的“零费用”进驻，入驻园区进行创新创业、研发的留学人员企业，办公场租全免、科研场租全免、试生产场租全免。

联系方式

地　址：广东省深圳市坪山新区金牛西路16号华瀚科技工业园内
邮　编：518000
电　话：86-755-28339215
传　真：86-755-28339266
邮　箱：cx10001@126.com

珠海留学人员创业园

园区概况

珠海留学人员创业园成立于2003年2月，由国家人事部与珠海市政府共建。创业园受珠海高新区管委会管理，高新区管委会下设创业园管理服务中心，具体负责园区日常管理和服务工作。

创业园设在珠海国家高新技术产业开发区内，面积2.3万平方米，分为A、B两区，A区位于科技创新海岸的南方软件园内，面积1万平方米；B区位于南屏科技工业园内，面积1.3万平方米。已形成了集研究、实验、中试、孵化为一体的留学人员创业基地，基础设施完善、信息网络发达、生态环境优美、技术创新氛围浓郁的智能型园区，成为珠海市实现科技成果转化的重要基地。

目前，创业园已吸引300多家留学人员企业入驻，600多名留学人员在园发展，企业分布在电子信息、生物制药、新材料等领域。

联系方式

地　址：广东省珠海市唐家湾镇港湾大道科技一路10号民营科技大厦一楼
邮　编：519085
电　话：86-756-3629995，3629996
传　真：86-756-3629900

惠州留学人员创业园

园区概况

惠州留学人员创业园（原仲恺高新区留学生创业园）成立于2003年7月。惠州市政府依托仲恺高新区的产业基础，批复成立了仲恺高新区科技创业服务中心（仲恺高新区留学生创业服务中心）作为仲恺高新区留学生创业园管理部门，秉承“服务科技，扶持创新”的发展思路，吸引初创期科技型中小企业和创业企业入孵，为归国留学创业人员提供创业启动资金、科技服务和商业配套服务。2008年9月，创业中心被省科技厅认定为“广东省高新技术创业服务中心”，被市纪委、市监察局认定为“惠州市改革开放成果教育基地”；2009年，获得“省中小企业服务机构示范单位”“广东省高校毕业生科技创业孵化基地”认定；2010年，被国家人力资源和社会保障部全国博士后管委会认定为“博士后科研工作站”，被科技部火炬中心认定为“国家级科技企业孵化器”，被省中小企业局认定为“广东省小企业创业基地”，被省发改委员会认定为“广东省现代服务业集聚区”；2012年，被市政府认定为“惠州市现代服务业集聚区”，被省中小企业局认定为“广东省中小企业公共服务示范平台”，被省人社厅认定为“广东省创业带动就业孵化基地”；2015年11月，成为广东省人社厅与惠州市政府共建的广东惠州留学人员创业园。

创业园孵化总面积20万平方米，孵化场地由仲恺高新区科技创业服务中心1、2、3号楼，TCL科技大厦科技创新研究服务中心，惠南、东江产业园科技创业服务中心，陈江、惠环加速器以及北京中关村异地孵化器、美国波士顿异地孵化器、政企共建孵化器等构成，针对不同成长阶段科技企业的需求，建设与之相适应的不同类型科技创新创业孵化载体，从创业苗圃到孵化器、加速器，再到产业园等，建立完善科技创新创业孵化链条，形成了“创业苗圃+孵化器+加速器”的孵化体系。创业园积极探索“前孵化器”和异地科技创新服务体系建设，依托国内外知名高校和科研院所，推动产学研合作，支持有创业需求的精英和创新团队把仍处于研究早期的技术产品甚至技术思路进一步完善并在仲恺高新区进行产业化。同时，为进一步优化仲恺高新区人才政策环境，仲恺高新区先后出台《仲恺高新区引进扶持高层次人才激励政策（暂行）》《仲恺高新区管委会关于仲恺高新区“恺旋人才计划”的实施意见》，针对海外高层人才，协助办理工商注册、税务登记、海外高层次人才居住证等一站式服务，提供生活津贴及一次性住房补贴等补贴待遇。

在创业园多年的建设和发展带动下，仲恺高新区已聚集留学人员近200人，留学人员创业企业10多家，占惠州市留学人员科技创业企业总数80%以上，多个项目被列为国家、省、市科技重点支持对象。

联系方式

地　址：广东省惠州市仲恺高新区惠风东二路16号
邮　编：516006
电　话：86-752-2653699
传　真：86-752-2653896
邮　箱：smart008@21cn.com

东莞市留学人员创业园

园区概况

东莞市留学人员创业园成立于2003年，是东莞市吸引海外留学人员来莞创业，建设创新型城市的重要平台。其宗旨是为留学人员来莞创业提供优质服务，营造适宜中小科技企业成长的创新环境，促进先进科技成果转化，加快培育自主创新型企业和现代企业家，推动东莞新兴产业、高科技产业发展。2005年底，被共青团中央授予“中国青年留学人员创业基地”的称号；2007年12月，被科技部认定为“国家高新技术创业服务中心”；2010年12月，成为人力资源和社会保障部与广东省人民政府共建的留学人员创业园。

创业园设在风景优美的东莞松山湖科技产业园区，有孵化场地面积4万多平方米，建成生物医药专业孵化器、创意产业孵化器，以及生物医药工程中心、微电子材料研发中心等多个公共技术平台。此外，还专门配备了会议室、多功能报告厅、员工食堂、咖啡厅、文体活动室等，为入驻企业提供良好的商务、生活环境。在为入园企业提供基础服务的同时，还提供中介、创业培训、人力资源、融资、专家辅导、对外交流合作等服务，促进企业科技成果产业化。

作为东莞市以及松山湖高新区吸引高端人才创业、孵化高新技术的重要基地，创业园在载体建设、人才引进、成果转化、企业培育等各方面取得显著成绩，逐步形成了“孵化器+加速器+新兴产业基地”的发展模式。目前，创业园已累计引入创业企业和服务机构300多家，入园注册资本合计12亿多元，19家企业被认定为国家高新技术企业；引进各类高层次人才470多人，其中10人入选国家“千人计划”，引进领军人才16人。

联系方式

地　址：广东省东莞市松山湖管委会一站式服务办事中心4层
邮　编：523808
电　话：86-769-22891118
邮　箱：ljy@ssl.gov.cn

中山留学人员创业园

园区概况

中山留学人员创业园成立于2007年8月，由中山市人事局批准成立，与中山火炬高新技术创业中心、中山火炬生产力促进中心合署办公，实行“一套人马、三块牌子”的运作机制。中山火炬高新技术创业中心由火炬开发区管委会于1992年创办，2005年被科技部认定为“国家高新技术创业服务中心”，并被广东省科技厅批准为“广东科技人才基地（中山）”建设的依托单位。2011年12月，创业园成为全省首家由广东省人力资源和社会保障厅与中山市人民政府共建的省级创业园。

创业园已建成的建筑总面积达到30万平方米，拥有1个综合孵化器和5个专业孵化器，包括投资大厦、数码大厦、科技大厦、孵化中心大厦，有商务酒店、商业购物区、学校、专家楼、留学人员公寓等配套设施。此外，专用于留学人员创业的数码大厦已投入使用，孵化场地面积近10万平方米，可容纳企业近500家。科技中介服务区、创业人才生活区、高新技术成果展示区、高新技术产品交易区等四大人才创业配套服务功能区已基本成形。对入园创业的回国留学人员，创业园提供以下优惠政策：一是开发区一次性补贴10万元创业投资资金；二是从企业设立之日起的2年内，根据企业固定资产投资规模给予一次性3%的补贴，最高达到60万元；三是企业从登记之日起3年内，按投资总额的20%一次性给予贷款贴息；四是对于进入创业园达到博士学位或者是博导职称的，给予安家费10万—30万元。在科技创新方面，科技专项经费也给予优先的资助。同时，在子女进入园区之后的就学、就业、家属安置等方面也给予优惠，为留学人员提供广阔的创业平台和优质的生活环境。

目前，创业园已形成了电子信息和软件开发、生物医药、新能源与新材料、光机电五大支柱产业，多个项目被列入国家、省、市科技重点支持对象。截至2017年底，创业园累计孵化海外人才创业企业102家，其中有1家企业上市；吸引的留学人才中，有9人入选国家“千人计划”，4人入选省部级人才计划，20人入选市区级千人计划。

联系方式

地　址：广东省中山市中山港康乐大道创业大厦101

邮　编：528437

电　话：86-760-85316969，85316213

传　真：86-760-5310271

邮　箱：hpp7943@sohu.com

南宁留学人员创业园

园区概况

南宁留学人员创业园成立于2000年初，坐落在南宁国家高新技术产业开发区内，由南宁新技术创业者中心负责服务管理。

创业园拥有孵化场地4000平方米，经过多年发展，建立起了较为完善的孵化培育服务体系。创业园结合南宁高新区的实际情况制定了一系列的优惠措施，包括提供留学人员创业启动资金、办公科研场地的优惠使用、协助企业申请各项科技经费、提供专家公寓、提供企业发展咨询服务等。

目前，创业园已吸引了一批来自美国、英国、日本等国家和地区的海外人员，以及国内博士和博士后前来创业。

联系方式

地　址：广西南宁市科园大道68号4栋6层

邮　编：530004

电　话：86-771-3213233，3213368

邮　箱：smart008@21cn.com

柳州留学人员创业园

园区概况

柳州留学人员创业园成立于2007年8月，由柳州市人事局、柳州高新区共同组织和管理，为留学回国人员提供资金、场地及相关配套服务。创业园实行“政府引导、企业运作、留学生管理”的运作管理模式，即通过海外留学生入股，创造“一头在国内、一头在国外、中间是政府”的“杠铃模式”，以最优惠的价格提供科研、实验、办公、配套和管理服务，利用政府资源参与运作和管理，引进风险投资资金，协助入园企业解决融资问题。

早在2003年就进入国家级的柳州高新技术创业服务中心，已形成了一整套完善的孵化服务体系，共有孵化场地2.7万平方米。创业园成立后，又制定了一系列优惠政策，除设立了留学人员基金外，还在柳州高新区中心和柳东新区提供了近1000平方米的场地，免费作为入园留学生的研发和生活区。创业园主要构建生物工程和生物制药、高新技术及新材料新能源、软件及文化产业、投融资等四大优势产业。

联系方式

地　址：广西柳州市高新一路科技工业苑11层

邮　编：545006

电　话：86-772-3998128

桂林留学人员创业园

园区概况

桂林留学人员创业园成立于2001年3月，由原国家人事部、广西壮族自治区人民政府和桂林市人民政府联合共建，2001年12月正式挂牌。创业园位于桂林国家高新技术产业开发区内，由桂林国家高新区管委会负责具体实施，是专为到桂林创业的留学人员、博士等高层次人才而设立的创业基地。创业园正式挂牌运作以来，充分利用国家人事部、自治区人民政府、桂林市人民政府的政策导向，依托桂林国家高新区良好的投资环境，发挥共建各方自身优势，吸引留学人员、博士以及立志创业的各方人士前来创业。促进科技成果商品化、产业化、国际化，培育一流的高新技术企业，造就精通技术、善于管理、通晓经营的复合型科技人才。2006年12月，创业园被广西区党委组织部授予“广西留学人员工作先进单位”的称号。

创业园现由创新大厦、创业大厦、铁山科技园、创意产业园四大孵化场地构成。创新大厦是高新区电子信息产业专业孵化器所在地，一期孵化场地面积2.7万平方米，利用地处信息产业园优势，专门吸纳中小型电子、通电企业，形成电子、通信企业集群，作为园区各规模企业产业链延伸的载体和末端，逐渐形成完整的产业链条。创业大厦地处高新区老区1平方千米内，孵化场地面积2.1万平方米，有8000平方米的轻钢工业厂房，周边有华诺威制药、晖昂制药等生物医药骨干企业，地理位置优越，交通便利，知名度高，建有“广西数字化产品开发制造公共技术服务平台”“桂林工业产品设计人才培训基地”重点孵化生物医药、光机电一体化企业，着力打造创业苗圃。铁山科技园一期孵化场地面积1.6万平方米，主要用于吸纳大专院校、科研院所成果转化，创业者以留学人员、博士、大学老师、大学生等高素质人群为主体，设有创业中心本部、全国大学生科技创业实习基地，将发挥“一个中心”的引领示范作用，成为多个专业孵化器的“辐射源”。创意产业园孵化场地面积6.8万平方米，是一个全新的，以集聚动漫制作、软件开发、产品设计等创意型企业为首要的园区，建有“高新区软件外包人才培训基地”“高新区动漫制作公共技术服务平台”，承载着高新区转变经济增长方式、文化立区的新理念。

创业园在局部打造了一个吸引留学人员回国创业的优化环境，在求得自身发展的同时也为高新区科技创新营造了一个新的亮点。目前，在孵企业达到300多家，培育规模以上企业80多家。

联系方式

地　址：广西桂林国家高新区大学科技园二楼
邮　编：541004
电　话：86-773-2670907
传　真：86-773-5819274
邮　箱：44603899@qq.com

北海留学人员创业园

园区概况

北海留学人员创业园成立于2006年2月，由北海市人民政府和广西壮族自治区人事厅合作共建。创业园分别设在北海市贵州路科技创业中心大楼、北海市北海大道科技大厦精品项目孵化器、北海市体育北路综合孵化基地等三个孵化器内，日常服务工作由北海市高新技术创业服务中心负责。

创业园先后引进了广西桂能信息工程有限公司，促成了广西桂能集团在北海工业园的亿元投资，产生了拉动北海经济发展的巨大效益；引进了北海金明阳风力潮汐发电科技有限公司，也促成了广西柳州明阳机电集团公司在北海市投资1.3亿元建设风电项目。园区企业为北海市的园区经济、高新技术产业的发展注入了新的活力，增添了新的力量。

联系方式

地　址：广西北海市北海大道科技大厦7楼
邮　编：536000
电　话：86-779-2020594
邮　箱：bhsulidong@sina.com

海口国家高新区留学人员创业园

园区概况

海口国家高新区留学人员创业园成立于2001年12月，由海南省人力资源和社会保障厅与海口国家高新区共同创建，由海口国家高新区科信局主管，旨在吸引优秀留学人员入园创办高新技术企业，重点孵化一批具有国际领先技术和自主知识产权、市场潜力巨大、国家重点支持领域的项目，促使先进技术与本地资源的有效结合，加快科技成果转化和产业化，促进海南经济的快速发展。2009年，创业园被海口市创建创业型城市领导小组认定为“创业孵化示范基地”。

创业园孵化总面积1800平方米，并拟建1.8万平方米创业孵化大楼作为新的创业孵化基地。工程分两期建设，完工后可满足创业人员办公、科研、中试的需求。创业园区在管理模式上创新，以“媒婆+保姆”的管理模式和“以人为本”的服务理念，努力为在孵企业和创业人员提供有效服务。高新区设立有创业扶持基金，创业园还联合政府部门、金融部门、风投机构建立了投融资平台，努力让在孵项目和资金对接；联合省、市科技部门对企业技术成果进行鉴定、推广、交易；通过组织部门协调高校、科研院所的科学实验平台进行资源共享，重大科技项目可联合多方研发。

目前，创业园已聚集了一批由留学回国人员创办的高科技企业，主要集中在高科技农业、信息技术、生物医药、干细胞工程研究、蛋白质工程研究、分子细胞技术应用、中子核辐照技术应用、热带海洋研究等行业领域。

联系方式

地　址：海南省海口市南海大道168号（海口保税区内）留学人员创业园112室
邮　编：570216
电　话：86-898-66826121
传　真：86-898-66826151
邮　箱：hkwsyao@126.com

重庆留学人员创业园

园区概况

重庆留学人员创业园成立于2003年8月，由重庆市政府批准设立，其前身为重庆高新技术产业开发区管委会于2000年3月所创建的“重庆高新区出国留学人员创业园”。2007年，成为国家人力资源和社会保障部与重庆市人民政府共建的“中国重庆留学人员创业园”；2009年10月，被重庆市委、市政府评选为“留学人员归国创业服务工作先进单位”。

创业园位于重庆高新区二郎科技新城，总建筑面积8.92万平方米，总投资额为22亿元，是集科研、中试、生产、办公、展厅为一体的综合性现代化创业园区。

目前，创业园内有留学人员创办或领办企业23家，主要涉及电子信息、生物医药、新材料、先进制造等领域；成功培育华邦制药成为全国首批中小板上市企业，梅安森科技成为西部首家煤矿安全领域创业板上市企业。在园留学人员624人，中央“千人计划”入选者5人。

联系方式

地　址：重庆市高新区二郎科城路77号A座2楼
邮　编：400039
电　话：86-23-68683600
传　真：86-23-68416305
邮　箱：7009932@qq.com

重庆两江新区留学人员创业园

园区概况

重庆两江新区留学人员创业园于2015年5月由国家人社部批复同意与重庆市人民政府共建，由重庆两江新区管委会运营。

创业园主要布局在照母山科技创新城、水土高新技术开发区和龙盛工业开发区。根据《中国重庆两江新区留学人员创业园建设方案》，两江新区留学人员创业园将建成“三中心一平台”，即留学人员创新创业中心、高新技术项目孵化中心、科技创新型企业聚集中心，留学人员信息交流和成果展示交易平台。

创业园出台了“五资”“五助”“五配”三大方面政策，通过“组合拳”模式，从资金、服务、配套等方面，着力吸引国内、国际顶尖人才到重庆两江新区创新创业。其中，对经认定的海外高层次人才带技术、带创新成果到两江新区进行产业化，并新注册科技创新型企业的，一次性给予最高100万元开办补助。创业园还配备了创新创业服务中心、孵化中心以及人才公寓、国际学校和国际医院，为海外人才创造了优越的工作和生活条件。

创业园确立了5年内实现“三个五”目标，即留学人员主导创办、项目牵头或投资合伙的创新型企业500家，吸引创新创业人员5000名，助推云计算大数据、互联网、金融、文化创意、高端装备等5个战略性新兴产业集群，逐步形成创新创业体系。

联系方式

地　址：重庆市金渝大道66号金山大厦
邮　编：401122
电　话：86-23-63560000

成都留学人员创业园

园区概况

成都留学人员创业园成立于1998年8月，是成都高新区管委会下设的为留学人员回国创业提供服务、促进成果转化的公益性科技事业服务机构，是全国首家由国家人事部与地方政府共建的留学人员创业园。经过多年的发展，创业园不断完善留学人员回国创业的激励机制，按照“以优惠的政策吸引人才，以优良的环境留住人才，以优异的事业发展人才”的发展思路，通过有针对性的基础服务、增值服务和定制服务，促进人才资源向人才资本转化。

创业园坐落于成都高新区起步区工业园，面积3000平方米。近年来，创业园大力实施“创业天府”高新区引领工程，总体布局国际创新创业、校地军民协同创新、国际生物产业创新、国际空港科教创新等四大示范基地。打造双创旗舰菁蓉国际广场（中韩创新创业园），按照“专业化服务、市场化运营、国际化整合资源”思路，为创新创业者提供政务、商务、中介、平台、国际五大线下服务，及线上服务（菁蓉创新创业网），聚集高层次创新创业人才，培育企业自主创新能力，取得了显著成绩。

截至2017年底，创业园累计孵化海外人才创业企业1029家，成功培育出飞博创和芯微电子、亚连、摩尔、特普等一批拥有自主知识产权、具有核心竞争优势的留学人员企业；吸引的留学人才中，有38人入选国家“千人计划”，161人入选省部级人才计划。

联系方式

地　址：四川省成都高新区益州大道中段1800号移动互联创业大厦4楼
邮　编：610041
电　话：86-28-85335555
传　真：86-28-85312171
邮　箱：354422258@qq.com
网　址：www.cdibi.org.cn

绵阳留学人员创业园

园区概况

绵阳留学人员创业园建立于2000年5月，由四川省人事厅、科技厅、教育厅与绵阳市人民政府联合共建，市人事局、教育局、科技局与高新区管委会具体承建。创业园依托绵阳国家级高新技术产业区，按照市场经济规律和国际通行规则运作，以吸引和扶持留学人员，培育具有创新能力与国际竞争力的高新技术企业和科技企业家为重点，促进高新技术的发展和科技成果的转化。

创业园规划面积50万平方米，实现园区的连片开发和集中管理，已建成孵化中心、标准厂房和博士别墅住宅等基础设施，投入使用孵化面积4000多平方米，标准厂房面积5000多平方米，引入会计师事务所、企业咨询、风险投资等中介服务机构，为留学人员来区创业提供专业化服务。

创业园吸引了来自美国、加拿大、日本、澳大利亚、德国、英国等国家的留学人员创办高科技企业，为促进高新技术成果的转化，提高绵阳高新区科技创新能力作出了突出贡献，初步形成了人才聚集效应。

联系方式

地　址：四川省绵阳市普明南路东段95号创业服务中心
邮　编：621000
电　话：86-816-2546170
传　真：86-816-2535118

贵阳留学人员创业园

园区概况

贵阳留学人员创业园（原贵阳留学归国人才创业园暨贵阳海外高层次人才创新创业基地）成立于2010年1月，其前身是成立于2003年的贵州留学回国人员创业园、贵州学子回乡创业园，是贵州省唯一的留学人员创业园。创业园由贵阳国家高新区投资建设，与贵阳高新技术创业服务中心实行“两块牌子、一套人马”，鼓励和扶持高层次海外留学人员回国创业。创业中心成立于1992年，是直属贵阳国家高新区管理委员会领导下的科技服务机构，1998年被科技部认定为“国家级创业服务中心”。2015年5月26日，人社部批复同意与贵州省政府共同建设“中国贵阳留学人员创业园”。

高新区管委为创业园制定了系统管理办法和政策措施，着力培育具有创新能力和国际竞争力的高新技术企业。并以贵阳高新技术创业服务中心综合孵化服务功能为基础，在研发、项目孵化、团队建设、技术改造、市场开拓等方面给予扶持。目前，创业园已累计吸引60多个留学归国人才创业团队、100多名留学人员入园创办了60多家企业成为全省科技创新创业人才最集中的区域。

联系方式

地　址：贵州省贵阳市金阳新区长岭南路创业大厦6层
邮　编：550022

电　话：86-851-4700588
传　真：86-851-4701009
邮　箱：260875268@qq.com
网　址：www.gyibi.net.cn

云南留学人员创业园

园区概况

云南留学人员创业园成立于2001年9月，是由昆明高新技术产业开发区创办的为海外留学人员回国创业提供创业服务的专业化园区。创业园与云南省国家大学科技园两园合一，合署办公，实行“两块牌子、一套班子”的运作模式，管理机构为云南留学人员创业园管理办公室、云南省大学科技园办公室。创业园以服务、创新为重点，以高新技术成果的商品化、产业化和国际化为目标，以促进科技成果转化、孵化高新技术企业、培育创新型企业为宗旨，着力吸引、挖掘、培育创业团队完备、研发能力突出、拥有自主知识产权的科技型企业。同时，依托省内外高校的教学、科研设施和研究成果，充分发挥昆明国家高新技术产业开发区体制、机制、政策的优势和社会服务功能，实现了高校、科研机构的智力资源与社会资源的有机结合，现已成为昆明高新技术产业开发区技术创新体系的重要组成部分，成为云南省、昆明市留学归国人员重要的创业平台。2004年，创业园被共青团中央评为“中国青年科技创新示范基地”；2008年，被科技部评为“国家火炬计划先进集体”；2009年，被省科技厅评为“优秀科技企业孵化器”；2010年，被昆明市科技局认定为市级孵化器；2011年，荣获“昆明名牌产品”称号；2012年，获“国家中小企业公共服务示范平台”称号。

创业园依托昆明高新技术产业开发区区域资源禀赋、产业基础和区位优势，集中发展生物医药、电子信息及现代服务业和新材料及先进装备制造业三大产业集群，园区产业呈现集群式、专业化、特色型发展的态势。园区拥有孵化场地13万平方米，已建成生物医药、电子商务专业孵化器、创业苗圃等孵化平台。

联系方式

地　址：云南省昆明二环西路220号云南软件园产业楼501室
邮　编：650106
电　话：86-871-68180605
传　真：86-871-68181219
邮　箱：1716175429@qq.com

云南海归创业园

园区概况

云南海归创业园于2006年成立，是在昆明经济技术开发区管理委员会的指导下，采用股份制企业化形式运作的，重点面向海归创业者建设的综合性科技企业孵化器。产业发展以信息技术、生物技术和环保新材料等为重点，不仅具有依托经开区新兴产业发展产业链，构筑产业机构支撑点的优势，还具有面向东南亚和南亚的地域优势。创业园经过多年的发展，已成为云南目前单体规模最大的科技企业孵化器，也是云南目前规模最大的留学人员创业园。先后被科技部认定为国家级科技企业孵化器，被云南省科技厅认定为省级科技企业孵化器，被昆明市科技局认定为市级科技企业孵化器，被人社部认定为全国创业孵化示范基地。同时，作为国家级昆明经济技术开发区配套的重点科技创业园区，被认定为国家级昆明经济技术开发区的二级招商引资平台、经开区引进海外高层次人才联络站、云南省留学服务中心经开区分中心、外贸服务基地、云南省科协科技专家服务站及省级生产力中心等。

创业园位于昆明开发区信息产业基地，占地109亩，已建设完成投入使用的面积达15.48万平方米。其中，孵化场地5.08万平方米，公共配套服务1771平方米，专属的留学生和大学生创业实习基地3000平方米，另有10.4万平方米作为产业加速器，主要用于规模化生产。创业园非常注重公共服务平台建设，采取自建与合作的方式整合自身及外部专业服务资源，目前已建立企业融资服务平台、政策咨询与项目申报服务平台、技术产权服务平台、教育培训服务平台、市场营销服务平台、人力资源服务平台等16个服务子平台，全面搭建了特色创业服务，为企业发展提供全面支撑。同时，创业园为留学回国人员创业制定了“育林式”全程服务，即“预孵化（引种幼树）—技术孵化（修枝培土）—企业孵化（施肥浇水）—企业加速（优良嫁接）”的全过程、全阶段的跟踪孵化服务。目前，园区以综合型科技企业孵化器为基础，着重培育信息技术、生物医药、新材料、节能环保、新能源及光电子信息等领域的科技产业，向专业孵化器和产业加速器方向发展，已成功培育出云南北斗银河导航、康嘉乐生物科技、圣周伟业等一大批知名高科技企业。

联系方式

地　址：云南省昆明市经济技术开发区信息产业基地春漫大道80号
邮　编：650217
电　话：86-871-66386416
传　真：86-871-66358760
邮　箱：9908773@qq.com

西安留学人员创业园

园区概况

西安留学人员创业园成立于1998年5月，是国家科技部、人事部、教育部和国家外专局共同批准确定的首批“国家留学人员创业园”。2002年7月，成为国家人事部与陕西省政府共建的留学人员创业园，同年12月被团中央认定为“青年科技人才创新基地”；2003年9月，被中央组织部、宣传部、统战部、人事部、教育部、科技部六部委共同授予“留学回国人员先进工作单位”称号；2006年6月，被中国民营科技促进会组织评为“全国先进科技产业园和先进管理者”；2008年12月，西安高新区被中央人才工作协调小组列为“海外高层次人才创新创业基地”；2009年4月，被列为“国务院侨务办公室引智引资重点联系单位”；2012年8月，创业园入选“新侨人才创业孵化团队”，是全国唯一入选的留学人员创业园；2013年3月，创业园被西安市外侨办评为“西安市侨务工作先进集体”，同年11月，被科技部火炬中心认定为“苗圃—孵化器—加速器”科技创业孵化链条建设示范单位。

创业园位于国家级西安高新技术产业开发区内，总面积99.48万平方米，拥有由孵化基地、产业化基地、综合性园区组成的13个创业基地，已形成由1个综合性孵化器和多个专业孵化器相结合的“1+N”的孵化器集群发展模式。创业园围绕中小型科技企业的发展需求，提供创业咨询与指导服务、投融资促进服务、培训服务、共性技术服务、项目策划与申报服务等20多项专业化服务，建立了面向高新区科技型中小企业的分阶段、分领域培育的创业服务体系，为区域产业集群的发展源源不断地输送后配力量。

创业园充分发挥政策优势、产业优势和环境优势，在促进海外科技成果的引进、吸收、再创新方面取得了显著的成绩，促成了大批海外学人创业项目在西安高新区落户。截至2017年底，创业园累计孵化海外人才创业企业919家，其中有3家企业上市挂牌；吸引的留学人才中，有31人入选国家“千人计划”，58人入选省部级人才计划，105人入选市区级人才计划。

联系方式

地　址：陕西省西安高新区锦业路69号瞪羚谷G座2层
邮　编：710077
电　话：86-29-88314728
传　真：86-29-88320126
邮　箱：lixu@xdz.gov.cn
网　址：www.xibi.com.cn

西安经济技术开发区留学人员创业园

园区概况

西安经济技术开发区留学人员创业园成立于2008年8月，由西安市人事局和西安经济技术开发区共同组建，由西安经济技术开发区留学人员创业园服务管理中心负责管理。

创业园以经开区总体发展战略规划为依托，以经开区创业园管理办公室为政策管理及服务平台，以留学人员和国际高端人才为智力资源，结合区域实际，以经开区现有产业板块、入驻企业及科研项目为留学人员和国际高端人才创新及就业提供服务，以培育具有创新能力与国际竞争力的高新技术制造企业和科技企业家为重点，促进高新技术制造业的发展和科技成果转化，引领产业升级，逐步建立专业化创业基地，充分发挥示范、导向带头作用，为进一步建立国家级留学人员创业园奠定基础。

创业园为留学回国人员创办的企业提供共享服务空间、经营生产场地、办公设备、交通工具等基础设施服务，还为企业提供政策指导、优惠政策落实、国际合作及各类咨询服务。创业园开设留学人员创业频道，设有专栏和信箱，并由专人负责留学人员到西安经开创业的前期咨询服务工作。同时，协助留学人员创办企业过程中的工商注册、税务登记、银行开户、办理企业代码证、海关登记等手续。

联系方式

地　址：陕西省西安市凤城十二路1号凯瑞大厦A座206室
邮　编：710018
电　话：86-29-86135117，86517914
网　址：www.etpc.com.cn

杨凌示范区留学人员创业园

园区概况

杨凌示范区留学人员创业园成立于2000年8月，经杨凌示范区管委会批准，在杨凌示范区创业服务中心的基础上组建，是我国最早设立的农业高科技留学人员创业园。创业园由杨凌示范区创新创业园发展有限公司负责管理运营，与杨凌示范区创业服务中心“一套人马，两块牌子”。创业园围绕示范区内主导产业，通过建设并完善创新创业孵化服务环境，鼓励吸引海外留学人员来杨凌示范区投资创业，加快农业高新技术成果的商品化、产业化、国际化进程。

创业园基础设施配套完善，拥有1.1万平方米的创业大厦、6500平方米的创新大厦、1.4万平方米的创业园标准厂房。创业大厦地理位置优越，办公室宽敞明亮，物业管理服务已达到星级水平。创业园还具有完善的共享设施，如中央空调系统、ADSL宽带信息网、多功能会议室、健身房、餐厅、娱乐厅，是企业开展科学研究、进行产品生产和办公的理想场所。创业园提供从创业策划到注册登记、办公和生产场地选择、员工住宿、申报各类科技产业计划、申报科技企业和高新技术企业认定以及组织企业参加各类经贸活动等方面的全程服务，并向有希望的项目提供贷款推荐、贷款担保、风险资金、短期合作等。

目前，创业园在孵企业主要涉及生物医药、绿色食品、环保农资、良种繁育和涉农服务业等领域，在孵企业注册资金累计5亿元，年产值3亿元，共开发转化科技项目300多项，形成具有生产能力的产品200多个，其中，105项获国家及地方各类计划资金支持，55项列入国家和省火炬计划、攻关计划和重点新产品计划等。

联系方式

地　址：陕西省杨凌示范区神农路16号创业大厦
邮　编：712100
电　话：86-29-87030000
传　真：86-29-87035398
邮　箱：ylibi@yangling.gov.cn
网　址：www.ylibi.com

兰州留学人员创业园

园区概况

兰州留学人员创业园成立于2001年12月，由甘肃省人事厅、兰州市人事局、兰州高新技术产业开发区管理委员会共同发起组建。2010年1月19日，国家人力资源和社会保障部同意与甘肃省人民政府共建“中国兰州留学人员创业园”，并于2010年12月7日揭牌成立。

建设初期，创业园租用了科庆科技园综合楼部分办公用房建立了兰州高新区留学人员创业孵化基地、兰州高新区人才特区示范基地，连续3年无偿提供给留学人员创新创业。现已引进留学人员26人，创办企业19家。同时，为解决专业园区生产场地缺乏的问题，加速留学人员创业园的建设和发展，新建中国兰州留学人员创业园彭家坪产业研发基地。该基地总占地面积为61.67亩，建筑面积14万平方米，建设投资3亿多元，建有标准化厂房、办公楼、公共基础设施等，设施完整，公共配套全面，能够为100—160家企业提供开发场地和共享的创业保障平台。目前，创业园的孵化场地面积达到8.57万平方米。

创业园自成立以来，大力开展招商引智工作，建立健全了招才引智运作制度，包括身份认定、入园手续办理、优惠政策研讨、项目申报、协助企业成果鉴定等；不断强化服务功能，针对留学人员特点，不断简化工作程序，做到热心、细致、专业、务实，积极扶持园区企业的技术研发和创新；不断改善园区软、硬环境，结合园区实际情况，突出重点，扎实工作，优化创业环境，扩大对外宣传，多渠道、全方位吸纳留学人员回国创业，取得了较好成果。

创业园累计引进留学人员创办的科技型企业达79家，目前在孵企业45家，毕业企业30家，累计引进留学人员104名。创业园正在成为科技型人才创新创业人才的密集区、科技型产业的聚集区、科技成果的转化区。

联系方式

地　址：甘肃省兰州市城关区南面滩268号45号信箱

邮　编：730010

电　话：86-931-8552029

传　真：86-931-8553171

网　址：www.lzgxcy.com

宁夏留学人员创业园

园区概况

宁夏留学人员创业园成立于2003年6月，经宁夏回族自治区人民政府批准，由自治区人力资源和社会保障厅、银川市人民政府、银川经济技术开发区管委会共同建立。创业园与宁夏高新技术创业服务中心合署办公，由宁夏留学人员创业园管理办公室负责具体管理工作。

创业园自成立以来，在自治区人力资源和社会保障厅的关怀指导下，在开发区党工委、管委会的高度重视和各有关部门的支持帮助下，不断改善园区软、硬环境，优化回宁留学人员创业环境。为吸引优秀留学人才回宁创业，开发区管委会先后制定了《银川经济技术开发区管委会留学人员创业园管理规定（暂行）》《银川经济技术开发区管委会吸引优秀人才基金管理办法（试行）》《银川高新区高新技术风险担保基金管理办法》《银川高新区扶持高新技术企业发展基金管理办法》和《银川经济技术开发区“十二五”时期建设“人才特区”暂行办法》等配套政策，提出了引进人才智力的一系列政策措施，对留学人员创业园的建设、发展提出了具体的目标要求和扶持政策。创业园服务体系逐步完善，不断强化服务功能，建立了包括身份认定、入园手续办理、优惠政策落实、项目立项申请、高新科技成果转化等运作制度，以热心、细致、专业、务实的态度，积极扶持园区企业进行技术研发和成果转化。

联系方式

地　址：宁夏回族自治区银川市黄河东路创新园48号银川经济技术开发区管委会组织人事劳动局

邮　编：750001

电　话：86-951-5062867

传　真：86-951-5062830，5062845

邮　箱：ycdaldj@163.com

新疆留学人员创业园

园区概况

新疆留学人员创业园于2013年经自治区人民政府批准成立，是新疆自治区、乌鲁木齐市和开发区（头屯河区）着力打造的为培育具有创新能力与国际竞争力的高新技术企业和科技企业家，促进高新技术发展和科技成果转化，鼓励吸引海内外高层次人才来疆创业发展，促进创业类企业发展壮大而建立的高层次人才创新创业基地。园区管理机构为新疆留学人员创业园管理办公室，属于乌鲁木齐经济技术开发区（头屯河区）直属事业单位。

创业园所在的新软创智大厦于2015年7月投入使用，拥有公共会议室、公共洽谈区、知识产权服务中心、中小企业服务中心、科技创业“一站式”服务中心等，提供孵化面积5100平方米。同时，采取园外园模式与顺德创业孵化基地建立了战略合作关系，提供孵化面积1400平方米，目前可为创业企业提供的孵化面积共计6500平方米。创业园重点强化创业辅导、人才引进、企业融资、成果转化、股权投资、产业促进六大服务，吸引和扶持海内外高层次人才创业。

联系方式

地　址：乌鲁木齐经济技术开发区（头屯河区）喀纳斯湖北路455号新软创智大厦B座

邮　编：830057

电　话：86-991-3075362，3075365

传　真：96-991-3075366

邮　箱：409165831@qq.com

乌鲁木齐留学人员创业园

园区概况

乌鲁木齐留学人员创业园成立于2002年，2010年经人力资源和社会保障部与新疆维吾尔自治区人民政府共建成为“中国乌鲁木齐留学人员创业园”。创业园和乌鲁木齐高新技术产业开发区高新技术创业服务中心实行“两块牌子，一套班子”的运作方式。2004年，创业园被科技部认定为“国家级高新技术创业服务中心”；2009年4月，被自治区政府授予“自治区留学回国人员工作特别贡献奖”；2010年2月，被科技部认定为“科技企业孵化器大学生科技创业见习基地”；同年10月，被教育部、科技部认定为“高校学生科技创业实习基地”；2011年3月，被市委、市政府认定为“先进公共服务机构”；2012年12月，被自治区经济和信息化委员会认定为“2012年新疆维吾尔自治区中小企业公共服务示范平台”。

创业园现有孵化场地面积2.69万平方米，其中供孵化企业使用的场地2.65万平方米。创业园按照ISO9000质量管理体系要求，规范了服务质量，建立了创业导师制度，定期组织创业专题讲座；认真贯彻落实对科技创业企业和博士留学人员创业企业的支持政策，聘请法律顾问和专业技术顾问，为入孵企业提供法律咨询和各类专业技术服务；开发面向中小企业电子商务平台，链接“万方数据”“维普资讯”“新疆科技文献资源共享平台”，为入驻企业免费提供科技文献查询。此外，创业园通过与乌鲁木齐中奥文泰教育咨询公司签订共建“新疆科技创业（教育）培训学校”合作协议，创建孵化“苗圃”，面向在校大学生、社会科技创业人才，搭建以“创新形式、力求实效、内外互动、跨越发展”为理念的科技创业培训高地；积极与中科院新疆分院新疆理化所联系，参与实施“新疆维吾尔自治区民族药创新工程研究中心”项目，不断完善生物医药专业孵化器专业技术服务平台建设；成立创业者俱乐部，积极开展各项培训、参观、交流活动，构建了良好的创业创新环境。

联系方式

地　址：新疆维吾尔自治区乌鲁木齐市天津南路682号
邮　编：830011
电　话：86-991-3672988
传　真：86-991-3671733
邮　箱：181092469@qq.com
网　址：www.xjidi.org.cn

第四部分

人物篇

中国留学人员创业年鉴 2018

注：本篇所收录的是在2017年入选第十三批国家“千人计划”的创业人才，按姓氏拼音排序。

陈凌

广州恩宝生物医药科技有限公司董事长兼首席科学家。毕业于上海医学院医学系，后考取CUSBEA（中美生物化学联合招生项目）赴美留学。美国印第安纳大学生物化学和分子生物学博士，美国哈佛大学医学院Dana-Farber癌症研究院生物化学和分子药学系博士后，国家杰出青年科学基金获得者。曾先后担任美国默克研究室资深研究员、英国葛兰素史克公司研发全球副总裁、法国赛诺菲巴斯德公司疫苗研发副总裁暨中国研发负责人、中国科学院广州生物医药与健康研究院首任创始院长，是默克公司艾滋病疫苗的第一发明人，拥有艾滋病疫苗、癌症的分子化疗、人类乳突状瘤病毒和子宫颈癌疫苗等20多项国际专利发明，在国内外发表论文40多篇。2012年，创建广州恩宝生物医药科技有限公司，致力于研发具有我国自主知识产权的国家一类生物药，包括用于预防呼吸道传染病的相关疫苗研发，同时开发具有靶向效果的溶瘤病毒。公司核心技术包括复制缺陷型腺病毒载体、腺病毒载体构建与生产、高效价腺病毒中和血浆筛查，主要产品包括复制缺陷型人腺病毒疫苗、多价流感疫苗等，先后承担多项国家、部委、省市重大科研项目。2017年，入选第十三批国家“千人计划”创业人才。

陈日清

福州福群电子科技有限公司总经理。福建农林大学计算机与信息学院院长、计算机科学与技术专业学科负责人，教授、博士生导师。2004年获伦敦帝国理工学院通信与信号处理硕士学位，2010年获英国牛津大学无线通信技术专业工程科学博士学位。曾任上海贝尔股份有限公司软件工程师、华为技术有限公司欧洲地区部国际投标经理、南京理工大学信息工程系主任和无线通信与传感网研究所副所长，主要从事移动互联网、物联网、云计算、大数据分析及应用相关研究工作，拥有丰富的无线通信领域实践经验。2011年，组建5人团队回国创办福州福群电子科技有限公司。公司致力于具有自主创新的新型陶瓷微波器件和射频前端模块等系列产品开发和产业化应用，以提高我国在物联网和新一代宽带移动通信等重要信息领域的关键性元器件产品的应用水平。个人先后承担并主持农业部科教司重大农业技术推广服务试点项目、福建农林大学高水平大学建设项目、福建省发改委现代农业“五新”示范项目项等国家部委重大科研项目，发表SCI论文10多篇；先后入选福建省“百人计划”，江苏省“双创计划”，荣获第十四届福建青年科技奖。2017年，入选第十三批国家“千人计划”创业人才。

程功弼

江苏盖亚环境科技股份有限公司董事长。美国辛辛那提大学地质学博士。长期从事土壤和环境的科研和项目管理，专注研究全球变化、环境演变，发表专业论文10多篇，申报专利上百项，并著有《土壤修复——技术研究与行业分析》一书。2012年，创办盖亚环境科技股份有限公司。公司专注于环境技术研究和提供污染防治系统解决方案，成功研发出国内首台土壤地下水取样修复一体化设备，填补了国内相关行业的空白，在技术水平与国外设备相当的同时，制造成本降低了三分之二；建立了国家土壤环境质量监测网，借助移动互联网、物联网等智慧技术参与构建全国土壤大数据管理平台，帮助各级政府完善土壤环境质量状况定期调查制度，提升全国土壤环境信息化管理水平。公司拥有国内发明专利114项，被认定为国家高新技术企业、苏州市土壤环境综合修复工程技术研究中心、江苏省民营科技企业、江苏省中小型科技企业，曾荣获启迪之星——亚洲开发银行清洁技术创业大赛二等奖、环保创新创业大赛二等奖、第七届“春晖杯”中国留学人员创新创业大赛优胜奖、第二届中国江苏创新创业大赛优胜奖等荣誉。个人先后被认定为苏州市“姑苏创新创业领军人才”、苏州工业园区科技领军人才，荣获2015年度启迪之星、2016年苏州十大“青年创业之星”。2017年，入选第十三批国家“千人计划”创业人才。

费越

杭州凌感科技有限公司创始人兼首席技术官。复旦大学物理学学士，美国莱斯大学空间物理学博士。曾就职于诺基亚、摩托罗拉、亚马逊等世界500强企业的科研实验室，致力于人机交互、三维图像、计算机视觉和人工智能的研究和产品开发。2004年，开发出了全世界第一款三维操作系统，催生了后来的多款流行的操作系统界面及应用。2014年作为杭州高新区“5050计划”引进项目，回国创办杭州凌感科技有限公司。公司致力于研究虚拟现实和增强现实领域领先技术及装备，开发最前沿的Inside-out追踪技术解决方案，目前在美国硅谷、北京、深圳设立了研发机构。公司核心团队聚集了在美留学和工作多年的顶尖华人工程师及科学家，以及计算机视觉、人工智能等领域的资深专家，拥有视觉算法、光学、人机交互、高性能计算机、系统软件等方面的先进技术，研发出全球领先的、首个在移动平台上提供三维手势追踪的AR/VR交互技术。公司主要产品“印象湃”在国际著名众筹网站Kickstarter上成功预售达到30万美金，获得IDG、复星昆仲资本等机构的多轮融资数千万美元。2017年，个人入选第十三批国家“千人计划”创业人才。

傅鹏程

浙江山诺生物科技有限公司董事长。浙江大学化工系硕士，澳大利亚悉尼大学博士，先后在日本九州工业大学生物工程与科学系、美国明尼苏达大学化工与材料科学系、加州大学圣地亚哥分校从事藻类生物学与生物技术博士后研究工作，近5年在相关领域发表了近30篇高水平研究论文。2001年进入美国DIVERSA生化公司，从事生物系统基因表达、代谢工程及发酵技术研究；2002年任夏威夷大学分子生物科学与生物工程系教授，并曾担任2005年美国农业部和2009年美国能源部生物能源研究项目基金评审委员会成员。2012年10月回国，创办浙江山诺生物科技有限公司，致力于生物技术及污水及固废生物处理技术的研发，并任海南大学南海海洋资源利用国家重点实验室特聘教授，兼任北京化工大学生命科学及技术学院特聘教授、爱尔兰Limerick大学生物炼制与生物能源教授等职务，率领科研团队在蓝藻基因工程改造以生产燃料乙醇方面取得了世界领先的研究成果。先后在国内外核心期刊发表论文40多篇，SCI收录30余篇，取得美国和国际发明专利6项。2017年，入选第十三批国家“千人计划”创业人才。

高鞠

苏州晶品新材料股份有限公司创始人兼董事长。清华大学物理系现代应用物理专业学士，美国伊利诺伊州大学香槟分校电子工程博士。曾任美国伊利诺伊大学电子与计算机系光物理和工程实验室客座教授、美国APL工程材料公司高级研发科学家，在美国学校和企业一直从事量子力学、激光物理及先进光电材料等前沿领域的研发工作。在美国物理界一流杂志上发表了近40篇论文，拥有10多项美国发明专利。2011年11月，创办苏州晶品新材料股份有限公司。公司致力于基于对元素的秉性以及物理规律的透彻理解，结合丰富的科研经验，针对能源、环保、健康等行业中光、电、热等多方位技术需求，开发新型多功能复合性材料。其领导的技术团队建立的世界上最先进的陶瓷金卤灯生产线，在短时间内完成了生产，产品种类包括20瓦至250瓦，产品性能达到国际一流水平。公司拥有金属纳米化、陶瓷基板薄膜厚膜金属化、功能陶瓷、多层结构电路基板等国际领先的核心技术，获得53余件专利授权，并获得国家高新技术企业、江苏省民营科技企业、苏州市科技型中小企业、吴江区专利示范企业等称号。个人被评为江苏省“双创人才”、江苏省“六大人才高峰”培养人才、苏州市“姑苏创新创业领军人才”、苏州市吴江区科技领军人才；2017年，入选第十三批国家“千人计划”创业人才。

黄晓煌

杭州群核信息技术有限公司董事长。浙江大学竺可桢学院学士，美国伊利诺伊大学硕士。毕业后在美国英伟达NVIDIA担任软件工程师，专注于技术工程和云计算领域，曾发表过多篇论文，拥有多项技术专利，其中国际级专利3项。2011年回国，创办杭州群核信息技术有限公司。公司致力于将所研究的高性能计算技术应用到家居设计领域，借助创新技术手段提升家居设计师的工作效率，乃至家居产业链的行业效率，为消费者提供一种新的家居消费模式和体验。而其领导科研团队研发的在线设计平台酷家乐成为全球屈指可数的具备该类技术国际竞争力的平台。公司同事重点发力CAD、CAM、CAE、BIM及人工智能领域，填补国内相关行业自主知识产权产品的空白。2017年，入选第十三批国家“千人计划”创业人才。

汲江

厦门江天智能仿生科技有限公司董事长兼总经理。加拿大麦克马斯特大学博士。曾任美国通用电气公司（GE）资深研究员，美国Koch Memb Systems Inc.高级研究员，加拿大Zenon环境高级研究员，中国科学院研究员。从事膜科学技术基础研究和工业产品开发生产近30年，创立了非稳态移动边界层条件下的界面聚合动力学理论和复合膜形成动力学理论，拥有多项国际先进水平的美国专利膜技术，在国内外主持30余项重点科研项目，已获美国专利8项，30余项中国专利，发表SCI论文13篇。2012年11月，创办厦门江天智能仿生科技有限公司。公司是厦门“双百计划”重点扶持的高技术公司，拥有多项美国专利和国际领先的膜技术，主要从事智能仿生纳米滤膜、反渗透膜、超滤膜、微孔滤膜和针对PM2.5污染的空气净化膜等高科技产品的研发、生产、销售，以及承揽环保水处理、大气污染治理等工程。公司已建成国际先进的反渗透膜、纳米滤膜、超滤膜和微孔滤膜生产线，承担着国家科技支撑计划海水淡化项目和国家科技创新基金油水分离项目。个人先后获得福建省第三批“百人计划”和厦门市“双百人才”；2004年，入选美国名人录；2017年，入选第十三批国家“千人计划”创业人才。

解明

武汉艾特米克超能新材料科技有限公司总经理。北京理工大学光电工程专业学士，美国密歇根理工大学工程物理博士，主攻材料物理方向。在美留学和工作期间，曾任职于美国能源部新能源国家实验室，从事纳米技术、热电材料和锂电池材料等领域的研发，参与了包括美国自然科学基金、能源部、国防部等有关项目的研发。2012年，创办武汉艾特米克超能新材料科技有限公司。公司致力于用于可穿戴设备的柔性锂离子电池的研究，研制的柔性锂电池采用类3D打印技术，能够自由折叠、弯曲，且重量轻、能量密度大，可广泛运用于智能电子产品、可穿戴设备等，受到了国内外高度关注。公司获得武汉东湖高新区中小企业创新创业基金等项目资助，获得2016年“华创杯”二等奖，第八届“春晖杯”中国留学人员创新创业大赛优胜奖。个人入选湖北省“百人计划”、武汉东湖高新区“3551光谷人才计划”；2017年，入选第十三批国家“千人计划”创业人才。

金星

浙江中科领航汽车电子有限公司董事长。大连理工大学博士，比利时欧洲微电子研发中心博士后。曾在比利时和荷兰汽车电子企业工作近20年，主要从事微电子材料的研究，在国际杂志和国际会议上共发表了70多篇高水平学术论文。2000年后，在半导体产业界从事芯片技术特别是汽车电子专用芯片的研发，曾承担多个国家重大专项。2011年1月，率团队回国，与中科院上海微系统所、临江高新技术产业园区投资发展有限公司共同投资成立浙江中科领航汽车电子有限公司。公司致力于研发和生产具有自主知识产权的车身智能控制系统及相关芯片，是一家集研发与应用的知识密集型高新技术企业。公司研发的具有世界领先水平的胎压监控系统及工程车显示终端被列入“海智计划示范项目”，目前已完成产品化，进入大规模市场推广阶段。个人入选浙江省“千人计划”、杭州市全球引才“521”计划；2017年，入选第十三批国家“千人计划”创业人才。

孔剑

江苏镭创光电技术有限公司总经理。浙江大学物理系学士，新加坡南洋理工大学博士。先后任职于新加坡南洋理工大学电子研究中心、浙江大学等单位，主要从事各类固体激光器及相关设备的研发及产业化工作。2011年3月，创办苏州镭创光电技术有限公司。公司致力于各类固体激光器及相关设备的研发及产业化，生产开发了拥有完全自主的知识产权的多种高效、高功率固体激光器产品，广泛应用于工业加工、基础科学研究、材料处理、医疗诊断、检测与控制、国防军事等领域。研发的大功率全风冷355纳米准连续紫外激光器，改变了之前国内商用紫外激光器全部依赖进口的局面；用于电路板刻蚀、印刷制版等领域的大功率水冷型紫外激光器技术也达到国际领先水平。个人入选江苏省“双创计划”“333工程”，被评为苏州市“姑苏领军人才”、昆山市创新创业领军人才、苏州国际精英周优秀落户项目人才；2017年，入选第十三批国家“千人计划”创业人才。

李超宏

苏州微清医疗器械有限公司董事长兼总经理。吉林大学物理学院应用物理专业学士，中国科学院光电技术研究所光学工程专业博士，主要研究方向是自适应光学高分辨率共焦显微成像在天文、医疗领域的应用。曾任美国休斯顿大学视光学院系统工程师，从事眼底成像仪器研发与眼底疾病诊疗技术研究工作。在国际权威期刊发表多篇关于光学、光学工程与高分辨率图像处理等领域的高水平研究论文，拥有美国和中国多项发明专利。2011年回国，创办苏州微清医疗器械有限公司。公司致力于国际领先的眼科光学成像仪器和生物医学高分辨率成像设备的研发与生产。研发团队掌握着包括光机设计、信号分析、图像处理等多学科交叉领域的多项国际前沿核心技术。核心产品激光扫描眼底摄影仪，在国内属首创。个人先后被评为江苏省“双创计划”领军人才、苏州工业园区科技领军人才；2017年，入选第十三批国家“千人计划”创业人才。

李强

安源生物科技（上海）有限公司董事长兼首席科学家。英国威尔士大学分子生物学化学博士，加拿大阿尔伯塔大学博士后。曾作为助理研究员在加拿大阿尔伯塔大学工作，多年专注于研发快速构建高产量工程细胞株和高密度细胞放大培养的技术难题，取得重大突破，主要技术参数达到世界领先水平，获得多国、多项政府资助和奖励，发表科学论文26篇，申请中国、美国及PCT专利30项，授权10项。2012年2月，创办安源生物科技（上海）有限公司。公司主要从事高端重组蛋白类和治疗性抗体类生物制剂的研发，自主研发的高产重组蛋白表达平台和高亲和力抗体创制平台达到世界领先水平。同时，在工程细胞系的构建和工艺开发方面不断创新，13个创新生物药已完成前期验证研发，其中，6个产品已和5家大型医药集团签订了技术转让合同。公司曾荣获2014年中国创新创业大赛优胜奖、首届中国海归创业大赛二等奖、首届中国（济南）药谷创新创业大赛一等奖，被认定为上海市高新技术企业。个人入选上海市“千人计划”、浦东新区“百人计划”；2017年，入选第十三批国家“千人计划”创业人才。

李晓常

江西冠能光电材料有限公司董事长。上海华东理工大学工学博士，英国剑桥大学有机光电材料博士后。先后任职于美国佳能研发中心、美国通用显示公司、美国再生资源技术公司、全球光电子技术等公司，主导研究OLED有机光电子材料与器件应用近30年，掌握着OLED分子及纳米光电材料的核心技术，已发表论著100多篇，拥有欧美专利30多篇，中国专利30多项。2012年，创办江西冠能光电材料有限公司。公司主要从事纳米光电材料、有机分子半导体材料、有机发光显示、薄膜光伏器件及其他相关光电器件应用材料与工程设备的研发、生产，研发的有机发光显示技术广泛适应于手机显示、板状电脑显示、节能面状照明、射频自动检测、电子书等光电子器件领域，突破了国外专利技术垄断局面。公司已开发出的8大类材料，90多种产品，形成了具有自己特色的技术体系，共申报国家发明专利30多项。公司获得第四批“国务院侨办重点华侨华人创业团队”称号，获批有机半导体材料工程研究中心、“海智计划”工作站。2017年，个人入选第十三批国家“千人计划”创业人才。

林海晖

深圳市绚图新材料科技有限公司董事长。加拿大多伦多大学化学工程与材料学博士。曾先后在4家知名跨国化学材料企业任职，有着丰富的新型颜料、油墨与涂料研发管理经验，拥有超过20项美国专利及专利申请，并获得多项国际工业大奖。2014年，创办深圳市绚图新材料科技有限公司。公司专注于新型纳米材料、环保颜料及其他绿色产品的研究、设计、制备。2014年底，研发出全球首支全固型零VOC自分散水性铝颜料，“环保型水性特效涂料的研发”项目先后入选2014年中国留学人员广州科技交流会重大技术平台、2015年深圳市投资推广重大项目、2016年国家人力资源和社会保障部优秀海归创业项目。2016年8月，“新型复合导电颗粒”项目入选深圳市海外高层次人才“孔雀团队”（新材料类）。个人被评为深圳市光明新区“鸿鹄计划”杰出人才；2017年，入选第十三批国家“千人计划”创业人才。

刘敏

浙江维朴环境科技有限公司总经理。德国斯图加特大学水资源工程专业博士、MBA。曾任德国KROHNE技术部经理、澳大利亚阿德莱德大学高级讲师，南京信息工程大学校聘教授、同济大学高密度智能城镇化协同创新中心特聘研究员，长期从事水环境模型的研究，研究领域覆盖地下水、城市给水排水、河流湖泊等多个方面，研发的水环境模型优化与不确定性分析系统被广泛应用于水文和管网模型优化。其中，“OptimizerTM WCS排水管网优化系统”获得2010年“澳大利亚工程协会卓越成就奖”，“OptimizerTM WDS给水管网优化系统”获得2011年“澳洲咨询工程创新奖”。2013年，创办浙江维朴环境科技有限公司。公司致力于用信息化技术解决我国的城市内涝、水环境恶化及地下水污染问题，把“互联网+”运用到水环境治理当中，颠覆了国内城市水环境治理过程中传统人工运算、测量和设计的模式。公司开发出一系列水环境系统仿真优化软件，取得5项软件著作权，提交2项发明专利申请，打破了国外大型企业在该领域的垄断，获得“浙江省创新创业团队”荣誉称号。个人入选浙江省“千人计划”；2017年，入选第十三批国家“千人计划”创业人才。

刘青

北京阿迈特医疗器械公司总裁。清华大学化学化工系学士，成都科技大学（现四川大学）高分子材料专业硕士，荷兰Twente大学生物材料专业博士，美国Rice大学和Temple

大学组织工程和生物材料专业博士后。曾任国际生物制药Celgene公司生物材料和组织工程的研发总监、三维生物技术公司首席科学家，从事新型组织工程3维立体细胞培养支架和骨修复组织工程有关产品的研发。拥有24项国际和国内发明专利，发表28篇SCI论文、3篇学术专著。2011年4月，创办北京阿迈特医疗器械公司。公司主要从事纳米结构和环境响应性新材料的制备、新型可降解支架等植入物的研发，3D快速打印技术用于新一代可吸收心脑血管支架的制备与应用研究，以及干细胞与再生医学研究和临床转化。2012年，个人被聘为北京海淀区国际合作研发项目评审会评审专家，同年获得国家教育部颁发的科学技术进步二等奖；2014年，入选北京海淀区“海英人才计划”；2015年，入选北京市“海聚工程”和中关村“高聚工程”；2017年，入选第十三批国家“千人计划”创业人才。

刘荣

广州玻思韬控释药业有限公司董事长兼总经理。留美博士，国际著名的制剂专家学者。2005年，带领其团队在美国创立了Austar Pharma公司，为全球医药企业提供药物制剂研究与开发服务，与全球多个知名制药公司达成多个药物合作开发。2013年7月回国，创办广州玻思韬控释药业有限公司。公司专注于新型释药系统技术的研究及高端仿制制剂产品的开发，建有“一站式”制剂技术合作开发平台，为国内外企业提供制剂合作开发的服务，是华南地区少有的专业制剂技术平台。公司在研的新型缓控释、难溶药物制剂研究及国际制剂开发40多项，缓控释制剂技术（渗透泵制剂、多层骨架片）、难溶性药物制剂开发技术（固体分散体、脂质体）及高端仿制制剂开发技术均达到国际先水平。公司开发的、已成功在美国上市或正在通过FDA认证的制剂药品累积达20多项，包括难溶性药物的增溶技术、口服缓控释制剂技术、喷雾吸入制剂技术、透皮吸收制剂技术等。2017年，个人入选第十三批国家“千人计划”创业人才。

刘轶

池州睿成微电子有限公司董事长。日本东京理科大学博士。曾在美国MICROSEMI公司和美国MICROCHIP公司工作十余年，从事射频功率集成电路的设计与开发，拥有20年以上的专业经历，2006年获美国华裔教授杰出贡献奖。2012年，创办池州睿成微电子有限公司。公司专注于移动无线通信的射频功率放大器集成电路芯片、模块设计和制造，依托自有专业技术，自主设计并建设了射频电路重点实验室，开展核心无线通信系统技术/芯片技术的研发与服务。公司先后获授权专利16项，包括发明专利3项，另有高新技术产品5项、省级新产品3项，核心技术处于国际先进、国内领先水平，填补了国内相关领域的空白。公司研制并成功量产具有自主知识产权的RFIC集成芯片，以低成本和短周期的特性促进我国无线射频集成芯片产业链发展，一举打破了一直由美国垄断的市场。2017年，个人入选第十三批国家“千人计划”创业人才。

毛桂林

苏州紫光伟业激光科技有限公司董事长兼总经理。清华大学工程物理专业学士，美国凯斯西储大学激光与非线性光学博士。曾在纽约长岛任开发部经理一职，主要从事开发高端激光器，后在美国创立UVISIR INC激光公司，致力于深紫外线激光和超快激光器研发。拥有10多年的深紫外固体激光器和非线性激光系统研发经验，成功研发出多款高端固体激光器，主持研发的“全球最长腔钛宝石锁模激光”项目拥有“高功率深紫外固体激光器”美国专利及软件版权。获美国俄亥俄IF奖、Innovation Fund奖。2013年8月，创办苏州紫光伟业激光科技有限公司。公司致力于国产高功率固体激光器的研发制造，成功研发出世界首台213nm紫外工业固体激光器及中国首台266nm紫外工业固体激光器，填补了国内相关领域空白，对提升我国激光产业技术起到了推动作用。个人先后获得张家港市领军型创业人才、苏州市“姑苏领军人才”和江苏省“双创人才”等荣誉；2017年，入选第十三批国家“千人计划”创业人才。

裴瑞琳

上海英磁新能源科技有限公司总经理。西安交通大学电气学院学士，英国剑桥大学博士，主要研究方向为超导材料。2012年11月，创办上海英磁新能源科技有限公司。公司着重研发应用在新能源车用高效高性能驱动电机及其控制器。2013年，开始研发第2代产品电动汽车永磁电机；2015年，成功研制出使用最薄的无取向硅钢和取向硅钢材料制造的新一代电动汽车永磁电机，相比传统电动汽车电机更高效、成本更低、体积小、更环保。目前，公司将与剑桥大学合作研发新能源电机的第3代产品，助推中国绿色能源汽车发展。个人被认定为浙江省“千人计划”特聘专家；2017年，入选第十三批国家“千人计划”创业人才。

任福继

青岛里奥机器人技术有限公司总经理。北京邮电大学电信工程系工学学士，北京邮电大学计算机应用专业工学硕士，中科院计算所博士，日本国立北海道大学工学博士。曾担任日本国立德岛大学教授、AIA国际高度信息化研究所所长、日本AGI公司最高顾问、日本AITS公司最高顾问、PTOPA公司技术顾问。2009年，作为唯一的华人学者入选日本工程会首届院士。20多年来，在智能机器人领域发表论文500多篇、专著9部，获得情感识别方面的发明专利10余项。2014年，创办青岛里奥机器人技术有限公司。公司主要从事智能机器人技术研究与生产，拥有机器人智能操作系统、云端服务平台、识图识物系统、情感识别引擎、自然语言理解、大规模情感语料库、基于安卓的机器人控制系统等多项成熟技术，应用在儿童自闭症、抑郁症预防等治疗方面。其自主研发的用于康复医疗、情感陪伴、服务接待、家庭监护等领域的智能服务型人形双足机器人在国内占主导地位。2017年，个人入选第十三批国家“千人计划”创业人才。

时晨

威海纳川管材有限公司总工程师。同济大学桥梁工程系硕士，美国德克萨斯大学博士。曾任德西尼布美国分公司深水立管技术部主任工程师，主要从事油气装备领域的装备研发，长期致力于深海油气管道的设计分析，拥有丰富的热塑性复合管理论、设计、研发、应用与工程经验，是国际海洋油气管道方面的专家。先后发表论文8篇，SCI收录3篇，EI收录5篇。2013年，创办威海纳川管材有限公司，带领团队研发出超深水多用途油气工程用的新型柔性管道，打破了国外产品技术垄断，实现了我国深海石油装备的自主化生产。个人被评为山东省“泰山产业领军人才”；2017年，入选第十三批国家“千人计划”创业人才。

田克汉

杭州东尚光电科技有限公司董事长兼总经理。清华大学硕士，麻省理工学院光学博士。曾供职美国IBM公司，主要从事衍射光学、半导体纳米制造和应用系统开发等相关前沿技术领域的研究。于2010年和2012年两次获得IBM最高研究成就奖，2014年获IBM发明大师称号，并于2013年至2018年连续6年获得IBM发明成就奖。在物理和光学界的顶级期刊和国际会议上发表学术论文近50篇，拥有60余项发明专利。2014年5月，创办杭州东尚光电科技有限公司。公司开发了具有独立自主知识产权的世界领先的衍射光学设计软件，并开创性地使用最先进的纳米制造工艺，批量生产出国际领先的衍射光学器件。同时，开发出以衍射光学器件为核心的独特的光学系统模组设计、制造流程，成为国际顶尖的衍射光学和微纳光学整体解决方案的提供商。公司获得美国和中国专利20多项，多项科研成果处于世界领先水平。2016年，成功入选“浙江省领军型创新创业团队”。2014年，个人入选第七批浙江省“千人计划”，第四批杭州市全球引才“521”计划；2017年，入选第十三批国家“千人计划”创业人才。

王奔

安吉县景卉信息科技有限公司董事长。浙江工业大学计算机及应用专业学士，英国埃塞克斯大学博士，英国剑桥大学博士。英国IEE和中国计算机协会资深会员。曾任欧洲百强的沃达丰集团下属公司的物联网研发部门高级经理，重点参与了伦敦地铁项目的物联网系统建设、花旗银行业务知识库语义挖掘及模型自动生成系统的研究。后加入国际经济金融和互联网高新信息技术企业Hyperknowledge led，任高管和合伙人。专注研究多媒体数据检索与物联网应用技术，发表学术论文11篇。2013年11月回国，创办景卉信息科技有限公司。公司致力于物联网技术在环保领域的研发和应用，重点项目“美丽乡村智能环保综合服务系统”运用智能物联网的先进技术，解决了传统环保行业中十分棘手的核心环卫实时监测、垃圾分类、固废智能回收和环境检测等重大技术难题。个人承担并主持了废旧物资智能回收服务平台、基于物联网的药品跟踪追溯管理平台、基于物联网技术的电力设备点检系统、面向电机制造过程的智能控制与物联网系统研究及应用、物联网移动应用平台、智能跨境贸易物流数据分析与决策支持系统等国家级和省级重点科研项目，拥有软件著作14项，实用新型专利2项。先后入选浙江省“钱江人才计划”、湖州市“南太湖精英计划”；2017年，入选第十三批国家“千人计划”创业人才。

吴方

西加云杉科技有限公司总经理。清华大学通信专业学士，美国加利福利亚大学硕士。1994年进入美国硅谷的一家公司，作为主要负责人研发了世界上第一个数字卫星电视（Direct TV），以及世界上第一个实时转码系统。后曾在Cisco、Aruba、Motorola、TI等公司担任研发和管理工作，主要涉及数字视频、无线网络传输等领域，拥有40多项美国专利。2005年回国，创办阿德利亚有限公司，致力于开拓“无线城市”暨移动终端。2010年，公司出售给世界上最大的无线公司Aruba。通过出售公司，实现了技术的快速推广。2011年，开始第三次创业，在北京中关村成立西加云杉科技有限公司。公司致力于解决运营商级Wi-Fi用户体验等问题，为智慧城市提供信息高速公路的优质基础支撑、大数据采集及运营平台。核心技术源于SDN（软件定义网络）与Wi-Fi+LTE+IoT技术的融合，取得了多项技术突破。公司击败思科、阿朗公司，中标日本软银无线项目，并与其合作开发020平台，进军印度尼西亚、马来西亚通信市场。2017年，入选第十三批国家“千人计划”创业人才。

吴慧道

中大鑫新材料科技（厦门）有限公司董事长。美国科罗拉多大学博士。曾任MesoScribe科技公司研究计划部经理。2012年，作为厦门市第五批“双百计划”引进人才，创办了中大鑫新材料科技（厦门）有限公司。公司致力于研发和生产电池隔膜、含氟特种智能纳米微孔薄膜及其复合材料等有机高分子材料，研发产品应用于航天领域密封材料、防腐材料、生物医用材料等。公司生产了具有全球独家专利及自主知识产权的防护性产品，填补了国内技术空缺。个人入选福建省第五批“双百计划”；2017年，入选第十三批国家“千人计划”创业人才。

吴炯

众森源生物技术（江苏）有限公司总裁。同济医科大学医学系学士，中国科学院上海细胞生物学研究所细胞生物学硕士，南京大学和法国健康医学研究院分子生物学博士。曾先后担任加拿大蒙特利尔大学、麦吉尔大学医学院教授，美国细胞信号传导技术公司首席科学家、副总裁。在细胞生物学领域国际权威杂志发表论文30余篇，获得美国专利5项和第二十五届国际细胞因子和干扰素大奖，是细胞信号传导技术领域的知名专家，抗癌药物白介素-2（IL-2）中文名称的命名者。2012年4月回国，创办众森源生物技术（江苏）有限公司，并与诺贝尔医学生理学奖得主理查·罗伯茨博士合作创建了理查·罗伯茨生物科技（中国）研究院、江苏省诺贝尔奖得主工作室，担任常务副院长。公司主要从事肿瘤治疗药物、肿瘤分子靶标诊断试剂盒以及糖尿病治疗药物等方面的研发，将具有自主知识产权的新型抗体制备技术投入实业。其科研团队创造的“高活性自身特异性肿瘤杀伤细胞诱导技术”是目前国际上最先进的肿瘤免疫治疗技术，比现行临床应用的DC、CIK等肿瘤细胞免疫治疗效果有大幅提升。同时，运用具有自主知识产权的新技术研制出完全无毒无副作用且高度有效的降血糖天然产品——松醇，为糖尿病患者的治疗带来新的解决方案。个人先后获评江苏省“六大高峰人才”、江苏省“双创人才”，获得科技部第三届中国创新创业大赛优秀奖；2017年，入选第十三批国家“千人计划”创业人才。

吴士全

北京六维畅联科技有限公司创始人兼董事长、CEO，中国科学院应用数学所研究员、博导。法国高等理工学院和中国科学院应用数学博士和运筹学博士。曾任加拿大北电无线网络高级工程师、WiMax基站Modem主任设计师、美国SOMA Networks无线网络基站终端主任设计师、智能天线公司10XC创始人和副总裁、华为无线通讯技术顾问、桑达GSMR技术顾问、WiLan研发部总经理，获得获得美国、加拿大、欧洲及中国专利80余项。2012年6月，创办北京六维畅联科技有限公司。公司团队集多年无线通讯研究和北美工业研发经验，成功研发出自适应认知无线网络ARN*，被业界评为目前最为先进和成熟的无线通讯系统，并且已在四大洲12个国家布网，在抢险救灾、公共安全、视频监控、移动视频通讯、物联网、车联网、机场、油田和农村山区等领域广泛应用。个人被评为中科院优秀青年，获得国家自然科学基金会天元基金、国家教委留学生基金；2017年，入选第十三批国家“千人计划”创业人才。

吴宇平

浙江地坤键新能源科技有限公司总经理。中国科学院化学研究所博士，曾在清华大学、日本早稻田大学和德国开姆尼兹工业大学从事研究工作，2003年进入复旦大学任教授。在国际知名杂志共发表论文220多篇，出版中文著作4本、英文著作1本，授权发明专利21项。2013年，创办浙江地坤键新能源科技有限公司。公司研发团队摆脱了传统工艺限制，突破了锂电池材料技术瓶颈，完成了阻燃型高性能凝胶隔膜的小试和中试，在世界上首次实现高性能凝胶隔膜量产，成功进入世界锂电池隔膜技术最前沿行列。个人被评为上海市科委“科技启明星”、汤森路透“高被引科学家”，获得国家杰出青年基金；2017年，入选第十三批国家“千人计划”创业人才。

徐辰

江苏思特威电子科技有限公司总经理。毕业于清华大学电子工程系，香港科技大学电子工程系硕士和博士。曾担任美国硅谷的全球第一大图像传感器公司豪威科技担任设计主管和高级工程师，主导设计的1000万像素产品OV10810被美国权威杂志《电子设计》评为“2011年度最佳图像传感器”。拥有26项美国专利，其中20项已通过，发表20多篇国际期刊和会议论文。2011年回国，创办江苏思特威电子科技有限公司。公司致力于填补国内相关技术领域的空白，研发生产具有有自主知识产权并领先世界的智能化高端CMOS图像传感器芯片产品。公司已累计申请20项国家专利并申请了多项国家高新技术产品，CMOS图像传感器芯片广泛应用于智能手机摄像模组、安防监控系统、车载影像安全系统、平板电脑、PC摄像头、数码相机等。2014年获评国家高新技术企业。2017年，个人入选第十三批国家“千人计划”创业人才。

薛群

北海康成（北京）医药科技有限公司创始人、董事长兼首席执行官。北京大学药学院学士，布朗大学生物有机化学博士，弗吉尼亚大学达顿商学院工商管理学硕士。曾先后担任美国麻州康成咨询公司创始人兼总裁、美国健赞公司高管和健赞中国区第一任总经理、美国著名医药私募基金Tullis Health Investors的投资合伙人，领导了包括即复宁和思而赞在内的多个抗血液肿瘤和罕见代谢病特药的成功上市。2012年，创办北海康成（北京）医药科技有限公司。公司专注于有高度临床需求的恶性肿瘤领域的创新药研究，是创新型临床阶段的制药企业。同时注重临床后期阶段的新药开发，有针对性地获取尖端的或国内新药研发所急需的生产工艺方面的成果，通过再创新和技术转化研发上市拥有自主知识产权的医药产品。目前已有2个品种处于上市申报阶段，即将实现药品快速上市与公司的飞速发展。公司被认定为北京市国际科技合作基地、中关村高新技术企业和“金种子企业”，荣获国务院侨办“优秀华人华侨创业团队”等称号。个人2013年入选北京市朝阳区“凤凰计划”；2014年入选北京市“海聚工程”；2017年入选第十三批国家“千人计划”创业人才。

严海

北京科信美德生物医药科技有限公司联合创始人兼董事长。康奈尔大学细胞和分子生物学博士，纽约大学医学院博士后。曾任安进公司蛋白药物研发科学总监，在安进公司工作的18年期间，成功研发出多个拥有国际专利的产品，建立了针对G蛋白偶联受体分子的抗体药物平台，开发了世界首个针对G蛋白偶联受体的抗体药物候选分子AMG477。2011年，创办美国瑞美德生物医药有限公司。2014年回国，创办北京科信美德生物医药科技有限公司。公司致力于推进全球第一个胰高血糖素受体抗体药REMD-477的临床试验工作。REMD-477能够将机体内源血糖的产生加以抑制，从而降低了血糖的来源；同时，REMD-477的使用很大可能会降低糖尿病病人胰岛素的用量，从而降低胰岛素治疗带来的低血糖症的风险，并且有望降低长期大量使用胰岛素所造成的心血管疾病和癌症风险，该药物已获得包括美国、中国、日本、德国等18个国家和地区的专利授权，进入临床开发阶段。2017年，个人入选第十三批国家“千人计划”创业人才。

杨亚涛

深圳大德激光技术有限公司总经理。毕业于浙江大学光学仪器工程专业，1992年获英国光纤传感器博士，并完成了光纤放大器材料方面的博士后研究。曾就职于美国捷迪讯（JDSU）、台湾Ezcom公司、捷迪讯（JDSU）深圳新宽带网络研发中心、深圳新飞通公司，主要从事光纤通讯器件、有源光纤到户的研究和产品开发，发表论文10余篇，获中外专利10余项。2013年12月，创办深圳大德激光技术有限公司。公司是集高端激光器生产加工、销售，激光设备以及激光技术高端应用为一体的高端激光微加工系统和解决方案的企业，主要面向新能源动力电池及储能电池制造、汽车电子、半导体、医疗等领域。研发团队由一批拥有高精尖研发能力的激光领域和自动化领域的，多名博士（后）、国家“千人计划”专家、国内外资深专家教授为核心的高素质、经验丰富的人员组成，并常年有国内外资深工程师参与合作。2017年，个人入选第十三批国家“千人计划”创业人才。

银奇英

杭州培幕科技有限公司董事长。英国曼彻斯特大学化学工程博士，曼彻斯特大学博士生导师。曾先后就职于曼彻斯特大学工艺集成有限公司、工艺集成有限公司中国分公司、宝洁（中国广州）公司、宝洁（比利时布鲁塞尔）公司。是曼彻斯特大学RAM创业技术开发项目负责人，RAM专利及相应软件RAM-int技术发明人。其中，化工工艺过程中集成可靠性、可利用性和可维护性的新型技术模型已在欧美等国家取得了专利。2013年回国，创办杭州培幕科技有限公司，为能源行业设备风险和绩效管理提供整体解决方案。公司核心技术来源于英国曼彻斯特大学的过程集成中心，并在英国设有分公司，在日本和中东设有代理商，整体业务范围涵盖油气平台、石化、炼油、电力、核能等多个国家重点领域。个人在欧洲、亚洲、中东等地主导石油天然气行业设备优化管理数字化智能化项目30余个，其中包含多个国际化企业的首个试点项目；在中国、欧洲和美国申请多项发明专利，并发表代表性论文10余篇，获得英国企业研发基金、英国西北地区科技研发奖、杭州高新区“5050”计划等奖项。2017年，入选第十三批国家“千人计划”创业人才。

袁永文

睿宁高新技术材料有限公司董事长兼总裁。美国威斯康星—麦迪逊大学材料科学专业博士。曾就职于美国阿贡国家重点实验室、美国英特尔公司、美国东曹公司，拥有丰富的电子材料领域研发、创新及管理经验，曾获美国应用材料公司“最佳产品贡献奖”、美国英特尔公司杰出贡献奖、美国化学研究会成就奖等荣誉。2011年，与多名海外博士回国创办睿宁高新技术材料有限公司。公司旨在开发出具有自主知识产权的电子材料制造技术，实现电子材料的国产化，支撑我国集成电路的发展。公司科研团队充分利用赣州的稀土、钨及其他有色金属等资源优势，开发出了几十种电子材料产品，并成功推向市场，多项产品填补了国际或国内空白，获得18项国内外发明专利。个人先后入选国家外专局“半导体晶圆芯片电子材料制造产能扩充”项目资深专家、第三批江西省“赣鄱英才555工程”创新人才、科技部“创新创业人才计划”专家；2017年，入选第十三批国家“千人计划”创业人才。

张继勇

易云捷讯科技（北京）有限公司联合创始人兼CTO。清华大学计算机系硕士，瑞士洛桑联邦理工学院（EPFL）博士，研究领域为人工智能、数据挖掘、推荐系统及人机交互智能算法等，在国际学术刊物发表论文20余篇。曾就职于瑞士一家公司从事云计算平台的研发。2011年回国，与两名留学归国博士共同创办易云捷讯科技（北京）有限公司。公司是一家专注于云计算领域，以自主技术创新为导向的高新技术企业。公司运用具有国际水平的先进技术，通过持续创新，研发出拥有自主知识产权的三大核心产品：企业私有云、企业IaaS公有云、企业混合云。并成为国内首个全栈式云运营商，不仅可以为大中型政企客户提供包含计算资源、存储、带宽、安全、定制化等云数据中心服务，还可以为政府、军工、教育、文化等行业提供最匹配、最可靠、最安全的私有云解决方案。公司被评定为国家“双软”企业、国家高新技术企业、“中国留学人员创业园百家最具创业潜力企业”。个人先后入选中关村“高聚工程”、北京市“海聚工程”，并受邀担任北京市特聘专家；2017年，入选第十三批国家“千人计划”创业人才。

张立华

长春博立电子科技有限公司首席技术官。毕业于清华大学。曾先后在就职于美国英伟达等世界知名跨国公司，担任首席工程师、高级研发经理、技术总监、总经理、副总裁等高级技术与管理职务，致力于高性能计算与并行计算、高级图像与视频处理、多核处理器设计、移动计算、复杂系统性能分析与优化等IT领域的研发与管理。在国内外核心期刊与国际会议发表论文10余篇，并拥有美国发明专利3项。2011年8月回国，创立长春博立电子科技有限公司。公司致力于为国内外顶尖的软硬件企业提供异构计算与移动计算、计算机视觉与模式识别、图像处理与视频分析、人工智能与深度学习、虚拟现实与增强现实、汽车电子、智能医疗、智慧农业、机器人与无人系统等领域的高性能算法、工具、产品以及解决方案。公司科研团队建立了国内最早、规模最大的独立运营的异构计算技术，以异构计算技术为核心，成功开发了一批具有自主知识产权的高技术软件产品，先后为美国英特尔公司、AMD公司、高通公司、亚马逊、谷歌等业界知名的跨国公司提供相关领域的高端软件开发与技术支持。个人先后入选吉林省高“层次创新创业人才引进计划”、吉林省第五批“拔尖创新人才”；2017年，入选第十三批国家“千人计划”创业人才。

张清林

江苏中兴西田数控科技有限公司总经理。北京科技大学双学士，日本大学国际经济学硕士。曾在全球锻压设备行业领先者之一的日本AIDA株式会社工作了近18年。2011年回国，创办江苏中兴西田数控科技有限公司。公司专注于伺服压力机的核心技术创新，聚焦伺服、冷温挤压、多工位及周边自动化装置的研发制造，积极推进新型压力机设备与信息技术、网络技术和数据技术的深度融合。公司科研团队在极短的时间内就攻克了伺服电机直驱、多电机同步控制、系统集成控制、远程诊断与维护等多项关键技术，获得9项国家授权发明专利、数十项实用新型专利及近50项软件著作权。个人专著《金属冲压工艺及装备实用案例宝典》也成为权威的冲压专业工具书和教材。2017年，入选第十三批国家“千人计划”创业人才。

张所明

上海正基医药科技有限公司董事长。兰州大学有机化学专业理学学士，中科院兰州化学物理研究所理学博士，中科院上海有机所博士后。曾先后担任甘肃省药物研究所药物开发室主任、美国雅培制药公司首席研究员、美国佛罗里达大学化学系研究员、美国Neurogon Corporation公司高级研究员，主要从事抗病毒和抗生素新药领域研究。发表多篇学术论文，并拥有18项专利。2008年回国，创建海唐润医药科技有限公司；2011年，创办上海正基医药科技有限公司。公司主要专注于创新药物的研究与开发，研发具有自主知识产权的新型安全、高效的抗感染、抗肿瘤创新药物，先后获得国家科技部“十二五”“十三五”重大新药创制专项、上海市科技生物医药科技支撑项目、上海市创新基金等项目的支持。个人负责的抗丙肝新药项目已获得临床批件，有望改变国内丙肝“无药可用”的窘境。先后被认定为上海市“千人计划”特聘专家、浦东新区“百人计划”专家。2017年，入选第十三批国家“千人计划”创业人才。

张晓平

意度思信息科技（厦门）有限公司创始人兼董事长。清华大学电子工程学士、博士，芝加哥大学布斯商学院金融和经济学专业工商管理硕士。曾先后担任美国硅谷公司高级工程师、纽约华尔街对冲基金公司战略分析师、加拿大Ryerson大学电气和计算机工程系任教、通信和信号处理及应用实验室主任及系研究生和科研主管，研究领域包括多媒体通信和信号处理，传感器网络和电子系统，计算智能及在生物信息学、金融和市场营销中的应用，是信息处理方面的国际知名专家。2014年2月回国，创办意度思信息科技（厦门）有限公司。公司是一家利用先进的信息处理技术，对时间序列数据进行搜索的软件企业，是第五批厦门市“双百计划”引进的创业类A类项目团队。公司首款搜索引擎“意度搜索”目前已面世，能够提供强大的搜索和发现功能，以帮助交易员、分析师和投资组合经理做出更明智的投资决定。2017年，个人入选第十三批国家“千人计划”创业人才。

张兴民

北京富龙康泰生物技术有限公司创始人兼首席执行官。吉林医学院医疗专业学士，白求恩医科大学免疫学专业硕士，中国协和医科大学风湿病学及免疫学专业博士，曾先后担任哈佛大学医学院Beth Israel Deaconeess医学中心免疫学专业博士后研究员、哈佛医学院Brigham and Women's医院神经系统疾病中心讲师，美国新他制药公司、先灵保雅制药公司及默克制药公司资深科学家。长期从事免疫调节性T细胞的研究，申报发明专利10项，发表论文20余篇，曾多次应邀在美国、日本、加拿大等国讲学。2011年回国，创办北京富龙康泰生物技术有限公司。公司致力于开发抗肿瘤及抗免疫炎性病等一类新药。2016年12月，公司向国家食品药品监督管理局药品审评中心提交I类新药临床。该新药候选药物FP-208是一种拥有自主知识产权的新型抗肿瘤国际创新药，在多种肿瘤动物模型实验中，FP-208的同剂量药效明显优于国际同类，并且证明安全有效。2013年，个人入选第九批北京市“海聚工程”；2017年，入选第十三批国家“千人计划”创业人才。

赵利林

爱科赛尔云数据科技有限公司总经理。毕业于美国加州州立大学，曾在美国硅谷NetApp等著名IT公司工作近20年。2014年回国，创办爱科赛尔云数据科技有限公司。公司致力于存储、备份、云数据中心和云计算领域软硬件的设计和开发工作，是一家集自主开发、自主生产、市场销售、售后服务为一体的高科技企业。公司拥有强大的核心团队，其中每位成员都具有20多年的美国硅谷计算机、互联网、大数据和云计算领域的科研和开发经验，并拥有中国和美国的多项专利。依托强大的核心团队与自主专利技术，自主研发出了基于128位存储系统的大数据高速存储和备份系统，该系统可实现将海量数据在短时间内从一个用户端高速备份到一个或多个存储系统上，并将进一步开发大数据搜索系统、大数据分析系统、大数据库系统和云计算系统，为企业、银行、税务局、医院、政府等单位提供大数据相关服务。2016年，个人获得苏州市“姑苏创新创业领军人才”称号；2017年，入选第十三批国家“千人计划”创业人才。

赵勇

北京格灵深瞳信息技术有限公司联合创始人兼CEO。复旦大学电子系学士、硕士，美国布朗大学计算机工程系博士。曾就职于三菱电器研究所、爱普生实验室、Nvidia实验室和惠普实验室，主要从事计算机视觉和运算影像学研究工作。自2010年起担任谷歌总部研究院任资深研究员，是安卓操作系统中图像处理架构的设计者、谷歌眼镜最早期的核心研发成员，并负责探索谷歌未来针对高性能图像分析处理的云计算架构设计。2013年4月，创办北京格灵深瞳信息技术有限公司。公司是具备计算机视觉和深度学习技术以及嵌入式硬件研发能力的人工智能企业，是视频大数据产品和方案的提供商。自主研发的“深瞳”技术在人和车的检测、跟踪与识别方面居于世界领先水平，成功研发出“深瞳无人监控安防系统”，推出多款应用于安防的AI产品。公司先后入选2014年度中关村“新锐企业十强”、2015年度中关村“十大创新成果”、2016年中国国际智能交通展“优秀新产品”等。2014年，个人入选北京市朝阳区“凤凰计划”；2015年，入选中关村“高聚工程”；2017年，入选第十三批国家“千人计划”创业人才。

第五部分

社团篇

欧美同学会·中国留学人员联谊会

概况

欧美同学会于1913年成立，2003年增冠“中国留学人员联谊会”会名，是由中国留学海外各国归国同学自愿组成的群众团体。由中共中央书记处领导，中央统战部代管。

欧美同学会·中国留学人员联谊会设有理事会、常务理事会和会长会，理事会为最高权力机构。下设留美、苏、英、德奥、法、意、加、瑞士、东欧、北欧、拉美、日本、澳新、朝韩14个分会（东南亚分会正在筹建中）；16家团体会员及近百个校友会；组织、宣传、联络、建言献策、团体会员、社会服务、会员活动7个专门工作委员会；MBA协会、企业家联谊会、商务人士委员会、酒店业专家委员会。与21个省区市留学人员组织，美、英、德、日、澳等主要留学国家的百余家留学人员团体建立了工作联系。

欧美同学会·中国留学人员联谊会广泛联系海内外留学人员，反映他们的意见建议和愿望要求，团结和引导广大留学人员服务于社会主义经济建设、政治建设、文化建设和社会建设，如发起“报国计划”，组织“为国服务团”，召开21世纪中国研讨会和海外留学人员座谈会，服务奥运，举办募捐赈灾活动，参与主办中国留学人员广州科技交流会、中国·海峡项目成果交易会、中国海外学子辽宁（大连）创业周，还作为海外高层次人才引进计划（简称“千人计划”）的主要窗口单位开展各项工作。

欧美同学会·中国留学人员联谊会工作机构下设行政事务管理部、人事文秘部、会员工作部、联络工作部、社会服务部和宣传部，办有会刊《留学生》（月刊）、《欧美同学会通讯》和网站。

党和政府高度重视欧美同学会·中国留学人员联谊会及留学人员工作。毛泽东主席对留学人员寄予了“希望寄托在你们身上”的深情厚望，周恩来总理曾亲自来会所探望、视察。1987年，邓小平同志为欧美同学会会刊题写刊名。1997年，江泽民同志为欧美同学会题词“学习、奋斗、团结、奉献”，2003年题写“中国留学人员联谊会”新会名。党和国家领导人多次出席欧美同学会举办的重要活动。1993年，江泽民同志出席欧美同学会成立80周年大会并发表重要讲话；2003年，胡锦涛同志出席欧美同学会成立90周年纪念大会并强调指出，欧美同学会要“努力成为党联系广大留学人员的桥梁和纽带，成为党和政府做好留学人员工作的助手……努力成为留学人员之家”。

在新的历史条件下，欧美同学会·中国留学人员联谊会将坚持“团结立会、民主办会、依章治会、实干兴会”的办会方针，高举留学报国的爱国主义旗帜，弘扬留学报国的光荣传统，广泛团结和凝聚海内外留学人员，为全面建设小康社会，实现中华民族的伟大复兴作出新的贡献。

宗旨

以邓小平理论和“三个代表”重要思想为指导，团结和服务海内外留学人员，继承发扬留学报国的爱国主义传统，秉持修学、游艺、敦谊、励行的理念，为全面建设小康社会和实现中华民族伟大复兴服务，为完成祖国完全统一大业服务，为维护世界和平与促进共同发展服务。

主要任务

一、学习贯彻党和政府关于留学人员工作、知识分子工作和人才工作的方针政策。

二、推动留学人员报国实践，宣传留学人员报国业绩。

三、开展咨询、信息服务和人员培训等，为促进国家和地方经济社会发展献策出力。

四、联系海外留学人员和团体，开展科技、经济、文化、教育、卫生等领域的交流与合作，组织和推动海外留学人员为国服务。

五、开展多种形式的活动，加强学术交流，丰富文化生活，增进留学人员之间的联系和友谊。

六、反映留学人员的意见和要求，维护会员的合法权益，关心会员的工作和生活，努力为留学人员服务，把本会办成留学人员之家。

七、表彰优秀留学人员，积极举荐人才。

联系方式

地　址：北京市东城区南河沿大街111号

邮　编：100006

电　话：86-10-65592511，65255269

传　真：86-10-65273621

邮　箱：wrsa-hyb@coesa.cn

网　址：www.wrsa.net

中国技术创业协会留学人员创业园联盟

概况

中国技术创业协会留学人员创业园联盟（简称“中国留学人员创业园联盟”）成立于2008年10月，是在国际科技部、教育部、人力资源和社会保障部、国家外国专家局以及中国致公党中央共同指导下，由致力于支持留学人员创新创业发展的创业园和相关企事业单位、机构共同发起，以自愿方式组成的全国性非营利性的社会组织。联盟在中国技术创业协会领导下开展工作，同时接受国家科技部火炬高技术产业开发中心、国家教育部国际合作与交流司、国家教育部留学服务中心、国家人力资源和社会保障部留学人员和专家服务中心、国家外国专家局经济技术专家司、国家外国专家局中国国际人才交流中心、致公党中央宣传部、致公党中央留学人员委员会的业务指导和监督。英文名称“China Overseas Scholars Pioneer Park Alliance”。

联盟承担起国家有关部门的业务委托，围绕科技创新、人才引进、载体建设，通过行业评价与评选表彰、资源集聚与联盟孵化、创业投资与企业促进、品牌活动与行业交流、战略研究与宣传企划等功能平台，为留学人员创业园、海外人才及创业企业提供全方位的支持，探索行业发展模式，推动园区品牌创新，营造海外人才回国创新创业的良好环境。

宗旨

践行创新驱动发展战略，响应国家大众创业万众创新号召，以促进我国留学人员创业园建设和服务留学人员创新创业为核心目标，承担国家有关部门的业务委托，围绕科技创业、人才引进、载体建设等，开展各项工作。通过整合全国留学人员创业园及政府、企业、高校院所、投资机构等各类创新要素，建立“政产学研金介用”相结合的协同创新机制，形成人才、技术、资本、市场等方面的资源共享机制，营造海外人才创新创业的良好环境，促进创业企业成长，加速科技成果转化，推动园区品牌创新和行业健康发展。

主要任务

围绕海外人才的引进与开发利用，整合成员单位及各类社会资源，开展研究、活动、宣传、培训等工作，建立开放协同创新机制，推进平台载体建设，健全企业孵化和创业服务体系，形成良好的创新创业生态环境，发挥人才作用，打造强优企业，提升行业影响力和群体竞争力。

一、贯彻落实党和国家的留学工作方针，以及对海外人才工作的重要部署和指示精神，做好政府与留学人员创业园区、留学人员创业企业间联系的纽带，积极推动相关政策的制定与实施，合力构建适于海外人才创新创业的优良环境。

二、完善全国留学人员创业园评价体系，开展园区评价、定级和树标杆工作，加强行业自律，提高竞争意识，引导园区实现规范化、特色化、国际化、市场化、品牌化的发展目标，进一步发挥海外人才创新创业载体的支撑作用。

三、建立全国留学人员创业园工作平台，组织全国性及区域性的行业交流研讨和考察互访，促进成员单位及全国园区间的沟通与合作，创新园区运营机制，探索行业发展方向。

四、开展留学人员创业园从业人员培训，帮助园区提升综合服务水平，建立专业化运营团队，以及相对完善的创业孵化体系、现代管理制度和工作流程，推动园区企业持续健康发展。

五、整合与协调各类创新创业优势资源，实施中国留学人员创业园“联盟孵化”工程，搭建国内国外、线上线下的技术、项目、资本的对接、合作、交流平台，形成协同网络和完整链条，实现资源的合作共享与合理利用。

六、制订实施海外人才扶持和培育计划，举办创业大赛、路演洽谈、企业评选等活动，发现优秀人才，帮助项目落地，从成果转化、市场拓展、创业投资、管理培训等方面对接各类社会资源，促进不同发展阶段的企业成长。

七、从事海外人才创新创业领域的研究，定期进行全国留学人员创业园建设情况调查统计，发布行业数据，开展咨询服务，提供政策建议，促进孵化体系和政策环境的丰富与完善。

八、搭建行业信息整合和宣传推广平台，建设网站，出版会刊，收集发布行业信息，联合战略合作媒体，为成员单位和留学人员企业提供宣传推广支持，弘扬创业文化，提升行业影响力。

联系方式

地　址：北京市海淀大街3号鼎好大厦A座19层1923
邮　编：100080
电　话：86-10-82698998
传　真：86-10-62261247
邮　箱：lianmeng@osechina.com
网　址：www.osechina.com

中国留学人员回国服务联盟

概况

中国留学人员回国服务联盟（简称“服务联盟”）成立于2011年8月22日，是由首批92家国内从事留学人员回国服务工作的组织发起成立，专门为留学回国人员和留学回国工作提供服务的一个开放式的非法人行业联盟组织与合作交流平台。英文名称“China Union of Service Organizations for Returned Overseas Students”，简称CUSOROS。

中国留学人员回国服务联盟将致力于健全留学人员回国服务机构的合作机制，加强各服务联盟成员间的协调配合，推动服务联盟成员间在编制留学人才引进计划、实施重点项目、落实重要政策时，加强沟通与协调，共同营造和谐的服务工作环境。还将建设留学人员回国服务信息平台，以中国留学人才信息网为依托，构建面向社会和广大海外留学人员的留学回国工作信息平台，促进留学人才、项目、政策、资金等信息资源的交流和共享。

宗旨

以邓小平理论和“三个代表”重要思想为指导，深入贯彻落实科学发展观，坚持“支持留学、鼓励回国、来去自由”的方针，按照“拓宽留学渠道、吸引人才回国、支持创新创业、鼓励为国服务”的要求，团结各留学人员回国服务组织，整合服务资源，提高服务能力，落实具体政策，加快建设服务理念先进、服务机制健全、服务功能齐全、服务质量优良的留学人员回国服务体系，为充分开发利用留学人才资源，吸引更多优秀留学人员回国工作、创业和以多种方式为国服务提供保障。

主要任务

一、推进留学人员回国服务网络建设。以各地区各部门所属留学人员服务机构为骨干，充分发挥各服务联盟成员作用，统筹服务资源，实现资源共享，完善留学人员回国服务网络。

二、健全留学人员回国服务机构的合作机制。加强各服务联盟成员间的协调配合，推动服务联盟成员间在编制留学人才引进计划、实施重点项目、落实重要政策时，加强沟通与协调，共同营造和谐的服务工作环境。

三、建设留学人员回国服务信息平台。以中国留学人才信息网为依托，与有关服务联盟成员留学信息网相互贯通，充分利用互联网便捷高效的特点，构建面向社会和广大海外留学人员的留学回国工作信息平台，促进留学人才、项目、政策、资金等信息资源的交流和共享。

四、组织成员单位开展相关活动。组织协调服务联盟成员单位开展区域性合作活动和跨区域的专业性交流活动；发挥服务联盟成员单位的资源优势，加强服务联盟成员单位的自身培训，通过多种途径和形式，对留学人员开展国情、政策和就业等方面的培训。

联系方式

地　址：北京市海淀区学院路30号博士后公寓办公楼
邮　编：100083
电　话：86-10-82388262，62322968，62330841
传　真：86-10-62321842
邮　箱：lxhgfw@163.com

“千人计划”专家联谊会

概况

“千人计划”专家联谊会成立于2011年1月15日，是欧美同学会·中国留学人员联谊会的一个分会，是国家“千人计划”项目引进专家自愿发起和组成的非营利性社会团体。联谊会凝聚全体“千人计划”专家，旨在联谊交流、协同合作、建言献策和服务社会。联谊会将团结并服务于海内外留学人才，积极践行科技兴国和人才强国战略，努力成为国家创新创业的生力军，为建设创新型国家、实现中华民族的伟大复兴贡献智慧和力量。“千人计划”专家联谊会热爱祖国，拥护中国共产党的领导，遵守国家宪法和法律，积极反映会员的意见和要求，维护会员的合法权益。

“千人计划”专家联谊会办公室是联谊会具体工作的执行机构。联谊会办公室在专项办及执委会的指导下，办公室主任的领导下，八个专业委员会的配合下，主要负责活动组织、联系交流、新闻宣传等方面工作，力求实现联谊会办会宗旨。“千人计划”专家联谊会根据专业发展需要设立专业委员会，目前设信息科学与技术，化学化工，能源、资源与环境，工程与材料，生物医药与生命科学，数学物理，经济、金融与管理，高新技术，青年委员会9个专业委员会。

宗旨

凝聚全体“千人计划”专家，团结并服务于海内外留学人才，积极践行科教兴国和人才强国战略，努力成为国家创新创业的生力军，为建设创新型国家、实现中华民族的伟大复兴贡献智慧和力量。

主要任务

一、开展会员间的联谊交流。

二、推进会员间、本会与其他社会团体间，在学术、科研、产业发展等方面的交流合作。

三、为国家科技、经济、教育、产业、人才等方面的科学发展建言献策。

四、关心公益，服务社会。

联系方式

地　址：北京市东城区南河沿大街111号

邮　编：100006

电　话：86-10-65127388-6112

传　真：86-10-65266906

邮　箱：lianyihui@1000plan.org

网　址：www.1000plan.org/lianyihui2

中华全国青年联合会留学人员联谊会

概况

中华全国青年联合会留学人员联谊会成立于2004年12月21日，是由愿意遵守本会章程的中国青年留学人员（含青年华侨华人）和留学人员社团（含华侨华人社团）自愿结成的、非营利性的社会团体，接受中华全国青年联合会的领导。英文全称“Returned and Overseas Chinese Scholars Association of All-China Youth Federation”，简称ROCSA。

联谊会的领导机构是理事会，每届任期3年。联谊会设会长1人、副会长22人、秘书长1人，组成会长会议，在理事会闭会期间主持本会工作。设农业科学、信息技术、生物技术、材料科学、管理科学、金融投资、商贸物流、法律、教育文化、新闻传媒、医药卫生、华侨共12个专业委员会，由各专业委员会秘书长主持开展工作。联谊会秘书处设在全国青联海外学人工作部。

联谊会会员主要为在本行业、领域有一定成就和影响的青年留学人员代表性人物，分布在国内各省、区、市和香港、澳门特别行政区以及美国等15个国家。

宗旨

广泛联系，促进交流，凝聚力量，为国服务。

主要任务

一、广泛联系、团结海内外青年留学人员，大力弘扬爱国主义传统，加强青年留学人员之间及与国内社会各界的交流。

二、宣传祖国经济和社会发展成就，广开渠道，促进青年留学人员与国内各地开展人才、资金、项目、技术等合作。

三、维护青年留学人员的合法权益，为青年留学人员的成长成才和事业发展服务，举荐、宣传优秀青年留学人员。

四、会同有关方面开展青年留学人员工作，提出意见和建议，努力优化青年留学人员成长和创业环境。

五、开展中华全国青年联合会授权的其他工作。

联系方式

地　址：北京市前门东大街10号

邮　编：100005

电　话：86-10-85212680

传　真：86-10-85212680

网　址：www.gqt.org.cn/ocss/lyh

北京市侨联归国留学人员联合会

概况

北京市侨联归国留学人员联合会成立于2004年1月6日，是在北京市侨联领导下，在中国侨联及北京市委统战部的指导下，由在北京创业或工作的归国留学人员自愿组成的、自主管理的、非营利性的社会团体。联合会承认《中华全国归国华侨联合会章程》，面向北京5万多名归国留学人员。

宗旨

团结、教育、引导广大归国留学人员及其眷属，维护归国留学人员的合法权益，为归国留学人员在北京创业和工作服务，发挥归国留学人员的团体优势，成为北京市委和市政府联系团结广大归国留学人员的桥梁和纽带。

主要任务

一、做好吸引海外人才和智力工作，为实现“新北京、新奥运”的战略目标，为首都率先基本实现现代化服务。

二、面向最基层广大归国留学人员，为留学人员创业、就业、社会交往提供各种服务。

三、维护留学人员合法权益，协助政府有关部门解决留学人员实际困难。

四、关心归国留学人员的政治诉求，积极推荐表彰留学人员代表人物；弘扬创业精神，宣传推介留学人员的事迹和成就。

五、发挥北京人才与高新技术优势，组织广大会员积极参与其他省市的科技、人才交流等活动。

六、加强自身建设，积极推进留学人员工作的理论研究。

七、加强与海外留学人员、海外留学人员社团组织及新侨组织的联谊工作，推动国际交流与祖国统一进程。

联系方式

地　址：北京市朝阳区建外SOHO西区11号楼2002室

邮　编：100022

电　话：86-10-65502259

传　真：86-10-65502259

邮　箱：member@rocsf.org

网　址：www.rocsf.org

北京海外高层次人才协会

概况

北京海外高层次人才协会成立于2011年12月12日，由北京海外学人中心和李彦宏等5位在京的优秀海外高层次人才共同发起成立，是经北京市社会团体管理办公室核准登记的非营利性社会团体法人。英文全称“Beijing Overseas Talents Association”，简称BOTA。接受业务主管单位、社团登记管理机关北京市民政局的业务指导和监督管理。

协会是北京海外高层次人才联谊交流的桥梁和纽带，是促进科技与产业资源整合的人才集群，也是进一步推动北京以及北京周边地区高端人才一体化发展的枢纽型人才组织。

宗旨

遵守宪法、法律、法规和国家政策，遵守社会道德风尚，搭建海外高层次人才交流平台，团结、凝聚和服务在京地区创新创业的优秀海外高层次人才，拓展渠道、整合资源、加强合作，促进海外人才的聚集和发展，充分发挥海外高层次人才的作用，服务北京的创新发展，为北京有中国特色的世界城市建设提供人才支持保障。

主要任务

一、组织海外高层次人才学习贯彻党的方针政策和国家法律法规，了解国家和北京市经济社会发展情况和海外人才相关政策。

二、广泛开展形式多样的交流联谊活动，增进北京以及与津冀地区海外高层次人才之间的联系与交流。

三、加强对海外高层次人才的联系服务，反映海外高层次人才的意愿，进一步优化高端人才的发展环境。

四、为海外高层次人才搭建学术研讨、科技联合攻关、创业合作、投融资服务、科研成果转化等服务平台。

五、发挥海外高层次人才的优势，为北京有中国特色的世界城市建设与“首都经济圈”发展建言献策。

六、开展海外高层次人才相关的研究，编辑出版刊物或书籍，组织论坛、研讨、展览等各种宣传活动。

七、通过多种渠道广泛宣传北京市的优秀海外高层次人才。

八、广泛联系海外专家组织、留学生组织和海外人才交流机构，促进会员开展国际交流合作，吸引更多优秀海外人才到北京创新创业。

联系方式

地　址：北京市西城区德外大街83号德胜国际中心B座6层
邮　编：100088
电　话：86-10-58540533，58540534
传　真：86-10-58540535
邮　箱：bota@8610hr.cn
网　址：www.8610hr.cn

天津市留学人员联谊会

概况

天津市留学人员联谊会成立于2005年4月22日，是由天津市留学海外的归国同学及海外留学人员自愿组成的群众组织（联合性非营利性组织）。英文全称“Tianjin Overseas Returned Scholars Association”，简称TORSA。接受主管单位中共天津滨海新区区委统战部和中共天津滨海高新区工委的领导和监督管理。

宗旨

遵守国家的法律、法规和国家政策，遵守社会道德风尚，团结和组织广大留学人员，增进友谊，交流学术，努力成为党和政府密切联系广大海内外留学人员、学者的桥梁和纽带。积极提供信息、开展服务，围绕国家的人才战略，服务天津发展，促进经济社会、科学技术、教育卫生、文化体育和各项事业发展。

主要任务

一、弘扬爱国主义思想，倡导报国奉献精神，宣传留学人员的先进事迹和学术成就。

二、开展海内外学友之间的联谊活动，加强学术交流和信息沟通，丰富文化生活，增进会员联系和友谊。

三、推动海内外专家、学者及各界人士之间的联系，增进相互了解，在科技、文化、教育、经济等领域广泛开展合作。

四、组织会员发挥综合智力优势，为天津的发展献计献策，为天津企事业单位提供各类咨询、信息服务和人员培训，为各行业对外合作与交流开辟渠道。

五、联络与天津有渊源的海外学友和留学人员团体，加强他们与天津的沟通。

六、维护会员的合法权益，积极反映海内外留学人员的需求，协助解决困难和问题。

联系方式

地　址：天津市新技术产业园区华天道2号国际创业中心
邮　编：300384
电　话：86-22-27126427，60330551
传　真：86-22-27112792，60330550
邮　箱：tjtorsa@163.com
网　址：www.tjtorsa.com

河北留学人员联谊会

概况

河北留学人员联谊会是由河北省归国留学人员自愿组成的非营利性社会团体，由河北省人事厅进行工作指导。在2008年7月正式成为欧美同学会·中国留学人员联谊会团体会员。

宗旨

紧密结合河北省改革建设实际，密切关注人才紧缺的专业和行业，开展多层次、多领域、多形式的咨询服务和智力招聘活动，为海外留学人员和用人单位牵线搭桥；有效利用现代信息工具和手段，为实施人才强省战略、建设创新型河北提供坚实的信息资源保障；营造留学人员来河北工作的良好氛围，让一切有志于来河北发展的留学人员有才可用、有业可创、有誉可享。

主要任务

一、积极宣传、贯彻执行国家和河北省有关留学人员工作的方针、政策，为各类留学人员回国工作和为国服务开展咨询，提供服务。

二、收集反映留学人员的意见、建议和要求，维护留学人员的合法权益，为留学人员创造良好的学习、工作和生活环境。

三、积极组织多种形式的联谊活动，加强海内外留学人员之间和留学人员社团之间的信息、技术和学术交流，丰富会员文化生活，加强留学人员之间的联系与友谊。

四、宣传留学人员留学报国的业绩和贡献，动员组织在河北省的留学人员为振兴河北作贡献。开展留学人员表彰、奖励活动。

五、受主管部门委托，组织留学人员为各级党政机关、企事业单位和非公有组织等部门开展决策咨询、信息服务和人员培训等工作，为河北省建设沿海经济社会发展强省提供智力支持和人才保障。

联系方式

地　址：河北省石家庄市桥西区裕华路408号

邮　编：050051

电　话：86-311-88616757

传　真：86-311-88616757

邮　箱：hbzl@hebrs.gov.cn

山西欧美同学会·山西留学人员联谊会

概况

山西欧美同学会·山西留学人员联谊会成立于2008年10月26日，是欧美同学会·中国留学人员联谊会的团体会员，是由山西归国留学人员自愿组成的、非营利性的群众团体。该组织受中共山西省委领导，由省委统战部代省委管理，是省委联系广大留学人员的桥梁和纽带。

宗旨

遵守宪法、法律、法规和政策，发扬留学报国的爱国主义传统，团结归国留学人员，广泛联系海内外学友，团结立会，依章治会，民主办会，实干兴会，为振兴中华、繁荣山西作贡献。

主要任务

一、学习贯彻党和政府关于留学人员工作、知识分子工作和人才工作的方针政策。

二、弘扬爱国主义思想，倡导报国奉献精神，宣传海内外留学人员报国业绩。

三、组织会员发挥综合智力优势，为促进山西的经济社会发展献计出力。

四、开展多种形式的联谊活动，加强与海内外学友和留学人员团体的联系。

五、组织海内外留学人员，在科技、文化、教育、经济等领域广泛开展交流与合作。

六、发挥独特优势，积极开展民间外交，促进中外友好交流。

七、反映留学人员的意见和诉求，维护会员的合法权益，关心会员的工作和生活，努力为留学人员服务，把本会办成留学人员之家。

八、表彰、奖励优秀留学人员，积极举荐人才。

联系方式

地　址：山西省太原市迎泽大街329号省中小企业局10层1004室

邮　编：030001

电　话：86-351-5605919，5605910

邮　箱：omtxh@163.com

网　址：www.sxwrsa.org

大连市归国留学人员联谊会

概况

大连市归国留学人员联谊会成立于2007年1月10日，是在大连市委统战部领导下，由工作、生活在大连市的归国留学人员自愿组成的地方性、联合性和非营利性的社会团体。

联谊会成立以来，积极争取欧美同学会·中国留学人员联谊会留学报国基地落户大连；申请欧美同学会·中国留学人员联谊会作为大连“海创周”主办单位，邀请300余名海外留学人员参加“海创周”；组团出访日本、韩国、澳大利亚等国家，与海外留学人员团体建立广泛密切的合作机制；每两年举办一次归国留学人员创业英才评比表彰活动。

宗旨

以邓小平理论和“三个代表”重要思想为指导，全面贯彻落实科学发展观，高举社会主义、爱国主义旗帜，宣传和贯彻党的留学人员政策，广泛联系本市归国留学人员，促进会员交流交往，帮助留学人员创业发展和以多种形式为国服务，引导留学人员为推进我市率先实现全面振兴贡献力量。

主要任务

一、广泛凝聚大连市归国留学人员，积极吸引海外留学人员。

二、适应大连市贯彻国家战略、提升核心地位的新形势，围绕全市工作大局，抓住加快“三个中心”建设的重大课题，开展调查研究，积极建言献策。

三、发挥归国留学人员联系广泛的优势，密切与海外留学人员团体、友好城市的交流交往，主动为招商引资、项目对接牵线搭桥。

四、鼓励归国留学人员在立足岗位作贡献的同时，广泛参与社会服务和公益事业，努力把联谊会建设成为归国留学人员锻炼成长的园地和摇篮。

联系方式

地　址：辽宁省大连市中山区鲁迅路278号

邮　编：116002

电　话：86-411-82758937，82758947

传　真：86-411-82758947

邮　箱：glh937@sina.com

丹东市留学人员联谊会

概况

丹东市留学人员联谊会成立于2004年12月8日，是由丹东籍的留学人员和在丹东市工作的归国留学人员自愿结成的联合性、非营利性的地方社会团体。

宗旨

作为与海内外留学人员和学者密切联系的桥梁和纽带，积极宣传和推介丹东，吸引和凝聚更多的留学人员来丹东创业发展，为促进丹东经济发展和社会进步作出贡献。

联系方式

地　址：辽宁省丹东市振兴区六纬路24号608室

邮　编：118000

电　话：86-415-2127846
传　真：86-415-2121479
邮　箱：ddmjwrj@126.com

吉林省留学人员联谊会

概况

吉林省留学人员联谊会成立于2006年10月13日，是由在（来）吉工作的留学归国人员、在国（境）外学习、工作并关心吉林发展的留学人员和热心留学事业的吉林省社会各界人士自愿组成的非营利性社会团体组织，是省委、省政府联系广大留学人员的桥梁和纽带，是做好留学人员工作的重要社会力量，是留学人员之家，是中国留学人员联谊会的地方分会。英文全称“Jilin Overseas Scholars Union”，简称JOSU。

联谊会进一步扩大了与国（境）外留学人员的交流与合作，增强了留学人员到吉工作的吸引力，推动留学人员的能力建设、继续教育和社会实践，造就了一支能够为振兴吉林老工业基地提供智力支撑的高层次留学人员队伍。

宗旨

遵守国家宪法、法律法规和各项政策，遵守社会道德风尚；以马列主义、毛泽东思想、邓小平理论和“三个代表”重要思想为指导；坚持科学技术是第一生产力，认真落实党的人才政策，积极有效地调动各类留学人员的创新创业精神，努力营造“尊重劳动、尊重知识、尊重人才、尊重创造”的良好社会氛围，为实施科教兴省和人才兴业战略作出应有的贡献。

主要任务

一、向省委、省政府反映留学人员的意见、建议和要求，协助省委、省政府做好留学人员服务工作，不断改善留学人员的工作、生活环境，维护留学人员的合法权益。

二、开展留学人员业绩和成果的宣传工作，组织各种形式的联谊活动，加强国内外留学人员和留学人员社会团体之间的信息交流、学术技术交流，促进不同领域留学人员之间的了解与沟通。

三、推动留学人员科技与专利成果的转化，研究成果转化的途径和方式，开辟科技成果向现实社会生产力转化的“绿色通道”，有效地开展资金、技术和人才的引进工作。

四、发挥留学人员的智囊作用，将留学人员的潜能转化为现实生产、管理能力。受政府有关部门委托，组织留学人员投入生产、管理第一线，为各级党政机关、企事业单位、非公经济组织和个人开展综合性管理和单项技术的咨询论证工作。

联系方式

地　址：吉林省长春市人民大街7988号
邮　编：130022
电　话：86-431-89997998
邮　箱：liudj999@sina.com

长春市留学人员联谊会

概况

长春市留学人员联谊会成立于2004年12月25日，是在中共长春市委统战部的指导下，由长春市归国留学人员自愿组成的群众团体。

长春市委统战部高度重视留学人员联谊会作用的发挥，支持有条件的城区和高校成立联谊会分会。同时，指导联谊会加大引才力度，开展交流交往，加强自身建设，努力把联谊会建设成为广纳人才的集聚地、收集和提供信息的智囊团、政府和人才的连心桥。联谊会结合市情，有针对性地开展了联谊交友、市情调研、专题议政、座谈交流、学术研讨、对口帮扶等工作，在经济社会建设中发挥了独特作用。

宗旨

高举社会主义和爱国主义旗帜，团结归国留学人员，广泛联系海内外学人，促进合作，为统一祖国、振兴中华、建设长春贡献力量。

联系方式

地　址：吉林省长春市人民大街2626号341室
邮　编：130041
电　话：86-431-88776527
传　真：86-431-88776527
邮　箱：tuoliqin@changchun.gov.cn

黑龙江省欧美同学会·黑龙江省留学人员联谊会

概况

黑龙江省欧美同学会创建于1998年12月22日，是由黑龙江省留学世界各地归国学人自愿组织的群众团体，也是一个覆盖面广的高层次人才团体。英文全称“Heilongjiang Overseas Returned Scholars Association”，简称HORSA。联谊会会员留学国别涉及30个国家和地区，下设5个分会和1个专业委员会。

宗旨

团结归国学人，联系海内外学友，增进友谊、沟通信息、交流学术、开展协作，为振兴中华和黑龙江经济建设作出贡献。

主要任务

一、学习、宣传并贯彻党和政府关于留学人员和人才工作的方针政策。

二、弘扬爱国主义思想，倡导留学报国，宣传介绍留学人员的优秀事迹和学术成就。

三、联系海外留学人员和留学人员团体，开展经济、科技、文化、教育、卫生等领域的交流与合作，努力拓宽海外留学人员与黑龙江省联系和为国服务的渠道。

四、开展咨询、信息等服务，为黑龙江省的经济建设和社会发展献策出力。

五、开展多种形式的活动，加强学术交流，丰富文化生活，增进会员联系和友谊。

六、维护会员的合法权益，关心会员的工作和生活，发挥会员的专长和作用，反映会员的建议和要求。

七、表彰、奖励优秀留学人员，积极举荐人才。

联系方式

地　址：黑龙江省哈尔滨市南岗区学府路50-1号
电　话：86-451-82628104
传　真：86-451-82648814
邮　箱：bgs@horsa.org
网　址：www.horsa.org

哈尔滨市留学人员联谊会

概况

哈尔滨市留学人员联谊会成立于2004年12月，其前身是哈尔滨市留日学生联谊会和哈尔滨市归国留学生联谊会。是以哈尔滨市留学人员为主体，自愿组成的非营利性的联谊性社会团体。接受业务主管单位中共哈尔滨市委统战部和社团登记管理机关的业务指导和监督管理。

宗旨

在遵守国家宪法、法律、法规和国家政策，遵守社会道德风尚的原则下，发扬爱国传统，团结哈尔滨市归国留学人员和与哈尔滨有渊源关系的华侨学人，广泛联系海内外学友，促进哈尔滨市对外科学技术、经济文化交流，起到留学人员与党和政府间的桥梁和纽带作用，为繁荣哈尔滨作出贡献。

主要任务

一、弘扬爱国主义思想，倡导报国奉献精神，宣传海内外留学人员的先进事迹和学术成就。

二、推动哈尔滨市海内外留学人员和企业人士之间的联系，增进相互了解，在科技、文化、教育、经济等领域广泛开展交流与合作。

三、发挥综合智力优势，为哈尔滨市的发展提供建设性意见，为企事业单位的发展开展各类咨询、信息服务和培训。

四、联络哈尔滨海外学友和留学人员团体，广交朋友，增进友谊，促进哈尔滨市对外交流与合作。

五、维护会员的合法权益，积极反映留学人员的需求，协助解决困难和问题。

联系方式

地　址：黑龙江省哈尔滨市道里区兆麟街123号
邮　编：150010
电　话：86-451-84693198
传　真：86-451-84696365
邮　箱：zhangchangzain@sina.com
网　址：www.hrbofa.com

上海市欧美同学会·上海市留学人员联合会

概况

上海市欧美同学会·上海市留学人员联合会（英文简称SORSA）是上海市留学归国学人自愿组织的民间团体，也是一个覆盖面广的高层次人才团体。

早在1905年7月1日，复旦大学老校长李登辉在上海创立了寰球中国学生会，此为欧美同学会前身。1913年又成立了上海欧美同学会；1919年在上海成立了全国中华欧美同学会；1984年9月3日，恢复成立了上海市欧美同学会；为适应新世纪新阶段留学人员工作的发展需要，在保持同学会优良传统的同时最大限度地团结海内外广大留学人员，于2007年12月29日正式增冠新会名“上海市留学人员联合会”。

宗旨

广泛团结归国留学人员，联系海内外学友，增进友谊、沟通信息、交流学术、开展协作、发挥纽带和桥梁作用，为振兴中华、繁荣上海作出贡献。

主要任务

一、举办学术讲座、论坛、研讨会，以及各种联谊、交流活动。

二、编印出版《会讯》及各种文集。

三、组织参观考察，发挥跨学科、跨行业、跨部门优势，建言献策，提供服务咨询，协助引进人才、技术和资金，为上海社会、经济和文化发展牵线搭桥。

联系方式

地　址：上海市陕西北路128号5楼
邮　编：200041
电　话：86-21-62673528
传　真：86-21-62728215
邮　箱：sorsa@sh163.net
网　址：www.china-sorsa.org

上海市留学人员联谊会

概况

上海市留学人员联谊会成立于1996年8月8日，是由来上海工作和为上海建设发展服务的出国留学人员组成的民间组织，经上海市民政局核准登记成立，取得社会团体法人资格。业务主管部门是上海市人力资源和社会保障局。

联谊会在有关部门的支持下，针对留学人员回国工作时存在的一些共性困难，积极采取措施，逐步加以解决，使他们能全身心地投入到工作中去。还针对留学人员的特点组织各类活动，与侨办、妇联、青联、欧美同学会等团体联合举办联谊活动，加强了留学人员与社会各界的联系和沟通。

联谊会作为联结海内外留学人员的“桥梁”和“纽带”，在团结海内外留学人员、帮助留学人员了解上海的发展、鼓励他们回国工作和为国服务、促进和帮助上海构筑人才资源高地等方面发挥了积极的作用。联谊会集聚的一大批优秀人才，有的已经成为上海科研和高新技术领域的中坚力量和学科带头人，被誉为“留学人员之家”。

宗旨

坚持四项基本原则，团结广大留学人员，鼓励留学人员为报效祖国、振兴上海贡献聪明才智。

主要任务

一、贯彻落实“支持留学，鼓励回国，来去自由”的留学工作总方针，宣传上海经济和社会发展的成就，鼓励留学人员回国来上海工作和以多种形式为国、为上海服务。

二、发挥留学人员的专业特长和对外联系的桥梁作用，推动上海的科技、文化、经济的发展和对外交流。

三、对留学人员工作提出咨询意见及建议。

四、团结海内外留学人员，共同为把上海建设成国际经济、金融、贸易中心之一而贡献力量。

联系方式

地　址：上海市浦东新区世博村路300号
邮　编：200125
电　话：86-21-23110328
传　真：86-21-50722823
邮　箱：srsf@21cnhr.gor.cn
网　址：www.shafea.gov.cn

上海市闵行区留学人员联谊会

概况

上海市闵行区留学人员联谊会成立于2004年11月30日，是由闵行区内留学人员自愿组成的非营利性社会团体法人，业务主管单位为闵行区人事局。联谊会成立以来，按照自身宗旨，在团结海内外留学人员，帮助留学人员了解闵行，鼓励他们为国服务，在贯彻落实“人才强区”战略方针中发挥了积极作用，是党和政府团结联系广大留学人员的桥梁和纽带。

宗旨

坚持四项基本原则，遵守宪法、法律、法规和国家的政策，遵守道德风尚，团结广大留学人员、华侨华裔，鼓励他们为报效祖国、振兴上海贡献聪明才智。

主要任务

一、学习、贯彻党和政府关于留学人员工作、知识分子工作的方针政策。

二、弘扬爱国主义思想，倡导报国奉献精神，宣传留学人员报国业绩。

三、组织会员发挥综合智力优势，为闵行经济社会发展建言献策。

四、反映留学人员的意见和要求，维护会员合法权益，关心会员的工作和生活，努力为留学人员服务，把本会办成留学人员之家。

五、表彰奖励优秀留学人员，积极举荐优秀留学人员。

联系方式

地　址：上海市沪闵路6555号（莘庄建设银行大楼内）1707室

邮　编：201100

电　话：86-21-54176205，541762056

传　真：86-21-64140775

邮　箱：mhlxslyh@yahoo.com.cn

网　址：www.mhll.org.cn

上海市浦东新区归国留学人员联合会

概况

浦东新区归国留学人员联谊会成立于2000年，是由浦东新区归国留学人员自愿组成的非营利性社会组织，是经上海市浦东新区民政局核准登记的社会团体法人。2005年更名为浦东新区归国留学人员联合会。联合会接受业务主管单位浦东新区人事局和社会团体登记管理机关浦东新区民政局的业务指导和监督管理。

作为留学人员在浦东的民间组织，联合会在团结归国留学人员，联系海外留学人员和华侨华裔学者，开展协作，为留学人员回国提供帮助，为浦东科技进步、社会发展等方面作出了贡献和努力。

宗旨

遵守宪法、法律、法规和国家政策，遵守社会道德风尚，遵守诚实、信用、公平的原则，团结浦东新区归国留学人员，联系海外留学人员和华侨华裔学者，增进友谊，沟通信息，交流学术，开展协作，为留学人员回国创业提供帮助；为科教兴国，为浦东科技进步、社会发展和繁荣作出贡献。

主要任务

一、宣传爱国主义思想，倡导报国奉献精神，介绍浦东发展现状和未来前景，宣传留学人员在浦东开发建设的先进事迹和学术成就。

二、开展多样性的海内外留学人员之间的联谊活动，加强学术和创业经验交流以及信息沟通，促进行业之间的合作。

三、推动与海外留学人员、专家、学者和企业人士之间的联系，促进相互了解和对浦东的了解，开展民间往来，在引智、科教、经济等领域广泛开展交流与合作。

四、组织会员发挥综合智力优势，为浦东的开发开放建设提供建设性的建议，为浦东企事业单位发展开展信息服务和人员培训。

五、维护会员的合法权益，向有关部门反映并协助解决留学人员的困难和问题。

联系方式

地　址：上海市浦东新区松涛路563号A座

邮　编：201203

电　话：86-21-50800484，50800485

传　真：86-21-50800439

邮　箱：service@paros.cn

网　址：www.paros.cn

南京留学人员联谊会

概况

南京留学人员联谊会成立于2005年1月16日，是由南京市有代表性、有影响性的各界留学人员代表人士自愿组成的，具有团结性、知识性、互助性、联合性、地方性和非营利性的社会团体组织。英文全称“Nanjing Overseas and Returned Scholars Association”，简称NORSA。联谊会的业务主管部门为中共南京市委统战部，同时接受南京海外联谊会的指导和监督管理。

宗旨

以邓小平理论和“三个代表”重要思想为指导，遵守国家的宪法、法律；宣传和贯彻党的统一战线方针政策，加强本市各界留学人员之间以及他们与港澳台同胞和外籍华人之间的了解和友谊、交流与合作；维护留学人员的权益，团结和调动广大留学人员，为促进南京经济和社会发展，促进祖国统一大业作出贡献。

主要任务

一、学习和宣传党的方针政策，了解和反映留学人员的意见、建议和要求；关心留学人员的工作、学习和生活，维护他们的合法权益；协助解决他们的困难和问题。

二、开展形式多样的海内外学友之间的联谊活动，加强学术交流和信息沟通。

三、联络海外留学人员，努力拓宽他们同祖国的联系渠道；促进海外学友、专家学者、企业家和各界人士与南京的联系，增进互相了解，加强民间往来，在科教、文化、经济等领域广泛开展交流与合作。

四、发挥理事的智力优势和专业特长，围绕我市的中心工作建言献策。开展各种形式的社会讲学、培训、科技咨询、科技开发等活动，帮助理事将科技成果转化为现实生产力，为社会谋福利，为人民服务。积极推动理事为我市的改革开放和“两个率先”作贡献。

五、培养输送优秀党外代表人士。

联系方式

地　址：江苏省南京市北京东路41号6号楼

邮　编：210008

电　话：86-25-83637720

传　真：86-25-83637720

邮　箱：nanjingzgc@163.net

无锡市留学人员联谊会

概况

无锡市留学人员联谊会是以无锡市留学人员为主体所组织的非营利性的民间团体。英文全称“Wuxi Overseas & Returned Scholars Association”，简称WORSA。联谊会接受无锡市委组织部、无锡市委统战部、无锡市人事局的业务指导及无锡市民政局的监督管理。

宗旨

团结留学人员和与无锡有关的华裔、华侨、海内外学友，增进友谊，沟通信息，交流学术，开展协作，促进创新，为推动无锡城市国际化进程作出贡献。遵守宪法、法律、法规和国家政策，遵守社会道德风尚，在有关政策规定指导下开展活动。

主要任务

一、宣传爱国主义思想，倡导报效祖国、振兴民族的奉献精神，宣传海内外留学人员的先进事迹和学术成就。

二、促进与海内外会员、专家、学者和企业人士之间的联系，增强相互了解，开展民间往来，在科教、文化、经济等领域广泛开展交流与合作。

三、组织会员发挥综合优势，为无锡的发展提供人才和智力支持，开展各类咨询、信息服务和人员培训；联络与无锡有关的海外学友和留学人员团体，加强他们与无锡的沟通。

四、维护会员合法权益，向政府有关部门反映并协助解决海内外留学人员的困难和问题。

联系方式

地　址：江苏省无锡市解放东路888号无锡人才信息大厦4楼

邮　编：214007

电　话：86-510-82828102，82823057

传　真：86-510-82828102

邮　箱：chinawuxi530@vip.163.com

网　址：www.wxrcw.com

常州市留学归国人员协会

概况

常州市留学归国人员协会成立于2007年11月13日。协会的成立，是为了进一步发挥留学归国人员的作用，为留学归国人员和外国专家创建一个新的沟通平台，也标志着常州市人才工作在国际化的道路上又迈上了新的台阶。

常州市制定落实了引进高层次人才尤其是针对海外高层次人才的多项优惠政策，如鼓励支持海外高层次人才来常州投资入股、领办创办企业，对领军型海归创业人才给予“三个百”的优惠政策等等，使常州成为海外人才创新创业的一方“热土”。留学归国人员协会成立后，将加快建立海外人才信息网络和畅通高效的海外沟通平台，热忱为留学归国人才和外国专家服务，同时加大“招才引智”力度，吸引更多更优秀的人才来常州创业，真正成为一个层次最高、力量最强、成效最好的协会，成为常州留学归国人员自己的“家”。

宗旨

自愿、自治、自律、自尊、自强。

主要任务

一、弘扬创新创业的精神，发挥桥梁纽带的作用，吸引更多更优秀的海外人才。

二、广泛联系留学归国人员，组织留学人员积极参与科技创新、创办企业等多种形式的活动。

三、维护留学归国人员的合法权益，会同有关部门落实留学人员政策，帮助留学人员解决实际困难。

联系方式

地　址：江苏省常州市博爱路129号2号楼4楼

邮　编：213003

电　话：86-519-86677276

传　真：86-519-86677276

邮　箱：czrosa@163.com

网　址：www.czrc.com.cn

苏州市留学人才协会

概况

苏州市留学人才协会是由致力于留学生工作的人员和留学生自愿组成的非营利性社团组织，是具有独立法人资格的社会团体，接受苏州市人事局的业务指导、管理和监督。

协会和政府相关部门积极行动，为留创企业争取资金、技术和高层次人才，创造更好的发展环境；同时加强苏州留学回国人员间的交流，形成合力，推动企业的深入发展。

宗旨

通过留学生工作以及与国内外留学人员和组织、团体建立广泛联系与合作关系，推动国际人才交流，为促进苏州的改革开放和经济建设，尽快实现建成新兴科技城市、人文城市、环境城市、法治城市的目标作出贡献。

主要任务

一、针对苏州经济发展的总体目标，组织会员研究、探讨经济发展的情况和加强留学人才工作的经验交流和工作研讨，为苏州市政府有关部门提供做好留学人才工作的决策参考。

二、会同有关部门开展、推荐、选派会员外出考察、参观、学习、研修，帮助会员提高思想文化素质和专业技术才能。

三、提供政策咨询服务，帮助会员及时获取有关经济信息和留学人才工作的政策。

四、促进会员与政府部门、社会各界的联系交流，为我市的经济建设、科研献计献策。

五、加强同兄弟省市相关协会的交流，积极参与社会公益活动，扩大会员的交往范围和社会影响。

六、为地方经济和社会发展无偿提供翻译任务。

七、反映会员的意愿和要求，维护会员的合法权益。

八、配合有关部门搞好优秀留学人才的评选和表彰。

九、完成苏州市人事局交办的其他任务。

联系方式

地　址：江苏省苏州市道前街170号

邮　编：215002

电　话：86-512-65228871

传　真：86-512-65228832

邮　件：fhy@rsj.suzhou.gov.cn

网　址：www.csisuzhou.com

太仓市留学人才协会

概况

太仓市留学人才协会成立于2007年6月11日，是由太仓市留学归国人员自愿组成的非营利性社团组织，是具有独立法人资格的社会团体，接受太仓市人事局的业务指导、管理和监督。英文名称“Taicang Returnese Association”。协会的成立旨在进一步做好太仓市留学回国人员服务工作，为太仓市实现“东方新欧洲”发展战略服务。

宗旨

发扬爱国主义精神，团结太仓市留学归国人员，增进友谊、沟通信息、交流学术、开展协作，共同繁荣太仓、振兴中华。

主要任务

一、在太仓市人事局指导下，通过与海外劳动局和华人团体的合作，吸纳优秀海外人才来太仓工作，形成以人才促进项目，以项目吸引人才的良性循环。

二、同海外华人团体和中文媒体合作，宣传太仓人文居住及工作环境，扩大太仓在海内外的知名度。

三、组织会员发挥专业和语言特长，为太仓市经济建设和社会全面发展出谋献策，做企业技术咨询的专家组和政府决策的顾问团。积极参与社会公益活动，发挥会员语言优势和跨文化沟通能力。

四、着眼太仓可持续发展，建立与国外华人科技专业协会的联系与合作，增强太仓市非公有制企业科技创新能力及技术本土化转化能力。

五、联络海外留学人员，努力拓宽他们同祖国，尤其是和太仓的联系渠道；促进海外留学人员、专家学者和各界人士与太仓的联系，增进相互了解，加强民间往来，在科教、文化、经济等领域广泛开展交流与合作。

六、提供政策咨询服务，帮助会员及时获取有关政策信息。维护会员合法权益，协助解决他们在工作和生活中的实际困难和问题。

七、太仓市人事局交办的其他工作。

联系方式

地　址：江苏省太仓市上海西路5号

邮　编：215400

电　话：86-512-53545982

邮　箱：webmaster@tcrc.com

浙江省留学人员和家属联谊会

概况

浙江省留学人员和家属联谊会，简称“浙江省留联会”，其前身为“浙江省出国留学人员家属联谊会”，成立于1998年9月28日，是浙江省留学人员和家属自愿组成的联谊性社会团体。英文名称为“Zhejiang Assocition of Scholars Abroad and Their Families”。浙江省留联会主管单位为省委统战部，日常办事机构设在省侨联，在省侨联的具体指导下开展工作。2006年底，经民政厅批准，正式更名为“浙江省留学人员和家属联谊会”。

宗旨

遵守中华人民共和国宪法、有关法律、法规和政策，努力维护会员的合法权益，积极倡导会员遵守社会道德风尚；高举社会主义、爱国主义旗帜，团结和组织全省留学人员及其家属，加强联系、交流信息、增进友谊，为弘扬民族文化、早日实现祖国统一、促进家乡和祖国的繁荣昌盛作出贡献。

主要任务

一、调查了解留学人员的希望和要求，反映他们的切身问题，维护他们的正当权益。

二、为留学人员和家属提供咨询服务，协助其在浙江创业、生活等有关事宜。

三、密切与留学人员和家属的联系，传达、贯彻党和国家以及省委、省政府的有关侨务政策与对留学人员工作的方针政策，沟通思想、交流信息，增进相互之间的了解、理解和友谊。

四、发挥留学人员和家属的积极作用，促进浙江与海外经济、文化、体育、科技等方面的合作与交流。

五、配合侨务工作中心，搞好有关社会服务。

六、组织各种健康文化娱乐活动，为会员丰富业余生活服务。

七、开展有利于实现本会宗旨的各种其他活动和服务。

联系方式

地　址：浙江省杭州市保俶路24号

邮　编：310007

电　话：86-571-85118535

传　真：86-571-85151007

邮　箱：zjqlwz@126.com

网　址：www.zjsql.com.cn

福建省留学生同学会·福建留学人员联谊会

概况

福建省留学生同学会成立于1986年10月，是由福建省留学归国人员自愿结成的联合性、非营利性社会组织。2005年增冠“福建留学人员联谊会”会名。英文名称为“Fujian Overseas and Returned Scholars Association”，简称FORSA。协会接受业务主管单位中共福建省委统战部和社团登记管理机关福建省民政厅的业务指导和监督管理。

宗旨

继承爱国主义优良传统。遵守宪法、法律、法规和国家政策，遵守社会道德风尚。团结福建留学归国同学，广泛联系海内外同学、学人，增进友谊，沟通信息，交流学术，开展协作，共同为繁荣福建、振兴中华和统一祖国大业作出贡献。

主要任务

一、弘扬爱国主义精神，倡导留学报国思想，宣传介绍海内外留学人员的先进事迹和学术成就。

二、开展形式多样的海内外学友之间的联谊活动，加强学术交流和信息沟通。

三、联络海外福建留学人员和留学生团体，努力拓宽他们同祖国的联系渠道；促进海外专家学者和各界人士之间的联系，增进互相了解，加强民间往来，在科教、文化、经济等领域广泛开展交流和合作。

四、组织会员发挥专业特长，为我省经济和社会全面发展出谋献策；举办各种类型的咨询、信息服务和人员培训等活动。

五、维护会员的合法权益，关心他们的工作和生活情况，及时向有关部门反映他们的建议和意见，并协助解决他们的困难和问题。

联系方式

地　址：福建省福州市湖东路276号同心楼20层
邮　编：350001
电　话：86-591-87532516
传　真：86-591-88016835
邮　箱：forsal@forsa.org.cn
网　址：wwww.forsa.org.cn

福州市留学生同学会

概况

福州市留学生同学会成立于1998年11月，是经福州市民政局正式批准具有法人资格的社团组织。在福州市委统战部的领导下，发扬爱国主义优良传统，团结福州市归国学人，广泛联系海外学友，增进友谊、沟通信息、交流学术、开启协作，共同为福州省会中心城市经济建设和海西发展出谋献策，贡献力量。

主要任务

一、弘扬爱国主义思想，倡导留学报国精神，宣传介绍海内外留学人员的先进事迹和学术成就。

二、促进与海外留学生、专家学者和各界人士之间的联系，增进了解，发展民间往来，在科教、文化、经济等领域开展交流合作。

三、利用我会企业家较多的优势，积极参加本市经济活动。

四、组织医务界会员到缺医少药的农村义诊及举办科普讲座等社会公益性活动。

五、维护会员的合法权益，关心他们的工作和生活情况，向有关部门反映他们的建议及意见，并协助解决他们的困难和问题。

联系方式

地　址：福建省福州市鼓楼区福飞路井尾5号福州市委统战部大楼201室
邮　编：350012
电　话：86-591-87750076
传　真：86-591-87891282
邮　箱：orsafz@163.com
网　址：www.orsafz.org

厦门市留学生联谊会

概况

厦门市留学生联谊会成立于2000年4月，是厦门市留学归国人员自愿组成的具有独立法人资格的地方性、联合性、非营利性社会组织。英文名称为“Association of Xiamen Overseas and Returned Scholars”，简称AXORS。联谊会接受业务主管单位厦门市委统战部、社团登记管理机关厦门市民政局的业务指导和监督管理。

宗旨

发扬爱国主义精神，团结厦门市留学归国人员，广泛联系海内外学人，增进友谊，沟通信息，交流学术，开展协作，共同为繁荣厦门、振兴中华和统一祖国大业服务。

主要任务

一、弘扬爱国主义精神，倡导留学报国思想，宣传介绍海内外留学人员的先进事迹和学术成就。

二、开展形式多样的海内外学友之间的联谊活动，加强学术交流和信息沟通。

三、联络海外留学人员，努力拓宽他们同祖国，尤其是和厦门的联系渠道；促进海外学友、专家学者和各界人士与厦门的联系，增进互相了解，加强民间往来，在科教、文化、经济等领域广泛开展交流与合作。

四、组织会员发挥专业特长，为厦门市的经济建设和社会全面发展进行专题调查研究、出谋献策。举办各种类型的咨询、信息服务和人员培训活动。

五、维护会员的合法权益，关心他们的工作和生活情况，及时向有关部门反映他们的建议和意见，并协助解决他们的困难和问题。

六、承接政府部门委托与本会有关事项。

联系方式

地　址：福建省厦门市白鹭洲路16号团结大厦1310室
邮　编：361004
电　话：86-592-2296646，2699024
传　真：86-592-2699024
邮　箱：axors@public.xm.fj.cn
网　址：www.xmlxs.org.cn

泉州市留学人员暨归国创业人员联谊会

概况

泉州市留学人员暨归国创业人员联谊会是由泉州市留学归国人员组成的具有独立法人资格的地方性、联合性非营利性社会组织。英文名称为“Quanzhou Overseas Returned Scholars Association”，简称QORSA。业务主管部门是中共泉州市委统战部，同时接受泉州市民政局的监督管理，并接受福建留学人员联谊会的业务指导。

宗旨

广泛联系和团结海内外泉州籍和来泉工作、生活的留学人员及归国创业人员，继承发扬留学报国的爱国主义传统，秉持修学、游艺、敦谊、励行的理念，为家乡发展、海西建设，为全面建设小康社会和实现中华民族伟大复兴服务，为完成祖国完全统一大业服务，为维护世界和平与促进共同发展服务。

主要任务

一、倡导留学报国思想，宣传介绍海内外留学人员的先进事迹和学术成就。

二、开展形式多样的海内外学友之间的联谊活动，为留学人员提供科技交流、互通信息、交流感情、横向合作的渠道。

三、发挥会员的专长和智力优势，为泉州市的经济建设和社会发展进行调查研究、出谋献策，举办各种类型的咨询、信息服务和培训活动。鼓励会员利用所掌握的技术、管理、资金等资源优势，自主创业，为提升我市传统产业，发展我市第三产业，活跃我市资本、文化市场作出贡献。

四、联络海外留学人员，努力拓宽他们同泉州的联系渠道，促进海外学友、专家学者和各界人士与泉州的联系，增进了解，加强在科技、文化、经济等领域的交流合作。

五、维护会员的合法权益，收集、反映留学回国人员的意见和要求，及时向有关部门反映他们的建议和意见，协助有关部门解决留学回国人员在工作、学习、生活等方面的问题与困难。把本会办成留学人员之家。

六、举办扶困济贫活动和慈善活动，关心、帮助社会困难群体，促进社会和谐。

七、表彰、奖励优秀留学人员，积极举荐人才。

八、承接政府部门委托的有关任务。

联系方式

地　址：福建省泉州市行政中心4号楼4509
邮　编：362000
传　真：86-595-22276200
电　话：86-595-22276209
邮　箱：1787273942@qq.com
网　址：www.qorsa.com

龙岩留学人员联谊会

概况

龙岩留学人员联谊会是由龙岩市留学人员为主体自愿结成的联合性、非营利性社会组织。英文名称为“Longyan Overseas and Returned Scholars Associaion”，简称LORSA。本会接受上级留学生同学会、留学人员联谊会的指导，接受业务主管单位中共龙岩市委统战部和社团登记管理机关龙岩市民政局的业务指导和监督管理。

宗旨

继承爱国主义优良传统。遵守宪法、法律、法规和国家政策，遵守社会道德风尚。团结龙岩市留学归国人员，广泛联系海内外留学人员、学人，增进友谊，沟通信息，交流学术，开展协作，共同为促进海西重要增长极服务，为促进祖国和平统一大业作贡献。

主要任务

一、弘扬爱国主义精神，倡导留学报国思想，宣传介绍海内外留学人员的先进事迹和学术成就。

二、开展形式多样的海内外学友之间的联谊活动，加强学术交流和信息沟通。

三、联络海外龙岩留学人员和留学生团体，努力拓宽他们同祖国的联系渠道；促进海外专家学者和各界人士之间的联系，增进互相了解，加强民间往来，在科教、文化、经济等领域广泛开展交流和合作。

四、组织会员发挥专业特长，为我市经济和社会全面发展出谋献策；举办各种类型的咨询、信息服务和人员培训活动。

五、维护会员的合法权益，关心他们的工作和生活情况，及时向有关部门反映他们的建议和意见，并协助解决他们的困难和问题。

联系方式

地　址：福建省龙岩市龙岩大道万阳城A栋913
邮　编：364000
电　话：86-597-2301879
邮　箱：lylxrytxh@163.com
网　址：www.lylxry.com

济南留学人员联谊会

概况

济南留学人员联谊会成立于2006年4月6日，是山东省统战系统成立的第一个留学人员联谊会。联谊会的成立，为广泛联系和团结留学人员开辟了一条新的渠道，标志着济南市留学人员工作进入了一个新的阶段。

宗旨

成为开展留学人员工作的有效载体，成为了解留学人员情况、反映他们真知灼见的重要渠道，成为输送留学人员代表性人物的人才库，为济南的改革、发展发挥积极的作用。

主要任务

一、团结济南广大留学人员，充分发挥联谊会作为党和政府联系海内外留学人员的桥梁和纽带作用，巩固和壮大爱国统一战线。

二、不断增强做好留学人员工作的责任感和使命感，积极探索新的机制，加强对留学人员代表人士的培养选拔。

三、加强自身建设，为做好留学人员工作提供保障。

四、主动进入经济主战场，倾力推进科教兴市战略的实施，为济南市改革开放和建设创新型城市作出贡献。

联系方式

地　址：山东省济南市建国小经三路37号市委统战部知识分子处
邮　编：250001
电　话：86-531-82038318
传　真：86-531-82038318
邮　箱：yaoaiyu@jn.gov.cn

青岛市留学人员协会

概况

青岛市留学人员协会成立于2004年2月7日，由青岛市留学回国人员自愿组成的具有独立法人资格的群众团体。

宗旨

凝聚、联系和服务留学回国人员，促进留学回国人员在青岛建功立业。

主要任务

一、及时传达国家和青岛的留学人员回国工作优惠政策，凝聚留学人员来青岛工作和以各种方式为国家、为青岛服务。

二、组织广大留学人员发挥专业特长，积极参与科技创新、创办企业和多种形式的咨询服务活动。

三、广泛联系留学人员，倡导留学报国，宣传介绍留学人员为国服务的先进事迹和学术成就。

四、多渠道开展科技、经贸、教育、文化等方面的对外交流，联系海内外的留学人员及团体，为青岛招才引智、招商引资牵线搭桥。

五、根据青岛市经济建设和社会发展的需要，为用人单位推荐和引进急需的留学人才。

六、维护留学人员的合法权益，会同有关部门落实留学人员政策，帮助留学人员解决实际困难。

联系方式

地　址：山东省青岛市同安路189号青岛市留学回国人员创业园201室

邮　编：266101

电　话：86-532-89913130

传　真：86-532-88916306

烟台市留学人员联谊会

概况

烟台市留学人员联谊会是烟台市留学人员的群众性、非营利性的社会组织机构，同时也是党和政府团结联系广大留学人员的桥梁和纽带。

宗旨

依照宪法和法律，贯彻落实党中央和国务院关于“支持留学、鼓励回国、来去自由”的留学工作方针，维护留学人员合法权益，团结广大留学人员，发扬团结、奉献、奋发创业的精神，为把烟台市建设成现代化、国际性港口城市发挥作用。

主要任务

一、宣传烟台市经济、社会发展形势和对外开放政策，支持和引导留学人员为我市的建设和发展作出更多的贡献。

二、联络广大留学人员对烟台市经济、科技等领域的工作进行研究探讨，为有关部门决策提供咨询服务。

三、组织留学人员广开渠道，积极促进烟台市同国外开展经济、技术、文化交流，为引进国外智力、技术和资金发挥牵线搭桥作用。

四、协助有关部门积极改善留学人员的学习、工作、生活条件，更好地发挥留学人员的作用。

联系方式

地　址：山东省烟台市莱山区观海路128-108

邮　编：264003

电　话：86-535-6683330

传　真：86-535-6683269

邮　箱：rsjhbh@163.net

河南省留学人员联谊会

概况

河南省留学人员联谊会成立于1992年10月，是河南省留学回国人员自愿组成的群众性团体，是河南省委、省政府联系海内外留学人员和海外专家的桥梁和纽带。

宗旨

宣传党的基本路线，坚持党的改革开放方针，执行党和国家的留学工作政策，加强与海内外留学人员的联系，积极为留学人员创造优良环境和条件，充分发挥留学人员的作用，拓宽对外开放的渠道，依靠科技进步，为促进河南省经济发展贡献力量。

主要任务

一、举办研讨会、座谈会、学术讲座。

二、提供服务咨询，协助引进人才、技术和资金。

三、为河南省社会、经济和文化发展牵线搭桥。

联系方式

地　址：河南省郑州市顺河路32号

邮　编：450004

电　话：86-371-66359360

传　真：86-371-66329937

邮　箱：ylxec@163.com

洛阳市留学归国人员联谊会

概况

洛阳市留学归国人员联谊会，其前身为“洛阳留学人员联谊会”，成立于2015年1月31日，是由市侨联主管、我市留学归国人员及海外留学人员自愿组成的具有独立法人资格的地方性、联合性、非营利性群众组织，其宗旨是弘扬爱国主义精神，团结留学归国人员，联络海外留学人员，增进友谊、沟通信息、交流学术、开展协作、促进创业，服务洛阳建设。

宗旨

加强我市留学回国人员与党和政府的联系，团结联系广大留学人员为我市发展多作贡献；加强与国内外及其他留学生组织的联络合作，为留学人员提供科技交流、互通信息、交流感情、横向合作的渠道；帮助留学人员回国创业发展，从留学生创业生态环境体系入手，收集、反映留学回国人员的意见和要求；协助有关部门解决留学回国人员在工作、学习、生活等方面的问题与困难，更好地发挥留学回国人员在我市发展建设中的作用。

主要任务

一、弘扬爱国主义精神，倡导留学报国思想，宣传介绍海内外留学人员的先进事迹和学术成就。

二、举办形式多样的海内外学友之间的联谊活动，加强学术交流和信息沟通，丰富文化生活，增进会员联系和友谊。

三、联络海外留学人员，努力拓宽他们同祖国，尤其是和洛阳的联系渠道，促进海外学友、专家学者和各界人士与洛阳的联系，增进互相了解，加强民间往来，在科教、文化、经济等领域广泛开展交流与合作。

四、组织会员发挥综合智力优势，为洛阳市的经济建设和社会全面发展进行专题调查研究、出谋献策。举办各种类型的咨询、信息服务和人员培训活动。

五、积极动员会员为我市引进海外高层次人才牵线搭桥，鼓励和扶持海外留学归国人员来我市创业，促进我市高新技术产业的发展。

六、联络与洛阳有渊源的海外学友和留学人员团体，加强他们与洛阳的沟通与联系。

七、维护会员的合法权益，关心他们的工作和生活情况，及时向有关部门反映他们的建议和意见，并协助解决他们的困难和问题。

八、承接党委、政府部门委托与本会有关的事项。

联系方式

地　址：河南省洛阳市新区政和路16号院2号楼

邮　编：471000

电　话：0379-63317355

邮　箱：luoyangqiaolian@163.com
yql2009@126.com

网　址：lyqiaolian.orgcc.com

湖北欧美同学会・湖北留学人员联合会

概况

湖北欧美同学会・湖北留学人员联合会成立于2011年4月8日，是以湖北省留学海外各国归国同学为主体自愿组成的组织，以加强与海内外留学人员和留学团体的联系和交往，开展在经济、科技、文化、教育、卫生等领域的交流与合作，组织和推动海外留学人员为湖北服务等为任务。

联合会团结和依靠广大归国留学人员，秉持修学、游艺、敦谊、励行的理念，致力于建设成为联系广大留学人员的桥梁和纽带，成为全省留学人员的温馨家园。

联系方式

地　址：湖北省武汉市武昌区洪山路16号

邮　编：430071

电　话：86-27-87824798

传　真：86-27-87824798

邮　箱：hbomtxh@126.com

湖北省留学人员联谊会

概况

湖北省留学人员联谊会创建于1992年1月7日，是非政府民间团体。通过定期组织各种会务活动，探讨学术，日益成为联系海内外留学人员的桥梁和纽带。

宗旨

遵守宪法、法律、法规和国家政策，遵守社会道德风尚。团结广大留学人员，密切留学人员与党和政府的联系，加强留学人员与海外科技、经贸及文化教育界的沟通，促进留学人员来鄂工作或为鄂服务，推动湖北对外开放和现代化建设。

主要任务

一、努力当好党和政府团结、联系广大留学人员的桥梁和纽带，认真宣传党和政府有关留学人员的方针、政策，动员留学人员团结协作、奋发图强，在各自的工作岗位上为湖北的经济建设和社会发展作贡献。同时，以向有关部门推荐人才、提供咨询服务等多种方式积极参政议政。

二、发挥沟通海内外的桥梁和纽带的作用，以多种方式积极促进和组织我省同国外开展科技、经济、文化、教育、卫生等领域的交流和合作，为引进国外智力、技术和资金发挥牵线搭桥作用。

三、强化留学人员之间联谊的桥梁和纽带的功能，努力维护留学人员的合法权益，及时向有关部门反映他们的意见和要求，协助有关部门积极为他们来鄂创业以及在海内外的学习、工作和生活创造良好的环境。办好会刊、交流信息、推广经验、宣传先进，促进湖北留学人员工作进一步改进和提高，以达留学人员“强强联合、优势互补、共同发展”。

四、建立“湖北留学人员数据库”，开设“湖北省留学回国人员网站”。

联系方式

地　址：湖北省武汉市武昌区八一路58号省军培基地3楼302-306室

邮　编：430071

电　话：86-27-87233233

传　真：86-27-87303009

网　址：www.hbll.org

武汉欧美同学会・武汉留学人员联谊会

概况

武汉欧美同学会成立于1998年12月，2007年8月增冠“武汉留学人员联谊会”会名，是以武汉地区留学归国人员为主体自愿组成的群众组织。联谊会接受中共武汉市委统战部、武汉市民政局的业务指导和监督管理。

宗旨

高举社会主义和爱国主义的旗帜，团结留学归国同学，广泛联系海外学人，修学敦谊，相互切磋，扩大交流，促进合作，为统一祖国、振兴中华、发展武汉作出贡献。

主要任务

一、弘扬爱国主义思想，倡导留学报国精神，宣传海内外留学人员的先进事迹和学术成就。

二、举办各种活动，加强学术交流和信息沟通，增进会员联系和友谊。

三、加强与海外专家、学者和各界人士的联系，增进相互了解与合作，开展民间往来，在科技、经济、文化等领域进行交流与合作。

四、发挥会员综合智力优势，开办各类咨询、信息服务和人才培训，为武汉科技、经济和社会发展献计献策。

五、联络与武汉有渊源关系的海外学人和留学生会，拓宽他们与武汉的联系和为国服务的渠道。

六、维护会员的合法权益，向政府有关部门反映他们的建议和要求，协助解决武汉归国留学人员的困难和问题。

联系方式

地　址：湖北省武汉市汉口沿江大道149号605室

邮　编：430032

电　话：86-27-82306250
传　真：86-27-82306250
邮　箱：worsa@vip.sina.com
网　址：www.worsa.org.cn

湖南欧美同学会·湖南留学人员联谊会

概况

湖南欧美同学会·湖南留学人员联合会（英文简称HORSA）成立于2009年5月26日。该会是在中国共产党领导下，由湖南省归国留学人员自愿组成、非营利性质、具有法人资格的群众团体，也是一个覆盖面广的高层次人才团体，理事有158名，海外特邀理事有17名。

宗旨

以邓小平理论和"三个代表"重要思想为指导，全面贯彻落实科学发展观，团结和服务海内外留学人员，继承发扬留学报国的爱国主义传统，秉持修学、游艺、敦谊、励行的理念，为振兴中华和湖南发展作出贡献。

主要任务

一、弘扬爱国主义思想，倡导留学报国，宣传介绍和组织交流留学人员的优秀事迹和成就。

二、举办各种活动，加强学术交流，丰富文化生活，增进理事联系和友谊。

三、促进与海外专家学者及各界人士的相互了解与合作，开展民间友好往来，在科技、经济、文化等领域进行人才交流暨学术交流。

四、发挥理事专长，为政府及企事业单位提供咨询及中介服务、为留学人员在创办高新技术企业、合作项目、开展交流活动等方面提供服务。

五、维护理事的合法权益，关心他们的工作和生活，促进并发挥他们的专长和作用，向有关方面反映他们的建议和要求。

六、联络海外留学人员和留学生团体，努力拓宽他们与祖国联系和为国服务的渠道。

联系方式

地　址：湖南省长沙市迎宾路185号
邮　编：410011
电　话：86-731-82215613，82217095，82217219
传　真：86-731-82215749
邮　箱：hwrsa@163.com
网　址：hnwrsa.hnswtzb.org

湖南省留学人员联谊会

概况

湖南省留学人员联谊会是湖南省海内外留学人员自愿参加的社会团体。业务主管部门为湖南省人事厅，并接受社会团体管理机关的监督与管理。

宗旨

遵守党的基本路线，协助业务主管部门执行党和国家有关的方针、政策，团结海内外留学人员，加强广大留学人员与党和政府的联系，充分发挥留学人员的聪明才智和对外联系的桥梁纽带作用，促进我省改革开放和现代化建设事业的发展。

主要任务

一、宣传党和国家关于留学人员工作的方针政策以及留学人员报效祖国的先进事迹。

二、促进湖南省同国外开展经济、科技、文化、教育、卫生等领域的交流与合作，为引进国外智力、技术和资金牵线搭桥。

三、加强同广大留学人员的联系，了解和反映他们的意见与要求。维护留学人员的合法权益，协助有关部门为留学人员的学习、工作和生活创造良好环境。鼓励广大留学人员为湖南省社会经济发展建功立业。

四、接受政府主管部门的委托，为湖南省留学人员管理工作和政策法规建设提供咨询与服务，完成托办的任务。

五、有计划地开展丰富多彩的联谊活动，沟通思想，交流信息，增进友谊，团结海内外留学人员。

六、面向社会，广开渠道，积极开展科技咨询、开发服务和外引内联等活动。

联系方式

地　址：湖南省长沙市中共湖南省委办公楼5楼522室
邮　编：410011
电　话：86-731-2219375

广州欧美同学会·广州留学人员联谊会

概况

广州欧美同学会创建于1925年，1936年更名为广东欧美同学会，会址设在广州市文德路39号，这幢美式洋房是由留学欧美的学者集资兴建起来的永久性会址。历任会长黄宪昭、韦增復、李禄超（曾任孙中山先生秘书）、陈宗南等。中华人民共和国成立后，因会员四散，会务停顿。1984年，为团结广大留学欧美的学者专家，切磋学术交流，弘扬爱国主义精神，报效祖国，由在广州工作的留学欧美学者、原广东欧美同学会老会员蒲蛰龙（中山大学）、罗明燏（华南工学院）、罗开富（中科院广州地理所）、李炳熙（暨南大学）、黎献勇（珠江水利委员会）等5人联名发起和倡议，向广州市人民政府和广大留学欧美学友提出恢复"广东欧美同学会"的活动，得到了时任广州市市长叶选平的关心，并批示由广州市科协牵头组织。经过两年多的筹备，于1987年6月14日在广州市委礼堂正式宣布重新恢复活动，成立广州欧美同学会。叶选平学长任名誉会长，我国著名淀粉糖专家、化学家、留美学者张力田教授，华南理工大学原校长刘焕彬教授先后任会长。

2010年9月6日，广州市机构编制委员会正式下文《关于广州欧美同学会列入市群众团体序列等问题的批复》，明确了广州欧美同学会的性质和地位，并批准增冠"广州留学人员联谊会"会名。

广州欧美同学会是由留学欧美或其他国家的学友组成，会员遍布广州地区各行各业，是一个覆盖面广的高层次人才团体，现有会员3000多人。广州欧美同学会是欧美同学会·中国留学人员联谊会省市团体会员单位之一，由中共广州市委统战部主管。

宗旨

在党的领导下，遵守国家宪法、法律、法规，遵守社会道德风尚，团结广大留学归国人员，广泛联系海内外学友，继承发扬留学报国的爱国主义传统，为促进社会和谐和全面建设小康社会服务，为完成祖国统一大业和实现中华民族伟大复兴服务。

主要任务

一、学习贯彻党和政府关于留学人员工作、知识分子工作和人才工作的方针政策。

二、推动留学人员报国实践，宣传留学人员报国业绩。

三、开展咨询、信息服务和培训，发挥智力优势，为广东、广州社会经济发展，建设幸福广东、幸福广州建言出力。

四、广泛联系海外留学人员团体和留学人员，积极开展多领域的交流与合作，做好引荐海外高层次人才工作，组织和推动海外留学人员为广东、广州服务。

五、开展多种形式的活动，加强学术交流，丰富文化生活，增进留学人员之间的联系和友谊。

六、反映留学人员的意见和要求，维护会员的合法权益，关心会员的工作和生活，努力为留学人员服务，把本会办成留学人员之家。

七、表彰、奖励优秀留学人员，积极举荐人才。

联系方式

地　址：广东省广州市起义路144号广州市社会主义学院102室

邮　编：510030

电　话：86-20-83177417

邮　箱：gzomtxh@163.com

网　址：www.gzorsa.org

广州留学人员商会

概况

广州留学人员商会创建于2002年，是全国首家商会性质的非营利性留学归国人员组织。现有会员逾千名，已成为在穗留学人员的真正家园。

本着“为会员谋利益，为社会谋共识”的目的，在祖国高速腾飞的今天，商会主动承担起了团结归国创业精英的责任，以期通过这一平台，积极参加国家建设，配合政府主办的各项大型招商会展及交流活动，同时开展与其他大型民间社团组织的交流，共创和谐广州。商会也是信息交流、学术交流及情感交流的场所，帮助留学归国人员尽快融入当地文化，使所学所能得以充分发挥。同时，针对会员特性建立了5个专业委员会和1个中心，并以此为基础开展针对性的活动。

宗旨

一、联合在广州及周边地区的留学归国人员，组建成一个在党和政府领导下的留学归国人员的非营利性组织。

二、为会员及会员企业与政府搭建友好的沟通和合作的桥梁。

三、发挥商会凝聚力，服务会员，为会员的事业发展搭建创业及发展平台，最大程度地发挥他们的经济及社会效益，从而实现他们知识报国、技术报国的良好夙愿。

四、最大限度地引进和输出境内外的技术和信息，利用境内外的投资资金，促进境内外的人才交流。

主要任务

一、向回国留学人员介绍情况、发布信息、提供各种优惠政策。

二、协助留学人员在国内注册公司、寻找合作伙伴、风险基金。

三、协助留学人员与各级政府、各职能部门沟通，组织有关留学回国政策、工商税务的发布会。

四、组织参加各种商业活动、展览会、交易会、交流会，促进留学人员项目转化及项目招商。

五、联系新闻媒介，及时报道宣传优秀留学人员及其创业企业，向社会呼吁保护留学创业人员的合法权益。

六、充分发挥利用海内外留学人员的潜力和优势，服务于中国民营经济发展，与工商联其他职能部门合作，定期组织举办服务于民营经济的各种讲座与活动。

七、与各地政府、教育部、人事部、科技部、经贸部、侨办、侨联、欧美同学会、开发区、商业团体、公司联系并协调关系，与海内外留学生团体、华人商会建立友好协作关系，与国外商会、学校建立友好协作关系。

联系方式

地　址：广东省广州市海珠区敦和路189号留学人员创业园3栋307

邮　编：510310

电　话：86-20-34321880，34321883

传　真：86-20-34321885

邮　箱：contact@ocscc.org

网　址：www.ocscc.org

广州留学回国科技工作者协会

概况

广州留学回国科技工作者协会成立于1998年8月3日，是由广州地区学有所成的归国科技精英倡议，广大留学回国科技工作者及留学生热烈响应，在广州市领导及有关部门热情关怀和大力支持下成立的群众性组织，是广州市科学技术协会的团体会员，也是泛珠三角区域“9+2”合作组织的重要成员单位。

宗旨

在党和政府的领导下，团结广州及其周边地区留学归来的科技工作者，组成具有整体优势的一支生力军，充分调动他们的积极性，发挥他们的聪明才智，把他们在海外所学知识、技术运用到科技进步与经济发展中去。

主要任务

一、通过协会，加强与国内外专家学者、科技团体及企业的联络，促进对内对外科技、经济的交流与合作。

二、架起沟通广大科技人员与政府之间的桥梁，维护他们的权益，反映他们的心声。

三、协助政府做好留学生与进修生的吸引、接收、安置等方面的工作，鼓励更多的海外学子回国服务。

联系方式

地　址：广东省广州市解放北路618-620号府前大厦A座1805室

邮　编：510130

电　话：86-20-83325995，83325053，83325019

传　真：86-20-83325995

邮　箱：ocs413@126.com

惠州市留学人员联谊会

概况

惠州市留学人员联谊会在惠州市委市政府的关心与支持下于2006年1月23日成立，是以留学人员及海外归国人员为主体的、学术性的、自愿结成的非营利性社会组织。英文名称“Huizhou Association of Overseas & Returned Scholars”，简称HAORS。接受业务主管单位惠州市科学技术协会及社团登记管理机关惠州市民政局的业务指导和监督管理。

宗旨

继承爱国主义传统，团结留学归国学子，广泛联系海内外学人共同为振兴中华作出贡献。

主要任务

一、举办或承办各种与惠州经济建设和社会发展有关的国际、国内学术研讨会。

二、组织会员发挥本会的综合智力优势，为惠州的发展献计献策。

三、为惠州企事业单位的发展开展各类咨询、信息服务和人才培训、交流，开展出国留学咨询与服务。

四、通过海内外的民间学术团体和留学人员组织，为我市的智力、人才、技术、资金、项目的引进做好中介服务。

五、积极反映海内外留学人员的需求，协助解决他们的工作及生活难题。

六、采取多种多样的联谊方式加强海内外专家、学者和企业人士之间的联系，促进惠州与海外在科技、文化、教育、经济等领域开展广泛的交流与合作。

七、团结广大归国留学人员和仍在海外的惠州籍学子、华裔、华侨学人，以各种方式为惠州经济社会发展服务。

八、国家法律允许范围内的其他专业性服务。

联系方式

地　址：广东省惠州仲恺国家高新区惠台工业园54号小区科创中心

邮　编：506001

电　话：86-752-2653896

传　真：86-752-2601581

邮　箱：haors@163.com

网　址：www.haors.org

东莞市侨联归国留学人员联谊会

概况

东莞市侨联归国留学人员联谊会成立于2012年6月9日，是在东莞市归国华侨联合会领导下，由在东莞工作或生活的、具海外留学经历和与东莞有紧密联系的归国留学人员自愿组成，承认《中华全国归国华侨联合会章程》，是独立自主开展活动的非营利性侨界团体，东莞市侨联的团体会员，现有注册会员1000多人。

宗旨

一、海纳百川、团结奉献。

二、了解国家和东莞的建设发展情况，鼓励、引导、发挥留学人员优势，广泛联络海内外留学人员，为推进东莞经济社会双转型、建设富强幸福新东莞服务。

主要任务

一、组织广大归国留学人员学习党的方针政策、国家的法律法规，提高他们的爱国和建国热情。

二、引导归国留学人员参政议政，反映侨界的利益要求；关心归国留学人员，就他们在工作与生活中的问题和困难，向政府及职能部门提出意见和建议。

三、依法维护归国留学人员合法权益，推动社会经济文明建设；协助政府为归国留学人员在东莞创新创业、工作和生活等方面提供支持和服务。

四、组织开展适合归国留学人员特点的科技、经贸、对外联络交流等活动，促进归国留学人员事业的发展。

五、广泛联络海内外留学人员及其智力团体，促进交流与合作，为东莞招才引智服务。

联系方式

地　址：广东省东莞市莞城向阳路侨务楼

邮　编：523007

电　话：86-769-33229088，22227821，22221033

传　真：0769-22221829，22232539

邮　箱：mail@dgosa.com

网　址：www.dgosa.com

中山市留学回国人员联谊会

概况

中山市留学回国人员联谊会成立于2008年6月10日。联谊会的成立，是中山市经济建设和社会发展的需要，是中山市扩大对外开放和参与国际人才竞争的需要，也是联系和服务广大留学回国人员的需要，将进一步密切留学回国人员与市委、市政府的联系，为留学回国人员提供了感情交流、信息互通、科技交流、横向合作的渠道，也便于收集、反映留学回国人员的意见和要求，协助有关部门解决留学回国人员在工作、学习、生活方面的问题和困难。一直以来，中山市有关部门高度关注海外留学生和留学回国人员，为筹备成立中山市留学回国人员联谊会做了大量的前期工作。联谊会的成立得到广东省侨办和市委市政府的大力支持。联谊会积极贯彻市委市政府关于进一步加快培养引进紧缺适用人才的战略部署，主动联系，服务广大留学回国人员，不断完善中山市海外引智网络，成为“留学回国人员之家”。

联系方式

地　址：广东省中山市松苑路1号中山市外事侨务局国际交流部

邮　编：528400

电　话：86-760-88334455

传　真：86-760-88334455

邮　箱：faob.zsnews.cn

潮州市留学回国人员联谊会

概况

潮州市留学人员联谊会成立于2012年7月6日，是在潮州市归国华侨联合会领导下，由在潮州工作或生活的、具海外留学经历和与潮州有紧密联系的归国留学人员自愿组成，是独立自主开展活动的非营利性侨界团体，是潮州市侨联的团体会员。

宗旨

以马克思列宁主义、毛泽东思想、邓小平理论、“三个代表”重要思想和科学发展观为指导，高举中国特色社会主义和爱国主义旗帜，根据本章程，积极团结潮州市归国留学人员，发挥归国留学人员的团体优势，联络海外留学人员等专业人才，秉着“团结、互助、共进”的精神，为归国留学人员在潮州创业、发展服务，为潮州经济建设和社会发展，为实现中华民族伟大复兴和祖国完全统一作贡献。

主要任务

一、了解国家，特别是潮州的建设发展情况，鼓励、引导、发挥留学人员优势，广泛联络海内外留学人员，为加快经济发展、建设幸福潮州作出贡献。

二、组织广大归国留学人员学习党的方针政策、国家的法律法规，提高他们的爱国爱乡热情。

三、引导归国留学人员参政议政，反映侨界的利益要求。

四、关心归国留学人员，将他们在工作与生活中的问题和困难，向政府及职能部门提出意见和建议。

五、依法维护归国留学人员合法权益，推动社会经济文明建设。

六、为有意赴国外留学的学生提供相关资讯及帮助。

七、为归国留学人员在潮州创新创业、工作和生活等方面，提供支持和服务。

八、组织开展适合归国留学人员特点的科技、经贸、对外联络交流等活动，促进归国留学人员事业的发展。

九、加强自身建设，加强与社会各界的联系与交流，积极参加社会公益事业，维护和提高潮州归国留学人员群体形象。

十、广泛联络海内外留学人员及其智力团体，促进交流与合作，为潮州招才引智服务。

十一、表彰、奖励优秀归国留学人员，积极举荐人才。

十二、承接潮州市政府及其职能部门委托与本会有关的事项。

联系方式

地　址：广东省潮州市新洋路新阳楼5号大地教育

邮　编：521000

电　话：86-18948509206

传　真：86-768-2211838

邮　箱：1292919492@qq.com

网　址：www.cosa.org.cn

广西留学人员联谊会（广西欧美同学会）

概况

广西留学人员联谊会（广西欧美同学会）成立于1986年，是以广西壮族自治区留学人员为主体的、适当吸收海外华裔和华侨学人自愿参加的非营利性的人民群众团体。英文名称为“Guangxi Association of Overseas & Returned Scholars”，简称GAORS。主管部门为自治区统战部，会址设在广西南宁市。

宗旨

继承爱国主义传统，团结留学归国学子，广泛联系海内外学人和与广西有渊源关系的华裔、华侨学人，修学敦谊，相互切磋，共同为振兴中华、繁荣广西作出贡献。

主要任务

一、继承爱国主义思想，倡导报国奉献精神，宣传海内外留学人员的先进事迹和学术成就。

二、团结广大归国留学人员和仍在海外的广西籍学子、华裔、华侨学人，以各种方式为广西经济社会发展服务。

三、采取多种多样的联谊方式加强海内外专家、学者和企业人士之间的联系，增进相互了解，促进广西与海外在科技、文化、教育、经济等领域开展广泛的交流与合作。

四、组织会员发挥本会的综合智力优势，为广西的发展提出建设性意见，为广西企事业单位的发展开展各类咨询、信息服务和人才培训与交流，开展出国留学咨询与服务，开展各项对广西经济和社会发展有意义的活动。

五、通过国外的民间学术团体和留学人员组织，为我区的智力、人才、技术、资金、项目的引进做好中介服务。

六、承担政府部门委托的广西重大经济建设项目的立项、鉴定、评估任务或其他课题。

七、维护广大留学人员的合法权益，积极反映海内外留学人员的需求，协助解决他们的困难和问题。

八、举办或承办各种与广西经济建设和社会发展有关的国际、国内研讨会。

九、协助党委和政府部门做好与留学人员沟通等工作。

联系方式

地　址：广西南宁市滨湖路63号

邮　编：530028

电　话：86-771-5568639，5568677，5568642

传　真：86-771-5568649

邮　箱：gaors_gx@126.com，gaors2008@126.com

网　址：gorsa.gxnews.com.cn

桂林欧美同学会·桂林留学人员联谊会

概况

桂林欧美同学会·桂林留学人员联谊会成立于2004年12月19日，是由桂林归国留学人员组成的群众团体。桂林欧美同学会作为在党领导下的群众团体，为桂林市归国留学人员搭建起了一个交流平台，把服务桂林建设与发展同服务广大留学人员结合起来，把做好回国留学人员的工作同做好海外留学人员的工作结合起来，把发挥广大留学人员的作用同在他们中发现、培养和举荐人才结合起来，为大力推进桂林市“三个文明”作出贡献。

宗旨

团结桂林市海内外留学人员，广泛联系海内外学人和与桂林有渊源关系的华裔、华侨学人，修学敦谊，相互切磋，构架与广大海内外人员和学者密切联系的桥梁和纽带，共同为繁荣桂林作贡献。

联系方式

地　址：广西桂林市榕湖路北路6号

邮　编：541001

电　话：86-773-2818858
传　真：86-773-2823330
邮　箱：gllx2007@126.com

海南欧美同学会

概况

海南欧美同学会成立于2012年5月23日，是以海南留学欧美各国归国同学为主体自愿组成的具有统战性、知识性、联谊性的群众组织，是中国共产党领导下的人民团体，是党联系留学人员的桥梁和纽带，是党和政府做好留学人员工作的助手。海南欧美同学会主管单位为海南省委统战部。本会接受中共海南省委统战部的政治领导和业务指导，在欧美同学会·中国留学人员联谊会的指导下开展各项工作。本会接受海南省社会团体登记管理机关海南省民政厅的监督管理。

主要任务

一、学习贯彻党和政府关于留学人员工作、知识分子工作和人才工作的方针政策。

二、弘扬爱国主义传统，推动留学人员报国实践，宣传留学人员报国业绩，表彰、奖励优秀留学人员。

三、加强与欧美同学会·中国留学人员联谊会和海外留学人员、留学人员团体的联系，参与开展科技、经济、文化、教育、卫生等领域的交流与合作，组织和推动留学人员为海南经济社会发展服务。

四、发挥会员的专长和作用，开展教育培训、学术交流、信息咨询、联谊交友、考察调研等活动，积极建言献策。

五、为海外归国留学人员来海南创业牵线搭桥。

六、反映会员的意见和要求，关心会员的工作和生活。维护会员的合法权益，努力为会员服务，把本会办成留学人员之家。

七、积极举荐人才。

联系方式

地　址：海南省海口市国兴大道69号海南广场5栋401
邮　编：570203
电　话：086-0898-65359192，65220221
传　真：086-0898-65359192，65220221
邮　箱：hnomtxh@hainan.gov.cn
网　址：www.hnwrsa.org.cn

重庆留学人员联谊会

概况

重庆留学人员联谊会于1994年5月成立，旨在充分发挥留学人员投身内陆开放高地和“五个重庆”建设的积极性，加强重庆市留学人员之间的交流合作，维护广大留学人员的合法权益。

宗旨

坚持以邓小平理论和“三个代表”重要思想为指导，深入贯彻落实科学发展观，按照党和国家关于“支持留学，鼓励回国，来去自由”的方针，采取多种形式，鼓励海外人才回国为社会经济建设服务。遵守国家宪法、法律、法规和各项方针政策，继承和发扬留学报国的爱国主义传统，团结、吸引、联系广大留学回国人员，增进友谊，沟通信息，交流学术，开展协作，为促进重庆对外开放和经济社会发展作出贡献。

主要任务

一、弘扬爱国主义思想，倡导留学报国精神，宣传海内外留学人员的先进事迹和学术成就。

二、举办各种活动，加强学术交流，丰富文化生活，增进海内外留学人员的联系和联谊。

三、推动海内外专家、学者和各界人士之间的联系，增进相互了解，在科技、文化、教育、经济等领域广泛开展交流与合作。

四、为海外学人回国创业兴业提供智力支持。

五、组织会员发挥综合智力优势，积极开展各类咨询、信息服务和人员培训等活动，为重庆的发展提供建设性意见。

六、联络与重庆有渊源关系的海外学人和留学人员团体，努力拓宽他们与祖国的联系和为国服务的渠道。

七、维护会员的合法权益，关心他们的工作和生活，积极反映他们的需求，协助解决困难和问题。

联系方式

地　址：重庆市渝北区新牌坊一路1号
邮　编：401147
电　话：86-23-86868567
传　真：86-23-86868567

四川欧美同学会·四川留学人员联谊会

概况

四川欧美同学会·四川留学人员联谊会成立于2015年9月23日，其前身是四川省留学人员联谊会，是四川省各行业留学人员及部分企事业单位自愿结成的社会团体组织。联席会作为连接政府、社会和留学人员的桥梁，进一步整合省内留学人员资源，服务经济社会建设。

宗旨

通过联络感情、沟通信息，成为留学人员之家。

主要任务

一、向党和政府反映留学人员的意见、建议和要求，协助党委和政府做好留学人员服务工作，不断改善留学人员的工作、生活环境，维护留学人员的合法权益。

二、开展留学人员业绩和成果宣传工作，组织各种形式的联谊活动，加强国内外留学人员之间的信息交流、学术交流，促进不同领域留学人员之间的了解与沟通。

三、加速留学人员科技与专利成果的转化，研究成果转化的途径和方式，开辟科技成果转化为现实社会生产力的“绿色通道”。

四、发挥留学人员的智囊作用，激励留学人员开展科技咨询，鼓励并组织留学人员投入生产、管理第一线，为各级党政机关、企事业单位、个体业主和农户做顾问，开展单项技术、经济咨询和综合性管理“会诊”，将留学人员的潜能转化为现实生产、管理能力。

五、加强同国内外知名留学人员和留学人员社会团体的联系，交换信息，扩大视野，有效地开展资金、技术和人才的引进工作。

联系方式

地　址：四川省成都市东二巷18号四川省人事厅509室
邮　编：610015
电　话：86-28-86763106，86627109
传　真：86-28-86627109，86765106
邮　箱：yybeauty@tom.com
网　址：www.sczjfw.com

贵州留学人员联谊会
（贵州欧美同学会）

概况

贵州留学人员联谊会（贵州欧美同学会）成立于2008年12月。联谊会的成立，为贵州省广大留学人员创造了一个学术交流的平台，一个反映意见建议的渠道、咨询服务的窗口和寻求支持的依托。

联谊会在政府与留学人员之间充分发挥了桥梁和纽带作用，为留学人员提供优质服务，并通过自己在国外的各种联系，为贵州引进更多人才，尤其是贵州经济社会发展急需的领导人才。在团结凝聚留学人员发挥作用方面作出新贡献，在协助党和政府开展留学人员工作方面取得新成效，在加强自身建设方面实现新突破，真正成为党联系广大留学人员的桥梁纽带，成为党和政府做好留学人员工作的助手，成为具有广泛影响力和强大凝聚力的留学人员之家，为推进贵州经济社会历史性跨越作出新贡献。

宗旨

继承爱国主义传统，团结留学归国学子，广泛联系海内外学人和与贵州有渊源关系的华裔、华侨学人，修学敦谊，相互切磋，共同为振兴中华、繁荣贵州作出贡献。

联系方式

地　址：贵州省贵阳市广胜路1号
邮　编：550002
电　话：86-851-5895140
传　真：86-851-5895140

云南省留学人员联谊会

概况

云南省留学人员联谊会成立于2008年12月21日。联谊会的成立得到了云南省委统战部、云南省民政厅的批准指导。

宗旨

为云南省留学人员搭建参政议政、建言献策、施展才华、加强联系与合作、加深友谊的平台，进一步调动云南省留学人员的积极性、创造性，开拓留学人员工作新局面。

主要任务

一、充分发挥智力密集、联系广泛的优势，调动一切可以调动的积极因素，团结一切可以团结的积极力量，群策群力，服务于云南改革发展大局，服务于解放和发展生产力。

二、围绕云南省经济社会发展中的重大问题，深入调查研究，为各级党委政府多献科学发展之言，多谋富民惠民之策。

三、进一步加强同港澳台和海外各界人士的联系，广交朋友，联络感情，宣传政策，牵线搭桥，推动云南与港澳台和海外在经济、科教、文化等方面的交流与合作，为云南省扩大开放、整合资源、加快发展、提高竞争力作出贡献。

联系方式

地　址：云南省昆明市广福福路8号中共云南省委统战部
邮　编：650228
电　话：86-871-3992481，3992488
传　真：86-871-3992482
邮　箱：ynlyh@126.com
网　址：www.ynrosa.or.cn

云南省留学人员创业协会

概况

云南省留学人员创业协会成立于2008年9月，是由云南省留学归国人员及有关企事业单位、民间组织自愿组成的非营利性社会团体。协会会员主要来自留学归国人员在滇创业的企业和企业家，留学归国的中高级人才和经理人，以及正待归国、有意归国创业的留学人员。云南留学人员创业协会的成立，顺应了广大留学人员归国创业发展的需求，为他们提供了难得的高端交流平台，同时也为海内外各界有识之士为中国现代化大业建言献策提供了便捷渠道。

宗旨

立足于云南、面向全国、团结四海、放眼世界。秉承老一辈留学人员留学报国的优良传统，进一步团结和凝集广大在滇留学人员，努力成为党和政府联系留学人员的桥梁和纽带。协会通过搭建平台，为会员提供创业互助，合作交流，共谋发展。为政府建言献策、招商引资引智。

主要任务

一、充分发挥留学人员创业精神足，创新能力强，掌握国际先进技术，具有中外文化合璧的背景和广泛的国内外人际关系等独特优势，搭建科技交流、信息交流、创业服务平台，促进项目技术、人才、资金的国际流动。

二、帮助留学归国人员解决创业过程中面临的实际困难，维护留学人员的合法权益，会同有关部门落实留学人员政策。

三、组织留学人员积极参与科技创新，创办企业和多种形式的活动。

四、进一步发挥留学人员的作用，为云南省的社会经济事业的可持续发展作出自己的贡献。

联系方式

地　址：云南省昆明经济技术开发区云大西路39号创业大厦608室
电　话：86-871-6358828
传　真：86-871-6358788
邮　箱：ypocepa@163.com
网　址：www.ypocepa.com

昆明留学人员联谊会

概况

昆明留学人员联谊会成立于1993年4月，由本地区各行各业的留学归国人员组成，与海外相关科研院所、社会组织、高层次人才保持着密切联系，具有广泛群众性、高知识、多元性和开放性。

联谊会在各级领导的关心下，在市委统战部及市科协的领导下，在全体会员的积极支持与参与下，始终紧密围绕昆明市经济社会发展重点开展工作，为实施科教兴昆，人才强市，以开放促发展，促进科学技术的引进、普及与推广，为经济结构的调整作出了贡献。

宗旨

抓住云南省桥头堡战略实施，扩大对外开放，以及昆明市建设中国面向西南开放的国际性区域城市的机遇，围绕党和政府的中心工作，进一步做好广大留学人员的工作，整合广大归国人员的智力与人脉资源，服务地方经济社会发展，将联谊会建设成为党和政府联系广大留学人员的桥梁和纽带，成为党和政府做好留学人员工作的助手。

主要任务

以服务留学人员为宗旨，关心留学人员的工作、学习和生活，反映他们的愿望和要求，维护他们的合法权益，为留学人员回国创业和为国服务创造条件、搭建平台，成为留学人员之家。

联系方式

地　址：云南省昆明市呈贡新区市级行政中心7号楼135室
电　话：86-871-3192873
传　真：86-871-3192873
邮　箱：gjb@kmkp.net.cn
网　址：www.kmkp.net.cn

陕西省留学人员联谊会

概况

陕西省留学人员联谊会成立于1989年，是在省民政厅注册的陕西省留学人员群众性组织，主管部门为省人力资源和社会保障厅，日常业务受省外国专家局指导。作为党和政府团结、联系广大留学人员的纽带和桥梁，通过各种形式的活动，组织广大留学人员在国内外广泛开展科技、经济、文化交流，为陕西经济建设和社会发展作出了积极贡献。

宗旨

广泛联系全省留学人员，促进全省留学人员的团结和进步，帮助留学人员在陕创业，引导广大留学人员以多种方式参与陕西省的经济建设和社会发展。

联系方式

地　址：陕西省西安市建设东路3号省人社厅太乙路办公区2号办公楼310室
邮　编：710054
电　话：86-29-89538077
传　真：86-29-89538077

宁夏留学人员联谊会

概况

宁夏留学人员联谊会于2009年4月28日成立，是由在宁夏工作的留学人员自愿组成的非营利性的社会群众团体。业务主管单位是宁夏回族自治区党委组织部、人力资源和社会保障厅，社团登记管理机关是宁夏回族自治区民政厅。团体接受业务主管单位和社团登记管理机关的业务指导和监督管理。英文名称为“Ningxia Returned Scholars Association”，简称NXRSA。

宗旨

遵守国家宪法、法律、法规和国家政策，遵守社会道德风尚，坚持科学发展观，以人为本，广泛联系海内外留学人员，广交朋友，增进友谊，宣传宁夏，吸引国（境）外人才、智力、技术和资金，为宁夏经济建设和社会发展服务。

主要任务

一、通过宁夏留学人员联谊会向自治区党委和政府反映在宁夏留学人员的意见、建议和要求，协助党委和政府做好留学回国人员服务工作，不断改善留学回国人员的工作、生活环境，维护留学回国人员的合法权益。

二、开展留学回国人员业绩和成果宣传工作，组织各种形式的联谊活动，加强国内外留学人员之间的信息交流、学术交流，促进不同领域留学回国人员之间的了解与沟通。

三、加速留学回国人员科技与专利成果的转化，研究成果转化的途径和方式，开辟科技成果转化为现实社会生产力的“绿色通道”。

四、发挥留学回国人员与其他人才的智囊作用，激励留学回国人员开展科技咨询，鼓励并组织留学人员投入生产、管理第一线，为各级党政机关、企事业单位、个体业主和农户做顾问，开展单项技术、经济咨询和综合性管理“会诊”，将留学回国人员的潜能转化为现实生产、管理能力。

五、加强同国内外知名留学人员及留学人员社会团体的联系，交换信息，扩大视野，有效地开展资金、技术和人才的引进工作。

联系方式

地　址：宁夏银川市上海东路40号
邮　编：750001
电　话：86-951-5099081
传　真：86-951-5099100
邮　箱：nxzj2088@126.com

新疆留学人员联谊会

概况

新疆留学人员联谊会成立于2006年7月24日，是在新疆维吾尔自治区党委组织部、统战部、自治区人事厅等有关部门的共同发起下成立的，由新疆维吾尔自治区各行各业的留学人员自愿组成的，具有独立法人资格的非营利性社会团体组织，是党和政府联系广大留学人员的桥梁，是留学人员间相互联系与合作的纽带。

联谊会自成立以来，继承和发扬留学报国的光荣传统，充分发挥桥梁、纽带作用，以“团结立会、依章治会、民主办会、实干兴会”为办会方针，创造性地开展工作，组织了丰富多样的活动，努力凝聚广大留学人员，并通过与境外合作，拓展为新疆服务的平台。

宗旨

发扬爱国主义精神，团结广大新疆籍留学人员，广泛联系海内外学人，增进友谊，沟通信息，交流学术，促进合作，共同为振兴新疆经济、维护祖国统一服务。

主要任务

一、弘扬爱国主义精神，倡导留学报国，宣传介绍海内外留学人员的先进事迹和学术成就。

二、组织归国留学人员发挥专业特长，加强学术交流，举行各类咨询、信息服务和人员培训等活动，为自治区经济发展开展招才引智、招商引资、扶贫帮困等工作；进行专项调研，为新疆的经济建设和社会全面发展出谋献策。

三、联系海内外留学人员及其团体，拓展他们与祖国联系和为国服务的渠道，加强民间友好交往，开展在经济、科学、教育和文化等领域的交流与合作。

四、维护归国留学人员的合法权益，向党和政府反映留学人员的意见、建议和要求，做好留学人员服务工作。

五、增进留学人员的联系和友谊，丰富文化生活，举办各种有益的联谊活动。

联系方式

地　址：新疆乌鲁木齐市文化路38号
邮　编：830002
电　话：86-991-2398135，2391342，2391123
传　真：86-991-2391342
邮　箱：xjorsa@163.com
网　址：www.xjorsa.net

第六部分

附录篇

附录篇

留学人员回国服务机构一览

中国（教育部）留学服务中心

为了适应国家改革开放、教育国际交流与合作发展，在邓小平同志的亲自提议和关怀下，国家教委留学服务中心于1989年3月31日批准成立。1998年，更名为教育部留学服务中心，对外称中国留学服务中心。

中国（教育部）留学服务中心，是教育部直属事业单位，以事业单位法人注册，主要从事出国留学、留学回国、来华留学以及教育国际交流与合作等领域的相关服务。其主要业务范围包括：公派留学、自费留学、签证代理、国外宣传保障、留学人员档案管理、留学人员集体户口管理、国(境)外学历学位认证、留学人员回国就业、受理留学回国人员科研启动基金申请、中国留学人才市场、中国国际教育巡回展、留学中国教育展、来华留学毕业生联络联谊工作、回国创业政策咨询、承办“春晖杯”中国留学人员创新创业大赛以及承办其他政府项目等。目前中心设有12个部门、2个直属注册企业和30个各地分中心。伴随着中华人民共和国成立以来留学工作的不断发展，教育部留学服务中心走过了光辉历程，取得了伟大成就，其留学服务工作在我国教育、科研、经济、文化、社会发展以及中国的对外开放和国际交流等方面，均起到了不可替代的重要作用。

作为教育部在留学服务领域里的助手和依托，教育部留学服务中心将不断适应中国留学事业的发展和需求，坚持服务创新，按照社会化、市场化、国际化、专业化、网络化的发展思路，努力工作，开拓进取，为配合国家实施科教兴国、人才强国战略、创新驱动发展战略作出新的更大贡献。

主要职能：

一、出国留学

1．中国国际教育巡回展是经教育部批准，中国（教育部）留学服务中心主办，以介绍国外优质教育资源为主要内容的大型展览，通常在每年春季举办。

2．公派留学和出访签证代理。受教育部委托并经外交部批准，中心公派出国留学事务处主要负责为各类公派留学(包括：国家留学基金全额资助，国家留学基金部分资助，政府互换奖学金项目，各部委、科研院所、地方省市自筹资金以及院校际交流等)人员提供办理出国和出境手续的服务，保证公派出国留学人员顺利出国学习和从事科研、进修。

3．自费留学。自2003年起，在教育部国际司的指导下，中心承担了以教育部的名义公布国外院校名单的工作。同时，受教育部委托，中心还负责对外提供自费留学信息咨询与确认服务。

4．留学人员档案管理。经国家主管部门批准，中心于1997年成立留学人员档案室，专门从事留学人员人事档案的管理及相关业务的咨询工作。其服务内容主要包括：为出国留学和留学回国人员提供档案管理服务、开具各种人事证明、记录国外留学经历等。

二、留学回国

1．留学人员集体户口管理。2005年5月，为解决出国留学人员户籍管理和迁移问题以及部分留学回国人员落户难问题，经北京市公安局批准，中心设立留学人员集体户口，负责部分出国留学人员和留学回国人员的户口管理工作。

2．国（境）外学历学位认证。经国务院学位委员会和国家教育部批准同意，中心面向全国开展对国（境）外学位证书和高等教育文凭的认证服务。2001年4月，经国务院学位办批准，中心正式对外受理中外合作办学颁发国外学位证书的认证申请。

3．中国留学人才市场。是中国（教育部）留学服务中心为适应海外留学人才回国就业需要而设立的专门机构，它是国内首家获得国家主管部门许可专事留学人才中介服务的机构。中国留学人才市场以“中国留学英才网”网络平台为依托，结合传统网下人才招聘会和视频招聘等多种形式，面向海外留学人才和国内用人单位提供专业化人才中介服务。

4．留学回国就业。受教育部委托，中心负责为留学回国人员办理就业报到相关手续。

5．回国创业或以多种形式为国服务。1995年4月，国务院办公厅决定在中心成立留学人员投资事务处，加大留学人员为国服务，特别是为留学人员回国创业提供服务的力度，负责为在外留学人员回国投资创办企业、短期讲学、合作科研、科技成果转让、新技术开发、引进国外先进技术项目等提供政策咨询和中介服务，为海外高层次人才以多种形式为国服务提供多次入出境及在华长期居留的便利服务。2006年，受教育部委托，负责每年承办由教育部和科技部共同主办的“春晖杯”中国留学人员创新创业大赛工作，为留学人员回国创新创业搭建平台。

三、来华留学

1．留学中国教育展。是经教育部批准，由中心牵头组织中国院校赴境外招收来华留学生的国际教育展览，每年有计划地、有重点地在部分国家的重要城市举办。

2．留华毕业生联络联谊。留华毕业生联络处是中心受教育部委托建立的机构，旨在将全世界在华留学生和毕业生联系起来，为他们提供信息交流的平台和组织联谊活动，努力使他们成为沟通中国和世界的桥梁。

四、国际合作

1．英国高等教育文凭项目。2003年，中心与英国苏格兰学历管理委员会（SQA）合作，将英国高等教育文凭项目引入中国。

2．新加坡政府奖学金项目。1992年和1993年，经原国家教委批准，中国（教育部）留学服务中心先后与新加坡教育部、卫生部合作，开展了新加坡硕博连读奖学金项目和新加坡护理奖学金项目。

3．中外人文交流机制化活动配套项目。中心全面参与中俄、中美、中法、中英、中欧、中印尼、中南非、中德等各个中外人文交流机制，紧密配合教育部完成多项机制大会相关会务工作，承办多项机制配套活动，并积极协助教育部做好各项机制相关材料的汇总及意见研提等工作。

五、其他服务

1．出国留学培训基地项目。出国留学培训基地的建立是中心协助教育部规范出国留学市场秩序，建立出国留学示范样板的重要举措。

2．境外教育机构资质鉴定服务。中心根据长期专门从事出国留学、留学回国、国际教育资源信息咨询、国外学历学位证书认证等相关业务所积累的工作经验和资源优势，开展境外教育机构资质情况查询服务。

3．教育外事服务。受教育部委托，中心公派团组护照签证事务处主要负责为教育部机关、企事业单位、部直属高校校级领导以及部分直属高校因公临时出国人员提供办理护照和签证服务，负责对上述人员因公护照进行管理和监督，负责为教育部驻外使（领）馆人员及其家属办理出国护照和签证手续，确保了公务团组的顺利出访和外交人员的顺利赴任。

4．信息服务。为满足信息化、网络化办公和广大留学人员信息咨询的需要，中国（教育部）留学服务中心在教育部的大力支持下，于1996年建立了“中国留学网”。经过多年来的建设和改版，中国留学网已经建设成为中国（教育部）留学服务中心对外交流合作的窗口和服务平台。

联系方式：

地址：北京市海淀区北四环西路56号辉煌时代大厦5层

邮编：100080

电话：86-10-62677800

传真：86-10-62677504

网址：www.cscse.edu.cn

科学技术部火炬高技术产业开发中心

1988年，党中央、国务院正式批准实施旨在发展中国高新技术产业的指导性计划——火炬计划。作为火炬计划的具体组织实施单位——科学技术部火炬高技术产业开发中心（简称“火炬中心”）成立于1989年10月，是隶属于国家科学技术部的独立事业法人单位。在科学技术部指导下，火炬中心以“发展高科技，实现产业化”为己任，大胆探索，不断创新，推动了中国高新技术产业不断向前发展。

20年来，火炬中心坚持以“国家目标、地方组织、市场导向”为方针，以创新谋发展，创造性地丰富了火炬计划的内涵。通过国家高新技术产业开发区、科技型中小企业技术创新基金、科技企业孵化器等一系列政策工具的制定和实施，在建设创新创业环境，聚集科技资源，促进技术创新与转化，加强科技和经济结合，调整产业结构，增强区域创新能力等方面，火炬计划取得了卓越的成绩，极大地推动了我国高新技术的商品化、产业化和国际化。“火炬”已成为中国发展高新技术产业的一面光辉旗帜。

为了更好地贯彻实施《国家中长期科学和技术发展规划纲要》，实现“增强自主创新能力、建设创新型国家”的国家使命，加强技术创新环境建设和高新技术产业化进程，科技部对原“科学技术部火炬高技术产业开发中心”“科学技术部科技型中小企业技术创新基金管理中心”“中国技术市场管理促进中心”进行了合并重组，组建了新的“科学技术部火炬高技术产业开发中心”。

在科学技术部的领导和社会各界的大力支持下，火炬中心将继续高举“火炬”旗帜，以落实科学发展观为统领，以提高企业自主创新能力为核心，以营造技术创新环境和促进高新技术产业化为主线，通过实施“育苗造林”工程，大力发展科技型中小企业群体，推进产业集群向创新集群升级，聚集和激活人才、技术和资本等创新资源要素，推动“火炬”全面走进国家经济建设主战场，为建设创新型国家作出应有的贡献。

主要职能：

1．研究我国高新技术产业化及高新区发展的状况和问题，为科技部宏观决策提出建议和对策；研究提出火炬计划，国家高新区的发展规划、计划及有关政策建议。

2．研究我国技术市场发展的状况和问题，提出技术市场的发展规划及有关政策，为科技部宏观决策提出建议和对策。

3．承担火炬计划管理办公室的事务性管理工作，承担火炬计划的组织实施工作，推进高新技术产品成果商品化、产业化和国际化。

4．负责国家高新技术开发区的日常管理，为高新区的发展提供咨询与服务。

5．承担科技型中小企业技术创新基金的组织实施工作。

6．承担全国技术市场日常运行管理，以及登记、统计、培训、信息交流与技术转移等工作；联系和协调全国技术市场管理机构；开展科技成果推广和产业化咨询服务等工作。

7．研究提出科技企业孵化器发展规划、计划和有关政策建议，承担孵化器的日常管理；承担高新技术企业、国家级创业服务中心、国家留学人员创业园、技术交易机构、海外科技园、创业投资机构等的管理。

8．承担生产力促进中心、大学科技园、高新技术产业化基地、工业领域国家工程中心、国家重点新产品计划、科技兴贸行动专项等的组织实施工作。

9．承担火炬计划软件产业化工作；承担火炬计划产业化基地的管理工作。

10．研究提出高新技术产业化投融资政策建议，组织并推动科技风险投资工作。

11．承担编制《中国高新技术产品目录》及技术出口产品目录等工作。

12．负责火炬计划国家级高新区统计的专项工作，承担高新技术产业化的统计、宣传、信息交流、培训以及国际合作等工作。

13．承担科技部有关司局委托的工作。

14．承担科技部领导交办的其他工作。

联系方式：

地　址：北京市西城区三里河二区甲18号

邮　编：100045

电　话：86-10-88656100

传　真：86-10-88656124

邮　箱：Mail@chinatorch.gov.cn

网　址：www.chinatorch.gov.cn

人力资源和社会保障部留学人员和专家服务中心

留学人员和专家服务中心为人力资源和社会保障部直属事业单位，同时作为中国博士后科学基金会的办公机构。中心拥有权威的高层次人才信息和丰富的科技成果资源，为“千人计划”引进的海外高层次人才落实特定生活待遇，为留学人员回国工作、创业、为国服务提供咨询、推介、人事代理等各种服务；承担高层次专业技术人才选拔、培养等事务工作，为专家队伍建设和发挥专家作用提供各种形式的服务；承办边远、少数民族地区专业技术人才特殊培养工作；负责中国博士后科学基金规划、筹集、管理工作；承担中国博士后网、中国留学人才网和中国专家网网站的建设、运营和管理；参与建立和完善我国高层次人才信息库。

主要职能：

1．负责海外高层次人才引进服务窗口工作：负责“千人计划”服务窗口工作，为“千人计划”引进的海外高层次人才落实居留和出入境、落户、医疗、住房、税收、子女就学等方面的特殊政策，办理相关手续。根据政策规定，按照引进人才的需求，为引进人才提供优质服务，营造海外高层次人才回国（来华）创新创业的良好环境。

2．负责中国留学人员回国服务联盟秘书处有关工作：承担服务联盟具体日常工作，负责服务联盟组织建设工作，召开服务联盟成员大会，审核加入或退出的成员单位，成员单位间的沟通协调工作等。主要工作任务有：推进留学人员回国服务网络建设，健全留学人员回国服务机构的合作机制，建设留学人员回国服务信息平台，组织成员单位开展相关活动。

3．负责中国留学人员回国创业专家指导委员会秘书处有关工作：会同欧美同学会建言献策委员会承担专家委员会具体日常工作，组织专家委员会入选专家，为“千人计划”创业人才入选者、中国留学人员回国创业启动支持计划入选者、各地及留学人员创业园推荐的具有发展潜力的重点留学人员企业等，开展创业培训、创业咨询、创业指导、深度合作、企业推介等形式的留学人员回国创业指导与服务。

4．管理海外高层次人才联系窗口：承担“千人计划”人力资源和社会保障部网上海外高层次人才联系窗口（www.mohrss.gov.cn）管理工作，积极宣传海外高层次人才引进工作，认真做好接受海外高层次人才自荐有关工作。收集海外高层次人才基础信息，配合做好海外高层次人才信息库建设。

5．管理运营中国留学人才信息网（www.Chinatalents.gov.cn）：中国留学人才信息网作为专门服务于海内外留学人员的政府网站，权威性和政策性强，已初步成为宣传党和国家有关留学人才政策，为留学人员和国内用人单位提供信息服务，做好留学人才资源开发工作的一个重要窗口。网站目前设有留学与人才、综合报道、要闻与动态、留学人才推荐、专家与博士后、工作交流、政策法规、回国指南、人才自荐、单位招聘、创业园区、经费资助指南、异域生活等栏目。

6．组织留学人员回国服务活动：中心与各地地方政府或地方人事部门合作，组织了多次海内外留学人员智力服务与科技项目示范活动，这些活动的成功举办为带动地方经济、科技发展，促进地方引进高层次海外留学人才工作发挥了重要的推动作用。有些活动在当地已形成品牌，取得了很好的效果，深受海外留学人员和当地各界的好评。

7．海外留学人才推荐工作：在中国留学人才信息网上开设留学人才推荐、回国指南、单位招聘、人才自荐等栏目，收集、发布国内人才和技术需求，协助用人单位开展招聘海外留学人员活动。根据留学人才特长和需求，采取网上推荐、出函推荐、重点推荐等形式，为留学人员回国提供就业推荐、信息咨询等各项服务。

8．留学人员创业园管理服务工作：帮助创业园协调落实鼓励、支持留学人员回国创业的有关政策，为创业园提供人才、项目推荐服务。为留学人员创业提供人才、成果、推介及信息咨询服务。

联系方式：

地　址：北京市海淀区学院路30号博士后公寓办公楼
邮　编：100083
电　话：86-10-82388262，62322968，62330841
传　真：86-10-62321842
邮　箱：lxhgfw@163.com
网　址：www.chinatalents.gov.cn

中国留学人员回国创业专家指导委员会

为完善留学人员回国创业服务体系，配合实施国家“千人计划”和中国留学人员回国创业启动支持计划，进一步加大对留学人员回国创业的支持力度，人力资源和社会保障部会同欧美同学会成立中国留学人员回国创业专家指导委员会。

专家委员会成员由下列人员担任：风险投资专家，市场营销专家，世界500强企业以及著名跨国企业的高管，创业成功的留学人员企业家，全国省部共建国家级留学人员创业园负责人，从事企业咨询、人力资源管理以及会计师事务所、律师事务所等可为海归创业提供服务与咨询的相关领域专家。

专家委员会的主要服务对象包括入选“千人计划”的创业人才，入选“中国留学人员回国创业启动支持计划”的创业人才，各地人社部门和省部共建留学人员创业园推荐的、具有较大发展潜力的留学人员企业。

专家委员会秘书处设在人力资源和社会保障部留学人员和专家服务中心。

主要职能：

1．创业培训。举办留学人员回国创业培训班，邀请专家委员会成员以及其他国内外优秀的企业家、知名专家学者、金融领域的知名专家，对回国创业的留学人员进行创业培训与辅导。

2．创业咨询。组织专家委员会相关专家到留学人员创业园对企业开展创业咨询服务，现场调研，现场诊断，现场解决问题，传授成功经验，进行针对性辅导，提供个性化服务。

3．创业指导。由各地或省部共建留学人员创业园推荐具有发展潜力并有创业服务需求的留学人员企业提交专家委员会，各位专家根据不同产业方向和市场前景以及创业者的需求，选择1至3家创业企业进行对接服务，给予企业全面创业指导，协助解决问题，推动企业发展。

4．深度合作。鼓励专家委员会专家与留学人员企业开展投资、入股、贸易、技术交流、合作开发等不同形式的深度合作，做到优势互补，加快国际先进技术与国内市场运作的交流，加大上下游产品的相互促进，加快技术和产品的转化。

5．企业推介。每年由专家委员会根据创业指导情况，推出一批最具成长潜力的留学人员企业，为留学人员企业创造良好的环境，助推留学人员企业快速成长。

联系方式：

地　址：北京市海淀区学院路30号博士后公寓办公楼
邮　编：100083
电　话：86-10-82388262，62322968，62330841
传　真：86-10-62321842
邮　箱：lxhgfw@163.com
网　址：www.chinatalents.gov.cn

北京海外学人中心

北京海外学人中心是北京市委市政府于2008年12月成立的专门联系海外学人、引进海外学人、服务海外学人的工作机构。中心秉承“尊重劳动、尊重知识、尊重人才、尊重创造”的方针，凭借专业化、信息化、国际化的人力资源开发能力，将为高层次人才和广大留学人员来京创新创业提供广阔的发展平台和全面的服务保障，力图打造连接海外优秀人才与北京的纽带和首都海外学人温馨之家。

北京海外学人中心将以“海纳百川，汇聚英才”的胸怀欢迎每一位海外学人的归来。

主要职能：

1．宣传国家和北京市关于海外人才的工作政策及经济社会发展情况。

2．研究提出北京市海外人才开发工作的中长期规划和政策措施建议。

3．收集、发布重大项目信息，海外学人信息和海外高层次人才政策信息。

4．负责北京市引进海外人才的认定评估工作。

5．广泛联系驻外使领馆、海外专家组织、海外人才交流机构、留学生组织、海外人才和国内相关组织，代表市委市政府多渠道寻访海外高层次人才。

6．组织实施海外人才培训交流活动。

7．为北京市重大科技项目、重点学科建设和重要产业发展提供引进海外高层次人才和智力的有关支持。

8．为在北京创新创业的海外人才提供事业发展和生活条件等综合配备服务。

9．为中央实施海外高层次人才开发工作服务。

10．联系指导协调本市各海外学人分中心的工作。

11．开展公派、自费出国留学咨询服务和回国留学人员工作创业指导。

联系方式：

地　址：北京市西城区德外大街83号德胜国际中心B座6层

邮　编：100088

电　话：86-10-58540566，58540567，58540568

传　真：86-10-58540568

邮　箱：botc@8610hr.cn

网　址：www.8610hr.cn

北京海外学人中心服务大厅

地　址：北京市海淀区中关村海淀北二街10号泰鹏大厦二层

邮　编：100080

电　话：86-10-82484901，82484905，82484907

传　真：86-10-82484897

邮　箱：fuwu@8610hr.cn

天津市留学服务中心

天津市留学服务中心是天津市人事局直属事业单位，是负责全市留学人员服务工作的专门服务机构。天津市留学人员服务中心又是中国（教育部）留学服务中心天津分中心。主要任务是宣传、贯彻、落实国家关于留学人员工作的方针、政策、规定；为天津市留学回国人员提供全方位的管理与服务；积极引进海外留学人员中的人才、智力、技术、资金；承办天津市人事局及国家留学人员工作主管部门委托和交办的任务；与国内外相关组织建立业务合作关系。

主要职能：

一、出国留学服务

1．为预备出国留学人员提供各类外语培训。

2．自费留学咨询服务工作，提供国外有关学校的信息资料，协助联系学校、申请就读、申办签证等事宜。

二、留学回国服务

1．为各类留学人员来津工作和用人单位录用留学人员提供信息服务和双向选择服务，并根据双方需要进行重点推荐。

2．为各类留学人员短期来津讲学、学术交流、合作科研、投资考察提供牵线搭桥服务。

3．为已加入外国籍的高层次留学人才办理2至5年期多次入境签证、外国人居留证。

4．为外省市来津工作的留学回国人员办理工作接转、派遣和落户等相关手续。

5．为来津工作、创业的留学回国人员制作并颁发《留学回国人员证书》。

6．组织天津市留学回国人员开展留学人员联谊活动。

三、留学综合服务

1．提供国家及天津市有关留学人员工作的政策、规定的咨询服务。

2．为天津市自费出国留学人员提供档案管理等服务。

3．管理“天津留学人才网”以及“天津市留学人员数据库”。

联系方式：

地　址：天津市河东区九经路25号中国（天津）人力资源发展促进中心3楼D区

邮　编：300171

电　话：86-22-24236966，24236951，24236952

邮　箱：haiwairencai@hotmail.com

河北省专家与留学人员服务中心

河北省专家与留学人员服务中心是2002年河北省编办批准成立的全额拨款的事业单位。主要任务是为河北省享受津贴的专家发放国务院特殊津贴和省政府专家岗位津贴；为河北省人事厅组织的来河北省的留学人员提供各项服务，协助用人单位开展招聘留学人员活动，为留学人员就业提供信息咨询服务；受河北省人事厅委托，与河北省选派的出国培训专家签订《出国培训协议书》，并负责违约人员培训经费的收回和违约金的追缴工作；为专家开展科技活动提供信息和服务；负责“河北留学人员联谊会”秘书处的日常工作。2004年5月与中国留学服务中心正式签订合作协议，成为中国（教育部）留学服务中心河北分中心。

主要职能：

一、专家服务工作

1．为发挥我省专家队伍的作用提供各种服务。负责专家津贴拨款统计和各类专家变化的跟踪服务工作；组织专家开展学术和联谊活动，协助专家管理处做好政府资助的专家休假工作，为人社部门组织的专家休假、学术交流等各种活动提供服务，组织开展专家和高层次人才培训工作。负责国（境）外机构在国内招聘专业人才出国（境）工作的审核、认证。

2．承担建设和完善我省高层次人才信息库的工作。

二、津贴发放工作

1．为我省享受国务院特殊津贴专家和享受省政府岗位津贴专家发放津贴。

2．建立专家津贴发放责任制。

三、留学派出工作

1．对我省选派的出国培训人员进行外语培训。

2．为出国培训人员办理出国前和回国后的各项手续。

3．将培训人员的研究成果分类汇集出版，对研究成果进行评审奖励。

4．违约追究。

四、留学回国服务

1．为省人事厅组织的来我省的留学人员提供各种服务。

2．负责各类留学回国人员的讲学、考察、技术交流、科技开发的组织和接待。

3．为留学人员回河北工作、创业和发挥作用提供各种中介服务。宣传和发布我省引进留学人员的优惠政策；收集、发布国内急需人才和技术需求的信息；协助用人单位招聘海外留学人员，为留学回国人员就业提供信息、咨询和服务；组织交流洽谈，为留学人员提供就业推荐、信息咨询、人事代理等各项服务；开展留学人员技术成果评价、开发、转让等服务工作。

4．承办留学回国人员科技活动择优资助经费申报的事务性工作。

5．承办我厅批准或与有关部门合办的省级留学人员创业园的具体工作，帮助创业园落实国家及省制定的有关鼓励、支持留学人员回国创业的政策，为留学人员创办企业疏通渠道。

6．积极和国家人事部留学人员与专家服务中心配合，拓宽留学和专家境外培训的形式与渠道。

7．接待留学人员来信、来访。

五、中国留学服务中心河北分中心服务项目

为创新为留学人员服务方式，拓宽为留学人员服务领域，中心与国家教育部中国留学人员服务中心开展以下几项留学业务的合作。

1．建立“中国留学服务中心河北分中心”。

2．开展海外高层次留学人员身份确认业务。

3．受理“教育部留学回国人员科研启动基金”申请。

4．办理我省留学人员档案存放。

5．与“中国留学网”链接分中心网页。

6．建立“国外学历（学位）认证”申请材料河北验证点。

六、“河北留学人员联谊会”秘书处的日常工作

1．积极宣传、贯彻执行国家和我省有关留学人员工作的方针、政策。为各类留学人员回国工作和为国服务开展咨询、提供服务。

2．向上级部门收集反映留学人员的意见、建议和要求；维护留学人员的合法权益，为留学人员创造良好的学习、工作和生活环境。

3．积极组织多种形式的联谊活动，加强海内外留学人员之间和留学人员社团之间的信息、技术和学术交流，丰富会员文化生活，加强留学人员之间的联系与友谊。

4．宣传留学人员留学报国的业绩和贡献，动员组织在冀留学人员为振兴河北作贡献。开展留学人员表彰、奖励活动。

5．受主管部门委托，组织留学人员为各级党政机关、企事业单位和非公有组织等部门开展决策咨询、信息服务和人员培训等工作，为我省建设沿海经济社会、发展强省提供智力支持和人才保障。

联系方式：

地　址：河北省石家庄市维明北大街118号

邮　编：050051

电　话：86-311-88616757

传　真：86-311-88616757

邮　箱：li_chang_75@163.com

山西海外人才服务中心

山西海外人才服务中心隶属山西省人事厅，为政府全民事业单位。依托地方各地政府、人事、财政、商务、科技、教育、企管等相关部门，本着务实、推进对外开放、促进经济发展、引导人才互动的宗旨，服务于海外各类人才（含外籍）、山西省各类企事业单位和各级政府。充分发挥观念新、思路宽、点子多、空间大、成本低的服务优势，实行融入式服务，以项目为载体，人才和企业为主体，培训、考察、讲学、中介、代理、认证兼做。

主要职能：

1．以“项目+人才”为主要方式引进国外智力、人才，为全省企事业单位服务。

2．负责山西国际人才交流协会各项工作的组织落实。

3．创办、经营山西国际人才市场和海外留学人员创业园。

4．负责全省国家公务员、专业技术和管理人才出国（境）培训的组织实施。

5．承办外国专家学术交流、考察、疗养、休假、联谊、奖励、技术培训，承办各类讲学、办学事宜。

6．组织经济、贸易、技术等信息咨询服务、成果鉴定推广、人才评价、项目论证及技术攻关。

7．提供国内外人才的人事代理服务。

联系方式：

地　址：山西省太原市迎泽西大街80号希望大厦7-8F

邮　编：030024

电　话：86-351-6179963

传　真：86-351-6177978

邮　箱：yuandingan@163.com

网　址：sotsc.caiep.org

沈阳市留学人员服务中心

沈阳市留学人员服务中心隶属于沈阳市人事局（外国专家局），是负责沈阳市留学人员管理与服务工作的专门机构。主要任务是：宣传、贯彻、落实国家、省、市有关留学人员工作的方针、政策和规定；为在沈留学人员提供全方位的管理与服务；积极引进留学人员中的人才、智力、技术、资金；承办沈阳市人民政府和沈阳市人事局（外国专家局）委托和交办的任务；与国内外有关组织建立交流与合作。

主要职能：

一、公费出国留学服务

承担沈阳市非教育系统公费留学工作咨询、申报、选拔和派出工作。

二、留学回国服务

1．有针对性地为来沈留学人员和用人单位提供信息服务和双向选择服务。

2．协助留学人员短期来沈进行学术交流、企业合资、项目合作等活动。

3．为来沈的海外高层次留学人员进行身份认定并出具证明。

4．定期组织在沈留学人员开展座谈、联谊等活动，为其提供沟通交流条件。

三、留学综合服务

1．提供国家及省、市有关留学人员的政策、规定的咨询服务。

2．收集留学人员信息，建立留学人员信息库。

3．通过网站发布用人单位人才需求信息和留学人员求职信息。

联系方式：

地　址：辽宁省沈阳市市府大路260号1号楼240房间

邮　编：110013

电　话：86-24-22728564，23768159

传　真：86-24-23768039

大连市留学人员服务中心

大连市留学人员服务中心是大连市人事局直属事业单位，是负责全市留学人员服务工作的专门服务机构。大连市留学人员服务中心又是中国（教育部）留学服务中心大连分中心。

主要职能：

1．为引进的留学人员办理来连工作和落户等相关手续。

2．为引进的留学人员提供国（境）外学历学位认证材料审核服务。

3．为承担科研项目的留学人员向国家人事部申请科研资助经费。

4．每年组织“海外学子创业周”活动，为留学人员回国创业搭建平台。

5．组团赴国外招聘留学人员。

联系方式：

地　址：辽宁省大连市沙河口区联合路100号

邮　编：116021

电　话：86-411-84618663，84618798

传　真：86-411-84618883

邮　箱：dlgirc@yahoo.com.cn

网　址：www.dl-rc.com

吉林省留学回国人员和专家服务中心

吉林省留学回国人员和专家服务中心是吉林省人力资源和社会保障厅直属事业单位，是负责吉林省留学人员、专家及博士后人员服务工作的专门服务机构。吉林省留学回国人员和专家服务中心又是中国（教育部）留学服务中心吉林分中心。

主要任务是宣传、贯彻、落实国家关于留学人员、专家及博士后人员工作的方针、政策、规定；为吉林省各类留学人员、专家及博士后人员提供全方位的管理与服务；承办吉林省人力资源和社会保障厅及国家主管部门委托和交办的任务。

主要职能：

一、留学人员服务工作

1．建立留学人员的基本情况资料库，向社会提供服务。

2．为留学回国人员提供就业推荐、信息咨询、人事代理等服务。

3．收集、发布省内急需人才和技术需求，帮助用人单位招聘海外留学人员。

4．负责各类留学人员来我省讲学、考察、技术交流、科技开发的沟通与衔接，为留学人员来我省创业提供人才、成果及有关信息服务；负责留学回国人员科技活动择优资助经费评审事务，对资助项目的情况进行跟踪，帮助解决有关问题。

5．组织开展留学回国人员联谊活动。

6．管理“吉林省院士专家留学人员服务网”，通过国际互联网向社会各界及海内外留学人员提供各种信息服务及相关服务。

7．开展海外留学人员学历学位认证工作。

8．负责吉林省留学生联谊会各项工作。

二、专家及博士后人员服务工作

1．为专家队伍建设和发挥专家作用提供各种形式的服务。

2．组织专家异地休假考察、专家年度体检工作。

3．负责各类专家特殊津贴的发放工作。

4．组织各类专家采用多种形式为经济建设服务。

5．组织开展专家及专业技术人员培训活动。

6．负责博士后公寓的建设管理及博士后人员服务工作。

7．负责职称评审申报和初级职称认定工作。

8．开展专家智力帮扶活动和建立各类专家服务基地。

9．负责高级专家研修班工作。

联系方式：

地　址：吉林省长春市人民大街7988号

邮　编：130022

电　话：86-431-89997998

传　真：86-431-89997996

邮　箱：liudj999@sina.com

黑龙江省留学人员服务中心

黑龙江省留学人员服务中心是黑龙江省人事厅直属事业单位，是负责全省留学人员服务工作的专门服务机构。主要任务是宣传、贯彻、落实关于留学人员工作的方针、政策、规定；为黑龙江省各类留学人员提供全方位的管理与服务；积极引进海外留学人员中的人才、智力、技术、资金；承办省人事厅及国家留学人员工作主管部门委托和交办的任务；与国内外相关组织建立业务合作关系。

主要职能：

一、留学回国服务

1．为各类留学人员来黑龙江工作和用人单位录用留学人员提供信息服务和双向选择服务，并根据双方需要进行重点推荐。

2．为各类留学人员短期来黑龙江讲学、学术交流、合作科研、投资考察提供牵线搭桥服务。

3．为外省市进黑龙江工作、落户的留学人员办理工作安置、落户及家属随归、随迁、随调子女上学相关手续。

4．为来黑龙江创办企（事）业的留学人员进行身份认定并颁发证书。

5．组织留学回国人员申请留学回国人员的科研资助经费。

6．指导全省留学人员创业园建设工作。

二、留学综合服务

1．提供国家及黑龙江省有关留学人员工作的政策、规定的咨询服务。

2．管理黑龙江省留学人员档案库，为在外留学人员及部分留学回省工作的人员提供档案管理及相关服务。

联系方式：

地　址：黑龙江省哈尔滨市南岗区中山路68号

邮　编：150036

电　话：86-451-87130140

传　真：86-451-87130140

邮　箱：rstwanghaiquan@163.com

上海市人才服务中心

上海市人才服务中心（上海市流动人才党员服务中心、上海市回国留学人员服务中心）是在原市人事局所属上海市国际人才服务中心和上海市回国留学人员服务中心的基础上，整合其服务功能而成立起来的海外人才公共服务平台机构。中心将海外留学人员、外国专家、香港专才及澳、台专业人士一起纳入服务对象范围，上海国际人才交流协会、上海市留学人员联谊会两个社团设立社团事务部，派驻在上海市人才服务中心。组建工作协作网，在原有市工商局、市税务局、市外经委、海关、市技术监督局、市外汇管理局等6个政府部门“一门式”服务的机制上，扩大市公安局、市社保局、市医保局、市外办等部门组成职能处室层面上的工作协作网络，作为海外人才服务中心的支持部门。

上海市人才服务中心成立以来，按照《上海市“十一五”人才发展规划纲要》，努力构建海外人才服务平台。中心以“一门式”服务为抓手，努力建设海外人才公共服务体系，已经初步形成海外人才专业、便捷、高效、全方位的服务网络。

主要职能：

1．申办《上海市居住证》B证，同时根据需要代办《外国专家证》《外国人居住证》《外国人就业许可证》《港澳华侨暂住证》《台湾居民通行证签注》。

2．留学人员申办上海户籍手续。

3．受理留学人员申办企业的资格认定，同时根据需要代办工商局、外资委、税务局、海关、技监局、外汇管理局等相关政府部门的审批事项。

4．受理代办留学人员境外学历、学位认定事项（由国家教育部留学服务中心认定）。

5．受理留学人员回国工作求职推荐（万名海外留学人才聚集工程项目移交进来）。

6．受理境外专业人士来沪工作求职推荐（外国专家及港澳台专业人士、香港专才的引进工作移交进来）。

7．委托受理上海国际人才交流协会、上海留学人员联谊会秘书处的相关事务性服务。

8．留学人员公寓租赁服务。

9．留学人员非专业人士配偶来沪工作求职推荐服务。

10．海外人才来沪定居工作，生活物品保管服务。

11．海外人才子女来沪就学咨询及代理服务。

12．出国（境）留学咨询服务。

13．受委托办理出国（境）培训的事务性服务。

14．留学人员企业融资咨询服务。

15．海外人才投资咨询服务。

16．海外人才法律咨询服务。

17．海外人才来沪购房、租房咨询及代理服务。

18．组织海外留学人员子女假期来沪学习中文培训服务。

19．代办飞机、火车、轮船票务服务。

20．受理特殊需要的其他专项服务，如为各类领军人才配备行政助理服务等。

21．其他交办和委托的事务。

22．海外人才服务中的延伸机构及职能。为了使海外人才服务中心的职能能够覆盖全市，并使人才服务走社会化、市场化道路，海外人才服务中心动员和依靠区（县）政府和相关机构的人事部门、社会力量参与服务体系建设，形成全社会服务网络的格局。

联系方式：

地　址：上海市闸北区梅园路77号人才大厦4楼
邮　编：200070
电　话：86-21-32511599
邮　箱：hrsc@shrc.com.cn
　　　　shfwck@sotsc.com
网　址：www.shrc.com.cn

江苏省留学回国人员服务中心

江苏省留学回国人员服务中心创建于1995年12月，与江苏省人才流动服务中心、中国留学服务中心江苏分中心合署。江苏省留学回国人员服务中心以为江苏经济与社会事业发展服务，为用人单位服务，为广大留学人才和海外人才服务为宗旨，经过近十年来的不断探索与努力，服务项目逐步齐全，服务功能日益完善，已经成为留学人才、海外人才为江苏服务必不可少的桥梁和纽带。

主要职能：

1．组织赴国外招聘：组织有留学人才需求的单位赴国外招聘，吸纳有意为江苏服务的留学人才、海外人才。

2．设立海外联络机构：设立留学回国服务海外联络处，直接开展全方位服务，实现国内机构在外的延伸服务。

3．留学人员登记与推荐：收集留学人员信息，建立留学人员信息库，有针对性地向用人单位推荐留学人才就业。

4．留学回国政策咨询与就业指导：解答留学人员来江苏就业、创业、进行项目合作及以其他方式为江苏服务的相关政策，开展相关就业指导工作。

5．需求岗位与留学人员信息发布：不定期发布用人单位需求岗位信息和留学人员来苏求职信息。

6．留学回国人员学历学位认证：根据中国留学服务中心的相关规定，受理留学回国人员的学历学位认定，办理相关手续。

7．留学回国人员接受录用：办理江苏省省属企事业单位录用留学回国人员的接收手续以及身份认定。

8．留学人员人事档案保管：保管留学人员的人事档案，并围绕档案提供各类服务。

9．留学回国人员户口申报及家属子女随迁：办理留学回国人员及其家属子女的户口申报、随迁手续。

10．留学回国人员社会保障代办：根据留学回国人员需要，办理社会保障事宜。

11．留学人员联谊：定期组织留学人员开展联谊、座谈等活动，提供沟通交流的条件。

12．根据留学人员需求提供其他服务等工作。

联系方式：

地　址：江苏省南京市广州路213号
邮　编：210029
电　话：86-25-83238876
传　真：86-25-83238880
邮　箱：jshwrc@126.com
网　址：www.jsrsrc.gov.cn

南京留学人员服务中心

南京留学人员服务中心（又称“中国留学服务中心南京分中心”）是直属于南京市人事局的事业机构，专职从事南京地区留学人员的引进和服务工作。业务上受国家人事部、教育部的指导。主要任务是宣传、贯彻国家关于留学人员工作的方针、政策、规定；为南京地区各类留学人员提供全方位的专业化服务；积极引进海外留学人才、智力、技术、项目和资金；承办南京市人事局委托和交办的任务；与国内外相关组织建立业务合作关系。

主要职能：

1．为来南京工作的留学人员提供接待咨询，并受理学历验证申请。

2．为引进留学人员来南京工作和用人单位聘用留学人员提供信息服务，组织国内外留学人才供需洽谈活动。

3．为来南京工作的留学人员提供岗位实训、假期见习，并协助办理落户手续。

4．具体实施以技术合作和学术交流为主题的留学人员短期回国服务项目的组织与资助。

5．为留学人员在南京推广新技术、新产品举办多种形式的推介会，协助寻求合作伙伴。

6．为各类留学人员来南京创办企业、技术转让、新产品研发等提供咨询服务和政策支持。

7．负责组织留学人员申报国家、省、市等各级留学主管部门的各类资助经费申报工作。

8．负责南京留学人员协会秘书处的工作，推动并指导协会组织南京留学人员开展技术服务、技术咨询、技术转让、产品开发和其他科技和社会公益服务活动。

9．推动并指导南京（金陵）留学人员创业园建设，并为各分园及成员单位提供政策支持、人才和项目信息服务、专家咨询服务、法律服务和宣传推介等专项服务。

10．管理“南京国际人才智力网”，通过该网站向社会各界及海内外留学人员提供各种信息服务。

联系方式：

地　址：江苏省南京市北京东路63号南京人才大厦一楼服务大厅17号柜台
邮　编：210008
电　话：86-25-83151722
传　真：86-25-83213166
网　址：www.njrsrc.com

常州市国际人才服务中心

常州市国际人才服务中心是常州市人事局、常州市外国专家局下属的，专业从事人才国际化交流服务的全民事业单位。通过人才国际交流的形式，以实现人才与国际结轨，为常州市开放型经济提供国际化人才保障。主要任务是宣传、贯彻、落实国家、省、市关于留学人员工作的方针、政策、规定，为归国留学人员来常州创业、就业提供全方位的管理与服务，积极引进海外智力项目、为外国专家在常州工作提供专门的服务，同时大力开展海外招聘、境外就业、境外培训等业务，促进人才国际交流和提高本地人才国际化程度。

主要职能：

1．代理国外学历学位证书认证。

2．办理户口迁移核办手续。

3．办理回国留学人员就业、恢复国家干部身份手续。

联系方式：

地　址：江苏省常州市北直街35号
邮　编：213003
电　话：86-519-86630023
传　真：86-519-86670355
邮　箱：czrsbgs@sina.com
网　址：www.czrc.com.cn

浙江省专家与留学人员服务中心

浙江省专家与留学人员服务中心（浙江省留学生工作站、中国留学服务中心浙江分中心）是浙江省人民政府为海内外留学人员及专家提供综合服务的专门机构，隶属于浙江省人事厅，为财政全额拨款的县处级事业单位。中心致力于为各类专家，特别是海外高层次留学人员来浙江参加经济建设服务，努力为浙江提前基本实现现代化作出贡献。

主要职能：

1．为来浙江工作或短期服务的留学人员与专家提供咨询服务，帮助联系、落实接收单位。

2．组织留学人员与专家开展技术咨询、技术转让、新产品开发等科技活动，为留学人员来浙创办企业牵线搭桥，提供服务。

3．为定居浙江或来浙短期工作的国内外留学人员和专家提供过渡用公寓。

4．对非教育系统回国留学人员开展科技活动提供必要的资金资助等。

5．负责管理浙江省留学人员创业园杭州高新园区、宁波保税区园区、宁波高新区园区、温州园区、湖州园区、绍兴园区、金华园区、嘉兴园区、嘉善园区，以及宁波、台州、海宁、余姚、乐清五市博士后科技开发基地。

6．负责管理浙江省欧美同学会、浙江省博士后联谊会的日常工作。

7．建有浙江省留学人员与专家信息网，为留学人员和各类专家提供国家和浙江省有关政策法规、浙江投资环境、科技人才需求、技术合作项目等信息，并通过专家库、科技成果库和项目库，开展多种形式的科技服务活动。

联系方式：

地　址：浙江省杭州市西湖区古翠路50号人力社保大楼
邮　编：310012
电　话：86-571-88394819
传　真：86-571-88394815
邮　箱：chl@zilx.gov.cn
网　址：www.zjrc.com

杭州市专家与留学人员服务中心

杭州市专家和留学人员服务中心是经杭州市人民政府批准成立，专门为来杭工作、创业、交流合作的留学人员及社会各类企事业单位提供全方位服务的机构，隶属杭州市人事局。

主要职能：

1．建立各类专家、博士后、留学人员信息库。

2．开展专家、博士后、留学人员科技成果的宣传、推广、开发、转让等服务。

3．开展留学人员政策咨询，帮助留学人员推荐接收单位。

4．为海外留学人员来杭短期工作和留学人员引资、投资、创办实体、搞合作研究等提供服务。

联系方式：

地　址：浙江省杭州市西湖区天目山路135号玉泉大厦1204、1211室
邮　编：310007
电　话：86-571-88396357
传　真：86-571-88396357
邮　箱：rsj.lxfw@hz.gov.cn
网　址：www.hzzjlx.com

宁波市海外人才服务中心

宁波市海外人才服务中心是宁波市人力资源和社会保障局直属事业单位，是宁波市唯一综合性的留学人员工作管理和服务机构。宁波市海外人才服务中心又是中国（教育部）留学服务中心宁波分中心，接受国家教育部、人社部的业务指导，并且与本市各高等院校、科研单位、各机关和企事业单位保持着密切的联系。宁波市海外人才服务中心的主要工作职责是贯彻上级有关留学人员工作的方针、政策和规定，为来甬工作、创业、交流合作的留学人员及社会各类企事业单位提供服务，具体承担市人社部门交办的相关海外留学人员、海外人才的活动和任务；承担“宁波海外人才网”建设和日常运行与管理，负责留学人员、海外工程师工作的有关信息的采集、处理和发布，加强供求双方沟通、对接和合作，组织海外留学人才网上洽谈会，实现宁波海外人才队伍建设数据化、网络化、现代化；开展留学人员回国派遣、就业落户、国内外学历认证、海外人才洽谈引进等工作。

主要职能：

一、留学回国服务

（一）国（境）外学历学位认证。

经中国（教育部）留学服务中心授权，开展国外学历学位证书和高等教育文凭认证代办服务。此外，针对宁波有中外合作办学项目的高校，提供集中上门服务办理。主要功能服务功能包括：

1．留学人员在国内升学、就业及参加各类专业资格考试。

2．为用人和招生单位鉴别国（境）外学历学位证书及高等教育文凭提供依据和相关咨询意见。

（二）国内学历学位证书鉴定。

提供国内学历学位真伪鉴定服务。主要服务功能包括：

1．外省市人才引进（落户）。

2．为各企事业单位招聘人才把好学历关。

3．为各企事业单位员工评聘职称、升职晋级把好学历关。

（三）留学人员回国派遣、落户。

为来宁波就业、落户的留学回国人员办理派遣手续。

（四）发放浙江省海外高层次人才居住证——“浙江红卡”。

旨在鼓励海外高层次人才来浙江省创新创业。持卡人员将在创业、投资、教育、社保、住房等各方面享受相对应的保障和服务。

（五）浙江省海外高层次留学回国人才工作证办理。

旨在全面实施人才强省战略，更多地引进海外高层次留学人才参与浙江现代化建设。

二、其他特色服务

（一）海外人才引进（海外人才网络视频见面会）。

旨在为在甬企事业单位与海外人才、项目、资本、信息搭建对接平台，为海外人才就业、有海外人才需求的企业提供专业性服务。

（二）国家“千人计划”、省“千人计划”、“3315计划”和留学人员择优资助等项目申报。

（三）留交会及赴外相关工作。

1．组织高校、科研院所、留创园、企业参加杭州、南京、广州等国际交流大会。

2．组织赴外学习交流、高端团队引进及创业服务等工作。

（四）沙盘推演等创业服务活动。

旨在通过案例教学、情景模拟、沙盘对战推演与模拟市场竞争等环节，检验企业决策思路，提升留学创业人才在认识企业全局经营的思考要素，提升其创业水平。

（五）网络宣传平台。

通过3315海外人才网，以及包括神州学人等合作网站的信息发布，加强宁波各个县市区留创园及相关单位的政策宣传，切实提高海外留学人员了解信息的渠道，搭建互相了解交流的虚拟平台。

联系方式：

地　址：浙江省宁波市兴宁东路228号人力资源大厦2楼服务大厅56—57号窗口

邮　编：315000

电　话：86-574-87116274，87115191

传　真：86-574-87116274

网　址：www.nb3315.org/www.nscse.com

福建省海外人才中心

福建省海外人才中心是中国海峡人才市场直属事业单位，又是中国（教育部）留学服务中心福建分中心，主要从事国际间人才交流与培训，为出国及回国人员提供咨询及系列服务。福建省海外人才中心目前与福建省人事厅所属的福建留学人员创业园管理中心、福建省留学回国人员工作站合署办公。

主要职能：

一、人才出国服务

1．出国留学服务：选送高中生、大中专毕业生以及在职的技术和管理人员赴国外留学。

2．移民出入境中介服务：为福建省公民赴境外定居、探亲、访友、继承财产和其他非公务活动提供信息介绍、法律咨询、沟通联系、境外安排、签证申办及相关服务。

3．出国考察培训服务：联系国外专家组织、国际猎头公司、国际人才中介机构，组织国内单位出国招聘，进行商务考察、项目商谈、招商引资、技术转让、专业培训等活动。

4．中外合作办学业务：开展工商管理、计算机、英语等课程的中外合作办学，培养具有国际竞争力的专门人才。

二、留学回国人员服务

1．留学人员学历验证服务：鉴别国外或境外颁发学位证书或高等教育文凭机构的合法性，甄别外国或境外高等教育机构颁发的学位证书或具有学位效用的高等教育文凭、证书的真实性，为经认证的外国或境外学位或高等教育文凭出具认证证书。

2．留学回国人员身份认定服务：依托福建省留学回国人员工作站，认证公派或自费留学人员以及到国外高等院校、科研机构开展合作研究的访问学者和进修人员。

3．留学人员回国创业服务：依托福建留学人员创业园管理中心，提出留学人员企业优惠政策及福建留学人员创业园园区建设发展纲要；联络海外留学人员，举办交流活动；负责福建留学人员创业园园区的日常管理和服务工作；参与福建留学人员创业园基地的开发、建设、经营和管理。

4．海外人才交流服务：为留学人员和愿意来闽工作的外籍人士与国内有关部门开展以交流学术、项目协作、科技攻关、信息沟通为主要内容的交流与合作提供优质服务。组织留学回国人员深入基层、厂矿企业，举办讲座、培训和咨询活动，解决问题。

联系方式：

地　址：福建省福州市东大路36号福建人才大厦六层

邮　编：350001

电　话：86-591-87383108

传　真：86-591-87677833

邮　箱：422179358@qq.com

网　址：www.fjotic.com

福建省引进人才服务中心

福建省引进人才服务中心(福建省留学回国人员工作站)，为福建省公务员局直属事业单位，机构规格相当于正处级，主要承担为引进高层次创业创新人才（含留学回国人员）协调办理相关手续，落实有关优惠政策和待遇，建立相关数据以及海内外人才智力引进交流等服务性工作；中心同时协助开展海外人才招聘会和座谈会；帮助海外高层次人才和留学人员来闽创业或工作；协助省内企业与国内外科研机构、专家进行对接；积极为引进高层次创业创新人才建立服务绿色通道，采用“征集需求、一窗接件、并联预审、集中反馈、专员办理、统一建档”的方式，为引进人才提供“一对一、全程式、保姆式”服务。

主要职能：

承担为引进高层次创业创新人才（含留学回国人员）协调办理相关手续，落实有关优惠政策和待遇，建立相关数据以及海内外人才智力引进交流等服务性工作。

联系方式：

地　址：福建省福州市鼓楼区思儿亭路11号专家服务中心6层
邮　编：350003
电　话：0591-87307327，87729466
传　真：0591-87729466
邮　箱：fujian_hcz@163.com
网　址：www.fjrs.gov.cn/fjrc/

厦门市留学人员管理中心

厦门市留学人员管理中心是厦门市政府设立的、负责全市留学回国人员工作的专门机构，隶属于厦门市人事局。与厦门市留学人员工作站实行“两块牌子、一套人马”。负责组织实施《厦门经济特区鼓励留学人员来厦创业工作规定》，具体行使全市留学人员工作的行政管理和服务职能，为广大海外留学人员来厦创业、工作无偿提供各种服务，包括留学人员身份认定、户口入厦、子女入学、人事关系迁入、安家费申请、生活津贴发放、教育部学历学位认证等“一站式”服务，以及接待、咨询、协调、投诉受理等服务内容。

主要职能：

1．在海内外留学生群体中宣传厦门市的人才、招商引资政策与环境。

2．提供留学人员在境外期间的人事档案代理。

3．创建、管理留学人员供需信息库，为留学人员来厦创业、工作和企业的人才需求、项目需求等提供双向选择的服务平台。

4．接受留学回国人员来厦登记，身份认定，帮助推荐就业。

5．协助留学回国人员科研活动资助经费的申报和进入留学人员创业园的项目资助款的申请划拨。

6．为各类留学人员短期回国讲学、合作科研、学术交流牵线搭桥。

7．协调相关部门落实留学人员的有关待遇。

8．协助回国独资创办企业的留学人员办理有关手续。

9．接受留学人员委托，协助办理在厦有关服务项目。

10．受厦门市人事局、厦门财政局的委托，负责厦门市留学人员专项资金的日常管理工作。

联系方式：

地　址：福建省厦门市湖滨东路319号c座3楼B区
邮　编：361012
电　话：86-592-5396698，5396699
传　真：86-592-5396697
邮　箱：xmlx@xmlx.gov.cn
网　址：www.xmix.gov.cn

江西省留学人员服务中心

江西省留学人员服务中心是江西省人事厅的内设机构，行使江西省留学人员服务的职能。

主要职能：

1．积极开展专家科技成果推介服务；举办高层次人才及专业技术人才研讨（修）活动；协助做好留学回国人员认证工作；协助有关部门做好专家、学者出国（境）考察的组织推荐工作和服务保障工作。

2．在专家管理处指导下，建立和完善江西省高层次人才信息库；承担留学人员和专家信息网站的具体管理和运营。

3．办理江西省专家国贴、江西省贴的发放；协助专家管理处做好江西省博士后科研流动站、企业博士后科研工作站审报的有关事务性工作；为博士后设站单位和博士后人员提供各类中介服务。

4．承担享受政府特贴专家变化的跟踪服务工作；加强与留学人员和专家的联系，反映他们的意见、建议，为政府部门决策提供参考；承担职称社会化评价有关事务工作。

5．协助有关部门管理好留学人员创业园；承办专家、学者的学术交流、专业会议、科技活动的组织工作；做好人事部门组织的专家休假、学术交流等工作。

6．在专家管理处指导下，承办专家联谊会和留学回国人员联谊会日常工作。

7．承办上级交办的其他工作。

联系方式：

地　址：江西省南昌市省府大院南一路10号14楼
邮　编：330046
电　话：86-791-86386196
传　真：86-791-86386196
邮　箱：jiangshup@163.com

山东省留学人员和专家服务中心

山东省留学人员和专家服务中心是山东省人力资源和社会保障厅厅级直属事业单位。

主要职能：

1．贯彻执行国家和省吸引留学人员的政策和规定，承办引进海外高层次人才及留学人员来鲁服务工作。

2．办理海外留学人员来鲁就业的服务指导工作。

3．承办山东省留学人员协会秘书处的日常工作。

4．承办公费和自费留学的事务性工作。

5．为专家队伍建设和发挥专家作用提供各种形式的服务。

联系方式：

地　址：山东省济南市历下区解放东路16号
邮　编：250014
电　话：86-531-88597980
传　真：86-531-88597986
邮　箱：shandongok@163.com
网　址：www.sdhrss.gov.cn

济南市留学回国人员工作站

济南留学回国人员工作站（济南市人才引进办公室）是济南市人事局直属的正县级全额拨款事业单位，主要负责全市海外留学回国人员和高层次急需人才的引进工作。2006年教育部留学服务中心同意在工作站原有业务的基础上成立教育部留学服务中心济南分中心。主要任务是引进、接收、安置留学回国人员和高层次急需人才；负责来济留学人员的身份认定、接待服务、信息咨询、政策落实等工作；负责留学人员的管理和服务工作，指导留学人员创业园区工作。

主要职能：

1．负责《济南市引进海外留学人员规定》和《济南市引进高层次急需人才规定》及其他相关政策的宣传、咨询、落实工作。

2．负责人事部留学人员科技活动项目择优资助经费及其他留学人员资助经费的申报工作。

3．宏观上协调本市留学人员创业园、区及海外科技人才创业基地的发展建设工作。

4．负责本市驻外工勤人员的推荐及选派工作。

5．负责为来我市工作创业的符合条件的留学回国人员申请安家费。

6．负责非教育系统公派出国申报的审核工作。

7．代办海外留学人员学历学位审验工作。

联系方式：

地　址：山东省济南市龙鼎大道1号龙奥大厦5楼C区0518
邮　编：250099
电　话：86-531-66605966
传　真：86-531-66605966
邮　箱：jnlx2012@163.com
网　址：www.jnhrss.gov.cn

青岛市留学人员服务中心

青岛市留学人员服务中心是青岛市人事局直属事业单位，是负责全市留学人员服务工作的专门服务机构。青岛市留学回国人员服务中心又是中国（教育部）留学服务中心青岛分中心。主要任务是宣传、贯彻、落实国家关于留学人员工作的方针、政策、规定；为青岛市各类留学人员提供全方位的管理与服务；积极引进海外留学人员中的人才、智力、技术、资金；承办青岛市人事局及国家留学人员工作主管部门委托和交办的任务；与国内外相关组织建立业务合作关系。

主要职能：

1．为来青留学人员办理学历认证的验证预审服务和派遣、安置服务。

2．为各类留学人员来青工作和用人单位录用留学人员提供信息服务和双向选择服务，并根据双方需要进行重点推荐。

3．为各类留学人员短期来青讲学、学术交流、合作科研、投资考察提供牵线搭桥服务。

4．为各类留学人员来青开办公司（企业）、转让技术、开发新产品等提供咨询和合作。

5．为已加入外国籍的留学人员与外省留学人员办理《青岛市留学人员特聘工作证》相关手续。

6．为外省市进青工作、落户的留学人员办理进青户口及家属随归、随迁、随调相关手续。

7．为来青创办企业的留学人员提供相应服务。

8．组织留学回国人员申请国家留学主管部门和青岛市设立的面向留学回国人员的科研资助经费。

9．具体负责青岛市留学人员创业园、青岛市留学人员协会工作。

联系方式：

地　址：山东省青岛市海尔路178号留学人员创业园201室
邮　编：266101
电　话：86-532-88913226
传　真：86-532-88911726
邮　箱：qdliuxuezhan@126.com

烟台留学回国人员工作站

烟台留学回国人员工作站是烟台市人事局直属事业单位，是负责全市留学回国人员服务工作的专门机构。经教育部留学服务中心批准，烟台留学回国人员工作站又是中国留学服务中心烟台分中心。

主要职能：

1．宣传、贯彻和落实国家有关留学回国工作的方针、政策。

2．负责海外留学回国人员的引进、接收。

3．宏观调控全市留学回国人员的就业方向和地区分布。

4．提供供求双方情况，为双向选择创造条件。

5．承担留学回国人员科研资助经费的审查、申报。

6．承担烟台留学人员创业园区日常工作的协调、管理和服务。

7．为海外留学人员来烟工作提供国（境）外学历学位查验认证、工作派遣、户口迁移等服务。

8．负责烟台市留学人员联谊会的日常会务服务工作等。

9．组织留学回国人员为祖国的建设贡献力量。

联系方式：

地　址：山东省烟台市莱山区观海路128-108
邮　编：264001
电　话：86-535-6683330
传　真：86-535-6683269
邮　箱：rshbh@163.com

河南省留学人员与专家服务中心

河南省留学人员与专家服务中心是河南省人事厅直属事业单位，是负责全省留学人员和专家服务工作的专门服务机构。河南省留学人员与专家服务中心又是中国（教育部）留学服务中心河南分中心。

中心的主要任务是宣传、贯彻、落实国家关于留学人员工作的方针、政策、规定；为河南省各类留学人员和专家提供全方位的管理和服务；积极引进海外留学人员中的人才、智力、技术、资金；承办河南省人事厅及国家留学人员工作主管部门委托和交办的任务；与国内外相关组织建立业务合作关系。

主要职能：

一、留学回国服务

1．为各类留学人员来豫工作和用人单位录用留学人员提供信息服务和双向选择服务，并根据双方需要进行重点推荐。

2．接收安置留学回国人员，并协调其家属安置、农转非、子女入学等工作。

3．为各类留学人员短期来豫讲学、学术交流、合作研究、投资考察提供牵线搭桥服务。

4．组织承办留学人员和高层次专业技术人才的科技成果推广和转让工作。

5．为专家队伍建设和发挥专家作用提供多种形式的服务。

6．建立留学回国人员和高层次人才信息库。

7．为来豫工作的留学人员进行身份认定并颁发证书。

8．组织留学回国人员申请国家留学主管部门和河南省设立的面向留学回国人员的科研资助经费。

9．代理教育部留学回国人员国（境）外学历学位认证、海外高层次留学人员身份认证等工作。

10．指导河南省各留学人员创业园、河南省留学人员联谊会工作。

二、留学综合服务

1．研究制定河南省留学回国人员工作的政策，并督促、检查各有关单位留学工作政策的落实情况。

2．提供国家及河南省有关留学人员工作的政策、规定的咨询服务。

3．管理“河南留学人才服务网”，通过国际互联网向社会各界及海内外留学人员提供各种信息服务及相关服务。

联系方式：

地　址：河南省郑州市顺河路32号9楼
邮　编：450004
电　话：86-371-66359360，66329937
传　真：86-371-66329937
邮　箱：ylxec@163.com
网　址：www.ha.hrss.gov.cn

湖北省人才市场

湖北省人才市场是湖北省人力资源和社会保障厅直属单位，经国家教育部、公安部批准于2002年获得合法留学中介机构资质，2005年湖北省人才市场获教育部留学服务中心授权，设立中国留学服务中心湖北分中心，为湖北省内外留学回国人员提供国（境）外学历学位认证、就业推荐、派遣落户等回国后的各项服务。湖北省人才市场是湖北省内唯一一家为留学人员提供自费出国留学、中外合作办学、语言考试培训、国外文凭认证、就业派遣落户、留学档案托管、猎头人才推荐等，从出国求学到回国就业全方位、“一站式”服务的政府所属的专业留学机构。

主要职能：

1．自费出国留学：主要开展到英国、美国、加拿大、澳大利亚、新西兰、新加坡、日本等热门国家的自费出国留学和家长探亲业务。湖北省人才市场有适合高中生、大学生、研究生在读生或毕业生申请的多层次留学项目，为学生提供咨询评估、文案制作、院校申请、代办公证、语言培训、签证申请、协助汇款、预订机票、体检指导、接机住宿、行前培训、后续跟踪等一整套全面、优质、规范的服务。

2．国（境）外学历学位认证：经国务院学位委员会和教育部批准，教育部留学服务中心是国内唯一一家从事国（境）外学历学位认证的专业性机构。教育部留学服务中心出具的国（境）外学历学位认证书因其权威性和准确性，已经得到了社会各界的普遍认可，成为留学回国人员升学、就业和参加各类专业资格考试的有效证明。湖北省人才市场是教育部留学服务中心在湖北省设立的国（境）外学历学位认证申请材料验证机构。

3．留学人员就业派遣落户：教育部留学服务中心依据国家留学政策及地方政府制定的促进和鼓励留学人员回国工作的相关政策和规定，参照全国普通高校毕业生就业管理办法，为留学回国人员开具就业报到证和落户介绍信，以协助国内用人单位完善人事劳动手续，方便留学人员顺利就业。北京、上海、深圳以外地区就业的留学回国人员可以在湖北省人才市场办理手续。

联系方式：

地　址：湖北省武汉市武昌区中南路14号发展大厦5楼501室国际合作部
邮　编：430071
电　话：86-27-87277473，87257917，87257705
网　址：www.jobhb.com

湖南省留学人员管理服务中心

湖南省留学人员管理服务中心是湖南省人事厅直属事业单位，是负责全省留学人员服务工作的专门服务机构。湖南省留学人员管理服务中心同时也是湖南省专家服务中心。主要任务是宣传、贯彻、落实国家关于留学人员工作的方针、政策、规定，积极引进海外留学人员中的人才、智力、技术、资金，为来湘工作或为湘服务的各类留学人员提供全方位的管理与服务。

主要职能：

1．负责湖南留学人员创业园的有关管理服务工作。

2．负责湖南省留学人员联谊会的各项日常工作。

3．负责全省留学回国人员信息库建设工作。

4．承办引进海外留学人才、智力、技术、资金的工作，为留学回国人员来湘创业和回湘工作提供各方面的服务。

5．组织留学回国人员科技活动择优资助经费的评审、申报、下拨和资金使用情况的监督检查。

6．承办国家留学人员工作主管部门和湖南省人事厅委托和交办的任务。

联系方式：

地　址：湖南省长沙市韶山路1号
邮　编：410011
电　话：86-731-82219159
传　真：86-731-82216375
邮　箱：ynyfzo900@126.com

广东省留学人员服务中心

广东省留学人员服务中心是经国家教育部、公安部批准成立，由广东省人事厅直接管理，负责办理全省自费出国留学业务的服务机构。其前身是上世纪80年代成立的广东省赴美留学咨询处，2000年即成为广东省内首家获得国家教育部、公安部批准成立的合法自费出国留学服务机构，迄今已积累了近30年留学专业服务经验。

为满足广大有意出国留学学子选择留学国家和院校的要求，中心充分运用其所属政府人事部门的优势，与美国、英国、澳大利亚、加拿大、新西兰、德国、法国、荷兰、瑞士、俄罗斯、乌克兰等国家近200所大学、学院和中学建立了招收中国留学生的合作关系。这些海外院校为我国大学本科、专科毕业生、在读生（含五大毕业生）和高中毕业生、在读生提供了大学本科课程、本硕连读课程、硕士学位课程、博士学位课程和大学预科课程、A-level课程、语言课程等。

主要职能：

1．拥有一支恪守职业道德、多年从事留学服务工作、精通出国留学业务、热情为学生服务的工作人员队伍，分工合理，职责明确，运转协调，工作效率较高。

2．办理留学国家众多，提供的课程和专业门类齐全，可为学子量身定做留学方案和提供个性化服务。

3．办理留学的大学均是我国教育部公布承认学历、学位的，且是建校历史悠久、学校规模较大、师资力量雄厚、学术成就卓著的国立、公立大学或享有盛名的私立大学。

4．设有专门的部门收集、研究已与中心建立了合作招收中国留学生关系的十几个国家的留学政策、签证政策的最新动态信息，办理留学业务的质量和水平比较高。

5．开设有留学服务专业网站（www.gdscse.net），主要包括：教育部公布的留学预警通告、教育部公布的国外学校、留学国家概况、留学院校介绍、留学政策动态、留学签证指南、托福和雅思考试信息、网上咨询报名留学、留学回国发展的优惠政策、留学国外生活常识等十几个栏目。目前是广东省政府网选供直接链接的唯一权威留学网站。

6．聘请国内外知名大学的教授担纲任教，根据需要适时开办英、法、德等语言培训课程，帮助学生提高出国留学必备的外语水平。

7．为学生申请国外学校方便、快捷，并且信守一贯的承诺，学生不被国外学校录取，免收服务费。

8．对赴各国留学的学生，提供境外接机、安排住宿、协助办理国外居留证、购买保险、开立个人银行账户、帮助学生熟悉环境等后续服务。

9．与广东省人事厅海外人才引进服务中心合署办公，为留学回国人员提供推荐择业服务。

联系方式：

地　址：广东省广州市天河路13号润粤大厦5楼东
邮　编：510000
电　话：86-20-37605951，37605997
传　真：86-20-37605489
邮　箱：gdscse@gdscse.net
网　址：www.gdscse.net

广州留学人员服务管理中心

广州留学人员服务管理中心（简称留学管理中心）于1999年由教育部留学服务中心广州分中心和广州回国留学人员服务管理中心合并而成，是广州市专门为留学人员及（海外）高层次人才提供综合服务和管理的机构，于2009年1月增挂“广州海外人才服务管理中心”的牌子。

心中承担广州市（海外）高层次人才服务窗口职能，同时也是中央“千人计划”广东省服务窗口广州分窗口，提供高层次人才服务、“一站式”留学回国服务、华南四省公派出国及广州市政府公派留学（“菁英计划”）服务、外国专家服务。

主要职能：

一、承担市（海外）高层次人才服务窗口职能

设立了（海外）高层次人才服务平台，由专人负责广州市高层次人才认定评定、市创新创业领军人才申报评审、市博士后工作、市“121人才梯队工程”、享受政府特殊津贴人员选拔、海外人才身份确认函、高层次人才(外籍)申请2—5年“居留许可”、高层次人才职称评定、“百名南粤杰出人才培养工程”、国家“千人计划”、省创新领军人才、青年拔尖人才申报等工作。根据国家、省、市高层次人才申报、认定、评定情况，为每位高层次人才提供便捷的服务方案，并实施主动预约上门服务制度。同时，还为高层次人才提供住房服务、落户和居留、配偶安置、子女入学、医疗待遇等生活服务。同期还打造了“海外高端人才综合服务平台”，配合新创办的专刊《广州领军人才》、广州（海外）留学人才网的领军人才网上沙龙，构成了立体的高层次人才服务平台，全方位服务在穗高层次人才。

二、构建“一站式”留学回国服务体系

多年来，留学管理中心致力于建立政府公共服务平台，领先全国构建了留学回国服务体系，以留学回国人员急需的创业培训、就业培训、创业融资等专项活动为服务特色，打造留学人员“一站式”服务品牌，回国服务项目由1999年的6项发展到现在的12大类25项，为逾万名留学人员提供了留学人员来穗优惠资格认定，国（境）外学历、学位认证，专项资金申请和拨付，异地调入，档案保管，落户，子女入学，工商登记注册，办理留学人员工作派遣证明，办理“高层次海外人才身份证明”，办理评审职称，就业推荐，创业服务以及提供信息交流、协助申报、代办手续等全方位“一站式”服务。

三、提供外国专家服务

在多年留学人员回国服务基础上，设置了外国专家服务窗口，为外国专家提供来华工作许可、居留许可办理等一系列配套服务。

四、提供出国留学服务

1．承担国家留学基金委华南四省公派出国服务。为广东、广西、海南、福建四省公派出国留学人员提供从办理签证、订购机票、预发生活费、出具报到证到落地等“一条龙”配套服务。

2．承担广州市公派留学项目“菁英计划”派出服务和管理工作。负责接收申请材料、组织资格审查、发放学费生活费及国际旅费、派出学生在外日常管理等工作，提供留学人员档案和户口保管、出国前培训、签证等服务。

3．引导自费出国留学人员理性求学并提供专业、优质的服务。

4．为预备出国留学人员提供相关外语培训。

五、其他服务

1．提供人才“再配置”猎头服务；

2．提供国际交流服务。

联系方式：

地　址：广东省广州市小北路266号北秀大厦6—7楼
邮　编：510050
电　话：86-20-83543133，83568066
传　真：86-20-83568076
邮　箱：gzscse@gzscse.gov.cn
网　址：www.gzscse.gov.cn

深圳市人事人才公共服务中心

深圳市人事人才公共服务中心直属于深圳市人事局，是具有法人资格的全额拨款事业单位。经教育部留学服务中心批准，中心加挂“中国留学服务中心深圳分中心”牌子。

主要职能：

1．为来深创业的留学人员、在深工作的国（境）内外专家、高级人才以及特殊人才提供个性化服务；负责留学归国人员学历学位的认证代办工作；为国内外人才提供信息、咨询等服务；负责全市人才档案的保管、整理工作。

2．个性化服务：为引进高层次人才提供“一站式”服务，协助解决在深工作、生活中有关社保、子女入学、配偶就业、居住以及相关问题；支持高层次人才服务社会，推荐高层次人才参与政府决策咨询工作。

3．留学生学历学位认证服务：为来深创业和工作的留学人员代办国（境）外学历学位认证。

4．信息咨询服务：通过互联网站的形式为各类人才提供有关人才政策法规、政府办事流程、人事人才服务等方面的信息咨询服务。

联系方式：

地　址：广东省深圳市福田区深南中路1025号新城大厦东座2楼
邮　编：518026

电　话：86-755-25985107

传　真：86-755-25943020

邮　箱：szrenzheng@126.com

网　址：www.rsj.sz.gov.cn/tsrcfw

海南省留学回国人员工作站

海南省留学回国人员工作站属海南省人力资源开发局（省就业局）的内设机构，为来琼留学回国人员提供就业和创业服务。

主要职能：

1．为来琼就业或创业的留学回国人员进行身份认证。

2．为来琼工作的留学人员和录用留学人员的用人单位提供信息和双选服务。

3．为留学人员短期来琼讲学、学术交流、合作科研、投资考察提供牵线搭桥服务。

4．组织留学回国人员申请国家留学主管部门设立的面向留学回国人员的科研资助经费。

5．指导海南省海口国家高新区留学人员创业园及海南省留学回国人员联谊会工作。

6．提供有关留学人员工作政策、规定的咨询服务。

7．为自费留学人员、在外留学人员及部分留学回国人员提供档案管理及相关服务。

联系方式：

地　址：海南省海口市白龙南路53号

邮　编：570203

电　话：86-898-65355140

传　真：86-896-65311034

四川省留学人员服务中心

四川省留学人员服务中心是负责全省留学人员服务工作的专门机构，成立于2001年5月，与四川省专家服务中心合署办公。中心的主要任务是宣传、贯彻、落实国家关于留学人员服务中心的方针、政策、规定；积极建立海外留学人员来川服务的渠道，搭建留学人员智力资源转化平台。

主要职能：

1．为留学回国来川工作、来川创业、来川发挥作用的人员提供政策信息咨询、就业推荐、合作伙伴介绍、人事代理等各类中介服务。

2．多渠道创（合）办留学人员创业园区，为留学人员来川提供各种生活服务。

3．承办全省留学回国人员科技择优资助项目评审及经费划拨的事务性工作。

4．为海外留学人员提供国（境）外学历学位认证、四川省海外留学人员身份认证、职称认定、接收手续办理等“一站式”综合服务。

5．负责留学人员回国服务工作厅际联席会议协调办公室的工作。

6．指导四川省留学人员创业园的工作。

7．负责四川省留学人员信息化建设工作。

联系方式：

地　址：四川省成都市东二巷21号

邮　编：610015

电　话：86-28-86741860

传　真：86-28-86741860

邮　箱：sclxfwzx@163.com

重庆市专家服务中心

重庆市专家服务中心是重庆市人力资源和社会保障局所属的事业单位。

主要职能：

1．负责全市高级专家的健康体检、休假疗养、津贴发放等工作。

2．根据国家和重庆市关于留学人员工作的政策，做好留学回国人员的相关服务工作，为引进海外人才提供服务与咨询，为制定、修改留学人员政策提供信息依据。

3．开展人事人才国际交流和国（境）外智力引进的服务工作，承办来渝国（境）外专家的服务工作。

4．负责重庆市博士后联谊会和重庆市留学人员联谊会的管理服务工作。

5．承办相关部门委托和交办的其他事项。

联系方式：

地　址：重庆市渝北区新牌坊1路1号

邮　编：401147

电　话：023-86868567

传　真：023-86868567

邮　箱：cqzjfw@126.com

贵州省留学人员与专家服务中心

贵州省留学人员与专家服务中心是贵州省人事厅管理的事业单位，主要任务是为留学回国人员回黔创业提供各种咨询服务。

主要职能：

1．为留学回国人员回黔来黔创业提供服务。

2．承担留学回国人员科技活动项目择优资助经费推荐的事务工作。

3．承担贵州省留学人员回国服务工作厅际联席会议办公室的日常工作。

4．筹备“贵州省留学回国人员创业园”。

5．为专家队伍建设和发挥专家作用提供服务。

联系方式：

地　址：贵州省贵阳市贵州省政府大院5号楼13楼1303

邮　编：550001

电　话：86-851-6828173

传　真：86-851-6828602

陕西省留学服务中心

陕西省留学服务中心，是陕西省教育厅直属事业单位，是负责全省出国留学、留学回国服务的专业服务机构，是中国（教育部）留学服务中心设在陕西省的国外（境外）学位证书和高等教育文凭的认证点。

陕西省留学服务中心全面贯彻“支持留学，鼓励回国，来去自由”的国家留学政策，本着“诚信、可靠、安全、高效”的服务宗旨，充分发挥陕西省留学服务中心教育交流面广量大的资源优势，秉承“树立政府形象，确保真诚服务；坚持专业标准，保护学生权益”的工作理念，为广大留学人员、留学回国人员提供周到、快速、准确、高效的服务。

主要职能：

一、出国留学服务

1．宣传、贯彻、落实国家关于留学工作的方针、政策和规定，提供留学政策、海外教育制度、自费留学办理程序以及国外院校情况的咨询与服务。

2．承办省内公派留学和短期因公出访人员签证的事宜。

3．根据留学申请人的教育背景及自身条件，提供留学评估服务；指导并帮助申请人选择最适合的留学国别、留学院校及留学专业。

4．协助申请人准备签证材料、提供签证指导，并根据各国使馆要求为申请人申请签证。

二、留学回国服务

1．负责陕西省境内国外（境外）学历、学位的认证工作；提供留学回国人员的派遣、落户工作。

2．为留学人员提供人事关系代理和档案管理工作，方便留学回国人员在国内、省内择业、创业。

3．积极宣传陕西为海外高层次人才提供的优惠政策。

4．充分发挥陕西省留学服务中心的资源优势，积极为本省留学人员创业园建设服务，加速引进海外高层次人才和高新技术项目，为西部大开发和建设西部经济强省服务。

三、留学信息服务

1．和陕西省教育厅国际合作与交流处共同创办“陕西留学网”(www.sxcse.com)，按国际合作与交流处的政府管理职能和留学服务中心的服务功能，分两大板块、九个栏目，为陕西省教育国际交流提供权威性、指导性的政策平台，给陕西省留学人员提供权威、规范、快捷的服务。

2．定期编发《陕西留学服务通讯》，及时、准确地报道国家、省最新留学及教育国际交流的政策和信息，及时为留学人员提供各类服务信息，搭建留学回国人员展示才华、创业奉献的交流平台，充分展示陕西省留学服务中心的政府品牌形象，着力打造百姓最信赖的留学品牌机构，为建设西部经济强省提供高层次人才和智力支持。

联系方式：

地　址：陕西省西安市药王洞153号陕西省教育厅东办公楼2楼

邮　编：710003

电　话：86-29-87315559，87317688

传　真：86-29-87311206

邮　箱：sxscse@yahoo.com.cn

西安留学人员工作站

西安留学人员工作站是经国家教育部、公安部批准成立的留学中介服务机构。工作站隶属西安市人事局，是西安地区派出留学人员的主要渠道之一。

主要职能：

一、出国留学服务

1．联络国际文化教育相关机构并对出国留学及对外教育交流人员提供咨询服务。

2．为自费留学开辟渠道，为赴国外研读包括中学、预科、本科、研究生、MBA等课程在内的各类自费留学生提供中介服务。

3．为自费留学人员代管档案、代缴养老保险金。

二、留学咨询服务

1．出国留学信息咨询服务：出国留学政策、手续、程序以及各国教育制度、专业以及奖学金设置的全面介绍。

2．为出国留学人员及对外教育交流人员办理护照、签证、公证、原件翻译、行前指导和预订机票等相关配套服务。

三、留学回国服务

1．为各类留学人员回国工作和国内用人单位选聘留学人员提供双向信息和有关政策咨询服务；为留学人员回国工作办理派遣落户手续。

2．为各类留学人员短期回国讲学、学术交流、合作科研提供牵线搭桥服务。

3．承担留学回国人员科研资助费用的初审和拨款工作。

4．全国31个站点实行网络联系，实现异地指导就业并安置。

四、为来华留学提供服务

对欲来华留学的外籍人士提供法律政策的咨询服务工作及为他们积极联系在华学习的相关事宜。

联系方式：

地　址：陕西省西安市西门里西大街安定广场4号楼4-301

邮　编：710002

电　话：86-29-87625654

传　真：86-29-87625479

邮　箱：xaabroad@163.com

甘肃省留学人员与专家服务中心

甘肃省留学人员与专家服务中心是甘肃省人事厅直属事业单位，是负责全省留学回国人员的专门服务机构。主要任务是宣传、贯彻、落实国家关于留学回国人员工作的方针、政策、规定；为留学回国人员提供全方位的管理与服务；承办、鼓励、引进海外留学人员回国来甘肃工作。

主要职能：

1．研究创建留学人员创业的政策环境。

2．办理留学人员创业园建园的审批事宜。

3．办理与国家人事部共建留学人员创业园的申办工作。

4．负责留学回国人员科研经费的申报工作。

5．为留学回国人员创业园申报博士后科研工作站的工作。

6．为留学回国人员领办、创办高新技术企业、开展学术技术交流活动提供相应的服务。

7．指导留学回国人员联谊会活动。

8．了解和反映留学回国人员的意见、建议和要求，协助办理留学人员的出入境手续。

9．协助留学回国人员解决落户、住房、配偶工作、子女就业等手续。

联系方式：

地　址：甘肃省兰州市城关区皋兰路78号兴业大厦607室

邮　编：730000

电　话：86-931-8410817

传　真：86-931-8410817

邮　箱：bxf@rst.gansu.gov.cn

宁夏回族自治区专家与留学人员服务中心

宁夏回族自治区专家与留学人员服务中心是宁夏回族自治区人事厅直属事业单位，是负责全区专家和留学人员服务工作的机构。主要任务是宣传、贯彻、落实国家关于留学人员工作的方针、政策、规定；为宁夏回族自治区各类留学人员提供全方位的管理与服务；积极引进海外留学人员中的人才、智力、技术、资金；承办宁夏回族自治区人事厅及国家留学人员工作主管部门委托和交办的任务；与国内外相关组织建立业务合作关系。

主要职能：

1．负责向社会提供留学人员科研成果的咨询和服务。

2．负责和组织留学人员为地方党政机关、企事业单位重大决策提供论证咨询。

3．负责留学回国人员科技活动资助经费的申报管理。

4．为各类留学人员来宁夏短期讲学、学术交流、合作科研、投资考察提供牵线搭桥服务。

5．为各类留学人员来宁夏工作和用人单位录用留学人员提供信息服务和双向选择服务，并根据双方需要进行重点推荐。

6．来宁夏开展学术活动的高层次留学人才的接待工作。

7．指导宁夏回族自治区留学人员创业园、宁夏留学人员联谊会工作。

8．帮助留学人员解决工作、学习、生活中的困难，做好相关服务等工作。

联系方式：

地 址：宁夏银川市上海东路40号
邮 编：750001
电 话：86-951-5099081
传 真：86-951-5099100
邮 箱：nxzj2088@126.com

附录篇

中华人民共和国驻外使（领）馆教育处（组）一览

馆 别	地 址	电 话/传 真/邮 箱/网 址
驻美国大使馆教育处	3505 INTERNATIONAL PLACE, N.W. WASHINGTON, D.C.20008, U.S.A.	001-202-243-1159 001-202-243-0631 (Fax) admin@sino-education.org www.sino-education.org
驻纽约总领馆教育组	Education Office, 520 12th Avenue, New York, NY 10036, U.S.A.	001-212-244-9392 001-212-564-2268 (Fax) www.edunewyork.org
驻旧金山总领馆教育组	Education Office, 1450 Laguna Street, San Francisco, California, 94115, U.S.A.	001-415-852-5984 001-415-852-5980 (Fax) www.edusf.org
驻洛杉矶总领馆教育组	Education Office, 443 Shatto Place, Los Angeles, CA 90020, U.S.A.	001-213-807-8071 001-213-807-8051 (Fax) educationsection@gmail.com www.edulosangeles.org
驻芝加哥总领馆教育组	Education Office, 3322 West Peterson Ave., Chicago, IL 60659, U.S.A.	001-773-279-0361 001-773-279-0370 (Fax) www.educhicago.org
驻休斯敦总领馆教育组	Education Office, 811 Holman St. Houston, TX 77002, U.S.A.	001-713-522-0438 001-713-522-0015 (Fax) houston.china-consulate.org
驻加拿大大使馆教育处	396 Wilbrod Street Ottawa, Ontario, Canada, K1N 6M8, Canada	001-613-789-6312 001-613-789-0262 (Fax) www.chineseeducation.ca
驻温哥华总领馆教育组	2215 Eddington Drive, Vancouver, BC, Canada V6L 2E6, Canada	001-604-738-8330 001-604-738-1801 (Fax) www.chinaeduvan.org
驻多伦多总领馆教育组	24 Admiral Road, Toronto, Ontario M5R 2L5, Canada	001-416-324-8536 001-416-324-9931 (Fax) www.educationtoronto.org
驻蒙特利尔总领馆教育组	2100 Ste-Catherine West, 8th Floor Montreal, Quebec, H3H 2T3, Canada	001-514-419-6748 001-514-878-9692 (Fax) www.edumontreal.org
驻墨西哥大使馆教育组	Av.Rio Magdalena No.172 Deleg, Alvaro Obregon, Col Tizapan, Mexico	0052-5-663-3473 0052-5-661-1972 (Fax) www.embajadachina.org.mx
驻英国大使馆教育处	50 Portland Place, London W1B 1NQ, UK.	0044-20-7612-0250 0044-20-7580-4474 (Fax) www.edu-chineseembassy-uk.org
驻曼彻斯特总领馆教育组	153 Barlow Moor Road, West Didsbury Manchester, UK M20 2YA	0044-161-710-2739 www.consulateman.org
驻贝尔法斯特总领馆教育组	MacNeice House, 75-77 Malone Road, Belfast, Northern Ireland, United Kingdom BT9 6SH	0044-756-500-3921 0044-289-073-71081 (Fax)
驻德国大使馆教育处	Dresdener Str.44, D-10179 Berlin, Germany	0049-30-2462-9311 0049-30-2462-9325 (Fax) www.de-moe.edu.cn

续表

馆　别	地　址	电 话/传 真/邮 箱/网 址
驻慕尼黑总领馆教育组	Romanstrasse 107 80639 Muenchen, Germany	0049-89-170-8602 0049-89-170-8639（Fax） munich. china-consulate. org
驻法兰克福总领馆教育组	Stresemannallee 19-23, D-60596 Frankfurt am Main, Germany	0049-69-7508-5522 0049-69-7508-5550（Fax） frankfurt. china-consulate. org
驻杜塞尔多夫总领馆教育组	Schanzenstraße 131, 40549 Düsseldorf, Germany	0049-211-9099-6396 0049-211-9099-6396（Fax） dusseldorf. china-consulate. org
驻俄罗斯大使馆教育处	6, St. Friendship（Lenin Hill）Moscow, Russia	007-499-951-8396 007-499-951-8400（Fax） www. eduru. org
驻圣彼得堡总领馆教育组	Room 97, 7 Nahimova St. 199226, Saint-Petersburg, Russia	007-812-355-0673 bdbjyz@163. com www. edustpeterburg. org
驻叶卡捷琳堡总领馆教育组	улицаЧайковского,45, Екатеринбург,Свердловская область,Россия	007-343-253-5786 007-343-253-5781（Fax） ekaterinburg. chineseconsulate. org
驻伊尔库茨克总领馆教育组	NO. 40, Str. Karl Marx, Irkutsk, Russia	007-395-278-1434 irkutsk. chineseconsulate. org
驻符拉迪沃斯托克总领馆教育组	690065, No. 3, Str. Krygina, Vladivostok, Primorsky kray, Russia	007-4232-497-766 007-4232-497-459（Fax） vladivostok. china-consulate. org
驻法国大使馆教育处	29, rue de la Glacière, 75013 Paris, France	0033-1-4408-1940 0033-1-4408-1960（Fax） www. edu-ambchine. org
驻瑞典大使馆教育处	Postal address: Sköldvägen 10 SE-182 64 Djursholm, Sweden	0046-8-755-2318 0046-8-753-1269（Fax） info@cnedu. nu www. cnedu. nu
驻爱尔兰大使馆教育组	40 Ailesbury Road, Dublin 4, Ireland	00353-1-269-0041 00353-1-260-5789（Fax） www. chinaeduireland. org
驻乌克兰大使馆教育处	Украина, г. Киев, ул. Зверинецкая, № 60	0038-044-285-3185（Tel/Fax） jiaoyuzu@cnuaedu. org www. cnuaedu. org
驻意大利大使馆教育处	Via Armando Spadini 9, 00197 Roma, Italia	0039-06-322-0275 0039-06-325-02846（Fax） www. chinaitalyedu. org
驻西班牙大使馆教育组	Calle Arturo Soria 108 D, 28027, Madrid	0034-91-388-3988 0034-91-759-9292（Fax） www. esedu. org
驻瑞士大使馆教育处	Bersetweg 6, CH-3073 Gümligen Switzerland	0041-31-951-4325 0041-31-951-4331（Fax） jiaoyuchu@muri-be. ch www. cnedu-ch. org

续表

馆 别	地 址	电 话/传 真/邮 箱/网 址
驻奥地利大使馆教育处	Jauresgasse 11/5 A-1030 Wien, Austria	0043-1-945-4191 0043-1-713-1788（Fax） www.eduembaustria.org
驻匈牙利大使馆教育组	1068 Budapest, VárosligetiFasor 20-22, Hungary	0036-30-3144369 0036-1-3222544(Fax) www.educnhu.org
驻罗马尼亚大使馆教育组	APT.651, Corp D, Virgil Madgearu Sector 1, 014135 Bucuresti, Romania	0040-31-102-1688（Tel/Fax） dengliming2015@gmail.com www.romaniaedu.org
驻捷克大使馆教育组	Education Section Embassy of P. R. China Pelleova 18, 160 00 Praha 6 The Czech Republic	00420-233-028-869 00420-233-028-868（Fax） www.china-czech-edu.org
驻比利时大使馆教育处	Avenue Bel-Air 16, 1180 Bruxelles, Belgium	0032-2-734-3220 0032-2-735-9452（Fax） www.chinaedu.be
驻荷兰大使馆教育处	Antonic Duckystraat 132 2582 TR Den Haag The Netherlands	0031-70-354-1276 0031-70-351-2902（Fax） nl.china-embassy.org
驻丹麦大使馆教育组	Henningsens Alle 24, 2900 Hellerup, Copenhagen Denmark	0045-3962-3854 www.chinaembassy.dk
驻挪威大使馆教育组	Holmenkollveien 30B, 0376 Oslo, Norway	0047-2249-4285 0047-2249-5855 education@chinese-embassy.no www.chinese-embassy.no
驻芬兰大使馆教育组	Hietalahdenranta 5 c D 68, 00120, HELSINKI Finland	00358-9-698-6418 00358-9-687-11140（Fax） www.educn-fi.org
驻葡萄牙大使馆教育组	Rua De Sao Caetano 2, a lapa 1200 Lisboa Portugal	00351-213-928445 00351-213-975632（Fax） pt.chineseembassy.org
驻白俄罗斯大使馆教育组	22, Berestyanskaya Str., Minsk, The Republic of Belarus, 220071	00375-172-328-6396 00375-172-285-3681（Fax） by.chineseembassy.org
驻波兰大使馆教育处	UL.Bonifraterska 100-203 Warsza, Poland	0048-22-831-6182 www.chinaembassy.org.pl
驻塞尔维亚和黑山大使馆教育组	Aradska 4, 11000 Beograd Serbia and Montenegro	00381-11-380-8396 00381-11-380-7583（Fax） esce_beograd@hotmail.com
驻保加利亚大使馆教育组	No.7 Anri Babuse Str. Sofia 1113, Bulgaria	00359-2-973-3247 00359-2-971-2005（Fax） www.chinaembassy.bg
驻欧盟使团教育文化处	Avenue de Tervuren 443-445, 1150 Woluwe Saint-Pierre, Belgium	0032-2-7723702 0032-2-7628259（Fax） www.chinamission.be

续表

馆　别	地　址	电 话/传 真/邮 箱/网 址
驻日本大使馆教育处	〒135-0023 日本国東京都江東区平野2-2-9	0081-3-3643-0305 0081-3-3643-0296（Fax） www.jiaoyuchu.org
驻大阪总领馆教育组	〒564-0063 日本国大阪府吹田市江坂町5-4-4	0081-6-6821-2301 0081-6-6821-2303（Fax） www.eduosaka.org
驻福冈总领馆教育组	〒810-0065 日本国福冈市中央区地行浜1-3-3	0081-92-713-1121 0081-92-771-5637（Fax） www.edufukuoka.org
驻札幌总领馆教育组	〒064-0913 日本国札幌市中央区南13条西23丁目5-1	0081-11-563-8991 0081-11-563-7314（Fax） sapporo.china-consulate.org
驻新潟总领馆教育组	〒951-8104 日本国新潟县新潟市中央区西大畑町5220-18	0081-25-228-8878 0081-25-228-8901（Fax） niigata.chineseconsulate.org
日中会馆	〒112-0004 東京都文京区後楽1丁目5番3号	0081-3-3811-5317 www.jcfc.or.jp
驻韩国大使馆教育处	首尔特别市中区明洞2路27，100-810	0082-2-730-2068 0082-2-738-1044（Fax） www.chinaedukr.org
驻朝鲜大使馆教育组	朝鲜民主主义人民共和国平壤市牡丹峰区长村洞	0085-02-381-3013 0085-02-381-3423（Fax） kp.china-embassy.org
驻新加坡大使馆教育处	150 Tanglin Road，Singapore 247969	0065-6418-0464 www.edusg.org.cn
驻泰国大使馆教育组	AA Building，Soi3，Ratchadapiseak Road，Dindaeng，Bangkok，Thailand，10310	0066-2-245-2918（Tel/Fax） jiaoyuzuth@163.com www.th-chinaembassyedu.org
驻以色列大使馆教育处	219 Ben Yehuda St.，P.O.B.6067，Tel Aviv 61060，Israel	00972-3-602-4597 00972-3-526-1787（Fax） beijinggszhang@163.com www.cnemedu.org
驻印度大使馆教育组	50-D，Shantipath，Chanakyapuri New Delhi-110021，India	0091-11-2611-4711 0091-11-2687-2031（Fax） in.china-embassy.org
驻也门大使馆教育组	PO Box 482,Sana’a，Al-Zubeiri St. Sana’a，Yemen	00967-1-275-340 00967-1-245-168（Fax） ye.chineseembassy.org
驻澳大利亚大使馆教育处	6 Dalman Crescent,O’Malley，Canberra，ACT 2606，Australia	0061-2-6286-9982 0061-2-6290-1652（Fax） www.edu-australia.org
驻悉尼总领馆教育组	19 Anzac Parade，Kensington，NSW 2033，Australia	0061-2-9662-1723 0061-2-9697-3368（Fax） www.edusyd.org

续表

馆 别	地 址	电 话/传 真/邮 箱/网 址
驻墨尔本总领馆教育组	14 Selborne Road，Toorak，VIC3142，Australia	0061-3-9827-5985 0061-3-9804-8603（Fax） melboffice@gmail.com www.edumel.org
驻布里斯班总领馆教育组	Room802，Level 8，79 Adelaide Street，Brisbane QLD 4000，Australia	0061-7-3210-6509 0061-7-3210-6394（Fax） www.edubrisbane.org
驻阿德莱德总领馆教育组	110 Crittenden Road，Findon SA 5023	0061-8-82688806 0061-8-82688800（Fax） adelaide.china-consulate.org
驻新西兰大使馆教育处	37 Penrose St.，Woburn，Lower Hutt 5010，Wellington，New Zealand	0064-4-570-2758 0064-4-570-2832（Fax） paul_sun09@hotmail.com www.chinanz-education.org
驻奥克兰总领馆教育组	8 Dromorne Road，Remuera Auckland，New Zealand	0064-9-524-7670 0064-9-524-2919（Fax） aucklandmoe@moe.edu.cn www.aucklandmoe.org
驻克赖斯特彻奇总领馆教育组	106 Hansons Lane，Upper Riccarton，Christchurch	0064-3-341-2255 0064-3-341-8071（Fax） www.chchedu.org
驻南非大使馆教育组	965 Church Street,Arcadia 0083，Pretoria，South Africa	0027-12-342-6566 0027-12-342-0911（Fax） www.chinese-embassy.org.za
驻埃及大使馆教育处	Room 901，No.8，Al-mansur Muhanmed Str. Al-Zamalek，Cairo，Egypt	0020-2-2735-5861 0020-2-2736-1939（Fax） eg.china-embassy.org
纽约中国留学服务中心	90 Broad Street，Suite 701，New York，N.Y. 10004，U.S.A.	001-212-835-5520 001-212-367-7431（Fax） www.chinesehighway.com
中国常驻联合国教科文组织代表团	1，Rue Miollis 75015 Paris，France	0033-1-4568-3456 0033-1-4219-0199（Fax） www.moe.gov.cn/s78/A23/

附录篇

中华人民共和国驻外使（领）馆科技处(组)一览

馆　别	地　址	电 话/传 真/网 址
驻日本使馆科技处	106日本东京都港区元麻布三丁目四番33号	0081-3-3403-3388 0081-3-3403-3385（Fax） www.china-embassy.or.jp
驻大阪总领馆科技组	550-0004大阪府大阪市西区靱本3-9-2	0081-6-6445-9481 0081-6-6445-9475（Fax） www.osaka.china-consulate.org
驻福冈总领事馆科技组	810-0065福冈县福冈市中央区地1-3-3	0081-92-713-1124 0081-92-781-8906（Fax） www.chn-consulate-fukuoka.or.jp
驻札幌总领事馆科技组	064-0913北海道札幌市中央区南13条23-5-1	0081-11-563-5563 0081-11-563-1818（Fax） sapporo.china-consulate.org
驻长崎总领事馆科技组	852-8114长崎县长崎市桥口町10-35	0081-95-849-3311 0081-95-849-3312（Fax） sapporo.china-consulate.org
驻名古屋总领事馆科技组	461-0005名古屋市东区东樱二丁目8番地37号	0081-52-932-1058 0081-52-932-1169（Fax） nagoya.chineseconsulate.org
驻印度使馆科技处	50-D, Shantipath, Chanakyapuri New Delhi-110021 India	0091-11-2687-1585 0091-11-2611-1104（Fax） www.fmprc.gov.cn/ce/cein
驻朝鲜使馆科技组	Kinmaeuldong, Pyongyang D.P.R of Korea	00850-2-381-3116 00850-2-381-3425（Fax） kp.china-embassy.org
驻韩国使馆科技处	110-033 54 Hyoja-Dong, Jongno-Gu, Seoul, 110-033 the Republic of Korea	0082-2-738-1038 0082-2-738-1045（Fax） www.chinaemb.or.kr
驻以色列使馆科技处	222 Ben Yehuda Street P.O.Box 6067 Tel Aviv 61060, Israel	00972-3-546-7277 00972-3-544-0443（Fax） www.fmprc.gov.cn/ce/ceil
驻泰国使馆科技处	57 Rachadapisake Road Bangkok 10310 Thailand	0066-2-245-0088 0066-2-245-7048（Fax） www.chinaembassy.or.th
驻印度尼西亚使馆科技处	JL. Mega Kuningan No.2, Jakarta Selatan 12950 Indonesia	0062-21-576-1264 0062-21-576-1033（Fax） www.fmprc.gov.cn/ce/ceindo
驻新加坡使馆科技组	150 Tanglin Road, Singapore 247969	0065-6418-0105 0065-6471-3603（Fax） www.chinaembassy.org.sg
驻巴基斯坦使馆科技组	Diplomatic, Enclave Ramma 4, Islamabad Pakistan	0092-51-282-4786 0092-51-287-2830（Fax） pk.chineseembassy.org
驻哈萨克斯坦使馆科技处	12, baitasov Str. Almaty, 050010	007-723-700-208 kz.mofcom.gov.cn
驻德国使馆科技处	Märkisches Ufer 54,10179 Berlin Germany	0049-30-2758-8237 0049-30-2758-8221（Fax） www.china-botschaft.de

续表

馆　别	地　址	电 话/传 真/网 址
驻法国使馆科技处	20, Rue de Washington 75008 Paris France	0033-1-5375-8891 0033-1-5375-8904 (Fax) www.amb-chine.fr
驻英国使馆科技处	42 Maida Vale, London, W91RP, U.K.	0044-20-7432-8376 0044-20-7286-6833 (Fax) www.chinese-embassy.org.uk/chn/lxwm/
驻爱尔兰使馆科技处	40 Ailesbury Road, Ballsbridge, Dublin 4, Ireland	00353-1-269-1501 00353-1-283-9938 (Fax) ie.china-embassy.org
驻瑞典使馆科技处	Lidovägen 8, 115 25 Stockholm, Sweden	0046-8-767-5825 www.chinaembassy.se
驻意大利使馆科技处	56 Via Bruxelles, 00198 Roma, Italia	0039-06-884-8186 0039-06-853-1203 (Fax) www.it.chineseembassy.org
驻米兰总领事馆科技组	Via Benaco, 4-20139 Milano	0039-02-569-0869 www.consolatocinami.it
驻欧盟使团科技处	Boulevard de la Woluwé100 1200 Bruxelles Belgique	0032-2-772-9572 0032-2-770-4790 (Fax) www.chinamission.be
驻比利时使馆科技处	Boulevard du Souverain 400, 1160 Auderghem, Bruxelles Belgique	0032-2-770-2326 www.chinaembassy-org.be
驻瑞士使馆科技处	Kalcheggweg 10, 3006 Bern, Switzerland	0041-31-351-5817 www.china-embassy.ch
驻芬兰使馆科技组	Vanha kelkkamäki 9, Kulosaari, 00570, Helsinki, Finland	00358-9-2289-0153 www.chinaembassy-fi.org
驻奥地利使馆科技处	Metternichgass 4 Wien A-1030 Austria	0043-1-714-4925 0043-1-713-6816 (Fax) www.chinaembassy.at
驻丹麦使馆科技处	Ahlmanns Alle 22, 2900 Hellerup Denmark	0045-3946-0887 0045-3946-0888 (Fax) www.chinaembassy.dk
驻挪威使馆科技处	Tuengen Allé 2B, 0244 Oslo, Norway	0047-22-492-052 0047-22-921-978 (Fax) www.chinese-embassy.no
驻荷兰使馆科技处	Willem Lodewijklaan 10, 2517 Jt. the Hague, Netherlands	0031-70-306-5077 0031-70-355-1651 (Fax) nl.china-embassy.org
驻西班牙使馆科技处	Calle Arturo Soria, 113, 28043 Madrid, Espana	0034-91-519-4242 0034-91-519-2035 (Fax) www.embajadachina.es
驻葡萄牙使馆科技组	Rua Do Pau Da Bendeira 11-13, A Lapa 1200-756 Lisboa Portugal	00351-21-392-8440 00351-21-392-8431 (Fax) www.fmprc.gov.cn/ce/cept
驻希腊使馆科技组	2A Krinon Street, P. Psychico, 15452 Athens, Greece	0030-210-677-6743 gr.china-embassy.org
驻俄罗斯使馆科技处	117330, Ulitsa Druzhby 6, Moscow Russia	007-495-143-6146 007-495-938-2141 (Fax) ru.china-embassy.org

续表

馆 别	地 址	电 话/传 真/网 址
驻哈巴罗夫斯克总领事馆科技组	Stadium Lenin, Khabarovsk 680028, Russia	007-42-1230-2353 007-42-1230-2354（Fax） www.fmprc.gov.cn/ce/cgkhb
驻圣彼得堡总领事馆科技组	No.134, Nab. Kanala Griboedova, St. Petersburg, Russia	007-812-714-2711 007-812-714-4958（Fax） saint-petersburg.china-consulate.org
驻白俄罗斯使馆科技处	22, Berestyanskaya Str., minsk, the republic of Belarus, 220071	00375-17-294-7759 by.china-embassy.org
驻乌克兰使馆科技处	NO.32, grushevskogo STR., kyiv, ukraine, 01901	0038-044-253-0433 ua.chineseembassy.org
驻罗马尼亚使馆科技处	No.2 Bucurestt,Sector 1, 014 101, Romania	0040-21-232-1923 www.chinaembassy.org.ro
驻匈牙利使馆科技组	Budapest 1068 Benczur Utca 18 Hungary	0036-1-413-3370 0036-1-413-3393（Fax） www.chinaembassy.hu
驻捷克使馆科技处	Pelléova 18, 16000 Praha 6-Bubeneč, Czech Republic	00420-22-3302-8866 00420-22-3302-8865（Fax） www.chinaembassy.cz
驻波兰使馆科技处	ul. Bonifraterska 100-203 Warszawa, Polska（Poland）	0048-22-831-5823 www.chinaembassy.org.pl
驻保加利亚使馆科技处	Str. Alexander von Humbold 7, Sofia 1113, Republic of Bulgaria	00359-2-973-3873 00359-2-971-3345（Fax） www.chinaembassy.bg
驻美国使馆科技处	2300 Wisconsin Avenue N.W., Suite 110, Washington D.C. 20007 U.S.A.	001-202-495-2240 001-202-495-2242（Fax） www.china-embassy.org
驻纽约总领事馆科技组	520 12th Avenue New York, NY 10036 U.S.A.	001-212-244-9392 001-212-564-9443（Fax） www.nyconsulate.prchina.org
驻旧金山总领事馆科技组	1450 Laguna Street San Francisco, CA 94115 U.S.A.	001-415-674-2964 001-415-563-4867（Fax） www.chinaconsulatesf.org
驻休斯敦总领事馆科技组	3417 Montrose Boulevard, Houston,Texas 77006 U.S.A.	001-713-520-1462 001-713-521-0876（Fax） www.fmprc.gov.cn/ce/cght
驻芝加哥总领事馆科技组	100 West Erie Street Chicago. IL 60610 U.S.A.	001-312-803-0095 001-312-803-0110（Fax） www.chinaconsulatechicago.org
驻洛杉矶总领事馆科技组	443 Shatto Place Los Angeles, CA 90020 U.S.A.	001-213-807-8065 001-213-807-8019（Fax） losangeles.china-consulate.org
驻加拿大使馆科技处	515 St.Patrick Street Ottawa, Ontario Canada K1N 5H3	001-613-789-3508 001-613-789-1911 www.chinaembassycanada.org
驻多伦多总领事馆科技组	240 St.George Street, Toronto Ontario Canada M5R 2P4	001-416-324-6457 001-416-324-6456（Fax） www.fmprc.gov.cn/ce/cgtrt

续表

馆 别	地 址	电 话/传 真/网 址
驻温哥华总领事馆科技组	3380 Granville Street Vancouver, BC, Canada V6H 3K3	001-604-731-6767 001-604-736-4343 (Fax) vancouver. china-consulate. org
驻卡尔加里总领事馆科技组	Suite 100, 1011-6th Ave, SW. Calgary, Alberta, Canada T2P 0W1	001-403-264-3322 001-403-264-6656 (Fax) calgary. china-consulate. org
驻巴西使馆科技处	Embaixada da República Popular da China SES-Av. das Nações, Quadra 813, Lote 51, Brasília-DF, Brasil	0055-61-2195-8240 0055-61-2195-8292 (Fax) br. china-embassy. org
驻墨西哥使馆科技组	Av. Río del la Magdalena 172, Colonia Tizapán-San Angel Delegación Alvaro Obregón, C.P. 01090	0052-55-5616-4324 0052-55-5616-5849 (Fax) www. embajadachina. org. mx
驻古巴使馆科技组	Calle 13, No. 551 Entre CYD, Vedado, la Habana, Cuba	0053-7-833-3005 0053-7-333-0920 (Fax)
驻智利使馆科技组	Av. Pedro de Valdivia 550 Santiago, Chile	0056-2-233-9880 0056-2-234-1129 (Fax) cl. chineseembassy. org
驻哥斯达黎加使馆科技组	De la casa de D. oscar arias 100 metros al sury 50 metros al oeste, rohrmoser, pavas, san jose, costa rica	00506-2291-4659 00506-2291-4654 (Fax)
驻澳大利亚使馆科技处	15 Coronationa Drive Yarralumla, Canberra, ACT 2600 Australia	0061-2-6273-4786 0061-2-6273-5504 (Fax) au. china-embassy. org
驻悉尼总领事馆科技组	39 Dunblane Street, Camperdown Nsw 2050, Sydney Australia	0061-2-8595-8050 0061-2-8595-8051 (Fax) sydney. chineseconsulate. org
驻新西兰使馆科技组	2-6 Glenmore Street, Po Box 17-257, Karori, Wellington, New Zealand	0064-4-4749-6282 0064-4-4749-6291 (Fax) www. chinaembassy. org. nz
驻埃及使馆科技组	14, Bahgat Ali Street Zamalek, Cairo Egypt	0020-2-2735-6746 www. fmprc. gov. cn/ce/ceegy
驻南非使馆科技处	965 Church Street, Arcadia 0083, Pretoria, South Africa	0027-12-431-6550 0027-12-342-3338 (Fax) za. china-embassy. org
常驻联合国代表团科技组	350 East 35th Street, New York, NY 10016, USA	001-212-655-6159 001-212-655-6151 (Fax) www. china-un. org
常驻日内瓦代表团科技组	11, Chemin de Surville 1213 Petit-Lancy, Geneva Switzerland	0041-22-879-5635 0041-22-879-5637 (Fax) www. china-un. ch
国际原子能机构科技处	Steinfeldgasse 3 A-1190, Vienna, Austria	0043-1-486-1635 0043-1-370-6626 (Fax) www. iaea. org

附录篇

中国国际人才交流协会驻外办事机构一览

机构名称	地址	电话/传真/邮件/网址
驻美国纽约办事处	CAIEP Ltd. 807 Anderson Ave, Fort Lee NJ 07024 USA	001-201-941-8268 001-201-941-6711 (Fax) nyus@caiep.org
驻美国亚特兰大办事处	CAIEP Atlanta Inc. 9155-118, Nesbit Ferry RD. Alpharetta GA 30022 USA	001-678-585-9950 001-770-640-3417 (Fax) atus@caiep.org
驻美国旧金山办事处	50 EncantoAve, San Francisco CA 94115 USA	001-415-563-6982 001-415-921-5839 (Fax) sfus@caiep.org
驻加拿大办事处	CAIEP Canada Ltd. 31 Moore Park Ave. North York Ontario Canada M2M 1M8	001-416-2212-485 001-416-5909-512 (Fax) can@caiep.org
驻德国办事处	Unter den Birken 224 50996 KoelnHahnwald Germany	0049-2236-961047 0049-2236-961063 (Fax) ger@caiep.org
驻英国办事处	CAIEP Australia Pty. Ltd. Suite 20 Level 5, 88 Pitt ST. Sydney NSW 2000, Australia	0061-2-9221-2555 0061-2-9221-3511 (Fax) aus@caiep.org
驻澳大利亚办事处	50-D, Shantipath, Chanakyapuri New Delhi-110021 India	0091-11-2687-1585 0091-11-2611-1104 (Fax) www.fmprc.gov.cn/ce/cein
驻日本办事处	4-13-2 Sendagaya, Shibuya-ku Tokyo 151-0051, Japan	0081-3-3403-8399 0081-3-3403-8380 (Fax) jpn@caiep.org
驻新加坡办事处	#07-04 Trellis Towers, 700 Lorong 1, Toa Payoh Singapore 319773	0065-6222-0656 0065-6220-3722 (Fax) sin@caiep.org
驻以色列办事处	Flat 18, 76 Levi Eshikol Street New Ramat Aviv, Tel-Aviv Israel	00972-3-7410274 00972-3-6990584 (Fax) isr@caiep.org
驻香港特别行政区办事处	2801, 28/F., Tower One, Lipo Centre, 89 Queensway, Hong Kong	00852-2850-6373 00852-2850-7629 (Fax) hk@caiep.org
驻印度尼西亚使馆科技处	JL. Mega Kuningan No. 2, Jakarta Selatan 12950 Indonesia	0062-21-576-1264 0062-21-576-1033 (Fax) www.fmprc.gov.cn/ce/ceindo

附录篇

引智机构信息一览

机构名称	地址	电话/传真
中华人民共和国国家外国专家局	北京市海淀区中关村南大街1号5号楼	86-10-68948899 86-10-68940923（Fax）
中国国际人才交流协会	北京市海淀区中关村南大街1号5号楼	86-10-68949811 86-10-68468006（Fax）
北京市外国专家局 北京国际人才交流协会	北京市东城区广渠门内白桥南里1号	86-10-67182085 86-10-67186135（Fax）
天津市外国专家局 天津国际人才交流协会	天津市和平区解放北路167号	86-22-83869370 86-22-83869370（Fax）
河北省外国专家局 河北省国际人才交流协会	河北省石家庄市新华区合作路81号	86-311-87908301 86-311-87909438（Fax）
山西省外国专家局 山西省国际人才交流协会	山西省太原市小店区体育路317-1	86-351-3193231 86-351-31953133（Fax）
内蒙古自治区外国专家局 内蒙古国际人才交流协会	内蒙古自治区呼和浩特市新华大街63号6号楼706	86-471-6915975 86-471-6923256（Fax）
辽宁省外国专家局 辽宁省国际人才交流协会	辽宁省沈阳市沈河区中山路377号	86-24-22959198 86-24-22829820（Fax）
沈阳市外国专家局 沈阳国际人才交流协会	辽宁省沈阳市沈河区青年北大街16号市人才大厦1209室	86-24-22522866 86-24-22522866（Fax）
大连市外国专家局 大连国际人才交流协会	辽宁省大连市中山区解放路结好巷1号	86-411-82383456 86-411-82383456（Fax）
吉林省外国专家局 吉林省国际人才交流协会	吉林省长春市人民大街1486号省政府办公楼3栋	86-431-88690906 86-431-88905416（Fax）
长春市外国专家局 长春国际人才交流协会	吉林省长春市朝阳区西民主大街809号	86-431-89871365 86-431-85679971（Fax）
黑龙江省外国专家局 黑龙江省国际人才交流协会	黑龙江省哈尔滨市道外区南极街172-2号	86-451-87007038 86-451-87007038（Fax）
哈尔滨市外国专家局 哈尔滨国际人才交流协会	黑龙江省哈尔滨市道里区友谊路425号	86-451-84871688 86-451-84871683（Fax）
上海市外国专家局 上海国际人才交流协会	上海市浦东新区世博村路300号2号楼12楼	86-21-23110326 86-21-50722823（Fax）
江苏省外国专家局 江苏省国际人才交流协会	江苏省南京市鼓楼区中山北路49号机械大厦22楼	86-25-83236022 86-25-83236136（Fax）
南京市外国专家局 南京国际人才交流协会	江苏省南京市北京东路63号2楼	86-25-83151773 86-25-3213166（Fax）
浙江省外国专家局 浙江省国际人才交流协会	浙江省杭州市环城西路33号省政府4号楼大院	86-571-87051077 86-571-87051070（Fax）
杭州市外国专家局 杭州国际人才交流协会	浙江省杭州市江干区解放东路18号市民中心D座杭州市人力社保局1919室	86-571-85252669 86-571-85252638（Fax）
宁波市外国专家局 宁波国际人才交流协会	浙江省宁波市鄞州区和济街95号9楼	86-574-89186223 86-574-87284726（Fax）

续表

机构名称	地址	电话/传真
安徽省外国专家局 安徽省国际人才交流协会	安徽省合肥市长江中路333号	86-551-62657061 86-551-62657061（Fax）
福建省外国专家局 福建省国际人才交流协会	福建省福州华林路80号	86-591-87813849 86-591-87313592（Fax）
厦门市外国专家局 厦门国际人才交流协会	福建省厦门市湖滨北路61号	86-592-5366613 86-592-5116399（Fax）
江西省外国专家局 江西省国际人才交流协会	江西省南昌市省政府大院	86-791-86386586 86-791-86386285（Fax）
山东省外国专家局 山东省国际人才交流协会	山东省济南市历下区解放东路16号	86-531-86198053 86-531-86095543（Fax）
济南市外国专家局 济南国际人才交流协会	山东省济南市历下区龙鼎大道1号龙奥大厦5楼D区	86-531-66605975 86-531-87914770（Fax）
青岛市外国专家局 青岛国际人才交流协会	山东省青岛市市南区闽江路7号市政府二期1707	86-532-85911347 86-532-85911347（Fax）
河南省外国专家局 河南省国际人才交流协会	河南省郑州市金水东路39号A座1108B	86-371-87519117 86-371-87519115（Fax）
湖北省外国专家局 湖北省国际人才交流协会	湖北省武汉市武昌区八一路3号省外侨办	86-27-82841532 86-27-87813061（Fax）
武汉市外国专家局 武汉国际人才交流协会	湖北省武汉市江岸区胜利街263号	86-27-82827387 86-27-82812889（Fax）
湖南省外国专家局 湖南省国际人才交流协会	湖南省长沙市天心区青园路18号省人力资源和社会保障厅综合楼919办公室	86-731-84900468 86-731-84900404（Fax）
长沙市外国专家局	湖南省长沙市岳麓大道218号市政府第一办公楼7楼	86-731-88666718 86-731-88666716（Fax）
广东省外国专家局 广东省国际人才交流协会	广东省广州市东风中路483号粤财大厦	86-20-83134790 86-20-83134793（Fax）
广州市外国专家局 广州国际人才交流协会	广东省广州市越秀区小北路266号北秀大厦7楼	86-20-83543937 86-20-83541272（Fax）
深圳市外国专家局 深圳国际人才交流协会	广东省深圳市福田区福中路17号人才大厦8楼810	86-755-83233164 86-755-83233164（Fax）
广西壮族自治区外国专家局 广西国际人才交流中心	广西壮族自治区南宁市桂春路9号广西就业大厦3楼	86-771-5521235 86-771-5505183（Fax）
海南省外国专家局 海南省国际人才交流协会	海南省海口市国兴大道69号海南广场9栋1901	86-898-65364075 86-898-65339325（Fax）
重庆市外国专家局 重庆国际人才交流协会	重庆市渝北区新牌坊一路1号401办公室	86-23-86868506 86-23-86868507（Fax）
四川省外国专家局	四川省成都市青羊区陕西街54号	86-28-86742939 86-28-86628201（Fax）

续表

机构名称	地址	电话/传真
成都市外国专家局	四川省成都市锦城大道366号3号楼24楼	86-28-61888213 86-28-61888213（Fax）
贵州省外国专家局 贵州省国际人才交流协会	贵州省贵阳市延安中路20号信合大厦1902室	86-851-85837380 86-851-85837381（Fax）
云南省外国专家局 云南省国际人才交流协会	云南省昆明市五一路166号空间俊园A-1301	86-871-65168699 86-871-65168699（Fax）
西藏自治区外国专家局	西藏自治区拉萨市北京西路46号	86-891-6845883 86-891-6845872（Fax）
陕西省外国专家局 陕西省国际人才交流协会	陕西省西安市建设东路3号人社厅太乙路办公区2号楼3层	86-29-63915165 86-29-89538068（Fax）
西安市外国专家局 西安国际人才交流协会	陕西省西安市凤城八路109号西安市政府6号楼4层	86-29-86786937 86-29-86786937（Fax）
甘肃省外国专家局 甘肃省国际人才交流协会	甘肃省兰州市金昌南路280号红星大厦14楼	86-931-8885342 86-931-8885342（Fax）
青海省外国专家局 青海省国际人才交流协会	青海省西宁市城西区五四西路5号	86-971-8258253 86-971-8258250（Fax）
宁夏回族自治区外国专家局 宁夏国际人才交流协会	宁夏回族自治区银川市兴庆区上海东路40号	86-951-5099089 86-951-5099013（Fax）
新疆维吾尔自治区外国专家局 新疆国际人才交流协会	新疆吾尔自治区乌鲁木齐市北京南路445号	86-991-3689763 86-991-3689923（Fax）
新疆生产建设兵团外国专家局 新疆生产建设兵团国际人才交流协会	新疆维吾尔自治区乌鲁木齐市天山区光明路196号	86-991-2899404 86-991-2890460（Fax）

图书在版编目（CIP）数据

中国留学人员创业年鉴．2018/教育部留学服务中心等编．—北京：中国致公出版社，2019

ISBN 978-7-5145-1284-7

Ⅰ．①中… Ⅱ．①教… Ⅲ．①高技术产业－企业管理－中国－2018－年鉴②留学生－生平事迹－中国－现代

Ⅳ．①F279.244.4-54②K820.76

中国版本图书馆CIP数据核字（2019）第006711号

中国留学人员创业年鉴

2018

RETURNED CHINESE SCHOLARS PIONEER YEARBOOK 2018

中国致公出版社 出版

中国留学人员创业年鉴编辑部 编辑

廊坊市华玺印务有限公司 印装

社址：北京市海淀区翠微路2号院科贸楼 邮编：100036

电话：（010）85869872（发行部）

各地新华书店经销

889×1194 16开 32印张 插页0.5印张 1521千字

2019年1月第1版 2019年1月第1次印刷

ISBN 978-7-5145-1284-7 定价：790.00元

（图书出现印刷问题，本社负责调换）